D1451167

LE THÉÂTRE CANADIEN-FRANÇAIS

ARCHIVES DES LETTRES CANADIENNES

Tome I — *Mouvement littéraire de Québec 1860*
Bilan littéraire de l'année 1960

Tome II — *L'École littéraire de Montréal*
Bilan littéraire de l'année 1961

Tome III — *Le Roman canadien-français*

Tome IV — *La Poésie canadienne-française*

Tome V — *Le Théâtre canadien-français*

La maquette de la couverture est de Jean Miville-Deschênes ; le motif central est un dessin d'Alfred Pellan, reproduit avec l'aimable permission de l'artiste.

ARCHIVES DES LETTRES CANADIENNES

publication du Centre de recherche en civilisation canadienne-française de l'Université d'Ottawa

Tome V

LE THÉÂTRE CANADIEN-FRANÇAIS

ÉVOLUTION • TÉMOIGNAGES • BIBLIOGRAPHIE

FIDES
235 est, boulevard Dorchester, Montréal

Cet ouvrage
a été tiré sur papier Rolland Offset
à trois mille trois cent vingt exemplaires,
dont trois cents numérotés de 1 à 300
et vingt hors commerce marqués H.C.
le tout constituant l'édition originale.

Cet ouvrage a bénéficié d'une subvention du ministère des Affaires culturelles du Québec au titre de l'aide à la publication.

ISBN : 0-7755-0583-8

Numéro de la fiche de catalogue de la Centrale des Bibliothèques — CB : 76-3337

Avant-propos

Après quatre volumes consacrés successivement au Mouvement littéraire québécois de 1860, *à* L'Ecole littéraire de Montréal, *au* Roman canadien-français *et à* La Poésie canadienne-française, *voici le cinquième volume consacré au théâtre canadien-français.*

L'ouvrage nous a demandé beaucoup plus d'efforts que les volumes précédents. Le théâtre est un genre littéraire à plusieurs dimensions et demande d'être étudié d'après ses manifestations qui sont à la fois texte et spectacle, effort de l'écrivain, jeu des comédiens et participation du public. De plus, le sujet situé dans la problématique culturelle québécoise, se révèle encore mal étudié, surtout dans ses aspects esthétique et historique.

Le cinquième volume des « Archives » se compose de sept sections : Panorama du théâtre canadien-français, Ses origines, Vers une tradition théâtrale, Profils d'auteurs dramatiques, Etude et analyse de quelques pièces récentes, Témoignages sur le théâtre québécois *et* Bibliographie. *L'ouvrage possède essentiellement la structure que nous avons déjà conçue pour les volumes sur le roman et la poésie ; la nouveauté consiste dans les pages consacrées à l'examen de dix pièces récentes. Comme les volumes précédents, le volume qu'on offre aujourd'hui au public veut être à la fois une mine de renseignements historiques et littéraires et un instrument d'investigation critique invitant à pousser davantage l'approfondissement de problèmes relatifs à la vie théâtrale de Marc Lescarbot à Michel Tremblay.*

Pour édifier cet ouvrage nous avons fait appel à une centaine de collaborateurs — critiques, professeurs, étudiants, dramaturges, acteurs, metteurs en scène, décorateurs... — afin de mesurer un champ étendu et toujours trop peu défriché : leurs noms figurent en bonne place au sommaire de l'ouvrage. Nous leur exprimons ici notre profonde reconnaissance qui sera aussi celle de tous ceux qui liront cet ouvrage pour le bien du théâtre et de la culture.

La préparation et l'organisation générale de cet ouvrage ont été faites sous la direction de Paul Wyczynski, titulaire de recherche à l'Université d'Ottawa, fondateur et coordonnateur de la collection « Archives des lettres canadiennes ».

L'organisation matérielle du projet — dactylographie des textes, correspondance, service administratif — a été assurée par le Secrétariat du Centre de recherche en civilisation canadienne-française de l'Université d'Ottawa.

La correction des épreuves a été accomplie par Maryse Pellerin, Hélène Beauchamp-Rank et Paul Wyczynski.

Le Comité de rédaction
Paul WYCZYNSKI
Bernard JULIEN
Hélène BEAUCHAMP-RANK

Introduction

par Guy BEAULNE, s.r.c.

directeur général du Grand Théâtre de Québec

Par où commencer ? Faut-il lire de gauche à droite ou d'aujourd'hui à hier ? Il y a encore tant de confusion à nettoyer et tant de valeurs à mettre en place que, malgré tout ce qui est consigné ici, il se trouvera encore quelqu'un pour dire que notre théâtre n'existe pas. Il faut prendre le temps de parcourir cette documentation précieuse et de lire les analyses nombreuses et variées qui ont été rassemblées avec tant de patience par le Centre de recherche en civilisation canadienne-française de l'Université d'Ottawa.

Voici constituée la première histoire critique et analytique du théâtre au Canada français. A part quelques livres de souvenirs, les seules publications qui étaient disponibles étaient celles de Léopold Houlé, de Jean Béraud et de Jean Hamelin [1]. Mais là également les recherches étaient insuffisantes, les erreurs nombreuses et les transcriptions chronologiques manquaient souvent de rigueur de contrôle.

Quelques répertoires [2] permettaient d'établir des noms d'auteurs, des titres de pièces jouées et publiées. Mais l'information qu'on y trouvait demeurait fort incomplète. Nos archives et nos bibliothèques publiques, ne s'étant jamais préoccupées particulièrement du théâtre, ne possédaient qu'une documentation insignifiante. La situation n'a pas tellement changé d'ailleurs mais il semble y avoir une volonté de la corriger.

---

1. Léopold HOULÉ, *Histoire du théâtre au Canada*, Montréal, Fides, 1945, 172p. ; Jean BÉRAUD, *350 ans de théâtre au Canada français*, Montréal, Le Cercle du livre de France, 1958, 316p. ; Jean HAMELIN, *Le Renouveau du théâtre au Canada français*, Montréal, Editions du Jour, 1962, 160p. ; *Id.*, *Le Théâtre au Canada français*, Québec, Ministère des Affaires culturelles, 1964, 85p.

2. Georges BELLERIVE, *Nos auteurs dramatiques anciens et contemporains, répertoire analytique*, Québec, Garneau, 1933, 162p. ; Georges-H. ROBERT, *L'Annuaire théâtral*, Montréal, Georges-H. Robert, 1908-1909, 260p. ; Georges-H. ROBERT et Paul-Emile SENAY, *Nos auteurs dramatiques, leurs noms et leurs œuvres*, dans *Le Canada français*, vol. 21, n° 3, 1933, pp. 237-243 ; *La Barre du jour*, vol. 1, n°s 3-5, 1965.

Ainsi donc la recherche était particulièrement difficile. Encore faut-il admettre que les chercheurs dans ce domaine n'ont jamais été très nombreux. Je me souviens qu'au moment de mon séjour d'étude à Paris (1948-1950), je passais des journées entières à la Bibliothèque de l'Arsenal où je découvrais une documentation abondante que j'avais vainement cherchée pendant des années chez moi.

C'est pourquoi, en 1963, en assumant la direction du Service du Théâtre au ministère des Affaires culturelles, je pris l'initiative d'écrire à toutes les universités du Canada. Je demandais à chaque recteur de m'indiquer ses ressources d'information et de publications sur le théâtre au Canada ainsi que les thèses qui avaient été présentées au cours des dix dernières années sur le théâtre ou sur des sujets de préoccupation artistique et culturelle.

Chacun me répondit : aucune recherche n'avait été faite. Mais, il était évident que les universités canadiennes, surtout celles de l'ouest du pays, s'intéressaient de plus en plus au théâtre parce que les théâtres universitaires étaient devenus des centres communautaires de vie artistique et que des départements d'études théâtrales commençaient à s'y constituer. Quelques-unes d'entre elles possédaient des exemplaires de pièces québécoises introuvables chez nous. Il était évident aussi que l'évolution rapide de notre théâtre professionnel, grâce à la radio et à la télévision, fascinait nos compatriotes de langue anglaise et qu'ils découvraient, avant nous, l'importance de constituer le plus tôt possible des collections de manuscrits et de publications.

En 1967, sous les auspices du Festival d'art dramatique du Canada, je complétais un catalogue chronologique des pièces écrites, jouées et publiées au Canada français depuis Marc Lescarbot jusqu'en 1966. Ce catalogue, déposé à la Bibliothèque nationale du Québec, a permis depuis au juge Edouard Rinfret de poursuivre, avec les services de la Bibliothèque, une recherche à laquelle il a dévoué, avec une patience infinie et une constance remarquable, de nombreuses années de sa vie. Nous lui devons la découverte et la récupération de manuscrits et d'exemplaires imprimés qu'on pouvait croire à jamais perdus.

En 1974, Jan Doat contribuait une anthologie considérable des pièces écrites au Canada français. Voilà, en plus de quelques articles épars, le fonds d'archives où l'on pouvait puiser.

Depuis longtemps le cri d'alarme était lancé pour inviter le gouvernement à protéger notre répertoire dont plusieurs des œuvres colligées se détérioraient sur les rayons des bibliothèques publiques [3]. Le dépôt légal institué en 1968 a corrigé cette situation mais il resterait à entreprendre une vaste opération de conservation sur microfilm. Ici comme ailleurs, notre patrimoine est systématiquement dilapidé par ignorance ou par indifférence. Combien d'œuvres, combien de témoignages, combien de trésors inestimables de la vie théâtrale sont jetés aux poubelles ou brûlés soit par les artistes eux-mêmes ou par leur famille, faute de savoir qu'il s'agit là de documents importants et faute surtout de savoir à qui les confier et où les déposer.

---

3. Guy BEAULNE, *Le théâtre de langue française au Canada*, Québec, Les Éditions Ferland, 1959, pp. 37-50, (au Congrès de la Refrancisation). Publié d'abord dans *Vie française*, vol. 12, nos 7-8, mars-avril 1958, pp. 223-238.

Fort heureusement, au cours des dix dernières années, un éveil de curiosité pour notre théâtre s'est installé et développé. On reconnaîtra un jour l'importance du rôle qu'y a joué le ministère des Affaires culturelles du Québec.

Un autre élément qui a contribué à consolider la permanence de notre documentation est l'institution, dans les collèges et les universités, des cours de littérature canadienne-française et québécoise. Tout en développant une méthode critique nouvelle et moins académique, ces cours ont imposé la découverte, la lecture et l'analyse d'un répertoire dont on n'avait mesuré ni l'importance quantitative ni la valeur qualitative. Jusque-là les jugements étaient un peu courts, les professeurs de littérature française se contentant le plus souvent d'exprimer des critiques générales sur nos auteurs et leurs œuvres sans les avoir lues ou sans les avoir appréciées dans le contexte politique dont on ne peut les dissocier. Notre répertoire est une littérature vivante avec ce que cela comporte de faiblesses syntaxiques, de gaucheries stylistiques. Il soutient mal l'analyse des puristes et des grammairiens. Il est souvent plein de naïvetés désarmantes et de grandiloquence d'époque. Il emprunte sans gêne, il copie et quelquefois même il plagie. Nous ne sommes pas différents en cela des autres peuples du monde. Mais, ce que nous pouvons dire, et ce qui nous réjouit, c'est que ce répertoire n'a pas été écrit pour la gloriole d'intellectuels de salons. Il a été représenté. Il est un geste de communication. Il a nourri un public dans des circonstances souvent pénibles et pathétiques de notre isolement et de notre désespoir.

Il fallait apprendre à le lire et, quand on a su le faire, on s'est trouvé tout à coup devant ce que j'appelle la manifestation éloquente de la conscience de notre peuple [4]. Et du jour au lendemain, des auteurs méprisés sont devenus des illustrations de notre culture et de notre vie nationale. On a réimprimé leurs œuvres en même temps qu'on lançait l'édition des pièces nouvelles. Depuis 1968, Leméac, seul, a publié, dans cinq collections diverses, près d'une centaine de pièces et d'ouvrages sur le théâtre au Canada français. Il n'y en eut pas autant en vingt ans auparavant malgré une production soutenue. Il est vrai qu'alors l'édition se faisait à compte d'auteur.

Les cours nouveaux assurent donc la rentabilité de l'édition. Ils stimulent la mise en scène d'œuvres nouvelles dans les classes de théâtre. Ils provoquent des comparaisons et des conflits d'esthétique et d'évolution sociale et politique. Ils proposent de nouveaux secteurs de recherche intellectuelle. On n'a qu'à lire la liste des collaborateurs au présent ouvrage pour se rendre compte de l'intérêt nouveau que suscite le théâtre. On n'a qu'à parcourir l'excellent ouvrage consacré au théâtre québécois par Jean-Cléo Godin et Laurent Mailhot [5] pour reconnaître la qualité nouvelle et élargie de notre critique théâtrale.

Il nous reste à compléter nos archives en accordant à nos techniciens (décorateurs, metteurs en scène, costumiers, animateurs) la même considéra-

4. *Id.*, *Notre théâtre, conscience d'un peuple*, Québec, Ministère des Affaires culturelles, 1967, 44p.

5. Jean-Cléo Godin et Laurent Mailhot, *Le Théâtre québécois*, Montréal, HMH, 1970, 254p.

tion qu'on accorde aux auteurs pour qu'éclate encore plus remarquablement l'importance du théâtre au Canada français.

Nous avons été pendant un siècle le carrefour des influences étrangères et des grandes scènes américaines, britanniques et françaises. Notre cinéma était le leur. Nos maîtres de diction et de jeu étaient de Paris. Le film français, la chansonnette française, le roman français étaient notre alimentation constante au point où nous nous identifiions sans effort aux concierges de Montmartre, aux toits de Paris, aux bords de la Seine et au petit vin blanc des guinguettes.

Tout cela nous semble un peu ridicule aujourd'hui mais le théâtre de nos pères était le mélodrame ou la comédie de boulevard, les fantaisies précieuses de Banville ou les drames de Capus, de Lorde, de Curel et compagnie. Nos mères chantaient les chansons de Bretagne et de Normandie et notre pays, ce n'était pas l'hiver de Vigneault mais le Grand Pardon, les coiffes blanches de Paimpol, la mer de Botrel ou de Trenet. Pour les plus audacieux c'étaient les petits tétons de Valentine et pour les irréductibles les complaintes d'Alsace.

Tout cela n'est pas très loin de nous : vingt-cinq ou trente ans à peine. Les gens de mon âge en ont conservé une certaine nostalgie. Ceux de vingt ans semblent n'en rien vouloir savoir. Mais ceci explique cela et le retour sur le passé n'est pas un chemin d'amertume. On y retrouve des caches de joie et de tendresse, des sentiers découverts mais jamais poursuivis, des espoirs accrochés aux ronces des parcours et que le temps a respectés, tous les désirs inassouvis mais également tous les efforts qui ont porté fruit.

Pour l'homme de théâtre né au début du siècle la situation actuelle dépasse donc toutes les aspirations et tous les rêves qui étaient entretenus. Partout où existait une paroisse canadienne-française assez populeuse il y avait déjà, à l'occasion du moins, une manifestation théâtrale. Les cercles d'amateurs y entretenaient à la fois une passion nationaliste et un divertissement social. Les femmes paraissaient rarement sur scène et les adaptations pour hommes et jeunes gens étaient le répertoire usuel. Ces amateurs, très souvent, avaient pris le goût du théâtre et une certaine expérience technique dans les séances de collèges qui, un peu partout, étaient l'événement artistique de la saison.

Montréal dominait la vie théâtrale : les salles de théâtre y étaient nombreuses et bien équipées, les comédiens de France y régnaient en maître et les grandes tournées étrangères y faisaient escale. Les comédiens amateurs de Québec, d'Ottawa-Hull et des environs entretenaient le rêve de s'y présenter un jour mais chacun savait que c'était un rêve fou qui ne se réaliserait jamais. La première troupe de Québec à s'y risquer en représentations régulières fut celle des Comédiens de Québec sous la direction de Pierre Boucher, en 1954. Son succès fut tel que les comédiens demeurèrent dans la métropole pour y poursuivre leur carrière professionnelle individuelle.

On sait par contre combien notre théâtre eut à lutter contre les mandements extrêmement sévères des évêques de Montréal et de Québec. Ceux-ci s'attaquaient évidemment aux troupes françaises et américaines qui apportaient dans une nation jeune, pauvre, sous-éduquée et nourrie d'une morale exigeante et puritaine des idées et des préoccupations nouvelles et prématurées en même temps qu'une amoralité pernicieuse et répréhensible.

Ce qui étonne d'abord quand on parcourt le catalogue du répertoire écrit au Canada depuis la fin du 18e siècle, c'est le nombre d'auteurs et le nombre des œuvres écrites et représentées. Pour établir le panorama du théâtre au Canada français divers cheminements sont possibles. On pourrait aussi bien suivre le développement technique par la multiplication des lieux de représentation et par leur diversité que suivre le développement du théâtre par la multiplication des écoles et l'évolution des techniques de jeu et de mise en scène. La lecture et l'étude du répertoire nous révèlent cependant l'étonnante actualité historique du théâtre de nos pères. C'est donc que le théâtre était plus qu'un exercice littéraire et qu'il était l'expression souvent maladroite, j'en conviens, mais toujours juste des préoccupations sociales, politiques et morales de l'époque.

Les premières œuvres, jusqu'au milieu du 19e siècle, sont des exercices littéraires et spirituels. Ils ne sont pas nombreux mais on lit encore avec plaisir les comédies de Joseph Quesnel et de Pierre Petitclair. C'est la rébellion de 1837 qui semble avoir tout à coup donné le signal. Une conscience collective nouvelle avait été provoquée et une première manifestation de nationalisme canadien-français s'était éveillée. Elle appellera un examen profond des raisons de survivance et de la volonté de se maintenir. Pendant près de quarante ans, jusqu'en 1920, le répertoire est composé principalement de drames historiques. Les auteurs suivaient en cela le conseil du sénateur L.-O. David qui écrivait : « Je souhaite qu'avant longtemps nos poètes et nos littérateurs fournissent à nos théâtres des pièces bonnes pour le cœur comme pour l'esprit, des pièces où tous les bons sentiments, le patriotisme, l'amour pur et la vertu seront honorés et glorifiés. Je souhaite qu'ils puisent dans notre Histoire, notre glorieuse Histoire, l'inspiration d'œuvres fortes et morales dont l'effet sera bienfaisant. »

Il s'agit en somme de faire le point, de sonder les reins, de mesurer le chemin parcouru depuis la bataille des plaines d'Abraham et surtout d'éveiller la conscience populaire à un nouvel espoir de grandeur et d'autonomie.

La fin de la première Grande Guerre rapporte des relents de France que nos auteurs entretiendront. Puisqu'on s'était battu pour elle et pour sa liberté on pouvait bien l'imiter et entretenir en terre d'Amérique un cœur français. Le poète Charles Gill proclamait : « Les fleurs sacrées des bords de la Seine que nous voulons cultiver ici ont à souffrir de la neige et des grands vents ; pourtant si elles sont chétives, l'espèce en est bonne... elle s'acclimatera... nous verrons à ce qu'elles ne meurent pas. » Ainsi naîtra et s'entretiendra un répertoire d'imitation qui, jusqu'à la deuxième Grande Guerre, donnera à Montréal l'illusion d'être à l'heure de Paris.

Mais, en même temps, la radio avait élargi la dimension du théâtre. Les troupes de France ayant quitté leur permanence dans la métropole, l'occasion était enfin donnée à nos comédiens de s'emparer totalement de leurs scènes. La radio, puis la télévision, devaient rapidement devenir notre théâtre national et en assurer l'évolution et le maintien jusqu'au milieu du 20e siècle.

En même temps qu'elles constituaient un marché relativement stable qui permettait aux interprètes, créateurs et techniciens du théâtre de pratiquer leur métier et de s'y perfectionner, la radio et la télévision, par une liberté exceptionnelle d'expression et de représentation, formaient les spectateurs à une liberté critique et sociale qu'on trouve dans peu de pays du monde.

Il devenait ainsi inévitable que le théâtre, par ses auteurs, trouvât de nouvelles voies dramatiques. Dans un pays où éclatait tout à coup une lucide autonomie nationaliste, ferme dans sa foi et fière dans son destin, un théâtre politique allait maintenant remplacer la littérature et la poésie, du moins pour un temps. De ce théâtre politique inévitablement moraliste naissait bientôt l'anti-théâtre, l'anarchie et la création collective des années 60.

Ainsi donc, le chemin parcouru en si peu de temps est remarquable. Le théâtre, qui avait été pendant de nombreuses années un divertissement de société, est devenu aujourd'hui l'expression éloquente de la conscience nationale dans la recherche individuelle ou collective. L'exploitation du « joual », langue populaire qui, mieux que tout, rompit les traditions du colonialisme culturel auquel on doit à la fois notre survivance française et notre asservissement intellectuel, fut un coup de dé du sort.

Langue vivante et savoureuse, farcie d'anglicismes et d'américanismes, truffée d'archaïsmes, le « joual » devenait le symbole de la révolution dite « tranquille » qui donnait à la nation canadienne-française la première révélation de son destin en Amérique du Nord, parce qu'elle était née de la volonté du peuple et non plus du mimétisme de son élite.

Il s'agit d'un passage, pénible pour plusieurs, mais exaltant pour une jeunesse libre et confiante. La mise en valeur de la langue populaire réunit en les divisant puristes et créateurs. Le succès de l'opération inquiète les observateurs qui y décèlent d'abord une confusion dangereuse entre la langue de communication et la langue littéraire ; ensuite, le danger d'une assimilation de plus en plus rapide à la culture anglo-saxonne américaine et, enfin, la manifestation d'un vouloir politique surgissant de la masse et risquant d'ériger en système la médiocrité et la facilité.

Il était impensable, il y a vingt ans, qu'une troupe québécoise présentât un tel répertoire en Europe et plus particulièrement en France. Il était normal plutôt qu'on y apportât Molière, comme le fit le Théâtre du Nouveau Monde, ou Marivaux, comme le fit le Théâtre du Rideau Vert afin de bien indiquer notre appartenance française et pour mieux nous identifier à l'histoire littéraire de la mère patrie.

Le succès des *Belles-Sœurs* de Michel Tremblay à l'Espace Cardin, l'hiver dernier, de même que le succès obtenu à Paris par les nouveaux romanciers du Québec, nous obligent à réviser plusieurs positions intellectuelles et artistiques, tout en nous méfiant de ce qui peut être reçu là-bas comme un exotisme passager et une manifestation sympathique de cousins éloignés.

Il est vrai que le chemin parcouru dans nos relations avec l'Europe et plus particulièrement avec la France depuis vingt ans a été considérable. Nos chanteurs-compositeurs y triomphent, notre cinéma y a trouvé un marché, nos artistes sont invités à exposer leurs œuvres, notre télévision y est présente et nos visites de théâtre ont été constantes. Chez les professionnels, le T.N.M., le Rideau Vert, Les Gesteux de Félix Leclerc, l'Egrégore, la Compagnie des deux Chaises, les Comédiens associés se sont succédé tandis que chez les amateurs, les Apprentis-Sorciers, la Comédie des deux rives, les Feux Chalins, le Théâtre Euh établissaient une liaison importante.

On comprendra, je l'espère, qu'il m'est impossible dans cette introduction de m'attarder au détail. Je ne peux que rattacher les fils en survolant l'évolution, je ne peux qu'ajouter des impressions personnelles et tenter de resserrer la trame là où l'œuvre composée me semble un peu lâche. Il y a tellement d'autres considérations qui auraient pu ou qui auraient dû être contenues dans cet ouvrage. Cependant, il y a déjà une telle abondance de richesse et de propos. Un choix s'imposait à l'intérieur des contraintes acceptées. Je crois qu'il a été bien fait. D'autres poursuivront au-delà de la dimension contenue ici.

Une autre précaution au lecteur me semble utile. J'ai dit plus tôt combien la recherche des documents de théâtre était difficile. Il en résulte que certains chapitres prennent une importance discutable dans l'ensemble de l'analyse. Par exemple, il est bien évident que la vie théâtrale française dans la région d'Ottawa-Hull dépasse largement en durée et en quantité l'activité théâtrale de Québec, la capitale. Cela n'est pas suffisamment apparent ici. Egalement, l'importance du théâtre au collège, au Québec et dans les régions francophones du pays, est beaucoup plus grande que celle consignée ici. Il faudra le démontrer un jour. Il conviendrait d'analyser plus attentivement les diverses influences étrangères dans l'évolution de nos techniques théâtrales et de notre répertoire, de même que l'épanouissement de l'art du décor, du costume, de l'affiche et de l'architecture. Enfin, nos comédiens auraient droit d'être cités alors qu'ils demeurent les méconnus d'une vie théâtrale qu'ils ont animée avec tant de talent, de persévérance et d'éclat. Les voies de recherche sont nombreuses et toutes fascinantes.

L'une des phases les plus marquantes des changements politiques et sociaux qui ont suivi la deuxième Grande Guerre est incontestablement la prise de conscience culturelle de nos gouvernements. En instituant la Commission d'enquête sur les arts, les humanités et les sciences, en 1948, le gouvernement fédéral reconnaissait sans détour les droits de l'individu et de la collectivité à la manifestation artistique et à l'expression culturelle mais, voilà qui est plus important, il reconnaissait également les devoirs de l'Etat. Les recommandations de cette Commission Massey, du nom de son président, Vincent Massey, qui devait devenir gouverneur général du Canada, aboutirent à la création en 1957 du Conseil des Arts du Canada. C'était le premier maillon d'une chaîne d'événements qui devait rapidement transformer et bousculer nos habitudes et nos conceptions.

L'année suivante, la métropole québécoise instituait son Conseil des arts métropolitain de Montréal. En mars 1961, le gouvernement du Québec constituait un ministère des Affaires culturelles unique en Amérique du Nord. L'artiste, le penseur, le chercheur, le créateur devenaient des citoyens respectés dont on reconnaissait l'utilité de la contribution à la vie collective en les encourageant à produire. Des subventions généreuses devenaient disponibles, qui assuraient enfin la permanence des sociétés théâtrales dans des lieux parfaitement équipés et convenant au caractère des genres et des orientations choisis. Alors qu'en 1958 la Comédie-Canadienne seule avait pignon sur rue, aujourd'hui toutes les troupes importantes de Montréal ont leur propre maison. Les sacrifices souvent héroïques de ceux qui ont entretenu le théâtre professionnel de l'entre-deux-guerres et qui étaient souvent nos beaux exemples, à mes débuts, sont maintenant oubliés de tous et rarement évoqués.

Mais le théâtre alors était une vocation. Il fallait bien qu'il le soit puisqu'on en vivait si mal et que l'apprentissage sur scène était la seule école. Depuis 1954 le Québec a deux conservatoires officiels d'art dramatique, l'un à Montréal et l'autre à Québec. La métropole compte également l'Ecole nationale de Théâtre et plusieurs autres institutions privées. Deux CEGEP (Sainte-Thérèse et Saint-Hyacinthe) offrent des options théâtrales spécialisées et l'Université du Québec à Montréal est devenue un centre dynamique de recherche et d'animation théâtrale. Tout cela forme une relève enthousiaste, éveillée, déterminée et pleine d'espoirs.

Les professionnels du métier sont aujourd'hui groupés dans des syndicats et des sociétés qui protègent leurs droits et stimulent leur activité. L'Union des Artistes, la Société des Auteurs, l'Association des Directeurs de théâtre, le Centre d'essai des Auteurs et jusqu'à récemment le Centre canadien du Théâtre ont, à des niveaux divers, participé à la mise en place et à la mise en œuvre d'un marché relativement stable et rémunérateur.

En 1958, je fondais, à Montréal, l'Association canadienne du Théâtre d'Amateurs (ACTA). Deux raisons m'y poussaient. La première était d'insuffler au théâtre d'amateurs, la discipline, le sens critique, la stimulation et l'orientation qui décourageraient rapidement les insuffisants et perfectionneraient les autres. La deuxième était de déblayer la voie pour le théâtre professionnel qui s'installait en utilisant en retour l'énergie et la science des professionnels dans le secteur amateur, et d'éviter à un public friand de théâtre d'être exploité par trop d'amateurs peu scrupuleux.

L'ACTA a atteint ses buts et ses premiers présidents furent Jean Béraud, Gratien Gélinas et Jean Gascon. J'en assumai l'animation jusqu'en 1963 avec une équipe extraordinaire qui n'a jamais failli à la tâche. Des sections avaient été fondées à Vancouver, Saint-Boniface, Hull-Ottawa, Montréal, Trois-Rivières, Rouyn, Québec et Moncton. L'ACTA est devenue l'Association québécoise du jeune théâtre (AQJT) et elle groupe aujourd'hui un nombre considérable de troupes dont la qualité, l'entêtement, la ferveur assurent la permanence d'un théâtre régional jeune et éloquent à travers le Québec. Son congrès-festival annuel est l'un des événements les plus attendus de la saison artistique.

D'autres festivals annuels doivent aussi être mentionnés. Il y eut bien sûr le Festival d'art dramatique du Canada, fondé en 1933 par Lord Bessborough et qui, jusqu'en 1969, assurait une confrontation annuelle des meilleures troupes canadiennes-anglaises et françaises au moyen de concours locaux, régionaux et nationaux. Le Festival d'art dramatique du Canada devenu, en 1970, Théâtre-Canada, aura été pendant trente-sept ans le trait d'union national le plus important de notre vie théâtrale et la compétition qu'il entretenait aura permis l'éclosion de nombreux talents individuels en donnant aux artistes canadiens-français l'occasion de mériter prestige et honneurs.

Reste à signaler le Festival annuel du Théâtre universitaire de Lac-Mégantic qui est devenu en six ans une clinique dont les effets bénéfiques sont importants. Rencontre-critique du jeune théâtre, que la population a accueilli dès le début avec une cordialité chaleureuse exceptionnelle, ce festival est un autre des mécanismes de correction et de stimulation qu'a inventé le théâtre d'amateurs au Québec pour mieux jouer le rôle culturel qu'il s'est attribué.

Il conviendrait de mentionner également l'action positive du gouvernement fédéral qui, par l'entremise de ses programmes de Perspectives-Jeunesse et d'initiatives locales, a multiplié les occasions et les subventions que recherchaient les jeunes comédiens pour poursuivre, sur tous les plans, leur action sociale, politique et même contestataire par le théâtre.

Mon commentaire dépasse déjà les bienséances car vous trouverez dans cet ouvrage beaucoup des choses que j'ai dites et beaucoup d'autres auxquelles je suis tenté d'ajouter.

J'ai parlé surtout de ce que j'ai vécu. Né d'une famille dont l'engagement au théâtre est bien connu, j'ai, par un jeu de circonstances heureuses, fait carrière dans le théâtre, au-delà même de ce dont mon père eut rêvé pour lui-même ou pour ses fils.

En écrivant ce texte je revois *Tolbiac* à la Salle Notre-Dame de Hull, interprétée par la Société dramatique de l'Université d'Ottawa. Je revois Wilfrid Sanche jouant *Louison et son garçon vont à l'exposition* du notaire Horace Kearney, à l'Académie de LaSalle d'Ottawa ; les revues antisémites du journal *Le Goglu* à la Salle Odéon de Hull ; les drames moralistes du Père Laurent Tremblay ; les soirées de familles de la troupe Beaulne au Monument national d'Ottawa ; les grands pageants de la Jeunesse catholique montés par Roger Varin ; mes débuts à Wendover et ailleurs avec mon père, ma mère et mon frère sur des scènes de village alors que mon frère jouait l'amant de ma mère et que moi j'avais les rôles de bonnes. Je revois l'immense, la grandiose représentation, au Congrès marial d'Ottawa, des Jeux du Père Lamarche et de Rina Lasnier avec 150 figurants sur scène ; les débuts des Compagnons de Saint-Laurent chez les Pères du Saint-Esprit de Limbour et la suite ; la troupe Barry-Deyglun et la première de *De l'autre côté du mur* de Marcel Dubé. Je m'arrête ici car les souvenirs surgissent de partout.

J'ai vécu de théâtre parce que le théâtre a été constamment là, disponible, pour moi. Je me dis qu'il l'était pour d'autres aussi et que ceux-là qui l'ont fréquenté liront dans les pages qui suivent des souvenirs heureux. J'ai l'impression que j'ai mieux appris à vivre et que j'ai plus complètement connu la vie parce que j'ai été associé si intimement au théâtre. J'aurai en même temps vécu tant de vies et la mienne. J'aurai en même temps vécu ma vie et trouvé sa raison d'être dans cette conscience collective que le théâtre québécois m'a révélée sans cesse : la conscience d'un peuple.

Les origines

Le Théâtre de Neptune *de Marc Lescarbot*

par Roméo ARBOUR,

professeur à l'Université d'Ottawa

Marc Lescarbot est surtout célèbre par son *Histoire de la Nouvelle-France,* publiée à Paris en 1609, résumé des voyages antérieurs en Amérique et Journalier [1] pour ainsi dire, de la fondation de la Nouvelle-France en Acadie et sur les bords du Saint-Laurent. On connaît moins ses *Muses de la Nouvelle-France,* recueil de poèmes paru la même année à Paris, chez Millot, et ajouté ensuite en appendice à son *Histoire* [2]. Malgré un certain souffle de jeunesse, ces poèmes, composés hâtivement, n'auraient probablement jamais suffi par eux-mêmes à lui assurer quelque gloire. Mais ils ont eu le mérite de constituer la première œuvre poétique écrite en grande partie au Canada et d'introduire dans la littérature française un exotisme et une couleur locale qu'on chercherait vainement ailleurs à la même époque [3].

---

1. Champlain appelle le récit de ses voyages « Journalier des voyages et descouvertures que j'ay faites » (*Les voyages du sieur de Champlain*, Paris, Berjon, 1613, Dédicace).

2. Gilbert CHINARD, dans son ouvrage *L'Amérique et le rêve exotique dans la littérature française au XVIIe et au XVIIIe siècles* (Paris, Droz, 1934, pp. 102-104), a commenté avec verve les principales pièces de ce recueil. Elles ont à ses yeux bien peu de valeur, du point de vue littéraire. Aussi se borne-t-il à en rappeler les grands thèmes et à souligner leur caractère de propagande coloniale.

3. Les deux premières œuvres littéraires qui ont pour cadre le Canada, soit *Les Amours de Pistion et de Fortunie*, roman d'Antoine DU PÉRIER (1601) et *Acoubar*, tragédie de Jacques DU HAMEL (1603), présentent des traits d'exotisme nouveau à cette époque. Mais la couleur locale y fait presque entièrement défaut, les auteurs ayant transporté dans le Nouveau Monde la culture humaniste et l'organisation sociale et politique de la France. Lescarbot, même s'il enjolive les choses pour fin de publicité, se maintient davantage au niveau des réalités canadiennes. Il décrit la flore, la faune, le genre de vie qu'on pourrait y mener ; même il n'hésite pas à employer des mots indiens.

Ce mince recueil contient un jeu dramatique que Lescarbot a intitulé *Le Théâtre de Neptune en la Nouvelle-France* [4]. Jeu dramatique assez singulier, qui se rattache aux traditions sociales et littéraires de l'époque, mais auquel les circonstances de temps et de lieu, le texte lui-même et la mise en scène confèrent un caractère bien spécial.

L'HABITATION DE PORT-ROYAL

Le lieu et la date de la représentation nous sont bien connus. C'est Lescarbot lui-même qui les indique dans le titre : « Le Théâtre de Neptune en la Nouvelle-France représenté sur les flots du Port Royal le quatorziéme de Novembre mille six cens six, au retour du Sieur de Poutrincourt du pais des Armouchiquois. »

Ce texte nous reporte donc à la deuxième année de l'habitation des Français à Port-Royal, situé au nord-ouest de l'actuelle Nouvelle-Ecosse, sur les bords de la baie de Port-Royal, débouchant elle-même sur la baie Française (devenue baie de Fundy). Les tentatives de fondation de la Nouvelle-France étaient toutes récentes. La dernière en date avait été celle de Gravé (ou Pont-Gravé), de Champlain et du sieur de Monts à Tadoussac en 1603. Quand, au printemps de 1604, ils revinrent au Canada, ils préférèrent l'Acadie aux rives du Saint-Laurent, croyant y trouver un lieu qui pût réunir les conditions idéales de colonisation. Après un pénible hivernement sur l'île de Sainte-Croix et un voyage infructueux le long des côtes du sud, De Monts décida, en attendant « qu'il y eût moyen de faire plus ample découverte » [5], de transporter dès l'automne ses gens et ses biens de l'autre côté de la baie, à Port-Royal, « à l'abry du norouest » [6], et de rentrer lui-même en France pour chercher du renfort [7].

C'est dans ce voyage de recrutement que De Monts reprend contact avec Jean de Biencourt de Poutrincourt, gentilhomme picard, seigneur de Guibermesnil en Picardie et de Marcilly-sur-Seine en Champagne, ancien Ligueur rallié à Henri IV, et d'une culture assez étendue, puisqu'il a étudié l'histoire, la philosophie, les lettres anciennes, qu'il se plaît « es ars de Mathematique » et qu'il aime la musique. Poutrincourt a déjà pris part à l'expédition de 1604 « comme pour y aller marquer son logis » [8] et, après s'être fait concéder par De Monts la baie de Port-Royal et les terres adjacentes, est

4. Outre cette première édition de 1609, les *Muses* en ont connu plusieurs autres : celles de 1611, 1612, 1617, 1618 ; celle d'Edwin Tross en 1866 ; celle de Grant et Biggar par la Champlain Society de 1907 à 1914, qui reproduit l'édition de 1618 et qui a été reproduite en fac-similé par Greenwood Press (N.Y.) en 1968. En 1927, Harriette Taber Richardson a donné une édition particulière du *Théâtre de Neptune* qui reproduit l'édition de 1611 (texte français et traduction anglaise en vers) : *The Theatre of Neptune in New France,* French Text with translation by Harriette Taber Richardson, Cambridge, Riverside Press, 1927, XXII-28p.

5. M. LESCARBOT, *Histoire de la Nouvelle-France,* Liv. IV, ch. VIII (Grant-Biggar, III, p. 527).

6. *Les voyages du sieur de Champlain,* p. 96.

7. J'emprunte à l'*Histoire de la Nouvelle-France* de Marcel Trudel (II, *Le comptoir,* 1604-1627, Montréal, Fides, 1966) la plupart des notions d'histoire de l'Acadie qui me sont utiles.

8. M. LESCARBOT, *Histoire...,* Liv. IV, ch. V (Grant-Biggar, II, p. 512).

reparti pour la France à la fin d'août, bien décidé à revenir. Aussi accepte-t-il, avec empressement sans doute, de remplacer De Monts à titre de lieutenant et de chef de l'expédition. Au groupe déjà constitué s'adjoint l'un de ses amis, originaire de Vervins, en Picardie, et âgé d'environ trente ans, Marc Lescarbot [9].

Même s'il désire, comme il l'écrira dans son *Histoire,* « reconnoistre la terre oculairement », « fuir un monde corrompu » — il se plaignait, paraît-il, de certains juges — et vivre en repos « en Acadie par un travail agreable », ce jeune avocat de Paris n'a rien d'un raté, ni d'un aventurier [10]. Au contraire, il jouit déjà de quelque célébrité. En mai 1598, lors du traité de paix signé entre la France et l'Espagne dans sa ville natale, il a prononcé devant le légat du Pape une *Harangue d'action de grâces* qu'il publie avec ses *Poèmes de la paix ;* en 1599, il a fait paraître la traduction française d'un *Discours sur l'origine des Russiens,* écrit en latin par le cardinal Baronius et, en 1602, celle d'un opuscule latin sur un cas phénoménal de jeûne en Poitou [11]. Il est capable de tendresse et d'amitié, comme le démontrent la lettre qu'il adresse à sa mère avant son départ pour le Canada [12] et son indéfectible fidélité à Poutrincourt. Il possède une culture gréco-latine étendue, acquise à Paris où il a été boursier du collège de Laon de 1584 à 1587. Mais en 1606, c'est à la poésie que vont ses préférences. On sait qu'il émaillera souvent son *Histoire* de citations tirées de poètes latins et français (Ovide, Virgile, Du Bartas, Jean de Meung, Ronsard) ou de psaumes mis en vers français. Aussi n'est-on pas surpris de le voir, à la veille de son départ vers les terres nouvelles, exprimer ses premières émotions dans un poème de 126 vers, *Adieu à la France,* où il s'écrie :

> Adieu Muses aussi qui a votre cadence
> Avez conduit mes pas dés mon adolescence [13].

Le 27 juillet 1606, les nouveaux colons entrent dans la baie de Port-Royal. Dans la joie des retrouvailles, on s'installe, les hommes de métier se mettent au travail, on ensemence la terre. Un mois plus tard, Champlain, Gravé et quelque cinquante compagnons retournent en France. Lescarbot, dont l'expérience nouvelle stimule l'imagination, salue les partants d'un autre

---

9. « Et ayant eu l'honneur de le conoitre quelques années auparavant [à titre de client, probablement], il me demanda si je voulois être de la partie » (M. LESCARBOT, *Histoire...,* Liv. IV, ch. IX (Grant-Biggar, II, p. 531).

10. Voici le portrait que trace de lui René Baudry : « Lescarbot dépassait alors un peu la trentaine et « avocassait » depuis six ou sept ans ; mais il n'avait jamais pris le barreau très au sérieux. Originaire de Picardie, il résidait une bonne partie de l'année à Paris, courtisant les Muses, s'occupant pour vivre de menues transactions pour des clients de sa province, et plaidant parfois quelques causes. C'est ainsi qu'il avait dû connaître Poutrincourt et se lier d'amitié avec lui. D'humeur joyeuse et ami de la bonne chère, cultivé et beau parleur, il avait déjà voyagé et possédait des talents fort divers : il savait chanter, jouer de quelques instruments, dessiner, fabriquer des vers et tourner le boniment » (*Marc Lescarbot,* coll. *Classiques canadiens,* Montréal, Fides, 1968, Introduction, p. 6).

11. Voir la bio-bibliographie de Lescarbot dans l'*Histoire de la Nouvelle-France,* éd. Grant-Biggar, III, pp. 515-521.

12. M. LESCARBOT, *Histoire...* (Grant-Biggar, III, p. 516).

13. M. LESCARBOT, *Histoire...,* Liv. IV, ch. IX (Grant-Biggar, II, p. 532).

poème de 124 vers, *Adieu aux François retournans de la Nouvelle France en la France Gaulloise* [14].

UNE FÊTE EN ACADIE

Dans l'esprit de Gua de Monts et de Poutrincourt, l'habitation de Port-Royal n'est que provisoire. Le climat est trop rigoureux et les promesses de culture sont assez réduites. Il faut continuer l'exploration du littoral sud, vers des contrées plus chaudes, au-delà du cap Blanc (Cape Cod) et de Mallebarre (Nauset Harbour), au pays des Armouchiquois. Laissant Port-Royal sous la direction de Lescarbot, Poutrincourt part donc vers le sud le 5 septembre, accompagné d'un petit groupe de Français, dont Champlain, et de deux chefs indigènes.

Voyage à peu près inutile, puisque Poutrincourt, perdant son temps, comme l'écrit Champlain, à repasser sur la « descouverture que de Monts a déjà faite » [15], ne peut guère pousser plus loin que le cap Mallebarre.

Voyage tragique, surtout, car dans une attaque-surprise les indigènes ont tué trois de ses hommes, en ont blessé plusieurs, et une expédition punitive qu'il a cru bon d'organiser a eu pour résultat majeur de s'aliéner l'amitié de ces peuplades du sud.

Telle est la malheureuse odyssée qui fournit à Marc Lescarbot l'occasion de présenter le *Théâtre de Neptune*. Selon les ordres de Poutrincourt, il a eu « l'œil à la maison » et maintenu « ce qui restoit de gens en concorde ». Il a dirigé les travaux : défrichement, jardinage, assainissement des alentours. Le soir, selon son habitude, il lisait ou écrivait :

> Quand est du travail de l'esprit, j'en avois honnetement. Car chacun estant retiré au soir, parmi les caquets, bruits & tintamares, j'estois enclos en mon étude lisant ou écrivant quelque chose [16].

En cet automne 1606, ce qu'il écrit, c'est probablement son Journalier. C'est aussi un poème dramatique que lui inspirent d'abord le destin de la Nouvelle-France et son admiration pour Poutrincourt, dont il est loin, à ce moment, de soupçonner les ennuis dans le pays des Armouchiquois, puis le souci d'égayer la colonie, car à lire les commentaires de toutes sortes qu'il a glissés dans son *Histoire,* on l'imagine facilement sympathique, sensible, gai compagnon, amateur de bon vin.

Voici comment il a organisé cet accueil au sieur de Poutrincourt :

> ... nous le receumes joyeusement & avec une solennité toute nouvelle pardela, écrit-il. Car sur le point que nous attendions son retour avec un grand desir (& ce d'autant plus, que si mal lui fût arrivé nous eussions été en danger d'avoir de la confusion) je m'avisay de repre-

---

14. « Et lors prenant un peu de loisir, je fis en rhime Françoise un Adieu au dit sieur du Pont & sa troupe, lequel est ci-aprés couché parmi les *Muses de la Nouvelle-France* » (M. Lescarbot, *Histoire...*, Liv. IV, ch. XIII ; Grant-Biggar, II, p. 553).

15. *Les voyages du sieur de Champlain,* p. 139.

16. M. Lescarbot, *Histoire...*, Liv. IV, ch. VI (Grant-Biggar, II, p. 520).

senter quelque gaillardise en allant audevant de lui, comme nous fimes. Et d'autant que cela fut en rhimes Françoises faites à la hâte, je l'ay mis avec les *Muses de la Nouvelles-France,* souz le tiltre de THEATRE DE NEPTUNE, où je renvoye mon Lecteur[17].

C'est l'heure de la fête, ressentie comme un besoin après des mois de solitude et de travaux. Au jeu et à la parole, qui expriment le projet commun et exaltant de fonder un pays, vont succéder les réjouissances de la table. Mais il faut aussi créer une ambiance exceptionnelle, ne fût-ce qu'au moyen d'humbles symboles :

> Au surplus, pour honorer davantage le retour & nôtre action, nous avions mis au dessus de la porte de nôtre Fort les armes de France, environnées de couronnes de lauriers (dont il y a là grande quantité au long des rives des bois) avec la devise du Roy, *Duo protegit unus.* Et dessous celles du sieur de Monts avec cette inscription, *Dabit Deus his quoque finem* : & celles du sieur de Poutrincourt avec cette autre inscription, *Invia virtuti nulla est via,* toutes deux aussi ceintes de chapeaux de lauriers [18].

Ainsi, le 14 novembre 1606, au moment où Poutrincourt et ses gens sortent de leur barque, le spectacle nautique commence avec un apparat qui se voudrait fastueux. Neptune en majesté, assis probablement sur une espèce de radeau, que Lescarbot appelle un chariot, est conduit par six Tritons [19] jusqu'à la chaloupe de Poutrincourt. Lescarbot nous rapporte luimême les principaux détails de la mise en scène :

> Neptune commence revetu d'un voile de couleur bleuë, & de brodequins, ayant la chevelure & la barbe longues & chenuës, tenant son Trident en main, assis sur son chariot paré de ses couleurs : ledit chariot trainé sur les ondes par six Tritons jusques à l'abord de la chaloupe où s'estoit mis ledit Sieur de Poutrincourt & ses gens sortant de la barque pour venir à terre. Lors ladite chaloupe accrochée, Neptune commence ainsi [20].

Après la harangue de Neptune,

> une trompette commence à éclater hautement & encourager les Tritons à faire de méme. Ce pendant le sieur de Poutrincourt tenoit son epée en main [21], laquelle il ne remit point au fourreau jusques à ce que les Tritons eurent prononcé comme s'ensuit.

---

17. *Id., ibid.*, Liv. IV, ch. XV (Grant-Biggar, II, pp. 566-567).
18. *Id., ibid.*, Liv. IV, ch. XV (Grant-Biggar, II, p. 567).
19. « Le dieu marin Triton serait [...] la première personnification du flot impétueux, de même qu'Amphitrite symboliserait la mer qui entoure le monde de son courant », écrit André Boulanger dans le *Dictionnaire des Antiquités grecques et romaines* publié sous la direction de Daremberg et Saglio (V, p. 483). Chez les écrivains et les artistes de l'antiquité, Triton est représenté comme un être mi-homme, mi-poisson, qui peut, par les appels de sa conque, soulever ou calmer les flots de la mer et dont on implore la protection sur les navigations aventureuses. Dans l'imagerie de la Renaissance, il est devenu un robuste poisson que chevauche un guerrier armé d'un trident. « Les Tritons, écrit encore A. Boulanger, forment le cortège obligé des grands dieux de la mer, qu'ils égaient de leurs bonds et de leur musique ».

    Dans le *Théâtre de Neptune,* ils sont évidemment réduits à de modestes symboles : de simples canots occupés, chacun, par un marin paré de quelques insignes. Mais Lescarbot a conservé leur rôle de serviteurs de Neptune et de musiciens.
20. M. LESCARBOT, *Histoire..., Appendice* (Grant-Biggar, III, p. 473).
21. L'édition de 1618 ajoute : son épée nuë.

Comme Neptune, ceux-ci exaltent la courageuse entreprise qui, avec Poutrincourt, connaît un si heureux commencement et adjurent la France et Henri IV de l'appuyer sans réserve.

L'entrée en scène de quatre indigènes ouvre la seconde phase du spectacle :

> Cela fait, Neptune s'équarte un petit pour faire place à un canot, dans lequel estoient quatre Sauvages [des Français déguisés en Sauvages, il va sans dire], qui s'approcherent apportans chacun un present audit sieur de Poutrincourt.

L'un offre « un quartier d'Ellan ou Orignac », l'autre, des peaux de castors, le troisième, des écharpes et des bracelets, le quatrième, le poisson qu'il ira pêcher.

Le savoir-vivre exige quelques paroles de remerciement avant de mettre pied à terre : Lescarbot n'hésite pas à les inclure dans son spectacle, sans toutefois nous les rapporter :

> Apres que Neptune eut esté remercié par le sieur de Poutrincourt de ses offres au bien de la France, les Sauvages le furent semblablement, de leur bonne volonté & devotion ; & invitez de venir au Fort Royal prendre du *caracona* [c'est-à-dire du pain]. A l'instant la troupe de Neptune chante en musique à quatre parties ce qui s'ensuit...
>
> La Musique achevée, la trompette sonne derechef, & chacun prent sa route diversement : les Canons bourdonnent de toutes parts, & semble à ce tonnerre que Proserpine soit en travail d'enfant : ceci causé par la multiplicité des Echoz que les côtaux s'envoient les uns aux autres, lesquelz durent plus d'un quart d'heure.

Puis le joyeux cortège se dirige vers l'habitation où, de spectacle épique, la fête va tourner en bombance et en libations :

> Le Sieur de Poutrincourt arrivé prés du Fort Royal, un compagnon de gaillarde humeur qui l'attendoit de pié ferme, dit ce qui s'ensuit...

Telle fut l'ordonnance de ce premier spectacle conçu et courageusement réalisé au Canada sur une mer de mi-novembre. Spectacle qui, malgré les frissons, dut relever le moral des Français et produire un grand effet sur les Souriquois assemblés autour de leur vieux chef, Membertou.

LE TEXTE

Pris en lui-même, le texte de ce jeu n'a rien de dramatique. Même s'il y a une brève succession d'actions ou de démarches, il n'en équivaut pas moins à une longue harangue distribuée par personnages de moins en moins épiques.

Le discours de Neptune, le dieu souverain de la mer, joue ici le rôle de l'*Ombre* dans les tragédies de la Renaissance. Mais à l'inverse. Alors que l'*Ombre* d'Antoine dans la *Cléopâtre* de Jodelle, ou celle du Prophète dans *Les Juives* de Garnier annonçaient malheurs et châtiments, Neptune se présente comme le dieu bienveillant qui seconde les efforts des hardis navigateurs :

ARRETE, Sagamos, arréte-toy ici [22],
Et ecoutes un Dieu qui a de toy souci [23].

Il a bonne mémoire, car il rappelle l'aide qu'il a apportée aux Flamands naviguant jusqu'en Chine, à ceux qui sont parvenus au-delà des Tropiques jusqu'à l'autre pôle, à Charlemagne qui a pu recevoir de Perse « un superbe elephant », aux soldats français qui ont bataillé dans les pays du Levant, au Portugais « hazardeux » — Vasco de Gama, sans doute — et à Poutrincourt lui-même, lors de ses récents voyages. Voilà de quoi cautionner la promesse solennelle qu'il profère :

Ainsi je veux toujours seconder tes desseins,
Ainsi je ne veux point que tes effortz soient vains,
Puis que si constamment tu as eu le courage
De venir de si loin rechercher ce rivage
Pour établir ici un Royaume François...
Par mon sacré Trident, par mon sceptre je jure
Que de favoriser ton projet j'auray cure...

Dans la vision finale de Neptune se profilent les rêves de Lescarbot lui-même, dont nous trouvons ici et là dans son *Histoire* des contours plus précis :

Va donc heureusement, & poursui ton chemin
Où le sort te conduit car je voy le destin
Preparer à la France un florissant Empire
En ce monde nouveau, qui bien loin fera bruire
Le renom immortel de De Monts & de toy
Souz le regne puissant de HENRY vôtre Roy.

Avec l'intervention des Tritons, le registre s'abaisse. De pompeusement oratoire, le style devient plus lyrique et plus familier. Comme dans les chœurs des tragédies de la fin du XVIe siècle. Ces six strophes, en effet, semblent bien jouer ici le rôle des chœurs. Elles en ont le rythme léger, formées qu'elles sont de vers octosyllabiques (sauf la première, en alexandrins, qui sert de transition entre ces deux tableaux vivants). Comme feraient les chœurs, les Tritons commentent les paroles de Neptune, exhortent les nouveaux venus à fonder une Nouvelle-France et leur promettent la gloire, « le renom [de ton courage] qui des-ja en toutes terres vole ».

Les deux premiers proclament la puissance de Neptune, qui triomphe des vents et gouverne les hommes. Le troisième adjure la France d'encourager le zèle de ses enfants, et le quatrième, s'adressant à Poutrincourt, loue son courage :

Ainsi ton nom (grand *Sagamos*)
Retentira dessus les flots
D'or-en-avant, quand dessus l'onde
Tu decouvres ce nouveau monde,
Et y plantes le nom François,
Et la Majesté de tes Rois.

---

22. Lescarbot indique, en note, que *Segamos* est « un mot sauvage, qui signifie capitaine ».
23. Éd. de 1612 et de 1618 : « regardes un Dieu ».

L'intervention du suivant introduit un air de farce dans ce déploiement jusqu'ici encore assez solennel. C'est le discours du fou du Roi. « Un Gascon, écrit Lescarbot, prononça ces vers a peu prés en sa langue ». A peu près, c'est-à-dire en un mélange fantaisiste de gascon et de français parfois latinisé. Déguisement linguistique qui voile à peine les plus lestes propos sur le vieux Neptune, ce vieillard qui, dit-il, se pavane, fait le vert-galant — on est au temps de Henri IV ! — et poursuit les jeunes filles. Ne vous fiez pas trop, ajoute-t-il, à ces gens à barbe grise... Reprenant le ton de l'acclamation, le sixième Triton s'écrie :

Vive HENRI le grand Roy des François
Qui maintenant fait vivre souz ses loix
Les nations de sa Nouvelle-France...

La cérémonie des offrandes forme la seconde partie du spectacle. Ce sont des Sauvages qui connaissent les bonnes manières et l'art de bien dire. Le premier fait sa révérence en une phrase de douze vers et ajoute :

Nos moyens sont un peu de chasse,
Que d'un cœur entier nous t'offrons...

Le second, plus timide, offre des peaux de castors qui pourront servir à la fabrication d'un manteau. Le troisième est le galant du groupe : il est amoureux — on peut l'être, dit-il, aussi bien ici qu'en France —, et sa maîtresse l'envoie offrir de menus articles qu'elle a façonnés elle-même. Tout heureux de sa mission, il termine son compliment en virtuose :

Reçoy doncques d'allegresse
Ce present que je t'adresse
Tout rempli de gentillesse
Pour l'amour de ma maîtresse
Qui est ores en detresse,
Et n'aura de liesse
Si d'une prompte vitesse
Je ne lui di la caresse
Que m'aura fait ta hautesse.

C'est aussi en vers de sept syllabes que s'exprime le dernier Sauvage. Regrettant d'avoir perdu sa jeunesse à suivre Diane en ses forêts, il se fera (si possible) pêcheur :

Maintenant je n'en vay voir
Par cette côte marine
Si je pourray point avoir
Dequoy fournir ta cuisine...

Mais à chaque chose son temps. Les nobles sentiments, les mythes antiques, les tournures élégantes, soit. Pour des soldats et des artisans confinés en ce coin du bout du monde, les réjouissances matérielles importent davantage. Aussi le texte du dernier tableau relève-t-il plutôt de la poésie burlesque et de la verve rabelaisienne que de l'air de cour. Ici, à l'entrée du Fort, le maître, c'est un chef d'hôtel de « gaillarde humeur », qui sait animer sa troupe et manier la plaisanterie. Sa tirade ne manque pas de pittoresque :

Apres avoir longtemps *(Sagamos) desiré*
Ton retour en ce lieu, en fin le ciel iré

A eu pitié de nous, & nous monstrant ta face
Il nous a fait paroitre vne incroiable grace [24].
  Sus doncques, rotisseurs, depensiers, cuisiniers,
Marmitons, patissiers, fricasseurs, taverniers,
Mettez dessus dessouz pots & plats & cuisine,
Qu'on baille à ces gens ci chacun sa quarte pleine,
Ie les voy alterez *sicut terra sine aqua.*
Garson depeche-toy, baille à chacun son K.
Cuisiniers, ces canars sont ilz point à la broche ?
Qu'on tuë ces poulets, que cette oye on embroche,
Voici venir à nous force bons compagnons
Autant deliberez des dents que des roignons.
Entrez dedans, Messieurs, pour vôtre bien-venuë,
Qu'avant boire chacun hautement éternuë,
A fin de decharger toutes froides humeurs
Et remplir voz cerveaux de plus douces vapeurs.

Le jeu s'achève par ces vers bachiques. Mais, comme nous l'avons vu plus haut, sur cette lancée la fête prend un nouveau départ. L'on croit entendre des cris, des rires, des chansons, des récits fantastiques, des histoires gaies, des gauloiseries. Une fête masculine !

Du point de vue strictement littéraire, le *Théâtre de Neptune,* il faut en convenir, offre peu d'intérêt. D'ailleurs, Lescarbot ne se faisait pas d'illusion sur la beauté de ses vers :

> Je prie le Lecteur, écrit-il à la fin, excuser si ces rhimes ne sont si bien limees que les hommes delicats pourroient desirer. Elles ont esté faites à la hâte.

Il semble s'être bien appliqué, au début, car la harangue de Neptune est loin d'être banale, compte tenu du genre. Par sa composition, l'équilibre de ses parties, son langage poétique, la sonorité de ses rimes, elle témoigne d'un effort sérieux d'écriture. Mais tout le reste est fort médiocre. La phrase, souvent cahoteuse, se contorsionne selon les besoins de la rime. Les petits discours des Tritons manquent de fermeté de lignes et d'individualité : sauf le cinquième — celui de notre Gascon — ils ressassent tous les mêmes idées générales, vagues échos de la harangue de Neptune. Les Sauvages parlent mieux. Avec plus de clarté et de naïve simplicité. L'ensemble n'en reste pas moins pauvre et sans élan poétique.

Mais Lescarbot vise à tout autre chose qu'à un brillant poème. C'est un jeu que son imagination organise. Une allégorie marine où, sur une scène inusitée, se mêlent quasi familièrement les dieux et les hommes, avec la conviction, commune aux poètes de son temps, que le recours à la mythologie sert à provoquer des effets d'enchantement poétique.

Une question se pose à l'esprit. Comment expliquer qu'au lieu de composer un poème, comme il l'avait fait en d'autres occasions, Lescarbot ait pu imaginer ce genre de spectacle ?

Est-ce un souvenir de collège ? Je ne le crois pas. Aucune monographie consacrée aux collèges publics de la fin du XVIe siècle ne mentionne l'existence d'une mise en scène similaire. D'autre part, on sait que dans les

24. Ed. de 1618 : « Nous a favorisé d'une incroyable grace ».

collèges des Jésuites les activités théâtrales, peu nombreuses, se limitaient aux pièces bibliques ou hagiographiques. Ce n'est qu'à partir de 1625 environ que, malgré des défenses périodiquement formulées par les autorités de la Compagnie, les ballets mythologiques ou allégoriques, précédés d'une quinzaine d'années par les tragédies profanes, furent assez souvent représentés [25].

A mon avis, Lescarbot s'est plutôt souvenu d'un genre de spectacle qui, depuis un demi-siècle, s'était répandu dans la vie de Cour en Europe. Homme cultivé et artiste, il avait certainement entendu parler, non pas peut-être des *Masques* anglais, mais des fêtes florentines, des entrées royales en France — celles de Lyon en 1548, de Paris en 1549, de Rouen en 1550 [26] et en 1563 — et de la fête de Fontainebleau en 1564, imitations grandioses du triomphe romain, comprenant, outre un défilé fastueux sous des arcs de triomphe, un festival nautique avec les sirènes, Neptune et les Tritons, que rappelle la fameuse tapisserie des Valois au musée des Offices à Florence [27]. Il connaissait sûrement les ballets et mascarades dont raffolait la Cour depuis 1580, œuvres pour la plupart de Ronsard, de Du Bellay, de J.-A. de Baïf, de Claude Binet, de Jean Passerat [28], surtout le plus célèbre de ces spectacles, le *Ballet comique de la Reine*, qui fut organisé par Beaujoyeulx pour les noces du duc de Joyeuse en 1581 et publié en 1582 : spectacle qui met en scène Circé, Thétis tirée par trois chevaux marins et entourée de Tritons, de néréides et de satyres, et enfin Minerve et Jupiter [29].

Chez Lescarbot, le souvenir de ces fêtes a pu encore être ravivé par la lecture du *Songe de Poliphile* ou *Hypnerotomachie* de Francesco Colonna, dont Beroalde de Verville avait fait paraître de larges extraits en 1600 [30].

---

25. Sur ce sujet voir l'article de R. LEBÈGUE, *Les Ballets des Jésuites*, dans la *Revue des Cours et Conférences* (t. 37, 1936, pp. 127-139, 209-222, 321-330) et les articles suivants parus dans le recueil *Dramaturgie et société* (Paris CNRS, 1968, II) : F. DE DAINVILLE, *Allégorie et actualité sur les tréteaux des Jésuites* (pp. 433-443) ; A. STEGMANN, *Le Rôle des Jésuites dans la dramaturgie française au début du XVIIe siècle* (pp. 445-456) ; J. HENNEQUIN, *Théâtre et société dans les pièces de collèges au XVIIe siècle (1641-1671)*, (pp. 457-467).

26. Pour la description de cette entrée de Henri II à Rouen, voir Joseph CHARTROU, *Les Entrées solennelles et triomphales à la Renaissance, 1484-1551* (Paris, PUF, 1928, pp. 130-140) et Gabriel MOUREY, *Le livre des fêtes françaises* (Paris, 1930, pp. 46-54).

27. Voir N. IVANOFF, *Les fêtes à la Cour des derniers Valois d'après les tapisseries flamandes du musée des Offices à Florence*, dans la *Revue du Seizième siècle*, 1932, pp. 96-122.

28. Voir Paul LACROIX, *Ballets et mascarades de Cour, de Henri II à Louis XIV (1581-1652)*, Genève, 1868-1870, 6 vol.

29. Le P. Menestrier, qui devint dans la seconde partie du XVIIe siècle l'historien et le théoricien des ballets, décrit ainsi cette parade sur la Seine : « Ce char était tiré par des chevaux marins faits de plusieurs bateaux dans lesquels étaient cachés des rameurs. Il était précédé de Tritons, de sirènes, de tortues, de dauphins, de baleines et de monstres marins chargés de musiciens, de joueurs d'instruments et de feux d'artifice ; et de semblables machines de poissons marins suivaient ce char » (*Des représentations en musique*, 1681, p. 176).

30. Joseph CHARTROU, dans *Les Entrées solennelles et triomphales à la Renaissance, 1484-1551*, a souligné l'influence du *Songe de Poliphile* et de ses illustrations, d'abord sur les entrées italiennes des XVe et XVIe siècles, puis sur les entrées royales en France à partir de 1530, plus particulièrement sur l'entrée de Paris, en 1549, dont la préparation fut confiée à Jean Martin, traducteur du *Songe de Poliphile*.

Racontant son voyage en mer, Poliphile décrit, près de cent ans à l'avance, les mises en scène royales :

> ... je vis venir les dieux marins pour lui faire la due révérence [au monarque Amour]. Premierement le vieil Neptune à la barbe inde, eparpillée, tenant sa fourche-fière à trois pointes, et monté en un chariot revolué de deux grandes baleines ; à l'entour de lui les Tritons en coques de limaces de mer, tournées en mille modes étranges. Ils en avaient fait des buccines et cors dont ils menaient si très grand bruit, qu'ils en faisaient retentir l'air de toutes parts. Ces Tritons étaient accompagnés d'une multitude presque infinie de nymphes Néréides, montées sur beaux dauphins... Le muable Proteus tiré par des chevaux marins... [31]

Voilà, je crois, la tradition à laquelle se rattache le *Théâtre de Neptune*. Bien modestement, d'ailleurs, avec ses quelques canots, un dieu, une seule espèce de monstres marins, Poutrincourt et quelques Sauvages. Mais l'essentiel y est d'une parade nautique, que la vue de la baie de Port-Royal l'invitait à préparer. Le mérite de Lescarbot, c'est peut-être de l'avoir conçue comme le support d'un dialogue, même si les paroles improvisées de Poutrincourt n'ont pas été consignées. Dans les années qui suivirent, la mode de ces ballets plus ou moins nautiques se répandit largement, alors que la mer se transporta sur la scène. Nommons le *Ballet des dieux marins* (1609), le grand carrousel (1612), le *Ballet des Argonautes* (1614), le *Ballet de Madame* (1615), le *Ballet de Psyché* (1619) où « la scène se changea en mer », le *Ballet d'Apollon* (1621), le *Ballet de la marine* (1635) [32].

En composant cette « gaillardise », selon sa propre expression et celle de Champlain, Lescarbot s'est donc inscrit dans l'histoire d'un genre théâtral, mineur, sans doute, mais devenu très vivant dans le milieu fastueux de la Cour et aussi dans les collèges. Théâtre sur l'eau, qui est l'un des chapitres de l'histoire du théâtre baroque.

31. Trad. de Jean Martin, Paris, 1546, f° 103, d'après l'édition photostatique de A.-M. Schmidt (Paris, Club des Libraires de France, 1963).

32. Je tire ces renseignements de Jean ROUSSET, *L'intérieur et l'extérieur*, Appendice : *L'eau sur le théâtre et le théâtre sur l'eau* (Paris, Corti, 1968, pp. 183-193).

Les Spectacles dramatiques en Nouvelle-France (1606-1760)

par Baudouin BURGER,
professeur au CEGEP Ahuntsic

Les informations sur le théâtre en Nouvelle-France sont éparpillées dans des ouvrages d'histoire politique du régime français et dans quatre études qui traitent particulièrement de la querelle de *Tartuffe* à la fin du XVIIe siècle [1]. Sans vouloir faire une étude exhaustive sur le sujet, je tiens plutôt à rassembler un certain nombre de renseignements pour dégager les grandes lignes de la vie théâtrale sous le régime français.

Tout porte à croire que les représentations théâtrales ont été beaucoup plus nombreuses qu'on ne l'a dit jusqu'ici. Le 18 octobre 1694, le gouverneur Frontenac demande au Conseil souverain, qui tient lieu de Conseil exécutif et de Cour d'appel, d'ordonner une enquête afin de savoir :

> si dans les Tragedies et Comedies qui se sont joüees les années precedentes pendant le Carnaval, Et celles qui ont esté representées celuy ci, il s'est Commis quelque desordre, Sil y a eu des personnes qui en ayent joüé ou fait joüer de Criminelles, d'impies, ou d'impures, Et si laccompagne de quelques circonstances particulieres les ont rendu plus dange-

1. Auguste GOSSELIN, *Un épisode de l'histoire du théâtre au Canada*, dans les *Mémoires de la Société Royale du Canada*, vol. 9, section 1, 1898, pp. 53-72. Margaret M. CAMERON, *Play-acting in Canada during the French Regime*, dans *Canadian Historical Review*, vol. 11, no 1, mars 1930, pp. 9-19. Robert DE ROQUEBRUNE, *Le théâtre au Canada en 1694 : l'affaire du « Tartuffe »*, dans *Revue d'Histoire des Colonies*, t. 19, 1931, pp. 181-194. Alfred RAMBAUD, *La Querelle de « Tartuffe » à Paris et à Québec*, dans *Revue de l'Université Laval*, vol. 8, no 5, janvier 1954, pp. 421-434.

> reuses ou plus criminelles que celles qui ont esté representées de tous temps en ce pays [2].

Il semble donc que des représentations ont été données de façon régulière, tout au moins dans la capitale. Quelques-unes seulement ont été retracées. On peut lire aussi, dans une étude sur les Ursulines, la remarque suivante :

> ces dialogues ou « pastorales », ces petits drames moraux et religieux, ont toujours été en usage dans notre maison, et nous trouvons encore au Monastère d'anciens manuscrits, en prose et en vers, composés pour diverses circonstances, comme une cinquantième année de profession religieuse, le retour d'un pasteur, etc. [3].

La plupart des manuscrits datant du régime français n'ont pas été retrouvés.

Les renseignements sur le sujet proviennent principalement des chroniqueurs religieux de l'époque. Il faut remarquer cependant que ces derniers n'attachent que peu d'importance aux divertissements de société, d'où une description limitée généralement à deux ou trois lignes pour signaler les représentations. Celles-ci peuvent être divisées en deux catégories : le théâtre de collège et le théâtre de société. Par ailleurs les réactions des autorités ecclésiastiques déterminent l'importance et la nature de cette activité théâtrale. Ainsi se précisent les trois aspects du présent travail ; dans les trois sections qui leur correspondent, les événements décrits suivent l'ordre chronologique [4]. Enfin, la notion générale de « spectacle dramatique » s'applique à un spectacle organisé autour d'un texte écrit sous forme de dialogue. Nous verrons que les distinctions traditionnelles entre comédie, tragédie, tragicomédie etc., auxquelles le théâtre européen nous a habitués, ne correspondent pas toujours à la réalité des origines culturelles québécoises.

I — LE THÉÂTRE DE COLLÈGE

Le rôle des religieux en Nouvelle-France est d'évangéliser les « sauvages » et de se consacrer à l'éducation des enfants, en plus d'y affirmer la présence de l'Eglise catholique. Les Jésuites s'établissent définitivement dans la colonie en 1632 et, trois ans plus tard, leur collège est fondé. En 1639, les Ursulines arrivent à Québec sous la conduite de Marie de l'Incarnation pour fonder, elles aussi, leur « séminaire de filles ». Pour des motifs autant

---

2. *Jugements et délibérations du Conseil Souverain de la Nouvelle-France*, Québec, Côté, 1887, vol. 3, p. 926. Je n'ai pas modernisé l'orthographe des textes du XVIIe siècle, car je ne pense pas qu'elle nuise à leur compréhension. J'ai dû néanmoins changer certains u en v et certains i en j, ces deux lettres rendant parfois difficile la lecture du texte. D'autre part, pour respecter l'intégrité des textes d'autrefois, je reproduis les incorrections de certaines citations qui ne sont pas, de cette manière, alourdies par de trop nombreux « sic ».

3. *Les Ursulines de Québec depuis leur établissement*, Québec, Darveau, 1866, vol. 1, p. 493. A l'avenir : *Les Ursulines de Québec*.

4. La plupart de mes références événementielles proviennent des études de M. Marcel Trudel sur la Nouvelle-France, en particulier de son *Histoire de la Nouvelle-France* (Montréal, Fides, 1963/1966, 2 vol.) et de son *Initiation à la Nouvelle-France* où une bibliographie complète chacun des sujets étudiés (Montréal, Holt, Rinehart et Winston, 1968, xviii, 323p.).

politiques que pédagogiques, ces enseignants religieux vont faire jouer des spectacles dramatiques par leurs élèves [5].

Les « réceptions »

Lorsque le gouverneur nommé par le roi arrive à Québec pour occuper son poste, les Jésuites l'accueillent au Collège par une « réception », ce qui est l'une des formes les plus typiques des spectacles dramatiques au XVIIe siècle. Les enseignants suivent en fait la tradition des collèges français, transcrite plus tard dans le *Ratio discendi et docendi* qui sera leur manuel de pédagogie :

> Si un nouveau gouverneur, si un évêque arrive dans la ville ; si on apprend la nouvelle d'une victoire, de la paix, de la canonisation d'un Saint, de la guérison d'un prince, si l'on célèbre les funérailles d'un héros, qu'aussitôt nos écoles retentissent du chant joyeux des muses ou de leurs lamentations [6].

La première « réception » fut donnée le 20 août 1648 en l'honneur du gouverneur Louis d'Ailleboust qui succédait à De Montmagny :

> le nouveau gouverneur fut ensuite receu par tous les ordres du pays, qui le complimenterent, et les Sauvages mesmes voulurent estre de la partie, luy faisant une petite harangue, par la bouche d'un Religieux de nostre Compagnie, qui les conduisoit [7].

Cette « réception » engage donc plusieurs personnes qui complimentent le dignitaire, de manière à obtenir son appui politique comme nous le verrons par la suite. Ces personnes ne dialoguent pas véritablement selon la forme usuelle question-réponse, mais chacune s'adresse au gouverneur censé de répondre à toutes ces harangues. Voilà un genre de spectacle dramatique ayant un certain décorum et dans lequel les personnages *représentent* un groupe social bien défini, caractérisé par les normes d'un discours particulier qui est celui de la harangue.

Trois ans plus tard, D'Ailleboust est remplacé au poste de gouverneur de la Nouvelle-France par Jean de Lauzon à qui les élèves des Jésuites présentent une « réception » peu après son arrivée, le 18 octobre 1651 :

---

5. Les deux ouvrages suivants m'ont servi à établir la plupart des comparaisons avec le théâtre des collèges français : Ernest BOYSSE, *Le Théâtre des Jésuites*, Genève, Slatkine Reprints (éd. 1880), 1970, 370p. ; L.-V. GOFFLOT, *Le théâtre au Collège, du Moyen-Age à nos Jours*, Paris, Champion, 1907, xv, 336p.

6. Cité dans Camille DE ROCHEMONTEIX, s.j., *Un collège des Jésuites aux XVIIe et XVIIIe siècles. Le Collège Henri IV de la Flèche*, Le Mans, Le guicheux, 1889, vol. 3, p. 61.

A cette époque, le manuel de pédagogie des Jésuites est le *Ratio Studiorum* dont une version plus pragmatique, le *Ratio discendi et docendi*, sera écrite par le P. Jouvancy et approuvée en 1696.

7. *Relation de la Nouvelle-France, en l'année 1648*, dans *Relation des Jésuites contenant ce qui s'est passé de plus remarquable dans les missions des Pères de la Compagnie de Jésus dans la Nouvelle-France*, Québec, Côté, 1858, vol. 2 (p. 2). Toutes les références proviennent de cette édition en trois volumes. A l'avenir : *Relation de...*

La première « réception » fut en fait le spectacle monté par Lescarbot en 1606, à Port-Royal. Voir l'article de Roméo Arbour dans ce volume.

> Une heure après midy, les escholiers receurent M. le Gouverneur dans nostre nouvelle chapelle *latina oratione & versibus gallicis,* &c. Les sauvages danserent, &c. [8].

Cet exemple montre que les « réceptions » particularisent la culture des gouvernants. Le discours est en latin et il est assorti d'une déclamation en vers français : elle est spécifiquement littéraire. Haranguer un dignitaire, c'est lui parler noblement.

Le 28 juillet 1658, le nouveau gouverneur, le vicomte d'Argenson, est « receu par la jeunesse du païs d'un petit drame en françois, huron & algonquin, dans notre jardin, à la veue de tout le peuple de Quebec » [9]. Nous ne savons pas qui est l'auteur de ce spectacle dont le texte a été retrouvé et publié [10]. Après le *Théâtre de Neptune,* c'est une des rares pièces qui permette de caractériser le genre littéraire dramatique de la « réception ». Celle-ci consiste en une suite de compliments adressés au gouverneur par une douzaine de récitants représentant les Français, les différentes nations amérindiennes et deux personnages allégoriques. Le jeu scénique est très simple : chacun des personnages se détache du groupe pour préciser sa harangue, puis se retire pour faire place à l'acteur suivant. Seuls les deux personnages allégoriques manifestent leur présence durant tout le spectacle : le Génie des forêts traduit au fur et à mesure les harangues amérindiennes, tandis que le Génie universel de la Nouvelle-France, meneur de jeu, introduit chacun des acteurs prenant la parole. Dans une première partie du spectacle, le Génie universel présente toutes les nations du Canada, en commençant par la nation française représentée par quatre écoliers. Ceux-ci glorifient, chacun leur tour, le gouverneur et lui demandent son aide pour la lutte contre les Iroquois. La tirade suivante peut servir d'exemple du style emphatique de la réception » :

> Que votre marche glorieuse
> A desja causé de bonheur
> La terre en est ravie, et dit-on par honneur
> Qu'elle en sera plus plantureuse.
> Du moins l'Iroquois enragé,
> Bouffy du vent de ses prouesses,

---

8. *Le Journal des Jésuites.* Publié d'après le manuscrit original conservé aux Archives du Séminaire de Québec par MM. les abbés Laverdière et Casgrain, Québec, Léger Brousseau, 1871, p. 163. A l'avenir : *Le Journal des Jésuites.*

9. *Ibid.*, p. 237.

10. *La Réception de Monseigneur le Vicomte d'Argenson, par toutes les Nations du pais de Canada à son entrée au Gouvernement de la Nouvelle-France.* Publiée par Pierre-Georges Roy, Québec, Léger Brousseau, 1890, 23p.

Augus Mac Dougall croit que le Père Ragueneau, qui a écrit des pièces de théâtre dans sa jeunesse et qui est spécialiste des langues amérindiennes à cette époque, est l'auteur de cette « réception ». (*An historical side light — Québec 1658*, dans *Culture,* nº 11, January 1950, p. 19). M. Luc Lacourcière, qui a retrouvé une autre copie de cette « réception », pense que l'anonymat est intentionnel et que l'auteur a dû faire appel à ses confrères missionnaires pour les parties rédigées en langue indigène (*Anthologie poétique de la Nouvelle-France — XVIIe siècle,* (texte dactylographié) Québec, Les Presses de l'Université Laval, 1966, pp. 58-64). D'autre part, comme tous les rôles de cette pièce sont joués par des écoliers français, faut-il croire que les enseignants apprennent à ces derniers les rudiments des langues amérindiennes faute de n'avoir pu assimiler les enfants des « sauvages » ? La longueur des tirades huronnes et algonquines fait difficilement supposer qu'elles ont été apprises par cœur sans être comprises.

Ne prendra plus tant de hardiesse
Voyant le païs tout changé,
Et vos braves guerriers au milieu des hazards,
Marcheront triomphants desoubs vos étendards [11].

Après la nation française, suivent les nations huronne et algonquine manifestant leur attachement aux Français et leur bonheur de vivre dans la religion chrétienne. Dans la seconde partie, les « nations étrangères », c'est-à-dire les nations inconnues aux Européens, saluent le gouverneur dans leur propre langue et lui demandent aide et protection contre les Iroquois. Le Génie des forêts traduit leurs discours ainsi que les récits de deux récents captifs des Iroquois, l'un Huron et l'autre Nez-Percé. Le tout se termine par la harangue du Génie universel. Le but politique de cette « réception » était montré sans détour par les personnages amérindiens qui réclamaient une aide militaire pour se défendre contre leurs ennemis. Il faut dire que les Iroquois commençaient à dévaster le pays, après avoir détruit la Huronie. Ce type de spectacle dramatique correspond donc aux événements politiques.

Y a-t-il eu d'autres « réceptions » entre 1658 et 1727 ? Nous savons que les fillettes du pensionnat de l'Hôpital Général en représentèrent une en l'honneur de Mgr de Saint-Vallier. Mais les documents font défaut pour en dire davantage. Tout porte à croire que cette tradition s'est soudainement perdue, au profit d'autres types de pièces jouées par les élèves jusqu'à la fin du XVIIe siècle. Désireux de recommander ses œuvres charitables au gouverneur et à l'intendant, le vieil évêque Mgr de Saint-Vallier demanda au Père de la Chasse de composer une pièce qui serait jouée le jour de l'anniversaire de sa consécration épiscopale, juste avant le dîner des pauvres [12]. Lui-même en donna le sujet : l'épisode biblique de Jacob mourant qui demande à son fils Joseph de prendre soin de ses enfants. Dans la première partie de ce spectacle, joué le 25 janvier 1727, les sept récitants rappellent la vertu de charité du prélat et demandent à l' « illustre intendant » et au « sage gouverneur » d'être les défenseurs de ses œuvres. Par la suite, elles se tournent du côté de l'évêque et apaisent ses inquiétudes présumées. Dans la seconde partie, elles s'adressent aux pauvres et aux religieuses pour les prier de se réjouir de l'aide des autorités civiles. Elles s'adressent aussi à la femme de l'intendant pour lui demander de continuer ses libéralités. Suivent alors des strophes chantées où le pouvoir civil et le pouvoir religieux se trouvent réunis par la même volonté de secourir les indigents. Le spectacle se termine par un épilogue qui n'est pas sans rappeler celui du *Théâtre de Neptune :*

Les tables sont rangées
Les viandes desjà se trouvent partagées ;
C'est assez déclamer car les pauvres ont faim,
Et je croy qu'il est temps de faire leur festin [13].

Cette « réception » ressemble donc aux précédentes par la forme de la harangue et par son but politique. Mais elle s'en distingue par le mélange de vers récités et de strophes chantées.

---

11. *Ibid.*, p. 12.
12. *Mgr de Saint-Vallier et l'Hôpital Général de Québec*, Québec, Darveau, 1882, p. 262. Le texte de la « réception », pp. 262-269.
13. *Ibid.*, p. 269.

Ces exemples permettent de caractériser sommairement la « réception » qui est, par définition, une pièce de circonstance, présentée une seule fois à l'occasion d'un événement politique ou social devenu le sujet même du spectacle. Au niveau de l'écriture, même si la métrique des vers varie très souvent, même si les parties en vers alternent avec les parties en prose ou avec des strophes chantées, ces diverses variations révèlent tout au plus un certain métier chez l'auteur de la « réception ». Ce dernier est d'habitude un professeur de langues au collège, c'est-à-dire un littérateur. Il n'est pas un écrivain mais un écrivant, pour reprendre la distinction de Roland Barthes [14], car l'écriture n'a pas de but en elle-même, elle est un moyen pour présenter autre chose. Plusieurs textes contiennent des parties amérindiennes dont l'auteur essaie de conserver le style oratoire propre [15], mais là encore, ce n'est qu'un moyen de mieux faire comprendre le but politique du spectacle aux chefs amérindiens qui sont invités. Remarquons que les « sauvages » passent toujours les derniers, juste avant l'épilogue. La présence de personnages allégoriques dans la « réception » de 1658 ne permet pas d'exagérer l'originalité littéraire de la pièce, car elle rappelle les nombreux ballets dans les collèges français. A ne pas oublier que le but du ballet est aussi de louer un personnage important à l'occasion de sa visite. Jouée par plusieurs récitants et quelquefois dialoguée, la « réception » n'est pas écrite en fonction d'un personnage fictif, mais en fonction du public.

« Actions » et tragi-comédies ; pastorales et passions

Les « actions » font aussi partie des spectacles dramatiques représentés par les élèves du collège en Nouvelle-France. Ce terme, qui revient souvent sous la plume du rédacteur du *Journal des Jésuites,* désigne une pièce à sujet religieux tiré de la Bible ou d'une « Vie des Saints », dont l'intrigue, peu complexe, met en scène des personnages généralement allégoriques pour souligner le triomphe du Bien sur le Mal. L' « action » est donc une tragi-comédie religieuse [16]. Le premier spectacle de ce genre eut lieu le 3 août

---

14. Roland BARTHES, *Ecrivains et écrivants,* dans *Essais critiques,* Paris, Seuil, 1964, p. 151.

15. Il n'est que de comparer les parties amérindiennes de la « Réception de Monseigneur le Vicomte d'Argenson » avec les harangues réunies par M. André Vachon sous le titre *Eloquence indienne* (Montréal, Fides, Coll. Classiques canadiens, no 34, 1968, 95p.). D'autre part, il est normal que ces spectacles soient joués en plusieurs langues car dès l'année suivant la fondation du collège on espère « régenter » en trois ou quatre langues, dont la française et la latine (*Relation de 1636,* p. 35.). En 1659, pendant que Mgr de Laval confirmait l'élite des Algonquins et des Hurons, « on loua Dieu en quatre langues » (*Relation de 1659,* p. 3). Dans leurs contacts avec les indigènes, les religieux utilisaient autant que possible les langues amérindiennes.

16. Pour définir l'« action » en Nouvelle-France, je suis évidemment limité par mon information. Une définition plus générale, celle de François De Dainville, convient parfaitement à tout le théâtre des collèges jésuites, qu'il soit joué en France ou en Espagne, au Mexique ou en Nouvelle-France : « De sens plus large que *déclamations,* qui désignent des exercices oratoires sur les lieux communs, qu'*actes* qui indiquent en terme d'école les thèses soutenues en public pour l'obtention d'un degré ou pour faire paraître la capacité d'un écolier, *action* implique en outre les discours publics prononcés par les régents à la rentrée des classes, et toute représentation de théâtre, au sens latin relevé par du Cange (*Gloss. méd. Lat.* I. 62), souvent employé dans les papiers administratifs des Jésuites, avec une épithète pour dissiper toute équivoque : *actions théâ-*

1659 alors que l'évêque, arrivé depuis peu dans la colonie, fut reçu au collège par les élèves qui lui représentèrent une « action » dans la chapelle [17]. Un an et demi plus tard, soit le 21 février 1661, les élèves jouèrent une autre « action », avec prologue et épilogue est-il précisé [18].

Les 7 et 9 février 1668, la tragi-comédie religieuse du *Sage visionnaire* est représentée « avec grand succèz & satisfaction de tout le monde : elle a agreé la seconde fois autant que la première » [19]. Cette pièce est une survivance du théâtre médiéval par sa ressemblance avec les « moralités » et les « allégories » [20]. Commençant par un prologue dit par la Vérité et se terminant par l'épilogue récité par la Mort, elle met en scène deux jeunes gens exposés aux tentations de ce monde : tandis que Pamphile succombe pour être condamné à l'enfer éternel, Dorante a recours au salut offert par l'Eglise. Remarquons qu'il ne s'agit plus ici pour les élèves de jouer deux ou trois scènes dialoguées, mais de jouer toute une tragédie en cinq actes et en vers. Je suppose que la représentation fut un succès qui incita les Jésuites à faire jouer, le mois suivant, c'est-à-dire le 21 mars 1668, une autre pièce de type médiéval écrite par le P. Pierson : « une petite latine sur la passion de Nostre Seigneur, qui a bien réussy » [21]. L'expression « petite latine » se réfère certainement à la durée maximum de quatre heures permise pour la représentation d'une passion sur une scène de collège [22]. Cette pièce semble donc avoir été jouée en latin, ce qui ne surprend pas étant donné que si l'on parle parfois trois ou quatre langues au collège, ceci inclut le latin. Cette représentation a un but pédagogique évident : en plus de sa portée religieuse, la pièce permet au public de vérifier l'excellence du latin appris par les élèves du collège.

Les Jésuites mirent leur expérience d'enseignants à la disposition des Ursulines lorsque celles-ci arrivèrent au Canada en 1639 pour s'occuper de l'éducation des filles. Ils font apprendre aux élèves « des vers et des tragédies fondés sur l'écriture sainte » [23]. Cette tradition dramatique est continuée par

---

trales ou *theatricale,* on disait aussi l'*action* tout court » (François DE DAINVILLE, s.j., *Lieux de théâtre et salle des Actions dans les collèges de Jésuites de l'ancienne France,* dans *Revue d'histoire du théâtre*, 2e année, 1950, no 2, p. 188).

17. *Le Journal des Jésuites*, p. 261.

18. *Ibid.*, p. 291.

19. *Ibid.*, p. 358. La pièce eut du succès en France au moment de sa publication à Paris en 1648, puis à Lyon en 1659. Le nom de l'auteur, simplement initialé I.D.B.I. dans les éditions, reste cependant une énigme. L'historien de théâtre, Lancaster, a réfuté l'hypothèse couramment admise selon laquelle l'auteur était Camus de Belley (Henry Carrington LANCASTER, *A History of the French Dramatic Literature in the Seventeenth Century*, Baltimore, John Hopkins Press, 1932, part II, vol. 2, p. 674). Peut-être s'agit-il du jésuite Jean de Bussières qui fit paraître, en 1649, *Les Descriptions poétiques de I.D.B.* (J.-M. QUÉRARD, *Les Supercheries littéraires dévoilées*, 2e éd., aug. et pub. par MM. Gustave Brunet et Pierre Jannet. Paris, Paul Daffis, 1870, t. 2, col. 326).

20. Raymond LEBÈGUE, *Quelques survivances de la mise en scène médiévale*, dans *Mélanges d'histoire du théâtre du Moyen-Age et de la Renaissance offerts à Gustave Cohen*, Paris, Nizet, 1950, p. 222.

21. *Journal des Jésuites*, p. 359. Jusqu'à la fin du XVIIe siècle, la plupart des pièces représentées dans les collèges jésuites français le sont en latin. Rappelons-nous aussi la « réception » de 1651, qui est composée en partie d'un discours latin.

22. L.-V. GOFFLOT, *op. cit.*, p. 92.

23. *Les Ursulines de Québec*, t. 1, p. 281.

les enseignants qui combinent ainsi leurs objectifs pédagogiques avec leurs objectifs religieux. Les annalistes du monastère écrivent :

> C'est un usage dans nos classes, qu'aux approches de certaines fêtes de l'année, et surtout au temps de Noël, tant pour cultiver la mémoire des enfants et la remplir de bonnes choses, que pour leur donner de la grâce dans le port et les mouvements extérieurs, on leur fait apprendre par cœur quelque pastorale ou autre pièce de dévotion. Dans ces sortes d'exercices, chaque élève remplit un rôle [24].

Cependant l'apprentissage du jeu théâtral était très sommaire et ne préparait en aucun cas l'élève à monter sur une scène publique : par exemple, cette pastorale où « il était question de faire remplir par différents personnages, l'adoration des pasteurs à la crèche de Jésus Enfant » [25]. A la fin du XVIIe siècle, les éducatrices font toujours représenter de petites pièces à l'occasion d'une fête religieuse comme en fait foi cette « action » jouée le 1er avril 1691 :

> Le dimanche de la Passion, qui se rencontra cette année dans l'octave de l'Annonciation, Monseigneur voulut assister, disent les annales, à la petite action que firent nos pensionnaires en l'honneur de ce mystère, et il leur en témoigna sa satisfaction [26].

Les spectacles dramatiques furent exclusivement religieux au séminaire des Ursulines.

Le théâtre de collège et ses objectifs

Le programme pédagogique des enseignants religieux en Nouvelle-France repose sur le principe d'une instruction chrétienne et d'un enseignement classique [27]. Au sortir du collège, les élèves se voyaient dotés d'une parfaite éducation chrétienne et d'une certaine connaissance de la culture latine. De plus, ils avaient appris à se présenter avec naturel dans la haute société. Pour atteindre ces objectifs, les spectacles dramatiques ont été un excellent moyen. D'une part, leur sujet se réfère toujours soit à la Bible, soit à la place de l'Eglise catholique dans la colonie ; d'autre part, l'apprentissage théâtral forme les élèves à exercer leur voix, leurs gestes et leur mémoire. Les Ursulines insistent particulièrement pour que les jeunes filles apprennent les règles mondaines grâce à la représentation d'une pièce de dévotion :

> habituer les élèves à parler correctement et avec facilité, à se présenter avec grâce, et à se former, comme dit la règle, aux mœurs honnêtes des plus sages et vertueuses chrétiennes qui vivent honorablement dans le siècle [28].

---

24. *Ibid.*, t. 1, pp. 337-338.

25. *Ibid.*, t. 1, p. 338. Tout porte à croire que cette pastorale eut lieu entre 1674 et 1677 car il est précisé que Jeanne Le Ber joue le rôle du Christ : or celle-ci est entrée chez les Ursulines comme pensionnaire en 1674, les a quittées momentanément en 1675 et définitivement en 1677 (Marie BEAUPRÉ, *Jeanne Le Ber, première recluse au Canada français,* Montréal, Editions ACF, 1939, p. 41).

26. *Ibid.*, t. 1, p. 483. D'après les concordances de dates, l'abbé Amédée Gosselin suppose que cette « action » a été représentée le 1er avril 1691 (*L'Instruction au Canada sous le régime français (1635-1760)*, Québec, Laflamme et Proulx, 1911, p. 239).

27. Voir Camille DE ROCHEMONTEIX, s.j., *Un Collège des Jésuites...*, t. 3, p. 2.

28. *Les Ursulines de Québec*, t. 1, p. 483.

Les élèves ne jouent pas une pièce, répétons-le, pour apprendre le métier théâtral. C'est pourquoi les principaux rôles ne sont pas forcément distribués aux élèves les plus doués. De toute façon, ces derniers reçoivent des prix qui consistent en livres de piété [29]. Chez les Ursulines, les rôles sont distribués autant que possible selon l'inclination et le caractère des jeunes filles, mais on précise bien que le rôle principal est souvent celui où il y a le moins à dire [30]. En fait, le spectacle n'est pas représenté en fonction du public, mais en fonction des élèves ; son but essentiellement pédagogique, politique et religieux, est plus important que le spectacle lui-même.

Les pièces sont écrites, montées et dirigées par les professeurs du collège ou par les sœurs enseignantes. Quant aux parties en langue amérindienne, elles sont certainement écrites par les missionnaires à la retraite qui vivent au collège. Seule la tragédie en cinq actes du *Sage visionnaire* est une pièce française. C'est aussi le seul exemple d'une grande pièce car le texte des spectacles dramatiques locaux équivaut tout au plus à la durée d'un acte d'une pièce traditionnelle jouée sur une scène publique. Ce répertoire de collège, généralement joué pendant le carnaval, comprend des « réceptions », des « actions », des tragi-comédies, des pastorales et des passions, ainsi que des tragédies et même des ballets, mais aucune comédie [31]. Le choix des pièces est aussi limité par la règle du *Ratio Studiorum* voulant « qu'aucun personnage ou costume de femme ne soit introduit dans les pièces de théâtre [32] ». En fait, le répertoire est littéraire parce que les pièces sont écrites en vers et parce que leur signification repose sur des images, une parabole ou une allégorie. Le texte se distingue du langage parlé, mais il n'a pas de valeur intrinsèque, sinon d'être un moyen pour transmettre un message dont la finalité, religieuse ou politique, est clairement exprimée. Le souci des auteurs n'est pas de créer un monde autonome par l'écriture ni, bien sûr, d'amorcer une certaine tradition littéraire locale. S'il y a tradition, elle est sociale car les représentations sont données à l'occasion d'un événement qui se répète régulièrement : l'arrivée d'un haut personnage ou la fête de la Passion. A cause de cette régularité, les spectacles dramatiques auraient pu devenir de plus en plus élaborés, mais Mgr de Saint-Vallier prévient le danger en interdisant, en 1699, les séances académiques et les représentations dramatiques au collège [33].

II — LE THÉÂTRE DE SOCIÉTÉ

Les élèves laïques de la colonie font aussi représenter des pièces de théâtre, celles qui ont du succès à la cour royale et dans les grands théâtres parisiens. Ce type de pièce correspond au statut social acquis dans la métro-

29. *Ibid.*, t. 1, p. 281.
30. *Ibid.*, t. 1, p. 338.
31. Au sujet des comédies, le Père Jouvancy écrit dans son *Ratio discendi et docendi* : « L'usage de la comédie doit être rare et prudent dans les écoles chrétiennes et religieuses, à cause de la bouffonnerie propre à ce genre ». Cité dans Camille DE ROCHEMONTEIX, *Un Collège des Jésuites...*, t. 4, p. 172.
32. *Ibid.*, t. 3, p. 94.
33. Lettre du P. Germain au Général Thyrse Gonsalez, datée du 26 octobre 1699 à Québec. Citée dans Camille DE ROCHEMONTEIX, *Les Jésuites en Nouvelle-France au XVIIe siècle*, Paris, Letouzey et Ané, 1896, t. 3, p. 560.

pole et amplifié dans la colonie. Qui sont ces élites ? D'abord le gouverneur qui habite au château, puis l'intendant qui deviendra, au XVIIIe siècle, le personnage le plus influent. Auparavant, ce dernier ne se préoccupa guère du prestige social rattaché à la pratique de la littérature : aucun spectacle ne semble avoir été donné au Palais de l'Intendance au XVIIe siècle. De même, l'élite titrée qu'est la noblesse et qui forme pourtant le gros du public des divertissements de société dans la capitale, ne semble pas du tout avoir été à l'origine des représentations théâtrales. La plupart des pièces furent montées, avec la permission du gouverneur, par des officiers militaires qui reprirent ainsi leur tradition de théâtre de garnison [34].

Les tragi-comédies de 1640-1646

Le premier spectacle dramatique monté par des laïcs eut lieu en 1640, à l'occasion de la célébration de l'anniversaire de naissance du dauphin, le futur Louis XIV. Ce spectacle comprenait deux pièces : une tragi-comédie, et un « mystère » que le gouverneur fit ajouter à l'intention des amérindiens invités pour la circonstance. Jouer un « mystère » à cette époque n'était pas un anachronisme, car cette tradition dramatique médiévale se continuait dans les collèges français où « les contemporains d'Henri IV et de Louis XIII voient sur la scène les diables entraîner les méchants en enfer [35] ». Aucune précision n'est donnée sur la tragi-comédie, mais le mystère qui est monté par les Jésuites est décrit dans ces grandes lignes :

> afin que nos Sauvages en pussent retirer quelque utilité [*de la tragi-comédie*], Monsieur le Gouverneur, doüé d'un zele et d'une prudence non commune, nous invita d'y mesler quelque chose qui leur pût donner dans la veue et frapper leurs oreilles. Nous fismes poursuivre l'âme d'un infidelle par deux demons qui enfin la precipiterent dans un enfer qui vomissoit des flammes ; Les resistances, les cris et les hurlemens de cette âme et de ces demons, qui parloient en langue Algonquine, donnerent si avant dans le cœur de quelques uns qu'un Sauvage nous dit à deux jours de là, qu'il avoit esté fort épouvanté la nuict par un songe tres-affreux : Je voyois, disoit-il, un gouffre horrible, d'où sortoient des flammes et des demons ; il me sembloit qu'ils me vouloient perdre, ce qui me donna bien de la terreur [36].

Les spectacles dramatiques présentés aux Amérindiens ont toujours eu pour but de convertir ces derniers à la religion catholique.

En 1640, le pouvoir civil et le pouvoir religieux se sont mis d'accord pour faire d'un spectacle moins un divertissement qu'une leçon de morale. Six ans plus tard, le même gouverneur, De Montmagny, aurait-il donc permis de représenter la tragédie profane de Corneille, *Le Cid ?* Le rédacteur du *Journal des Jésuites* écrit à propos de la pièce qui est jouée cette année-là :

> le dernier jour de l'an on representa une action dans le magasin, du Sit. Nos Peres y assisterent pour la consideration de Mons. le Gouverneur,

---

34. Jusqu'en 1772, le théâtre de garnison est un élément important de l'activité théâtrale française. (Voir la « lettre du Marquis de Monteynard à tous les Commandants des Provinces frontières du 13 janvier 1772 » dans *Revue d'histoire du théâtre*, 13e année, 1961, t. 1, p. 48.)

35. Raymond LEBÈGUE, *op. cit.*, pp. 224-225.

36. *Relations de 1640*, p. 6.

> qui y avoit de l'affection & les sauvages aussy, scavoir, les PP. de Quen, Lalement & Defretat ; le tout se passa bien, & n'y eut rien qui put mal edifier. Je prié Mons. le Gouverneur de m'en exempter [37].

Les historiens de la littérature québécoise ont pris l'habitude de considérer, à la suite d'une note des éditeurs du *Journal,* que le terme « Sit » désigne *Le Cid* [38]. Pourtant cette interprétation a été sérieusement mise en doute, en 1942, par l'historien Waldo qui a proposé de voir dans ce terme le « site » ou la « situation » [39], ce qui par ailleurs ne clarifie pas le problème. Toutefois, je me range moi aussi à cette dernière hypothèse en raison du contexte dans lequel est jouée cette « action ». D'abord, peut-on croire que la morale très particulière de l'honneur se dégageant de la pièce put convenir au public mêlé de Français et d'Amérindiens, alors que ce sont justement ces questions d'honneur qui empoisonnèrent l'atmosphère d'amitié que les premiers s'efforcèrent de conserver avec leurs alliés ? De nombreux exemples cités par les Jésuites dans leurs *Relations* témoignent de ce type de conflits. Il me semble que le gouverneur n'aurait pas voulu jeter de l'huile sur le feu en montrant à ses invités, très susceptibles, que les questions d'honneur se terminent dans le sang de l'offenseur. Lui-même me paraît d'autre part trop dévot pour accepter qu'un tel sujet soit monté sur une scène. C'est ce second argument qui me fait encore plus hésiter pour reconnaître *Le Cid* dans cette pièce jouée en 1646, surtout que des Pères jésuites assistèrent à la représentation où il n'y eut rien, selon eux, qui pût mal édifier. Il est difficile de croire que le meurtre de Don Diègue par son futur gendre est le signe de la vertu chrétienne, d'autant plus que les jésuites étaient très pointilleux sur la moralité des divertissements. N'oublions pas que Bossuet, dont les exigences envers les spectacles dramatiques ressemblent à celles des jésuites, attaqua précisément cette pièce pour sa morale [40]. Pour ces raisons, il convient de conclure qu'il a été joué, en 1646, et à la demande du gouverneur, une « action » qu'on pourrait aussi qualifier de tragi-comédie [41].

---

37. *Le Journal des Jésuites*, p. 75.

38. Joseph-Edmond Roy a essayé de prouver qu'il s'agit bien du *Cid* : « Cette tragédie devait rappeler plus d'un souvenir à M. de Montmagny. Elle avait été jouée pour la première fois à Paris, en 1636, l'année même de son départ pour le Canada, et puis elle était dédiée par Corneille à la duchesse d'Aiguillon, celle-là même qui fonda l'Hôtel-Dieu de Québec. C'est sans doute pour cela que le *Journal des Jésuites* dit que Monsieur le gouverneur y avait de l'affection » (*M. de Montmagny,* Québec, l'Evénement, 1906, pp. 48-49). Or la première partie de cette argumentation se détruit d'elle-même car la pièce a été présentée autour du 4 janvier 1637 et elle a été publiée en mars, donc après le départ de France du gouverneur (Antoine ADAM, *Histoire de la littérature française au XVIIe siècle*, Paris, Del Duca, 1962, t. 1, p. 507). Bien sûr que l'on a pu recevoir des exemplaires de cette pièce, mais cela me paraît être une interpolation que l'affirmer comme MM. Raymond Douville et Jacques-Donat Casanova (*La vie quotidienne en Nouvelle-France*, Paris, Hachette, 1964, p. 243). D'autre part, où Benjamin Sulte a-t-il pris que les contemporains de Corneille changeaient le nom du *Cid* en « Cit » ou « Side » ? (*L'Ancien Théâtre canadien,* dans Géo-H. ROBERT, *L'Annuaire théâtral*, (aut. éd.), 1908, p. 51). Aucune de ces interprétations n'est vraiment satisfaisante.

39. Lewis P. WALDO, *French Drama in America in the Eighteenth Century and its influence on the American Drama of that Period. 1701-1800*, Baltimore, Hopkins Press, 1942, pp. 24-25.

40. Lettre au P. Caffaro du 9 mai 1694, cité dans Ch. URBAIN et E. LEVESQUE, *Correspondance de Bossuet*, Paris, Librairie Hachette, 1912, t. 6, p. 262.

41. J'ai montré dans la première partie que le terme « action » désigne dans le théâtre de collège en Nouvelle-France une tragi-comédie. D'autre part, je ne crois pas

Corneille et Racine en Nouvelle-France

Deux pièces de Corneille ont été représentées, à l'époque du gouvernement de Jean de Lauzon qui a remplacé De Montmagny : *Héraclius,* le 4 décembre 1651 ; et *Le Cid,* le 16 avril 1652 [42]. Ces deux pièces appartiennent au théâtre de société car il est difficile de supposer qu'elles furent jouées sur la scène du collège. En effet, dans les deux cas, le rédacteur jésuite écrit, « Se representa la tragedie », ce qui exclut la participation des Pères qui est toujours précisée quand ce sont eux qui montent un spectacle. Ensuite, ces deux tragédies font évoluer sur la scène des personnages féminins, d'où l'impossibilité qu'elles aient été jouées par des élèves. Pourquoi toutes deux sont-elles représentées ? A Paris, le succès du *Cid* et d'*Héraclius* a été phénoménal : nul doute que l'entourage du gouverneur de la Nouvelle-France essaie de se mettre au diapason des grands succès de la Cour. Remarquons que la seconde pièce a été jouée à Québec quatre ans seulement après sa création et sa publication.

Un demi-siècle sépare la prochaine représentation d'une pièce de Corneille qui eut lieu en 1694. Ceci peut s'expliquer par le fait que le dramaturge abandonna la scène parisienne après l'échec retentissant de *Pertharite* à la fin de l'année 1651, d'où l'absence de ses pièces sur la scène de Québec à partir de 1652. Les élites de la colonie sont au courant, avec six mois de retard tout au plus, des événements littéraires de la métropole. D'autre part, l'existence de représentations théâtrales dépend du bon-vouloir du gouverneur. Or Jean de Lauzon quitta son poste en 1656 et le prochain gouverneur amateur de théâtre fut le comte de Frontenac. Les documents font défaut pour savoir si des représentations ont été données pendant son premier gouvernement, mais une lettre de Lamothe-Cadillac, écrite en mars 1694, indique que les divertissements de société n'étaient pas rares pendant son deuxième gouvernement, plus précisément durant l'hiver 1693-1694 :

> Cela a donné lieu de passer l'hiver agréablement, principalement aux officiers des troupes qui ont vécu dans une union exemplaire, et pour contribuer à leurs honnêtes plaisirs Mr. le comte voulut bien faire jouer deux comédies, *Nicomède* et *Mithridate* [43].

Là encore, il s'agit de deux succès parisiens qui se maintiennent à la scène jusqu'à la fin du XVIIe siècle. La tragédie de Corneille fut créée au début de l'année 1651 ; celle de Racine en février 1673. Une autre raison qui a pu contribuer à faire représenter ces deux pièces durant la même saison, est

---

qu'il s'agisse d'une tragédie profane puisque ce genre correspond à cette époque à des pièces se terminant par la mort d'un personnage héroïque, ce qui est encore en contradiction avec l'édification dont parle le Père Lalemant. Enfin l'hypothèse d'une comédie me paraît la moins plausible. Pourtant le mot « comédie » est écrit dans la marge du manuscrit en face de la référence citée, mais il désigne à cette époque toute pièce de répertoire des théâtres publics : voir plus loin la référence aux « comédies » de *Nicodème* et de *Mithridate.*

42. *Journal des Jésuites*, p. 164, 166. Le rédacteur parle nommément ici de la « tragédie du Scide de Corneille ». Il est difficile cependant d'établir une relation avec la référence précédente au sujet du « Sit » car le rédacteur du *Journal* n'est plus le même ; il s'agit maintenant du Père Ragueneau successeur du Père Lalemant.

43. « Lettre de M. De Lamothe Cadillac (28 septembre 1694) » dans *Rapport de l'Archiviste de la Province de Québec pour 1923-1924*, p. 81.

l'identification possible des officiers, qui sont à l'origine des divertissements de société, avec les héros de Corneille. N'oublions pas que Frontenac est aussi un militaire. L'honneur, la bravoure et l'héroïsme sont les vertus exaltées à cette époque ; toutes les trois sont mises en évidence dans *Nicomède* et *Mithridate*. Aussi ne faudra-t-il pas s'étonner de voir ces mêmes militaires n'admettre aucun compromis à l'égard de l'évêque au sujet de la représentation suivante, celle de *Tartuffe*.

Les spectacles dramatiques au XVIIIe siècle

L'évêque réussit à faire interdire la représentation de *Tartuffe* en 1694 et, par voie de conséquence, toute représentation théâtrale dans la capitale pour très longtemps, excepté les pièces jouées en privé, dans un cercle d'amis très restreint. Au début du XVIIIe siècle, ce n'est plus le gouverneur qui est à l'origine des divertissements de société mais l'intendant ; ce n'est plus au Château Saint-Louis que ces divertissements sont donnés, mais au Palais de l'Intendance. Peu de temps après être entré en fonction en 1705, l'intendant Jacques Raudot tient un salon littéraire où une petite société se réunit pour écouter, par exemple, « un concert mêlé de voix & d'instrumens » [44]. Toutefois, les autorités ecclésiastiques veillent et dénoncent en chaire ce type de passe-temps, en particulier à cause de « la concurrence et l'assemblage des personnes de différend sexe », écrit l'abbé Glandelet à l'évêque en 1706 [45]. Intéressante aussi est la précision de cet abbé dénonçant « l'espece d'opera » que l'intendant donne chez lui pendant le carême car je suppose qu'il s'agit ici de la représentation de *Les Quatre Saisons* que des historiens de la ville de Québec situent à cette époque [46]. Ce spectacle ne semble pas s'écarter des grands courants de la scène française, étant donné que l'allégorie des saisons était typique dans les ballets et les pantomimes accompagnés de parties musicales qui étaient représentés aussi bien sur la scène des collèges que sur la scène publique [47].

Jusqu'au milieu du XVIIIe siècle, tous les spectacles dramatiques ont été représentés dans la capitale, si nous exceptons le *Théâtre de Neptune* joué à Port-Royal en 1606. Mais, au début de l'année 1749, dès que la petite société montréalaise apprit la visite de l'intendant Bigot qui avait la réputation d'un homme de plaisirs, elle organisa à son intention toute une série de divertissements. Elisabeth Bégon écrit à ce sujet dans une lettre datée du 14 février :

> Il est heureux chers fils, pour tous ceux qui se livrent à la danse, qu'ils aient deux jours à se reposer, car je crois qu'ils en mourraient : ils sont

44. Guy FRÉGAULT, *Politiques et politiciens au début du XVIIIe siècle*, cité dans *Ecrits du Canada français*, vol. 11, 1961, p. 180.
45. *Ibid.*, p. 181.
46. A. G. DOUGHTY and N. E. DIONNE, *Quebec under Two Flags*, Quebec, The Quebec News Company, 1903, p. 14.
47. Le spectacle qui paraît se rapprocher le plus de celui qui est joué en Nouvelle-France est le ballet en quatre actes avec prologue *Les Saisons* : il fut présenté la première fois à l'Académie Royale de Musique de Paris le 18 octobre 1695, puis repris en 1700. Le livret était de l'abbé Pic et la musique de Sully et Colasse. (Voir Gustave CHOUQUET, *Histoire de la musique dramatique en France, depuis ses origines jusqu'à nos jours*, Paris Firmin Didot, 1873, p. 325.)

> sortis ce matin du bal à 6 heures. Je ne doute point qu'une partie de tout cela ne fasse point de Pâques et surtout ceux qui iront à la comédie qui doit se jouer les trois derniers jours gras [48].

Elle n'a pas précisé de quelles pièces il s'agissait. Mais cet exemple montre que les autorités ecclésiastiques de Montréal sont susceptibles sur le chapitre des divertissements de société autant que celles de la capitale.

Le théâtre de société était en général organisé par les officiers militaires qui suivaient ainsi leur tradition de théâtre de garnison. Ce sont aussi des officiers de la garnison qui sont à l'origine de la première création dramatique québécoise à être jouée en dehors de la scène de collège. En mars 1757, le capitaine Pierre Pouchot, qui dirigeait le fort de Niagara construit depuis une trentaine d'années pour contrecarrer une invasion anglaise toujours possible, permit à ses hommes de monter un spectacle :

> La mauvaise saison ne permettant pas aux soldats qui sont à Niagara de travailler aux fortifications, M. Pouchot leur a permis de jouer la comédie. On a même composé une petite pièce intitulée : « Le Vieillard dupé » [49].

Le thème du barbon trompé était fréquent dans le théâtre français, aussi bien dans les farces médiévales que dans les vaudevilles du XVIIIe siècle, en passant par les comédies du XVIIe.

Le répertoire « classique »

Le gouverneur, les administrateurs et les officiers n'ont pas cherché à promouvoir une activité théâtrale régulière ; ils ont plutôt voulu se singulariser des autres groupes sociaux par des divertissements propres à leur classe. C'est pourquoi je parle de théâtre de société en opposition avec le théâtre public. Ce sont les nobles qui occupent les principaux postes administratifs et militaires de la colonie : ce sont eux qui applaudissent sur la scène de la capitale de la Nouvelle-France les succès des théâtres parisiens choisis par le public de la cour. Frontenac est loin d'être un homme de cour, et pourtant il fait représenter *Nicomède* et *Mithridate* et il assiste aux répétitions de *Tartuffe.* Ce ne sont pas les acteurs qui sont à l'origine du choix du répertoire, mais le gouverneur : c'est lui qui donne la permission de représenter telle pièce, et c'est devant lui que le spectacle est joué. Lorsque le gouverneur est particulièrement dévot comme Montmagny (1636-1648), Mézy (1663-1665) et Denonville (1685-1689), aucun spectacle dramatique profane n'est donné dans la capitale. Deux tragi-comédies ont été jouées à l'instigation de Montmagny, mais font-elles vraiment partie du répertoire profane et des succès de la Cour ? Il faut en douter, vu les réflexions positives et moralisantes des Pères jésuites qui assistèrent aux représentations.

Parmi les succès français, seules les œuvres de Corneille, de Racine et de Molière ont été choisies par les amateurs de théâtre de la Nouvelle-France.

---

48. « Correspondance de Mme Bégon » dans *Rapport de l'Archiviste de la Province de Québec pour 1934-1935*, p. 37.

49. *Journal du Marquis de Montcalm durant ses campagnes en Canada de 1756 à 1759*, publié sous la direction de l'abbé H.-R. Casgrain, Québec, Demers, 1895, p. 169.

Non pas toutes leurs pièces, mais seulement celles qui correspondent à l'art de vivre de cette noblesse de Québec. Ce n'est pas le Racine analyste des passions amoureuses que l'on joue mais celui qui expérimente l'héroïsme cornélien [50]. Toutefois, les trois pièces jouées au XVIIIe siècle appartiennent au genre de la comédie, ce qui correspond aux aspirations de la classe moins aristocratique de ceux qui autorisent leur représentation : deux intendants et un capitaine. Cette évolution est aussi celle de la scène française. Jean de Lauzon et Frontenac occupèrent le premier poste responsable de la colonie : ils ont donc fait représenter des tragédies. Lorsque Frontenac voulut faire représenter une comédie, celle de *Tartuffe,* le divertissement céda le pas aux motivations politiques.

III — LE CLERGÉ ET LES SPECTACLES DRAMATIQUES

Le contexte démographique et social est important pour expliquer le peu de spectacles dramatiques en Nouvelle-France, mais moins cependant que l'influence du clergé qui resta fidèle à la tradition de l'Eglise s'opposant aux comédiens. Les conciles ont fulminé contre les gens de théâtre jusqu'en 813 ; le Parlement de Paris a interdit les représentations de mystères en 1548. Aux XVIIe et XVIIIe siècles, les rituels catholiques s'acharnent toujours après les comédiens : la vulgarité et les allusions politiques disparaissent des pièces de théâtre, de même que sur la scène, les trop galantes comédiennes. L'acteur et l'auteur dramatiques reconquièrent leur dignité dans cette activité maintenant policée. Mais les critiques vont reprendre de plus belle avec l'annonce, en 1664, de la représentation de *Tartuffe,* cette comédie de Molière que la société secrète du Saint-Sacrement réussit à faire interdire pendant cinq ans. Ce n'est qu'en 1735 que le pape Clément XII lève l'interdiction de communier aux comédiens et si les attaques du clergé cessent avec la Révolution, ce n'est qu'en 1849 que le concile de Soissons lève l'excommunication qui pèse encore sur eux. Cherchant à faire interdire tout spectacle profane, dramatique ou autre, le clergé de la Nouvelle-France va en fait appliquer les règles de l'Eglise, mais avec beaucoup plus de vigueur qu'en Europe.

Les Jésuites face aux spectacles profanes

Au collège des jésuites, les spectacles dramatiques étaient encouragés parce qu'ils avaient une fonction pédagogique, religieuse et politique, et non parce qu'ils étaient des divertissements. La déclamation était approuvée, mais l'exhibition théâtrale était découragée. Les Pères manifestèrent une extrême réserve face aux spectacles publics, quand ils ne les désapprouvèrent pas. A propos de l' « action » de 1646, le P. Jérôme Lalemant pria le gouverneur de l'excuser [51]. Le supérieur des jésuites était plus que réticent devant tout

---

50. J'exclus ici les pièces religieuses de Racine : *Esther* et *Athalie,* car elles ne peuvent être jouées ni en France ni en Nouvelle-France à cause de leur publication respective de 1689 et 1691 qui porte une défense de les représenter publiquement (L.V. GOFFLOT, *op. cit.*, p. 223).

51. *Le Journal des Jésuites,* p. 75. Le Père Lalemant qui assiste à cette « action » est le P. Gabriel Lalemant.

spectacle profane qui se déroulait avec décorum. Un an après cette « action », il n'assista pas au ballet dansé au magasin des Cent-Associés, et il ne fut pas le seul puisque « pas un de nos PP. ny de nos FF. n'y assista, ni aussy des filles de l'Hospital & des Ursulines, sauf la petite Marsolet » [52]. Un mois plus tard, il empêcha le feu de joie de la Saint-Joseph « comme ne goustant guere cette ceremonie, qui n'avoit aucune devotion qui l'accompagnast » [53]. Il trouvait souvent des prétextes pour ne pas assister aux feux de la Saint-Jean, sauf si le gouverneur insistait particulièrement [54]. En définitive, cette attitude du P. Lalemant fut celle de tous les religieux face aux spectacles profanes qui comprenaient les bals [55], les ballets et les jeux dramatiques. Ce fut l'attitude des Jésuites et des Ursulines ; ce sera aussi celle de l'évêque qui avait l'autorité nécessaire pour faire interdire les spectacles de société.

Les « Avis » de Denonville en 1685

Le premier évêque en Nouvelle-France, Mgr de Laval, ne s'établit à Québec qu'en 1674 : auparavant, la moralité des spectacles était surveillée par les Jésuites. Mais c'est le futur évêque, Mgr de Saint-Vallier, qui interdira publiquement tout spectacle dramatique profane et même religieux. Ancien élève du janséniste Bernières, il condamne sévèrement tout écart de doctrine : à peine établi dans la capitale en 1685, il signe les *Avis au gouverneur et à la gouvernante sur l'obligation où ils sont de donner le bon exemple au peuple* [56]. Il demande donc au gouverneur Denonville, qui est arrivé à bord du même navire, d'appliquer ces avis dès le début du nouveau gouvernement. Le premier avis concerne les festins qui ne doivent en aucun cas, être « accompagnés du bal et de la danse, et de plusieurs autres récréations et libertés dangereuses ». Le deuxième concerne le bal et la danse qui sont à déconseiller lorsqu'il y a mélange des sexes. C'est aussi le même principe qui fait interdire les « Comédies et autres Déclamations » auxquelles se rapporte le troisième avis :

> Mais l'on ne croit pas qu'il soit bienséant à la profession du christianisme de lui permettre [*à la fille du gouverneur*] la liberté de représenter un personnage de comédie ; et de paraître devant le monde comme une actrice déclamant des vers, quelque sainte qu'en puisse être la matière ; et bien moins encore croit-on qu'on doive souffrir que des garçons déclament avec des filles ; ce serait renouveler ici l'usage du théâtre et de la comédie, ou autant ou plus dangereuse que le bal et la danse, et contre laquelle les désordres qui en sont arrivés autrefois ont donné lieu d'invectiver avec beaucoup de véhémence [57].

Ce que l'évêque condamne ici, ce n'est pas la déclamation en usage au collège et chez les Ursulines, mais la représentation publique où l'art oratoire

---

52. *Ibid.*, p. 78. Le premier ballet dansé en Nouvelle-France n'est pas celui du 22 février 1647, mais celui du 18 juin 1646 à l'occasion d'un mariage : « on y dansa une espece de balet, sçavoir 5 soldats » (*Le Journal des Jésuites*, p. 52).

53. *Ibid.*, p. 80. Voir aussi p. 149.

54. *Ibid.*, pp. 89-90, 121, 134, 141.

55. *Ibid.*, p. 353.

56. *Mandements, Lettres pastorales et Circulaires des Evêques de Québec*. Publiés par Mgr M. Têtu et l'abbé C.-O. Gagnon, Québec, Côté, 1887, vol. 1, pp. 169-174. A l'avenir : *Mandements*.

57. *Ibid.*, vol. 1, pp. 171-172.

devient un spectacle. Quant au quatrième avis, il concerne le luxe des habits et les nudités, et le dernier les irrévérences commises dans les églises.

Le gouverneur Denonville suivra toutes ces recommandations. Mais il est remplacé, en 1689, par le comte de Frontenac qui encouragera les divertissements de société. Aussi le vicaire devenu évêque rédige-t-il, le 16 janvier 1691, une *Ordonnance pour remédier à différents abus* où il condamne les « danses et autres récréations dangereuses qui se pratiquent entre personnes de différent sexe, comme l'expérience fait voir qu'elles sont à la plupart des occasions prochaines d'un grand nombre de péchés considérables »[58]. Il demande pour cela l'aide des curés et des confesseurs. En fait, Mgr de Saint-Vallier sait qu'il s'attaque à forte partie car la société de la haute-ville ne va pas facilement renoncer à ses divertissements : la lutte sourde entreprise dès le début de la colonie entre le pouvoir religieux et le pouvoir civil au sujet des spectacles profanes va se résoudre dans un face à face entre l'évêque et le gouverneur au début de l'année 1694.

L'affaire de Tartuffe [59]

Après avoir représenté, durant l'hiver 1693-1694, *Nicomède* et *Mithridate* devant le gouverneur au château Saint-Louis, les acteurs eurent l'intention de jouer *Tartuffe,* cette comédie toujours fort controversée trente ans après sa création. Les autorités ecclésiastiques n'avaient pas protesté publiquement contre les représentations précédentes, mais elles ne pouvaient accepter que la pièce soit maintenant jouée. Leur désapprobation allait avoir cependant peu d'effet sur Frontenac. Ce dernier était-il d'accord avec cette critique de la fausse dévotion qui attira tant d'ennuis à Molière ? Cela n'importe guère car il était un chrétien convaincu, sans pour autant subordonner le pouvoir politique au pouvoir religieux. Il connaissait certainement la portée politique de la comédie jouée sans interruption à Paris, car sa femme, surnommée La Divine, tenait dans la capitale française une « ruelle » fort fréquentée par les littérateurs et les faiseurs de réputation. Peut-être avait-il même assisté, chez sa sœur, à la lecture que Molière fit de sa pièce en 1664[60]. Administrateur vaniteux et autoritaire dans la colonie, très souvent plus soldat que politicien, il se heurta à l'évêque, qui était, lui aussi, un individu obstiné et de très grand zèle pour la cause qu'il défendait[61]. A Paris, l'évêque a dû suivre de très près tous les libelles contre *Tartuffe* et la comédie en

58. *Ibid.*, vol. 1, p. 279.

59. Pour analyser cette affaire, je ne me préoccuperai guère du témoignage de deux contemporains qui me paraissent fantaisistes sur certains points. L'abbé Bertrand de La Tour prend le parti de l'évêque et écrit que l'on représentait les comédies, dont *Tartuffe*, dans les communautés religieuses. (LA TOUR, *Oeuvres complètes*, Paris, Migne, 1855, t. 4, col. 36 ; t. 6, col. 1394.) Quant à Lamothe Cadillac, il se range du côté du gouverneur et raconte presque une émeute de faux dévots. (Voir *Lettre de M. De Lamothe Cadillac, op. cit.*, pp. 80-93.)

60. Herman Prins SALOMON, *Tartuffe devant l'opinion française*, Paris, Presses Universitaires de France, 1962, p. 105.

61. Sur Frontenac et Mgr de Saint-Vallier, voir les ouvrages suivants : *Mgr de Saint-Vallier et l'Hôpital Général de Québec*, pp. 27-28 ; Abbé A. GOSSELIN, *Mgr de Saint-Vallier et son temps*, Evreux, Imprimerie de l'Eure, 1898, pp. 29-38 ; W. J. ECCLES, *Frontenac*. Trad. par Françoise de Tilly, Montréal, HMH, 1962, 185p. ; *Id., Canada under Louis XIV : 1663-1701*, Toronto, McClelland, 1964, pp. 230-237.

général, qui ne perdirent rien de leur intensité même après la mort de l'auteur en 1673. De plus, il a pu saisir, parce qu'il fut aumônier du Roi jusqu'en 1685 pour faire ensuite plusieurs voyages en France quand il résida à Québec, le revirement dévot de la Cour après 1683 : à cette époque, Louis XIV se dispensait de plus en plus d'aller au théâtre sur les conseils de sa maîtresse devenue dévote, Madame de Maintenon, elle qui était l'amie du futur évêque de Québec. Mgr de Saint-Vallier et Frontenac feront d'une querelle concernant la moralité d'un ouvrage littéraire une querelle politique où s'opposeront deux fortes personnalités et deux conceptions du pouvoir.

L'évêque ne pouvait absolument pas accepter qu'on fasse jouer *Tartuffe*. Des spectateurs plus ou moins bien intentionnés n'auraient pas manqué de généraliser à l'endroit de tous les religieux le comportement hypocrite du personnage principal qui est omniprésent dans la pièce. Quelques scènes retranchées n'auraient pas fait disparaître les applaudissements des anticléricaux. De plus, le passage le plus théâtral, celui de l'apparition de Tartuffe (scène 2, acte IV), est aussi celui dont la référence aux religieux de la Nouvelle-France aurait été la plus claire car il montre Dorine ridiculisant le dévot pour l'avoir sermonnée sur sa gorge découverte [62]. Or, dans ses « Avis » à Denonville, en 1685, l'évêque avait repris un mandement de Mgr de Laval trois ans auparavant, afin d'interdire absolument aux femmes « la nudité d'épaule et de gorge qu'elles font voir à découvert, ou qu'elles se contentent de couvrir de toiles transparentes » [63]. En 1690, il demandait pour cela l'aide des confesseurs [64]. La repartie de Dorine eût été d'une ironie évidente pour les spectateurs de la capitale, d'autant plus que peu après l'interdiction de la pièce, les confesseurs refuseront l'absolution aux femmes et aux filles « qui portent le sein découvert, lorsqu'elles ont été suffisamment averties du mal qu'il y a dans cette immodeste façon de se vêtir » [65]. Même si le passage relatif au décolleté des femmes avait été supprimé, cette coupure eût été elle-même une allusion car la pièce, publiée maintes fois depuis 1667, n'était certainement pas inconnue dans l'entourage du gouverneur. L'évêque n'avait pas d'autre choix que d'utiliser tous les moyens possibles pour que la pièce ne fût pas représentée.

Quand Mgr de Saint-Vallier apprit que *Tartuffe* allait être joué, il demanda à l'abbé Glandelet de lire dans l'Eglise Notre-Dame-des-Victoires de la basse-ville une *Instruction pour l'éclaircissement des consciences tou-*

---

62. « *Tartuffe* Couvrez ce sein que je ne saurais voir ;
Par de pareils objets les âmes sont blessées,
Et cela fait venir de coupables pensées.

Dorine Vous êtes donc bien tendre à la tentation,
Et la chair sur vos sens fait grande impression ?
Certes, je ne sais pas quelle chaleur vous monte ;
Mais à convoiter, moi, je ne suis pas si prompte,
Et je vous verrais nu du haut jusques en bas,
Que toute votre peau ne me tenterait pas. »
(MOLIÈRE, *Oeuvres complètes*, Paris, NRF, Bibl. Pléiade, t. 1, p. 730.)

63. *Mandements*, vol. 1, p. 172.

64. Robert-Lionel SÉGUIN, *Le Costume civil en Nouvelle-France*, Ottawa, Musée National du Canada, Bulletin 215, 1968, p. 13.

65. *Mandements*, vol. 1, p. 323.

chant les comédies qui se jouent dans le monde [66]. Cela prouve qu'il prit cette affaire au sérieux dès le début puisqu'il dut revenir sur une décision précédente où il avait interdit à cet abbé de prêcher durant une année, soit de juillet 1693 jusqu'en août 1694. Dans cette instruction lue le dimanche 10 janvier 1694, l'abbé se référa d'abord aux Conciles et aux Pères de l'Eglise qui tous, selon lui, ont considéré la comédie « comme une chose criminelle, ou dangereuse, comme une chose qui est ou péché, ou occasion de péché ». Par la suite, il distingua deux sortes de comédies :

> Cela me donne lieu de considérer deux sortes de comédies qui se jouent dans le monde : les unes sont absolument mauvaises et criminelles d'elles-mêmes dans leur nature et dans leur substance, comme sont certaines pièces de théâtre qui sont ou impies, ou injurieuses au prochain, qui ne sont propres ou qu'à tourner la religion, la prière ou la dévotion en ridicule, ou à inspirer un amour lascif, ou à déchirer la réputation du prochain, sans épargner même les personnes les plus sacrées. Je dis hardiment que ces sortes de spectacles et de comédies sont absolument défendues et qu'on ne peut en conscience et sans pécher mortellement y assister. [...] Les autres comédies qui se jouent dans le monde sont celles qui ne sont pas absolument mauvaises d'elles-mêmes et considérées dans leur nature et dans leur substance, telles que sont les pièces qui sont honnêtes et sérieuses, lorsque l'habit, le geste, la déclamation, le maintien et l'état des personnes qui les représentent n'ont rien que d'honnête [67].

Pour l'abbé, il suffit qu'une seule de ces conditions fasse défaut pour que toute la pièce soit mauvaise. Il termine par des allusions très précises à *Tartuffe* qui fait partie de ces comédies pernicieuses, « quand même on se servirait du prétexte de les représenter pour reprendre le vice et corriger les mœurs ». Par conséquent, il est défendu à tous d'assister à la représentation. La comédie de Molière n'a cependant jamais été nommée, ni ceux qui doivent la monter : l'évêque, qui approuva l'instruction, ménageait ainsi la susceptibilité du gouverneur avec lequel il avait entretenu de bons rapports jusqu'à présent.

La semaine suivante, les conversations allèrent bon train dans la haute société de la capitale et l'évêque dut appuyer de son autorité ce qui avait été dit dans l'église le dimanche précédent. Le 16 janvier, il signa deux mandements destinés à être lus le lendemain, un dimanche : le *Mandement sur les discours impies* accuse Mareuil, qui est le metteur en scène et le personnage principal de Tartuffe, d'avoir blasphémé dans l'église [68], et le *Mandement au sujet des comédies,* reprend l'instruction de l'abbé Glandelet [69]. Toutefois l'évêque inclut nommément la comédie de *Tartuffe* parmi les « spectacles et comédies impies », ou « impures ou injurieuses au prochain ». De plus, il fait une défense expresse à toutes les personnes du diocèse, de quelque qualité et condition qu'elles soient, d'assister à la représentation. L'évêque n'a donc pas craint d'attaquer de front le gouverneur qui fait évidemment partie du diocèse et qui, d'autre part, patronne le lieutenant Mareuil auquel le premier mandement s'applique.

66. Voir *Mandements,* vol. 1, pp. 304-308.
67. *Ibid.*, pp. 305-306.
68. *Ibid.*, pp. 301-302.
69. *Ibid.*, pp. 302-304.

Le conflit entre les deux grands personnages de la colonie va se régler d'une manière très particulière : comme il se promenait avec l'intendant devant la chapelle des Jésuites, Frontenac rencontra Mgr de Saint-Vallier qui lui offrit 100 pistoles (plus de $2,000 aujourd'hui [70]) pour lui faire abandonner le projet de faire jouer *Tartuffe* [71]. Et Frontenac, qui n'était pas très riche, accepta le marché [72]. Toutefois, l'évêque ne s'estima pas encore satisfait car, le 1er février 1694, il fit traduire Mareuil devant le Conseil souverain qui le fit enfermer en se fondant sur la loi contre les blasphémateurs. Le lieutenant fut libéré le 24 novembre grâce à un acte d'autorité de Frontenac qui avait cependant attendu, pour ce faire, le départ de l'évêque pour la France au début du mois.

L'excommunication des amateurs de théâtre

Les autorités ecclésiastiques de la Nouvelle-France ont essayé de réglementer les spectacles de société de la même manière qu'ils l'avaient fait pour les spectacles de collège. Aucun de leurs mandements, instructions ou avis, n'interdit totalement les représentations théâtrales. L'évêque, comme les enseignants religieux, accepte la déclamation mais contrôle toutes les circonstances entourant un spectacle profane et refuse catégoriquement tout divertissement qui est avant tout un spectacle et une exhibition. Le contenu du spectacle était évidemment très important lui aussi et il suffisait qu'il soit prétendûment anticlérical pour déchaîner les foudres du clergé. Par la force des choses, les autorités ecclésiastiques ont été conduites, en 1694, puis en 1699, à refuser tout spectacle dramatique, aussi bien ceux donnés sur une scène de collège que ceux destinés à une scène privée. De tous les moyens employés pour contrôler les divertissements de société, le meilleur fut certainement l'excommunication, car la personne excommuniée était alors désavouée par toute la collectivité et n'avait d'autre recours, à cette époque, que de chercher à se faire pardonner publiquement. Le clergé de la Nouvelle-France ne fit aucune concession politique quand les principes religieux furent en cause : il fut missionnaire avec les amérindiens ; il fut aussi missionnaire dans « le siècle et ses pompes ».

L'affaire de *Tartuffe* sera pour Frontenac l'origine d'une réprimande venant du ministre Pontchartrain. Mgr de Saint-Vallier se vit adresser à son tour les reproches du Roi qui lui interdit de retourner à Québec jusqu'en 1697, mais il n'oublia pas que les spectacles pouvaient reprendre dans la colonie. Déjà en mars 1694, il demandait dans les *Pratiques de piété qu'un curé peut inspirer à ses paroissiens* d'éviter les danses et les spectacles qui

---

70. W. J. ECCLES, *Canada under Louis XIV : 1663-1701*, Toronto, McClelland, 1964, p. 232.

71. Voir l'article de Robert de Roquebrune qui est l'un des mieux documentés sur cette affaire, quoique l'auteur reprenne à un moment la version très contestable de l'abbé de La Tour (*Le théâtre au Canada en 1694 : l'affaire du Tartuffe*, dans *Revue d'histoire des Colonies*, t. 19, 1931, pp. 181-194.

72. La pièce sera représentée la première fois au Québec en décembre 1893 (Jean BÉRAUD, *350 ans de théâtre au Canada français*, Montréal, Le Cercle du Livre de France, 1958, pp. 80-81). La suspicion du clergé catholique québécois face à la pièce avait cessé une dizaine d'années auparavant. (Voir abbé Victor CHARLAND, *Questions d'histoire littéraire mises en rapport avec le programme de l'Université Laval*, Lévis, Mercier, 1884, p. 303.)

favorisent le péché mortel [73]. Dès son retour à Québec, en août 1697, il fit un sermon contre l'immoralité des femmes qui vont à l'église le matin pour assister l'après-dîner aux « divertissements publics et immoraux comme les bals, les comédies » [74]. Juste avant son départ pour la France, en octobre 1700, il renouvela son ordonnance du 16 janvier 1694 à l'égard des « comédies, bals, danses, mascarades et autres spectacles dangereux » [75]. A Paris, il fit publier en 1703, le *Rituel du Diocèse de Québec* où il demande de refuser les sacrements aux pécheurs publics suivants : « les Yvrognes, les Comédiens, les Farceurs, les filles et femmes débauchées » [76]. La place que l'évêque accorde aux acteurs témoigne de sa considération à leur égard. A la fin du XVIIe siècle, Mgr de Saint-Vallier a réussi à empêcher le développement normal des spectacles dramatiques dans la colonie. Au XVIIIe siècle, un spectacle aura lieu à Québec, en 1706, mais les autorités ecclésiastiques le dénonceront en chaire ; un autre aura lieu à Montréal, en 1749, mais Mme Bégon précise bien que le curé n'admettra pas les spectateurs à la communion.

IV — CONTEXTE THÉÂTRAL

J'ai réuni sous le titre « Contexte théâtral » divers renseignements se rapportant aux dates de représentations, aux acteurs, à la mise en scène, aux costumes et au public. Ceci permettra de se faire une idée approximative de ce qu'était une représentation théâtrale en Nouvelle-France.

Les représentations avaient lieu en hiver, surtout pendant le carnaval, au mois de février. Aucune ne fut évidemment donnée au collège à partir du milieu du mois d'août jusqu'au début du mois d'octobre car c'était la période des vacances. Les « réceptions » d'un gouverneur étaient jouées les jours suivant son arrivée. A la différence des spectacles français qui débutaient à 17 heures, juste après la fermeture des églises, ceux de la colonie avaient lieu au début de l'après-midi : la « réception » de Lauzon fut donnée à 13 heures et les spectacles du Château Saint-Louis dans l'après-dîner, tout au moins en 1693-1694.

Au collège, les pièces étaient jouées par les élèves, donc par des jeunes dont l'âge variait entre 10 et 16 ans. Il n'est pas du tout sûr que les parties en langue indigène des « réceptions » aient été jouées par des élèves amérindiens : la « réception » du vicomte d'Argenson est en partie écrite en langue huronne et en langue algonquine, et cependant toute la distribution est assurée par des élèves français. Pour ce qui est des pièces jouées au château, le rôle principal de la tragi-comédie de 1640 a été tenu par le secrétaire du gouverneur, Martial Piraubé [77]. Il fut aussi le metteur en scène de la pièce. De même

73. *Mandements*, vol. 1, pp. 332-333.

74. Cité dans Alfred Rambaud, *La querelle de Tartuffe à Paris et à Québec*, dans *Revue de l'Université Laval*, vol. 8, no 5, janvier 1954, p. 433.

75. *Mandements*, vol. 1, pp. 412-413.

76. *Rituel du Diocèse de Québec publié par l'ordre de Monseigneur l'Evêque de Québec*, Paris, Simon Langlois, 1703, p. 10.

77. J.-E. Roy, *Histoire du Notariat au Canada depuis la fondation de la colonie*, Lévis, Revue du Notariat, 1899, t. 1, p. 94.

en 1694, le lieutenant Mareuil était celui qui montait *Tartuffe* en même temps qu'il devait jouer le personnage principal. Mais les rôles féminins étaient-ils tenus par des femmes si nous considérons que le clergé était contre le mélange des sexes aussi bien sur la scène que dans la salle ? Deux filles d'un taillandier devait jouer dans *Tartuffe* [78], ce qui fut certainement une raison supplémentaire pour que l'évêque interdise la représentation. D'après Robert-Lionel Séguin, ces deux actrices étaient Marie et Elisabeth Dérôme [79]. Il semble bien que ni les dignitaires, ni leurs femmes n'aient tenu de rôle dans une pièce, comme c'était la coutume de certains théâtres de société parisiens. Quant au jeu des acteurs, je suppose que c'était celui de la scène française traditionnelle : le même jeu guindé pour tous les acteurs, sans rapport aucun avec la vraisemblance de la plupart des personnages. D'ailleurs en 1694, Mgr de Saint-Vallier accepte à la rigueur certaines comédies lorsque « l'habit, le geste, la déclamation, le maintien et l'état des personnes qui les représentent n'ont rien que d'honnête » [80]. Le jeu de l'acteur devait correspondre aux manières de la haute société.

Quand on parle de mise en scène à cette époque, il faut penser aux costumes, aux décors et à la mise en place. Les 100 pistoles que Mgr de Saint-Vallier offrit à Frontenac devaient servir en partie à rembourser les frais de la représentation, ce qui montre que la mise en scène était somptueuse. Déjà les fêtes religieuses se déroulaient avec éclat, surtout celles de la Saint-Jean et de la Saint-Joseph qui se terminaient par un feu d'artifice. A propos de la tragicomédie de 1640, le chroniqueur jésuite écrit qu'il n'aurait pas cru « qu'on eust pu trouver un si gentil appareil et de si bons acteurs à Kebek » [81]. Pour le mystère où deux démons précipitent un infidèle dans un enfer qui vomit des flammes, on a dû construire une gueule d'enfer comme au Moyen Age. Le feu et les flammes pouvaient être produits par des fusées d'artifice, le soufre ou par une sorte d'étoupe imbibée d'eau-de-vie. En 1706, l'opéra allégorique des Quatre saisons fut représenté avec changement de décors et de costumes à chaque acte [82], ce qui suppose un certain goût pour la mise en scène. Les élèves jouant le Génie universel et le Génie des forêts devaient, eux aussi, porter des costumes allégoriques dans la « réception » offerte au vicomte d'Argenson. Dans les pièces de Corneille et de Racine, les acteurs devaient porter les riches habits de l'époque, comme ceux sur la scène française.

Le public de théâtre en Nouvelle-France fut très restreint. Si la tragédie du *Sage visionnaire* est représentée deux fois au collège, en 1668, cela peut être dû aussi bien à son succès qu'à la tradition des collèges français où les représentations sont généralement données tel jour pour les hommes et un autre jour pour les femmes. N'oublions pas que les autorités ecclésiastiques attaquaient les spectacles de société comme les bals et les comédies, à cause de la présence des hommes et des femmes réunis à cette occasion. Les dignitaires et les parents des élèves étaient invités aux représentations du collège,

78. Alfred RAMBAUD, *op. cit.*, p. 430.
79. Robert-Lionel SÉGUIN, *La vie libertine en Nouvelle-France au dix-septième siècle*, Montréal, Leméac, 1972, vol. 1, p. 222.
80. *Mandements*, vol. 1, p. 306.
81. *Relation de 1640*, p. 6.
82. A. G. DOUGHTY and N. E. DIONNE, *op. cit.*, p. 14.

mais il n'est pas du tout sûr que le grand public fût admis. Ce serait extraordinaire aussi qu'il fût admis à celles du Château Saint-Louis. Néanmoins, la « réception » de d'Argenson eut lieu « dans notre jardin, à la veue de tout le peuple de Quebec » [83] : je ne pense pas que le P. Lalemant ait voulu dire que tout le monde y fût invité, mais plutôt que la représentation a été donnée en plein air, c'est-à-dire à la vue de tout le monde. Chez les Ursulines, les spectacles représentés par les fillettes avaient certainement lieu devant un public très limité, l'évêque et le gouverneur étant peut-être les seuls invités de l'extérieur. A propos de ces invités de marque, l' « action » de 1661 provoqua un conflit de préséances comme il y en eut tant sous le régime français. En effet, on ne savait pas lequel de ces deux dignitaires, civil ou religieux, serait salué le premier par les élèves. Pour éviter des réactions désagréables, les Pères enseignants décidèrent que ni l'un ni l'autre ne serait salué au début et à la fin du spectacle. Mais, poussés par leurs parents, deux élèves saluèrent le gouverneur : au collège, le lendemain matin, ils reçurent le fouet pour avoir désobéi [84]. En Nouvelle-France, la hiérarchie sociale est conservée sur la scène par le texte et sa représentation.

Conclusion

Sous le régime français, les conditions d'existence de l'activité théâtrale ont été insuffisantes pour développer une tradition de représentations. En premier lieu, cette activité est sans rapport avec l'évolution démographique : en 1694, elle n'est guère plus importante qu'en 1640, alors que la colonie ne compte plus 400 habitants mais 13,000 dont 1,500 dans la capitale. Des pièces de Corneille ont été jouées avant que la population n'augmente rapidement grâce à l'émigration. L'Ile de Montréal compte plus d'habitants que Québec autour de 1666, mais, à cette époque aucun spectacle ne semble y avoir été donné. Il faut noter que les exercices de déclamation ne font pas partie du système pédagogique des Sulpiciens qui s'occupent de l'enseignement à Montréal. De plus, une population dont tous les membres ou presque s'occupent d'agriculture et du commerce des fourrures est peu portée à l'art de la scène. Quant à la ville de Trois-Rivières, elle est desservie par les jésuites qui n'y ont cependant pas établi de collège. Fait à retenir : pendant tout le XVIIe siècle, les spectacles dramatiques ont eu lieu à Québec seulement, ce qui est normal puisque cette ville constitue le centre administratif, militaire et religieux de la colonie. C'est là que sont regroupées les élites nécessaires pour promouvoir la vie théâtrale. Au XVIIIe siècle, la colonie française en Amérique s'est étendue de plus en plus et plusieurs centres militaires et commerciaux se développèrent en dehors de la capitale : une représentation est alors donnée à Montréal et il serait étonnant qu'elle fût la seule. D'autres ont certainement eu lieu à Détroit et à la Nouvelle-Orléans. Rappelons-nous aussi celle au fort de Niagara, en 1757. Ces divertissements eurent lieu loin de Québec, pour échapper ainsi à la surveillance de l'évêque.

L'activité théâtrale en Nouvelle-France a été déterminée par la noblesse et la bourgeoisie qui l'encourageaient, et par le clergé qui désapprouvait les

83. *Le Journal des Jésuites*, p. 237.
84. *Ibid.*, p. 291.

spectacles publics. Une certaine tradition dramatique fut amorcée dans ce domaine par les enseignants religieux, mais Mgr de Saint-Vallier y mit fin en 1699. La plupart des spectacles dramatiques eurent lieu sous le patronage du gouverneur peu intéressé à encourager une tradition locale puisque lui-même est seulement de passage dans cette colonie qui n'est pas son pays. A la fin du régime français, les activités culturelles des élites se développent quelque peu, mais de nouvelles contingences vont bloquer tous ces efforts. Ce ne sont pas les spectacles organisés par l'intendant Bigot et par son entourage, ni, non plus, la formation d'une société littéraire en 1787 [85], qui allaient jeter une base solide empêchant les anglophones de s'occuper du domaine littéraire quelques années plus tard. Exclusivement rattachée aux élites du temps, l'activité théâtrale ne pouvait être régulière en Nouvelle-France. Elle dépendait trop de l'humeur et de la disponibilité du gouverneur, de sa dévotion et de son acquiescement aux recommandations des autorités ecclésiastiques. Et même si quelques pièces furent jouées sous tel gouvernement, elles n'eurent finalement pas d'importance puisque le titulaire du premier poste de la colonie qui les patronnait s'en retournait en France peu après. Qu'il y eut des représentations, même nombreuses, à telle période ne change pas le problème de la tradition culturelle locale car les spectacles n'étaient pas destinés à ceux qui s'établissaient définitivement dans la colonie.

Faut-il conclure que l'activité théâtrale en Nouvelle-France est typiquement française puisque ses promoteurs et ses détracteurs ont suivi, chacun de leur côté, une certaine tradition originaire de la métropole. En fait, le manque d'originalité ne signifie pas nécessairement identité avec le modèle. Les « réceptions » ressemblent à celles des collèges français, mais elles sont écrites dans la colonie et en fonction des problèmes qui lui sont propres. La comédie du *Vieillard dupé* est certainement la copie de vaudevilles parisiens, mais elle est écrite au fort de Niagara et pour les militaires capables d'interpréter un rôle. Comment donc qualifier cette littérature dramatique de la Nouvelle-France ? Je propose de l'appeler, comme d'ailleurs tous les textes à cette époque, une littérature franco-canadienne. Elle formerait ainsi le premier volet de la littérature québécoise, le second étant la littérature canadienne jusqu'au tout début du XXe siècle, et le troisième la littérature québécoise proprement dite.

Les « réceptions », les « actions », les pastorales, *le Vieillard dupé* et une courte scène écrite vers 1753 par Louis Le Verrier [86], tous ces textes sont franco-canadiens parce que, écrits au Canada pour des élites locales, ils se rattachent à la tradition française quant à l'écriture et aux formes. Il est difficile d'affirmer qu'ils sont français. N'oublions pas que les « réceptions » jouées au Mexique par les jésuites espagnols et leurs élèves dans la seconde moitié du XVIe siècle et qui sont, elles aussi, écrites dans la langue de la métropole et assorties de morceaux en langue indigène, font partie de

---

85. Louis-Antoine DE BOUGAINVILLE, *Mémoire sur l'état de la Nouvelle-France et autres mémoires*, dans *Rapport de l'Archiviste de la province de Québec pour 1923-1924*, p. 61.

86. Louis LE VERRIER est un militaire canadien né à Montréal, en 1705. Son dialogue met en scène un boucher et un vendeur de marée qui défendent leur négoce respectif. (Voir Robert-Lionel SÉGUIN, *Les Divertissements en Nouvelle-France*, Ottawa, Musée National du Canada, Bulletin 227, 1968, pp. 13-14.

la littérature mexicaine [87]. Si le thème devait être considéré comme facteur déterminant, la tragédie *Acoubar ou la loyauté trahie,* publiée en 1603 [88], et la comédie de Vadé, *La Canadienne* publiée en 1758 [89], où le Canada surgit comme lieu d'action seraient des œuvres canadiennes. Ces textes dramatiques écrits en Nouvelle-France nous obligent à remettre en question les distinctions traditionnelles entre les genres littéraires auxquels ils correspondent rarement, ainsi que les jugements de valeur esthétique correspondants. Considérés en eux-mêmes, ils sont les premières manifestations d'une littérature québécoise originale.

87. Je remercie vivement ici Mme Helena Beristain, professeur à l'Université de Mexico, qui m'a fourni toute l'information désirée sur le théâtre au Mexique au XVIe siècle.

88. Voir Luc Lacourcière, *Anthologie poétique de la Nouvelle-France — XVIIe siècle*, Québec, Les Presses de L'Université Laval, 1966, pp. 4-8. (Texte dactylographié).

89. Vade, *La Canadienne*, comédie en un acte et en vers, Paris, Duchesne, 1758, 63p.

Panorama des spectacles au Québec: de la Conquête au XXe siècle

par John E. HARE,

professeur à l'Université d'Ottawa

Le théâtre est un art difficile. Le poète n'a besoin que d'une plume, d'une feuille de papier et de son inspiration. Par contre, l'homme de théâtre doit trouver une salle, des comédiens, une équipe technique et, forcément, un public. Il n'est pas surprenant alors que le Québec n'a su se donner un théâtre professionnel que tard dans son histoire. Héritiers d'une culture séculaire, les Québécois ont tenté de reproduire l'éclat du théâtre français. Pauvres répliques du grand théâtre parisien, les efforts des Canadiens français témoignent néanmoins d'un désir de s'élever au-dessus des contraintes matérielles du nouveau monde. L'émancipation culturelle sera difficile. Parfois des comédiens de l'étranger viendront ouvrir des horizons vite refermés, leurs productions n'étant souvent que de deuxième ou de troisième ordre. Les ennemis du théâtre veillaient aussi au bien spirituel des Québécois ; ils ont souvent empêché le développement d'un théâtre au Québec par des condamnations répétées.

Les Québécois d'autrefois ne furent pas privés de spectacles pour autant. Il y avait de la musique, des processions, des cérémonies religieuses, des cirques à l'occasion, sans oublier des bals et des soirées au cabaret. Comment ne pas mentionner aussi le riche folklore de notre peuple, chansons, contes et danses ? Avant l'avènement de la radio et de la télévision, on savait s'amuser en famille.

La communication difficile avec l'Europe, le climat hostile et la faible densité de la population et, enfin, la Conquête contribuaient à l'isolement des Québécois au XVIIIe et au début du XIXe siècles. Préoccupé par l'organisation matérielle et sociale, ce peuple n'a guère pu s'occuper des institutions culturelles. Même en 1854, François-Xavier Garneau pouvait écrire qu' « à proprement parler il n'y a pas encore [de littérature] sur les rives du Saint-Laurent, où la ruine et l'oubli ne tardent pas d'accueillir ceux qui osent s'y livrer »[1]. Pour le théâtre, l'isolement et la condamnation des « comédies, bals, danses, mascarades et autres spectacles dangereux »[2] par Monseigneur de Saint-Vallier, le 8 octobre 1700, étaient lourdes de conséquences. Après l'affaire Tartuffe, en 1694, le théâtre disparut de la colonie. La Conquête de 1760 ne changea que très peu cette situation. Se relevant d'une défaite coûteuse, la population francophone ne pouvait guère consacrer ses loisirs au théâtre.

Sans tradition indigène et coupé des contacts soutenus avec la France, le théâtre demeure essentiellement un exercice culturel jusqu'au milieu du XIXe siècle. En l'absence de comédiens professionnels, de metteurs en scène et de techniciens, des jeunes Québécois instruits essaient de monter des pièces du répertoire classique, à partir de leurs seules lectures, devant un public non initié. Ces troupes éphémères, formées d'amateurs, présentent quelques pièces avec plus ou moins de succès pour disparaître aussitôt. De plus, ces amateurs sont toujours en butte à l'hostilité de l'Eglise. Heureusement, des immigrés français jouent le rôle d'animateurs tout au cours de cette période. C'est ainsi que Joseph Quesnel, Firmin Prud'homme et Napoléon Aubin fondèrent des troupes entre 1780 et 1850, tant à Québec qu'à Montréal.

Par contre, l'activité théâtrale en langue anglaise ne connut que peu d'interruption à partir de 1783, date qui signale la fin des hostilités avec les Etats-Unis et l'arrivée des Loyalistes. Chez les anglophones, le théâtre fut plutôt un divertissement puisque le public avait souvent assisté aux spectacles à Londres, à Boston ou à New-York. Des comédiens anglais jouent au Québec à partir de 1785. On ne saurait parler de théâtre canadien cependant puisque seule la visite de professionnels a permis une activité soutenue en langue anglaise. Ces comédiens présentèrent très peu de Shakespeare, mais beaucoup de farces comme *Honeymoon* et *Three Weeks after Marriage*[3]. Les Québécois ont souvent profité des spectacles en langue anglaise au grand désespoir du clergé[4].

L'énumération des troupes amateurs et professionnelles depuis 1780 peut donner l'impression d'un développement culturel surprenant : il y eut effectivement en moyenne une dizaine de représentations dans chaque ville par année. Cependant, les contemporains ne se trompaient pas en se plaignant de la pénurie de spectacles et de leurs qualités douteuses. Murray D. Edwards, après un examen détaillé du théâtre anglophone de 1790 à 1914,

1. *Voyage en Angleterre et en France dans les années 1831, 1832 et 1833*, texte établi, noté et présenté par Paul Wyczynski, Ottawa, Editions de l'Université d'Ottawa, 1968, p. 249.

2. Mgr H. Têtu et abbé C.-O. Gagnon, *Mandements, lettres pastorales et circulaires des évêques de Québec*, Québec, 1887, vol. 1, p. 412.

3. *La Gazette de Québec* [à l'avenir : GQ], 23 février 1809.

4. En 1833, on se plaignit justement qu'on « trouvera au moins la moitié de Canadiens et de patriotes canadiens qui ne craignent pas d'anglifier leur pays » au théâtre anglais (*Le Canadien*, 29 novembre 1833). Dix ans plus tôt, un Anglais anonyme avait prévu l'anglicisation des Canadiens par le théâtre ! (Voir *The Canadian Magazine*, vol. 1, no 3, septembre 1823, p. 225.)

conclut que « the activity was informal, not rooted in deep cultural habits and desires, but tossed together from the ideas and physical assets of other countries » [5].

L'activité théâtrale en langue française sera presque exclusivement l'affaire d'amateurs jusqu'aux dernières années du XIXe siècle : la première troupe de renommée à visiter le Québec fut celle de Sarah Bernhardt, en 1880. Comment étudier la succession de troupes, de tournées et de représentations ? Avant d'arriver à une synthèse, un travail d'archéologie culturelle s'impose. Notre étude se veut donc un sondage à partir des quelques articles, livres et thèses sur le théâtre, ces données ayant été vérifiées et complétées par des renseignements provenant des journaux et des documents d'époque. Nous visons à esquisser un panorama des spectacles au Québec depuis la Conquête jusqu'à la création de troupes professionnelles françaises à Montréal, dans la dernière décennie du XIXe siècle.

I. — 1765-1840 : LES DÉBUTS DIFFICILES [6].

Les dernières années du régime français demeurent mémorables par des fêtes mondaines, des soupers et des bals. Cette tradition continue après la fin des hostilités [7]. Afin d'oublier les conséquences de la guerre, on fréquente de plus en plus des cabarets et des tavernes. En 1765, Pierre Chartier et sa troupe sont engagés par Jean Roi pour attirer des clients. Le 15 avril, on présente *Le Festin de Pierre* de Molière « suivie de plusieurs tours d'équilibre... à l'Enseigne de Québec... où les messieurs trouveront toutes sortes de rafraîchissements » [8]. Cette initiative s'avère sans lendemain.

A l'automne de la même année, *La Gazette de Québec* annonce que le 18 novembre à 5 heures du soir, les Villageoises canadiennes donneront une fête et présenteront une pièce nouvelle « *Les Fêtes Villageoises,* comédie en un acte, écrite par le Sieur Lanoux, célèbre poète du Canada », ainsi qu'un « ballet de Bergers et de Bergères » et une cantate et un duo, composés par le Sieur Zélio « grand musicien ». Le ton satirique de l'annonce laisse l'impression soit d'une supercherie, soit d'une attaque voilée contre certains gens de la ville [9].

---

5. Murray D. Edwards, *A Stage in Our Past. English-language Theatre in Eastern Canada from 1790's to 1914*, Toronto, University of Toronto Press, 1969, p. 165.

6. Marjorie Ann Fitzpatrick, dans sa thèse de doctorat, *The Fortunes of Molière in French Canada*, présentée à l'University of Toronto, en 1968, considère la période d'avant 1840 comme un tout et elle étudie en détail les troupes et les représentations pendant cette période. Le réveil culturel des années 1830 est brusquement interrompu par la rébellion de 1837-1838. C'est ainsi que nous avons choisi 1840 comme date commode pour terminer la période des débuts difficiles.

7. *GQ*, 24 décembre 1764.

8. *GQ*, 11 avril 1765. Il s'agit de *Dom Juan*, connu aussi sous ce titre. Marjorie Ann Fitzpatrick imagine qu'il s'agit plutôt de l'adaptation de *Dom Juan* faite par Thomas Corneille, en 1677. Cependant, dans les éditions de Molière publiées au XVIIIe siècle, la pièce de Molière avait les deux titres. Ce Pierre Chartier serait-il celui qui, né à Paris en 1728, épousa une veuve à Montréal le 10 octobre 1757 ? Voir Cyprien Tanguay, *Dictionnaire généalogique des familles canadiennes depuis la fondation de la colonie jusqu'à nos jours,* Montréal, 1871-90, vol. 3, p. 32.

9. Etant donné que *La Gazette* fut suspendue du 31 octobre 1765 au 29 mai 1766, il est difficile de connaître la suite de ces événements.

A. Le théâtre à Montréal : 1774-1840

A Montréal, il y a aussi des tentatives isolées. Edward William, capitaine et commandant de l'artillerie royale, loue une salle chez le notaire Antoine Foucher et y organise des spectacles du début de 1774 jusqu'au mois de septembre 1776. Sur cette scène, on joue *Le Bourgeois* et *Le Médecin* puis une autre pièce intitulée *Me Bonne*[10]. S'agit-il du *Bourgeois gentilhomme* et du *Médecin malgré lui ?* Si oui, ces soldats anglais furent les premiers à présenter Molière à Montréal.

Le 4 janvier 1780, les « Jeunes Messieurs canadiens » montent *Grégoire ou l'incommodité de la grandeur,* comédie en cinq actes, jouée dans la 'voûte' de M. Beaubien[11], en proposant de « donner plusieurs autres pièces durant le carnaval ». Cependant, il semble que ce projet n'eut pas de suite[12]. L'année suivante, on décide de trouver une salle commode pour des concerts et des pièces. C'est ainsi que le général Maclean demande la permission de transformer le vestibule de l'ancienne maison des Jésuites en théâtre. Une fois les réparations terminées, on y organise des concerts et on y joue des pièces pendant l'hiver. En janvier 1781, les jeunes Canadiens offrent *Les Fourberies de Scapin* à la population. Joseph-François Perrault participe à cette production tout en déplorant qu'on était obligé de « défigurer un peu (la pièce) en lui ôtant les personnages de femmes... pour ne pas s'attirer les censures de l'Eglise par le mélange des différents sexes »[13].

Pourrait-on lier la fondation de la troupe des jeunes amateurs à l'arrivée de Joseph Quesnel à Montréal, au cours de l'hiver de 1780 ? En effet, le 9 février 1784, Joseph Quesnel écrit à Pierre-Louis Panet, notaire de Montréal, récemment nommé greffier à Québec : « La comédie serait pour moi comme elle est pour vous le plus agréable amusement, mais pour la voir rétablir ici nous attendons votre retour »[14]. Quoi qu'il en soit, Quesnel et Perrault sont parmi les dirigeants du Théâtre de Société, fondé à Montréal, en 1789.

A l'automne de 1789, le rêve de Joseph Quesnel et celui de ses amis devint réalité. Le 11 novembre, le Théâtre de Société signa un contrat avec le peintre Louis Dulongpré, ce dernier devant fournir la salle, trois décorations peintes sur toile (une chambre, un bois et une rue) et le grand rideau. « Il paiera la musique, le perruquier, les billets, les frais de gazzetiers *(sic),*

---

10. Nous connaissons l'existence de cette salle par trois factures. (Voir E.-Z. MASSICOTTE, *Le Premier Théâtre de Montréal ?*, dans le *Bulletin des Recherches historiques* [*BRH*], vol. 23, no 12, 1917, pp. 373-376.) Massicotte examine les documents et identifie William dans son article, *Recherches historiques sur les spectacles à Montréal de 1760 à 1800,* dans *Mémoires de la Société Royale du Canada* [MSRC], 3e série, vol. 26, 1932, pp. 113-114. Par la suite, il identifie le Monsieur Thomas mentionné comme Charles Thomas, américain, admis au barreau le 19 juillet 1783, (*Les Spectacles à Montréal,* dans *BRH*, vol. 45, no 8, 1939, p. 249).

11. *GQ*, 13 janvier 1780.

12. Voir la lettre de Maclean au gouverneur Haldimand, le 11 décembre 1780, citée par Massicotte dans *MSRC*, 1932, p. 116.

13. Lettre du 13 décembre 1781, citée par Marine Leland, *Joseph-François Perrault, années de jeunesse : 1753-1783*, dans *Revue de l'Université Laval* [RUL], vol. 13, no 9, 1959, p. 815.

14. *BRH*, vol. 36, no 9, 1930, p. 55.

la garde et les valets. »[15] Composée de Pierre-Amable de Bonne, de Joseph Quesnel, de Joseph-François Perrault, de François Rolland, de Jacques Hersé et de Jean-Guillaume Delisle, la troupe fit annoncer le premier spectacle pour mardi le 24 novembre : *Le Retour Imprévu* de Regnard et *Deux Billets* de Florian[16].

Le dimanche 22 novembre, le clergé réagit violemment : le curé Déséri dénonça ces « gens oisifs » qui avaient l'intention de présenter « des comédies la nuit, où il y a des hommes et garçons habillés en femme et fille »[17]. Les sociétaires firent des représentations au curé et l'évêque Hubert conseilla la prudence. Fleury Mesplets, imbu des idées nouvelles, publia une série d'articles dans sa *Gazette de Montréal,* sous le titre de « Extrait d'une lettre d'un théologien illustre par sa qualité et par son mérite, consulté pour savoir si la comédie peut être permise ou doit être absolument défendue » (les 3, 10, 17 décembre).

Le verdict du théologien en faveur de la comédie n'eut pas le don de plaire à un Canadien qui trouvait cette forme de divertissement plus dangereuse que la danse. La controverse continua pendant toute la saison ; naturellement, les sociétaires, les plus directement impliqués dans l'affaire, ne pouvaient rester indifférents. Le texte signé « un acteur », publié le 7 janvier 1790, probablement écrit par Quesnel, cite des auteurs qui ont mérité l'applaudissement des spectateurs en France : Fagan, Dancourt, Regnard, Molière, Sauvigny, Mercier, Pieyre, Belloy, Decubières et Marsolier. L'abondance de critiques parues pendant les trois mois de la première saison du Théâtre de Société ne se répétera pas souvent pendant le siècle suivant[18] !

La troupe présente quatre soirées de théâtre[19] :

29 décembre — *Le Légataire Universel* de Regnard ; *Deux Chasseurs et la laitière,* musique de Duni et paroles d'Anseaume ;

14 janvier 1790 — *Le Retour Imprévu* de Regnard[20] ; *Colas et Colinette* de Quesnel ;

4 février — *Les Folies Amoureuses* de Regnard ; *Jérôme Pointu* de Beaunoir ;

9 février — *Le Légataire Universel* de Regnard ; *Colas et Colinette* de Quesnel.

---

15. Le contrat est reproduit par Massicotte, *Un théâtre à Montréal en 1789,* dans *BRH*, vol. 23, no 6, 1917, pp. 191-192.
16. *La Gazette de Montréal* [GM], 19 novembre 1789.
17. Lettre de Gabriel-Jean Brassier, vicaire-général, à Mgr Hubert, évêque de Québec, novembre 1789, Archives du diocèse de Montréal, citée par Marjorie Ann Fitzpatrick, *op. cit.*, pp. 59-60. Cette tradition de faire jouer les rôles de femmes par des hommes continuera jusqu'au XXe siècle dans les Collèges.
18. Les autres textes parurent les 31 décembre 1789, 14 et 21 janvier 1790, 4, 11 et 25 février 1790.
19. Il est possible que la première soirée fut annulée à cause des attaques du curé Déséri. Elle est annoncée le 19 novembre et on ne la mentionne point par la suite. En plus, les sociétaires n'avaient prévu que quatre représentations dans leur contrat avec Dulongpré.
20. On avait annoncé *Le Médecin malgré lui* (7 janvier 1790). Mais dans une critique, on parle plutôt du *Retour Imprévu* (21 janvier 1790).

La critique fut unanime dans ses louanges de Quesnel « the Roscius of this little stage ». Il est intéressant de reproduire la première appréciation en français d'une pièce canadienne :

> Jusqu'ici [M. Quesnel] avait plu par les grâces de la déclamation, mais il a enfin enchanté par celles de l'invention et du génie. Sa comédie n'exclut point ce passionné qui en rend la beauté plus sensible. Les actes dépendent absolument les uns des autres et l'intérêt est tel qu'à peine a-t-on entrevu le commencement de l'intrigue qu'on brûle du désir de parvenir au dénouement. Il ne paraît aucun personnage qui ne soit à sa place et qui ne se montre toujours semblable à lui-même. L'âme du spectateur se dispose dans le premier acte, elle est ravie dans le second, transportée dans le troisième ; la pièce plaît d'abord, ensuite charme, puis enchante, la vertu est peinte sous de si belles couleurs qu'il n'est pas possible qu'elle ne paraisse point aimable ; l'homme vertueux est dans Mr. Dolmont ; l'amour ingénu dans Colas et son amante ; le ridicule dans le bailli. Il n'en est pas de cette pièce comme d'une infinité d'autres où la fourberie est toujours victorieuse de la naïveté ; où le vice est mieux récompensé que ne l'est la vertu. Le bailli ne retire d'autre avantage de ses artifices que la honte de les voir inutiles : les bienfaits et l'affabilité de Mr. Dolmont le rendent cher au village, l'union de Colas et de Colinette est le prix de la sincérité de leur amour... Les applaudissements qui ont été donnés, sont justement mérités — et font tout à la fois honneur et à l'auteur et aux spectateurs — On demande instamment une nouvelle représentation de cette comédie : je crois qu'on peut la donner et qu'elle est du nombre de ces ouvrages que decies repetita placent [21].

Malheureusement, une nouvelle politique visant à restreindre l'auditoire à « un très petit nombre de personnes de haute extraction ou de race noble » à la deuxième saison, ne plut pas à tout le monde puisqu'un épistolier anonyme se demanda pourquoi les sociétaires limitaient ainsi l'auditoire s'ils voulaient réellement participer au développement culturel de la jeune colonie [22]. Le premier Théâtre de Société semble s'éteindre après cette deuxième saison. De Bonne, qui avait déjà trente et un ans en 1789, commence sa carrière de fonctionnaire en décembre 1791. Bientôt député à la nouvelle Chambre d'Assemblée et juge, il ne put s'occuper davantage du théâtre. Joseph Quesnel s'établit à Boucherville à la fin de 1793 et Joseph-François Perrault, cherchant désespérément à faire vivre sa famille, fut nommé greffier à Québec.

Le Théâtre de Société vivra cependant sous des réincarnations différentes. C'est ainsi qu'à la suite de l'annonce d'une représentation du *Barbier de Séville* de Beaumarchais ainsi que du *Retour Imprévu* de Regnard, le 25 novembre 1795, le vicaire général écrit de nouveau à l'évêque, demandant si l'Eglise pouvait accepter comme aumône le profit d'une soirée de théâtre. La réponse est sans équivoque : « nulle communauté ne peut recevoir le produit des représentations du théâtre, offert comme tel... » mais, ajoute-t-on, « Mgr a prescrit aux confesseurs de la ville de Québec de refuser l'absolution à tous ceux qui jouent, assistent ou contribuent à ces sortes de spectacles » [23].

21. *GM*, 21 janvier 1790.
22. *GM*, 23 décembre 1790.
23. Lettre du 30 novembre 1795, citée par Marjorie Ann Fitzpatrick, *op. cit.*, p. 64.

La soirée eut lieu et le 28 décembre la troupe monta *Le Tambour Nocturne* de Destouches, ainsi que *Le Médecin malgré lui.* Logée à l'époque dans une salle, rue Notre-Dame, la troupe avait réussi à vendre 172 souscriptions à « une piastre d'Espagne » [24]. Mais la saison suivante, il n'y en eut que 120 [25] ; le projet de déménager dans une salle plus grande dut être remis à plus tard. On présenta quand même trois soirées et six pièces, dont trois de Regnard.

A son tour, après deux saisons, le deuxième Théâtre de Société s'éteignit [26]. Le théâtre francophone dans la métropole va connaître ce sort pendant trois quarts de siècle : des amateurs se formeront en groupe afin de présenter des pièces ; après une ou deux saisons on abandonnera la partie à cause des problèmes de salle, de l'indifférence du public devant les productions médiocres et, surtout, des attaques du clergé.

Après dix ans, alors qu'aucune pièce française n'avait été jouée [27], Montréal put applaudir *Monsieur de Pourceaugnac* de Molière ainsi que la pantomime *Rolando, ou la caverne des voleurs,* montés par la Société des Jeunes Artistes, le 11 août 1815. Il s'agit vraisemblablement des Jeunes Artistes qui ont joué les mêmes pièces à Québec, en juin. Après quelques autres programmes, la jeune troupe se proposa de faire une saison d'hiver, à Montréal. La célèbre pièce de Molière, *Les Fourberies de Scapin* termina, le 14 octobre, leur brève carrière [28].

Les Jeunes Artistes de Québec ont stimulé des amateurs de Montréal. C'est ainsi qu'une Société de Jeunes Messieurs canadiens annonça la présentation de *La Mort de César* de Voltaire, avec, en programme double, l'*Amour Médecin* de Molière, en novembre [29]. Encouragé, « un amateur » écrit une longue lettre justifiant le théâtre au point de vue moral et culturel et il ajoute :

> ... Si l'entreprise réussit... elle aura sans doute de l'influence sur l'avenir... Alors on ne dira plus par manière de reproche, qu'avec deux villes riches et peuplées, les Canadiens connaissent à peine les représentations théâtrales. A la vérité... la chose arrive si rarement, à Montréal surtout, que quand on y joue une pièce, à peine se souvient-on qu'on y en a joué d'autres auparavant [30].

Dès la première représentation cependant une cabale se trame contre les amateurs au nom de la morale. La troupe fut réorganisée néanmoins avec le concours d'officiers de la garnison [31].

---

24. *GM*, 22 février 1796. Il y eut probablement d'autres représentations en janvier et février.
25. *GM*, 31 octobre 1796.
26. Le Théâtre de Société présenta quatre soirées à l'Hôtel Hamilton, en 1804-05.
27. Sur le théâtre anglophone à Montréal, voir Patricia CONROY, *A History of the Theatre in Montreal Prior to Confederation,* thèse présentée à McGill University, 1936, 173p.
28. *Le Spectateur Canadien* [SC], 7 août et 9 octobre 1815.
29. *SC*, 20 novembre 1815.
30. *SC*, 25 décembre 1815.
31. Il y eut trois soirées, le 17 janvier 1816 : *Le Barbier de Séville* de Beaumarchais et *Gilles Ravisseur* de Dhell ; le 7 février : *L'Avare* de Molière et *Le Retour Imprévu* de Regnard ; le 16 février : *Le Tambour Nocturne* de Destouches et *Deux Billets* de Florian.

Renouant avec la tradition, les amateurs utilisèrent le nom de « Théâtre de Société » au cours de leur deuxième saison, saison unique à plus d'un titre. Il n'y eut pas moins de neuf soirées de théâtre à l'Hôtel Tesseyman, entre le 27 novembre 1816 et le 14 février 1817. Pour la première fois, un anglophone y participa ; J.D. Turnbull, acteur, écrivain et directeur de théâtre fit traduire sa pièce *The Wood Demon or the Clock has Struck* sous le titre de *Démon de la forêt, ou l'horloge a sonné*. Ce mélodrame en quatre actes s'est révélé le grand succès de la saison, étant représenté quatre fois !

Encore une fois, malheureusement, les comédiens furent accusés de corrompre la jeunesse et le clergé aurait dit au peuple que l'on priverait de sacrements les personnes qui jouent des pièces. *Le Spectateur Canadien* reçut néanmoins quatre réfutations des « prétendues assertions lancées publiquement contre les Amateurs canadiens ». C'est ainsi que dut se taire pour quelques années encore le théâtre français dans la métropole. En 1819, il y eut la visite de Joseph Artiguenave, anciennement de la Comédie-Française, mais ses activités n'eurent que peu de rayonnement.

Turnbull voulut doter la ville de Montréal d'un théâtre permanent. En novembre 1817, il loua un édifice en pierre, rue Collège. Inaugurée en janvier 1818, la salle pouvait contenir 700 personnes, mais elle fut détruite par un incendie le 4 mai 1820. A partir de 1821, les journaux firent écho de plusieurs projets de construction, comme ceux de Blanchard et de John Molson [32]. En 1822, un groupe dirigé par Molson proposa la construction d'un théâtre dans le faubourg Saint-Laurent et demanda même des soumissions en janvier 1823. Cependant, ce projet fut vivement critiqué : on évoquait l'étroitesse des rues et le peu de lumière, on proposait un site plus près de la ville.

Après un an d'hésitation, la corporation fit construire le Théâtre Royal à côté du nouveau Masonic Hall, rue Saint-Paul. L'édifice coûta plus de £6,000 et transforma la situation théâtrale à Montréal à partir de l'ouverture de la saison, le 21 novembre 1825. Tout en pierre, le bâtiment avait 60 pieds de largeur et 100 pieds de profondeur. La salle était composée d'un parterre, de trois rangées de loges étagées et d'un « paradis » pour les domestiques. Il y avait en tout 1,000 places [33]. Une année plus tôt, Blanchard et West ouvrirent leur Royal Circus. Tout en jouant des mélodrames et des farces, on organise occasionnellement des concerts ; le directeur annonce que « the celebrated equestrian company will perform their astonishing feats of horsemanship, rope dancing, wire walking, ground and lofty tumbling, still vaulting... » [34].

L'ouverture du Théâtre Royal en novembre 1825, avec sa troupe professionnelle composée d'une vingtaine de comédiens dont cinq femmes, a certainement stimulé le public cultivé francophone. Lors de la visite du célèbre Edmund Kean à Montréal, pendant l'été de 1826, un Montréalais lança un cri de cœur :

---

32. Il voulait aménager une aile de son hôtel en théâtre, mais le projet fut abandonné. (Voir *The Montreal Herald*, 24 mars 1824.)

33. E.-Z. Massicotte, *Le Premier Théâtre Royal à Montréal*, dans *BRH*, vol. 48, no 6, 1942, pp. 169-172.

34. *The Montreal Herald*, 10 avril 1824.

... Que ceux-là seuls n'y assistent pas qui nourrissent encore les préjugés étranges que la fréquentation des spectacles (est) incompatible avec leurs devoirs religieux ; et qui ignorent que ce pays est le seul sur le globe où il y a peu ou point de théâtres et où ils sont si peu fréquentés [35].

La nouvelle salle attira des troupes de l'extérieur. Scévola Victor et sa troupe française, après un court séjour à New-York, considérèrent le Bas-Canada comme un terrain fertile. Ont-ils pu rencontrer Kean à New-York ? Quoi qu'il en soit, la première troupe professionnelle française arriva à Montréal en février 1827.

Jouant tour à tour au Royal et au Royal Circus du 19 février au 2 mai, les acteurs essayèrent des comédies, des vaudevilles, des mélodrames et des opéras-comiques et même une « comédie grivoise », sans trop de succès, paraît-il. Leur répertoire varié atteint un point culminant lors de la dernière soirée : *Les Mariages par circonstances,* comédie en 1 acte ; *Le Délire ou les folies de l'amour,* « pièce dramatique composée par M. Alvic, jouée par lui, et dans laquelle il imita Talma » ; *La Forêt Périlleuse ou les brigands de la Calabre,* « mélodrame en trois actes, à grand spectacle, avec combats, marche, explosion de la poudrière et enfoncement de la caverne des brigands » ; *Les Deux Précepteurs,* comédie-vaudeville, mêlée de chants et de danses ; « Entre les deux pièces, précise-t-on, on chantera la chanson patriotique God Save the King en français » [36]. Après une courte visite à Québec, M. Victor disparut avec la caisse laissant les pauvres comédiens dans la misère [37].

Profitant du climat favorable, des amateurs montèrent *Le Marchand Provençal* de Pigault-Lebrun et *L'Avocat Patelin* de Brueys, le 30 avril 1827. A l'automne, ils purent bénéficier du retour de Alvic qui voulait payer les dettes de la troupe Victor et ramasser quelques fonds. La pièce de résistance fut sans doute *Le Comédien sans argent ou le retour d'Alvic en Canada.* L'auteur joua cinq différents rôles dans cette comédie qui « donne les détails sur la fuite de Mr. Victor et rend compte d'une année de sa vie ; la scène se passe dans le village de La Prairie ». Au même programme, le lundi 17 décembre, on trouve *Le Sourd ou l'auberge pleine,* comédie de Desforges arrangée par Legrand : « Cette pièce a attiré la foule pendant plus de deux ans au Théâtre des Variétés de Paris. » La distribution comprenait, en plus d'Alvic, Mme Beauvalet de la troupe Victor et quatre amateurs de Montréal [38].

Deux troupes d'amateurs évoluant la même année, voici un luxe que Montréal ne verrait pas de sitôt. Tout commence le 26 janvier 1829 par une représentation du *Tambour Nocturne* de Destouches, suivi du *Mariage forcé* de Molière. Cette soirée au Théâtre Royal eut un certain succès puis-

35. *SC,* 2 août 1826.

36. *La Minerve,* 30 avril 1827. Les autres représentations eurent lieu les 14 février, 8 et 9 mars, 16, 21 et 24 avril et le 2 mai.

37. *GQ* du 3 au 28 mai 1827. Voir aussi P.-G. Roy, *Le Cirque Royal ou théâtre royal,* dans *BRH,* vol. 42, no 11, 1936, pp. 653-654.

38. *La Minerve,* 17 décembre 1827. On présenta deux autres programmes, les 21 et 29 janvier.

qu'on peut distribuer £27 aux institutions de charité. Après un deuxième programme, le 27 février, on prépare une pièce de Molière, *Le Malade Imaginaire* pour le 24 avril. Mais voici qu'une autre troupe, Les Amateurs de Montréal, annonce *L'Avare* de Molière pour le 28 avril ! Selon *La Minerve,* qui moussa la publicité des deux troupes, « le public éclairé de Montréal aimera sans doute à voir les deux représentations pour juger du mérite respectif des deux corps » [39]. Le 27, le journal publia un long compte rendu du *Malade Imaginaire ;* il semble que le rôle d'Angéline fut rempli par une femme, pour la première fois à Montréal [40]. Cependant, après une critique de *L'Avare,* le 30 avril, le journaliste dut admettre qu'il y avait eu peu de spectateurs. Nous savons, par l'état des recettes et des dépenses de la représentation du 24 avril, qu'il y eut même un léger déficit [41] !

Le 26 avril 1830, *La Minerve* se plaint que « les amusements de notre ville sont si peu nombreux, qu'une représentation dramatique fait sensation parmi nous ». Or, l'attitude intransigeante du clergé rendait difficile toute activité théâtrale. Monseigneur Lartigue attaqua même l'évêque de Kingston à la suite de son éloge du théâtre [42]. Malgré ces difficultés, un groupe d'amateurs forma une autre troupe de théâtre de société en janvier 1831 [43] ; leur première représentation le 5 février au Théâtre Royal fut réussie et l'auditoire nombreux [44]. Le rédacteur de *La Minerve* annonça avec enthousiasme qu' « ils se proposent de donner dans quelque temps une seconde soirée dramatique où ils joueront quelques pièces de nos grands-maîtres ».

Mais sans apport de l'extérieur, le théâtre français ne pouvait progresser. Voici que Firmin Prud'homme, comédien français, qui avait étudié sous la direction de Talma, à Paris, arrive à Montréal en décembre 1831 ! Il prendra part aux représentations des amateurs à Montréal, et à Québec, jusqu'en 1839, en plus de donner des déclamations et des cours [45]. Mercredi le 28 décembre 1831, Prud'homme et les amateurs canadiens présentèrent un programme culturel très chargé : *Hamlet* de Shakespeare dans la traduction de Ducis, *George Dandin* de Molière, ainsi que *Napoléon à Ste-Hélène,* scène historique arrangée par Prud'homme lui-même [46]. Dans un long article, on

---

39. *La Minerve,* 23 avril 1829.

40. Les Amateurs montèrent *Le Barbier de Séville* en janvier 1825, le rôle de Rosine devant être rempli par une femme. Mais deux jours avant la représentation, on dut se raviser et le faire tenir par un homme, (*SC,* 22 janvier 1825).

41. *La Minerve,* 11 mai 1829. Voir aussi Marjorie Ann FITZPATRICK, *op. cit.,* pp. 77-81.

42. Sur cette controverse, voir Marjorie Ann FITZPATRICK, *op. cit.,* pp. 81-82. La lettre de l'évêque de Kingston fut publiée dans *GQ,* 7 janvier 1830.

43. *La Minerve,* 3 janvier 1831 et *L'Observateur,* t. 2, n° 1, 8 janv. 1831, p. 16.

44. Le programme imprimé sur soie bleue fut retrouvé et réimprimé par E.-Z. MASSICOTTE, *Soirée d'amateurs, à Montréal, en 1831,* dans *BRH,* vol. 24, no 5, 1918, pp. 134-136. La troupe comprenait 10 comédiens qui ont joué *Les Fourberies de Scapin* et *L'Orpheline* de Pigault-Lebrun, voir *La Minerve,* 7 fév. 1831 et *L'Observateur,* 2, no 16, 12 fév. 1831, p. 96.

45. Les 1er, 8 et 15 décembre 1831, à l'Hôtel Albion, il présenta des scènes du théâtre classique et moderne dont Racine, Voltaire, Ducis ainsi que des extraits du *Tartuffe* de Molière. Voir aussi Antoine ROY, *Visiteurs français de marque à Québec,* dans *Cahiers des dix,* no 21, 1956, pp. 228-229.

46. *La Minerve,* 19 décembre 1831.

loue les qualités du comédien français et de sa troupe : « ... la comédie de George Dandin a été jouée à la perfection... » [47]. A la fin janvier 1832, les amateurs anglais et canadiens montèrent quatre pièces dont une en anglais et le *Napoléon* de Prud'homme [48].

Enchanté par le travail de Prud'homme, des journalistes suggèrent même une souscription afin de former une troupe professionnelle par l'engagement d'autres comédiens français. Malheureusement rien n'y fit. Il faut attendre 1898 avant de voir réaliser un tel projet ! L'épidémie de choléra en 1832 arrête tout événement public. Néanmoins, Prud'homme et les amateurs annoncent, le 17 janvier 1833, une production d'*Othello* dans la traduction de Ducis [49]. La situation théâtrale devient très confuse pendant ces années d'ébullition politique [50]. Il y eut même une rixe en 1836 lorsque les jeunes Patriotes refusèrent de se lever pendant le God Save the King.

Leblanc de Marconnay, journaliste français arrivé à Montréal en 1834, s'intéresse à la jeune littérature canadienne [51]. D'abord à *La Minerve,* il devient successivement rédacteur de L'*Ami du Peuple* et du *Populaire.* Président de la Société française du Canada, il prend part aux activités de la Société dramatique des amateurs de Montréal en leur écrivant deux pièces [52]. Après plusieurs semaines de répétitions, la Société loua le Théâtre Royal pour le 6 février 1836 et fit imprimer les deux pièces : *Valentine ou la Nina Canadienne* et *le Soldat.* Malheureusement, on dut annoncer le 5 février que l'indisposition de deux comédiens les força de remettre la représentation de *Valentine.* Cependant, le public pouvait se sentir satisfait puisqu'on présenta *La Tontine* de Lesage, *Les Plaideurs* de Racine, *L'Ours et le pacha* de Scribe, *Le Soldat,* « intermède en deux parties, mêlé de chants par Leblanc de Marconnay, ainsi que la musique de la fanfare du 32e régiment » [53] !

Les années 1840 sont difficiles et les spectacles très rares. Le Théâtre Royal ferme ses portes en 1844 et le mobilier est vendu. Le théâtre va renaître cependant, et le public reviendra s'amuser, en plus grand nombre, au cours du demi-siècle suivant.

---

47. *La Minerve,* 29 décembre 1831.
48. *La Minerve,* 16 janvier 1832.
49. L'absence d'annonces subséquentes donne l'impression que cette soirée n'eut pas lieu. Cependant, les journaux n'ont pas nécessairement enregistré toutes les représentations. Prud'homme aurait joué avec succès à Montréal, en 1838-1839, selon *Le Canadien* de Québec, le 14 octobre 1839. Cependant, son nom n'est pas mentionné dans les journaux de Montréal en 1838-1839.
50. Des jeunes amateurs sans expérience furent attirés par le théâtre cependant. Le 28 février 1835, les Amateurs Canadiens montent deux pièces de Molière : *Les Fourberies de Scapin* et *Le Médecin malgré lui.* Joli défi ! Mais ils « comptaient beaucoup plus sur l'indulgence des spectateurs que sur leurs propres moyens ; la plupart d'entre eux paraissaient pour la première fois sur la scène... » (*La Minerve,* 5 mars 1835).
51. Voir sa lettre à la jeunesse canadienne, dans *Le Populaire,* 10 avril 1837.
52. *L'Ami du Peuple,* 23 décembre 1835.
53. *L'Ami du Peuple,* 5 février 1836. On annonçait la remise de la représentation de « *Valentine* » jusqu'après les fêtes de Pâques. Il semble cependant que la pièce ne fut jamais montée puisque la Société dramatique n'aurait pas d'autres soirées avant le mois d'août lorsqu'on présenta *L'Ours et le pacha* (*L'Ami du Peuple,* 20 août 1836). En 1838, on annonce une autre présentation de *La Tontine,* ainsi qu'un mélodrame *Haridan Barberousse ou la prise de Reggio* (*L'Ami du Peuple,* 24 février 1838).

B. Le théâtre dans la ville de Québec : 1791-1840 [54]

Pendant les dernières décennies du XVIIIe siècle, Québec, capitale de la colonie, fut aussi le centre de la vie culturelle. Au Théâtre Thespian, à partir de février 1783, on présente des pièces anglaises, des opéras-comiques et des ballets. En 1789, la troupe Allen fit un séjour de dix mois, présentant une soixantaine de programmes. Un des comédiens, William Moore fut aussi typographe et, jusqu'en 1793, il partageait son temps entre l'imprimerie et le théâtre.

Dans les chroniques des Ursulines de Québec, on écrit qu'un jeune Canadien « arrivé de France, se hâta, vers 1787 ou 1788, d'établir un théâtre, afin de jouer des comédies françaises. Ce théâtre fut fréquenté par ce qu'on appelait alors la bonne compagnie. » [55] *La Gazette de Québec,* cependant, ne fait aucune mention de pièce française avant 1791. Il y a bien sûr le Thespian Theatre, dans une salle en haut de la Taverne de M. Prenties, rue Saint-Jean, où on présente des pièces anglaises entre 1783 et 1786. S'agit-il de François Baillairgé, étudiant à Paris de juillet 1778 au mois d'août 1781. A son retour, il s'établit comme sculpteur et peintre à l'instar de son père. En 1784, il commence à tenir un journal de dépenses quotidiennes [56].

Du 1er décembre 1785 au 5 janvier 1786, Baillairgé travaille l'équivalent de 17 journées au « théâtre », à raison de 7 chelins par jour. Par une autre entrée de son journal, au 19 janvier 1786, nous savons que Baillairgé participe à une production des *Fourberies de Scapin* de Molière. Au cours de l'année, il travaille au théâtre en juin et en août ; en octobre et en novembre, il y va en spectateur sans toutefois indiquer les titres des pièces : « 23 nov. Pour bagatelles biscuits etc. aux dames que j'ai mené à la comédie hier au soir ». Voilà les quelques renseignements que nous possédons sur le théâtre de François Baillairgé [57].

Les Jeunes Messieurs Canadiens offrirent au public leurs premières représentations en janvier 1791, dans La Halle des Francs-Maçons, en haut de la taverne de John Franks, rue Buade : deux comédies de Molière, *Le Malade Imaginaire* et *L'Avare.* Les comédiens durent immédiatement faire face à des attaques : selon *La Gazette de Québec,* « on voudrait persuader que le théâtre est dangereux pour la jeunesse qui le fréquente ». Le jour-

54. L'histoire des salles de théâtre à Québec est difficile à établir. Il faut examiner attentivement les annonces dans les journaux. Malheureusement, Pierre-Georges Roy a beaucoup trop simplifié la situation dans son article *Le Théâtre du Marché à Foin à Québec,* dans *BRH,* vol. 43, no 2, 1937, pp. 33-45 ; no 3, pp. 65-70 ; no 4, pp. 97-101. A son avis, il s'agit d'un seul et même théâtre au coin des rues Sainte-Anne et des Jardins de 1790 jusqu'en 1840. Or, le théâtre en question, en haut de la taverne de M. Armstrong n'ouvre ses portes qu'en 1806. Une des meilleures études des lieux d'amusements à Québec demeure celle de George Gale dans *Historic Tales of Old Quebec,* Québec, 1923.

55. *Les Ursulines de Québec, depuis leur établissement,* Québec, 1866, tome 3, p. 160.

56. *Journal de François Baillairgé,* Musée de la Province de Québec. Pour une analyse sommaire, voir Jean BRUCHÉSI, *Le « journal » de François Baillairgé,* dans *Témoignages d'hier,* Montréal, Fides, 1961, pp. 85-99. Le nom s'écrit aussi « Baillargé ».

57. En décembre 1792 et en janvier 1793, Baillairgé peint les scènes, les coulisses et les loges du théâtre. Le 28 novembre 1795, il livre au théâtre « deux décorations ».

naliste ajoute cependant « au contraire... les acteurs et les spectateurs mêmes pouroient employer le tems qu'ils donnent à ces spectacles dans des amusemens beaucoup moins décens, beaucoup plus préjudiciables aux bonnes mœurs, à leurs intérêts, à leur santé et à l'édification du prochain » (20 janvier 1791).

Dans le même numéro, on fit allusion à un « écrit » reçu de la Pointe-aux-Trembles, attaquant la position de l'évêque de Québec sur la question de l'établissement d'une université neutre et soutenant que la comédie « n'offre qu'une bonne morale ». D'après les commentaires, dans *La Gazette* du 27 janvier, il semble que l'auteur de l'écrit en question soit Bailly de Messein, l'évêque coadjuteur et curé de la Pointe--aux-Trembles. En effet, les querelles entre Monseigneur Hubert et son coadjuteur défrayèrent les manchettes des journaux de 1789 à 1791 [58]. Dans un extrait de la lettre publiée le 27 janvier, on prétend même que l'Eglise n'a aucune juridiction sur le théâtre, ceci relevant plutôt de l'autorité civile. Bailly de Messein fait cependant exception et n'eut que peu d'influence sur l'attitude générale du clergé du XIXe siècle.

Le plus grand ennemi du théâtre à cette époque fut sans doute Joseph-Octave Plessis, évêque de Québec de 1806 à 1825. Pendant son épiscopat, il s'occupa activement de la moralité publique, attaquant toute tentative d'établissement de théâtres et de salles d'amusements. Dans une lettre à Jonathan Sewell, juge en chef, le 27 février 1809, il explique clairement les raisons de sa condamnation du théâtre :

> Convient-il à un chrétien d'y assister ? les gens du monde diront, oui : les pères de l'Eglise, et après eux tous les théologiens catholiques anciens et modernes, diront non. Dans cette diversité d'opinions, à qui dois-je m'en rapporter, sinon à ceux qui sont chargés par état de diriger les hommes dans la voie du salut ? Il est arrivé des circonstances où le devoir m'a obligé moi-même, dans des instructions publiques, de condamner cette espèce d'amusement comme contraire aux maximes de l'évangile. Permettre à un individu ce que j'ai cru qu'il falloit interdire à la multitude, seroit tomber dans une inconséquence à laquelle je suis assuré que vous n'avez pas intention de me provoquer. Il en résulte que je ne puis ni décemment ni en conscience accorder à aucun des fidèles qui sont sous ma charge, de vaquer, même une fois, à l'amusement dont il s'agit [59].

Les Messieurs Canadiens présentèrent *Le Malade Imaginaire* et *Le Barbier de Séville,* le 26 février 1791. Lors de la dernière représentation de la saison, le 2 mars, on reprit cette dernière pièce devant « une nombreuse

---

58. Voir des textes publiés dans *Les Mandements des évêques de Québec*, tome 2, pp. 398-426. Bailly de Messein, né en 1740, avait fait ses études collégiales en France. Il fut professeur de rhétorique au Séminaire de Québec, de 1771 à 1775. A la distribution des prix le 9 août 1775, les élèves présentèrent sous sa direction, deux pièces de théâtre, *Le Monde Démasqué*, comédie en 3 actes écrite par le jésuite, Guillaume Bougeant, et *Le Concert Ridicule*, une comédie-farce par Brueys et Palaprat (*GQ*, 3 août 1775). De 1778 à 1782, Bailly de Messein habita Londres en qualité de précepteur des enfants de Carleton, gouverneur de la colonie.

59. La lettre se trouve dans une collection particulière : Jonathan Sewell, musicien accompli, s'est toujours intéressé au théâtre. Il essayait de convaincre l'évêque de lever l'interdiction contre les spectacles afin d'assurer le succès des représentations de la troupe Ormsby à cause de l'amitié qui le liait à ce dernier.

et brillante assemblée de Dames et Messieurs tant Anglais que Canadiens ». Aubert de Gaspé, dans ses *Mémoires,* fait allusion à cette soirée lorsqu'il parle de l'enthousiasme de M. de Salaberry qui avait vu la pièce à Paris avant la Révolution :

> Dès la première scène, entre le comte Almaviva et le Barbier, Monsieur de Salaberry, emporté par l'enthousiasme qu'il éprouvait pour les talents de son jeune compatriote, Monsieur Ménard, se lève de son siège et s'écrie de sa belle voix sonore et retentissante : « Courage, Figaro ! On ne fait pas mieux à Paris » [60].

L'arrivée du Prince Edward, Duc de Kent, avec son régiment et sa fanfare, en août 1791, allait donner lieu à une soirée de gala en février 1792. Grâce à l'aide financière du Prince, on put aménager une salle de spectacles dans une des pièces des fortifications, près de la porte Saint-Louis [61]. A l'ouverture de la nouvelle salle, le 18 février, les Jeunes Messieurs Canadiens de la Société Dramatique présentèrent deux pièces de Molière, *Le Médecin malgré lui* et *La Comtesse d'Escabagnas,* devant le Prince, les gouverneurs du Bas et du Haut Canada, les généraux Clarke et Simcoe, et « une compagnie nombreuse et brillante » [62]. Le prologue à l'occasion de l'ouverture de la salle prononcé par le comédien Ménard, est l'œuvre de M. de Salaberry. Le choix de pièces françaises à l'ouverture de la nouvelle salle ainsi que la contribution du Prince s'expliqueraient par l'amitié de ce dernier à l'égard de M. de Salaberry [63].

Il semble cependant que cette nouvelle salle n'a servi que pendant quelques mois. En décembre, lors de la reprise des activités tout indique qu'on utilise une salle appartenant à Alexandre Menut, marchand, rue Saint-Jean [64]. La troupe monte huit pièces entre le 27 décembre 1792 et le 7 février 1793 : *L'Avare* et *Les Précieuses Ridicules* (27 déc.) ; *Le Barbier de Séville* et *L'Avocat Patelin* de Brueys (11 janv.) ; *George Dandin* et *Le Retour Imprévu* de Regnard (25 janv.) ; *Le Bourgeois Gentilhomme* et *Monsieur de Pourceaugnac* (8 février). Après une saison sans spectacles, une nouvelle compagnie de théâtre fut organisée le 12 novembre 1795 dont John Neilson,

60. *Mémoires,* Québec, 1885, pp. 462-463. *La Gazette de Québec,* dans son compte rendu de la soirée, note qu'« il est vraiment étonnant qu'ils aient joué avec autant de perfection cette pièce qui semble exiger, pour réussir, tout l'art de l'expérience d'Acteurs de profession » (17 mars 1791).

61. « One of the casmettes (or bomb proof chambers) near Fort Louis Gate has been fitted up for a theatre ». (Voir J. Ross ROBERTSON, ed., *The Diary of Mrs. John Graves Simcoe*, Toronto, 1911, p. 77.)

62. Madame Simcoe écrit dans son journal : « I was surprised those people, unused to see theatrical representations, could perform as well as they did, and I was much amused » (*ibid.*).

63. Le texte du prologue est reproduit dans *GQ*, 16 février 1792. DeSalaberry continue à s'intéresser au théâtre, et en 1805, envoie le poème de Quesnel adressé aux acteurs de Québec à *La Gazette de Québec* qui le publie le 7 février 1805. Dans une lettre à Quesnel, le 14 janvier 1805, de Salaberry écrit : « Mon goût pour le théâtre me rend admirateur du vôtre... »

64. Cette salle servait dès le mois de décembre 1782 (*GQ*, 12 décembre 1782). A cette occasion, on donna des indications de circulation qui furent répétées dans les annonces de pièces le 27 décembre 1792 et le 26 novembre 1795 : « Les messieurs sont priés de faire passer leurs voitures par la Rue St-Jean en allant et par la Rue Saint-Stanislaus en s'en retournant, pour éviter la confusion et les accidents. »

l'imprimeur, fit partie comme sociétaire [65]. On présenta six pièces françaises entre novembre 1795 et avril 1796. Par la suite, il n'y eut aucune activité théâtrale avant 1804, sauf deux pièces présentées par des élèves du Séminaire de Québec, en décembre 1803 [66].

En 1802, des amis se réunissent chez Pierre-Louis Panet et décident de former un comité afin de créer un « théâtre de société ». Parmi les sociétaires, on note de Salaberry, François Romain, bibliothécaire et fondateur de la Société littéraire de Québec en 1808, et Michel-Flavien Sauvageau, notaire et père de Charles (1809-1849), musicien et compositeur [67]. On ne présente pas de pièce cependant avant le 25 octobre 1804 lorsque les Messieurs Canadiens jouent *Le Mariage forcé* et *Les Plaideurs* au Théâtre Patagon [68], suivi le 15 novembre par un autre programme consacré à Molière et où figurent *Les Fourberies de Scapin* et *Le Médecin malgré lui.* La reprise de l'opéra-comique de Quesnel, *Colas et Colinette,* s'est révélée le grand succès de la saison étant jouée le 29 janvier et le 23 février 1805 avec *Le Tambour nocturne* de Destouches [69]. *La Gazette de Québec* fit l'éloge des comédiens : « ... ils ont soutenu leurs caractères avec habilité, particulièrement les deux qui ont présenté le Bailli et le Valet paysan... » [70].

John Neilson, qui avait participé à la fondation de la troupe en 1795, profita de l'occasion pour lancer une souscription en vue de la construction d'un théâtre convenable. Son article du 21 mars 1805 se force de montrer l'utilité culturelle du théâtre : « Dans tous pays, où les habitans sont parvenus à un certain degré de rafinement, le Théâtre a toujours été soutenu et encouragé... » [71]. En effet, un nouveau théâtre ouvre ses portes le 11 janvier 1806. Appelé Théâtre Rue des Jardins, il est situé en haut de la taverne de

---

65. Selon C.-F. Baillargé, la troupe comprenait le sculpteur François Baillargé, le notaire Lelièvre et le comédien amateur Menard ainsi que des nommés Montmoulin et Mountain. (Voir *François et Pierre-Florent Baillargé, architectes,* Joliette, 1891, p. 41.)

66. *GQ,* 8 décembre 1803. Pendant l'été de 1798, le cirque Ricketts présenta des exercices équestres et d'équilibre dans un théâtre temporaire en dehors des murs de la ville. On engagea même des Indiens de Lorette. (Voir *The Memoirs of John Durang, American Actor, 1785-1816,* Pittsburgh, University of Pittsburgh Press, 1967, pp. 67-70 et *Le Cirque de Ricketts à Québec,* dans *BRH,* vol. 42, no 1, 1936, pp. 14-15.)

67. Archives Publiques du Canada, MG 24, B 1, vol. 2, p. 7a.

68. Le Théâtre Patagon (Patagonian Theatre) dans une maison de la côte de la Canoterie, près de la porte Hope, ouvre ses portes le 15 octobre 1804. Ne contenant que 200 sièges, la salle ne fit pas ses frais et le propriétaire l'offrit en vente (*GQ,* 28 mars 1805. Voir aussi l'article : *Le Théâtre Patagon à Québec,* dans *BRH,* vol. 42, no 5, 1936, pp. 300-303). Il y eut en même temps une autre salle appelée Brobdingnac où la troupe d'Ormsby jouait en 1804 et 1805, avant l'ouverture du Nouveau Théâtre, rue des Jardins, le 11 janvier 1806.

69. Selon Marjorie Ann Fitzpatrick, (*op. cit.,* p. 19), il y aurait eu trois représentations de la pièce de Quesnel, le 29 janvier, le 23 février et le 23 mars. Cependant, dans *GQ* du 21 février, on annonce la deuxième représentation du 23 (février, et non pas mars), ajoutant que « les raisons indispensables ne leur permettent pas de jouer le second opéra de souscription ». Il n'y eut aucune autre annonce de la pièce de Quesnel en février et en mars.

70. *GQ,* 31 janvier 1805. François Perrault, fils de Joseph-François, âgé seulement de 21 ans joua le rôle du Bailli et Thomas Voyer, âgé de 16 ans, le rôle de Colinette. Deux ans plus tard, la pièce fut présentée le 7 février et le 21 mai 1807 pour la dernière fois avant la reprise en 1963. (*GQ,* 5 février 1807 et *The Quebec Mercury,* 18 mai 1807).

71. Il proposa une somme de £ 800 divisée en 160 parts à £ 5 chacune.

M. Armstrong (sur le site de l'actuel Hôtel Clarendon). Pendant une vingtaine d'années, cette salle, connue comme le Théâtre du Marché à foin (Haymarket Theatre) à cause de la proximité du marché en question (sans oublier le théâtre célèbre du même nom à Londres !), fut le seul théâtre de la ville. Les Messieurs Canadiens y présentèrent quelques pièces jusqu'en 1808 [72]. Cependant, il semble que l'arrivée de Monseigneur Plessis sur le trône épiscopal réduisait à néant les efforts des amateurs francophones, à cause de son interdiction formelle aux catholiques d'y assister.

Les troupes de langue anglaise continuèrent de jouer au Théâtre Nouveau jusqu'en 1812. Mais les visiteurs ne furent point impressionnés, ni par la salle ni par les comédiens :

John Lambert : « the persons who perform or rather attempt to perform there, are as bad as the worst of our strolling actors. » [73]

Jeremy Cockloft : « It is but a very indifferent building for scenic representations, being only the upper apartment of a tavern, with so small an entrance to the audience part of it, that in the event of fire the most dreadful consequences must ensue. » [74]

John Bernard, comédien professionnel : « (The theatre is) in a paltry little room of a very paltry public-house, that neither in shape nor capacity merited the name of theatre. » [75]

Le 31 décembre 1814, il y eut une représentation des *Fourberies de Scapin* et de l'*Avocat Patelin* de Brueys devant un auditoire enthousiaste « sous le patronage du gouverneur ». Les comédiens de la Société de Jeunes Messieurs Canadiens n'avaient pas seulement jamais joué mais « même n'avaient jamais vu de spectacle public » [76] ! Cette soirée signalait la reprise d'activités théâtrales à Québec, d'abord par les Jeunes Artistes, en mai et juin [77], et par des amateurs sous la direction du notaire Lelièvre pendant trois saisons jusqu'en 1818. Avant de quitter la scène, ce groupe organisa vingt soirées de théâtre. Bien sûr, on monta Molière, mais beaucoup moins qu'entre 1791 et 1808. Il y eut des drames de Mercier, de Dufresnoy, des pantomimes et des farces ainsi qu'une adaptation de *L'Orpheline* de Pigault-Lebrun et, le 22 février 1816, *La Bataille de Waterloo ou l'entrée triom-*

72. Le 11 janvier et le 3 février 1806 ; le 5 février et le 21 mai 1807 ; le 27 février, les 24 et 29 octobre 1808.

73. *Travels through Lower Canada, and the United States of North America, in the years 1806, 1807 and 1808...* London, 1810, vol. 1, p. 32.

74. *Cursory Observations made in Quebec... in the year 1811*, Toronto, Oxford Press, 1960, p. 32. En effet, l'escalier fut élargi en 1816 (*GQ*, 1er février 1816).

75. *Retrospections of America, 1797-1811*, New York, 1887, p. 363. En 1818, un lecteur écrit au *Quebec Mercury* : « C'est un sujet d'étonnement pour les étrangers... que la capitale du Bas-Canada, une ville si prospère et si populeuse, ne possède pas un seul endroit d'amusement public, pas même un théâtre. Car je conçois que ce serait un libelle de donner le nom de théâtre à la boîte en ruine où joue actuellement la compagnie de comédie et tragédie qui doit rester quelques mois parmi nous » (18 août 1818).

76. *GQ*, 5 janvier 1815. Parmi les comédiens, on note le lt. Fortier et le Capt. Panet qui écrit un prologue, prononcé lors de la représentation.

77. Avant d'aller à Montréal, ils ont pu monter 7 pièces : *Le Médecin malgré lui* et *Monsieur de Pourceaugnac* de Molière, *Rolando chef de brigands*, *Les Trois Prétendants*, *Le Déserteur* de Mercier, *La Prison d'Harlequin* et *La Mort du roi Holopherne*.

phante de l'armée anglaise dans Paris, pièce dont le nom de l'auteur n'est pas donné.

Le notaire Lelièvre, pilier des activités théâtrales à Québec depuis 1795, organisa une troupe amateur en novembre 1823. Après quatre représentations, leur brève carrière fut terminée. Cependant, le programme du 30 janvier 1824 demeure mémorable. On présenta *Le Mariage Forcé* et *Tambour Nocturne* de Destouches et parmi les comédiens, pour la première fois à Québec, on note deux femmes dont Mlle B... (de langue anglaise) et Mme Cateau. *Le Canadien,* après une analyse du jeu des acteurs, termine sa critique en encourageant le public de les soutenir, « en attendant que nous ayons ici des comédiens réguliers qui puissent le faire par état » (4 février 1824). Malheureusement, la visite de la troupe de Scévola Victor, du 10 au 28 mai 1827, ne fit rien pour augmenter le prestige du théâtre lorsque Victor se sauva avec la caisse !

En 1824, il y eut un problème de salles, le théâtre de la rue des Jardins étant transformé en chapelle méthodiste ! Messieurs Blanchard et West décident donc de faire construire un bâtiment rue Saint-Stanislas, en arrière de l'hôtel Mailhot et à côté de l'église Holy Trinity. Nommé le Cirque Royal (Royal Circus), ce théâtre servait à des représentations de la compagnie Blanchard et West. Par la suite, la salle fut louée aux troupes amateurs et professionnelles. En 1826, Frederick Brown fit venir de nouveau le célèbre acteur anglais Edmund Kean, qui impressionna vivement les Québécois. Garneau, pendant son séjour à Londres entre 1831 et 1833, revit Kean qu'il avait déjà applaudi dans Richard III [78]. Jonathan Sewell, juge en chef, déjà propriétaire de l'église Holy Trinity, fit l'acquisition du Cirque Royal en septembre 1831.

Voici l'occasion rêvée pour un amateur de théâtre sans soucis d'argent. L'intérieur de l'édifice fut complètement reconstruit avec un luxe inouï. L'ouverture du Nouveau Théâtre eut lieu le 15 février 1832 devant Milord Aylmer, gouverneur de la colonie. *The Quebec Mercury* publia une longue description de la salle :

> The boxes are disposed so as to form a segment of a circle within which is the pit, the stage forming the chord. There are two tiers of boxes, the lower tier contains nine boxes, the upper circle has six ... the gallery ... occupying the same space in front, with a greater depth than the boxes beneath, as it extends over the lobby at the back of those boxes... The ceiling of the Theatre is of celestial blue with clouds, to represent the sky... The proscenium (stage) is of common depth, and advantage, especially when Amateur actors perform as it forces them to come to the front of the stage... The footlights are patent lamps and will be more numerous, as the stage was somewhat dark. The house is lighted by wax candles held in sconces disposed in pairs on the panels of the upper tier of boxes and gallery... [79].

78. *Voyage en Angleterre et en France*, p. 220. A Londres, il assiste à la première de l'opéra *Robert-le-Diable* de Meyerbeer, (pp. 256-257). A Paris, Garneau est captivé par le jeu de Mlle Mars (pp. 220-222).

79. Le 16 février 1832, texte reproduit par P.-G. ROY, *Le Cirque Royal ou théâtre royal,* dans *BRH*, vol. 42, no 11, 1936, pp. 644-646.

Le théâtre du Juge Sewell, ci-devant Cirque Royal, sera connu plus tard comme le Théâtre Royal. Or, pour le moment, l'ancien théâtre du marché à foin, remis à neuf avait pris ce nom. Mais après deux ans, l'édifice fut transformé en salle d'encans [80]. Au mois d'août, cependant, les Québécois ont pu applaudir Charles Kean, fils d'Edmund, dans plusieurs comédies ainsi que dans le *Richard III* de Shakespeare.

En février 1832, Firmin Prud'homme, comédien français, après un séjour profitable à Montréal, monta *Hamlet* de Shakespeare dans l'adaptation de Ducis avec le concours des amateurs canadiens, au Théâtre Royal de la rue Saint-Stanislas. Trois jours plus tard, le 28 février, on présenta *La Famille du Baron* de Scribe. Les critiques à Québec furent moins enthousiastes que ceux de Montréal devant le jeu « trop affecté » de Prud'homme, tandis que *La Gazette de Québec* vit le choix de la comédie de Scribe comme une attaque contre le clergé [81].

A l'été, tout spectacle dut s'arrêter à cause de l'épidémie de choléra qui faucha plusieurs milliers d'âmes (1,421 en juin seulement dans la ville de Québec). Jusqu'en 1839, l'activité théâtrale en langue française fut presque nulle ; le 2 mars 1835, on joue *Le Barbier de Séville* et *Crispin Médecin* ; le 10 mai 1838, *Le Barbier* et *Le Siège de Colchester* de Berquin [82] ; le 25 octobre 1838, *Les Fourberies de Scapin* et une autre pièce en trois actes [83]. Louis Panet, touché par l'absence de théâtre au Québec, décida d'organiser une fête dans sa propriété de la Petite-Rivière, le 28 janvier 1837 : il monta *Les Fourberies de Scapin* devant une centaine d'invités. Un journaliste du *Canadien,* très enthousiaste devant le projet de Panet de présenter d'autres pièces, écrivit le 30 janvier 1837 : « nous espérons que les mamans se relâcheront un peu de leurs préjugés et de leurs scrupules, et qu'elles permettront à leurs gracieuses et spirituelles demoiselles d'y aller compléter le charme d'une représentation dramatique. »

Napoléon Aubin, jeune journaliste français à Québec depuis 1835, a suggéré, dans *Le Fantasque* du 5 novembre 1838, l'organisation d'une association destinée à instruire les jeunes, tout en les divertissant. L'année suivante, Aubin concrétise partiellement son idée en fondant une compagnie de théâtre, « les Amateurs Typographes », qui fit ses débuts le 8 juin dans une tragédie de Voltaire, *La Mort de César,* reprise le 23 octobre. Cette deuxième soirée qui se prolongea tard dans la nuit, inquiéta les autorités. M. Young, chef de police, fit parvenir au secrétaire du gouverneur un compte rendu de la soirée :

> I proceeded to the theater and remained there until two o'clock A.M. when the audience dispersed... The play was *La Mort de César* followed

80. Voir P.-G. Roy, *Le Théâtre du marché à foin à Québec,* dans *BRH,* vol. 43, no 2, 1937, pp. 37-40.

81. Le 15 mars 1832, *La Minerve* réimprime les articles publiés dans les journaux de Québec à l'occasion des représentations de Prud'homme. Dans la préface de son roman, *Le Chercheur de trésor,* publié en 1837, Aubert de Gaspé, fils, remarque l'intérêt à Paris pour l'œuvre de Shakespeare.

82. *Le Canadien* note l'absence de femmes à la représentation, blâmant l'influence du clergé (11 mai 1838).

83. *Le Canadien* écrit avec satisfaction qu'il y avait « une foule considérable des deux sexes » (26 octobre 1838).

> by a ghost story and two entertainments by Mr. Aubin. The whole performance was decidedly of the audience against the constituted authority and every allusion to resistance and even assassination was loudly applauded [84].

Le surlendemain, *La Gazette de Québec* dénonça la tragédie de Voltaire comme une invitation à la révolte. Quant aux autres textes présentés, on qualifiait *Le Soldat Français* et *Le Chant des ouvriers,* les deux écrits d'Aubin, comme séditieux. Dans *Le Fantasque* du 13 novembre, Aubin répond à ses détracteurs et promet la publication prochaine de ses deux œuvres, sans pourtant donner suite au projet.

Les magistrats de la ville, réunis en séance spéciale, interdirent toute représentation après onze heures du soir. Par la suite, le Révérend Edmond Sewell, propriétaire du théâtre et de l'église avoisinante, décide de ne plus louer la salle [85]. Aubin lance alors une souscription pour la construction d'un autre théâtre puisque « aujourd'hui par de sottes et lourdes manœuvres auxquelles l'hypocrisie est venue se joindre, la capitale de l'Amérique Britannique n'a pas seulement une salle de spectacle, et il n'existe pas de local particulier assez considérable même pour un théâtre de société » [86]. En octobre 1841, le Révérend Sewell accepte d'ouvrir son théâtre de nouveau à la troupe d'Aubin [87].

C. *Autres formes d'amusements*

Le théâtre ne s'adresse qu'à une élite, la partie instruite de la population pouvant se permettre un billet à 2 shillings 6 sols ou même 5 shillings [88]. Ceux en quête d'amusements plus tangibles et moins chers pouvaient se contenter de fréquenter des nombreux cabarets et tavernes de la ville. En 1805, il y avait une soixantaine de débits de boisson pour une population de 10,000 âmes. Des citoyens bien pensants s'en scandalisaient : « L'ivrognerie nourrice de l'impudicité, du désordre et de tous les crimes les plus odieux voit tous les jours des milliers de nourrissons s'échapper des bras de l'innocence, pour se repaître effrontément de son lait envenimé. Les cabarets sont leurs repaires ordinaires... » [89]. Les badauds purent aussi fustiger à leur guise les pauvres malfaiteurs exposés au pilori. A Montréal, la justice suivit son cours ainsi entre 1803 et 1833 au pied de la colonne Nelson [90].

Au chapitre des spectacles gratuits, n'oublions pas les processions religieuses, les exercices militaires, les activités portuaires, les marchés publics

84. Texte cité par Jean-Paul Tremblay dans son étude *A la Recherche de Napoléon Aubin*, Québec, Presses de l'Université Laval, 1969, pp. 132-134.
85. *Le Fantasque*, 27 avril 1840.
86. *Le Fantasque*, 25 mai 1840.
87. Les frères Ravel, équilibristes français, ont dû construire un théâtre temporaire, lors de leur séjour à Québec en mai 1840. (Voir *Le Fantasque*, 25 mai 1840 et *Le Théâtre des frères Ravel*, dans *BRH*, vol. 43, no 6, 1937, p. 182.)
88. Si les ouvriers spécialisés et les commis d'expérience pouvaient gagner de £ 50 à £ 80 par année (600 à 960 shillings), les apprentis avaient rarement plus de £ 30 et les ouvriers non spécialisés de £ 15 à £ 20 par année.
89. *Adresse des Grands Jurés aux Juges à Paix*, le 16 juillet 1810, dans *Le Vrai Canadien*, 18 juillet 1810.
90. E.-Z. Massicotte, *Autour de la colonne Nelson*, dans *BRH*, vol. 49, no 5, 1943, pp. 136-141.

ainsi que la musique. En effet, au Champ de Mars, l'été, la fanfare du régiment en garnison régala les promeneurs [91]. Si les sports furent moins pratiqués que de nos jours, il y eut des courses de chevaux, des promenades en traîneau et des soupers champêtres en été. L'histoire des amusements reste à écrire ; elle est riche et variée : en décembre 1787, un Allemand donne des spectacles d'oiseaux savants à Québec (2 sols pour adultes et 1 sol pour enfants de 10 ans et moins !) ; en 1792, le sergent Ferguson exhiba son « automate ou figure parlante ». Il y eut des séances de ventriloque, des marionnettes, Donegane « rope-dancer » en 1788, des cirques et des ménageries, des feux d'artifice, des prestidigitateurs, des tableaux panoramiques, des conférences et les jumeaux siamois Chang et Eng à Montréal en juillet 1835. Cependant, il ne faut pas oublier que plus de 80 pour cent de la population demeurait à la campagne, en dehors des grandes villes.

D. Bilan provisoire

A la fin du XVIIIe siècle, le théâtre en langue française commence timidement au Québec ; c'est un théâtre essentiellement amateur, mises à part la visite de la troupe Victor, en 1827, et les représentations dirigées par Firmin Prud'homme. Grâce aux recherches dans les journaux, nous avons pu déterminer la nature de 140 programmes ou soirées de théâtre en français entre 1765 et 1840 : 79 à Québec, 56 à Montréal et 5 aux Trois-Rivières [92]. Un sondage préliminaire indique que les programmes en langue anglaise furent neuf fois plus nombreux à cause, principalement, de la présence de professionnels [93].

Dans les trois villes, les années 1815-1819 sont riches en événements de théâtre : à Québec, après les 20 programmes de 1816 à 1818, il n'y en eut que 14 entre 1819 et 1840 ; à Montréal, 17 soirées de 1815 à 1817 et seulement 17 de 1818 jusqu'en 1840. Cette floraison s'explique-t-elle par la venue au Canada de plusieurs centaines de soldats et d'officiers de langue française pendant la guerre de 1812 ? A cet égard, il faut se rappeler la carrière littéraire du Lyonnais, Joseph Mermet, de 1813 à 1816.

Le répertoire privilégie Molière avec 71 représentations. Les amateurs de Québec présentent 11 pièces différentes de Molière entre 1786 et 1808 (24 représentations au cours de 38 programmes !). Par la suite, la proportion de soirées Molière diminue dans la vieille capitale ; neuf seulement entre 1816 et 1840. A Montréal, par contre, la proportion de pièces de Molière demeure la même pendant toute la période. La présence de Joseph Quesnel à Montréal peut expliquer le répertoire plus varié dans cette ville, Regnard,

91. Thomas DOIGE, *An Alphabetical List of Merchants, Traders and Housekeepers residing in Montreal*, Montreal, 1819, p. 26. La fanfare du régiment du Prince Edward lui coûta de £ 500 à £ 800 par année. Lors de son séjour à Québec en 1791 et 1792, elle présenta plusieurs concerts publics. (Voir Mollie GILLEN, *The Prince and His Lady*, Toronto, Griffen House, 1970, pp. 43-44.)

92. A la Mansion House Hotel, une société d'amateurs présente 5 soirées de théâtre pendant l'hiver 1818-1819. (Voir *La Gazette des Trois-Rivières*, du 15 décembre 1818 au 13 avril 1819.)

93. P.-G. Roy, dans ses articles sur Le Théâtre Royal et sur Le Théâtre du marché à foin, énumère 177 soirées de théâtre dont 156 en anglais et seulement 21 en français, soit 12%.

Florian et Beaumarchais étant joués au tournant du XIXe siècle. Après l'arrivée de Prud'homme, en 1832, les pièces de Scribe et des auteurs du XIXe apparaissent sur les affiches. Les créations canadiennes sont très rares. Cependant, l'opéra-comique de Quesnel, *Colas et Colinette,* fut monté six fois entre 1790 et 1807.

Exercice culturel essentiellement, le théâtre francophone amateur ne pouvait rivaliser avec les spectacles en langue anglaise. Les troupes amateurs canadiennes-françaises ne trouvant pas de comédiens de qualité, présentaient des pièces au-dessus de leurs moyens. Et quels programmes ! Toujours deux pièces sinon davantage. La présence des femmes étant interdite par les conventions sociales, on devait soit utiliser des jeunes hommes, soit adapter les pièces [94].

En dépit des difficultés d'ordre technique et des attaques, des amateurs ont organisé des soirées de théâtre à partir de la dernière décennie du XVIIIe siècle. Autour de 1840, malgré l'échec de la rébellion et une tentative d'angliciser les Canadiens, on pouvait déceler des signes avant-coureurs d'un développement culturel. La jeunesse instruite, de plus en plus nombreuse après 1830, s'intéressait à la vie de l'esprit. Aux sociétés politiques et nationales des années 1834-1837 succèdent des sociétés littéraires : la Société canadienne d'Etudes littéraires et scientifiques en 1843, et la Société des Amis ainsi que l'Institut canadien en 1844. Pour la première fois, il y a une génération d'écrivains, nés pour la plupart entre 1810 et 1820 [95]. Pierre Petitclair, un des écrivains les plus sympathiques de cette génération « pré-romantique », avait même publié une pièce de théâtre en 1837, *Griphon ou la vengeance d'un valet.*

Cependant, Lord Durham ne se trompe pas lorsqu'il écrit en 1839 :

> « Though descended from the people in the world that most generally love, and have most successfully cultivated the drama — though living on a continent, in which almost every town, great or small, has an English theatre, the French population of Lower Canada, cut off from every people that speaks its own language, can support no national stage [96].

Quelques années plus tard, en 1845, Louis-Octave Letourneux, avocat montréalais, présente une image très sombre de la situation :

> Dans tous les pays, un étranger qui veut connaître la Société, peut la rencontrer quelque part : il la verra dans les théâtres ... dans les con-

94. D'après des indications manuscrites dans l'exemplaire des œuvres de Molière de la Bibliothèque de Québec, édition publiée à Paris en 1793, il est possible de reconstituer les changements apportés aux *Fourberies de Scapin* lors d'une représentation à Québec, probablement celle du 15 novembre 1804. En effet, François Romain, un des dirigeants de la troupe, était aussi bibliothécaire à la Bibliothèque de Québec. Dans la pièce, on supprimait toutes les scènes où apparaissent Hiacinte, Zerbinette et Nérine : acte 1er, scène 3 ; acte 3e, scènes 1, 3, 4, 5, 8, 10, 11, 12 et 13. Cette édition se trouve dans la collection de l'auteur.

95. Voir John HARE, *Contes et nouvelles du Canada français, 1778-1859*, Ottawa, Editions de l'Université d'Ottawa, 1971, tome 1, pp. 10-26.

96. C. P. LUCAS, ed., *Lord Durham's Report on the Affairs of British North America*, Oxford, 1912, vol. 2, pp. 294-295.

certs ... dans les sociétés savantes ... dans les cercles, dans des réunions, ... Chez nous, il n'y a point de théâtres, il n'y a pas de concerts, il n'y a pas de sociétés savantes, il n'y a pas de cercles. Il ne la verra donc nulle part, si ce n'est à l'église [97].

Mais déjà Garneau s'apprête à sortir le premier volume de son *Histoire du Canada*. Nous sommes en 1845 ; James Huston recueille des œuvres littéraires canadiennes publiées dans *Le Répertoire national* en quatre volumes publiés entre 1848 et 1850 ; les Amateurs Typographes avaient présenté *La Donation* de Petitclair, le 19 novembre 1842, à Québec ; et la troupe parisienne de Mlle Cavé avait joué de l'opéra-comique à Montréal au cours de l'automne de 1843. Dans les collèges aussi la mise en scène de pièces devenait plus courante à partir de 1830 [98]. Le théâtre entre lentement dans la tradition culturelle des Canadiens français.

II. — ARTISTES DE L'EXTÉRIEUR EN TOURNÉE

Le goût pour le théâtre ne peut s'entretenir par des productions quelconques d'amateurs occupant leurs loisirs à monter deux ou trois pièces par année. Si la population anglophone reçoit la visite d'artistes de renom avec une régularité croissante tout au cours de la dernière moitié du siècle, sans compter l'établissement, pour des périodes plus ou moins longues, de troupes professionnelles, les Québécois par contre doivent attendre les dernières décennies du siècle avant de pouvoir assister aux spectacles des comédiens français professionnels en tournées [99]. A partir de 1878, des artistes français visitent régulièrement Montréal et les tournées de Sarah Bernhardt, en 1880, en 1891 et en 1896, marquent un tournant dans la vie théâtrale de langue française au Québec.

A. Avant 1880

Le premier Théâtre Royal de Montréal voyait les débuts de Charles Dickens comme comédien, en 1842 [100]. Après la fermeture de ce théâtre en 1845, il faut attendre jusqu'au 10 juillet 1847, avant de voir l'ouverture d'une autre salle assez grande pour accommoder de grandes productions.

---

97. *La Société Canadienne*, dans *Le Répertoire National*, Montréal, 1893, vol. 3, p. 307.

98. Marjorie Ann FITZPATRICK, *op. cit.*, pp. 89-94.

99. Un comédien professionnel américain se souvint des tournées au Québec autour des années 1858-1860 : « There was a change of bill every night, and so the work was heavy... yet the Montreal season (l'été) was thought to be the most desirable, enabling those who had saved money during the winter to hold on to their savings, and those who had not to — well, to live. Montreal is a pleasant city. The audiences, in those days were responsive and the people were friendly » (J.H. STODDART, *Recollections of a Player*, New York, 1902, p. 115).

100. Murray EDWARDS, *op. cit.*, pp. 12-13. Dickens décrit la salle comme « that very dark and dusty theatre ». En 1844, on rénova l'intérieur (*Montréal Gazette*, 15 juillet 1844.)

Malheureusement ce théâtre, le Hays ou Royal, fut détruit par un incendie, le 8 juillet 1851 [101]. Le troisième théâtre Royal de Montréal ouvrit ses portes le 24 mai 1852, et, jusqu'en 1876, fut le plus important de la ville [102]. La semaine suivant son ouverture, le public de langue française y accourait, attiré par une troupe française venue de la Nouvelle-Orléans. Nous ne savons pas si la foule y trouva son compte, puisque M. Léon, le directeur, y mit à l'affiche deux vaudevilles, *Deux Paires de Bretelles* ainsi qu'*En Manche de chemise !*

Le Québec, pour certains comédiens français, pouvait ressembler à la terre promise. Leurs rêves se butèrent souvent à de dures réalités [103]. Alfred Maugard arriva en 1871, à la tête de sa Compagnie lyrique et dramatique des Antilles. Après quelques représentations à Montréal, la troupe vint à Québec en juillet 1871. Le 3 août, elle donna *Le Maître de chapelle,* opéra-comique, et l'opérette *La Rose de Sainte-Flour,* à la Salle de Musique [104]. Devant l'engouement du public, Maugard crut qu'il y avait place à Québec pour un théâtre français permanent [105].

Sa troupe sut s'attirer les sympathies de Félix-Gabriel Marchand, député de Saint-Jean à la législature de Québec et futur premier ministre. Poète et journaliste, il s'essaie enfin au théâtre et montre son vaudeville, *Erreur n'est pas compte,* à M. Maugard. Le directeur décide donc de présenter une soirée de gala : deux pièces québécoises ! C'est ainsi que le 4 décembre 1872, il y eut une « Grande représentation extraordinaire... (sous) le patronage de l'honorable orateur et MM. les députés de l'Assemblée législative. » La première pièce, *L'Intendant Bigot,* tirée du roman de Joseph Marmette [106]

---

101. Un des comédiens, John Gaisford, publia un livre intitulé *Theatrical Thoughts,* à Montréal en 1848. Il décrit le Royal comme pouvant contenir « comfortably about five hundred persons in the Boxes, eight hundred in the Pit, and eight hundred in the Gallery. » Pour une analyse de son livre, voir Murray D. EDWARDS, *op. cit.*, pp. 13-16.

102. Sur les salles de théâtre, voir le livre de Murray D. Edwards, p. 179.

103. Parmi les acteurs d'occasion, signalons Auguste Achintre (1834-1886), natif de Besançon. Après cinq ans à Haïti, il vint à New-York où il rencontra un ami parisien voyageant aux Etats-Unis avec une troupe dramatique, en 1864-1865. Aussitôt le voilà engagé pour jouer les « pères nobles » ! Il vint à Montréal. Le Québec lui plut, il y revint et en fit sa seconde patrie. Achintre fut rédacteur en chef des journaux *Le Pays* et *L'Opinion publique.* Il écrivit deux opéras, des poèmes et d'autres études en prose. (Voir Gustave DROLET, *Zouaviana,* Montréal, 1893, pp. 252-259.) En 1865, vint aussi un nommé Huret-Levassor avec la troupe de Mme Larmet. Cet acteur d'occasion, charlatan et colporteur, mérita une place d'honneur parmi les *Originaux et Détraqués* de Louis Fréchette.

104. Construite en 1852 d'après les plans de Baillargé, la Salle de Musique, connue plus tard comme l'Académie de Musique, ouvrit ses portes le 5 février 1853. Ce théâtre était situé rue Saint-Louis, à côté de l'Hôtel Saint-Louis. Seule salle convenable à Québec, elle fut détruite par un incendie en 1900. Elle pouvait contenir plus de 1,500 spectateurs et tous les grands événements dramatiques ou musicaux s'y déroulèrent pendant cinquante ans. (Voir Claude PAULETTE, *Les Grands Théâtres de Québec,* dans *Culture Vivante,* no 17, 1970, p. 25.)

105. La troupe comprenait Maugard, père et fils, MM. Marcus et Bourdais, ainsi que Mmes Maugard et Bourdais. (Voir Jean BÉRAUD, *350 ans de théâtre au Canada français,* Montréal, Le Cercle du livre de France, 1958, p. 48.)

106. Montréal, Desbarats, 1872, 94p.

par le jeune avocat Rodolphe Tanguay [107], pièce jouée déjà à Québec avec beaucoup de succès paraît-il [108], fut choisie comme lever de rideau.

L'intérêt des nombreux spectateurs à la Salle de Musique, rue Saint-Louis, se concentra presque uniquement sur le vaudeville de M. Marchand. Or, les éloges furent unanimes : *L'Evénement* écrit, « la pièce est bien agencée. Elle a un caractère d'intimité qui plaît » (6 décembre 1872). Israël Tarte, rédacteur du *Canadien* et ennemi politique de Marchand, s'en tira avec esprit : « Nous autres, conservateurs, nous n'avons aucune objection, à ce que les électeurs de Saint-Jean élisent perpétuellement M. Marchand, à condition qu'il emporte avec lui à la capitale, tous les ans au milieu d'un tas de vilains 'bills', que nous désapprouvons, une pièce de théâtre aussi bien faite que *Erreur n'est pas compte,* que nous avons applaudie de tout cœur » [109].

Tout réussit à la troupe Maugard au début. Mais les ennemis du théâtre veillaient. A la suite de la représentation de pièces « plus ou moins acceptables », les autorités religieuses crurent nécessaire de faire des avertissements « charitables ». Enfin, Monseigneur Taschereau condamna le théâtre français de Maugard, défendant aux catholiques d'y assister par une lettre du 7 novembre 1873, lue dans toutes les églises de la ville. Le pauvre Maugard dut fermer son théâtre et s'improviser professeur d'élocution. Nous le retrouvons à Montréal en 1877, dans un état pitoyable [110].

L'année suivante, Maugard rassemblant ses comédiens sous le nom de la Compagnie d'artistes français, joue au théâtre du Champ de Mars. A partir du lundi de Pâques 1878, le public peut applaudir *Le Forgeron de Châteaudon,* « un drame splendide, patriotique et d'un effet puissant ». Dans les annonces, Maugard, en homme prudent, ajoute « les soirées seraient recommandables à tous les degrés, moralité, décence (par un) choix de pièces complètement épuré » [111]. La troupe comprenait Messieurs Maugard, Génot, Marcus, Mercier et Combe, ainsi que Mmes Maugard, Génot, Rose Bell et Mlle Elise.

Achille Fay-Génot, venu à Montréal avec sa Société dramatique française en 1874 [112], avait lui aussi essuyé les foudres ecclésiastiques. Mon-

---

107. Admis au Barreau en 1870, il meurt le 15 mars 1874, à l'âge de 28 ans, des suites d'une pneumonie. (Voir Pierre-G. ROY, *Les Avocats de la région de Québec*, Lévis, s.é., 1936, p. 421.)

108. Présentée en première à la Salle de Musique par la Compagnie française, le 26 septembre. (Voir la *Chronique théâtrale, l'Intendant Bigot,* dans *L'Evénement* 27 septembre 1872.) Maugard participa à la présentation de trois pièces tirées des romans de Joseph Marmette en 1872 : *François de Bienville*, en mars ; *l'Intendant Bigot*, le 26 septembre et le 4 décembre ; le *Chevalier de Mornac*, en décembre. (Voir Roger LE MOINE, *Joseph Marmette, sa vie, son œuvre,* Québec, P.U.L., 1968, pp. 45-46.)

109. *Un vaudeville de l'honorable F.-G. Marchand,* dans *BRH*, vol. 42, no 8, 1936, pp. 488-489.

110. E.-Z. MASSICOTTE, *L'Acteur Maugard à Québec*, dans *BRH*, vol. 45, no 7, 1939, pp. 213-214.

111. *La Minerve*, 9 mai 1878.

112. Ils évoluèrent au « Palais Musical » (*L'Opinion publique*, 9 avril 1874). Il s'agit de l'ancienne église, rue Gosford, transformée en théâtre à partir de 1871. (Voir E.-Z. MASSICOTTE, *Eglise, théâtre, manufacture*, dans *BRH*, vol. 45, no 10, 1939, p. 317, et *Id.*, *L'Artiste Fay-Génot*, dans *BRH*, vol. 43, no 10, 1937, pp. 319-320.) Gustave

seigneur Bourget, évêque de Montréal, avait dénoncé, à deux reprises au cours de l'année 1874, les « comédies que viennent jouer ici des étrangers » :

> Déjà, hélas ! de sinistres affiches sont placardées dans les rues, pour annoncer à nos bons citoyens que le jour arrive où l'on va faire aux mœurs publiques l'outrage le plus honteux et le plus humiliant, en exhibant, à une ville catholique et à un public qui se respecte encore, des horreurs indicibles et sans nom.
>
> Déjà, aussi, les colonnes de certains journaux sont ouvertes à des annonces qui portent à la connaissance du public l'arrivée d'une société d'acteurs français qui viennent répandre, dans notre ville et ses environs, l'infection du vice le plus abominable. Déjà enfin, sont signalées aux insensés amateurs du théâtre, des pièces notoirement connues pour excessivement immorales, quelques-unes même comme étant l'égout le plus infect de tout ce que le théâtre français produit de plus sale et de plus révoltant pour la pudeur [113].

Maugard et ses associés avaient ainsi raison de craindre l'intervention des autorités ecclésiastiques. S'ils assurèrent le public, « qu'elle [la Compagnie française] continue d'être particulière sur le choix de ses pièces, et que les acteurs n'hésitent pas à sacrifier les mots à double interprète, les plaisanteries où la morale est sacrifiée à l'esprit » [114], le rédacteur de *L'Opinion publique* se leva contre « une troupe [qui] n'a pour but que de faire des exhibitions de chair » et il se demande si « les autorités ne devraient pas intervenir pour protéger la morale » [115].

L'année 1878 fut en effet très riche en événements théâtraux. En janvier, la Troupe Saint-Louis « de la Nouvelle-Orléans » joua au Théâtre Royal. L'étoile, Thérèse Newcomb, brilla dans *Les Noces Vénitiennes, Le Doigt de Dieu* et des vaudevilles tels *Les Trois Pompiers, Qui crève les yeux paye,* etc. Le directeur de cette troupe « nouvelle-orléanaise » se nommait Alphonse-Victor Brazeau, Canadien français « pure laine », né à Saint-Alphonse-de-Verchères en 1839. Attiré par la scène, il débuta à dix-huit ans dans l'*Avare* de Molière, présenté au Théâtre Royal en 1857 par la Société des Amateurs canadiens, dirigée par Michel-Jacques Vilbron. Brazeau, joli garçon, joua des ingénues avec tellement de succès que certains messieurs se laissèrent prendre. Défiguré par la petite vérole, il participa à toutes les activités théâtrales de Montréal, jusqu'à sa mort survenue le 1er janvier 1898. On pourrait le considérer comme le premier comédien « professionnel » canadien-français [116].

Ouimet (1851-1924) raconta ses souvenirs des acteurs français à Montréal vers 1870 (voir E.-Z. Massicotte, *Eglise, théâtre, manufacture,* dans *BRH,* vol. 45, no 10, 1939, p. 317, no 6, 1931, p. 333).

113. *Mandements, lettres pastorales... dans le Diocèse de Montréal,* Montréal, 1887, vol. 8, p. 465.

114. Annonce dans *L'Opinion publique,* 13 juin 1878, p. 281.

115. *Ibid.,* p. 287.

116. Il écrit trois pièces, *Chicot,* farce en un acte, *Riel,* drame en quatre actes et *Les Fiancés de 1812,* épisode de la guerre 1812-13, pièce connue aussi sous le titre de *La Bataille de Châteauguay.* Ce « grand drame militaire et historique en quatre actes » fut monté à l'Académie de Musique les 9, 10 et 11 décembre 1878 avec plus de 300 acteurs, figurants et musiciens ! Il y eut même un officier à cheval sur scène (*La Minerve,* 2 et 10 décembre 1878). Voir aussi E.-Z. Massicotte, A.-V. *Brazeau, auteur et comédien,* dans *BRH,* vol. 23, no 2, 1917, pp. 62-63.

Mlle Newcomb, encouragée par le public, proposa la formation d'une troupe avec le concours de comédiens de Paris et de quelques membres de la Troupe Saint-Louis dès le 26 janvier 1878 : « Il sera donné douze représentations composées de drames, comédies et vaudevilles en vogue. Toutes les pièces composant le répertoire sont choisies avec soin et de la moralité la plus irréprochable. » [117] Ainsi naquit la Troupe dramatique française, le 26 février, au Théâtre Royal, par la présentation de *Marie Jeanne ou la Femme du Peuple* d'Ennery, devant une salle comble. Les journaux exhortèrent le public de soutenir « cette entreprise théâtrale qui mérite tous les encouragements ». Tout promettait bien, mais le 12 mars, Thérèse Newcomb, quitta la ville subitement sans payer ses créanciers. De retour le 15, elle expliqua qu'elle ne voulait que se reposer à New-York et aussi engager de nouveaux acteurs. Entre temps, cependant, son mari était déjà parti avec la caisse. Et telle fut la chute de cette entreprise [118].

B. Sarah Bernhardt

La divine Sarah fut la première artiste française illustre qui joua à Montréal. Ses visites devinrent les occasions rêvées aux Canadiens français d'exprimer leur enthousiasme devant l'expansion du fait français à Montréal. La population de la ville en 1880 se chiffre à 140,000, une augmentation de presque quarante pour cent depuis 1870. Après l'explosion de patriotisme, le 7 juin 1880, lors de la présentation du *Papineau* de Fréchette, dix mille Montréalais attendirent Sarah Bernhardt et sa troupe à la gare. Elle raconta ainsi sa réaction :

> Le train stoppa tout à coup, et reprit sa marche dans une allure si timide que je pensais que quelque déraillement était à craindre. Mais un bruit sourd, grandissant de seconde en seconde, me tint l'oreille au guet. Ce bruit se fit bientôt musique ; et c'est dans un formidable « Hurrah ! Vive la France ! » poussé par dix mille poitrines, soutenues par un orchestre jouant *La Marseillaise,* que nous fîmes notre entrée à Montréal [119].

Sur le quai, par un froid de vingt-deux degrés sous zéro, Fréchette, le barde « national », déclama son ode à Sarah Bernhardt :

> Femme vaillante au cœur saturé d'idéal
> Puisque tu n'as pas craint notre ciel boréal
> Ni redouté nos froids hivers
> Merci... [120].

---

117. *La Minerve*, 26 janvier 1878.

118. Voir Mary Margaret BISSON, *Le Théâtre Français à Montréal, 1878-1931*, thèse présentée à McGill University, 1931, pp. 21-34. *L'Opinion publique* s'est déjà plaint de l'annonce trompeuse de la direction et des façons d'agir malhonnêtes (A.-B. LONGPRÉ, *La troupe dramatique française de Mlle Newcomb*, dans *L'Opinion publique*, 7 mars 1878, p. 112). En 1878, toujours, une troupe française « de Paris » joua en juin, au Royal et à l'Académie de Musique devant un public enthousiaste, des mélodrames tels *Rose-Michel, La Grâce de Dieu, L'Ecole des Familles* ainsi que *Le Gendre de M. Poirier* (voir *La Minerve*, juin 1878).

119. Sarah BERNHARDT, *Ma Double Vie,* Paris, Fasquelle, 1923. (BÉRAUD, pp. 67-68).

120. *A Sarah Bernhardt*, « Montréal, 22 décembre 1880 ». *La Minerve,* ennemi des libéraux et du journal *La Patrie,* reproduit le poème de Fréchette en le commentant par des propos aigres-doux, ajoutant des commentaires sévères sur la vie privée de

Malgré la dénonciation de la pièce *Adrienne Lecouvreur* de Scribe et Legouvé, par l'évêque de Montréal, dans une lettre du 21 décembre publiée dans les journaux, le public fut ravi et remplit l'Académie de Musique pendant trois jours : le 23 décembre, *Adrienne Lecouvreur* ; le 24, *Frou-frou* ; le 25, *La Dame aux Camélias* en matinée, et *Hernani* en soirée [121]. La renommée qui avait précédé Sarah ne mentait pas : elle en a donné les preuves. Les Montréalais en gardèrent un souvenir ineffaçable. Malgré les prédictions d'Arsène Houssaye, ancien administrateur général de la Comédie-Française, la tournée fut un succès. Houssaye avait prédit en effet que « c'est en vain qu'elle [Sarah] jettera feu et flamme pour un public qui, n'étant pas initiés à nos chefs-d'œuvre... ne vient la voir que pour pouvoir dire 'j'y suis allé' » [122].

On put lire dans *La Patrie* du 24 décembre 1880, « elle a maintenu dans [son rôle] la réputation qu'elle s'est faite d'être une des artistes les plus spirituelles et les plus vraies du théâtre parisien » [123]. L'esprit de Monseigneur Plessis n'était pas mort cependant ; les journalistes catholiques s'indignèrent d'un commun accord. Jules-Paul Tardivel, ultramontain et défenseur de la morale traditionnelle, écrivit : « Les acteurs et les actrices ne sont que des amuseurs publics. Dans la vie sociale, ils occupent la même position que le montreur d'ours, le bouffon, l'écuyer de cirque, l'organisateur de ménagerie, le joueur de marionnettes, et pas plus qu'eux, ils n'ont droit à une ovation. » Et il ajouta au sujet de Sarah Bernhardt : « On parle des talents que la providence lui a donnés, mais fort peu de l'usage qu'elle [en] a fait. » [124]

La seconde visite de Sarah à Montréal date du début d'avril 1891. A l'affiche cette fois, trois pièces inconnues aux Montréalais : *Fédora* et *La Tosca* de Sardou, ainsi que *Jeanne d'Arc* de Jules Barbier. Les journalistes chantèrent les louanges de la tragédienne et approuvèrent son choix. Sa Jeanne d'Arc retint particulièrement l'attention et fit frémir la foule assemblée pour l'applaudir et pour admirer son jeu [125]. Revenue en décembre 1891, elle mit cette fois en vedette un autre aspect de son talent, lorsque dans *Pauline Blanchard* d'Albert Darmont, elle joua le rôle de la fille terrorisée, victime des mœurs ancestrales.

---

l'actrice : « Sarah Bernhardt a désiré l'amour, ou plutôt des amours ; elle en a eu, on ne sait combien, mais probablement trop. » (*Monsieur Louis Fréchette et Sarah Bernhardt*, dans *La Minerve*, 30 décembre 1880.) Le poème et le texte critique sont reproduits par Augustin Laperrière dans *Les Guêpes Canadiennes*, deuxième série, Ottawa, 1882, pp. 197-204.

121. Sarah témoigna de son émotion le soir de la première lorsque l'auditoire entonna *La Marseillaise* (BÉRAUD, *op. cit.*, p. 72). Sur les tournées de Sarah Bernhardt, on peut consulter la thèse de Georgette WEILLER, *Sarah Bernhardt et le Canada*, Université d'Ottawa, 1968. Malheureusement la documentation n'est pas complète et les jugements manquent de nuance. Voici en effet un beau sujet de recherche. Marie Colombier qui accompagna la troupe écrivit ses souvenirs sous le titre, *Le Voyage de Sarah Bernhardt en Amérique*, Paris, 1881, 328p. (surtout pp. 165-178).

122. Texte cité par Louis Verneuil, *La Vie Merveilleuse de Sarah Bernhardt*, Montréal, Les Editions Variétés, 1942, p. 132.

123. Voir aussi la critique favorable intitulée *Adrienne Lecouvreur*, dans *La Minerve*, 24 décembre 1880.

124. *Le Canadien*, 27 décembre 1880.

125. Voir le long article dans *La Minerve* du 8 avril 1891, aussi le texte intitulé *Fédora*, dans *La Patrie*, 7 avril 1891.

Les 26, 27 et 28 décembre 1896, la grande vedette se trouva de nouveau à Montréal. Comme au cours des visites précédentes, la foule se pressa pour la voir, pour l'entendre, car « dans Sarah, il y a deux natures : la diseuse et la mime. La première vous séduit par la musique de sa voix ; la seconde vous fait passer des frissons et dresser les cheveux sur la tête par ses jeux de physionomie qu'elle rend parfois terrifiants. » [126] Tournée épuisante, puisqu'elle monta en plus de deux œuvres nouvelles, *Izeyl* et *Gismonda,* celles qui l'avaient rendue célèbre : *La Tosca, La Dame aux Camélias* et *Adrienne Lecouvreur.* Pendant sa visite, Louis Fréchette l'invita à dîner chez lui. Ce fut pendant cette soirée que Fréchette proposa à Sarah une lecture de son drame *Véronica.* Jean Charbonneau, alors jeune poète, se souvint de l'occasion : « Quel privilège... d'être présenté à une femme illustre que le monde entier acclamait ! » [127]

C. Autres artistes, autres tournées

En janvier 1881, dix jours après le départ de Sarah Bernhardt, une troupe, sous la direction de M. Bageard et Théophile Claude, donna une série de représentations au Théâtre Royal. En jouant des vaudevilles comme *Les Millions de la mansarde, Les Jurons de Cadillac* et *Les Deux Aveugles,* cette troupe replongea le public montréalais dans l'heureuse médiocrité du répertoire habituel. Théophile Claude, fort de l'appui d'un comité de citoyens, lança le projet d'un théâtre français permanent. Malheureusement, la tentative échoua, Claude n'ayant point reçu les fonds escomptés. Le 14 août 1881, il écrivit de Paris, « c'est aujourd'hui de Paris même que je viens une dernière fois faire appel à votre bienveillant concours, vous rappelant à ce propos l'importance de l'entreprise » [128].

La proposition ne reçut pas l'appui sans condition de la presse, *La Minerve* rappelant que « l'expérience des troupes ambulantes que nous avons jusqu'à présent, nous a appris à être sur nos gardes quant à la moralité de leurs représentations. M. Claude réussira-t-il à faire mieux que ses prédécesseurs ? » Le journal ajouta : « Nous ne croyons pas justifiable de favoriser l'établissement d'un théâtre français. » [129] Le tour de force fut-il trop difficile ? Quoi qu'il en soit, l'entreprise de Claude échoua et, jusqu'en 1887, il n'y eut pas de théâtre français permanent à Montréal [130].

A l'automne de 1888, la direction de l'Académie de Musique de Montréal annonça la première apparition de Coquelin l'aîné et de Jane Hading avec une « excellente » troupe française. Coquelin fut probablement l'acteur

126. *La Tosca,* dans *La Minerve,* 28 février 1896. Voir aussi *Sarah Bernhardt,* dans *Le Passe-Temps,* vol. 2, no 25, 1er février 1896, pp. 2-3.

127. Lettre du 13 septembre 1943, citée par George A. Klink, dans *Louis Fréchette, prosateur,* Lévis, Le Quotidien, 1955, p. 235.

128. Bisson, *op. cit.,* p. 35.

129. *Ibid.,* p. 36.

130. Mlle Rhéa, « grande étoile de la société française », joua *Yvonne* et *Froufrou* à l'Académie de Musique durant la semaine du 30 octobre 1884 (Béraud, *op. cit.,* pp. 74-75). Charles Savary, journaliste français, fit une longue étude de la pièce *Froufrou,* terminant par une appréciation du jeu de Mlle Rhéa (voir *Froufrou,* dans *Feuilles Volantes,* Ottawa, 1890, pp. 166-179). Mlle Rhéa se trouva de nouveau à Montréal en octobre 1886 (*Le Monde illustré,* 23 octobre 1886, p. 195), et en 1896 (Béraud, p. 87). Par contre, il y eut une autre Mlle Rhéa, Belge celle-là.

français le mieux doué de son époque. Lors de sa tournée en Amérique du Sud, le président de l'Argentine ne fit-il pas apposer une plaque de marbre à l'entrée du théâtre de Buenos-Ayres ? La troupe fut accueillie à la gare Windsor par Fréchette, mais sans poème ni tambour cette fois. Du 5 au 10 novembre, Coquelin présenta surtout des comédies contemporaines : *Mademoiselle de la Seiglière* de Sardou, *L'Aventurière* d'Augier, *Gringoire* de Théophile de Banville, *Le Député de Bembignac* et *Les Surprises du divorce* d'Alexandre Bisson. Lors de la représentation de celle-ci cependant, il y eut désordre « à la dernière galerie ». S'agissait-il d'étudiants trop joyeux ou de manifestations contre la moralité de la pièce ? Quoi qu'il en soit, *La Presse* servit un sévère avertissement aux jeunes gens [131].

Le premier soir, Coquelin monta *Les Précieuses Ridicules,* une de ses meilleures interprétations, et la première pièce de Molière présentée à Montréal par une troupe française. Malheureusement l'événement passa inaperçu, le chroniqueur de *La Presse* se contentant d'écrire : « *Les Précieuses Ridicules* ont atteint sans vieillir un âge encore plus respectable. Tout le monde connaît ces pièces-là par la lecture au moins » [132]. Le public n'a pas répondu à l'appel des classiques, puisque les sièges vides furent nombreux. Lors de son retour en mars 1889, Coquelin limita son répertoire au XIXe siècle, à l'exception du *Mariage de Figaro* [133]. Il faut remarquer pourtant que Coquelin et son neveu Jean présentèrent des extraits de pièces au Collège Sainte-Marie, le 7 mars, parmi lesquels on note une scène du *Mariage forcé* [134].

Dans la semaine du 18 décembre 1893, Coquelin revient à Montréal pour la troisième fois lors de sa « tournée d'adieu ». Accompagné de Jane Hading et d'une troupe représentant les meilleurs théâtres parisiens [135], il offre neuf pièces, parmi lesquelles il faut remarquer le programme double du 21 décembre, soit *Les Précieuses Ridicules* et *Tartuffe* de Molière. Deux siècles après la condamnation de cette pièce par Monseigneur de Saint-Vallier, la création canadienne ainsi retardée de huit générations passe, selon Jean Béraud, comme lettre à la poste (p. 80) : aucune allusion dans les journaux à la portée historique de l'événement ni commentaires sur la moralité. Selon *La Presse,* « la troupe Coquelin a régalé, hier soir, l'auditoire de l'Académie de Musique de deux chefs-d'œuvre de l'esprit humain... Coquelin dans le rôle de Tartuffe a été immense » (22 décembre 1893).

Nérée Beauchemin, le poète catholique d'Yamachiche, a chanté les louanges de Coquelin et de sa troupe dans un poème de ses *Floraisons Matutinales* (1897) :

A Coquelin

...
Maître, nous salûrons en toi l'exubérance
De ces maîtres charmeurs, de ces maîtres esprits,
Dont les pleurs ont fait tant pleurer la tendre France,
Dont le rire a tant fait rire le gai Paris.

---

131. *La Presse,* 9 novembre 1888.
132. *La Presse,* 6 novembre 1888.
133. Voir la liste des pièces dans BÉRAUD, *op. cit.,* p. 78.
134. *La Minerve,* 8 mars 1889.
135. Pour la liste des noms et des pièces jouées, voir BÉRAUD, *op. cit.,* p. 80.

Clair et vrai, riche et chaud, ton large et souple verbe,
Comme celui des plus harmonieux diseurs,
Magistral dans le drame, exquis dans le proverbe,
Interprète à ravir ces brillants amuseurs.

Bravo ! Dans ta finesse et ta désinvolture
Eclatent aux regards de tous, ô Coquelin,
Le vrai tempérament, la complexe nature
Du Gaulois né joyeux, du Français né malin [136].

En 1894, Jean Mounet-Sully, accompagné de deux autres artistes de la Comédie-Française, Mmes Jane Hading et Segond-Weber, visita la métropole. Pendant la semaine du 14 mai, à l'Académie de Musique, l'auditoire fut peu nombreux, malgré un répertoire exceptionnel : les 14 et 19 (en matinée), *Hamlet* ; le 16, *Hernani* ; le 17, *Ruy-Blas* ; le 18, *Andromaque* ! Seul *Hernani* sut attirer une foule considérable. Selon le critique de la *Canada-Revue,* l'*Andromaque* fut inoubliable, mais le public « s'est montré d'une apathie désespérante » (25 mai 1894). On préférait évidemment Victor Hugo à Sophocle et à Racine.

Réjane (Gabrielle-Charlotte Réju) s'entoura d'une troupe d'étoiles lors de sa visite à Montréal, les meilleurs comédiens vus ici tout au cours du siècle : trente-six artistes du Théâtre du Vaudeville, dont ils constituaient la troupe régulière, venaient avec les décors, costumes et accessoires qui servaient aux représentations parisiennes [137]. Il y eut foule à l'Académie de Musique pendant la semaine du 27 mai 1895. Encore une fois le répertoire refléta le goût contemporain : *Madame Sans-Gêne, Ma Cousine, Divorçons, Sapho* et *Napoléon.*

Les troupes françaises, dans l'ensemble ont évité les classiques, consacrant leur immense talent à des pièces plutôt éphémères du répertoire de la fin du siècle. Avaient-elles vu juste en supposant que le public montréalais n'était point capable d'apprécier des grandes œuvres ? Il ne faut pas oublier que ces comédiens sans subventions devaient attirer des foules considérables afin de rentrer dans leurs frais. Les expériences de Coquelin et de Mounet-Sully qui jouèrent des pièces de Molière et de Racine devant des sièges vides confirment, semble-t-il, cette impression. Un journaliste n'écrit-il pas, en 1893, que « bien peu pouvaient goûter les beautés de ces deux comédies genre classique » (*Les Précieuses Ridicules* et *Tartuffe*) [138] ?

Par contre, des voix s'élèvent parfois pour regretter que d'aussi grands talents se gaspillent, en interprétant des textes mineurs. Lors de la première tournée de Sarah Bernhardt, un journaliste anonyme écrit : « Nous croyons qu'à Montréal, une des trois grandes villes françaises de l'Amérique, on aurait fait preuve de délicate attention en nous fournissant une occasion d'apprécier quelques-unes de nos œuvres classiques, interprétées par de pareils talents » [139]. Selon Jean Béraud, voilà le premier conflit entre artistes et public

136. Pp. 57-59. D'après les noms des comédiens et des pièces citées dans les premières strophes, il est certain que Beauchemin se réfère à la tournée de 1893.
137. BÉRAUD, *op. cit.*, pp. 86-87.
138. *La Presse*, 22 décembre 1893.
139. *La Minerve*, 24 décembre 1880.

sur le choix de pièces. La rareté des classiques dans les répertoires des tournées françaises s'expliquerait par le besoin de servir à la fois le public américain et le public canadien, selon Béraud (p. 73). Or, les troupes anglaises et américaines n'ont jamais hésité à jouer Shakespeare, même à Montréal.

Le répertoire français à Montréal pendant les dernières décennies du XIXe sièlce reflète à la fois les préoccupations du théâtre en France, théâtre de divertissement surtout, et l'importance accrue de la nouvelle bourgeoisie canadienne-française qui allait au théâtre afin de s'amuser. Le rôle des étudiants à l'Université Laval de Montréal est à cet égard significatif. Ce sont eux qui ont manifesté lors de la représentation des *Surprises du Divorce* en novembre 1888, et à la troisième visite de Coquelin en décembre 1893, ils ont présenté des cadeaux aux artistes dont un vase d'argent à Coquelin « qui lui permettra de prendre un coup à notre santé quand il sera éloigné de nous »[140].

III. — VERS UN THÉÂTRE PROFESSIONNEL : 1875-1898

A. Troupes et cercles d'amateurs

La ville de Québec n'a pas pu rivaliser avec Montréal au point de vue des spectacles pendant la dernière moitié du siècle. A part les quelques représentations des Amateurs Typographes[141] et les activités de la troupe Maugard, il n'y eut guère que des tentatives isolées, comme la création du *Félix Poutré* de Fréchette à la Salle de Musique, le 22 novembre 1862[142].

A Montréal, avant 1875, plusieurs groupes d'amateurs se lancèrent sur la scène, sans toutefois s'imposer : la Société des Amateurs canadiens, fondée par Michel-Jacques Vilbon, en 1857[143] ; le Cercle dramatique de Montréal, en 1859, dirigé par Ernest Doin[144] ; les Amateurs, sous la direction de J.-N. Marcil, dans les années 1860, à la Salle Nordheimer ; le Club Typographique de Montréal, en 1875[145]. Le premier groupe d'amateurs qui prit le temps

---

140. Cité par BÉRAUD, *op. cit.*, p. 81.

141. *Le Mariage forcé* et *Les Fourberies de Scapin* de Molière, en 1851 ; *Une partie de campagne* de Pierre Petitclair, en 1857 et 1860 ; *A quelque chose malheur est bon* de Jules-Fabien Gingras, en 1863, (voir Roméo BOUCHER, *Jules-Fabien Gingras*, dans *BRH*, vol. 49, no 8, 1943, pp. 243-244) ; *Les Vengeances* de Pamphile LeMay, en 1876. Cette dernière, présentée par les Amateurs de l'Union Typographique de Québec no 159, sous la direction de Joseph Savard, ne compta pas moins de 28 comédiens dont 8 femmes.

142. Voir *La Première Représentation de Félix Poutré à Québec*, dans *BRH*, vol. 51, no 11, 1945, p. 400. A la Salle Jacques-Cartier, rue St-Joseph, inaugurée en 1860, il y eut des représentations théâtrales tout au cours du XIXe siècle, paraît-il (voir G. GALE, *Historic Tales of Old Quebec*, p. 266). Pierre Voyer, dans ses souvenirs écrits au début du siècle, parle de la réaction du public à cette salle lorsqu'on y jouait *Félix Poutré* (texte cité par Edouard Blondel, dans *BRH*, vol. 32, no 7, 1926, p. 420). Signalons l'article signé « Crispin » dans *L'Union libérale* du 26 octobre 1888, se plaignant amèrement du fait qu'il n'y ait point de théâtre français dans la ville de Québec.

143. A.-V. Brazeau fit ses débuts avec cette troupe, voir *BRH*, vol. 23, no 2, 1917, p. 62.

144. Voir la longue lettre dans *La Guêpe* du 3 mai 1859 où il énumère les activités du cercle. Doin fit de nombreuses adaptations de pièces françaises pour les amateurs entre 1859 et 1880.

145. *L'Opinion publique*, 1er avril 1875.

de se faire un public fut le Cercle Jacques Cartier, fondé en 1875. Son directeur-fondateur, Joseph-Georges McGown, avocat et inspecteur d'école, arrangea au moins trente pièces du théâtre français, les « masculinisant » et les adaptant aux mœurs rigides de l'époque [146]. Cette troupe qui subsista de 1875 à 1889 fit une place aux écrivains canadiens-français, accueillant entre autres Louis Guyon, dont le Cercle créa plusieurs drames à partir de *La Fleur de Lys* et *Le Secret du Rocher Noir* dès 1879. Cet auteur prolifique produisit plusieurs dizaines de textes dramatiques entre 1879 et 1929.

Ainsi commence la vogue des cercles d'amateurs à Montréal et ailleurs dans la province. Georges Robert, dans son *Annuaire Théâtral* (publié en 1908), en énumère 52 dont 7 à Montréal (p. 220-221) [147]. Très peu attirées par les classiques, ces troupes limitaient leur répertoire aux pièces françaises contemporaines. Des sondages dans les journaux en 1878-1879 et encore en 1889-1890 indiquent la qualité de leur répertoire. En voici quelques détails.

1878-1879 :

Soirée dramatique à Terrebonne
 3 et 4 janvier 1878, *La Reine Mozab,* opéra-comique et *La Joie fait peur,* drame en deux actes ;

Les Amateurs de l'Union Allet [148]
 19 mars 1878, *Les Nuits de la Seine* ;
 19 mars 1879, *Les Pirates de la Savane,* au Théâtre Royal ;

Soirée dramatique à Montréal
 9, 10, 11 décembre 1878, *Les Fiancés de 1812.*

1889-1890 :

Le Cercle Lafontaine
 janvier 1889, *Un drame à la Bastille* de Louis Guyon ;
 février 1889, *Michel Strogoff* de Verne et D'Ennery ;

Le Cercle Talma
 août 1889, *L'Enfant Maudit* de Raoul de Navery ;
 décembre 1889, *La Perle Cachée,* par le cardinal Wiseman, traduite par Pamphile LeMay et *Le Roi d'un jour,* opéra-comique d'Adolphe Adam ;

Le Cercle Ville-Marie
 mai 1890, *Le Misanthrope et l'Auvergnat* de Labiche.

Molière, autrefois le maître incontesté des troupes québécoises, fut relégué dans les collèges à la fin du siècle. On ne décèle qu'une douzaine de représentations de ses pièces entre 1888 et 1898. Cette attitude ne plut pas à tous, puisqu'à la suite de la présentation des *Plaideurs* et du premier acte

---

146. Sur la carrière de ce pilier du théâtre amateur de Montréal, voir *BRH*, vol. 20, no 3, 1914, pp. 87-88, et E.-Z. MASSICOTTE, *Un brillant diseur*, dans *BRH*, vol. 52, no 7, 1946, pp. 207-209. Sur la troupe (voir Geo. ROBERT, *L'Annuaire théâtral*, Montréal, 1908, p. 214).

147. Lorsque *La Presse* organisa un concours pour troupes amateurs en 1908, elle eut 18 entrées de la région (voir BÉRAUD, *op. cit.*, pp. 126-129).

148. Cette troupe, groupant des anciens zouaves pontificaux, avait présenté une « soirée dramatique et littéraire » au Théâtre Dominion, le 25 mai 1871 (voir G.-A. DROLET, *Zouaviana*, p. 106).

du *Misanthrope,* au Collège Sainte-Marie, en février 1898, un journaliste s'écria, « les amateurs du classique sont encore plus nombreux qu'on ne pourrait le croire, car la vaste salle était remplie bien avant le lever du rideau, et contenait l'élite de la société de Montréal » (*La Presse,* 4 février 1898).

En dehors de Montréal, le public n'eut guère l'occasion de voir les grands artistes qui venaient au Canada [149]. Le goût croissant du théâtre les aidant, les groupes amateurs germaient un peu partout : à Longueuil, à Drummondville, à Nicolet, à Saint-Antoine-de-Richelieu, à Saint-Jérôme et même en Nouvelle-Angleterre, parmi les Canadiens d'origine [150]. A Hull, petite ville de 7,500 âmes, l'inauguration d'une salle, rue Dollard, le 26 octobre 1884, marqua les débuts du théâtre. Le Cercle dramatique y joua année après année des mélodrames jusqu'en 1900, lors du grand incendie qui dévasta presque toute la ville [151]. Type parfait du petit cercle local, le groupe monta *Exil et Patrie* du père Hamon, pièce canadienne, *Le Forgeron de Strasbourg, Le Châtiment de l'usurier, Le Fils de la forêt, Le Repentir, Michel Strogoff* et même *L'Avare* de Molière.

L'industrialisation de la province dans les dernières décennies du XIXe siècle allait donner naissance à une grande métropole, Montréal. Rien de plus naturel à cette population que de vouloir s'amuser de la même façon que dans les autres grandes villes de l'Occident. L'isolement relatif d'autrefois n'existe plus, les liaisons avec l'Europe et les Etats-Unis se font en quelques jours et les journaux quotidiens à grand tirage mettent les Montréalais au courant des nouvelles, des modes et des amusements parisiens. Par des tournées de plus en plus fréquentes des grands artistes, l'appétit des Montréalais fut aiguisé. Les rares productions d'amateurs ne pouvaient plus les contenter. Or, l'activité soutenue du théâtre professionnel anglais ne fit que mettre davantage en évidence la sous-alimentation culturelle des francophones [152]. Ainsi se trouvèrent réunies les conditions propices à la création d'un théâtre professionnel en langue française au Québec.

Alfred Maugard avait tenu le coup pendant deux ans dans la ville de Québec, de juillet 1871 à novembre 1873. Or, l'intervention de l'évêque mit fin à cette première expérience de théâtre permanent. A l'automne de 1894, une troupe d'opérette donna quelques représentations [153], mais dut retourner à

149. Les troupes ambulantes, comme celle de La Bolduc, vont combler cette lacune partiellement, à partir des premières décennies du XXe siècle. Il y eut cependant des tentatives isolées comme celle de la troupe de W.-E. Dick, comprenant des Hurons de Loretteville, qui visita Trois-Rivières, Québec et Montréal au cours de l'été de 1883 (voir W.-E. Dick, *Souvenirs de jeunesse,* dans *Le Monde illustré,* 16 janvier 1892).

150. Béraud, *op. cit.,* pp. 91-92, et Geo. Robert, *op. cit.,* p. 211.

151. Voir Edgar Boutet, *85 ans de théâtre à Hull* (Hull, Société historique de l'ouest de Québec, 1969, s.p.).

152. La *Canada-Revue,* dans sa chronique théâtrale ignorait sciemment les productions dans les salles sous contrôle d'entrepreneurs anglais. En 1892, un critique, « Chrysologue », écrit : « Espérons que lorsque le Monument national sera construit, nous aurons une bonne salle de théâtre bien à nous, et que nous pourrons alors nous passer de l'Académie de M. Thomas (L'Académie de Musique) », (5 novembre 1892).

153. Le théâtre français à Saint-Roch, à la Salle Jacques Cartier, fut dénoncé par *La Croix* de Montréal, *Le Courrier du Canada* et *La Vérité.* Voir l'article de Tardivel dans ce dernier du 13 octobre 1894.

Montréal devant l'opposition de Monseigneur Bégin, évêque coadjuteur [154]. La direction de la troupe publia même une petite revue intitulée *Théâtre,* en décembre 1894 et en janvier 1895, ayant comme objet de promouvoir le théâtre à Québec. Voici le compte rendu de leurs « conversations » avec Monseigneur Bégin :

> La direction s'est rendue auprès de Sa Grandeur Monseigneur Bégin pour lui offrir d'examiner les pièces qu'elle se proposait de jouer d'ici la fin de l'année.
>
> Sa Grandeur a refusé.
>
> Vu cette circonstance, la Direction contrôlera elle-même le choix de ses spectacles.
>
> Et maintenant, elle prie *ceux qui craignent pour leur conscience* DE RESTER CHEZ EUX : cela leur fera faire des économies d'*argent* et de *calomnies* [155].

A Montréal, les expériences d'Achille Fay-Génot en 1874, de Maugard, en 1878, et de Thérèse Newcomb, en 1878, ne furent pas heureuses. Après quelques représentations devant un public assoiffé de théâtre français, les comédiens crurent la partie gagnée. Cependant, l'absence de stabilité et d'une administration solide condamne très tôt ces tentatives à l'échec. C'est ainsi que les « professionnels » au Québec durent animer des cercles d'amateurs, comme fit Fay-Génot auprès du Cercle Molière de 1885 à 1892. Ils pouvaient aussi se joindre aux troupes françaises en tournée et même participer aux productions anglaises.

En février 1887, s'installa au Bijou-Théâtre, une troupe appelée « Le Conservatoire », au premier étage d'une caserne en pierre, rue Bonsecours [156]. Il s'agit vraisemblablement du premier théâtre français permanent à Montréal. La scène se composait de quelques douzaines de planches et de quatre ou cinq décors. Fondée par Paul Larcher, la troupe comprenait des jeunes gens pleins d'amour pour l'art dramatique. Madame Larcher tint le rôle principal dans la première pièce, *Jean Le Cocher,* à partir du 19 février. Cette soirée remporta un grand succès. Selon *La Patrie,* « la salle était comble et plus de 300 personnes ont dû être refusées à l'entrée ! » (21 février 1887). Devant l'accueil favorable, on joua tous les soirs à partir du 7 mars. Pendant la semaine sainte, M. Larcher fit des améliorations à la salle par l'ajout d'un fumoir ! On essayait tous les genres, mélodrames, comédies

---

154. Mgr Bégin prêcha le dimanche, 9 décembre, contre le théâtre français (*La Vérité,* 15 décembre 1894). Sa lettre du 12 décembre, condamnant le théâtre de Saint-Roch, ne fut pas reproduite dans les mandements des évêques de Québec. Cependant, elle se retrouve dans *La Vérité* du 26 janvier 1895.

155. *L'Evénement* et *L'Electeur* défendent le théâtre français, soutenant que l'évêque n'a condamné que les mauvaises pièces et non le théâtre même. Voici les programmes du 27 décembre 1894 au 5 janvier 1895 : *Giroflé-Girofla, La Massicotte, Les Cloches de Corneville, La Périchole, La Fille de Mme Angot, Les Dragons de Villars* et *Mam'zelle Nitouche* (le *Théâtre,* 2 janvier 1895).

156. La troupe change de nom fréquemment, s'appelant au début « Le Conservatoire », ensuite « Le Cercle Labiche » et enfin « Le Bijou-théâtre des familles canadiennes ». Paul Larcher, Français et sa femme, d'origine suisse, vinrent au Canada vers 1885 (voir *BRH,* vol. 30, no 1, 1924, p. 26).

et soirées de vaudeville. Il faut signaler la reprise du *Retour de l'Exilé* de Fréchette pendant la semaine du 3 mai.

Ce théâtre voit les débuts professionnels de Blanche de la Sablonière [157], la Sarah Bernhardt canadienne, dans *Marie Jeanne ou la femme du peuple* pendant la semaine du 16 mai. En juillet, des comédiens français et canadiens tentèrent de nouveau la fondation d'une troupe permanente. La Compagnie Franco-canadienne commença sa carrière le lundi 23 juillet, par une reprise du drame « à sensation », *Marie Jeanne.* Installée au Théâtre français, coin Sainte-Catherine et Saint-Dominique (l'ancien Théâtre Dominion), elle sut attirer la sympathie du public. Un journaliste de *La Patrie* écrit, « qu'il nous suffise de dire que l'interprétation a été excellente et que le théâtre français est entré à Montréal dans une nouvelle phase » (26 juillet 1887). Les principaux rôles de la pièce avaient été confiés à A.-V. Brazeau et à Louis Labelle « qui ne sont pas des amateurs, mais des artistes ». Blanche de la Sablonière, grande vedette pendant une trentaine d'années, reprit son rôle de *Marie Jeanne* [158].

Cette compagnie, dans ses différentes incarnations à partir de février 1887, la meilleure que Montréal avait vue jusqu'alors, forma le champ d'exercice de plusieurs comédiens canadiens-français qui jouaient dans les troupes professionnelles à partir de 1898. Il y eut des représentations par la Compagnie Franco-canadienne tous les soirs du lundi au samedi : « lever du rideau à 2 et à 8 heures ; admission 10¢ et 20¢, matinées (les lundis, jeudis et samedis) 10¢. » Après un mois passé à ce rythme épuisant, la troupe quitta la ville. Elle avait présenté *Marie Jeanne, La Mort du pêcheur, Ma Femme et mon parapluie, Chicot* de Brazeau, *Le Roman d'un jeune homme pauvre, La Grâce de Dieu* (devant mille personnes !), *La Bête du Bon Dieu, L'Ange Gardien* et enfin *Les Femmes qui pleurent.* Le 29 août, la compagnie se produisit à Sorel avant de faire la tournée de plusieurs autres centres de la province.

De retour à Montréal, elle monta *Le Doigt de Dieu,* à partir du 16 janvier 1893, au « Lyceum », coin Sainte-Catherine et Saint-Dominique [159]. Le 6 mars, la compagnie ouvrit le Nouveau Théâtre Empire, rue Sainte-Catherine, près de Saint-Laurent, avec un répertoire populaire : *Le Dompteur,* à partir du 6 mars, suivi du *Médecin des enfants, La Grâce de Dieu, Marie Jeanne, Jean Vaubaron, Les Deux Orphelines,* et *Mariette. La Presse* écrit que « plusieurs d'entre eux sont cent coudées supérieurs à ceux que le public applaudit à outrance aux théâtres anglais de la ville » [160]. Au mois de juin, la troupe prit le nom de Compagnie Dramatique Nationale ; elle joua pendant trois semaines : *Le Bossu,* à partir du 15 juin ; *Une cause célèbre,* du

---

157. Née à Saint-Hyacinthe, elle avait débuté à seize ans à L'Académie de Musique avec Les Artisans dans la pièce *Pierre Lenoir et les chauffeurs* (Béraud, *op. cit.*, p. 74).

158. Selon *La Patrie,* « (elle) a été plus que charmante dans le rôle difficile de 'Marie Jeanne'. Elle a joué avec beaucoup d'âme, de chaleur et de naturel » (26 juillet 1887).

159. *La Patrie,* 11 janvier 1893. Il s'agit de la même salle qu'en 1887, sous un nom différent.

160. Bisson, *op. cit.*, p. 49.

12 au 18 juin ; *L'Enfant Prodigue,* du 26 juin au 1er juillet. Reprenant l'appellation de Compagnie Franco-canadienne, les comédiens présentèrent *Thérèsa* du 17 au 24 juillet et *Le Voyage de Monsieur Perrichon* de Labiche du 24 juillet au 5 août, avant de quitter la ville de nouveau.

En septembre, un syndicat d'hommes d'affaires canadiens-français annonça la réouverture du Théâtre Empire sous le nom du Théâtre de l'Opéra français. La troupe, engagée par ce comité, comprenait exclusivement des artistes de l'extérieur et devait jouer de l'opéra, des opérettes, des vaudevilles et des comédies [161]. *La Fille du Tambour-major,* chantée le 2 octobre 1893, fut bien accueillie. Mais lorsque l'on afficha *Le Voyage de Monsieur Perrichon,* le 5 octobre, le public offrit un accueil très froid et la critique s'offusqua : « on aurait tort de s'imaginer que Montréal est une bourgade d'Iroquois à qui l'on peut faire prendre des vessies pour des lanternes » [162]. Des étudiants firent tellement de tapage que la police dut intervenir.

Malgré cet échec, la troupe tint bon jusqu'au 1er mars 1894, devant des assistances plutôt maigres. La deuxième saison, du 18 septembre à la fin mars 1895, fut meilleure que la première, paraît-il. Mais le théâtre dut fermer ses portes en avril à cause de difficultés financières. Loué par William E. Phillips en 1896, il garda le nom de Théâtre français, mais on n'y afficha plus que des spectacles en langue anglaise [163]. Pendant l'été de 1894, la Compagnie Franco-canadienne, après une saison à Québec, avait monté *La Justice de Dieu,* mélodrame d'Anicet Bourgeois et de Paul Foucher, à partir du 7 mai au Théâtre de l'Opéra. Pendant quelques semaines, Messieurs Labelle et Brazeau, Mme Numa et Mlles Duclay et Blanche de la Sablonière présentèrent *Don César de Bazan* et *Les Deux Orphelines.*

L'inauguration, en 1894, du Monument national par l'entremise de la Société Saint-Jean-Baptiste allait transformer la vie théâtrale au tournant du siècle. Au début, les troupes amateurs de la ville utilisèrent cette salle et ce fut là que M. Léon Petitjean vit jouer un monsieur Archambault, alors jeune étudiant en droit, qui deviendra Palmieri lors de la fondation du Théâtre des Variétés, en novembre 1898 [164]. Cette troupe et les Soirées de famille, organisées au Monument national à partir de novembre 1898, inauguraient l'ère du théâtre professionnel à Montréal.

---

161. Béraud indique les noms des comédiens et quelques détails sur les représentations, pp. 83-84.

162. *Ibid.*, p. 84.

163. Voir F.T. Graham, *Histrionic Montreal,* Montréal, 1902, pp. 293-294. Selon Graham, l'édifice fut complètement détruit en 1900.

164. Palmieri raconte les circonstances de son engagement dans *Mes Souvenirs de théâtre,* Montréal, Les Editions de l'Etoile, 1944, p. 14. Parmi les représentations au Monument national, signalons celle du 27 octobre 1896, la grande soirée au bénéfice de l'Association athlétique d'amateurs, sous la direction de J.-N. Marcil. La pièce d'E.-Z. Massicotte, *Les Cousins du député,* fit rire l'auditoire « en mettant dans la bouche toutes nos expressions 'canayennes' les plus originales », selon *La Presse* (28 octobre 1896). La troupe comprenait Messieurs V. Dubreuil, A.-V. Brazeau, H. Bédard, A. Côté, Venne et Poirier.

B. Salles et spectacles

Jeremy Cockloft, en 1811, avait prédit un sinistre désastreux à cause de l'exiguïté de l'escalier conduisant à la salle de théâtre, rue des Jardins [165]. Avant l'utilisation de l'électricité, des théâtres partout en Europe et aux Etats-Unis furent la proie facile de l'incendie. « Chances were that the theatre would burn », écrit Richard A. Willis, spécialiste de l'histoire du théâtre américain [166]. Au Québec, il n'y eut qu'un seul désastre au XIXe siècle, mais cet événement spectaculaire frappa de stupeur la population de la ville.

En 1844, les officiers de la garnison obtinrent la permission de transformer l'étage supérieur du manège du Château Saint-Louis en théâtre. Après les réparations, le Théâtre Saint-Louis ouvrit ses portes en janvier 1845. Construit en pierre, il avait une longueur de quatre-vingts pieds sur une largeur de quarante. Il n'y avait pas de fenêtres à la hauteur du plancher. Comme l'édifice n'avait que deux portes, on en perça deux autres, une dans le mur et l'autre sous la scène. Cependant, il ne s'y trouvait qu'un seul escalier, en bois, conduisant de l'étage supérieur aux portes de sortie.

Devenu très vite le théâtre le plus chic de la ville, il servit aux concerts, conférences et pièces de théâtre. Le 12 juin 1846, plus de 300 personnes l'ont rempli afin d'assister à une séance de diorama donnée par M. Harrison de Hamilton. On y voyait des scènes peintes sur une immense toile déroulée devant les spectateurs. La musique fut confiée aux soins de Charles Sauvageau. Vers dix heures, au moment où les spectateurs commençaient à sortir, une lampe à l'huile se détache du plafond et tombe sur la scène communiquant le feu aux décors. La panique s'empara de la foule et on se précipita dans l'escalier pour gagner la seule issue vers l'extérieur. Plusieurs furent écrasés par ceux qui les suivaient et se trouvèrent accumulés en une masse compacte sans possibilités de se sauver. Plus de quarante victimes périrent dans l'incendie [167].

En 1852, la vogue des tableaux panoramiques donna naissance au Théâtre de Près-de-Ville, ou Salle Champlain. P.T. Barnum, grand entrepreneur américain, ne ratant jamais une occasion, fit peindre un grand panorama du Palais de Cristal, lieu de l'exposition universelle de Londres de 1851. Cette exposition avait attiré plus de six millions de visiteurs du 1er mai au 11 octobre et les journaux du Canada n'ont pas manqué de signaler à leurs lecteurs toutes les péripéties de l'événement [168]. Le tableau, qui coûta

---

165. Voir note 74.

166. *Curtain Down on Theatre Fires,* dans *Theatre Survey. The American Journal of Theatre History,* vol. 13, no 2, 1972, pp. 60-73.

167. Voir N. Levasseur, *Musique et musiciens à Québec,* dans *La Musique,* vol. 1, no 9, 1919, pp. 98-101 ; Anon., *La Catastrophe du théâtre Saint-Louis à Québec,* dans *BRH,* vol. 36, no 8, 1930, pp. 509-511 ; P.-G. Roy, *Le Théâtre Saint-Louis à Québec,* dans *BRH,* vol. 42, no 3, 1936, pp. 174-188 ; aussi le tableau reproduit par Claude Paulette, dans *Culture Vivante,* no 17, 1970, p. 24.

168. Voir C.H. Gibbs-Smith, *The Great Exhibition of 1851. A Commemorative Album,* London, H.M.S.O., 1950, 142p.

$30,000, couvrait 100,000 verges de toile sur 15 pieds de hauteur et représentait « la procession royale de Buckingham au Palais de Cristal, l'intérieur du fameux Palais... et le célèbre quartier ou West-End de Londres ; la grande cérémonie de l'ouverture par la Reine Victoria et la cour d'Angleterre ; une superbe vue de toute la nef ; la nef et chacune de ses parties ; la division canadienne et américaine... » [169] Afin de rassurer le public, l'annonce de l'ouverture ajouta : « il y a quatre portes de dix pieds de largeur chacune, et d'autres issues par lesquelles on pourrait sortir en cas d'incendie » [170]. Le tableau panoramique fut exhibé à Québec jusqu'au 2 juillet 1852 à la grande satisfaction des Québécois qui y venaient en foule [171].

Le propriétaire de la salle Champlain, John Jones, essaya de tirer parti de ce théâtre dont l'aménagement ne lui avait pas demandé beaucoup de déboursés, paraît-il. Or, l'édifice, situé près du port de Québec, ne put attirer la bourgeoisie habitant la Haute Ville. Après quelques mois, le Théâtre Champlain dût fermer ses portes. Mais le public de la ville pouvait alors assister aux pièces et aux concerts présentés à l'Académie de Musique, rue Saint-Louis, qui s'ouvrit le 5 février 1873 [172].

La ville de Québec ne fut pas dépourvue de petites salles au XIXe siècle, telle la salle Saint-George à l'Hôtel Union. Ici, la liste des spectacles présentés jusqu'aux années 1860 est longue et fort variée [173]. Nos ancêtres purent assister aux pièces de théâtre bien sûr, mais ils s'amusèrent tout en s'instruisant lors des spectacles de diorama et aux conférences publiques organisées par l'Institut canadien de Québec dont les archives conservent les travaux élaborés de l'élite intellectuelle du Canada français [174]. Parfois des voix étrangères se sont jointes à celle du Québec, comme celle de Mme de Grandfort en juin 1854, qui parla de l'influence de la femme aux divers âges de l'humanité et aussi de la femme dans son foyer [175].

L'Institut canadien de Montréal eut aussi un programme très complet de conférences tout au cours de son existence à partir de 1844, de même que la Société des Amis et le Cabinet de lecture paroissiale qui publia une revue, les *Echos,* entre 1859 et 1875. Voici un sujet de recherche intéressant et essentiel, les conférences et les conférenciers au Québec. Dans les dernières décennies du XIXe siècle, les Québécois furent très friands des grandes manifestations, telles le « Grand cinquantenaire de la Saint-Jean-Baptiste de Montréal » en 1884 et les fêtes Colombiennes à Québec, le 12 octobre 1892, « un souvenir reconnaissant au père immortel de l'Amérique », sans oublier

169. Texte cité par P.-G. Roy, *Le Théâtre Champlain à près-de-ville,* dans *BRH,* vol. 42, no 12, 1936, p. 706. Dans l'album, *op. cit.,* on trouve plusieurs des illustrations qui ont dû servir aux peintres de Barnum.

170. *Le Canadien,* 21 juin 1852.

171. *Ibid.,* 23 juin 1852.

172. P.-G. Roy, dans son article sur le théâtre Champlain énumère les différents spectacles présentés. L'importance de l'élément anglophone ressort du fait qu'il n'y eut aucune soirée en langue française.

173. P.-G. Roy, *L'Hôtel Union,* dans *BRH,* vol. 43, no 1, 1937, pp. 3-17.

174. Voir la liste dans Alphonse Désilets, *Les Cent Ans de l'Institut Canadien de Québec,* Québec, L'Institut, 1949, pp. 204-205.

175. Voir Octave Crémazie, *Oeuvres,* I. *poésies,* texte établi, annoté et présenté par Odette Condemine, Ottawa, Editions de l'Université d'Ottawa, 1972, pp. 74-76.

le cinquantenaire des Patriotes en 1887 et la plus grande de toutes, le tricentenaire de la ville de Québec en 1908.

Toutefois, ceux en quête d'amusements moins « verbeux » fréquentaient le jardin Guilbault à Montréal, où son propriétaire s'ingénia à exhiber tout ce qui pouvait intéresser le public, de 1842 à 1865. La principale attraction fut sa ménagerie qui passait pour la plus considérable en Amérique. Au parc Sohmer, ouvert en 1889, la foule montréalaise vint entendre de la belle musique instrumentale et voir la « chanteuse surprise », un travesti, ainsi que le plongeur téméraire, Jean-Baptiste Peynaud, qui fit des sauts d'une tour de 150 pieds de haut [176]. A Québec, on reçut la visite de Lola Montez, ancienne maîtresse du vieux roi de Bavière, le 1er septembre 1857, parmi d'autres visiteurs de marque [177]. Il y aurait beaucoup à écrire aussi sur les sports au XIXe siècle sans oublier le champ de course sur les Plaines d'Abraham à Québec !

A Montréal, on compte plusieurs salles de spectacles au XIXe siècle, telles le Mechanic's Hall (1854-1885) au coin des rues Saint-Pierre et Saint-Jacques ; City Concert Hall (1845-1870), à l'étage supérieur du marché Bonsecours ; la Salle Bonaventure (1857-1860) [178], à l'angle nord-ouest de la rue Saint-Jacques et du carré Victoria [179]. Pendant les dernières décennies, plusieurs entrepreneurs canadiens-français se sont lancés dans la construction et la gérance de salles. Les détails de ces entreprises éphémères sont très confuses et souvent contradictoires. Cette période de la vie des spectacles à Montréal attend toujours son historien [180].

C. L'accueil du public et du clergé

Chacun sait que le théâtre en France est né de l'Eglise elle-même. Dans son livre très suggestif, *L'Eglise, la Comédie et les Comédiens,* Albert Reyval a marqué les étapes de cette histoire [181]. Mais au XVIe siècle, l'Eglise retrouvant son attitude des premiers siècles remit en vigueur ses décisions et condamnations d'autrefois. La publication des *Maximes et réflexions sur la comédie* de Bossuet en 1694 marqua le point culminant de ce « divorce de la foi et des puissances d'imagination et de sensibilité », selon l'expression de Paul Claudel [182].

L'intransigeance ecclésiastique se prolonge jusqu'au milieu du XIXe siècle. Mais dès lors, elle subissait une lente évolution vers les positions modé-

---

176. E.-Z. Massicotte, *Le Plongeur Téméraire,* dans *BRH,* vol. 51, no 11, 1945, pp. 394-396 ; Id., *Les Travestis Amusants,* dans *BRH,* vol. 51, no 12, 1945, pp. 424-425.

177. *Visiteurs de marque à Québec,* dans *BRH,* vol. 68, no 3, 1966, p. 151.

178. Ce fut dans cette salle que A.-V. Brazeau fit ses débuts avec la troupe dirigée par Michel Vilbron.

179. E.-Z. Massicotte, *Les Théâtres et les lieux d'amusements à Montréal pendant le XIXe siècle,* dans Geo. Robert, *L'Annuaire Théâtral,* pp. 83-96.

180. On peut consulter la thèse de Mary Margaret Bisson, *op. cit.,* pp. 67-71.

181. Paris, Editions Spes, 1953, 188p.

182. Sur Bossuet et l'importance de ses maximes, on peut consulter le livre de Ch. Urbain et E. Lévêsque, *L'Eglise et le théâtre,* Paris, Grasset, 1930, 310p., dont la documentation est considérable.

rées. En définitive, l'attitude du clergé à l'égard de la comédie et des comédiens allait se modeler sur l'enseignement du cardinal Gousset, dans sa *Théologie morale à l'usage des curés et des confesseurs,* devenue, à partir de 1844, le manuel officiel des séminaires :

> Le spectacle par lui-même n'est point mauvais, on ne peut donc le condamner d'une manière absolue, mais il est plus ou moins dangereux suivant les circonstances et l'objet des pièces qu'on y joue ; on ne peut donc approuver ceux qui ont l'habitude de les fréquenter ; on doit même l'interdire à toutes personnes pour lesquelles il devient une occasion prochaine de péché mortel [183].

Les tribulations des amateurs de théâtre se reflètent dans les mandements et lettres pastorales des évêques. Depuis la position très claire de Monseigneur Plessis condamnant le théâtre comme mauvais en soi, il y eut malgré tout, une lente, très lente évolution au Québec. Le 15 février 1849, Monseigneur Bourget reprend l'opinion du cardinal Gousset, tolérant les spectacles « si les ajustements des pièces sont chastes » [184]. Or, pour l'Eglise, il faut éloigner les fidèles des occasions prochaines de péché. C'est ainsi qu'en 1885, Monseigneur Fabre condamna les « théâtres de sociétés », créés un peu partout à Montréal, puisque ces cercles d'amateurs permettaient aux filles et aux garçons de jouer ensemble [185].

A la fin du siècle, par contre, Paul Bruchési, nouvel archevêque de Montréal, accepta de patronner les Soirées de Famille au Monument national, marquant pour la première fois ouvertement la distinction entre un théâtre « sain » et un théâtre « dangereux ». Des règles très strictes de conduite restent quand même en vigueur. A cause de l'intérêt suscité par la tournée de Sarah Bernhardt en 1896, Monseigneur Fabre crut nécessaire de rappeler au clergé l'interdiction d'assister aux représentations théâtrales en public [186]. Le clergé pouvait fréquenter des théâtres de collège cependant et lorsque Coquelin et son neveu présentèrent des scènes de Molière au Collège Sainte-Marie, il y eut parmi les spectateurs un groupe nombreux de prêtres [187].

Plus catégorique, J. de Francœur écrit en 1894 qu'un théâtre moral et sans danger pour le public est une impossibilité. « On ne va pas au théâtre, selon M. de Francœur, pour prendre des leçons, mais pour recevoir des commotions agréables, des impressions qui flattent les passions au lieu de les châtier. » [188] Afin d'appuyer sa thèse, il examine le théâtre français contemporain à partir des réflexions sur le théâtre de Paul Bourget. N'est-ce pas que l'auteur dramatique étudie les faiblesses et les passions des spectateurs pour les mieux flatter, afin d'arriver au succès ? « Depuis le théâtre français où Alexandre Dumas fils expose ses thèses sur le divorce et l'adultère jusqu'au dernier *bouis-bouis* ou cafés-concerts où tous les brocards sont à l'adresse

183. Texte cité par François GAGUÈRE, *Le Théâtre devant la conscience chrétienne*, Paris, Beauchesne, 1965, p. 60.
184. *Mandements... publiés dans le Diocèse de Montréal*, vol. 2, p. 46.
185. *Ibid.*, vol. 10, p. 115.
186. *Ibid.*, vol. 12, p. 182.
187. *La Minerve*, 8 mars 1889.
188. J. DE FRANCŒUR, *Le Théâtre*, dans *La Revue Canadienne*, 30e année, 1894, pp. 9-14.

de la religion ou du mari trompé, les salles de spectacles contribuent puissamment à l'immoralité qui dévore la France » (p. 13).

Le clergé s'attaqua farouchement aux troupes françaises en tournée, ce qui n'empêchait point les Québécois d'assister en grand nombre aux représentations, comme pendant les tournées triomphales de Sarah Bernhardt. Voici un échantillonnage de la prose des évêques de Montréal [189] :

> 21 juillet 1859 — « Comme donc nous devons nous indigner d'une juste colère, contre ces étrangers sans aveu qui viennent ainsi nous exposer à mériter le courroux du Ciel, en empoisonnant notre terre par leurs dangereux spectacles ! » (vol. 4, p. 14.)
>
> 20 août 1868 — « Cette nouvelle [de l'arrivée prochaine d'une troupe d'acteurs étrangers] a de quoi nous affliger tous, N.T.C.F., et doit nous inspirer des craintes plus sérieuses que si l'on nous annonçait une nouvelle apparition du choléra ou du typhus... Car, il s'agit d'une calamité plus redoutable que tous ces maux ensemble, de la peste qui empoisonne les cœurs et d'un scandale public, qui démoralise les sociétés et attire sur le monde des fléaux épouvantables... Les pièces qui doivent être représentées, dans ce théâtre et par cette troupe de Comédiens venus de l'étranger, sont d'une immoralité révoltante, et il n'y a vraiment que des cœurs tout-à-fait dépravés qui puissent n'y trouver du mal. » (vol. 5, p. 369.)
>
> 18 avril 1872 — « Faites un appel chaleureux à toutes les bonnes âmes, pour qu'elles détournent, par leurs ferventes prières, les maux épouvantables, que ne manqueront pas d'attirer sur nous les crimes affreux que produit le théâtre. » (vol. 5, p. 425.)
>
> 28 février 1874 — « Des troupes de comédiens et de comédiennes se succèdent depuis quelque temps sans interruption, dans cette ville ; et donnent, dans une maison de théâtre, le spectacle des immoralités les plus révoltantes. Ce sont, chez les comédiennes, des nudités qui feraient rougir d'honnêtes païens... Car c'est dans ces repaires de tous les vices que se commettent les crimes qui compromettent la réputation des familles les plus respectables, et la paix et la prospérité des citoyens. » (vol. 8, p. 457-458.)

Jules-Paul Tardivel dans *La Vérité* attaqua de front tout spectacle susceptible de détourner la population catholique du droit chemin. Le 8 septembre 1881, il écrit au sujet d'un projet de l'établissement d'un théâtre à Montréal : « Nous espérons que notre pays n'est pas assez coupable pour mériter un tel châtiment. » Et tout au cours de sa carrière de journaliste, il ne se détourna point de cette prise de position. Lors de la tournée de la troupe de Maurice Grau, en 1883, Tardivel soutint que, comme d'habitude, elle présentait au départ des pièces relativement inoffensives, puis lorsque les femmes et les jeunes filles rassurées viennent en grand nombre, la troupe a passé à « des polissonneries à faire rougir un poteau de télégraphe » (*La Vérité*, 19 mai 1883). Tardivel réserva tout son fiel pour la comédienne « juive » Sarah Bernhardt. « Cet empressement fiévreux autour d'une actrice

189. Voir aussi les textes réunis par Guy ROBERT, sous le titre de *Tribulations de la fiction au XIXe siècle*, dans *Aspects de la littérature québécoise*, Montréal, Beauchemin, 1970, pp. 25-58.

dévergondée a été un spectacle honteux, écrit-il en 1891. L'encens qu'on a brûlé en l'honneur de cette comédienne a une odeur fétide. Le paganisme antique n'est pas détruit... Le joug ignoble de la lubrique Vénus que les siècles de foi avaient brisé, s'appesantit de nouveau sur les peuples, les avilit, les rend mûrs pour l'esclavage. » [190]

Les condamnations répétées n'eurent pas été nécessaires si la population avait suivi les conseils « évangéliques » du clergé. Or, des hommes cultivés depuis Joseph Quesnel en 1789 jusqu'à Louis-Honoré Fréchette à la fin du siècle suivant, en passant par François-Xavier Garneau, ont considéré le théâtre comme faisant partie de leur héritage culturel. Lors de la seconde tournée de Sarah Bernhardt en 1891, surgit à *La Presse* le premier véritable critique théâtral à Montréal, n'en déplaise à Monsieur Torquemeda-Tardivel, selon l'expression de Rémi Tremblay. Ce critique signe des initiales « J. de L. » des comptes rendus détaillés. D'après Jean Béraud, il s'agit d'un Français, J. de Lorde, qui publia aussi des articles dans *Le Monde,* (p. 79). Dans *Le Monde illustré,* à partir du 25 septembre 1886 et dans *La Patrie* d'Honoré Beaugrand à la même époque, le lecteur retrouva une rubrique « théâtre et amusements ».

Un autre Francœur, celui-ci de Québec, n'hésita pas à faire l'éloge des dramaturges français à l'occasion du décès d'Emile Augier, l'auteur du *Gendre de Monsieur Poirier.* « Les comédies d'Augier, de Dumas et de Sardou, écrit-il, donnent une idée juste de ce que doit être l'art dramatique dans une société cultivée, parvenue à un haut degré de civilisation. Ce n'est plus le gros rire de Molière et le jeu des passions n'y est ni violent ni excessif. » [191]

Terminons cette courte esquisse par un rappel des écrits spirituels et légèrement décadents de Charles Ducharme, publiés sous le titre *Ris et Croquis* :

> Irons-nous au théâtre ou au bazar ? Serons-nous frivoles ou charitables ? ... Entre l'actrice qui promène sa suffisance sur la scène et la jeune fille modeste et charmante, qui sacrifie ses loisirs et les charmes du foyer pour les fatigues d'un bazar d'un mois, il y a tout un océan ... Eh bien, il y a encore des esprits assez légers pour accorder une préférence intempestive à l'actrice.
>
> Oscar Bousquet appartenait à cette catégorie ...
>
> Oui, se disait-il, c'est bien décidé. Je vais au théâtre. C'est bien plus économique que ce méchant bazar. Pour cinquante centins, du moins, au théâtre on s'amuse, et l'on n'a pas à redouter le lendemain les grimaces de son tailleur [192].

L'atmosphère à Montréal avait bien changé depuis les attaques du curé Déséri en 1789. La population de la ville ne suivait plus aveuglément le code moral trop rigide d'autrefois. Enfin, la voie était ouverte à ce qu'on a appelé l'âge d'or des spectacles à Montréal : époque allant de 1898 à 1914.

---

190. *Paganisme moderne,* dans *La Vérité,* 18 avril 1891. Il appelle Fréchette, « le cornac de la Bernhardt » !

191. *L'Union libérale,* 22 novembre 1889. Selon Henri Roullaud, critique au *Réveil,* le goût du public favorisa l'opéra et l'opéra comique (22 décembre 1894).

192. *Monsieur Bousquet,* dans *Ris et Croquis,* Montréal, 1889, pp. 196-198.

IV. — MUSIQUE ET THÉÂTRE LYRIQUE

En 1792, un Anglais de voyage au Québec écrit que la danse est « the ruling passion » des Canadiens [193]. La musique, en effet, se développa beaucoup plus tôt dans la province que le théâtre. La fin du XVIIIe siècle signala l'arrivée d'amateurs et de musiciens dont Frédéric Henri Glackemeyer (1751-1836), né à Hanovre et descendu aux Trois-Rivières à l'âge de 15 ans. A Québec, il anima une fanfare qui donna des concerts sur l'esplanade entre 1792 et 1794, sous le patronage du Prince Edouard. En 1820, il organisa la Société Harmonique de Québec qui présenta ses concerts à l'Hôtel Union [194].

En 1819, Montréal compte déjà dix musiciens professionnels dont quatre Canadiens français. Chaque régiment de la garnison avait sa fanfare aussi, mais les membres en étaient surtout des étrangers. C'est en 1831 que la première fanfare composée essentiellement de Québécois fut organisée par Jean-Chrysostome Braunies, un Allemand. Après une existence très active pendant six mois, l'épidémie de choléra arrêta l'élan de cet ensemble en enlevant Braunies père, à l'âge de 47 ans [195]. Déjà des artistes étrangers s'aventuraient au Bas-Canada et en mai 1830, Signor Jean Muscaelli, « ci-devant de l'opéra italien à Mexico », chanta plusieurs fois au Masonic Hall de Montréal [196].

Pendant une quinzaine d'années, de 1833 à 1849, la vie musicale dans la ville de Québec dut son élan à Charles Sauvageau (1809-1849), professeur de musique, chef d'orchestre et compositeur. Il organisa son orchestre « quadrille » en 1833 ; la musique canadienne ou fanfare Sauvageau en 1836, qui participa à toutes les processions de la Saint-Jean-Baptiste pendant une dizaine d'années ; et enfin son orchestre de théâtre en 1840. Son fils, jeune prodige, mourut dans l'incendie du Théâtre Saint-Louis en 1846 [197].

Antonin Dessane (1826-1873), musicien français, réorganisa la Société harmonique de Sauvageau et présenta plusieurs concerts entre 1850 et 1857. Par la suite, des ensembles se succédèrent [198] : le Septette Club (1857-1871), dirigé par Dessane ; l'Union musicale de Québec de 1866 à 1920, fondée par Ernest Gagnon ; la Société Harmonique en 1870 sous la direction de Dessane

---

193. *Canadian Letters... 1792 and '93*, dans *Canadian Antiquarian and Numismatic Journal*, series 3, Vol. IX, 1912, p. 93. Voir aussi Helmut KALLMANN, *A History of Music in Canada*, Toronto, University of Toronto Press, 1960, pp. 37-38.

194. *Le Canadien*, 19 janvier 1820. Voir KALLMANN, *op. cit.*, pp. 50-60 et P.-G. ROY, *La Famille Glackemeyer*, dans *BRH*, vol. 22, no 7, 1916, pp. 196-205. Il faut aussi signaler les concerts organisés par Jonathan Sewell à partir de 1790 (KALLMANN, pp. 57-61).

195. P.-G. ROY, *A propos de musique*, dans *BRH*, vol. 43, no 12, 1937, pp. 353-354. Son fils, Jean-Chrysostôme (1814-1871) devint organiste à Montréal. En 1835, il y présenta une messe de sa composition (voir le compte rendu dans *La Minerve*, 16 juillet 1835). Sur les Braunies, voir E.-Z. MASSICOTTE, *Les Deux Musiciens Braunies*, dans *BRH*, vol. 41, no 11, 1935, pp. 641-643.

196. *La Minerve*, 20 mai 1830.

197. KALLMANN, *op. cit.*, pp. 71, 78-79, 82. Il se trompe cependant lorsqu'il écrit que Charles Sauvageau est mort dans l'incendie.

198. *Ibid.*, pp. 91-93, 124-125.

et d'Edouard Glackemeyer ; le Septuor Haydn (1871-1903) sous les soins d'Arthur Lavigne.

Les Montréalais purent applaudir la Société Philharmonique dès 1848. Fondée par R.J. Fowler d'Angleterre, elle comptait 29 musiciens en 1863 et était dirigée à cette époque par Jean-Baptiste Labelle. A partir de 1880, Guillaume Couture (1851-1915) en dirigea les destinées. Elle ne présenta pas moins de 87 concerts entre 1880 et 1899. L'Association artistique de Frantz Jéhin-Prume, avec ses 39 récitals entre 1891 et 1897, complète le tableau des orchestres à Montréal au XIXe siècle [199].

Les foules accoururent aux concerts des artistes de l'extérieur tels Sigismund Thalberg, pianiste, à Québec en juin 1857 [200], ainsi que Louis Gottschalk en 1862. Le poète William Chapman chanta ses émotions à la suite d'un concert d'Oscar Martel en 1887 :

Quand l'archet palpitant fait ruisseler les sons
Du Stradivarius pressé sur ta poitrine,
Il coule de ton bras comme une onde divine
Qui jette dans les cœurs de sublimes frissons [201].

Or, l'influence sublimante de la musique sur l'âme sensible du poète se reflète de façon magistrale dans l'œuvre d'Emile Nelligan. Mieux que tout autre, il traduit les émotions de la foule devant les grands artistes à Montréal à la fin du siècle :

Pour Ignace Paderewski

Maître, quand j'entendis, de par tes doigts magiques,
Vibrer ce grand Nocturne, à des bruits d'or pareil ;
Quand j'entendis, en un sonore et pur éveil,
Monter sa voix, parfum des astrales musiques ;
Je crus que, revivant ses rythmes séraphiques
Sous l'éclat merveilleux de quelque bleu soleil,
En toi, ressuscité du funèbre sommeil,
Passait le grand vol du Cygne des phtisiques [202].

Il serait fastidieux, dans ce panorama de la vie théâtrale au Québec, de mentionner tous les artistes et musiciens au XIXe siècle. La richesse de cette floraison met en relief le sous-développement des autres arts du spectacle ici. Or la musique échappant par sa nature à la condamnation de l'Eglise, pouvait s'épanouir sans autres entraves que le manque de moyens matériels.

En plus des Quesnel, Glackemeyer et Braunies, le Québec put compter sur l'apport musical des artistes de l'étranger, tels Théodore Molt (c.1796-1856), le seul musicien « québécois » à rencontrer Beethoven. Le grand compositeur griffonna même un motet à son intention [203] ! La révolution de

---

199. Sans oublier l'Union musicale amateur d'Adélard Boucher en 1868. Voir KALLMANN, pp. 94-97, 128-132.

200. *Sigismond Thalberg à Québec*, dans *BRH*, vol. 42, no 10, 1936, p. 629.

201. *A Oscar Martel*, dans *Le Monde illustré*, 31 décembre 1887.

202. Emile NELLIGAN, *Poésies complètes*, texte établi par Luc Lacourcière, Montréal, Fides, 1952, p. 86. Paderewski joue à Montréal les 6 et 8 avril 1896. Voir l'étude de Paul WYCZYNSKI, *Nelligan et la musique*, Ottawa, Editions de l'Université d'Ottawa, 1971, 145p.

203. Voir KALLMANN, *op. cit.*, pp. 79-82.

1848 en France nous valut l'arrivée d'Antonin Dessane (1826-1873), artiste et compositeur de talent. Pendant son séjour de seize ans à Québec, de 1849 à 1865, il participa à un grand nombre de concerts, sa Société harmonique présentant des opéras, notamment, *La Dame Blanche* de Boieldieu, *Si j'étais roi* d'Adolphe Adam et *La Reine Topaze* de Massé, à l'Académie de Musique entre 1853 et 1857 [204]. Frantz Jéhin-Prume (1839-1899), d'origine belge, en tournée en Amérique en 1863, rencontra la chanteuse Rosita del Vecchio. Ils s'épousèrent en 1866, s'établissant à Montréal. Mme Jéhin-Prume joua dans les pièces de Fréchette et Frantz participa à des productions d'opéras montés par Calixa Lavallée en 1877 et en 1878 [205].

A la suite de Charles Sauvageau, la province produisit plusieurs artistes et compositeurs de talent [206]. Célestin Lavigueur (1830-1886) eut une carrière très féconde dans la vieille capitale. Il composa la musique de trois opéras, *La Fiancée des Bois,* paroles de Pamphile LeMay, *Un mariage improvisé* et les *Enfants du manoir* [207]. A Montréal, Ernest Lavigne (1851-1909), en fondant le parc Sohmer en 1889, réalisa un rêve, celui d'avoir un orchestre sans égal au Canada. Ce lieu agréable offrit aux Montréalais pendant une vingtaine d'années l'occasion d'entendre une belle musique très appréciée du public [208].

Le plus grand de tous demeure sans conteste Calixa Lavallée (1842-1891) qui composa plusieurs opéras-comiques dont *Lou-Lou* en 1872, *The Widow* en 1882 et *Tiq* en 1883. Il anima aussi des productions grandioses à Montréal et à Québec en 1877, 1878 et 1879. Du 14 au 19 mai 1877, en collaboration avec Jéhin-Prume, Lavallée monta *Jeanne d'Arc* de Gounod à l'Académie de Musique. Les costumes, les décors et les accessoires coûtèrent $2,000. Au moins 250 personnes prirent part au spectacle : 34 acteurs, 50 figurants, un chœur de 80 voix et un orchestre de 50 musiciens ! Le tout devant un public enthousiaste [209].

Après un tel succès, l'équipe Lavallée-Jéhin-Prume prépara avec soin *La Dame Blanche* de Boieldieu présentée à Montréal du 22 au 28 avril 1878 et à Québec en mai. Ce fut un triomphe. « Lavallée nous a donné cet opéra mieux qu'on le joue à Nantes, à Lyon, à Marseille, à Bordeaux où je l'ai vu représenter moi-même, écrit un critique anonyme. Solistes, chœur, orchestre, ensemble, nuances, tout est bien... les décors de la pièce sont du meilleur goût, surtout le château d'Avenel, au troisième acte. Ces décors ont été peints par un jeune Canadien qui s'appelle M. Garant » [210]. Malheureusement, les frais occasionnés par une cantate présentée lors de la réception du Marquis de Lorne, gouverneur général, le 11 juin 1879, acculèrent Lavallée

---

204. Irma Michaud, *Antonin Dessane*, dans *BRH*, vol. 39, no 2, pp. 73-76.
205. Kallmann, *op. cit.*, pp. 130-132.
206. Voir Helmut Kallmann, *Catalogue of Canadian Composers,* (Toronto), CBC, (1952), 254p.
207. A.R., *Célestin Lavigueur*, dans *BRH*, vol. 38, no 12, 1932, pp. 710-712.
208. E.-Z. Massicotte, *Trois grands artistes*, dans *BRH*, vol. 39, no 1, 1933, pp. 8-12.
209. E.-Z. Massicotte, *Une affiche de théâtre*, dans *BRH*, vol. 43, no 9, 1937, pp. 287-288.
210. *Causerie musicale*, dans *La Minerve*, 30 avril 1878. Voir l'article de Joseph Marmette, *L'Art musical au Canada,* dans *L'Opinion publique*, 23 mai 1878.

à la faillite. Accusant l'administration de la ville de mauvaise foi, il quitta bientôt le Québec pour s'établir aux Etats-Unis [211].

Il revient probablement à Napoléon Aubin d'avoir le premier présenté une œuvre du théâtre lyrique au Québec. En effet, la Société des amateurs canadiens chanta *Le Devin du village* de Jean-Jacques Rousseau au Théâtre Royal, le 26 mai 1846 [212]. Lors de la présentation du premier acte de *La Dame Blanche* par Dessane en 1855, le rôle principal fut tenu par Jean-Baptiste Raymond (1825-1888), avocat. Il avait une riche voix de ténor d'une sonorité qui émerveilla les amateurs de la ville [213].

La troupe d'opéra de Maurice Grau fit une tournée en Amérique au cours de l'année 1882, chantant à la Salle de Musique de Québec, les 25, 26 et 27 mai, les opéras *Mignon* de Thomas, *Si j'étais roi* d'Adam, *Les Noces d'Olivette* d'Andrau et *Les Dragons de Villars* de Maillart. Selon *L'Evénement* du 29 mai, « le succès artistique a été complet ; quant au succès pécuniaire, il n'a peut-être pas été aussi considérable que beaucoup de personnes pourraient le supposer, eu égard aux frais énormes qu'entraîne l'entretien d'une compagnie aussi nombreuse. » A partir du 4 mai 1885, l'Académie de Musique de Montréal reçut la visite de Théo, reine parisienne de l'opérette. Elle y chanta *La Fille du Tambour-major, Les Cloches de Corneville* et *Giroflé-Girofla.* L'année suivante, ce fut le tour de Mlle Judéc de présenter sur la même scène, *La Belle Hélène, Divorçons, La Roussotte,* etc., suivies du retour de Maurice Grau en octobre 1887 avec le *Serment d'Amour* par Audran [214].

Lors de la visite du prince de Galles en août 1860 pour l'inauguration du pont Victoria, on aménagea une salle temporaire de 900 pieds de circonférence sur 300 de diamètre. Il y eut trois bals et un concert divisé en trois parties : la première partie se composait de musique sacrée ; la seconde d'une cantate de circonstance, paroles d'Edouard Sempé, musique de Sabatier ; la troisième d'une série de morceaux d'opéra chantés par des artistes de New-York [215].

Emma Charles dite Lajeunesse, sous le nom de Madame Albani, fut l'artiste canadienne-française la mieux connue au XIXe siècle. En 1864, elle signa un engagement comme soliste à la cathédrale d'Albany. Dès lors sa carrière fut fulgurante [216]. Au mois de mars 1883, elle visita Montréal. A son arrivée à la gare Bonaventure, une foule de dix à quinze mille personnes était entassée afin de voir la grande Albani. Un hourra formidable s'élança de ces

211. KALLMANN, *A History...*, pp. 132-143.

212. A cette occasion, on imprima le livret : *Le Devin du village*, opéra, paroles et musique par J.-J. Rousseau, joué pour la première fois en Canada par La Société des amateurs canadiens le 26 mai 1846, Québec, Imprimerie de Christophe Flanagan, (1846), ii,18p.

213. P.-G. ROY, *Les Avocats de la région de Québec*, p. 372.

214. Antoine ROY, *Visiteurs français de marque à Québec*, dans *Cahiers des Dix*, vol. 22, 1957, pp. 225-226 ; BÉRAUD, p. 76.

215. E.-Z. MASSICOTTE, *Historique salle de bal*, dans *BRH*, vol. 42, no 5, 1936, pp. 259-264.

216. *Mémoires d'Emma Albani*, traduits et annotés par Gilles Potvin, Montréal, Editions du Jour, 1972, 208p. Aussi L.-O. DAVID, *Souvenirs et biographies, 1870-1910*, Montréal, Beauchemin, 1911, pp. 39-41.

milliers de poitrines lorsque le train entra en gare et la fanfare du 65e bataillon joua *Vive la Canadienne*. Les trois concerts, les 27, 29 et 31 mars, restèrent gravés dans la mémoire des spectateurs. Par la suite, elle revint sept fois au Canada, en 1889, 1890, 1896 (2 fois), 1901, 1903 et 1906 [217].

Comment faire justice à la vie musicale dans les cadres d'une courte esquisse ! Néanmoins, un examen de la vie théâtrale au Québec serait incomplet sans avoir mentionné cette dimension culturelle. Depuis les dernières décennies du XIXe siècle, les musiciens canadiens-français rayonnèrent sur la scène internationale. Au théâtre, par contre, le Québec n'avait pas produit de talent capable de dépasser les frontières du pays.

V. — *À LA RECHERCHE D'UN RÉPERTOIRE CANADIEN*

L'étude de la dramaturgie québécoise est difficile. Mises sur la scène lors de leur composition, les pièces dorment maintenant dans un repos souvent mérité. Le nombre de pièces publiées et non jouées dépasse probablement aussi le nombre de celles qui subirent le feu de la rampe. Tous les textes dialogués ne furent pas écrits pour être joués en public, comme, par exemple, les satires politiques, les trois comédies du « Statu quo » [218], *Le Défricheur de langue* [219], d'Isidore de Mesplets, pseudonymes des docteurs LaRue et Taché en 1859 et *La Comédie Infernale* [220] de l'abbé Alphonse Villeneuve, écrite en 1871.

Après 1760, c'est Joseph Quesnel qui ouvre la série des dramaturges. Son œuvre s'inspire à la fois des mœurs du pays, comme dans *L'Anglomanie ou le dîner à l'anglaise,* et de la tradition classique française dans *Colas et Colinette* ainsi que dans *Lucas et Cécile,* œuvre inachevée. Pierre Petitclair puise aussi dans la tradition française le sujet de *Griphon ou la vengeance d'un valet* (1837). Première pièce écrite par un Québécois, *Griphon* n'est qu'un pâle reflet du *Légataire universel* de Regnard. *La Donation* (1842) par contre, examine « le mal du siècle », le problème de la richesse et de l'argent. Petitclair ne fait pas seulement une attaque directe à la situation politique du Québec d'alors, mais il s'en prend également à l'appareil judiciaire du temps et à la naissance d'une bourgeoisie sans scrupules. Les différences socio-économiques des personnages sont marquées par leur niveau de langue.

Le jeune Gérin-Lajoie s'attache aussi à un thème québécois dans *Le Jeune Latour* (1844), c'est-à-dire la fidélité à la race. Cette œuvre et les précédentes se rattachent au XVIIIe siècle. Dans la suite, la comédie se développe. *Un duel à poudre* de l'avocat R.-E. Fontaine, fut représenté au Théâtre des Amateurs de Saint-Hyacinthe, le 30 octobre 1866. Cette comédie

217. Voir Marie-Blanche Clément, *Les Concerts à Montréal de Madame Albani,* dans *BRH,* vol. 53, no 12, 1947, pp. 364-372.

218. Voir N.-E. Dionne, *Les Trois Comédies du Statu Quo,* Québec, 1909, 246p.

219. Cette bouffonnerie fut une attaque contre Emile Chevalier. Voir Georges Bellerive, *Nos Auteurs Dramatiques,* Québec, Garneau, 1933, pp. 14-15.

220. Il s'agit d'une attaque monumentale contre les esprits libéraux. Voir Bellerive, *op. cit.,* pp. 22-23.

est la satire d'un fait réel qui avait fort déridé à son heure la population locale [221]. En 1871, Fontaine parodia un banquet en l'honneur de G.-E. Cartier, sous le titre de *Fricot politique.*

L'auteur qui s'est le plus signalé dans ce genre fut F.-G. Marchand, premier ministre libéral de la province. Les intrigues de ses pièces résident, en général, dans un quiproquo ou dans l'imposture d'un ambitieux. Toutes imprégnées d'un certain esprit parisien, elles ont attiré même l'attention de journalistes français [222]. Ernest Doin et Joseph McGown continuent cette tradition française dans leurs adaptations de pièces contemporaines. Joseph Marmette a donné au théâtre une jolie comédie de salon, *Il ne faut désespérer de rien,* en 1880.

L'histoire inspire plusieurs ouvrages plus tragiques que comiques. Signalons néanmoins le *Félix Poutré* de Fréchette où un « patriote » de 37 fait prisonnier simule la folie pour éviter l'échafaud. Du bruit, des situations cocasses et du gros rire. Le *Riel* d'Elzéar Paquin en 1886 fit pleurer le public, tandis que *Jacques-Cartier ou le Canada vengé* de J.-L. Archambault en 1879, rappela les péripéties auxquelles l'œuvre de Cartier fut soumise jusqu'à son abandon définitif par Louis XV. Le drame inspiré par la vie de Papineau de Louis Fréchette avait soulevé le patriotisme grandissant des Montréalais en 1880.

Les adaptations des romans populaires eurent aussi beaucoup de succès à commencer par *Les Anciens Canadiens* de l'abbé Caisse, présenté avec tant d'éclat pour la première fois le 11 juillet 1865 au Collège de l'Assomption devant le patriarche lui-même ! Deux des romans de Joseph Marmette ont été adaptés à la scène : *L'Intendant Bigot* et *François de Bienville.* De son roman, *Les Vengeances,* situé dans sa chère Lotbinière, Pamphile LeMay a tiré une pièce dramatique qui a été jouée plusieurs fois.

La religion inspira plusieurs dramaturges dont le père Hamon qui, dans *Exil et Patrie* [223], combat l'émigration aux Etats-Unis. L'abbé Jean-Baptiste Proulx avait déjà présenté son drame *Les Pionniers du lac Nominingue,* au Séminaire de Sainte-Thérèse afin de glorifier les colonisateurs, ainsi que *L'Hôte à Valiquet ou le fricot sinistre* (1870), « composé pour faire ressortir les funestes effets de l'ivrognerie » selon l'auteur. *Le Triomphe de deux vocations* du père Brault, o.m.i., en 1898, excita l'attention du public en faveur de la vie religieuse [224]. L'abbé Sylvio Corbeil se tourne vers les premiers temps de la colonie dans son drame chrétien *Chomedey de Maisonneuve,* où le personnage principal déjoue les complots d'un employé grâce à l'intervention divine. Cette pièce a été représentée pour la première fois au Séminaire de Sainte-Thérèse, en 1899 [225].

---

221. *Ibid.*, pp. 15-16, aussi Aegidius FAUTEUX, *Le Duel au Canada*, Montréal, Editions du Zodiaque, 1934, pp. 308-309.

222. Voir David M. HAYNE, *Les Lettres Canadiennes en France*, dans *RUL*, vol. 15, no 6, 1961, pp. 513-514. Pour un résumé des quatre pièces, voir BELLERIVE, *op. cit.*, pp. 17-22.

223. *Ibid.*, pp. 25-26.

224. *Ibid.*, pp. 38-39.

225. *Ibid.*, p. 39.

* * *

Un spectateur anonyme remarque, en 1878, que « le drame semble étranger aux mœurs de nos auteurs... Les quelques efforts qui ont été faits dans ce genre n'étant pas positivement des chefs-d'œuvre, la postérité, si elle s'en souvient, ne s'en souvient déjà guère. » [226] Mais comment aurait-il pu en être autrement, puisqu'il faut voir jouer les pièces de théâtre et non pas les lire seulement. Dans les dernières décennies du siècle, des Canadiens français consacraient de plus en plus nombreux leurs loisirs à monter des pièces dans des cercles d'amateurs. D'autres songeaient déjà à la possibilité d'en vivre exclusivement. En même temps, des écrivains s'improvisaient dramaturges avec plus ou moins de succès [227].

À l'automne de 1898, le tout Montréal pouvait assister régulièrement aux représentations des troupes permanentes, sans compter celles des nombreux groupes d'amateurs. Centre principal de la vie artistique au Canada, la ville recevait la visite des grands artistes de l'étranger, Ignace Paderewski, Albani et Sarah Bernhardt parmi tant d'autres. La vie théâtrale était parvenue à sa maturité.

Ce court sondage des débuts difficiles et les démarches en vue de la création d'un théâtre professionnel au Québec, n'a pas la prétention d'avoir épuisé la matière. Le théâtre et les spectacles au XIXe siècle méritent un examen détaillé. Espérons que les pistes ainsi tracées inciteront nos étudiants et chercheurs à ouvrir de larges avenues dans le champ toujours mal connu de la vie théâtrale d'autrefois.

---

226. *L'Opinion publique*, 21 mars 1878.

227. Sur les pièces de théâtre écrites au XIXe siècle, publiées ou non, la meilleure liste demeure celle de Georges Robert, dans son *Annuaire Théâtral*, pp. 198-204. Il en avait énuméré 172 jusqu'en 1907.

Le Théâtre de Joseph Quesnel

par David M. Hayne,

professeur à l'Université de Toronto

Dans l'histoire du théâtre au Canada français, le dix-huitième siècle ne nous a donné qu'un seul auteur dramatique dont le nom ait résisté à l'oubli : Joseph Quesnel [1].

Fils d'un négociant de Saint-Malo, Quesnel naquit dans ce beau port de mer, le 15 novembre 1749. Devenu marin et plus tard capitaine de vaisseau, il fut fait prisonnier sur les bancs de Terre-Neuve par une frégate anglaise, en 1779. Conduit à Halifax, Quesnel passa d'abord à Québec, ensuite à Montréal où il se maria le 10 avril 1780, et à Boucherville où il s'établit. Il décéda à Montréal, le 3 juillet 1809, « après une courte mais douloureuse maladie » [2].

Organiste [3] et poète à ses heures, Quesnel semble avoir eu une culture au-dessus de la moyenne : sa correspondance avec les membres de sa famille restés en France et avec Pierre-Louis Panet [4] de Montréal contient plusieurs allusions à son talent pour la musique et à son goût de la comédie. Un voyage d'affaires, qu'il fit en Europe en 1788-1789, lui fournit l'occasion de séjourner à Londres en novembre 1788 et de passer quelque temps à Paris et à Bordeaux pendant l'année fatale 1789. Dans ces deux villes françaises, il

1. M. John Hare, professeur à l'Université d'Ottawa, a bien voulu mettre à ma disposition l'abondante documentation qu'il a réunie sur Quesnel : qu'il trouve ici l'expression de ma profonde reconnaissance.

2. *La Gazette de Montréal,* 10 juillet 1809 ; *La Gazette de Québec,* 13 juillet 1809. Sur le mariage et les enfants de Quesnel, voir E.-Z. Massicotte, *La Famille du poète Quesnel,* dans *BRH,* vol. 23, no 11, novembre 1917, pp. 339-342. Un portrait de Quesnel par Louis Dulongpré est conservé au Musée du Château de Ramezay à Montréal, no 48A.

3. Pourtant il n'est pas nommé dans O. Lapalice, *Les Organistes et maîtres de musique à Notre-Dame de Montréal,* dans *BRH,* vol. 25, no 8, août 1919, pp. 243-249.

4. *Lettres de Joseph Quesnel à Pierre-Louis Panet,* dans *BRH,* vol. 36, no 9, septembre 1930, pp. 545-553.

put s'offrir le plaisir de fréquenter le théâtre et l'Opéra. C'est sans doute à la suite de cette expérience exaltante qu'il conçut l'idée de composer une pièce dramatique et de fonder un théâtre.

Grâce aux recherches d'Edouard-Zotique Massicotte, nous possédons le contrat de cette fondation, passé le 11 novembre 1789 avec le peintre Louis Dulongpré [5]. Les associés de Quesnel étaient le notaire Jean-Guillaume De Lisle [6], l'avocat Pierre-Amable de Bonne, le futur protonotaire Joseph-François Perrault, un certain François Rolland et un Français, Jacques-Clément Hersé [7]. Selon les clauses du contrat

> ... le dit sieur Dulompré fournira au THÉÂTRE DE SOCIÉTÉ, qui sera érigé dans sa maison, trois décorations complettes, peintes sur toile, à l'exception des coulisses d'une décoration qui quoiqu'en papier représentant des arbres seront comprises dans les trois cy-mentionnées, fournira le luminaire tant chandelles que lampions nécessaires pour l'usage dudit théâtre ; les trois décorations susmentionnées représenteront une chambre, un bois et une rue, avec le grand rideau ; fera élever le théâtre et fournira le bois nécessaire pour sa construction, ainsi que pour l'orchestre, l'amphithéâtre et autres bois nécessaires pour placer les spectateurs, paiera la musique, le perruquier, les billets, frais de gazettiers, la garde et valets de théâtre. Que ledit sieur Dulompré fournira sa salle pour quatre représentations et plus, si lesdits susmentionnés l'exigent, en lui païant néanmoins les frais qu'ils pourraient occasionner moïennant le prix et somme de SOIXANTE livres, cours actuel de la province... [8]

L'annonce du premier spectacle « chez M. Dulongpré » parut dans la *Gazette de Montréal* du 19 novembre 1789 : deux pièces, le *Retour imprévu* de Jean-François Regnard et *Deux billets* de Jean-Pierre Claris de Florian, seraient présentées le 24 novembre. Le curé d'office de Notre-Dame de Montréal, M. François-Xavier Latour-Dézéry [9], s'alarma et prononça un sermon contre les spectacles, déclarant qu'il refuserait l'absolution à ceux qui y assisteraient. A l'issue de la grand-messe, Quesnel et quelques associés, dont De Lisle, alors secrétaire de la Fabrique, se présentèrent chez le curé pour protester contre ce zèle indiscret. L'incident fut connu en haut lieu : le vicaire général de Montréal, M. Gabriel-Jean Brassier, écrivit à Mgr Jean-François Hubert, évêque de Québec, pour regretter que le curé eût ainsi dépassé « les bornes de la modération » [10]. Le nouvel évêque, tout en recon-

5. J. Russell HARPER, *Early Painters and Engravers in Canada*, Toronto, University of Toronto Press, 1970, pp. 96-97 ; *BRH*, vol. 8, no 4, avril 1902, pp. 119-120 ; *ibid.*, no 5, mai 1902, pp. 150-151 ; *ibid.*, vol. 26, no 5, mai 1920, p. 149.

6. E.-Z. MASSICOTTE, *La Famille de Jean de Lisle de la Cailleterie*, dans *BRH*, vol. 25, no 6, juin 1919, pp. 177-178.

7. E.-Z. MASSICOTTE, *Jacques-Clément Hersé*, dans *BRH*, vol. 23, no 8, août 1917, p. 239.

8. E.-Z. MASSICOTTE, *Un théâtre à Montréal en 1789*, dans *BRH*, vol. 23, no 6, juin 1917, pp. 191-192.

9. Olivier MAURAULT, *La Paroisse : histoire de l'église Notre-Dame de Montréal*, Montréal, 1929, p. 325.

10. Lettre inédite, conservée aux Archives de la Chancellerie du Diocèse de Montréal, no 901.012, carton 2. Je tiens à remercier Mlle Marjorie Ann Fitzpatrick, professeur à Smith College dans le Massachusetts, de m'avoir signalé l'existence de ce document qu'elle avait cité, avec permission, dans sa thèse de doctorat *The Fortunes of Molière in French Canada*, University of Toronto, 1968, pp. 59-60.

naissant le bien-fondé de l'inquiétude du curé, fut d'accord pour conseiller la discrétion et la douceur dans une affaire si délicate, opinion qu'il réitéra quelques années plus tard [11]. Forts de l'approbation tacite de Sa Grandeur, les fondateurs du Théâtre de société mirent tout en œuvre pour réaliser leur projet ambitieux : l'organisation d'une saison théâtrale à Montréal pendant les fêtes et le carnaval de l'hiver 1789-1790.

Simultanément, la querelle du théâtre se poursuivit dans les colonnes de la *Gazette de Montréal.* Dans les numéros des 3, 10 et 17 décembre 1789 on reproduisit sans nom d'auteur la fameuse lettre que le théâtin Francesco Caffaro avait publiée à Paris en 1694 pour défendre la comédie ; ce ne fut que le 4 février 1790 qu'un lecteur averti s'avisa d'y opposer la réfutation que Bossuet avait formulée dans ses *Maximes et Réflexions sur la comédie.* Entre-temps un lecteur anonyme avait adressé « A l'Imprimeur » une lettre contre la comédie publiée dans la *Gazette* du 24 décembre 1789, et l'un des membres du Théâtre de société lui avait riposté (31 décembre 1789) que les notables de Montréal « nous honorent de leurs présences et de leurs applaudissements ». Dans le numéro du 7 janvier 1790 Quesnel lui-même entra en lice, sous le pseudonyme « Un Acteur », et affirma qu'

> en France aujourd'hui le Théâtre, touchant au but auquel il doit tendre, est une Ecole polie et délicate, où les vertus de l'honnête homme & du bon citoyen exposées sur la scène sous un point de vue intéressant, sont autant de leçons d'autant plus frappantes qu'elles sont toujours le sujet de l'applaudissement des spectateurs.
>
> Pour prouver ceci je n'aurois pas indiqué les ouvrages de Fagan, de Dancourt, de Regnard, de Molière, &c. &c. mais ceux des Sauvigny, le Mercier, de Pieyre, de Belloy, Decubières, Marjolier, &c. &c.

Tout en défendant sur le plan théorique l'utilité et la moralité du théâtre, Quesnel et ses collaborateurs proposaient des exemples concrets. Le 29 décembre 1789 ils présentèrent en deuxième soirée le *Légataire universel* de Regnard, suivi d'un ballet et d'un opéra-comique [12]. Pour le 14 janvier 1790 ils avaient annoncé le *Médecin malgré lui* de Molière, mais par suite d'un changement de programme ils reprirent le *Retour imprévu* de Regnard et jouèrent en fin de soirée la nouvelle comédie de Quesnel, *Colas et Colinette* [13]. Regnard fut de nouveau à l'affiche le 4 février [14], et le 9, pour clore la saison, le *Légataire* et *Colas et Colinette* furent repris au profit des pauvres [15].

A l'approche du carême de 1790, le Théâtre de société disparut, et pour longtemps. En novembre 1804, il ressuscita brièvement : des représentations furent annoncées pour le 29 novembre, le 28 décembre, le 25 janvier 1805 et le 22 février [16]. *Colas et Colinette* ne fut pas repris pendant cette saison

11. Ces deux lettres (du 30 novembre 1789 et du 30 novembre 1795) sont inventoriées par l'abbé Ivanhoë Caron dans le *Rapport de l'Archiviste de la Province de Québec,* 1930-1931, pp. 223, 324.
12. Annoncés dans la *Gazette de Montréal* du 24 décembre 1789.
13. *Ibid.,* 7 janvier 1790. Compte rendu dans la *Gazette* du 21 janvier 1790.
14. *Ibid.,* 28 janvier 1790.
15. *Ibid.,* 11 février 1790.
16. La *Gazette de Montréal* des 26 novembre et 24 décembre 1804, 21 janvier et 18 février 1805.

montréalaise, mais la pièce de Quesnel fut jouée au Théâtre Patagon [17] de Québec au moins deux fois, le 29 janvier et le 23 février 1805 [18], par une troupe d'amateurs, les « Messieurs canadiens ». Ce fut sans doute à l'intention de ces derniers que Quesnel avait rédigé vers la fin de 1804 son « Adresse aux jeunes acteurs du Théâtre de Société à Québec » [19], une centaine d'alexandrins qui leur conseillaient le naturel dans le débit, la vérité dans le costume, la simplicité dans les gestes et le respect des bonnes mœurs. Charmé par cet « art poétique ou art dramatique », Ignace-Michel-Louis-Antoine d'Irumberry de Salaberry se permit, à l'insu de l'auteur, d'en envoyer le texte au directeur de la *Gazette de Québec,* qui le publia le 7 février 1805 [20].

Les spectacles présentés par les « Messieurs canadiens » semblent avoir suscité une campagne de souscriptions en faveur de l'établissement d'un théâtre permanent à Québec, et deux ans plus tard le public de la vieille capitale put voir la pièce de Quesnel au « Théâtre nouveau » le 7 février 1807 [21] et, une dernière fois « au profit de M. Venables », le 21 mai 1807 [22].

Cette première pièce de Quesnel est le seul de ses écrits qui ait paru en volume. Elle fut imprimée à Québec, chez John Neilson, en 1808, « avec approbation de l'auteur, qui en a corrigé toutes les feuilles avant qu'elles fussent mises dans la presse. La publication en a été retardée dans l'espérance d'y ajouter la musique, mais plusieurs essais pour la faire graver d'une manière convenable ayant manqué... on a enfin obtenu la permission de le publier sans musique [23].

Sur la date de composition de cette « comédie en trois actes et en prose, mêlée d'ariettes », l'auteur est formel : sa pièce, déclare-t-il en mars 1808, est « écrite depuis plus de 18 ans » [24] ; elle aurait donc été composée entre avril 1789 et la première représentation en janvier 1790. En publiant

17. Pierre-Georges Roy, *Le Théâtre Patagon à Québec,* dans *BRH,* vol. 42, no 5, mai 1936, pp. 300-303.

18. La *Gazette de Québec* des 31 janvier, 14 et 21 février 1805.

19. Ms en la possession de M. Lawrence Lande, cahier no 1, pp. [43]-[46], 100 vers. La version publiée dans la *Gazette de Québec* du 7 février 1805 n'en compte que 92. C'est cette dernière version (à l'exception du vers 24, omis par inadvertance) qui paraît dans le *Répertoire national* (éd. de 1893), t. 1, pp. 83-85, et dans l'*Annuaire théâtral, 1908-1909,* de Georges-Henri Robert, pp. 127-128.

20. Lettre de Salaberry à Quesnel, le 14 janvier 1805 (AUM, coll. Baby, 9231) ; Quesnel en fit ses remerciements à John Neilson dans une lettre qu'il lui adressa le 16 février 1805 (APC, MG 24, B1, sér. 1, 70).

21. Annoncée dans la *Gazette de Québec* du 5 février 1807.

22. Annoncée dans *The Quebec Mercury* du 18 mai 1807.

23. La *Gazette de Québec,* 9 avril 1812. Voir John Hare et Jean-Pierre Wallot. *Les Imprimés dans le Bas-Canada, 1801-1840 : bibliographie analytique,* t. 1 : 1801-1810, Montréal, Les Presses de l'Université de Montréal, 1967, pp. 150-152. Le volume fut enfin annoncé dans la *Gazette de Québec* du 16 avril 1812 et dans la *Gazette de Montréal* du 29 juin 1812. Signalons aussi l'existence d'une copie manuscrite conservée dans la « Saberdache rouge » de Jacques Viger (ASQ, SR, vol. P, pp. [177-249]), d'une reproduction dans le *Répertoire national* (éd. de 1893), t. 1, pp. 18-72, et d'une édition moderne en fac-similé, Montréal, Réédition-Québec, 1968. Le lecteur curieux pourra suivre les péripéties de la publication de cette édition originale de *Colas et Colinette* dans huit lettres adressées par Quesnel à l'imprimeur John Neilson entre le 18 mars 1807 et le 10 avril 1809 (APC, MG 24, B1, sér. 1).

24. Lettre de Quesnel à John Neilson, le 9 mars 1808 (APC, MG 24, B1, sér. 1, 67A).

la pièce en 1808 l'imprimeur John Neilson arrondit le chiffre pour affirmer que la pièce était écrite depuis « près de vingt ans », ce qui fit accroire à Maximilien Bibaud que le texte remontait à 1788 [25]. Mais ce serait placer la composition de la pièce avant le séjour en France qui, à notre avis, l'aurait inspirée. Si en effet la pièce doit son origine au voyage en France de Quesnel, elle a dû être composée pendant son séjour là-bas ou bien immédiatement après sa rentrée au Canada. Comme Mgr Camille Roy l'a noté [26], il n'y a rien de spécifiquement canadien dans le texte : l'hypothèse d'une rédaction en France n'est donc pas exclue. Si en revanche la pièce a été écrite au Canada, sa composition s'inscrirait nécessairement dans la dernière moitié de l'année 1789, à l'époque où Quesnel s'associait des amis en vue de fonder son Théâtre de société. Plus précisément, avant le 11 novembre 1789, jour où Quesnel demanda par écrit au peintre Dulongpré de lui fournir un décor qui représenterait un bois et des coulisses figurant des arbres : bref, le décor des premier et troisième actes de *Colas et Colinette.*

Les personnages de la pièce sont au nombre de cinq, chiffre qui cadre bien avec le nombre des sociétaires, car les rôles féminins étaient pris à l'époque par de jeunes gens. Quesnel, qui était sans doute le plus âgé du groupe, dut se réserver le rôle du Bailli ou celui du seigneur, M. Dolmont, si en effet il jouait dans sa propre pièce. Les personnages incarnent plusieurs stéréotypes de la comédie française du XVIIIe siècle : les amants villageois, le barbon-rival, le valet sympathique quoique peu doué, et le seigneur-arbitre. Chez Quesnel les amants forment un couple curieusement assorti : Colas, un véritable Colin avant la lettre, est d'une naïveté désespérante, ce qui exige chez Colinette une finesse hors ligne.

L'action de la pièce est résumée dans la *Gazette de Québec* du 31 janvier 1805 :

> Colinette une orpheline élevée par M. Dolmond, Seigneur respectable d'un village de campagne, a un attachement pour Colas, jeune homme du même lieu, à qui elle est engagée par une affection mutuelle. M. Dolmond, qui a quelque soupçon de leur passion, ne la désapprouve point. Cependant, le Bailli du village, qui est un vieux garçon riche, voyant Colinette, en devient éperduement amoureux, et lui découvre sa passion, pour laquelle elle n'exprime que de l'aversion. Le Bailli soupçonne un rival ; et par accident rencontre Colas, qui avec beaucoup de simplicité découvre sa passion, et ajoute que sa timidité naturelle ne lui permet pas de s'adresser à M. Dolmond pour lui demander son consentement. Le Bailli, dans la vue de supplanter son rival, s'offre volontieurs de plaider sa cause, et ayant engagé Colas de le rencontrer chez M. Dolmont, [sic] et de consentir à tout ce qu'il proposerait, il se présente au lieu de Colas, comme un parti convenable à Colinette. M. Dolmont, dont le caractère est celui d'un philantropiste, tourne en ridicule la proposition eu égard à la grande disproportion d'âge. Cependant, le Bailli réussit adroitement, à la faveur de son engagement avec Colas, et par des expressions ambigues, à le faire enrôler

25. *Le Panthéon canadien,* nouv. éd. rev. et augm. et complétée... par Adèle et Victoria Bibaud, Montréal, Jos.-M. Valois, 1891, p. 239.

26. *Nos origines littéraires,* Québec, L'Action sociale, 1909, pp. 145-146. Signalons pourtant une petite exception à cette remarque : la présence du mot « micmac » à la scène 12 du deuxième acte.

dans la Milice, sous prétexte de signer son contrat de mariage. Colinette ayant été instruite du tour fait à son amant, et ayant eu une seconde entrevue avec le Bailli, feint de consentir à s'enfuir avec lui à la faveur de la nuit, et accepte une bourse pour subvenir à ses besoins. Elle découvre alors le tout à Colas, et ils attendent tous deux le Bailli ; à son arrivée, Colas présente sa main au lieu de celle de Colinette. Il s'en suit un éclaircissement ; ils en viennent aux mains ; et le Bailli, qui est retenu jusqu'à l'arrivée de M. Dolmond, est complètement dupé dans son projet d'enlever la jeune fille, par la perte de son argent, et le manque de réussite dans sa tentative d'envoyer le jeune homme servir durant trois années dans la Milice, et a en outre la mortification de voir Colinette donnée à Colas par M. Dolmond.

Les emprunts faits aux grands dramaturges français sont évidents et si peu cachés qu'on les croirait des pastiches : M. Dolmont compte ses nouvelles recrues comme Argan totalise ses notes d'apothicaire (« Cinq et cinq font dix, et dix font vingt... », acte II, scène 1) et tous les personnages jouent au cache-cache le soir sous les arbres du jardin à l'instar des complices de Figaro. L'essentiel de la musique des quatorze airs chantés — la mélodie et la partie du second violon — dans le style de Grétry, de Philidor ou de Monsigny [27], a été conservé, ce qui a permis au compositeur torontois M. Godfrey Ridout de reconstituer la musique de la pièce et d'harmoniser le tout à quatre voix [28] pour les reprises modernes de *Colas et Colinette*.

La deuxième pièce attribuée à Quesnel, quoique l'attribution ne soit aucunement certaine, s'intitule « Les Républicains français, ou La Soirée du cabaret, comédie en un acte et en prose, mêlée de couplets » [29]. Elle porte la date de composition « An IX de la République », (septembre 1800-août 1801), mais la scène se déroule en pleine Terreur sous Robespierre, donc en 1793-1794, et fort probablement vers la fin de la carrière de ce dernier, en juin-juillet 1794, alors que la Grande Terreur multipliait les exécutions. Dénuée d'action, la pièce consiste en un long dialogue entre six citoyens qui se retrouvent un soir dans un cabaret parisien. Le texte abonde en allusions ironiques à la misère du pays et à la tyrannie du Comité du Salut public et nous nous rappelons que Quesnel avait en horreur la Révolution française et ses chefs : il est probable aussi que son associé Hersé avait quitté la France pour des raisons politiques. Le texte contient en plus une dizaine de chansons bachiques ou révolutionnaires, ajustées à des airs français de l'époque, et nous présente des personnages d'origine modeste, dont quelques-uns, à la manière de Colas et du domestique L'Epine, baragouinent le français. Voilà en somme les seules indications dans cette pièce qui permettraient de croire que Quesnel en est l'auteur. En revanche, la pièce ne paraît pas dans le manuscrit de M. Lawrence Lande, lequel offre le plus ancien texte de

27. H. KALLMANN, *A History of Music in Canada, 1534-1914*, Toronto, University of Toronto Press, 1960, pp. 62-67.

28. Yves CHARTIER, *La Reconstitution musicale de Colas et Colinette*, dans *Bulletin du Centre de recherche en civilisation canadienne-française*, II, no 2, avril 1972, pp. 11-14.

29. ASQ, SR, vol. P, pp. [114-149] ; reproduit dans *La Barre du jour*, no 25 (été 1970), pp. 64-88, avec une présentation de Baudouin Burger. Il n'est nullement certain que cette pièce ait été publiée à Paris, comme l'affirment Maximilien Bibaud, *Le Panthéon canadien*, p. 239, et James Huston, *Le Répertoire national* (éd. de 1893), t. 1, p. 19, note 2.

Quesnel dont nous disposons. En l'absence de nouveaux documents, la question de l'attribution à Quesnel des « Républicans français » reste donc impossible à résoudre.

Quant à l'authenticité de « L'Anglomanie, ou Le Dîner à l'anglaise. Comédie en un acte et en vers » [30], les nombreux rapprochements entre cette comédie de mœurs et un dialogue inédit de Quesnel, « Le Rimeur dépité » [31], ne laissent subsister aucun doute sur leur origine commune. Signalons seulement une légère inexactitude dans la date (1802) assignée à cette pièce. Dans les scène 6 et 11 il y a deux allusions au poème satirique de Ross Cuthbert, *L'Aréopage,* publié au mois de mars 1803 [32] ; par conséquent « L'Anglomanie » sous sa forme actuelle est certainement postérieure à cette date.

L'action de « L'Anglomanie » se déroule à la campagne chez M. Primembourg, seigneur de paroisse au nom révélateur et proche parent du *Bourgeois gentilhomme* de Molière. Autour du seigneur se rangent les membres de sa famille : sa femme, bonne bourgeoise sans prétention ; sa mère, douairière fidèle aux traditions françaises ; son cousin Vielmont, loyal officier français ; sa fille Lucette, jolie mondaine ambitieuse ; et surtout son gendre snob, le colonel Beauchamp, entiché de tout ce qui est anglais. Aide-de-camp du gouverneur, ce dernier s'est servi de son crédit auprès de Son Excellence pour la persuader à venir dîner chez M. Primembourg ; celui-ci s'en remet à son gendre de toutes les dispositions nécessaires. Le colonel commence par annoncer à son beau-père qu'il « ne faut prier que gens d'un certain ton », et que par conséquent ses parents « ne sont pas/Propres à figurer dans un pareil repas ». Docile aux propositions du colonel, M. Primembourg annule les invitations faites à ses parents, invite la collaboration d'un médecin allemand pour le pâté, écarte le poète besogneux, M. François, et brave toute sa famille jusqu'au moment où il apprend que le gouverneur, désireux de connaître les parents de son hôte, veut remettre sa visite à un autre jour dans l'espoir de trouver toute la famille réunie.

Dans cette pièce Quesnel aborde pour la première fois un sujet canadien : il raille doucement les travers de la classe militaire et seigneuriale du Bas-Canada qui singe les mœurs anglaises. Pour étoffer son texte, l'auteur fait appel à ses propres expériences : son médecin allemand est un ancien médecin militaire de la Hesse qui pratiquait alors à Boucherville, et le poète M. François est le personnage semi-autobiographique créé par l'auteur pour les besoins de son « Rimeur dépité ».

La dernière œuvre théâtrale de Quesnel, son opéra « Lucas et Cécile », resta à l'état d'un projet audacieux. Annoncé dans le *Courrier de Québec*

---

30. ASQ, SR, vol. P, pp. [69-113] ; reproduit dans *Le Canada français,* vol. 20, no 4, décembre 1932, pp. 341-350 ; no 5, janvier 1933, pp. 448-460 ; no 6, février 1933, pp. 549-557 ; et dans *La Barre du jour,* I, nos 3, 4, 5, juillet-décembre 1965, pp. 117-140, avec une présentation par Claude Savoie. Analyse et extraits dans C. Roy, *Nos origines littéraires,* pp. 146-155.

31. Ms Lawrence Lande, cahier 1, pp. [20-34] ; cahier 2, pp. [1-24] ; ASQ, SR, vol. P, pp. 156-176. Extraits dans C. Roy, *Nos origines littéraires,* pp. 133-138.

32. Hare et Wallot, *Les Imprimés dans le Bas-Canada...,* t. 1, pp. 55-58. Il est à remarquer que la « Saberdache rouge » contient une note de Jacques Viger qui donne la date (1803) de l'*Aréopage,* quoique sa copie manuscrite de la pièce de Quesnel porte la date traditionnelle de 1802.

du 3 décembre 1808, il n'eut point de suite, sans doute à cause de la dernière maladie de Quesnel au printemps de 1809. La collection Viger nous conserve dix-sept morceaux de chant destinés à figurer dans l'opéra : douze soli, deux duos, deux trios, et un finale [33]. Ces morceaux nous permettent de reconstituer la liste des *dramatis personae* et l'essentiel de l'intrigue. Cécile aime Lucas, qui l'adore en retour. Le père cinquantenaire de Cécile, Mathurin, n'approuve pas l'alliance, quoique sa femme Thérèse semble bien disposée envers Lucas ; c'est que Mathurin est ébloui par la science du prétendu savant Du Sotin, confrère du Trissotin des *Femmes savantes,* et qu'il veut faire de lui son gendre. Cependant les qualités aimables de Lucas finissent par l'emporter sur l'avarice évident du pédant, et les heureux amants reçoivent la bénédiction paternelle.

Il y aurait aussi une dernière pièce à verser au dossier théâtral de Quesnel, quoique le sens en soit passablement énigmatique. Il s'agit d'un passage de son « Epître à M. Généreux Labadie », à laquelle le *Répertoire national* de James Huston attache la date de 1804, mais dont la composition se placerait plutôt, selon le manuscrit en la possession de M. Lawrence Lande, à une date indéterminée entre la fin de 1799 et l'été de 1801. Dans l'*Epître* Quesnel rappelle ses premières œuvres dramatiques :

Je consulte mon goût, et j'adopte Thalie ;
Bientôt de mon cerveau sort une comédie.
Une autre la suivit. Deux pièces, c'est beaucoup ;
On parlera de moi, disais-je, pour le coup ;

* * *

Reprenons mon histoire.
Je te disais comment, facile à décevoir.
Sur mon drame nouveau je fondais mon espoir.
Ma pièce enfin paraît : ô flatteuse soirée :
Oh ! il faut être auteur pour en avoir l'idée.
On rit, on rit, on rit, mais ce fut tout aussi ;
Jamais je n'en reçus le moindre grand merci :
Et qui pis est, privé des honneurs du poète,
Pas un seul mot de moi ne fut sur la gazette.

* * *

Pour moi, je t'avoûrai que mon œuvre comique
N'eut pu d'un connaisseur soutenir la critique.
J'avais quatre grands mois travaillé comme un chien,
Et la pièce, entre nous, ma foi, ne valait rien.
On l'avait dit du moins, et j'en eus connaissance.
Mais doit-on être ici plus délicat qu'en France,
Où souvent maint auteur, qui prétendait briller,
Endormait le parterre et le faisait bâiller ?
Non, non, je me reprends, la pièce était très bonne,
Et si je n'en reçus compliments de personne,
C'est que pour les talents, et pour les vers surtout,
Ces gens-ci n'ont point d'âme... ou qu'ils ont trop de goût [34].

---

33. H. KALLMANN, *A History of Music in Canada, 1534-1914*, p. 65.
34. Texte du *Répertoire national* (éd. de 1893), t. 1, pp. 81-82.

Quelles sont ces deux « comédies » ? Et surtout, quel est ce « drame nouveau » dont « on rit, on rit, on rit », sans qu'aucun mot n'en soit reproduit par les journaux, aucun compliment présenté à l'auteur ? Il n'est évidemment pas question de *Colas et Colinette,* pièce annoncée et commentée « sur la gazette ». S'agirait-il d'une deuxième pièce de Quesnel maintenant perdue ? Ou bien les « Républicains français » auraient-ils connu une représentation unique à Québec ou à Montréal, laquelle n'a pas laissé de trace dans les journaux de l'époque ? Faut-il par ailleurs supposer l'existence d'une version primitive de « L'Anglomanie » qui remonterait à une date antérieure à 1801 ? Autant de questions qui, en l'état actuel de nos connaissances, doivent rester sans réponse.

Si nous laissons de côté le texte fragmentaire de « Lucas et Cécile » et celui, achevé mais d'attribution douteuse, des « Républicains français », l'œuvre dramatique de Quesnel se réduit à deux petites pièces de théâtre et à deux pages de conseils adressés aux acteurs : il faut avouer que la récolte est bien mince. Pourtant sur ces deux pièces *Colas et Colinette* est le premier ouvrage dramatique de composition canadienne joué en français à Montréal, et la première comédie imprimée en langue française au Canada [35] ; honorée de plusieurs représentations dans les dix-sept ans qui suivirent sa création, elle a été jugée digne d'une diffusion plus large à notre époque [36]. L'autre pièce de Quesnel, « L'Anglomanie », constitue un premier tableau dramatique des mœurs canadiennes-françaises sous le régime anglais ; en dépit de l'absence de reprises modernes, l'on pourrait affirmer que le texte n'a pas perdu toute son actualité. Quant aux deux pages de conseils, hélas, elles sont aussi oubliées de nos jours que l'heureuse simplicité qu'elles préconisaient.

35. Le *Jonathas et David, ou le Triomphe de l'amitié* publié à Montréal chez Fleury Mesplet et Chs Berger, en 1776, n'était ni canadien ni comique.

36. Elle fut présentée notamment dans la série « Ten Centuries Concerts », à Toronto, le 6 octobre 1963 et dans celle des « Concerts du mercredi », au réseau français de Radio-Canada, le 3 mars 1965.

Le Jeune Latour
d'Antoine Gérin-Lajoie
(31 juillet 1844)

par René DIONNE,

professeur à l'Université d'Ottawa

Antoine Gérin-Lajoie naît à Yamachiche, comté de Saint-Maurice, le 4 août 1824. Second fils de modestes cultivateurs qui avaient vu leur premier enfant décéder à sa naissance l'année précédente, il sera toujours considéré comme l'aîné des onze fils et quatre filles qui leur adviendront encore. Très tôt Antoine apprend de sa mère les lettres de l'alphabet et, à huit ans, plus chanceux que ses ancêtres, il s'assoit sur les bancs d'une école où des institutrices lui enseignent à lire et à écrire. Il se trouve, en effet, que, venu au monde l'année même de l'établissement des écoles de fabriques en Bas-Canada, cet écolier a l'heur de grandir au moment que s'organise, une première fois, de 1829 à 1836, le système d'éducation primaire de son pays ; puis, quand ce système va s'effriter à la suite du refus du Conseil législatif d'entériner le projet de loi scolaire de 1836, il reste encore, qui accueille Antoine pour neuf ou dix mois, une « école Supérieure » tenue au village de sa paroisse par M. P.-L. Caisse, un « instituteur instruit » [1], perle rare à l'époque. L'abbé S.-J.-N. Dumoulin, curé d'Yamachiche et grand éducateur, l'aidant ensuite de ses deniers, le petit paysan entre en syntaxe au Collège de Nicolet en septembre 1837, année de troubles politiques, mais, en même temps, de progrès dans la plupart des collèges classiques de la province ; leur arrive, en effet, d'Europe, quantité de matériel pédagogique (livres de toutes sortes, instruments scientifiques, etc.) acheté là-bas par l'abbé Jean Holmes, délégué des deux comités de régie mis en place à Montréal et à Québec à la suite du vote de la loi des Ecoles normales (21 mars 1836).

---

1. « Extrait des premières pages du journal de Gérin-Lajoie », cité par Léon GÉRIN, *Antoine Gérin-Lajoie,* Montréal, Editions du *Devoir,* 1925, p. 12.

Les premières semaines du nouveau collégien sont pénibles, faute d'une préparation scolaire suffisante ; très tôt, cependant, Antoine brille à la tête de sa classe. J.-B.-A. Ferland, le futur historien, le remarque dès son arrivée comme préfet des études en 1841 et, pas plus tard que le 1er janvier 1842, rendant compte à Mgr Signay des examens de la Noël précédente, il note que, en rhétorique, — « une des meilleures classes » qu'il ait « jamais rencontrées », — et « probablement dans toute la communauté », l'élève « le plus intelligent » est Antoine Gérin-Lajoie [2]. Le printemps suivant, le petit Yamachichois compose son *Canadien errant* ; à l'automne, il fonde une Académie littéraire dont les membres ne manquent pas de se distinguer aux examens publics de fin d'année en 1843. Lui-même prononce alors un discours sur l'histoire du Canada, qui fait monter des larmes « de l'âme dans les yeux » de ses auditeurs et, surtout, projette sa réputation à l'extérieur des murs du collège, *l'Aurore des Canadas* publiant, avec force éloges, son « petit chef-d'œuvre de composition » [3].

C'est probablement au moment de la préparation de ce discours, — peut-être aussi un peu avant ou un peu après, — et à l'instigation de Ferland, qu'Antoine Gérin-Lajoie lit, de Michel Bibaud, l'*Histoire du Canada sous la domination française,* qui avait paru en 1837 et dont une deuxième édition, revue, corrigée et augmentée irait bientôt sous presse. Un passage de cet ouvrage le frappe tout particulièrement, lui qui est fils sensible et patriote ardent ; c'est le suivant, qu'il importe de citer en entier :

> Pendant que les Anglais se rendaient ainsi maîtres de Québec et du Canada (grâce aux Kertk en 1629), un jeune officier, nommé LATOUR, leur résistait, au *Cap de Sable,* le seul poste qui restât aux Français dans l'Acadie. Le père de ce jeune officier, qui s'était trouvé à Londres, pendant le siège de la Rochelle, et y avait épousé, en secondes noces, une des filles d'honneur de la reine, avait promis au gouvernement anglais de le mettre en possession du poste où commandait son fils ; et sur cette promesse, on lui donna deux vaisseaux de guerre, sur lesquels il s'embarqua avec sa nouvelle épouse.
>
> Arrivé à la vue du Cap de Sable, il se fit débarquer, et alla seul trouver son fils, à qui il fit un exposé magnifique du crédit dont il jouissait à la cour d'Angleterre, et des avantages qu'il avait lieu de s'en promettre. Il ajouta qu'il ne tenait qu'à lui de s'en procurer d'aussi considérables ; qu'il lui apportait l'ordre du Bain, et qu'il avait pouvoir de le confirmer dans son gouvernement, s'il voulait se déclarer pour sa majesté britannique.
>
> La surprise du jeune commandant fut extrême : il dit à son père, qu'il s'était trompé, s'il l'avait cru capable de trahir son pays ; qu'il faisait beaucoup de cas de l'honneur que le roi d'Angleterre voulait lui faire ; mais qu'il ne l'achèterait pas au prix d'une trahison ; que le monarque qu'il servait était assez puissant pour le récompenser de manière à ne lui pas donner lieu de regretter d'avoir rejetté [sic] les offres qu'on lui faisait : et qu'en tout cas, sa fidélité lui tiendrait lieu de récompense.

---

2. Lettre citée par J.-A.-Ir. DOUVILLE, *Histoire du Collège-Séminaire de Nicolet, 1803-1903,* Montréal, Librairie Beauchemin, 1903, 1 : 292.

3. « Correspondance du Rédacteur de *l'Aurore,* Nicolet, ce 10 août, 1843 », dans *l'Aurore des Canadas,* 15.8.1843:2.

Le père, qui ne s'était pas attendu à une pareille réponse, retourna aussitôt à son bord. Il écrivit, le lendemain, à son fils, dans les termes les plus pressants et les plus tendres ; mais sa lettre ne produisit aucun effet. Enfin, il lui fit dire qu'il était en état d'emporter par la force ce qu'il ne pouvait obtenir par ses prières ; que quand il aurait débarqué ses troupes, il ne serait plus temps pour lui de se repentir d'avoir rejetté [sic] les avantages qu'il lui offrait, et qu'il lui conseillait, comme père, de ne pas le contraindre à le traiter en ennemi.

Ces menaces furent aussi inutiles que l'avaient été les sollicitations et les prières. LATOUR, le père, en voulut venir à l'exécution : on attaqua le fort ; mais le jeune officier se défendit si bien, qu'au bout de deux jours, le commandant anglais, qui n'avait pas compté sur la moindre résistance, et qui avait déjà perdu plusieurs soldats, ne jugea pas à propos de s'opiniâtrer davantage à ce siège. Il le déclara à LATOUR, père, qui se trouva fort embarrassé : comment, en effet, retourner en Angleterre, et s'exposer au ressentiment d'une cour qu'il avait trompée ? Quant à son pays natal, il ne pouvait songer à y rentrer, après l'avoir voulu trahir. Il ne lui resta d'autre parti à prendre que de recourir à la générosité de son fils : il le pria de souffrir qu'il demeurât auprès de lui ; ce qui lui fut accordé [4].

On sait, aujourd'hui, que le père et le fils Latour n'ont jamais raté une occasion de trahir leur pays, chaque fois que pouvait en profiter leur intérêt personnel. Le jeune collégien, lui, l'ignorait. Il se laisse donc émouvoir par sa lecture et, en quête comme il l'était à ce moment-là de sujets littéraires, décide de s'inspirer du texte de Bibaud pour « faire un petit poème épique en quatre chants », puis, bientôt, pour composer rien de moins qu'une tragédie que l'on pourrait représenter lors du premier anniversaire de l'Académie à la fin de novembre 1843. Et Gérin-Lajoie de se mettre résolument au travail !

« En trois ou quatre jours », il fait le premier acte ; les autres, qui lui causent plus de difficultés, il les ébauche quand même en six ou sept jours. Quelques semaines lui suffisent pour polir le tout, qu'il présente, mis bien au net, à son directeur et préfet d'études. « Quelques jours après », ce dernier lui rend son travail ; en même temps, il lui demande de choisir ses acteurs et « de les préparer à jouer sur le théâtre aux exercices de la fin de l'année... » [5] *Le Jeune Latour* va naître. Les répétitions durent plusieurs mois, pendant lesquels l'auteur ne cesse pas de retoucher son texte, corrigeant certains vers, en ajoutant d'autres, en retranchant aussi.

Le 31 juillet 1844, la pièce est jouée en conclusion de la deuxième séance des examens publics de fin d'année. Antoine Gérin-Lajoie y tient le rôle du fils ; son ami Raphaël Bellemare, celui du père. C'est tout de go un succès qui, de local, va devenir national, grâce à deux journaux représentés ce mercredi matin.

Dès le samedi, 3 août, *l'Aurore des Canadas* offre à ses lecteurs un compte rendu des « exercices du Collège de Nicolet ». L'article, — anonyme,

---

4. M. BIBAUD, *Histoire du Canada, sous la domination française,* Montréal, imprimé et publié par John Jones, 1837, pp. 57-58.
5. Antoine GÉRIN-LAJOIE, Préface au *Jeune Latour,* dans ses *Souvenirs de Collège,* citée par Léon Gérin, *op. cit.,* pp. 24-25.

comme il arrivait le plus souvent à l'époque, — est du rédacteur, J.-G. Barthe, qui regrette d'avoir manqué la séance du 30, où l'on avait joué une « jolie farce » de Gérin-Lajoie : *La Fin des études pour un flâneur*. M. Barthe se console en pensant que la pièce du lendemain était encore meilleure. Avec cette tragédie, écrit-il, « un autre Racine » a été « donné au Canada par le Collège de Nicolet » ; il ne fait pas de doute que, au temps de Louis XIV, *le Jeune Latour* « aurait intéressé sa munificence royale » et aurait valu à son auteur de trouver place à la Cour entre le vieux Corneille et le jeune Racine. Plus que le caractère à la fois national et sublime du sujet, le journaliste note la simplicité de l'intrigue qui a forcé le jeune Lajoie à ne fonder sa pièce que sur deux sentiments : l'amour de la patrie et l'amour filial. M. Barthe vante ensuite le jeu des acteurs, puis exprime, en terminant, cette doléance : « c'est qu'un talent comme celui de M. Lajoie soit peut-être le plus cruel ennemi de son avenir ». Pourquoi ? Parce que la médiocrité, — si méchante partout et peut-être davantage en Canada, — s'attachera à ses pas de poète pour « le mener à la ruine, à la pauvreté, ce tombeau du talent et du génie Canadien ». Pourtant, jamais autant qu'en ce mercredi-là le rédacteur n'aura éprouvé de « délices » ; jamais il n'aura été aussi fier du nom de Canadien.

F., du journal *Le Canadien,* est tout aussi élogieux le lundi, 5 août. Il loue, lui aussi, l'heureux choix d'un sujet d'histoire canadienne et le fait, non moins heureux, que son auteur ait pu réussir ce petit chef-d'œuvre à même ses loisirs et sans aucunement nuire à ses devoirs de collégien, puisqu'il a remporté le prix d'excellence de sa classe. Comme Barthe, F. a été frappé par la noblesse des sentiments et la sublimité du style, voire par le langage propre à chaque personnage. Bien sûr, la pièce n'était pas sans faiblesses, avoue-t-il ; mais quelle œuvre, même grande, n'a pas les siennes ? Et puis, il reste que « plusieurs morceaux de cette tragédie n'auraient pas été désavoués par le grand Racine lui-même »...

Le journaliste du *Canadien* aurait aimé se procurer le texte de la pièce, afin d'en faire part à ses lecteurs ; malheureusement, il avait essuyé de la modestie de l'auteur un refus dont il respectait les motifs. Le rédacteur de *l'Aurore des Canadas,* qui avait pareillement manqué à soutirer au collégien son manuscrit, allait être plus heureux. A son bureau, le 2 septembre 1844, se présente Antoine Gérin-Lajoie. Il revient, désillusionné, d'un voyage aux Etats-Unis et, déboussolé, perdu dans la ville de Montréal, il sent le besoin de se faire connaître pour trouver à gagner son pain et payer ses études de droit. Des amis lui ont dit que la publication de sa pièce pourrait lui être utile ; M. Barthe la publierait-il ?

Dès le lendemain, *l'Aurore des Canadas* annonce à ses lecteurs la parution, tant souhaitée et maintenant prochaine, du *Jeune Latour*. M. Barthe, dans l'intention manifeste de venir en aide à l'ex-collégien, met, toutefois, « une condition au beau cadeau » que son journal va faire au pays et aux amis de la littérature canadienne ; c'est que des comédiens amateurs s'engagent à monter la pièce au profit de l'auteur et que ses concitoyens se fassent un devoir d'assister nombreux à la représentation « d'un de nos plus beaux faits nationaux », dramatisé par « le premier parmi nous qui ait chaussé le cothurne, et cela au sortir du collège et à son entrée dans le monde ».

En trois tranches, les 7, 12 et 17 septembre, *le Jeune Latour* paraît dans *l'Aurore des Canadas ; le Canadien* le reproduit les 16, 18 et 20 du même mois. Dans les deux cas, le texte de Gérin-Lajoie est précédé de celui de Bibaud, tel qu'on le trouve dans la deuxième édition, qui est de 1843, de son *Histoire du Canada sous la domination française* [6].

En même temps qu'elle livrait le premier acte à ses lecteurs, *l'Aurore des Canadas* les avertissait qu'elle publierait bientôt la pièce sous forme de « pamphlet ». Le 24 septembre, la brochure est prête, et M. Barthe souhaite que l'édition en soit bientôt épuisée, « car si le jeune auteur est négligé et qu'on n'ait pas une pièce à dépenser en sa faveur, en vérité, il est plus que décourageant d'avoir du talent et nous supplierons toutes les muses canadiennes de se jeter dans le St. Laurent ». Quelques jours plus tard, très probablement à la suite de quelque intervention de M. Barthe auprès du gouverneur général dont *l'Aurore* soutenait la cause, le secrétaire de Lord Metcalfe écrit à Gérin-Lajoie : il réclame quelques exemplaires du *Jeune Latour* et s'enquiert du prix. A l'étudiant, tout pauvre qu'il est, il répugne de « vendre ce brave Roger, lui qui n'avait jamais voulu se vendre à des Anglais, ou à leurs agents » [7] ; il fait donc cadeau au gouverneur des exemplaires demandés. Lord Metcalfe se contente d'abord, semble-t-il, de les lui payer au prix courant ; puis, un peu plus tard, lui fait remettre par M. D.-B. Viger, à la prière de ce dernier ou simplement par son entremise, cinq louis ou vingt-cinq piastres.

Vers la même époque (septembre-octobre 1844), voulant peut-être donner suite à la suggestion de M. Barthe, deux anciens élèves du Collège de Saint-Hyacinthe offrent à Gérin-Lajoie de monter sa pièce à Montréal. Les répétitions commencent ; les Mascoutains jouent bien, leurs compagnons plus médiocrement, et l'on n'arrive pas à trouver un théâtre convenable. Finalement, Gérin-Lajoie, que le droit préoccupe maintenant davantage que la littérature, se lasse et l'entreprise avorte.

Par la suite, il arrivera bien à la pièce d'être représentée, entre autres, — qui fut peut-être la dernière fois, — le 24 mai 1916, au Collège de Nicolet, à l'occasion du « Conventum des anciens présents à la réunion du 24 mai 1866 ». Très tôt, cependant, *le Jeune Latour* ne fut qu'une pièce à lire. James Huston la reproduit dans la première édition de son *Répertoire national,* en 1848, et on la retrouve également dans la seconde édition, en 1893 [8]. C'est à cette édition que Louvigny de Montigny emprunte la scène II de l'acte troisième, — sans doute la meilleure de toutes, — pour la citer

---

6. Deuxième édition, revue, corrigée et augmentée, Montréal, de l'Imprimerie de Lovell et Gibson, 1844, pp. 103-104. Malgré l'indication de la page de titre, l'ouvrage parut à la fin de 1843 comme en témoigne *l'Aurore des Canadas,* du douze décembre 1843, p. 2-3. *Le Jeune Latour* parut également dans *le Journal de Québec,* nos 118, 121 et 123, 10, 17 et 21 septembre 1844. (Ce renseignement nous a été donné par M. Jean-Claude Noël, que nous remercions vivement.)

7. Lettre d'Antoine Gérin-Lajoie (Montréal, 10 octobre 1844) à J.-O. Prince (Nicolet), citée par Léon Gérin, *op. cit.*, p. 51.

8. *Le Répertoire national ou Recueil de littérature canadienne,* compilé et publié par J. Huston, vol. III, Montréal, de l'Imprimerie de Lovell et Gibson, 1848, 5-49 ; deuxième édition, vol. III, Montréal, J. M. Valois & Cie, 1893, pp. 3-55.

dans l'anthologie qui suit la biographie qu'il consacre à Gérin-Lajoie lors du centenaire de sa naissance [9]. En 1944, M. Séraphin Marion publie la tragédie au complet en appendice au tome IV de ses *Lettres canadiennes d'autrefois* [10]. Enfin, vingt-cinq ans plus tard, Réédition-Québec reproduit le texte de la seconde édition de Huston [11].

Au fil des années la critique démesurément élogieuse des débuts s'est peu à peu atténuée. Il n'en reste pas moins que, pour les contemporains de Gérin-Lajoie, le texte du *Jeune Latour* n'a jamais cessé de perpétuer le beau souvenir d'un éclat de jeunesse prometteur. En 1885, par exemple, publiant ses *Souvenirs d'un demi-siècle,* J.-G. Barthe retrouve, avec son enthousiasme, ses accents d'antan. Il se souvient que « ce coup d'essai » du jeune Lajoie avait eu « un succès fou dans l'immense assistance » du 31 juillet 1844 et qu'il avait été, en quelque sorte, « comme on dit au théâtre (,) à l'emporte-pièce » : « car on se demandait comment à cet âge, ce collégien encore imberbe, avait bien pu deviner les plus secrets ressorts du cœur humain, au point de les mettre ainsi en action et avec un si grand succès d'exécution et de mise en scène, et sur un théâtre si peu fait, ce semble, pour qu'il osât l'y risquer tout d'une pièce » [12].

Pourtant, onze ans plus tôt, Edmond Lareau, historien de la littérature canadienne, avait commencé de voir plus juste : il reconnaissait à la pièce certaines « beautés de détails », mais « ni l'ampleur, ni les dimensions des grandes tragédies » ; il lui reprochait le peu de solidité de sa structure, le manque « d'extension » de son thème, le peu de variété de ses scènes et la trop grande uniformité de ses tableaux [13]. La plupart des critiques qui suivront s'en tiendront à des remarques semblables ou bien noteront tout simplement que *le Jeune Latour* fut la première tragédie canadienne et qu'elle manifestait un talent littéraire. M. Marion, seul, s'est attardé à l'analyser longuement. Il en a d'abord vanté, comme ses prédécesseurs, le magnifique thème, — à la fois canadien et cornélien, bien propre à exalter le patriotisme et glorifier la volonté forte, — puis, après avoir signalé l'absence des femmes dans ce drame de collège, a montré de quelle scrupuleuse façon Gérin-Lajoie avait respecté les trois unités de temps, de lieu et d'action. M. Marion a bien vu, par ailleurs, les grandes faiblesses de la pièce : le lyrisme y cède à la rhétorique, voire à « une éloquence terre à terre » ; le vers est très souvent médiocre ; les personnages sont « stéréotypés », simplistes ; surtout, « les deux premiers actes (...), et plus de la moitié du troisième, sont complètement dépourvus d'action » [14].

Plus récemment, on a voulu lire dans *le Jeune Latour* une sorte de conflit de générations, celle de 1837 accusant les deux précédentes d'avoir

9. *Antoine Gérin-Lajoie,* coll. « Makers of Canadian Literature », Toronto, The Ryerson Press (1925), pp. 24-29.

10. Hull, les Editions « l'Eclair », et Ottawa, Editions de l'Université, 1944, pp. 145-192.

11. Antoine GÉRIN-LAJOIE, *Le Jeune Latour,* tragédie en trois actes, Montréal, Réédition-Québec, 1969, 55p.

12. J.-G. BARTHE, *Souvenirs d'un demi-siècle ou Mémoires pour servir à l'histoire contemporaine,* Montréal, J. Chapleau & Fils, 1885, p. 201.

13. Edmond LAREAU, *Histoire de la littérature canadienne,* Montréal, imprimé par John Lovell, 1874, p. 74.

14. Séraphin MARION, *Les Lettres canadiennes d'autrefois,* 4 : 91-107.

trahi [15]. La pièce n'a pourtant rien d'une mise en accusation : elle célèbre plutôt l'amour du sol natal et le conflit qu'elle tâche à mettre en œuvre se situe, bien plutôt qu'entre le père et le fils, au plus intime de celui-ci, dans la dure obligation qu'il se reconnaît de subordonner l'un à l'autre deux devoirs également chers et sacrés : l'amour filial et l'amour de la patrie. Si ce drame de la conscience et du cœur dégénère, finalement, en dissertation sur le devoir et l'honneur, la faute en revient à la jeunesse et à l'inexpérience de son auteur qui, d'ailleurs, le premier, avait su porter le jugement final à son sujet : « C'est un drame de collège et qui ne doit pas en sortir » [16]. Antoine Gérin-Lajoie parlait, évidemment, de ces collèges qui, aujourd'hui, grâce au ministère de l'Education de son arrière-petit-fils : M. Paul Gérin-Lajoie, n'existent plus.

15. Jean-Cléo Godin et Laurent Mailhot, *Le Théâtre québécois,* introduction à dix dramaturges contemporains, Montréal, Hurtubise HMH, 1970, 25. C'est par erreur que ces auteurs affirment (p. 24) que Gérin-Lajoie a situé « l'intrigue » de sa pièce « à l'époque de la conquête ».
16. Voir note 5.

Le Théâtre de Pierre Petitclair

par Jean-Claude NOËL

Pierre Petitclair, premier dramaturge d'origine canadienne-française, est né à Saint-Augustin de Portneuf le 12 octobre 1813. Fils de cultivateurs illettrés, il a d'abord étudié à l'école de Joseph-François Perrault, dans le faubourg Saint-Louis, puis au Petit Séminaire de Québec où il termina sa quatrième année — à peu près l'équivalent des belles-lettres de l'ancien cours classique — parmi les premiers de sa classe. A l'automne de 1829, interrompant ses études probablement à cause d'embarras pécuniaires, il devint copiste au Grand Greffe de Québec où il eut la chance de s'initier au droit sous la direction des avocats Burroughs et Perrault. Trois ans plus tard, il passa au service du notaire Archibald Campbell, mais peu intéressé d'atteindre le barreau, il resta simple calligraphe. Vers 1838, il s'engagea comme précepteur dans une famille Labadie qui faisait le commerce des pelleteries sur la Côte Nord. C'est ainsi qu'il mourut à Pointe-au-Pot, près du Labrador, le 15 août 1860.

Voilà tout ce que l'on sait de la vie de Petitclair. A lire son théâtre, cela ne semble avoir guère d'importance, tant il y a mis peu de lui-même. En fait, dans les trois comédies qu'il nous a laissées [1], c'est Molière et Shakespeare qu'il a tenté d'imiter.

La première pièce de Petitclair, *Griphon ou la Vengeance d'un valet,* est une farce qui s'inspire des *Fourberies de Scapin* d'une part, des deux parties de Henry IV et de *Joyeuses commères* de Windsor d'autre part. En effet, il s'agit d'une histoire de valet qui berne son maître. Maltraité

1. Petitclair aurait écrit cinq pièces en tout. De ce nombre, deux demeurent introuvables, dont nous ne connaissons que les titres : *Qui trop embrasse mal étreint,* comédie-proverbe, et *le Brigand,* drame. Ses pièces publiées sont : *Griphon ou la Vengeance d'un valet,* Québec, William Cowan, 1837, 90p. ; *La Donation,* dans *l'Artisan,* Québec, 15, 19, 22, 26 et 29 décembre 1842, vol. 1, nos 20-24 ; dans *Le Répertoire national,* 1re éd., Montréal, Lovell et Gibson, 1848, vol. II, pp. 234-270 ; 2e éd., Montréal, J.M. Valois & Cie, 1893, vol. 2, pp. 262-304 ; *Une Partie de campagne,* Québec, Joseph Savard, 1865, 61p.

par Griphon, vieillard luxurieux, Citron cherche un moyen de se venger. Conseillé par son ami Boucau qui, lui, ne songe qu'à se divertir, il se déguise en fille, attire le bonhomme dans un guet-apens et lui joue toutes sortes de vilains tours. Plusieurs de ces tours ressemblent justement à ceux dont est victime Falstaff. Ainsi donc la pièce apparaît comme un tissu de fourberies.

La donnée de *Griphon* permet de distinguer un sujet réel, le divertissement de Boucau, et un sujet apparent, la vengeance de Citron. Certes, ces sujets se confondent tous deux, puisque Citron se venge et Boucau s'amuse en tendant des pièges à Griphon. Toutefois, si indissolublement liés qu'ils soient, il y a lieu de les différencier, car il existe un divorce fâcheux entre l'intention de la pièce et sa réalité. En effet, *Griphon* n'étant pas un drame mais une farce, il convient de considérer la vengeance comme un prétexte, — elle sert à motiver le jeu des fourbes et à conférer une certaine unité à leurs ruses qui, autrement, deviendraient une suite d'actes décousus, — non comme un but en soi. En d'autres mots, il est évident que l'intention de se divertir doit primer celle de se venger ou, si l'on veut, que la vengeance comme telle doit importer moins que l'exécution joyeuse de la vengeance. Malheureusement, ce n'est pas le cas. Violents et cruels, les valets s'attaquent à Griphon avec une impudence excessive. L'accumulation de leurs agressions suffit seule à les incriminer. Non contents de bâtonner et de souffleter le vieillard, ils risquent de l'étrangler, le forcent à boire une affreuse mixture qui lui cause une formidable colique, l'abandonnent dans une voiture qu'emporte un cheval pris d'épouvante et, pour couronner le tout, tentent de le défigurer en allant le précipiter contre des pierres. Après ce dernier coup, l'un d'eux s'apitoie sur le sort de leur victime, mais l'autre le reprend aussitôt :

> CITRON — Le pauvre bonhomme, je commence à le prendre en pitié.
> BOUCAU — Comme s'il fallait avoir pitié de ces sortes de gens-là.
> CITRON — Si tu le voyais aujourd'hui. Il a le visage tout égratigné et couvert de blessures.
> BOUCAU — Eh ! je m'en doutais bien ; il est tombé sur la face, quand nous l'avons jeté sur le tas de pierres. T'a-t-il donné l'argent pour les messes ? [2]

L'inhumanité de cette dernière réplique est révoltante : repoussant tout scrupule, Boucau ne songe même plus au plaisir, mais au gain à tirer. N'était le contexte de la farce, il serait tout simplement abject. Nonobstant cette considération, il reste que les valets s'acharnent trop à maltraiter Griphon. La farce permet les exagérations, certes, mais eux dépassent les bornes. Il y a de la brutalité, presque du sadisme, dans les tours qu'ils jouent et, à cause de cela, la gaieté du jeu se trouve grandement diminuée.

Ainsi donc Petitclair a écrit une farce qui se veut un divertissement, mais ce divertissement comporte des épisodes violents qui en altèrent le caractère joyeux. Ce qui devait être l'occasion d'un jeu finit par se substituer au jeu lui-même. On en vient à ne plus distinguer le sujet réel du sujet apparent et à se demander si la vengeance, au lieu d'être simplement un prétexte, comme il avait été logique de le supposer, n'est pas en fait une préoccupation constante. C'est tout comme si, dans *Les Fourberies de Scapin,* les intrigues

2. *Griphon,* acte III, scène 1.

amoureuses prenaient le pas sur les prouesses du héros ; dans ce cas, au lieu d'une comédie, on aurait un mélodrame. C'est à peu près ce qui se passe dans *Griphon*. Et parce que la vengeance y tient trop de place, cette farce n'amuse pas franchement.

Telle qu'elle se présente, la farce de *Griphon* est un jeu qui implique un défi, un risque : en bernant le vieillard, les valets doivent éviter d'éveiller sa défiance. Bien entendu, ce risque, pour être réel, suppose une certaine dose de clairvoyance de la part du vieillard. Or, Griphon est un naïf, un crédule incorrigible : non seulement il se prend à tous les pièges qu'on lui tend, mais encore il ne soupçonne même pas qu'on lui en a tendu un une fois qu'il s'y est pris. On le trompe, on le bat, on le vole, on le dupe de toutes les manières, et pas un instant il ne se doute de quoi que ce soit. Géronte, rossé par Scapin, finit par sortir la tête du sac. Griphon, lui, n'y songe pas. Vraiment, sa crédulité passe la bêtise. Encore si les ruses des valets étaient de fines astuces. Au contraire, ce sont des malices cousues de fil blanc, des tours puérils qui, multipliés jusqu'à l'invraisemblance, mettraient les moins méfiants sur leurs gardes. Aussi la sottise du bonhomme en ressort-elle davantage. Et puisque Griphon est une dupe si aveugle, une proie si facile, où est le risque ? Il n'existe pas, bien sûr, et c'est tout l'intérêt du jeu qui est perdu.

Autre défaut de la pièce, c'est que le comique va décroissant. Au premier acte, les valets, stimulés par la nouveauté du jeu, multiplient allégrement les ruses. Déjà moins industrieux au second, ils reprennent les mêmes astuces à quelques variantes près. Complètement vidés au troisième, ils réussissent à grand-peine à organiser un bal d'une platitude insupportable. Commencée dans un éclat de rire, la pièce se termine dans un bâillement.

Après cette analyse de l'action, il est aisé de faire le procès des personnages. Lancés dans un jeu pour lequel ils ne sont nullement doués, ceux-ci font figure de marionnettes qui s'agitent inconsidérément. Griphon se laisse duper avec une inconscience stupide et paraît une victime qui se livre complaisamment à ses tortionnaires. Quant aux fourbes, leur imagination s'épuise avant la fin de la pièce. Comme meneurs de jeu, ils déçoivent donc beaucoup. Par ailleurs, ils ignorent la grâce et la fantaisie, faisant preuve de plus de force que d'esprit. Ce sont d'impitoyables brutes dont les insolentes frasques ne plaisent aucunement.

Dans la seconde pièce, *La Donation,* c'est *Le Tartuffe* que Petitclair imite. Cependant, vu le caractère amphibologique de l'œuvre et les nombreuses protestations qu'elle souleva en France et au Canada [3], vu aussi la susceptibilité du clergé canadien à l'égard des jeux scéniques au XIXe siècle, Petitclair a dépouillé l'intrigue de son débat religieux et fait du bigot un simple escroc. Voici ce qu'il en est résulté.

Un riche commerçant de Québec, Monsieur Delorval, se propose de marier Caroline, sa nièce, à Auguste, son premier commis, à qui, par ailleurs,

3. Voir Léopold HOULÉ, *Histoire du théâtre au Canada,* Montréal, Fides, 1945, pp. 24-29, et Jean Béraud, *350 ans de théâtre au Canada français,* Montréal, C.L.F., 1958, pp. 12-14.

il est déterminé à céder ses biens. Cependant, un intrigant nommé Bellire convoite la donation. Pour l'obtenir, il profite de l'amitié que lui voue le marchand, calomnie Auguste et le fait congédier. Peu de temps après, la vérité est découverte : grâce à Susette, sa fidèle servante, Delorval entend Bellire se vanter de son exploit fabuleux à un ami et le chasse. Puis, ayant rappelé Auguste, il lui accorde la main de Caroline et lui consent une donation de tous ses biens.

Les ressemblances entre *La Donation* et *Le Tartuffe* sont évidentes : Bellire a la confiance de Monsieur Delorval et Tartuffe s'implante chez Orgon ; le premier dresse le marchand contre son commis qui est renvoyé, et le second brouille le père avec le fils qui est déshérité ; tous les deux se voient gratifiés d'une donation, mettent en péril le bonheur de deux amants et sont démasqués quand leurs bienfaiteurs respectifs, l'un caché derrière un paravent et l'autre sous une table, surprennent leurs propos malhonnêtes. Là s'arrête la comparaison entre les deux comédies.

L'action de *La Donation* est double, car elle comporte deux « périls »[4] : d'une part, celui auquel est exposé Delorval, à savoir la perte de sa fortune, et d'autre part, celui auquel sont exposés les amants, à savoir l'annulation de leur projet de mariage. Bien qu'elles soient distinctes, ces deux actions sont reliées entre elles par une cause commune : les machinations de Bellire. C'est en manœuvrant pour s'emparer de la donation que celui-ci nuit à Auguste et compromet son mariage avec Caroline. Bellire est donc l'âme agissante, le moteur de la pièce. Sans lui, il n'y aurait point de conflit.

Si l'action de Bellire constitue le fond de la pièce, c'est elle aussi qui doit en faire la valeur. Malheureusement, son comportement n'est pas sans soulever de sérieuses objections. Et d'abord, comptant, pour se faire désigner donataire, sur l'amitié que lui témoigne Delorval, non seulement ne fait-il rien pour justifier cette amitié, mais encore agit-il de manière à éveiller la défiance de ce dernier. En effet, le commerçant lui-même avoue aimer Bellire à cause de son caractère jovial et de son esprit de dévouement. Or, la chose ne se vérifie point dans la pièce. L'intrigant se donne des airs de boute-en-train peut-être, mais sa réputation d'amuseur est surfaite et il ne sait jamais offrir que de tristes échantillons de son humour. Ainsi, quand il se présente chez Delorval en riant aux éclats pour le mettre en gaieté, il ne sait pas inventer une histoire plaisante pour justifier son hilarité. Quant à son dévouement, c'est merveille que Delorval ne s'aperçoive pas qu'il est intéressé, car Bellire ne lui rend jamais un service sans en tirer quelque profit. Par exemple, il lui procure le plaisir de devenir son obligé en empruntant sa voiture, ou bien, après lui avoir donné le généreux conseil de céder son commerce pour se libérer de tout souci, il écarte le donataire choisi pour prendre sa place. Belles preuves de désintéressement en vérité !

---

4. Le terme est de Corneille *(Discours des trois unités)* qui reconnaît que le développement d'une pièce comprend ordinairement plusieurs actions, c'est-à-dire des épisodes ou des incidents faisant partie intégrante d'une intrigue, mais suffisamment importants pour constituer des facteurs d'intérêt indépendants auprès du spectateur. Tels sont, par exemple, le meurtre de Camille dans *Horace* et l'amour de l'Infante pour Rodrigue dans *Le Cid*.

Par ailleurs, Bellire commet une maladresse impardonnable quand il entreprend d'évincer Auguste. Delorval lui a expliqué que celui-ci doit devenir son neveu en épousant Caroline et que cette raison a déterminé son choix. Négligeant cette explication, Bellire tâche de convaincre le marchand que son commis ne mérite pas d'être son donataire parce qu'il est malhonnête et débauché. Delorval repousse ces accusations mensongères et c'est alors, mais alors seulement, que l'intrigant lui montre les faux documents attestant qu'Auguste est déjà marié et qu'il néglige son épouse. Ainsi Bellire proteste énergiquement quand le commerçant veut favoriser son commis, mais il tarde à lui dire que celui-ci commettra une bigamie s'il épouse Caroline. Ne songeant qu'à son profit, — « Avec la donation, je me passerai bien de la nièce, moi » [5], a-t-il avoué dans un monologue, — il oublie que la question du mariage a, pour Delorval, beaucoup plus d'importance que celle de la donation. Après cela, qui ne douterait de lui ?

Pourtant, bien que la mauvaise foi de Bellire crève les yeux, Delorval se fie entièrement à lui. Or, Delorval est un commerçant enrichi, c'est-à-dire un homme qui a dû se montrer prudent et avisé pour pouvoir réussir. Il n'a donc pas les qualités exigées par sa profession et il faut reconnaître qu'il est au moins aussi naïf que Griphon, puisqu'il se laisse circonvenir si facilement. Sa crédulité ressort d'autant plus que ses domestiques ont deviné depuis longtemps que l'intrigant n'en veut qu'aux écus de leur maître :

> SUSETTE — Monsieur Bellire ! l'ami de Monsieur Delorval ! tu devrais dire l'ami de son argent [6].

D'autre part, le marchand a une nièce qu'il chérit à l'égal d'une fille et dont il rêve de faire le bonheur. Pourquoi irait-il alors déposséder son enfant pour favoriser un étranger ? Cette idée est tellement saugrenue en soi qu'il devient inutile d'insister davantage sur l'invraisemblance de l'intrigue et l'illogisme des caractères.

Pourtant, on l'a démontré plus haut, l'intrigue de *La Donation* ressemble fort à celle du *Tartuffe.* Comment se fait-il alors que ce qui est acceptable chez Molière ne le soit pas chez Petitclair ? La raison est simple : Molière a pris soin de motiver psychologiquement la conduite d'Orgon. En effet, celui-ci, « coiffé » de son Tartuffe, voit en lui un saint incapable de causer le moindre mal. Le bigot en profite pour lui enseigner le détachement des richesses, affectant lui-même une indifférence totale pour les biens de ce monde. Aussi Orgon se croit-il bien avisé de lui céder tout son avoir. Tartuffe, on le voit, se conforme habilement à l'idée que son hôte se fait de lui. Au contraire, Bellire ne possède, a-t-on remarqué, aucune des qualités que Delorval lui suppose. Il multiplie les maladresses et les bêtises et, pour venir près de réussir quand même, il doit avoir affaire à un inconscient qui a abdiqué toute volonté. L'un et l'autre, dupe et dupeur, deviennent ainsi des fantoches qui ne s'interrogent nullement sur les mobiles de leurs actions. Comment pourrait-on croire à leur jeu ?

Dans *La Donation,* Petitclair n'abandonne pas le ton comique. Toutefois, il a recours à un élément nouveau pour toucher le spectateur : le pathé-

5. *La Donation,* acte I, scène 11.
6. *Ib.,* acte I, scène 3.

tique. En fait, sa pièce ressemble plus à un drame bourgeois qu'à une comédie. Malheureusement, cette veine ne lui réussit pas du tout, car ses personnages n'inspirent aucunement la sympathie. Bien qu'un malheur les menace, ni Auguste ni Caroline ne parviennent à nous émouvoir. Ils sont trop retenus, trop effacés. De plus, il entre tellement de pudeur dans l'expression de leurs sentiments amoureux qu'on les croirait indifférents. Dans toute la pièce, ils n'échangent pas plus de deux répliques ensemble, et encore est-ce pour se dire des banalités. Sans doute les mœurs du temps étaient-elles très austères, mais elles n'allaient quand même pas jusqu'à condamner les amoureux à un mutisme total. Caroline refuse même d'avouer à sa suivante qu'elle aime Auguste. Une réserve aussi farouche n'est certes pas faite pour attendrir. Ici encore, l'intérêt de la pièce se trouve compromis.

Tout compte fait, *Griphon* et *La Donation* sont des comédies qui se ressemblent beaucoup. Dans l'une comme dans l'autre, il s'agit de duper quelqu'un. Mais comme, d'une part, les dupeurs ont recours à de grossiers subterfuges qui les trahissent tout de suite, et que, d'autre part, les dupes doivent se laisser circonvenir en dépit du bon sens, on devine sans cesse la présence de l'auteur derrière ses personnages. C'est lui qui les agite, leur enlevant toute autonomie. Aussi le défaut majeur de ces deux pièces est-il le manque d'analyse psychologique.

Sans doute conscient de ses limites, Petitclair tente de faire mieux dans sa troisième comédie intitulée *Une Partie de campagne*. Encore une fois, il remet en scène un personnage qui est dupé. Seulement, dans ce cas-ci, l'artisan de la duperie n'est pas un fourbe malhabile et inintelligent, mais la dupe elle-même qui, par un vice de caractère, se place dans une situation humiliante.

William, le héros de la pièce, est un grand enfant qu'un peu d'instruction a gâté. Modeste comme ses camarades lorsqu'il vivait à la campagne, il s'est transformé en un jeune homme vaniteux après une année d'études à la ville. Dédaignant la fruste simplicité des siens et leur cordialité rustique, il tâche de se donner des manières qui témoignent de sa prétendue supériorité. Et comme les Anglais représentent pour lui des modèles de grandeur et de perfection, il adopte leur langue et leurs usages. Aussi de retour à la campagne, ses nouvelles manières étonnent-elles parents et amis qui, vexés d'abord, prennent bientôt le parti de se moquer de lui. L'orgueilleux résiste tant bien que mal aux railleries jusqu'au moment de se ridiculiser tout à fait. S'étant épris de Malvina, la sœur de son ami Brown, il découvre que celle-ci est mariée à l'instant même où il la demande en mariage.

La pièce est évidemment une comédie de caractère. Petitclair l'a construite en fonction d'un personnage, William, jeune présomptueux dont il veut montrer les défauts et les ridicules. C'est pourquoi, imitant un procédé cher à Molière, il confronte son héros avec des gens dont le naturel simple contraste fort avec le caractère fier et hautain de celui-ci. Ainsi, chaque événement, chaque péripétie tendant à révéler l'orgueil de William, il s'ensuit que rien n'est laissé au hasard, que tout est motivé. Pour cette raison, on en vient même à tolérer certaines maladresses dans la conduite de l'action. Par exemple, bien qu'il soit inacceptable que William ignore jusqu'à la fin que Malvina est mariée, bien que le dénouement paraisse forcé à cause de cela, on le juge satisfaisant parce que l'orgueilleux y trouve le châtiment qu'il mérite. En effet, il avait vu dans son mariage avec l'Anglaise le symbole d'une réussite totale parce que, à ses yeux, elle représentait à la fois la compagne idéale et la concrétisation de ses aspirations sociales. Ne pouvant l'épouser, il a le sentiment d'un échec et son amour-propre en souffre beaucoup. Dramatiquement donc, le dénouement est juste : ici, la vérité psychologique transcende la vérité des faits.

En somme, Petitclair adopte dans *Une Partie de campagne* une démarche contraire à celle qu'il avait adoptée dans *Griphon* et *La Donation* : ici, l'action influe sur les caractères, là, c'est un caractère qui commande l'action.

Il ne faut pas croire pour autant qu'*Une Partie de campagne* soit un chef-d'œuvre, car on y trouve des imperfections jusque dans ses caractères qui en font la valeur. En s'exposant au ridicule aussi facilement qu'il le fait, William ne se montre-t-il pas presque aussi naïf que Griphon ou Delorval ? La naïveté, tel est le défaut commun à tous les principaux protagonistes du théâtre de Petitclair. Celui-ci semble incapable de concevoir un caractère sans le démunir de sens commun. Aussi tous ses personnages côtoient-ils plus ou moins la bêtise. Monomanes, pris d'une idée fixe, ils s'engagent dans une action avec une raideur et une inconscience de robot qui les empêchent de réfléchir et de s'interroger sur leur comportement. Tant d'aveuglement, tant d'irréflexion n'est pas naturel. On finit par voir en eux des marionnettes sans âme ni volonté. Comment pourraient-ils nous toucher alors ? Dans le cas de William, on doit le reconnaître, ce défaut est moins apparent : à cause de sa jeunesse, on est porté à mettre son inconséquence sur le compte de l'inexpérience.

Avec *Une Partie de campagne,* Petitclair délaisse le pathétique et fait un retour au franc comique. Toutefois, au lieu de multiplier des ruses d'un goût douteux comme il avait fait dans *Griphon,* il recourt à la parodie pour se moquer de la manière dont les Anglais et les paysans québécois parlent français. En d'autres mots, il supplée à son manque d'imagination par l'observation. Le résultat est assez heureux, car sa comédie fait rire du début à la fin.

Ceci nous amène à parler du langage dans les pièces de Petitclair. On en distingue deux espèces : celui des citadins et des lettrés, et celui des paysans et des domestiques. L'analyse de ces différents parlers révèle que ni l'un ni l'autre n'est entièrement authentique. Le premier se veut correct et témoigne d'un certain souci littéraire. Par exemple, on entendra parfois des imparfaits du subjonctif :

> C'est impossible, Bellire, il faudrait que je le visse de mes propres yeux [7].
>
> Ils voulaient me faire attendre, afin que je ne vinsse qu'avec eux [8].

---

7. *Ib.,* acte I, scène 12.
8. *Une Partie de campagne,* acte I, scène 2.

et même des conditionnels passés 2e forme :

> On eût cru entendre rugir un lion [9].
>
> Impossible ! il me croit plus que lui-même, et la lettre eût suffi... [10]

Le second, par contre, est chargé des négligences et des vices de prononciation qu'on peut relever dans le français canadien en général. Paysans et domestiques escamotent des syllabes :

> Oh ! mam'selle Car'line, mam'selle Car'line, j'vois ben qu'vous voulais être secrète su'la chose, mais je l'ai d'viné, moi, c'qui vous rend si inquiète [11].

ouvrent trop certaines voyelles : « enjarber » [12], « barlue, fiar » [13], et font sonner des consonnes finales ordinairement muettes : « Guillotte » [14], « canotte » [15]. Par ailleurs, s'ils ont raison d'employer le prétérit en i : « j'restis, j'l'arrêtis, j'rencontrîmes » [16], usage qui s'est répandu dans certains milieux du Canada français [17], ils ont tort d'employer un prétérit comme exclusivement littéraire : « il se releva, il se lava, nous nous laissâmes » [18]. Même chose pour la construction du pronom je avec le verbe à la première personne du pluriel : « j'nous étions cachés, j'l'avons vu, j'avons tiré » [19]. Connue des Acadiens, cette tournure est ignorée au Québec [20]. Enfin, Petitclair n'a pas toujours su éviter les anglicismes :

> C'est à vous... à m'appointer le moment qui vous sera le plus favorable [21].
>
> ...Monsieur Griphon et moi sommes vos seniors de quelques années [22].
>
> Je ne suis pas de votre opinion [23].

Chose à remarquer, ces anglicismes, assez nombreux dans *Griphon* et *La Donation,* disparaissent presque complètement dans *Une Partie de campagne* où, par contre, on découvre plus de canadianismes : « tirer des vaches » [24], « avoir de la misère » [25], « donner un p'tit bec » [26], « cassot de bluets » [27].

---

9. *Griphon,* acte III, scène 1.
10. *La Donation,* acte II, scène 12.
11. *Ib.,* acte I, scène 1.
12. *Une Partie de campagne,* acte II, scène 9.
13. *Ib.,* acte II, scène 14.
14. *Ib.,* acte I, scène 1.
15. *Ib.,* acte II, scène 5.
16. *Ib.,* acte I, scène 5.
17. Voir Adjutor Rivard, *Les Parfaits en -is,* dans *Le Bulletin du parler français au Canada,* Québec, Université Laval, vol. 13, septembre 1914 - septembre 1915, p. 196.
18. *Une Partie de campagne,* acte I, scène 1.
19. *Ib.,* acte II, scène 5.
20. Voir Pascal Poirier, *Le Parler franco-acadien et ses origines,* (Québec, Imprimerie franciscaine missionnaire, 1928), pp. 56-57.
21. *Griphon,* acte I, scène 16.
22. *Ib.,* acte III, scène 26.
23. *La Donation,* acte II, scène 5.
24. *Une Partie de campagne,* acte II, scène 14.
25. *Ib.,* acte II, scène 12.
26. *Ib.,* acte II, scène 7.
27. *Ib.,* acte I, scène 2.

En dénonçant l'anglomanie, Petitclair aura au moins pris conscience d'un des plus grands défauts de notre langage.

*
* *

A en croire Louis-Michel Darveau [28], Pierre Petitclair aurait été doué de multiples talents qu'il aurait tous exercés avec un égal bonheur. Intéressé aux arts autant qu'aux sciences, il se serait distingué en tant que logicien, géomètre et mathématicien, aurait brillé comme musicien, interprète et compositeur, aurait excellé comme peintre, poète et dramaturge. Bien entendu, après l'étude de ses pièces, ce panégyrique paraît exagéré. Toutefois, il en ressort que Petitclair était un dilettante, un homme qui aimait s'initier aux choses de l'esprit pour son plaisir et son enrichissement personnels. Aussi faut-il voir dans son théâtre l'œuvre d'un amateur.

D'ailleurs, au moment où Petitclair écrit ses comédies, la vie théâtrale est à peu près nulle au Canada français. A part quelques représentations dramatiques données par des amateurs ou des collégiens, il n'y a rien. Encore ceux-ci doivent-ils braver les foudres des chefs religieux, éviter d'éveiller la méfiance de la police anglaise et vaincre les préjugés d'une société qui, du reste, ne sait guère apprécier le jeu dramatique [29]. Dans de telles conditions, Petitclair n'a pu développer une réelle connaissance de la scène puisque, tout bien considéré, il n'avait pratiquement que les livres pour s'initier à cet art complexe.

Lecteur infatigable, Petitclair a dû lire tous les dramaturges français de Molière à Victor Hugo, car on trouve dans ses comédies des réminiscences de Regnard, de Destouches et de Scribe. Cependant, on l'a vu, c'est Molière qu'il préfère imiter. Comme lui, il croit que « l'emploi de la comédie est de corriger les vices des hommes » [30]. C'est pourquoi, fidèle à ce principe, il en dénonce un dans chacune de ses trois pièces : la luxure dans *Griphon,* la cupidité dans *La Donation* et l'orgueil dans *Une Partie de campagne.* Bref, Petitclair s'intéresse à la nature humaine et, par là, fait figure de classique attardé.

Les écrivains classiques, on le sait, cherchent à découvrir l'essence des êtres et des choses, d'où le caractère intemporel et universel de leurs œuvres. Petitclair fait de même et cela paraît particulièrement dans sa façon d'aborder le thème de l'argent. Depuis le *Turcaret* de Le Sage, on a compris que, d'une part, la cupidité est liée au mercantilisme et que, d'autre part, l'argent constitue un puissant mais dangereux ressort de la politique et de la société. Pour Petitclair cependant, c'est au niveau de l'individu seulement que l'argent exerce son pouvoir. Bellire, le convoiteur de fortune, ne se différencie en rien, fondamentalement, de Trissotin [31] ou de Tartuffe. Tous trois agissent par cupidité, et ce vice, chez eux, se présente comme un instinct, comme un

---

28. Louis-Michel Darveau, *Nos Hommes de lettres,* Montréal, A.A. Stevenson, 1873, p. 61-74.
29. Voir L. Houlé, *op. cit.,* p. 45-73.
30. Molière, *Préface du Tartuffe.*
31. Protagoniste des *Femmes savantes* de Molière.

penchant inné. C'est tout simplement un défaut de caractère. Tout comme Molière donc, Petitclair ignore la portée sociale du problème.

Même chose quand il traite de l'anglomanie. A lire *Une Partie de campagne,* on croirait qu'il s'agit seulement d'un caprice de jeune homme orgueilleux. Or, tel n'est pas le cas. Suivant les recommandations de Lord Durham, Londres avait voulu faire disparaître la nationalité canadienne-française par le procédé de l'assimilation et avait, dans ce dessein, voté l'Acte d'Union qui proclamait l'anglais la seule langue officielle de la colonie. De plus, il avait été convenu que les charges d'importance ne seraient accessibles qu'aux anglophones [32]. On comprend que certains aient alors décidé de s'angliciser. Ainsi l'anglomanie au Canada français se situe dans le contexte d'une lutte pour la survivance d'un peuple. C'est un phénomène qui découle d'un régime politique oppressif et qui, par conséquent, dépasse l'individu pour atteindre une dimension sociale. Petitclair en a fait une simple étude psychologique, prouvant une fois de plus qu'il préfère la démarche humaniste des classiques aux visées socialistes des romantiques, ses contemporains.

*

* *

Petitclair connut, de son vivant, un certain succès au théâtre. *Griphon,* il est vrai, ne fut jamais représenté, que l'on sache, mais *La Donation* fut jouée pas moins de six fois : deux fois en 1848, deux fois en 1851 et deux fois encore en 1858. James Huston publia la pièce dans son journal, *L'Artisan,* avant de la consigner dans *Le Répertoire national.* Quant à *Une Partie de campagne,* créée en 1857 et reprise en 1860, elle fut saluée chaque fois de nombreux éloges par la critique. Enfin, Joseph Savard, parent et ami de Petitclair, lui rendit un hommage posthume en éditant, puis en faisant représenter cette dernière comédie. Après, ce fut l'oubli.

Aujourd'hui, Petitclair n'est plus qu'un nom dans notre littérature. Grand admirateur de Molière, mais piètre imitateur, peut-être a-t-il voulu faire pour le théâtre ce que François-Xavier Garneau, son compatriote, avait entrepris de faire pour l'histoire. Malheureusement, il n'a pas réussi. Et sans doute, en songeant que ses pièces sont nos premiers balbutiements sur la scène, on ne s'étonnera plus que nous commencions à peine à nous y exprimer convenablement.

---

32. Voir Durham, *Le Rapport,* Montréal, Editions Sainte-Marie, 1969, pp. 118-122.

Louis Fréchette et le théâtre

par Paul WYCZYNSKI,

titulaire de recherche à l'Université d'Ottawa

A toutes les époques il s'est trouvé des écrivains qui, par le retentissement de leur nom, dominaient la vie des lettres. Au Canada, c'est Louis Fréchette qui résume en quelque sorte l'effort littéraire de la deuxième moitié du XIXe siècle. Il était comme un volcan en constante éruption, tant ses activités furent diverses, ses écrits nombreux. Homme engagé, libéral de pure race, admirateur de Hugo, il décida de servir, avec la même ardeur, l'Etat et les lettres. Il fut tour à tour avocat et journaliste, député et conférencier, conteur et linguiste, poète et dramaturge. Et de tout temps, il fut certes celui qui a su garder, malgré les polémiques interminables, son nom de poète et son prestige personnel. Mais, à la distance d'un siècle, il faudrait peut-être revenir à ses œuvres, en les réexaminant avec plus d'objectivité : sujet vaste où le sublime voisine souvent avec le médiocre.

Il serait présomptueux de soutenir que l'œuvre de Fréchette, même d'après les études de Chapman [1], de Sauvalle [2], de Rinfret [3], d'Henri d'Arles [4], de Dugas [5], de Klinck [6], de Marion [7], de Dassonville [8], soit complètement

1. W. CHAPMAN, *Le Lauréat,* Québec, Léger Brousseau, 1894, xvi, 323p.
2. Marc SAUVALLE, *Le Lauréat manqué,* Montréal, [s.é.], 1894, 69p.
3. Fernand RINFRET, *Louis Fréchette,* Saint-Jérôme, Librairie J.-E. Prévost, 1906, II, 140 pages. (« Etudes sur la littérature canadienne-française », première série, *Les Poètes* II.)
4. Henri D'ARLES, *Louis Fréchette,* Toronto, The Ryerson Press, 1924, v, 127p.
5. Marcel DUGAS, *Un romantique canadien, Louis Fréchette,* Paris, Editions de la « Revue mondiale », 1934, 295 p.
6. George A. KLINCK, « Louis Fréchette, prosateur », thèse de doctorat d'université, Université Laval, 1952, vi, 405p. ; surtout : « Le Théâtre en prose de Fréchette », p. 330-356. Cette thèse fut publiée : *Louis Fréchette, prosateur. Une réestimation de son œuvre,* Lévis, Le Quotidien Ltée, 1955, xv, 238p. ; surtout « Le Théâtre en prose de Louis Fréchette », p. 180-194.
7. Séraphin MARION, *La Critique littéraire dans le Canada français d'autrefois,* Ottawa, Les Editions de l'Université d'Ottawa, 1958, 195 p. (« Les Lettres canadiennes d'autrefois », t. IX.)
8. Michel DASSONVILLE, *Fréchette,* Montréal, Fides, 1959, collection Classiques canadiens, 95p. Il faut noter aussi un article de Jean Ethier-Blais, sorte de portrait litté-

éclairée. Fréchette s'essaya presque à tous les genres littéraires : poésie, conte, histoire, essai, drame... A son époque où tout était à faire, on prenait trop facilement l'enthousiasme pour le génie et le long récit en vers pour la poésie la plus expressive. Et Fréchette a su profiter des circonstances pour créer sa propre légende dont l'écho est parvenu à l'autre bord de l'Océan. Il appartient à la critique d'aujourd'hui d'en faire des appréciations plus complètes, plus nuancées. Nous ne voudrions examiner ici que son théâtre.

L'idée d'aborder le théâtre vint à Fréchette en 1862, lorsqu'il était encore étudiant en droit à l'Université Laval. A cette époque-là, il esquissait des écrits en prose et en vers dont certains furent imprimés, depuis 1859, dans *L'Abeille* et dans *Le Journal de Québec,* premier jet d'un écrivain en herbe. La plupart de ces textes furent réunis en un volume que Brousseau publia en 1863. Bohème à sa manière, ami intime de Pamphile Le May, le jeune poète se sentit à égale distance de Béranger et de Hugo, de Shakespeare et de Longfellow. Si grands que fussent ses espoirs, si colorés ses rêves d'adolescent, pouvait-il alors imaginer son rôle de futur romantique ? Aurait-il pressenti l'envergure de l'entreprise au moment où il fréquentait l'arrière-boutique de Crémazie avec ses aînés, tels Garneau, Gérin-Lajoie, Casgrain ?... C'est là, pourtant, qu'il aurait recueilli quelques notions sur *Waterloo* de Scribe, *Les Vêpres siciliennes* et *Le Paria* de Casimir Delavigne, *Marie Stuart* de Lebrun, *Jeanne d'Arc* de Soumet : ces pièces gonflées de nationalisme avaient frayé la voie au drame romantique.

Il semble que Fréchette ait longuement piétiné avant de courir après la pâture romantique au hasard des circonstances et des engouements faciles. La halte fut cependant brusque lorsqu'il aperçut dans la vitrine de son ami libraire, au printemps de 1862, les *Souvenirs d'un Prisonnier d'Etat canadien* [9], touchante histoire d'un patriote de Saint-Jean. Rien de plus stimulant qu'une pareille découverte ! Saint-Charles, Saint-Denis, Saint-Eustache, voilà la géographie des rêves de notre poète de vingt-trois ans pour qui des noms tels que Cardinal, Duquette, Papineau eurent, dès son enfance, toute la magie des symboles nationaux. Bien vite il lui fallut apporter sa part d'artiste à ce récit patriotique : il décida d'en faire un drame en prose.

La période d'incubation fut brève. Au début de l'automne de 1862, Fréchette a achevé son « grand drame historique », composé de trois actes et d'un prologue [10]. La pièce fut jouée à la Salle de Musique de Québec, rue

raire, brossé à partir de renseignements biographiques généralement connus ; voir Jean Ethier-Blais, *Louis Fréchette,* dans *Cahiers de l'Académie canadienne-française, 7 — Profils littéraires,* Montréal [s.é.], 1963, p. 73-85.

9. [Félix Poutré], *Echappé de la potence. Souvenirs d'un prisonnier d'Etat canadien en 1838,* Montréal, E. Senécal, 1862, 47p. Signé du même nom parut, en 1872, une nouvelle fantastique, intitulée : *Le Coffret ou le trésor enfoui. Manière de découvrir un trésor. Histoire merveilleusement véritable et véritablement merveilleuse en trois parties,* Montréal [s.é.], 1872, 63p. Il n'est pas pourtant sûr que ce récit soit de Poutré : certains critiques — Gérard Malchelosse et David Hayne — n'excluent pas la possibilité que « Félix Poutré » soit le pseudonyme de l'abbé Louis-Edouard Bois.

10. En 1862, le manuscrit de *Félix Poutré* comprenait trois actes et un prologue ; ce ne sera qu'en 1871, au moment de l'impression de la pièce, que le prologue deviendra l'acte premier. Voir les annonces dans *Le Journal de Québec,* du 8 au 22 novembre 1862 ; aussi : *La première représentation de Félix Poutré à Québec,* dans *BRH,* vol. 51, no 11, 1945, pp. 399-400.

Saint-Louis, le samedi 22 novembre de la même année. La première remporta, au dire des journaux, un succès sans précédent. Toujours à l'affût du pittoresque, le public en eut largement pour son argent. Nous devinons, cependant, que les Québécois d'alors, tout en applaudissant la pièce du jeune auteur, pensèrent plus à Papineau qu'à Félix Poutré : la légende historique l'emporta sur la valeur littéraire et scénique du drame.

Si nous regardons d'un autre œil le texte de Fréchette, ces longues tirades patriotiques, ces revers d'une destinée légendaire, nous constatons sans peine que l'auteur est encore loin de la véritable conception du drame historique. Pour que l'histoire puisse revivre sur la scène, il faut qu'elle y revienne comme un appel du présent, une nostalgie qui se fait féconde, une souffrance qui s'actualise, une force qui secoue le cœur et la conscience. L'histoire de la bataille d'Odelltown devient, sous la plume de Fréchette, un jeu trop facile, une amplification d'événements qui sentent la poussière et le comique involontaire. A chaque pas l'action oscille entre le miroitement des souvenirs et le facile attrait du mélodrame. Ainsi, la première pièce du jeune auteur québécois n'offre rien de captivant au point de vue de la psychologie collective, de l'évolution des caractères : elle est vide.

Félix Poutré est plutôt un canevas de mélodrame à la Pixérécourt. Toute l'action s'appuie sur deux ressorts dont le premier comprend les forfaits de Camel, jeune traître qui brouille à chaque moment le complot des « patriotes », et le deuxième réside en des réactions de Félix Poutré qui, une fois emprisonné, simule la folie pour échapper à la potence. Cardinal et Duquette sont ici les personnages qui incarnent le patriotisme grandiloquent. Rien à dire au sujet du shérif, du geôlier, du juge, de Toinon ou de Béchard ; le vieux docteur Arnoldi réussit à peine à égayer la fastidieuse monotonie du spectacle à l'aide d'un patois fort primitif.

L'élément comique de la pièce réside presque exclusivement dans le langage de Poutré. Sa folie « artificielle » fait progresser tous ses monologues et chaque idée, partant de quelque réminiscence lointaine, aboutit à l'absurde. L'association la plus fantaisiste des idées et des faits devient ainsi le champ d'une imagination en désarroi.

> Félix ! Bon, c'est cela. C'est comme cela qu'il faut les recevoir les voleurs. La reine va vous donner une médaille, à tous, quand je lui aurai raconté cela. Allons, criez tous avec moi, là : Vive la reine d'Angleterre... Bon, c'est çà ! bravo, bravissimo !... Dites donc, qu'est devenu le foin du gouvernement ? Tonnerre ! je ne suis pas gouverneur pour rien, moi, il faut que j'en aie ma part. En attendant, je vais le vendre à l'encan [11].

Dans une autre scène Félix Poutré crie :

> Mais avant de dire la messe, il faut que je publie les bans [12]. Ecoutez bien. Il y a promesse de mariage entre Félix Poutré, fils majeur

11. Louis-H. FRÉCHETTE, *Félix Poutré,* Montréal, Beauchemin, 1871, p. 29.

12. Fréchette s'inspire ici directement de la deuxième partie des *Souvenirs* de Poutré. En voici un échantillon : « Ainsi un jour j'avais la manie de la pêche, et je tendais une ligne, que je tenais à la main une heure et plus sans bouger et sans remuer. Un autre jour j'allais à la chasse. Tous les matins, de bonne heure, je faisais chauffer de

> d'Ignace Poutré et de Charlotte Descarreau de cette paroisse, d'une part, et... la reine d'Angleterre, d'autre part... Ceux qui connaissent quelque empêchement à ce mariage, qu'ils y viennent s'ils veulent se faire assommer !... On recommande à vos prières Louis-Joseph Papineau, le docteur Chénier, le docteur Côté, le docteur Nelson, le docteur Arnoldi, et tous les docteurs... et toute la canaille de cette paroisse. Mes frères, j'ai une grande nouvelle à vous apprendre. J'ai été choisi par le Tout-Puissant pour accomplir de grandes choses. Il m'a envoyé pour faire la guerre au diable. Je me suis battu avec lui et je l'ai tué [13].

Ce déploiement forcé de l'imagination, soi-disant paranoïaque, détermine l'allure du troisième acte. Mais à la longue le comique de mots devient ennuyeux, exagéré. Toujours est-il que jusqu'à la fin de cette pièce la « folie » de Poutré dégénère en de semblables extravagances. Devant les prisonniers aussi bien que devant les juges il triomphe à merveille en parfait saltimbanque. On ne condamne pas un fou, on le remet en liberté ! Voilà un dénouement qui est loin d'être celui du véritable drame historique.

A l'époque, cependant, la petite brochure de Poutré et le drame de Fréchette, feront rapidement leur chemin. Les *Souvenirs* auront leur deuxième édition en 1867, la troisième, en 1884 ; on les traduira même en anglais. Quant au drame de Fréchette, on le remettra souvent à l'affiche. Partout où on le jouera, le public se montrera enchanté. En 1871, cette pièce sera même éditée par Beauchemin qui, on ne sait pas au juste pourquoi, le fera sans la permission de Fréchette. Quoi qu'il en soit, le volume sera enregistré au Bureau des Statistiques et de l'Agriculture au nom de « Félix Poutré et Compagnie ».

Fréchette a-t-il consulté Félix Poutré au moment où il a pris la décision d'adapter les *Souvenirs* à la scène ? Se sont-ils mis d'accord sur les droits de collaboration ? Impossible de répondre. Cependant, une lettre publiée dans *La Minerve* du 5 juin 1879 fait supposer que Félix Poutré se croyait propriétaire de ce drame bien plus que Louis Fréchette [14]. Il fallait un réel

---

l'eau pour dire ma messe. Je prenais quatre prisonniers pour acolytes, je leur donnais $20. par mois, et avant de commencer la messe, je faisais le tour de la grande salle, et une lavette à la main, je jetais de mon eau bénite bouillante à la figure des prisonniers. Pendant la messe je faisais un sermon, ou des publications de bans de mariage ; j'avais toujours soin de marier le curé de la paroisse ; cela faisait rire plus que tout le reste ; j'annonçais la fin du monde, l'Antéchrist, la bête à sept têtes ; je voyais le jugement général ; je tuais le diable pour qu'il n'y eût plus d'enfer ; je répondais à des députations d'anges qui venaient m'en remercier de la part de la Ste Vierge ». (Félix Poutré, *Souvenirs*, p. 39.)

13. Louis FRÉCHETTE, *Félix Poutré*, p. 29.

14. Voici la lettre : « Depuis quelque temps on a recommencé à jouer la pièce connue sous le nom de « Félix Poutré » comme si elle appartenait à tout le monde. On n'a pas même l'air de savoir que je vis encore, et qu'on n'a pas le droit de se servir de mon nom, de m'afficher partout et de s'emparer de ma propriété littéraire sans mon consentement. Il y a eu un temps où, au moins, sur les recettes on me faisait ma part et je dois sous ce rapport faire l'éloge de l'honorabilité du Dr Marsil de St-Eustache qui a compris qu'on ne s'emparait pas du bien d'autrui avec si peu de cérémonie. Aujourd'hui non seulement on ne me demande pas mon consentement, et ne me donne rien, mais on ne m'envoie pas même des billets d'entrée. C'est trop fort ! Si encore on jouait bien ma pièce, mais on paraît beaucoup plus occupé du nombre de trente sous qu'on fera, que de la manière de bien remplir les rôles de la pièce. Je crois devoir avertir le public que je suis décidé à ne pas me laisser ainsi dépouiller et afficher devant le public

courage et beaucoup de sang-froid pour passer sous silence les réclamations audacieuses dont les échos se répandaient à travers toute la province. Mais il est fort probable que Fréchette a connu, bien avant la dénonciation officielle, les tristes origines du récit qui a ébloui, en 1862, son imagination. En effet, il ne s'agit que de faux souvenirs ; la critique a démontré après la mort de Poutré (1885) que le « grand héros » de la bataille d'Odelltown ne fut qu'un lâche, un espion, un traître [15]. Ainsi Louis Fréchette aurait certainement compris, après la publication imprévue de sa pièce en 1871, qu'il était devenu victime de son propre engouement. Il valait mieux ne pas en parler.

Avant d'aller plus loin, précisons que Fréchette a vécu pendant près de cinq ans à Chicago, de 1866 à 1871, à titre d'exilé volontaire. La colonie française de l'Illinois commença à se former vers 1845. Des villages et des paroisses se multiplièrent dans la vallée de la rivière Kankakee. A partir des années 1850, Chiniquy s'y fit apôtre de la colonie française, organisée dans un rayon de cinquante milles : Chicago, Bourbonnais, Papineau, Kankakee, Sainte-Anne, Saint-Georges, Sainte-Marie de Beauceville, l'Erable... ; elle posséda son hebdomadaire, *Le Courrier de l'Illinois,* fondé par Alexandre Grandpré et Claude Petit, transformé, en 1864, en *Courrier de l'Ouest.* Fréchette partit pour Chicago afin d'y aider les colons français. Quelques renseignements glanés dans des journaux font valoir l'hypothèse que le poète québécois eût collaboré au journal l'*Amérique,* fondé probablement en septembre 1869 et disparu au début de 1871 [16].

Il n'existe jusqu'ici aucune étude fouillée sur le séjour de Fréchette aux Etats-Unis. La critique répète toujours ce que Lareau et Darveau ont écrit du vivant de Fréchette. Darveau semble tenir ses renseignements de Fréchette lui-même, si l'on tient compte des précisions suivantes :

> Durant son séjour à Chicago, Fréchette a composé un poème intitulé : *Les Fiancés de l'Outaouais,* qui au dire des connaisseurs, était de beaucoup préférable à tout ce qu'il a publié. Cet ouvrage qui était a peu près achevé, a été détruit dans l'incendie de Chicago. Un grand drame en cinq actes, intitulé *Tête à l'envers,* une comédie aussi en cinq actes, *La Confédération,* qui était presque terminée, et plusieurs autres manuscrits inédits et de valeur ont malheureusement subi le même sort dans la même conflagration. *Tête à l'envers* avait été représenté sur la scène à Chicago et avait eu le plus grand succès parmi les Canadiens français [17].

sans rien dire et que je sévirai contre ceux qui, sans ma permission, joueront la pièce intitulée « Félix Poutré ». J'ai été assez maltraité en 1837 pour mériter qu'on me traite aujourd'hui avec un peu moins de sang froid [*sic*]. Je suis... Félix Poutré ». (Voir *Lettre au rédacteur de la Minerve,* dans *La Minerve,* 5 juin 1879, p. 2.)

15. Voir à ce sujet : Gustave Lanctôt, *Faussaires et Faussetés en histoire canadienne,* Montréal, Les Editions Variétés, 1948, 225p. ; surtout : *Félix Poutré le faux patriote,* p. 201-224. A lire aussi un intéressant article d'Edouard Blondet, *Félix Poutré,* dans *Recherches historiques* (publiées par Pierre-Georges Roy), Lévis, [s.é.], 1926, pp. 419-422.

16. On consultera avec profit : Louis-Philippe Cormier, *La Presse française de l'Illinois,* dans *La Revue d'histoire de l'Amérique française,* vol. 11, no 3, décembre 1957, p. 360-392.

17. L.-M. DARVEAU, *Nos hommes de lettres,* Montréal, Imprimé par A.A. Stevenson, 1873, p. 201. Le même auteur, à la p. 216, signale que Fréchette a aussi composé une « charmante comédie-bouffe intitulée : *Les Notables du village.* Sans être irrépro-

Ces écrits auraient été consommés par le feu, en 1871, ce qui interdit toute tentative d'analyse littéraire.

Néanmoins, quelques interprétations sont permises si l'on pense au « style dramatique » de Fréchette, qui est essentiellement un « style d'adaptation » ou plus exactement un « style d'imitation rapide ». Il est presque certain que déjà à Chicago Fréchette ait pu lire le roman d'aventures d'Elie Berthet, *La Bastide rouge* dont le protagoniste, Auguste Fleuriaux est surnommé « Tête à l'envers ». (Nous parlons plus loin du *Retour de l'Exilé* qui est justement l'adaptation de ce roman à la scène ; Fréchette le fit jouer à Montréal, en 1880.) Par analogie nous déduisons également que *Les Fiancés de l'Outaouais* auraient pu être une mise en dialogue et en tableaux scéniques du célèbre, à l'époque, roman de Joseph Doutre : *Les Fiancés de 1812* (1844). Le caractère excessivement mélodramatique de ce roman aurait pu rencontrer les préférences de Fréchette. Il est difficile de spéculer sur la comédie *La Confédération* car il n'en reste aucun indice valable qui permettrait d'éclairer sa genèse. Quant à la comédie-bouffe, *Les Notables du village,* que Darveau mentionne sans la situer chronologiquement dans la vie de Fréchette, il conviendrait d'y voir un reflet d'art de Joseph Quesnel. Nous tromperions-nous en soutenant que le poème *Berceuse indienne* serait aujourd'hui le seul vestige de cette pièce à jamais perdue [18] ?

La période qui va de 1858 à 1871 est pour Fréchette celle de ses débuts littéraires. A Québec et à Chicago, déjà fort d'idées politiques, il cherche ses modèles littéraires, comme le témoignent ses premiers recueils — *Mes loisirs* et *La Voix d'un exilé* —, poésies où la chanson à la Béranger s'accorde mal aux éclairs et foudres à la Hugo, surtout le Hugo des *Châtiments.* Un critique d'alors inventa quelques métaphores qui mettent en évidence les défauts bien plus que les mérites du jeune poète :

> Pauvre Fréchette ! s'écrie-t-il. Son vaisseau a trop de voiles et pas assez de lest. Il a une imagination furibonde, et malheureusement le plomb, qu'il devrait se couler dans la tête, n'est pas encore fondu. [...] Son fusil est trop chargé, et il crève au lieu de partir [19].

Les premiers essais de Fréchette dans le domaine du théâtre ne furent point éclatants. Pour les oublier, il ne lui resta qu'à recommencer. Et voici que *La Patrie* annonce, au début de juin 1880, les premières de *Papineau* et de *L'Exilé,* deux nouvelles pièces de Fréchette. Elles seront jouées à l'Acadé-

---

chable, — et c'est son début — cette pièce est une charge bouffonne, mais très bien réussie contre ces parvenus ignorants comme on en voit un si grand nombre dans nos conseils municipaux. Elle a été représentée plusieurs fois et a toujours été bien accueillie ». Edmond Lareau va dans le même sens : « M. Fréchette avait composé durant son séjour à Chicago un poème — *Les Fiancées* [sic] *de l'Outaouais,* un opéra en cinq actes et une comédie : tout a été consumé dans le grand feu de Chicago, pendant que Fréchette était au Canada ». Voir *Histoire de la littérature canadienne,* Montréal, John Lovell, 1874, p. 124. A noter que Fréchette a écrit un poème élégiaque, *Les fiancés de l'Ottawa,* dont un extrait figure à la première page du *Pays* (vol. 17, no 51, 13 mai 1868), journal dirigé par Papineau et Dorion.

18. Louis-H. FRÉCHETTE, *Berceuse indienne (Fragment de Libretto),* dans *Pêle-Mêle,* Montréal, Lovell, 1877, pp. 131-134.

19. Jean PIQUEFORT (A.-B. Routhier), *M.L. Fréchette,* dans *Les Guêpes canadiennes,* Ottawa, A. Bureau, 1881, 1ère série, p. 330. (Volume compilé et annoté par Auguste Laperrière.)

mie de Musique, à Montréal, du 7 au 12 juin. Une publicité fort tapageuse fait croire que cette fois l'auteur fournit au public d'incontestables preuves de son talent.

> Notre concitoyen, lisons-nous dans le journal de Beaugrand, M. L. Fréchette a eu la bonne idée de dramatiser les événements de 1837, dans une grande pièce à laquelle il a donné le nom du fameux patriote, Papineau. [...] Tout en respectant scrupuleusement l'histoire et les opinions de tous, il a fait une œuvre pleine d'intérêt et de couleur locale, tout à fait dramatique, et destinée au plus grand succès.
>
> Il ne s'est pas arrêté là, et à la demande des artistes chargés d'interpréter Papineau, M. Fréchette a mis à l'étude un autre drame en 5 actes, intitulé *L'Exilé de 1839* qui, peut-être, moins scrupuleusement historique que le précédent, n'en est pas moins appelé à contrebalancer le succès de son aîné [20].

Ainsi, tout s'annonçait bien pour Fréchette. Toujours fidèle aux idées libérales et au culte du passé, il se complaisait à revenir à l'époque de la rébellion de 1837, si riche en événements dramatiques.

La première de *Papineau* eut lieu à l'Académie de Musique, le lundi 7 juin 1880, et dépasse en succès toutes les espérances de l'auteur et de la direction du théâtre. Mme Jéhin-Prume créa avec beaucoup de talent le rôle de Rose Laurier. Le décor féerique de Gérard reconstitua sur la scène les contours des villages de Saint-Charles et de Saint-Denis. « *Papineau* hier, avoue un chroniqueur anonyme, a été un succès littéraire et patriotique [...], un triomphe comme on n'en a jamais vu au Canada. [...] Somme toute, succès sur toute la ligne » [21].

Après la première de *Papineau,* voici celle de l'*Exilé* [22]. Le public applaudit de toutes ses forces Mme Jéhin-Prume, cette « charmante tourterelle » qui incarne le rôle de Blanche Saint-Vallier. L'acteur McGown réussit l'impossible pour rendre vivants les longs monologues d'Auguste Desriviers. D'autres artistes — Martin dans le rôle de Jolin, Morin dans celui de l'aubergiste, Trudel dans celui d'Adrien — jouent, dit-on, d'une manière magistrale. Et pour ne pas oublier l'auteur, un spectateur s'exclame : « La charpente du drame est forte, élégante et durable ; le dialogue est vif, mouvementé, et il y a dans chaque scène cette verve et cette énergie de langage qui distingue le style de M. Fréchette » [23].

La réaction du public et les comptes rendus élogieux ne contribuent cependant qu'en partie au triomphe de Fréchette. Voici qu'Amédée Papineau, fils du grand Papineau, arrivé tout juste de France, assiste au spectacle, le samedi 12 juin. En même temps, les dépêches de Paris annoncent que Louis Fréchette vient d'être couronné par l'Académie française : il obtient, en effet, le prix Montyon pour son recueil de poésies, *Les Fleurs boréales — Les*

---

20. *Deux drames canadiens,* dans *La Patrie,* 1er juin 1880, p. 1.
21. *Papineau,* dans *La Patrie,* 8 juin 1880, p. 2.
22. Il faut préciser que le premier titre de ce drame, inscrit sur les affiches lors des représentations en juin 1880, fut *L'Exilé* ; *Le Retour de l'Exilé* est le deuxième titre que Fréchette proposa à son imprimeur, à l'automne de 1880.
23. *L'exilé,* dans *La Patrie,* 9 juin 1880, p. 2. La première de cette pièce eut lieu le 8 juin.

Oiseaux de neige, publié chez Darveau, en 1879. L'auteur canadien est au sommet de la gloire. Les charmants vaudevilles de Félix-Gabriel Marchand et *Jacques-Cartier* du « vieux » Archambault ne seront désormais considérés que comme de maladroites mises en scène [24], en comparaison des deux pièces de Fréchette qui alternent pendant six jours à l'Académie de Musique.

L'histoire des représentations bien située dans le contexte de l'époque, nous nous demandons maintenant ce que valent ces deux pièces de Fréchette au point de vue strictement littéraire. *Papineau,* drame en quatre actes, nous paraît aujourd'hui, par son action et ses caractères, une pièce bien médiocre. Le cadre historique n'y ajoute rien. Fréchette a fait tout simplement un exposé dialogué en prose sur la situation politique des Canadiens français de 1837. Pour concevoir l'intrigue, il n'avait qu'à relire les *Anciens Canadiens* de Philippe Aubert de Gaspé. En effet, James Hastings et George Laurier sont soumis aux épreuves qu'endurèrent, en 1759, Archibald de Locheill et Jules d'Haberville : poussés l'un vers l'autre par l'amitié, mais ennemis par la force des circonstances politiques, ils se disent adieu, luttent dans des armées opposées, et se rencontrent de nouveau à la fin de la rébellion, pour reprendre la vie d'autrefois. Entre ces deux jeunes hommes, Rose Laurier joue le rôle de Blanche d'Haberville. L'héroïne de Fréchette entre en scène comme cette naïve Colinette de Joseph Quesnel [25], chanson aux lèvres, bouquet à la main. Mais ceci n'est qu'une apparence. Vaillante et intrépide, elle se fait valoir par ses attitudes de vestale et de Jeanne d'Arc. Cependant, vers la fin du drame, elle renonce à toute la dignité cornélienne et se jette dans les bras de James : par ce dénouement imprévu, elle diffère de Blanche d'Haberville qui demeure fidèle à son engagement idéologique.

Pour renforcer l'intrigue, Fréchette fait appel à l'ingéniosité d'un Sauvage (Michel) et aux forfaits de Camel, espion qu'on a déjà vu dans *Félix Poutré.* Quelques réunions de patriotes, quelques balles tirées au-dessus de Saint-Eustache et de Saint-Charles, discussions, départs, rencontres, voilà l'essentiel dont se compose l'action.

Quant à Papineau, protagoniste du drame, il nous laisse l'impression d'une caricature. Laissons-le parler :

> Arrêtez, monsieur Pacaud ; je sais ce que vous allez dire. Il ne faut pas tenir le peuple anglais responsable de ces atrocités. Elles sont les conséquences malheureuses mais inévitables des guerres civiles. Les partis s'échauffent, les haines s'enveniment, les vengeances et les représailles sont terribles ; mais elles sont le fait des individus et non pas celui des nationalités. Nos intérêts locaux sont en conflit avec les autorités anglaises ; nous avons subi la loi de proconsuls avides et barbares, les circonstances nous ont placés, nous les enfants de la France, sous

---

24. Léon Lorrain, *Fréchette et le théâtre au Canada,* dans *La Patrie,* 16 juillet 1880, p. 2.

25. Joseph Quesnel, *Colas et Colinette ou le Bailli dupé,* dans *Le Répertoire national de J. Huston,* Montréal, Lovell et Gibson, 1848, vol. 1, p. 8. Cette pièce doit être considérée comme le premier opéra-comique composé en Nouvelle-France ; elle fut jouée deux fois à Montréal, le 1er janvier et le 8 février 1790, par le Théâtre de Société pour être reprise à Québec, en 1805.

la domination britannique ; tout cela a eu pour effet de nous armer les uns contre les autres [26].

Ceci entendu à plusieurs reprises fait penser à quelque mauvais discours politique de l'époque. On se demande même à quoi bon la lutte si le chef, au début de l'engagement, a baissé pavillon. Un portrait plus authentique du premier des Patriotes de 1837 a été brossé par Fréchette dans un long poème épique : *Papineau* [27].

De même le discours de Rose, à la fin du quatrième acte, détruit tout l'intérêt dramatique de la pièce :

> Oui ! et je le pressens, nous aurons un jour la liberté aussi. Sir James Hastings, j'accepte votre main. Que nos deux races vivent dans l'union et la concorde ; et nous réaliserons par l'harmonie ce que nous n'avons pu obtenir par les armes. Le Canada sera libre un jour ; et les Canadiens de toutes les origines vénéreront la mémoire du conquérant de nos libertés, du grand Papineau, proscrit aujourd'hui, mais que l'avenir nommera la plus belle figure de notre histoire politique [28].

Nous n'avons rien contre ces idées de bon augure. Mais nous pensons que pour un drame historique, Fréchette aurait dû concevoir un meilleur dénouement. Ceci donne l'impression d'un roman à thèse, d'une harangue qui n'a rien de catilinaire. Et nous souscrivons à ce jugement de Jean Béraud : « *Papineau* est œuvre d'éloquence théâtrale bien plus qu'œuvre dramatique » [29]. Fréchette eut certainement mieux réussi, en écrivant un conte.

Pour plus de précisions, notons que les voix favorables à l'égard du théâtre de Fréchette qui se firent entendre dans *La Patrie, La Minerve* et aussi dans *Le Courrier de Montréal,* eurent leur contrepartie dans *Le Canadien* où Jules-Paul Tardivel, déjà bien connu par son conservatisme outré, ne manqua aucune occasion pour fustiger ses adversaires. Dans un long compte rendu, tout en évoquant, par le biais de la thématique des pièces de Fréchette, les événements de 1837 dont il était loin de partager l'élan révolutionnaire, Tardivel exprime son jugement sur le théâtre. Il convient donc d'en citer quelques passages car le sentiment de Tardivel reflète aussi ceux d'une bonne partie des Canadiens français d'autrefois :

> Beaucoup disent très sentencieusement, écrit Tardivel, que le théâtre est l'école du peuple. Si vous demandez ce que l'on enseigne à cette école, on vous répondra plus sentencieusement encore : l'admiration de l'héroïsme, l'amour de la vertu, la haine du vice. Voilà la théorie ; elle est assez séduisante, je l'avoue, mais lorsque nous consultons l'histoire pour constater de quelle manière cette belle théorie a été réduite en pratique, nous restons convaincus que le théâtre n'a fait, règle générale, que pervertir les peuples. Surtout de nos jours, où la licence, s'affublant du manteau de la liberté, s'est glissée dans tous les coins de

---

26. Louis-H. FRÉCHETTE, *Papineau,* Montréal, Chapleau et Lavigne, 1880, p. 92. (Drame en quatre actes et neuf tableaux, ayant pour sujet la victoire de Saint-Denis.)
27. Louis-H. FRÉCHETTE, *Papineau,* dans *Pêle-Mêle,* Montréal, Lovell, 1877, p. 15-22.
28. *Id., Papineau,* p. 100.
29. Jean BÉRAUD, *350 ans de Théâtre au Canada français,* [Montréal], Le Cercle du Livre de France, 1958, p. 62.

> la société, le théâtre est devenu un véritable fléau, pire encore que la presse. [...] Il manquait au Canada un théâtre national. C'était une lacune dont personne ne s'apercevait, mais qu'il fallait combler tout de même, paraît-il. Il y a déjà quelque temps, les journaux de Montréal, embouchant la trompette de la réclame, ont annoncé au monde étonné que M. L.-H. Fréchette venait de créer le théâtre canadien. [...] On s'extasiait surtout devant *Papineau*. [...] M. Fréchette tourne bien un vers, tout le monde l'admet. [...] Mais entre un sonnet fait suivant les règles, un madrigal langoureux, ou même une ode ronflante de patriotisme et un bon drame, surtout un bon drame historique, il y a un abîme [...] que M. Fréchette n'a pas su franchir. [...] M. Fréchette a voulu glorifier l'épisode le plus triste et le plus regrettable de notre histoire, remettre en honneur des idées dangereuses, des doctrines subversives, et surtout réhabiliter un homme sans patriotisme, sans principes, sans religion, un démagogue qui ne fut pas même un révolutionnaire [30].

Il convient de souligner que Fréchette était depuis toujours la bête noire de Tardivel ; il serait donc inopportun de prendre aujourd'hui les idées de celui-ci pour des révélations, idées en elles-mêmes tendancieuses, parce que conçues sous le signe exclusif de la critique moralisatrice. Il est néanmoins intéressant de constater, en lisant le témoignage de Tardivel, à quel degré certains Québécois d'autrefois voulaient voir dans le théâtre un moyen d'éducation religieuse et politique.

Quant au *Retour de l'Exilé* [31], le plus grand service qu'on puisse rendre à l'auteur, c'est de l'oublier tout simplement. Pour l'écrire, Fréchette a servilement copié *La Bastide rouge* [32], roman d'Elie Berthet, auteur français. Les adversaires de Fréchette ont vite remarqué cette incise d'apparence insignifiante, parue sur les affiches annonçant la représentation de la pièce, reprise à la page de titre, lors de sa publication : « drame en cinq actes et huit tableaux, en collaboration » ; ils allaient découvrir sa véritable source littéraire. Fréchette eut tort de la cacher, car son « procédé d'adaptation » laisse une marge fort mince à son esprit créateur. Il eût convenu d'en renseigner le public au moment où Chapleau et Lavigne s'apprêtèrent à l'imprimer ; le texte du drame parut en 1880, sans aucune introduction. Il serait fastidieux d'évoquer aujourd'hui la longue polémique qui, par la suite, fit couler beaucoup d'encre. Jules-Paul Tardivel dans *Le Canadien,* puis dans *La Vérité,* William Chapman dans son *Lauréat* en ont déjà parlé avec ardeur et animosité. En 1958, Séraphin Marion, dans une étude de synthèse, regroupa les incidents marquants de cette controverse [33].

Le roman d'Elie Berthet, *La Bastide rouge* est un roman d'aventures dont l'action se situe au bord de la Méditerranée, non loin de Marseille, dans un grand et vieux bâtiment de forme oblongue avec deux corps de logis, datant d'époques différentes, mais également délabrés [34]. C'est là, à la Bastide

30. J[ules]-P[aul] TARDIVEL, *Papineau, drame historique,* dans *Le Canadien,* 28 juillet 1880, p. 2.
31. Louis-H. FRÉCHETTE, *Le Retour de l'Exilé* [*en collaboration*] — *drame en cinq actes et huit tableaux,* Montréal, Chapleau et Lavigne, 1880, 72p.
32. Elie BERTHET, *La Bastide rouge,* Paris, Michel Lévy Frères, 1865, 160p.
33. Séraphin MARION, *op. cit.,* chapitre « Les Tribulations d'un lauréat », pp. 93-145.
34. Elie BERTHET, *op. cit.,* p. 30.

rouge, que se joue la tragi-comédie d'un vieil avare, nommé Pierre Linguard qui voudrait épouser une jeune fille, Elisabeth Meursanges. Celle-ci finira pourtant par triompher, en retrouvant son ami d'enfance, Maurice Longpré. Cette victoire est due surtout à la vengeance d'Auguste Fleuriaux, surnommé « Tête à l'Envers », exilé volontaire qui revient au pays après de longues années d'absence, pour reconnaître en Maurice son fils et pour punir le vieil avare usurier. L'action a une allure exagérément mélodramatique. Les personnages passent d'une aventure à l'autre sans que leur caractère soit nuancé. Bref, le vieux thème moliéresque verse, sous la plume de Berthet, dans un récit dont l'intrigue rebondit sans cesse dans un courant d'incidents invraisemblables, ce qui fait de la « Bastide rouge » une sorte de boîte à surprise.

Chez Fréchette, l'action et l'intrigue sont identiques : son drame suit fidèlement le récit de Berthet. Il est facile d'ajuster le style romanesque au déroulement dramatique car l'écrivain français emploie fréquemment le dialogue. Ainsi, des phrases entières, des paragraphes à peine retouchés, des expressions et des mots rares passent du roman au drame. Ce qui change, ce sont le cadre géographique et les noms de personnages. Ainsi, dans la pièce de Fréchette, l'action se déroule dans une auberge de Sillery, ensuite dans un domaine qui est le pendant de la « Bastide rouge ». L'avare s'appelle maintenant Jolin ; Auguste Fleuriaux n'est qu'Auguste Desriviers, mais le surnom de celui-ci (Tête à l'envers) change en « Bourrasque » ; Maurice Longpré devient Adrien, tandis qu'Elisabeth Meursanges porte le nom prestigieux de Blanche Saint-Valier. La seule originalité dans cet exercice d'adaptation est la « canadianisation » de l'atmosphère et du paysage, due à quelques noms géographiques et à l'évocation, bien vague par ailleurs, des événements de 1837.

On aurait cru qu'après tant de tribulations, Fréchette abandonnerait à jamais le théâtre. Il n'en fit rien. Victorien Sardou ne s'est-il pas moqué, dans *Mes Plagiats,* de toutes les diatribes acerbes que la critique française avait adressées à ses comédies et à ses drames ? On dirait que Fréchette en a fait autant, en 1903, lorsqu'il a confié au Théâtre des Nouveautés sa tragédie *Veronica. La Patrie* annonça ce drame comme une création extraordinaire, une des meilleures pièces de la saison :

> Elle [*Veronica*] fut écrite, il y a cinq ou six ans, à la demande de Mme Sarah Bernhardt, dont la tragique histoire de Veronica Cybo avait tenté le génie audacieux ; mais l'auteur et l'interprète ayant toujours été, depuis, séparés par toute la largeur de l'océan, le drame n'a jamais été soumis à la grande tragédienne. Et c'est en entendant pour la première fois Mlle D'Arbelly dans un de ses grands rôles que M. Fréchette a eu l'idée de faire produire sa pièce sur un théâtre de Montréal [35].

35. *Veronica, drame en vers du poète-lauréat Louis Fréchette, représenté aux Nouveautés,* dans *La Patrie,* 1er févr. 1903, p. 3. Il convient de préciser que le troisième acte de *Veronica* fut publié dans *Les Soirées du Château de Ramezay,* ouvrage collectif de l'Ecole littéraire de Montréal, Montréal, E. Senécal, 1900, pp. 3-23. En 1903 on a probablement oublié le compte rendu acerbe publié dans *Les Débats* : « Sur 305 vers, nous avons cité deux cents qui ne valent rien : on nous excusera de ne pas citer l'autre cent qui ne vaut pas mieux. » (Voir Joseph Saint-Hilaire, « *Veronica* », *Les Soirées du Château de Ramezay,* dans *Les Débats,* 1ère année, no 20, 15 avril 1900, p. 4.)

Veronica fut donc jouée le lundi 2 février 1903 ; les comptes rendus d'alors soulignent sans exception son brillant succès. Les interprètes furent Mlle d'Arbelly (Veronica), Dharvol (comte de Feradini), Guinaud (duc de San-Guiliano), Henrion (San-Martino, précepteur du duc), Darcy (Yesouf), Mme Debruyne (Stella). Fréchette assista à la représentation et le public l'applaudit chaleureusement. Un reporter de *La Patrie* remarqua, après avoir admiré le spectacle : « Il y a dans *Veronica* des scènes d'une puissance tragique qui dénotent chez l'auteur le vrai talent dramatique » [36]. Les adversaires les plus acharnés du lauréat se sont alors tus, croyant que Fréchette s'était réellement surpassé.

Ce qui a surtout surpris les critiques montréalais, c'est que Fréchette abandonnait tout à coup le thème national pour un sujet universel. L'action, en effet, invite le lecteur à se transporter dans l'Italie du XVIe siècle où les cours des seigneurs offraient des spectacles à la fois somptueux et macabres. On croirait même que Fréchette est parvenu à pénétrer les cœurs et les consciences où bouillonnent les sentiments de jalousie et de vengeance.

On relèverait aisément bien d'autres témoignages sur le succès de *Veronica* au moment de sa première. Mais ce qui nous intéresse davantage c'est la valeur littéraire et esthétique de la pièce. Aussi, il serait fort intéressant de fixer les étapes dans la durée qui sépare l'œuvre imprimée du moment où elle n'était que germe, balbutiement, gestation. Une sèche analyse du texte ne suffit pas toujours pour mesurer toute son originalité : il importe de connaître aussi sa genèse. Pour expliquer celle de *Veronica,* il faut s'attendre à bien des détours. Cependant, avant d'y arriver, analysons brièvement la pièce.

Dès le premier acte, Fréchette nous invite à entrer dans le somptueux vestibule du palais de Fiesole, près de Florence. Ceux qui ont lu attentivement les *Chroniques italiennes* de Stendhal savent d'avance en quoi consiste la vie luxueuse de l'Italie du XVIe siècle. A l'ombre d'une architecture qui enchante la vue, Fréchette nous fait assister à quelques dialogues entre Yesouf et Angiolino, entre Bernardo et San-Martino, entre Feradini et le duc Jacques de San-Guiliano. Déjà on devine qu'un « triste désaccord »[37] existe entre le duc et la duchesse. Et voici une lettre qui compliquera davantage la situation. Après avoir dévoré sa femme des yeux, le duc, en dépit de ses plans, décide de partir pour Florence : le grand-duc aurait besoin de ses services... Sur ces entrefaites survient la duchesse. Elle semble déjà connaître le contenu du mystérieux message. Employant tour à tour la douceur et la menace, elle ne parvient cependant point à modifier le plan de son mari. Alors sa colère éclate :

> Encore cette fable !... Et vous n'aurez pas honte,
> Là, de vous abaisser à répéter ce conte !
> [...]

---

36. *La Première de Veronica. Lady Laurier et toute la société montréalaise assistent à cette soirée aux Nouveautés,* dans *La Patrie,* 3 février 1903, p. 1.

37. Louis FRÉCHETTE, *Poésies choisies,* Montréal, Beauchemin, 1908, troisième série, *I : Epaves poétiques,* p. 1-209 ; *II : Veronica, drame en cinq actes,* p. 215-327. La remarque concerne le 1er acte, sc. 1, p. 223. A l'avenir toutes les citations concernant *Veronica* renvoient à cette édition.

Car vous mentez : cet ordre est l'appel d'une femme
Qui vous donne à Florence un rendez-vous infâme [38].

Insensible aux supplications de son épouse, le duc part pour Florence. Hors d'elle-même, Veronica est déjà possédée par le démon de la vengeance.

Le décor du deuxième acte représente la place de la Signoria, à Florence. L'action se déroule d'abord sur la terrasse d'une auberge attenante au palais, ensuite au seuil même du palais de la Signoria. Le ton de la fin du premier acte vient de changer complètement. En dégustant un abondant souper, Yesouf, le serviteur dévoué de la duchesse, d'origine mauresque, et Pietro, frère de Stella, ivrogne et scélérat, semblent satisfaits tous les deux de leur sort. Mais, dans l'ambiance du vin qui ruisselle à grands flots, le Maure ne fait que réaliser le projet de Veronica : Pietro lui fournira la clef de la chambre de Stella. La duchesse, arrivée en hâte à Florence, parvient ainsi à la porte de celle qui est la cause principale de son malheur.

Cette femme inconnue, on la connaîtra au troisième acte. Tel que prévu, le duc de San-Guiliano apparaît dans le modeste appartement de Stella, un peu après minuit. La jeune fille aime son Lorenzo : elle ne connaît pas la véritable identité de son amant. Cependant, Pietro, à moitié ivre, lorsqu'il entre à l'improviste dans la chambre de sa sœur, reconnaît d'un coup « Monseigneur ». La jeune fille se rend compte qu'elle est victime d'un séducteur. Finie la passion d'un cœur de vingt ans ! Offusquée, elle s'écrie :

... Moi ! non, monseigneur, j'aimais
Un jeune homme sans nom et sans fortune, mais
Cœur loyal, qui m'offrait de partager sa vie.
Je n'ai jamais vécu pour contenter l'envie
D'un séducteur sans foi, d'un riche et grand seigneur
Capable de mentir pour m'arracher l'honneur [39] !

Mais que pourrait la noblesse au fond du cœur si le destin va déjà à l'encontre de son bonheur ? Sait-elle que la duchesse est cachée dans l'alcôve d'où elle a pu suivre, à travers le rideau, tous les mouvements passionnés de son mari ? La voici devant Stella aussitôt que « Monseigneur » aura fait à celle-ci ses adieux.

... Qui je suis, Monstre ? je suis la femme
De celui qui, souillé de ton baiser infâme,
Lâche larron d'honneur vient de sortir d'ici !
[...]

Va, j'ai tout entendu du fond de cette alcôve
Où j'écoutais, râlant comme une bête fauve
Qu'on étrangle, — oui, demain, l'infâme doit oser
Venir comme autrefois mendier ton baiser !
Et tu vas, d'ici là toi, pour sa bienvenue,
Parer ton impudeur de fille entretenue !...
[...]

38. *Id., op. cit.*, acte 1er, sc. 7, p. 235.
39. *Id., op. cit.*, acte 3, sc. 4, p. 277.

Moi, duchesse souveraine,
Moi qui porte à mon front presque un bandeau de reine !
Un soir que tu mandais le traître au rendez-vous,
Je me suis lâchement traînée à ses genoux...
[...]
Ha ! ha ! ha ! ha ! que Dieu me pardonne, tu railles !
Tu parles de couvent... Montre-moi des murailles
Que l'amour ne saurait ni percer ni franchir !...
Ah ! non, ma belle enfant, en vain pour me fléchir
Tu recours à mon cœur : je ne veux rien entendre !
C'est demain, n'est-ce pas, qu'il t'a dit de l'attendre...
Fais-en ton deuil, demain n'existe plus pour toi [40] !

Aussitôt, sur les ordres de Veronica, Yesouf décapite Stella dans l'alcôve. Pietro, revenu quelques instants après, découvrira le cadavre de sa sœur.

Au début du quatrième acte, Bernardo et San-Martino constatent que le carrosse de la duchesse, rentré à la fin de la nuit de Florence, était taché de sang... Le duc est toujours absent. Mais déjà on sait qu'une jeune femme de vingt ans vient d'être assassinée. On a trouvé Pietro, son frère, pâle, évanoui, aux pieds de la victime. Fratricide ? Les soupçons se multiplient. Le cœur plein de remords, la duchesse se trouve presque au seuil de la démence. Faudra-t-il poignarder Yesouf pour effacer le spectre du crime ? Oui ! Non ! Voici le médaillon qu'il lui apporte, médaillon de Veronica que Stella portait sur sa poitrine. Voici aussi la tête ensanglantée de Stella : on la mettra dans le coffret où le duc garde ses colliers de gala.

On fait chanter des prières pour la santé de la duchesse, malade. Nous sommes au cinquième acte. Le duc dont les affaires militaires vont de mal en pis croit naïvement que Stella a été égorgée par son frère. De la bouche de Yesouf il apprend, cependant, que la duchesse était à Florence, hier soir, parmi les conjurés. En attendant, il se prépare à un nouveau voyage. Bernardo lui apporte son coffret d'ébène. En soulevant le couvercle, il aperçoit la tête de Stella, horrible, garnie de sang figé. En même temps la duchesse entre, cheveux défaits, dans sa toilette blanche :

... Ne reconnais-tu pas cette tête si belle,
Jacques ?... Approche-toi donc ! embrasse-la, c'est elle !...
[...]
Non, tu ne rêves pas ; pourquoi donc ce vertige ?...
C'est elle, ta Stella ; caresse-la, te dis-je [41] !

Le duc comprend tout maintenant. Ce crime est l'œuvre d'une femme désespérée qui se venge. Pour comble de malheur arrive, presque au même moment, le signor Podestat de Florence. On a trouvé auprès de la victime la bourse portant la devise du duc. Celui-ci avoue qu'en effet il l'a laissée à quelqu'un qu'on disait sans ressources. Au paroxysme du désespoir, le duc précise que c'est Yesouf qui a tué Stella. On l'arrête. Veronica expire, le petit Angiolino dans ses bras.

40. *Id., op. cit.*, acte 3, sc. 5, pp. 280-283.
41. *Id., op. cit.*, acte 5, sc. 5, p. 312.

Cette brève analyse permet de voir dans *Veronica* une pièce d'inspiration romantique. Certaines scènes ressemblent à celles d'*Hernani,* de *Lucrèce Borgia, d'Henri IV et sa cour.*

La couleur locale, le mélange des genres, du sublime et du grotesque, les intrigues, la violence, le meurtre, bref toute la conception de l'ensemble fait penser à Alexandre Dumas père et à Victor Hugo. Ajoutons à cela les déguisements, les lettres, les alcôves et nous aurons tous les moyens artificiels du mélodrame populaire. Ici et là un monologue reconstitue les remords de lady Macbeth ou le désespoir de Doña Sol. En vertu de toutes ces évidences on a jugé que la pièce de Fréchette, bien qu'inférieure à celles de Hugo et de Dumas, bien que faible par sa versification souvent rapiécée, pourrait survivre en tant que seul exemple de drame romantique au Canada.

Et ceci était bien le désir de Fréchette lui-même. Au moment où il « repêchait », en 1908, « les épaves » de son œuvre littéraire, il a condamné à l'oubli toutes ses pièces de théâtre excepté *Veronica.* On peut donc supposer que celle-ci eût été jugée par l'auteur comme la meilleure part de son théâtre. En la faisant imprimer dans le troisième volume de ses *Poésies choisies,* il a ajouté une brève et innocente préface dans laquelle il mentionne que le sujet est bien résumé dans le *Larousse* et que « M. Guevazzi a écrit sur ce dramatique sujet une nouvelle dont la traduction a paru dans la *Revue Britannique* » [42]. Il a ainsi réussi à tromper la vigilance de la critique canadienne. L.-A. Bisson, après avoir signalé plusieurs influences romantiques, a conclu, en 1932 : « Si nous tenons compte de ces difficultés (la reproduction d'une civilisation que Fréchette ne connaissait que par les livres) sa pièce peut être considérée comme une production remarquable, sinon originale » [43]. Un quart de siècle plus tard, Jean Béraud, tout en soulignant le manque de poésie dans les vers, ajoute : « A l'éloge de Fréchette, il faut dire que la pièce est, certes, théâtrale, dans le sens plein du mot ; qu'il avait le don de composer dramatiquement une action scénique » [44].

Nous sommes loin de nous contenter aujourd'hui de quelques remarques sur l'action, la composition et le style de cette pièce. A la lumière de documents, nous nous empressons de dire que *Veronica* n'est point l'œuvre de Fréchette, mais de son ami français, Maurice de Pradel. Certes, Fréchette y aura sa part, mais la paternité de la pièce ne lui revient aucunement. En expliquant les origines de ce drame, nous aurons l'occasion de préciser les circonstances, semblables à celles qui accompagnèrent la rédaction du *Retour de l'Exilé.*

En novembre 1894, Fréchette a reçu une lettre qui l'a bien étonné :

Monsieur et éminent Confrère,

> Parmi vos souvenirs littéraires, avez-vous gardé celui d'un vieux poète conférencier dont le nom a quelque peu retenti autrefois en Europe ?

42. *Id., op. cit.,* préface, p. ii.
43. Laurence A. Bisson, *Le Romantisme littéraire au Canada français,* Paris, E. Droz, 1932, p. 213.
44. Jean Béraud, *op. cit.,* p. 109.

Hélas ! Triste retour ! Le voici aujourd'hui perdu, brisé, désespéré, endurant des souffrances dont son cœur saigne, mourant, absolument de douleur !

Je n'ai point à rougir de ce cruel aveu fait in extremis, au premier écrivain de ce pays, à un délicieux poète, à un galant homme de qui je n'ai certes à redouter aucune humiliation !

Ayant perdu la petite fortune que m'avaient amassée mes conférences qui furent si goûtées autrefois, j'avais tenté de les recommencer en Orient où j'ai été l'un des fondateurs de la presse française.

Je n'ai pu, cette fois, réussir ! Les esprits sont à des préoccupations tout autres que littéraires, et la philosophie essentiellement spiritualiste de mes poésies n'intéresse qu'un public spécial.

Sachant que Paris, si cruel pour ceux qu'il a oubliés, ne me pouvait offrir qu'un abîme de misère, je me décidai à exécuter un projet caressé depuis longtemps. Je voulus venir au Canada réputé si littéraire ; je me disais qu'avec mon nom, mon passé, mes facultés, je devais sûrement trouver les ressources que j'y venais chercher. [...] Je dois donc vous assurer que je suis arrivé dans les plus mauvaises conditions ! La vie littéraire, hélas ! a des retours terribles dont je fais aujourd'hui la cruelle expérience.

J'ai lutté, tant que j'ai pu, jusqu'à l'épuisement de mes dernières ressources, et ce moment est arrivé.

Je crois fermement qu'à Québec, centre littéraire, je pourrais avec l'aide puissante d'un écrivain de votre envergure, trouver, sinon une situation, du moins des ressources temporaires, soit dans la Presse, soit dans le professorat ; et j'affirme que l'on n'aurait qu'à se louer de moi ! Vous n'en pouvez douter, Monsieur.

Mais, ce que je souffre présentement est inénarrable ! Tout me manque à la fois. Ma dignité même sombre dans mon naufrage ! Et, c'est à ce point, monsieur, laissez-moi vous le dire, que si ces lignes ne vous parvenaient pas de suite, si, par impossible, je m'étais trompé, je doute que j'existerai encore un jour !

Hélas ! après avoir donné quarante ans de ma vie à la propagation dans toute l'Europe, de l'étude et de l'amour de notre belle langue française, en être réduit à ce point, n'est-ce pas lamentable ?...

Eh bien ! perdu, sous l'étreinte des plus impérieuses nécessités, ne pouvant plus garder la pudeur d'une situation intenable, je viens à vous, vous éminent maître, et je vous dis : Je succombe ! au nom des lettres, voulez-vous tendre la main, sauver la vie au vieux poète aujourd'hui terrassé [45] ?...

Sans nulle hésitation, Fréchette lui a tendu la main : Maurice de Pradel est venu à Montréal où il a pu remonter la côte, gagner un peu d'argent, tout en servant de conseiller au célèbre lauréat. Il vivra à Montréal plus d'un an.

Ainsi réunis par le hasard des circonstances, Fréchette et Pradel peuvent assister, au printemps de 1896, à une série de manifestations culturelles. La célèbre cantatrice Albani chante au Monument national les extraits des

45. Maurice DE PRADEL, Lettre à Louis Fréchette, datée de Québec, le 22 novembre 1894. Archives nationales du Canada, Ottawa, Fonds MG29G13.

opéras de Wagner, de Verdi, de Meyerbeer et d'Arditi [46]. Au début d'avril, Ignace Paderewski, pour la deuxième fois à Montréal, joue à la salle Windsor, des pièces de Schubert, de Beethoven, de Bach, de Brahms et de Chopin [47]. Et, entre les concerts de ces deux artistes, voici l'arrivée de la divine Sarah Bernhardt, avec sa troupe de la Renaissance [48].

C'est la quatrième fois que cette célèbre tragédienne visite Montréal. Parmi ses admirateurs les plus fervents figure Louis Fréchette. Déjà en décembre 1880, alors que Sarah Bernhardt vint pour la première fois au Canada, il se rendit à Saint-Albans pour l'accueillir triomphalement à la frontière canado-américaine. Il avait même composé en son honneur un poème de circonstance qui suscita à l'époque les plus malveillantes critiques [49]. Alors que Mgr Fabre, évêque de Montréal, dénonçait la valeur morale d'*Adrienne Lecouvreur* de Scribe, et celle de la *Dame aux Camélias* de Dumas [50], Fréchette, en compagnie d'Honoré Beaugrand et de Rosaire Thibodeau, faisait tout pour que ces représentations fussent couronnées de succès. Avec le même enthousiasme il accueillait Sarah Bernhardt en avril 1891 alors qu'elle vint à Montréal pour présenter de nouveau *Froufrou* et la *Dame aux Camélias,* pièces déjà connues auxquelles s'ajoutèrent *Jeanne d'Arc* de Jules Barbier, *La Tosca* et *Fedora* de Sardou. Le 29 décembre de la même année, Sarah Bernhardt, pour la troisième fois à Montréal, joua *Cléopâtre* de Sardou et Morand, *La Tosca, Adrienne Lecouvreur* et *Pauline Blanchard.* Et voici que maintenant, en 1896, la « divine Sarah », entourée de plusieurs artistes dévoués — Jean Dara, Ramy, Brunière, Chamcroy, Darmont, Lacroix, mesdames Patry, Berthilde, Moskovite, Blanche Boulanger, Andrée Canti, — brille de nouveau sur la scène de l'Académie de Musique dans *Yzeyl* d'Armand Silvestre et d'Eugène Morand, dans *La Tosca* et *La Gismonda* de Sardou ; ce répertoire sera complété par deux pièces qu'on applaudit depuis des années : *La Dame aux Camélias* et *Adrienne Lecouvreur.*

---

46. Voir : *Madame Albani,* dans *La Presse,* 23 janvier 1896, p. 8 ; aussi *Madame Albani,* dans *La Presse,* 24 janv. 1896, p. 6 ; *Madame Albany de nouveau au pays de son enfance,* dans *La Presse,* 25 janvier 1896, p. 12 ; *Albany,* dans *La Presse,* 29 janvier 1896, p. 6 ; *Madame Albany,* dans *La Presse,* 31 janvier 1896, p. 2 ; *Madame Albany au Monument national,* dans *La Presse,* 3 février 1896, p. 1 ; *Madame Albany,* dans *Les Nouvelles,* 2 février 1896, p. 4. Sur l'ensemble de la vie de cette cantatrice on consultera ses mémoires, publiés d'abord en anglais, à Londres, en 1911, sous le titre *Forty Years of Song* ; voir la traduction française de Gilles Potvin, *Mémoires d'Emma Albani,* Montréal, Editions du Jour, 1972, 203p.

47. *Paderewski, Concert à la salle Windsor,* dans *La Presse,* 8 avril 1896, p. 1.

48. *Sarah Bernhardt. Elle viendra en février à Montréal,* dans *La Presse,* 14 janvier 1896, p. 6. (Elle arriva à Montréal le 26 février.) Sur les séjours au Canada de Sarah Bernhardt on lira : Georgette Weiller, « Sarah Bernhardt et le Canada », thèse de maîtrise, Faculté des arts, Université d'Ottawa, 1968, iv, 122p.

49. Le poème en question commence ainsi :

> Salut, Sarah ! Salut charmante Doña Sol,
> Lorsque ton pied mignon vient fouler notre sol,
> Notre sol tout couvert de givre,
> Est-ce un frisson d'orgueil ou d'amour ? Je ne sais,
> Mais nous sentons courir dans notre sang français
> Quelque chose qui nous enivre.

50. Les autres pièces alors jouées à Montréal sont : *Froufrou* d'Henri Meilhac et *Hernani* de Victor Hugo.

En 1898, Fréchette assiste à toutes les représentations de Sarah Bernhardt [51]. Il organise, le 29 février 1896, lors de la représentation de la *Dame aux Camélias,* avec l'aide de cinq cents étudiants, une ovation qui dépasse tout ce que Sarah eût pu espérer du public montréalais :

> Les deux dernières représentations de samedi, *La Dame aux Camélias* et *Adrienne Lecouvreur,* lisons-nous dans *La Presse,* ont été données, comme toutes les autres, d'ailleurs, devant des salles combles et enthousiastes. Mme Sarah Bernhardt n'a jamais vécu dans ses tournées d'Amérique antérieures, un accueil plus chaleureux. [...] Lorsque Mme Sarah Bernhardt est apparue sur la scène, au second acte, parée des couleurs universitaires, des tonnerres d'applaudissements ont éclaté de toute part. La grande tragédienne a écouté avec une émotion visible, une cantate à elle, dédiée par M. Louis Fréchette et chantée sur l'air des Montagnards. Les étudiants qui ont occupé tous les entr'actes par leurs airs joyeux, ont présenté à l'héroïne du jour, de superbes corbeilles de fleurs naturelles [52].

Quelques heures plus tard, à la gare Bonaventure, Fréchette, en serrant la main de la « divine Doña Sol », balbutie : « J'aurai bientôt une pièce à vous soumettre qui sera toute à la gloire de votre génie. » « Je l'attends », répond Sarah avec un certain sourire, et déjà le train se met en marche pour New-York.

Voilà la première idée de *Veronica.* Mais du levain à la pâte la durée est encore incertaine. Fréchette et Pradel passent de longues heures à discuter les sujets, les structures, la forme des pièces préférées de Sarah Bernhardt. Ils savent fort bien que l'actrice parisienne aime la grandeur royale, la passion qui bouleverse les cœurs et les consciences, l'éclat des situations embrouillées, le duel de la volonté et des instincts. Elle se complaît dans le rôle des personnages violents, dans le monde exotique dont les chemins la conduisent de l'Espagne à l'Italie, de l'Italie à la Grèce, de la Grèce aux Indes. Lorsqu'elle incarne Yzeyl, cette jolie et sentimentale courtisane de l'Inde ancienne, les exigences de l'amour dépassent tous les conseils de Yoga, le nirvana de Bouddha : dans un langage vraiment oriental, où la métaphore se déploie comme les montagnes et la mer, l'artiste exploite tous les secrets de la nature féminine. Dans *Gismonda,* la pièce peut-être la plus hardie de Sardou, elle ne reculera pas devant la passion d'Almério, pauvre fauconnier ; elle se donne à lui, elle, duchesse riche et puissante, car celui-là a arraché son fils Francesco de la gueule d'un tigre. Il y a encore cette Sarah Bernhardt transfigurée dans les quatrième et cinquième actes de la *Tosca :* cœur rempli d'amour et de haine, cantatrice vaincue et victorieuse, main qui poignarde le sensuel baron Scarpia ; louve farouche, elle rôde dans la sombre chapelle des condamnés à mort du château Saint-Ange pour sauver son cher Mario Cavaradossi. C'est toujours la même Sarah au comble du paroxysme, qui récite d'une voix haletante et métallique la célèbre tirade de

---

51. Voici le programme complet de la quatrième tournée de Sarah Bernhardt à Montréal : le mercredi soir, 26 février, *Yzeul* de Silvestre et de Morand ; le jeudi, *La Tosca* de Sardou ; le vendredi, *La Gismonda* de Sardou ; le samedi en matinée, *La Dame aux camélias* de Dumas ; le samedi soir, *Adrienne Lecouvreur* de Scribe.

52. Mme Sarah BERNHARDT, *Démonstration des étudiants à l'Académie de Musique,* dans *La Presse,* 2 mars 1896, p. 6.

haine dans le quatrième acte d'*Adrienne Lecouvreur*. Mais elle a créé aussi la voluptueuse Djamma dans *Nana-Sahib* [53], la Cléopâtre [54] affolée, la Fédora [55] dansant devant l'empereur Justinien à Byzance, et combien d'autres ! « Elle fait éclater les passions, amour dans toutes ses manifestations, de préférence violentes et cruelles. » [56] Là, ses propres souvenirs, ceux du prince Henri de Ligne et de Damala, revivent en elle, dirions-nous, avec la véhémence d'une passion authentique, retrouvée.

Rarement, en effet, dans l'histoire du théâtre, un artiste s'est mérité plus d'éloges que Sarah Bernhardt. Peu lui importaient les dénigrements passagers, les convenances de certains critiques, les règlements des directeurs de théâtre. Sarah Bernhardt était née pour la grande scène, elle la dominait du haut de son génie avec sa fougue et ses caprices, et même Julia Bartet, sa « bête noire », n'est point parvenue à la supplanter. Pour connaître davantage cet extraordinaire rayonnement, il suffit de se référer aux souvenirs des gens qui en ont été témoins :

> Toute notre jeunesse fut auréolée de la gloire théâtrale de Sarah Bernhardt qui, dans son époque, passa comme une comète devant tous les soleils et, du seul tréteau des planches, éclaboussa son siècle de tant de lumière, artificielle ou non. C'était un monstre. Un monstre sacré. Imaginez un corps de femme, droit comme une statue et dont la tête tenait à la fois du bélier et de la lionne, avec des yeux de diamants. [...]
>
> Sa voix, selon Mounet-Sully, changeait en or pur le plus humble métal. Sa voix, elle semblait flotter autour d'elle et ses yeux parfois semblaient la suivre. Selon le texte, elle chantait, elle martelait, elle précipitait la cadence comme un galop qui roulait, montait, piaffait, s'arrêtait dans un silence que crevait soudain un sanglot répété. Puis, dans un émoi d'une candeur infinie où soudain éclatait avec rage dans un accent de révolte ou de souffrance qui sortait du profond d'elle-même et qu'elle ne lâchait plus jusqu'au bout de la période, sinon pour monter encore. [...]
>
> Ses gestes, ses attitudes ? [...] Elle ouvrait la bouche avec effroi, agrandissait ses yeux d'épouvante ou de surprise heureuse, crispait violemment les doigts de sa courte main, ramenait vers sa gorge son écharpe ou les plis de son peplum et demeurait ainsi un instant, figée, pour reculer à pas saccadés, se coller au fond du décor sur quoi elle découpait son fin profil cassé net [57].

Portrait captivant que celui de Sarah, retrouvé dans la mémoire de Georges-Michel. Edmond Rostand l'appelait « reine des attitudes et princesse du geste ». Et Sardou, après l'avoir vue créer Fédora, Augusta, Phèdre et Médée, a tout simplement remarqué que « la voir jouer c'est la voir vivre ».

---

53. *Nana-Sahib* est une pièce de Jean Richepin dont la première eut lieu à la Porte-Saint-Martin, le 20 décembre 1883.

54. *Cléopâtre,* drame en cinq actes de Victorien Sardou, représenté pour la première fois à la Porte-Saint-Martin, le 23 octobre 1890.

55. *Fédora,* pièce de Sardou, jouée pour la première fois au Vaudeville, à Paris, le 11 décembre 1882.

56. Louis VERNEUIL, *La Vie merveilleuse de Sarah Bernhardt,* Montréal, Les Editions Variétés, 1942, p. 31. Voir aussi : Sarah Bernhardt, *Mémoires,* Paris, Fasquelle, 1923, 283p.

57. Michel GEORGES-MICHEL, *Gens de Théâtre 1900-1940,* New-York, Brentano's [s.d.], p. 19-21.

Maurice de Pradel fut heureusement inspiré en soulignant les préférences de Sarah Bernhardt pour les pièces de Sardou. Cette matière, il la connaissait fort bien, ayant donné plusieurs conférences sur le théâtre de Sardou aussi bien que sur celui des autres auteurs dramatiques du XIXe siècle, tels Labiche, Scribe, Musset, Hugo... Sa grande estime pour Stendhal, surtout pour les *Chroniques italiennes,* lui imposa de vastes études sur l'Italie du XVIe siècle et ceci pour mieux comprendre le monde de l'abbesse de Castro, les caractères de Vittoria Accoramboni (duchesse de Bracciano) et de François Cenci. « Cette belle Italie où l'amour a semé tant d'événements tragiques » [58] se prêtait à merveille au talent de Sarah Bernhardt, et Sardou lui-même, en composant *La Tosca,* ne fut pas sans ignorer *La Duchesse de Palliano.* Maurice de Pradel attira donc l'attention de Fréchette sur les vibrantes passions des Italiens du XVIe siècle et, tenant bien à son idée, il proposa à Fréchette de dramatiser l'histoire de Veronica Cybo, en la situant en plein milieu du XVIe siècle. Faut-il rappeler que Fréchette, qui ne connaissait ce sujet que par quelques notes du *Larousse,* trouva l'idée excellente et n'y changea rien, même s'il en concevait la rédaction en vers ? Maurice de Pradel se mit donc à l'œuvre, en mars 1896, et il écrivit, en peu de temps, *Veronica Cybo,* drame en quatre actes, en prose, dans la tradition des pièces maîtresses de Sardou.

Le manuscrit de *Veronica* de Pradel existe encore : on peut le consulter aux Archives du Québec. Certes, le quatrième acte a été perdu, mais les trois qui restent permettent de constater que la part de Fréchette, quant à l'idée, à la structure et à l'action, est minime. Brouillé avec Pradel en avril 1896, le poète canadien a tout simplement transcrit la pièce de ce dernier en y apportant quelques changements insignifiants : cinq noms nouveaux, quelques scènes déplacées, ici et là une phrase transformée, une expression remplacée par une autre. On a pris l'habitude d'appeler ce texte en prose « la deuxième rédaction de Veronica de Fréchette ».

En avril 1896, Maurice de Pradel se trouve au Mexique où il poursuit sa carrière de « littérateur errant ». Il y aura bientôt entre lui et Fréchette un échange de correspondance dans laquelle le ton est fort différent de celui qui animait les phrases de leurs lettres de 1894. Bien que nous ne puissions scruter aujourd'hui que des bribes de cette correspondance, nous sommes presque certain que le sujet principal, sinon unique, de leurs préoccupations fut le drame *Veronica.* Fréchette ne pensait qu'à faire jouer cette pièce à Paris, par la troupe de Sarah Bernhardt. Pour avoir une part certaine dans l'œuvre de Pradel, il s'est souvenu de ce conseil de Victor Hugo : « L'idée trempée dans le vers prend soudain quelque chose de plus incisif et de plus éclatant. C'est le fer qui devient acier » [59]. Mais il ignora, semble-t-il, cette remontrance du même Hugo : « Malheur au poète si son vers fait la petite bouche ! » [60] En tout cas, la décision d'écrire une *Veronica* en vers était prise et il en fit part à Pradel.

58. STENDHAL, *Romans et Nouvelles,* Paris, Gallimard, 1952, *Chroniques italiennes, La Duchesse de Palliano,* p. 711. « Bibliothèque de la Pléiade ».

59. Victor HUGO, *Théâtre,* Paris, Hachette, 1880, t. 1 : *Cromwell,* p. 55. On peut trouver plusieurs remarques intéressantes au sujet des influences de Hugo sur Fréchette dans la thèse de doctorat de Daniel T. Skinner, « The Poetic Influence of Victor Hugo on Louis Fréchette », Harvard University, 1952, iv, 243p. ; surtout : « Dramatic Poetry » *(Veronica — Hernani* and *Ruy Blas),* p. 190-219.

60. ID., *op. cit.,* p. 55.

Quelle fut cependant sa surprise de recevoir des lettres dans lesquelles Pradel réclamait, avec obstination et en termes non voilés, la paternité de *Veronica*. Fréchette lui écrivit une longue lettre au début de laquelle il prétend qu'il se moque « comme d'une guigne, de [ses] menaces d'apparaître ». Cependant, dans la deuxième partie de la missive, il admet humblement :

> Mais, soyez tranquille ; je ne veux rien vous enlever, ni rien vous devoir. C'est vous qui m'avez donné l'idée de cette pièce ; vous m'avez fourni certaines indications qui m'ont été utiles ; vous avez même ébauché certaines scènes dont j'ai tiré parti ; et, si jamais la pièce est représentée, vous aurez votre large part dans les droits d'auteur. Mais nous sommes loin encore de ce résultat. J'ai commencé à écrire le 4 mars, après que Sarah eût quitté Montréal, et je viens seulement de lui expédier le 1er acte. Il me reste encore à écrire le 4e acte et la moitié du 3e. Vous admettrez qu'entre cela et une pièce acceptée dont je pourrais vous indiquer la date de la représentation, il y a loin.
>
> Du reste, je vous avouerai que je ne compte pas du tout sur ce travail. Je préfère de beaucoup débuter par une pièce canadienne. Je tiens mon sujet — un rôle superbe pour Sarah ; et j'espère avoir tout fini en septembre ou en octobre. La *Veronica* n'est que pour me faire la main et donner de l'espoir à Sarah.
>
> Ainsi je crois, Monsieur de Pradel, que vous n'aurez ni l'occasion d'apparaître, ni la chance de faire fortune avec mon travail. En tout cas, voilà ce que j'ai à répondre à vos sommations [61].

Cette attitude fut loin de satisfaire l'ambition de Pradel. Il écrivit à Fréchette, le 17 juillet 1896, une réponse de trois pages. En raison de son importance et pour connaître davantage la genèse de *Veronica,* nous reproduisons ce document en entier.

> Guatémala, juillet 1896.
>
> Monsieur Fréchette,
>
> Je suis vraiment désolé d'avoir à répondre à votre lettre ; mais vous auriez dû comprendre en l'écrivant qu'elle ne pourrait rester sans protestation de ma part.
>
> Le Canada me paraît très arriéré en matière de délicatesse littéraire. Quand vous aurez un peu plus respiré l'air du Paris lettré, vous saurez ce que la Société des auteurs dramatiques entend par collaboration. Au fond, vous le savez aussi bien que moi et vous avez cru que je serais encore bien heureux de me laisser faire.
>
> Mais, Monsieur, je ne suis plus au Canada et j'ai maintenant bec et ongles pour défendre mes intérêts en les confiant à la Société des auteurs qui ne badine pas en matière de collaboration. Les faits sont d'ailleurs très simples. Je vous ai soumis verbalement un sujet de pièce à mettre en vers. Nous devions chacun de notre côté l'écrire en prose, mais vous me priâtes de l'écrire *seul* [62]. Comme j'allais quitter Montréal et que ce travail allait m'y retenir une dizaine de jours de plus, nous convînmes d'une somme de dix dollars pour mes frais élémentaires de

61. Louis FRÉCHETTE, Lettre à Maurice de Pradel, datée de Montréal, le 24 avril 1896 et adressée comme suit : « Maurice de Pradel, Poste restante, à Mexico ». Archives nationales du Canada, Ottawa, Fonds MG29G13.

62. C'est l'auteur de la lettre qui souligne.

séjour et il fut entendu, qu'en aucun cas ce pain quotidien ne pourrait être considéré comme une rémunération. J'écrivis donc *les quatre actes* [63] de ma *Veronica Cybo* comme j'entendais et voulais qu'elle fût représentée.

Et c'est là, Monsieur, ce que vous osez appeler *des notes* que je vous ai remises contre argent comptant !...

Eh bien, *ces notes* (dont j'ai le double), je vous forcerai de les produire à la Société des auteurs qui jugera, et qui, à défaut de contrat, aura à s'en référer à votre lettre adressée à Québec, à « Votre cher collaborateur ». Quand, dans cette fameuse [64] lettre, j'ai vu que vous qui hélas ! avez fait vos preuves en matière de théâtre, vous vous apprêtiez à torturer mon travail, j'ai apposé mon veto absolu auquel vous avez répondu que nous ne pourrions nous entendre, mieux valait rompre et que d'ailleurs vous ne teniez pas du tout à cette pièce.

Les choses étant à ce point, j'attendais d'un écrivain délicat le renvoi de mon manuscrit que vous n'aviez aucun droit de garder.

Mais voilà, c'est que, au contraire, vous teniez énormément à mon sujet, ne fût-ce que pour l'épisode de Galilée (que vous n'avez pas trouvé dans le *Larousse,* pas vrai ?) et vous vous êtes dit que c'était là pour vous une excellente occasion de faire une *Veronica Cybo* selon vos moyens sans avoir à partager les droits avec personne ! C'est là du pur bysantisme [sic] qui ne vous mènera pas loin, je vous en réponds !

Que ce sujet d'une grandeur antique ne vous soit pas entré dans le cerveau, je le conçois. Pour se colleter avec un personnage aussi tragique que Veronica Cybo, il fallait un maître en théâtre, comme il fallait, pour l'incarner, une artiste d'une autre envergure que Sarah.

Mais, laissons cela. De même que vous auriez le droit, s'il vous plaisait de faire une Phèdre, vous avez celui, incontestable, de faire une Veronica Cybo ; *mais* [65], à la condition absolue que pas un indice, pas un épisode, pas une scène, pas une phrase, pas une tournure de mon manuscrit s'y trouve.

Or, dans votre dernière lettre qui est au dossier, vous daignez avouer que vous vous êtes servi de mes indications utiles et que, comme je vous ai donné l'idée de la pièce, vous me dédommagerez largement...

Halte là ! Monsieur. D'abord je sais comment vous entendez le mot *largement ;* ensuite, je n'ai que faire de vos largesses alors que j'ai des droits absolus, imprescriptibles de collaboration à part égale. Et croyez bien que si la pièce est représentée (ce dont je doute) et au cas où vous m'y forciez, je les revendiquerai intégralement ; ce qui jetterait une vilaine ombre sur votre début à Paris où le grand public a l'épiderme si sensible en matière de loyauté littéraire.

Je pense, Monsieur, en avoir dit assez, pour que vous compreniez que je suis décidé à pousser les choses à fond de train.

J'ajoute qu'il dépend de vous seul que je me tienne absolument coi : écrivez-moi simplement que selon nos conventions premières, vous

63. C'est l'auteur de la lettre qui souligne.

64. Maurice de Pradel fait ici allusion à une lettre que Fréchette lui a adressée peu de temps avant son départ pour le Mexique, alors qu'il était allé à Québec pour dire adieu à ses amis ; le texte de cette missive est cependant introuvable.

65. Pradel souligne ce mot trois fois.

m'attribuez la moitié des droits de la pièce et vous n'entendez plus parler de moi que le jour où je prendrai ou ferai prendre ma part chez l'agent de la Société des auteurs.

Je charge, avec toutes précautions cette lettre dont, bien entendu, le double est soigneusement gardé. Je saurai tout ce qui se passera à votre sujet au théâtre de la Renaissance et j'interviendrai le cas échéant. Mais, je vous le répète, une simple reconnaissance par vous de mon droit empêcherait toute intervention de ma part. J'attends donc patiemment !

Veuillez, Monsieur, agréer l'assurance de mes sentiments les plus distingués.

M. de Pradel
Calle San Juan de Dios, N° 1
Mexico City
— Mexique [66].

Cette lettre sous les yeux, on n'a pas besoin d'insister sur la part de Pradel dans cette œuvre littéraire. Fréchette se montra prudent pendant plusieurs années, en gardant *Veronica* dans son dossier.

Pourtant, le texte versifié de *Veronica Cybo* a été terminé en novembre 1896. E. Johanet, correspondant du *Figaro* en Amérique, adressa à Fréchette une lettre qui en fait foi :

> Une correspondance de Montréal adressée au *Sunday World* de New York, du 29 novembre dernier, m'apprend que vous venez d'achever le drame de *Veronica Cybo* qui vous a été demandé par Sarah Bernhardt. Comme il n'y a pas à douter que votre illustre interprète ne se surpasse dans les scènes tragiques dont une courte analyse me donne l'aperçu, je compte que le poète sera autant acclamé que l'artiste. J'aimerais à annoncer l'événement au public français par la voix de *Figaro*. [...] C'est pourquoi, je vous serais très obligé de me confirmer l'exactitude des dires du correspondant du *World* [67].

Inutile de chercher la suite de cette enquête dans *Le Figaro* de Paris. D'autres documents prouvent absolument que *Veronica Cybo* était terminée en décembre 1896, pièce en cinq actes et en vers, au sujet de laquelle Fréchette a fait circuler toute une légende. La place nous manque pour en indiquer toutes les variantes.

C'est un fait, cependant, qu'il avait soumis la pièce — les premiers actes du moins — à Sarah Bernhardt. Celle-ci aimait le sujet, mais elle riait sans doute de bon cœur du style ampoulé de Fréchette et de son vers souvent boiteux et laborieusement aligné dans le dialogue. Elle lui a donné des réponses ambiguës et des lueurs d'espoir, remettant l'étude du sujet à plus tard. Et ce fut presque une gifle lorsqu'en 1902, au lieu de revenir à Fréchette, elle avait choisi *Francesca de Rimini,* pièce à sujet italien de Marion Crawford, auteur américain, dont Marcel Schwob fit une traduction française. Découragé et peut-être aussi content d'avoir évité le scandale qui, à Paris, aurait pu prendre plus d'envergure que celui que suscita à Montréal son *Retour de l'Exilé,* Fréchette a tout simplement soumis sa pièce « originale »

66. Maurice DE PRADEL, Lettre à Louis Fréchette, 17 juillet 1896.
67. E. JOHANET, Lettre à Louis Fréchette, 4 déc. 1896.

au Théâtre des Nouveautés [68]. Aucune crainte d'ailleurs pour l'auteur, car Maurice de Pradel s'est perdu à l'horizon : il est mort en 1902. C'est ainsi que les chefs-d'œuvre immortels gagnent leur place au Panthéon des lettres.

Nulle surprise donc de constater dans le drame de Fréchette l'influence de Pradel qui l'avait profondément marqué. Tous les cheminements de l'action, l'évolution des caractères, l'ordonnance même des détails et des épisodes suivent dans *Veronica* le plan établi par Pradel. Le premier acte de Fréchette n'est qu'un pur décalque. Ici et là l'action est identique, déclenchée par la mystérieuse lettre que Stella a envoyée à son amant. Celui-ci n'est nul autre que le duc Jacques qui cache son identité sous le nom d'Angiolino et, chez Fréchette, sous celui de Lorenzo. La même atmosphère imprègne les événements : fin d'une fête somptueuse, préparatifs pour une autre soirée de gala, discours qui brossent la situation politique à Florence, départ imprévu du duc... Fréchette n'ajoute rien à l'énergie des passions, au dialogue principal entre Jacques et Veronica. Son invention se limite à quelques retouches, à quelques changements de noms. Ainsi, les deux hallebardiers de Pradel deviennent, chez Fréchette, Bernardo et San-Martino ; Sforsa, Yesouf [69] ; le duc Jean Conradino, le comte Feradini ; et Julien, l'enfant de la duchesse, s'appellera désormais Angiolino.

Pour mieux comprendre le procédé de Fréchette, il faudra surtout confronter les textes. Voici le moment où Veronica, accablée par le départ de son mari, commence sa tirade de désespoir et de haine, conçue en prose par Pradel.

Veronica (seule)

> Oh! c'est trop ! c'est trop ! Depuis dix ans je lutte contre les suggestions d'un désespoir qu'il a maintenant poussé jusqu'au paroxysme. Que suis-je pour lui ? Un objet de pitié. Mes angoisses, mes douleurs, mes larmes, mes prières. Son regard que je mendie parfois, il le pose sur moi avec l'indifférence dédaigneuse. C'est à une autre qu'il porte tous les trésors de son âme. [...] Une femme s'est emparée de lui à ce point que le sentiment de ses plus sacrés devoirs est lettre morte pour lui. Oh ! cette femme, quelle est-elle ? [...] De la pitié ! moi, duchesse de Massa, devant qui tous les fronts se courbent, être devenue un objet de pitié ! Cette femme qui m'a tout pris, cette femme pour qui je meurs, je veux la connaître ; je la verrai, et cette pensée m'exaspère au point que je sens courir dans mes veines un feu qui brûle, mon sang me rendrait capable de je ne sais quelle vengeance obscure [70].

68. Fréchette a communiqué cette pièce au public, pour la première fois, le 29 décembre 1898, lors de la première séance publique de l'Ecole littéraire de Montréal ; voir : *Nouveau Parnasse,* dans *La Minerve,* 30 décembre 1898, p. 4 ; aussi : *La littérature au Canada,* dans *Le Monde illustré,* 14 janvier 1899, p. 578. Le troisième acte de la pièce figure ainsi dans *Les Soirées du Château de Ramezay,* Montréal, E. Senécal, 1900, pp. 3-23.

69. En scrutant le texte en prose de *Veronica,* nous avons pu constater que Fréchette avait longuement hésité entre « Yacob », « Yousouf » et « Yéesouf », optant finalement pour « Yesouf », nom qui remplace celui de « Sforza », employé par Pradel. Quant aux autres noms, Fréchette les a probablement trouvés dans *Pauvre Jacques,* drame à sujet italien dont l'action se déroule à Palerme. Cette pièce fut jouée à Québec, au Théâtre des Familles, au début de 1862. En tout cas le « comte San-Martino » y figure.

70. Maurice DE PRADEL, *Veronica Cybo,* texte manuscrit, Archives nationales du Québec, Québec, acte 1er, sc. 5, pp. 14-15.

Voici maintenant la transcription en vers de ce monologue, la huitième scène du premier acte de la pièce de Fréchette.

La Duchesse (seule)

Ah ! le cruel bourreau !
Voilà bientôt dix ans que je lutte dans l'ombre !
Contre le désespoir d'un courage qui sombre,
Pendant que lui se plaît à me broyer le cœur !
Et si je laisse enfin s'exhaler ma rancœur,
Si je sens ma fierté bondir sous son outrage,
Il me crache d'un mot son mépris au visage !
Je suis lasse, à la fin !... Tout ce que j'ai souffert,
Mon triste isolement, mon tourment, mon enfer,
Jusqu'au sourire faux de sa lèvre traîtresse,
J'aurais tout pardonné pour un mot de tendresse !
Il ne l'a pas voulu !... Cette femme... Ah ! pouvoir
La tenir un instant !... La voir, je veux la voir !
Oui, la voir face à face !... Ah ! je me sens féroce !
Capable de rêver quelque vengeance atroce,
Vengeance à rendre enfin — pauvre souffre-douleur ! —
Injure pour injure et malheur pour malheur [71] !

C'est ainsi que Fréchette composait son drame ! Et il est vrai, hélas ! que son esprit inventif ne fonctionnait guère. Il suivait servilement le texte de Pradel, en lui imposant le rythme des alexandrins dont les rimes affichent la technique ordinaire d'un romantisme grandiloquent.

Voici un autre exemple d'imitation servile, l'épisode pathétique de la fin du premier acte :

Enfant

Oh ! maman, qu'as-tu donc ? Comme te voilà laide.

Veronica

(reculant comme si un serpent l'eût mordue)

Laide ! Toi aussi, malheureux ! tu viens de dire le mot fatal que ses lèvres prononcent tout bas. Sais-tu ce qui me fait laide ? Ce sont les terribles douleurs que ta vie m'a coûtées. Ce sont les nuits sans sommeil, passées à ton chevet, à veiller sur tes jours. Et quand tout m'accable, quand je ne sais plus sur quelle affection reposer ma tendresse, tu viens me jeter à la face le mot qui a brisé ma vie et c'est toi qui frappes ce dernier coup ! toi, le sang de mon sang ! la chair de ma chair ! malheureux ! va-t-en !

(Elle le repousse si violemment que l'enfant tombe par terre en criant :)

Enfant

Maman ! Maman !

Veronica

(hors d'elle-même, se précipitant sur lui et le relevant)

Ah ! misérable ! qu'ai-je fait ? Julien ! mon adoré Julien ! Pardonne-moi ! tu ne peux savoir combien je souffre ; je suis folle, vois-tu ? Je ne sais plus ni ce que je dis, ni ce que je fais. Mon enfant ! j'ai frappé mon enfant [72] !

---

71. Louis FRÉCHETTE, *Veronica,* acte 1er, sc. 8, p. 237.
72. Maurice DE PRADEL, *op. cit.,* acte 1er, sc. 5, pp. 15-16.

Relisons maintenant la même scène d'après la stylisation poétique de Fréchette.

Angiolino

Ah ! maman, qu'as-tu donc ? Comme te voilà laide !

La Duchesse

Laide ! laide ! Ah ! ce mot exonéré qui m'obsède,
Ce mot cruel, fatal, faut-il que ce soit lui,
Mon fils, qui me le jette à la face aujourd'hui !...
Ah ! toi, bien vainement tu renierais ton père !
Il me manquait de voir mon cœur qui désespère
Pendre en lambeaux sanglants aux ongles de tes doigts.
Si je suis laide, ingrat, sais-tu que je le dois
Aux cruelles douleurs que tes jours m'ont coûtées,
A mes nuits sans sommeil, à mes nuits sanglotées
Auprès de ton chevet, lorsque, dans ton berceau
La fièvre, à chaque instant t'éveillait en sursaut ?
Et c'est toi, quand je meurs de détresse et d'envie,
Qui me jettes ce mot, torture de ma vie :
Laide !... Mais es-tu donc inspiré par Satan ?
Toi, la chair de ma chair ?... Ah ! malheureux, va-t-en !

(Elle le repousse si violemment que l'enfant tombe sur ses genoux).

Angiolino (pleurant)

Maman ! Maman !...

La Duchesse

(hors d'elle-même, se précipitant sur lui et le relevant)

Ah ! Ciel vengeur ! Dieu secourable !
Qu'ai-je fait ?... J'ai frappé mon enfant, misérable !...
O mon Angiolino ! mon amour !... mon trésor !...
Laisse-moi t'embrasser !... encore ! encore ! encore !...

(elle l'embrasse à plusieurs reprises)

Tu ne peux pas savoir, vois-tu, ce que je souffre !
Je suis folle ! je suis perdue au fond d'un gouffre
Où contre mille horreurs ma raison se défend...
Pardon, je t'ai frappé !... J'ai frappé mon enfant [73] !...

Inutile de multiplier les exemples, de prolonger les comparaisons ! Le premier acte de Fréchette est une fidèle copie de celui de Pradel.

La même technique est manifeste au deuxième acte. Les scènes qui représentent la rencontre de Yesouf et de Pierre dans l'auberge de Beppo sont entièrement de Pradel. L'épisode de Galilée, bien que légèrement transformé, doit aussi son existence à l'imagination de Pradel. De même, au troisième acte : structure des scènes, progression dramatique, ressorts de l'intrigue et combinaisons mélodramatiques, rien n'appartient à Fréchette. Et jamais celui-ci n'est plus proche de son modèle qu'au moment où il fait souffrir Inès (elle s'appelle Stella chez Fréchette), pour la condamner à une mort macabre. Aucun écart dans les mouvements principaux, aucun ajustement dans les gestes : tout est copié chez Fréchette, peu importe qu'il s'agisse des

73. Louis FRÉCHETTE, Veronica, acte 1er, sc. 9, p. 237-238.

bouffonneries les plus élémentaires, du délire anxieux ou du dénouement pathétique.

N'ayant sous les yeux que les trois premiers actes de Pradel, nous ne pouvons nous prononcer avec autant de certitude sur le reste de la pièce. La correspondance de ces deux écrivains fait cependant croire que Maurice de Pradel avait laissé à Montréal un manuscrit de sa *Veronica Cybo* en quatre actes, et permet de supposer que Fréchette en a simplement réorganisé la matière pour avoir un drame en cinq actes, comme *Hernani* ou *Lucrèce Borgia* de Hugo. Somme toute, *Veronica* de Fréchette n'est qu'un immense plagiat. L'étude poussée de sa versification n'apporterait rien d'extraordinaire pour sauver l'honneur du servile imitateur.

Nous savons, par le truchement des journaux, que Fréchette a aussi écrit une comédie-vaudeville, *Une journée à l'Hôtel du Canada* dont le texte demeure introuvable. Voici à ce sujet un renseignement glané dans *Le Courrier de Montréal :*

> Une comédie-vaudeville, ayant pour titre *Une journée à l'Hôtel du Canada,* est maintenant en répétition et sera jouée durant la semaine de Noël. Cette pièce écrite par M. L.-H. Fréchette, abonde, paraît-il, en situations des plus désopilantes. Lorsque nous l'aurons vue, nous nous promettrons de la juger sans parti pris, sans tenir le moindre compte des prédilections politiques de l'auteur, et sans nous en laisser imposer par le prestige qui s'attache au nom du poète lauréat. [...] Le drame *Papineau* dénotait chez l'auteur une entente de la scène assez remarquable chez un auteur canadien, mais l'intrigue n'était pas très bien menée. *L'Exilé* était mieux, sous ce dernier rapport, mais comme cette pièce n'était qu'une adaptation de la *Bastide rouge,* l'on peut dire que ni l'une ni l'autre de ces deux pièces ne sont à la hauteur du talent de M. Fréchette. A-t-il mieux réussi dans son vaudeville ? C'est ce que l'on prétend, et nous n'avons pas de peine à le croire. Du reste le public sera bientôt appelé à en juger. La nouvelle pièce sera jouée à Berthier, puis à Trois-Rivières, à Québec, ensuite à Joliette, et enfin à Montréal [74].

Cette pièce ne fut jamais publiée. Il est impossible de dire quand et où elle fut jouée. Il n'en existe aucune trace parmi les manuscrits que nous avons consultés. Tout porte à croire que cette comédie-vaudeville ne fut pas supérieure aux pièces antérieures de Fréchette : elle a sombré tout simplement dans l'oubli.

On discerne dans les pièces de Fréchette deux traits dominants : l'emprise de l'histoire et la recherche des effets mélodramatiques. Par ses dons véritables l'auteur est plutôt conteur. Il aborda le théâtre, peu préparé, en fidèle admirateur de Hugo dont les drames *Ruy Blas, Lucrèce Borgia* et *Marie Tudor* illustrent éloquemment le romantisme de bon et de mauvais aloi. Il manque à la dynamique du théâtre de Fréchette la vérité et la profondeur d'une passion en marche. Le jeu des forces intérieures se maintient chez lui au niveau des confrontations faciles. La conscience individuelle et la

74. *Théâtre canadien,* dans *Le Courrier de Montréal,* vol. 6, no 20, 20 décembre 1881, p. 3. D'après l'*Annuaire théâtral* de 1908 (p. 203) cette pièce fut jouée à l'Académie de Musique de Québec, en décembre 1881.

conscience collective se complaisent aisément dans des souvenirs politiques et littéraires. Ainsi conçu, le théâtre témoigne d'une époque, mais il s'avère pauvre dans sa dimension esthétique. Et nous ferions ici nôtre cette remarque de Jean Jacquot au sujet de Castelvetro :

> Bien entendu, l' « agréable » et l' « utile », de même que leur conciliation, peuvent se situer à des niveaux bien différents. Plaire peut signifier divertir, flatter les goûts ou les préjugés d'un public. Mais aussi procurer le plus haut degré de satisfaction esthétique [75].

Au siècle dernier, parmi les souvenirs des années 1837, les pièces de Fréchette auraient pu plaire au public en quête de divertissements et d'exaltation patriotique [76]. Aujourd'hui, cependant, alors qu'on voudrait les apprécier dans leur ensemble — dans leur dimension esthétique surtout —, il est difficile de les attacher durablement à la fortune du répertoire québécois. Sous les reflets miroitants de l'histoire, leur forme littéraire ne peut prétendre qu'à peu d'originalité. C'est dans cet esprit qu'il faut distinguer entre un texte modelé au gré des circonstances et celui d'une valeur esthétique immanente, condition sine qua non de la permanence d'une œuvre littéraire de qualité.

Quand on quitte les coulisses du théâtre de Fréchette, il reste une décevante expérience qui anéantit toutes les illusions. Ces pièces, qui ont procuré aux Montréalais d'autrefois quelques émotions passagères, croulent toutes devant les exigences littéraires. Loin d'être les produits d'un effort créateur ou d'une émulation légitime, elles sont des extraits d'ouvrages, des « transfigurations scéniques », des « adaptations d'occasion », où tout charme disparaît dès qu'on quitte la surface pour mesurer la profondeur. Cet échec s'explique par le fait que Fréchette a totalement manqué de talent de dramaturge. Il a eu cette malheureuse idée de prendre les faiblesses de Hugo comme devise et de suivre, selon les conseils de Pradel, la technique théâtrale de Sardou qui « n'est pas un très grand artiste mais un formidable artisan » [77]. Il aurait fallu apporter aux *Papineau* et *Veronica* plus d'inven-

---

75. Jean JACQUOT, *Dramaturgie et Société. Rapports entre l'œuvre théâtrale, son interprétation et son public aux XVIe et XVIIe siècles*, Paris, Editions du Centre national de la recherche scientifique, 1968, t. 1, p. xxix. « Colloques internationaux du Centre national de la Recherche scientifique ». Colloque de Nancy, 14-21 avril 1967. Au sujet des rapports entre le théâtre et la société, voir aussi Jean Duvignaud, *Sociologie du théâtre*, Paris, PUF, 1965, 588p.

76. On peut rattacher plus facilement l'œuvre de Fréchette à la vie théâtrale de la fin du siècle dernier en consultant *L'Annuaire théâtral*, Montréal, Géo.-H. Robert, 1908, 240p., de même que l'article d'Ernest Tremblay, *Notre Théâtre, histoire de sa fondation*, dans *Le Terroir*, Montréal, Arbour et Dupont, 1909, pp. 205-214. On trouvera aussi quelques renseignements sur le sujet dans Georges Bellerive, *Nos auteurs dramatiques*, Québec, Garneau, 1933, 162p. ; Léopold Houlé, *L'Histoire du théâtre au Canada*, Montréal, Fides, 1945, 170p. ; Jean Béraud, *350 ans de théâtre au Canada français*, [Montréal], Le Cercle du Livre de France, 1958, 316p. ; Paul Toupin, *Le Théâtre*, dans les *Cahiers de l'Académie canadienne-française*, no 3, Montréal, [s.é.], 1958, pp. 110-123.

77. Marcel ACHARD, *Non pas un génie, mais un immense talent*, dans *Cahiers de la Compagnie Madeleine Renaud, Jean-Louis Barrault*, 5e année, cahier 21, décembre 1957, p. 69.

tion personnelle, plus de fini artistique et renoncer à tout le fatras d'une imitation facile. Au point de vue strictement théâtral, ces pièces ne dépassent guère le niveau de simples exercices littéraires. Mais, comme le remarque fort bien Victor Barbeau, avec une pointe d'ironie, « les ombres mêmes ont leur place au tableau » [78].

78. Victor BARBEAU, *La Danse autour de l'érable,* dans les *Cahiers de l'Académie canadienne-française,* no 3, Montréal [s.é.], 1958, p. 11.

Vers une tradition théâtrale

Le Théâtre collégial au Québec. L'apport de Gustave Lamarche

par Jeanne CORRIVEAU

Le vaste mouvement du théâtre collégial, qui a existé en France du XVIe au XVIIIe siècle, a été longtemps négligé des érudits. Si, de prime abord, la question leur avait semblé sans intérêt, c'est qu'ils avaient oublié que le théâtre national doit beaucoup aux collèges et aux écoliers.

Depuis la fin du XIXe siècle, de nombreux ouvrages ont fait ressortir l'importance du théâtre scolaire français et son influence décisive sur l'éducation. L'étude de Petit de Julleville, *Les Comédiens en France au moyen âge,* publiée en 1885 [1], renferme un chapitre intéressant sur le théâtre des écoliers. Gustave Lanson, dans la *Revue de l'histoire littéraire* [2], a montré l'importance des représentations scolaires des tragédies au XVIe siècle.

Dans une importante thèse de doctorat sur *Le Théâtre au Collège du moyen âge à nos jours* [3], L.-V. Gofflot, de l'Université Harvard, a retracé l'histoire du théâtre collégial depuis la représentation de la *Cléopâtre* de Jodelle au collège de Boncourt, en 1552, et celle de *La Mort de César* et des *Esbahis* de Jacques Grévin au collège de Beauvais en 1561. Cette volumineuse étude couvre par ses recherches une tradition théâtrale longue de plus de trois siècles. Enfin *La Tragédie religieuse en France* [4] de Raymond Lebègue, publiée par la *Bibliothèque littéraire de la Renaissance,* en 1929, consacre un chapitre entier sur le théâtre scolaire au XVIe siècle.

---

1. Petit DE JULLEVILLE, *Les Comédiens en France au moyen âge*, Paris, Delalain, 1885.
2. Gustave LANSON, *Importance au XVIe siècle des représentations de tragédies scolaires*, dans *Revue d'Histoire littéraire de la France*, 1903, p. 428.
3. L.-V. GOFFLOT, *Le Théâtre au collège du moyen âge à nos jours,* Paris, Honoré Champion, 1907, 336p.
4. Raymond LEBÈGUE, *La Tragédie religieuse en France (1514-1573).* Paris, Honoré Champion, 1929, pp. 143-157.

Ces recherches multiples ont permis aux critiques modernes de découvrir l'importance et le rôle qu'avait joué le théâtre scolaire en France surtout au XVIe siècle. Elles nous apprirent que, grâce à cette pratique, les collèges ont largement contribué à la sécularisation du drame liturgique et ont hâté la naissance et le développement de la tragédie. C'est dans les collèges que les novateurs, poètes de la Renaissance, trouvèrent leurs interprètes et leur public. En 1549, au collège de Clermont, ou joua le *Plutus* d'Aristophane traduit par Ronsard ; en 1552, ce fut la comédie *Eugène* et la tragédie *Cléopâtre* de Jodelle, au collège de Boncourt ; en 1562, *Saül furieux* de Jean de la Taille fut représenté au collège de Reims.

On apprit que sous l'impulsion des Jésuites, le théâtre avait pris une place considérable dans les programmes de l'enseignement. Son influence fut telle que pour la province — ce fut le cas au Canada comme en France — le goût de l'art dramatique chez les masses date des représentations données dans l'enceinte des collèges. En effet, le collège est à cette époque, dans les villes éloignées de la capitale et dépourvues de scènes permanentes, le seul foyer de l'art théâtral.

L'influence du théâtre ne devait pas être moindre, chez les écoliers. Ce fut sur les bancs de l'école que les écrivains dont la France s'honore sentirent l'éclosion de leur talent. La vocation de Corneille, Molière, Voltaire, Le Sage, anciens élèves des Jésuites, s'est incontestablement révélée et affirmée à la vue des productions scéniques auxquelles ils ont participé. Le nom de Thomas Corneille figure sur la liste de ceux qui prirent part à la représentation de *Jézabel* au collège de Rouen en 1642. Il remplissait le rôle de Thémis. Les premiers essais dramatiques de Voltaire datent de ses années de collège. En 1706, il composa une tragédie *Amulius et Numitor*. Quelques pages de cette œuvre précoce sont conservées dans les *Pièces inédites de Voltaire* [5]. A l'époque où Voltaire n'avait plus à user de ménagements avec les pères Jésuites, il déclarait dans une lettre écrite en 1761 au docteur Bianchi : « ... ce qu'il y avait de mieux au collège des Jésuites où j'ai été élevé, c'était l'usage de faire représenter des pièces par les pensionnaires en présence de leurs parents. »[6]

Ce fut aussi pour une scène de collège que Racine écrivit ses deux chefs-d'œuvre : *Esther* et *Athalie*. A eux seuls, ces titres étaient déjà suffisants pour expliquer les études faites sur le théâtre de collège, s'il n'y avait eu pour les justifier la continuation de cette tradition séculaire, qui se prolongera sur le continent américain.

L'intérêt du sujet, qui a suscité les nombreuses études mentionnées sur le théâtre collégial en France et sur le théâtre collégial français aux Etats-Unis [7], nous a inspiré cette esquisse de l'histoire du théâtre collégial au Québec. Peut-être n'eut-il pas toute l'importance du théâtre collégial français, dont Lebègue a pu dire « qu'il servit de berceau à la tragédie fran-

5. L.-V. Gofflot, *op. cit.*, p. 176.
6. Phyllis Hartnoll, *Jesuit Drama* dans *The Oxford Companion to the Theater*, London, Oxford University Press, 1952, p. 422.
7. L.-V. Gofflot consacre le chapitre VIII de sa thèse au « Théâtre scolaire français en Amérique », pp. 238-257.

çaise »[8]. Cependant, l'art dramatique fut dans nos institutions collégiales un instrument de culture largement utilisé pour la formation humaniste des élèves.

Les recherches que nous avons faites sur le sujet du théâtre scolaire au Québec, nous ont permis de découvrir les liens qui les rattachaient, par son origine et son but, au théâtre scolaire français. Voilà pourquoi il nous a paru utile de rappeler brièvement l'essor qui lui fut donné, en France d'abord, puis en Nouvelle-France, par les Jésuites qui l'avaient intégré à leur code pédagogique.

Ces éducateurs religieux venus en France combattre la Réforme et les progrès du protestantisme voulurent adopter des méthodes pédagogiques sûres et efficaces, capables de vaincre les oppositions de la Sorbonne et du Parlement. « Ils essayèrent de créer une forme d'éducation modèle destinée à former la volonté, la conscience, les mœurs et la raison. »[9]

Dès 1584, une commission réunie à Rome sous la direction du Père Aquaviva, général de la Compagnie, rédige le *Ratio Studiorum* qui devait servir de programme et de guide à leurs établissements d'instruction. Comme règle de succès de leur enseignement on recommande de faire de l'étude un agrément. A la faveur de l'émulation considérée comme un stimulant salutaire, on procède à la création des académies pour la pratique de certains exercices littéraires : composition de pièces, de vers, représentations dramatiques, etc. Grâce aux succès obtenus par ce renouvellement des méthodes d'éducation, leur premier collège de Clermont devint, en peu d'années, le plus florissant de Paris, par le nombre des élèves et le savoir des maîtres qui y enseignaient. C'est ce qui fit dire au philosophe anglais, Francis Bacon, en parlant des Jésuites, « une société nouvelle a porté dans les écoles la plus heureuse réforme ».

Les Jésuites virent bientôt tout le bénéfice qu'ils retireraient de la pratique du théâtre judicieusement intégré à l'ensemble de leurs procédés. Ils étaient convaincus que les exercices dramatiques, honnêtement pratiqués, aident au développement du caractère et des sentiments, à la culture de l'esprit et de la mémoire. Ils savaient aussi que la voix, l'aisance et la grâce dans le maintien de leurs élèves ne pouvaient que gagner à ces exercices.

> Donner aux écoliers cette aisance, cet aplomb, cet heureux mélange de hardiesse et de modestie qui font le charme des jeunes gens bien élevés ; les rompre à la déclamation et parfaire ainsi les leçons de la rhétorique ; assouplir et fortifier leur mémoire en les amenant à débiter de longues tirades ; non plus en ânonnant, mais avec grâce et distinction ; exciter leur intelligence, développer leur goût en les forçant à comprendre leur rôle et à faire ainsi des analyses littéraires plus approfondies ; former leur cœur en les obligeant à s'identifier lentement par une minutieuse étude, avec un noble caractère ; leur inspirer des sentiments généreux, l'amour de l'Eglise, de la patrie, de la vertu, tel était le but complexe, mais bien arrêté, vers lequel tendait le théâtre de collège[10].

---

8. Raymond Lebègue, *La Tragédie religieuse en France*, p. 144.
9. L.-V. Gofflot, *op. cit.*, p. 90.
10. Abbé E. Martin, *L'Université de Pont-à-Mousson*, Paris, Berger Levrault, 1891, p. 308.

Le latin était encore, à cette époque, la seule langue autorisée à la Sorbonne. Les Jésuites pour se conformer à cette coutume exigent que les tragédies et les comédies soient écrites et récitées en latin. Comme leur but était aussi de discipliner le goût du théâtre en plus d'en faire un instrument de formation, il est décidé que le sujet des pièces doit être sacré et qu'aucun personnage ou costume de femme n'y doit être introduit.

Cette coutume du théâtre choisi, adapté au collège, fut l'occasion d'une production dramatique remarquable de la part des Jésuites. Le nom de plusieurs, parmi ces écrivains, s'inscrit dans les chroniques théâtrales. De Longhaye, Delaporte, Du Cerceau, Tricard, du Cygne, et bien d'autres sont des noms que l'on retrouvera souvent aux répertoires des scènes collégiales canadiennes. Ils intéressèrent de nombreuses générations et préparèrent ainsi à l'admiration et au goût que devait susciter le théâtre profane du grand siècle.

En Nouvelle-France, à Québec, les Jésuites, fondateurs du premier collège, continuèrent les méthodes pédagogiques reconnues efficaces par leurs confrères de France : « Comme dans tout collège bien ordonné, les élèves doivent avoir, de temps en temps, l'occasion de montrer en public le fruit de leur travail, de leurs talents et de leur application. C'est tout à la fois un encouragement et une récompense. » [11]

Par le *Journal des Jésuites* [12], nous apprenons ce que furent les débuts du théâtre scolaire sous le régime français. Dès 1658, on y lit que, le 28 juillet, « la jeunesse a joué un petit drame en français, huron et algonquin » [13] lors d'une réception préparée en l'honneur de M. d'Argenson par les élèves et les autorités du collège. Il s'agit probablement de la première pièce composée à Québec et publiée, en 1890, par M. Pierre-Georges Roy sous le titre : « *La Réception de Monsieur le Vicomte d'Argenson par toutes les nations du païs du Canada, à son entrée au gouvernement de la Nouvelle France* ». Sans doute, il dut y avoir beaucoup de fêtes de ce genre où les pièces n'étaient souvent que de simples « compliments ».

Au même *Journal des Jésuites,* il est fait mention d'une pièce qu'on désignait alors sous le nom d' « action », donnée le 3 août 1659, à la chapelle des pères, en l'honneur de Mgr de Laval [14]. Bien qu'aucune précision ne l'indique, la coutume du temps nous laisse croire que les élèves des Jésuites firent les frais de cette réception.

Selon les témoignages retracés dans *Les Jésuites de la Nouvelle-France au XVIIe siècle* [15], au collège de Québec, au milieu du XVIIe siècle, existe déjà la coutume des représentations dramatiques.

> Le collège est une reproduction, en petit sans doute, mais complète des collèges de France : les classes de lettres, qui à l'origine n'étaient

11. Abbé Amédée GOSSELIN, *L'Instruction au Canada sous le régime français (1635-1760)*, Québec, Laflamme et Proulx, 1911, p. 308.

12. Abbés CASGRAIN et LAVERDIÈRE, *Le Journal des Jésuites,* Montréal, J.-M. Valois, 1892, 403p.

13. *Idem, ibidem,* p. 237.

14. Abbés CASGRAIN et LAVERDIÈRE, *Le Journal des Jésuites,* p. 261.

15. Camille DE LA ROCHEMONTEIX, *Les Jésuites en Nouvelle-France au XVIIe siècle,* Paris, Letouzey et Ané, 1895-1896, 3 vol.

qu'une lointaine imitation de l'enseignement classique de l'Europe, étaient florissantes dès 1661. Académies, représentations dramatiques et littéraires, tout s'y trouve [16].

Rien ne spécifie le genre de représentations dramatiques qui se donnaient. Les correspondances des supérieurs, conservées aux archives générales de la Compagnie de Jésus, ont permis au Père Rochemonteix de découvrir que les principaux exercices publics du temps furent ce que l'on appelait les « Répétitions », les « Sabbatines » et les « Menstruales ». Tous les jours il y avait répétition. Le samedi de chaque semaine, et à la fin du mois, les étudiants argumentaient de vive voix, en présence du professeur, sur une matière déterminée à l'avance ; c'était la sabbatine. Le « défendant » exposait la thèse et la défendait ; « l'argumentant » posait les objections. L'argumentation se faisait en latin et ne s'éloignait jamais de la forme rigoureusement syllogistique. Ce débat s'appelait « dispute ». C'était une espèce de tournoi dialectique qui avait tout l'intérêt dramatique d'une lutte. Pendant l'année, les disputes se faisaient privément devant la classe ou les élèves du collège ; à la fin de l'année scolaire on donnait un grand exercice public d'argumentation, c'était la « menstruale ». La première dispute solennelle de philosophie eut lieu à Québec, le 2 juillet 1666, en présence des autorités de la ville : le gouverneur, l'intendant et les autres officiers y assistaient. Louis Jolliet et Pierre de Francheville étaient chargés de la soutenance. Pour exciter l'émulation des jeunes répondants et accroître l'intérêt, Talon prit la parole en latin et argumenta « fort bien » dit le *Journal des Jésuites* [17].

Il faudra attendre 1668 pour trouver, dans le *Journal des Jésuites,* à la chronique du 21 mars, la première véritable représentation dramatique ; la *Passion de Notre-Seigneur* jouée en latin par les élèves, sous la direction du Père Pierson [18].

Nous n'avons retracé aucune preuve confirmant l'assertion de M. Léopold Houlé, selon laquelle « les Jésuites avaient joué sous le régime français, du Corneille et du Racine » [19]. Il est vraisemblable que les pères aient fait jouer du théâtre classique, puisque dans le même *Journal des Jésuites,* il est question de la représentation à Québec du Cid en 1646 et en 1652, et d'*Héraclius* en 1651, par les « comédiens » de la Colonie. La coutume du théâtre de collège se prolongera jusqu'à la fin du XVIIe siècle alors que Mgr de Saint-Vallier croit devoir défendre aux Pères Jésuites de donner, à l'avenir, des représentations dramatiques ou des séances littéraires. Le Père Germain, supérieur du collège de Québec, nous en fournit le témoignage dans sa lettre du 26 octobre 1699, au R. P. Général de la Compagnie. « Mgr de Saint-Vallier a voulu, dit-il, qu'il n'y ait dans notre collège ni déclamation ni tragédie » [20]. Cette défense fut-elle une des conséquences qui suivirent les démêlés de Mgr de Saint-Vallier et de Frontenac concernant la représentation de Tartuffe à Québec en 1694 ? L'on connaît, par les mandements suc-

16. *Idem, ibidem,* tome I, p. 216.
17. Camille DE LA ROCHEMONTEIX, *Les Jésuites en Nouvelle-France au XVIIe siècle,* tome I, pp. 217s.
18. Abbés CASGRAIN et LAVERDIÈRE, *Le Journal des Jésuites,* p. 359.
19. Léopold HOULÉ, *L'Histoire du théâtre au Canada,* p. 47.
20. Camille DE LA ROCHEMONTEIX, *op. cit.,* vol. 3, p. 56.

cessifs de l'évêque [21], la fermeté de son attitude à l'endroit du théâtre et des comédiens. De toute façon les Jésuites obéissent à leur évêque en ne représentant pas, pour un certain temps, des séances dramatiques et littéraires.

Nous ne ferons qu'évoquer ici les multiples courants d'opposition ou de discussion dont le théâtre fut l'objet au cours de son évolution. Depuis la pensée de Platon et d'Aristote, des moralistes de l'Antiquité qui condamnaient ou recommandaient le théâtre, celle des Pères et des Docteurs de l'Eglise, qui portent anathème contre les spectacles faisant alors partie, en quelque sorte, de la liturgie païenne où la distance est encore bien marquée entre les indécentes exhibitions du théâtre païen et les mystères du Moyen Age.

Nous connaissons également le retentissement qu'eut au Canada la querelle du théâtre en France au XVIIe siècle, querelle préparée par les Jansénistes et savamment reprise par Bossuet.

Pour expliquer ces courants inverses de pensées qui, d'une part, faisaient du théâtre un divertissement de scandale condamné par l'Eglise et, d'autre part, un moyen privilégié de formation dans les collèges, il faut évoquer le discrédit que portait à cette époque le théâtre profane.

Les grossièretés populaires et les indécences gauloises qui avaient envahi et déshonoré les scènes aux XIVe et XVe siècles, créèrent un sentiment de suspicion vis-à-vis de ce qui s'appelait le « théâtre ». C'est dans une sorte de réconciliation et de rénovation que l'Eglise avait collaboré au mystère du Moyen Age.

D'ailleurs cette réticence à l'endroit du théâtre n'était pas une austérité propre à la morale catholique. Calvin avait considéré le théâtre comme un divertissement trop frivole. Lorsqu'il se fixa à Genève, il fit rendre, par les magistrats, un arrêt interdisant les spectacles. Durant deux siècles, restant sous le coup de cette interdiction, cette ville n'eut pas de scène publique.

On connaît l'opinion de Rousseau qui opposait « la grandeur et la gravité » des spectacles grecs à la « mesquinerie » de ceux de son temps, par sa lettre [22] du 17 mars 1758 à d'Alembert.

Le théâtre de collège devait aussi subir les atteintes de la critique et connaître ses adversaires [23].

Vers 1690, le Père Lebrun, de l'Oratoire, dans un *Discours sur la comédie* [24], établit la différence entre les pièces faites par des religieux ou des

21. Mgr H. TÊTU et abbé C.-O. GAGNON, *Mandements, Lettres pastorales et Circulaires des Evêques de Québec*, Québec, Imprimerie A. Côté et Cie, 1887, vol. I, p. 303.

22. Jean-Jacques ROUSSEAU, *Lettre à Mr d'Alembert sur les spectacles*, Genève, Droz, 1948, 185p.

23. Dans le plus sévère réquisitoire dressé dans un mandement porté contre le théâtre de collège, l'évêque d'Arras, Mgr Guy de Sève de Rochechouart, défend entre autres de « joindre à la représentation des tragédies, des comédies et des opéras, des danses qui ne peuvent qu'être une semence de corruption pour une jeunesse capable, dans cet âge tendre de toute sorte d'impressions ». Gofflot, *op. cit.*, pp. 190ss.

24. L.-V. GOFFLOT, *op. cit.*, p. 188.

ecclésiastiques tout occupés à inspirer aux écoliers les règles du christianisme, et des pièces faites par les personnes qui n'étudient que les manières du monde.

C'est dans la personne même de Bossuet que le théâtre de collège trouva son plus puissant défenseur. Non seulement il admettait mais aussi il encourageait les représentations de collège [25]. Il avait passé cinq ans au collège des Godrans, à Dijon, où il avait participé aux fêtes dramatiques. Il avait conservé le souvenir des pièces représentées devant lui à Troyes, au collège des Oratoriens de cette ville. En compagnie du roi lui-même, il avait assisté, en 1689, avec d'autres prélats, aux représentations *d'Esther* par les demoiselles de Saint-Cyr. C'est dans ces contacts avec les représentations collégiales qu'il faut trouver l'explication de sa tolérance et de la singulière exception qu'il fait au théâtre de collège dans les « foudres vengeresses » qu'il dirige contre le théâtre.

C'est sûrement en raison de ces multiples influences qu'à Québec le théâtre sera à peu près inexistant jusqu'en 1780.

Au séminaire de Québec, sous la rubrique des activités théâtrales qui ont pu se dérouler avant 1850, nous n'avons retrouvé que le titre d'une comédie en trois actes jouée le 9 août 1775, *Le Monde démasqué,* et le texte d'une pièce datée de 1780, *L'Education négligée,* sans nom d'auteur, et déclarée pitoyable par les prêtres du temps [26]. Dans son volume intitulé : *Souvenir d'une classe au Séminaire de Québec,* J.-E. Roy semble prétendre que M. l'abbé Holmes introduisit en 1828, les représentations théâtrales au Séminaire. Molière avait alors la préférence [27].

A Montréal, malgré les tentatives répétées des Jésuites et des notables de Ville-Marie en 1694 et 1727, il n'existera pas de véritable collège sous le régime français.

Au collège Saint-Raphaël, le premier fondé à Montréal, en 1767, par les Sulpiciens au presbytère de la Longue Pointe — aujourd'hui Pointe-aux-Trembles — et transporté, en 1773, au Château de Vaudreuil [28], le « jeu » se déroulait dans la dignité des Fêtes académiques. Les Sulpiciens utilisent les méthodes d'éducation reconnues. C'est dans cette institution qu'en 1776, les élèves jouent *Jonathas et David* ou *Le Triomphe de l'amitié* du R. P. Brumoy, s.j. Est-ce en raison de la valeur et du succès de la pièce que Fleury Mesplet et Charles Berger, les premiers imprimeurs de Montréal, décidèrent

25. Dans ses *Maximes et Réflexions sur la Comédie,* Bossuet nous expose son opinion : « Qui sera assez rigoureux pour condamner dans les collèges les représentations d'une jeunesse réglée, à qui ses maistres proposent de pareils exercices pour leur aider à former ou leur style ou leur action et en tout cas leur donner, surtout à la fin de leur année, quelque honneste relaschement ? » (p. 138).

26. Archives du Séminaire de Québec, série Séminaire 34, no 135.

27. J.-E. Roy, *Souvenirs d'une classe au Séminaire de Québec,* 1867-1877, Lévis, éd. de l'Auteur, 1905, p. 458.

28. Le Château de Vaudreuil était situé au bas de la place Jacques-Cartier. La fabrique avait acheté ce château pour la somme de 19,500 louis, ancien cours. Réduit en cendres, le 6 juin 1803, le collège fut bâti en 1804 aux frais du Séminaire sur la rue du Collège et fut ouvert le 20 octobre 1804 sous le nom de Collège ou Petit Séminaire de Montréal.

d'éditer, sans nom d'auteur, cette tragédie ? Au même Château de Vaudreuil, deux ans plus tard, une réception officielle était offerte à Haldimand. On présenta, devant le gouverneur, le *Sacrifice d'Abraham* dont le texte est conservé dans l'*Annuaire de Ville-Marie,* de Huguet et Latour. Le gouverneur en fut si touché, qu'apprenant les difficultés financières où se trouvait le collège, il fit don au supérieur, dès le lendemain, d'une somme de cent guinées.

Sous le régime anglais, le théâtre de ville reprit grâce aux officiers anglais en garnison à Montréal. Ils y jouaient du Molière et d'autres œuvres du théâtre français. De la part du clergé, le théâtre était encore mal vu et fortement combattu.

Au Petit Séminaire de la rue du Collège, en 1804, nul vestige de drame ou de comédie n'est resté du temps qui a précédé l'Académie vers 1846. Mais les dialogues allégoriques à plusieurs personnages ne manquaient pas, non plus que les pièces de vers. Avec l'Académie reparurent les drames. Il y eut même, de 1848 à 1850, en diverses occasions, de longues séances de théâtre, mais certains y trouvèrent beaucoup d'inconvénients : « elles font négliger les études courantes, elles sont nuisibles à la piété et tendent à développer dans les jeunes gens le goût du théâtre et de la lecture des pièces dramatiques » [29]. En foi de quoi, il est décidé, lors de la visite de Monsieur Faillon, supérieur général, en 1850, de supprimer tout appareil de scène de théâtre et toute pièce dramatique. Il est même interdit aux élèves de revêtir le costume de juge et d'avocat dans leur plaidoyer de fin d'année. La mesure fut radicale et efficace pour un temps.

Au Québec, sur ce sujet du théâtre de collège, il y eut aussi à travers l'histoire des institutions d'enseignement, un flux et un reflux d'opinions. Sans nul doute les Prêtres du Séminaire de Québec avaient subi l'influence de Bossuet puisque l'on retrouve aux Archives du Séminaire le livre des *Maximes et Réflexions sur la Comédie* et dédicacé de la main même de l'auteur : « Aux Messieurs de Séminaire des Missions Etrangères de Québec ». Aussi lit-on à plusieurs reprises dans les procès-verbaux du Conseil du Séminaire des délibérations sur le sujet : le 17 janvier 1789, « on délibère sur la conduite d'un écolier qui est allé à la comédie. On s'en rapportera à l'évêque Mgr Jean-François Hubert ». En février 1838, une défense expresse est faite aux élèves du Petit Séminaire tant pensionnaires qu'externes et sous peine d'expulsion, d'exécuter des pièces dramatiques hors du Séminaire, soit dans le cours de l'année scolaire, soit pendant les vacances [30]. Ce n'est que le 15 avril 1840, qu'on pourra y lire : « On décide de ne plus faire un cas exclusif, au cours de l'année scolaire, de l'assistance au théâtre ou au cinéma. On dira seulement que c'est défendu » [31].

Cette attitude réticente vis-à-vis le théâtre de la part des autorités du Séminaire tient de la mentalité de l'époque transportée en France et entre-

---

29. Olivier MAURAULT, p.s.s., *Le Petit Séminaire de Montréal,* Montréal, Librairie L.-J.-A. Dérome, 1918, p. 102.

30. Archives du Séminaire de Québec, série S.M.E. (sigle retrouvé aux archives du Séminaire de Québec : Procès verbaux du Conseil du Séminaire de Québec), 27 février 1838.

31. Archives du Séminaire de Québec, série S.M.E., 15 avril 1840.

tenue par des mandements et avis successifs des Seigneurs les Evêques [32], qui exhortent leurs fidèles à une « sérieuse attention sur le sentiment qu'ils ont à l'endroit des spectacles et de la comédie ».

Les interdictions se succèdent au moins jusqu'en 1905. Une lettre de 1809, adressée au Juge Sewell et venant d'un prêtre du Séminaire de Québec, dont on n'a pu retracer le nom, laisse soupçonner une semblable rigueur de la part du clergé protestant.

Mgr Taschereau, dans son mandement du 1er mai 1874, au sujet de certaines représentations théâtrales, constate la même rigueur : « ... sans compter ce que les journaux catholiques en ont dit, nous avons l'opinion de journaux protestants qui en ont parlé avec peut-être encore plus de force » [33]. Certains laïcs éminents soutenaient de leur témoignage l'attitude du clergé. J.-P. Tardivel demande avec « ferveur et fureur que Dieu préserve toujours notre pays du fléau des théâtres ». Le juge Routhier parlant de la comédie, disait que « la pire des choses après la guerre, c'est la plaisanterie ». Ces jugements portés parfois sans circonspection tenaient sans doute à une mentalité nourrie de jansénisme mais aussi au puritanisme anglais introduit avec la conquête.

Quelles qu'en furent les causes, elles devaient être préjudiciables à l'essor du théâtre qui accusa, pendant plusieurs siècles, une faiblesse marquée.

Au Canada, comme en France d'ailleurs, il semble qu'on fit toujours une distinction entre le théâtre de collège et le théâtre profane. Bien que par des interventions répétées les autorités religieuses aient souvent condamné le théâtre tel que pratiqué par certaines troupes étrangères ou par certains théâtres de société qui occupaient alors les scènes de la Métropole, il n'en reste pas moins vrai que « pendant une bonne période de notre histoire ce

---

32. Mandements, Lettres pastorales ou Circulaires des Evêques de Québec et de Montréal, dans lesquels ils condamnent ou considèrent le théâtre comme un divertissement très dangereux :

Mgr H. Têtu et M. l'abbé C.-O. Gagnon, *Mandements, Lettres pastorales et Circulaires des Evêques de Québec*, Québec, Côté et Cie, 1887.
Mgr de Saint-Vallier, 16 janvier 1694, vol. 1, p. 303.
Mgr de Saint-Vallier, 18 janvier 1694, vol. 1, p. 306.
Mgr Taschereau, 1er mai 1874, vol. 5, p. 204.
Mgr Taschereau, 3 décembre 1887, vol. 8, p. 469.
Mandements, Lettres pastorales, Circulaires et autres documents des Evêques de Montréal, Montréal, J. Chapleau et Fils, 1887.
Mgr Bourget, 29 août 1868, vol. 5, pp. 369-374.
Idem, 18 avril 1872, vol. 8, p. 425.
Idem, 18 février 1874, vol. 8, pp. 457-460.
Idem, 18 octobre 1874, vol. 8, pp. 465-467.
Mgr Fabre, 31 octobre 1876, vol. 9, p. 20.
Idem, 21 janvier 1885, vol. 10, pp. 113-115.
Idem, 7 juin 1885, vol. 10, pp. 131-133.
Idem, 13 février 1888, vol. 10, pp. 376-377.
Ibidem, Montréal, Arbour et Laperle, 1893.
Mgr Bruchési, 16 décembre 1901, vol. 13, pp. 456-464.
Idem, 18 février 1903, vol. 13, pp. 511-513.
Idem, 4 décembre 1905, vol. 13, p. 751.
Idem, 10 mai 1909.

33. *Mandements des Evêques de Québec*, vol. 5, 1er mai 1874, p. 204.

sont nos collèges et nos couvents qui, en opposition aux scènes et aux troupes naissantes, perpétuèrent le goût de l'art dramatique comme instrument de culture et moyen de maintenir à la langue son prestige et sa pureté »[34].

Il ne faut donc pas être surpris qu'à maintes reprises les chroniques théâtrales du Séminaire de Québec signalent la présence de Mgr Taschereau lors des représentations données par les élèves[35]. Cette attitude ne doit pas s'interpréter dans le sens de la partialité mais plutôt dans celui de la sincérité des chefs à reconnaître et à seconder tout ce qui peut, sans inconvénients, aider au développement de la culture. L'Eglise a toujours voulu promouvoir le développement de la culture et lui reconnaître une place honorable dans la hiérarchie des valeurs. Pie XI n'hésita pas à louer la valeur éducative du théâtre dans l'une de ses encycliques : « Elles sont donc à louer et à développer toutes ces œuvres éducatives qui s'appliquent à promouvoir les spectacles, vraiment éducatifs, allant jusqu'à créer, au prix de grands sacrifices, des théâtres où la vertu n'ait rien à perdre et trouve beaucoup à gagner. »[36]

C'est dans le courant de cette pensée que, depuis 1850 au moins, nous retrouvons, dans les traditions collégiales, des séances publiques assez nombreuses. Avant cette date, en ce qui concerne les collèges auxquels nous nous sommes limitée dans notre étude[37], nous n'avons retracé aucune autre représentation que celles qui ont été précédemment mentionnées. Sans doute y eut-il dans les autres collèges de fondation plus ancienne tels que les collèges de Nicolet (1803), de Saint-Hyacinthe (1811), de Sainte-Thérèse (1825), de l'Assomption (1832), une tradition théâtrale remarquable ; le succès du *Jeune Latour* d'Antoine Gérin-Lajoie en 1844, au Collège de Nicolet, en témoigne particulièrement. Il eût été intéressant d'étendre ces recherches à ces nombreux et importants collèges. Cependant, le but de notre étude, qui consistait à donner un aperçu de l'évolution du théâtre collégial, ne l'exigeait pas.

A travers les vastes répertoires retracés, il nous a semblé difficile de découvrir des courants ou des modes caractéristiques d'une époque. Tous les genres, tragique, comique ou dramatique se partagent apparemment sans suite ou influence repérable les sujets religieux, historiques ou patriotiques les plus divers. Il nous a donc fallu adopter, pour cette étude, l'ordre chronologique qui nous permettait de déterminer deux époques assez distinctes, entre la fondation des principaux collèges dont il est question et la création de *Jonathas :* 1850-1900 ; 1900-1930.

---

34. Jean BÉRAUD, *350 ans de théâtre au Canada français*, Montréal, C.L.F., 1958, p. 17.

35. Cyrille LÉGARÉ, Journal, Archives du Séminaire de Québec, série « Manuscrits », no 678, p. 91.

36. Pie XI, Divini Illius Magistri, *Lettre Encyclique sur l'Education chrétienne de la Jeunesse*, Montréal, Apostolat de la Presse, 1958, p. 40.

37. En vue d'un échantillonnage assez représentatif du fait théâtral dans les collèges, nous avons cru bon orienter nos recherches vers des collèges de centres divers dirigés par des communautés religieuses différentes.

La plupart de ces données furent recueillies dans les archives du Séminaire de Québec, du Collège de Montréal, du Collège Sainte-Marie, du Collège Saint-Laurent, du Collège Bourget de Rigaud et du Séminaire de Joliette.

Entre les années 1850 et 1900, où se situe la fondation des collèges concernés [38], une tradition théâtrale s'esquisse déjà quoique de façon assez inégale quant à la quantité et à la qualité des représentations.

Sans tenir compte des séances privées du dimanche soir, elles étaient ordinairement de quatre sortes : les séances de classe, celles des académies et des différentes associations, les séances académiques accompagnant la distribution des prix et enfin les séances dramatiques annuelles, ordinairement en l'honneur de l'autorité ou à l'occasion de la réunion des anciens.

Les séances de classe comprenaient la séance des philosophes donnée à la Saint-Thomas ou à la Sainte-Catherine. Elle consistait dans l'illustration d'une thèse de philosophie ou dans une pièce, latine assez souvent. La séance des rhétoriciens était le plus souvent une pièce ou un extrait de pièce littéraire à l'étude. Chez les Jésuites en particulier, il y avait, pour chaque classe, à partir des éléments, la coutume d'une séance littéraire adaptée au programme. Dans le Collège Sainte-Marie de Montréal, dès 1849, il est question de la séance des deux classes de syntaxe offerte aux parents. Mgr Bourget vint encourager de sa présence maîtres et élèves [39]. Le programme comporte une déclamation de Molière, « Scapin et Orante ». Nous pourrions citer un grand nombre de ces séances de classe.

Vers 1850, apparut dans les collèges un moyen d'émulation que la création du baccalauréat fit disparaître par la suite. Il s'agit de la fondation de ce qu'on appelait « l'Académie ». Le but était de donner à l'élite des « grandes » classes des moyens plus nombreux pour se former à l'art de bien lire, de bien écrire et de bien parler.

Les élèves des trois classes supérieures pouvaient devenir « académiciens » moyennant une demande écrite à l'Académie, la majorité des suffrages, le consentement du Directeur de l'Académie et l'approbation du Directeur du collège. Une fois accepté, le candidat signait une formule solennelle d'adhésion aux règles. On lui remettait son diplôme d'académicien. Il était tenu de prononcer un discours d'entrée et recevait à la prochaine séance publique sa décoration. A part les réunions hebdomadaires du dimanche après-midi où il y avait lectures de compositions suivies de critique, exercices de déclamations, l'Académie devait faire les frais de certaines fêtes. C'est ainsi qu'on retrouve, dans plusieurs collèges, des représentations dramatiques confiées à leur responsabilité. Une formule analogue fut aussi mise en application pour favoriser la langue anglaise à l'intérieur des collèges. Ainsi il y avait l'Académie française et l'Académie anglaise.

La présence d'un grand nombre de bluettes à travers le répertoire collégial retracé, s'explique par les nombreuses associations ou groupements

38. Fondation du Collège de Québec 1663, dirigé par les Jésuites.
Séminaire de Québec 1765.
Collège de Joliette 1846.
Collège Sainte-Marie 1848.
Collège Saint-Laurent 1847.
Collège Bourget 1867.
Collège de Montréal 1773.

39. Paul DESJARDINS, *Le Collège Sainte-Marie de Montréal*, p. 100.

existants dans les collèges et qui étaient responsables de la préparation de certaines fêtes : la Sainte-Cécile, la « St. Patrick », la Saint-Jean-Baptiste, etc. Même si ces représentations ne comportaient pas un déploiement artistique de très grande valeur, en illustrant une thèse de philosophie, en offrant un échantillon du travail fait, elles initiaient les élèves à la scène, les obligeant à affronter un public et du fait atteignaient leur but. L'année scolaire qui s'étendait alors de septembre à août, sans congé de Noël, pouvait accorder plus de temps à ces activités non réglées par le programme d'étude.

Une lettre de 1858, écrite par l'abbé Cyrille Légaré du Séminaire de Québec à son ami l'abbé Beaudet en séjour d'études à Paris, nous dit un peu les soucis et l'émulation que pouvaient causer aux professeurs les différentes séances que comportaient les costumes :

> ... Je te prie, pour ma part de vouloir bien réunir le plus de matériaux possible pour des séances littéraires académiques, etc., etc.
>
> Trouve des cadres à remplir ou déjà remplis mais que ces cadres soient variés, sérieux à la fois et comiques pour les petits, plus graves pour les grands ; consulte là-dessus tous les cahiers et tous les livres. Si tu parviens à mettre la main sur les Jésuites ! Mais ils ne s'y laissent pas prendre. Tu sentiras toi-même plus tard combien il est important d'offrir quelque chose de passable, à ces séances publiques données par les élèves. Tout le monde jette la pierre au Séminaire pour l'insignifiance de ses examens et de ses soirées (si rares pourtant). Il est temps de changer de *méthode*. Les drames sont bannis ; tâchons de les remplacer par d'autres choses. Et remarque bien que la responsabilité pèse maintenant sur nous, nous Parisiens : ce n'est pas l'orgueil qui me le fait croire, mais la vérité. A l'œuvre donc et cherche partout : cherche dans ta tête et dans celle des autres. Nos pères Jésuites de Montréal font grand tapage ; ils ont très souvent des fêtes publiques ; le *Journal de l'Instruction publique* les encense constamment. Resterons-nous en arrière [40] ?

La distribution solennelle des prix fournissait l'occasion de démonstrations assez singulières. Un des premiers programmes sortis des presses à vapeur du journal *La Minerve* donne, pour la distribution solennelle des prix à Saint-Laurent, dans les années 1865-70, le programme suivant :

Une pièce comique : *Les Châteaux en Espagne ;* un drame en trois actes : *Le proscrit ;* des marches militaires, solos de piano et de violon, des cantates, une analyse de l'*Oraison funèbre de Lamoricière ;* des discours sur « Le sort de Marie-Antoinette », sur « Les malheurs de la Pologne » et sur « L'Heureuse influence de la religion sur le génie ». A cet étrange régal artistique, ajoutons des narrations badines et cocasses et, comme complément obligatoire à toute séance bien ordonnée, des chansons comiques [41].

Après 1896, le public ne sera plus désormais admis au Collège de Montréal que pour la distribution des prix qui se faisait encore dans un grand déploiement. Voici ce que comporte un programme de l'époque :

---

40. Archives du Séminaire de Québec, série Séminaire 56, no 165.

41. Dans *Sainte-Croix au Canada*, album souvenir du Centenaire (1847-1947) de l'arrivée des Pères Sainte-Croix à Montréal, p. 130.

Chant
Thèse de philosophie
Chant
Etude historique
Chant
Expérience de physique
Chant
Distribution de prix
Chant
Distribution de prix
Discours d'adieu

Enfin les séances proprement dramatiques données dans des circonstances plus solennelles devaient aussi pendant cette période des cinquante premières années couvrir une matière artistique assez variée.

La comédie, l'opérette-bouffe et même la farce, semblent avoir été plus en honneur que la tragédie, contrairement à ce qui s'était passé sur la scène collégiale française où ce genre dit « frivole » avait mauvaise réputation. Aussi avait-on la précaution d'en cacher l'identité en la désignant sous le nom de « fabula », « drame comique », « tragi-comédie », « comédie héroïque ».

Les scènes émouvantes et terribles de certaines pièces, telles que l'*Enfant maudit,* l'*Homme de la Forêt noire, Les Mystères du cachot* et tant d'autres, trahissent la ferveur d'antan pour les mélodrames à la Pixérécourt. Le climat culturel était ce qui manquait le plus à la bonne volonté des directeurs artistiques du temps.

Les collèges Bourget et Sainte-Marie connaîtront dès cette période des débuts un effort d'orientation vers les classiques : *Les Fourberies de Scapin* (1864), *Cinna* (1870), extraits du *Misanthrope,* de *Polyeucte* (1870), de l'*Iliade* et de l'*Enéide* (1873), *Joas* de Racine (1872), un *Barbier de Séville* (1892). Nous retrouvons avec étonnement en 1887 des scènes de *Brutus,* extrait de Voltaire. La coutume était aussi répandue d'offrir des « Literary and Musical Entertainment » qui ont permis un répertoire anglais assez important. Entre bien d'autres représentations, nous rencontrons *The Weathercock* (1865), « a farce in two acts », *The Hidden Gem* (1867), « a drama in two acts by Cardinal Wiseman », *Julius Caesar* (1868), « a tragedy in five acts by Shakespeare », *David and Goliath* (1873), « a sacred drama in five acts », *The Merchant of Venice* (1883), *The Siege of Limerick* (1898), « military drama in four acts ».

Le grand succès de l'époque (1895) fut sans contredit l'*Antigone* de *Sophocle,* première tragédie jouée dans toute son intégrité, en langue grecque, au collège de Montréal. *La Presse* du 27 mars 1895 en conserve le témoignage élogieux :

> ... Cette soirée restera à jamais mémorable dans les annales dramatiques non seulement du Séminaire de Saint-Sulpice, mais du pays entier, car, c'est la première fois que toute une tragédie en langue grecque est jouée sur la scène canadienne... Rien n'a fait défaut dans l'action et l'audition et l'auditeur qui suivait des yeux le libretto sentait bien la chaleur du débit aux intonations de la voix des différents acteurs en scène, tant chacun était pénétré de son rôle.

Deux « pièces de théâtre » jouées à cette époque semblent reliées à certaines données de la littérature canadienne. Il s'agit du *Drame de Saint-Alexis,* de Félix Poutré, représenté à Joliette en 1872. L'auteur serait-il le rebelle des Troubles de 1837 qui publia son aventure sous le titre d'un *Echappé de la potence* et dont Fréchette fit le drame historique *Félix Poutré* devenu un classique du théâtre populaire ? *Les Anciens Canadiens,* joué au Séminaire de Québec en 1890, est une adaptation du roman de Philippe-Aubert de Gaspé. Une véritable pièce en cinq actes et en vers, comportant une action dramatique importante, sera écrite plus tard par Georges Monarque, ancien élève du Séminaire de Joliette, sous le titre de *Blanche d'Haberville* [42].

Dans la période qu'il fut convenu d'appeler la seconde de notre histoire du théâtre de collège, 1900-1930, les représentations dramatiques demeurent d'assez piètre qualité, malgré les efforts faits pour en rehausser la valeur. On y introduit, pour au moins encore trente ans, les « grands petits maîtres » de la littérature dramatique du temps : Coppée, Labiche, Déroulède, Le Roy Villars, de Longhaye, Bornier, Delaporte, Barbier, Sardou, Schiller et tant d'autres. A peine quelques classiques.

Deux inconvénients semblent avoir particulièrement retardé l'évolution du théâtre collégial : l'interdiction faite à l'élément féminin de monter sur la scène des collèges et la pauvreté des moyens techniques.

Comme ce fut très longtemps le cas même dans le théâtre profane, le *Ratio Studiorum* [43], règle de conduite des Jésuites, spécifiait : « qu'aucun personnage ou costume de femme ne devait être introduit dans les tragédies et les comédies ». Le Père Jouvancy exprime son opinion, concernant les personnages féminins, dans son livre *Ratio docendi et discendi :*

> que l'on s'abstienne de tout amour profane, même chaste, et de tout personnage de femme, de quelque costume qu'on le revête. On ne peut toucher sans danger au feu, même sous la cendre, et les tisons même éteints, s'ils ne brûlent pas, du moins salissent. Le maître religieux trouvera, dans cette précaution, l'avantage qu'il n'aura pas besoin de lire certains poètes en langue vulgaire qui ont fait à l'amour la part la plus large dans leurs œuvres. Rien n'est plus pernicieux qu'une semblable lecture [44].

Dans le souci d'exclure impitoyablement les sujets profanes, « on arrangeait » les chefs-d'œuvre de façon à supprimer les rôles féminins, à enlever les scènes où figurait l'amour : ainsi « expurgata » la pièce était jouée. Les meilleures productions de Corneille, de Racine, de Molière, furent de la sorte passées au crible et figurèrent ensuite sur les scènes scolaires. Bien accueillies au début, elles finirent par lasser, car elles n'étaient plus qu'une expression lointaine du génie qui les avait enfantées. L'intérêt dramatique perdait infi-

---

42. Georges MONARQUE, *Blanche d'Haberville,* Montréal, Action canadienne-française, 1931, 167p.

43. *Ratio Studiorum,* Regulae Rectoris 13. Cette 13e règle dans l'édition de 1599, n'a pas été maintenue dans la réforme de 1832.

44. Joseph JOUVENCY, *Ratio Discendi et Docendi,* Parisiis, fratres Barbou, 1725, pp. 75-77.

niment à tous ces accommodements et le mérite littéraire en était d'autant diminué.

S'il était malséant pour la femme de se produire sur une scène, l'amour n'avait pas davantage trouvé grâce auprès des Jésuites. Le Père Le Jay, dans la préface de sa *Bibliothèque des Rhéteurs,* nous prévient qu'on ne rencontrera pas dans ses œuvres « les émotions et les plaintes frivoles des amants, que la Grèce ancienne n'a jamais admises sur la scène et que repousse la majesté de la tragédie »...

> Il ne manque pas à notre époque de gens qui prétendent qu'on ne peut faire une bonne tragédie avec des sujets étrangers à la fable ou à l'histoire profane et sans y mêler les attraits séduisants d'une intrigue d'amour. Aussi méprisent-ils les tragédies que l'on a coutume de jouer dans les collèges, parce qu'elles proscrivent la passion de l'amour et empruntent surtout leurs sujets aux annales chrétiennes ou aux écritures saintes [45].

D'ailleurs Voltaire même, voulant élargir l'inspiration tragique, composa une tragédie sans amour, *Mérope,* et une autre sans femme, la *Mort de César.* En 1735, il offrit cette dernière au principal du Collège d'Harcourt en France comme « une pièce toute propre pour un collège où l'on n'admet point de femmes sur un théâtre » [46].

En Europe, on avait accepté assez tard les pièces comportant des rôles féminins, la coutume de confier ces rôles à des jeunes garçons avait prévalu.

Elle existait aussi vers 1900 chez nos voisins d'Amérique.

> A Harvard les étudiants sont obligés par certaines règles de l'Université et du collège féminin Radcliffe qui y est rattaché, de jouer les rôles d'hommes et ceux de femmes. De même, dans les collèges de filles, ces dernières sont contraintes, par une règle semblable, de revêtir les costumes des héros de leurs pièces [47].

Au Canada, sous le régime anglais, vers 1780, les femmes sont proscrites de la scène. Nos officiers jouaient « entre hommes ». Les rôles de femmes étaient tenus par des jeunes gens. Lorsqu'on voudra plus tard obtenir le concours des Canadiennes, elles s'obstineront à ne pas monter sur scène. Dans les salons et la chaire, on aurait considéré la chose comme un scandale. Alors « des hommes de guerre en travesti, copiaient leurs gestes et leurs grâces » [48]. Vers 1860, à Montréal, la coutume subsistait encore. La population de l'époque victorienne se refusait à cette tolérance. C'est en 1880, qu'à l'Académie de Musique on acceptera, pour la première fois, une femme dans la distribution des rôles. Il s'agit de deux pièces canadiennes : *Papineau* et *Retour de l'exilé,* alors attribuées à Fréchette.

Dans les collèges, puisque des traditions depuis longtemps établies et reconnues, tant chez les filles que chez les garçons, interdisaient alors l'usage

45. Gabriel LE JAY, s.j., *Bibliothèque des Rhéteurs,* Paris, Grégoire Dupuis, 1725, 2 vol., Préface.
46. GOFFLOT, *op. cit.,* p. 177.
47. GOFFLOT, *op. cit.,* p. 250.
48. Léopold HOULÉ, *L'Histoire du Théâtre au Canada,* Montréal, Fides, 1945, p. 43

du travesti [49], que certains jugeaient moralement ou psychologiquement malsain, deux possibilités demeuraient susceptibles de parer à cet inconvénient : limiter son choix aux pièces ne contenant que des personnages masculins, ou mutiler les autres en changeant les situations ou en écartant certains personnages. Nous rencontrons alors des situations où *La Fille de Roland* devient *Le Fils de Ganelon* ; Fabiola, du Cardinal Wiseman, devient *Pantacrius* ; une Marie Coyteux dans *Louis XI,* de Casimir de Lavigne, devenir un jeune garçon ; *Athalie* devient *Joas* ou pis encore *Les Précieuses Ridicules* [50] sont *Léon et Charles fils et neveu de Gorgibus* à la place de Magdelon et Cathos, ses nièces ; un *Barbier de Séville* où Rosine devient un ami d'Almavira et menace de s'en aller au collège si on ne lui laisse pas son camarade. C'est ainsi qu'on torturait jusqu'aux plus grands chefs-d'œuvre dans le but de les adapter pour jeunes gens. C'est sans doute ce qui valut à Daudet et à Dickens de monter à la scène ; à *Michel Strogoff* et aux *Enfants du Capitaine Grant* de Jules Verne les honneurs d'une adaptation dramatique [51].

Le manège avait existé en Europe. Francisque Sarcey, professeur de rhétorique au Séminaire de Limours, fut chargé d'une représentation dramatique. On lui mit entre les mains une douzaine de volumes, lui demandant de choisir.

> C'était bien le plus abominable ramassis de niaiseries et d'enfantillages. Je les jetai dans un coin et m'adressai tout bonnement au maître des maîtres, à Molière. Je pris *Les Fourberies de Scapin*. En deux heures j'eus retranché les rôles de femmes qui sont insignifiants, coupé cinq ou six plaisanteries un peu vives pour un séminaire, et notre pièce était faite. Elle eut un succès de fou rire, et le souvenir n'est pas encore perdu là-bas [52].

La pauvreté des moyens techniques dont disposait alors le théâtre ne pouvait accroître sa valeur artistique. La machine théâtrale suscitait les initiatives et développait ainsi l'ingéniosité des préposés au théâtre.

Le R. P. Elias Vanier, c.s.c., ancien régisseur de Saint-Laurent dans les années 1884-1898, nous révèle que

> malgré tout, le modeste théâtre avait bonne mine. Huit toiles de fond réversibles, avec double coulisses, acquises d'une troupe ambulante en déficit, constituaient les décors classiques : un salon, une forêt, un paysage etc. Le luminaire à pétrole n'était pas des plus éblouissants ; cependant la rampe s'éclairait de 16 fanaux (sic) munis de réflecteurs et notre pauvreté ingénieuse disposait d'un mécanisme original pour augmenter ou diminuer la lumière parfois capricieuse. Une tringle de

---

49. Chez les Jésuites en particulier, il y avait des directives précises sur le sujet. A Sainte-Marie, le travesti fut introduit par le P. Georges-Henri d'Auteuil, s.j., en 1928 ; il y eut cette année-là une *Jeanne d'Arc* de Barbier.

50. Programme de la représentation à Sainte-Marie, 26 février 1900.

51. Ces transpositions seraient probablement de M. McGown (1847-1914) ancien élève du Séminaire de Joliette (1855-1863). Il a arrangé, pour les collèges et les cercles de jeunes gens, beaucoup de drames, 28 environ, dont plusieurs récits de Jules Verne, comme : « Les Enfants du Capitaine Grant », « Le Tour du Monde en 80 jours », « Michel Strogoff ».

52. L.-V. Gofflot, *Le Théâtre au collège du moyen âge à nos jours*, p. XIV.

fer réunissait toutes les clés des lampes ; on n'avait qu'à donner un tour à la tringle... et les mèches se baissaient ou s'élevaient dans un ensemble parfait. Ce fut l'ancêtre de notre rhéostat actuel [53].

Au scolasticat de l'Immaculée-Conception des Pères Jésuites, où là aussi le théâtre se jouait à la faveur de la lampe à pétrole, on lit dans le libelle à la date du 26 juillet 1901 : « Loco lampadum habemus le gaz et l'électricité. » Jusqu'en 1914, il semble que les jeux de lumière se réduisaient à allumer.

D'autre part, l'acoustique des salles de théâtre ne favorisait guère la résonance. A Saint-Laurent, pour l'accompagnement des danses et menuets, les quelques instrumentistes se dissimulaient dans une armoire dont on ouvrait ou fermait la porte pour exécuter les nuances.

Lors de la représentation de la *Jeanne d'Arc* de Barbier, au Collège de Bourget en 1910, « afin de mettre en sourdine le jeu de l'orchestre qui pouvait risquer de couvrir la déclamation, on avait suspendu au plafond, à proximité des coulisses, d'immenses catalognes qui tamisaient admirablement le son. Pour échapper à la suffocation, l'héroïsme des musiciens tenait lieu d'air respirable. » [54]

Sans vouloir diminuer le mérite des collèges, il faut reconnaître que les exercices de la scène n'étaient nullement orientés vers du théâtre professionnel. Outre les inconvénients déjà mentionnés, de multiples raisons s'y opposaient.

Le temps consacré à la préparation des pièces était restreint. Il fallait empiéter le moins possible sur les heures de classe. En plus, le jeune âge des élèves ne pouvait peut-être pas apporter l'expérience suffisante pour épouser des sentiments difficiles à créer ou pour collaborer aux situations factices de la scène.

Bien que la plupart du temps on n'y pratiquait que l'amateurisme le plus élémentaire, il est certain que, pour l'époque, les tentatives furent profitables : on y apprenait à soigner son langage, on acquérait un certain goût de la littérature et du théâtre.

Du point de vue de « l'art » le théâtre était d'une insigne pauvreté. Ce qui nous frappe c'est l'indigence du répertoire présenté à cette époque : *Un Curé chez les communistes* de Grégoire Leclos, *La Vierge au grand cœur* de Porché, *Le Poignard* de Botrel, *Les Piastres rouges* de Le Roy Villars, *Les Enfants* d'Edouard de Déroulède, etc. « A part le 'sacro-saint' Père Longhaye, à part les classiques qu'on n'osait aborder, à part les drames historiques pleins de panache et de bonnes intentions, c'étaient les mélos chrétiens, les adaptations bâtardes de Labiche et de Sardou, les farces de caserne. » [55]

En outre dans les méprises de l'ignorance, touchant l'esthétique de la scène, on avait réussi jusqu'ici les plus ingénieuses manigances qui « faisaient chavirer dans un réalisme des plus illusoires ».

---

53. *Sainte-Croix au Canada,* (1847-1947), album souvenir du Centenaire de l'arrivée des Pères Sainte-Croix, p. 133.
54. Archives personnelles du R.P. Gustave Lamarche, Séminaire de Joliette, *Une grande représentation dramatique,* conférence, 1924.
55. Emile LEGAULT, c.s.c., *Confidences,* Montréal, Fides, 1955, p. 81.

Cette investigation à travers le théâtre de collège nous orienta vers un dramaturge canadien, le Père Gustave Lamarche, c.s.v., que les historiens de la littérature canadienne ont à peine mentionné quand ils ne l'ont pas oublié.

Pourtant le Père Lamarche a su, comme prosateur, poète ou dramaturge, mettre au profit des lettres canadiennes des dons particuliers de créateur, une pensée vigoureuse et personnelle exprimée dans une langue sûre et expressive. Bien qu'il se soit adonné à des genres différents, la littérature dramatique couvre la plus grande partie de son œuvre. L'auteur y a trouvé un moyen d'expression plus complet « tant pour les idées que pour l'art créateur comme tel » [56].

L'originalité, au Canada, de son œuvre théâtrale semble inspirée du mouvement de la renaissance dramatique caractérisée, en France, — depuis alors une vingtaine d'années — par un retour du théâtre à la poésie et à ses expressions propres, mythes, symboles, musique verbale, stylisation du jeu et de la mise en scène » [57].

A travers une œuvre assez importante, cinquante pièces, d'envergure et de qualité inégales, nous avons voulu nous limiter à *Jonathas* qui nous permettait, en plus de nous révéler l'auteur dans le genre et les moyens qu'il a adoptés, de situer le début de sa carrière dramatique dans les cadres du théâtre collégial, autre aspect à valeur historique incontestable. Il s'agit, plus précisément, d'étudier la place du père Gustave Lamarche dans le renouveau du théâtre collégial.

*
* *

Le Père Lamarche, qui avait été témoin, comme élève puis comme professeur, du marasme dans lequel végétait le théâtre des collèges, vit la nécessité d'en renouveler la valeur littéraire et artistique. Il fallait montrer que la scène est la patrie de la fiction et que l'art se crée par la poésie du style, par le rythme dans sa vie plastique et par la stylisation des formes dans le symbole.

Poussé par la fierté et l'ambition de susciter le renouveau du théâtre scolaire, le Père Lamarche engagea sa ferveur et son talent dans la création de *Jonathas*. Il voulait en faire une pièce adaptée aux scènes des collèges mais aussi parée, comme un véritable spectacle, de toutes les ressources de la beauté artistique. Dans l'évolution du théâtre de nos collèges, *Jonathas* venait instaurer « les droits de la poésie » et inaugurer le répertoire d'un théâtre renouvelé.

Pour retracer les expériences qui devaient orienter le Père Lamarche vers sa vocation de dramaturge, il nous a semblé d'abord naïf de remonter aux années de son enfance, alors que guidé par l'instinct d'imitation, le goût de « l'enchantement et de la métamorphose », il tenait dans des « séances

56. Lettre du Père Lamarche à l'auteur de l'article.
57. Pierre-Henri SIMON, *Théâtre et Destin*, Paris, Armand Colin, 1952, p. 10.

d'enfants » une première initiation à l'art dramatique. Comme plusieurs d'entre nous, il a vécu lui aussi, dans son jeune âge, ces moments d'émotion où « un rideau frémissant se lève enfin devant nous pour nous faire assister à la joute des fées, des hommes et des dieux, sur quelques pieds carrés de planches enveloppées d'un sortilège ». Dans l'émerveillement qui nous enveloppe, les acteurs nous apparaissent des « démiurges habitant un monde supra-humain ». Ces premières incursions dans un monde souvent irréel, si imprécises demeurent-elles, ne peuvent qu'accentuer les premières hantises devant le mystère dramatique.

Plus tard, comme élève au collège de Bourget, qu'il fréquenta de 1905 à 1911, le jeune Lamarche avait assisté et plusieurs fois participé aux représentations théâtrales. Il aurait alors fait du théâtre encore plus volontiers que des thèmes et des versions [58]. Son goût de l'art dramatique devait, pendant son séjour au collège, trouver matière à s'exercer. Le répertoire retracé de cette époque compte au moins trente-sept pièces de théâtre. A part les *Plaideurs* en 1906 et les *Fourberies de Scapin* en 1907, qui avaient valeur de « classiques », il se trouve au moins une quinzaine de comédies, d'opérettes-bouffes, de comédies vaudevilles ou de farces telles que : *Le Docteur Oscar* d'Antony Mars, *L'Archiduc Casimir* de Leroy-Villars, *Durand et Durand* de Barbier. Il y eut autant de drames dont le titre de certains, comme *La Malédiction, Les Traficants d'enfer, L'Expiation,* trahissent le genre mélodramatique qui avait la faveur du temps.

« L'expérience » la plus importante que le jeune Lamarche fit de la scène [59] se rattache à la représentation de *Jeanne d'Arc,* drame en cinq actes et en vers, de Jules Barbier, que le collège monta en 1910, à l'occasion du jubilé sacerdotal du supérieur. Cet événement que le Père Lamarche considère comme le plus important de son temps de collège, fut aussi aux yeux du public l'un des plus importants de l'histoire du collège [60]. A l'époque, une telle pièce était vraiment de l'extraordinaire pour du théâtre scolaire.

Le Père Gardou, alors régisseur, était de ceux qui ne s'accommodent pas du commun et du médiocre. Avide de grandes entreprises, il savait découvrir les initiatives et les énergies qu'aucune difficulté ne peut vaincre. En plus des décors à réaliser — cour royale, fortification d'Orléans, cathédrale de Reims, place du vieux marché de Rouen —, des difficultés techniques à surmonter — il fallait tout au moins simuler le martyre de Jeanne au bûcher —, la pièce réclamait, dans son ampleur, danse, orchestre, quatre grands chœurs et de nombreuses parties mélo-dramatiques de romances et de chants divers. Une telle réalisation paraissait chimérique à plusieurs. Le Père Gardou était convaincu que « ce sont les grandes guerres qui font les grands généraux » ! Malgré toute sa complexité, *Jeanne d'Arc* trouvera les artisans de son succès ! Le plus piquant de l'entreprise, c'est qu'il fallait créer, pour la première fois à Bourget, un personnage féminin. « Comment s'y prendrait-on ?... et surtout qui ferait Jeanne d'Arc ? A cette dernière il

---

58. Lettre du Père Lamarche à l'auteur de l'article, 14 avril 1965.
59. Gustave LAMARCHE, *Une Grande Représentation dramatique,* 1924, Conférence aux élèves du Collège Bourget, Rigaud.
60. Gustave LAMARCHE, *Une Grande Représentation dramatique.*

fallait presqu'une voix d'enfant, une taille physique et une maturité intellectuelle suffisantes et en plus une certaine habitude de la scène » ! [61]

Le succès que le jeune Gustave Lamarche avait déjà remporté dans les petites « déclamations » publiques, son intelligence et sa culture remarquables, sa frêle voix conservée en raison de son âge — à quatorze ans il terminait sa classe des Belles-Lettres —, le signalaient pour la « Jeanne d'Arc » désirée. Le Père Lamarche nous confie l'émotion ressentie par le tout jeune élève lorsqu'il apprit qu'on le désignait pour jouer ce rôle important. Devant le bon Père qui le lui annonçait avec mille précautions, il retient son émotion :

> Je m'efforçais, dit-il, de paraître indifférent. Au fond, il faut le dire, j'étais content. D'autres auraient répondu par la terreur. Pour moi je me sentis dès le premier instant plein de cette jeune présomption ou témérité qui animait Rodrigue à la pensée du coup d'essai qui allait lui être offert. Mais je ne perdis pas la tête. Dès cette première rencontre, le Père s'était chargé de me prévenir contre toute vanité [62].

Pendant quatre mois, « Jeanne d'Arc » s'était initiée par de fastidieuses répétitions à sa vocation mystérieuse de « guerrière ». Le jeune comédien éprouvait beaucoup de contentement dans ses nouvelles fonctions de commandant des armées du roi : « il allait sauver la France, faire courber devant lui toute la cour et paraître à Reims à côté du grand autel à deux pas du gentil Roy. » [63] Quoi qu'il en fût de ces moments de fierté bien légitime, l'étudiant était surtout charmé par cette grande beauté avec laquelle il entrait en contact. « La déclamation de ces beaux vers, dit-il, nous transportait jusqu'aux sommets radieux de la poésie et cette incomparable musique soulevait nos âmes, les poussait comme sur les ailes d'un grand vent jusqu'aux portes de l'idéal. » [64]

Grâce au souvenir de cette émotion profondément ressentie, il recrée, tout le long du récit qu'il fait de la pièce, l'atmosphère des principales scènes, depuis l'ouverture où « un lointain son de flûte, jouant un air de pastorale, évoquait la bergère et ses brebis. L'air de flûte recevait la réponse d'une clarinette dans un échange de sentiments gracieux, évocateurs des plus douces scènes champêtres. » [65] Ainsi jusqu'à la scène finale, très émouvante, celle du martyre, qui ouvre aux premiers accords d'une grande marche funèbre se prolongeant jusqu'à la fin. « Ces lugubres harmonies laissaient passer les sanglots de la jeune fille qui va mourir, ceux de la mère à qui on arrache son enfant, enfin ceux de l'Eglise et de la Nation en deuil ; car c'est l'idole et le salut d'un peuple qu'on mène à la mort. » [66] C'était pour le futur dramaturge la découverte du lyrisme qui dominera toute son œuvre.

Il ne nous semblerait pas téméraire de voir même en *Jonathas,* la première création du Père Lamarche, une influence possible de *Jeanne d'Arc.*

61. *Idem, ibidem.*
62. *Idem, ibidem.*
63. *Idem, ibidem.*
64. *Idem, ibidem.*
65. *Idem, ibidem.*
66. *Idem, ibidem.*

Des composantes analogues se retrouvent dans l'une et l'autre pièce : lyrisme de la poésie, chœur, musique, danse, déploiement des décors et des scènes, rapprochement des personnages et des situations.

La frêle bergère de Domrémy, tout comme le jeune berger d'Israël, doit quitter ses parents et son troupeau pour répondre à l'appel d'une vocation mystérieuse. Tous les deux ont une mission à remplir auprès de leur roi. Jeanne, à la tête des armées du Roi, sauvera la France. David devient sauveur d'Israël par sa victoire sur Goliath. Les angoisses de la jeune fille devant l'ennemi évoquent celles de David devant les fureurs de Saül. Le lyrisme de la prière de Jeanne, récitée à mi-voix et soutenue par une partie d'orchestre, se rapproche de la tirade émouvante de David à la première scène de la Caverne d'Engaddi où l'émotion du récit se gonfle aux accords lyriques de la symphonie. Le déploiement de l'apothéose fait à la gloire de Jeanne devant la foule à la cathédrale de Reims rappelle le retour triomphal de David à la cour de Saül. Le martyre de Jeanne se rapprochait cette fois du sacrifice de Jonathas tandis que le sacre du Roi à qui l'on avait rendu le royaume rappellerait la scène finale de *Jonathas* où David, devant la dépouille de Jonathas et la foule du peuple, prend possession de son royaume.

Ces correspondances qui semblent se justifier, eussent-elles été inconscientes à l'auteur, n'en demeurent pas moins un témoignage de l'impression profonde qu'avait produite sur l'écolier cette première grande expérience de la scène.

C'est cette même année, dans la classe des Belles-Lettres, à l'étude de *Britannicus,* qu'il eut une première inspiration de créer. L'ami, à qui il avait confié, dans la ferveur de son admiration, « nous devrions faire quelque chose comme cela... et ce ne sera pas si difficile », trouva son jeune confrère fort présomptueux de se mettre en cause pour égaler Racine [67]. Ce n'était pas que de la présomption. Le jeune étudiant venait de découvrir, dans cette œuvre dramatique et dans celle de Barbier, les beautés de la forme poétique et la grandeur des nobles actions. Il n'est donc pas étonnant que dans son enthousiasme juvénile, il sentit monter en lui le désir de créer de la beauté. Si le modèle proposé accusait une certaine ambition, c'est que Racine était, avec Barbier, le seul terme de comparaison pour l'étudiant qui n'avait eu encore aucun contact avec les dramaturges modernes.

Plus tard, devenu professeur de rhétorique au Séminaire de Joliette, le Père Lamarche appartenait déjà à une élite formée au contact des plus grands maîtres. Disciple de Hasard, Strowski, Calvet, Le Bidois, pendant quatre ans, il fut un brillant élève de la Sorbonne, de l'Institut catholique de Paris et de l'Université de Louvain où il obtint une licence ès lettres et une licence ès sciences politiques et sociales. Durant ses études, il avait porté une attention spéciale à l'histoire du théâtre grec [68]. Le programme de la Faculté des Lettres comportait aussi l'étude de la tragédie de la Renaissance [69] où la tragédie biblique occupe une large place. Le Père Lamarche nous confie

67. Lettre du Père Lamarche à l'auteur de l'article, 14 avril 1965.
68. Lettre du Père Lamarche à l'auteur de l'article, 14 avril 1965.
69. Lettre du Chanoine Arthur Sideleau à l'auteur de l'article, 21 mars 1965.

qu'en même temps qu'il faisait ses études il assistait le plus possible aux spectacles en cours. « L'un de ceux qui m'avaient le plus impressionné, dit-il, avait été le jeu des *Perses* d'Eschyle représenté à Louvain par les étudiants de l'Université. » [70] A Paris, où il avait assisté à la représentation des classiques français et étrangers, on n'avait pas réussi à lui faire aimer Shakespeare dont il avait vu *Macbeth* et le *Marchand de Venise* joué par Gémier. Il avait assisté à des pièces de Ghéon et il avait également beaucoup admiré Copeau [71].

Au cours de ses années d'études supérieures, le théâtre lui était apparu « comme un des moyens les plus séduisants de plaire aux hommes et de gagner les cœurs » [72]. C'est alors qu'il avait appris à concevoir le théâtre comme un spectacle [73]

> où dans une délectation sensible, l'intelligence perçoit par les yeux la toute-puissance de la mimique, qui nous révèle ce qui se passe au plus profond des âmes. Une moue, un geste, un sourire à peine esquissé trahissent l'amour ou la haine propre à susciter le ressort essentiel de la tragédie. C'est d'abord le spectacle enchanteur d'âmes qui se meuvent et s'agitent devant nous, qui par des mimiques alternées, à la façon de la pantomime, s'expriment sans parler avec la nuance et la poésie propres aux modalités les plus diverses du sentiment [74].

Outre la séduction du spectacle, qui est une apparition du beau, selon le Père Lamarche, le théâtre se revêt aussi de tous les prestiges de l'éloquence. Il permet d'exploiter dans toutes ses nuances le sens de l'expression verbale et la chaleur du débit. Sur ce point, « il se confondra avec l'art oratoire dans les longues tirades d'un discours de Caïus au Sénat du peuple romain ou d'Auguste à son ami Cinna » [75]. En d'autres circonstances, ce sont « les ripostes » tendres ou violentes de la passion d'un Pyrrhus pour Andromaque, le « sanglot verbal » de la douleur contenue ou le « cri étouffé » du désespoir d'une Chimène venant de congédier Rodrigue, le meurtrier de son père. La puissance expressive d'un débit peut communiquer à elle seule l'émotion ou le sentiment qui touche ou bouleverse.

Le Père Lamarche avait aussi compris que l'art théâtral par excellence résidait dans la poésie, celle du mystère par lequel il agit en nous. Sa magie supérieure

> est située dans ce rideau, dans ces coulisses, et dans ces êtres étranges revêtus d'une défroque, poudrés, barbouillés, défigurés, souvent barbarement contrefaits, qui peuvent s'appeler indifféremment, sous un jeu de maquillage, Néron, Harpagon, Christophe Colomb, Célimène, Violaine, Athalie. La suprême séduction du théâtre est dans la savante et délicieuse tromperie qu'il nous inflige [76].

---

70. Lettre du Père Lamarche à l'auteur de l'article, 14 avril 1965.
71. Lettre du Chanoine Arthur Sideleau à l'auteur de l'article.
72. Gustave LAMARCHE, *Théâtre de plein air et de montagne*, 1938.
73. La racine grecque, « theaomai », qui a donné le mot théâtre, signifie : je contemple.
74. Gustave LAMARCHE, *Théâtre de plein air et de montagne*, 1938.
75. Gustave LAMARCHE, *Propos sur le théâtre et l'éducation*, conférence au Scolasticat Saint-Charles, Joliette, 7 décembre 1952.
76. Gustave LAMARCHE, *Théâtre de plein air et de montagne*, 1938.

Nietzsche avait déjà reconnu la condition préalable à tout art dramatique dans l'irrésistible impulsion à se métamorphoser soi-même et à agir par d'autres âmes... [77]

Fasciné par ce légitime et puissant plaisir dramatique, le Père Lamarche

> fut amené à vouloir exhiber, sous les yeux de ses frères, des spectacles où l'on voit l'homme, aux prises avec une destinée hostile, livrant des combats disproportionnés à sa taille, tantôt vainqueur, tantôt défait, toujours à plaindre, toujours aimé [78].

Nouvellement revenu au pays, féru de théâtre et de poésie, il apportait des ressources remarquables dans le mouvement de l'effort culturel et dramatique que connaîtra avec lui le théâtre de collège. Avec ardeur, il engagea son talent et ses énergies.

Au cours de ses premières années d'enseignement, après son retour d'Europe, il avait participé à la mise en scène d'*Athalie* et d'*Esther*. Malgré les progrès déjà accomplis en ces années dans le domaine de l'interprétation et de la technique,

> l'on se heurtait toujours au déplaisir des travestis. De gracieuses héroïnes s'expriment par la voix trop mâle de moins gracieux héros ! Encore si le costume n'essayait, contre toute évidence, de faire passer le mensonge ! Faut-il au contraire remplacer l'amante par un ami très cher, Clytemnestre, Athalie, Bazilide, par un oncle ou un beau-frère sans couleur [79] ?

Tous ces arrangements souvent simplistes choquaient le sens artistique du Père Lamarche. Aussi le but immédiat qu'il se proposait en créant sa première pièce fut donc de remédier au besoin de pièces appropriées aux scènes de collège.

> L'ambition, la haine, l'amour familial, l'amitié même ne sont-ce pas là des passions capables de soutenir une action tragique ? Les Anciens tenaient moins que nous à l'éternel duo d'amour. Les *Perses, Oedipe, Athalie* [80].

Après avoir longuement cherché, il crut que l'histoire biblique de Jonathas, Saül et David pouvait présenter une matière de cet ordre.

> L'intrigue y est commandée par la plus admirable des amitiés, par la plus effroyable des haines. N'est-ce pas assez pour tendre jusqu'à la violence les ressorts traditionnels de terreur et de pitié [81] ?

Le Père Lamarche savait que les plus beaux drames et les meilleures comédies ne s'inventent pas ; ils se jouent dans l'existence des hommes.

En plus l'auteur était intéressé par la « décence » du sujet où aucune conjoncture féminine n'entrait dans l'essentiel des données historiques. A

---

77. Léon CHANCEREL, *Panorama du théâtre*, Paris, Armand Colin, 1955, p. 6.
78. Gustave LAMARCHE, *Théâtre de plein air et de montagne*, 1938.
79. Gustave LAMARCHE, *Jonathas*, Montréal, Librairie des Clercs de Saint-Viateur, 1935, p. xiii.
80. Gustave LAMARCHE, *Jonathas*, p. xiv.
81. *Idem, ibidem*, p. xiv.

l'encontre de bien des metteurs en scène qui s'accommodaient du travesti ou d'une adaptation, le Père Lamarche préférait créer une pièce qui, à la fois, serait conforme au théâtre de collège et respecterait les règles de l'art ou tout au moins du bon goût. Il avait paru accepter ces restrictions sans craindre de diminuer la valeur dramatique de sa création. Voltaire n'avait-il pas déjà créé *Mérope* et *La mort de César* avec le même souci d'éliminer l'amour et les personnages féminins ?

Mais ce qui le passionnait surtout dans cette matière, c'était sa masse même et son ampleur. « J'avais à remuer, a-t-il dit, tout le monde israélite au moment où il s'installe dans l'histoire par le régime monarchique, au moment aussi où il donne naissance au plus fameux des rois, David, le Bien-Aimé, l'immortel ancêtre du Messie. » [82] Le formidable et fougueux Saül, roi d'Israël, le majestueux Samuel, prophète du Très-Haut, le tendre adolescent David, le noble Jonathas sacrifiant le trône, voilà d'illustres personnages capables de vivre la tragédie dans le chant d'un long poème. Le sujet était audacieux, pour un premier essai. Il fallait en plus résister aux « prudents amis » qui lui conseillaient de débuter par un genre plus modeste, celui des honnêtes pièces de patronage. Le Père Lamarche n'est pas de la génération des timides. C'est avec courage qu'il se lança dans le sujet qui avait fait échouer huit ou dix de ses valeureux devanciers [83].

Outre ce but immédiat d'offrir une pièce de collège, l'auteur voulait avant tout la création de l'œuvre littéraire pour elle-même, selon sa propre conception et son originalité. Le désir d'une création gratuite de la beauté, selon le détachement de toute autre préoccupation que celles qu'impliquent les principes de l'art, devait dégager l'auteur des contraintes extérieures, sans relations avec la valeur essentielle de l'œuvre, et trop souvent imposées par la fantaisie ou l'ignorance du lecteur profane. D'ailleurs l'art n'est-il pas pour chaque créateur « sa façon d'être libre » [84], sans préoccupation de style et de filiation. Le très grand plaisir qu'éprouve le Père Lamarche à concevoir, ébaucher, faire et refaire une pièce de théâtre porte déjà le motif suffisant de son invention. « J'ai l'impression, dit-il, de créer des vivants, de leur conférer un être selon mon idéal (ou l'inverse quand il s'agit du diable). Et c'est une bienheureuse fatigue. La façon dont la chose est reçue reste bien secondaire. » [85]

Au plaisir intime de produire devait se joindre celui d'apporter « sa contribution » aux lettres canadiennes. Il le déclare simplement au début de *Jonathas*, dans la « Note de l'Auteur » :

> J'avouerai d'abord en toute franchise que j'ai recherché l'œuvre littéraire pour elle-même. Les lettres canadiennes n'étant pas très riches, vouloir leur offrir du sien même si on ne se sent que peu fortuné, est déjà un bon motif de travailler. Mais pour la même raison, je devais m'imposer tous les scrupules de l'écrivain. Je n'y ai pas manqué, me souvenant que plus notre littérature est modeste, plus elle a droit à ces égards [86].

---

82. Gustave LAMARCHE, *Théâtre de plein air et de montagne*, 1938.
83. *Idem, ibidem.*
84. Jean ONIMUS, *Réflexions sur l'art actuel*, Belgique, Desclée de Brouwer, 1964, p. 11.
85. Gustave LAMARCHE, lettre à l'auteur de l'article, 14 avril 1965.
86. Gustave LAMARCHE, *Jonathas*, p. ix.

L'auteur avait vraiment le souci de fournir un apport, puisqu'il était assuré que « quelques œuvres soignées » suffisent pour lancer « un art dramatique » en lui imprimant l'élan de la confiance. La pauvreté — dans le théâtre particulièrement — de notre littérature encore mal définie ouvrait des portes bien grandes sur un terrain vaste et inexploré, et lui accordait la liberté seule capable d'originalité.

Dans une lettre, en date de 1936, au directeur du théâtre de la Passion, à Nancy, le Père Lamarche confie un autre but profond et encore secret de ses tentatives :

> ... j'ai osé écrire pour la scène chrétienne. J'ai un peu fait semblant d'écrire pour les théâtres de collèges qui sont ici, au Canada, très florissants, mais en réalité j'avais précisément en vue la grande scène « catholique », celle qui doit attirer à elle pour l'exalter la masse chrétienne... J'ai rêvé d'être joué là où, comme chez vous, quelques centaines de figurants peuvent donner *aux yeux* la notion de la majesté chrétienne, là où l'ampleur des musiques, les formidables emportements des chœurs, l'enthousiasme même des danses sacrées peuvent montrer que le génie de notre foi ne tend pas à la mort mais à une vie triomphante [87].

L'espoir du Père Lamarche devait se réaliser par la magnificence de *Notre-Dame-de-la-Couronne* jouée au Congrès marial d'Ottawa en 1947, de *La Défaite de l'Enfer* en 1938 dans le plein air et les montagnes de Rigaud. Sept cents figurants — anges, martyrs, confesseurs, vierges — défilent en costumes parmi les pèlerins — foule de quarante mille personnes — selon le mode du théâtre nouveau où la scène compénètre le parterre.

Dans l'élaboration de sa pièce, le Père Lamarche voulut concilier la vérité historique aux exigences de l'art dramatique. Il fallait donc, pour pénétrer son sujet, approfondir le récit consigné aux deux premiers Livres de Samuel, se familiariser avec les mœurs israélites, étudier la chronologie et la topographie bibliques pour une reconstitution fidèle et vivante. Des éléments dégagés, il aura le mérite d'édifier une œuvre dramatique personnelle et cohérente.

La première étape de la création de *Jonathas* paraît révélatrice du mode d'élaboration de l'œuvre dramatique chez l'auteur. En effet, le Père Lamarche commença la rédaction de sa pièce par le quatrième acte dans lequel il voyait « le point tournant qui commande tout » [88]. Le plan avait été auparavant si bien détaillé, il est vrai, « que ce commencement par le milieu put quand même subsister presque sans retouche dans la rédaction finale » [89]. Le « cœur de l'action » avait été vraiment générateur de toute la pièce.

Les ébauches conservées présentent des maladresses qui maintenant font sourire l'auteur. « Saül, par exemple, correspondait à une sorte de verbomoteur, chez qui une parole engendrait l'autre à la manière d'un accumula-

87. Lettre du Père Lamarche au chanoine directeur du théâtre de la Passion à Nancy, France ; Joliette, 13 septembre 1936.
88. Lettre du Père Lamarche à l'auteur de l'article.
89. Lettre du Père Lamarche à l'auteur de l'article.

teur qui se recharge comme une voiture en état de marche. »[90] Dans la fureur démoniaque qu'il incarne, « il enfilait blasphèmes et hurlements » sous la forme d'un long monologue qui ne laissait aucune place à la réplique. A l'encontre de toutes les rapidités modernes, l'auteur, avide de discours ou de longues tirades, « se libérait à travers les fureurs prolixes de son personnage. Quand venait le temps, pour l'interlocuteur, de donner la réplique, l'heure était déjà sonnée de faire tomber le rideau. »[91]

Quant à la forme, l'auteur dut se reprendre une dizaine de fois avant d'en arriver à la formule cherchée. Les premières tentatives passèrent successivement du vers régulier à la prose pour se fixer ensuite dans la forme souple du vers libéré qui, sans rythmes convenus, obéit à la loi secrète de l'harmonie et du balancement qui moulent l'expression d'une pensée.

« Dans l'anarchie où se trouvait la poétique française », l'auteur crut qu'il n'avait pas à tenir à aucune poétique reçue. « En attendant un ordre plus unanimement consenti, j'ai simplement voulu profiter, dit-il, de l'air plus large que quelques grands noms modernes ont introduit entre des fermetures bien hermétiques. »[92] La poétique dépouillée de tout asservissement, qu'il voulut adopter, lui permettait de faire passer ses personnages « de la prose la plus ordinaire jusqu'au langage le plus élevé du lyrisme ». Le vers pouvait avoir ainsi selon l'auteur, « le seul rythme du langage distingué », ou « le rythme plus strict du langage lyrique », pour atteindre parfois « la mesure très serrée du langage musical ». De cette façon, il voulut « assortir un peu mieux le mariage bien souvent forcé de la nature et de la convention. »[93]

L'auteur dit avoir connu, avec la création de *Jonathas,* l'exaltation des débutants. Ne serait-ce pas plutôt, par un goût bien marqué pour le spectacle, que l'auteur fut amené à vouloir déjà « faire grand !... » en joignant au « théâtre d'âmes » les effets scéniques du « théâtre musical et chorégraphique » que nous retrouverons dans plusieurs de ses œuvres. « Un art qui ne sait pas prendre ses risques, par peur du qu'en-dira-t-on, est un art qui piétine ou se paralyse. »[94] C'est dans cet esprit qu'il appela « au secours du drame le spectacle et la musique ». Il était cependant prévenu du danger qu'il y avait à faire concourir des forces qui souvent s'opposent. Le spectacle pouvait être aisément, par une pente naturelle, la mort de toute dramaturgie. « Le drame musical n'a-t-il pas presque toujours été du drame sans musique ou de la musique sans drame » ?[95] Cependant il a semblé possible au Père Lamarche de « conjurer ces périls par une économie plus attentive et plus méticuleuse de l'ouvrage dramatique, par un équilibre très surveillé de l'élément sensible et de l'élément intellectuel »[96].

Un de ses frères qui avait lu le manuscrit lui suggéra de confier au compositeur Gabriel Cusson la création et l'orchestration des parties. Ce dernier

90. Gustave LAMARCHE, *Théâtre de plein air et de montagne,* 1938.
91. *Idem, ibidem.*
92. Gustave LAMARCHE, *Jonathas,* p. x.
93. *Idem, ibidem,* p. x.
94. Gustave LAMARCHE, *Celle-qui-voit,* Joliette, édition des Paraboliers du Roi, 1939, p. 5.
95. Gustave LAMARCHE, *Jonathas,* p. xi.
96. *Idem, ibidem.*

mit deux ans à la réalisation d'une œuvre magnifique « facilement comparable à celles que Darius Milhaud a écrites pour les œuvres de Claudel » [97]. Pendant ce temps, « l'auteur reprenait, refaisait, remaniait le texte littéraire ».

Pour le spectacle, l'auteur crut pouvoir s'autoriser un plus vaste déploiement, « mais quand c'était le temps ». Cinq grands décors somptueux selon le style romantique, « d'amples parades comme on n'a accoutumé d'en voir que dans les grands opéras des grandes Capitales » [98]. Des chœurs étroitement intégrés à l'action et un ballet allégorique expriment le délire du peuple qui magnifie David vainqueur, et célèbre son alliance avec Jonathas : « Le peuple n'a plus assez des cris et des chants, il libère sa frénésie jubilante par la course et le tourbillon ! » [99] Pour l'auteur, c'eût été trahir le public que de lui refuser les manifestations les plus délirantes de l'enthousiasme. Il s'appliquera par contre à diminuer le spectacle à mesure que le drame avance et s'intensifie en action intérieure.

Le premier jet de *Jonathas* surgit donc pendant les vacances de 1931. Il subit deux ou trois refontes, des représentations partielles, et une édition miméographiée. En 1935, ce fut la publication régulière avec *Tobie* pour une présentation au prix David de la même année. Le recueil de vers de Mademoiselle Jacqueline Francœur trouva meilleure grâce et reçut les honneurs de l'épreuve.

Comme théâtre « joué », *Jonathas* connut dans les collèges les plus grands succès de la rampe. C'est devant des salles combles que les représentations se succédèrent. La première eut lieu à Rigaud au Collège Bourget, en 1933. A Joliette, en 1935, cinq fois, dans les décors artistiques du R. P. Wilfrid Corbeil, le spectacle est offert à une salle comble et cinq fois l'entrée est refusée à des centaines de visiteurs. On voulait voir : on offrait le double, le triple du prix d'entrée. Chaque fois *Jonathas* fut recréé ! « Poème — symphonie — peinture — il éveilla des échos jusqu'alors inconnus au drame canadien. » [100] A Saint-Laurent, en 1941, *Jonathas* « prit l'allure d'un véritable triomphe » [101]. Il y eut onze représentations. Un tel succès de *Jonathas* à Montréal, en 1941, était sûrement un témoignage plus éloquent de sa valeur que celui des précédentes représentations de Joliette et de Rigaud. Les activités théâtrales du Collège Saint-Laurent avaient acquis, depuis plusieurs années déjà, avec le Père Emile Legault, une réputation peu banale. On avait connu le succès d'*Athalie* en 1933, de *Polyeucte* en 1934, du *Noé* d'Obey et de *Britannicus* en 1936, d'*Horace* de Corneille en 1937, d'*Antigone* de Sophocle en 1940. Douze ans après sa publication, en 1947, la pièce de *Jonathas* était reprise au Séminaire de Québec. Il y eut, là aussi, selon les chroniques, cinq représentations à salle comble.

Selon l'impression générale des spectateurs on est simplement écrasé en assistant à cette représentation, tant il y a de grandeur, de beauté et de

97. Gustave LAMARCHE, *Théâtre de plein air et de montagne*, 1938.
98. Gustave LAMARCHE, *Théâtre de plein air et de montagne*, 1938.
99. Gustave LAMARCHE, *Jonathas*, p. xii.
100. Carmel BROUILLART, o.f.m., Lettre au Père Lamarche, 29 janvier 1936.
101. Lucien DESBIENS, « *Jonathas* » *à Saint-Laurent*, dans *Le Devoir*, vol. 32, no 101, 2 mai 1941, p. 4.

perfection. Lucien Desbiens a vu en *Jonathas* « une tragédie digne de figurer à côté de celles de Corneille et de Racine » [102]. Pour Jean Riddez de l'Opéra de Paris, c'est du théâtre éducationnel de premier ordre. Un critique attentif à l'éveil des lettres canadiennes reconnut à l'auteur « le mérite rare de l'originalité » ; cette précieuse qualité, « apanage exclusif des artistes, se divulgue d'elle-même dans la plupart des scènes de *Jonathas* » [103].

Selon Marcel Valois, le texte est une magnifique réussite « au point que certains personnages, sans susciter la comparaison et sans l'avoir voulu, évoquent le magnifique et trouble *Saül* d'André Gide » [104]. Pour Jean Vallerand, le critique autorisé, *Jonathas* est une pièce admirable et comme jamais encore auteur canadien n'en avait écrite. « Je n'ai pas l'admiration facile, écrit-il, mais *Jonathas* m'a enthousiasmé » :

> C'est un drame complet conçu selon la plus pure tradition grecque. Il s'inspire de ce qu'il y a de meilleur dans les théories d'André Obey, de Pitoëff. C'est le premier exemple de retour au théâtre grec que des Canadiens aient tenté. Innovation des plus heureuses, c'est dans cette voie que doit s'orienter le théâtre s'il veut vivre [105].

La comparaison était d'autant plus facile à établir que cette même année, le Collège de Saint-Laurent avait fait représenter le *Noé* d'Obey.

Pendant que certains exultaient d'admiration, d'autres reprochaient à *Jonathas* sa surcharge ou gardaient le silence. L'auteur eut à se plaindre de l'indifférence de plusieurs, indifférence que le chanoine Sideleau considérait comme une « disgrâce pour nos mœurs littéraires et trait bien significatif de notre pauvre mentalité canadienne » [106]. Dans une lettre récente, le chanoine Sideleau a semblé maintenir, sans le savoir, l'opinion qu'il avait émise trente ans auparavant : « Les choses de l'esprit, dit-il, soulevaient à cette époque peu d'intérêt. C'est pourquoi je pense que l'influence du Père Lamarche est demeurée fort limitée. On le découvrira dans vingt-cinq ou trente ans. ...Du reste comment parler d'influence, dans le domaine, vu que très peu d'écrivains s'intéressaient au théâtre, il y a vingt-cinq ans ? » [107]

Trop souvent, le critique a tendance à apprécier une œuvre selon un ensemble de règles établies qui constituent un barème plutôt absolu. Pourtant ces principes d'évaluation sont justes et efficaces dans la mesure où on leur accorde, dans l'application, la souplesse nécessaire à une bonne interprétation. Autrement, le critique qui est trop assujetti à ces règles s'expose à une injustice à l'égard de l'œuvre, lorsque ce n'est pas au discrédit de ses fonctions. Que l'on se souvienne simplement de la « Querelle du *Cid* » et l'on admettra que toute œuvre a sa vie propre et que l'art ne peut se confondre avec l'artifice de certaines règles si impérieuses soient-elles.

---

102. Lucien DESBIENS, *Jonathas*, dans *Le Devoir*, 16 mai 1935, vol. 26, no 114, p. 3.
103. Carmel BROUILLART, o.f.m., Lettre au Père Lamarche, 29 janvier 1936.
104. Marcel VALOIS, « *Jonathas* » *à Saint-Laurent*, dans *La Presse*, 57e année, no 156, 19 avril, p. 49.
105. Jean VALLERAND, *Une Révélation*, dans *Le Quartier Latin*, 19e année, no 9, 4 décembre 1936, p. 4.
106. Chanoine Arthur SIDELEAU, Lettre au Père Lamarche, Sherbrooke, 24 novembre 1936.
107. Chanoine Arthur SIDELEAU, Lettre à l'auteur de l'article, 28 mars 1965.

Jonathas fut, pour le Père Lamarche, le début d'une vocation qui allait devenir la passion de sa vie. Le dramaturge a signé la seconde version de sa cinquantième pièce. Il est vrai que la quantité n'a jamais été un témoignage de valeur. C'est tout de même un signe qu'on n'est pas resté inactif.

Il sut mettre son activité au service de ses convictions, assuré que par « l'ardeur, la conscience et le travail » il serait possible de « doter notre pays d'une grande littérature dramatique »[108]. Le Père Lamarche a créé surtout des œuvres allégoriques, religieuses et nationales où se trouve l'élément de grandeur et de merveilleux qui cadre bien avec son talent particulier. Il exploite cet élément dans des « visions dantesques »[109] qui subjuguent le spectateur. Son courage n'a pas craint la dimension des entreprises et certaines de ses œuvres demeurent des géants de la création poétique. *Jonathas* lui avait fourni les éléments du lyrisme et du spectacle qui sont devenus presque des constantes de son œuvre. Des mystères lyriques, tels que *Tobie, Jonas, André apôtre,* une féerie épique, *Notre-Dame-des-Neiges,* une parabole héroïque, *Celle-qui-voit,* un jeu scénique, *Notre-Dame-de-la-Couronne,* des jeux choraux évangéliques, *La Défaite de l'Enfer* et le *Gémissement vers la Colombe,* voilà autant de spectacles d'un lyrisme et d'une grandeur inouïs. L'auteur manifeste une acuité de vision qu'accompagne une émouvante fraîcheur d'expression. Après la lecture de *Notre-Dame-des-Neiges,* René Arthur écrivait à l'auteur :

> C'est du super-super-super Wagner avec en plus un symbolisme qui laisse bien loin derrière celui du *Peer Gynt* de Ibsen. Je suis convaincu de celle que je viens de lire. Vous êtes certainement un poète... peut-être nébuleux mais tout de même un grand poète dans votre genre. J'ai l'impression que vous avez recopié des rêves[110].

Dans le genre du théâtre chrétien contemporain, il est au Canada un novateur comparable à Claudel, bien que ce dernier s'élève davantage dans le lyrisme religieux et l'application du symbolisme. « Le théâtre nous avait montré l'homme tel qu'il était bourgeoisement ; il est temps, dit Jean Vallerand, que nous perdions la couche de médiocrité et que nous voyions l'homme tel qu'il refuse d'être. Seul de tous les écrivains canadiens, le Père Lamarche nous a montré cet homme, seul il a pénétré sur la route où s'était réfugié le Moyen Age et où Claudel en France a osé avancer. »[111]

Le chanoine Groulx, « propagandiste » de la « mission française » au Canada, ne manquait pas de réclamer pour notre « petit peuple un grand théâtre »[112]. Il voulut encourager chez l'écrivain cette volonté de renouvellement spirituel par une forme d'art privilégiée. Le 20 mai 1937, l'éminent historien écrivit au Père Lamarche :

> Le temps passe. Nous ne pouvons plus attendre si le Canada français doit être sauvé. A tout prix d'ici peu d'années, il faut offrir à notre

108. Gustave LAMARCHE, *Celle-qui-voit,* p. 5.
109. Sœur Paul-Emile, s.g.c., Lettre à l'auteur de l'article, 28 mars 1965.
110. René ARTHUR, Lettre au Père Lamarche, Québec, 22 février 1941.
111. Jean VALLERAND, *Création du Théâtre, œuvre symbolique du Père Lamarche,* dans *La Presse,* 56e année, no 191, mai 1940, p. 41.
112. Gustave LAMARCHE, *Le Mouvement du théâtre au Canada,* conférence, Université Laval, 14 juillet 1943.

> peuple son miroir spirituel ; il faut lui restituer la grande image de son passé... Ce passé, mon cher Père, pourquoi ne le mettriez-vous pas en drame et en musique ? La matière est riche ; le poète existe. Qu'attendez-vous pour nous faire l'œuvre de votre vie et une œuvre de Salut [113] ?

Le Père Lamarche écrivit six pièces à sujet patriotique et historique. Cependant pour qu'un théâtre soit national, il n'est pas nécessaire qu'il soit composé exclusivement d'œuvres à sujets nationaux. Il suffisait qu'elles fussent écrites par un Canadien. C'est en ce sens qu'*Athalie* est une pièce biblique et française.

Dans notre répertoire dramatique, comme d'ailleurs dans tous les domaines de notre culture, il était temps que nous trouvions la vie en nous. La lacune n'était-elle pas dans une paresseuse timidité plus que dans le manque de talent ? Le Père Lamarche l'a cru et il a voulu s'en garder.

On a souvent reproché au Père Lamarche de se refuser à la création de drames intérieurs et psychologiques. Il faut dire d'abord que bien souvent « l'offre » répondait à la « commande » [114]. Les circonstances réclamaient souvent la forme d'un pageant dont notre peuple était si friand. C'était la formule du théâtre du Moyen Age, rattaché à une cérémonie liturgique et servant à la préparer. En plus, l'auteur se refuse aux analyses pour autant que le théâtre exige avant tout une action, à laquelle s'opposent souvent les complications psychologiques [115] ; il se refuse « à une étude de pathologie dramatique à la manière de Pirandello ou de Gerhart Hauptmann » [116]. S'il existe une analyse de la passion dans son menu détail, qui la suit pas à pas dans son développement, ses reprises, ses défaites ou ses victoires, il y a aussi, selon l'auteur, l'étude d'un caractère non pour lui-même mais « sous ses différents aspects dans une succession d'événements cohérents, liés les uns aux autres et qui se déroulent suivant la loi de l'intérêt croissant » [117].

Quand il acceptera de traiter les problèmes de la psychologie religieuse et morale [118], ce sera dans des « cas de bonne humanité allant à l'extrême — comme nous y sommes tous portés — mais en mettant l'accent qui convient

---

113. Gustave LAMARCHE, *Le Mouvement du théâtre au Canada.*
114. Jeux choraux de plein air faits sur demande :
La défaite de l'Enfer, joué dans l'amphithéâtre naturel des montagnes de Rigaud.
Le Cantique du Gardeur, bergerie chorale, jouée à Ottawa, pour le jubilé d'or de Mgr Guillaume Forbes.
Celle-qui-voit, pour le troisième centenaire de l'arrivée des Ursulines au Canada, 1939.
Notre-Dame-des-Neiges, féerie héroïque et parabolique de dix-huit cents participants, créée pour le troisième centenaire de Montréal, 1942.
Abraham, demandée par l'Association des Parents, Beauport.
Tu es toute belle, pour l'année mariale de l'Immaculée Conception, 1954.
Grand Jeu de Jean le Baptiste, pour la fête nationale du Canada français.
115. Gustave LAMARCHE, lettre à l'auteur de l'article, 14 avril 1965.
116. Gustave LAMARCHE, *Le Mouvement du théâtre chrétien au Canada,* conférence. Université Laval, 14 juillet 1943.
117. Gustave LAMARCHE, *Le Mouvement du théâtre chrétien au Canada,* conférence. Université Laval, 14 juillet 1943.
118. *La Loi du feu,* 1965, est une pièce d'intérêt psychologique.

au théâtre sur le rythme de nos terrifiantes misères » [119]. Que le théâtre du Père Lamarche soit hors des cadres du drame purement psychologique, et de la rigueur classique, cela est certain. Il présente ses œuvres à la façon d'un visionnaire dans une fresque qui trop souvent a découragé les metteurs en scène.

C'est cependant une œuvre qu'on lit ou qu'on regarde dans l'admiration où « la langue la plus pure et la plus sonore est mise au service des plus nobles idées, dans les situations les plus grandioses et les plus émouvantes » [120]. Le Père Lamarche a retrouvé l'imagination et la poésie des mystères du Moyen Age. Son plus beau titre à notre gratitude sera d'avoir doté le Canada français d'une œuvre remarquable par la vigueur, la plénitude, la force de pensée et d'expression. C'est une œuvre audacieuse mais pas téméraire. Comme Claudel il a osé briser le conformisme. « Plus avancé que Ghéon, peut-être moins ontologique que Claudel, mais aussi engagé que lui dans le réalisme mystique, le Père Lamarche se présente avec un très rare bonheur de composition et de style. » [121]

S'il reste difficile d'ajuster l'œuvre du Père Lamarche sur le système des règles dramatiques bien définies, il faut se rappeler que, dans la conception actuelle de l'art, les problèmes techniques semblent avoir perdu de leur importance.

« Ce qui jadis constituait l'essentiel d'une critique d'art n'épuise nullement désormais la signification d'une œuvre. » [122] Une œuvre a aussi une valeur ontologique. Et cela en autant qu'elle exprime une « rencontre » pas simplement celle du savoir mais celle de l'homme avec ses exigences de beauté et de grandeur. Ainsi conçu l'art dépasse les frontières des écoles pour rejoindre l'homme dans sa spontanéité et son mystère. Dans ces conditions, *Jonathas* était la plus heureuse conception de ce que pouvait être le théâtre de collège.

Les succès remportés, depuis 1963, au Festival annuel d'art dramatique des collèges métropolitains nous apparaissent un témoignage fort éloquent de la portée éducative du théâtre scolaire et de l'évolution qu'il avait accomplie depuis une trentaine d'années. La qualité des spectacles représentés révèle plus que des talents, elle révèle la découverte, par les étudiants, d'un moyen privilégié d'expression et de communication : preuve, plus éloquente encore, que le théâtre scolaire a atteint l'efficacité qu'on en attendait.

Avant de connaître cette évolution, le théâtre de collège s'était longtemps accommodé d'une languissante médiocrité. En dépit des efforts et du mérite reconnus chez les préposés des activités théâtrales, les nombreuses restrictions imposées à la scène collégiale demeuraient un obstacle à son développement et avaient maintenu le théâtre scolaire dans une insigne pauvreté.

---

119. Gustave LAMARCHE, *Le Mouvement du théâtre chrétien au Canada.*
120. Charles BRUNEAU, lettre au Père Lamarche, 14 octobre 1939.
121. Claude JASMIN, lettre au Père Lamarche, Victoriaville, 15 février 1953.
122. Jean ONIMUS, *Réflexions sur l'art actuel,* p. 11.

Le Père Lamarche, dont le sens artistique s'était particulièrement affiné au contact des grandes œuvres littéraires et artistiques, percevait plus que nul autre — et avec malaise — la confusion artistique dans laquelle se continuait la pratique du théâtre dans les collèges. C'est alors qu'il voulut donner l'élan d'un théâtre qui se renouvelle. En acceptant les contraintes imposées, il créa alors *Jonathas*. Cette première création du dramaturge fut « la plus heureuse conception de ce que pouvait être le théâtre collégial » [123]. C'était une œuvre remarquable d'originalité.

En effet, la tragique figure de Saül, dont l'histoire constitue outre le drame d'une âme déchirée par les sollicitations ou les révoltes d'une nature orgueilleuse et les remords obsédants de la conscience, celui de la déchéance d'une dynastie, avaient été pour les compositeurs et les écrivains de différentes époques un thème fécond d'inspiration. Sans inclure les nombreux oratorios, nous avons retracé au moins une douzaine de pièces écrites sur le sujet [124]. Pour l'auteur de *Jonathas,* le mérite d'une nouvelle création devenait d'autant plus louable.

Nous n'avons plus tellement à revenir sur la valeur dramatique de l'œuvre dont il fut longuement question dans ce travail. Comme théâtre scolaire, la richesse des thèmes développés, la grandeur morale des personnages David et Jonathas et le déploiement artistique qui encadre l'ensemble de la pièce marquaient un renouveau appréciable dans la qualité des représentations collégiales. Que le Père Lamarche ait réussi à concilier dans sa pièce les exigences du théâtre d'art et celles du théâtre de collège est un mérite bien particulier. Mais cette heureuse conciliation ne pouvait se prolonger, faute de pièces ou faute de dramaturges. Pour atteindre le niveau artistique du « grand théâtre » tout court, les scènes de nos collèges durent par la suite accepter la représentation intégrale des chefs-d'œuvre.

---

123. Si dans l'appréciation intégrale d'une œuvre théâtrale, le critique doit tenir compte du jeu des comédiens, nous tenons à préciser que notre étude actuelle se limite au texte de *Jonathas* que le Père Lamarche a d'ailleurs abondamment annoté de remarques susceptibles d'orienter la mise en scène et d'intensifier le sens du dialogue, par la fusion de l'expression corporelle, du rythme, des sentiments et du texte lui-même.

124. 1563 Louis des Mazures, Trilogie des Tragédies Saintes, *David combattant, David triomphant, David fugitif.*
1572 Jean de la Taille, *Saül le furieux*, tragédie en cinq actes, avec chœur.
1608 Claude Billard, *Saül.*
1639 Pierre du Rey, *Saül.*
1763 Voltaire, *Saül,* tragi-comédie en cinq actes.
1741 Pierre Brumoy, s.j., *Jonathas et David ou le triomphe de l'amitié.*
1782 Vittorio Alfiéri, *Saül,* tragédie en cinq actes, chef-d'œuvre de l'auteur, expression la plus achevée du lyrisme.
1822 Alexandre Soumet, *Saül.*
1825 M.X.V. Drap-Arnaud, *La Clémence de David,* tragédie en trois actes et en vers réguliers, avec chœurs.
1897 Marcel Dieulafoy, *Le Roi David.*
1904 André Gide, *Saül,* tragédie en cinq actes.
1918 Lamartine, *Saül,* tragédie en cinq actes et en vers réguliers.
1933 Gustave Lamarche, *Jonathas,* tragédie en quatre actes, avec chœurs, musique et danse.
1954 Jean Filiatrault, *Le Roi David,* pièce inédite, écrite en alexandrins. Trophée Calvert du Festival, 1954.

Aussi depuis 1940, ce fut dans la recherche de la perfection dramatique et artistique que se constituèrent les répertoires des grandes scènes collégiales [125]. Le Père Lamarche fut, par *Jonathas* et ses autres œuvres qui devaient suivre, un instigateur de ce renouveau.

---

125. Le théâtre de collège dans les années 1940-60 se poursuivit dans un répertoire des plus opulents et des plus variés :
Claudel avec *Tête-d'Or* et l'*Annonce faite à Marie* (1937-1939). Sophocle avec *Oedipe-Roi* et *Antigone* (1940), *Miracle de Théophile* de Rutebeuf, l'*Oiseau bleu* de Maeterlinck (1942) rendu « dans la féerie et le climat poétique des contes de *Mille et une nuits* », *Orphée* de Cocteau, entreprise audacieuse du théâtre symbolique (1944), *Madame Capet* de Marcelle Maurette (1944) représentée à Paris pour la première fois en 1937. En 1945, *Fantasio* de Musset ; 1947, *Huon de Bordeaux,* renaissance d'une chanson de geste, s'imposa à l'attention des critiques de théâtre qui durent, bon gré mal gré, sortir de leur mutisme sur les « séances de collège ». Dans le catalogue des nouveautés de collège, il faut retenir : *Les Justes* de Camus (1952), *Soulier de Satin* (1957), *Le Village des Miracles,* une farce de Gaston-Marie Martens, écrivain de la Belgique flamande, dont la pièce fut jouée pour la première fois sur la scène du studio des Champs-Elysées à Paris le 10 mai 1952, et donnée par les étudiants de Saint-Laurent, le 23 mai 1953. En 1954, une fantaisie mélodramatique en six actes dans des décors surréalistes, *Orion le Tueur* de J.-Pierre Grenier et Maurice Fombeure, *Le cycle de Printemps* de Tagore (1957), *Le Bal des Voleurs* d'Anouilh (1957), *Nemo* de Rivemale (1958), *La Comète* de Sandro Cassone (1958), *La Marmite* de Plaute (1960).

La Tradition théâtrale à Québec
(1790-1973)

par Alonzo LEBLANC,

professeur à l'Université Laval

Plusieurs chroniqueurs ont relaté les premières manifestations théâtrales qui eurent lieu dans la ville de Québec sous le régime français [1]. En 1640, le gouverneur de Montmagny fait jouer au château Saint-Louis une tragi-comédie afin de souligner le deuxième anniversaire de la naissance du Dauphin, futur Louis XIV. En 1646, *le Cid* est représenté au Magasin des Cent-Associés. En 1647, pour le mardi gras, on présente un ballet. En 1651, on joua *Héraclius ;* en 1652, de nouveau *le Cid ;* en 1668, *le Sage Visionnaire* [2]. Pendant l'hiver de 1693, Frontenac fit aménager dans le château Saint-Louis un petit théâtre où il fit jouer *Mithridate, Nicomède* et quelques autres pièces. C'était des personnages de la société qui tenaient les rôles. Frontenac voulut aussi faire jouer *Tartuffe.* Les interventions du clergé visant à interdire la représentation de *Tartuffe* sont-elles suffisamment connues pour nous dispenser de les rapporter ici ?

> A cette époque Molière n'était guère en faveur à Québec. Aussi l'annonce qu'on allait jouer chez le gouverneur une de ses comédies les plus lestes créa toute une sensation dans la ville. Le 10 janvier 1694, M. Charles de Glandelet prononçait à la cathédrale un sermon où il fulminait contre les comédies et blâmait très vertement les personnes qui prenaient part aux représentations de comédies. Six jours plus tard, le 16 janvier, Mgr de Saint-Vallier lançait une lettre pastorale où il distingue les comédies « qui sont honnêtes de leur nature mais ne laissent pas d'être dangereuses par les circonstances du temps, du lieu ou des

1. Nous remercions Mlle Reine Bélanger, auxiliaire de recherche au *Dictionnaire des œuvres littéraires du Québec* (Université Laval), qui nous a fourni des renseignements et des documents utiles pour le présent article.

2. Jean BÉRAUD, *350 ans de théâtre au Canada français,* Montréal, Cercle du Livre de France, 1958, p. 10.

personnes », et celles qui sont « absolument mauvaises et criminelles d'elles-mêmes, COMME POURRAIT ETRE LA COMEDIE DE TARTUFFE ou autres semblables » *(Mandements des évêques de Québec,* volume I, p. 302) [3].

On connaît la suite de l'histoire : cette fameuse rencontre où Mgr de Saint-Vallier aurait versé cent pistoles au gouverneur Frontenac en compensation pour le retrait de *Tartuffe.* Le rappel de cet incident a simplement pour but d'indiquer ici les deux forces politiques prédominantes avec lesquelles devront compter toutes les tentatives théâtrales faites dans la ville de Québec jusqu'à une époque récente. La proximité du pouvoir religieux et du pouvoir civil, avec leurs cérémonies respectives, devait par la suite laisser peu de place à l'éclosion d'une expression théâtrale vraiment libre. En face de ces autorités se situe un peuple qui fut longtemps à prédominance rurale et dont la lente évolution culturelle est attestée aujourd'hui encore, en 1973, par l'imposante « couronne créditiste » qui entoure la ville et la région de Québec.

Après la cession du pays à l'Angleterre, en 1760, la ville de Québec sera plus lourdement marquée par la présence des nouveaux maîtres militaires et civils. Ce n'est pas un hasard si les premières manifestations théâtrales furent organisées par les soldats de la garnison qui cherchèrent de la sorte à peupler leurs loisirs. Le peuple québécois était alors occupé à labourer ses champs et à reprendre, pacifiquement, possession de son pays. En adoptant comme point de départ cette période postérieure à la Conquête, nous tentons, dans les pages qui suivent, d'élaborer une sorte de chronique de la vie théâtrale dans la ville de Québec. Il s'agit moins de dresser ici la liste exhaustive des œuvres et des auteurs que de saisir, dans une vue d'ensemble, la courbe qui va, par exemple, du Théâtre du Marché à foin (1791) à la création toute récente du Théâtre du Trident (1970), avec les hauts et les bas du premier aussi bien que du dernier.

Une étude sur la tradition théâtrale à Québec doit-elle évoquer ces séances populaires qu'aujourd'hui encore on appelle des « soirées d'amateurs » ? A la suite d'un incendie qui détruisit plusieurs maisons, le 25 décembre 1789, une telle soirée d'amateurs eut lieu au Café des Marchands (Merchants Coffee House), le 9 mars 1790. L'avis qui parut dans la *Gazette de Québec* est une traduction de l'anglais :

> Il sera fait au Café des Marchands, mardi au soir, le 9 mars, si on vend assez de billets, pour le profit de ceux qui ont souffert par la dernière incendie, des entretenements sur divers sujets, précédés d'un prologue sortable à l'occasion de cette charité, écrit par un citoyen, avec plusieurs autres entretenements... [4]

Le reste était à l'avenant, poursuit le chroniqueur du *Bulletin de recherches historiques.* Quel accueil cette séance obtint-elle auprès des citoyens, auprès des marchands, des capitaines et des équipages de navires qui constituaient la clientèle habituelle de ce café ? Tout ce que l'on sait, c'est que la

---

3. *Le Bulletin des recherches historiques,* no 2, Lévis, septembre 1896, pp. 136-137.
Nous désignons par la suite le titre de cette publication par le sigle *BRH.*
4. *BRH,* vol. 42, p. 565.

représentation eut lieu, puisque la *Gazette de Québec* du 8 avril 1790 publie la lettre de remerciements des bénéficiaires de cette soirée de charité.

Si l'on excepte le petit théâtre aménagé par Frontenac dans le Château Saint-Louis, il semble que ce soit sous le régime anglais, en 1790, que fut construite à Québec la première salle destinée spécifiquement à des représentations théâtrales. Elle était située sur l'emplacement actuel de l'Hôtel Clarendon, au coin des rues Sainte-Anne et des Jardins. A cause du voisinage d'un marché, elle prit le nom de Théâtre du Marché à foin. L'inauguration officielle eut lieu le 2 mars 1791 ; on représenta le *Barbier de Séville* de Beaumarchais, qui reçut un accueil enthousiaste exprimé par le colonel de Salaberry, qui venait de voir la même pièce jouée à Paris [5]. Le 10 mars 1791, la *Gazette de Québec* louera l'effort des comédiens :

> Il est à propos de considérer que les efforts de ces jeunes Messieurs ne sont que l'effet de la simple nature, le résultat de leurs propres idées des caractères et des choses, ayant été privés du secours de l'exemple et de la connaissance préalable des artifices du théâtre [6].

Le même journal, deux mois plus tard, le 17 mai 1791, parle encore de cette représentation :

> Ils s'y sont supérieurement distingués, et au point qu'on les a priés d'avoir la complaisance de recommencer un acte entier. Il est vraiment étonnant qu'ils ayent joué avec autant de perfection cette pièce qui semble exiger, pour réussir, tout l'art et l'expérience d'acteurs de profession. S. Exc. le général Clark a voulu honorer le spectacle de sa présence, et a paru très satisfait. Ce brillant succès fait le plus grand honneur aux talents de ces jeunes Messieurs. On peut juger que quand ils les dirigeront vers des objets, non plus agréables et plus décents, mais d'une nature plus sérieuse, ce pays n'aura point à se plaindre qu'il manque de citoyens propres à remplir avec capacité tout ce que leur patrie pourra exiger d'eux [7].

En lisant ces comptes rendus, qui sont habituellement bilingues, nous avons l'impression que le théâtre est à la fois un divertissement peu coûteux que se donne la nouvelle élite de Québec et, en présence des autorités civiles et militaires, une forme de regroupement culturel des « citoyens propres à remplir avec capacité tout ce que leur patrie pourra exiger d'eux ». Le duc de Kent — celui qui sera le père de la reine Victoria — habita Québec de 1791 à 1794. Il contribua de ses deniers à la restauration de la salle. Le 18 février 1792, lors de l'inauguration de la « nouvelle salle », une compagnie nombreuse et brillante » entourait S.A.R. le Prince Edward et leurs Excellences les Lieut. Gouverneurs Clarke et Simcoe. M. Ménard, l'un des acteurs, lut un *Prologue* composé par Mr de Salaberry, « un de nos magistrats, et un des directeurs de la société d'agriculture ». Le texte commençait comme suit :

> Quel moment fortuné que celui où il peut être permis de rendre publiquement le pur hommage du sentiment profond de reconnaissance et d'amour pour le Prince auguste, qui fait les délices de notre patrie ! Cet

5. Claude Paulette, « Les grands théâtres de Québec », dans *Culture Vivante*, no 17, mai 1970, p. 22.
6. *BRH*, vol. 43, Lévis, février 1937, p. 34.
7. *Ibid.*, p. 35.

> hommage, il le recevrait de tous les citoyens, si la nation entière pouvait parler ici. Il verrait tous les cœurs se tourner vers lui. Ce mouvement de leur sensibilité suivrait celle que nous fait éprouver sa présence. Puissions-nous jouir longtemps du bonheur si touchant de conserver parmi nous ce Prince chéri ! Cette ville doit à ses lumières, à ses soins généreux sa première salle de spectacles.
> [...]
> De jeunes acteurs Canadiens paraissent pour la première fois devant le sang des Rois, craignent leur propre bonheur. Il est au-dessus de leurs forces ; mais rien n'est au-dessus de leur zèle ; si son ardeur pouvait suppléer aux talents, nous sommes alors assurés de contribuer à l'amusement de Monseigneur [8].

Léopold Houlé voit dans cette initiative et dans cette présence du Prince une intention politique : « Au fait, il y avait dans ces réjouissances un calcul inestimable : la conquête par les sommets. Le peuple suivrait. » [9]

Le Théâtre du Marché à foin connut par la suite les vicissitudes des entreprises d'amateurs. Il fut fermé de 1814 à 1816 et servit de local à la Quebec Free School [10]. Les représentations théâtrales reprirent en 1816. Mais il semble que les spectacles aussi bien que la salle elle-même avaient perdu de leur magnificence initiale, la « conduite indisciplinée du commun peuple » ayant succédé à la présence de Son Altesse Royale :

> *French Theatre.*
> A considerable number of ladies and gentlemen absenting themselves from the Theatre, on account of the unrully behaviour of the common people, the theatrical *Amateurs* propose giving two performances, by subscription [11].

On annonce alors quatre pièces : *Le Barbier de Séville* de Beaumarchais, la farce de l'*Esprit de Contradiction* de Dufresny ; puis, *les Fourberies de Scapin* de Molière et la farce *Le Somnambule* de Sont de Ville. Plus tôt au cours de la saison, c'est-à-dire en février 1816, avait été jouée une pièce dont le seul titre peut expliquer (il s'agit d'une hypothèse) la conduite indisciplinée du peuple. Le journal du 20 février 1816 avait annoncé la représentation comme suit :

> *Théâtre d'amateurs.*
> Vendredi au Soir, les amateurs représenteront une Pièce écrite dernièrement jamais représentée à Québec, qui a pour Titre
> LA BATAILLE DE WATERLOO ou l'*Entrée triomphante de l'Armée Anglaise dans Paris*
> et la comédie par Molière déjà annoncée, savoir Le MARIAGE FORCE [12].

Au cours de ces années 1816-1818 se donnent des représentations « par souscription ». La souscription est ouverte au bureau du notaire Lelièvre, rue Sainte-Anne et est aussi « envoyée dans les maisons », ou comme

8. Claude PAULETTE, *article cité*, p. 20.
9. Léopold HOULÉ, *L'Histoire du théâtre au Canada*, Montréal, Fides, 1945, p. 51.
10. *BRH*, vol. 43, no 2, p. 36.
11. *The Quebec Mercury*, 10 déc. 1816.
12. *The Quebec Mercury*, 20 fév. 1816.

on le dit en anglais, « carried round the town » [13]. En 1825, on cesse les représentations dans le Théâtre du Marché à Foin. La salle est louée aux méthodistes. En 1830, elle porte le nom de Masonic Hall. En 1831, M. Gale prend la direction du Masonic Hall et entreprend la restauration de la salle de spectacle. Son projet était de faire venir des Etats-Unis une troupe petite, mais dynamique. La réouverture officielle du théâtre eut lieu le 25 juillet 1831. Au cours de la représentation fut lu par un des acteurs un poème dont l'extrait suivant nous a paru particulièrement significatif :

> Friends to the Drama, patrons of the Stage,
> The polished mirror that reflects the age —
> This night with pride we dedicate anew
> Our modest fabric to the *muse* and *you* !
> Once more the classic fane is set apart
> To guiltless pleasure, and theatric art —
> Here shall our friends the lawful Drama know,
> *Reason* and *sense* oppos'd to empty show [14].

A la fin de 1831, ce théâtre prit le nom de Théâtre Royal du Marché à foin. De 1833 à 1835, il fut transformé en salle d'encan, sous la direction de M. Cole. En novembre 1835, il devint le Provincial Gymnasium, propriété de M. Hartwell. Il servit dès lors à des expositions de peintures, à des spectacles du type « panorama » ou « diorama », tels que le « Sinclairs's original grand Peristrephic or Moving Panorama of the great Battle of Waterloo, St. Helena, and the Funeral Procession of the great Napoleon, in twelve different views » — extrait d'une annonce parue dans le *Quebec Mercury* le 9 août 1836 [15]. Il semble que les dernières représentations théâtrales données au Théâtre du Marché à foin eurent lieu en septembre 1838. Il s'agissait de pièces anglaises, comme la plupart de celles qui avaient constitué le répertoire de ce théâtre depuis sa fondation, avec quelques exceptions telles que des pièces de Beaumarchais, de Racine, de Molière et, comme productions proprement locales, « l'opéra en trois actes de Joseph Quesnel, *Colas et Colinette* ou le *Bailli dupé,* jouée le 21 mai 1807 » [16].

Cette même pièce de Quesnel avait été jouée deux ans plus tôt dans un autre théâtre dont la carrière fut extrêmement brève. La *Gazette de Québec* du 20 septembre 1804 annonce qu'on est en train d'aménager une salle de théâtre dans un édifice de la côte de la Canoterie, près de la porte Hope, et que cette maison s'appellera désormais *Théâtre Patagon (Patagonian Theatre).* Celui qui avait pris l'initiative de cette entreprise théâtrale était un M. Ormsby qui avait déjà tenté une expérience similaire à Montréal. Le théâtre fut inauguré le 15 octobre 1804, par un opéra *The Castle of Andalusis* et une farce *The Absent Man.* L'acteur principal et l'animateur de ces pièces était M. Thomas Cary, fondateur et directeur du *Quebec Mercury.* Ce théâtre d'une capacité restreinte (220 personnes) ne connut qu'une année d'existence, servant à la représentation de pièces anglaises et de pièces françaises ou canadiennes, dont le *Colas et Colinette* de Quesnel. Le Théâtre Patagon

13. *The Quebec Mercury,* 10 déc. 1816 et 13 janvier 1818.
14. *BRH,* vol. 43, no 2, p. 39.
15. *Ibid.,* p. 41.
16. *BRH,* vol. 43, no 3, p. 68.

dut fermer ses portes définitivement en octobre 1805, selon Pierre-Georges Roy [17].

A la même époque, le théâtre le plus régulier et, semble-t-il, le plus tenace, fut le *Théâtre des marionnettes,* ouvert en 1795 sur la rue d'Aiguillon par le « père Marseille » et les membres de sa famille ; ce théâtre restera ouvert jusqu'en 1838, faisant le bonheur des grands et des petits [18].

En 1805, fut construit l'Hôtel Union, futur Hôtel Payne, puis Hôtel Saint-George, « on the Great Parade, in the Upper Town », avec une façade de 86 pieds sur la rue Sainte-Anne, sur une largeur de 44 pieds qui donnait sur la rue du Fort. La grande salle de cet hôtel, entre 1821 et 1851, servit à des concerts de musique, surtout à ceux de la Quebec Harmonic Society. Les séances de ventriloquie de M. Taylor, en 1824, celles de signor Blitz, en 1843, les déclamations de W. Sheely, en 1848, furent suivies, en 1849, 1850 et 1851, de véritables représentations théâtrales où prédominent nettement les pièces d'auteurs anglais. Seul Molière parmi les auteurs français semble avoir réussi à s'inscrire au répertoire de ce théâtre, avec *Le Mariage forcé* et *les Fourberies de Scapin,* interprétés par les Amateurs Canadiens le 20 avril 1851 [19]. A partir des années 1850, l'hôtel Saint-George fut affecté à divers usages : après avoir été loué par le gouvernement fédéral, l'édifice servit d'église aux Baptistes de Québec, d'atelier d'imprimerie, de magasin, d'atelier du tailleur David Morgan, etc. Il loge actuellement l'office d'information et de publicité du Québec.

Au début de l'été 1824, deux Montréalais, MM. West et Blanchard, déjà propriétaires d'un cirque à Montréal, se rendent à Québec pour y établir un cirque du même genre. Ils font des arrangements avec M. Mailhot, propriétaire d'un hôtel de la rue Saint-Jean. On transforme en cirque la maison située près de l'église Holy Trinity, rue Saint-Stanislas (où loge actuellement une partie du Conservatoire d'art dramatique). La première représentation, qui eut lieu le 18 octobre 1824, présenta des exercices d'équitation. Cette salle, nommée *Cirque Royal,* s'avéra être un échec dès 1826. M. Mailhot reprend sa maison et en fait un théâtre ordinaire, endroit où jouèrent des troupes invitées. Cette deuxième entreprise fut aussi un échec, et, en 1828, s'effectua un retour au cirque, jusqu'en 1831. En 1832, le cirque est vendu ; la salle est transformée et baptisée *Théâtre Royal* (Royal Theatre), qu'il ne faut pas confondre avec le *Théâtre royal du Marché à foin* (devenu « royal » à la fin de l'année 1831). Dans l'un et l'autre cas, l'allégeance à la royauté britannique trouvait son expression : dans le théâtre de la rue St-Stanislas, il y avait une loge réservée au gouverneur et les armes du Roi avaient été peintes à l'huile par M. Légaré au milieu du rideau cramoisi. Un avis publié dans le *Quebec Mercury,* le 12 janvier 1832, invitait les citoyens désireux de rédiger le Prologue ou l'Adresse, qui serait lu lors de l'inauguration, de transmettre leur texte au Comité des Amateurs de la Garnison, aux quartiers du Major Palk du 32e régiment.

17. *BRH,* vol. 42, pp. 300-303.
18. Jean Béraud, *op. cit.,* pp. 23-24.
19. *BRH,* vol. 43, pp. 6-17.

Son Excellence lord Aylmer et lady Aylmer assistaient, le 15 février 1832, à cette représentation inaugurale du Théâtre Royal. Le 28 février et le 3 mars 1832, M. Prud'homme, élève de Talma, y donne une séance dramatique avec ses élèves. Mais cette réouverture brillante n'eut pas de lendemain. Dès juillet 1834, le Théâtre Royal était mis en vente, avec possession immédiate. De 1836 à 1846, les Québécois purent de nouveau y assister à des représentations jusqu'au moment où la veuve du juge en chef Sewell, propriétaire de l'édifice, vendit celui-ci à la fabrique de l'église Saint-Patrice. Le théâtre fut démoli et à sa place fut construite la « Saint-Patrick's Catholic Institute » [20].

La représentation la plus mouvementée faite au Théâtre Royal fut sans contredit la reprise d'une pièce de Voltaire, la *Mort de César,* le 23 octobre 1839. Cette séance fut organisée par Napoléon Aubin, qui en fut lui-même le principal acteur, avec les typographes canadiens-français. L'une des visées d'Aubin était, semble-t-il, de narguer le chef de police T.A. Young et de susciter un éveil chez les Patriotes. En ces heures s'exerçait la répression à la suite de la rébellion de 1837-1838. Selon le témoignage de Young, présent au spectacle, la pièce prenait dans ce contexte une signification politique :

> Toute la représentation avait décidément un caractère politique, tendant à exciter les passions de l'auditoire contre l'autorité constituée, et toute allusion à une résistance et même à un assassinat fut bruyamment applaudie [21].

La pièce principale, la *Mort de César,* était suivie d'une comédie de Destouches, le *Tambour Nocturne,* d'un intermède, le *Soldat Français,* et d'un divertissement, *le Chant des Ouvriers,* écrits pour la circonstance par Aubin lui-même [22]. Au printemps de 1840, Aubin se plaindra du tort causé à sa troupe par les calomnies des autorités policières, les Amateurs typographes ne pouvant louer aucune salle, « de sorte que le public de Québec se trouve maintenant privé d'une agréable distraction » [23]. Au cours de l'année 1841, Aubin et sa troupe d'amateurs joueront encore quelques pièces : la *Partie de Chasse de Henri IV* de Collé, le 18 janvier 1841, puis le *Fils du Rempailleur,* comédie-folie et *l'Ours et le Pacha,* de Scribe, les 18 et 28 octobre 1841. Mais le déplacement du siège du gouvernement de Québec à Kingston, en 1841, entraînera le départ de plusieurs acteurs. En novembre 1842, des amateurs joueront avec succès *la Donation,* pièce inédite de Pierre Petitclair [24].

A la même époque, au printemps de 1840, un théâtre nouveau fut érigé à Québec, mais pour une seule saison et dans la perspective anticipée de ce qu'on appelle aujourd'hui la civilisation de l' « uniservice ». Les frères Jean, Victor et Louis Ravel, célèbres équilibristes français, après avoir tenté vainement de louer le Théâtre Royal, rue Saint-Stanislas, et ne trouvant

---

20. Pierre-Georges Roy, *BRH,* vol. 42, no 11, novembre 1936, pp. 641-666.
21. *BRH,* vol. 42, no 10, octobre 1936, p. 640.
22. Jean-Paul Tremblay, *A la recherche de Napoléon Aubin,* Québec, Presses de l'Université Laval, 1969, p. 132.
23. Napoléon Aubin, dans *le Fantasque,* 27 avril 1840.
24. Jean-Paul Tremblay, *op. cit.,* pp. 133-134.

aucun autre lieu convenable pour leur spectacle, firent construire en bois un édifice temporaire. Le théâtre Ravel fut érigé en quelques jours, au Palais, à proximité du fleuve, sur le quai du marché Saint-Paul. Les représentations commencèrent le 18 mai et durèrent près d'un mois, attirant des milliers de citoyens de la capitale et des paroisses environnantes. Le théâtre fut démoli la même année, après le départ des frères Ravel [25].

En 1844, les officiers de la garnison de Québec qui, suivant une tradition déjà ancienne, occupaient leurs loisirs en donnant des représentations dramatiques, transformèrent le manège militaire en salle de théâtre. On lui donne le nom de Théâtre Saint-Louis et, dès janvier 1845, commencèrent les premières représentations. Le répertoire fut constitué d'auteurs anglais, hormis les pièces suivantes : *le Proscrit* de Frédéric Soulié, *l'Héritière* puis *le Secrétaire et la Cuisinière,* comédies de Scribe jouées le 19 février 1846 par des amateurs canadiens-français. Le 12 mai 1846, vraisemblablement par les mêmes amateurs, furent jouées *Hernani,* drame en vers de Victor Hugo et *La Demoiselle à marier* de Scribe. Cette dernière comédie fut reprise le 25 mai suivant, en complément de programme avec *le Devin de village,* opéra en un acte de J.-J. Rousseau, suivi d'une autre comédie de Scribe, *Les deux précepteurs* ou *Asinus Asinum fricat.* Cette dernière représentation fut faite au profit des victimes d'un important incendie qui venait d'avoir lieu au Saguenay. Moins de trois semaines plus tard, le 12 juin 1846, après dix-sept mois d'opération, le théâtre Saint-Louis fut lui-même le lieu d'une hécatombe. A la fin de la séance de dioramas donnée par M. R. Harrison, de Hamilton, province du Haut-Canada, une lampe placée sur la scène tomba sur le plancher, mettant le feu au décor puis à la salle. L'escalier trop étroit ne permettant pas aux spectateurs d'évacuer rapidement les lieux, une panique s'ensuivit, et l'incendie fit plus de 40 morts. Le « chemical diorama » présenté « dans le style de Daguerre » venait de tourner l'une des pages les plus tragiques de la vie théâtrale à Québec [26].

En 1852, sur la rue Champlain, sous les remparts, fut inauguré le *Théâtre Champlain,* maison spacieuse en brique, appartenant à M. John Jones. Le 14 juin 1852, P.T. Barnum, du Museum de New York, présenta une « attraction sans pareille » : *le Panorama du Palais de Cristal,* reconstituant l'exposition universelle de Londres de 1851. Les annonces proclament : « Deux exhibitions splendides par jour, à trois et à huit heures, p.m. Admission : trente sous seulement. Pas de billet de second prix. » Après le départ du *Panorama* de M. Barnum, M. Jones engagea une troupe théâtrale pour le divertissement des marins des vaisseaux qui « passaient leurs soirées dans les buvettes de la basse-ville ». Du 19 juillet au 17 août 1852, Charlotte Nickinson et ses camarades y jouent avec grand succès [27]. Toutes les pièces jouées à ce théâtre étaient de langue anglaise, féeries et farces irlandaises, drames nautiques, mélodies, danses, duos et farces africaines, ainsi qu'une

---

25. *BRH,* vol. 43, 1937, p. 182.

26. Pierre-Georges Roy, « Le Théâtre Saint-Louis, à Québec », dans le *Bulletin des Recherches historiques,* vol. 42, pp. 174-188.

Voir aussi N. Levasseur, « Musique et musiciens à Québec ». « Souvenirs d'un amateur », dans *la Musique,* Québec, vol. 1, no 9 (sept. 1919), pp. 98-101.

27. Pierre-Georges Roy, *BRH,* vol. 42, no 12, décembre 1936, pp. 707-708.

ou deux pièces de Shakespeare. La fermeture du Théâtre Champlain eut lieu dès l'automne 1852. La clientèle d'un tel théâtre, selon Pierre-Georges Roy, ne pouvait pas se recruter auprès des gens de la haute-ville habitués à des lieux plus huppés :

> Nous croyons que l'ouverture de la salle de Musique, rue Saint-Louis, en janvier 1853, ne fut pas étrangère à la mort du Théâtre Champlain. Les gens de la haute-ville, avec un théâtre à leurs portes, ne voulurent plus aller à la basse-ville [28].

Dans la seconde moitié du 19e siècle, la salle la plus importante de Québec fut sans contredit celle de l'Académie de musique :

> Construit d'après les plans de Baillargé, le théâtre était situé rue Saint-Louis, juste à côté de l'emplacement où se trouvait l'hôtel Saint-Louis. C'est en 1853 que s'ouvrit cette salle, décrite comme une des plus belles en Amérique. Ce fut le seul théâtre convenable à Québec jusqu'en 1900 alors qu'il fut détruit par un incendie.
> [...]
> C'est là que jouera, jusqu'en 1864, le Quebec Histrionic Club ; c'est là qu'en 1862, on montera le *Félix Poutré,* de Louis Fréchette ; c'est encore là qu'on jouera, en 1872, *Erreur n'est pas compte,* vaudeville de Félix-Gabriel Marchand, député et futur premier ministre du Québec [29].

A cette liste s'ajoutent d'autres pièces canadiennes, par exemple, ce proverbe en trois actes de J.-F. Gingras, intitulé *A quelque chose malheur est bon,* pièce jouée le 18 avril 1863, et dont l'action, paraît-il, se passait à Québec même en 1850 [30]. La pièce *l'Intendant Bigot,* tirée du roman de Joseph Marmette, fut jouée plusieurs fois à cette époque, à Québec, en des circonstances différentes et connut chaque fois un beau succès.

On peut affirmer que la tradition musicale, dans la ville de Champlain, est plus solide et plus constante que la tradition théâtrale. Il y a, chez les Québécois, un goût soutenu pour le théâtre lyrique. Dès le milieu et la fin du 19e siècle eurent lieu de grandes manifestations rattachées à ce genre. Entre le 14 et le 19 mai 1877, fut représenté, à l'Académie de Musique, le drame lyrique *Jeanne d'Arc,* livret de Jules Barbier avec musique de Charles Gounod. Selon E.-Z. Massicotte, il pourrait s'agir là de la « première aventure théâtrale et musicale de géante envergure par des Canadiens français » :

> Les costumes, les décors et les accessoires pour les représentations avaient coûté $2,000., ce qui, pour l'époque, était grand'luxe.
> A divers titres ou emplois, 239 personnes prenaient part au spectacle. Dans ce nombre, il y avait 34 acteurs, 50 figurants, un chœur de 80 voix et un orchestre de 50 musiciens.
> Au nombre des interprètes, on citait Mme F.J. Prume, (née Rosita Del Vecchio), Mlles Hone, Desmarais et Gauthier ; MM. Charles Labelle, avocat et maître de chapelle, Louis Labelle, qui fut comédien notoire, Léon Ledieu, journaliste, etc.
> Les représentations eurent du succès, les auditeurs vinrent de partout,

28. *Ibid.*
29. Claude PAULETTE, *article cité,* p. 25.
30. *BRH,* vol. 42, p. 215.

bref, ce fut un événement artistique qu'aucun groupe d'amateurs n'a peut-être dépassé [31].

A la même époque, le théâtre et la musique font aussi bon ménage dans les collèges de la ville et des localités voisines. Les auteurs classiques français du 17e siècle, Racine, Corneille et Molière, sont joués régulièrement. Nous avons relevé, à titre d'échantillonnage, les programmes de quatre soirées dramatiques qui, se déroulant à dix ou vingt ans d'intervalle, révèlent peu ou point de changement dans leur présentation. Voici comment se lit le programme d'une telle soirée :

Collège de Lévis, 15 mai 1884.
SOIREE DRAMATIQUE donnée par les
Sociétés musicales du Collège
au profit d'une bonne œuvre.

1. Freeburg March, arrangée par M. H. J. McKernan exécutée par la Fanfare.
2. Premier acte des JEUNES CAPTIFS, drame en trois actes (de l'abbé Lebardin)
3. Entr'acte.
4. Deuxième acte des JEUNES CAPTIFS.
5. Salut, ô ma Bretagne .... Grand chœur à cinq parties.
6. Troisième acte.
7. Twinkling Star .... par la fanfare
8. Quelques scènes du MALADE IMAGINAIRE de Molière
9. Galop d'hiver .... Musique de M. H. J. McKernan exécutée par la Fanfare.
10. God save the Queen.

Suivent les noms des collégiens, interprètes des personnages. Il faut remarquer qu'il n'y a aucun personnage féminin. Du *Malade Imaginaire* on ne joue que « quelques scènes », ce qui permet de supprimer les quatre personnages féminins : Béline, Angéline, Louison et Toinette. Au Petit Séminaire de Québec, jeudi le 29 avril 1909 (vingt-cinq ans plus tard), il y aura soirée dramatique et musicale donnée par les élèves de rhétorique en l'honneur de Mgr le Supérieur. On joue le *Bourgeois Gentilhomme* de Molière en entrecoupant chaque acte par des pièces musicales de J. Schrammel, de Donizetti, de J.B. Maillochaud, de Rossini et de F. Degrez, dont les œuvres sont exécutées soit par la Société Sainte-Cécile, soit par le chœur des élèves de la Grande Salle. La troisième page du programme indique les noms des interprètes et la quatrième page porte, encadrée d'un dessin stylisé, la fière devise des Rhétoriciens : « ETIAM SI OMNES, EGO NON ! » Au collège de Lévis, douze ans plus tard, les 23 et 24 novembre 1921, programme du même type, en l'honneur de Monsieur le Directeur avec, en exergue, une phrase tirée de la pièce que l'on joue ce soir-là : « Nam, sine doctrina, vita est quasi mortis imago. » (*Le Bourgeois Gentilhomme,* acte 1, sc. 7) Même alternance des actes de la pièce avec des œuvres musicales exécutées par la Société Sainte-Cécile ou par la Société Palestrina. Au même collège, quatre ans plus tard, les 25 et 26 novembre 1925, « Séance dramatique et musi-

31. E.-Z. Massicotte, dans le *Bulletin des Recherches historiques,* vol. 43, septembre 1937, pp. 287-288.

cale » donnée encore par les élèves de philosophie en l'honneur de Monsieur le Directeur. Il s'agit cette fois du *Malade Imaginaire,* avec transformation des rôles féminins en rôles masculins : M. Béline est un intendant d'Argan et Toinet est un domestique.

Une étude plus systématique de ces programmes révélerait des constantes qui furent sans doute les mêmes dans la plupart des collèges, à Sainte-Anne de la Pocatière, à Rimouski, à Gaspé, à Chicoutimi, aussi bien qu'à Québec ou à Lévis et dans les autres collèges de la province. Il y avait trois ou quatre pièces principales par année : par exemple, à la Sainte-Catherine, à la Saint-Thomas et à la fin de l'année. L'une était jouée par les étudiants de rhétorique, l'autre par les étudiants de philosophie 1re année, la troisième par les finissants ou étudiants de philosophie 2e année. La grande séance de fin d'année pouvait réunir les meilleurs comédiens du collège. On dédiait tel ou tel spectacle au directeur, au préfet des études, ou bien au supérieur de la maison, avec une préférence alors pour les comédies : sans doute réservait-on les tragédies et pièces de grand style à l'archevêque du diocèse ou aux visiteurs de marque tels que le délégué apostolique ou les anciens devenus premiers ministres. Il faudra attendre les années 1950, et, même, en province, les années 1960, pour que cessent les travestis et pour que des jeunes filles puissent faire leur entrée sur les scènes des collèges [32].

Ainsi que le fait observer Claude Paulette, l'incendie de l'Académie de musique, en 1900, ne marque pas une coupure dans la vie théâtrale à Québec. Dès le 31 août et le 1er septembre 1903, avait lieu l'inauguration de l'Auditorium, qui depuis lors est devenu le Capitol, situé sur le carré d'Youville, près de la porte Saint-Jean. D'autres théâtres, moins prestigieux, feront leur apparition alors, au point qu'on a pu parler d'une « étonnante floraison » :

> La basse-ville, le quartier Saint-Roch se met à faire surgir les théâtres. J'ai trouvé, dans les archives, des programmes de ces théâtres, couvrant les années de 1906 à 1925. On a l'impression que les Québécois avaient l'occasion d'aller au spectacle presque tous les jours, dans ce quartier et ce, pour le prix de 15 ou de 25 cents (35 cents pour une loge).
>
> Il y a la salle *Jacques-Cartier,* au-dessus du marché (sur la place Jacques-Cartier), où se produit *le Théâtre populaire ; le Théâtre des Variétés,* ancienne patinoire Saint-Roch, rue Notre-Dame des Anges ; *le Théâtre Bennet,* rue Saint-Joseph, qui donne surtout des spectacles en anglais ; *le Canadien,* au coin des rues Fleurie et de la Couronne (salle de la Garde Champlain). Quelques années plus tard, il y aura aussi *le Théâtre Princesse* et *le Théâtre Impérial,* rue Saint-Joseph [33].

Il y eut, incontestablement, au début du siècle, une période fertile en représentations théâtrales. On peut voir un clivage bien marqué entre les théâtres de la haute-ville et ceux de la basse-ville. La haute-ville reçoit tradi-

32. Dans tel Séminaire, au printemps de 1946, fut joué le *Polyeucte* de Corneille. Celui qui incarnait Polyeucte se fit par la suite Père Blanc. Celui qui incarnait Pauline — et que ses condisciples appelaient parfois de ce nom — entra dans les rangs du clergé diocésain, conservant la robe et la foi et devenant, après des études en droit romain, prélat de Sa Sainteté et Vicaire général du diocèse. Des cheminements analogues se produisirent dans tous les collèges du Québec.

33. Claude PAULETTE, *article cité,* p. 25.

tionnellement la visite des troupes étrangères, montréalaises, anglaises ou françaises, qui viennent jouer soit des classiques, soit des pièces qui ont fait la preuve de leur succès à Montréal. Les scènes de la basse-ville fournissent l'effort proprement populaire, destiné à répondre aux goûts d'un public qui, sans être illettré, cherchait avant tout un divertissement adapté à sa mentalité et à son niveau d'éducation. C'est à cette époque qu'Olivier Guimond, père, (« Ti-Zoune ») après avoir joué au Casino d'Ottawa, vint jouer à Québec, au Princesse et au Pigalle. Evoquant l'atmosphère décrite par Roger Lemelin dans *Au pied de la pente douce,* Georges Delisle, né dans la basse-ville, reconnaît dans ce roman des situations vécues dans sa jeunesse, au cours des années 1930-1940 : « Peu à peu, avec les années, nous avons appris à monter voir les spectacles de la haute-ville, mais on ne voyait pas les gens de la haute-ville descendre en bas. » [34]

Les comédiens les plus populaires à Québec au début du siècle étaient Julien Daoust et Bella Ouellette. Ceux-ci étaient des professionnels qui jouaient régulièrement, « donnant jusqu'à neuf représentations par semaine, quarante semaines par année, à Québec et à l'extérieur » [35]. Un programme du Théâtre Populaire nous montre une photo de Julien Daoust et de Bella Ouellette costumés en Pierrot dans *Le Petit Muet* et annonce pour la semaine du 16 mai 1910 *l'Homme aux Figures de Cire.*

Deux comédiens, un amateur et un professionnel, nous ont transmis des témoignages complémentaires sur cette vie théâtrale à Québec dans la première moitié du 20e siècle.

Né en 1892, à proximité de la place d'Youville, M. Joseph Dussault assista, enfant, à la construction de l'Auditorium. Son père l'amena à plusieurs reprises à la salle Jacques-Cartier, dans le quartier Saint-Roch, où il vit, au début de ce siècle, des pièces « populaires », des pièces à costumes et des mélodrames tels que *les Deux Orphelines* et *les Deux Gosses.* Il se souvient de la manifestation que les étudiants organisèrent en 1905 contre Sarah Bernhardt alors en visite à Québec. « Le clergé, dit-il, était opposé à sa venue. Ne disait-on pas qu'elle était une juive, et une méchante personne ? » [36] En 1907, Joseph Dussault joue ses premiers rôles à l'école. En 1908, il est témoin des fêtes du tricentenaire de la fondation de Québec. Entre autres célébrations, un pageant historique sur *Mgr de Laval* fut présenté sur une estrade, devant 15 000 personnes, en présence du prince de Galles.

En 1910, Joseph Dussault devient membre de l'Union dramatique de Québec. Fondée en 1907, par Omer Godbout, cette troupe sera le groupe théâtral le plus actif et le plus en vogue à Québec au cours des années 1907-1938. Il s'agissait d'une troupe d'amateurs qui jouait tantôt dans les théâtres officiels, tantôt dans les salles paroissiales au profit des bonnes œuvres telles que la Saint-Vincent de Paul, les Chevaliers de Colomb, les dames de Sainte-Anne. Il faut remarquer qu'en ses débuts, il s'agissait d'une troupe constituée surtout d'hommes et qui puisait dans un répertoire où les personnages fémi-

34. Propos recueillis auprès de M. Georges Delisle en décembre 1972.
35. « Un ange descendait du ciel », entrevue de Joseph Dussault avec Denys Morisset, dans *Culture vivante,* no 17, mai 1970, p. 29.
36. Renseignements recueillis auprès de M. Joseph Dussault le 19 décembre 1972.

nins étaient peu nombreux. L'une des premières pièces jouées avec des interprètes féminins fut *Les Rantzau* d'Erckman-Chatrian, en 1933. Les organisations « patronesses » se chargeaient de la vente des billets et encaissaient les recettes : « Autre temps, autres mœurs ; on y allait pour la gloire et pour des prunes, sans rémunération. » [37]

Les pièces les plus populaires portaient des noms tels que *Les Deux Orphelines, La Grâce de Dieu, Le Triomphe de la Croix, Un Ange descendait du ciel.* Ainsi que le note M. Dussault dans son entrevue avec M. Denys Morisset :

> C'était un répertoire martyr. Il y avait des coups de poignard, on jouait des « misères » : *La Loi du Pardon, La Bête Féroce,* et puis le théâtre de Pierre l'Ermite : *Pas de Prêtre entre Toi et Moi, La Femme aux yeux fermés, La Vieille Fille.* C'est moi qui ai commencé le théâtre de Pierre l'Ermite à Québec. *La Vieille Fille,* portée à la scène par René Arthur, — nous l'avons jouée sept soirs au Palais Montcalm : les gens se battaient pour entrer. Succès formidable ! [38]

Il n'y avait pas, à cette époque, de cours d'initiation à l'art dramatique. Joseph Dussault raconte que l'influence la plus marquante chez lui fut, vers les années 1910, celle du comédien Paul Marcel qui l'initia aux pièces classiques. Ainsi furent joués *Le Cid, La Princesse lointaine, L'Aiglon* d'Edmond Rostand. M. Dussault suivit, dans ses moments libres, des cours d'élocution donnés à l'Université Laval par le juge Adjutor Rivard. En 1914-15, séjournant à Montréal, il suivit les cours de diction que Mlle Idola Saint-Jean donnait au Monument National ; en mai 1915, il sortit vainqueur d'un concours qui eut lieu parmi les élèves.

> Mais on ne pouvait pas jouer n'importe quoi. Il y avait des résistances. Je me souviens qu'à Montréal, en 1914-1915, le théâtre National joua des pièces à thèses, entre autres, *Le Duel* d'Henri Lavedan, pièce sévèrement critiquée par l'abbé Bethléem. Beaucoup plus tard, ayant dépassé la cinquantaine, je consultai encore un Père du Saint-Sacrement pour savoir si je pouvais jouer dans *La Dame aux Camélias* [39].

On peut voir le nom de M. Joseph Dussault sur un grand nombre de programmes de ces années 1920-1940. Par exemple, à la Salle Colomb, les 10 et 11 avril 1919, fut joué *l'Amour Médecin,* opéra-comique, musique de Ferdinand Poise, sur un livret de Charles Monselet, d'après Molière. Le prologue est présenté par Joseph Dussault, qui joue également le rôle de Guillaume. L'orchestre est dirigé par M. Edmond-J. Trudel tandis que le directeur scénique est M. Jos. F. De Belleval, membre de l'Union Dramatique de Québec. La direction générale de la représentation est assumée par M. Placide Morency. Une inscription en dernière page indique que « ce programme est vendu par le *Ladies' Morning Musical Club* au bénéfice d'œuvres de charité ». Le 26 avril 1922, il y eut une grande soirée de gala à la salle des Chevaliers de Colomb. La majeure partie de la soirée fut consacrée à un récital du célèbre Théodore Botrel, le barde breton. Comme lever de rideau, on joua *l'Anti-Féministe,* comédie en un acte du chevalier J.-Eugène Corri-

37. Entrevue Dussault-Morisset, *article cité, p.* 29.
38. *Ibid.*, p. 31.
39. Renseignements recueillis auprès de M. Joseph Dussault, le 19 décembre 1972.

veau, membre de l'Association des auteurs canadiens. La pièce, selon le comédien Dussault qui fut l'un des interprètes, n'était pas de première qualité et ne connut qu'un succès moyen.

Au cours des années 1930, 1931, 1932, furent joués, à l'Exposition provinciale de Québec, des *Pageants historiques* qui connurent une certaine notoriété. Le directeur en était un américain, M. Lehr M. Knowles, assisté de Mme Arthur Duquet, de M. Emile Vézina et de M. Joseph Dussault. En 1931, le pageant s'intitulait *La Naissance du Canada 1534-1663*. L'auteur de ce « spectacle historique » était Georges Morisset, B.A. Le programme présentait la pièce dans les termes suivants :

> C'est à quelques pas d'ici que se sont déroulés les principaux événements évoqués par la première scène. Au sortir du parc de l'Exposition, il nous semble voir l'ombre du grand Cartier et la silhouette caractéristique du chef Donnacona. S'ils étaient ici ce soir, tous les deux, quel ne serait pas leur étonnement de voir le mouvement des foules et d'entendre la rumeur d'un peuple nouveau qui remplace les bois profonds et porte le flambeau d'une grande civilisation naissante [40].

Ce prologue indique le ton et l'atmosphère qui présidaient au spectacle qui comprenait près de 800 interprètes et participants : 500 femmes et 300 hommes. La représentation au point de vue scénique et musical a été « arrangée, montée et dirigée par la John B. Rogers Producing Company, Fostoria, Ohio, U.S.A. Toutes les parties rendues au microphone sont l'œuvre de M. Lehr M. Knowles qui en a pris la direction. » Le spectacle se déroule devant le gouverneur général du Canada, lord et lady Bessborough. A cet « album de famille » — à la « transcendance de l'album », dirait tel personnage du *Pays sans bon sens* — s'ajoutent les photos de l'hon. R.B. Bennett premier ministre du Canada et de l'hon. Maurice Dupré, solliciteur général du Canada. Enfin, à la page 5 du programme, s'instaure un dialogue fictif entre « Mademoiselle Québec et Mademoiselle Canada ! »

Un an plus tard, le 9 octobre 1932, avait lieu l'inauguration officielle du Palais Montcalm ; situé sur la place d'Youville, celui-ci fut jusqu'en 1970, avec le Capitol, la plus importante salle de spectacle de la ville de Québec. Les 11 et 14 novembre 1932, l'opérette de Planquette, *Les Cloches de Corneville,* fut représentée au Palais Montcalm par le Conservatoire national de musique de Québec.

> L'opérette était alors populaire à Québec. J'ai joué dans *Rip,* dans *les Cloches de Corneville* où je faisais l'avare Gaspard, l'un de mes meilleurs rôles, à cause de la scène de folie. L'avare avait un accès de folie... Ça, c'était tragique. J'ai joué aussi dans *Mamzelle Bébé,* d'Omer Létourneau. Nous présentions aussi des revues qui plaisaient, ou quelque pièce du notaire Aimé Plamondon, habituellement au Palais Montcalm et parfois dans les collèges de la Rive Sud. Nous ne dépassions pas le chiffre de quatre ou de cinq représentations [41].

En 1933, l'Union dramatique de Québec participe au « Dominion Drama Festival » tenu à Ottawa. L'année précédente, le 29 octobre 1932, sur l'initia-

40. Programme souvenir du *Pageant historique de l'Exposition provinciale de Québec,* 1931.
41. Renseignements recueillis auprès de M. Joseph Dussault, le 19 décembre 1972.

tive du duc de Bessborough, gouverneur général du Canada, s'étaient réunis à Ottawa une soixantaine d'hommes et de femmes représentant les milieux intéressés au théâtre dans toutes les parties du Dominion. On décide alors la tenue d'un festival qui aurait lieu en avril 1933 pour les groupes d'amateurs seulement. Sur le programme du Festival, le 24 avril 1933, on pouvait lire ces mots du gouverneur Bessborough : « The spirit of a nation, if it is to find full expression, must include a National Drama. »

Des concours régionaux mirent donc en compétition, respectivement, quatre-vingt-dix cercles ou groupes canadiens-anglais et vingt groupes canadiens-français. Au concours final, lors du premier Gala dramatique national, six cercles francophones et dix-huit cercles anglophones étaient en lice. L'Union dramatique de Québec se classa deuxième de tous les concurrents et remporta le premier prix des représentations françaises. Le groupe québécois interprétait *les Rantzau,* une pièce d'Erckmann-Chatrian, dont l'action se passe au village des Chasmes, dans les Vosges. Un autre groupe de Québec, celui du *Conservatoire national de Musique* participa aussi à ce festival avec *les Trois Masques* de Charles Méré, sous la direction de M. René Constantineau.

L'Union dramatique de Québec a fait sa dernière apparition en public en participant à l'interprétation du *Mystère de la Messe* d'Henri Ghéon, au congrès eucharistique national de 1938 en présence d'Henri Ghéon lui-même et sous la direction du Père Emile Legault. Cette rencontre de la religion et du théâtre permit la mise en œuvre du plus vaste déploiement théâtral qu'ait jamais connu la ville de Québec. *Le Mystère de la Messe* attira, l'après-midi du 24 juin 1938, et le lendemain, au reposoir des Plaines d'Abraham, une foule évaluée à près de cent mille personnes qui, après la cérémonie religieuse, restèrent sur place pour voir cette pièce « aussi édifiante qu'artistique » [42]. Le décor et les costumes avaient été établis d'après les maquettes fournies par l'auteur et metteur en scène. Sous la direction du Père Emile Legault, la distribution des grands rôles avait été confiée aux membres de l'Union Dramatique de Québec et des Compagnons de Saint-Laurent, qui s'en acquittèrent avec grand honneur, conservant l'anonymat. Toutes les institutions de la ville fournirent des étudiants pour compléter la distribution :

> On choisit le chœur des Gentils au Collège de Lévis, le chœur des Juifs au Collège Saint-Charles-Garnier, le chœur des Ignorants au Séminaire de Québec. Le chœur féminin des Fidèles se composa d'étudiantes du Couvent des Ursulines, du Couvent de Bellevue et du Couvent de Sillery. Le chœur masculin des Fidèles fut un groupe formé d'élèves du Séminaire de Québec et de l'Académie Commerciale. L'assemblée se forma des membres de la Jeunesse Ouvrière Catholique du diocèse de Québec, des élèves de l'Académie Saint-Jean-Baptiste, de l'Ecole Saint-Dominique, de l'Ecole Morissette, de l'Ecole du Saint-Cœur-de-Marie et de la Saint Patrick's Academy [43].

Deux jours plus tard, le 27 juin 1938, Mgr Arthur Robert, recteur de l'Université Laval, remettait à Henri Ghéon le diplôme de docteur ès lettres

42. *L'Evénement,* Québec, lundi le 27 juin 1938, p. 3.
43. Sœur Marie-Clément CUSACK, *l'Apostolat littéraire d'Henri Ghéon.* Thèse de doctorat d'université, Québec, Université Laval, octobre 1948, p. 250.

honoris causa, en présence du cardinal Villeneuve et d'un groupe de notables ecclésiastiques et civils. Et l'on échangea ces nobles compliments qu'en pareilles circonstances ont coutume de se faire la France et le Canada [44].

Le témoignage vivant de M. Joseph Dussault sur les activités théâtrales de la haute-ville est confirmé et complété en quelque sorte par celui d'un autre comédien, professionnel celui-là, qui pendant plusieurs décades vécut à la basse-ville de Québec à peu près exclusivement du théâtre et pour le théâtre. M. Marc Forrez — de son vrai nom Emile Asselin — né en 1894 dans la Beauce, à Vallée-Jonction, fit ses lettres à Sainte-Anne-de-Beaupré, sa philosophie à Lévis, commença son droit à l'Université Laval, toucha aux beaux-arts, puis partit en Europe lors de la Première Guerre mondiale comme membre de l'Aviation royale. Démobilisé à la fin des hostilités, il resta à Paris et fréquenta les milieux de théâtre jusqu'à son retour au Canada en 1920 [45].

« Le Théâtre Jacques-Cartier offrait une forme de théâtre populaire. Le burlesque était alors à la mode. Lorsque la salle Jacques-Cartier fut incendiée, la troupe Fortin-Ratté déménagea à la salle de la Garde Champlain. Là, on jouait de vieux mélos, du « théâtre à rire et du théâtre à larmes ». On jouait des pièces telles que *La Porteuse de Pain, le Chemin des larmes, La Voleuse d'enfants*. On pouvait y voir, par exemple, un jeune premier et une jeune première dont le bonheur était entravé par l'action d'un gros méchant. Ce répertoire élémentaire plaisait à un public ouvrier. Ces comédiens jouaient pour ces gens-là. Lorsque la salle de la garde Champlain fut démolie, la troupe se transporta à la salle Notre-Dame de Grâces, qui appartenait à la paroisse du même non, mais qui était en réalité aménagée comme un théâtre, avec des sièges disposés en gradins et un balcon, ce qui permettait de recevoir en tout 530 personnes. Là jouèrent Fred Ratté, Yvonne Grondin, Louis Fortin, » et celui qui nous raconte ces choses, Emile Asselin.

Marc Forrez — alias Emile Asselin — estime avoir joué dans sa carrière environ 400 pièces différentes. La saison théâtrale comportait 40 semaines par année. Il n'y avait pas de relâche. On donnait jusqu'à quatorze représentations par semaine. Après les représentations, il y avait répétition de la pièce suivante, de minuit à 4h. du matin, sauf les samedi et dimanche. (« On dormait toujours l'avant-midi jusqu'au repas du midi : habitude que j'ai conservée aujourd'hui », dit le vieux comédien.) Le lundi soir, par exemple, on pratiquait la première moitié de la pièce ; le mardi, la seconde moitié, le mercredi, toute la pièce, avec le texte en mains. Et ensuite, sans texte, avec un souffleur.

> C'était un métier. Nous ne faisions que cela. C'est pourquoi je peux me dire professionnel : nous n'avions pas connaissance de ce qui se passait autour de nous. Aujourd'hui, on a le sentiment que le théâtre est devenu l'accessoire : les comédiens doivent faire des commerciaux à la télévision pour subsister... [46]

---

44. *L'Evénement*, Québec, mardi le 28 juin 1938, p. 14.
45. Renseignements recueillis auprès de Marc Forrez à la mi-décembre 1972.
46. *Ibid.*

A cette époque, le metteur en scène prenait la pièce telle qu'elle était présentée par l'auteur. Rompu au métier, il ne lui fallait que deux ou trois heures pour trouver une mise en scène qui était tirée immédiatement du texte. Recevant de plus en plus la visite des troupes de Montréal, les comédiens de Québec se mirent à jouer aussi un répertoire différent, délaissant le burlesque et les gros mélos pour adopter le répertoire de la Belle Epoque, avec des comédies dramatiques et des comédies de boulevard. Les mêmes pièces jouées d'abord à Paris, étaient montées presque aussitôt à Montréal. Entre les deux guerres, on joua à Québec nombre de pièces de Louis Verneuil, Jacques Duval, Jean Toulouse, François de Curel, etc.

L'apparition de la radio, vers 1925, comme plus tard celle de la télévision, fut pendant quelque temps nuisible à la vie théâtrale. Plusieurs théâtres furent transformés en salles de cinéma. En 1936, Marc Forrez fonda les *Artistes Associés de Québec,* vraisemblablement la première troupe professionnelle à Québec. Forrez en profita pour créer une pièce de son cru intitulée *l'Agonie du Cœur,* dont le titre devint ensuite *la Force du Cœur,* histoire d'un sénateur, grand seigneur de la fin du 19e siècle, qui chasse de chez lui la femme de son fils... Ainsi furent composées et jouées de nombreuses pièces de tournée, pièces de circonstances, faites à partir d'événements actuels et parfois d'incidents locaux et qui, une fois la tournée achevée, étaient mûres pour le panier.

> Un jour, dans une paroisse, nous jouions l'une de mes pièces intitulée *la Course au Bonheur,* mettant en scène une situation où un père, qui avait deux filles, n'accordait son attention et sa tendresse qu'à l'une des deux, avec les complications que cela entraînait. A la fin de la pièce, le curé de la paroisse qui présidait la séance, se leva, se tourna vers un paroissien et lui dit : « Tu as compris ? »...
>
> [...]
>
> J'ai composé une autre pièce, intitulée *le Jeu de la Guerre,* montrant les dessous de la politique, avec le voisinage d'un lupanar et du parlement ; cette pièce ne fut jamais jouée parce qu'elle était trop directe, trop crue et d'un intérêt trop brûlant [47].

Evoquant d'autres pièces, *le Déclin des Dieux, l'Idole de chair,* Marc Forrez exprime sa foi dans le théâtre populaire, caractérisé par un certain réalisme. Il faut, selon lui, prendre le public là où il se trouve. Le spectateur qui paie deux ou trois dollars pour se reposer aime bien « que la pièce rencontre sa pensée » et qu'il puisse s'y retrouver comme dans un milieu naturel.

> Nous avons joué les classiques français très souvent, mais aussi des pièces d'auteurs canadiens : Louvigny de Montigny, Mme Léon Mercier-Gouin, Henri Deyglun, Ernest Pallascio-Morin. On distinguait les pièces à costumes et les pièces d'époque. J'ai vu jouer *Félix Poutré* de Louis Fréchette : cela passait la rampe. Par contre *l'Aveugle de Saint-Eustache,* pièce de Jean Feron, ne fut pas bien reçue : ça ne collait pas [48].

La dernière saison théâtrale de Forrez à Québec, en 1940-1941, fut particulièrement bien remplie et donne une juste idée de ce que pouvait être,

47. *Ibid.*
48. *Ibid.*

à cette époque, une saison professionnelle au Palais Montcalm. Travaillant au poste CHRC (il y eut un moment d'émulation entre CKCV où travaillait René Arthur et CHRC où travaillait Marc Forrez), ce dernier comédien devait faire la lecture et le choix des pièces, puis y jouer comme interprète au Palais Montcalm. On ne jouait pas tous les jours. Il y avait trois représentations par semaine et une moyenne de 830 personnes par représentation. On ne jouait que des auteurs français, mais le répertoire était varié, comme suit :

> Une semaine, on jouait une comédie dramatique, telle que *Prime Rose,* ou *la Flambée,* ou *la Danse de Minuit ;* la semaine suivante, un mélodrame du type *Roman d'un jeune homme pauvre* ou *la Dame aux Camélias* ; la semaine suivante, un drame réaliste français comme *Parmi les loups,* ou *Ma Sœur de luxe* ; enfin, la quatrième semaine, de nouveau une comédie telle que *Ma tante d'Honfleur, la Jalouse, La petite Chocolatière,* etc.
>
> Deux de mes pièces furent jouées cette saison-là au Palais Montcalm : *l'Agonie du Cœur* et *la Course au Bonheur,* dans la catégorie « réaliste ». Nous reçumes aussi la visite de troupes montréalaises qui jouèrent une pièce de Jacques Deval avec la vedette américaine Ramon Novaro, puis une pièce d'Henry Bernstein, avec comme principal interprète Victor Francen [49].

En 1941, Marc Forrez accepta de J. Alexandre de Sève, directeur de France-Film, l'offre de se rendre à Montréal pour y exercer exclusivement le métier de comédien. Fred Ratté prit sa succession à Québec [50]. Il y aurait lieu

---

49. *Ibid.*

50. L'aventure théâtrale la plus singulière qui attendait Forrez (Emile Asselin) à Montréal fut celle d'*Aurore, l'enfant martyre,* aventure qui, par l'importance qu'elle eut dans tout le Québec, mérite d'être évoquée ici, telle que racontée par l'un de ses créateurs.

« L'origine d'*Aurore* est un procès célèbre qui eut lieu au début des années 1920 dans le village de Sainte-Eulalie, comté de Lotbinière. Historiquement, la marâtre ne fut pas pendue : elle était enceinte. Après l'accouchement, elle fut emprisonnée à Kingston où elle mourut dans la section des malades mentaux.

« A l'époque de ce procès, la troupe Rollin-Nohcor (anagramme de Rochon) ne réussissait pas à rejoindre les deux bouts. Voyant la célébrité de cette histoire qui faisait la manchette des journaux, ils en tirèrent un grand guignol à cinq ou six personnages, une sorte de théâtre d'épouvante : deux petits actes et un martyre. La troupe se rempluma, faisant des tournées au Canada et aux Etats-Unis. Devant un tel succès, on écrivit l'année suivante *le Procès de la marâtre,* où la mère d'Aurore était condamnée à la pendaison. Nouveau succès. Cette troupe laissa dormir ces pièces quelques années, puis les reprirent en un seul spectacle, en quatre actes.

« Rollin mourut. Louis Préville acheta les droits pour faire une tournée. Je lui offris de refaire la pièce, cette fois en cinq actes, en laissant tomber les scènes comiques qui y étaient des hors-d'œuvre. Il en sortit un mélodrame : *Aurore, l'enfant martyre.* On fit alors une tournée gigantesque avec une troupe d'occasion, dont l'impressario était Paul Duaner (anagramme de Renaud), de Montréal.

« Depuis 1941, j'exerçais mon métier à Montréal, engagé par France-Film. Au début de février 1951, M. de Sève me demande de faire un roman à partir de la pièce déjà connue. J'écrivis en l'espace de quelques semaines le roman intitulé *La petite Aurore,* roman de 287 pages publié à Montréal, en 1952, par l'Alliance cinématographique Inc. Le but de M. de Sève était de constituer un « fond » d'où il pourrait tirer le scénario d'un film. Il m'acheta le manuscrit pour un dollar et « autres valables considérations ». J'en tirai dès le printemps de 1952 le scénario que M. de Sève acheta également, à des conditions similaires. Puis il m'engagea pour superviser le film et

d'évoquer, à côté de ces interprètes qui, en un sens, demeurent marginaux, des comédiens plus connus tels que Fred Barry, (qui épousa Bella Ouellette après la mort de Julien Daoust), Albert Duquesne, de son vrai nom un Simard de la Baie St-Paul, Rose-Ray Duzil qui fit ses débuts en même temps que Joseph Dussault, Antoinette Giroux, qui joua jadis *l'Aiglon* à Paris, Annette Leclerc, que nous voyons parfois sur la scène du Trident et combien d'autres, y compris ce jeune Raymond Chouinard de Québec qui devint Jacques Normand. Il y a un phénomène constant dans la vie théâtrale à Québec et que nous avons pu voir illustré dans une carrière comme celle de Marc Forrez : le comédien québécois qui veut vivre de son art doit s'exiler à Montréal. Pierre Boucher, Monique Joly, et tout récemment, en 1971, Marc Legault ne trouveront qu'à Montréal de quoi vivre et faire vivre leurs familles.

Dès les années 1947-1951, à la suite de l'action de chefs de file tels que le Père Emile Legault, Montréal connut une sorte d'épanouissement théâtral avec l'inauguration du Théâtre des Compagnons de Saint-Laurent, la fondation du Rideau-Vert par Mme Yvette Brind'Amour, puis celle du Théâtre du Nouveau Monde par Jean Gascon et Jean-Louis Roux. De l'avis même de ces derniers, le sénateur Mark Drouin de Québec fut l'un des agents principaux de la fondation du TNM, grâce à la caution financière et politique qu'il y apporta. Que se passait-il à Québec pendant ce temps-là ?

Faisant *l'analyse d'une saison théâtrale à Québec en 1950-1951,* Jean-Pierre Hardy constate que cette ville, à la différence de Montréal, n'a pas encore réussi à se doter d'une véritable troupe permanente [51]. Mais au cours de la période allant du 1er juillet 1950 au 30 juin 1951, il s'est joué sur les scènes de Québec quelque vingt-deux pièces de théâtre, soit par des troupes locales, soit par des troupes en tournées : troupes canadiennes ou troupes étrangères, surtout françaises. Il existe alors à Québec quatre troupes d'amateurs : *les Compagnons de la Rampe, Les Copains de l'art, les Comédiens de Québec,* et le *Québec Art Theatre.* Ces quatre troupes jouent en tout, cette année-là, neuf pièces de théâtre, en majeure partie des comédies. Effectivement, les vingt-deux pièces de la saison se répartissent comme suit : 15 comédies (avec prédominance du vaudeville), 5 tragédies (dont 4 avec des thèmes religieux) et 2 tragi-comédies (*Tit-Coq* de Gratien Gélinas et *Poil de Carotte* de Jules Renard). Seulement deux pièces

---

pour y jouer le rôle du curé. Le roman, publié à 20,000 exemplaires, sortis en même temps que le film et fut un succès de librairie.

« Décidément, l'histoire *d'Aurore* me fut profitable, mais plus encore à M. de Sève. Le film qui avait coûté $75,000. se trouva payé dans les cinq premières semaines, car il fut joué en même temps et pendant cinq semaines consécutives dans cinq villes, différentes : à Montréal, à Québec, à Trois-Rivières, à Sherbrooke et à Hull. Puis il continua sa carrière. Fait en 1952, le film fut traduit en 17 langues et on rapporte que, récemment, encore, il y a trois ou quatre ans, il continuait sa carrière au Japon... »

Marc Forrez, encore alerte dans sa retraite de Loretteville, continue de vivre de son art : il est l'un des animateurs et le directeur artistique de l'*Association des Funambules,* pour le compte des loisirs culturels de la municipalité de Loretteville. Leurs trois derniers spectacles : en 1972, *Peg de mon cœur, La nuit du 16 janvier,* puis, en 1973, *Mon Bel Oncle en or.*

51. Jean-Pierre HARDY, *Analyse d'une saison de théâtre à Québec, d'après Le Soleil (1950-1951).* Recherche dirigée par M. Jean Du Berger.
Mémoire de licence, Université Laval, avril 1969.

sont des œuvres canadiennes : *Tit-Coq* et l'adaptation de *la Passion* faite par André Legault. Sur les 20 autres pièces, 10 sont d'auteurs français, 7 d'auteurs américains et 3 d'auteurs italiens.

Tit-Coq, comme au moment de sa création en 1948, fut de nouveau le plus grand succès de cette saison, 1950-1951. *L'Ecole des Femmes,* de Molière, jouée par *la Troupe de Louis Jouvet,* du Théâtre de l'Athénée, connut un immense succès avec Louis Jouvet dans le rôle d'Arnolphe, secondé par Dominique Blanchard et par Pierre Renoir. *Les Masques de Paris,* troupe dirigée par Paul Alain (qui était déjà venu à Québec en 1948, avec le Théâtre Melingue de M. Le Roy et Madeleine Martel) joua *l'Echange* de Paul Claudel, *Au petit Bonheur* de Marc-Gilbert Sauvageon, et *Poil de carotte,* de Jules Renard, pièces qui furent reçues avec moins de ferveur que celles de Gélinas et de Molière.

A la fin de février 1951, eut lieu à Québec un concours régional du Festival dramatique national auquel participèrent les troupes suivantes : les « Compagnons de Notre-Dame » de Trois-Rivières, avec *Ma petite ville* de Thornton Wilder, les « Comédiens de Québec » avec *les Trois Jumeaux Vénitiens* d'Antonio Collalto, et le « Quebec Art Theatre » avec *Ladies in Retirement* d'Edward Percy et Réginald Denham. Les pièces furent présentées dans des salles différentes : au Palais Montcalm, au Capitol, à l'Université Laval et au Saint Michael Memorial Hall de Sillery. Cette expérience contribua à sensibiliser la population au phénomène théâtral et fut un précieux stimulant pour les comédiens amateurs. Parmi ceux-ci l'animateur le plus actif à cette époque semble être Pierre Boucher, directeur des « Comédiens de Québec ».

Des critiques du *Soleil* — entre autres Renaude Lapointe et Clément Lockquell — remarquent à juste titre, pendant cette saison de 1950-1951, qu'on n'exploite pas suffisamment le tragique quotidien et des thèmes qui seraient plus adaptés à la réalité québécoise [52]. De fait, ce bref inventaire de la saison et l'indication des œuvres jouées démontrent ce qu'on appellera bientôt « l'aliénation culturelle » des Canadiens français. La ville de Québec ne fait pas exception. L'étudiant Jean-Pierre Hardy, dans son bref mémoire de licence, remarque qu'en 1950-1951, « la vie théâtrale à Québec était assez restreinte » et qu'elle « pouvait souffrir ou d'un manque d'organisation ou de l'apathie générale du public face aux efforts déployés par le monde du théâtre en général » [53].

Trois ans plus tard, en 1954, les « Comédiens de Québec » vont pour la première fois jouer à Montréal, au théâtre du Gésu, où ils interprètent avec succès l'*Héritière (Washington Square).* La distribution comprend les noms suivants : Pierre Boucher, Aline Caron, Monique Aubry, Fernande Chouinard, Lise l'Heureux, Pierre Thériault, Lucie Villeneuve, Jean St-Jacques et Denise Vanier [54].

---

52. *Ibid.,* p. 18.
53. *Ibid.* p. 13.
54. Jean Béraud, *op. cit.,* p. 294.

En 1958-1959, selon un inventaire effectué par Claude Cassista [55] 39 pièces de théâtre seront jouées à Québec. De ce nombre, quatre pièces sont canadiennes : deux pièces de Marcel Dubé, *le Temps des lilas* et *Un simple soldat ;* puis deux pièces de Félix Leclerc, *Sonnez les Matines* et *Geneviève.* Le répertoire reste donc étranger dans une proportion de neuf sur dix. La plupart des troupes proviennent aussi de l'extérieur : une dizaine de troupes montréalaises ou françaises viennent à Québec en tournée pendant cette saison [56].

A l'occasion du carnaval de Québec, on instaure en février 1959 un « Festival d'art dramatique de l'Est du Québec ». Entreront alors en compétition les étudiants du Collège des Jésuites, de L'Externat classique Saint-Jean-Eudes, de l'Académie de Québec, les « Treize » de l'Université Laval, le « Quebec Art Theatre », les « Compagnons de Notre-Dame » de Trois-Rivières et « Le Masque » de Sherbrooke. La troupe des Treize remporte la palme en jouant *Antigone* de Jean Anouilh, avec une mise en scène de Gilles Vigneault.

Au cours de cette même saison se manifeste à Sainte-Foy, au Petit Théâtre de la Basoche, le groupe théâtral dirigé par M. Pierre Hébert. Cette troupe d'amateurs, préconisant un théâtre sérieux, chrétien ou profane, et, autant que possible, un répertoire poétique, joue quatre pièces de décembre 1958 à mars 1959 : *le Noël sur la place,* d'Henri Ghéon, *la Cerisaie,* de Tchékov, *le Chemin de la Croix* d'Henri Ghéon et *Fin de partie* de Samuel Beckett [57]. M. Pierre Hébert continuera pendant plusieurs saisons à lutter pour que le théâtre occupe une place significative dans la vie de ses concitoyens, mais avec peu de succès durable. Les initiatives théâtrales les plus importantes à Québec pendant cette période seront, en 1957, la fondation de l'Estoc, et en 1958, la fondation du théâtre de *la Fenière,* puis la fondation du Conservatoire d'art dramatique (section de Québec) qui méritent d'être évoqués plus longuement dans les pages qui suivent.

Au cours de la saison 1960-61, seront représentées à Québec 36 pièces de théâtre — ce qui indique une certaine constance par rapport à la saison de 1958-1959 (39 pièces). De ce nombre 26 pièces sont jouées sur l'initiative

---

55. Claude CASSISTA, *Analyse d'une saison théâtrale à Québec d'après Le Soleil (1958-1959).*
Mémoire de licence, Université Laval, avril 1969, 33p.

56. Voici la liste de ces troupes :
1. Le Théâtre du Nouveau Monde (à trois reprises : en septembre 1958, en mars et en mai 1959).
2. La Comédie Canadienne (à deux reprises : en octobre et en avril).
3. Le Théâtre National Populaire de Paris (10 et 11 octobre).
4. Le Théâtre international de Montréal (18 octobre).
5. Le Théâtre du Vieux Colombier, de Paris (3 novembre).
6. La Compagnie Jean Duceppe (23 novembre).
7. Un groupe anglophone, à l'Institut canadien (8 et 9 décembre).
8. Le Théâtre Universitaire Canadien (février et mars 1959).
9. La troupe d'Art dramatique du Conservatoire de Montréal.
10. La Compagnie de Jacques Fabbri (mai 1959).
11. Le Bishop University Dramatic Society.

57. Claude CASSISTA, *op. cit.*

de troupes d'amateurs et 10 seulement par des troupes professionnelles, dont 5 lors de la seule visite de la Comédie-Française [58]. En définitive, on remarque que cinq pièces seulement sont données à Québec par les troupes professionnelles du Québec pendant un an, c'est-à-dire, en moyenne une pièce à toutes les dix semaines ! Ce mouvement, semble-t-il, ira s'accentuant : les troupes professionnelles de Montréal seront de moins en moins intéressées, sauf exception, à transporter leurs décors à Québec pour une ou pour deux représentations. La facilité des communications, la reprise des pièces à la télévision ainsi que le renouveau récent du théâtre à Québec comme à Montréal rendront moins nécessaire la visite traditionnelle des troupes montréalaises à Québec. A l'automne de 1960, Gratien Gélinas, dans une entrevue avec Paule-France Dufaux, fournira son point de vue sur le théâtre québécois, sur les raisons de ses échecs, sur les améliorations souhaitables et sur ses chances de succès. Il fera, entre autres, les deux observations suivantes : 1) l'avenir du théâtre au Canada dépend de la formation des jeunes comédiens ; 2) en plus du feu sacré, il faut du talent et de la préparation [59]. Les deux remarques peuvent apparaître aujourd'hui des lapalissades : elles n'en indiquaient pas moins la voie à suivre et le sens profond des efforts tentés dans la ville de Québec au cours des deux dernières décennies.

L'Estoc (1957-1967)

L'entreprise théâtrale la plus significative et la plus originale à Québec au cours des dernières années fut sans contredit celle du Théâtre de l'Estoc. La troupe fit ses débuts en 1957. Elle était constituée d'abord d'un noyau d'étudiants du Collège Saint-Charles-Garnier, qui firent une tournée dans les environs de Québec, avec un premier spectacle : *les Précieuses ridicules* de Molière. L'été suivant, en 1958, la troupe joua à l'Institut canadien une pièce de Musset : *On ne badine pas avec l'amour.* En 1959, la troupe emménagea dans un réduit accolé à un mur de pierres, au fond d'une cour située au 9, rue Saint-Louis, à proximité du château Frontenac. C'est là, dans ce lieu théâtral restreint mais sympathique, que l'Estoc, devenu troupe permanente en 1963, donnera quatre saisons complètes.

Les objectifs de l'Estoc, tels que formulés par Jean-Louis Tremblay, son principal animateur, étaient de « rendre le théâtre accessible à tous, de lui donner une plus grande portée culturelle, sans compromettre la qualité des spectacles » [60]. On voulait faire place aux auteurs canadiens et on le fit, paraît-il, dans une proportion de quatre pièces sur dix. On invita des jeunes écrivains à écrire pour l'Estoc et à venir y travailler. Quelques-uns répondirent à cet appel, dans le but d'édifier un répertoire national et de créer un centre d'animation théâtrale. Ces objectifs étaient d'autant plus généreux qu'ils visaient à concilier deux tendances qui ne sont pas toujours conver-

---

58. Jean-Charles Chabot, *Analyse d'une saison de théâtre à Québec d'après Le Soleil* (1960-1961).
Mémoire de licence, Université Laval, Québec, 1969, 29p.

59. Gratien Gélinas, interviewé par Paule-France Dufaux, dans *Le Soleil,* le 15 octobre 1960.

60. Marie-Thérèse April, *l'Estoc (1957-1967),* mémoire de licence, Université Laval, juin 1971, 51p.

gentes et qui apparaissent dans les propos suivants de J.-L. Tremblay : « Présenter un théâtre actuel de qualité, qui ne se limite pas au divertissement et qui rejoigne la raison d'être de cet art populaire. » [61] L'Estoc ne voulait pas se présenter comme théâtre d'avant-garde, car, selon une remarque à la fois cynique et réaliste de J.-L. Tremblay, « tout pour Québec pourrait être d'avant-garde ». On voulait simplement présenter du théâtre actuel et, sauf exception, c'est ce qui effectivement fut fait.

Au cours de l'été 1959, l'Estoc reprend le Molière et le Musset des étés 1957 et 1958, mais y ajoute *Les Insolites* de l'auteur québécois, Jacques Languirand. A l'été 1960, on jouera *Eléonore* de Marie-Claire Blais, *la Ménagerie de verre* de Tennessee Williams et *Voulez-vous jouer avec moâ ?* de Marcel Achard. En 1961 seront représentés *le Château en Suède* de Françoise Sagan, trois petites pièces de Tchékov et *la Corde* de Patrick Hamilton. Un public nombreux se rendra voir, à l'été 1962, *les Morts* de Max Aub et *la Cantatrice chauve* d'Eugène Ionesco, puis *Pas d'amour* d'Ugo Betti. A la fin de cette saison 1962 et au cours de l'hiver 1963, l'Estoc présente des récitals de poésie québécoise, de musique de la Renaissance, ainsi que des spectacles de chansonniers. Pendant la saison d'été 1963, on put voir, toujours rue Saint-Louis, *le Journal d'un fou* de Nicolas Gogol, avec une mise en scène d'André Ricard et de Denis Saint-Jacques, puis *les Bonnes* de Jean Genêt.

En septembre 1963, l'Estoc devient troupe permanente avec l'énorme défi que cela représente. On améliore la salle et l'espace scénique : d'une capacité initiale de 80 spectateurs, la salle pourra recevoir désormais environ 125 spectateurs. La troupe décide d'abandonner l'anonymat et de verser une rémunération à l'équipe. Le simple recensement des auteurs qui seront joués au cours des saisons suivantes (1963 à 1967) suffit à indiquer dans quelle aire dramatique se situent les goûts et les tendances de la troupe : Jean Tardieu, Auguste Strindberg, Miroslav Antitich, Eugène Ionesco, René de Obaldia, Bertolt Brecht, Audiberti, Samuel Beckett, Jean-Paul Sartre, Malaparte, François Billetdoux, Arrabal, Jules Supervielle, Arthur Kopit, Jeroslav Hasek et Milan Kopel, Shelagh Delaney et Gorki. A ces noms qui dénotent une vaste ouverture sur le monde théâtral et une indéniable audace, s'ajoutent les noms des auteurs canadiens ou québécois suivants : André Ricard, Roger Huard, Claire et Marc Doré, Marcelle McGibbon, Jacques Duchesne, Jean-Louis Tremblay (montage dramatique des *Lettres de Stalingrad*), Jean O'Neil, Claude Jasmin, Andrée Maillet et Yolande Chéné.

La mise en scène de toutes ces pièces — sauf rares exceptions — fut faite soit par Jean-Louis Tremblay, soit par André Ricard, secondé par son frère Jean Ricard, avec décor et costumes de Paul Bussières et musique de Luc Cousineau. Les noms qui reviennent le plus fréquemment dans la distribution sont ceux de Nicole Déry, Christine LeSieur, Lise Lescaut, Marc Doré, Jean Ricard, Paul Bussières, Pierre Fontaine, Claude Septembre, Denise Verville, Madeleine Langlois, Jacques Lévesque, Robert Leclerc, Annette Leclerc, Michèle Rousseau, Jean Authier, Diane Pinard, Rachel Lortie, Hélène Rollan, Claude Robitaille, Odette Blouin, Michel Mondié, Elise

61. *Ibid.*, p. 13.

Guay et autres, avec parfois des comédiens de l'extérieur tels que Luce Guilbault et Anthony Phelps.

Le théâtre de l'Estoc fut fréquenté surtout par les étudiants et par des gens que seule une classification sommaire pourrait identifier à la « bourgeoisie de la haute-ville ». Il est un fait certain : l'Estoc ne sacrifia jamais à la facilité. Choisissant ses pièces chez des auteurs autres que les traditionnels classiques ou les traditionnels boulevards, la troupe réussit à intéresser au théâtre des hommes d'affaires et des professionnels de la Capitale et augmenta le nombre d'amateurs capables de goûter Bertolt Brecht, Gogol, Marie-Claire Blais, et Ionesco. Faisant en février 1966 une sorte d'inventaire de cette aventure théâtrale, Pauline Beaudry manifeste un optimisme qui semblait bien fondé :

> L'Estoc représente maintenant pour les Québécois quelque chose de formidable sous le rapport artistique, une activité culturelle suivie et totale, une permanence véritable [62].

De fait la troupe, désormais dotée d'un conseil d'administration, avec un bureau des gouverneurs, un secrétariat régulier et un comité féminin, une équipe de production faisant appel à 35 artistes et techniciens, pouvait présenter, par exemple, pour la saison 1965-1966, un bilan impressionnant : 6 spectacles, 168 représentations ainsi que la mise en place d'un théâtre pour enfants qui donna 72 représentations. Le souvenir que beaucoup de spectateurs gardent de ces représentations est celui de soirées ferventes, rarement décevantes, le plus souvent marquées par une émotion de haute qualité ressentie devant des pièces bien choisies et portées sur la scène avec une interprétation qui n'était jamais banale. La salle y était pour quelque chose et créait par son exiguïté même, avec son mur de pierres décoré d'une sculpture moderne, une atmosphère de sympathie propre à la communion théâtrale [63].

Tout cela était trop beau pour durer. Au cours de la saison 1966-1967, tout en conservant certaines activités à la petite salle de la rue Saint-Louis, la troupe de l'Estoc déménagea au théâtre de la Faculté de Commerce de l'Université Laval qui devint, peu après, le Théâtre de la Cité universitaire. On utilisa aussi pendant une saison la salle du Palais Montcalm. Ce déménagement fut fatal. Ce fut la dernière pleine saison de l'Estoc. Le nouveau campus se révélait moins chaleureux que le vieux Québec : aux yeux de Jean-Louis Tremblay, ce sera comme « la Sibérie en hiver ». Le Palais Montcalm était trop vaste pour le petit nombre de fervents. A l'automne de 1967, sous le nom de l'Estoc fut présenté à Québec et en tournée dans diverses localités de la province un excellent spectacle : les *Petits Bourgeois* de Maxime Gorki. Il y eut encore quelques soubresauts au début de 1968, mais le coup de mort était donné : l'Estoc mit fin à sa carrière. Les raisons de cette dissolution sont, au premier chef, d'ordre financier : la situation pré-

62. Pauline Beaudry, « Le Théâtre à Québec », dans *Actualité*, février 1966.
63. Nous avons personnellement assisté aux représentations de l'Estoc au cours des étés 1960, 1961 et 1962, ainsi que pendant les saisons 1963-1964 et 1964-1965.

caire de la troupe devenait invivable. Ce climat d'incertitude avait des conséquences sur le choix des pièces, sur l'engagement des comédiens, ceux-ci étant obligés d'occuper d'autres postes ailleurs afin de vivre convenablement. Les organismes de subventions — de source gouvernementale aussi bien que de source privée — manifestaient une incontestable fatigue. Faut-il évoquer le manque de participation du public ? La poignée de fervents de la rue Saint-Louis avait-elle disparu ou s'était-elle noyée dans la masse indifférente des étudiants du nouveau campus ? La troupe était-elle allée trop à l'avant-garde dans le choix de ses pièces ? Ou bien faut-il chercher l'explication dans la proximité de Montréal, milieu culturel centralisateur et source d'une « concurrence déloyale » ? L'un des directeurs de l'Estoc, dans une entrevue donnée en septembre 1967 (année de l'exposition universelle de Montréal), donnait l'explication suivante :

> Québec est une ville qui est trop près et trop loin de Montréal. Tous les ans on est envahi. L'an dernier, du 1er septembre au 1er décembre, Québec a reçu huit spectacles de Montréal. Pour nous de l'Estoc, la concurrence est déloyale.
> [...]
> Et on est trop loin quand on veut importer des comédiens de Montréal pour nos spectacles. Comme il n'y a pas de marché pour les comédiens, ici, il faudrait payer plus. Ce qui dans l'état de nos finances... et de nos subventions est impossible [64].

En somme, pour que l'Estoc continue, il aurait fallu que ses principaux animateurs et ses comédiens acceptent d'être encore les sacrifiés volontaires et bénévoles d'une entreprise non rentable dans laquelle ils avaient déjà investi dix années de leur vie. Nul ne saurait leur faire grief aujourd'hui d'avoir mis fin à ce bénévolat en même temps qu'à cette singulière aventure. Les comédiens de l'Estoc fourniront d'ailleurs l'équipe de base qui rendra possible, en 1970, la création du Trident.

Le théâtre de la Fenière

Parallèlement à l'Estoc, un autre théâtre débuta au cours des années 1957-1958, grâce à l'initiative de Georges Delisle. Dès les années 1948, celui-ci avait mis sur pied une troupe d'amateurs qui reçut, par exemple, la collaboration de René Arthur. Le but de cette troupe s'inscrivait dans la ligne du théâtre populaire d'autrefois, qui avait connu des heures de gloire au temps de Julien Daoust, de Bella Ouellette et de la troupe Fortin-Ratté, qui avait joué à la Salle Notre-Dame de Grâces. L'objectif de Georges Delisle était de fournir, à une clientèle différente de celle de la haute-ville, un divertissement adapté à sa mentalité. Pendant plusieurs années, Georges Delisle accomplit des tournées dans différentes régions du pays. Vers 1957, cherchant une salle dont le prix de location serait abordable, il découvrit une grange, rue Saint-Paul à Loretteville. Pendant cinq ans, il loua cette grange, « accusant jusqu'à la cinquième année des augmentations de loyer

64. Jean-Claude GERMAIN, « Trop proche et trop loin de Montréal, Québec cherche toujours une solution », dans *Le Petit Journal,* 17 septembre 1967.

qui se multiplièrent jusque par douze ». Il acheta finalement une autre grange, située celle-là sur le promontoire de l'Ancienne-Lorette, à l'endroit où loge actuellement la Fenière, et transforma progressivement ce lieu de culture agricole en un lieu de culture théâtrale, l'odeur du vieux fenil faisant place à l'air climatisé.

A l'été de 1959, par exemple, la Fenière présentait les pièces suivantes qui sont assez représentatives des goûts de cette troupe : *Vous n'avez rien à déclarer* de Maurice Hennequin, *le Don d'Adèle,* de Barillet et Grédy, et *Mademoiselle* de Jacques Deval, avec des mises en scène respectivement de Georges Delisle, de Gabriel Vigneault et d'Henri Veilleux.

Un article publié récemment dans *Le Soleil* faisait une rétrospective des activités du théâtre de la Fenière :

> En 15 ans, Georges Delisle a présenté avec ses comédiens 66 pièces de théâtre, employé 472 comédiens, reçu 240,933 spectateurs et versé des cachets de l'ordre de $160,336. En 14 ans, il a payé $98,911. en salaires, $43,049. en taxes et accumulé une recette de $461,004., « encaissant » des dépenses de $507,052. Pour la saison 1971-1972, le ministère des Affaires culturelles lui a versé une subvention de $6,000 [65].

En 1970, Rudel-Tessier remarquait qu'avec le Théâtre de la Marjolaine, « la Fenière est le seul théâtre d'été à toucher des subventions ». Ces subventions au cours des années 1967-1970 s'élevaient, annuellement, à $5,000. pour une moyenne d'environ 19,000 spectateurs [66]. Le répertoire habituel de la Fenière est constitué de comédies de boulevard. Celles-ci, pour Georges Delisle sont encore les valeurs les plus sûres en fonction de son premier objectif qui est de distraire un public plus « populaire » que piqué de haute culture. Cet animateur de théâtre déplore l'absence de pièces québécoises gaies et conformes aux goûts d'un public qui n'est pas tourné vers l'avant-garde. Depuis cinq ans, Georges Delisle a conçu le projet d'un autre théâtre, permanent celui-là, qui se nommerait le Théâtre du Calumet, et pour lequel il a intéressé nombre de personnalités, les groupant sous le nom fort ancien de la « Compagnie des Cent Associés ». Mais des difficultés ont entravé jusqu'à ce jour la fondation de ce théâtre. La Fenière, grâce à la ténacité inébranlable de Georges Delisle et de sa famille, conserve le titre du « plus ancien théâtre d'été au Québec » et semble disposé à utiliser désormais un répertoire inspiré davantage des réalités québécoises.

La Troupe des Treize

La Troupe des Treize fut fondée en 1949 par Jacques Duchesne, sous le nom de la « Société dramatique de l'AGEL », c'est-à-dire de l'Association des étudiants de l'Université Laval. On joua d'abord des pièces de Félix Leclerc, de Léon Chancerel et d'Alfred de Musset. Il ne semble pas que la troupe, à ses débuts, ait présenté une pièce à chaque saison, si l'on consulte

65. « Quinze ans de Fenière par Georges Delisle », dans *Le Soleil,* 10 novembre 1972, p. 22.
66. RUDEL-TESSIER, « Les Théâtres d'été au Québec », dans *Culture Vivante,* no 19, novembre 1970, p. 38.

une liste fournie par le Service des Loisirs socio-culturels de l'Université Laval [67].

Le 25 mai 1968, la troupe des Treize participa au Festival d'Art dramatique du Canada, qui eut lieu à Windsor, Ontario. Elle présenta *Et Coetera* de Jean Barbeau et remporta la palme du Festival pour la meilleure pièce en français. Au cours de la saison suivante, en 1968-1969, sous la direction de Pierre Joubert, la troupe des Treize s'oriente vers une nouvelle expérience : la création collective. L'idée de son conseiller artistique, Jacques-Henri Gagnon, était de permettre à tous les participants de fournir un effort de création tant au niveau de la conception que de sa réalisation, — accordant aux comédiens une fonction monopolisée jusque-là par l'auteur et par le metteur en scène. De fait, les membres de l'équipe participèrent au « brain storming » de la conception, mais sur le plan de la réalisation, l'animateur récupéra en partie un pouvoir de décision, les membres de l'équipe ayant voix consultative au chapitre. La première création collective présentée en novembre 1968 par les Treize fut *Les Temps Tranquilles,* avec de fortes allusions à la situation politique du pays qui venait d'élire Pierre Elliott Trudeau. Malgré les efforts d'imagination coordonnés par Jean Guy, la pièce fut une demi-réussite et coûta $2,000., au lieu du $1,000. prévu. Pendant le trimestre d'hiver, la Troupe présenta un spectacle plus modeste : *Ici, là-bas* de Louis Bergeron. Ces deux pièces, grâce à des décors légers, purent être présentées dans d'autres pavillons du campus, dans les écoles environnantes et dans les centres commerciaux situés à proximité. Au cours de la même saison, les Treize organisèrent, en collaboration avec le Ministère des Affaires culturelles et avec l'ACTA, un « teach-in » sur la « création et la recherche dans le théâtre québécois ». Le principal promoteur en fut André Paradis, assistant-directeur de la troupe.

L'année 1969 marquait le 20e anniversaire de la troupe des Treize. A cette occasion, André Paradis, le nouveau directeur, organisa un festival du jeune théâtre. Onze (11) spectacles différents furent présentés en trois semaines, en dépit de difficultés nombreuses, par des troupes de jeunes comé-

---

67. Les renseignements concernant la Troupe des Treize nous ont été fournis par Madame Thérèse Poiré, du Service des Loisirs socio-culturels de l'Université Laval. Voici une liste des pièces jouées par les Treize de 1950 à 1967.
en 1950-51 — *La prairie verdoyante,* de Jacques Duchesne (alors directeur).
— Deux pièces de Chancerel, et une seconde de J. Duchesne.
en 1952-53 — *Les plaideurs,* de Racine.
en 1954-55 — *Le médecin malgré lui,* de Molière.
en 1956-57 — *A la monnaie du pape,* de Louis Velle.
en 1957-58 — *Antigone,* de Anouilh (dans une mise en scène de G. Vigneault).
en 1959-60 — *Les parents terribles,* de Jean Cocteau.
en 1960-61 — *La bonne âme de Se-Tchouan,* de Bertholt Brecht.
en 1961-62 — *Une fille pour du vent,* d'André Obey.
en 1962-63 — *La valse des Toréadors,* de Jean Anouilh.
en 1963-64 — *Magie rouge,* de Michel de Ghelderode.
en 1964-65 — *Les méfaits du tabac, le Comédien malgré lui* et *le Chant du cygne* de Tchékhov, conjointement avec *la Farce jaune et la Farce blanche,* de Raymond Chose.
en 1965-66 — *Les bâtisseurs d'Empire* de Boris Vian.
— *La dernière bande* de Samuel Beckett et un récital poétique incluant des textes de Boris Vian, de Robert Desnos, et de Jacques Prévert.
— *La porte ouverte* de Bernard Genest (étudiant à l'Université).

diens de Québec, de Chicoutimi, de Trois-Rivières. Le Théâtre de la Cité universitaire devenait enfin ce qu'il devait être : le lieu d'une rencontre stimulante pour des centaines de jeunes épris de création théâtrale. La troupe des Treize présenta elle-même, cette année-là, trois grandes productions : *le Frame All-Dress,* sur un canevas de Jean Barbeau, *Les Prophéties synthétiques,* sur un canevas de Suzanne Lemire, et *La Picote volante,* sur un canevas d'Esther Beaudet.

Depuis 1970, les Treize existent toujours et se renouvellent par l'arrivée de nouveaux étudiants ; mais l'équipe semble avoir renoncé aux grandes productions pour s'adonner surtout à la recherche et à des représentations faites le midi sous forme de théâtre de poche dans un local du Pavillon Pollack. Le Service des Loisirs de l'Université Laval (autrefois la Société Artistique) met en branle de nouvelles politiques d'animation culturelle, des ateliers de mime, d'improvisation, d'expression corporelle et théâtrale, d'improvisation et de technique gestuelle, sous la responsabilité de professionnels. Ainsi se préparent des artistes qui marcheront sur les traces des Gilles Vigneault, des Jean-Marie Lemieux, des Jean Barbeau. Le plus récent spectacle des Treize est la pièce *Love* de Murray Schisgal, présenté les 30 et 31 mars 1973 au Théâtre de la Cité Universitaire [68].

Le Conservatoire d'Art dramatique de Québec [69]

Le Conservatoire d'Art dramatique de la province de Québec fut fondé à Montréal en 1954 par M. Jan Doat, à la demande de M. Wilfrid Pelletier avec qui il avait fait la création, à Montréal, de *Jeanne au bûcher.* M. Doat, un Français, avait fréquenté l'école de Charles Dullin, en même temps que Jean-Louis Barrault et Jean Villar. La création du Conservatoire se fit sous le gouvernement de Duplessis ; le ministre qui en était responsable était Jean Bruchési, secrétaire de la province. Au bout de trois années de direction, M. Doat part pour aller en Israël fonder l'Ecole nationale de Théâtre. Pour le remplacer, M. Doat propose Jean Valcourt, professeur de théâtre en France. M. Valcourt prend la direction du Conservatoire de Montréal et fonde une annexe à Québec en 1958. Monsieur Valcourt répartit son temps entre les deux Conservatoires. Durant les premières années, il fait office d'administrateur, de secrétaire, de directeur et de professeur.

En 1958 donc, le Conservatoire de Québec, annexe de celui de Montréal, existe, et est inscrit au niveau gouvernemental dans un budget commun sous le titre de « Conservatoires de Musique et d'Art dramatique de la province de Québec ». La première personne à se présenter à l'audition est le directeur de la Troupe des Treize de l'Université Laval, Gilles Vigneault. Fait assez cocasse, Gilles Vigneault est refusé au Conservatoire ! Les premiers finissants du Conservatoire sont : Denise Paradis, Odette Blouin, Élizabeth LeSieur, Diane Pinard, Jacques-Henri Gagnon, Guy Thivierge et Jean Pageau.

Parmi les comédiens connus qui sont sortis du Conservatoire de Québec, on compte : Jean-Guy (Pichette), Élisabeth LeSieur, Suzanne Lévesque, Jean-

68. « Un acte d'humilité et d'amour, Théâtre », dans *Le Soleil,* 30 mars 1973, p. 29.

69. Renseignements recueillis auprès de Jean Guy, directeur du Conservatoire, par Madame Mimi Guérard-Simard.

Marie Lemieux, Raymond Cloutier, Jean-René Ouellette, Raymond Bouchard, Denise Verville, Jean-Pierre Compain. En novembre 1963, fut fondée la troupe qui s'appellera d'abord le Centre dramatique du Conservatoire. En 1966, la raison sociale Théâtre populaire du Québec fut choisie par le conseil d'administration pour remplacer cette première appellation. Plus tard, des élèves du Conservatoire de Montréal se grouperont autour de Raymond Cloutier pour former le Grand Cirque ordinaire, et, par la suite, des élèves du Conservatoire de Québec formeront le Théâtre Euh...? qui se donnera en particulier un rôle d'animation populaire pendant le Festival d'été de la ville de Québec [70].

Le Conservatoire de Québec occupa d'abord les locaux de l'Institut canadien, puis, vers 1967, déménagea sur la rue Saint-Stanislas. On s'apprêtait à célébrer l'inauguration officielle de ces nouveaux locaux lorsque mourut, au début de 1968, M. Jean Valcourt. Cette date marque, en quelque sorte, le début d'une certaine autonomie administrative pour le Conservatoire de Québec. Déjà six mois avant la mort de M. Valcourt, il avait été prévu, semble-t-il, qu'une direction autonome serait instaurée à Québec, M. Valcourt devant devenir l'inspecteur des deux Conservatoires. L'inauguration officielle de la salle de la rue Saint-Stanislas eut lieu par la représentation de *Pelléas et Mélisande,* en février 1968, en présence du ministre des Affaires culturelles, M. Jean-Noël Tremblay. Par la suite, sous la tutelle de M. Guy Beaulne, directeur de l'Art dramatique au ministère des Affaires culturelles, deux directeurs sont nommés : à Montréal, M. François Cartier et à Québec, M. Jean Guy. A la fin de 1968, un concours fut organisé dans le but de choisir un directeur permanent. M. Paul Hébert devint directeur des deux conservatoires. Deux directeurs des études se succèdent sous Paul Hébert : Jean Guy et Paul Bussières. Au mois d'août 1972, Paul Hébert quitte son poste pour se consacrer entièrement à la direction artistique du théâtre du Trident. Un concours est de nouveau ouvert et messieurs François Cartier et Jean Guy deviennent respectivement directeurs des Conservatoires de Montréal et de Québec. Le Conservatoire d'Art dramatique de Québec dispose donc maintenant d'une véritable autonomie, ayant depuis quelques années déjà un administrateur qui lui est propre et, depuis 1972, un directeur qui ne relève plus de la direction de Montréal. En 1972, également, le Conservatoire d'Art dramatique s'installe dans l'ancien Conservatoire de musique au 30, rue Saint-Denis, près des Plaines d'Abraham, où se donne la formation des étudiants des deux premières années ; les étudiants de troisième année travaillent à la salle de la rue Saint-Stanislas, où ils ont présenté, en février 1973, leur plus récent spectacle : *Le Balcon* de Jean Genêt, avec une mise en scène de l'argentin Guillermo De Andrea.

L'option « théâtre » à l'Université Laval

La vie théâtrale récente à Québec fut marquée par la présence d'un homme qui, formé aux meilleures écoles et bénéficiant d'une expérience de trente-cinq ans comme comédien ou comme metteur en scène, avait aussi été l'un des fondateurs du Conservatoire d'Art dramatique de la province de

70. Le Grand Cirque ordinaire, créé en 1969, loua ses services au TPQ alors dirigé par Albert Millaire, Principal succès : *T'es pas tannée Jeanne d'Arc,* en 1969-1970.

Québec. Après avoir assumé la direction artistique du Pavillon de la France à l'Exposition universelle de Montréal en 1967, M. Jean Doat renoue avec l'enseignement à l'Ecole nationale de théâtre du Canada à Montréal, à l'école des Beaux-Arts et, enfin, en 1967-1968, à la demande de M. Valcourt, il accepte de faire partie du corps professoral du Conservatoire de Montréal. A l'été 1969, le Doyen de la Faculté des Lettres de l'Université Laval, à la demande de la direction du département des études françaises, engage M. Jean Doat comme professeur responsable des cours constituant une « option théâtre » destinée d'abord aux étudiants de la licence ès lettres. En 1971-1972, la licence ès lettres fait place à un baccalauréat, avec Majeure et Mineure. L'option « théâtre » devient une Mineure pouvant se conjuguer avec des Majeures de diverses catégories : en littérature, en journalisme, en philosophie ou en d'autres disciplines. Entre deux tendances dont l'une aurait consisté à faire de la théorie théâtrale, avec le risque de déboucher dans l'esthétique pure, et dont l'autre aurait consisté à ne faire que des ateliers de pratique théâtrale, comportant des répétitions de pièces, avec le risque de tomber dans l'amateurisme et la facilité, M. Doat choisit une solution mitoyenne et raisonnable (« une mesure de bon sens », dit-il) ; il fonda dès le début cette option sur trois grands axes : l'histoire du théâtre, l'étude comparative de cette discipline avec d'autres domaines qui lui sont reliés, en particulier avec la littérature, et, enfin, le contact avec la pratique théâtrale elle-même [71]. On présente donc à l'Université Laval des cours sur l'histoire des théâtres nationaux (d'Orient, de Russie, d'Allemagne, d'Espagne, d'Italie, des Etats-Unis, de France et du Québec), des cours d'introduction à l'esthétique du théâtre, avec une ouverture sur la technique et sur la pratique, de façon à fournir une information de base laissant place à une spécialisation ultérieure plus poussée. En dehors de la Mineure de théâtre se donnent aussi des cours portant sur le théâtre québécois et sur le théâtre français des différents siècles. La situation de l'emploi pour de véritables spécialistes du théâtre demeurant aléatoire, on n'a pas encore proposé de créer une Majeure en théâtre. La formation donnée à l'Université Laval dans ce domaine reste principalement orientée vers l'enseignement [72].

Parallèlement à l'enseignement universitaire, la Société artistique, qui est devenue le Service des Loisirs socio-culturels de l'Université Laval, remplit depuis des années un rôle d'animation générale de la vie du campus, y compris un rôle d'animation théâtrale. Le 1er et le 2 avril 1969, par exemple, on pouvait voir au Théâtre de la Cité universitaire le célèbre mime allemand Rolf Scharre, qui présenta un spectacle et donna un cours d'exercice pratique sur la pantomime. En collaboration avec le département des littératures, le Cercle Goethe présente chaque année des pièces en allemand ; ainsi fut joué par exemple, le 24 novembre 1972, *Woyzeck* de Georg Büchner, par la troupe Die Büchner de Munich.

En septembre 1971, grâce à la collaboration de M. Clément Simard avec le Service des Loisirs, fut reçue à Québec la troupe américaine du Bread and Puppet de New York. Ce théâtre de grandes marionnettes qui se

71. Jean Garon, « Pour Jean Doat : Rendre vivante l'esthétique du théâtre », dans *Le Soleil,* 6 sept. 1969, p. 28.

72. Entrevue avec M. Jan Doat, le 23 février 1973.

produit « sur toutes les rues du monde » présenta *l'Oiseleur en Enfer (The Bird-Catcher in Hell)* sous une grande tente installée sur le campus de l'Université Laval. Le Service de l'Audio-Visuel tourna un film sur cette célèbre troupe et interviewa son directeur Peter Schumann [73].

Les 5 et 6 avril 1973 [74], le Performance Group de New York présente à la Résille de l'Université Laval *The Tooth of Crime* tandis que le 7 avril le Bread and Puppet Theatre joue *The Fourteen Stations of the Cross,* dans le cadre d'un festival du nouveau théâtre américain [75]. Malgré la barrière linguistique, ces trois représentations réuniront un groupe de spectateurs suffisamment nombreux pour démontrer l'intérêt des amateurs québécois à l'égard des formes nouvelles de théâtre qui ont fait leur apparition chez nos voisins. Cette deuxième visite des troupes américaines d'avant-garde sont un stimulant précieux pour tous les jeunes Québécois qui se livrent à la recherche théâtrale et qui se montrent soucieux de renouveler leur propre dramaturgie.

Le Grand Théâtre de Québec et le Théâtre du Trident

Pour commémorer, en 1967, le Centenaire de la Confédération canadienne, les gouvernements d'Ottawa et de Québec décidèrent de construire dans la capitale provinciale un immeuble qui abriterait deux salles de spectacles et le conservatoire de Québec. Dès le début de 1964, un concours national fut lancé par les autorités québécoises. Le jury, formé de sept membres, choisit le projet présenté par l'architecte Victor Prus de Montréal. Les appels d'offres furent lancés en mai 1966 et le contrat de construction fut adjugé en 1967. Les travaux commencèrent aussitôt, sur un emplacement situé tout près des édifices gouvernementaux, à l'angle du boulevard Saint-Cyrille et de la rue Claire-Fontaine. Le 20 mai 1969 fut constituée la Corporation du Grand Théâtre de Québec, dont l'objectif était de promouvoir les arts et les lettres, d'animer, de maintenir, de diriger et d'administrer l'immeuble. Cet immeuble comporte de fait trois parties :

— une grande salle (Salle Louis-Fréchette) pour opéras, concerts, pièces de théâtre avec une capacité maxima de 1,800 spectateurs.

— une petite salle polyvalente (Salle Octave-Crémazie) de 500 places, destinée à l'art dramatique et à toute autre forme de manifestation culturelle.

---

73. Clément SIMARD, le « Bread and Puppet Theatre », dans *le Fil des Evénements,* vol. 7, no 1, Québec, Université Laval, le 7 septembre 1971, pp. 7-9.

74. Du 19 au 25 mars 1973, le même Service des Loisirs organisa une semaine culturelle destinée surtout aux étudiants de la Faculté des lettres et présenta plusieurs spectacles de théâtre :
— le 20 mars : *Masques et Pantomimes,* par le Théâtre Euh !
— le 21 mars : *Machin-Machin,* par la troupe des Treize.
— le 22 mars : *Happening « Oh Savoir »,* dirigé par Clément Simard ; le soir : rencontre des étudiants avec Françoise Loranger ; et *Partir, c'est rester,* par la Vraie Fanfare Fockey, de Lévis.
— le 24 mars : *Le chant du Sink,* de Jean Barbeau (le Théâtre de la Cité est plein : près de 200 personnes se voient refuser l'entrée).
Après la pièce a lieu le lancement du volume par les éditions Leméac.
— le 25 mars : *Les Tourtereaux,* pièce de Jean-Claude Germain jouée par le Théâtre du Même nom.

75. Martine CORRIVAULT, « Le deuxième festival du théâtre américain à Laval saura-t-il éveiller les consciences... ? », dans *Le Soleil,* le 17 mars 1973, p. 79.

— un conservatoire de musique pouvant recevoir de 250 à 350 élèves. Ce dernier élément avait sans doute inspiré le nom prévu à l'origine : « Le Conservatoire de Québec », qui fut changé en celui de « Grand Théâtre de Québec » [76].

Peu après les élections d'avril 1970, l'existence de la Corporation fut remise en question. La corporation fut remplacée par une Régie et, à l'automne de 1970, M. Guy Beaulne fut nommé directeur général du Grand Théâtre, c'est-à-dire administrateur attitré et directeur artistique, avec la double fonction d'assurer la rentabilité de l'immeuble et d'en être le principal animateur culturel. Pour la première année, on a prévu un personnel permanent de 35 personnes, « sans compter les quelque 140 personnes qui seront engagées au cours de l'année pour offrir les divers services ».

> Je vois le Grand Théâtre comme un pôle d'animation culturelle. Dans ce sens-là, il doit permettre à la région de se manifester, de s'exprimer, avec sa personnalité, selon son évolution, selon ses désirs, et apporter à la région culturelle de nouvelles expériences qui, ou bien stimuleront ou bien seront en contradiction, ou bien compléteront les connaissances.
>
> [...]
>
> On abolit, on évite tout protocole. Ce sont les gens eux-mêmes qui feront de la salle la fête mondaine ou la fête populaire. Ça ne nous appartient pas. Les gens s'habilleront comme ils l'entendront pour aller au théâtre. » ... Nous allons mettre à leur disposition tous les services pour qu'ils se sentent accueillis ici [77].

Pour la cérémonie d'inauguration, on invita tous les ouvriers qui avaient participé à la construction du théâtre, ainsi que leurs épouses. Le Grand Théâtre, que l'on attendait depuis plus de cinq ans, fut enfin livré au public le 17 janvier 1971, avec la présentation d'un concert de l'Orchestre symphonique de Québec. La première semaine d'activités fut marquée par un festival d'ouverture, auquel participèrent, outre l'Orchestre symphonique, les Grands Ballets canadiens (avec *Tommy*), le Théâtre Trident, le Chœur V'là l'Bon Vent, la Fanfare du Royal 22e régiment et Mireille Mathieu, « dimension commerciale » de ce festival qui fut présenté à prix populaire [78].

---

76. « Que doit être le Grand Théâtre de Québec ? », texte publié par le Conseil d'Administration du Grand Théâtre, dans *Culture Vivante*, no 17, mai 1970, pp. 3-7.

77. Propos de M. Guy Beaulne recueillis par Ghislaine Rheault, « Construire le Grand Théâtre », dans *Le Soleil*, le 9 janvier 1971, pp. 41-42.

Voir aussi le cahier thématique intitulé « Le Grand Théâtre », dans *Le Soleil* de samedi, le 16 janvier 1971, pp. 30-31.

78. Une violente controverse s'éleva, à partir de la fin de janvier 1971, au sujet d'un texte de Claude Péloquin inscrit sur la muraille du Grand Théâtre, réalisation de l'artiste Jordi Bonet. L'inscription contestée se lit comme suit : « Vous êtes pas écœurés de mourir, bandes de caves ! C'est assez ! » Roger Lemelin fit signer une pétition réclamant le retrait de cette phrase, mais une pétition réclamant son maintien recueillit plus de signatures. Le Dr François Cloutier, ministre des Affaires culturelles dut intervenir pour calmer les esprits et la murale fut sauvegardée dans son intégrité. Symboliquement une certaine forme de « culture populaire » venait de faire son entrée dans le temple québécois de la culture.

Voir la brochure intitulée « *Le Grand Théâtre de Québec* », texte de Guy Robert, photographie de Johann Krieber, Sainte-Adèle, les Editions du Songe, 1971, 32p.

Christiane Brunelle a aussi consacré un reportage à la murale de Jordi Bonet : « Le cri de l'infini à remplir », dans *Le Soleil*, 16 janvier 1971, p. 42.

Le Trident ne se confond pas avec le Grand Théâtre de Québec : il est un organisme autonome, locataire de l'une de ses salles. Le Trident — dont le nom évoque une fourche à trois pointes ou le sceptre à trois dents, attributs de Neptune — fut constitué en mars 1970, à partir de trois troupes de Québec : le Théâtre du Vieux-Québec, le Théâtre pour enfants (qui depuis quelques années attirait avec succès des centaines d'enfants à la salle de l'Institut canadien) et l'Estoc qui avait mis fin, peu auparavant, à sa carrière commencée en 1957. Les trois dents se voulurent aussi les symboles de trois champs d'activité théâtrale : le théâtre de type traditionnel, le théâtre expérimental ou d'avant-garde et le théâtre pour enfants. Le Trident n'est pas une troupe permanente : il n'y a pas de troupe permanente à Québec. Il est plutôt une maison de production qui s'emploie à présenter au public québécois des pièces de théâtre. Il va chercher ses comédiens à Montréal, si nécessaire : Jean Duceppe, Lionel Villeneuve, Andrée Lachapelle, Michelle Rossignol ont tour à tour contribué au succès des pièces du Trident. Mais il y a une équipe de base et des comédiens de Québec qu'on rencontre dans la plupart des productions, des noms tels que Jean-Marie Lemieux et Jean Guy [79].

La première production du Trident fut la pièce *0-71,* création de Jean Barbeau, inspirée par le phénomène du « Bingo » au Québec, qui fut jouée à la salle Octave-Crémazie le 21 janvier 1971 et pendant les semaines qui suivirent. On avait réuni pour cette production 23 comédiens de Québec. La mise en scène fut faite par Jean Guy, avec décor et costumes de Paul Bussières et musique de Daniel Lessard. La pièce manquait de consistance, mais la ferveur de cette inauguration totalement québécoise lui attira la sympathie du public, désireux de visiter en même temps son « Grand Théâtre ». La plupart des autres pièces présentées par le Trident jusqu'à ce jour ont connu un succès remarquable, si l'on se fie, par exemple, au taux de fréquentation de la salle Octave-Crémazie.

> Au cours de sa première saison, l'indice de fréquentation de la salle Octave-Crémazie atteint 89.7 p.c. ; l'année suivante il grimpe à 92.1 p.c. ; la première année, 73 représentations de 4 spectacles ont attiré 27,572 spectateurs ; la deuxième année, le nombre de représentations atteint 215, trois fois plus que la première saison, cependant que le nombre de spectateurs fait un véritable bond pour atteindre 125,346... A elle

---

79. Voici la liste des pièces représentées par le Trident de janvier 1971 à avril 1973. (4 pièces québécoises sur 9) :
1. *0-71* de Jean Barbeau.
2. *Molière pop,* textes de Molière adaptés par Jean-Marie Lemieux.
3. *Charbonneau et le chef,* de John Thomas McDonough, traduction et adaptation de Pierre Morency.
4. *Pygmalion,* de Bernard Shaw, version québécoise d'Eloi de Grandmont.
5. *La vie exemplaire d'Alcide 1er, le pharamineux, et de sa proche descendance,* d'André Ricard.
6. *La mort d'un commis-voyageur,* d'Arthur Miller, traduction d'Erik Kahane.
7. *La chatte sur un toit brûlant,* de Tennessee Williams.
8. *Eva Peron,* du caricaturiste Copi et *En pleine mer* de l'humoriste Mrozek.
9. *La Mégère apprivoisée* de Shakespeare, version française de J. Audiberti.

Il y eut aussi, lors de la 1ère saison, pendant l'hiver de 1971, les représentations d'une pièce pour enfants, *Faby en Afrique,* interprétée par Marie-Hélène Gagnon.

seule, la pièce *Charbonneau et le Chef* attire 53,236 spectateurs en 89 représentations, soit une fréquentation de plus de 100 p.c. [80].

Dans ses 384 représentations faites du 21 janvier 1971 au 30 mars 1973, la compagnie du Trident aura reçu 200,417 spectateurs, ce qui constitue un indice de participation du public de 86.3 p.c., par rapport à la capacité de la salle Crémazie (qui va de 300 à 650 places), selon les spectacles [81]. Malgré ce bilan remarquable qui témoigne d'une certaine solidité de la vie théâtrale au Québec, le Trident demeure une maison de production (comme l'est d'ailleurs le Théâtre du Nouveau Monde). « Le Trident n'a pas d'abonnés ; nous sommes obligés de faire un événement avec chaque spectacle », dit son administrateur Laurent Lapierre [82]. Malgré l'habileté reconnue de ce dernier et le talent de M. Paul Hébert, directeur artistique du Trident, malgré l'attrait des ingénieux tréteaux du Grand Théâtre, chaque pièce présentée par le Trident constitue un défi nouveau, dont on ignore s'il sera, oui ou non, relevé par la population. Le Festival d'Art dramatique du Québec présenté à la Salle Crémazie du 21 au 24 avril 1971 souleva peu d'enthousiasme. « Il ne suffit pas d'un peu d'air », semble répondre la population, en parodiant le titre d'une pièce de Renald Tremblay (*Il suffit d'un peu d'air*) présentée à ce festival non compétitif. Le succès prolongé et repris de *Charbonneau et le chef* de McDonough-Morency s'explique par l'heureuse rencontre de facteurs rarement réunis : sous forme d'un affrontement tout à fait classique furent portées sur la scène par des acteurs de grand talent (Duceppe, Lemieux, Villeneuve) les coordonnées viscérales des Québécois qui sont la politique et la religion. Le fonctionnaire provincial, qui avait connu Duplessis, vint le revoir avec son franc-parler et avec ses tics ; l'ouvrier d'Asbestos, qui avait vécu la grève de l'amiante en 1949-1950, vint la revivre avec une évidente émotion [83]. Mais une telle reviviscence n'est pas toujours possible : il suffit qu'une pièce soit un tant soit peu bizarre ou étrangère ou mal jouée pour que les Québécois désertent la salle ; ils ne sont pas prêts à sanctionner toute forme d'aventure théâtrale [84]. Le bilan du Trident n'en demeure pas moins exceptionnel et contribue au succès global du Grand Théâtre dont le directeur, M. Guy Beaulne, a particulièrement raison d'être fier : le 17 janvier 1972, à l'occasion du deuxième anniversaire de l'inauguration, M. Beaulne pouvait faire état des 780 spectacles présentés et des 650,000 spectateurs qui y étaient venus [85].

Après avoir évoqué une tradition théâtrale qui dure à Québec depuis deux siècles, quelle conclusion peut-on formuler ? Il faut d'abord constater que la vie théâtrale dans la ville de Champlain et de Frontenac demeure en

80. Michel BEAULIEU, « Le Trident, enfant chéri de Québec », dans *Perspectives,* supplément illustré du *Soleil,* le 31 mars 1973, pp. 12-14.

81. « 200,000 spectateurs au Trident », dans *Le Soleil,* le 3 avril 1973, p. 28.

82. Michel BEAULIEU, *article cité,* p. 14.

83. Jean GARON, « De l'anecdote à la tragédie », dans *Le Soleil,* 13 mars 1971, p. 38.

84. Ce fut le cas, par exemple, du programme Copri-Mrozek qui fut un échec et suscita les articles suivants : « Le Trident déçoit-il son public ? Laurent Lapierre parle d'aventure. Et Paul Hébert assume l'échec », dans *Le Soleil,* le 27 janvier 1973. Par contre, les représentations de *La Mégère apprivoisée* connaissent en ce moment un tel succès qu'on a dû prolonger la période de temps prévue pour ce spectacle.

85. Interview de Guy Beaulne à Radio-Canada, le 17 janvier 1973.

un sens aussi fragile qu'en ses premiers jours. Elle tient à une relation fort capricieuse établie entre les hommes de théâtre et la population. Les hommes de théâtre aimeraient bien parfois risquer des entreprises nouvelles et audacieuses, mais la population aime les divertissements « garantis ». De là une menace constante de refroidissement, d'absence ou de rupture. L'expérience de l'Estoc demeure significative et, en quelque sorte, encore présente. On a vu qu'il n'y a pas de troupe permanente à Québec : les succès du Trident sont possibles et répétés grâce à des pièces traditionnelles et sûres, dont les rôles principaux sont interprétés par des comédiens de renom qu'on a fait venir de Montréal. Le Théâtre du Trident, comme l'immeuble même du Grand Théâtre, ne prouve sa rentabilité que par l'habile politique administrative de ses dirigeants.

Le jeune comédien anglais Jack Crompton, dans une thèse de maîtrise ès arts soutenue au cours de l'été 1972 à l'Université Laval, porte un jugement plutôt négatif sur *la situation du théâtre au Québec.* Il constate l'absence d'une véritable politique culturelle, en ce qui concerne, par exemple, les subventions accordées aux troupes de théâtre par le Conseil national des Arts ou par le ministère des Affaires culturelles [86]. Il constatera la faible participation populaire à une entreprise de type « élitiste », de type « bourgeois et capitaliste » comme le Grand Théâtre de Québec. Celui-ci, malgré ses bonnes intentions du début, ne s'occupe pas véritablement de l'animation culturelle de la région de Québec. De même le théâtre du Trident est, à ses yeux, « une compagnie tout à fait traditionnelle, tout comme le Nouveau Monde » [87]. Mais ce regard sévère porté sur nos institutions par l'étudiant et comédien étranger laisse place à un optimisme qui est fondé sur des expériences réussies.

En 1905, Sarah Bernhardt en colère pouvait jeter à la face d'Ulric Barthe son mépris : « Vous avez un beau pays, mais c'est tout !... Mais sapristi vous n'avez pas d'hommes, vous n'avez pas d'hommes ! » [88] En 1973, la situation a profondément changé. Il est vrai qu'il ne se joue à Québec, en moyenne, pas plus d'une pièce par soir : parfois moins, parfois plus. Un simple échantillonnage, au hasard : dans *Le Soleil* du samedi 7 avril 1973, on peut voir sous la rubrique THEATRE l'annonce des quatre pièces suivantes : *la Mégère Apprivoisée* de Shakespeare présentée à la Salle Octave-Crémazie par le Théâtre du Trident ; *Au feu ! Au feu !* présenté à Charlesbourg par le Tréteau ; *Le Chant du Sink* de Jean Barbeau présenté au *Grand Théâtre* (Salle Louis-Fréchette) par le Théâtre populaire du Québec ; et, enfin, *The Stations of the Cross* présentée par le Bread and Puppet Theatre au Théâtre de la Cité Universitaire [89]. C'était là, sans doute, une fin de

86. Jack Crompton, *L'Etat, le théâtre et le public : la situation au Québec,* thèse de maîtrise ès arts présentée à l'Ecole des Gradués, Québec, Université Laval, 1972, 125p.

87. Jack Crompton, « Le Théâtre qu'ossa donne », dans la revue *Nord,* no 4-5 (portant sur « *le théâtre au Québec, 1950-1972* »), Québec, Edit. de l'Hôte, 1973, pp. 173-206.

88. *L'Evénement,* 5 décembre 1905, cité par Léopold Houlé, *Histoire du Théâtre au Canada.* Montréal, Fides, 1945, p. 81.

89. Rubrique « A Québec aujourd'hui », « Théâtre », dans *Le Soleil,* samedi le 7 avril 1973, p. 47.

semaine privilégiée ! Mais le facteur le plus positif est celui-ci : ce sont surtout des jeunes qui remplissent en ce moment les salles de théâtre, à Québec comme à Montréal. Munie de dramaturges originaux, de comédiens de mieux en mieux préparés, de salles bien équipées et d'un public plus instruit, la société québécoise semble désormais capable d'assumer avec plénitude sa propre vie théâtrale.

Le Théâtre professionnel à Montréal de 1898 à 1937

par John E. HARE,

professeur à l'Université d'Ottawa

Au tournant du siècle, Montréal, métropole du Canada, est devenu le centre de la vie artistique. Depuis la tournée fracassante de Sarah Bernhardt en 1880, chaque année ou presque y amène des artistes et des comédiens français. Le public ayant plus de loisirs et d'argent y prend goût et malgré les avertissements des « gardiens » de la moralité, les Montréalais assistent avec une régularité croissante aux spectacles. Après l'expérience des cercles d'amateurs, il était inévitable que certains jeunes gens souhaitent se consacrer au théâtre.

Les premières tentatives d'implantation de troupes professionnelles n'ont pas réussi ; mais l'expérience de la Compagnie franco-canadienne ne fit qu'accroître le goût du théâtre chez les jeunes. A la fin du siècle, des rumeurs au sujet de la fondation éventuelle de troupes canadiennes circulèrent [1]. Enfin, l'année 1898 vit concrétiser ces rêves par la fondation de deux troupes qui allaient transformer la situation théâtrale à Montréal : Les Soirées de famille et le théâtre des Variétés. Ainsi commença « l'âge d'or » du théâtre, période qui dura jusqu'à la première guerre mondiale.

Les Soirées de famille se distinguèrent des autres cercles d'amateurs par le nombre de leurs représentations, une pièce différente toutes les semaines de novembre à juin. C'est ainsi que pendant trois années d'existence, du 13 novembre 1898 au 19 mai 1901, les « Soirées » présentèrent pas moins de 85 programmes au Monument national [2]. Le directeur, Elzéar Roy, avait

1. Dans *Le Samedi,* du 13 juin, p. 7 : « On parle de la fondation d'une troupe exclusivement canadienne pour la prochaine saison théâtrale à Montréal. »

2. Voir la liste dans Géo. Robert, *L'Annuaire Théâtral,* Montréal, 1909, pp. 62-63 et dans Margaret Bisson, *Le Théâtre Français à Montréal, 1878-1931,* thèse de maî-

pris la passion du théâtre au Collège Saint-Laurent où il participa, entre autres, à une production du *Voyage à Boulogne-sur-mer,* en avril 1892 [3]. A leurs débuts, les Soirées de famille devaient servir essentiellement à faire exercer des jeunes qui suivaient les cours d'élocution organisés par la Société Saint-Jean-Baptiste au Monument national. Mais bientôt, les organisateurs, sous la direction d'Elzéar Roy et le patronage de l'archevêque, y virent un moyen de combattre le théâtre anglais : « Le public [...] assistera à de jolies représentations où les meilleures pièces françaises et canadiennes seront interprétées avec goût et avec soin.» [4]

Pendant trois années, les « Soirées » attirèrent le public avec un répertoire très 19e siècle composé surtout de pièces de boulevard et de mélodrames [5]. Bientôt, la concurrence des troupes professionnelles se fit sentir. Elles offraient les mêmes programmes, avec de meilleures garanties de succès auprès du public : ce fut le signal de la fin des « Soirées ». Selon Béraud, ce mouvement sympathique n'eut « aucune signification dans la création d'un théâtre national » (p. 91). Or, les « Soirées » permirent à plusieurs jeunes d'exercer leurs talents et de prendre goût au théâtre. Juliette Béliveau, surnommée « la petite Sarah », y fit ses débuts à l'âge de 10 ans [6].

Parmi les professeurs chargés de cours au Monument national, il y avait un Français, Antoine Bailly. A l'automne de 1898, il participa aux Soirées de famille et joua aussi dans une pièce montée par un acteur français, Léon Petitjean, depuis deux ans au pays. Devant le succès, Petitjean, avec le concours de Bailly devenu Godeau au théâtre, décida de la création d'une troupe professionnelle. Il fit appel aux comédiens de talent qu'il avait vu au Monument national. C'est ainsi que Joseph Archambault, né à Terrebonne en 1871, et confrère d'Elzéar Roy au Collège Saint-Laurent, reçut la visite de Petitjean. « Nous vous avons vu jouer au Monument national, lui disait-il, et nous espérons obtenir votre concours dans l'effort entrepris pour doter la métropole d'une scène française. » Archambault, ayant à peine terminé ses études de droit, accepta l'offre avec empressement [7].

Le 12 novembre 1898, ils inaugurèrent le Théâtre des Variétés, installé au-dessus d'un magasin, rue Sainte-Catherine, près de la rue Papineau. « C'était une petite salle. On y parvenait en grimpant par un petit escalier de quatre pieds de largeur », selon un des comédiens, Julien Daoust. Il se rappela encore que « la scène était minuscule et très basse. Les décors man-

trise, McGill University, 1931, pp. 63-66, aussi Jean Béraud, *350 Ans de théâtre au Canada français,* Montréal, Le Cercle du livre de France, 1958, pp. 90-91. On peut aussi consulter la thèse d'Odette Condemine, *Jean Charbonneau, dramaturge,* thèse de maîtrise présentée à l'Université d'Ottawa, 1963, 166p.

3. *La Minerve,* 25 avril 1892.

4. Texte cité par Germain Beaulieu dans Geo. Robert, *L'Annuaire Théâtral,* pp. 59-60.

5. La troupe présenta *Le Malade imaginaire,* le 9 mars 1899 et *Le Médecin malgré lui,* le 20 novembre 1900. La presse commenta favorablement les deux productions, voir Marjorie Ann Fitzpatrick, *The Fortunes of Molière in French Canada,* thèse de Doctorat, University of Toronto, 1968, pp. 141-144.

6. Denyse MARTINEAU, *Juliette Béliveau,* Montréal, Editions de l'Homme, 1970, pp. 27-28.

7. PALMIERI (Joseph Archambault), *Mes Souvenirs de théâtre,* Montréal, Les Editions de l'Etoile, 1944, p. 14.

quaient souvent. Le chef machiniste n'était autre que le premier comique, et il devenait tragique dès qu'il s'agissait de planter un décor qu'on ne possédait pas. Un jour, le troisième rôle devait se jeter dans une rivière qui n'existait pas, et il se jeta tête première dans la toile de fond qui représentait une forêt. »[8]

Joseph Archambault, devenu Palmieri du nom du personnage qu'il avait joué dans une pièce d'Ennery, raconta les souvenirs souvent amusants de cette première troupe professionnelle[9]. En janvier 1900, les « Variétés » changèrent de théâtre, allant vers le sud-ouest, près du Carré Chaboillez. Dans un échange de salles avec la troupe de la Renaissance de Louis Labelle, Petitjean et ses comédiens se firent rouler. « Cette saison, écrit Palmieri, ne vécut que quelques mois. On gelait dans cette salle en face d'auditoires dont l'enthousiasme se congelait sous le zéro d'une température antarctique. »[10] Parmi les nouveaux se trouva Jean-Paul Filion qui fit ses débuts avec la Compagnie franco-canadienne[11].

Dimanche soir, le 12 août 1900, eut lieu un événement marquant dans l'histoire du théâtre à Montréal, soit l'ouverture du Théâtre National, à l'angle des rues Sainte-Catherine et Beaudry. Julien Daoust fut le grand responsable du projet[12]. Après quelques semaines, les principaux artistes des « Variétés » passèrent au « National » et le théâtre de Georges Gauvreau, puisque Daoust lui en céda la propriété le 9 septembre, devint l'unique scène française dans la métropole. Type parfait du théâtre de répertoire, il continua, semaine après semaine, à amuser le public jusqu'en 1917 alors que la guerre et l'avènement du cinéma forcèrent M. Gauvreau d'abandonner sa troupe.

Durant les meilleures années, jusqu'en 1910, et même jusqu'à la déclaration de guerre en 1914, la France fournit au « National » une pléiade d'artistes. Sans être des étoiles de première importance, ils avaient appris leur métier dans des troupes bien organisées en Europe. Ils créèrent ainsi une atmosphère très excitante dans les milieux artistiques de Montréal. Godeau y fit dix-sept saisons, tantôt en qualité de comédien ou de régisseur, tantôt comme metteur en scène[13]. En mars 1901, Paul Cazeneuve, comédien français en tournée, passa au « National » comme directeur artistique. Il est le responsable de la grande vogue de ce théâtre pendant une bonne décennie. Cazeneuve réussit à attirer une clientèle qui, en ce temps-là, fréquentait les théâtres anglais. Par la présentation de pièces américaines en adaptation, il sut intéresser le public. Puis, en jouant du théâtre français, il raffina graduellement le goût des Montréalais[14].

La vie des comédiens à cette époque n'était pas toujours rose : Les figurants gagnaient $3. par semaine, les acteurs réguliers $25., tandis que les

---

8. Robert PRÉVOST, *Que sont-ils devenus ?*, Montréal, Editions Princeps, 1939, pp. 56-57.
9. PALMIERI, *op. cit.*, p. 15-19.
10. *Ibid.*, p. 18.
11. Voir Robert PRÉVOST, *op. cit.*, p. 23-30.
12. Voir Margaret BISSON, *op. cit.*, p. 69 et Robert Prévost, pp. 51-58.
13. *Ibid.*, pp. 31-36.
14. Geo. ROBERT, *L'Annuaire Théâtral*, pp. 10-16.

étoiles de l'étranger se gavaient avec des honoraires de $75! Jouant en matinée et en soirée et changeant de programme chaque semaine, ils devaient travailler d'arrache-pied. On ne donnait qu'une seule semaine aux artistes pour étudier, répéter et préparer la mise en scène d'une pièce en quatre ou cinq actes. Après une lecture et trois répétitions, on offrait la pièce au public. Palmieri raconte des scènes cocasses arrivées au « National » à cause de la fatigue « d'une troupe qui donnait en cinq jours le travail de cinq mois ». [15]

Jusqu'en 1910, le théâtre National fut ouvert pendant 405 semaines, pour plus de 4,000 représentations ! Il mit à l'affiche plus de 300 drames, comédies, vaudevilles et opérettes [16]. Plus de 300 artistes évoluèrent au « National » pendant son existence [17] : il faut signaler la présence de quelques Canadiens, nos premiers véritables comédiens professionnels, surtout Filion, Hamel et Palmieri, appelés « les trois mousquetaires en chapeaux de castor du faubourg de Québec » [18].

Au début de 1902, un groupe de gens intéressé à la qualité des spectacles, sous le nom de la Société anonyme des Théâtres, décida de relever le ton. Gustave Desaulniers alla même à Paris engager des artistes et le 3 février s'ouvrit le théâtre des Nouveautés, rue Sainte-Catherine. La première pièce, *Le Truc d'Arthur* fut un succès, mais s'éloigna un peu des buts de la société, c'est-à-dire aborder le grand répertoire [19]. Or, les « Nouveautés » ont été la troupe qui marqua le plus la vie théâtrale à Montréal pendant les premières décennies du siècle. Si le « National » fut notre Porte Saint-Martin, selon Rodolphe Girard, les « Nouveautés » furent notre Comédie-Française. « Ce théâtre n'était pas plus grand que la main. Les murs, les loges et les baignoires étaient d'un blanc immaculé, avec des enjolivements d'or, ce qui faisait un heureux contraste avec les tapis grenat. C'était le rendez-vous de la *haute,* des lettrés, des artistes. » [20]

Le 14 avril 1902, la troupe présenta *Le Malade imaginaire.* Quelques jours auparavant, *La Patrie* publia un long article accueillant avec joie le spectacle : « L'aubaine est glorieuse ! 'Le Malade imaginaire' au théâtre des Nouveautés est un régal auquel nous n'osions prétendre. » [21] Malheureusement, l'auditoire et les critiques furent déçus. Molière ne pouvait pas être présenté dans les mêmes conditions que le répertoire habituel de mélodrames. Selon *La Presse,* qui voyait juste, « il est assez difficile de trouver des interprètes pour les comédies de Molière parce que ce genre d'alors diffère absolument du genre moderne » (15 avril 1902). En décembre, la troupe monta *Le Médecin malgré lui,* mais par la suite, elle ne s'aventura pas souvent au-delà du 19e siècle dans son répertoire [22].

15. PALMIERI, *op. cit.,* pp. 21-29, « Nous faisions un travail de géant, jouer deux fois par jour, répétition le matin, et après le spectacle du soir, étude des rôles jusqu'aux petites heures matinales » (p. 21).
16. Robert PRÉVOST, *op. cit.,* pp. 38-39.
17. Voir la galerie des artistes français qui ont paru sur la scène des théâtres français à Montréal jusqu'en 1908, dans Geo. Robert, *L'Annuaire Théâtral,* pp. 105-124.
18. PALMIERI, *op. cit.,* p. 19. Voir les souvenirs de ces artistes dans Robert Prévost, *op. cit.,* pp. 9-15, 16-22, 23-30.
19. Voir leur programme tel que cité par BÉRAUD, *op. cit.,* p. 101.
20. *Le Petit Journal,* 18 janvier 1948.
21. *La Patrie,* 12 avril 1902.
22. Sur ces deux spectacles, voir Marjorie Ann FITZPATRICK, *op. cit.,* pp. 154-160.

Chaque année, de nouvelles recrues vinrent de la France pour remplacer les artistes qui partaient pour diverses raisons, et ceux-là avec les comédiens canadiens firent de la troupe des Nouveautés, la meilleure à Montréal. Juliette Béliveau, à peine âgée de 13 ans, gagnait déjà $20 par semaine. Elle joua dans *L'Aiglon, Zaza, Les Misérables* et *Sapho* [23]. Dans la semaine du 2 février 1903, Juliette incarna Angiolo, fils de *Véronica,* dans le drame de Louis Fréchette. D'ailleurs, lors de la visite de Sarah Bernhardt en 1905, Fréchette organisa une rencontre entre la grande dame et Juliette, la petite Sarah [24].

Valéry Heurion, nouveau directeur artistique, annonça la programmation de la saison 1903-1904, dans une lettre envoyée de la France où il s'était rendu afin d'engager des artistes. En plus des pièces modernes, la liste mentionne *L'Avare, Le Dépit Amoureux* et *Athalie* [25]. De ces trois pièces classiques, seule *Athalie* fut montée pendant la semaine sainte, du 28 mars au 2 avril 1904. Après une année plutôt médiocre, la dernière saison 1907-1908, vit le meilleur groupe de comédiens depuis les débuts. Malheureusement un échec financier amena la faillite des « Nouveautés » le 28 avril 1908 [26].

Les difficultés des « Nouveautés » résultèrent surtout de confrontations entre la troupe et l'Eglise. Lorsqu'on mit *La Rafale* de Bernstein à l'affiche pour la semaine sainte de 1907, Monseigneur Bruchési interdit aux catholiques d'assister aux représentations du théâtre des Nouveautés dans une lettre pastorale, lue dans toutes les églises du diocèse le 30 mars [27]. A la suite de la promesse des directeurs de soumettre leur choix de pièces à l'approbation ecclésiastique, l'archevêque leva son interdiction quelques jours plus tard [28]. Cependant, ces difficultés avec l'Eglise eurent des conséquences directes sur les assistances.

Le régisseur d'une troupe devait surveiller de près son choix de pièces. Sur dix examinées, il ne s'en trouvait qu'une seule qu'on pouvait présenter devant un public canadien [29]. Palmieri explique aussi qu'il fallait couper, retrancher, changer les mots, les phrases qui auraient pu blesser les oreilles « pudibondes de certains de nos tartuffes dont les idiotes chinoiseries mettaient à nu leur âme d'hypocrites » [30]. Même si l'attitude des autorités s'était adoucie depuis les condamnations de toute forme de spectacle mixte au XXe siècle, les directeurs des troupes pouvaient se voir attaquer à n'importe quel moment pour leur répertoire. En effet, cette censure indirecte eut raison de plus d'une troupe professionnelle à Montréal.

---

23. Denyse Martineau, *op. cit.*, pp. 40-41.
24. *Ibid.*, p. 45-47.
25. *La Presse,* 22 août 1903.
26. *La Presse,* 23 avril 1908.
27. Voir le texte dans *La Presse* et *La Patrie* du 1 avril 1907.
28. *La Presse,* 3 avril 1907.
29. Palmieri, *op. cit.*, p. 101.
30. *Ibid.* Henry Deyglun, qui participa activement à la vie artistique de 1925 jusqu'aux années '50, écrit que « nous devons (...) nous conformer à une morale restrictive et d'ailleurs fausse et hypocrite. On se sentait bridés, brimés... » (*Le Photo-Journal,* 28 novembre 1970, p. 14).

Eugène Lassalle, comédien français qui avait voyagé partout dans le monde avant d'être engagé aux « Nouveautés », rêva d'un théâtre national canadien-français. C'est ainsi qu'en 1907, il fonda son Conservatoire d'art dramatique canadien. Encouragé par les autorités, il reçut même des subventions du gouvernement de la province. Ecole d'art dramatique autant que troupe de théâtre, le Conservatoire sut attirer Juliette Béliveau entre autres [31]. Lassalle forma pour la scène notamment Albert Duquesne, Antoinette et Germaine Giroux et Henri Poitras. Le Conservatoire présenta des classiques, parmi lesquels *Athalie,* en février 1908. Après quelques années cependant, un groupe d'élèves et de comédiens quitta la troupe d'Eugène Lassalle, fondant la Compagnie d'art dramatique en 1910. Malheureusement, ce schisme et l'arrêt des subventions réduisirent à néant les espoirs de Lassalle. Son Conservatoire allait survivre jusqu'à nos jours, mais il ne serait pas le point de départ d'un théâtre national au Québec [32].

Dans la deuxième décennie du siècle, des difficultés de toute sorte vont freiner lentement l'essor du théâtre à Montréal. C'est d'abord l'augmentation des frais des troupes en tournées, ce qui réduisait leur nombre et leur qualité. Ensuite, le cinéma, cet ennemi du théâtre s'installait surnoisement partout. Déjà à partir de 1903, Ernest Ouimet présentait au Parc Sohmer un quart d'heure de vues animées. Devant l'engouement du public, il ouvrit son « Ouimetoscope », le 1er janvier 1906 [33]. Moins de deux ans plus tard, on put lire des annonces des Nationoscope, Vitascope, Ouimetoscope, Cinématographe, Rochonoscope, Mont Royaloscope, et du Supériographe parisien, dans les journaux [34]. C'est ainsi que les théâtres se transformèrent en salles de cinéma, où on présentait des petites pièces et des spectacles de vaudeville entre les films [35]. La première guerre porta aussi un coup presque mortel au théâtre : Plusieurs acteurs furent mobilisés et il fut impossible d'engager d'autres Français pour les remplacer. Le premier âge d'or du théâtre à Montréal fut bel et bien terminé.

Pendant une quinzaine d'années, de 1898 à 1914, Montréal vit la fondation d'une vingtaine de troupes professionnelles. Seulement quelques-unes réussirent à présenter un théâtre de qualité pendant plus d'une ou deux saisons. Palmieri écrit avec raison que « toutes les entreprises dramatiques que je vis naître périclitaient après la troisième année » [36]. A moins de recherches poussées dans les journaux et les archives, il n'est guère possible de présenter un tableau exact des troupes et des théâtres de cette période.

Béraud juge sévèrement le répertoire « celui en vogue à cette époque, et c'est sa seule excuse, peut-être suffisante après tout » (p. 95). En 1909,

---

31. Voir ses souvenirs dans Denyse MARTINEAU, *op. cit.,* pp. 68-71.

32. On peut consulter le livre de M. LASSALLE, *Comédiens et amateurs, le théâtre et ses dessous,* Montréal, Le Devoir, 1919, 234p., où il explique sa philosophie du théâtre, et ses déceptions après l'échec des premières années, tout en donnant des conseils aux jeunes comédiens sur les aspects de l'art théâtral.

33. « Ernest Ouimet, le père du cinéma », dans Robert Prévost, *op. cit.,* pp. 105-111.

34. Voir *La Presse,* août 1907. En 1908, on construisit même des salles spéciales, voir *La Presse,* 21 février et 18 avril.

35. En août 1911, Juliette Béliveau fit partie du groupe du « Nationoscope », voir Denyse Martineau, *op. cit.,* p. 74.

36. PALMIERI, *op. cit.,* p. 35.

Rodolphe Girard fustigea autrement les lourds et interminables mélodrames présentés devant « quelques bourgeois naïfs qui se mouchaient discrètement ou bruyamment, signe avant-coureur et indubitable de l'approche des larmes. Donc le succès était assuré. » [37] On donna des pièces comme *Le Dompteur martyre, Marie-Jeanne, Le Roman d'un jeune homme pauvre, Michel Strogoff, La Dame aux camélias, Les Trois Mousquetaires, Monte-Cristo, L'Aiglon* et *Les Deux Orphelines*. Au « National », on joua aussi des pièces canadiennes [38].

Les comédiens, de leur côté, ne furent pas toujours tendres envers le public. Palmieri consacre des pages très sévères à l'endroit des spectateurs montréalais. Il raconte qu'un soir à la représentation de *Théodora* de Sardou, pendant la scène d'amour, « au moment où dans le feu sacré de l'action, les deux amoureux s'enlaçaient dans l'effusion d'une tendresse partagée, l'auditoire, ne voyant sans doute qu'un homme serrant une femme dans ses bras, pauvre mentalité où domine l'instinct des choses déshonnêtes comme dirait l'autre, l'auditoire part d'un immense éclat de rire » [39]. Concernant le répertoire, il écrit que « du mélodrame nous avions évolué à la comédie dramatique, nous donnions tous les chefs-d'œuvre des grands maîtres français [40] ». Il s'agit bien entendu des maîtres du XIXe siècle !

Au début du siècle, les pièces à grande émotion et à sensation remplissaient les salles, à tel point qu'un critique de *La Presse* pouvait écrire au sujet du *Roman d'un jeune homme pauvre* qu'il n'y avait « ni assassinats, ni batailles, ni enlèvements et le drame — roman d'amour dont les héros sont admirables — est aussi intéressant dans le développement des détails que simple dans sa donnée principale » [41]. Or, les critiques ne furent pas exemptes d'attaques. Albert Jeannotte, dans *La Revue canadienne,* jugea sévèrement le manque de discrimination des comptes rendus. « N'a-t-on pas raison de se moquer quand on entend quelques-uns d'entre eux assurer que telle pièce plutôt incertaine est une œuvre remarquable », se demanda-t-il ? « Il est certain qu'un grand nombre de lecteurs, de ceux qui acceptent sans examen tous les jugements de leur journal, se formeront à cet enseignement un mauvais goût qui les empêchera toujours de discerner dans les œuvres la véritable manifestation du talent. » [42]

N'oublions pas que le théâtre fut surtout une affaire commerciale. Il fallait que l'entreprise fasse des profits. Et selon Palmieri, « voilà pourquoi, faute de temps, faute de préparation, l'art dramatique chez nous, est toujours resté à l'état médiocre ». [43] Le public s'habituait à un théâtre facile. Les critiques et les troupes en tournée entretenaient cet état de fait. Considérant les classiques comme non rentables, les troupes ne firent que suivre

37. Il parle surtout du théâtre de la Gaieté, fondé en mars 1901. Voir « Souvenirs de théâtre », dans Geo. Robert, *L'Annuaire Théâtral,* p. 68.
38. Voir Margaret Bisson, *op. cit., pp.* 70-75, 86.
39. Palmieri, *op. cit.*, p. 23.
40. *Ibid.*, p. 21.
41. *La Presse,* 21 janvier 1901.
42. Albert Jeannotte, *A propos de critique,* dans *La Revue Canadienne,* vol. 45, 1909, pp. 159-160.
43. Palmieri, *op. cit.*, p. 22.

la mode en France, présentant des mélodrames et des boulevards [44]. A Montréal, le public des théâtres se chiffra à dix mille tout au plus [45]. C'est ainsi que les troupes jouant tous les jours pendant une quarantaine de semaines, dans des salles pouvant contenir de 500 à 1000 spectateurs, devaient rechercher les pièces à sensation afin de survivre.

Après la première guerre, les entrepreneurs essayèrent de reconstituer leurs troupes. Or, la concurrence du cinéma amena encore une baisse dans la qualité des spectacles. Ce fut la belle époque des revues et des sketches humoristiques. Au « National », on joua *Les Dopés* de Paul Gury à partir du mois d'août 1919, suivi des *Esclaves blanches!* Pendant la saison 1922-1923, une troupe française, avec Debray de l'Odéon et Marthe Fabry, s'y installa, débutant le 18 septembre dans *L'Embuscade* de Kistemaeckers devant un public intelligent et enthousiaste. Mais après la présentation de *L'Avocat* de Brieux, joué à Montréal en même temps qu'à Paris, le théâtre dut fermer ses portes brusquement le 6 janvier 1923. Un théâtre de qualité n'était possible que si les comédiens avaient accepté des salaires de crève-faim !

Or, il fallait vivre ! Et tandis que les meilleurs artistes de l'avant-guerre, les Palmieri, Gauvreau et de la Sablonnière prirent leur retraite [46], d'autres, comme Juliette Béliveau, s'adonnèrent à la comédie-bouffe et aux revues. En 1924, le directeur du « Canadien » lui offrit cinquante dollars par semaine. Juliette fit donc volte-face du côté de la fantaisie. Voici comment elle décrit cette période, « on joue donc deux fois par jour. Le spectacle débute par une ouverture où l'on peut voir évoluer une file de danseurs et une autre de danseuses ; suivent les chansons et les sketches pour enfin fermer le rideau sur une brillante finale. » [47] Par la suite, de vaudeville en farce grossière, le sort des comédiens dégénéra. Le cinéma parlant à partir de 1928 et la crise économique des années '30 vont bientôt rendre même cette forme de théâtre difficile à pratiquer semaine après semaine.

Jean Béraud, dans son livre sur le théâtre au Canada français, présente un panorama des troupes, des pièces et des comédiens à Montréal, année par année, à partir de 1898. Il est pourtant difficile de dégager une image fidèle à partir de ses chroniques regroupées de façon chronologique surtout que son livre ne comporte pas d'index. Cependant, il ne consacre pas moins de 135 pages à la période 1898-1937. Tous les faits ainsi énumérés ne peuvent masquer la dure réalité de la situation théâtrale à Montréal dans les années '20 et '30. Mais voici que l'année 1930 amène un nouveau flambeau d'espoir : l'ouverture du Stella.

---

44. La situation en France ne fut guère différente lorsque Jacques Copeau fonda le Vieux Colombier en 1913. « La valeur des pièces baissa graduellement. Plutôt que d'éduquer le public, on se préoccupa d'exploiter une absence naturelle de goût. » (Voir Clément Borgal, *Jacques Copeau,* Paris, 1960, p. 29.)

45. Etienne HENRIOT, *Les Bienfaits du théâtre,* dans Geo. Robert, *L'Annuaire Théâtral,* p. 27.

46. Louis Gauvreau, après avoir fait du théâtre à New-York, revient à Montréal en 1908. Il dirige le « Chanteclerc » de 1911 à 1915, passant à l'Arcade en 1916 où il crée 32 personnages différents en 46 semaines. Il prend sa retraite cependant après cette saison, prévoyant la dégringolade du théâtre français et, dit-il « j'ai préféré quitter la scène avant qu'elle ne me quitte » (voir Robert Prévost, *op. cit.,* pp. 88-95).

47. Denyse MARTINEAU, *op. cit.,* p. 116.

Fred Barry qui, avec Albert Duquesne et Henry Deyglun avait continué le théâtre de répertoire de qualité d'abord au « Chanteclerc » et ensuite au « Saint-Denis », était décidé à relever de nouveau le défi. La troupe Barry-Duquesne engage donc Antoine Godeau comme directeur et loue l'ancien « Chanteclerc », rue Saint-Denis. Le 11 août 1930, le « Stella » ouvre ses portes, mettant à l'affiche *La Lettre* de Somerset Maugham. La troupe se compose des meilleurs acteurs du Québec : Antoinette Giroux, Bella Ouellette, Marthe Thiéry, Mimi d'Esté, Jeanne Deslauriers, Fred Barry, Albert Duquesne et Henry Deyglun.

La première saison, qui se termine le 27 avril 1931, fut un succès. Cette petite salle d'à peine 450 places redonne de l'espoir aux amateurs du vrai théâtre de Montréal. Les spectacles de qualité attirent de nouveau le public vers la scène, même si l'importation de films français devient régulière. Selon la tradition depuis 1898, la troupe change de pièce chaque semaine ou presque. Mais à ce rythme-là, les comédiens s'épuisent trop vite ! A la troisième saison, Henri Letondal devient directeur artistique, présentant des revues et des mélodrames. Les espoirs des deux premières saisons se sont évanouis. Enfin, le 15 décembre 1935, la salle disparaît derrière un écran [48]. La troupe Barry-Duquesne ne lâche pas cependant et nous la retrouvons au Monument national, en mars 1937, dans une pièce d'Henry Deyglun, *Notre Maître l'Amour,* pièce que la troupe présente partout dans la province.

Par la suite, bon nombre d'acteurs trouvent refuge à la radio et y gagnent passablement bien leur vie. Le théâtre de répertoire ne fut bientôt qu'un souvenir. En 1937, le père Legault fonde les Compagnons de Saint-Laurent, changeant ainsi toute l'orientation future du théâtre à Montréal. Et, en 1938, Gratien Gélinas allait transformer cette forme de comédie-bouffe, la revue, avant d'aborder le véritable théâtre avec *Tit-Coq,* dix ans plus tard.

48. Selon Béraud, l'échec est imputable au public « bien plus attaché à ses comédiens qu'au théâtre » (p. 219).

TROUPES PROFESSIONNELLES À MONTRÉAL

Les Soirées de famille (novembre 1898 - mai 1901)
Théâtre des Variétés (novembre 1898 - mai 1900)
Théâtre Bijou — Théâtre de la Renaissance (octobre 1899 - janvier 1901)
Théâtre de La Comédie (février 1900)
Théâtre de la Gaîté française (mars 1900-1903?)
Théâtre Delville (1900-1902)
Comédie française du Nouveau Monde (mai 1901)
Théâtre du Palais Royal (septembre 1901 - mars 1903)
Théâtre du Monument (octobre 1901 - avril 1902)
Théâtre Duchesse (octobre 1901)
Théâtre Saint-Henri — Théâtre de l'Odéon (novembre 1901 — octobre 1903)
Théâtre National (août 1900 - août 1918 / 1919-1923)
Théâtre des Nouveautés (février 1902 - mai 1908)
Théâtre français (avril 1905 - janvier 1906)
Troupe française de l'Académie de Musique (septembre 1909 - mars 1910)
Compagnie d'art dramatique (1910)
Théâtre Harmant (janvier 1912 - septembre 1914)
Théâtre Nationoscope — Théâtre canadien-français — Théâtre du Peuple (août 1912 - 1924?)
Théâtre Family (janvier 1918 - 1921)
Théâtre Chanteclerc (janvier 1918 - 1924?)
Théâtre Arcade (janvier 1918 - 1922)
L'Orpheum (1918 - mai 1919)
Troupe Calmettes (septembre 1923 - février 1924)
Théâtre Saint-Denis (1925-1929)
Stella (avril 1931 - 1935)
Troupe Barry-Duquesne-Deyglun (1937-1945?)

Quelques notes sur les Compagnons de Saint-Laurent (1937-1952)

par Émile LEGAULT, C.S.C.

Les pages que voici ne prétendent pas raconter, par le détail, l'aventure généreuse, passionnée et passionnante tout ensemble, des Compagnons de Saint-Laurent. Il y faudrait, sans doute, un bouquin considérable : d'abord pour ramasser l'histoire critique de leur effort dramatique, en fouillant les quotidiens, les hebdomadaires et les revues de l'époque ; surtout pour faire revivre la « petite histoire », vécue, jour après jour, par des centaines de jeunes, particulièrement par ceux et celles que, dans le milieu, on appelle maintenant, avec une pointe narquoise, « Les Compagnons du vieux Père Legault » : chacun a son bagage de souvenirs savoureux. On pourrait, également, donner la parole aux spectateurs, qui formaient autour des Compagnons une sorte de famille spirituelle. Toute une génération, qui avait, alors, entre quinze et vingt-cinq ans, et qui reconnaît, aujourd'hui, avoir été fortement marquée par la belle aventure. J'en ai reçu, souvent, des témoignages sensibles.

Pour l'instant, je ne saurais m'en tenir qu'aux têtes de chapitre... et encore.

Toute l'affaire remonte aux années '35. Après avoir assuré la direction de la scène collégiale, à Saint-Laurent, pendant quelques années, j'avais été conscrit pour le lancement de l'Action Catholique Etudiante (J.E.C.). L'exaltante expérience que celle-là ! Deux années foisonnantes, au cours desquelles j'avais été littéralement pris aux tripes par ce qui m'apparaissait, alors, comme une révolution spirituelle et intellectuelle chez les jeunes. Je rêvais en couleurs, surestimant, sans doute, l'impact de cette révolution, au bout de laquelle je voyais s'amorcer une sorte d'âge d'or, à l'enseigne de l'amitié universelle et de l'Evangile rajeuni dans le cœur frémissant des jeunes.

Mais à la réflexion, toutefois, je considère que je ne rêvais trop grand que de moitié seulement : l'Action Catholique a certainement joué un rôle déterminant dans l'évolution spirituelle, culturelle, sociale de notre communauté humaine. Une sorte de point tournant de l'histoire québécoise.

C'est dans ce contexte que sont apparus Les Compagnons : contemporains ou presque de la fondation des « Matinées Symphoniques », au Plateau, avec le Docteur Wilfrid Pelletier, des « Amis de l'Art » avec Madame Aline Perrier, des « Jeunesses Musicales » avec Gilles Lefebvre, de l'irruption, dans le paysage québécois, de la peinture contemporaine avec des hommes comme Borduas et Alfred Pellan. Je ne mentionne qu'en passant certaines réalisations d'une littérature de grande classe et la prolifération d'une presse étudiante où des jeunes osaient penser par eux-mêmes.

Sur le plan du théâtre, les Compagnons arrivaient à point nommé, comme une réponse à une attente.

Emergeant péniblement du vacuum provoqué par l'apparition du cinéma parlant, le théâtre professionnel ne vivait qu'à la petite journée, se cantonnant presque exclusivement dans le répertoire réaliste des boulevards parisiens. Une fois l'an, Gratien Gélinas faisait courir le tout-Montréal avec ses Fridolinades qui préludaient, dans l'humour noir ou rose, à son fameux *Tit-Coq*. Sur le plan semi-professionnel, il y avait « Les Anciens du Gesù » avec leurs spectacles périodiques, n'exploitant d'ailleurs qu'un répertoire adapté pour hommes seulement. Ce qui n'empêchait pas l'étonnante bête de théâtre que fut Hector Charland de s'y tailler de merveilleux succès. Charland prêtait occasionnellement son concours aux élèves du Collège pour leurs spectacles traditionnels, si bien que le Gesù devenait, bon an mal an, une pépinière de comédiens et jouissait d'un prestige que lui disputaient, en amicale émulation, des collèges comme Jean-de-Brébeuf, Joliette (avec les PP. G. Lamarche et Corbeil, c.s.v.), Saint-Laurent, etc. Quelques rares groupes d'amateurs, assez obscurs, et, si l'on s'en souvient, les troupes de tournées qui reprenaient, surtout pendant la morte saison, sur les scènes de province, les gros succès populaires des radios-romans.

Je résume maladroitement et, pour ainsi dire, au pifomètre : n'étant pas historien, je suis sans doute injuste et incomplet. Ce qui est sûr, en tout cas, c'est que je n'ai pas fondé Les Compagnons pour combler un vide dans le paysage : ces derniers furent, d'abord, conçus comme une simple troupe paroissiale, destinée à mettre un peu d'animation dans un milieu plus ou moins somnolent.

Je me lançai, tout de même, dans l'aventure avec l'ardeur un peu obtuse d'un néophyte. A la suggestion de Roger Varin que j'avais connu en J.E.C. et qui avait été le maître de jeu dans un spectacle religieux, que je venais de réaliser, sur le parvis de l'église de Saint-Laurent, en banlieue de Montréal : « Le Jeu de Celle qui la porte fit s'ouvrir ». Un texte de Louis Barjon, s.j., joué, peu auparavant, devant Notre-Dame-de-Chartres, en France. Un gros succès de curiosité et une belle concertation de ferveur entre acteurs et spectateurs. Nous reprenions le même spectacle, quelques jours plus tard, sur l'historique parvis de Notre-Dame, Place d'Armes, à Montréal.

Encore tout investi de mes ferveurs spirituelles, racinées en J.E.C., je n'avais pas besoin qu'on me tordit le bras pour m'amener à établir une compagnie théâtrale, au service du répertoire religieux. Je faisais mine d'hésiter, pour la forme. Pendant des semaines, ce grand blond de Varin me harcelait. Un après-midi de septembre 1937, angle Craig et Saint-Denis, il me lança une suprême demande, impérative : « Alors, on fonde ? »

« On fonde...! » que je répondis, en sautant sur le marchepied du tramway. Ça n'avait l'air de rien, mais cette décision allait décider d'une bonne partie de ma vie. Quinze années d'abord : de luttes, de boulot tumultueux, de souffrances et de joies, d'inquiétudes et d'exaltation.

Je serai forcément amené à mentionner mon nom plus souvent que de raison, n'oubliant pas combien le « moi » est haïssable. Je m'en excuse. L'aventure des Compagnons a été en fait courue à plusieurs ; elle a été le résultat d'une extraordinaire concertation : de comédiens, de décorateurs, de machinistes, de régisseurs, de propagandistes, d'organisateurs, tous bénévoles, tous « vendus » à l'affaire. Je ne m'aventurerai pas à en dresser la liste, assuré d'en oublier quelques-uns, ce que je ne me pardonnerais pas.

Mais il est arrivé ceci : par tempérament, pour une part, par souci également d'assurer l'homogénéité de l'équipe, par besoin, sans doute, de communiquer en vrac mes ferveurs et mes allergies, je me suis hasardé à jouer, sans vergogne, au milieu des Compagnons, le rôle de « patron » ou si l'on veut, le rôle de « maître à bord après Dieu ». Pour le meilleur ou pour le pire. Mon autorité n'était pas du type « indiscutable ». On rouspétait volontiers, à temps et à contretemps ; mais tout finissait par se résorber, à force de sincérité réciproque et d'amitié.

Même l'anonymat des comédiens, que nous adoptions comme règle dès notre deuxième spectacle, ne fit jamais problème, sauf pour certains critiques de journaux, bien sûr. Les Compagnons me taquinaient souvent, dans l'intimité ! « Evidemment, l'anonymat ça vaut pour tout le monde... sauf pour le Directeur ! » Mais aucun ne réclamait l'abolition de cette règle. J'y ai tenu longtemps, influencé sans doute par Jacques Copeau qui avait écrit : « L'idéal d'une compagnie dramatique serait le strict anonymat. » J'avais d'ailleurs une sainte horreur du cabotinage et de la surenchère de la vedette qui empêchent souvent la parfaite concertation dramatique. Et la plénière incantation. Stendhal disait : « qu'il n'avait jamais vu de comédie si bien jouée qu'à la campagne, dans une grange, par des acteurs inconnus. » Je me voulus donc « maître à bord, après Dieu ». Pendant 15 ans. C'était beaucoup ignorer mes limites. Avec le recul du temps, je mesure assez généreusement le positif de mon action, mais je ne puis ignorer la somme de mes erreurs. Je ne fus sans doute pas étranger à l'influence qu'ont exercée Les Compagnons ; je porte également ma large part de responsabilité dans certains de leurs échecs ou de leurs demi-échecs. Je n'ai pas su, par exemple, faire assez souvent confiance à certains collaborateurs immédiats : pour des mises en scène qui, tout en leur permettant de se faire la main, eussent élargi l'éventail de nos créations réussies ; pour des suggestions ès administration, domaine où je n'excellais pas particulièrement ; pour l'élaboration de notre répertoire, etc.

Mais n'anticipons pas. Revenons au départ des Compagnons. Je renouais donc avec le théâtre (après l'hiatus de la J.E.C.). J'avais le goût de hanter, à nouveau, les grands espaces de la scène. Mais surtout je me sentais pris d'une irrésistible passion pour le rajeunissement du théâtre : répertoire, style de jeu, décoration, primauté de la poésie. Dans un climat chrétien.

Quelques années auparavant, alors que je dirigeais la scène du Collège de Saint-Laurent, très souvent aux prises avec un répertoire suranné, j'avais éprouvé un véritable choc. Un soir, au Collège Jean-de-Brébeuf, sur des tréteaux de fortune, les élèves présentaient *Gilles ou le saint malgré lui* de Ghéon. Tout le spectacle (jeu, décors, texte) revêtait un caractère de jeunesse et de nouveauté pour moi.

L'exaltant choc de la poésie au théâtre. A travers Ghéon, j'allais commencer un certain cheminement de vérité. J'allais apprendre, dans l'enchantement, que le théâtre, à son meilleur, n'est pas une réédition minutieuse et réaliste de la vie quotidienne mais une transposition, une interprétation de l'humain. Le repétrissement de la pâte humaine, par un auteur de talent ou de génie : comédie ou tragédie. J'allais apprendre que le théâtre retrouverait ses puretés originelles en boutant dehors l'amas des fausses conventions, l'encombrement réaliste de la scène, la banalisation du verbe, pour se retrouver dans la nudité exacte de l'aire de jeu, où le comédien devient roi, parmi l'allégresse de la saltation et du jeu pur. C'est Calderon, je pense, qui définissait le théâtre, essentiellement : « Un tréteau, deux bâtons, deux passions. »

Ghéon m'avait mis en appétit : bientôt, je me plongerais dans Copeau, le Copeau du Vieux-Colombier et des « Copiaux » qui, à un certain moment, « historique », a été le grand réformateur de la scène française. « Copeau, disait Raymond Rouleau, c'est notre arbre nourricier à tous : un très, très grand homme de théâtre. »

Je n'eus, évidemment, aucun mal à faire partager mes premières intuitions et mon projet global d'un renouvellement de la scène par les premiers Compagnons.

Nous adoptions, sans barguigner, la devise des Compagnons de Notre-Dame, fondés par Henri Ghéon : « Pour la foi, par l'art ; pour l'art, en esprit de foi. » Dans le contexte spirituel dont j'ai parlé, le propos allait comme de soi. Nous mettions l'accent très fort sur « l'esprit d'équipe » et sur l'amitié entre Compagnons.

Henri Ghéon allait devenir, on le comprendra, notre « auteur-maison » privilégié. Premier spectacle à l'affiche, sur la scène du Collège de Saint-Laurent (novembre 1937) : *La Bergère au pays des loups*. Toute la fraîcheur et les gaucheries d'une machinerie trop neuve et mal rodée. Les Compagnons et leur directeur avaient du pain sur la planche. Mais quand on est jeune, on fonce vers l'avenir avec une joyeuse férocité.

Décembre 1937 : *Le Noël sur la place* de Henri Ghéon, naturellement ; un jeu en trois parties, sur les cinq mystères joyeux du Rosaire.

Je voudrais m'y attarder, un moment, non seulement parce qu'à mon humble sens cette œuvre est une des rares mais admirables réussites totales de Ghéon ; non seulement parce que Les Compagnons auront remis *Le Noël* à l'affiche des centaines de fois, au cours de leur existence, et souvent avec un rare bonheur, mais encore, mais surtout, parce que la façon dont l'œuvre fut reçue, à l'époque, nous permet de mesurer le chemin parcouru dans le domaine du théâtre : depuis le réalisme lourd et gros de ligne jusqu'à l'acceptation spontanée, aujourd'hui, du théâtre à l'état pur, de la pure convention, du signe et de sa suggestion, du jeu et de la saltation, aux confins ou dans la tessiture même de la commedia dell'arte.

Notre « Noël » prit pas mal de spectateurs par surprise. On ne semblait pas comprendre que des romanichels, au nombre de cinq seulement, improvisant un « jeu » familier pour les badauds d'un village, avant la messe de minuit, puissent assumer successivement une quinzaine de rôles et demeurer « croyables » ; on ne semblait pas comprendre que le petit berger puisse suggérer la « présence bêlante » d'un troupeau de moutons supposés... par le seul jeu de son corps et de ses bras ; bref... on ne semblait pas comprendre grand-chose à quoi que ce soit.

Nous décidâmes de convoquer, par invitation spéciale, devant nos tréteaux, quelques centaines de représentants de l'intelligentsia montréalaise pour une reprise du *Noël sur la Place* mais... précédée d'une causerie d'initiation. Il semble que la leçon ait été bien reçue et qu'elle ait porté. Dans une livraison du *Quartier Latin* (28 janvier 1938) un certain David écrivait, en particulier ceci :

> Avant-hier, mon Conseil de Guerre me déléguait au His Majesty's pour gober les facéties de Tino Rossi et de sa « gang ». Tandis que, ce soir, par compensation, mon Conseil de Paix, convoqué en assemblée plénière, me confie une agréable mission. Malgré un froid arctique, un tram transporte donc ma loque à l'Auditorium de Saint-Laurent. Autre spectacle ; autre plaisir. Comme le milieu influence notre état d'esprit, dispose des fluctuations de notre humeur. Deux représentations affichant deux France franchement disparates. Deux visages d'un même pays.
>
> Le carabin Jacques LeDuc, étudiant à la Faculté des Lettres, de l'Université de Montréal nous sert, d'abord, un apéritif de choix. Par une conférence pimentée de justes et médicales considérations ad hoc, Jacques LeDuc explique aux dilettanti assemblés l'opportunité du théâtre d'avant-garde naissant. Brève causerie, sans développements méticuleux, qui dépeint la platitude nue de nos activités théâtrales et qui propose, comme réaction logique, l'authentique formule dramatique. Le « Noël sur la Place » de l'admirable Henri Ghéon, dramaturge qui fait école, est toute une révélation. Ce jeu nous repose des réchauffés coutumiers préparés à toutes les sauces d'une ébauche du théâtre. Il tranche. Il divorce d'avec les vieilles rengaines. Il éclipse les mièvres productions. Il ressuscite le théâtre chrétien des temps médiévaux en nous le révélant sous un angle modernisé, compatible avec le XXe siècle. C'est simple, c'est beau, c'est humain, c'est grand, c'est rempli de sens et de fraîcheur.
>
> Parmi nous, sans trompettes mensongères ni tambours creux, les Compagnons innovent. Ils révolutionnent. Ils construisent sur du solide. C'est donc par le truchement de « Noël sur la Place » que nous amorçâmes modestement notre petite révolution théâtrale.

Aucun spectacle ne prit l'affiche, chez Les Compagnons, de janvier 1938 à juin : j'avais été appelé, par des amis de Québec, à monter *Le Mystère de la Messe* (de Ghéon toujours) pour le Congrès eucharistique national. Une grosse machine : quelque 2,000 acteurs et figurants, un plateau immense érigé sur les Plaines d'Abraham, 120,000 spectateurs en deux représentations. Ghéon assistait à la représentation, en soirée. Il avait devancé son voyage au Canada pour être là. Car, à la demande d'un de nos amis, il avait accepté de composer et de diriger un grand jeu dramatique à notre intention : *Le Jeu de saint Laurent du Fleuve.*

Je me rappelle cette minute indéfinissable et lourde d'émotion de la « première » du *Jeu de saint Laurent,* à l'été de 1938.

La foule s'était massée devant les estrades sur les parterres du Collège de Saint-Laurent ; le soir était tombé, les projecteurs s'allumaient : c'était les instants d'attente pleins de frémissements feutrés. Je revois Ghéon qui s'avançait, tout seul, intensément *présent* sur le praticable supérieur ; Ghéon, beau comme un saint Michel, me semblait-il, malgré sa calvitie bourgeoise et sa démarche rebondissante ; Ghéon, qui disait simplement, dans un soir plein d'échos, l'histoire de sa conversion :

> C'est moi, l'auteur, de son vrai nom Vangeon, Français de France...
> Ouvrier de la dernière heure, au champ béni du Père j'ai pourtant commencé mes jours...
> J'ai secoué son joug ; je l'ai tardivement repris à la faveur des épreuves de ma patrie...

« Le jeu de saint Laurent du Fleuve » reçut un accueil considérable ; bien des facteurs y contribuaient : l'événement d'une « création », la présence de Ghéon, l'ambiance des terrasses collégiales et de l'aire de jeu, l'enthousiasme des interprètes... Bref, la presse de Montréal et de l'extérieur ouvrit largement ses colonnes à cette première réalisation d'envergure des Compagnons. Ernest Bilodeau, le délicieux chroniqueur, venu d'Ottawa pour la circonstance, nous consacrait deux ou trois articles singulièrement favorables. Les Compagnons continuaient leur percée.

J'ai retrouvé un exemplaire du programme publié à l'époque. Nous y définissions longuement ce que nous appelions « notre règlement intérieur ». Inspiré largement par celui des Compagnons de Notre-Dame, rédigé par Ghéon, en 1924.

Au risque de faire sourire, j'en transcrirai, ici, quelques passages :

> Le groupe des Compagnons de Saint-Laurent est fondé en esprit de foi pour la louange de Dieu et l'exaltation de ses saints par le moyen de l'art sur le théâtre.
> Il ne jouera que des pièces ayant un caractère d'art.
> Le Groupe se recrute exclusivement parmi des acteurs non professionnels ; leur concours sera gratuit.
> Il se place sous la protection de saint Laurent, martyr gaillard, jeune et joyeux.
> Sans se lier par un vœu explicite, les membres s'engagent, néanmoins, à considérer leur effort commun comme une manifestation de leur vie proprement chrétienne, à le poursuivre dans ce sens, à y pratiquer autant que possible les vertus que la foi requiert, spécialement l'humilité, qui seule pourra les garder des tentations d'orgueil que favorise le théâtre.

Dieu tient à être bien servi. Ils songeront qu'ils ont à défendre sa cause devant un public légitimement exigeant et que la défection partielle ou totale d'un seul risquerait de la compromettre irrémédiablement. Nous osons espérer que, dès le premier jour, s'établira dans notre groupe l'esprit d'abnégation et d'émulation dont nous voulons qu'il se pénètre. Le gage de notre réussite — spirituelle, esthétique et matérielle — est expressément notre foi.

Les malins diront que cette charte spirituelle des Compagnons sentait un peu « sa moinerie ». Je l'admettrai sans peine. Je demeurais marqué par le « merveilleux traumatisme » de l'Action Catholique et je ne rêvais ni plus ni moins que d'une levée de comédiens qui fussent, à la fois, des virtuoses de l'art dramatique et des chrétiens de haute voltige. J'ai dû en rabattre graduellement de mes prétentions pour plusieurs raisons dont la première est qu'il m'eût fallu, d'abord, être personnellement un as, une sorte de géant de la vie spirituelle, ce que je n'étais pas.

Il n'en reste pas moins que la participation active à l'action des Compagnons exigeait une sorte d'ascèse et un don total à la cause. C'est Yves Létourneau, je pense, qui disait, un jour, que « faire partie des Compagnons, c'était quasiment comme d'entrer en religion ». Il blaguait, sans doute, mais à moitié seulement. Ce qui me semble sûr, c'est que sans l'amour du théâtre qu'ils avaient, pour ainsi dire, chevillé au corps et au cœur, et sans l'amitié qui fut, jusqu'à la fin, la note caractéristique des Compagnons, plusieurs eussent flanché. Il y a eu des fidélités presque héroïques.

Jacques Copeau ! Je ne dirai jamais assez tout ce que lui doivent Les Compagnons. A l'automne de 1938, je passais en France pour un voyage d'études ès art dramatique. Trop âgé pour être admis au Conservatoire de Paris, je me rabattis sur l'observation des spectacles et sur l'étude. De Copeau naturellement. Le Vieux-Colombier l'avait vu partir, vaguement désabusé, et il s'était enfoncé dans une demi-retraite. Mais je retrouvais son influence, par personnes interposées, chez les quatre « grands » du Cartel : Baty, Dullin, Jouvet et Pitoëff. Sur le plan amateur, chez « Les Compagnons de Jeux » de Henri Brochet. Au chapitre du jeu dramatique, presqu'à l'état pur, chez Léon Chancerel et ses « Comédiens-Routiers ». « J'aurai plus appris à côtoyer Chancerel et ses ardents collaborateurs que devant les discutables somptuosités de la Comédie-Française.» J'ai écrit cela quelque part. Je comparais en effet à l'époque, les merveilleuses réalisations du Cartel avec celles d'une Comédie-Française bien astiquée mais trop stéréotypée et celles d'un Odéon plus ou moins ankylosé et poussiéreux.

Surtout, je me plongeai, avec une sorte de fringale, dans l'œuvre écrite, parlée et « construite » de Jacques Copeau ; dans l'exégèse de ses principes dramatiques. Tout ce qui venait de Copeau, toutes ses réflexions sur les conditions d'un renouveau dramatique en profondeur, j'en faisais mon miel et mon pain, sans sourciller une seconde. Intellectuellement, esthétiquement, je devenais son disciple... au petit pied.

Je me laissais subtilement influencer par ses « rigueurs » de réformateur. Comme celle-ci, par exemple : « Pour rebâtir le théâtre, il faudrait mettre à la porte tous les gens de théâtre, même ceux qui prétendent à une certaine virginité du cœur et de l'esprit. Encore faudrait-il qu'une fois l'édifice reconstruit, on se tint à la porte pour n'y laisser rentrer que les 'consacrés'.

Les Compagnons, même à leurs plus beaux jours, ne se crurent jamais d'essence supérieure, mais je me demande s'ils se défendaient toujours, moi en tête de liste, d'un trop d'intransigeance, englobant dans un même refus le théâtre bourgeois réaliste et ceux qui s'y appliquaient. Devant le rideau, à l'occasion de nos *Matinées Classiques* destinées, surtout, aux jeunes, je daubais le répertoire de Boulevards et faisais campagne, farouchement, pour le seul théâtre poétique. J'ai eu l'occasion, après bien des années, de travailler avec quelques-uns des vieux routiers du Théâtre Arcade, par exemple, ou du Stella ; à mon étonnement et à ma courte honte, je dois le reconnaître, je découvrais des « vrais de vrai », des serviteurs entièrement « donnés » à l'art dramatique et modestes. Immunisés contre le cabotinage. Je leur dois bien, aujourd'hui, une cordiale amende honorable. Il n'en reste pas moins que cette intransigeance, dont j'ai parlé plus haut, nous valut, pour un temps, une certaine animosité ; pas tellement de la part des « professionnels » du Boulevard que des critiques des hebdos populaires. On blaguait, sans doute, dans les salles de rédaction, les pages de nos Cahiers où nous disions nos ambitions : celle-ci, par exemple :

> Nous rêvons d'une immense réussite : l'élaboration d'une scène canadienne multiple et homogène, autour de quoi puisse se cristalliser le meilleur de l'âme canadienne. C'est pour cette tâche écrasante, que nous ne sommes pas sûrs de mener à terme, que nous nous forgeons des âmes d'artisans.

J'étais rentré au Canada, en juin 1939, gonflé à bloc, sachant peut-être un peu mieux où devaient aller Les Compagnons : tout prêt, en tous cas, à cheminer, avec eux et de nouvelles recrues, vers une maîtrise moins approximative et un certain style. On peut dire que c'est avec *Le Misanthrope* de Molière (automne 1939) que Les Compagnons ont vraiment commencé à sensibiliser la critique officielle à leur effort, pour des raisons qui n'étaient pas que d'innovation ou de sympathie.

Nous avions décidé d'élargir l'éventail de notre répertoire : sans renoncer au théâtre religieux, nous exploiterions désormais les œuvres profanes également, pourvu qu'elles soient de qualité : style, poésie (ce qui ne postule pas nécessairement la pièce en vers), qualité du verbe, etc. Avec Molière, comme plat d'entrée, nous étions à la fête. Jean Béraud, dans *La Presse,* trouvait des mots presque extasiés pour souligner les mérites de notre Alceste. Un bon nouveau départ !

Molière est rapidement devenu un autre de nos auteurs-ressources. Mais nous n'avons jamais complètement répudié Ghéon. Peut-être en avons-nous même abusé. Il nous avait pourtant mis en garde, lors de son séjour à Saint-Laurent, contre le danger de « tuer » un auteur, en l'exploitant à temps et à contretemps : il avait raison. Mais je tiens à dire, ici, ma pensée : il y a certainement beaucoup d'œuvres négligeables dans l'immense production dramatique de Ghéon, mais il reste de lui certaines réussites qu'on aurait tort de laisser dormir sur les tablettes à jamais. Peut-être... quand s'établira un nouveau climat spirituel...!

On trouvera en appendice la liste à peu près complète des œuvres jouées par Les Compagnons durant leurs quinze années d'existence : soit sur leurs scènes officielles, du Collège de Saint-Laurent (1937-39), du Plateau (1940), de l'Ermitage (1940-44), du Gesù (1945-49), du Théâtre des Compagnons (1949-52); soit à l'extérieur de Montréal : nos saisons régulières à Québec et à Ottawa ou des tournées en province ou aux Etats-Unis : Nouvelle-Angleterre, New-York, Boston.

Ce qui est certain, c'est que nous avons joué beaucoup de choses et en beaucoup d'endroits : depuis les spectacles à grand déploiement, comme *Le Mystère de la Messe* de Ghéon, au Stade McGill, à Montréal et en cinquante autres endroits, y compris les sanctuaires d'églises, jusqu'aux farces de Molière, que nous proposions aux auditoires de provinces, surtout pendant les vacances. Nous n'arrêtions guère : sitôt le rideau tombé sur nos saisons de Montréal, nous partions en tournées, souvent dans des conditions inénarrables. En peu d'années, nous étions devenus « une présence dramatique », intermittente ou régulière, auprès des étudiants des collèges ou des publics populaires. Par quoi s'explique, pour une part, notre petite révolution dramatique. Nos spectacles n'étaient pas tous des réussites de première grandeur mais il y avait cet impondérable de l'amitié entre Les Compagnons, qui passait la rampe et établissait entre la scène et la salle une sorte de bienveillance partagée ou, si vous voulez, une complicité des cœurs. Par quoi se faisaient oublier les lacunes de nos spectacles.

J'ai lu, dans le récent bouquin sur Gilles Vigneault de Roger Fournier, une page révélatrice de l'influence cordiale des Compagnons sur la jeunesse, à l'époque. Vigneault potassait, alors, ses humanités à Rimouski, où l'abbé Tit-Georges Beaulieu nous invitait périodiquement.

> Dès le début des années '40, écrit Fournier, Les Compagnons de Saint-Laurent vinrent au collège. Ils sont venus jusqu'à la fin de leur existence. Puis ce fut le Théâtre du Nouveau-Monde. Nous nous faufilions dans les coulisses, faisant discrètement la cour à Tit-Georges pour avoir à faire quelque travail dans ce coin-là : déballer les costumes, monter les décors, les démonter. C'était bouleversant, passionnant, fascinant ! J'eus, un jour, l'insigne honneur de voir Guy Hoffman se costumer avant d'entrer en scène ! Il râlait parce qu'il en avait marre de se grossir pour jouer les rôles de Molière. Georges Groulx, les frères Gascon, Francine Montpetit, le père Legault, Lionel Villeneuve, Hélène Loiselle, Yves Létourneau, etc., quel bonheur que de pouvoir passer quelques minutes à leurs trousses, muets, ébahis, épiant le moindre de leurs gestes, admiratifs jusqu'à la stupidité. Ce furent les grands moments de notre existence au pensionnat. Nous en parlions un mois à l'avance. Tout était bien calculé par l'abbé Beaulieu pour nous faire vivre dans l'espérance : même s'il ne nous en laissait rien voir, il connaissait l'ennui dans lequel nous vivions. Et s'il travaillait si fort pour nous faire assister à du théâtre, c'était pour ajouter à notre culture, bien sûr, mais aussi pour nous donner du rêve à manger. Divine denrée ! Il annonçait donc, un mois à l'avance, quand on s'ennuyait depuis assez longtemps, la venue d'une troupe de théâtre. Nous n'arrêtions plus de penser à la pièce à venir, d'en parler. Je me demande si les comédiens savaient jusqu'à quel point nous formions un public gagné d'avance !

Un jour, Les Compagnons de Saint-Laurent vinrent jouer du Molière, notre préféré. Evénement doublement important pour Gilles : Tit-Georges lui demande de faire de la figuration. Cet enfant-là ne vit plus ! Il grimpe aux colonnes, vole, nage dans les airs. Il n'est plus qu'un grand bonheur en agitation perpétuelle.

Le lendemain, nous marchons tous les deux sur le préau et il me raconte comment s'est déroulée l'expérience. Extraordinaire ! Fantasmagorique (il aimait cet adjectif !). Et que Guy Hoffman a dit ceci, qu'il a fait cela, et que Georges Groulx, et que... et que... même Guy Hoffman a donné des instructions pendant la pièce, en tournant le dos à la salle ; que c'est une merveille de faire ainsi et de se retourner ensuite, pour jouer !... Tout à coup, l'abbé Simon Amyot sort dans la cour. C'est notre premier maître de salle et Gilles a beaucoup d'estime pour lui. Dès qu'il le voit, il fait demi-tour, va se mettre en vue de l'abbé, pivote galamment sur un pied, faisant ballonner sa jupe de redingote comme la plus coquette des petites marquises et dit, théâtral : « On compagnonise ! »

Le dernier mot, de Vigneault, est savoureux. Il y avait, en effet, le style « Compagnons » : chez nous, le mouvement était roi, et la saltation et les gambades... Parfois jusqu'à l'exagération. J'avais coutume de dire qu'un comédien doit être, tout à la fois, un athlète, un clown, un danseur, un acrobate ; qu'un comédien doit arriver à une maîtrise parfaite de ses réflexes musculaires ou nerveux jusqu'à en oublier, en quelque sorte, son corps ou, plus exactement, à amener ce dernier à ne faire qu'un avec le mouvement intérieur de la pensée et des sensibilités. Un peu comme le violoniste virtuose en arrive à s'identifier avec son instrument pour y couler ses ferveurs musicales. Le style « Compagnons » nous a souvent servi ; il nous a, aussi, quelquefois desservi, nous entraînant à trahir certains grands auteurs classiques. Permettez-moi de m'attarder encore un peu à ce que j'appellerai la sympathie globale qui soutenait Les Compagnons dans leur effort, malgré d'indiscutables faiblesses, parfois, malgré certains échecs aussi. Voici quelques extraits d'articles, cueillis au hasard de mes recherches :

Il nous faut crier aux Compagnons que nous sommes derrière eux, que nous les appuyons, que la jeunesse a soif de leur œuvre (G.G., Journal *Jeunesse,* Montréal, 1944).

Les Compagnons sont exclusivement la première troupe permanente à Montréal qui nous ait donné du vrai théâtre contemporain et des classiques joués dans une formule nouvelle pour nous. C'est une simple constatation de fait (Eloi de Grandmont, *Le Quartier Latin,* Montréal).

Ils sont magnifiques, grands, jeunes, uniques, apôtres, ces Compagnons, anonymes comédiens (*Le Nouvelliste,* Les Trois-Rivières, 1944).

S'il y a une troupe qui peut faire accomplir de réels progrès au théâtre chez nous, c'est bien celle des Compagnons (E.C. Hamel, *Le Jour,* Montréal).

Les Compagnons ont fait germer chez nous un art dramatique aussi indépendant du snobisme que du commerce, sans servitude, « franc de tige », selon le mot de Jacques Maritain, et répondant d'une façon excellente au besoin du milieu qui le recevait (René Lemay, *Saint-Sulpice).*

Les Compagnons ! De la vie. Rien que ça ! De l'imprévisible ! Un feu roulant ! Un pétillement humain ininterrompu ! Un feu d'artifice, artistique, intelligent ; c'est renversant !... (A. Gazé, *Le Droit,* Ottawa).

Les réalisations théâtrales des Compagnons contiennent déjà et synthétisent la plastique, les couleurs, les lumières, le rythme et le style de Copeau, de Jouvet et de Baty. De plus, ils semblent avoir créé « une poésie dans l'espace ».

Leur théâtre donne l'impression déjà d'être affranchi « de la dictature exclusive de la parole ». Sur le plan théâtral, voici Montréal aligné avec Paris (Pierre Daltour, du *Théâtre de l'Odéon,* Paris).

Rapidement, nos amis Les Compagnons se sont installés en chacun de nous. Et ça n'a pas été sans nous troubler un peu. Ils ont éveillé les consciences, aiguisé les goûts, ébauché des élans, suscité des désirs. Notre collaboration à leur œuvre a amené chez nous une réaction, un mouvement dans le sens de la vie. Maintenant nous avons besoin des Compagnons (*Le Trait d'Union,* Externat Classique Sainte-Croix).

Je suis sortie des Fourberies de Scapin avec cette exaltation intellectuelle que j'ai cherchée en vain, cette année, dans les représentations techniques parfaites du Broadway. Que je regrette que Montréal soit si loin (Madame P. Brodin, du Lycée français de New York).

Les Compagnons ont accepté de redonner au théâtre sa dignité perdue. Le dynamisme de leur Directeur est pour eux un gage de succès. Son attitude et celle de ses disciples enthousiastes est la seule qui soit le fruit d'une théologie vivante. La théologie est souvent négative, trop souvent froide et de glace, alors qu'elle doit être synonyme de lumière et de vérité. Les Compagnons ne se contentent pas de dire à leurs compatriotes que le théâtre commercialisé n'est pas digne d'eux ; ils leur présentent de la beauté et de la poésie...

Enfin, il y a Les Compagnons. Les Compagnons, c'est la jeunesse. Et la jeunesse est la source de tous les espoirs (E. Laurent, *Culture*).

Je considère que Les Compagnons devraient servir de modèle à toutes les compagnies formées ou à former à travers le Canada (L'Honorable Vincent Massey, Président de la Commission Massey).

Les Compagnons constituent, à la vérité, le meilleur ensemble que j'aie jamais vu depuis « La Compagnie des Quinze » et ils sont nettement supérieurs aux groupes du même genre qui jouent actuellement en France (Robert Speaight, *The Times,* Londres).

Ces citations ne sont qu'un échantillon de dessus de panier. J'en ai laissé tomber plusieurs tout aussi encourageantes, mais à m'en tenir à ce seul son de cloche, je ne serais pas honnête. La qualité de nos spectacles ne suivait pas une ligne ascendante constante : nous avons connu nos mauvais jours et la critique officielle ne mettait pas, alors, de gants blancs pour nous secouer d'importance. D'une façon générale, cependant, je dois le dire, la critique anglophone *(The Star, The Gazette)* affectait moins de sévérité. Etait-ce par manque de compréhension profonde du génie français ? Peut-être. Je crois plutôt qu'il y avait chez elle une sympathie globale et un souci de respecter un effort secrètement admiré. Je me rappelle, par exemple, qu'au lendemain de notre discutable *Andromaque* (qui avait, d'ailleurs, fort divisé la critique française) Herbert Whittaker *(The Gazette)* avait pris prétexte d'une thèse sur Les Compagnons préparée par un étudiant américain, M. J. Nugent (Université Yale), pour tenter de définir « le style des Compagnons ». C'était, peut-être, de sa part, une façon élégante de souligner, indirectement, les erreurs d'aiguillage de notre réalisation classique. En tout cas... ça ne décourageait personne de venir voir notre *Andromaque.*

Nous étions surtout, très souvent, fort mal traités par le critique officiel de Radio-Monde qui signait d'un nom de plume masculin : Jean Desprez. Une femme intelligente, au cœur immense,... mais qui m'en voulait secrètement (elle me l'a avoué, un jour, candidement) de ma liberté de manœuvre, de mon indépendance de fortune, puisque religieux, je pouvais toujours rappliquer vers le réfectoire communautaire... « pour un steak », comme elle disait.

> Nous croyons, écrivais-je entre autres choses, au péché originel ; nous savons les responsabilités immenses du comédien ; et nous entendons configurer notre action dramatique aux frontières de l'humanisme, chrétien par définition. En même temps, il importe à l'équilibre des consciences que s'abolisse la dislocation aux antipodes du répertoire : d'une part, les œuvres fades et de tout repos qui ne nous livrent qu'une image étriquée de l'humain et du surnaturel ; à l'extrême, les œuvres nauséabondes ou débilitantes. « Lucrèce » montrait les limites médianes entre la sottise et l'immoralité. Elle est une œuvre relativement audacieuse, soit. Mais une œuvre en santé : dans son écriture comme dans le traitement que nous lui avons donné.

Certains de nos spectacles je l'ai dit, divisaient la critique : on était férocement contre ou rageusement pour. Nous laissions dire, d'autant que certains affrontements, dans les journaux, constituaient pour nos spectacles une excellente propagande. Par le biais. Il m'est arrivé de rouspéter publiquement deux fois, je pense : il me semblait qu'on avait exagéré dans l'éreintement. Une fois, au moins, je me mis d'accord avec tout le monde : « La Paix », d'après Aristophane, aura été un four magistral chez Les Compagnons. Avec le recul, par contre, je pense que voici quelques spectacles qui furent particulièrement satisfaisants : *Le Misanthrope* et *Les Fourberies de Scapin,* de Molière ; *Le Bal des Voleurs,* (première manière) et *Antigone* d'Anouilh ; *Les Gueux au Paradis,* d'Obey ; *Le Pauvre sous l'escalier,* de Ghéon ; *Pichrocole* de Chancerel, d'après Rabelais ; *Le Noël sur la Place,* de Ghéon ; *Le Barbier de Séville,* de Beaumarchais ; *Le Chant du Berceau* de G. et M. Sierra ; *Le Meurtre dans la cathédrale* de T.S. Eliot (mise en scène de Speaight) ; *Federigo* de René Laporte (mise en scène de Jean Coutu) ; *L'Echange,* de Paul Claudel (mise en scène de Ludmilla Pitoëff) ; *Le Malade imaginaire,* de Molière ; *Notre Petite Ville,* de T. Wilder.

C'est mon petit palmarès à moi. Pour ce qui est des autres spectacles, certains furent moins réussis ; d'autres laissaient le spectateur sur son appétit ; d'autres demeuraient dans la bonne moyenne ; d'autres apparaissaient plus que sortables.

Voici sans doute, le moment de parler de la « grand'visite » que nous eûmes, chez Les Compagnons, et qui vint, à point nommé, épauler notre effort.

Première visite : — celle de Gustave Cohen, professeur de littérature médiévale, en Sorbonne, et, alors, exilé aux Etats-Unis à cause de la guerre. Le cher homme vint de New York jusqu'à l'Ermitage, pour présenter au public des Compagnons deux spectacles du théâtre du Moyen-Age, adaptés par lui-même et joués déjà, à Paris, par ses Théophiliens.

C'était en 1942. A l'affiche : *Le Jeu d'Adam et Eve* et *Le Jeu de Robin et Marion.* Soirées délicieuses, pour nous, en tous cas ; avec une bonhomie presque abandonnée, devant le rideau, Gustave Cohen créait, en quelques minutes, le climat favorable à la célébration dramatique. Il se disait enthousiaste de notre réalisation ; il se faisait gentil. En tout cas, la ferveur de la jeunesse y était. Nous étions rapidement devenus de vrais amis.

Il écrivait, en avant-propos du *Jeu Retrouvé,* de Marcel Raymond, ces lignes :

> Je n'oublierai jamais non plus mon émotion quand, autour d'une table, après leur représentation du *Jeu d'Adam et Eve* et du *Jeu de Robin et Marion,* les Compagnons de saint Laurent, jeunes gens et jeunes filles, se mirent à entonner les chansons de chez eux en qui je retrouvais — avec aux paupières les larmes de l'exil — les chansons de chez nous, celles que j'avais, dans l'autre guerre, entonnées sur les routes avec mes soldats normands. Et cette autre réflexion, dans le même avant-propos, que nous savourions comme un tonique : « Or, c'est cela, Canadiens, qu'il vous faut ; un théâtre de jeunes pour un public de jeunes et de vieux, à qui il faut apprendre que la comédie et le drame ce n'est pas le théâtre des Boulevards, mais les scènes d'avant-garde, si irrégulières qu'elles soient, qui en donnent le modèle. »

Quelques mois plus tard, Les Compagnons accueillaient parmi eux Ludmilla Pitoëff, exilée également à New York, avec quelques-uns de ses enfants, depuis la mort de Georges, son époux. Avec elle comme interprète principale et metteur en scène, nous présentâmes *L'Echange* de Paul Claudel. Une grande date dans l'histoire des Compagnons : Ludmilla Pitoëff vibrait comme un violon. Il y avait, aussi, chez elle une sorte de hantise mystique qui lui venait, sans doute, de son âme slave. Enjouée, par ailleurs, très simple, un tantinet « enfant gâtée », elle risquait, par l'immensité de sa personnalité de compromettre l'homogénéité de notre jeune équipe. Nous nous séparâmes cordialement et Ludmilla Pitoëff monta, seule, quelques spectacles, avec le concours de certains Compagnons et de comédiens de l'extérieur ; sans brusquer les choses, Les Compagnons se retrouvaient, appauvris par la perte d'une vedette prestigieuse et en quête, péniblement, de leur modeste unité. Une valeur à laquelle je tenais par-dessus tout.

Troisième grande visite : — celle de Robert Speaight, d'Angleterre.

Cet intellectuel de bonne race partage sa vie entre l'écriture et le théâtre : excellent acteur, il choisit ses rôles. C'est ainsi qu'il avait tenu le rôle de l'évêque Beckett un millier de soirs, dans *Murder in the Cathedral* de T.S. Eliot. Nous fîmes connaissance à Ottawa, à l'occasion du Festival dramatique national de 1948, où il avait été appelé à juger les « finales ». Bien qu'il eût allégrement écarté notre *Antigone,* au désappointement de plusieurs, nous étions devenus de bons amis. Il nous proposa de revenir au Canada et de monter avec Les Compagnons *Murder in the Cathedral* (en version française). Il ferait la mise en scène et reprendrait son rôle de Beckett. Le projet prit corps d'autant plus facilement que le British Arts Council nous accordait un octroi financier.

Robert Speaight a vécu avec nous plus de deux mois : après l'indiscutable succès de l'œuvre de T.S. Eliot, il réalisait avec Les Compagnons *Roméo et Juliette* de Shakespeare. Une autre réussite. Robert Speaight est un homme de classe : fin, patient, attachant. Il est demeuré un grand ami.

Deux mots de nos « créations » chez Les Compagnons : le *Maluron* de Félix Leclerc et *L'Honneur de Dieu* de Pierre Emmanuel.

Félix partageait, depuis quelques années déjà, la vie des Compagnons. Nous ne lui avions pas communiqué le virus du théâtre ; il en était pénétré jusqu'à la moelle. La chose pourra paraître paradoxale : je suis sûr que Félix donnerait toutes ses chansons, qui l'ont rendu célèbre, pour une pièce de théâtre carrément réussie. Je crains fort qu'il ne rumine encore longtemps un vieux rêve inassouvi. Pourtant, il « sent » son théâtre ; quand il fait, lui-même, la lecture d'un de ses textes, on se laisse prendre et l'on se dit : « C'est ça...! » Mais quand l'œuvre est réalisée, sur scène, il y a comme une sorte de décalage entre le projet « vu » et « senti » par Félix et son expression dramatique. *Maluron* fut monté par nous à grand renfort d'amitié pour son auteur ; la pièce fut reçue avec sympathie ; sans plus. Nous le regrettions pour Félix, notre ami.

L'Honneur de Dieu du poète français Pierre Emmanuel fut créé chez Les Compagnons en 1952. Peu de temps avant notre définitif baisser de rideau, Pierre Emmanuel m'avait écrit :

> Recommandez aux comédiens de jouer sobrement, sans rhétorique ni lyrisme factice. Le texte est « concentré », il doit dégager sa puissance dramatique, sans le secours de l'éloquence sonore. Jouer de l'intérieur, c'est le bien rendre.

Maurice Blain, aujourd'hui notaire, m'apparaissait, lors de son stage au *Quartier Latin* de l'Université de Montréal et plus tard au *Devoir,* comme l'un de nos meilleurs critiques : parfois très dur, quand nous le méritions, toujours perspicace et intelligent exégèse de la scène. A propos de *L'Honneur de Dieu,* il écrivait dans *Le Devoir :*

> Par ses vertus et ses faiblesses excessives, la première œuvre de Pierre Emmanuel va diviser, cela est prévisible, les admirateurs du poète français. Et plus encore la critique des amateurs de théâtre, devant le spectacle si ambitieux que nous donnaient, hier soir, les Compagnons... Les Compagnons ont donné le meilleur de leur ferveur et de leur effort, sinon de la perfection dramatique pour faire de la pièce une grande tragédie. A travers les contretemps d'une mise en scène conventionnelle et d'une direction technique douteuse...

« C'est une pièce qui clôture magistralement la saison des Compagnons. Une pièce qu'il faut voir. *L'Honneur de Dieu* associe étroitement le nom de Pierre Emmanuel au théâtre canadien-français » (Paul Dessouchères).

Je pense que nous avions servi Pierre Emmanuel de notre mieux, dans les circonstances. Mais les circonstances n'étaient pas toutes favorables. Une série d'impondérables avaient sourdement miné le dynamisme interne des Compagnons, depuis quelques années. Il y avait eu, d'abord, le départ pour la France de plusieurs de nos piliers des « belles années » : Jean Gascon, Jean-Louis Roux, Georges Groulx, Guy Provost, Denise Vachon, Lucille Cousineau. Nous gardions un bon noyau de comédiens mais, plus vidé intérieurement que je ne le soupçonnais, j'arrivais mal à maintenir mon feu intérieur à galvaniser la troupe dont l'homogénéité était entamée par des concours extérieurs plus ou moins importants... et mal assimilés.

En 1949, nous avions abandonné l'anonymat. J'avais consulté là-dessus Grenier et Hussenot, de Paris, et Huismans, de Belgique, tous trois « anciens » de chez Chancerel. Ils m'avaient assuré que l'abolition de l'anonymat ne nuirait pas à l'homogénéité de notre compagnie, à la longue, un secret de Polichinelle. Et même là, il me semblait que je risquais de nuire à la carrière radiophonique de « types » qui étaient de fervents collaborateurs et qui payaient, encore, largement de leur personne.

J'exagère sans doute les choses : il me semble, pourtant, que cet accroc à ce que j'appelais, en gros, la mystique des Compagnons, aura contribué à un certain effritement de notre affaire. Sans oublier que ce relâchement s'inscrivait dans le contexte de lassitude personnelle dont j'ai parlé plus haut.

Quand les « anciens Compagnons » rentrèrent de Paris, je tentai de composer avec eux, bien disposé, cette fois, à céder ma place de metteur en scène, s'ils se ralliaient aux Compagnons. Le projet ne les emballait guère et je les comprenais. Ils avaient le goût de voler librement de leurs propres ailes et de prendre leurs distances avec moi.

Le Théâtre du Nouveau Monde une fois fondé, je m'interrogeai longuement ; je consultai des amis sûrs. Devais-je maintenir Les Compagnons sur leur lancée, dans une perspective de théâtre professionnel... ou retourner, carrément, au statut amateur des origines ? Maurice Blain, en particulier me disait, à peu près, ceci : « Ce qui importe, avant tout, c'est le maintien des principes dont vous avez vécu ; on n'attend pas nécessairement de vous que vous mettiez en scène mais que vous demeuriez « l'âme inspirante » d'un groupe. »

Peut-être aurais-je dû et pu le faire, après une bonne année sabbatique : repos, recul et réflexion. Je me laissai distraire de cette perspective par deux faits concurrents : Paul Dupuis, un « ancien » de la première heure, m'écrivait de Londres, me disant son ardent désir de revenir chez Les Compagnons, impatient, en particulier, de jouer le *Henri IV* de Pirandello ; presque au même moment, Jean Coutu, renvoyé quelques mois auparavant à cause de son trop de liberté avec la discipline de travail, me proposait de « rentrer au bercail » (piano ! piano...!) et dans les meilleures dispositions : en particulier de monter ce *Federigo* dont il rêvait depuis longtemps. Par certains côtés, cela devenait alléchant ; j'estimai trop rapidement que cette double proposition prenait figure d'indication dans l'option que je devais faire.

Les Compagnons garderaient donc pignon sur rue, à quelque distance du Théâtre du Nouveau Monde. Les directeurs de cette Compagnie toute neuve étaient jeunes et fringants ; ils rentraient de France fouettés d'impatience, avec un métier mûri ; j'étais, de mon côté, un homme plus ou moins vanné, non recyclé, qui avait perdu en cours de route une bonne partie de son dynamisme et qui, d'ailleurs, secrètement, se voyait mal dans les souliers d'un metteur en scène professionnel. Pendant longtemps, je m'étais donné bonne conscience (plus ou moins) en m'expliquant à moi-même que j'accomplissais un travail de suppléance : cette justification ne jouait plus.

Si bien que je ne pensai pas à contester, une seconde, la décision de l'Autorité qui, en 1952, décrétait la fin des Compagnons. Je souffris, sans doute, de devoir quitter le « milieu » des jeunes qui demeuraient groupés autour de moi : on ne tourne pas le dos, sans tressaillir, à quinze années d'amitié. Mais, intérieurement, je savais que l'Autorité avait raison : sans jouer le héros, comme on l'a cru en certains milieux, sans y laisser non plus, je pense, mon équilibre psychologique, je refermai le livre des Compagnons.

*

* *

En épilogue, il y eut, dans la presse, une bien sympathique levée d'émotion. Il me semble qu'elle récompensait, un peu, tous les dévouements, toutes les générosités inscrites dans le filigrane de l'histoire des Compagnons. Je terminerai cette longue accumulation de notes par une brochette d'extraits de journaux : chacun, à sa manière, ramasse la réaction de l'opinion devant le baisser de rideau définitif chez Les Compagnons et suggère ce que leur effort a signifié aux yeux de plusieurs qui les avaient côtoyés. Ni dupes, ni lourdement démolisseurs.

Sous la plume d'André Laurendeau, dans *Le Devoir :*

Je lisais, hier, dans *Le Devoir,* en page des spectacles, un excellent article sur les Compagnons. Le public n'acceptera pas facilement, écrivait-on, la disparition d'une troupe qui a, pour ainsi dire, créé le théâtre au Canada français et qui lui donne depuis quinze ans des spectacles de qualité. Voilà un hommage qui paraît bien absolu. Mais il est rigoureusement exact.

Il faut se souvenir de ce qu'était le théâtre à Montréal, il y a quinze ans. Ou plutôt se rappeler qu'il n'existait plus. La troupe du Stella, qui avait travaillé dans des conditions impossibles, avait disparu. Non seulement, il n'y avait plus de spectacles, mais on ne pouvait plus en espérer.

C'est alors que le P. Legault est apparu. D'abord comme un épiphénomène d'Henri Ghéon et œuvrant dans un « théâtre chrétien » dont la formule paraît, aujourd'hui, un peu étroite. Puis il s'en dégagea. Et nous avons commencé d'avoir un théâtre.

Je ne l'ai pas suivi de près. J'ignore sa valeur technique comme homme de théâtre. Au reste, cela m'est égal. Les résultats me suffisent. Et ces résultats sont décisifs : tout est sorti de lui. Tout, ou presque tout ce qui compte aujourd'hui à Montréal vient de lui : par les disciples qu'il a formés, par les réactions et les oppositions qu'il a suscitées, par l'atmosphère qu'il a créée. J'excepte Gratien Gélinas ; mais celui-là est un isolé qui ne fait pas école (ce qui ne diminue en rien son importance personnelle).

Même les échecs du P. Legault ont servi. Même ses fautes. Il y a, chez lui, un admirable sens du risque, une inquiétude qui empêche de sombrer dans la routine, la faculté de rester jeune et de rendre jeunes ceux qui travaillent avec lui. Peut-être est-il un peu casse-cou ; n'est-il pas extraordinaire d'être quinze ans casse-cou, sans se le casser.

Des amis m'ont parfois expliqué les meilleures réussites du P. Legault comme une suite de hasards heureux ou de collaborations fortuites. Peut-être. Mais il se trouve que les hasards se sont toujours produits et les collaborations nouées autour du P. Legault...

Certains se sont parfois étonnés de voir un clerc créer le théâtre au Canada français. Mais il faut se méfier des raisonnements sociologiques. C'est un frère des Ecoles chrétiennes qui a créé la botanique chez nous. Et puis après ? Seigneur, donnez-nous toujours des clercs de cette taille-là ! Il vaut mieux, même pour un clerc, créer du théâtre, lui donner le ton, la hauteur et (qu'on excuse le mot) la noblesse qu'il a chez Les Compagnons qu'être un bon fonctionnaire de paroisse ou de collège. Ce que les laïcs, même anticléricaux, ne pardonneront pas à un prêtre, ce n'est pas qu'il opte pour une carrière inattendue, c'est qu'il soit un prêtre médiocre.

Sans doute, on n'entre pas dans les ordres, règle générale, pour monter des spectacles, pour écrire de l'histoire ou pour faire de la botanique. Mais quand on est Marie-Victorin, Groulx ou Legault, on impose sa vocation, et seuls les imbéciles lèvent les bras au ciel.

*

* *

Fin de notre jeunesse ? Ainsi s'achèvent quinze ans de théâtre et disparaît une troupe professionnelle admirée et combattue — non : une équipe exceptionnelle qui avait conçu l'ambition de réinventer les chefs-d'œuvre à la mesure de son exaltante et obscure fraternité...

On ne parle jamais que de soi-même et de sa propre nostalgie à propos de ceux dont le destin était lié au mouvement de notre cœur. Ce n'est pas quinze ans de théâtre que nous perdons — et comment mesurer cette seule perte, immense, irréparable ? Ce n'est même pas une institution mais un trésor commun, un fonds de poésie qui appartient, comme le paysage à la table de travail, à notre univers spirituel. La mémoire elle-même de toutes ces fêtes de l'esprit n'est pour nous d'aucun secours, si elle entre irrévocablement dans l'histoire. Elle cesse d'être vivante, de susciter tant d'énergies, d'inspirer tant de recherches, d'inventions, de plaisirs. Nous n'avons pas atteint l'âge des souvenirs. Nous venons à peine de naître et nous nous sentons terriblement appauvris (Maurice Blain, *Le Devoir*).

*

* *

Il y eut des théâtres plus disciplinés que celui du P. Legault, mais y en eut-il de plus généreux ? Il ne suffit pas de dresser la liste impressionnante des pièces qu'on y a vues, mais encore faut-il penser à tous les spectateurs et aux jeunes comédiens qui ont eu, grâce au P. Legault, la révélation d'un univers intérieur vraiment à la mesure de l'homme. Cet animateur croyait que les autres, et particulièrement les jeunes qui l'entouraient, avaient droit au meilleur et il n'a jamais sacrifié à la médiocrité qui enrichit (Robert Elie, *Le Devoir*).

*

* *

Depuis quinze ans qu'ils étaient là, on s'était habitué à leur présence, sans trop réaliser quel exercice périlleux représentait, à tout moment, leur existence. Personne n'avait été là pour leur indiquer le chemin à suivre ; ils l'avaient trouvé seuls, après bien des alertes, des erreurs, des retours, mais avec une ténacité à toute épreuve...

Au père Legault, nous, comédiens, qui voulons faire de notre métier notre vie, nous devons beaucoup (Jean Gascon, *Le Devoir*).

*
* *

A une époque où nous étions menacés d'être anéantis par un conformisme abrutissant et où il était important d'apprendre à juger des valeurs artistiques, nous sommes quelques-uns parmi les comédiens de la génération de trente ans, à avoir croisé Les Compagnons sur notre route. C'est à eux, en grande partie, que nous devons d'être ce que nous sommes maintenant ; c'est eux qui guidèrent nos premiers pas dans notre carrière. Nous avons donné aux Compagnons le meilleur des meilleures années de notre jeunesse (Jean-Louis Roux, Directeur du Théâtre du Nouveau Monde).

LISTE DES ŒUVRES JOUÉES PAR LES COMPAGNONS (1937-52) :

De Henri Ghéon : *La Bergère au pays des loups ; Le Noël sur la place ; Le Mystère de la messe ; Le Chemin de la croix ; La Farce du pendu dépendu ; Le Mort à cheval ; Le Pauvre sous l'escalier ; Le Comédien et la Grâce ; Le Jeu de saint Laurent du fleuve ; La Fille du sultan et le bon jardinier ; Le Mystère du feu vivant sur les apôtres ; La Vie profonde de saint François.*

De Molière : *Le Misanthrope ; Les Fourberies de Scapin ; Le Bourgeois gentilhomme ; Le Médecin volant ; Le Médecin malgré lui ; Les Femmes savantes ; Le Malade imaginaire ; Le Mariage forcé.*

De Racine : *Athalie ; Andromaque ; Britannicus.*

De Ed. Rostand : *Les Romanesques.*

De Chancerel : *La Tour ; Les quatre vieux ; La Goutte de miel ; Les Noces impromptues ; Le Plaisant Verdict ; Les Aventures de Babar et Piphagne* (théâtre pour enfants) ; *Pichrocole* (adapt. de Rabelais) ; *La Farce des femmes qui font refondre leurs maris ; Les Irascibles.*

De Anouilh : *Léocadia ; Antigone ; Le Bal des voleurs.*

De Obey : *Les Gueux au paradis ; Noé ; Lucrèce.*

De Beaumarchais : *Le Barbier de Séville.*

De T. S. Eliot : *Le Meurtre dans la cathédrale.*

De A. de Musset : *On ne badine pas avec l'amour.*

De Marivaux : *Le Jeu de l'amour et du hasard.*

De Cesbron : *Briser la statue.*

De Shakespeare : *La Nuit des rois ; Roméo et Juliette.*

De Emmet Lavery : *La Première Légion.*

De Cocteau : *Oedipe-Roi, Orphée.*

De Pirandello : *Henri IV.*

De Lorca : *Les Noces de sang ; La Savetière prodigieuse.*

De Labiche : *Le Voyage de Monsieur Perrichon.*

De Félix Leclerc : *Sanctus ; Maluron.*

De Pierre Emmanuel : *L'Honneur de Dieu.*

De G. et M. Sierra : *Le Chant du berceau.*

D'Aristophane : *La Paix.*

De Goldoni : *La Locandiera.*

De T. Wilder : *Notre petite ville.*

De Louis Barjon : *Le Jeu de celle qui la porte fit s'ouvrir.*

De Giraudoux : *L'Apollon de Bellac.*

De Gréban : *Le Mystère de la Nativité.*

De A. Casona : *La Dame de l'aube.*

De R. Laporte : *Federigo.*

De Claudel : *L'Echange.*

De G. Cohen : *Le Jeu d'Adam et Eve ; Le Jeu de Robin et Marion.*

De T. Williams : *La Ménagerie de verre.*

La Vie théâtrale à Montréal de 1950 à 1970: théâtres, troupes, saisons, répertoires

par Hélène BEAUCHAMP-RANK,

professeur à l'Université d'Ottawa

Vingt ans, c'est peu et c'est beaucoup... C'est peu parce que rien ne se finalise vraiment en vingt ans...; c'est beaucoup parce que les essais et les efforts peuvent se multiplier à l'infini, au point même de cacher cette finalisation à celui qui la cherche. En théâtre, les orientations, les possibilités de création, les domaines d'expérimentation sont tellement nombreux que chaque artisan qui s'arrête à cette forme d'expression ne peut pas ne pas ajouter sa contribution à l'ensemble.

Le théâtre qui s'est fait à Montréal depuis 1950 a suivi plusieurs modes lancées par des créateurs, des animateurs qui croyaient en un style de jeu, de présentation, en un répertoire. Au-delà de l'attirance à ces modes, il faut noter l'esprit d'aventure de ces gens, leur goût du risque, de la recherche de renouvellements. Ils ont souvent donné au théâtre de Montréal l'élan nécessaire, une vitalité essentielle. D'autre part, la persévérance de certains groupes, leur choix délibéré et assumé d'un répertoire et d'un style, ont assuré au théâtre de Montréal une permanence et une continuité souhaitables.

En vingt ans, des troupes se sont formées, des salles ont été aménagées, un public a répondu aux invitations qu'on lui lançait. On pourrait distinguer trois périodes. La première (1950-1955) est tributaire de tout ce qui s'est fait auparavant. Le travail se poursuit, qui vise à assurer la permanence des troupes et des salles et la stabilité dans l'exploitation d'un répertoire. De 1955 à 1965, les essais se multiplient du côté des divers répertoires. En même temps, les organismes-cadres essentiels au fonctionnement et à l'expansion du théâtre trouvent leurs bases. Recherche, expérimentation d'une part, apprentissage des techniques scéniques d'autre part. Le troisième moment de ce déroulement n'est peut-être pas encore terminé : il nous apparaît aujourd'hui marqué par des arrivées et des ratages. Certains groupes assument l'orientation choisie et la poussent vers ses réalisations ultimes (jamais atteintes, toujours possibles) ; d'autres groupes refusent de choisir et préfèrent se réfugier dans un éclectisme vague. Il est important de constater combien, de 1965 à 1970, la dramaturgie québécoise s'affirme, une dramaturgie engagée dans un contexte culturel, politique et social précis qui est celui de la communauté québécoise.

La volonté d'une permanence

En 1947, Les Compagnons présentent *Les Gueux au Paradis* au Festival dramatique National et ils sont reconnus comme « le groupe théâtral le plus important au Canada tout entier ». En 1948, *Tit-Coq* de Gratien Gélinas est créé au Monument National avec le succès que l'on sait. En 1949, une commission royale d'enquête est instituée « pour l'avancement des arts, des lettres et des sciences ». En 1950, le Festival de Montréal, préoccupé jusque-là de musique uniquement, commence à inscrire des pièces de théâtre à ses manifestations annuelles. Lomer Gouin crée sa pièce *Polichinelle* le 2 février 1950 au Gesù, Yves Thériault fait jouer, le 21 mars, *Le Marcheur,* dans le même théâtre, et Jean-Louis Roux met en scène son texte *Rose Latulippe.* Les Compagnons présentent leur saison 1949-50 dans leur propre théâtre [1]. En mars 1951, la Compagnie Louis Jouvet inaugure la reprise des grandes tournées françaises à Montréal. Ce ne sont là que quelques faits. On pourrait leur en ajouter d'autres. Ils augurent bien, me semble-t-il, pour le théâtre, pour un théâtre qui s'affirmerait dans des genres différents. Il y a place à Montréal pour les tentatives de Roux, Thériault, Gouin et pour *Tit-Coq,* pour les salles offertes en location et pour le Théâtre des Compagnons. Une certaine forme de permanence est à inventer.

Avant 1950, des groupes s'étaient constitués : la Comédie de Montréal de Paul l'Anglais, Le Jeune Colombier de Jean Duceppe et Paul Guèvremont, Comoedia d'Olivette Thibault. Ils n'ont vécu que le temps d'une pièce ou de quelques saisons. Dans cette optique, la troupe des Compagnons est importante à cause de sa permanence, du choix d'un style de jeu et de textes précis, de sa croyance en une forme de théâtre à réaliser malgré l'absence des mécènes, de subventions et d'institutions pour la seconder.

Cet animateur qu'était le père Emile Legault n'était pourtant pas le seul à croire en la possibilité d'une permanence avant 1950. Pierre Dagenais, jeune metteur en scène, fondait l'Equipe en 1943, réunissant autour de lui des comédiens de la radio qui voulaient jouer ailleurs qu'à l'Arcade tout en préférant le style réaliste et le jeu faisant appel à l'émotion et à la sensibilité : Huguette Oligny, Yvette Brind'Amour, Roland Chenail, Jeanine Sutto, Antoinette Giroux, Ovila Légaré.

1. Le théâtre des Compagnons était une église protestante désaffectée, à l'angle des rues Sherbrooke et Delorimier, transformée en un théâtre de 450 fauteuils, avec une scène bien équipée. L'édifice redeviendra église... catholique quand les Compagnons l'abandonneront en 1952.

L'Equipe joua d'abord au Monument National, théâtre vétuste et inhospitalier, construit en 1894 sous l'égide de la Société St-Jean-Baptiste, théâtre à l'acoustique déficiente, où triomphaient les Variétés Lyriques et les Veillées du Bon Vieux Temps [2]. Leur premier spectacle, *Altitude 3200,* fut fort bien reçu, accueil qui ne se répéta pas pour *Tessa* ni pour *L'Homme qui se donnait la comédie.* C'est avec *Marius* et *Fanny* et surtout avec *Le Songe d'une nuit d'été,* présenté dans les Jardins de L'Ermitage en août 1945, que la troupe remporta ses plus grands succès et avec *Huis-Clos,* joué devant l'auteur, qu'elle retira sa plus grande satisfaction. Pour la saison 1946-47, l'Equipe s'installa au Gesù [3] où elle donna, avec abonnements, une série de quatre spectacles : *Le Grand Poucet* de Puget, *L'Ecole des Femmes* de Molière, *Le Héros et le soldat* de Shaw et *Les Fiancés du Havre* de Salacrou. Cette saison complète, jouée sur la scène qui était aussi alors celle des Compagnons, visait à signifier la permanence de l'Equipe et à affirmer son style de jeu et son choix d'auteurs.

Deux ans après la disparition de l'Equipe, le Théâtre du Rideau Vert présente *Les Innocentes* de Lilian Hellman au Théâtre des Compagnons. Quatre mois plus tard, en juin 1949, le Théâtre du Rideau Vert joue *KMX Labrador* de Jacques Deval dans le même théâtre. Trois autres spectacles suivent dont une « création canadienne », *Maire et Martyr* de Loic Le Gouriadec. Le groupe s'essaie ensuite à Giraudoux *(Ondine)* et à Anouilh *(Antigone)* et puis cesse temporairement ses activités pour ne les reprendre qu'en 1955-56. Yvette Brind'Amour est la fondatrice et l'animatrice de cette troupe qui ne forme pas alors une compagnie cohérente, qui n'a pas de théâtre à elle, n'affirme pas encore un style de jeu qui la caractériserait mais qui préfère le théâtre de boulevard et le théâtre moderne, ce qui pourrait être l'indication d'une orientation future possible. A la reprise de ses activités en 1955, on admettra que le Théâtre du Rideau Vert a su trouver un style de jeu pour le boulevard, une façon soignée de monter la comédie légère.

Le Théâtre-Club, fondé au début de 1954 par Jacques Létourneau et Monique Lepage, préférera aussi jouer les auteurs modernes. Dès leur premier spectacle, *Beau Sang* de Jules Roy, ils atteignent à une qualité professionnelle de jeu. Ils présenteront ensuite *Sébastien* d'Henri Troyat et *Virage Dangereux* de Priestley. Gilles Pelletier, Monique Lepage, Yvette Brind'-Amour défendent ces textes mis en scène par Jacques Létourneau, joués dans la salle d'une école supérieure de langue anglaise, le D'Arcy McGee [4].

Au moment de la disparition des Compagnons, les héritiers les plus directs de cette forme de théâtre, Jean-Louis Roux, Jean Gascon, Georges

2. Le Monument National a aussi accueilli les Revues Bleu et Or de l'Université de Montréal, les concours amateurs, les récitals des écoles de diction. Les étudiants du Conservatoire l'utilisèrent et l'Ecole Nationale de Théâtre s'y installa en 1965.

3. Le Gesù, avantageusement situé, chevauchant l'est et l'ouest de la ville, était une salle de collège, un sous-sol d'église, qui avait longtemps abrité un groupe d'amateurs : Les Anciens du Gesù. Il fut complètement rénové en 1945. Les coulisses y sont alors, comme aujourd'hui, étroites, et les loges insuffisantes, mais les 860 fauteuils disposés en hémicycle en font une salle fort agréable à utiliser.

4. La salle contenait 600 fauteuils, la scène était vaste et plus ou moins dépourvue de moyens techniques.

Groulx, Guy Hoffmann, fondent le Théâtre du Nouveau Monde [5]. Ceux qu'ils grouperont autour d'eux, qui viennent de la radio et des autres troupes, s'intégreront bien au style de jeu choisi par les initiateurs. Dès 1952, le T.N.M. fonde une école de formation de comédiens et dès sa quatrième saison (1954-55), il installe, rue Sanguinet, un atelier-studio où se trouvent salle de répétition, atelier de décor, remise de costumes et bureau. Robert Prévost, décorateur, se joint au groupe en 1953.

Le répertoire que le Théâtre du Nouveau Monde choisit de présenter est classique (quoique d'un seul auteur) et moderne. *L'Avare, le Tartuffe, Don Juan, les Trois farces* jalonnent leurs saisons présentées au Gesù. Des pièces de Priestley, Achard, Irwin Shaw, Montherlant, Bréal, Eloi de Grandmont et André Langevin complètent leur programmation. La troupe présente *Les Trois farces* au Festival de Montréal à l'été de 1954 et réussit ce tour de force d'aller jouer ce dernier spectacle à Paris, au printemps de 1955, dans le cadre d'un Festival international de théâtre. Le Théâtre du Nouveau Monde est ainsi la première troupe canadienne à se produire en Europe.

Cette quête d'une permanence au théâtre se manifeste aussi de diverses autres façons. Tentatives maladroites parfois, elles n'en offrent pas moins la preuve de la ténacité des animateurs qui veulent instaurer à Montréal un théâtre qui soit issu d'un milieu précis et qui deviennent le reflet de ce milieu et de ses préoccupations. Charlotte Boisjoli et Fernand Doré souhaitèrent instituer une école du jeu où les élèves seraient soumis à un entraînement précis par la chanson, la danse, la pantomime et la récitation chorale. La Compagnie du Masque travailla d'abord dans l'anonymat, faisant des tournées en Ontario et au Québec, vivant la vie de groupe, s'astreignant à un long apprentissage, à des mises en scène soignées. En novembre 1948, elle présenta des chansons mimées, des jeux, *la Farce du chaudronnier* et *la Farce du cuvier* au Théâtre des Compagnons. Jacques Galipeau, Françoise Gratton, Pauline Julien font partie du groupe qui revient au Gesù en mars 1950 avec l'*Antigone* de Cocteau. En janvier 1951, la Compagnie du Masque choisit de reprendre *Antigone,* de jouer *Le Mariage forcé* et *l'Amour médecin* et de créer *Le Choix* de Paul Toupin. Cette expérience, trop exigeante, marqua la fin de leurs activités.

Aario Marist voulut promouvoir un système d'enseignement théâtral fondé sur l'intégration de l'expression corporelle au spectacle. Monique Lepage, Yves et Jacques Létourneau, Guy Godin se joignirent à lui. Les réalisations du groupe : *Voulez-vous jouer avec moâ ?* et *Crime et châtiment* en 1952 ne furent cependant pas convaincantes.

Deux petits théâtres de poche ouvrirent leurs portes pendant la saison 1954-55. Paul Hébert s'installa à l'Anjou, petit théâtre de 90 fauteuils situé à l'étage d'un restaurant, rue Drummond. En décembre 1954, il y présenta du Courteline et du Feydeau et, en février, *Le Printemps de la St-Martin* de Noël Coward. Patrick Antoine ouvrit l'Amphitryon, petite salle de 150 fauteuils, au-dessus d'un cabaret. Il y offrit *Humulus le muet* d'Anouilh, *Un Im-*

5. L'histoire du Théâtre du Nouveau Monde vient d'être racontée de façon fort vivante par Louis-Martin Tard, *Vingt ans de théâtre au Nouveau Monde*, Editions du Jour, Montréal, 1971, 173p.

bécile de Pirandello, *La Marguerite* de Salacrou en mars 1955 et par la suite *L'Eternel mari* de Dostoïevsky, *La Fleur à la bouche* de Pirandello et le premier Ionesco à Montréal : *La Leçon.*

Ces écoles de jeu que l'on tente, ces petits théâtres que l'on ouvre marquent une volonté de renouveau et de diversification des cadres en même temps qu'un besoin de l'appropriation des instruments essentiels aux manifestations théâtrales. Créer des lieux, imaginer des styles de jeu sont partie intégrante du fait théâtral autant que la création de textes. Ces cinq années auront aussi vu nombre de créations : *La Fontaine de Paris* au T.N.M., *Le Temps de vivre* et *le Diable s'en mêle* de Pierre Dagenais, *Brutus* de Paul Toupin au Gesù. Félix Leclerc, Lomer Gouin, Yves Thériault, Jean-Louis Roux, André Langevin sont maintenant connus. Robert Rivard et Marcel Dubé, avec Monique Miller et Guy Godin ont fondé La Jeune scène pour créer les textes de Marcel Dubé : *Le Bal triste* en 1950 à l'Ermitage [6], *De l'autre côté du mur,* en 1952 au Gesù lors du Festival dramatique national, *Zone* qui remporte tous les honneurs du même festival l'année suivante et *Chambres à louer* en 1955. En 1952, *Beethoven* de René Fauchois et en 1954, *Le Roi David* de Jean Filiatrault étaient offerts par le Festival de Montréal.

L'année 1955 constitue une plaque tournante dans l'histoire du théâtre à Montréal. Le nombre de spectacles a doublé depuis 5 ans, les spectateurs se chiffrent à près de 25,000, des subventions sont maintenant accordées par le Conseil des Arts de la Région Métropolitaine (institué en mars 1955), le Conservatoire d'art dramatique est créé sous la direction de Jan Doat. Trois domaines de réalisation se sont précisés de 1943 à 1955 et se cristallisent en 1955 : la permanence des groupes et l'essai à divers styles, la création d'institutions qui favoriseront l'intérêt croissant porté au théâtre et l'activité continue des auteurs montréalais.

*
* *

A l'essai des répertoires

Le théâtre à Montréal se manifeste de plus en plus vigoureusement de 1955 à 1965 : les troupes déjà fondées prennent de l'assurance, de nouvelles troupes voient le jour, des théâtres sont aménagés. L'effort véritable porte alors sur le choix des textes à jouer, sur l'identification des troupes et des théâtres par l'affirmation d'une programmation. Cet effort est d'abord maladroit, tout étant à essayer, autant la présentation des auteurs classiques que la découverte de l'avant-garde, autant le théâtre pour étudiants que la formation d'un public régulier.

Au Théâtre-Club, la saison 1955-56 s'ouvre sur la création du *Barrage* de Marcel Dubé. Ce sera là l'unique tentative du groupe en théâtre québécois sauf pour la présentation de *Quand la moisson sera courbée* de Roger Sinclair au Festival dramatique National en 1957. Le 15 février 1956, la troupe pré-

6. Il s'agit de la salle du Collège de Montréal : salle de 800 fauteuils et scène exiguë.

sente *La Nuit des Rois* au Gesù et, lors de sa dernière saison (1962-63) elle mettra en scène un autre Shakespeare, *Le Marchand de Venise.* Elle offrira quelques classiques : *Les Plaideurs* (1958), *Cinna* (1961), *Le Menteur* (1962) et *Turcaret* (1963) pièces souvent présentées en matinée pour les étudiants. Mais le Théâtre-Club préfère les auteurs modernes : Pagnol, Agatha Christie, Kataëv, Audiberti, Pirandello, Diego Fabbri, Anna Bonacci, Camus. C'est en les présentant qu'il se manifestera avec le plus de plaisir.

Jacques Létourneau et Monique Lepage travaillent alors en étroite collaboration avec Jan Doat, metteur en scène, et Jean-Claude Rinfret, décorateur. Les spectacles se donnent au Monument National et au Gesù jusqu'au printemps 1958 alors que le Théâtre-Club loue un théâtre, abandonné aussitôt que lancé par une compagnie anglaise, théâtre de 200 fauteuils situé loin dans l'ouest de la ville, rue St-Luc. La troupe jouera à la Comédie canadienne lorsque son théâtre s'avérera trop petit, ce qui fut le cas, par exemple, pour *Le Marchand de Venise,* spectacle du dixième anniversaire de fondation de la troupe et dernier spectacle du Théâtre-Club.

La saison 1963-64 qui voit la disparition du Théâtre-Club voit la naissance de la Nouvelle Compagnie Théâtrale qui présente *Iphigénie, Le Jeu de l'amour et du hasard,* et continue, la saison suivante, avec *Le Cid,* et *La Locandiera.* Cette compagnie, dirigée par Gilles Pelletier, Georges Groulx et Françoise Graton, définit ainsi ses buts : « présenter au public étudiant les chefs-d'œuvre de la dramaturgie universelle ». Dès ses débuts, la N.C.T. fait appel à des comédiens professionnels : Denise Pelletier, Michelle Rossignol, François Tassé, Marc Favreau, Monique Miller, Lionel Villeneuve. Des professionnels travaillent aussi aux décors et aux costumes : François Barbeau, Robert Prévost, Claude Fortin. Les pièces sont présentées au Gesù, qui n'était pas exploité de façon régulière depuis 1957.

Au moment de sa fondation, la N.C.T. répond effectivement à deux besoins auxquels le Théâtre-Club s'était arrêté, même si cela ne correspondait pas à ses goûts, à son orientation véritable : servir les auteurs classiques, présenter du théâtre pour étudiants [7]. Tout en continuant à jouer pour le public étudiant, en collaboration avec le ministère de l'Education, la Commission scolaire de la ville de Montréal, les collèges classiques et les commissions scolaires régionales, la N.C.T. élargira son répertoire pour y faire entrer les pièces « classiques » modernes et québécoises.

En novembre 1963, le Centre Dramatique du Conservatoire est fondé et mis sous la direction de Jean Valcourt, directeur du Conservatoire depuis 1959. Cette troupe se propose d'engager en priorité les élèves sortant du Conservatoire et d'être une troupe permanente de tournées entièrement au service des classiques, français de préférence [8].

---

7. Pourquoi ce rapprochement est-il toujours inévitablement établi entre public étudiant et théâtre classique ?

8. Il est intéressant de noter que les auteurs classiques ont surtout été présentés, de 1950 à 1955, par les troupes de tournée : La Compagnie Louis Jouvet en 1951, la Compagnie Renaud-Barrault en 1952, Le Théâtre National Populaire en 1954 et la Comédie-Française en 1955. La Compagnie Renaud-Barrault revient en 1957 et la Comédie-Française en 1960. Edwige Feuillère joue *Phèdre* au Théâtre St-Denis en 1957.

Le Théâtre du Nouveau Monde n'exploitera pas beaucoup les classiques pendant cette deuxième période de son activité. Il reprendra *Les Trois Farces* à Stratford à l'été 1956, jouera *Le Malade imaginaire* en novembre 1956, *Les Femmes savantes* en janvier 1960, *Les Choéphores* en 1961, *La double inconstance* en janvier 1962, *Le Médecin malgré lui* et *Georges Dandin* en janvier 1963, *L'Avare* en 1963 et *l'Ecole des femmes* en 1965. Autrement, il mettra à l'affiche des pièces de Labiche, Guitry, Marcel Aymé, Rivemale, Strindberg, Synge, Tchekhov, Pirandello, Brecht, de Ghelderode, Claudel et Salacrou. En 1956, il lancera un concours d'œuvres dramatiques et jouera les pièces primées : *L'œil du peuple* d'André Langevin en 1957, *Les Taupes* de François Moreau en 1959 et *Deux femmes terribles* d'André Laurendeau en 1961. *Le Temps des lilas* de Marcel Dubé et *Klondyke* de Jacques Languirand (Jacques Languirand est alors dramaturge au T.N.M.) complètent les incursions de cette troupe en théâtre québécois.

Ce choix de pièces, fort éclectique, ne donne pas une orientation précise au T.N.M. qui vise toujours et avant tout l'établissement d'une troupe permanente et professionnelle à Montréal. L'obligation qu'il a de se produire dans différentes salles, au gré des saisons, ne favorise pas la concrétisation de ce but. Il présente ses spectacles au Gesù de 1955 à 1957, se retrouve à l'Orpheum de l'automne 1957 au printemps 1960, présente sa saison 1960-61 à la Comédie canadienne et revient à l'Orpheum [9] la saison suivante. *L'Opéra de Quat'sous* qu'il présente pour son dixième anniversaire obtient un énorme succès, mais l'incendie des locaux de la rue Sanguinet en 1962, le départ de Roux en 1963, le départ prochain de Gascon ne sont pas très encourageants. Pourtant une équipe intéressante a été constituée : Robert Prévost aux costumes et décors, Gabriel Charpentier à la musique, Languirand, dramaturge. Denise Pelletier, Victor Désy, Guy Hoffmann, Léo Illial, Jean-Louis Roux, Jean Gascon, Monique Miller, Charlotte Boisjoli, Huguette Oligny, Georges Groulx, Jean-Louis Paris reviennent souvent comme interprètes, alors que Jean-Louis Roux et Jean Gascon sont les metteurs en scène principaux.

Le T.N.M., pendant ces dix années, tentera de se définir au niveau de sa programmation, sans trop y parvenir. Les pièces québécoises qu'il présente n'en font pas nécessairement le promoteur d'un théâtre d'ici. *L'Opéra de Quat'sous* a été un événement social plus qu'une prise de conscience. *Les Choéphores* et *Venise sauvée,* ces deux essais de renouvellement, n'ont pas été appréciés. Préoccupé de permanence, le T.N.M. se met d'abord à l'écoute de son public. C'est là peut-être qu'il découvrira une orientation qui se fera de plus en plus précise à partir de 1965.

Le Théâtre du Rideau Vert, qui reprend ses activités en février 1956 en jouant *Sonnez les matines* de Félix Leclerc au Monument National, se pro-

---

Les auteurs classiques seront aussi présentés au Festival de Montréal, le plus souvent dans des mises en scène d'artistes français : *L'illusion comique* (Jean Meyer), *Tartuffe* (Fernand Ledoux).

9. L'Orpheum est un ancien théâtre construit en 1907, converti en cinéma depuis longtemps, servant de salle de concert et accueillant les troupes de tournée. Il est bien situé, rue Ste-Catherine et contient 800 fauteuils, mais l'installation de scène est vieillotte. Le T.N.M., en 1957, améliorera l'éclairage du plateau, installera un jeu d'orgue et redécorera la salle à ses frais sans que l'édifice ne lui appartienne.

duira à l'Anjou, au Monument National et au Gesù jusqu'à l'automne 1960. C'est alors qu'il s'installera au Stella, salle qu'il exploitera à l'année longue et qui lui permettra de se définir comme étant le seul théâtre permanent de Montréal [10]. Le Rideau Vert ne constitue pas alors une troupe régulière, mais les mêmes comédiens y reviennent souvent dont Roger Garceau, Jean Duceppe, Béatrice Picard, Edgar Fruitier, Andrée Lachapelle, André Cailloux, Jeanine Sutto. Yvette Brind'Amour, Florent Forget, Jean Faucher, François Cartier, Paul Blouin y signent des mises en scène ; Jac Pell, Villemur, Aras, Guy Rajotte, Robert Prévost y signent les décors, Richard Lorain et François Barbeau, les costumes.

Le répertoire qui y est exploité est celui des théâtres parisiens des boulevards : *La Petite Hutte, Monsieur de Falindor, Les Chouttes, Debureau, L'Idiote, Treize à table, Un amour qui ne finit pas, Les Oeufs de l'autruche.* Mais déjà en 1957, le Rideau Vert ajoute Lorca à sa programmation, puis Sartre, Musset, Montherlant, Bernanos. Il joue *Partage de midi, L'Alcade de Zalamea, La Guerre de Troie n'aura pas lieu, Le Songe d'une nuit d'été.* Pendant quatre saisons il présente sa « revue canadienne » au temps des Fêtes de Noël, puis il crée *Une maison... un jour* de Françoise Loranger, en 1965, pièce qu'il présentera à Leningrad, Moscou et Paris en mai de la même année.

Si le Théâtre du Rideau Vert se spécialisait d'abord, au moment de ses trois premières saisons régulières (1960-1963), dans la comédie de boulevard, il a inséré de plus en plus fréquemment des pièces d'auteurs modernes et d'auteurs classiques dans sa programmation, choisissant, lui aussi, l'éclectisme, l'ouverture complète au public.

*
* *

Troupes et théâtres tenteront une exploitation suivie de 1955 à 1965. L'Anjou restera fidèle au répertoire de boulevard, abritera la troupe du Rideau Vert pendant un peu plus de deux saisons et sera animé successivement par divers groupes dont ceux de Jean Duceppe, Jean Dalmain, Nina Diaconesco. En 1956, la Compagnie de Montréal y donnera *Les Insolites* de Jacques Languirand, pièce primée au Festival dramatique national. En 1961, Louis-Georges Carrier et Eloi de Grandmont y feront jouer *Soif d'aimer.*

A l'été de 1958, Janine Beaubien fonde le Théâtre de la Poudrière dans l'Ile Ste-Hélène. Ce théâtre, installé dans une vieille poudrière construite en 1823 et aménagée en une salle de 150 fauteuils, voudra promouvoir les échanges entre les divers groupes ethniques de la métropole en présentant des pièces en français, anglais, allemand, espagnol et italien. Les œuvres de langue française qu'on y joue sont surtout des comédies légères. *L'Homme, la bête et la vertu* de Pirandello, *Pâques* de Strindberg et *Il ne faut jurer de rien* de Musset constitueront les seules exceptions.

10. Le Stella, ex-cinéma Chanteclerc, avait fermé ses portes en 1935, après avoir servi la troupe Barry-Duquesne et les revues d'Henri Letondal. La salle contient 400 fauteuils.

Certains groupes manifesteront leur intention de renouveler le répertoire présenté à Montréal. Le Théâtre de Quat'sous, fondé par Paul Buissonneau, présente *Orion le tueur,* farce burlesque de Jean-Pierre Grenier et Maurice Fombeure, au Festival dramatique national de mars 1956 dans un « esprit neuf, hérité conjointement du music-hall, du cabaret littéraire et du jeu dramatique, avec beaucoup de mouvement, de couleur, de relief comique » [11]. La troupe revient au festival l'année suivante avec *La Tour Eiffel qui tue* de Guillaume Hanoteau, mise en scène avec un sens de la poésie plastique et qui remporte tous les honneurs.

A l'automne de 1956, Jacques Languirand fonde le Théâtre de Dix Heures au 1300, rue St-Urbain. Dans ce « cabaret-théâtre » de 100 fauteuils, il fait jouer *Les Insolites,* il crée *Le Roi ivre* et il présente, entre autres, *Les Bonnes* de Jean Genêt et *En attendant Godot* de Beckett.

Le Centre-Théâtre, fondé et animé par cinq jeunes metteurs en scène dont Jacques Zouvi et Albert Millaire, présente, pendant une saison, du théâtre d'avant-garde : mai 1961, *Tueur sans gages* de Ionesco ; octobre 1961, *Le Mariage de Monsieur Mississippi* de Durrenmatt ; janvier 1962, *L'Oeuf* de Félicien Marceau et *Roses rouges pour moi* de Sean O'Casey ; avril 1962, *Les Mal-aimés* de François Mauriac. Ces pièces sont présentées au Studio du Théâtre-Club, rue St-Luc.

L'effort le plus évident au niveau du renouvellement du répertoire et de l'aménagement des salles, porte dans le sens du théâtre d'avant-garde et est assuré par des jeunes troupes amateurs et semi-professionnelles. Jean-Guy Sabourin fonde les Apprentis-Sorciers en 1956, Françoise Berd et Claude Préfontaine animent l'Egrégore à partir de 1959, Rodrig Mathieu lance les Saltimbanques en 1962. Ces troupes fonctionnent un peu en marge des circuits commerciaux habituels, leur premier intérêt étant de réaliser le théâtre de leur choix.

Les jeunes amateurs des Apprentis-Sorciers vécurent d'abord en nomades, jouant dans une cave du boulevard Lajeunesse puis dans un petit local, au 1515a de la rue Davidson, où ne pouvaient tenir que deux rangées de chaises. C'est au moment de leur installation à la Boulangerie, au 5140 rue Delanaudière, petit théâtre de 49 places, qu'ils commencèrent vraiment à exploiter le répertoire d'avant-garde qui les fera connaître, répertoire qui ne doublait en rien celui des troupes « professionnelles » et qui offrait tout l'attrait de l'insolite et de l'expérimental.

Dès 1958-59 ils présentent *L'Ile des chèvres,* de Hugo Betti, *Fin de partie* de Beckett et *Le Balladin du monde occidental* de Synge ainsi qu'une pièce québécoise : *La Croix sans Christ* de Mathieu Girard. La saison suivante, Ionesco est à l'honneur avec *L'Avenir est dans les œufs* et *Les Chaises,* de même que Kleist avec *La Cruche cassée.* Par la suite ils feront connaître au public montréalais Adamov *(La Parodie),* Brecht *(Homme pour homme, Maître Puntilla et son valet Matti),* Vauthier *(Capitaine Bada),* Obaldia *(Les Impromptus à loisir),* Max Frisch, Gorki, Claudel, Durrenmatt. Ils

---

11. Jean HAMELIN, *Le Renouveau du théâtre au Canada français,* Les Editions du Jour, Montréal, 1961, 160p., p. 136.

créeront à la scène la pièce de Pierre Perrault *Au Cœur de la rose,* après avoir présenté un spectacle de contes : *Contes pour vivre ou rêver.*

Leurs saisons étaient composées de trois à quatre spectacles dont ils donnaient de 80 à 120 représentations, un « bon » spectacle attirant quelque 2,000 spectateurs [12]. Ces spectacles étaient donnés gratuitement, les spectateurs laissant ce qu'ils voulaient bien à la sortie. Les participants étaient tous des amateurs, ils n'avaient aucune formation dans le métier et ils travaillaient tous dans l'anonymat.

> Une troupe dont les comédiens (...) sont tous inconnus du public, qui persiste à ne demander aucun prix d'entrée à ses fidèles, mais qui se contente de leurs offrandes, la seule à Montréal à se spécialiser dans le théâtre d'avant-garde [13].

« Ce n'est pas un style de théâtre, écrivait Jean-Guy Sabourin, c'est une morale ». [14] Ce qui n'a pas empêché les critiques de remarquer l'esprit de dépouillement et d'ascèse de leurs présentations.

> Leur diction est souvent déficiente quand elle n'est pas mauvaise, leur tenue scénique est assez quelconque, les spectacles sont maladroits. Mais les Apprentis-Sorciers font souvent preuve de trouvailles intéressantes et d'un esprit de recherche dont les compagnies professionnelles ne semblent guère se soucier [15].

C'est sans doute cet esprit de recherche qui a attiré chez les Apprentis-Sorciers nombre de ceux qui souhaiteront relancer le théâtre à Montréal vers autre chose que les classiques et le boulevard parisien. En 1962, à un moment de remise en question du travail dans l'anonymat, du répertoire, de l'entrée libre et du statut d'amateur, un groupe dissident se constitue en troupe sous la direction de Rodrig Mathieu et de Robert Singher et ouvre un petit théâtre de 100 places au cœur du Vieux Montréal, à deux pas de l'église Bon-secours. Les deux premiers spectacles, *Akara* de Weingarten et *L'Enfant-rat* de Gatti firent la preuve du travail expérimental que les Saltimbanques voulaient réaliser. Ils complétèrent leur deuxième saison avec *Connaissez-vous la voie lactée ?* de Wittlinger, *Le Satyre de la Villette* de Obaldia et *Pile* de l'auteur québécois Roger Huard. En 1964-65 ils présentèrent *Haute-Surveillance* de Jean Genêt, *Le Tigre* et *Les Dactylos* de Murray Schisgal ainsi que *Messe,* un collage sur les contes fantastiques de Michel Tremblay, mis en scène par André Brassard. Les Saltimbanques accordent alors beaucoup d'importance à la tenue et à la « finition » de leurs spectacles, exigeant de leurs membres « le travail le plus 'professionnel' possible » [16].

L'Egrégore, fondé quelques années plus tôt, souhaitait se définir comme le « premier théâtre professionnel d'avant-garde » en même temps que com-

---

12. Consulter l'article de Madeleine Greffard, « Les Apprentis-Sorciers », dans *Nord,* nos 4-5, « Le Théâtre au Québec 1950-1972 », Editions de l'Hôte, Québec, automne 1972 — hiver 1973, pp. 135-149.

13. Monique Bosco, « Les Apprentis-Sorciers », *Maclean,* vol. 2, no 4, 1962, pp. 26, 27, 28, 63.

14. Jean-Guy SABOURIN, « Apprentis-Sorciers », *Maintenant,* no 16, avril 1963, p. 139.

15. Jean HAMELIN, *op. cit.*, p. 138.

16. « Les Saltimbanques répondent au « Mouvement contemporain » », *Le Devoir,* 22 avril 1966, p. 6.

me « laboratoire de la pensée et de l'action théâtrale ». Un nouveau répertoire entraîne nécessairement de nouveaux environnements scéniques ainsi qu'une nouvelle conscience des artisans face à leur métier.

A l'Egrégore, les mises en scène, les décors, le jeu étaient assurés par des professionnels. Roland Laroche, Jacques Zouvi, André Pagé, Robert Gadouas y furent metteurs en scène. Mousseau réalisa les décors du *Pélican,* de *Magie rouge,* de *Qui est Dupressin ?;* Germain créa ceux de *Naïves Hirondelles.* Marthe Mercure et François Guillier jouèrent dans *Une Femme douce* adapté de Dostoïevski, spectacle inaugural de la troupe ; Jacques Godin joua *Fin de partie,* Monique Mercure, *Le Pélican,* Roland Laroche, Marthe Mercure et Marcel Sabourin, *Qui est Dupressin ?* Dès sa deuxième saison l'Egrégore présenta un Tennessee Williams, *Eté et fumées.* En 1962-63, en plus de présenter *Ubu Roi, La leçon* et *La Cantatrice Chauve,* la troupe créa, en première mondiale, *Les Violettes* de Schéhadé.

L'Egrégore a joué dans plusieurs salles. Son premier spectacle fut présenté à la Boulangerie, son deuxième, au 2161 ouest de la rue Ste-Catherine, dans un théâtre presque circulaire de 175 places dont la scène élisabéthaine et les gradins de bois en faisaient un lieu unique. Ce théâtre fut fermé en 1961 pour raisons de sécurité. L'Egrégore s'installa alors au 2111 rue Clark, dans un théâtre de 120 places et y joua pendant deux saisons. A l'automne 1963, la troupe commença sa saison dans un nouveau théâtre, rue Dorchester, théâtre plus vaste (230 places) et mieux situé que le précédent. C'est là qu'elle présenta *Le Roi se meurt, Tchin Tchin* de Billetdoux, *Victor ou les enfants au pouvoir,* de Vitrac, *Comédie* de Beckett et *Le Tableau* de Ionesco.

*
* *

Le renouveau apporté au répertoire, la recherche d'auteurs contemporains, les expériences tentées en divers domaines (jeu, décors, aménagement de salles) ont dû créer un climat auquel les auteurs québécois et les animateurs ont été sensibles. Les récitals de poésie et de contes présentés par l'Egrégore et les Apprentis-Sorciers, les lectures de nouveaux textes par l'Egrégore, les dimanches et les lundis de relâche, la création de trois pièces de Jacques Ferron : *Le Licou, Dodu, L'Ogre* au Studio du Théâtre-Club, par Marcel Sabourin, en sont la preuve, de même que l'activité accrue des auteurs qui, depuis 1955, se produisent régulièrement à la télévision, à la radio, par l'édition et par la représentation à la scène.

Nous avons noté déjà comment plusieurs auteurs ont vu leurs textes joués. Le Festival dramatique national, en instituant le prix de la « meilleure pièce canadienne », a permis à plusieurs de ces auteurs de percer ; les troupes professionnelles ont inscrit des textes québécois à leurs saisons régulières ; le T.N.M. et le Théâtre-Club ont lancé, la même année, un concours d'œuvres dramatiques. Les auteurs eux-mêmes ont souvent produit leurs propres textes. Jacques Languirand a fondé le Théâtre de Dix heures à la suite du succès des *Insolites ;* Félix Leclerc a présenté *l'Auberge des morts subites* en 1963 et *Le P'tit Bonheur* en 1965 ; Eloi de Grandmont a fait jouer *Un Coup de fil pour te pendre* au Monument National en 1958. Jacques Duchesne ouvre le Théâtre de la Place Ville-Marie en 1963, petit théâtre de 99 places où il obtient beaucoup de succès avec sa pièce *Le Quadrillé*. L'année suivante Luce Guilbeault y adapte et met en scène un texte de M. Fleischman, *Pain Beurre* et Robert Gurik y crée sa première pièce, *Les Portes*.

En février 1958, la Comédie-Canadienne ouvre ses portes. Jadis music-hall (le Gaiety), puis cinéma (le Radio-City), cette salle de 1,200 places fut transformée et remise à neuf pour devenir le théâtre le mieux équipé au Canada, avec un système de climatisation, d'éclairage et de sonorisation sans équivalents à l'époque. Gratien Gélinas, fondateur et directeur général, veut en faire un théâtre qui favorisera principalement la représentation d'auteurs canadiens.

L'année de sa fondation, la Comédie-Canadienne crée *Un Simple soldat* de Marcel Dubé dans sa version scénique [17]. En 1958-59, on y voit *Le Gibet* de Jacques Languirand, en 1959-60, *Bousille et les justes, Le Cri de l'engoulevent* et la reprise de *Brutus*. La saison suivante, Dubé crée à la scène *Florence* [18] et Jacques Bobet, un néo-canadien, fait jouer *Chambre 110*. Constatant que « le théâtre canadien (...) ne peut pas suffire à faire vivre une salle de 1,200 places » [19], Gratien Gélinas décide d'offrir la salle en location. Le Théâtre-Club y joue ainsi ses deux dernières saisons ; on y voit le Festival de Montréal, le Festival dramatique national, le Théâtre du Nouveau Monde, les Grands Ballets Canadiens, quatre éditions de la Revue Bleu et Or. Des films y sont aussi projetés et des chansonniers (dont Gilbert Bécaud) s'y produisent. En 1963 commence une troisième période dans l'activité de la Comédie-Canadienne, « la plus heureuse ». « Nous avons décidé de mettre notre scène au service, non pas uniquement des auteurs dramatiques, mais de tout ce qui se représente sur scène, la chanson et la comédie musicale au même titre que le théâtre. » [20] La salle y gagnait une polyvalence et le théâtre prenait sa place parmi d'autres manifestations, toutes valables dans l'expression d'une recherche d'identité.

Toutes ces expériences visant le renouvellement du répertoire, la création d'une dramaturgie québécoise, la fondation de troupes et de théâtres tant amateurs que semi-professionnels et professionnels, toutes ces activités allaient connaître des aboutissements au niveau de la création de cadres.

Le théâtre amateur verra d'abord se constituer l'A.C.T.A. (Association canadienne du théâtre amateur), fondée par Guy Beaulne et reconnue légalement par Québec le 18 octobre 1960. La fonction que se donne alors cet organisme est très vaste : il veut réunir toutes les troupes amateurs de langue française du Canada et pour ce faire, il désigne, en 1964, huit centres régionaux : Montréal, Québec, Sherbrooke, Trois-Rivières, Ottawa-Hull, Québec-Nord, Moncton, Manitoba-Saskatchewan. Jusqu'en 1966, l'A.C.T.A. n'a existé que par son congrès annuel et une bibliothèque de référence. Elle se voulait banque d'information, coordinatrice des activités, et elle distri-

---

17. *Un simple soldat* a été créé à la télévision en 1956.
18. *Florence* a été créé à la télévision en 1957.
19. Lysiane GAGNON, « Un théâtre qui vole de ses propres ailes », *La Presse*, 24 février 1968, pp. 45-46 ; 48-49.
20. *Ibid.*

buait les *Cahiers de l'ACTA* qui connurent six publications. Dès le début, l'ACTA tenta aussi de faire pression sur le théâtre professionnel mais ce n'est qu'en 1966 et que par son Festival annuel qu'elle se définira plus clairement dans ce sens.

Le Conservatoire d'art dramatique sera placé, en 1962, sous l'égide du ministère des Affaires culturelles nouvellement organisé et il se donnera un instrument de travail : le Centre dramatique, appelé à devenir le Théâtre populaire du Québec en 1966. En 1960, Jean Gascon fonde l'Ecole nationale de Théâtre où l'on vise à la formation de comédiens, de décorateurs, de costumiers et de techniciens de la scène. Plusieurs individus et organismes privés ont aussi dispensé un enseignement en théâtre : les comédiens Henri Norbert, François Rozet, Gérard Vleminckx, Jeanne Maubourg-Roberval, Eleanor Stuart ; Madame Jean-Louis Audet, Madame Cora-Elie Lepage, le Conservatoire Lassalle ; les Compagnons, l'Ecole du T.N.M. et l'Atelier de Georges Groulx (1956-1960) qui s'adressait aux comédiens non débutants.

En mai 1965, lors de la clôture du Festival d'art dramatique, les jeunes auteurs annoncent la création d'un Centre d'essai des jeunes auteurs dramatiques qui aurait comme fonction de « réunir des auteurs pour encourager et promouvoir l'écriture dramatique, pour permettre un échange de vue entre les écrivains, diffuser des textes dramatiques et, surtout, de présenter au public des lectures de textes originaux » [21]. Robert Gurik, Jean Morin, Marc F. Gélinas sont de la première équipe.

Au fur et à mesure de l'exploration des multiples formes de la manifestation théâtrale, les artisans se donnent eux-mêmes des organismes qui leur disent les techniques en même temps que la richesse des ramifications, des valeurs, des utilisations possibles du théâtre. Si l'auteur a des thèmes à exploiter, un langage à faire valoir, il a aussi des techniques de scène à connaître. Ainsi en est-il des autres techniciens-artisans de la scène qui, au fur et à mesure qu'ils maîtrisent leurs métiers, servent mieux l'art qu'ils ont choisi et expriment de plus en plus fortement une identité et une appartenance de par l'empreinte donnée à la matière théâtrale.

*
* *

Précision des orientations.

Les divers essais qui ont marqué les dix années de 1955 à 1965 trouveront leur point d'aboutissement dans la troisième période d'activités qui s'ouvre par la saison 1965-1966. Certains théâtres continueront à abriter des productions diverses alors que d'autres salles se définiront par une orientation délibérément voulue. Les troupes se formeront autour de projets à réaliser, de formes théâtrales à promouvoir. La poussée la plus prononcée se fera cependant en théâtre « québécois » : les jeunes troupes et les nouvelles salles préféreront s'identifier à une réalité qui est leur, à un contexte de vie qui est du Québec et non d'ailleurs.

21. Luc Perreault, « Le Centre d'essai des auteurs dramatiques », *La Presse*, 22 octobre 1966.

Le Théâtre du Rideau Vert a invité à travailler chez lui, pendant cette troisième période, des metteurs en scène et des comédiens étrangers : M.Raevsky du Théâtre d'Art de Moscou pour *Les Trois sœurs* de Tchekhov en avril 1966 ; Giovanni Poli pour *Barouf à Chioggia* de Goldoni en octobre 1971 ; Madeleine Renaud pour *Oh ! les beaux jours* en mai 1967 ; Madeleine Renaud, Claude Dauphin et Michel Lonsdale pour *L'Amante anglaise* de Marguerite Duras en mai 1972 et Madeleine Robinson pour *D'Amour et de théâtre* en mai 1973.

Il a inscrit à ses saisons des pièces d'auteurs classiques (Shakespeare, Molière, Marivaux, Calderon), d'auteurs modernes (Ibsen, Pirandello, Giraudoux), d'auteurs contemporains (Pinter, Sartre) de même que des pièces de boulevard (Barillet et Grédy, Feydeau, Guitry, Labiche). Il a créé des textes québécois de Françoise Loranger, Marie-Claire Blais, Louis-Georges Carrier et Claude Léveillé, Marcel Dubé, Michel Tremblay, Claire Martin. Si toutes ces pièces composent des saisons bien remplies (10 pièces en 1965-66, 11 en 1966-67, 9 en 1967-68, 7 en 1968-69, 8 en 1969-70, 7 en 1970-71), elles ne composent pas pour autant des saisons équilibrées, le seul équilibre venant de l'alternance d'un texte comique et léger et d'un texte sérieux et classique.

Le Théâtre du Rideau Vert présente depuis 1968 des spectacles pour jeunes enfants, soit des textes de Marcel Sabourin, Roland Lepage, Patrick Mainville, Charlotte Savary et André Cailloux. Toute cette série d'activités pour les jeunes est d'ailleurs dirigée par André Cailloux qui invite régulièrement les marionnettistes Pierre Régimbald et Nicole Lapointe. *L'Oiseau bleu* de Maurice Maeterlinck et *Alice au pays des merveilles* de Lewis Carroll ont été présentés pendant la période des fêtes de Noël au Théâtre Maisonneuve de la Place des Arts [22], le premier spectacle de 1968 à 1971, le deuxième en 1971-72.

En 1968, la troupe a procédé à une rénovation du Stella et lui a donné son propre nom : Théâtre du Rideau Vert. La troupe a aussi ses locaux administratifs, son atelier de costumes et une équipe technique qui réunit Robert Prévost, Hugo Wuethrich, Guy Rajotte et François Barbeau.

A La Poudrière, Jeanine Beaubien poursuit sa politique de Théâtre International en plusieurs langues. Si, en 1966, deux pièces sont présentées en français, deux en anglais et une en allemand, en 1967, les répartitions sont différentes : une pièce de Feydeau, quatre spectacles en anglais, un en allemand. L'année 1971 a favorisé le théâtre de langue française, mais autrement les productions anglaises sont plus nombreuses. « Yes, the accent is on English-language plays because that's where I get most support and it has been that way ever since we began in 1958. » [23]

Janine Beaubien a signé elle-même les mises en scène de *Qui a peur de Virginia Woolf ?, La Puce amoureuse, Jeu Strindberg, Jeu, set et match.*

22. Le Maisonneuve est un théâtre de 1,290 places, inauguré par la Compagnie Renaud-Barrault qui y présenta le 30 avril 1967, un *Hommage à St-Exupéry*. Depuis, la compagnie de Stratford, la Comédie-Française, le Manitoba Theater Center et les Productions Paul Buissonneau, entre autres, y ont présenté leurs spectacles.

23. Lawrence SABBATH, « Small home, huge scheme, La Poudrière celebrates its 15th anniversary », *Montreal Star*, May 6, 1972, p. C-12.

Depuis 1971, La Poudrière donne des spectacles pour enfants de même que des ateliers pour les « Apprentis de la Poudrière ».

*

* *

Fidèle au but qu'elle s'était fixé dès le début, soit de présenter les œuvres du répertoire classique au public étudiant, faisant ainsi coïncider sa démarche avec les investissements faits dans le domaine de l'éducation, la Nouvelle Compagnie Théâtrale va chercher son public à Montréal et dans un rayon de 40 milles à l'extérieur de la ville. Si la troisième saison (1965-66) a attiré 53,500 spectateurs, la huitième saison (1970-71) en a attiré 102,460 en 120 représentations [24]. Les auteurs classiques figurent toujours au programme : Molière, Shakespeare, Musset, Ben Jonson, Marivaux, Euripide, Tirso de Molina, de même que les pièces « classiques » modernes et contemporaines : *La Mouette, Le Roi se meurt, Un Simple soldat, Des Souris et des hommes.* Georges Groulx, Gilles Pelletier, Jean-Luc Bastien y signent des mises en scène ; Claude Fortin, François Barbeau, Janet Logan, Renée Noiseux-Gurik y réalisent décors et costumes ; Françoise Graton, François Tassé, Andrée Lachapelle, Jacques Galipeau, Dyne Mousso, Jacques Godin, Sophie Clément, Jean-Louis Paris, Henri Norbert y jouent.

Plusieurs initiatives viennent compléter la présentation des pièces aux étudiants. En 1967, la N.C.T. commence la publication de « cahiers pédagogiques » destinés aux éducateurs et distribués par le ministère de l'Education. Ces « cahiers », ayant renouvelé leur formule de présentation, sont accessibles à tous à partir de 1970. Très tôt, des colloques sont organisés avant le début des représentations d'une nouvelle pièce, colloques qui réunissent les principaux artisans du spectacle et un conférencier invité, spécialiste de l'auteur présenté. En 1968, un concours de textes dramatiques est lancé auprès des étudiants dans un triple but :

> Promouvoir chez les étudiants l'intérêt pour la création d'œuvres dramatiques — leur fournir l'occasion de manifester leur talent d'auteur dramatique — permettre aux jeunes écrivains de voir leurs œuvres appréciées et commentées par des spécialistes [25].

Salomon de N. de Bellefeuille et A. Lamarre ; *Oui Chef !* de Dominique de Pasquale, *Contact* d'André Millette ; *La Nuit* d'Yvan Turcotte ; *Bobby Boom* de Jean-Marie Apostolides ont ainsi été créés. En 1971, un Atelier de recherche est constitué, destiné à poursuivre l'expérimentation au triple plan des techniques de la scène, du jeu de l'acteur et de la dramaturgie.

En 1971, pensant aux plus jeunes spectateurs (12-15 ans) et souhaitant les initier au phénomène du théâtre, la N.C.T. a mis sur pied « Opération-Théâtre » qui vise à faire connaître les conventions de base de la représentation théâtrale.

---

24. Yves Lefebvre, « Bilan théâtral de la Nouvelle Compagnie Théâtrale depuis sa fondation au mois de mars 1964 » dans *Nord, op. cit.*, pp. 167-171. Consulter aussi l'article de Gilles Marsolais qui précède ce bilan.

25. Christian Allègre, « Découvrir les auteurs dramatiques », *Sept-Jours,* 9 mai 1970.

La Compagnie du Théâtre de Quat'Sous, fondée en mai 1963, va découvrir et assumer pleinement une politique de création qui la placera, ainsi que son théâtre, à l'avant-poste du théâtre québécois et montréalais. Elle présentait en mars 1964 son premier grand spectacle, *La Passion ou le manteau de Galilée,* une pièce de Paul Buissonneau. A l'été 1965, le Centre d'Art de Repentigny accueillait la Compagnie qui offrait *Le Cirque aux illusions* et *La Jument du Roi.* Quelques mois plus tard, en décembre, le Théâtre de Quat'sous s'installait définitivement au 100 est avenue des Pins, dans une salle de 149 places.

Les premières productions sont des comédies poétiques, des textes fantaisistes comme *La Florentine, Ciel de lit, La Grande roue.* Les productions suivantes offrent à réfléchir sur la société contemporaine : *Love, Le Knack, La Promenade du dimanche.* Pendant la saison suivante, c'est au Théâtre de Quat'sous qu'on peut voir *Peuple à genoux* (décembre 1967) et *L'Osstidcho* (mai 1968), que le Centre d'Essai fait des lectures dont celle des *Crasseux* d'Antonine Maillet et que l'ACTA tient en partie son festival. C'est à ce moment que Paul Buissonneau, fondateur et directeur artistique, définit sa politique de programmation :

> Nous voulons nous consacrer à un théâtre actuel qui brasse un peu les gens, qui dérange sinon les gens du moins les choses. (...) Mais notre choix de pièces doit aussi tenir compte des frais de plateau et de production [26].

Depuis 1968, le Théâtre de Quat-sous est de plus en plus présent au théâtre québécois avec tous les risques qu'une telle entreprise suppose. Jean Morin y crée *Vive l'empereur,* Michel Tremblay, *En pièces détachées, La Duchesse de Langeais, L'Effet des rayons gamma sur les vieux garçons, A toi, pour toujours, ta Marie-Lou, Le Pays du Dragon, Hosanna.* Marie Savard, Yvon Deschamps, Michel Faure, Robert Gauthier, Serge Sirois, Jean Barbeau y ont vu leurs textes créés et représentés. René Dionne a adapté des pièces pour le Théâtre de Quat'sous, les élèves de l'Ecole Nationale de Théâtre y ont présenté des exercices, de nouvelles troupes y ont fait leur premières armes, de jeunes metteurs en scène y ont débuté de même que de jeunes comédiens.

Le Théâtre de Quat'sous est devenu une « sorte de tremplin pour les jeunes dramaturges québécois », la « scène officielle » du théâtre québécois [27].

*
* *

Le Théâtre du Nouveau Monde, qui aura vécu en entier ces trois périodes de l'installation et des renouveaux progressifs du théâtre à Montréal, verra se préciser, se définir davantage sa place et ses orientations. Si la saison 1965-66 est présentée à partir de l'Orpheum, la saison suivante à partir du Gesù, c'est au Théâtre Port-Royal que la troupe se produira jusqu'au

---

26. Fernand DORÉ, « Du théâtre *au pif* », *Maclean,* vol. 8, no 2, 1968, p. 51.
27. Michel BÉLAIR, « Le Quat'Sous « part en grande » », *Le Devoir,* 12 septembre 1972.

printemps 1972. L'équipement technique de cette salle de la Place des Arts est de premier ordre, le plateau est entièrement composé de panneaux démontables, le cadre de scène est très ouvert, les dégagements de coulisses sont très profonds. La salle contient 825 places disposées en 18 rangées de profondeur sur une inclinaison qui assure une visibilité parfaite.

> Il va sans dire que l'événement est pour nous d'une importance capitale. D'abord, il assure notre survie, mais, bien plus, il nous fournit l'indispensable instrument que nous réclamons depuis si longtemps : une salle permanente [28].

La saison 1972-73 marquera encore une étape dans l'histoire du T.N.M. puisqu'elle verra l'établissement de la troupe à la Comédie-Canadienne rebaptisée Théâtre du Nouveau Monde.

La Comédie-Canadienne qui, depuis sa fondation, a dû redéfinir son mode de fonctionnement pour rester fidèle au but qu'elle s'était d'abord fixé, a présenté nombre de pièces d'auteurs québécois : *Les Temples* de Félix Leclerc, *Hier les enfants dansaient* de Gratien Gélinas, *Il est une saison* de Dubé, Carrier, Léveillé, *Un Simple soldat* et *Au Retour des oies blanches* de Marcel Dubé. Pendant l'année 1967, 43 semaines de spectacle sur 52 furent consacrées à des créations québécoises dans les domaines de la chanson et du théâtre. Marcel Dubé revient sur la scène de la Comédie-Canadienne en février 1968 avec *Un Matin comme les autres* et, en novembre 1968, avec *Pauvre Amour ;* Guy Dufresne y crée *Docile* (mai 1968), Eugène Cloutier, *Hôtel Hilton, Pékin* (mai 1969) ; Françoise Loranger y présente *Double Jeu* et *Médium Saignant*, Gratien Gélinas y adapte *Rita Joe,* Yvon Deschamps et Louise Forestier y donnent *Attends ta délivrance.* Puis, de nombreux chansonniers s'y produisent, la projection de films s'y fait de façon de plus en plus régulière, le théâtre y devient de moins en moins fréquent.

Le T.N.M. va rendre cette salle à sa raison d'être première tout en se trouvant dans un théâtre à lui, sans frais constants de location, ce qui lui assurera une exploitation continuelle d'un local. Le rêve d'un théâtre permanent se réalisera peut-être.

> ... en s'installant au Port-Royal, le T.N.M. put monter des structures à caractère permanent, tant sur le plan de l'administration que sur celui de la production, direction de scène, fabrication de costumes et d'accessoires, services techniques, etc. Reste la formation d'un noyau de comédiens, dont le talent soit exclusivement consacré au Théâtre du Nouveau Monde. Sans préjuger de l'avenir, nous pouvons espérer la réalisation assez prochaine de ce vieux rêve [29].

Cette troisième période d'activités verra aussi la réalisation de nombreuses collaborations. Collaboration avec les auteurs d'abord. Jacques Languirand a été le premier dramaturge du T.N.M., ce qui a permis la création « collective » [30] de *Klondyke.* Albert Millaire et Jacques Ferron ont

---

28. « L'événement est pour nous capital : il assure notre survie puisqu'il nous procure une salle permanente », Jean-Louis Roux, *Le Devoir,* 29 mars 1967.

29. Jean-Louis ROUX, « Le Théâtre du Nouveau Monde : Enfin chez nous ! », *L'Envers du décor*, vol. 4, no 6, avril 1972, p. 2.

30. Création « collective » réalisée par le metteur en scène Jean Gascon, le décorateur Robert Prévost et le musicien Gabriel Charpentier.

travaillé ensemble à la nouvelle version des *Grands Soleils,* Eloi de Grandmont a renouvelé *Pygmalion,* Michel Tremblay et André Brassard ont réalisé sur commande *Lysistrata,* Jean-Louis Roux a écrit *Bois-Brûlés* et adapté *On n'a pas tué Joe Hill, Hamlet* et *Jules César,* Roch Carrier a adapté pour la scène le roman *La Guerre, Yes Sir!* et occupe, depuis 1971, le poste de dramaturge, Michel Faure et Paul Buissonneau ont écrit *D.D.T.* et Buissonneau a adapté *Les Archanges* et *Faut jeter la vieille* de Dario Fo, Jean-Pierre Ronfard a travaillé avec Claude Gauvreau à sa pièce *Les Oranges sont vertes.* Si en 1965-66 et en 1966-67, le T.N.M. ne créait qu'un seul texte québécois par saison, il en produit maintenant régulièrement deux qu'il suscite lui-même, reprend à la télévision *(Bilan)* ou crée *(Les Traitants, Le Marquis qui perdit, Un bateau que..., Le Procès de Jean-Baptiste M., Julien-Julien).*

Si les équipes de base du T.N.M. sont permanentes, la troupe sait diversifier les apports de l'extérieur, pour la mise en scène particulièrement. John Hirsch, Jean-Marie Serreau, Albert Millaire, Jean-Pierre Ronfard, André Pagé, André Brassard, Paul Buissonneau, Jean-Louis Barrault, Roland Laroche, Jacques Létourneau ont ainsi collaboré aux saisons régulières.

Une des volontés constantes du T.N.M., après sa « saison engagée » de 1965-66 *(Lorenzaccio, Mère Courage, Les Sorcières de Salem),* fut de s'ouvrir de plus en plus au public. A l'occasion de *Bois-Brûlés,* il offrit à ses abonnés l'occasion de rencontrer les comédiens et de s'entretenir avec eux ; au moment de *Bérénice,* il organisa une exposition Racine ; en septembre 1969, il commença à publier *L'Envers du décor,* petit journal distribué aux spectateurs où sont présentés les artisans du T.N.M., les auteurs, administrateurs, techniciens, de même que les budgets, les sondages auprès du public et des articles de fond. La saison 1971-72 voit la réalisation des « Quatrièmes mardis » (« Toute une soirée au théâtre »). Le mardi de la dernière semaine de représentation d'une pièce, les spectateurs rencontrent les responsables de la production à 18 heures, mangent avec eux à 19 heures 15, voient le spectacle à 20 heures 15 et discutent avec les comédiens, l'auteur, le metteur en scène en fin de soirée. Il y a aussi les rencontres T.N.M. — S.E.P., réalisées grâce à la collaboration du T.N.M. avec le Service de l'Education permanente de l'Université de Montréal et organisées en vue de préparer le public aux différents spectacles.

En 1968, le T.N.M. inaugurait les « Lundis du T.N.M. » où de nouveaux auteurs auraient toute liberté de présenter leurs expériences dans tous les domaines du théâtre et de la scène. Raoul Duguay en profita seul, avec *Babababellllll,* les frais de location du Port-Royal étant trop considérables. Dès son installation à la Comédie-Canadienne, le T.N.M. a repris ses « Lundis » et les a ouverts à la musique, au ballet aussi bien qu'au théâtre, en fait à « tous ceux qui ont le pouvoir d'inventer un spectacle ». En 1967 déjà, le T.N.M. souhaitait un studio d'essai où l'on pourrait monter, avec des moyens réduits, des pièces « d'auteurs québécois » [31]. En 1972-73, *Joualez-moi*

31. Martial DASSYLVA, « Le nouveau départ du Théâtre du Nouveau Monde », *La Presse,* 25 février 1967.

d'amour, Goglu et Knock-out technique à la deuxième période (création) de Jean Barbeau ont été jouées au « Théâtre-Midi ».

Les saisons, depuis 1967-68, sont beaucoup mieux équilibrées, et si elles vont chercher les pièces un peu dans tous les pays et à toutes les époques pour beaucoup d'éclectisme et pour plusieurs publics, elles s'organisent autour d'un thème connu. Une saison se compose habituellement d'une pièce moderne légère, d'une pièce contemporaine qui suppose une certaine recherche, d'une pièce moderne traitant d'un problème social ou politique, d'un classique et de textes québécois dont la thématique rencontre celle des pièces contemporaines. Les thèmes exploités touchent l'homme et ses responsabilités sociales, l'homme, l'histoire et la politique, de même que l'homme témoin de lui-même.

> Sans être l'agent de quelque parti politique que ce soit, le Théâtre du Nouveau Monde tient toutefois à jouer un rôle significatif dans la vie de la cité. Il doit fournir aux hommes qui le désirent, un lieu où ils viennent s'interroger sur leur condition, rire de leur ridicule, s'émouvoir aux passions de leurs semblables, se provoquer à la lucidité, lutter contre la routine et l'obscurantisme, dénoncer l'oppression d'où qu'elle vienne et la mesquinerie sous quelque forme qu'elle se camoufle, s'ouvrir à ce que le présent offre chaque jour de nouveau — en un mot : convier à mieux vivre [32].

*
* *

Les deux troupes de tournée qui ont leur point d'attache à Montréal, le Théâtre Populaire du Québec et les Jeunes Comédiens du T.N.M., ont aussi précisé leur orientation pendant cette dernière période. Le T.P.Q., issu directement du Centre Dramatique du Conservatoire en 1966, a d'abord présenté Musset, Racine, Regnard, Molière, Corneille, Beaumarchais et Marivaux aux publics de la province et de Montréal. Au printemps 1969, Albert Millaire accédait à la direction artistique de la troupe et il en changea le répertoire tout en restant fidèle à la politique de décentralisation. *Encore 5 minutes, Le Cri de l'engoulevent, Ben-Ur* sont alors présentés ; le Grand Cirque Ordinaire naît, groupe qui, sous la direction de Raymond Cloutier, « loue » ses créations collectives au T.P.Q. : *T'es pas tannée Jeanne d'Arc, La Famille transparente, Alice au pays du sommeil, T'en rappelles-tu Pibrac ?* Cette association des deux groupes se termine en décembre 1971 alors que le dernier spectacle du G.C.O. est interdit.

Jean-Guy Sabourin a accepté d'être le conseiller artistique du T.P.Q. en 1972. La troupe, qui est toujours essentiellement une troupe de tournée, a offert, sous sa direction : *L'Architecte et l'Empereur d'Assyrie* d'Arrabal, *La Moscheta* de Ruzzante, *Dieu aboie-t-il ?* de François Boyer et *Le Chant du Sink* de Jean Barbeau. La programmation du T.P.Q. est maintenant ouverte aux auteurs classiques, modernes et québécois.

---

32. Jean-Louis Roux, « Manifeste pour une 20e saison », *L'Envers du décor*, vol. 2, no 6, mars 1971, p. 3.

En 1966, le T.N.M. prend en charge l'administration et la production des spectacles des « Jeunes Comédiens », troupe de tournée groupant à l'origine (1963) des élèves de l'Ecole Nationale de Théâtre. Depuis 1965, la troupe est composée de comédiens sortis depuis peu des écoles de théâtre de la province de Québec et elle offre aux écoles, collèges et universités, lors de tournées qui la conduisent de l'Atlantique au Pacifique, au Canada et aux Etats-Unis, un ensemble de spectacles au choix :

1965 : *Leçons d'amour de Monsieur Molière* (anthologie)
La Première famille (Supervielle)
Hommes et bêtes (choix de textes dramatiques)

Direction : Jean-Pierre Ronfard

1966 : *Le Major Cravachon* (Labiche)
Les deux timides (Labiche)

Direction : Gaétan Labrèche

En 1968-69, Jean-Pierre Ronfard dirige une création collective : *Voyage ou Bon, qu'est-ce qu'on fait maintenant ?* Depuis, les Jeunes Comédiens offrent, lors de leurs tournées, une création collective et un spectacle monté : *Ubu Roi* et *Des Rois, des dames, des chevaux et des fous* (1970-71) ; *Les Fourberies de Scapin* et *Sparages* (1971-72) ; *Quichotte* et *Galipotte* (1972-73). En 1963, la tournée dura quatre semaines et les comédiens étaient au nombre de quatre ; en 1972-73, le nombre de comédiens a doublé et la tournée est de 32 semaines [33].

*
* *

En 1965-66, les Saltimbanques et l'Egrégore présentent leur saison régulière alors que les Apprentis-Sorciers, en plus de participer au Festival international du théâtre d'amateurs à Monaco avec *C'est l'enterrement de Nicodème, tout le monde est invité,* se cherchent un nouveau local où poursuivre leurs activités. En 1966-67, les Saltimbanques jouent Obaldia, Arrabal, Vian ainsi que *Equation pour un homme actuel* de Pierre Moretti, pièce qui fut censurée mais qu'ils présenteront quand même au Festival international de Nancy en 1968. Cette aventure causera cependant le démembrement de la troupe. En 1966-67, les Apprentis-Sorciers, maintenant dirigés par Jean-Pierre Saulnier, s'installent dans leur nouveau théâtre au 1297 de la rue Papineau, jouent Frisch, Gorki, Albee et créent *Une Simple mécanique* de Yerri Kempf. En 1967, l'Egrégore perd son théâtre, confie son administration à la Comédie-Canadienne et tente un nouveau départ sous la direction de Claude Préfontaine. L'année suivante, la troupe crée *Equation à deux inconnus* de Marcel Dubé, *Le Pendu* de Robert Gurik et *Le Chemin du Roy* de Françoise Loranger au Gesù. Ce sera sa dernière saison.

Tentant sa dernière aventure, le théâtre amateur se regroupe au Centre du Théâtre d'Aujourd'hui (1297, rue Papineau). André Brassard monte

33. La tournée transcanadienne des « Jeunes-Comédiens » est organisée par le Centre National des Arts.

Escurial et *L'Ecole des Bouffons* de Ghelderode, Rodrig Mathieu présente une comédie dans le style commedia dell'arte. Mais la recherche, l'expérimentation en théâtre va se poursuivre selon une orientation nouvelle, à partir de ce petit théâtre de la rue Papineau.

Le Centre du Théâtre d'Aujourd'hui est un théâtre transformable à souhait, les éléments scéniques étant des plates-formes mobiles, les sièges des spectateurs étant également amovibles. Une centaine de spectateurs peuvent y prendre place. Pierre Collin et Jean-Pierre Saulnier en seront les premiers responsables ; c'est là que viendront jouer les P'tits Enfants de Chénier du Théâtre du Même Nom en 1969 ; c'est là que Pierre Collin, Pierre Bégin, Marc-F. Gélinas, Jean-Claude Germain créeront leurs textes. Le Centre du Théâtre d'Aujourd'hui est le seul où l'on ne fasse que de la création québécoise et qui engage des jeunes comédiens.

Le Patriote à Clémence, salle de 200 places située rue Ste-Catherine tout près de Papineau, a mis quelque temps à s'affirmer comme théâtre mais a permis, depuis quelques années, à plusieurs troupes, et des moins traditionnelles, de se produire. Le Mouvement Contemporain y présenta son Festival Beckett en 1966-67. En 1971, Jacqueline Barrette y fait jouer *Ça dit qu'essa à dire* [34] ; en 1972, on y entend *Le Chemin de Lacroix* de Jean Barbeau. La Quenouille Bleue, Les Carcasses, Tagada Tsouin Tsouin y ont produit leurs spectacles. Le Grand Cirque Ordinaire y a fait sa rentrée en avril 1973 avec *L'Opéra des pauvres,* « vaudeville rock dans un hôtel cosmique » [35].

Le Théâtre du Même Nom est sans doute la troupe qui a plus contribué au renouvellement de la notion de « théâtre » à Montréal depuis 1969, année de sa fondation. Le T.M.N. est une initiative de comédiens qui, non satisfaits des instruments de travail existants (écoles de formation, troupes, répertoires, salles, etc.) décidèrent d'en créer à leur mesure et à la mesure de ce que pouvait être et devenir le théâtre québécois. Avant leur premier spectacle, Jean-Luc Bastien, Gilles Renaud, Nicole Leblanc, Monique Rioux, Odette Gagnon, Louisette Dussault et Jean-Claude Germain se rencontrèrent pendant six mois pour des sessions d'improvisations libres où le geste, la langue théâtrale, les textes classiques furent remis en question. Leur premier spectacle fut donné au Centre du Théâtre d'Aujourd'hui en septembre 1969 : *Un autre grand spectacle d'adieu ;* il fut suivi de *Diguidi Diguidi Ha ! Ha ! Ha !* et de *Si Aurore m'était contée deux fois.* La saison suivante vit la création de quatre spectacles : *La mise à mort d'la Miss des Miss, Les Tourtereaux ou la vieillesse frappe à l'aube, Si les Sansoucis...; Le Roi des mises à bas prix* fut créé à l'été à La Bavasserie, café-théâtre de la rue St-Denis. En 1971-72, une deuxième génération du T.M.N. succède à la première : Les P'tits Enfants Laliberté : Maurice Gibeau, Gilbert Lepage, Murielle Dutil, Nicole Leblanc, Jean-Pierre Piché, Claude Maher et Michèle Rossignol. Ils créeront *Rodéo et Juliette* (2e version), *Les Jeunes s'toute des fous, Dédé*

---

34. Le Théâtre Actuel du Québec, dont les buts sont de montrer le quotidien québécois et les préoccupations actuelles des québécois, a aussi produit deux autres pièces de Jacqueline Barrette : *Oh ! Gerry Oh !* et *Flatte ta bedaine Ephrem.*

35. « Le théâtre pour nous ce n'est qu'une seule et unique chose : LE JEU. Tout est jeu, même l'amour, même la mort », explique Raymond Cloutier, porte-voix du G.C.O.

Mesure et *La Charlotte électrique*. En 1972-73, le groupe s'arrête surtout à la reprise de textes déjà créés, œuvrant déjà dans le sens de la constitution d'un répertoire.

Le travail du T.M.N. touche d'abord le jeu du comédien avec tout ce que cela signifie au niveau de la langue, des rythmes de jeu, de texte, de mouvement, de la conception de personnages et de situations, et surtout de la responsabilité de création qui est celle du comédien. Jean-Claude Germain explique cette méthode de travail :

> Ma méthode de travail implique un très grand respect pour les comédiens. Effectivement, dans la façon dont je travaille, je fais terriblement confiance à l'intelligence des comédiens. Et à leur physique aussi. Mais le physique est conditionné par l'intelligence. La mise en scène est faite de façon géométrique, c'est-à-dire que les comédiens savent comment ça fonctionne. Mais je ne m'attarde jamais aux détails. Ce sont eux qui les règlent [36].
>
> Notre recherche est axée sur la création d'un style d'écriture théâtrale, tant au niveau des symboles qu'au niveau de l' « économique » [37].

*
* *

La redéfinition du théâtre québécois et montréalais se fait à partir du texte autant que du jeu du comédien. Au niveau des renouvellements en techniques scéniques, l'essai de théâtre d'environnement de Maurice Demers s'est avéré intéressant mais est malheureusement resté sans suites. Un Centre d'Essai en scénographie serait sans doute souhaitable où décorateurs, costumiers, scénographes, concepteurs d'environnements et techniciens pourraient trouver informations, matériaux et rencontres.

Les organismes de travail comme le Centre d'Essai des Jeunes auteurs dramatiques et l'ACTA ont intensifié et multiplié les rencontres entre leurs membres et les confrontations avec le public, provoquant ainsi la recherche et la création. Les formules adoptées par le Centre d'Essai ont montré leur efficacité. Tables rondes, discussions, lectures publiques ont fait connaître les Gurik, Jean Morin, Michel Tremblay, Marc-F. Gélinas, Robert Gauthier, Antonine Maillet. De 1965 à 1972, le Centre d'Essai a organisé 100 tables rondes et 45 lectures publiques au Théâtre de l'Egrégore, à la salle du Gesù, à la Bibliothèque nationale où l'entrée était toujours libre et où les lectures étaient données par des comédiens qui offraient leurs services gratuitement.

> (...) pour jouer dans des pièces qui nous conviennent, il faut que nous aidions les jeunes auteurs sans leur demander aucune contribution. Sinon, vu l'insuffisance de ses ressources monétaires, le nouveau théâtre québécois serait tué dans l'œuf [38].

---

36. « Quelques articles du credo théâtral de Jean-Claude Germain », *La Presse*, 6 mai 1972.
37. Michel Beaulieu, « Jean-Claude Germain, bourreau de théâtre », *Perspectives*, 29 octobre 1972, pp. 10-12, 14, 16.
38. Pierre Turgeon, « Le Théâtre québécois ? Nous le faisons ! », *Perspectives*, 13 juin 1970, pp. 28--30-32.

Le Centre a aussi fait publier dix-sept pièces grâce aux liens qu'il a établis avec des maisons de publication : Holt, Rinehart et Winston pour la revue *Théâtre Vivant* et les Editions Leméac pour la collection « Répertoire québécois ».

En 1972, le Centre d'Essai se redéfinit comme « une sorte d'agent littéraire, comme un intermédiaire entre l'auteur et la maison d'édition ou de production. Son rôle est en fait d'assurer la promotion d'un texte et d'un auteur afin que celui-ci soit joué ou publié. » [39] Plus de tables rondes, plus de lectures publiques mais des spectacles : *La Sagouine* au Théâtre du Rideau Vert, *Goglu* et *Solange* au Théâtre de Quat-Sous, par exemple.

Cette redéfinition du Centre d'Essai, qui n'a pas encore tout à fait donné ses preuves, se fait au moment du changement d'orientation de l'ACTA devenue, en 1972 : L'Association Québécoise du Jeune Théâtre (AQJT). Ce changement s'est préparé lentement, de Congrès en Festival-Carrefour. En 1966, l'ACTA coordonne un festival télévisé de pièces en un acte auquel participent quatorze de ses troupes ; en 1967, l'Association organise un « festival de créations canadiennes » au Pavillon de la Jeunesse de l'Expo : six troupes participent et les spectacles sont suivis de discussions. Les bases du Festival-Carrefour sont ainsi établies et il aura lieu désormais chaque année. En 1969, le Festival est consacré exclusivement au répertoire québécois et le Congrès d'octobre définit ainsi le but de l'organisme :

> promouvoir le développement du théâtre de création et de recherche d'expression canadienne-française, très particulièrement au Québec.

Le Congrès suivant décide de la publication de « Jeune Théâtre », journal d'information, et le Festival-Carrefour 1972, qui a lieu à Québec, est un « Festival de créations régionales ou de pièces québécoises non jouées ». C'est au congrès annuel d'octobre 1972 que l'ACTA devient l'AQJT dans le but de mieux identifier la réalité de son action.

Le Festival 1973 de l'AQJT, à Jonquière, a fait la preuve de la vitalité du jeune théâtre qui a maintenant son format pour enfants (Le Théâtre de la Marmaille de Monique Rioux ; Le Théâtre Soleil de Micheline Pomrenski) ; ses manipulateurs de marionnettes petites et géantes (Le Théâtre Sans-Fil) ; ses ateliers de recherche théâtrale (L'Eskabel) ; ses groupes engagés (Théâtre Sua Trotte) ; ses troupes formées d'étudiants sortis des cours de théâtre des écoles de formation, des collèges (CEGEP) et des universités qui, subventionnées par les programmes de Perspectives-Jeunesse et d'Initiatives locales font du théâtre partout, avec la réalité quotidienne de ceux qui viennent les écouter. Plusieurs de ces jeunes font un travail d'animation. Tous cherchent à vivre ce que Michel Bélair appelle la démystification, la désacralisation du théâtre. Le théâtre devient alors un instrument de réalisation de soi, il n'existe plus pour servir uniquement la vedette ou le professionnel imbu de son rôle de missionnaire de la culture, il veut se mettre à la disposition de tous.

*
* *

---

39. Michel Bélair, « Les deux centres d'essais », *Le Devoir*, 14 octobre 1972.

Montréal demeure, en 1973, le centre principal de la production théâtrale au Québec. Ses théâtres officiels, ses petites salles offrent des saisons variées qui, au dire de plusieurs critiques, ne sont pas encore assez orientées vers le théâtre québécois. En vingt ans, les expériences ont été multiples, les animateurs se sont succédé, certains directeurs de théâtre ont affirmé et maintenu leur choix d'un style et d'un répertoire. Aucune véritable troupe n'a cependant été formée dans le théâtre professionnel qui continue à être le fait d'individus proposant leurs services à des metteurs en scène engagés par les directeurs de théâtre.

Les renouvellements au niveau du répertoire, de la scénographie, les essais en dramaturgie québécoise, les expériences autour du jeu du comédien et des relations à établir entre membres d'une même troupe sont toujours presque uniquement le fait des jeunes groupes amateurs et semi-professionnels. Ils se constituent en troupes et travaillent le plus souvent hors des circuits commerciaux habituels. Cette situation est sans doute normale ; il n'en reste pas moins que tout laboratoire, si petit soit-il, a droit aux brevets de ses propres inventions.

En 1973, ces jeunes troupes découvrent que l'essentiel au théâtre n'est plus dans la représentation mais dans la communication et dans la réalisation de soi par l'intermédiaire d'un instrument perfectible et adaptable. En vingt ans, et grâce toujours à l'action de ces jeunes troupes, le théâtre québécois a ajouté aux dimensions de spectacle et de divertissement qu'il possédait déjà cette notion essentielle que le théâtre est moyen de découverte de soi et qu'il peut se mettre de plus en plus à la portée de tous. Le théâtre n'est plus pur jeu scénique. Il s'est ouvert progressivement au social et au politique.

Cette nouvelle voie, explorée par les jeunes troupes, demeurera-t-elle une voie parallèle ? Elle remet pourtant en cause les notions mêmes de théâtre, de troupe, de saison et de répertoire. Le théâtre ne peut plus vivre à l'écoute du théâtre seulement (exercice en cercle vicieux), mais il doit vivre à l'écoute de ceux qui sont au point d'origine et au point de réception de ses manifestations.

Juillet 1973

Le Théâtre à la radio et à la télévision au Québec

par Renée LEGRIS et Pierre PAGÉ,

professeurs à l'Université du Québec à Montréal

INTRODUCTION

Le théâtre radiophonique est né au Québec à une époque où le théâtre sur scène connaissait un ralentissement et même une crise, provoquée entre autres, par les suites néfastes de la dépression économique de 1929. Les difficultés financières des troupes les menaçaient de disparition ou d'arrêt prolongé, et de nombreux comédiens manquaient de ressources faute de travail. Le public lui-même s'éloignait des théâtres, se privant de spectacles et de loisirs [1]. Le théâtre radiophonique est apparu dans cette conjoncture comme un moyen privilégié d'expression et une sorte de salut pour beaucoup de comédiens. Il s'est imposé avec force au public par la production d'un répertoire encore plus vaste que celui habituellement joué par les troupes de théâtre chaque année. Et par conséquent, il a amené des transformations fondamentales dans les relations entre le public et la vie théâtrale.

L'opinion générale a souvent affirmé que le théâtre intéressait peu le public québécois, avant les années 1960. Cette affirmation nous paraît aujourd'hui douteuse si nous la situons par rapport à la popularité du théâtre radiophonique de 1933 à 1960. Les très nombreuses commandites obtenues par ce genre de programme, les multiples séries d'émissions diffusées, les programmations diversifiées et renouvelées, selon l'évolution du public tout

1. Le témoignage d'un groupe de comédiens réunis par Robert Choquette, Pierre Pagé et Renée Legris, au printemps de 1968, est unanime sur ce point. La rencontre avait lieu au collège Sainte-Marie et rassemblait une vingtaine de comédiens dont Olivette Thibault, Marthe Thierry, Juliette Béliveau, Juliette Huot, Henri Poitras, André Treich, Julien Lippé, Ovila Légaré pour ne citer que les pionniers des premiers radioromans de Robert Choquette.

autant que des réalisateurs, sont les signes éloquents que le genre théâtral a connu une faveur constante du public depuis quarante ans.

Tant dans les milieux ruraux que dans les milieux urbains, le théâtre radiophonique a rejoint une population nouvelle beaucoup plus étendue et, par le fait même, peu à peu renouvelé le visage culturel du Québec. Si dans de nombreux cas les cotes d'écoute des émissions de théâtre ont été inférieures à celles des radioromans et des dramatiques par épisodes, si les programmes de musique et de variétés ont aussi atteint un public plus vaste, cela ne change en rien l'importance culturelle et l'influence que le théâtre radiophonique a eu dans notre milieu. Il s'est ainsi créé au Québec une tradition théâtrale, différente de celle que le théâtre sur scène avait jusqu'alors tenté de susciter.

Les programmes nombreux qui, au début de CKAC, ont fait le succès de la radio étaient souvent construits d'après des formes dérivées du théâtre, le dialogue humoristique, le conte dramatisé ou le sketch. Ils étaient souvent d'une qualité moindre que les œuvres théâtrales. Retenons cependant quelques exceptions, dont les œuvres de Robert Choquette, d'Henry Deyglun et les meilleures années d'*Un Homme et son péché* de Claude-Henri Grignon, qui ont créé un public assidu, fasciné souvent par le nouveau médium, et préparé un auditoire pour le genre théâtral proprement dit. Dramatiques par épisodes et radioromans ont servi de repoussoir et développé le goût de la dramatisation et du dialogue fort bien adaptés au médium radiophonique.

La tradition du théâtre radiophonique a assuré la présence du genre dans la vie culturelle québécoise. Elle a favorisé un goût particulier qui a conduit le public vers le théâtre sur scène après les années 1950. Tout d'abord le théâtre radiophonique a existé grâce aux subventions des commanditaires qui, à l'origine, étaient peu portés vers les programmes culturels. Et il faut sans doute rappeler l'art avec lequel le directeur de CKAC, Arthur Dupont, venu par la suite à Radio-Canada comme directeur commercial, a su négocier la vente des émissions plus culturelles, et par conséquent les moins recherchées, pour permettre la diffusion sur les ondes des programmes de qualité [2]. Paul L'Anglais a joué un rôle analogue comme producteur au cours des mêmes années. Dans le cas des radiothéâtres, la continuité des série d'une demi-heure ou d'une heure, à raison d'une fois la semaine, pendant plusieurs années, a imposé un rituel social et familial dont la radio actuelle jouit encore. Certaines soirées de théâtre ou de télé-théâtre étaient assurées d'un public assidu dont témoignent les cotes d'écoute. La fréquence des émissions, leur nouveauté hebdomadaire, la facilité d'accès par la diffusion radiophonique ont été des avantages indéniables du radiothéâtre, l'emportant sur les conditions du théâtre sur scène, moins accessible à tous les milieux, plus coûteux et dont le programme ne peut changer qu'aux mois ou aux saisons.

Avec les années, le théâtre radiophonique s'est développé et a présenté, plusieurs fois la semaine, différentes séries, offrant au public un répertoire diversifié de chefs-d'œuvre français ou étrangers, modernes ou classiques, et

2. Ces renseignements nous ont été confirmés par Olivier Carignan lors d'une interview en janvier 1973.

de créations québécoises de divers genres. Un certain nombre de romans et de nouvelles, français ou québécois, ont été adaptés pour la radio sous la forme théâtrale. C'est ainsi que nous avons pu retrouver trois catégories de radiothéâtres dans les séries que nous avons répertoriées : les adaptations d'œuvres romanesques, les adaptations du théâtre de répertoire et les créations originales. Si les adaptations de romans et nouvelles ne nous paraissent pas devoir faire l'objet d'une étude élaborée dans le cadre de cet article, il n'en demeure pas moins qu'elles méritent d'être rappelées, car elles ont été au début de la radio des textes d'essai, essentiels à la production d'un théâtre original québécois strictement radiophonique. Elles ont marqué la première étape d'une expérience qui ouvrait la voie à la création d'un genre spécifique. Elles ont aussi créé un mouvement général qui, par la suite, a amené les postes à présenter des séries de théâtre classique et contemporain pour faire connaître le répertoire international par le médium radiophonique.

I. — ADAPTATIONS ROMANESQUES ET THÉÂTRE DE RÉPERTOIRE

par Renée Legris

C'est en 1933 que le poste CKAC inaugure le premier programme de théâtre radiophonique avec la série *Le Théâtre J.-O. Lambert* (9 novembre 1933 - 20 mars 1937). Cette série se compose de pièces de théâtre en un acte qui sont les adaptations de nouvelles et de romans, mais aussi à l'occasion des créations pour la radio [3]. Diffusé chaque semaine, malgré des variations dans les horaires, dans la durée, et malgré quelques intermittences, ce programme se prolonge jusqu'en 1937. Plusieurs auteurs sont choisis selon les goûts de l'heure, et leurs œuvres sont adaptées assez souvent par la suite. On trouve [4] dès le début des années 1933-1934 : Paul Arimont, Max Maurey, Gabriel d'Hervilliez, Guy de Maupassant. Plus tard, certains auteurs québécois y sont joués. C'est ainsi que Liliane Dorsenn, Henry Deyglun, Jean Béraud pour ne nommer que ceux-là, présentent des pièces radiophoniques en un acte. Les œuvres comprennent habituellement trois ou quatre personnages qui évoluent dans des drames de guerre, des drames sentimentaux et des comédies. Les principaux comédiens de cette série bien identifiée par son commanditaire, sont des noms connus de la scène et de la radio : Fred Barry, Bella Ouellette, Albert Duquesne et Marthe Thiéry, Henry Deyglun, Pierre Durand, Gaston Dauriac.

Après 1935, plusieurs autres séries prennent naissance et diversifient le répertoire des œuvres et des auteurs. *Le Théâtre N.-G. Valiquette* se modèle sur la production du *Théâtre J.-O. Lambert* : adaptations d'œuvres en prose, romans ou nouvelles. De 1935 à 1940, cette série est diffusée à CKAC, puis en 1941-42, elle est intégrée à la programmation de Radio-Canada. Robert

3. Nos recherches ne nous ont pas encore révélé le nom du/des réalisateurs de cette série.

4. C'est en consultant les horaires de *La Presse,* le seul instrument de recherche disponible pour cette période, que nous avons pu trouver les noms des auteurs et des comédiens importants de cette série.

Choquette et Henry Deyglun, en sont successivement les réalisateurs et adaptateurs à CBF. Henry Deyglun a créé plusieurs dramatiques par épisodes dans le cadre de cette série. Une série importante, *Le Théâtre Lux français* débute à CKAC le 22 janvier 1942 pour se terminer en juillet 1945. On y trouve des adaptations du répertoire du théâtre français, surtout contemporain.

En 1944-45, CKAC diffuse un programme d'adaptations dramatiques qui débute à l'été et se poursuit jusqu'à la fin de l'été suivant sous le titre de *L'Atelier,* puis de *L'Atelier dramatique.* De jeunes étudiants sous la direction de professeurs mettent en ondes des pièces de théâtre. Nous y trouvons les noms de Camilienne Séguin et Paul Gélinas, et comme professeur, Sita Riddez. Une série intitulée *Contes de François Rozet* présente à son tour des extraits d'œuvres romanesques, de contes ou nouvelles, lus par cet excellent comédien. Florent Forget en est le réalisateur. Cette série débute le 8 janvier 1945 et se termine le 25 juin 1945. Elle est reprise du 13 mai au 23 septembre 1952, à CBF. François Mauriac, Romain Rolland, Alphonse Daudet sont au répertoire de ces lectures. Il faut aussi signaler *Aux Feux de la rampe,* adaptations et réalisations de Jean Laforest. Paul L'Anglais en est le producteur, à CKAC, au cours de 1947-1948. Les auteurs favoris sont Alexandre Dumas, Prosper Mérimée, Marcel Pagnol, Jacques Deval, Pierre Benoit, Charlotte Brontë, Cronin, Henri Bataille. On y présente quelques créations québécoises : *La Grève* d'Ernest Pallascio-Morin (décembre 1947), *Le Presbytère en fleurs* de Léopold Houlé, *Les Habits rouges,* extraits du roman de Robert de Roquebrune (12 mars 1948). Parmi le groupe de comédiens paraissent des noms prestigieux : André Treich, Ovila Légaré, Janine Sutto, Pierre Dagenais, Denise Pelletier, Jeanne Quintal, Pierre Durand, Jean-Pierre Masson, Olivette Thibault, Clément Latour, J.-R. Tremblay, Camille Ducharme, Yvette Brind'Amour, Nini Durand, François Rozet, Henri Poitras, Estelle Mauffette, Roland Chenail.

C'est surtout CBF qui instaure une politique culturelle élaborée et favorise l'expansion de séries présentant à la radio les chefs-d'œuvre du théâtre français et étranger. Dans cette aventure radiophonique qui semble aux critiques d'alors vouée à une bien piètre popularité, le poste CBF apparaît à son tour comme un pionnier, rendant accessible au grand public des œuvres théâtrales habituellement réservées à un public d'élite. Depuis 1940, les œuvres du répertoire international du théâtre ont été diffusées à CBF du classicisme à l'avant-garde, de Corneille à Pirandello, de Shakespeare à Tchékov, de Marivaux à Brecht. Certains réalisateurs ont joué un rôle essentiel dans le renouvellement du répertoire de 1940-1950 et nous en retiendrons quelques-uns parmi les plus importants : tour à tour Guy Mauffette, Judith Jasmin, Florent Forget, Paul Leduc, Roger Citerne et Bruno Paradis ont assuré la promotion du théâtre radiophonique, particulièrement dans le cadre de Radio-Collège. Puis plus tard, au cours des années 1950-1960, Guy Beaulne, Ollivier Mercier-Gouin et Madeleine Gérôme ont poursuivi cette tradition radiophonique.

En 1939-1940, Guy Mauffette réalise la série, *Radio-Théâtre,* qui offre des œuvres de Maxime Léry, Guy Dabzac, Alfred de Musset, Gabriel d'Hervilliez. *Le Théâtre classique français* (1940) inauguré par Jacques Auger offre aux auditeurs le répertoire classique français : Racine, Corneille, Molière en sont les vedettes. Cette expérience, après un an, s'avère heureuse et elle donne naissance à la série *Théâtre* de Radio-Collège qui dure de 1941 à 1950. *Sur toutes les scènes du monde* lui succède. En 1942, Guy Mauffette réalise la série *Les Grandes Emissions du théâtre contemporain* qui se rattache au *Théâtre populaire.* Judith Jasmin fait l'adaptation radiophonique d'œuvres dont les principaux auteurs sont Sacha Guitry, Emile Augier, Rudolphe Bézier, Edouard Bourdet, Gustave Mirbeau. *Le Théâtre de la peur* ou *Grand Guignol* est fort populaire au cours de la même année. Au début de 1940, le poste CKAC diffuse un programme intitulé *Radio-théâtre français,* une fois la semaine, sans doute pour rivaliser avec CBF. Mais à CBF, *Le Théâtre populaire* (1942-43) qui présente un répertoire plus facile pour le grand public ne réussit pas à se garder un vaste auditoire. C'est alors que Paul Leduc prend la relève et, en 1942, comme directeur artistique, il relance un nouveau programme. Judith Jasmin et Guy Mauffette deviennent les co-réalisateurs de *Radio-Théâtre.* Ce programme adapte des scénarios de films choisis dans le répertoire de France-Films. Cette série entre en compétition sérieuse avec Le Théâtre Lux français à CKAC après l'échec du programme *Le Théâtre populaire* de CBF. La qualité des adaptations et l'intérêt croissant du public pour le cinéma semblent se conjuguer et faire le succès du *Radio-Théâtre.* Ce programme devient par la suite *Le Théâtre Ford* qui dure du 15 janvner 1948 au 23 mars 1950. Celui-ci s'inspire du même modèle, l'adaptation de films, et présente parfois des œuvres québécoises de Pierre Dagenais, Marcel Dubé, Yves Thériault ou Robert Choquette.

Nous avons aussi découvert dans la série *Radio-Théâtre* quelques œuvres originales québécoises d'Henry Deyglun, Louis Morisset, Félix Leclerc, Yves Thériault, Léo-Paul Desrosiers, Jacques Rudel-Tessier, Eugène Cloutier, Robert Charbonneau [5]. *Le Théâtre populaire* de 1950, émissions différentes de celles de 1942, comprend de nombreuses adaptations par Eloi de Grandmont de pièces de théâtre étranger. Noël Gauvin et Bruno Paradis en sont alternativement les réalisateurs. Les années 1950-1960 sont aussi prolifiques en séries théâtrales, offrant des adaptations et des œuvres de répertoire. *Lever de Rideau,* théâtre d'été (9 juin - 11 novembre 1953), joue un rôle analogue et présente des adaptations de François Coppée, Maupassant, Musset, Deval, pour ne citer que quelques auteurs. Georges Landreau est l'adaptateur et Guy Beaulne et Guy Mauffette en sont les réalisateurs. *Le Diable à quatre* est réalisé en 1958 par Ollivier Mercier-Gouin. C'est Lucienne Letondal qui

5. Voici une liste de quelques pièces dont nous avons retrouvé les titres :
H. Deyglun, *L'Heure de la victoire,* 25 avril 1943
Léo-Paul Desrosiers, *Les Opiniâtres,* 15 novembre 1945
Y. Thériault, *Adèle,* 13 septembre 1945
Justin-la-Poisse, 4 octobre 1945
Le Pain, 9 septembre 1948
Y. Naubert, *Anne,* 25 juillet 1945
J. Rudel-Tessier, *Les Etapes du cœur,* 22 août 1946.
E. Cloutier, *Vie Nouvelle,* 5 septembre 1946
L. Morisset, *Retour,* 22 septembre 1947
F. Leclerc, *Maluron,* 28 avril 1947
Robert Charbonneau, *Précieuse Elisabeth,* 11 juin 1949
E. Pallascio-Morin, *La Grève,* 15 décembre 1947.

adapte pour des émissions de 30 minutes les œuvres choisies de Musset, Jules Renard, Marivaux, Giraudoux, Labiche, Molière. Il s'agit ici surtout d'œuvres puisées dans le répertoire de la comédie.

Parmi les programmes de théâtre contemporain, il faut retenir *Théâtre dans un fauteuil,* qui dure à CBF plus de douze ans, du 3 avril 1948 au 28 juin 1960. Noël Gauvin, Roger Daveluy, Guy Beaulne sont successivement les réalisateurs de cette série, fort importante par le choix de ses œuvres tout autant que par la continuité qu'elle a assurée du théâtre surtout français à la radio. Tout aussi célèbre, *Sur toutes les scènes du monde* se déroule de façon continue du 15 octobre 1950 à 1956, puis avec des interruptions de 1958 à 1964, à CBF. D'abord offerte dans le cadre de Radio-Collège, cette série a pour but de donner un répertoire très diversifié des œuvres d'auteurs contemporains, de Giraudoux à Brecht, de Gogol à Adamov. Plusieurs adaptations radiophoniques de ces œuvres théâtrales ont été faites par des auteurs québécois bien connus, qui y ont pris de l'expérience pour leurs propres créations : Marcel Dubé, Louis Pelland, Hubert Aquin, Yves Thériault. Madeleine Gérôme et Roger Citerne ont aussi fait quelques adaptations, bien que ce dernier particulièrement ait été le réalisateur éminent de cette série.

La série *Le Petit Théâtre,* entre 1955 et 1957, diffuse des œuvres analogues à celles de *Sur toutes les scènes du monde.* Une équipe d'auteurs québécois, Louis Pelland, Yves Thériault, Jean Laforest, Gérard Martin, Roger Citerne, y font les adaptations sous la direction de Madeleine Gérôme, réalisatrice de la série. Pirandello, Shaw, Gogol, Géraldy, Cocteau, Brecht, Guitry, Gabriel Marcel, Puget, Denis Amiel, sont les auteurs les plus joués. La même série revient en 1966-67, et Madeleine Gérôme réalise des œuvres de Tchékov, Chatelain, Giraudoux, Adamov, Anouilh, Guitry. Ses principaux collaborateurs sont Louis Pelland, Gaston Le Hir, Jeanne Frey, Claire Boisvert, qui assument les adaptations radiophoniques. *Le Théâtre de poche,* en 1965-66, est réalisé aussi par Madeleine Gérôme, il opte pour le théâtre de boulevard où des comédies de Marcel Achard, Audiberti, Roussin, Labiche, Gide, Jules Renard, apportent un ton plus léger qui fait l'équilibre avec d'autres séries dramatiques. Les collaborateurs et adaptateurs sont Esther Marthel, Louis Pelland et Gaston Le Hir.

Depuis la fin des années 1960 et au début de 1970, les émissions de théâtre ont été surtout produites à CBF-FM, et *Sur toutes les scènes du monde* en est l'une des séries les plus importantes pour la diffusion des adaptations radiophoniques du théâtre de répertoire. Madeleine Gérôme et Ollivier Mercier-Gouin demeurent les deux réalisateurs les plus importants de ces années. Il faut ici souligner que depuis les années 1950 l'importance des créations québécoises a peu à peu transformé la programmation théâtrale. Cependant, après 1954, la télévision devient le nouveau médium où plusieurs de nos auteurs trouvent à s'exprimer.

II. — CRÉATIONS QUÉBÉCOISES

par Renée Legris

1. — Théâtre d'été à CRCM et CBF

Bien que le théâtre original québécois ait une production beaucoup moins importante que celle des adaptations du théâtre de répertoire étranger, il a connu depuis 1938 une expansion étonnante. Parmi les écrivains qui ont commencé leur carrière à la radio avant de passer à la scène ou à la télévision on note : Françoise Loranger, Pierre Dagenais, Henry Deyglun, Guy Dufresne, Félix Leclerc, Gratien Gélinas, Marcel Dubé, Eloi de Grandmont, Claude Gauvreau et Jacques Languirand. Les uns ont travaillé à des adaptations de pièces de théâtre pour la radio : Marcel Dubé, Eloi de Grandmont ; les autres à des dramatiques par épisodes, et même à des radioromans avant d'écrire pour le théâtre. Ainsi en est-il de Pierre Dagenais, Françoise Loranger, Guy Dufresne et Henri Deyglun, Jacques Languirand.

Il faut mentionner qu'à cette époque, après 1935, les radioromans ont acquis leurs lettres de noblesse, avec *Le Curé de Village* (1935) et *La Pension Velder* (1938) de Robert Choquette, *Un homme et son péché* (1939) de Claude-Henri Grignon, *La Famille Gauthier* (1935) d'Henri Letondal, *Vie de Famille* (1938) d'Henry Deyglun, *Jeunesse dorée* (1940) de Jean Desprez, d'après un scénario d'Olivier Carignan. De même les dramatiques par épisodes ont-ils préparé de nombreux auteurs à une carrière dramatique. Le théâtre radiophonique s'est défini en marge des deux genres (radioromans et dramatiques par épisodes) qui l'ont précédé historiquement. Il s'est rattaché spontanément aux normes habituelles du théâtre sur scène dont l'action doit se résoudre dans un laps de temps défini et l'intrigue s'élaborer au rythme des actes à développer. Les limites temporelles de la durée d'une émission ont souvent joué un rôle déterminant dans le choix des sujets, des personnages et du genre. Les grandes tragédies ne pouvant se développer dans une demi-heure (durée habituelle de plusieurs séries) les auteurs ont plutôt utilisé le drame et la comédie. La rapidité de l'action et le mouvement dramatique sont d'ailleurs encore accélérés à la radio où ils deviennent même des qualités essentielles.

Pour être fidèle au genre, le théâtre radiophonique doit donc remplir certaines conditions. Les trop longs monologues alourdissent, un trop grand nombre de personnages dans un court drame amène la confusion et empêche l'action de se développer en profondeur. Les dialogues doivent fournir les renseignements d'ordre visuel nécessaires à la compréhension de l'action dramatique ou des personnages, sans devenir des hors-d'œuvre et en évitant l'énumération au début de la pièce. De plus, pour maintenir l'intérêt de l'auditeur, il est nécessaire de combler l'absence de gestes et de déplacements des personnages à la radio. Les silences sont des signes inquiétants, s'ils se prolongent. L'appareil sonore doit alors occuper une place de premier choix. Les accompagnements musicaux, le choix du bruitage, la différenciation des voix des comédiens, les transitions de tout ordre sont autant de facteurs à surveiller dans la réalisation pour donner une perception juste de l'œuvre dramatique et en faire valoir les nuances et les tensions.

Toutes ces exigences du théâtre radiophonique en font un genre spécifique par rapport au théâtre sur scène. Et si sa difficulté tient à la nécessité d'un renouvellement continu, tant dans les intrigues que dans la création de personnages et aux contraintes du dialogue théâtral, celles-ci n'ont pas permis au théâtre radiophonique le foisonnement que les autres genres radiophoniques ont connu. Et pourtant, un regard sur la production des créations québécoises, qui s'étend sur près de quarante ans, démontre que ce type d'écriture a fasciné de nombreux auteurs et favorisé une vie théâtrale importante. C'est là une production culturelle dont on commence à peine à reconnaître l'importance.

Les recherches que nous avons menées jusqu'à présent nous ont fait constater que la plupart des créations dramatiques originales, diffusées soit au poste CKAC, soit au poste CBF et CBF-FM, l'ont été dans le cadre de séries, tout comme pour les adaptations ou pour le théâtre de répertoire radiodiffusés ou télévisés. Le premier auteur important à présenter une série d'œuvres théâtrales radiophoniques est Robert Choquette. Il le fait dans le cadre du théâtre d'été, en 1934, à CRCM. Cette série donnera lieu à une publication en 1935, sous le même titre, *Le Fabuliste La Fontaine à Montréal,* et sera reprise à l'été 1951 à CBF. En 1935, il écrit *Vacances d'artistes,* série d'été qui est à mi-chemin entre le théâtre, au sens strict, et le dramatique par épisodes, à cause de la présence des mêmes personnages dans toute la série, vivant diverses situations tragiques et comiques. Ces deux séries [6] s'inscrivent dans la veine humoristique que Robert Choquette a toujours pratiquée avec succès. Il s'agit dans l'un et l'autre cas de peinture sociale. *Le Fabuliste La Fontaine à Montréal* développe, au cours de la série, une fresque de la vie sociale bourgeoise de Montréal, où s'affrontent des personnages de milieux plus ou moins fortunés, en conflit d'idéologie, d'intérêts ou de visions du monde. Cette dramatisation des situations dans lesquelles sont impliquées diverses personnalités, donne lieu à des caricatures amusantes. Selon les émissions, l'auteur utilise le mode humoristique, ironique, fantaisiste ou caricatural pour traiter des situations et faire porter une certaine morale qui s'en dégage naturellement. Malheureusement, cette voie fort exigeante en pratique pour l'écrivain sera peu exploitée par d'autres auteurs, sinon à l'occasion des comédies d'Henri Letondal, qui lui aussi possède un art de l'humour et de la fantaisie, ou des dialogues humoristiques et des sketches de *Chez Miville* [7]. Moins travaillé que *Le Fabuliste, Vacances d'artistes* est une série légère, divertissante, tant par le choix des éléments dramatiques que par les types de personnages qui y sont mis en action. Il s'agit de comédies où les incidents de la vie d'artistes, comédiens ou musiciens en vacances, donnent lieu aux bouffonneries les plus extravagantes et aux jeux de mots les plus fantaisistes. Ces deux séries d'été amèneront par la suite d'autres programmes de théâtre et, dans le cours des années 1940-1960, la diffusion des pièces originales sera habituelle. Ainsi en est-il de *Théâtre dans ma guitare* qui présente une série de pièces de Félix Leclerc, réalisées par Florent

---

6. On trouvera dans Renée Legris, *L'Oeuvre romanesque, radiophonique et télévisuelle de Robert Choquette* (thèse de doctorat, Université de Sherbrooke, 1972), une analyse plus détaillée de ces œuvres, pp. 65-73, 270-273, 337-344.

7. Il existe un recueil de textes de cette émission, publié en collaboration. *Chez Miville,* Editions du Jour, 1962, 158p.

Forget, à l'été 1946, et de *Théâtre Estival* (juin à septembre 1946) réalisé par Paul Leduc. *Le Théâtre des nouveautés* en 1950, réalisé par Noël Gauvin, met à son répertoire des pièces d'Anne de Coudray et *Théâtre canadien,* à l'été 1953, des œuvres d'Henri Letondal, Ernest Choquette, Lomer Gouin et Louis-Georges Carrier. Pendant plusieurs années, Ollivier Mercier-Gouin réalise le *Théâtre d'été* à Radio-Canada, qui comprend régulièrement des œuvres québécoises. Signalons l'intérêt de quelques courtes séries : *Le Théâtre du grand prix,* en 1952, *Flagrant délit* et *Billet de faveur,* à l'été 1955, *Les Ineffables,* en 1956, font connaître plusieurs auteurs dont Hubert Aquin et Jacques Languirand, Jean-Marie Poirier, Luan Asllani et Marcel Blouin.

2. — *Théâtre québécois à CKAC*

Les séries d'été que nous venons d'énumérer n'ont pas joué un rôle aussi déterminant dans la tradition théâtrale radiophonique que les grandes séries, qui pour la plupart ont duré plusieurs années. Tant par la continuité de la réalisation, par celle de la production d'un auteur que par la fidélité des équipes de comédiens, ces séries dramatiques ont été très stables et ont assuré des émissions de qualité. Le poste CKAC a lancé la première grande série dramatique au Québec avec *Le Théâtre de chez nous* (1938-1947). Quelques autres programmes présentent des œuvres dramatiques d'auteurs québécois : *Studio d'essai de CKAC* est réalisé par Félix Bertrand en 1947, et produit des œuvres d'Aimé Grandmaison, Roger Marien, Jean Desprez, Paul Gélinas. *Théâtre du printemps,* diffusé en 1947, est écrit par Roger Marien et Ernest Pallascio-Morin. En 1964, Jacques Rudel-Tessier écrit une série de quarante pièces de théâtre pour CKAC, intitulée *Angoisse,* et qui sera diffusée chaque soir à minuit pendant plus d'un mois et demi. Il y aurait lieu de rappeler les nombreux textes dramatiques écrits pour CKAC par Ernest Pallascio-Morin et qui ont tous été détruits [8].

Le Théâtre de chez nous inaugure la première série de créations québécoises. Ce programme qui débute le 31 octobre 1938 et se prolonge jusqu'au 22 mai 1947, connaît un succès presque ininterrompu auprès du public pendant plus de huit ans et demi. En effet, il faut compter avec deux brèves interruptions du programme, du 4 juillet 1940 au 14 février 1941, puis du 14 novembre 1941 au 2 janvier 1942. Cette série est une production de Paul L'Anglais et c'est la première série de créations originales à être commanditée. Pendant plus de cinq années, soit de 1938 à 1943, c'est Henri Letondal qui est l'auteur unique de cette série théâtrale. En 1945-46, il écrit environ seize pièces et en 1946-47, huit. Nous avons compté que l'ensemble de toutes ces pièces d'une demi-heure présentée par cet auteur intarissable se totalisait à cent quatre-vingt, ce qui présente un dossier impressionnant. Entre 1944 et 1947, plusieurs autres auteurs se partagent la création des pièces : Jean Laforest, Vanna Ducharme, René-O. Boivin, Aliette Brisset-Thibaudeau, Mario Duliani, Odette Coupal, Laurier Lebrun, Simon L'Anglais, Gérard Vléminckx, Alice Gastice, Marie-Eve Liénart. En 1946-47, Henri

---

8. Ernest Pallascio-Morin a pendant plus d'un an assuré la rédaction des pièces de théâtre diffusées à CKAC pour le *Théâtre du dimanche,* et le *Théâtre des quatre saisons* a été écrit alternativement par lui et par Roger Marien.

Letondal écrit le plus grand nombre de pièces (8) ; il est assisté par Simon L'Anglais, René-O. Boivin, Jean Laforest, Odette Coupal, Vanna Ducharme.

De 1938 à 1942, la réalisation des émissions est confiée à Yves Bourassa. En 1942-43, Gabriel L'Anglais, Simon L'Anglais, et Paul Guévremont assurent alternativement la réalisation. D'octobre 1943 à mai 1944, Jacques Desbaillets remplace Gabriel et Simon L'Anglais, tandis qu'en 1944-45, c'est Clément Latour qui lui succède. L'année suivante, c'est Gabriel L'Anglais qui réalise le premier semestre, et Jean Laforest, de janvier 1946 à mai 1947, assume la fonction de réalisateur. Ces divers réalisateurs ont travaillé avec une équipe de comédiens hautement qualifiés, et dont la plupart avaient déjà l'expérience de la radio. Le directeur de cette « Troupe d'Etoiles » du *Théâtre de chez nous* [9], dont les journaux ont parlé à plusieurs reprises était Jacques Auger, assisté de Gaston Dauriac, Armand Leguet, Pierre Durand, Nicole Germain, Sita Riddez, Liliane Dorsenn, Jeanne Maubourg et Antoinette Giroux qui sont les piliers de l'équipe à ses débuts. Autour de ces derniers, gravitent en alternance de très bons comédiens, bien connus du public, qui enrichissent l'équipe initiale : Albert Cloutier, Paul de Vassal, Jacques Catelain, René Coutlée, Camille Ducharme, Henri Poitras, Teddy Burns, André Treich, François Rozet y ont des rôles plusieurs fois chaque année. Après 1941, Clément Latour, Albert Duquesne, Antoine Godeau, Arthur Lefèvre, Fred Barry se joignent à l'équipe. Parmi les comédiennes, Marthe Thiéry, Rose Rey-Duzil, Jeanne Demons, Juliette Huot, Marcelle Lefort, Olivette Thibault, Blanche Gauthier, sont les plus importantes entre les années 1938-1942. Par la suite, Huguette Oligny, Germaine Giroux, Bella Ouellette, Andrée Basilières s'ajoutent à la distribution et remplacent alternativement Jeanne Maubourg, Antoinette Giroux, Marthe Thiéry et souvent Sita Riddez. Au cours de 1944 et jusqu'en 1946, Jean-Pierre Masson, Guy Mauffette, Denis Drouin, Lucie Poitras, Muriel Guilbault obtiennent quelques rôles.

Le Théâtre de chez nous inaugure véritablement le théâtre québécois à la radio et permet aux comédiens les plus réputés du Québec de créer des personnages nouveaux. Le talent d'Henri Letondal s'y exprime avec ampleur. Il excelle autant dans la comédie que dans les divers types de drames, dans les fantaisies ou dans les pièces sentimentales. Il met également en scène de nombreux drames de guerre. Le contexte dans lequel le théâtre évolue entre les années 1939-1945 à la radio favorise la mise en relief de ce sujet dont il est par ailleurs très souvent question sur les ondes. L'univers sonore de la radio se prête bien à une réalisation exploitant les fonds sonores propres au thème de la guerre, et plusieurs auditeurs se souviennent encore des programmes qu'ils ont entendus dans leur jeunesse. Dans la même série, Henri Letondal écrit un bon nombre de comédies où sont traités des thèmes amoureux et les problèmes du couple. Pluiseurs autres pièces sont inspirées par l'actualité sociale, politique ou religieuse.

Le Théâtre de chez nous a aussi diffusé certaines émissions spéciales qui portaient sur des personnalités historiques ou sur des événements na-

9. C'est le nom que les journaux ont donné au groupe de comédiens de cette série. Dans *La Presse* et dans *Radiomonde*, l'expression est fréquente.

tionaux. Nous avons ainsi noté qu'Henri Letondal a écrit diverses dramatisations de ce genre : *Louis Fréchette,* diffusé le 23 novembre 1939, *Terre de nos aïeux,* le 1er février 1940, à l'occasion du soixante et unième anniversaire de l'hymne, *L'Hommage du Canada français à Lord Tweedsmuir,* lors de son décès, le 15 février 1940, *Hommage à Branly,* une dramatisation historique, le 28 mars 1940, *Le Malheureux Joko,* qui s'inspire de la mort tragique du mime célèbre Mazurier, le 6 juin 1940. L'actualité de la guerre est plus percutante dans les pièces des années 1943-45. Sont développés sur ce thème : *Nuit à Palerme,* le 13 octobre 1943, *Dans l'ombre ou le Cœur d'un soldat,* le 27 octobre 1943, *Le Monastère prisonnier,* le 1er mars 1944, *Torpillage en mer,* le 15 mars 1944, *Le Coup d'archet* de Jean Laforest, *La leçon de français* d'Aliette Brisset-Thibaudeau, le 21 février 1945. Noël et le jour de l'An ramènent des émissions d'actualité sur le temps des fêtes, tandis que les jours saints donnent lieu à des drames religieux.

3. — *Théâtre québécois à CBF*

Pour sa part, la Société Radio-Canada a depuis les débuts de la diffusion du poste CBF cherché à promouvoir les créations québécoises tant dans le domaine des radioromans que dans celui du théâtre original. Il faut pourtant attendre les années 1944 pour trouver des séries qui laissent place au théâtre radiophonique québécois et à ses auteurs. *Entrée des artistes,* en 1944-45 une série de pièces de Gérard Bessette, Henriette Giroux, Léopold Houlé, J. Laroche, Mario Duliani, réalisées par Judith Jasmin. Plus houleuse semble avoir été la série réalisée par Pierre Dagenais en 1946-47 : *L'Equipe aux quatre vents.* Des pièces de Pierre Dagenais y sont présentées régulièrement ainsi que des pièces de Guy Saint-Pierre, S. Gentillon, C.-H. Grignon, Carl Dubuc. Cette série a subi diverses critiques que nous pouvons retrouver dans *Radiomonde.* Il faudrait pourtant savoir si la critique a été plus sévère pour ce jeune auteur que pour les écrivains expérimentés de l'époque.

En 1945, débute une autre série, *Les Voix du pays,* qui a pour but formel de promouvoir la diffusion de créations québécoises. Deux réalisateurs, Judith Jasmin et Armand Plante, se succèdent du 7 mai 1945 au 11 juin 1948. Des pièces de plusieurs auteurs québécois y sont tour à tour présentées, dont plusieurs font déjà une carrière à la radio comme dramaturge ou comme romancier. Claude Aubry, Gérard Bessette, Dominique Perret, Hélène Fréchette, Guy Dufresne, J. Gilbert, Cécile Chabot, Alfred Rousseau, Jeanne Frey, Jeanne Daigle, Charlotte Savary, Yvette Naubert, Germaine Guèvremont, Vanna Ducharme, Françoise Loranger, Guy Saint-Pierre, Yves Thériault, Michelle Thériault, Claude Robillard, Paul Dumont-Frenette, Jean-Louis Béland, Jean Léonard. Ces émissions d'une demi-heure par semaine, à l'instar des *Nouveautés dramatiques,* ont favorisé une expansion importante du théâtre radiophonique et donné une plus grande confiance aux auteurs québécois dans un domaine qui, jusqu'alors, était le propre des écrivains français.

Les séries de drames historiques n'ont pas été très nombreuses à la radio, mais il faut souligner que Robert Choquette, en 1933-34, écrivait pour CRCM *Promenades en Nouvelle-France,* dramatisations de l'histoire qui eurent un certain succès [10]. De 1945 à 1955, c'est Guy Dufresne qui relève le défi d'écrire une série historique. *Le Ciel par-dessus les toits,* réalisé par Guy Mauffette, a fait époque, et les sujets d'histoire du Canada ont ouvert une voie originale et propre à cet auteur. La réputation de Guy Dufresne, l'un de nos meilleurs auteurs dramatiques, tant à la radio qu'à la télévision, n'a pas connu de déclin, car la qualité de son œuvre radiophonique se maintient jusque dans la création de son dernier téléroman, *Les Forges de Saint-Maurice* (1972). A l'instar de Robert Choquette qui a été son maître, Guy Dufresne possède un art de la dramatisation et du dialogue qui en font un classique de l'écriture radiophonique. Il sait rendre vivants des personnages historiques ou des créations purement imaginaires, et il maintient toujours égale leur densité psychologique et poétique. Il sait jouer sur les cordes multiples du tragique et du comique avec la même aisance. Une étude plus détaillée des œuvres de Guy Dufresne, qui a par ailleurs écrit plusieurs pièces de théâtre radiophonique hors série, permettra éventuellement de révéler de façon plus nuancée les qualités de cet auteur et la puissance de sa vision imaginaire, même dans des œuvres dont les fondements sont tirés de notre histoire.

Nous voudrions signaler que les œuvres de Pierre Dagenais, Henri Letondal, Jacques Languirand, André Laurendeau, Marcel Dubé, François Moreau, Yvette Naubert, Yves Thériault, qui ont été écrites spécifiquement pour la radio, mériteraient aussi une étude plus approfondie qui nous donnerait une connaissance encore plus juste de leur intérêt.

Il y a peut-être lieu de mentionner enfin une série de pièces policières : *Qui est le coupable ?* Toutes les émissions étaient construites sur un même canevas, mais écrites par des auteurs différents. Ce genre de série n'est pas fréquent, c'est pourquoi nous avons retenu celle-ci. Du 29 avril 1947 au 15 octobre 1948, soit plus d'une année, trois réalisateurs se partagent le programme, où se sont glissées quelques adaptations, et travaillent avec les auteurs suivants : Berthe Lavoie qui fait surtout des adaptations, Armand Plante, Claude Gauvreau, Jacques Rudel-Tessier, Louis-Philippe Hébert, Guy Saint-Pierre, Paul Gury, René-O. Boivin, Serge-Marc André, Jeanne Frey, Danielle Emond. Le genre policier est toujours fort apprécié, d'un certain public du moins, et cette série a connu un succès tant auprès des auteurs à qui la formule plaisait particulièrement qu'à un bon nombre d'auditeurs.

Outre *Les Nouveautés dramatiques,* la série majeure du théâtre original québécois à CBF pour les années 1950-60 et qui sera étudiée en détail plus loin, soulignons l'intérêt de *Studio d'essai* (1968-70), réalisé par Madeleine Gérôme et *Première* qui débute le 10 octobre 1971 à CBF-FM, assurant la continuité du théâtre radiophonique original. Madeleine Gérôme, Roger Citerne et Ollivier Mercier-Gouin en sont les réalisateurs et nous retrouvons, dans l'un et l'autre programme, les auteurs les mieux connus de la production radiophonique des dix dernières années : Pierre Villon, Louis Pelland, Yves Thériault, Charlotte Savary, Marcel Godin, Maurice Gagnon, Jacques

---

10. D'autres émissions historiques ont eu cours souvent sous forme de récit. Jean Laforest a pratiqué ce genre tandis que Jean Narrache pour sa part créait sa propre interprétation de l'histoire dans une forme plus proche du conte.

Rudel-Tessier, Claire Boisvert, Jacques Brault, Marc Gélinas, Marie Savard, Jean-Raymond Boudou, Marcel Cabay, Louis-Martin Tard.

Il faudrait signaler enfin que les deux séries d'émissions *Trois de Québec* et *A travers le temps,* diffusées en 1951-52 à CBV, ne sont pas à proprement parler du théâtre mais plutôt du sketch radiophonique. En effet, il s'agit d'émissions d'un quart d'heure pendant lesquelles sont présentés trois sketches d'environ cinq minutes, écrits à chaque émission par trois auteurs différents. Il nous semble inexact de considérer ces séries comme des œuvres de théâtre radiophonique [11]. Par contre, nous ne voulons pas passer sous silence la création par André Giroux, en 1960, pour la série *Le Théâtre de Québec,* de douze pièces originales qui s'ajoutent à sa production télévisuelle, *14 Rue de Galais,* présentée à CBFT au cours des années 1954-1957.

4. — Un studio expérimental : Les Nouveautés dramatiques
par Pierre Pagé

L'année 1950 fut marquée par l'arrivée sur les ondes d'une série de radiothéâtres qui devint rapidement une sorte d'institution, les *Nouveautés dramatiques.* Du 15 octobre 1950 au 15 avril 1962, 374 pièces d'une demi-heure furent présentées. Cent cinquante auteurs, certains très jeunes, firent jouer leurs textes par d'excellents comédiens et sous la direction de réalisateurs remarquables.

Cette série *Nouveautés dramatiques* constitue un phénomène étonnant à plusieurs égards et d'une grande importance pour l'histoire littéraire du Québec. Il est facile de concevoir que par le nombre de ses œuvres jouées déjà, cette série a servi de banc d'essai à plusieurs auteurs qui sans cela n'auraient pu se faire jouer. D'autre part, un bon nombre d'écrivains y ont fait une partie de leur carrière, en attendant de passer par la suite à la télévision ou à d'autres médiums. Il n'est pas douteux de toute façon que les *Nouveautés dramatiques* ont été ouvertes et accessibles à des créateurs venus d'horizons et de milieux très diversifiés.

Les *Nouveautés dramatiques* ont été créées grâce à l'initiative de Guy Beaulne qui en a assuré la réalisation presque exclusive jusqu'en 1957. A ce moment, il partagea la tâche avec Lorenzo Godin, et avec Jean-Guy Pilon. Puis en octobre 1958, la réalisation passait aux mains d'Ollivier Mercier-Gouin.

La formule utilisée par cette série en a fait un authentique laboratoire dramatique, et un théâtre expérimental. En effet, le travail s'effectuait en collaboration avec l'auteur, le réalisateur et les comédiens. Le texte était étudié, expérimenté, et, selon les besoins ou les constatations du moment, il était modifié. L'auteur avait ainsi non seulement l'occasion d'écrire un texte littéraire, mais surtout le moyen de confronter son projet à la réalité de l'écriture dramatique telle qu'elle émergeait de l'expérience des comédiens et du metteur en scène. Certains dialogues étaient quelquefois repris par l'auteur, l'agencement des scènes pouvait être modifié. Surtout, l'auteur vérifiait la valeur sonore de son texte et pouvait mesurer sa plus ou moins grande

11. Il faudrait rectifier la classification qui en est faite dans la « Chronologie », publiée par la *Barre du Jour,* dans le numéro de juillet 1965.

facilité à être dit par des comédiens. Il est indéniable, comme le recul du temps le fait mieux apparaître, que Guy Beaulne a accompli de la sorte une tâche remarquable dans la formation des dramaturges québécois.

Il est difficile de décrire en bref l'immense production des *Nouveautés dramatiques*. Pour faciliter une vue d'ensemble, nous pouvons diviser ces douze années de production en trois périodes d'après les groupes de dramaturges qui ont présenté des textes.

1) Période 1950-51

Au cours des deux premières années, l'émission a surtout été alimentée par une petite équipe de cinq dramaturges. Les deux principaux ont été Yves Thériault (13 pièces) et Yvette Naubert (14 pièces). Trois autres noms sont importants : Félix Leclerc (4 pièces), Charlotte Savary (3 pièces) et Marcel Dubé (3 pièces).

2) Période 1952-1958

Cette deuxième période, beaucoup plus longue, est marquée par une série d'auteurs nouveaux, à l'exception de deux. Ces derniers sont Yves Thériault (25 pièces) et Marcel Dubé (11 pièces). Les nouveaux venus sont : Louis-Georges Carrier (12 pièces), Bernard Daumale (16 pièces), Jean Faucher (4), Luan Asllani (13), Noël Guyves (5), Louis-Martin Tard (5), Claude Jasmin (4), Claude Gauvreau (4), Marcel Cabay (10), François Moreau (20), Jacques Godbout (4), Jacques Antoons (9), Maurice Champagne (4), Jean-Raymond Boudou (4).

3) Période 1959-1962

Dans cette dernière période, nous retrouvons encore le nom d'Yves Thériault (7), ainsi que ceux de Jean-Raymond Boudou (6), Maurice Champagne (2) et François Moreau (2). Plusieurs nouveaux auteurs apparaissent. Ce sont : François de Vernal (4), Patrick Straram (4), Maurice Gagnon (4) et Ollivier Mercier-Gouin (6).

Ces vingt-trois dramaturges que nous venons de mentionner sont ceux qui émergent, par le nombre et généralement la qualité de leurs œuvres. Ce sont eux qui ont finalement marqué l'époque. Pourtant, nous tenons à le rappeler, cette sélection doit être lue en relief sur une trame formée de cent cinquante auteurs. Et le phénomène tient son importance d'abord de la continuité de la série, de sa qualité constante, plutôt que des chefs-d'œuvre exceptionnels qui auraient pu y apparaître.

Pour donner une vue d'ensemble de cette production, nous présentons ici un tableau cumulatif de 59 auteurs. Pour cette compilation, nous n'avons retenu que les noms d'auteurs ayant présenté au moins trois pièces, sauf dans les cas où un auteur a écrit d'autres textes pour la radio ou publié d'autres œuvres [12]. Certains font depuis carrière comme cinéaste, réalisateur ou romancier. D'autres ont continué d'écrire presque exclusivement pour la radio ou la télévision.

12. On trouvera la liste complète des radiothéâtres dans notre *Répertoire des œuvres de la littérature radiophonique du Québec, 1930-1970,* Fides, 1975.

TABLEAU CUMULATIF
Les Nouveautés dramatiques

Les Nouveautés dramatiques — CBF	50	51	52	53	54	55	56	57	58	59	60	61	Total
Yves Thériault	5	8	5	–	4	6	1	4	5	4	3	–	45
Félix Leclerc	1	3	1	1									6
Henry Deyglun	2		1				1						4
Yvette Naubert	2	12	4										18
Charlotte Savary		3			1								4
Paul Gury	1												1
Marcel Dubé		3	3		6			2					14
Robert Gadouas		1	1										2
Muriel Guilbault		1			2								3
André Audet		1											1
Mario Duliani		1				1							2
Réginald Boisvert		2											2
Louis-Georges Carrier			5	7						1			13
Wilfrid Lemoine			1					1					2
Bernard Daumale			2	2	3	2	4	3					16
Jean Lazare			2		1	1							4
Jean Faucher			4										4
Luan Asllani			1	3	5	4							13
Louis Pelland			1										1
Noël Guyves			2	3									5
Louis-Martin Tard			1	1		1	2						5
Michel Greco				3			1						4
Claude Jasmin				2	1	1							4
Claude Gauvreau				1				2	1				4
Marcel Cabay					4	3	2	1		1			11
Jacques Rudel-Tessier					1			1					2
François Moreau					4	5	3	3	5	1		1	22
Robert Choquette					1								1
Jacques Godbout					1				3	1			5
Adrien Thério					1	1	1						3
Jacques Antoons						4	4	1					9
Maurice Champagne						2	1	1		2			6
Jacques Languirand						1	1						2
Lucien Boyer						2		1					3
Henriette Major-Dubuc							1	1	2				4
Jacques Ouvrard							1	1					2
Aliette Brisset-Thibaudeau							2						2
Simon L'Anglais							1	1					2
Andrée Charette							1	2					3
Roger Sinclair							1			1	1		3
Paul Dumont-Frenette								2					2
Pierre Lescure								1	2		1		4
Jean-Raymond Boudou								1	3	4		2	10
Eloi de Grandmont								1	1	1			3
René-Salvator Catta								1	1	1		1	4
Ernest Pallascio-Morin								1				1	2
Georges Cartier									3		1		4
André Belleau									2				2

Les Nouveautés dramatiques — CBF	50	51	52	53	54	55	56	57	58	59	60	61	Total
François DE VERNAL										3		1	4
Patrick STRARAM										3	1		4
René OUVRARD										2	1		3
Ollivier MERCIER-GOUIN										1	2	3	6
Maurice GAGNON										1	3		4
Pierre VILLON									1		1	2	4
Yves PRÉFONTAINE											1		1
Claire MARTIN											1		1
Hubert AQUIN												1	1
Gilles HÉNAULT									1				1
Albert ARLE								1					1

La simple lecture de ce tableau permet de constater que la série *Nouveautés dramatiques* a servi de rampe de lancement pour un nombre impressionnant d'auteurs qui ont fait et font encore aujourd'hui notre culture radiophonique et télévisuelle. A ce stade-ci de notre recherche, il n'est pas encore possible de dépasser la simple reconnaissance du phénomène et la reconstitution historique. Nous espérons toutefois que d'ici à quelques années, une lecture critique de ces textes pourra être faite. Nous tenterons alors de dégager les valeurs permanentes de ces œuvres et de décrire l'univers culturel qu'elles ont véhiculé.

*
* *

Après la disparition des *Nouveautés dramatiques,* au début de 1962, le meilleur de la création dramatique se retrouve à la télévision. Bien sûr, la radio FM était déjà née depuis 1960. Mais dans ses premières années, elle s'est consacrée surtout à la diffusion musicale. Progressivement, elle a intégré à sa programmation le théâtre de répertoire, et, depuis 1968 surtout, elle a repris la tradition du théâtre radiophonique expérimental, en particulier grâce à l'initiative de Madeleine Gérôme et d'Ollivier Mercier-Gouin. C'est pourquoi il nous semble naturel de jeter maintenant un regard rétrospectif sur le théâtre à la télévision.

Auparavant, il me semble intéressant de citer ici un document inédit qui évoque du même coup l'art radiophonique et son passage vers la télévision autour des années '60. Il s'agit d'une lettre que nous adressait Hubert Aquin récemment pour retracer cet aspect méconnu de sa carrière d'écrivain.

RADIO-LETTRE

Hubert Aquin à Pierre Pagé

Mon cher Pierre,

Je t'écris ce mot faute de pouvoir t'expédier tous les rubans de mes émissions de radio. D'ailleurs, Radio-Canada a sans doute effacé la grande majorité de ces pellicules, afin de les remettre en circulation. Et, comme tu sais, les rubans effacés n'ont pas de mémoire. Ils sont comme neufs ! Ce que les humains ne réussissent pas, les rubans le peuvent. Un rien s'imprime sur leur rétine paraffinée, mais tous ces ambages cunéiformes sont délébiles.

En 1954, j'ai écrit mon premier texte dramatique : une heure radiophonique intitulée *La toile d'araignée,* Robert Gadouas jouait le rôle principal de cette histoire de meurtre.

La même année, je suis entré comme réalisateur de radio à la Société Radio-Canada. Comme je n'avais pas d'expérience en réalisation, on m'a affecté un tuteur : Guy Mauffette. Je n'oublierai jamais les instants délirants de mon apprentissage. Mon maître m'a d'abord ébloui par ses apparitions fulgurantes, ses farces à répétition, sa théâtralité récurrente, son tonus increvable. J'ai été subjugué par la grande maîtrise dont Guy Mauffette faisait preuve dans l'utilisation des disques : chansons-nouveautés, transitions musicales, ainsi qu'au micro — comme disque-jockey.

A l'instant où je faisais mes débuts de réalisateur à la radio, ce médium subissait une grave crise de désaffection. On se ruait vers la télévision en 1954 ; cela continue d'ailleurs, mais avec moins de fougue et moins de succès... Je vaquais à mes occupations de réalisateur de radio, sans trop loucher — encore — du côté de la télévision. C'est au cours de cette période rose que j'ai réalisé certaines émissions génératrices de satisfaction (pour moi exclusivement !) : un Spécial Gérard de Nerval, un Spécial Paul Claudel, un Spécial Rimbaud, un Spécial Tagore, une série musicale avec Jean-Paul Jeannotte, sans compter les séries de Radio-Collège en littérature, en histoire et quelques émissions dramatiques.

Si je devais revoir en survol mon aventure à la radio, j'aurais tendance à me percevoir — rétrospectivement — comme un émetteur solitaire, non pas comme un « communicateur » impliqué dans une opération bilatérale d'échange. L'émetteur (que j'étais) était seul dans son réduit et tentait, de façon généralement obsédante, de confectionner une émission qui — sait-on jamais ? — pouvait être écoutée par un marin perdu dans l'Atlantique... Ce marin mythologique a-t-il jamais capté une seule de mes émissions ? Je mourrai sans le savoir... En 1956, j'étais déjà rendu à la télévision, moi aussi.

A la télévision, on se préoccupe moins du marin échoué sur les bancs de morue. La quantité des appels téléphoniques de plainte ou de protestation a de quoi rassurer n'importe qui sur l'existence réelle du grand public.

Bien amicalement,

Hubert

Montréal, le 12 février 1973

III. — LE THÉÂTRE À LA TÉLÉVISION

par Pierre Pagé

De 1952 à 1972, la télévision de Radio-Canada a produit 588 dramatiques [13]. Ce chiffre regroupe les œuvres des catégories suivantes : 272 téléthéâtres originaux, 234 pièces étrangères ou adaptations, 46 séries de pièces (Trio, Quatuor, Je me souviens, etc.) et 36 téléromans [14]. C'est un bilan impressionnant, qui manifeste à l'évidence le rôle important rempli par la télévision d'État dans l'animation culturelle du grand public.

Les classiques étrangers, tout d'abord, ont été très largement ouverts à la population par la télévision. Pour mémoire et pour évoquer le répertoire utilisé, nous voulons citer ici un choix (très fragmentaire) d'auteurs : Achard, Anouilh, Arrabal, Beaumarchais, Bernanos, Betti, Camus, Claudel, Cocteau, Corneille, Dostoïevski, Duras, Feydeau, Frish, Garcia-Lorca, Giraudoux, Guitry, Ibsen, Ionesco, Kleist, Labiche, Marivaux, Mauriac, Molière, Montherlant, Musset, O'Neil, Pagnol, Pirandello, Pouchkine, Racine, Renard, Roussin, Shakespeare, Shaw, Tchekov, Strinberg, Tourgueniev, Wilde, Williams. Il est étonnant que Radio-Canada n'ait pas institué une série consacrée exclusivement à des reprises, à une heure accessible aux étudiants, pour que ce répertoire très riche et de haute qualité produise pleinement les fruits culturels que son investissement initial pourrait permettre. La même remarque s'impose encore davantage au sujet des créations originales d'œuvres québécoises. Il est regrettable qu'on n'ait pas encore mis à l'horaire une émission scolaire qui puisse présenter la reprise, selon un programme longtemps publié à l'avance, de ces œuvres si nombreuses du répertoire québécois que nous aurions besoin de revoir pour que se noue solidement la trame de notre tradition théâtrale [15].

Les œuvres québécoises, téléthéâtres et séries dramatiques, constituent un ensemble important à de multiples égards. On constate tout d'abord que la société d'état a servi de principal commanditaire et que durant cette période de vingt ans elle a efficacement suscité des auteurs et des œuvres. Il en a résulté que cette période a connu une véritable explosion créatrice : la moyenne s'est située en effet au-dessus d'*une création dramatique par quinzaine*. Il faut admettre que c'est là un phénomène qui fera époque dans l'histoire. C'est pourquoi il importe d'en établir dès maintenant un bilan même sommaire [16].

---

13. Ces chiffres sont tirés d'un rapport manuscrit, « Vingt ans de dramatiques », préparé par Léo Benoît, superviseur des émissions dramatiques — TV à Radio-Canada, 1972.

14. Malheureusement, ces œuvres n'apparaissent pas dans les bibliographies officielles du théâtre québécois.

15. Nous n'ignorons pas que cette suggestion soulève une fois de plus la très épineuse question des « droits de suite ». Il ne faudrait pas que l'institution publique exploite indûment le talent de ses créateurs et de ses artistes sous le prétexte que ces œuvres appartiennent à la collectivité. Il ne faudrait pas non plus que les artistes concernés asservissent à leurs intérêts les droits de toute une collectivité... Il est angoissant de penser que dans ce conflit pourrissant se joue le sort de l'une des parts les plus actives de notre vie culturelle.

16. Cette période « paradisiaque » semble hélas révolue. Le nombre de productions importées, traduites ou post-synchronisées augmente de façon alarmante.

Le nombre d'auteurs qui ont écrit des dramatiques pour la télévision est en lui-même un indice : 141 auteurs québécois (incluant les auteurs de feuilletons). Il nous semble utile de relever ici les noms de ceux qui ont le plus produit. (Une sélection d'après le critère de la qualité des œuvres n'est pas possible pour l'instant car la seule mémoire du critique n'est pas un point d'appui objectif.)

Paul ALAIN (4th. - 2 quat.) ;
Hubert AQUIN (6th) ;
Robert ARTHUR (3 th.) ;
Réginald BOISVERT (3 feuil.) ;
Jacques BRAULT (2 th.) ;
Aliette BRISSET-THIBAUDEAU (2 th.)
Marcel CABAY (2 th.) ;
Michel CAILLOUX (2 th.) ;
Louis-Georges CARRIER (4 th.) ;
Robert CHOQUETTE (7 th., 17 quat., 1 feuil.) ;
Eugène CLOUTIER (5 th., 2 quat., 2 feuil.) ;
Pierre DAGENAIS (10 th., 1 feuil.) ;
Jean DESPREZ (1 th., 1 série, 1 feuil.) ;
Marcel DUBÉ (23 th., 1 quat., 2 feuil.) ;
Guy DUFRESNE (8 th., 4 feuil.) ;
Jean FILIATRAULT (3 th., 3 feuil.)
Jean-Paul FILION (2 th.) ;
Guy FOURNIER (2 th.) ;
Maurice GAGNON (5 th., 3 quat.) ;
Jules GOBEIL (2 th.) ;
Eloi de GRANDMONT (4 th.) ;
Michel GRECO (2 th.) ;
Claude-Henri GRIGNON (1 th., 1 feuil.) ;
Germaine GUÈVREMONT (1 th., 3 feuil., 1 série) ;
Arthur HAILEY (2 th., 1 quat.) ;
Claude JASMIN (6 th.) ;
Jean LAFOREST (3 th.) ;
Jacques LANGUIRAND (2 th.) ;
Simon L'ANGLAIS (1 quat., 1 feuil) ;
André LAURENDEAU (4 th.) ;
Adèle LAUZON (2 th.) ;
Lise LAVALLÉE (2 th.) ;
Félix LECLERC (3 th., 1 feuil) ;
Roger LEMELIN (2 feuil., 1 série) ;
Françoise LORANGER (7 th., 1 quat., 2 feuil.) ;
Andrée MAILLET (2 th.) ;
François MOREAU (2 th.) ;
Louis MORISSET (2 th., 2 feuil.) ;
Louis PELLAND (2 th., 1 feuil) ;
Jean PELLERIN (2 th.) ;
Pierre PERREAULT (3 th.) ;
Richard PÉRUSSE (2 feuil.) ;
J. Robert RÉMILLARD (7 th., 2 quat., 1 feuil.) ;
Charlotte SAVARY (4 th.) ;
Joseph SCHULL (2 th., 1 série) ;
Mac SHOUB (3 th.) ;
Yves THÉRIAULT (13 th., 3 quat.) ;
Michel TREMBLAY (2 th.) [17].

17. Nous préparons présentement un *Répertoire des créations dramatiques à la télévision québécoise 1952-1975.*

Cette liste n'est pas un palmarès. Elle permet simplement d'identifier rétrospectivement les auteurs qui ont écrit pour la télévision au milieu de ceux qui ont par ailleurs publié des romans, des poèmes ou qui ont été joués sur scène.

Lorsque la critique examine la production des dramatiques télévisés, elle ne doit pas oublier que l'œuvre reçue par le public n'est pas le résultat du seul texte de l'auteur, mais le fruit d'une collaboration avec un artiste dont l'action s'exerce grâce à un autre ordre de moyens : le réalisateur. C'est pourquoi nous devons ajouter ici les noms des réalisateurs qui ont créé le plus d'émissions [18] : L.-P. BEAUDOIN, Guy BEAULNE, Louis BÉDARD, Paul BLOUIN, Jean BOISVERT, André BOUSQUET, Louis-Georges CARRIER, Pierre DAGENAIS, Claude DÉSORCY, Fernand DORÉ, Charles DUMAS, Jean DUMAS, Jean FAUCHER, Florent FORGET, Jean-Paul FUGÈRE, Jacques GAUTHIER, Georges GROULX, Jean-Paul LADOUCEUR, Paul LEDUC, Paul LEGAULT, Jean LÉONARD, Maurice LEROUX, J. MARTIN, Bruno PARADIS, Guy PARENT, Pierre PÉTEL, Fernand QUIRION, Roger RACINE, Gérard ROBERT, Jean-Pierre SÉNÉCAL, Jean VALADE.

Malgré toute la prudence qui est requise à cette étape de la recherche, nous croyons nécessaire de risquer la mention de certaines œuvres spécifiques qui auront marqué par leur qualité la littérature télévisuelle et l'auront fait évoluer. Dans leur ensemble, les téléthéâtres ont maintenu une bonne qualité de production. Mais on ne peut laisser dans l'ombre l'excellence de certains. *Zone* de Marcel Dubé (16 mai 1953) donna le ton par ses qualités dramatiques. Puis, ce fut *Chambre à louer* (21 nov. 1954). A la même époque, Yves Thériault passait de la radio à la télévision et donnait *Tant va la cruche* (28 juillet 1954) et *La Marque dans la peau* (11 mars 1955), et *Le Marcheur* (15 janvier 1956). André Laurendeau présentait *La Vertu des chattes* (30 juin 1957) et Jacques Languirand, *Les Grands Départs* (1 octobre 1957). Pierre Perrault donnait ensuite *Au cœur de la rose* (30 novembre 1958). L'année 1961 fut féconde : *Les Traitants* de Guy Dufresne (15 janvier), *La Porte close* de Maurice Gagnon (2 avril), *Comme je vous aimais* d'Eloi de Grandmont (23 août), *Isabelle* de Pierre Dagenais (12 novembre). En 1963, il faut souligner *Sous le règne d'Augusta* de Robert Choquette (7 février) et *Les mains vides* de Claude Jasmin (29 septembre). Le même présentait quelques mois plus tard *Blues pour un homme averti* (12 novembre 1964). En 1965, trois œuvres doivent être rappelées : *Tuez le veau gras* de Claude Jasmin (17 janvier), *Le Marin d'Athènes* de Réal Benoit (14 mars) et *Un Cri qui vient de loin* de Françoise Loranger (28 novembre). En 1968, Jacques Brault présentait *La Morte Saison* (31 mars), Hubert Aquin, *Table Tournante* (22 septembre) et André Langevin, *La Neige en octobre* (20 octobre). En 1969, on retrouve Hubert Aquin. *Vingt-quatre heures de trop* (6 mars) et on découvre Michel Tremblay *Trois petits tours* (21 décembre). En 1970, l'œuvre qui émerge est celle de Françoise Loranger, *Une maison... un jour* (4 octobre). En 1971, la saison est riche : *Voyage de noces* de Pierre Dagenais (3 janvier), *Au retour des oies blanches* de Marcel Dubé (7 février), *En Pièces détachées* de Michel Tremblay (7 mars), et *Encore cinq minutes*

18. Il s'agit naturellement des créations québécoises.

de Françoise Loranger (4 avril). En 1972, il faut mentionner *Double-Sens,* d'Hubert Aquin (30 janvier) et d'André Langevin, *Les Semelles de vent* (5 novembre).

Ces œuvres que nous proposons à l'attention de la critique nous semblent émerger de l'ensemble par la qualité de leur texte, la fermeté de leur style et l'originalité de leur contenu. Certains auteurs comme Pierre Dagenais connaissent l'art des situations complexes et du suspense, d'autres comme Guy Dufresne ont le don de faire revivre l'histoire, d'autres enfin comme Robert Choquette, Françoise Loranger ou Yves Thériault savent présenter des types humains caractérisés. Nous souhaitons qu'une analyse détaillée de ces œuvres soit faite afin de permettre une sérieuse évaluation d'ensemble de l'expérience dramatique à la télévision.

Nous voudrions toutefois attirer l'attention sur certaines œuvres qui, en plus d'être bien écrites et bien construites, ont innové dans l'utilisation du médium et fait progresser le langage télévisuel lui-même dans son exercice dramatique. Nous pensons particulièrement à l'étonnante progression des œuvres d'Hubert Aquin qui, dans *Passé antérieur,* et surtout dans *Table tournante, 24 heures de trop* et *Double-sens* a poursuivi une recherche formelle analogue à celle de ses romans. Il faut signaler que cinq sur les six œuvres d'Aquin ont été réalisées par Louis-Georges Carrier. Des recherches semblables se retrouvent dans les œuvres de Françoise Loranger *Un cri qui vient de loin, Une maison... un jour* et *Encore cinq minutes* [19]. De même Pierre Dagenais, qui avait produit des œuvres d'une très grande valeur à la radio, a fourni à la télévision un apport intéressant surtout dans *Voyage de noces,* et *Au prochain crime j'espère.* Les deux pièces ont été réalisées par Jean Faucher. Il faut aussi rappeler *Les Grands départs,* de Jacques Languirand, réalisé par Louis-Georges Carrier. Enfin, Michel Tremblay a renouvelé plusieurs aspects de l'écriture dramatique dans son œuvre *En pièces détachées* et dans *Trois petits tours,* toutes deux réalisées par Paul Blouin.

A côté des téléthéâtres, il s'impose d'accorder une attention sérieuse à ce genre dangereux, difficile mais en soi valable que constitue le téléroman.

Il faut d'abord rappeler que malgré l'indication un peu fallacieuse donnée par son appellation de télé-*roman,* ce genre d'œuvre doit être rattaché au théâtre dont il utilise l'écriture en dialogues, l'organisation dramatique et le découpage en actes, bien qu'il prolonge par ailleurs l'action durant des périodes souvent très longues. C'est pour cette raison que les téléromans sont classés par Léo Benoit dans le rapport auquel nous nous sommes référés au début de ce chapitre et où nous avons puisé nos références, comme un simple sous-genre des dramatiques.

Il est bien évident, et l'expérience nous l'apprend encore douloureusement, que le téléroman peut facilement verser — pour ne pas dire renverser — dans le délayage et ne plus contenir à la fin que des dialogues vides où les personnages ne font que commenter leur actualité. L'art d'enchaîner des intrigues successives à l'intérieur d'un grand cycle est difficile à manier

19. *Une maison... un jour* a été réalisé par Paul Blouin et les deux autres pièces par Louis-Georges Carrier.

et requiert, en plus d'un souffle très constant, une aptitude à programmer longtemps à l'avance les péripéties de l'action. Toutes ces difficultés, lorsqu'elles sont vaincues esthétiquement, deviennent les points d'appui des grandes œuvres. Plusieurs auteurs y ont réussi. En 1953, Roger Lemelin a sûrement exercé une grande influence par *La Famille Plouffe* qui a duré jusqu'en juin 1959. On ne pourrait nier non plus la qualité du *Survenant* que Germaine Guèvremont a présenté de 1954 à 1957. Mais c'est peut-être en 1955 que le genre a atteint à sa maturité avec *Cap-aux-Sorciers.* Cette œuvre de Guy Dufresne, réalisée par Maurice Leroux et Paul Blouin, a duré jusqu'en juin 1958 et demeure encore vivace dans le souvenir des auditeurs. Il faut aussi mentionner *Les Belles histoires* de Claude-Henri Grignon. Cette œuvre, intarissable, qui avait duré 20 ans à la radio, a suscité beaucoup de sarcasme et d'ironie. D'octobre 1956 à juin 1970, elle a pourtant tenu l'affiche, et s'il en fut ainsi c'est que les auditeurs la demandaient. En fait, s'il est possible d'oublier que nous connaissions par cœur l'intrigue type, il faut tout de même admettre que ses thèmes touchaient effectivement l'âme québécoise, souvent servis par une réalisation de grande qualité. Une autre œuvre est passée de la radio à la télévision, c'est *La Pension Velder,* de Robert Choquette (oct. 1957 à juillet 1961). Les textes en étaient bien écrits et l'agencement de l'intrigue était assez varié pour que les auditeurs oublient assez facilement qu'ils avaient connu ces personnages à la radio. Louis Morisset a généralement bien réussi dans *Filles d'Eve.* Il avait sûrement le sens du théâtre et savait maintenir l'intérêt. Il en fut ainsi dans les premières années de la *Rue des pignons.*

Enfin, il y a cette œuvre nouvelle, audacieuse pour le genre, que Guy Dufresne a inaugurée en 1972, *Les Forges du Saint-Maurice.* L'analyse systématique de plusieurs épisodes, comparés à des épisodes d'autres téléromans, a démontré [20] à l'évidence que cette émission marque un niveau d'excellence peut-être jamais encore atteint. La langue est ferme et colorée, l'intrigue savamment construite et chaque épisode forme l'équivalent d'une petite pièce de théâtre. Cette œuvre met en action des conflits vivants, intéressants pour le public d'aujourd'hui, malgré qu'elle fasse appel à des données historiques anciennes et reconstituées avec exactitude. On ne doute pas que *Les Forges du Saint-Maurice* sauront nous représenter en Europe (c'est, paraît-il l'intention de Radio-Canada) d'une manière intelligente et qu'elles donneront une juste image de ce que peut être l'écriture télévisuelle.

L'art du téléroman a été si bien pratiqué par Guy Dufresne qu'il nous semble utile de présenter ici quelques réflexions inédites qu'il nous a formulées dans une interview récente.

Interview accordée par Guy Dufresne à Renée Legris
31 janvier 1973

— Est-ce une corvée pour vous que d'écrire un « téléroman » ?

C'est du gros ouvrage, une lourde tâche, ce n'est pas une corvée.

— Vous aimez cela ?

Oui.

20. Cette analyse a été effectuée par Renée Legris au cours de l'automne 1972.

— Pourquoi ?

Raconter une histoire, une demi-heure par semaine, durant trente-huit semaines d'affilée et je ne sais combien d'année d'affilée, et une histoire qui puisse captiver, enchanter, émouvoir des centaines de milliers, si ce n'est un million de téléspectateurs à la fois, cela me fascine. Cela comporte un risque, un défi, qui me tente. Et, par ailleurs, cela me donne à manger.

— Comment, au point de départ, vous attaquez-vous à un téléroman ?

Je commence par me plonger dans le milieu dont je dois parler. Robert Choquette m'a déjà dit : « Ne parle pas de gens et de choses que tu ne connais pas. Va-t-en vivre avec ces gens, te mêler à eux, participer à quelque entreprise avec eux. Et sans apporter ni papier ni crayon. Va-t-en *vivre* avec eux. Pas comme un écrivain, mais comme un humain qui se mêle à d'autres humains. Tu vas découvrir ainsi, malgré toi, ce qui est propre à ce milieu, ce qui lui est spécifique. C'est cette vie-là qu'il s'agit de capter, d'absorber, puis de transmettre avec tout ce que tu ressens, avec tout ce à quoi tu aspires. » Somerset Maugham, d'ailleurs, donne tout à fait le même conseil dans *The Summing Up*.

— Avez-vous connu de la sorte plusieurs milieux ?

Pour écrire *Cap-aux-Sorciers, j'ai navigué à bord de goélettes,* sur le fleuve et dans le golfe. Au temps de *Kanawio,* j'ai rencontré des Indiens à Oka, Odanak, Caughnawaga et dans la région des Fingers Lakes, état de New York. Pour écrire *Septième-Nord,* j'ai passé quelque huit mois avec un sarrau de médecin dans un hôpital de Montréal. Enfin, j'ai flâné dans des fonderies et en Mauricie pour composer *Les Forges de Saint-Maurice.*

— Il ne peut s'agir, pour vous, de simplement « photographier » ce que vous avez vu.

Bien sûr que non. Il s'agit de m'inspirer de ce que je vois pour *créer* par la suite des personnages qui représentent le milieu et qui, en même temps, traduisent, transmettent ce que moi j'éprouve, je ressens. Un personnage, ici, comme au théâtre, est formé d'au moins deux éléments : cette « matière brute » que j'ai saisie dans le milieu et tout ce que, d'instinct, malgré moi, grâce à une alchimie qui a ses mystères, je mêle en quelque sorte au personnage. C'est dans ce sens qu'on peut dire que je *crée* un personnage. En d'autres termes, on crée un personnage avec ce que l'on voit et avec ce que l'on est. Deux auteurs, qui auront vécu dans un milieu, ne créeront pas des personnages identiques à partir de ce milieu, parce qu'eux-mêmes, les auteurs, ne l'auront pas vu, ce milieu, avec « les mêmes yeux ». Dans le même ordre d'idées, deux peintres, en présence du même arbre, ne le représenteront pas sous le même jour. Les arbres de Marc-Aurèle Fortin, par exemple, portent sa marque, sa touche : c'est qu'il les a représentés, recréés, suivant ce qu'il voyait et ressentait lui-même, et d'une façon inimitable.

— Vous accordez beaucoup d'importance aux « personnages » dans un téléroman ?

C'est fondamental. Je ne dis pas qu'une fois créés les personnages, ça y est, il ne reste plus qu'à les faire vivre. Non. C'est plus ardu que ça. Moi, en tout cas, je commence par tâcher de créer — dans ma tête, à ce moment-là — de bons personnages.

— Qu'entendez-vous par de « bons personnages » ?

Je veux dire des personnages bien campés, qui vont donner l'impression de surgir tout droit du milieu ; à propos desquels on va dire « C'est donc ça ! C'est donc de même ! » ; des personnages que, d'emblée, spontanément, nombre de téléspectateurs vont reconnaître ou auxquels ils vont s'identifier. (Téléroman veut souvent dire chez nous « télémiroir ») ; des personnages qui auront leur complexité, qui porteront en eux-mêmes leurs conflits, qui seront déjà aux prises avec eux-mêmes, dont le potentiel sera assez riche pour qu'ils puissent évoluer. Je n'aime pas que mes personnages en restent au même point. Je veux que, tout en étant fidèles à eux-mêmes, ils évoluent, peu à peu ou par à-coups, au gré des circonstances et des événements.

Et vu qu'un personnage, au théâtre comme dans un téléroman, n'existe jamais que pour lui mais toujours en fonction des autres, je cherche à les créer tous en fonction les uns des autres, de sorte que l'interaction soit forte et offre des possibilités quasi indéfinies.

— Un exemple d'une « circonstance » ou d'un « événement » qui fait « évoluer » chacun des personnages.

Remontons à *Cap-aux-Sorciers* (1957). Le capitaine Aubert (Gilles Pelletier) en dépit de ses 70 ans a toujours donné l'impression d'un roc. Il a un estomac de fer. Or, « la nichouette » (Monique Joly) un soir, en mer, prépare un dessert, qui s'appelle « des grands-pères », et elle y met trop de graisse. Quelques heures plus tard, comme la pluie dehors « vire en glace », la goélette (« le St-Prime ») s'alourdit et risque même de chavirer ou sombrer si elle n'atteint pas l'île d'Anticosti ou un havre de la rive sud, ou Gaspé d'ici deux heures. Le Capitaine Aubert, en proie à une indigestion aiguë, perd conscience, en subit même une fêlure au cœur. L'équipage sauve le bateau de justesse mais tous ceux qui entourent le capitaine Aubert, à la maison ou en mer, ne se comporteront plus avec lui comme auparavant et lui-même essaiera constamment d'oublier cette « faille dans le roc »...

— Faites-vous un plan de chaque émission ?

Oui. Je ne peux rien rédiger avant d'avoir trouvé les péripéties et le « punch », le dénouement. C'est à découvrir et à placer chaque fois, pour chaque émission, en tâchant d'éviter les répétitions, en tâchant, par exemple, que deux personnages qui se sont rencontrés à tel endroit, à telle heure et de telle humeur, s'ils doivent se rencontrer de nouveau, aient changé ou d'humeur ou de lieu ou de temps, et je dois tâcher de ne pas égarer les téléspectateurs. Je dois essayer de doser les éléments d'équilibre et de surprise.

— Faites-vous un plan de chaque année ?

Je dirais plutôt que j'ébauche le plan d'une année. Je trouve le tout début, j'essaie d'obtenir qu'il soit frappant, saisissant, qu'il fasse choc. Après quoi, je pose des jalons. Tel événement, grave, comme celui que j'ai cité plus haut à propos de « la pluie qui vire en glace », je le situe vers la 30e émission. J'en ai situé d'autres vers la 7e, ou la 10e ou au temps des fêtes, ou aux environs de Noël. Quant à la toute fin de l'année, il arrive que je la voie clairement et que j'oriente l'ensemble de l'année vers cette fin. Il arrive aussi que je ne fasse qu'entrevoir cette fin que j'attende qu'elle se précise d'elle-même.

— Cherchez-vous à ce que chacune des émissions forme un tout ?

Oui, j'essaie, à la fois, qu'une émission forme un tout, c'est-à-dire qu'elle ait son propre rythme, son propre dénouement, et qu'elle soit reliée à toutes les précédentes et les suivantes. Donc : Un tout chaque fois et qui s'inscrive dans l'ensemble. J'essaie d'obtenir que le téléspectateur qui ne peut voir qu'une émission par-ci par-là s'y retrouve quand même et s'y plaise. J'avoue cependant que les scènes que je dois souvent retrancher, afin de respecter « le minutage », m'empêchent de toujours situer l'émission comme je le voudrais. A ce point de vue, j'aimerais mieux des émissions d'une heure que d'une demi-heure. Surtout quand il s'agit d'histoire.

— Ne croyez-vous pas que tout cela requiert un certain effort de la part des téléspectateurs et que vous risquez de ne pas l'obtenir cet effort en Amérique du Nord, en 1973 ?

Je crois que même en Amérique du Nord, en 1973, le téléspectateur le fera cet effort si l'émission a vraiment le don de le séduire, est vraiment de qualité. Si elle est quelconque, il ne le fera pas.

— Mais le « gros public » ?

Si un téléroman offre un « suspense » de qualité, il atteint à la fois « le gros public » et les téléspectateurs les plus exigeants.

— Vous aimez les risques ?

Oui.

— Quelle langue utilisez-vous dans un téléroman ?

J'ai déjà entendu, de la part d'un linguiste (qui avait l'esprit large) que toute langue en renfermait au moins quatre :

1. La langue de la diplomatie, correcte, châtiée.
2. La langue de la haute poésie, qui a recours à des expressions et à des agencements qui lui sont propres.
3. La langue des spécialistes, des scientifiques, inaccessible, de prime abord, au commun des mortels.

   Toutes trois peuvent constituer la langue écrite.

4. Enfin, il y a la langue parlée. Et ici l'éventail devient infini. Autant d'individus, autant de milieux, autant de quartiers, autant de régions, autant d'époques, autant de parlures.

Or, l'auteur d'un téléroman doit justement relever le défi *d'écrire* la langue *parlée* et de tâcher d'en faire une œuvre, d'en faire de l'art et d'être compris de ceux à qui il s'adresse. Qu'on ne vienne jamais me dire que le problème est facile à résoudre ! Comment je m'en suis tiré ? En tâchant de m'adapter chaque fois (c'est-à-dire pour chacun des téléromans) au sujet, aux personnages, au public et à Radio-Canada !

Pour écrire *Cap-aux-Sorciers,* j'ai eu recours à la parlure de Charlevoix. Pour écrire Kanawio, qui se situait vers 1640 en Iroquoisie, j'ai essayé avec des mots français de rendre la beauté fruste et douce de la langue iroquoise.

Pour écrire *Septième-Nord,* qui se situait à Montréal de 1963 à 1967, j'ai dû éviter que des médecins parlent entre eux de médecine et j'ai eu recours à autant de langues ou de parlures qu'il y avait de personnages : Docteur « Bert » Quesnel (Jacques Godin) ne parlait pas du tout comme

Docteur Yves Charron (Jean-Louis Roux), Aurélie Charron (Janine Sutto) qui habitait Outremont, ne parlait pas du tout comme Gladys (Pascale Perreault) qui surgissait des bas-fonds de la ville. Et quand Wilfrid Quesnel (Yves Létourneau) a surgi de Pontiac, il a rebaptisé tous les personnages : Yolande (Monique Miller) est devenue « darkie », Charlotte (Louise Rémy) est devenue « cutie ». Dès qu'il s'agit des *Forges de Saint-Maurice,* aucun anglicisme n'est de mise, aucune expression non plus qui suggérerait 1973. La langue, cette fois-ci, doit suggérer 1737, et doit convenir à des métallurgistes qui débarquent de Vieille-France et à des tâcherons qui habitent la Nouvelle-France depuis déjà deux ou trois générations. Il s'agit, cette fois-ci, d'une langue ou de « parlure » d'époque. Et Radio-Canada a spécifié, au point de départ, que cette langue et ces « parlures » devaient être intelligibles dans toute la francophonie, au cas où l'émission, vu les frais qu'elle encourt et vu l'intérêt du sujet, deviendrait exportable.

— En somme, diriez-vous : Autant de téléromans, autant de personnages, autant de langues ?

Oui.

— Pour faire de « l'art » avec les langues « parlées », comment vous y prenez-vous ? N'est-ce pas les déformer, ou les affaiblir, ou les maquiller ?

Je dirais plutôt qu'il s'agit de *choisir* et ordonner. Ce qu'offrent les langues parlées est une immense matière parmi laquelle j'ai en bel de *choisir* et ordonner les éléments dont j'ai besoin pour transmettre ce que j'ai à transmettre.

— Exemple ?

Un personnage du comté de Charlevoix (je pense à *Cap-aux-Sorciers*) peut fort bien dire : « vou*s*'a*v*ez pas en*v*ie, que j'*v*ous sui*v*e *à c' v*ite*ss*e-là ? » c'est plausible dans la bouche du personnage. Mais s'il dit : « vous'avez toujours pas dessein, papa, que j'vous suive à c'train-là ? », la réplique évite l'abus des s et des v, et grâce à « toujours », « papa », « dessein » (au lieu d' « envie ») et « train » (au lieu de « vitesse ») la réplique a plus de couleur, plus de rythme, plus de vie, elle reflète beaucoup mieux le comté de Charlevoix, et elle se dit mieux et se comprend mieux.

Notez, encore une fois, que les deux répliques sont *plausibles.* Et une réplique doit toujours l'être dans la bouche d'un personnage. Mais c'est parmi tous ces « plausibles » qu'il faut *choisir.* La première réplique, ici, est de la mauvaise photographie. La seconde — du moins, je l'espère — est de l'art.

— Verriez-vous un trait commun à tout ce que vous avez écrit ?

J'ai toujours essayé de présenter des tranches de vie avec toutes leurs harmoniques et leur complexité.

CONCLUSION

Faut-il conclure cet article qui offre les résultats d'une recherche encore à ses débuts ? Nos travaux ultérieurs et la relecture des œuvres, avec le recul du temps, peuvent modifier sensiblement certains jugements de valeur qui influencent notre regard sur le passé de la radio et de la télévision. Pour la radio peut-être encore plus que pour la télévision, l'analyse des textes apportera des éléments de nouveauté.

A l'avenir, la critique devrait se faire plus attentive à toutes les formes de production littéraire qui sont diffusées par la radio et la télévision. Les journaux, les revues et l'enseignement doivent entreprendre une analyse sérieuse et systématique de ces formes littéraires afin de comprendre le vide béant devant lequel nous nous trouvons aujourd'hui. On sait en effet — ou on devrait savoir — quelle absence de réflexion critique se fait sentir en ce domaine. Et l'une des conséquences immédiates en est qu'aucune réaction organisée ne se manifestant, les diffuseurs ont beau jeu de produire n'importe quoi. De même que les hommes politiques et les gouvernements surveillent sans cesse de très près l'orientation des émissions dites d'information et d'affaires publiques, de même les critiques littéraires doivent-ils réfléchir et agir sur les problèmes des émissions de création et des productions culturelles. Il faut aussi que l'enseignement assume et intègre à son curriculum d'études littéraires québécoises les œuvres radiophoniques et télévisuelles. Cette forme d'écriture, qui est encore spécifiquement littéraire bien que véhiculée, en plus du texte, par un médium électronique, est un lieu où s'est exprimée une partie importante de la créativité des artistes. Il ne faudrait plus qu'elle soit la victime d'une occultation systématique comme ce fut le cas pendant trente ans.

Quand on sait que de 1935 à 1970, on a présenté à la radio québécoise environ 1,100 pièces de théâtre originales, on se demande par quelle aberration on a pu dire qu'il n'existait pas encore de théâtre québécois.

Bien sûr, la critique doit être prudente et savoir distinguer entre la littérature qui groupe d'authentiques créations d'auteurs et la littérature de type populaire et même commercial. Distinguer, non pas pour rejeter une partie de cette réalité culturelle, mais pour mieux choisir des instruments d'analyse différents et appropriés. Si les critères d'évaluation esthétique diffèrent, certaines techniques de la sociologie culturelle peuvent être d'un secours efficace. Et l'influence de ce type de littérature sur la société — elle atteint des millions d'auditeurs — peut aider la critique à saisir l'évolution de la langue, la transmission des images collectives et des idéologies.

Dans ses travaux sur la littérature radiophonique et télévisuelle, la critique doit être consciente de la spécificité du langage esthétique utilisé par ces œuvres. De même que le texte d'une pièce de théâtre, surtout moderne, doit être lu en le reliant sans cesse à son signifiant terminal qu'est la mise en scène et le jeu des comédiens, ainsi le texte radiophonique et télévisuel, lorsqu'il est de bonne qualité, est conçu pour être partie constituante d'un tout formé d'images et de sons. Les textes de Hubert Aquin, pour la télévision, et ceux de Robert Choquette, pour la radio, constituent des classiques de cette écriture.

Pourtant, il ne faudrait pas tomber dans un excès contraire et considérer que ces œuvres étant reçues par l'intermédiaire d'un médium électronique, doivent être assimilées aux spectacles de variétés ou aux « talk shows ». Le texte est là, il demeure fondamental, rien n'est improvisé, mais tout est conçu en fonction d'un mode nouveau d'action sur la sensibilité du spectateur.

Si la critique doit bien identifier ces deux pôles esthétiques, c'est que les œuvres elles-mêmes se rattachent davantage selon le cas à l'un ou à l'autre. D'une part, certains textes semblent avoir oublié qu'ils ne seraient pas l'objet d'une lecture de type traditionnel, alors que d'autres composent sans cesse avec l'image sonore ou visuelle. Il appartient à la critique d'apprécier les succès et les valeurs de ces essais. Il lui appartient aussi de dessiner, au fur et à mesure que la production évolue, la carte des tendances générales vers lesquelles s'orientent les œuvres. A la télévision, on voit nettement que la production littéraire se partage en deux catégories. D'une part, le style de certaines œuvres est routinier, il n'innove plus rien et on ressasse les mêmes clichés d'écriture. Par contre, certains téléthéâtres sont l'occasion d'une véritable recherche formelle et savent utiliser les ressources du médium. Ce fut le cas récemment de *Les Semelles de vent* de Langevin et de *Double Sens* d'Aquin. A la radio, le réseau A.M. ne diffuse pratiquement plus d'émissions pouvant entrer dans la catégorie de « littérature radiophonique ». Par contre le réseau F.M. a pris la relève et poursuit l'œuvre exceptionnelle qui avait été entreprise au cours des années cinquante. Il continue notamment la prestigieuse série « Sur toutes les scènes du monde », pour le théâtre de répertoire et « L'atelier des inédits », pour les créations québécoises. On peut trouver là des textes de qualité, réalisés avec soin.

Intégrées dans le circuit complet des œuvres publiées et du théâtre sur scène, les œuvres radiophoniques et télévisuelles sont susceptibles d'apporter une contribution substantielle à notre vie culturelle et la critique se doit désormais d'être à la mesure de ce phénomène nouveau.

Février 1973

Orientations récentes du théâtre québécois

par Laurent MAILHOT,

professeur à l'Université de Montréal

> ... Nier le théâtre par des œuvres dramatiques, c'est chercher une dramaturgie plus efficace.
>
> Naïm Kattan, *Le Réel et le théâtral*

En même temps qu'au Théâtre du Nouveau Monde, au Théâtre-Club, et à Radio-Canada, autour de 1960, acteurs, metteurs en scène et techniciens produisaient Claudel, Tchékov ou Pirandello suivant des standards internationaux, quelques troupes d'amateurs ou des groupes de recherche (les Apprentis-sorciers, l'Egrégore...) initiaient un jeune public à Brecht, à Dürenmatt, à Ionesco et Beckett. C'est ainsi qu'un *nouveau théâtre* [1] allait naître à Montréal, au confluent d'une dramaturgie moderne et d'une récente tradition autochtone établie principalement par Gélinas et Dubé.

Jusque-là seul Jacques Languirand s'était placé à l'avant-garde, dans l'insolite et l'inconfort d'une position de départ, de doute, d'interrogation du langage et des formes dramatiques. En 1962, événement isolé, Gilles Derome fait jouer *Qui est Dupressin ?,* pièce anti-psychologique qui emprunte à l'hôpital psychiatrique son aire de jeu, ses masques, ses interprétations, ses discours délirants, et qu'on peut maintenant rapprocher des *Louis d'or* de Gurik, de *Vive l'Empereur !* de Morin, des *Comédiens* de Dumas, tous trois liés au Centre d'essai des Auteurs dramatiques [2], fondé en 1965.

1. « A un théâtre qui voulait se dépasser lui-même et atteindre un noyau dur qui serait l'essence d'un être, on substitue *un théâtre sans perspective dont les limites sont celles même des instruments qu'il possède* : des gestes, des paroles, des mouvements » (M. Corvin, *Le Théâtre Nouveau en France,* P.U.F., « Que sais-je ? », 1969, p. 19). Cf. F. Jotterand, *Le Nouveau Théâtre américain,* Ed. Du Seuil, « Points », 1970.

2. Le C.E.A.D., par ses tables rondes, ses lectures publiques, ses publications, son *lobbying,* joua un rôle important dans l'élargissement et le renouvellement du réper-

Parmi les étudiants et jeunes travailleurs qui fréquentaient l'Egrégore, la Boulangerie, les Saltimbanques ou la Cabergnote : André Brassard et Michel Tremblay, traits d'union entre le théâtre de l'absurde, l'Off-Broadway et l'Est montréalais. Après 1962 et 1965, 1968 est la date repère la plus importante d'un théâtre non seulement *nouveau* mais *québécois : les Belles-sœurs* incarnent, réunissent, réussissent, rendent populaire (au double sens du terme) ce qui était intellectuel, formel, esthétique. Pierre Moretti [3] et Claude Levac ont poussé plus loin la recherche expérimentale, Ferron ou Loranger manifestent un engagement politique plus évident, Robert Gurik a écrit et fait jouer une douzaine de pièces fort diverses ; c'est pourtant à Tremblay qu'on peut rattacher le style et le ton du Théâtre du Même-Nom, du Grand Cirque Ordinaire, de Jean Barbeau, de *Wouf Wouf* ou d'*On n'est pas sorti du bois,* sans compter les traductions-adaptations les plus originales.

Ce n'est pas seulement, ni surtout, le joual, le sacre ou la vulgarité qui caractérisent ce que nous appelons ici le nouveau théâtre québécois ; c'est plutôt son inspiration multiple, sa liberté, ses orientations divergentes, l'éclatement d'un cadre qui le laissait embryonnaire ou répétitif. Maintenant que le théâtre québécois a trouvé son centre, ou son axe (lui-même mobile), il peut se répandre, s'allier, se diviser, s'aiguiser. Sa trajectoire va de l'improvisation (plus ou moins) collective aux comédies musicales parodiées, du monologue à la fresque populaire, de la fable transparente à la poésie des nouveaux signes. Les thèmes, les chœurs, les « exorcismes » finals peuvent se ressembler — de même que les mères ou les fils qu'on n'a pas fini de tuer et de ressusciter —, la distance est sans cesse variable du sujet à l'objet, du personnage à la personne, du comédien aux structures, du langage au silence. Notre nouveau théâtre, c'est aussi bien les pièces de Réjean Ducharme que celles du Centre du Théâtre d'Aujourd'hui [4], aussi bien *la Sagouine* acadienne ou autres monologues que les derniers (ou avant-derniers) Loranger.

Le *Théâtre Nouveau,* comme le Nouveau Roman, rejette le cadre fixe, l'intrigue linéaire, la psychologie (ou caractérologie) traditionnelle. Critique, il prend ses distances par rapport à lui-même, se représente en train de se représenter, se construit en se détruisant. Explorateur, il joue des mots et des situations, mélange les genres, alterne et altère les rythmes. Il ne cherche pas à expliquer, mais à faire voir, à ouvrir, à révéler. Puisqu'on conçoit de plus en plus le livre comme « un théâtre sur lequel se joue un texte » [5], pourquoi ne pas considérer la scène comme une page où s'écrit et se lit un

toire québécois. Moins actif (parce que moins utile) depuis 1970, il se réoriente dans le sens de l'*Office for Advanced Drama Research,* de Minneapolis.

3. *Equation pour un homme actuel,* créée au Pavillon de la Jeunesse de l'Expo, en 1967 : seize tableaux, « paramètres d'une équation qui trace un portrait psychographique de l'homme contemporain plongé dans son environnement », dont l'un, « Erotomanies », suscita une affaire judiciaire.

4. Le C.T.A. est né, en 1968, de la fusion (ou disparition?) des Apprentis-Sorciers, des Saltimbanques et du Mouvement Contemporain (fondé par Brassard en 1966). Parmi les auteurs-maison, en plus du T.M.N. de Germain (locataire associé du petit théâtre de la rue Papineau) : A. Caron, J. et P. Collin, Y. Lelièvre, P. Bégin *(Chmou, Ça, Philigne...).*

5. Mais « un théâtre dénué de tout rituel, la représentation du n'importe quoi », ajoutait F. Coupry, aux Décades de Loches ; cité par G. Rolin, « L'avant-garde accusée », *Le Monde,* 8 août 1970, p. 12.

spectacle ? Son signe essentiel demeure la parole (entre le mutisme et le cri, devant soi et avec tous les autres). Le nouveau théâtre ne paraît s'éloigner de la littérature que parce que la littérature elle-même (et l'Histoire ?) se rapproche du théâtre.

UN THÉÂTRE « ENGAGÉ » OU POLITIQUE

> C'est une période d'urgence. Le théâtre d'urgence est celui qui éveille la conscience.
>
> Julian Beck

« Le théâtre est un art d'actualité », disait Erwin Piscator. Dans une de ses productions, l'arc de scène fut même fermé par une toile « divisée, comme une feuille de journal, en différentes colonnes », chacune correspondant à une aire de jeu déterminée. S'il subordonnait toute intention artistique à un objectif révolutionnaire, Piscator ne confondait point éveil, éducation et propagande. Pour lui, l'effet *politique* (au sens grec) du théâtre est proportionnel à sa valeur et à ses moyens artistiques. Il écrivait, en 1926 :

> Le théâtre à son apogée a toujours été en relation étroite avec la communauté nationale. Aujourd'hui, alors que de larges couches du peuple se sont éveillées à la vie politique et exigent de former un Etat qui sera le leur, le destin du théâtre, s'il ne veut pas devenir l'affaire exclusive des deux cents familles, est lié pour le meilleur comme pour le pire aux besoins, aux souffrances et aux revendications du peuple [6].

Cette observation paraît s'appliquer à une des orientations récentes du théâtre québécois. Aux Etats-Unis, O'Neill (1916) crut au peuple et au langage américains, Odets (1935) croyait la révolution imminente, Beck et Malina croient au théâtre comme moyen de rupture, à l'anarchie organisée « par petits groupes, selon les méthodes de la guérilla ». Au Canada français, sur 325 pièces environ jouées de 1606 à 1966 [7], les années fastes (les sommets de la courbe dentelée) ont correspondu à des moments de tension politique ou sociale : douze créations en 1919, après la guerre ; vingt-six en 1932, après le Krach ; trente-six en 1963 et en 1966, pendant la Révolution tranquille et la poussée indépendantiste.

Le théâtre canadien-français avait, bien avant Jacques Ferron, mis en scène des personnages historiques, voire des politiciens, mais il n'avait guère touché au politique proprement dit. La grève d'Asbestos, qui suscita des essais, des romans, vient d'apparaître (les congressistes de la C.S.N. l'ont vivement reconnue, revécue), autour de Duplessis et de l'archevêque « rouge », dans *Charbonneau et le Chef,* drame réaliste et « tragédie québécoise »

---

6. E. PISCATOR, *Le Théâtre politique* suivi de *Supplément au théâtre politique* (texte français d'A. Adamov et Cl. Sebisch), *L'Arche,* 1972, p. 86. — Cf. J.-P. Compain, *L'Engrenage* (Ed. de l'Etincelle, 1972), manifeste-témoignage d'une expérience de culture théâtrale révolutionnaire en milieu ouvrier montréalais.

7. D'après des statistiques compilées par R. Tembeck, *Rapport* (dactylographié) du *Teach-in* sur la création et la recherche dans le théâtre québécois (tenu à l'Université Laval, le 12 avril 1969, sous les auspices de la Société artistique), p. 54.

de J.T. McDonough [8], torontois qui en avait été témoin lorsqu'il étudiait à l'Université Laval. Louis Riel par exemple — sujet riche et actuel puisqu'il pose le problème « des heurts centenaires entre majorités et minorités, du rôle de petits groupes raciaux au milieu de cette 'mer immense d'américanisme saxonifiant' » [9] — n'a donné chez nous que la pièce d'Elzéar Paquin et les *Bois-Brûlés* de Jean-Louis Roux, académiques et exsangues, alors que Toronto en tirait un drame épique d'envergure et un bon opéra.

Celui qui touche le mieux l'image, les reflets, la flamme de Riel chez le peuple canadien-français, c'est Jacques Ferron dans *la Tête du roi* [10]. Cette pièce peu connue, moins ambitieuse que les *Grands Soleils,* est aussi un « cérémonial » prophétique et politique : « ... Au Canada, pour qu'il y ait gouvernement, il faut l'état de guerre » ; « Toute la scène est dans la rue » ; « Pavoiser dans un pays qui n'est pas souverain est assurément aussi ridicule que pour un souverain de porter sa tête dans un pays qui n'est pas le sien », écrit Ferron, qui sait aussi bien mener une discussion serrée entre Simon et son « cher ennemi » Scott que faire traverser l'avant-scène, un quartier de bœuf sur l'épaule, à un aide-cuisinier. Dans *la Tête du roi,* tout le monde parade et parodie : Simon imite le gorille, l'avocat déploie les ailes noires de son corbeau, Taque s'imagine en bourreau, Pierre et Elisabeth répètent leur rôle pour la représentation qu'ils offrent à l'invité anglais (lui-même un peu espion).

Plus intéressant que Simon et Pierre, les deux fils du procureur de la Couronne, l'un terroriste, l'autre déférent (Gélinas se servira d'un conflit semblable dans *Hier, les enfants dansaient*), est le vieux Taque, aventurier à la retraite, ex-compagnon de Riel, et qui reprend volontiers du service. Tout tourne autour d'une tête (la statue décapitée d'Edouard VII) et d'un chapeau :

> SIMON — Les couronnes tenaient de l'auréole. Les chapeaux sont plus humains.
>
> LE PROCUREUR — Couronne ou chapeau, tout dépend de la tête qu'on met dedans.

Riel monta à l'échafaud sans son chapeau de castor (que le père Taque a récupéré) mais avec toute sa tête ; Edouard VII, toujours couronné et auréolé, a perdu une tête dure et creuse, « étrangement vide ». Est-elle finie, « la litanie coloniale, ornementale et britannique » — ou européenne ? « Quoi de plus curieux en effet qu'un peuple français ait été du côté de la victime, du sauvage, du bison, alors que partout ailleurs dans le monde nous étions du

8. Le texte anglais publié chez Mc Lelland & Stewart et diffusé par C.B.C. est une version de l'auteur, à son tour traduite et adaptée par P. Hébert et P. Morency, créée par le Trident, à Québec, le 11 mars 1972.

9. J.R. COLOMBO, « Au cimetière des bonnes intentions », *La Scène au Canada* (Bulletin du Centre du théâtre canadien), août 1966 ; reproduit dans *Le Devoir,* 15 août 1966.

10. Montréal, Cahiers de l'A.G.E.U.M., no 10, 1963. Comparons l'inspiration initiale de Taque : « Le grand flamboiement, le soleil emplumé, les hommes fils d'oiseau, les femmes filles de nuit, de lune et d'étoiles, tout cela n'est plus. Les totems de la montagne regardent vers la plaine... » (p. 14) à l'inspiration finale de Chénier, de Sauvageau ou de Mithridate, ses frères, dans les *Grands Soleils* (*Théâtre I,* Déom, 1968, pp. 67, 74, 76, etc.), créée au T.N.M. en 1968.

côté du bourreau, du civilisé, de la locomotive »[11], s'exclame Emond, serviteur français et stylé du procureur. Il comprend les conquis, les métis, « les primitifs, les simples, les ingénus, ramassis de toutes les couleurs, peuples de la grande Fête-Dieu qui accèdent aujourd'hui à un monde nouveau ». A une fête-homme, où le sang boit le vin, où le bronze et le fer estompent les ors, où l'action (le trophée est dérisoire) bouleverse l'agencement et le dénouement du spectacle. Théâtre *nouveau* aussi bien dramatiquement que politiquement.

Deux exemples de théâtre engagé dans l'actualité la plus chaude sont, quelques mois après la visite et le vivat du général de Gaulle, *le Chemin du Roy,* canevas sur le modèle d'une partie de hockey, et *Hamlet, prince du Québec,* transposition de Robert Gurik.

Claude Levac et Françoise Loranger[12] ont cherché une « structure assez rigoureuse pour que toute cette actualité échappe au piège du spectacle genre revue » et accède à « l'histoire ». Ils l'ont trouvée dans l'environnement du Forum et les règles de notre sport national. Cet espace clos, zoné, ce temps privilégié, autonome, ces passes et ces échecs permettent à l'événement dramatique d'emprunter les détours et le masque du sport professionnel. Le parcours par de Gaulle et Johnson de la route Québec-Montréal est la « montée » d'un « compteur » et de son « assistant ». Les sifflets et les mises au jeu se succèdent aux pieds d'une armature métallique géante du Général. De Gaulle est à la fois juge, témoin et partie. L'arbitre (le premier titre de la pièce était *Lui*) et le bailleur de fonds, celui qui amène les adversaires à se reconnaître, à s'affronter. D'un côté René Lévesque, qui sera puni « pour refus de participer au jeu national », Daniel Johnson, Lesage ; de l'autre Pearson, Jean Marchand, Diefenbaker et, inattendue, épisodique, la recrue Judy Lamarsh. Tous les commentaires au micro sont bilingues et *biculturels.* Sainte-Anne-de-Beaupré, Donnacona, Louiseville, Repentigny : autant d'étapes dans l'évolution des discours, l'enthousiasme populaire, la peur des notables (« hockey de salon »), la « poussée de rage » des *Canadians from coast to coast.* C'est drôle et d'autant plus efficace que la plupart des paroles, découpées et collées, sont authentiques, et les gestes typiques et précis. Un mouvement est donné, saccadé, heurté, qui conduit inexorablement à une fin — et à d'autres parties (avec périodes supplémentaires) jusqu'au championnat. Car l'armature est toujours là, comme un « symbole du fait français ». « Un homme de même, c'est presqu'un miracle ! », dit du Général une majorette. Le magicien est un technicien ; le prophète a le sens du rituel, de la mise en place, de la progression.

Dans *Hamlet, prince du Québec,* Robert Gurik[13] suit de près et adapte habilement la « sotie tragique » de Shakespeare. Il est piquant d'emprunter à l'adversaire ses plus belles armes, quitte à les gauchir un peu. Gurik est

11. *La Tête du roi,* p. 44. Mithridate parlait du « grand cérémonial » qui commence, du triomphe de la faiblesse sur la force, du « Fils sur le Père » ; « ... c'est le premier peuple blanc qui cède au métissage et se lève avec le Tiers-Monde ! » (*Les Grands Soleils,* p. 101).

12. *Le Chemin du Roy,* comédie patriotique, Leméac « Théâtre canadien », 1969 ; créée au Gesù en 1968.

13. Éd. de l'Homme, 1968 ; créée au bateau-théâtre l'Escale la même année.

particulièrement heureux dans la transposition des personnages, qui chez lui sont tous masqués à l'exception du jeune Hamlet-Québec. Le Roi représente le pouvoir anglophone ; la Reine, l'Eglise catholique maternelle, assise et passive. Polonius, « radoteur futile et silencieux », c'est Pearson ; la coquette Ophélie, Jean Lesage, sa fille, son disciple. Laërte, logicien téméraire : Pierre-Elliott Trudeau (qui n'était à l'époque qu'un intellectuel *playboy* devenu député et ministre). Guildenstern et Rosencrantz, jumeaux interchangeables et, selon Shakespeare, « éponges qui pompent les faveurs », ce sont Pelletier et Marchand, les deux autres colombes de la paix armée. Horatio, l'ami de Hamlet, est René Lévesque ; Pierre Bourgault, littéralement, l'Officier de R(H)IN. Le Spectre qui crie vengeance (ou plutôt justice) est de Gaulle, l'ombre paternelle et royale. Ajoutons à ces protagonistes deux paysans-fossoyeurs — un indépendantiste et une *majorité silencieuse* à tendance créditiste — ainsi que les trois comédiens qui joueront dans *le Piège* et qui représentent, dit avec humour Gurik, « les grandes tendances du théâtre actuel », sous les traits d'Yvette Brind'amour, de Jean Gascon et de Gratien Gélinas.

Nous trouvons, ici comme dans *le Chemin du Roy,* des échos journalistiques de l'hystérie et du fanatisme anglo-saxons à la suite de l'incident diplomatique créé par la scène du balcon de l'Hôtel-de-ville, nouvelle terrasse d'Elseneur. Polonius propose au Roi d'organiser une rencontre entre Ophélie et Hamlet. Celui-ci est en train de lire *100 ans d'injustice* et il simule la folie : il est à la fois « calme et agité », comme cette soi-disant Révolution tranquille qui fut plutôt une Réforme précipitée. Ophélie pour sa part est plongée dans *Un pays, d'un océan à l'autre.* Hamlet monologue : « Etre ou ne pas être *libre !* »... Enfin, tout le monde meurt — « Oh crime ! Où est le traître ? » —, y compris Hamlet, figure du Canadien français hésitant et complexé, pour que vive un nouveau Québec. La pièce a une chute, mais pas de conclusion, pas de point final, sinon interrogatif ou suspensif. Il y aura toujours quelque part un royaume de Danemark et quelque chose de pourri en lui.

Gurik sera moins heureux avec *les Tas de sièges* [14], jeux faciles et trop rapides sur *l'état de siège* d'octobre 1970, et avec *Q* [15] (malgré l'influence de Gatti), sur l'enlèvement et l'exécution du ministre Laporte. C'est également le cas de Loranger (sans Levac) avec *Un si bel automne* [16], qui emprunte, comme le dernier Dubé [17], à ces événements déjà *sur*dramatisés. Par contre,

14. Trois pièces en un acte (sous la devise « Je me souviens »), Leméac, « Répertoire québécois », 1971. — *Le Procès de Jean-Baptiste M.* (Leméac, « Répertoire québécois », 1972), créée par le T.N.M. en octobre 1972, est une pièce à la fois engagée et ouverte, orientée et interrogative, qui réunit assez bien la double recherche (sociale et dramaturgique) de Gurik.

15. Inédite, créée au CEGEP Lionel-Groulx, Sainte-Thérèse, en décembre 1971. Une autre pièce de Gurik (*A cœur ouvert,* tragédie-bouffe, Leméac, « Répertoire québécois », 1969) « engagée » internationalement celle-là, est une caricature trop appuyée, trop *systématiquement* contre le système américain. Plus ratée encore, malgré ses bonnes intentions, est l'anti-raciste *Kommandantur U.S.A.* d'Y. Lelièvre, créée au C.T.A. en 1970, par l'auteur de *l'Angoisse d'une jeunesse patriote.*

16. Publiée à la suite de *Jour après jour,* Leméac, « Répertoire québécois », 1971.

17. *Portés disparus,* commandée et créée par le Conservatoire d'art dramatique, à Montréal, le 3 juin 1972.

sur des sujets non moins violents, mais plus larges ou plus enfouis, Robert Gauthier composait une honnête *Ballade par un révolutionnaire* [18] (proche de *Zone*), Gurik un prospectif et rétrospectif *Api 2967* [19], Buissonneau et Faure un *D.D.T.* [20] qui s'élève contre toute « pollution de l'homme par l'homme ».

Medium saignant [21] prend pour prétexte l'affaire de Saint-Léonard et la Loi 63, pour sujet la démission. Un conseil municipal de banlieue siège dans le Centre culturel où des jeunes préparent la fête du Mardi gras. Première interférence, premier conflit, suivi d'une division au sein du conseil et du public (un Anglais, une Italienne, etc.) qui assiste à la réunion spéciale. Beaucoup de faits et de chiffres sont avancés, le débat est mené par des adversaires logiques et déterminés. Ouellette, l'industriel, opte pour l'unilinguisme... anglais ; Olivier, le professeur, est indépendantiste. Après s'être adressé à la raison, *Medium saignant* fait appel à l'émotion, à la participation non plus critique mais instinctive, viscérale. Chacun conjugue le vers *z'haïr* et la salle crie aussi fort que la scène ; un « exorcisme » collectif cherche à chasser les démons de la peur. Sans être la Brecht québécoise, Françoise Loranger a réussi une sorte de fusion de l'assemblée *contradictoire* traditionnelle et du spectacle théâtral ouvert, exportable [22].

A cette politique au théâtre correspond d'ailleurs un théâtre dans la politique. On pourrait rappeler que Engels et Trotsky ont commencé par écrire des pièces avant de renouveler la philosophie et de faire l'Histoire. Les politiciens canadiens-français ont toujours eu le sens du théâtre, mais dans des rôles subalternes, sur des « scènes » amputées. Ils faisaient leur numéro et s'éclipsaient, pendant que d'autres tiraient les ficelles en coulisse. Camillien Houde jouait de son ventre et de sa faconde. Antonio Barrette de sa boîte à lunch, d'autres de leur chevelure ou de leur grasseyement. Robert Bourassa voulait « dramatiser » par le slogan [23] « 100,000 emplois » la situation — catastrophique — du chômage. Drapeau, maître d'hôtel rigide, est un amateur d'opéra, d'opérette et d'*Expos*. Samson danse le charleston, même s'il n'a fait, à Rouyn, que du théâtre paroissial. Bourgault était un acteur profession-

18. Créée au Festival national d'Art dramatique en 1965 ; reprise dans une nouvelle version à l'Egrégore, en 1967. — R. Doin mettra l'accent sur les dangers de la révolution dans *Héautontimoroumenos,* créée au Festival National en 1966.

19. Leméac, « Théâtre canadien », 1971 (avec *La Palissade*) ; créée au Festival National, en 1965, reprise par l'Egrégore en 1967, et à la Biennale de Venise, en 1969, par la troupe Serreau-Perinetti.

20. Créée au T.N.M., le 11 février 1971 (et inspirée, elle aussi, de nos Événements d'octobre).

21. Leméac, « Théâtre canadien », 1970 ; créée à la Comédie-Canadienne la même année.

22. « ... Des gens qui font la grève du raisin en Californie nous ont demandé la permission de traduire la pièce parce qu'elle rendait exactement leur situation ! », dit Yvan Canuel, metteur en scène de *Médium Saignant,* dans une interview accordée à M. Bélair (*Le Devoir,* 14 février 1970, p. 14). On sait que des *Chicanos,* ouvriers agricoles en grève, ont fondé à Delano, en 1965, *El Teatro Campesino.*

23. J.-Cl. Germain a écrit, en 1971, *l'Histoire des amours passionnées, provisoires et imaginaires de Camillien Houde et de la Bolduc.* Le T.M.N. avait exécuté sommairement Gilberte (Côté-Mercier) et quelques politiciens dans *Mise à mort d'la miss des miss* (créée au C.T.A. en octobre 1970), mais ses spectacles les plus politiques sont sans doute *Si les Sansoucis...* (mars 1971) et *Le Roi des mises à bas prix* (juin 1971).

nel ; Lévesque anime toujours un *Point de mire*. Inversement, les monologues de Deschamps sont aussi efficaces que ceux de Chartrand, Claude Landré donne de meilleures conférences de presse que Trudeau. Charlebois fut candidat *rhinocéros,* Miron, P.S.D., Ferron et Andrée Maillet [24] R.I.N. Les Cyniques (un sinologue, des juristes) seront des hommes d'action redoutables, car ils ont commencé là où les autres finissent : ils n'imitaient que des imitations, ils vont maintenant inventer une histoire au lieu d'histoires.

UN THÉÂTRE DE LA DÉPOSSESSION

> Un lieu où acteurs et spectateurs partagent en commun l'expérience de leur mortalité.
>
> Joseph Chaikin

Brecht, Grotowski, Chaikin, le *Bread and Puppet* préconisent un théâtre « pauvre », dépouillé, simplifié, anti-technologique. C'est aussi la voie choisie par presque tout le nouveau théâtre québécois. Non seulement parce qu'il est mal — trop ou trop peu — subventionné : le T.M.N. (ne pas confondre l'anagramme avec l'homonyme) sait s'adapter aux circonstances (comédiens disponibles, salle, budget) dans la composition aussi bien que dans la réalisation du spectacle. Tout est construit, au théâtre et dans le Québec, comme si tout pouvait disparaître demain matin, disait en substance Jean-Claude Germain. Théâtre d'un peuple colonisé, *déculturé* (en partie), il est un théâtre de la nudité, de la faim, de l'obscurité, de la vulgarité. Restent le corps, le geste, la peau du comédien, son cri et son silence : le résonateur et la résonance.

On a beaucoup parodié ces dernières années. J'ai parlé plus haut de *Hamlet, prince du Québec,* et ailleurs [25] du *Cid maghané* de Ducharme, qui se sert de Corneille pour lire et démythifier la société canadienne-française. *Le Marquis qui perdit,* malheureusement monté dans des costumes et avec une finesse dignes de Marivaux, était une fresque barbouillée, une étoffe du pays mangée aux mites (ou aux *vers* prosaïques), un théâtre de vaincus, de provinciaux, de survivants. Le couple d'*Inès Pérée et Inat Tendu* parcourt la terre, « fermée comme un salon de barbier le dimanche, interdite comme un concert à ceux qui n'ont pas de billet », pour trouver « un brin de laine ou de coton », une chaise, une cuiller, un accueil, l'espace d'une liberté.

Certaines traductions-adaptations de Tremblay (*Lysistrata,* Zindel, Williams) ou de Dionne *(Aux yeux des hommes),* sans être des contrefaçons, ont un tour parodique tout à fait québécois. *Demain matin, Montréal m'attend,*

---

24. Auteur, entre autres pièces, de *La Montréalaise* (dans *Écrits du Canada français,* 23, 1967), située dans une République du Québec dont le président est une jolie femme et le premier ministre un beau célibataire ; l'action est ici un jeu de marionnettes pour grandes personnes.

25. J.-Cl. GODIN et L. MAILHOT, *Le Théâtre québécois.* Introduction à dix dramaturges contemporains, HMH, 1970, pp. 203-223. — Les deux premières pièces de Ducharme ont été créées au Théâtre de la Sablière, à Sainte-Agathe-des-Monts, en 1968 ; *Le Marquis qui perdit,* au T.N.M., en 1970.

Wouf Wouf et *On n'est pas sorti du bois* sont des comédies à couplets, des revues illustrées, distanciés, plutôt que des *musicals* américains adaptés. Le nouveau théâtre prend son butin où il le trouve, dans la littérature, dans la tradition dramatique, dans la rue, dans l'inconscient social ou collectif : le hockey, les bandes dessinées, la publicité, la télévision, les assemblées électorales, le folklore *kétaine,* les rituels familiaux et religieux. Non par manque d'imagination, mais par souci de réalisme, d'un nouveau réalisme, comique et tragique, poétique et critique. Il est un miroir déformant et transformant ; un reflet, dense et brûlant, des reflets pauvres et épars.

Jean Barbeau fait parcourir à son « p'tit Christ » d'anti-héros un *Chemin de Lacroix* [26] qui n'a pas pour but de rendre celui de Jésus grotesque, mais de l'actualiser et de l'humaniser. Rodolphe Lacroix est, comme Camus le disait de *l'Etranger,* « le seul Christ que nous méritions ». Cet ouvrier non instruit, arrêté un vendredi soir rue Saint-Jean, est trimbalé brutalement au poste de police, entre sa mère saoule arrêtée pour vagabondage professionnel et un ex-ami d'enfance promu *chien-poulet-bœuf.* Les Véroniques qu'il rencontre n'ont pas de mouchoirs embaumés : sa face, frappée à coups de « bagues avec un p'tit clou à place du diamant », reste « étampée » dans une serviette humide. À la XIVe station, Lacroix « met les doigts dans les plaies » des spectateurs, voyeurs complaisants et satisfaits, réunis « pour se faire flatter le séparatisme dans le sens du poil ». La victime annonce sa décision de devenir bourreau : hélas ! il a un dossier. Et on peut recommencer le jeu, à l'envers si l'on veut. Lacroix flanqué de Monique et de Thierry, sortes de Sainte-Vierge-Marie-Madeleine et de Saint-Jean-François-professeur-avocat — mimait et commentait son aventure pour se faire un peu d'argent. Théâtre de la vie quotidienne, de la nécessité.

Solange, ex-religieuse idéaliste mais chaleureuse, se préoccupe autant d'incarnation que de rédemption. Ce monologue assez grave formait avec *Goglu,* monologue à deux personnages, un spectacle homogène, équilibré. Goglu, maigre, laid, nerveux, raconte à son compère Godbout, placide chauffeur de taxi fumeur de pipe, ses complexes et sa vision d'une île et d'une fille « polytésiennes ». Goglu, vingt-cinq ans, est un adolescent-vieillard, ou un nain qui devient parfois petit enfant. Avec ces riens, avec rien, sur le banc vert face au fleuve et aux bateaux qui passent, Barbeau construit un drame vivant, de l'immobilité masturbatoire.

Goglu, qui aimerait écrire un livre sur l'écroulement du pont de Québec, a un vocabulaire doucement archaïque (*r'doutances, boucane, l'ép'lan*). Le joual urbain que parlent Lacroix ou *Ben*oît — *Ur*bain [27] Théberge, « ouvrier modeste » qui réussira, lui, à endosser l'uniforme et à posséder son revolver (à la *Brook's,* « Sécurité depuis 1867 »), est moins dur, moins cassé que celui des *Belles-sœurs* ou d'*En pièces détachées.* Les rêves, chez Barbeau,

26. *Le Chemin de Lacroix,* suivi de *Goglu,* Leméac, « Répertoire québécois », 1971 ; créées par le T.Q.Q. à Québec, en 1970 — R. Duguay (*Lapocalypso,* Ed. du Jour, 1971) a aussi un « Chemin de la joie » et un « Chemin de l'homme », où, à la Xe station, « l'homme est dépouillé de sa langue natale » ; à la XIIIe, Lacroix devenait « muet comme une tombe ».

27. *Ben-Ur,* Leméac, « Répertoire québécois », 1971 ; créée par le T.P.Q., à Québec, la même année.

ont plus d'essor, une couleur plus personnelle ; puérils, visuels, farfelus, ils n'ont pas encore rencontré la réalité, connu l'échec (ils le connaissent devant nous). *Joualez-moi d'amour,* enjoint un bon jeune homme de la Haute-ville, impuissant et masochiste, à une hétaïre parisienne en verve ; mais il faut renverser les rôles et les accents, ou plutôt revenir au naturel, pour que Jules retrouve sa verdeur sexuelle en même temps que linguistique [28]. Situation assez semblable dans *Manon Lastcall,* autre comédie inédite de Barbeau, qui oppose une guide aguichante et débordante de vitalité *(« last call »,* on ferme !) à un petit ministre des Affaires culturelle précieux et affecté.

Le joual n'est pas qu'un instrument bien adapté au nouveau réalisme, heurté et violemment elliptique. Il est aussi la source (comme déjà, discrètement, chez Luc Perrier, ou systématiquement, dans les *Cantouques* de Gérald Godin) d'une poésie inattendue, originale, orale et populaire. Sa lecture est laborieuse ; son avenir dans le roman, problématique ; son utilisation à la télévision, généralement démagogique et commerciale. Mais à la scène, sur disques, au cinéma, le joual peut bondir comme un torrent oxygéné et rocailleux, plein de détours et d'éclats. « Le 'joual' est très proche de la musique, très lyrique, très lireux, parce qu'on est un peuple très lireux, romantique, passionné », dit Michel Tremblay [29] (qui préfère d'ailleurs le terme « français québécois »), dont les pièces, vocales et instrumentales, sont des solos, des duos, des quatuors, des quintettes, des chœurs savamment désaccordés. On peut penser aussi à Charlebois [30], aux monologues de Deschamps ou des Jacqueline Barrette [31], dont on ne sait trop s'ils se situent à la lisière, en marge, ou au cœur du nouveau théâtre québécois.

« ... Le meilleur théâtre se fait dans les sociétés qui n'ont pas de théâtres », observe Ferron — il cite les scènes amérindiennes grandioses du *Rêve de Kamalmouk* — en présentant *Les Crasseux,* d'Antonine Maillet [32], où il retrouve son « petit village » et son « grand-village » dans l'antagonisme truculent et matois des gens d'En-bas contre les gens d'En-haut, ou de « l'houme » contre l'homme, le notable. « Je pouvons ben passer pour crasseux : je passons notre vie à décrasser les autres », raconte la Sagouine,

---

28. « Depuis fort longtemps au Québec, parler joual est synonyme de virilité (...) Tandis que parler français, parler pointu, est efféminé et synonyme de culture », note J.-Cl. Germain dans sa présentation de *la Duchesse de Langeais* (*Deux pièces,* Leméac, « Répertoire québécois », 1970, pp. 8-9), où Tremblay a eu le génie de comprendre que cette sexualité linguistique dépravée se résumait, s'incarnait dans le personnage de la 'tapette' québécoise ».

29. « Entrevue avec Michel Tremblay », *Nord,* I, 1, automne 1971, p. 61. A. Fosty (*ibid.*, p. 19) parle du « prélude », du « point d'orgue » d'*En pièces détachées,* que l'on écoute « avec la même attention que l'on porterait à l'audition d'une symphonie ».

30. Les admirables chansons « Le Mont Athos » et « Limoilou » sont des textes de M. Sabourin et de R. Ducharme ; J.-Cl. Germain a écrit pour P. Julien, etc. Les échanges sont nombreux d'un art du spectacle à l'autre.

31. *Ça-dit-qu'essa-à-dire* (Montréal, Le Théâtre actuel du Québec et les Grandes Editions du Québec, 1972) : « La Charloune » est une *Charlotte* qui ne prie pas Notre-Dame ; « Assis sur sa bol des toilettes » est un discours du trône en bouts-rimés ; « La môman », « Pareil comme dans les vues » ou « Waitress-poète » rappellent les *Trois petits tours* et autres Tremblay.

32. Holt, Rinehart et Winston, « Théâtre vivant », 5, 1968, p. 6.

qui passe du drame municipal à un monologue multiplié [33], où « quasiment les pieds dans l'eau », elle s'adresse à son seau, à son « eau trouble » et à la nôtre. Ces Acadiens ne parlent, selon l'auteur, « ni joual, ni chiac, ni français international », mais la langue paysanne et maritime de leurs pères, « descendus à cru du XVIe siècle ». Don l'Orignal, Noume et la Sagouine *t*chuintent, écrasant les *d* et les *t*, lancent des jurons multi-culturels (« Godèche de hell ! »), mais leur syntaxe est solide, leur vocabulaire ingénieux : *spitoune* (crachoir) ou *camulle* (chameau) ne sont plus des anglicismes ; l'asthme est bien une « courte-haleine » la *flacatoune* une « biére des méres », et « défricheter » c'est à la fois défricher et déchiffrer. « Ah ! c'est point aisé de te faire déporter coume ça, et de crouère que tu y laisseras quelques plumes dans ta déportâtion. Ça se paye ces voyages-là. » Plus anodin, compromis facile, arbitraire est le « ch'fal » rural parlé dans *Docile,* farce conventionnelle de Guy Dufresne [34].

Le québécois populaire ne paraît juste et efficace à la scène que s'il concourt à une dramaturgie nouvelle, s'il sert d'exemple ou d'instrument de déstructuration, de revendication, d'appel. Il n'est pas de tout repos. Il n'est pas une sauce liante et savoureuse, finement épicée, mais une viande rouge, crue, cruelle, un menu d'Indiens ou de guérilleros. Les personnages d'*On n'est pas sorti du bois,* de *Ben-Ur,* ou de *Wouf Wouf* le manient mieux que les « civilisés ». Eux sont des primitifs, des sauvages soudain sortis de leur « réserve ». « Avant le sauvage se cachait au fond du bois, asteur, c'est le bois qui se cache au fond du sauvage. » [35] Deschamps disait qu'on allait *s'en sortir,* pas qu'on en était sorti. Il faut d'abord sonder les racines, dresser les troncs en totems, éprouver l'écorce rugueuse. Il faut errer, explorer, avoir faim et soif, avoir « envie », comme le héros marcusien de Sauvageau. Théâtre de la dépossession, du dérangement, de la dérision, celui des Indiens blancs d'Amérique joue le feu contre le froid, le sacrant contre le sacré, la forêt ou la jungle contre le *statu quo.* « La dépression nous a sauvés de la misère, nous autres », se rappelle la Sagouine. Le théâtre pauvre est riche : il satisfait des besoins élémentaires.

UN THÉÂTRE DE LA SPONTANÉITÉ ET DE LA LIBÉRATION

> Le hasard même est toujours personnalisé.
>
> Marcel Deschamps

Les *happenings,* l'animation culturelle, la dynamique de groupe (très répandue ici), tous ces phénomènes ou ces techniques de rééducation sen-

33. *La Sagouine,* pièce pour une femme seule, Leméac, « Répertoire acadien », 1971. Lue au C.E.A.D. par Monique Joly en 1971, la pièce a été créée au Nouveau-Brunswick par Viola Léger.

34. Leméac, « Répertoire québécois », 1972 ; créée à la Comédie-Canadienne en 1968.

35. D. DE PASQUALE, *On n'est pas sorti du bois,* Leméac, « Répertoire québécois », 1972, p. 51. « Artiste, c'est encore des affaires de sauvages ça ! » (p. 52) La pièce a été créée en 1972 au Centre d'essai de l'Université de Montréal. « Avec les sauvages, c'est le cri de guerre que je vais lancer », disait Pet-le-feu, dans le triple monologue d'O. Gagnon, *Lendemain d'la veille,* présenté au Patriote-à-Clémence en janvier 1972.

suelle, psychique, sociale, ont certainement influencé le nouveau théâtre québécois. L'improvisation apparaît forcément dans des manifestations-revues comme *Finies les folies !* (T.M.N. et N.T.C.) et *Hello Police (*Gurik et Morin), au Gesù, en 1969 et 1970, années chaudes. Ne parlons pas de *Gens de Noël, tremblez,* au T.N.M. : c'est le propre des expériences sur le vif d'éclater à la face des chimistes plus habitués à l'amphithéâtre qu'au laboratoire.

La création collective fut à l'origine du T.M.N. et du Grand Cirque Ordinaire, en 1969, et des premiers canevas de Jean Barbeau, à Québec. Encore en 1972, la plupart des pièces présentées au Festival de l'A.C.T.A. furent des créations ou récréations collectives, certains titres témoignant de plus d'embarras que de recherches : *Qu'est-ce que vous attendez, vous autres* ?, *C'que c'é qui faut faire pour continuer* ?, etc. Des langues de feu ne font pas toujours une Pentecôte ! Le C.T.A., en laissant tomber le mot *Centre* (et l'idée de chapelle) pour ne garder que « Théâtre d'aujourd'hui », prévoyait, en 1971, « moins de création dite collective et beaucoup plus de spectacles basés sur des textes d'auteurs » (d'après le nouveau directeur, Pierre Bégin).

Cette évolution est aussi celle de Germain, qui insiste sur le besoin de cohérence, et dont le but est d'aboutir à un texte fixé, écrit par un « bonhomme qui connaît les mots » et « qui doit soigner le langage, le rendre efficace et dramatique » [36]. Barbeau lui-même, qui se demandait naguère : « Pourquoi serait-il nécessaire d'avoir des auteurs pour se bâtir une dramaturgie ? » [37], a beaucoup écrit (et publié) depuis, *recyclé* sans doute par ses expériences antécédentes et son activité au T.Q.Q. La création plus ou moins collective n'est pas synonyme de réunion syndicale ou de « démocratie » parlementaire. Elle est l'exemple et le fruit de la collaboration proportionnée des divers artisans du spectacle, et d'abord des comédiens, du metteur en scène et de l'auteur. « Le meilleur service à rendre aux auteurs, ce n'est pas de les monter systématiquement, c'est de travailler avec eux », collaboration qui « pourrait entraîner la réécriture partielle ou complète d'une œuvre et serait parfois un moyen efficace pour un auteur d'apprendre les techniques théâtrales » [38]. Alors, l'auteur ne compose plus sa pièce dans l'absolu, dans l'abstrait ; il crée pour d'autres, avec d'autres, un spectacle fini, mais ouvert et adapté. La spontanéité et la liberté se conquièrent sur la paresse et l'ignorance.

Plutôt que de dénoncer puis d'être aussitôt récupéré par le système, le T.M.N. a préféré inverser l'ordre : dénoncer par et à travers la récupération de l'imagerie populaire, pieuse, *kétaine,* mélodramatique. Les titres sont amusants, stimulants ; premier mot, premier geste de la pièce, *Diguidi, diguidi, ha ! ha ! ha !* (1969) est un chatouillement et un éclat de rire fausse-

36. Cité par M. Dassylva, « Quelques articles du crédo théâtral de J.-Cl. Germain », *La Presse,* 6 mai 1972, p. D 7. Par exemple, pour *Dédé Mesure,* « on a improvisé pendant une semaine ou deux un genre de mise en train. Il n'y a pourtant rien dans le spectacle de ce qu'on a improvisé. Ce sont seulement les mécanismes qu'on a improvisés, la façon dont ça fonctionne. On a fait des improvisations rythmiques... » *(ibid.).*

37. Et il répondait : « ... écrire du théâtre, c'est le limiter, le dévier de sa signification première, c'est lui enlever ses vraies possibilités » (au *Teach-in* de l'Université Laval, *Rapport* cité, pp. 33-34).

38. Y. Gélinas et J.-G. Sabourin, *ibid.,* pp. 12 et 2.

ment naïfs. *Les Tourtereaux, ou la vieillesse frappe à l'aube* (1970) est tout un programme (radiophonique). *Si les Sansoucis s'en soucient, ces Sansoucis-ci s'en soucieront-ils ? Bien parler, c'est se respecter* (1971), plus complexe, marque un nouveau départ ou une transition : pièce-procès où les spectateurs sont des jurés. *Le Roi des mises à bas prix,* la même année, est dans la ligne des *Sansoucis :* Farnand, en train de se métamorphoser en récepteur de télévision portatif, campe un « monsieur de la rue Panet » moins connu que la dame.

Les Jeunes, s'toute des fous (1972) était une anthologie des thèmes et des schèmes filio-paternels du nouveau théâtre québécois (de Derome et Gauvreau à M. Garneau et S. Mercier), mais tous les spectacles du T.M.N. constituent un florilège, personnel et collectif, ethno-folklorique et critique, des mythes canadiens-français. Chaque production des Enfants de Chénier ou, plus tard, des P'tits Enfants Laliberté veut être un adieu : adieu à un certain théâtre professionnel (première création collective, à l'automne 1969), adieu à la « sainte trinité » familiale dans *Diguidi,* adieu au Québec « assis » ou « à quatre pattes » à tous les enfants-martyrs, aux « Joyeux Troubadours » et à « Québec sait chanter ». L'adieu est l'apothéose d'une séparation, d'une disparition. Le T.M.N. ne ressuscite que pour mieux enterrer. Parfois l'adieu se prolonge, et l'au-revoir est encore plus définitif : *Si Aurore m'était contée deux fois* et *Mise à mort d'la miss des miss* (Gilberte-du-Rosaire et autres prédicateurs-politiciens), en 1970. *Rodéo et Juliette* est un « western-tourtière » à la mode de Saint-Tite (1970) ou de Saint-Lin (nouvelle version, 1971).

Inspirés par les improvisations des comédiens, les textes sont écrits — parfois (de moins en moins) transcrits — par Germain. *Diquidi* inventait à partir du Père Noël et de la Fée des étoiles, de l'alcoolisme et du complexe d'Oedipe, des curés et de la fête des mères, du Petit Poucet et du Bonhomme Sept-Heures, des monologues directs ou indirects [39]. « Je sais pas pourquoi je parle mais y faut que je continue (...) je veux être libre tout court.... je veux être liiiibbbbrrrreeee... je veux être libre de le dire sans avoir à le crier », prononçait la Mère, à la fin [40], en retirant lentement sa bouée de sauvetage. Naufrage, navigation solitaire ? Elle est à l'eau, en tout cas, et non plus ligotée sur sa chaise. Pour Germain, la femme représente un « élément de changement ». Ainsi, dans *Dédé Mesure* (1972), pièce cousue main, on a quitté la cuisine pour l'atelier de haute couture, même si « on ne sait pas où l'on va ». Les tailleurs d'images, les gérants et le « grand artiss » de la robe ne sont pas des amoureux du corps féminin, qu'ils (re)modèlent pour le rendre inaccessible, idéal. Les mannequins, bien *mensurés,* se déshabillent jusqu'au cœur dans le triple monologue final où Nicole, Murielle et Michèle parlent en tant que femmes naturelles, « démesurées ». « La mise en scène est faite de façon géométrique, c'est-à-dire que les comédiens savent comment ça fonctionne. Mais je ne m'attarde jamais aux détails. Ce sont eux qui les

39. *Si les Sansoucis...* créée en 1971, intercalait, après l'entracte, deux monologues : l'un, de M.-F. Gélinas, sur Madeleine de Verchères, dit par une dame atteinte du complexe de persécution ; l'autre, du musicien-orchestre Laurence Lepage, sur le destin fabuleux du village des Tit-Toine.

40. *Diguidi, diguidi, ha ! ha ! ha !,* supplément de *L'Illettré,* I, 1, 1970, p. 15 ; « méli-mélodrame domestique, familial et poétique », créé au C.T.A. en 1969.

règlent », dit l'auteur-animateur [41]. Ils les règlent efficacement, sans gadgets, presque sans décors (ici, du tissu), avec une liberté physique et psychique dégagée des improvisations préalables. Il y a une grammaire et un style T.M.N., une continuité et une ouverture d'un spectacle à l'autre.

Le Grand Cirque Ordinaire, fondé en 1969 et dissous en 1972, procédait de façon semblable : équipe (ou commune itinérante), sketches, revues et monologues éclatés, dispersés, remontés en fresque. « On s'est réuni, on a improvisé, crié, bougé, chanté, dansé. Trois semaines plus tard on avait complété le canevas du spectacle, écrit des textes, fabriqué des « chansons », rapporte Raymond Cloutier [42], le Monsieur Loyal, doux dompteur, maître de cérémonie qui relie les scènes et circonscrit l'espace théâtral dans la piste ronde et fermée. Tambour et trompette, magiciens, majorettes, acrobates, morceaux de bravoure : rien ne manque de l'ordinaire du cirque, sinon peut-être un mécène et un terrain à la campagne, « une foire où l'on retrouverait jongleurs, musiciens et artistes de toutes disciplines » [43]. Mais déjà la fête existe, la fable collective imaginée par-delà les batailles partielles, ponctuelles.

La Pucelle d'Orléans a toujours fasciné les dramaturges et les cinéastes. Brecht avait marqué dans son *Procès de Jeanne d'Arc* l'interaction des péripéties judiciaires et de leurs effets immédiats sur la société française. Il avait situé à Chicago, en 1930, sa *Sainte-Jeanne-des-abattoirs,* parodie de celle de Schiller, où une humaniste libérale, une intellectuelle utopique, s'appelait J. Dark. A son tour, le G.C.O. se sert de Jeanne comme symbole de la résistance à une autre occupation, à une nouvelle Inquisition. *T'es pas tannée, Jeanne d'Arc ?* ne représente pas un personnage, il le met en situation et l'interroge, un peu comme Fellini avec ses *Clowns,* ou le Grand Magic Circus de Jérôme Savary avec Robinson Crusoé, Tarzan et Zartan. On joue sans masque, et sur la corde raide, même si on s'affuble parfois de nez, de lunettes et de calvities, et si, à la façon du *Bread and Puppet,* on fait porter à l'Envahisseur, à la Justice, à l'Eglise, d'énormes têtes de poupées en papier mâché. Nationaliste et populaire, Jeanne prend et donne ses « voix » au Québec. Le travestissement, le bûcher et le supplice sont ici encore l'aliénation, la vente aux Anglais. Le Cirque rappelle l'enfance de la bergère, à qui son petit frère prête son sabre, et son équipée en trottinette sur un cheval de bois. Il montre les rouages du système en mimant le travail à la chaîne des ouvriers d'usine [44]. On profite de la veille de Noël pour *laver son linge sale* [45] en famille, etc. Le rythme est rapide, le ton tragi-comique, le jeu à la fois précis et détendu. « Trois scènes de ce spectacle ne seront jamais écrites

41. Dans M. Dassylva, *art. cité,* p. D 7.
42. *T'es pas tannée, Jeanne d'Arc ?,* programme du Théâtre Populaire du Québec, I, 2, novembre-décembre 1969.
43. Selon le vœu des comédiens ambulants, exprimé à J. Garon, « Le second souffle du Grand Cirque », *Le Soleil,* 7 novembre 1970, p. 54.
44. « Y'a-tu queq'chose de plus écœurant dans ' vie qu'une job steadée ? Tu viens que t'es tellement spécialisé dans ta job steadée que tu fais partie de la tabarnac de machine ! C'est elle qui te mène ! », monologuera le Léopold de M. Tremblay (*A toi pour toujours, ta Marie-Lou,* Leméac, « Théâtre canadien », 1971, pp. 63-64).
45. C'était d'ailleurs là le titre d'un collage de scènes québécoises (de H. Deyglun au T.M.N.) monté par A. Brassard et l'Ecole Nationale de théâtre, au Monument-National, en février 1971.

ni définitives. Elles varient d'un soir à l'autre selon notre humeur et les endroits visités »[46]. En contrepoint, dans *Le Grand Film Ordinaire,* dossier-reportage devenu un cirque élargi, Roger Frappier ajoutera des images de la Saint-Jean-Baptiste, de la marche pour un McGill français, et de très longs plans sur la foule piétinante des rues.

La Famille transparente (1970), préparée durant six mois, est tirée d'un épisode de *T'es pas tannée...* Le cadre et la formule du cirque y sont exploités de façon encore plus poussée, plus systématique (trop ?) : décors, costumes, numéros (Honoré, Désirée, Bébé-Buick, Dommage, Pacifique, et Prosper) dessinant une figure hexagonale. *T'en rappelles-tu, Pibrac ?* (1971), du nom d'un petit village saguenayen, met en scène un couple (tampon) et deux protagonistes : l'un prudent et timoré, l'autre qui veut tout faire sauter. Il comprend un tableau historique des Patriotes de Saint-Denis et une rencontre Madeleine de Verchères-Frontenac, donnée comme séance, ou répétition, pour la visite d'un ministre. Le G.C.O. a aussi à son programme une soirée d'improvisation sans thème fixe et un spectacle pour enfants. Qu'ils jouent devant des cégépiens, des syndiqués ou des assistés sociaux en recyclage, les nouveaux Compagnons du T.P.Q. échangent, animent, sont animés. Ils s'installent, pour des séjours plus ou moins longs, dans des centres régionaux, convaincus que « la culture, c'est en dehors de Montréal qu'elle se trouve ».

Françoise Loranger paraît avoir transposé trop directement le psychodrame et le test de comportement dans une formule très cours du soir ou session de fin de semaine. *Double Jeu*[47] invite chacun des « tard-venus de l'instruction » à s'identifier aux personnages et au fonctionnement d'un récit mythique, schématique et inachevé : l'amoureuse, le jeune homme inconnu, le solitaire, le passeur, l'arpenteur. La salle de classe est à l'image du public : des instituteurs, des secrétaires, des employés, pas de grands-bourgeois ni d'ouvriers. Double, simple jeu, ou pas de jeu du tout ? Les avis sont partagés. Un sociologue parle de théâtre « mystifiant », de pièce « bâtarde », « malhonnête »[48]. Il manque sans doute une part d'ombre, de mensonge, d'illusion, à ce théâtre-« vérité ». Le théâtre doit être une maladie en même temps qu'une thérapeutique : c'est le sens de la *catharsis* (traitement homéopathique) d'Aristote. La main tendue ici au spectateur a un index involontairement autoritaire. « Cérémonie de la naissance... à l'amour de la vie », disaient ensemble Brassard et Loranger. D'autres y ont vu un baptême un peu aqueux et cérémonieux, ou un « cours de préparation au mariage assaisonné à l'ancienne et servi à la moderne »[49]. L'aire de jeu empiète sur la salle, comme dans *Médium saignant,* mais ni la participation (sauf peut-être au moment de l'échange et de la proclamation des noms) ni la création ne sont collectives, même si, au cours des répétitions et des représentations, le canevas et les indications furent modifiés — le chœur passant de trois à dix

46. R. CLOUTIER, programme cité. Il s'agit de : « La ballade au Québec » — le Boss, la Finance, l'Amour —, « La torture », « la famille ».

47. Leméac, « Théâtre canadien », 1969 ; créée à la Comédie-Canadienne la même année.

48. G. TARRAB, dans *Livres et auteurs québécois 1969,* pp. 65-68.

49. J.-Cl. GERMAIN, « *Double Jeu* : un autre épisode dans la vie tourmentée d'Angélique, marquise des Anges », *Digeste Eclair,* mars 1969, pp. 8-11.

membres, l'ordre des entrées variant, etc. Brassard avait vu le *Living Theatre* à New-York trois mois avant sa « mise en place » de *Double Jeu,* mais l'influence n'est pas très marquée.

En tout, 248 personnes sont montées sur la scène, après l'entracte, pour jouer, avec une alternance (ou un mélange) de timidité et d'exhibitionnisme, l'un ou l'autre rôle du quintette. Un véritable coup de théâtre éclatera, le soir de l'avant-dernière, et bouleversera tous les plans, toutes les attitudes. Trois hommes dans la trentaine et deux jeunes filles ont préparé une participation précise. Quatre d'entre eux se déshabillent lentement et se placent par paires, côte à côte ou face à face. La jeune fille qui est demeurée vêtue apporte trois boîtes dont elle tire trois colombes et un coq, qu'elle remet aux hommes. Ceux-ci étouffant de leurs mains les oiseaux de la paix, l'un coupe le cou du beau coq noir avec un couteau de boucherie. Le sacrificateur se couvre alors du sang répandu et en macule le corps de la jeune fille nue. Les cinq manifestants ont le temps de disparaître, posément avant qu'acteurs et spectateurs ne réagissent (certains violemment). Le plus significatif, selon un des « terroristes culturels », est que « le public a marché jusqu'à l'égorgement des oiseaux, tant que le spectacle demeurait esthétique » [50]. Or, la laideur, la brutalité sont aussi des signes — surtout en ce 15 février 1969, jour de la fête du Têt au Vietnam. C'est ainsi que *Double Jeu* provoqua le meilleur *happening* du nouveau théâtre québécois.

UN THÉÂTRE DANS LE THÉÂTRE

> Le théâtre a lieu tout le temps, où que l'on soit, et l'art ne fait que nous persuader que c'est bien le cas.
>
> **John Cage**

Langage physique, parole dans l'espace, poésie « objective », selon Artaud, le théâtre crée un ensemble de métaphores concrètes, de signes *poétiques* (au sens étymologique). Il organise un espace nouveau, privilégié, un « modèle imaginaire » de « rapports humains possibles » (Dürrenmatt). Il oppose l'intérieur à l'extérieur, la vérité à la réalité, la parole à l'action. « Le théâtre n'est pas le lieu de l'action. Le théâtre doit montrer comment l'action justement est l'envers de la parole, l'envers de ce que l'homme a de plus profond. » [51] Tendre ou cruel, intellectuel ou sensuel, tragique ou comique, le théâtre combat sur son propre terrain, mais il peut y entraîner l'adversaire : la société et l'ordre (des mots, des choses) établis. Le théâtre se traite lui-même comme un monde à investir, à représenter, à refaire. Miroir de son propre jeu, le nouveau théâtre se critique, s'affiche, se construit en se niant, en se dépassant. Il est la conscience — le spectacle — d'une liberté et de ses entraves, de ses limites. On ne lit plus le monde de la même façon après avoir fréquenté Languirand, Gauvreau, Ducharme ou Tremblay.

---

50. L.-B. ROBITAILLE, « Deux des auteurs du scandale s'expliquent », *La Presse,* 17 février 1969, pp. 1 et 2 ; cf. Cl. Turcotte, « 600 spectateurs sont ébahis par un *happening* à la Comédie-Canadienne », *ibid.*

51. Raoul DUGUAY, au *Teach-In* de l'Université Laval, *Rapport* cité, p. 41.

Les fresques et les fêtes sont nombreuses dans le théâtre québécois récent, des exorcismes collectifs aux cordes allégrement grinçantes des nouvelles comédies musicales, des cérémonials néo-baroques de Ferron à la macabre et plantureuse *Guerre, yes sir !* de Carrier [52] (où la chaleur villageoise et familiale vient contrebalancer — accuser ? — la tragédie mondiale et nationale). Les prières déformées, les chaînes de *sacres,* les apparitions ou disparitions magiques (Esmalda, Corriveau), le cochon de boucherie et la main coupée, tout indique que « rire et pleurer, c'est la même chose ». Violence et vie, est-ce la même chose ? « La guerre, je pensais qu'elle était loin. Elle est moins loin qu'on pense. Elle a frappé icitte, au village », conclut Arsène. Le *Klondyke* de Languirand [53], mosaïque épique, éphémère et grandiose, « Woodstock d'une autre époque », était, avec son « Air des pauvres » à la fin, un *Opéra de Quat-sous* de l'or nordique. Barbeau qualifie de « presque fresques » ses *Ben-Ur* et *0-71,* dessins animés hauts en couleur, où on mime fort bien les différentes façons de tomber, de mourir, de ne pas exister. « Mais, c'est pas ça des héros.... Un héros, c'est immortel... » Si les héros sont fixés, épinglés, les hommes, eux, seuls, ensemble, recommencent et commencent. La fête soulève la vie, la fresque dessine une nouvelle architecture. En exécutant leur rêve théâtral et meurtrier, les collégiens de Marie-Claire Blais [54] tuent leur enfance mais réveillent peut-être celle des spectateurs. Un certain fantastique quotidien donne à cette gravure, à cette miniature, un éclat de messe noire et blanche.

Deux pièces, dès 1962 et 1963, mettaient en cause non seulement un espace et un langage (comme *Les Insolites* ou les *Grands Départs* de Languirand), mais les conventions même de la distribution. *Qui est Dupressin* [55] *?* Qui sont Clos et Creuse, les pensionnaires de l'hôpital qui l'impliquent dans un psychodrame ? Qui est le Dr Nervi, patron tout-puissant plus intéressé au diagnostic qu'à la thérapeutique ? Qui sont surtout le stagiaire en psychiatrie (qui fait ici les travaux pratiques de sa thèse) et sa fiancée, l'étudiante en nursing ? « S'ils ont inventé des personnages complémentaires à Dupressin, ils demeurent prisonniers de leurs personnages à eux. Le personnage inventé est-il plus réel que la personne qui l'imagine ? ». Oui, car il est plus libre, plus cohérent, plus « moral » : il est l'image par rapport à l'objet (jonquilles, pruneaux, soupe aux choux, grille, parc, épée et fourreau, statue, sosies-mannequins). La pièce est d'abord esthétique : les problèmes qu'elle pose sont ceux du jeu et de la représentation plutôt que de l'identité et de la normalité. Dans *Le Quadrillé,* de Jacques Duchesne, [56] trois comédiens en quête de personnages jouant, pour un animateur-témoin, « la vie d'une femme » et de ses hommes : un vieux professeur satyre, un policier, un peintre au foulard rouge, des millionnaires, des garçons de table, un mousque-

52. Ed. du Jour, 1970, (adaptation du roman du même titre, paru en 1968) ; créée la même année au T.N.M., reprise en tournée européenne, créée dans sa version anglaise à Stratford (Ontario) en 1972 ; on en a aussi tiré un film.

53. Le Cercle du Livre de France, 1971 (en appendice, une étude sur « Le Québec et l'américanité ») ; créée au T.N.M. en 1965, jouée à Londres la même année.

54. Ed. du Jour, 1968 ; créée la même année au Rideau-Vert.

55. De G. Derome, Leméac, « Répertoire québécois », 1972 ; créée à l'Égrégore en 1962.

56. Le Cercle du Livre de France, 1968 ; créée à Saint-Fabien-sur-Mer en 1963 ; jouée à Montréal (au Théâtre de la Place) et à Paris.

taire et un croisé, hérauts panachés du « prêt-à-mourir », etc. Histoire de tous et de personne, fantaisie, anarchie, surréalisme : le spectacle n'est que mouvement, danse, ballet, arabesque.

Les Louis d'or de Gurik [57] sont à jouer tantôt « boulevard », tantôt *commedia dell'arte,* voire « comme un tableau tachiste », où des bribes de mémoire s'imbriquent à des désirs réalisés, où un éclairage réaliste s'intensifie jusqu'à l'éblouissement du flash. Les trois acteurs changent d'identité au milieu d'une scène. A la fin, seul demeure, au bord du « beau grand trou noir », un Louis dont, tel une pièce de monnaie, tous ces échanges multiplient la valeur. *Vive l'Empereur !,* de Jean Morin [58], est une farce ubuesque, où un enfant de vingt-cinq ans déclame et parodie, affublé de défroques napoléoniennes. Si l'empereur est petit, les meubles et accessoires sont *hénaurmes,* y compris la mère rabâcheuse et le père, qui ne sort de sa chambre que pour se transformer en éléphant. « C'est encore heureux qu'ils aient pensé à faire une scène dans cette maison... sans ça... les soirées seraient bien longues », dit la fausse comtesse Lorgnetta de Bocaro, au tomber du rideau des *Comédiens,* de Roger Dumas [59]. « Donne-moi mes seins, les trois coups sont frappés », ordonne Frigida à son frère Melondo. Quant à leur précepteur, l'abbé Presbyte de la Haute Roche, « c'est un intellectuel... et depuis ce soir... eunuque en plus ! Alors tu comprends qu'il n'a jamais rien fait de ses cinq doigts ! » A onze heures, tout le monde redescend du « plateau surélevé avec une vieille cabane » au niveau du salon ; le règlement de la maison prescrit aux retraités verre de lait, biscuit et coucher. Mais on aura réussi, comme tous les soirs, à tourner en rond (« C'est notre île ») dans des situations très théâtrales.

Wouf Wouf [60], qui se proclame ironiquement « une œuvre d'art libre ! », en est une en effet, du moins une œuvre qui libère et se libère. La « machinerie-revue » fonctionne à un rythme fou, repassant et pastichant l'histoire littéraire (« Qu'on le Sade, qu'on le soude, ce cid ») essayant tous les tons, toutes les interprétations (« *en père saoul* », « *très Phèdre au quatre* »...), tous les genres (ballet choral, vieux film muet, quizz télévisé, description sportive, conte, « épître pour une meilleure articulation de ma voix »), pour finir par des jappements et des vocalises. « Je vis peu, je meurs beaucoup ! » dit Daniel, « jeune homme faible » qui ne vit que pour mourir, qui ne joua que pour disparaître. Margot, sa vieille amie, prend son personnage trop au sérieux ; elle croit, elle, que l'amour est « plus fort que tout, plus fort que vous ». Elle devient presque un caractère, une personne, l'amoureuse mélodramatique, sacrifiée et possessive, alors que le « poteau type » (prototype) entend « vivre à l'échelle du monde, du cosmos ». Sont-ils « trop jeunes pour des temps trop vieux » ? Tout commence au moment où tout se termine :

---

57. Holt, Rinehart et Winston, « Théâtre vivant », no 1, 1966, pp. 11-60 ; créée au Théâtre de l'Expo en 1967.

58. *Ibid.*, pp. 61-103 ; créée au Théâtre de Quat'Sous en 1966.

59. *Ibid.*, no 7, 1969 ; créée par l'Atelier libre du Conservatoire, à Montréal, en 1968.

60. De Sauvageau (comédien et auteur, disparu tragiquement en août 1970). Leméac, « Répertoire québécois », 1970, créée au Centre d'essai de l'Université de Montréal, en 1971.

ce feu d'artifices ne laisse pas de cendres, mais une étincelle, peut-être une fusée. Il trouve la nuit (la prose) de fleurs de rhétorique et de dessins instantanés. Voilà la poésie des *nouveaux signes :* les métaphores objectivées (on monte littéralement sur ses grands chevaux... de bois), la publicité court-circuitée, les messages brouillés et détournés. Ces atomes de langage ne sont pas des pépites d'or, mais des pépiements d'oiseaux, la semence d'une nouvelle « forêt de symboles » pour Indiens blancs francophones.

Claude Gauvreau, auteur d' « objets » poétiques et dramatiques, n'a cessé de rechercher un langage explosif, déflagrant, surrationnel, aussi instinctivement sensible que les toiles des Automatistes. Sa première pièce, *Bien-être,* jouée en 1947, reçut dès les premiers mots, dès la première image (« Des mains dans l'abîme qui font des feuilles. C'est un mariage »), un « éclat de rire exorbitant tout à fait général et incontrôlablement hystérique » [61], qui dura jusqu'au monologue final. Toujours tirés des *Entrailles* (vingt-six « objets » écrits par le collégien vers 1944), deux dialogues intérieurs et cosmiques parurent (avec *Bien-être*) à la suite de *Refus global,* quatre constituèrent *Sur fil métamorphose* [62], deux autres furent créés par Janou Saint-Denis en 1959 — sans compter une dizaine de sketches radiophoniques, production alimentaire de bonne qualité, par exemple (avec Muriel Guilbault) *Le Coureur de Marathon* [63]. Ce n'est qu'en 1972, après sa mort, deux ans après l'échec de *La Charge de l'orignal épormyable* au Gesù, que Gauvreau triompha avec *Les Oranges sont vertes,* au T.N.M., et, de façon moins éclatante, avec *Magie cérémonielle,* créée par le groupe Zero. Le langage « exploréen », somptueux, cocasse, tragique, passa cette fois la rampe, un jeune public ayant été préparé par Péloquin et Duguay, par *La Nuit de la poésie* ou *Poèmes et chants de la résistance.* Poésie, théâtre ? Esprit, matière ? Les deux, l'un par l'autre, non l'un à côté (ou à la suite) de l'autre. « Monisme athée », disait Gauvreau. L'incandescence permet une fusion pure, liquide, solide, surtout dans *Les Oranges sont vertes* (1958-1970), aux figures et personnages bien marqués, d'Yvirnig et Cégestelle à ce mystérieux Batlam [64], frère perdu, « à la dérive des continents », qui descend, nu, à la fin, mitrailler la scène et la salle.

Le poète Jacques Brault [65] cherche aussi, principalement dans *Quand nous serons heureux,* de nouveaux partages (divisions, déchirures, distributions), de nouvelles partitions (notations, compositions, codes, « cristallisation

61. Cl. GAUVREAU, « L'épopée automatiste vue par un cyclope », *La Barre du jour,* nos 17-20, janvier-août 1969, p. 65. « De la foule de nos amis qui étaient là, cinq à peine (en dehors du groupe) sortirent intacts dans mon admiration », note Borduas dans *Projections libérantes* (*ibid.*, p. 38).

62. Éd. Erta, « La tête Armée », 1956. « Jeux magnifiques, exemplaires : tragédie sans rémission, combat mortel avec le Néant », écrivait Borduas à l'auteur.

63. *Ecrits du Canada français,* IV, 1958 ; créée à C.B.F. en 1951.

64. Historiquement, Batlam fut un héros romantique tué en duel, pour son idéal poétique, à la suite de la bataille d'*Hernani.* On sait que, dès *Bien-être,* Gauvreau était déjà pénétré des récits de 1830, comme d'ailleurs des circonstances de la première du *Sacre du printemps.*

65. *Trois Partitions,* Leméac, « Théâtre canadien », 1972. Comprend : *La Morte-saison,* téléthéâtre créé à C.B.F.T. en 1968 ; *Quand nous serons heureux,* téléthéâtre créé à C.B.F.T. en 1969 ; *Lettre au Directeur,* radiothéâtre créé à C.B.F. en 1969, ainsi qu'un *Post-scriptum.*

du rôle en signes » [66]). Il cherche à distinguer puis à accorder (ou non) des voix disparates, usées ou trop nouvelles, des rengaines et des slogans, un transistor muet et un ordinateur agressif, une marguerite de plastique et une femme appelée Marguerite. Félix L'Heureux, le pléonastique héros — comme l'Alphonse Legardeur qui écrit mais n'envoie pas sa *Lettre au Directeur* — est un poète naïf, naturel. Il a tous les bonheurs, y compris les bonheurs d'expression, alors que le patron, l'aumônier, le psychiatre ont fait de l'IRTACS (Institut de Recherches Très Avancées en Communications Sociales) une inhumaine prison. Félix, prêt à feindre un accident pour faire bénéficier sa femme et sa fille de la police d'assurance, est un homme qui introduit la vie jusque dans la mort, comme d'ailleurs les vieux Roméo et Juliette de *La Morte-saison,* qui s'étaient connus et aimés au théâtre.

Il s'agit toujours, pour Brault, de rendre partageable, c'est-à-dire maternelle, compréhensive, amoureuse, la langue natale. Il nota, dans le *Postscriptum* à la Lettre...:

> « Que manque-t-il au réel plaisir de parler *entre nous* ? La mère, le grand fantasme nourricier, la commune mesure des échanges, la consanguinité de nos différences (...) Il faudrait ressouder notre langage à notre détresse originelle, et dévoiler cette espèce de castration collective : nous n'avons tenu notre définition que de l'extériorité. Sous des aspects régressifs, notre 'travail de deuil' ne fera plus que notre mise au monde ait été une mise à mort. »

Cette réflexion explique peut-être l'apparente « fascination maternelle » de notre nouveau théâtre aussi bien que de l'ancien. Des *Belles-sœurs* à *Ça-dit-qu'essa-à-dire,* de *Sa mère ou la seconde enquête d'Oedipe* [67] à la scène des « Quatre Mères » d'*On n'est pas sorti du bois,* que de familles opaques, de triangles aigus ou obtus, d'accouchements douloureux ! « Pour naître, il faut mourir », chantait le clochard, à la fin de *Quand nous serons heureux.* Pour avoir un corps, il faut saigner ; pour avoir une langue, parler. Faisant son deuil d'une certaine tradition [68], articulant ses moyens, son langage, sur « notre détresse originelle », le nouveau théâtre québécois contribue à l'échange, au plaisir de « parler entre nous », à la mise au monde de fils et de frères plus authentiques, plus responsables.

* * *

66. J. Grotowski. — Sur la convergence profonde du nouveau théâtre et de la nouvelle poésie (du moins dans les pays du Tiers-Monde, dont nous sommes), on pourrait citer le poète et dramaturge martiniquais E. Glissant : « ... La poésie recommence aux domaines de l'épique (...) Elle nomme le Drame qui est le nôtre : feu du Divers, combat du Disparate, vœu de l'Autre » (*L'Invention poétique,* Ed. du Seuil, p. 222).

67. Un acte (inédit, 1965), de Cl. Levac, formant diptyque avec *Son père ou Si le fils ne meurt* (1968) dont un extrait a paru dans *Etudes françaises,* VI, I, février 1970.

68. Par opposition à la mélancolie, réaction inconsciente et morbide, le deuil est un amour avoué, l'élaboration (déplacement affectif, dépassement) d'une perte. D'où certaines contradictions dynamiques, dialectiques, entre le thème et la structure. Dans *Triangle à une voix* par exemple, histoire de la vengeance d'une femme frustrée, « Je me sers des oripeaux dont je voulais me débarrasser », reconnaît A. Caron.

> Il ne s'agit pas de faire des pièces sur la situation politique du Québec, il s'agit de poser dans un lieu théâtral des actes de libération.
>
> Pierre Maheu

Après avoir évoqué l'expérience du théâtre « auto-actif » en U.R.S.S. vers 1920, du théâtre d'*Agit-prop* en Allemagne, du *Teatro de urgencia* des Républicains espagnols, etc., Michel Corvin se demandait : « Peut-il exister, en dehors de ces théâtres politiques et nécessairement provisoires, une forme active de théâtre populaire ? » Il répondait : « Sans doute, mais chez des peuples encore proches de leurs origines, peuples où toutes les classes sociales participent à un fonds commun et vivant de mythes, à un folklore. »[69] Ce fut le cas dans les Flandres, en Irlande, en Pologne, aux Antilles, chez les Noirs américains ou les *Chicanos,* chez de petits peuples isolés et colonisés où la littérature et l'art ont une importance vitale. C'est le cas, je pense, au Québec, classe nationale où tous, jeunes et vieux, intellectuels et petits-bourgeois, travailleurs et chômeurs, peuvent s'émouvoir en même temps, réagir ensemble aux monologues de Deschamps ou à ceux, théâtralement plus élaborés, du T.N.M. et du G.C.O., d'Antonine Maillet, de Barbeau ou de Tremblay.

Le Québec vit une situation dramatique, et il la vit dramatiquement. Notre existence est en jeu, nous la jouons. Si le rêve, la folie et la mort sont tout ce qu'on nous laisse, nous les explorerons au moins. Nous ne disparaîtrons pas peu à peu et sans beauté. Tout se passe comme si on avait le choix entre se bercer d'illusions ou vivre son illusion, une illusion précise et élaborée, jusqu'au bout. Claude, par exemple, le fou à lunettes noires d'*En pièces détachées,* s'enferme dans un monde de blancheurs, de cauchemars et de magie. « Moé, j'peux toute faire ! J'ai toutes les pouvoirs ! Parce que j'ai mes lunettes ! Chus tu-seul... à avoir les lunettes ! » dit-il d'une voix exaltée, pendant que les autres concluent en chœur : « Chus pus capable de rien faire ! » Michel Tremblay a raison de considérer son théâtre comme engagé et pré-révolutionnaire. *La Duchesse de Langeais* elle-même est une pièce politique, à la fois individuelle et collective, historique et actuelle : « On est un peuple qui s'est *déguisé* pendant des années pour ressembler à un autre peuple (...) On a été *travestis* pendant 300 ans. »[70] Les multiples travestissements de la Duchesse — d'un homme en femme, d'un prolétaire en mondain, d'un amoureux en cynique — renvoient à une ambiguïté et à une anomalie nationales. « L'homme est une nouille. Il n'y a pas d'hommes au Québec », disait encore Tremblay, conscient d'avoir posé résolument un « geste féminin » avec *Les Belles-sœurs,* un geste dénonciateur de la soi-disant virilité du joual, de cette « sexualité linguistique dépravée » qui cache mal l'impuissance — le non-pouvoir économique et politique — de l'homme québécois.

Théâtre de la dépossession, théâtre aussi de la libération. Théâtre pauvre mais vrai, et d'abord physique, élémentaire, original. Nudité pour une naissance, partitions pour une harmonie. Forêt de signes, espace à

69. *Le Théâtre Nouveau à l'étranger,* P.U.F., « Que sais-je ? », 1969, p. 18.
70. « Entretien », *Nord,* no cité, p. 64.

explorer, à habiter : des « grands soleils » indiens à l'eau et à l'« eau trouble », de la mine du *Pendu* aux arrière-cours, de la neige et du vent [71] à la balançoire plantée dans un jardin [72]. Théâtre dans le théâtre, c'est-à-dire conscience, désir et plaisir, projet et reflet politique. La femme sort des langes du couturier de *Dédé Mesure,* ou de l' « environnement » visuel et sonore que lui crée Maurice Demers [73]. Le sceptre paternel est secoué et divisé dans *La Vie exemplaire d'Alcide Ier le pharamineux, et de sa proche descendance* [74]. Partout on remet en cause, en question, en fonction. On remet au jeu ce qui est mythe, image, représentation. Le nouveau théâtre québécois désoriente parce qu'il réoriente. Non pas dans une unique direction (ou dimension) : il se situe à la limite d'un langage et d'un non-langage, au centre d'un espace inaugural.

Eté 1972

71. R. TREMBLAY, *Il suffit d'un peu d'air,* *Leméac,* « Répertoire québécois », 1971 ; créée par le C.E.A.D., à la Bibliothèque Nationale, en mars de la même année.

72. J. O'NEIL, *Sept hommes pour quatre balançoires,* créée au Quat'Sous en 1971.

73. *Femme,* créée au Centre National des Arts, Ottawa, en 1971 ; le tableau final peut être à la fois « crucifixion » ou « extase ».

74. D'André Ricard, créée par le Trident, à Québec, en 1972.

Du sentiment national dans le théâtre québécois *

par Jacques Cotnam,

professeur à l'Université York

Il serait évidemment trop long, voire fastidieux, d'analyser ici, même sommairement, toutes les pièces d'inspiration nationaliste écrites au Québec au cours des quatre premières décades du présent siècle [1]. Semblable étude, il y a tout lieu de le soupçonner, n'aurait vraisemblablement qu'un intérêt mineur, puisqu'elle entraînerait des répétitions par trop nombreuses. A vrai dire, à peine serait-il exagéré d'interpréter l'esprit qui anima les auteurs de ces pièces en faisant appel à la devise de la province de Québec : « Je me souviens ». Le souci de solidifier les racines nationales en chantant la geste canadienne-française l'emporta de beaucoup, en effet, sur celui de l'Art et de l'originalité.

Dans cette perspective, *Montcalm et Lévis,* « drame national » de Sir Adolphe-B. Routhier, peut facilement prendre valeur d'échantillon. Emaillée

* Les pages qui suivent sont extraites d'une étude à paraître.

1. Il est à remarquer, incidemment, que Dollard des Ormeaux, Montcalm et la victoire de Carillon occupent une place tout à fait exceptionnelle dans l'histoire de notre théâtre patriotique et nationaliste. De tous les sujets historiques, ce sont sûrement ceux qui furent le plus souvent mis en scène. Voici, à titre d'exemple et sans souci aucun d'être exhaustif, la liste de quelques-unes de ces pièces.

DOLLARD : Anon., *Dollard,* drame en quatre actes, présenté à la salle du Mont Saint-Louis, à Montréal, le 25 avril 1900 ; Bourbeau-Rainville, *Dollard des Ormeaux,* 1911 ; Hervé Gagnier, *Dollard,* 1922 ; Julien Perrin, *Gloire à Dollard,* 1923 ; H. Gauthier, *Dollard n'est pas mort,* 1927 ; Adéodat Lavoie, *Dollard, sacrifice du Long-Sault,* 1937 ; G. Maigueret, *Dollard,* 1938.

MONTCALM : O. Hardy, *La Prise de Québec,* 1902 ; anon., *Montcalm,* drame en quatre actes, présenté à la salle du Mont-Saint-Louis, à Montréal, le 11 janvier 1906 ; Louis Guyon, *Montcalm,* 1907 ; A.-B. Routhier, *Montcalm et Lévis,* 1918.

CARILLON : L.-O. David, *Le Drapeau de Carillon,* 1901 ; P.-E. Lecompte, *Au soir de Carillon,* [s.d.].

de citations de Corneille et d'évocations fréquentes de l'*Iliade,* cette fresque historique nous présente pas moins de trente et un personnages, sans compter « soldats et hommes du peuple ».

De tous ces personnages, celui de Giselle de Lanaudière est peut-être le plus intéressant, du moins dans le cadre du sujet qui nous retient. Il a plu à Routhier de faire de son héroïne la petite-fille de Madeleine de Verchères, en qui il reconnaissait précédemment la Jeanne d'Arc canadienne ; elle pourrait tout aussi bien être une ancêtre de Maria Chapdelaine, car elle tient essentiellement le même langage. C'est par la bouche de Giselle que s'énonce la fidélité au sol canadien et que s'affirme la « volonté de ne pas mourir ».

Bien qu'elle aime le chevalier de Lévis, Giselle de Lanaudière se refusera de le suivre en France, après la Conquête ; elle est canadienne et très attachée à son pays, ainsi qu'à la voix des ancêtres. Mais écoutons plutôt dialoguer les amoureux !

> Giselle — Non, Gaston, il m'est aussi impossible de partir, qu'à vous de rester. Quand l'amour et le devoir sont en conflit, c'est l'amour qui doit être sacrifié. Si vous restiez en Canada, vous cesseriez d'être français, et vous deviendriez sujet anglais. Cela n'est pas possible, n'est-ce pas ?
>
> Lévis — Hélas ! non ! [...] Mais vous-même, vous êtes française, et vous ne cesseriez pas de l'être en me suivant.
>
> Giselle — Non, mais je cesserais d'être canadienne. J'avais deux patries : la vieille France et la nouvelle. La première est perdue pour moi, je garde l'autre.
>
> Lévis — Mais l'autre est devenue une terre anglaise !
>
> Giselle — C'est vrai, mais cette terre est mon berceau, mon pays natal. Cette terre est le tombeau de mes ancêtres, et je ne veux pas qu'elle soit le tombeau de ma race. Le devoir impérieux de tous ceux qui y sont nés est d'y rester.
>
> L'Angleterre a pris le territoire ; mais elle n'a pas pris nos âmes. Nous resterons français d'esprit, de langue et de foi. [...]
>
> Lévis — [...] Mais les sacrifices que vous et les vôtres allez vous imposer, vos efforts, vos travaux, vos souffrances, à qui tout cela va-t-il profiter ? — À l'Angleterre.
>
> Giselle — Pour un temps, sans doute. Mais qui connaît l'avenir ? Que voulaient nos pères quand ils ont quitté la vieille France ? Ils voulaient fonder sur les bords du Saint-Laurent une France nouvelle, une France d'Amérique. Eh bien ! nous le continuerons ce grand œuvre, et l'Europe étonnée le retrouvera un jour accompli !
>
> Les races indiennes s'éteindront ; mais la race française ne mourra pas. Elle appartient au Maître de la vie, et malgré l'abandon du grand Ononthio, elle sera sauvée [2] !

Pâle reflet du roman de Louis Hémon! La leçon est claire qui enseigne la fidélité au sol natal. Tel est le message de *Montcalm et Lévis* et telle est, somme toute, son unique raison d'être. Car ce ne sont sûrement pas des

2. A.-B. Routhier, *Montcalm et Lévis,* pp. 144-146.

préoccupations d'ordre esthétique qui ont poussé Routhier à écrire cette pièce ! Répond-t-elle, en revanche, à un souffle créateur d'une force si grande que Routhier ne pouvait la contenir en lui ? Pas davantage. Routhier n'était pas plus *vates* qu'*artifex*. Sa voix n'a point de sonorité particulière, car il (rappelons que Routhier n'a ici que valeur d'exemple) n'écrivait que sous la dictée d'une *voix collective* (ou supposée telle) : la voix du Québec. Il a écrit une « pièce de théâtre » ; il aurait pu se servir du même canevas pour faire un roman. De fait, il aurait dû se contenter d'écrire un discours.

*
* *

Avec Jean Hamelin, il convient de dater autour des années quarante le renouveau du théâtre au Canada français, la fondation des Compagnons de Saint-Laurent, en 1937, (et les débuts de Fridolin, la même année), servant de point de repère. Renaissance qui, ainsi que le souligne fort à propos l'historien du théâtre canadien-français contemporain, s'effectue « par la voie rassurante de la foi, autant que par celle plus suspecte de l'art [3] ». Le théâtre *chrétien,* toutefois, ne tardera pas à céder devant le théâtre *profane :* disons plutôt, pour éviter toute ambiguïté, que les Compagnons ne tarderont pas à s'intéresser au théâtre tout court, « à condition qu'il [soit] un théâtre d'art bien en santé [4] ».

Chez les Compagnons, ainsi que chez L'Equipe que Pierre Dagenais fonda en 1943, se formeront la plupart des comédiens québécois qui, devenus professionnels, brilleront plus tard tant sur la scène qu'à la télévision. Là aussi prendront leur première expérience quelques-uns des meilleurs metteurs en scène du Québec. Grâce aux Compagnons encore et à L'Equipe, le public verra jouer du Shakespeare, du Molière, du Racine, du Marivaux, du Musset... et il s'initiera à l'œuvre d'Anouilh, de Sartre, de Cocteau, de Pirandello et de plusieurs autres grands noms du théâtre moderne. Bref, il ne manquait plus, pour sanctionner l'authenticité de ce renouveau théâtral et en marquer l'influence, que paraissent des auteurs capables de poser des jalons annonçant la naissance d'un répertoire autochtone. Cet espoir ne fut pas vain !

3. Jean HAMELIN, *Le Renouveau du théâtre au Canada français,* Montréal, Editions du Jour, 1961, p. 10.

Voici en quels termes le Père Emile Legault, fondateur des Compagnons, expliquait sa position : « Les Compagnons de Saint-Laurent sont un groupement d'avant-garde mixte, qui s'est donné comme idéal de servir la foi par le théâtre. Ils ont pensé que le théâtre, à son origine, si loin qu'on remonte avec lui dans l'histoire de l'homme, fut un facteur d'élévation morale. Bien spécifié dans son objet, le théâtre doit être d'abord divertissement. L'homme de la rue réclame de lui une émancipation de la fournaise quotidienne. Un divertissement encore qui soit aussi artistique que possible : le peuple le moins décortiqué cède plus qu'on ne croit à l'incantation de la Beauté. Ce n'est qu'en troisième lieu, et comme une conséquence qu'on n'a pas paru chercher, que s'insère l'édification. Ainsi rétablie la hiérarchie des valeurs en fonction de l'art dramatique, il y a une certitude que l'action des Compagnons pourra s'exercer sans risque de rebuter même les mécréants, perméables à la beauté informée de sincérité, jusqu'à certains climats d'élévation morale et de culture spiritualiste ». (Cité par Jean Béraud, *350 ans de théâtre au Canada français,* Montréal, Le Cercle du Livre de France, 1958, p. 230.)

4. Propos du Père Legault cités par Jean Hamelin, *op. cit.*, p. 29.

En réalité, les années quarante marquent, à plus d'un titre, un tournant dans l'histoire littéraire du Québec. Ce n'est pas seulement la vie théâtrale qui reprend, mais la littérature qui se renouvelle tout entière avec Félix-Antoine Savard, Ringuet, Saint-Denys Garneau, Germaine Guèvremont, Alain Grandbois, Roger Lemelin et Gabrielle Roy. La conquête du mot s'amorce alors. D'une manière encore mitigée s'ouvre une ère de contestation qui va conduire à la « Révolution tranquille » des années soixante. Combien avait raison Josime qui, entendant le cri d'angoisse de Menaud, prophétisait : « C'est pas une folie comme une autre. Ça me dit, à moi, que c'est un avertissement ! » [5] Avertissement que donnaient aussi *Trente arpents, Regards et jeux dans l'espace, Les Iles de la nuit, Bonheur d'occasion...* Ces livres témoignaient non seulement de la mutation sociale en train de s'opérer [6], mais d'une conception nouvelle de la littérature où l'acte d'écrire prenait enfin une signification individuelle et commençait à répondre à des normes esthétiques. « [...] : les œuvres les plus humaines, celles qui demeurent d'intérêt le plus général, aimait rappeler Gide, sont aussi bien les plus particulières, celles où se manifeste le plus spécialement le génie d'une race à travers le génie d'un individu. [...] Car il faudrait enfin comprendre que ces trois termes se superposent et qu'aucune œuvre d'art n'a de signification nationale qui n'a d'abord une signification individuelle. » [7]

Invitant l'écrivain canadien-français à s'ouvrir au monde, Robert Charbonneau l'exhortera par ailleurs à prendre conscience de sa « signification américaine » et à « répudier toute conception coloniale de la culture » :

> [...] Que nos écrivains ambitionnent d'abord d'être eux-mêmes, sans tenir leurs yeux sur ce qu'on pensera à Paris, ou plutôt, qu'ils regardent ce qui se fait ailleurs, qu'ils choisissent dans les techniques françaises, anglaises, russes et américaines ce qui convient à leur tempérament et qu'ensuite, ils n'aient qu'un but : créer des œuvres qui soient fondées sur leur personnalité canadienne. C'est en étant lui-même, en s'acceptant avec sa terre, son histoire, sa vie et son temps qu'un écrivain produit des œuvres humaines d'une portée universelle [8].

---

5. Félix-Antoine SAVARD, *Menaud, maître-draveur,* (1937), Montréal, Fides, 1968, p. 147.
6. Voir : Everett C. HUGHES, *French-Canada in Transition,* Chicago, The University of Chicago Press, 1943.
7. André GIDE, « Nationalisme et littérature », *O.C.* VI, p. 4.
8. Robert CHARBONNEAU, *La France et nous,* Montréal, L'Arbre, 1947, p. 12. Quelques années plus tard, Gratien Gélinas allait tenir un langage analogue à celui de Robert Charbonneau, au sujet du théâtre canadien-français.

> « Donc, s'il faut pour qu'il y ait théâtre que l'acteur et le spectateur se fondent et se dissolvent l'un dans l'autre, l'homme de la salle *se voyant* lui-même et murmurant les paroles de l'homme de la *scène du même cœur que lui et en même temps que lui,* cette union ne sera jamais aussi totale, en principe du moins, qu'entre un auteur et un public *de la même essence, de la même souche, du même présent et du même avenir.*
> [...] Ce qui revient à affirmer que, contrairement à la musique et à la peinture, le théâtre sera toujours d'abord et avant tout national, puisqu'il est forcément limité par sa langue.
> [...]
> Nous sommes d'ascendance française, oui, et c'est dans le génie français que notre personnalité collective a puisé ses caractéristiques les plus évidentes, mais on ne saurait nous taxer d'ingratitude si nous voulons maintenant vivre notre

La quête de soi ! Voilà un thème qui, annoncé dans la littérature des années quarante, sera maintes fois repris au cours des années cinquante et soixante.

Dans un autre ordre d'idées et d'une façon beaucoup plus radicale, Paul-Emile Borduas condamnera violemment, dans son *Refus global,* l'idéologie réactionnaire qui règne alors dans la province de Québec et qui favorise le maintien d'un système de valeurs où dominent peur et hypocrisie. « Fini, s'exclame-t-il, l'assassinat massif du présent et du futur à coup redoublé du passé ». De quoi faire peur à Maria Chapdelaine ? Pas encore ! Retranchée derrière les murs de la tradition, elle se croit en sécurité. L'année du *Refus global,* ne l'oublions pas, est aussi celle où le gouvernement du Québec adopte le fleurdelisé comme drapeau national. C'est également celle de Tit-Coq ; tout comme lui, plusieurs auraient pu dire : « Je suis mêlé dans mes papiers comme jamais [9] ». Penseront-ils de même, plus tard : « J'ai manqué la première partie de ma vie, tant pis, on n'en parle plus. Mais la deuxième, j'y goûterai d'un bout à l'autre, par exemple !... [10] » Se pourrait-il, qu'à l'instar de Josime, Tit-Coq ait voulu nous prévenir ? Ne projette-t-il pas « l'image d'un homme voué à tous les échecs, d'une société incapable d'élans véritablement libérateurs » ? « Que cette image soit partielle est incontestable ; elle est néanmoins fidèle et les spectateurs qui ont applaudi la pièce, mieux encore que les critiques, l'ont reconnue » [11].

Tit-Coq, « petit maudit bâtard » condamné à la solitude, se soumet finalement au destin. Sous la résignation couve pourtant la colère ; les jeunes gens qui monteront sous peu sur scène lui donneront libre cours, eux. Davantage exigeants envers la vie, ils ne craindront pas l'affrontement.

C'est donc dans un contexte social où se heurtent tradition et volonté d'émancipation que s'insère *Un fils à tuer* [12], présenté au théâtre du Gesù, le 4 octobre 1949. Qu'il ait plu à Eloi de Grandmont de situer sa pièce au XVIIe siècle et en Nouvelle-France importe relativement peu, ainsi qu'il l'admet lui-même dans une notule précédant le premier tableau. Drame tout d'abord intérieur, *Un fils à tuer* pourrait se jouer dans un cadre historique différent ; de fait, il demeure d'actualité.

« Traqué, pris au piège. Comme une bête sauvage tombée dans la fosse préparée pour elle [13] », Jean éprouve un furieux besoin de départ et d'évasion.

---

propre vie intellectuelle, selon nos aptitudes et nos moyens à nous. Même s'il a été un temps confondu en celle qui lui a donné le jour, même s'il a dû, pendant longtemps, ne respirer et n'exister que par elle et en elle, le fils, devenu adulte, a le droit et le devoir de quitter physiquement et moralement les jupes de sa mère, fût-elle la plus belle, la plus intelligente et la plus cultivée. »

Gratien Gélinas, « Pour un théâtre national et populaire », allocution prononcée à l'Université de Montréal, le 31 janvier 1949, *L'Amérique française,* III, 1949, pp. 37, 39-40.

9. Gratien Gélinas, *Tit-Coq* (1948), Montréal, Editions de l'Homme, 1968, p. 44.

10. *Ibid.,* p. 92.

11. Jean-Cléo Godin et Laurent Mailhot, *Le Théâtre québécois,* Montréal, HMH, 1970, p. 40.

12. Eloi de Grandmont, *Un fils à tuer,* Montréal, Editions de Malte, 1950, p. 76.

13. *Ibid.,* pp. 18-19.

Etouffant dans la maison familiale, où pourtant il se sait aimé, il se sent impérativement sollicité par l'ailleurs :

> Ah ! courir... courir encore... Je voudrais sortir de moi... Je voudrais courir encore... Je voudrais être pris de folie... Je voudrais tout oublier... Partir... disparaître... mourir [14].

Partir, non pas pour fuir, mais afin d'apprendre à se mieux connaître ; partir, pour ne se voir point imposer le poids d'un passé qui tracerait la ligne inéluctable de l'avenir ; partir, pour s'appartenir ; partir, pour oser être soi-même et modeler son propre destin. Voilà qui permet à Laurent Mailhot de conclure : « Son patriotisme, fondé sur l'ouverture, la communication, la liberté, l'avenir, est celui des générations qui montent, non de celles qui descendent, il s'oppose au nationalisme du père, sec et frileux, institutionnel et volontariste [15] ».

Jean est effectivement l'antithèse des Maria Chapdelaine et des Giselle de Lanaudière. Devant lui se dresse, comme une menace, un père décidé à le retenir coûte que coûte au Pays, un père qui s'oppose à son départ au nom précisément de la Mission [16] et de la Voix :

> Le Père — Depuis longtemps, j'attendais cette fugue. On ne devient pas muet, de longs mois durant, sans motif. Où que tu désires aller, je m'oppose à ton départ. Nous nous sommes tous chargé les épaules d'un fardeau, une voix nous ordonne de le porter.
>
> Jean — Avouez que vous vous en êtes chargés pour moi...
>
> Le Père — Comme de ta naissance, oui.
>
> Jean — Et, comme du lieu de ma naissance : ce pays en friche où la forêt est grande comme un désert. Et plus jamais je n'aurai un mot à dire, ni un geste à faire.
>
> Le Père — Au contraire. Mais tu devras avancer dans une belle voie, qui est toute tracée. Ce ne sera que plus aisé pour toi puisque je suis passé avant.
>
> Jean — Je n'aime pas qu'on choisisse ma voie pour moi. Est-ce ainsi que vous l'entendiez à mon âge ?
>
> Le Père — Ce que j'ai fait n'est pas en cause [17].

Sa dernière question, Jean a cependant raison de la poser, car ainsi que le rappellera bientôt la mère à son mari, ce dernier n'a-t-il pas lui-même fait, dans sa jeunesse, ce que son fils se propose justement de faire ? N'a-t-il pas quitté la France, n'a-t-il pas traversé l'océan pour venir vivre où il le désirait et de la façon dont il le voulait ? Ce n'est pas la même chose, pense le père. Ce n'est jamais la même chose ! Aussi bien qu'à son fils, il restera sourd à son épouse. « Liez-vous tous les deux contre le tortionnaire. Vous avez, je crois, grand besoin de m'humilier [18] ».

---

14. *Ibid.*, p. 17.
15. Jean-Cléo GODIN et Laurent MAILHOT, *op. cit.*, p. 47.
16. Eloi de GRANDMONT, *op. cit.*, p. 23.
17. *Ibid.*, pp. 31-32.
18. *Ibid.*, p. 17.

La mère — Tu as toujours cette main crispée...

Le père — Peut-être... Une main d'homme en tout cas. Nous ne sommes pas en vacances dans un pavillon de chasse, ici. Le pays nous résiste et il faut le dominer. Si tu ne comprends pas qu'élever un enfant dans la mollesse est un crime, tu n'as pas compris le sens de notre vie [19].

Le père demeure donc ferme dans sa décision : « Il ne nous quittera pas comme cela. Nous avons des terres à faire. Il ne partira pas, ça non, jamais. Nous devons nous imposer ici, imposer notre nom, devenir des maîtres. J'ai besoin de mon fils [20] ». Autoritaire, il prend volontiers figure de juge, n'hésitant pas à prendre, à l'occasion, un ton d'oracle : « le pays qui a des fils pareils n'est plus rien ». Chez lui, domine l'esprit du devoir et cet esprit, il entend bien le transmettre à femme et enfant :

Jean — Dès que nous ne parlons plus de devoir dans cette maison, les chaînes de l'enfer nous empêchent de respirer.

La mère — Le devoir est devenu notre première règle.

Jean — Cette règle vous interdit même d'évoquer vos souvenirs les plus chers. Qui a institué une règle pareille ?

La mère — Ton père me l'a apprise et nous essayons de la transmettre.

Jean — Eh bien ! Voilà une règle que je n'admettrai jamais [21].

Soumise et craignant son mari, la mère ose néanmoins pencher du côté du fils. Le père s'en rend bien compte qui reproche à sa femme de ne pas l'appuyer : « tyran, ogre, croquemitaine, voilà mon rôle à tes yeux [22] ! »

A la mère appartiendra le dernier mot : « Assassin », lance-t-elle à son mari qui a choisi de tuer son fils plutôt que le voir partir.

Despote est aussi le père [23] qu'allait présenter, cinq mois après Eloi de Grandmont, Yves Thériault dans *Le Marcheur,* dont la première eut lieu le 21 mars 1950. Incapable du moindre geste d'amour, sa main ne sachant que frapper, châtier et broyer, ce père a, sa vie durant, cultivé la crainte autour de lui et suscité la haine de sa femme et de ses enfants.

Qui a fait la loi de cette maison ? demande la mère. Qui a déterminé les actes, les vêtements, les façons ? Qui a voulu même vous dire quoi penser et quand le penser ? C'est lui. [...] toute mon âme et tout mon corps haïssaient cet homme qui avait su m'attirer à lui, pour que mieux je le serve. [...], toute sa détermination, tous ses principes, toute sa rigidité sont de la lâcheté. Il n'a jamais eu confiance en la vie, et il a toujours voulu dominer parce qu'au fond, il avait peur des gens, de la vie,

19. *Ibid.*, p. 15.
20. *Ibid.*, p. 59.
21. *Ibid.*, p. 51.
22. *Ibid.*, p. 61
23. Les pères despotes, autoritaires sont fréquents dans la littérature québécoise et on les retrouvera assez souvent en scène, ne serait-ce que par allusion. Qu'on songe, par exemple, au père de Bousille et à celui d'Aurore, dans *Bousille et les justes* de Gratien Gélinas (Québec, Institut littéraire, 1960, p. 87, p. 151, p. 169) ; qu'on se souvienne du père de Gabrielle dans *Le Cri de l'Engoulevent* de Guy Dufresne.

> du destin, des lendemains. Il dominait pour être bien certain que rien ne le détruirait [24].

Véritable force de la nature, ce père, qui attend la mort en marchant, s'est plu à écraser les siens, à leur inculquer la peur de vivre [25]. Dans sa maison, les êtres n'ont connu que la soumission ; si la révolte germait dans les cœurs, elle ne franchissait point les lèvres. Moribond, il continue à faire peur et ni femme ni enfants n'osent monter lui dire en face à quel point ils le détestent. Leur haine, c'est d'en-bas qu'ils la lui crieront, pendant qu'il les dominera, marchant au-dessus de leurs têtes [26].

La ressemblance thématique entre *Le Marcheur* et *Un fils à tuer* ne pouvait pas passer inaperçue et Judith Jasmin fut prompte à la souligner. Après avoir fait une brève allusion à *Mathieu (*1949) de Françoise Loranger, Mme Jasmin s'interrogeait :

> Car c'est bien la révolte contre un despotisme longtemps supporté en silence que traduisent avec des formes et des mérites différents ces quelques échantillons de notre production littéraire récente. [...] N'assisterions-nous pas [...] à un curieux cas de transposition, sur le plan familial, des contraintes que subit dans son milieu social la jeunesse canadienne ? Ne serait-ce pas, chez un petit groupe, une vague prise de conscience ; une manière, pour une élite frustrée, de se libérer d'une obsession [27] ?

C'est bien d'une tentative de libération qu'il s'agit. La révolte, ici amorcée, se révélera contagieuse et franchira rapidement l'enceinte familiale ; elle prendra alors une tonalité nouvelle où certains reconnaîtront le syndrome de la révolution à venir. Toutefois, avant d'être en mesure de se libérer de l'obsession commune, avant de s'affranchir d'un despotisme écrasant tant l'individu que sa société [28], il fallait apprendre à nommer la dite obsession et à reconnaître ce despotisme, dans ses manifestations les plus diverses. Progressivement, la prise de conscience se fera plus aiguë des signes diagnostiques du mal de l'homme québécois. De *Regards et jeux dans l'espace* à *L'Age de la parole* et à *L'Homme rapaillé,* de *Menaud, maître-draveur* à *Prochain épisode,* de *Bonheur d'occasion* à *Salut Galarneau !* et à *Il est par là le soleil,* de *Cité Libre* à *Parti pris,* du *Refus global* aux *Nègres blancs d'Amérique,* d'*Un fils à tuer* à *Hier, les enfants dansaient,* du *Marcheur* au *Retour des oies blanches,* la route fut souvent ardue, mais la démarche constante, qui mena « aux rivages de l'homme » et à la reconquête du Pays.

Etudié dans cette conjoncture, le théâtre québécois contemporain témoigne, à l'instar de la poésie, du roman et de l'essai, d'une volonté d'émancipa-

---

24. Yves THÉRIAULT, *Le Marcheur,* Montréal, Leméac, 1968, pp. 80-81.
25. *Ibid.,* p. 98.
26. On sait que, sous la pression de la censure, l'auteur atténua la conclusion de sa pièce en faisant intervenir un prêtre qui ira confesser le père. Au prêtre, ce dernier demandera pardon d'avoir été injuste envers sa femme et ses enfants.
27. *Le Canada,* 8 avril 1950.
28. Vue dans cette perspective, une pièce telle *Brutus* de Paul Toupin, présentée en 1952, est beaucoup plus près des préoccupations québécoises qu'il ne le semble tout d'abord. Remarquons, du reste, qu'en assassinant César, c'est en quelque sorte son propre père que tue Brutus. (*Brutus* fut publié, par le Cercle du Livre de France, en 1961.)

tion, d'une soif de liberté et d'authenticité, s'exprimant tant sur le plan individuel que collectif. Cette *quête de soi* constitue effectivement le thème majeur de la littérature québécoise des trente dernières années. Nombreux seront les personnages qui, suivant l'exemple de Lou [29], voudront aller à la rencontre de leur destin !

C'est pour se mieux connaître que Jean *(Un fils à tuer)* veut quitter la maison paternelle et la terre natale ; c'est de les avoir entravés, que Valérie et Damien reprochent à leur père *(Le Marcheur)*. C'est parce que César désire être roi contre la volonté du peuple que Brutus, qui ne peut se contenter de vivre dans le passé, le tue *(Brutus)*. C'est pour avoir compris que le Chef mentait, qui enseignait que mort et vie sont synonymes, que sœur Justine et les autres se joignent à l'organisateur pour dénoncer son hypocrisie et faire échouer sa campagne d'asepsie morale [30]. Frustration et esprit de révolte (auxquels on entreprendra bientôt de donner une signification politique), voilà le commun dénominateur. Voilà qui marquera l'œuvre entière du jeune dramaturge québécois qui est sur le point de se manifester : Marcel Dubé.

Créé le 23 janvier 1953, *Zone* met en scène des personnages vivant en marge de la société et obéissant à un chef, symboliquement nommé Tarzan, qu'ils ont *choisi* [31] de suivre. En lui, Ciboulette, Moineau et Tit-Noir ont mis leur confiance entière ; lui seul, ils en sont persuadés, est capable de donner un sens à leur vie, lui seul peut encore les sauver [32]. Ne le leur a-t-il pas promis ?

> Je vous ai avertis, je vous ai dit que des fois ce serait dur de vous plier aux ordres, mais que c'était nécessaire. J'ai mis au point un système de contrebande où vous courez aucun danger, où je prends tous les risques sur mon dos... tous les risques... tu comprends, Passe-Partout ? Et dans quelques années d'ici on sera riche et on vivra comme du monde. Personne pourra nous obliger à travailler et à nous salir comme des esclaves dans des usines ou des manufactures. On gaspillera pas notre vie comme les autres gars de la rue qui se laissent exploiter par n'importe qui [33].

Tarzan est un rebelle ; il se « fiche des lois » et ne compte que sur lui seul [34]. « Y a pas de mauvaises causes, croit-il, quand on se bat pour vivre [35] ». Vivre, pour lui et pour ses amis, c'est quitter la misère, c'est s'affranchir d'une pauvreté qui humilie l'homme. Le chef de police l'a du reste bien compris :

> Roger — Tarzan est un assassin, chef !

---

29. Robert Elie, *L'Etrangère, Ecrits du Canada français*, I, 1954. Lou tentera, incidemment, de systématiser la société canadienne-française : « De bonnes mamans qui n'ont plus droit d'être femme, des papas qui ne seront jamais des hommes, et leur enfant qui s'empressse de briser ses jouets... L'amant étouffe son amour dans l'ombre... et la petite fille reprend sa poupée rose » (p. 160).
30. André Langevin, *L'Oeil du peuple* (présenté le 1er novembre 1957), Montréal, Cercle du Livre de France, 1958.
31. Marcel Dubé, *Zone* (1953), Montréal, Leméac, 1968, p. 49.
32. *Ibid.*, p. 89.
33. *Ibid.*, p. 63.
34. *Ibid.*, pp. 107-108.
35. *Ibid.*, p. 129.

Le Chef — Tellement peu, tellement peu, Roger. C'est surtout un pauvre être qu'on a voulu étouffer un jour et qui s'est révolté...

Il a voulu sortir d'une certaine zone de la société où le bonheur humain est presque impossible [36].

S'opposant à l'autorité paternelle, Jean fut tué par son père ; s'opposant à la société et à ses lois, Tarzan est tué par les policiers. Dans les deux cas, échoue la révolte contre l'autorité. L'important, toutefois, n'est-il pas qu'elle commence à se manifester ? Les Pitou, les Boisvert et les Alphonse, dans *Bonheur d'occasion,* se résignaient finalement à leur triste sort ; les personnages de *Zone* ne sont plus aussi prompts à se soumettre. Dans *Le Naufragé,* joué deux ans plus tard et qui, à plusieurs égards, fait suite à *Zone,* ils indiqueront qu'ils ont franchi une nouvelle étape. Impuissants à trouver une solution individuelle qui les sorte de la misère, ils optent pour une solution collective :

Taillefer — Tous trois sont des honnêtes citoyens. Coconut, Charbon, Cigale, ce sont des citoyens qui exprimeront leurs vues personnelles un jour dans la société.

David — Faudrait qu'ils en aient la chance.

Taillefer — Ils l'auront s'ils persévèrent. La Ligue vient de leur ouvrir ses portes ; elle va maintenant leur fournir des occasions de se faire valoir. Pas seulement sur le plan de l'athlétisme mais aussi sur le plan de l'organisation. La Ligue est comme un grand réservoir de talents et de bonnes volontés. Tout ça mis en commun ça peut pas faire autrement que de rapporter des fruits. [...] Il faut aussi enlever les barrières qui séparent les classes privilégiées des classes moins favorisées. Il faut créer un ensemble dans lequel chaque individu peut se manifester, a le droit de parole. La société nouvelle tient compte des ensembles d'abord. Elle crée des groupes compatibles où les individus sont appelés à s'exprimer. [...] Il n'y a plus de place pour l'ennui ou la solitude. Tous participent. Tous collaborent, tous prennent part à l'essor communautaire [37].

Idéalisme ? Oui, sans doute, mais idéalisme qui demeure préférable, somme toute, au rêve d'absolu d'un Curly qui croit qu'il suffit de changer de lieu pour changer d'âme. « On the other side of the sea, there is a paradise », répète le thème musical de la pièce. Ce paradis, Curly a besoin de le découvrir.

C'est comme s'il voyait briller de quoi dans la noirceur ; de quoi qui ressemblerait à un diamant, ou bien donc à une étoile... Il se met dans l'idée d'aller voir ce que c'est pis il fonce dessus sans regarder à côté de lui, sans faire attention aux choses qu'il jette par terre... aux choses qu'il brise... Y est comme perdu, y est comme tout seul [38].

Tout seul est en effet Curly. « Il est contre tout ce qui est organisé. Les choses qu'il organise lui-même l'intéressent, mais jamais celles des autres [39] ». Au fond, Curly est un Tarzan [40] qui ne se préoccuperait plus que

36. *Ibid.*, p. 138.
37. Marcel DUBÉ, *Le Naufragé,* Montréal, Leméac, 1971, pp. 85-86.
38. *Ibid.*, p. 40.
39. *Ibid.*, p. 23.
40. Il existe effectivement un rapprochement avec Tarzan dans la pièce (voir p. 99).

de lui-même, que de son propre salut (un peu le Jean Lévesque de *Bonheur d'Occasion).* Voilà pourquoi, il ne peut plus être chef.

> Président — Qui c'est Curly ? Qu'est-ce qu'il fait ?
>
> Coconut — Il fait rien. C'est le gars qu'on a toujours suivi. Pour lui on pouvait faire n'importe quoi. Mais il se désintéresse de nous autres. Faut plus l'attendre, faut plus compter sur lui [41].

Le Président de la Ligue, Taillefer (nom symbolique), a sûrement raison de penser que « l'agressivité sociale vient de l'humiliation ». Agressif, Curly l'est sans aucun doute. « Tu venges l'humiliation des autres, cherche à lui expliquer Taillefer. Celle de ton enfance. » [42] Langage qui ressemble beaucoup à celui que tenait le chef au sujet de Tarzan !

Tarzan, Curly voulaient *devenir quelqu'un ;* telle est également l'ambition secrète de Joseph Latour, un « tout-nu », un « bum », un « héros manqué », ainsi qu'il se décrit lui-même [43]. Indépendant d'esprit, Joseph n'est cependant pas un *chef* à la façon des « devanciers » ; au contraire, il est fier de n'être pas « le gars pour donner des ordres à [ses] chums » [44]. Il est tout simplement en réalité « un gars ben ordinaire » qui, d'une manière confuse, souhaite donner un sens à sa vie. A un moment, il a cru que la guerre lui fournirait enfin l'occasion rêvée pour « faire quelque chose de [ses] mains, faire quelqu'un avec Joseph Latour [45] » :

> Moi, je pourrais dire que je serais quelqu'un si les Alliés avaient pas gagné la guerre si vite. Je serais allé là-bas pis je serais probablement jamais revenu chez nous. Un gars qui s'est battu à la guerre, tu peux mettre un nom dessus, c'est un gars qui a fait quelque chose [46]...

Il finira par faire quelque chose : il ira mourir à la guerre, en Corée.

Plus que dans aucune de ses précédentes pièces, Marcel Dubé nous présente, dans *Un simple soldat,* des personnages brisés par la vie. Avec Joseph, on en vient à penser : « Y a quelqu'un qui a triché quelque part pis qui fait que la vie maltraite toujours les mêmes [47] !» C'est Marguerite, demi-sœur de Joseph, qui se prostitue pour fuir la pauvreté ; c'est Armand qui, à un moment, se sent « comme un esclave » ; c'est Edouard, le père, qui constamment offre aux regards un « grand visage de chien battu » ; c'est Bertha enfin, la belle-mère de Joseph, qui se plaint d'avoir passé sa vie à travailler, sans rechigner et sans jamais avoir connu ce qu'est la liberté [48]. A sa fille Marguerite, elle se confie :

> Si c'est une chance qui s'offre à toi, ma p'tite fille, manque-la pas ! Ton bonheur c'est toi qui le fais. Moi, si ma vie était à recommencer, j'y penserais deux fois... Ma vie... Je suis encore bonne d'appeler ça

41. Marcel DUBÉ, *Le Naufragé,* p. 23.
42. *Ibid.,* p. 92. Voir aussi : p. 55.
43. Marcel DUBÉ, *Un simple soldat,* Québec, Institut littéraire, 1958, p. 238. La pièce fut présentée en décembre 1957.
44. *Ibid.,* p. 205.
45. *Id.*
46. *Ibid.,* p. 216.
47. *Ibid.,* p. 289.
48. *Ibid.,* p. 310.

> une vie. J'aurais jamais dû me remarier. Je l'ai fait parce que je voulais pas être obligée de laver des planchers pis des cabinets d'un bord à l'autre de la ville ; je l'ai fait pour être capable de vous faire vivre toi pis Armand... J'ai accroché le premier veuf qui m'est tombé sur la main pis vas-y donc !... Il m'a rien donné. A part Fleurette, rien... Pour les enfants, sont toujours là. Pour sortir leur femme pis les habiller comme du monde, tu peux attendre, tu peux courir ton mille... Tu vieillis, t'engraisses, les enfants t'insultent sur le trottoir pis t'as pas les moyens de te défendre... Même si tu voulais te défendre, tu sais d'avance que ça te sert à rien. T'es pas plus qu'un chien, tu vis comme un chien, pis tu meurs comme un chien. Moi je te le dis, Marguerite, laisse-toi pas prendre comme moi [49].

Voilà qui annonce *Les Belles-sœurs* de Michel Tremblay. Ce réquisitoire contre la vie et contre l'homme, Rose-Anna Lacasse ne l'aurait pas prononcé. Non pas que son sort fût meilleur que celui de Berthe, mais tout simplement parce qu'elle était moins lucide et, par conséquent, moins apte à s'exprimer. La lucidité est à l'origine de « l'âge de la parole ». De fait, à peine serait-il exagéré de mesurer la distance qui sépare le héros littéraire canadien-français du héros littéraire québécois en ne tenant compte que de leur réciproque degré de lucidité, que de leur réciproque aptitude à réagir, que de leur capacité de s'assumer.

Dans *Le Devoir* du 15 novembre 1958, Marcel Dubé a dit comment il était parvenu à se débarrasser de la « belle image » qu'il s'était faite, à un certain moment, du Canadien français, « brave homme, gai luron, simple et heureux, fervent catholique vivant prospère dans sa province de Québec ».

> [...] J'ai eu du mal à me débarrasser de ce personnage folklorique, j'ai eu du mal à le réincarner et à le retrouver dans sa véritable perspective, avec ses passions, sa soif, sa détresse et ses aspirations. Le Canadien français qui m'a intéressé jusqu'ici ne sait pas nommer ses passions, ne sait pas crier ni sa révolte ni sa souffrance.
>
> Et ce sont ses passions, sa souffrance que j'apprends à nommer avec lui.
>
> C'est parce qu'on ne l'a jamais laissé penser beaucoup, c'est parce qu'on ne lui a jamais donné trop de liberté ni d'instruction qu'il est devenu muet et désarticulé. Depuis des générations qu'il vit en incubation. Incubation religieuse, incubation politique. Le clergé, les chefs politiques ont pris la charge de penser pour lui et de lui inventer des poumons artificiels. Ecrire sur les convictions religieuses ou politiques du Canadien français, pour le moment ne m'intéresse pas du tout. Ce sont chez lui, des phénomènes trop extérieurs pour qu'ils aient une valeur profonde. Je veux écrire sur ce qui le révolte quand il lève les yeux au ciel pour blasphémer.
>
> [...] Une chose est certaine : je ne parle pas de vaincus. Ou si je parle de vaincus c'est pour les venger et les voir triompher. Ce sont les désespoirs, les révoltes et les colères qui préparent le mieux le sourire

49. *Ibid.*, p. 220. Dans *Georges... Oh ! Georges* de Françoise Loranger, pièce jouée à la radio, le 18 mars 1958, soit trois mois seulement après *Un simple soldat*, Berthe s'élèvera à son tour contre l'homme et ses exigences sexuelles (*Ecrits du Canada français*, XX, pp. 22-24). Ce thème reviendra fréquemment dans le théâtre et le roman québécois.

et le charme de l'avenir. On ne crée pas avec la tiédeur et l'immobilité [50].

Ainsi donc, bien que le théâtre de Marcel Dubé n'ait point traité de sujets spécifiquement politiques (à l'époque où nous sommes, s'entend), il n'en est pas moins hautement politique dans ses implications (tout comme le sera celui de Michel Tremblay). Si peu agréable à regarder que soit le visage, sans fard, de la société canadienne-française qu'il offre à nos yeux, il faut avoir le courage d'en reconnaître l'authenticité, car il est vain d'espérer changer ce qui est, si on persiste à détourner le regard.

Les personnages de Dubé paraissent mal à l'aise dans leur peau ; ils semblent tous à la recherche de ce paradis, « on the other side of the sea ». D'où cette soif de l'ailleurs qui leur est commune. Ils n'ont pas de racines véritables qui soient source de vitalité ; ils succombent rapidement à l'aridité ambiante. Peut-être suffirait-il d'une greffe ? Mais encore faut-il qu'elle soit faite à temps ! Cigale et Ciboulette se sont trop tard manifestées ; le mal était déjà incurable. Trop tard également arrivera Johanne pour sauver Vincent, lui aussi à la recherche d'une terre où s'enraciner :

> Je peux ce que je veux. Et ce que je veux est très simple. Cela s'appelle : vivre. Je veux vivre, m'accrocher à quelque chose de palpable et de vrai. M'enraciner enfin quelque part ! [51].

« Je peux ce que je veux » : voilà la grande illusion à laquelle s'achoppent Tarzan, Curly, Joseph et, à un moindre degré peut-être Vincent. Ces personnages sont trop profondément atteints pour échapper à leur condition de victimes.

Cette volonté de VIVRE, dont Vincent vient de se faire l'écho, s'affirmera de plus en plus fréquemment sur la scène québécoise des années soixante (ainsi que dans le roman [52]). Point ne fut nécessaire d'attendre *Api 2967* pour apprendre que « rien ne vaut la vie [53] ». « Je veux VIVRE » : que ce soit d'une manière explicite ou implicite, voilà ce que répètent Jean *(Un fils à tuer),* Valérie et Damien *(Le Marcheur),* Tarzan, Curly, Joseph, Vincent, Cigale, Ciboulette et la plupart de leurs amis. Sachez vivre, enseignera Nervi [54]. C'est pour être pleinement femme que la courtisane Lyrelane quittera Rapertoric [55]. VIVRE conformément aux exigences authentiques de leur

---

50. Marcel DUBÉ, *Textes et documents,* Montréal, Leméac, 1968, pp. 26-31.

51. Marcel DUBÉ, *Le Temps des lilas,* Québec, Institut littéraire, 1958, p. 93. La pièce fut créée le 25 février 1958. Remarquons, incidemment, que le vieux couple Blanche-Virgile résisteront à la menace d'expropriation, de crainte que le déracinement ne leur soit fatal (p. 173).

52. Voir : Jacques COTNAM, *Le Roman québécois à l'heure de la Révolution tranquille,* dans *Le Roman canadien-français,* Montréal, Fides, 1971, (2e édition), pp. 265-298, « Archives des lettres canadiennes », III.

53. Robert GURIK, *Api 2967,* Montréal, Leméac, 1971, p. 83. La pièce fut jouée en mars 1965.

54. Gilles DEROME, *Qui est Dupressin ?, Ecrits du Canada français,* XIV, 1962, pp. 142-150.

55. Andrée MAILLET, *Le Meurtre d'Igouille, Ecrits du Canada français,* XIX, 1965, pp. 65-68. Commencée le 10 février 1947, cette pièce fut terminée le 18 avril 1951.

être, corps et âme, et de leur amour, c'est ce que désirent en vain Hélène [56] et Geneviève [57] ; c'est ce que risquera Madeleine [58] et ce dont a peur Virginie [59]. VIVRE pleinement, y parviendront peut-être Dominique [60] et Gabrielle [61]. Cette dernière s'opposera victorieusement à un père qui n'a qu'une passion : celle de vouloir tout régenter. Telle est également la passion d'Agnès Joncas [62], qui verra se dresser contre sa volonté les enfants qu'elle croyait domptés. « Ma vie m'appartient et j'ai l'intention de la posséder à fond sans partage, ni reprise [63], lance son fils Sébastien. Et Lucie, sa fille, ne cache aucunement son intention de quitter la maison, car elle craint d'y moisir [64]. Non moins intransigeante et résolue à être elle-même, entièrement et totalement, sera Isabelle [65], tandis que Aube se meurt de « croquer à belles dents à même la vie [66] ».

Vis, « cours ta chance », tel est enfin le conseil que donne à Fleurette, Emile dans *Un Simple soldat :*

> Emile — A ton âge, tu laves encore la vaisselle ?
>
> Fleurette — Faire ça ou bien autre chose.
>
> Emile — Si Joseph était ici, je sais ce qu'il te dirait, moi !
>
> Fleurette — Y est plus ici. Y est parti courir une autre guerre.
>
> Emile — Mais s'il y était, il te dirait de plus laver la vaisselle ; il te dirait de partir pis de voir le monde, un peu... Sors de ta rue, beauté, pis cours ta chance. C'est pas une vie de rester tranquille dans ton coin comme tu le fais ! Gaspille pas tes belles années, tu vas le regretter après [67].

C'est à peu près le même langage que tiendra Suzanne à Florence, en l'exhortant à ne plus avoir peur des mots [68]. Car VIVRE n'exige pas que

56. Marcel DUBÉ, *Octobre, Ecrits du Canada français,* XVIII, 1964. La pièce fut présentée à la radio, le 5 décembre 1954.

57. Marcel DUBÉ, *Au retour des oies blanches,* Montréal, Leméac, 1969. La pièce fut créée le 21 octobre 1966. On pourrait encore mentionner, ici, la Geneviève de *Encore cinq minutes* (Montréal, Cercle du livre de France, 1967). La pièce de Françoise Loranger fut présentée le 15 janvier 1967.

58. Marcel DUBÉ, *Entre midi et soir,* Montréal, Leméac, 1971, p. 31 et p. 128. Cette pièce fut écrite au printemps 1970.

59. Marcel DUBÉ, *Virginie, Ecrits du Canada français,* XXIV. La pièce fut créée en mars 1968.

60. Françoise LORANGER, *Une maison... un jour,* Montréal, Cercle du livre de France, 1965. La pièce fut jouée pour la première fois le 15 février 1965.

61. *Le Cri de l'Engoulevent,* écrit en 1959, fut présenté en février 1960. En avril 1969, Guy Dufresne en donna une version nouvelle, chez Leméac.

62. Anne HÉBERT, *Le Temps sauvage, Ecrits du Canada français,* XVI, 1963. « La robe noire de ce royaume [la maison], c'est elle. Le prêtre et le démon, c'est elle ; le pain et le vin, le juge absolu, le cœur et la tête, c'est elle, elle, elle seule », affirme Sébastien (p. 33).

63. *Ibid.,* p. 57.

64. *Ibid.,* p. 42.

65. *Ibid.,* p. 80.

66. Claire TOURIGNY, *La Crue,* dans *Ecrits du Canada français,* XVI, 1963, p. 133.

67. Marcel DUBÉ, *Un simple soldat,* p. 310.

68. Marcel DUBÉ, *Florence,* Québec, Institut littéraire, 1960, p. 27. La pièce fut présentée le 20 octobre 1960.

de la lucidité, mais aussi le courage de vaincre sa peur après avoir eu celui de l'identifier. Cette victoire contre la peur la remporteront tour à tour Florence et son père... voire, dans un sens, son frère Pierre et sa mère, Antoinette [69].

Florence désire être libre et indépendante ; elle veut qu'on lui laisse la chance de vivre sa propre vie [70] : « [...] mais ma vie, c'est moi qui vais la faire, mon bonheur c'est de moi qu'il dépend. [...] Je veux pas devenir une machine à engraisser et à vieillir » [71]. A son père, elle parlera franchement :

> Regarde papa, regarde tout ce qu'il y a autour de nous autres. Regarde les meubles, les murs, la maison : c'est laid, c'est vieux, c'est une maison d'ennui. Ça fait trente ans que tu vis dans les mêmes chambres, dans la même cuisine, dans le même living-room. Trente ans que tu payes le loyer mois après mois. T'as pas réussi à être propriétaire de ta propre maison en trente ans. T'es toujours resté ce que t'étais : un petit employé de Compagnie qui reçoit une augmentation à tous les cinq ans. T'as rien donné à ta femme, t'as rien donné à tes enfants que le strict nécessaire. [...] Et moi aussi, ça va être la même chose si je me laisse faire, tu comprends papa ! La vie que t'as donnée à maman, ça me dit rien, j'en veux pas ! Je veux mieux que ça, je veux plus que ça. Je veux pas d'un homme qui va se laisser bafouer toute sa vie, qui fera jamais de progrès, sous prétexte qu'il est honnête ; ça vaut pas la peine d'être honnête si c'est tout ce qu'on en tire. J'aime mieux mourir plutôt que de vivre en esclave toute ma vie [72].

Cette volonté de vivre et de s'affirmer dont Florence se fait le truchement devait nécessairement entraîner, on l'aura constaté, une remise en question de la société dans laquelle se meut l'individu. Gaston s'en rend soudainement compte, du reste :

> Gaston — Sur les bancs de l'école, Toinette, à l'église le dimanche, aux campagnes électorales, dans les manufactures, dans les bureaux, partout, on nous a appris à avoir peur. On nous a enseigné que la meilleure façon de nous défendre était de nous enfermer dans nos maisons, dans nos paroisses, à l'abri des dangers. Quand c'était pas le portrait du diable qu'on nous montrait pour nous faire trembler, c'était celui d'un Anglais ou bien d'un communiste. A part nous autres, le reste du monde, c'était rien que des méchants. Pas de plaisirs permis, du mal partout ! On nous a appris à avoir peur des fantômes pendant qu'on nous dépouillait de nos vrais biens. C'est comme ça qu'on nous a éduqués, c'est comme ça qu'on nous éduque encore, c'est pour ça qu'on est rien que des poules mouillées. Je comprends Florence de pas vouloir partager sa vie avec une poule mouillée.

---

69. Elle finira par avouer à son mari qu'elle lui en a longtemps voulu de l'avoir condamnée à la vie de réclusion et de sacrifice qui a toujours été la sienne (*Ibid.*, pp. 109-110).

70. *Ibid.*, p. 74.

71. *Ibid.*, pp. 76-77. « Penses-tu, Ernest, que j'ai été mise au monde pour peler des pommes de terre ? » demandait, quelques années plus tôt, Marie-Emma (André Laurendeau, *Marie-Emma, Ecrits du Canada français,* XV, 1963, p. 38). La pièce fut jouée au réseau français de Radio-Canada, le 20 janvier 1956.

72. M. DUBÉ, *Florence,* pp. 80-81.

Antoinette — Je savais pas... je savais pas qu'il y avait tant de révolte en toi.

Gaston — De la révolte, il y en a dans tout le monde [73].

Gaston a raison ; la révolte ne tardera d'ailleurs pas à se manifester et cela dans différents secteurs de la vie québécoise. On est en effet sur le point de tout remettre en question. Gaston a aussi raison de penser que le cas de Florence n'est pas unique et qu'il y a des milliers d'enfants qui, comme elle, régimbent contre leur milieu et contre un mode de vie qu'ils jugent inacceptable. Avides d'authenticité et imbus d'idéalisme, ils dénoncent l'esprit de compromission des générations précédentes. De pureté, ils ont soif, ainsi que le reconnaît Gertrude, dans *Encore cinq minutes :*

> Ils sont comme ça ! Tous ! Leurs amis ! Toute la jeunesse !... Rien ne les fait reculer ! Nous sommes des mollusques comparés à eux ! [...] Oui ! des mollusques ! Tandis qu'il y a en eux une sorte de pureté qui n'accepte pas les compromissions ! [...] Oui, pureté ! Tu ne sais pas ce que ça veut dire naturellement ! Eux, ils le savent. Ils sont durs, mais ils sont purs [74].

Certes, il ne s'agit pas là d'un phénomène exclusivement québécois et il serait facile d'alléguer, ailleurs, plusieurs cas similaires. Ce qui, toutefois, nous paraît davantage typique, c'est que cette volonté d'authenticité de la part de la jeunesse, s'accompagnera d'une prise de conscience collective d'inspiration nationaliste. C'est cette quête d'identité nationale qui finalement canalisera les énergies et orientera de façon particulière l'idéalisme de la jeunesse québécoise. Cette dernière apprendra alors à formuler son aliénation dans un langage volontiers politique. Elle nommera colonisation, le syndrome du mal dont souffrent les Florence, les Gaston...

La vie de famille, dit Julie dans *Le Temps sauvage,* « vous déchire le cœur et vous aiguise les griffes [75] ». C'est effectivement au sein de la famille, assise de la société canadienne-française traditionnelle, qu'a germé la révolte et qu'elle s'est tout d'abord manifestée. Elle ne tardera pas, cependant, à jaillir hors des cadres de la maison.

A l'aube des années soixante, l'heure des revendications se met soudainement à sonner avec une force accrue. Gaston lui-même, qui craignait auparavant de se mettre à dos ses patrons, décide de passer à l'action (ce qu'un Azarius Lacasse n'aurait probablement jamais fait, ni Xavier [76], pour qui il est maintenant trop tard) :

> Gaston — Moi, Toinette, pendant que je tournais en rond cette nuit en attendant Florence, j'ai pris une décision... Si les gars du bureau ont besoin de moi sur le comité de l'union qu'ils veulent fonder, c'est parce qu'ils ont confiance en moi, c'est parce que je peux leur être utile... Depuis des années, la Compagnie réussit à nous faire croire qu'elle nous traite bien. Mais si on y regarde de plus près, on s'aperçoit qu'elle pourrait faire dix fois plus pour ses

73. *Ibid.*, p. 96.
74. Françoise Loranger, *Encore cinq minutes,* p. 37.
75. Anne Hébert, *Le Temps sauvage,* p. 21.
76. Marcel Dubé, *L'échéance du vendredi,* Montréal, Leméac, 1972, pp. 45-46.

employés. Avec une union, on va pouvoir améliorer notre sort. [...] Je suis certain qu'on s'est laissé endormir avec le temps. [...]

Antoinette — T'as passé l'âge des folies de jeunesse, Gaston.

Gaston — C'est ça, c'est ça le problème chez nous, on reste pas jeune assez longtemps. On se dépêche de vieillir, on se dépêche de fermer les portes devant la vie ; quand on meurt, on est tout surpris de ne pas avoir vécu, de ne pas avoir été heureux [77].

Il serait aisé de nommer des personnages de *La Bagarre* et des *Pédagogues* [78] qui applaudiraient semblables propos. Bien que les Zotique Ménard [79] demeurent en majorité, la Révolution tranquille qui prend élan s'annonce irréversible. C'est un langage nouveau qu'on est sur le point d'entendre :

> [...] Après deux siècles, ce n'est pas trop tôt ! Deux siècles de litanie. Majesté, je vous dois tout, ma langue, ma religion, ma vie, thank you ! Vous m'avez appris la liberté, la démocratie, le régime parlementaire. le système municipal. Thank you ! Par un effet de votre grâce, j'ai pu être mercenaire dans vos armées, thank you ! Vous m'avez donné des généraux boiteux, des juges à perruque, un huissier à la verge noire, thank you ! Thank you ! Thank you ! c'était la litanie. Oraison : nous sommes des cons... Pardon, nous l'étions. Par ton aveu nous ne le sommes plus. Elle est finie la litanie coloniale, ornementale et britannique. Boss, on ne te doit rien, tu nous achales et je t'emmerde ! Boss, garde tes distances, éloigne-toi, encore un peu, et puis continue donc et va bosser ailleurs ! Voilà ce qu'on avait à te dire, boss ! Dorénavant tu ne nous constipes plus... Il s'agissait de faire sauter le bouchon [80].

C'est, fait inouï, à son propre fils Simon, qui, dans un geste symbolique, a décapité le monument d'Edouard VII, que le Procureur tient ce discours, en l'encourageant à persévérer dans sa tentative de reprendre possession des états français d'Amérique. La reconquête de la terre laurentienne est amorcée. Avant d'entreprendre d'édifier le monde entier, l'homme québécois doit s'assurer d'avoir un pays à lui. Pour prétendre à une vocation internationale, n'importe-t-il point au préalable d'avoir une existence nationale ?

Que la nécessité de prendre en main la maîtrise de sa destinée politique soit cause de violence, il se peut ! Loin de craindre une telle menace, le Procureur, dans l'intention évidente de sonder les convictions de son fils, fera l'apologie de la violence révolutionnaire :

> La violence dans les musées, la décollation d'un roi de bronze, laisssez-moi rire un peu ! Vous ne dérangez personne, le pays restera inerte. Le vif, au moins si vous cherchiez le vif ! [...] Il doit bien se trouver des ministres bien en chair, des députés contents de leur viande, des couillons confédérés, faux-jetons et débiteurs de sornettes ! C'est de ce côté-là qu'il faudrait chercher, qu'il faudrait frapper pour qu'on

77. Marcel DUBÉ, *Florence*, pp. 104-105.

78. Gérard Bessette, *La Bagarre*, Montréal, Cercle du livre de France, 1958 ; Gérard Bessette, *Les Pédagogues*, Montréal, Cercle du livre de France, 1961. Rappelons que *Florence* est de 1960.

79. Claude JASMIN, *Tuez le veau gras*, Montréal, Leméac, 1970. Notons qu'il est précisé que l'action de cette pièce, jouée le 17 janvier 1965, se passe en 1955.

80. Jacques FERRON, *La Tête du roi*, Montréal, Cahiers de l'A.G.E.U.M., no 10, 1963, p. 55.

saigne au lieu de parler. Le sang, vois-tu, il n'y a rien d'autre qui régénère un peuple [81].

Comme on dit familièrement, il y a de la poudre dans l'air. Le chef a sûrement de quoi craindre *Le Silence de la ville* [82] ; *La Tête du roi* n'évoque pas inutilement la figure de Louis Riel, pas plus que Mgr Savard n'invite en vain la « jeunesse de [son] pays » à se dépasser [83]. N'est-il pas, par ailleurs, permis d'attribuer un sens symbolique à la démolition de cette maison où on ne fait que parler, « cette maison où tout se perdait, se gaspillait, se détériorait », cette maison qui tombe en ruine [84] ? L'heure en est déjà, nous rappelle Robert Gauthier, en 1965, à écouter la *Ballade pour un révolutionnaire.*

Délie n'est plus seule à penser : « Il est pourtant d'autres voix que la terre fait entendre ! D'autres voix que la voix de tes morts ! Je respecte les morts, mais surtout, je veux vivre ! Je veux vivre ! [85] » En s'opposant à Gildore, c'est aussi à la voix du passé qu'elle demeure sourde, toute sollicitée par celle du présent et de l'avenir.

Tandis que Marcel Dubé se donne pour tâche de démystifier, sans merci aucune, le monde bourgeois [86] et d'en exposer la moisissure, de jeunes auteurs crient leur désarroi [87]. Leurs préoccupations rejoignent, bien qu'elles s'énoncent sur un autre registre, celles qu'illustreront ces jeunes gens qui se préparent à monter sur la scène. Une même soif de renouveau les anime.

Surpris, rares seront les adultes qui sauront comprendre ce qui se passe réellement. La plupart, tel Victor, tels Omer et Paul, dans *Les Beaux Dimanches,* auront vite fait de se persuader que les revendications de la jeunesse n'ont rien de sérieux : « Ils vont vieillir. Ils vont comprendre. Il va falloir qu'ils comprennent. » [88] Voilà le refrain ! D'autres, plus lucides ou plus cyniques, saisiront toutefois que les jeunes ne sont pas près de s'essouffler. Dominique les prévient, du reste :

---

81. *Ibid.,* p. 70. C'est en 1963, l'année de la publication de *La Tête du roi,* que le F.L.Q. commencera ses activités terroristes. La coïncidence mérite d'être soulignée.
82. Robert ELIE, *Le Silence de la ville, Ecrits du Canada français,* XVIII, 1964.
83. Félix-Antoine SAVARD, *La Dalle-des-morts,* Montréal, Fides, 1965, p. 12.
84. Françoise LORANGER, *Une maison... un jour,* p. 55 ; p. 56 et p. 138.
85. F.-A. SAVARD, *op. cit.,* p. 108. Voir : André Major, « *La dalle-des-morts* ou la liberté maudite », *Cahiers de Sainte-Marie,* no 4, avril 1967, pp. 29-35.
86. Le thème n'était pas neuf, mais la violence de la dénonciation l'était. D'une main habile et sûre d'elle-même, Marcel Dubé a ouvert la plaie. Auparavant, il avait tenu à nous prévenir que l'opération risquerait d'être nauséabonde (voir : « La tragédie est un acte de foi », *Le Devoir,* 15 novembre 1958 et repris dans Marcel Dubé, *Textes et documents,* pp. 28-29).

Auparavant, François Moreau avait forcé *Les Taupes* à sortir de leurs trous (*Ecrits du Canada français,* VI, 1960 — écrite en 1958, la pièce a été jouée le 20 novembre 1959). De leur côté, André Laurendeau (*Deux femmes terribles, Ecrits du Canada français,* XI, 1962) et Eugène Cloutier (*Le dernier Beatnik, Ecrits du Canada Français,* XIV, 1962) systématisaient l'artificialité de ce même milieu où règnent solitude et inquiétude profonde.

87. Voir, par exemple, les pièces soumises au VIe concours organisé par la société Radio-Canada, publiées dans *Ecrits du Canada français,* XXI 1966 : Yves Hébert, *Les enfants* ; Paul-Ghislain Villeneuve, *Les Heures rouges* ; Yves Hébert, *Le Rôle.* Et aussi : Michel Vais, *Cui-Cui, La Barre du Jour,* été 1966, pp. 12-23.
88. Marcel DUBÉ, *Les Beaux dimanches,* Montréal, Leméac, 1968, p. 91. La pièce fut créée en 1965.

Dominique — J'ai des camarades qui sont en prison.

Hélène — Tu fréquentes du joli monde.

Dominique — J'en ai d'autres qui sont libres, qui ont mon âge, qui ont compris qu'il ne fallait plus compter sur les générations pourries qui nous précèdent. Ils sont plusieurs, ils représentent une force. Ils sont prêts à se sacrifier pour ceux qui n'ont pas eu le courage de le faire avant eux [89].

Olivier a saisi ce que Dominique veut dire, il a compris le sens de sa révolte. Non sans cynisme, il expliquera :

Il y a ceux qui font du bruit parce qu'ils n'ont plus rien à dire, parce que ça les embête le silence qui ne les réfléchit pas ; il y a les autres qui font du bruit, qui gueulent plus fort parce qu'ils en ont assez de l'inertie qui les ravage. C'est ainsi que nous allons, plus les temps sont troublés, plus les jeunes ont envie de faire éclater les cadres, de faire sauter les structures. Le séparatisme, au fond, c'est peut-être une bonne blague, mais c'est surtout un prétexte...

... Un prétexte pour ouvrir les soupapes, pour démasquer une bourgeoisie, un clergé, une clique de vieux politiciens malfaisants qui se sont acharnés à endormir le peuple depuis des années. Pour redonner aux hommes leur dignité, il faut d'abord les délivrer de leur peur, les tirer de leur confort, leur couper leurs somnifères. [...] Il y a les Anglais, c'est vrai, il y a Ottawa, c'est vrai, il y a aussi l'histoire, mais plus loin, plus au fond, et ils le découvriront, les jeunes, ils le soupçonnent déjà, [...] plus loin, en dernière analyse et derrière l'abîme, il y a toute la racine du mal [90]...

La racine du mal ? De l'avis de Dominique, il faut remonter en 1763, à la Conquête, pour la déceler. Mais la date importe peu, remarque Olivier :

On pourrait choisir d'autres dates, Dominique, mais ce n'est pas ce qui importe le plus... Le mal a commencé quand on nous a enlevé le droit de vivre. Ça s'est fait comme un tour de passe-passe, sans que personne ne s'en aperçoive, au nom de la vérité, des monarchies, des lois et de l'ignorance, au niveau des combines, des compromis, des trahisons. Le chloroforme s'est répandu lentement sur tout le pays. Les femmes ont commencé à porter dans leur ventre des enfants qui leur étaient faits sans joie, sans amour, par des hommes coupables et castrés. Les bourgeois, les curés se sont ligués ensemble après avoir vite découvert où se trouvaient leurs profits. Une fois ligués ils ont fait des pactes de loyauté envers l'occupant. Le peuple mâté, apeuré, la religion était sauvée, les riches pouvaient continuer à faire du négoce, les curés à bâtir des paroisses et des presbytères. Ensuite, ils ont mis la main sur les écoles, ils ont commencé à raconter des peurs et des mensonges aux enfants, [...] Pour que cela dure, la recette était toute trouvée : cultiver la peur et l'ignorance tout en faisant des alliances avec les nouveaux maîtres et leur argent. [...]

La racine du mal est difficile à atteindre parce que toute cette histoire est obscure. [...] Mais c'est pour ça qu'il y a eu une poignée d'hommes qui se sont soulevés en 1837 et qui sont morts pendus sur la place publique. C'est pour ça que des jeunes gens se sont embrigadés au-

89. *Ibid.*, p. 91.
90. *Ibid.*, p. 93.

jourd'hui dans des mouvements terroristes, qu'ils ont fait éclater des bombes et tué des hommes. C'est la clarté, c'est la lumière qu'ils cherchent, c'est leur liberté perdue depuis des siècles. [...] Ils nous ressemblent quand nous avions leur âge mais ils ont quelque chose qui nous manquait : le courage d'aller jusqu'au bout d'un idéal, d'une logique ou d'un rêve. C'est nous avec la peur en moins. Ils sont pour moi l'inévitable aboutissement de nos longues frustrations, l'envers de notre besoin de compromis, le mépris de nos trahisons [91].

« Hier, les enfants dansaient dans la maison... Aujourd'hui, ils sont devenus des hommes... prêts à se battre dans la rue. » [92] Olivier disait donc vrai, lorsqu'il affirmait que de plus en plus nombreux étaient les jeunes québécois qui éprouvaient le courage « d'aller jusqu'au bout de leur idéal ». Créée en avril 1966, la pièce de Gratien Gélinas allait en témoigner qui exposait, mieux qu'on ne l'avait encore fait, ce que présentait de particulier le conflit des générations, à l'âge de la Révolution tranquille du Québec. La confrontation entre le père et ses deux fils est d'autant plus tragique, dans *Hier, les enfants dansaient,* que les deux partis sont honnêtement convaincus d'avoir raison :

Au fond, ça se ramène à une question de mots ; les séparatistes s'énervent en déclarant que la bouteille est à moitié vide. Nous, on tâche de les rassurer en leur prouvant qu'elle est déjà à moitié pleine [93].

Le père se rendra rapidement compte, cependant, de l'importance que cette « question de mots » a prise aux yeux de ses enfants. Au moment même où on lui propose, sur un plateau d'or, le ministère de la justice au gouvernement fédéral, ce qui serait pour lui la réalisation d'un rêve longtemps entretenu, il apprend que son fils aîné, qui vient de terminer de brillantes études en droit, est le chef d'un groupe de terroristes. Peu de temps après, nouveau coup de théâtre : André dévoile que son frère, à qui Monsieur Gravel avait pourtant cherché à éviter le « bourrage de crâne nationaliste » en l'envoyant dans un collège anglophone, est son complice.

Entre le père et ses fils, aucun dialogue n'est désormais possible, chacun se retranchant derrière ses positions. André expliquera lui-même la nature du conflit qui les éloigne, son frère et lui, de leur père :

Le conflit qui nous divise, lui et moi, concerne l'avenir, maman, pas le passé. Il s'agit de bâtir notre monde **à nous,** comprends-tu ? Celui où Nicole, moi et ceux de ma génération devront vivre, longtemps après que la sienne, qui s'entête à tout régler, à tout décider pour nous, sera disparue en s'en lavant les mains. Si nous ne sommes pas d'accord, tant pis, je ne m'effacerai pas devant lui. Je n'en ai pas le droit ; [...] La fiancée avec laquelle nous passerons notre avenir politique à nous, c'est nous qui la choisirons selon notre mentalité à nous, après l'avoir aimée en fonction de notre âge et non pas du vôtre, tenez-vous le pour dit [94] !

---

91. *Ibid.*, pp. 97-99.
92. Gratien GÉLINAS, *Hier, les enfants dansaient,* Montréal, Leméac, 1968, p. 118.
93. *Ibid.*, p. 45.
94. *Ibid.*, p. 99 et p. 100.

Quelques instants plus tard, ce sera au tour de Nicole, la fiancée d'André, de prendre la parole pour attaquer les positions fédéralistes de Monsieur Gravel :

> [...] Il n'est pas étonnant que vous ne puissiez pas vous entendre tous les deux : vous ne parlez pas la même langue ! Ce qu'il appelle, lui, « indépendance, ouverture sur le monde international, liberté de chercher les intérêts du Québec ailleurs qu'en Ontario », vous et les autres anciens de la faculté des Sciences britanniques, vous le baptisez « séparatisme étroit, repliement sur soi-même, suicide collectif, mur de Chine autour de la province et ghetto du Moyen Age !

Après avoir rappelé au futur « ministre de la justice » qu'il ne peut même pas s'adresser en français au premier ministre, puisque ce dernier ne s'est jamais donné la peine d'apprendre la langue parlée par « trois sur dix de ses administrés », Nicole enchaîne :

> [...] Quant à moi, rassurez-vous, je ne serai pas à plaindre. Je n'aurai pas besoin à quarante ans d'aller supplier mon psychiatre de me trouver une raison de vivre : j'en aurai une. La « voix des femmes », pour celles de mon temps, elle se fera entendre ailleurs que dans la salle d'accouchement [95] !

Voilà qui est explicite ! Le temps n'est plus où « le ciel après la mort était plus important que la vie [96] ». Ainsi qu'il est manifeste dans *Encore cinq minutes,* la lézarde ne cesse de s'allonger qui menace l'édifice bourgeois, naguère d'apparence si solide. Tout risque de s'écrouler sous le regard de ceux qui, confortablement installés, ne veulent pas comprendre [97].

La jeune génération qui monte sur la scène s'acharne à jeter par terre les mythes d'hier et à dévoiler les Tartuffe, comme cela se passe dans *Au retour des oies blanches*. Ferveur romantique ? Pour plusieurs, bien sûr, qui, à l'instar de Stanislas, dans *Un matin comme les autres,* sont des « révolutionnaire[s] de salon et de snack-bar [98] ». Reste que le nombre de ceux qui

---

95. *Ibid.,* p. 113 et p. 115. Incidemment, si l'on en juge par la pièce d'Andrée Maillet, créée en 1967 (*La Montréalaise, Ecrits du Canada français,* XXIII, 1967), la « voix des femmes » ne se ferait pas toujours entendre pour les meilleurs intérêts du peuple, dans le Québec souverain où se situe l'action. Il y appert, en effet, que l'indépendance n'aurait eu pour résultat que de favoriser les intérêts de ceux qui avaient su se ranger sous la bonne bannière au moment opportun. « Plus ça change, plus c'est la même chose », telle est également la conclusion à tirer de la pièce de Robert Gurik, *A Cœur ouvert* (Montréal, Leméac, 1969) : à un mot d'ordre en succède un autre.

96. Marcel DUBÉ, *Au retour des oies blanches,* Montréal, Leméac, 1969, p. 81. La pièce fut créée le 21 octobre 1966.

97. Voir, par exemple, Marcel DUBÉ, *Bilan,* Montréal, Leméac, 1968, pp. 94-96. La pièce avait d'abord été présentée à la télévision, en décembre 1960 puis, dans une version nouvelle, au T.N.M., en septembre 1968. Voir aussi : Françoise Loranger, *Medium saignant,* Montréal, Leméac, 1970, pp. 91-95 (la pièce fut créée le 16 janvier 1970). Dans *Entre midi et soir* de Marcel Dubé (Montréal, Leméac, 1971), Germain se montre beaucoup plus conscient, cependant, que ceux de sa classe : « Il y en a toujours eues [des causes] au Québec. Mais nous dormions. Aujourd'hui tout éclate en même temps. Il y a vingt ans, nous ne nous intéressions même pas à l'avenir politique du pays. Ça ne comptait pas. Du moment que le système restait capitaliste, c'était tout ce que nous voulions, c'était bon pour nous et nous ne demandions rien d'autre » (p. 147).

98. Marcel DUBÉ, *Un matin comme les autres,* Montréal, Leméac, 1971, p. 71. La pièce fut créée le 23 février 1968.

demeurent fidèles à leur idéal et résolus à aller au fond des choses tend à s'accroître et c'est ce qui, en somme, importe. Ceux-ci refusent de croire qu'ils sont les rejetons d'un *peuple fini* [99]. Entre eux et ces autres « radicaux » qui, en 1837, donnèrent leur vie au nom de la liberté, tout naturellement se tissent des liens, semble-t-il. « Ne faut-il pas mourir pour renaître », rappelle Sauvageau au Dr Chénier [100], avant de le rassurer : « Les générations passent vite : regardez au-delà des nuages, la trouée est lumineuse : tout s'arrange » [101].

La conquête du pays à naître, de cette *Terre d'aube,* qu'a si poétiquement chantée Jean-Paul Pinsonneault, a des exigences que seuls quelques-uns seront en mesure de satisfaire. « Rien n'est facile, et moins que tout, la tâche de naître à soi-même, à son pays, à l'aube. En quelque lieu que ce soit et pour chacun, le jour qui se lève est un défi. » [102] Le défi véritable sera non pas de conquérir la liberté (dans tous les sens du mot), mais d'apprendre à l'assumer pleinement en tant qu'individu.

> Voici le temps de l'affrontement, de l'âme coriace et du courage.
> La saison où nul repos n'est accordé, nulle défaillance permise [103].

*

* *

Il est indéniable que, depuis 1965-1966 (et surtout depuis les cinq dernières années), le théâtre québécois, dont on a cessé de mettre en doute l'existence, se révèle « un nouvel outil de l'affirmation québécoise [104] », pour reprendre l'expression de Michel Bélair. Jacques Ferron va plus loin encore qui n'hésite point à définir le théâtre comme « un appareil de sédition masqué par les feux des projecteurs et les besoins de l'amusement [105] ». « J'écris pour notre délivrance », affirmera de son côté, Marcel Dubé, en avril 1967 [106], et Françoise Loranger avouera, sans ambages :

99. Françoise Loranger, *Medium saignant,* p. 57.

100. Jacques FERRON, *Les Grands Soleils,* Montréal, Déom, 1968, p. 76. La pièce, dans sa nouvelle version, fut créée le 25 avril 1968.

101. *Ibid.,* p. 80.

102. Jean-Paul PINSONNEAULT, « Préface » à *Terre d'aube,* Montréal, Fides, 1967, p. 10. La pièce fut créée le 26 juin 1967.

103. *Ibid.,* p. 65.

104. Michel BÉLAIR, *Le Nouveau théâtre québécois,* Montréal, Leméac, 1973, p. 15. Nous nous permettons de conseiller la lecture de cet ouvrage à qui s'intéresse à connaître les plus récentes tendances du jeune théâtre québécois et sa signification dans la conjoncture socio-culturelle du Québec d'aujourd'hui. Voir aussi : Marcelle Ouellette, « Créateurs et amateurs », *Théâtre vivant,* no 2, février 1967, pp. 5-11 ; François Piazza, « Présence du théâtre québécois », *Théâtre vivant,* no 3, juin 1967, pp. 3-8.

105. Jacques FERRON, *Les Grands soleils,* p. 17. Voir aussi : Jacques Ferron, « Le permis de dramaturge », *La Barre du jour,* juillet-décembre 1965, pp. 65-70.

106. « Aujourd'hui, j'habite une sorte de « no man's land » provisoire qui s'appelle Québec et qu'un nombre de plus en plus croissant d'hommes lucides et déterminés s'acharnent justement à définir. Il leur reste à refaire l'appareil politique, à soigner et instruire les masses, créer des structures économiques nouvelles, repenser les cadres sociaux, exterminer enfin la vermine qui ronge depuis un siècle les assises de notre liberté » (*Textes et documents,* p. 41).

Voir aussi : Jean-Robert Rémillard, « Théâtre et révolution québécoise », *La Barre du jour,* juillet-décembre 1965, pp. 91-93 : Jan Stafford, « Théâtre et société », *La Barre du jour,* juillet-décembre 1965, pp. 8-15.

> Je crois d'ailleurs que de plus en plus le théâtre se mêlera à ce qui ne semblait pas jusqu'ici le concerner : problèmes collectifs, sociaux, politiques, etc. C'est d'ailleurs le seul moyen de le faire enfin descendre dans la rue, accessible au plus grand nombre et vivant de sa vie. Non pas miroir seulement, mais ferment d'action [107].

De plus en plus, le théâtre québécois aborde la donnée politique, culturelle et sociale du milieu où il s'enracine, tendant ainsi à devenir l'instrument d'une libération collective et nationale. On se contente parfois de quelques allusions, comme dans *Le Coup de l'étrier* [108] ; ailleurs, on laissera au public et à la critique le soin d'effectuer la transposition socio-politique nécessaire, comme il peut être le cas, par exemple, avec *Le Pendu* [109]. La plupart du temps, toutefois, depuis 1968 surtout, qu'on use d'un fait d'actualité [110] comme point de départ ou qu'on emprunte un thème aussi connu que celui d'Hamlet [111], voire qu'on se réfère à Jeanne D'Arc (*T'es pas tannée Jeanne d'Arc,* présenté par le Théâtre Populaire du Québec), le *message* est clair et communiqué sans détour. Un *Québécois* ne peut que se sentir directement concerné, tant sur le plan de son entité individuelle que sur celui de son identité nationale, qui assiste à une représentation de *Medium saignant* ou de *Si ces Sansoucis s'en soucient, ces Sansoucis-ci s'en soucieront-ils ? Bien parler, c'est se respecter* [112] *!*

Politiquement orienté, le théâtre québécois des dernières années est, dans son ensemble, essentiellement un théâtre de dénonciation. Dénoncée est l'hypocrisie des classes bourgeoises (*Les Beaux Dimanches, Au retour des oies blanches, Bilan*) ; dénoncée est la pourriture dont se nourrit le monde de la politique, soit au niveau municipal (*Les deux valses, Medium saignant, C'est toujours la même histoire*), au niveau provincial (*Au retour des oies blanches, Bilan, L'œil du peuple, Hamlet, prince du Québec*), soit enfin au niveau fédéral (*Hier les enfants dansaient, Le Chemin du Roy, Hamlet, prince du Québec*) ; dénoncé est le jeu de la démocratie (*Bilan, Hier, les enfants dansaient, Medium saignant*) ; dénoncés sont le concept de la justice, son application et ses pseudo-serviteurs (*Bilan, C'est toujours la même histoire, Le Procès de Jean-Baptiste M.*) ; dénoncée est la brutalité policière (*La Palissade, Le Chemin de Lacroix, A Cœur ouvert, Hier les enfants dansaient*) ; dénoncées sont les forces de l'ordre mises au service de la répression (*Le Silence de la Ville, Les Tas de sièges, Le Chemin de Lacroix, Komman-*

---

107. Françoise LORANGER et Claude LEVAC, *Le Chemin du Roy,* Montréal, Leméac, 1969, p. 9. La pièce, écrite à la suite de la visite du Général de Gaulle, fut créée le 29 avril 1968.

On remarquera que la prise de position des Dubé, Ferron et Loranger s'inscrit on ne peut plus catégoriquement aux antipodes de celle d'un Paul Toupin pour qui *théâtre* et *engagement* ne sauraient aller de pair (Paul Toupin, *L'Ecrivain et son théâtre,* Montréal, Le Cercle du livre de France, 1964, p. 37).

108. Marcel DUBÉ, *Le coup de l'étrier,* pp. 31-33.

109. Robert GURIK, *Le Pendu,* Montréal, Leméac, 1970. La pièce fut créée le 24 mars 1967.

110. Outre *Le Chemin du Roy,* mentionnons ici : Robert GURIK, *Le procès de Jean-Baptiste M.,* Montréal, Leméac, 1972 (la pièce fut créée le 12 octobre 1972) ; Françoise Loranger, *Medium saignant.*

111. Robert GURIK, *Hamlet, prince du Québec,* Montréal, Editions de l'Homme, 1968. La pièce fut créée le 17 janvier 1968.

112. Cette pièce de Jean-Claude Germain fut créée au TMN, en mars 1971. Précédée de *Diguidi, diguidi, ha ! ha ! ha !,* elle fut publiée chez Leméac, en 1972.

datur) ; dénoncée est l'injustice sociale qui favorise l'exploitation des travailleurs (*Florence, Ben-Ur, l'Echéance du vendredi, La Famille transparente, Le Procès de Jean-Baptiste M., On n'est pas sorti du bois, A toi, pour toujours, ta Marie-Lou*) ; dénoncés sont les préjugés racistes et sociaux (*Médium saignant, Les Belles-Sœurs, C'est toujours la même histoire, Le Chemin du Roy*) ; dénoncés les média d'information qui endoctrinent le consommateur (*Les Tourtereaux ou la vieillesse frappe à l'aube* ; *Le Tabernacle à trois étages, Le Procès de Jean-Baptiste M.*) ; dénoncés la mère soumise, le père ivrogne et brutal, la mère qui se réfugie dans la religion (*Les Belles-sœurs, A toi, pour toujours, ta Marie-Lou, Ben-Ur*) ; dénoncée « l'aphasie symbolique dont les Québécois ont été victimes » (*Lettre au directeur, Double jeu, Médium saignant, Le Chemin de Lacroix, Les beaux dimanches*) ; dénoncée enfin, et partout, mais jamais avec autant de force, peut-être, que dans *Medium saignant, la peur...* peur de vivre, peur d'être soi-même [113].

Convient-il de voir dans cette dénonciation constante une attitude purement négative ? Non pas, puisqu'elle conduit à une prise en charge de la réalité québécoise, si laide soit-elle par moment, à une volonté de ré-appropriation des données socio-culturelles de la *nation québécoise* [114]. C'est dans

---

113. Est-il nécessaire d'indiquer que les titres que nous venons de mentionner n'ont valeur que d'exemple et que nous ne prétendons aucunement avoir dressé un inventaire exhaustif ? Ceci dit, nous ne donnerons ici que la référence des pièces non citées au préalable. André Laurendeau, *Les deux valses, Ecrits du Canada français*, XXXIII, 1971. Claude Jasmin, *C'est toujours la même histoire*, Montréal, Leméac, 1972. Robert Gurik, *La Palissade*, Montréal, Leméac, 1971. Robert Gurik, *Les tas de sièges*, Montréal, Leméac, 1971 (les trois pièces en un acte, réunies sous ce titre, furent écrites en octobre 1970). Dominique de Pasquale, *On n'est pas sorti du bois*, Montréal, Leméac, 1972 (La pièce fut créée le 10 février 1972). Michel Tremblay, *Les Belles-sœurs*, Montréal, Holt, Rinehart & Winston, 1968. Michel Tremblay, *A toi, pour toujours, ta Marie-Lou*, Montréal, Leméac, 1971 (la pièce fut créée le 29 avril 1971). Jacques Brault, *Lettre au directeur*, dans *Trois Partitions*, Montréal, Leméac, 1972 (la pièce fut créée le 9 avril 1969). Jean Barbeau, *Ben-Ur*, Montréal, Leméac, 1971. Jean Barbeau, *Le Chemin de Lacroix* suivi de *Goglu*, Montréal, Leméac, 1971. La première pièce fut créée en mars 1970 ; la seconde, en juillet 1970. Robert Gurik, *Le Tabernacle à trois étages*, Montréal, Leméac, 1972. *Les Tourtereaux ou la vieillesse frappe à l'aube* est une pièce (inédite ?) de Jean-Claude Germain, créée en 1970. *Kommandatur* est d'Yvon Lelièvre.

114. N'est-ce pas ce que laisse entendre Georges, dans *Pauvre amour* de Marcel Dubé, (Montréal, Leméac, 1969), lorsqu'il s'identifie comme Québécois ?

Georges — Je suis québécois. [...]

Jane — Avant hier, vous vous êtes présenté comme étant Canadien.

Georges — Une veille habitude dont je me corrige de plus en plus. J'ai déjà cru au Canada comme la plupart de mes compatriotes y croient encore, mais je me suis rendu compte que ça n'était qu'une vaste chimère, qu'une machination anglo-saxonne pour unifier des pôles contraires qui ne se rejoindront jamais. Pour moi, maintenant, les dés sont jetés. En veillissant, j'ai ouvert les yeux sur ma réalité, je me suis découvert et accepté Québécois. Mes amis me disaient que je réduisais mon univers à l'enclos d'une seule province mais après avoir partagé leurs craintes, j'ai réalisé que c'était faux, que bien au contraire, c'était en prenant racine que j'atteignais à une certaine forme de libération et d'épanouissement. Devenue souveraine, mon existence a changé, j'ai éprouvé le désir profond d'étendre ma connaissance au reste du monde. Il n'y a pas d'approximation dans une langue ni dans une culture. Nous devons nous méfier des mauvais alliages et des mauvaises greffes qui entraînent la corruption ou le rejet. Plus l'identification se précise dans l'esprit, plus elle unifie l'homme, plus elle le rend universel... » (pp. 75-76).

une telle perspective de récupération qu'il convient de situer, par exemple, *Médium saignant* où est dénoncée une situation qui n'a que trop duré — l'anglicisation des néo-Québécois, dans une proportion de 90% — et qui, si elle persiste, risque d'entraîner la disparition de la collectivité francophone du Québec. En dénonçant ceux qui, par inertie, par intérêt ou par incapacité à gouverner, sont responsables de cet état de chose, Françoise Loranger incite en même temps les Québécois à passer à l'action et à reconquérir leur culture — s'il en est encore temps ? — et à l'assumer pleinement. Dans un pareil esprit, Jean-Claude Germain s'attaquera, dans *Les Enfants de Chénier dans un grand spectacle d'adieu,* au « colonialisme culturel » dont sont victimes ceux qui n'ont d'yeux que pour la France [115] ou l'étranger.

Dans cette conjoncture, il arrive fréquemment que le *texte* ne soit en réalité que *prétexte* à animation politique. Il suffit parfois d'un canevas *(Diguidi, Diguidi, Ha ! Ha ! Ha ! ; Le Chemin du Roy)* [116]. Que ce soit par le truchement d'une improvisation collective, par une demande de participation de la part des spectateurs, ou autrement, le fait demeure qu'on vise alors à conférer au spectacle une valeur thérapeutique [117].

On pourrait évidemment arguer qu'il est dangereux de confondre thérapie et théâtre et que, à tout événement, un théâtre aussi didactique est condamné à la consommation immédiate, dans un milieu donné. Bref, on pourrait reprocher à maints dramaturges québécois de transformer la scène en tribune. A vrai dire, semblable critique [118], si valable soit-elle en soi, n'a ici qu'une portée réduite, étant précisément donné que ces dramaturges engagés affirment eux-mêmes n'avoir aucune prétention à l'universalité ni à l'œuvre d'art, c'est-à-dire à la durée. Ils seraient probablement les premiers à s'étonner si leurs spectacles étaient repris dans vingt ans. Ce qui importe le plus, aux yeux de ces dramaturges, comme à ceux des animateurs du Grand Cirque Ordinaire et du Théâtre du Même Nom, c'est d'affranchir *hic et nunc* le Québécois de sa peur tricentenaire et de promouvoir l'indépendance du Québec. Tout se passe, dans un sens, comme si on pensait : quand nous serons devenus un peuple normal, c'est-à-dire maître de sa destinée, vivant dans un pays normal, il sera alors temps de nous préoccuper d'universalité. Prise de position discutable ? Assurément. Mais elle explique néanmoins l'orientation politique non seulement d'un large courant de la dramaturgie

115. Bien peu de jeunes dramaturges québécois écriraient aujourd'hui, comme Paul Toupin en 1964 : « [...] Paris a eu mon cœur. Il l'a encore. [...] Enfin, toutes les émotions esthétiques de ma jeunesse, c'est la France qui me les a données comme c'est Paris qui les a liées entre elles pour que je pusse les porter plus facilement » *(L'Ecrivain et son théâtre,* p. 16 et p. 19).

Le témoignage de Michel Tremblay est, à ce sujet, très significatif : voir « Entrevue avec Michel Tremblay », *Nord,* no 1, automne 1971, pp. 62-64. Voir aussi : Michel Bélair, *op. cit.,* pp. 14ss. ; pp. 56ss.

116. « Le texte est un canevas, le plus complet possible et il est le document de travail, de base, le point de départ mais sûrement pas le point d'arrivée » (Claude Levac, *Le Chemin du Roy,* p. 15).

117. Bien sûr, on pourrait s'interroger sur l'efficacité de cette thérapeutique, puisque ceux qui la subissent sont apparemment déjà *gagnés à la cause,* Jack Crompton pose d'intéressantes questions à ce sujet dans : « Le théâtre qu'ossa donne », *Nord,* nos 4-5, automne 1972 — hiver 1973, p. 173-206.

118. Voir, par exemple : « Entrevue avec Paul Hébert », *Nord,* nos 4-5, automne 1972 — hiver 1973, pp. 24-27 ; « Entrevue avec Jan Doat », *Ibid.,* pp. 59-91.

québécoise d'aujourd'hui, mais de toute la littérature du Québec des dix dernières années. Les membres de la troupe du Théâtre ...Euh ! sont fort explicites, lorsqu'ils rendent compte de leurs intentions :

> Aujourd'hui, si la vie économique et politique de notre temps inspire les sujets de nos spectacles, c'est qu'elle gouverne aussi la destinée des Québécois et qu'il ne saurait y avoir de vrai théâtre de chez nous qui fasse abstraction de la liberté d'un peuple dont il est l'expression. [...]
>
> Et c'est ça pour nous, l'important : c'est d'être efficace dans notre milieu, dans notre ville, dans notre quartier, dans notre rue même. Etre efficace, c'est arriver à montrer aux gens les mécanismes des systèmes qui les entourent ; leur dire que, s'ils ont des problèmes, ils ne sont pas tout seuls : tout le monde subit la même exploitation, et que, s'ils s'unissent, tout peut changer [...].
>
> [...] Car il ne faut jamais perdre de vue le but politique qui nous est fixé : celui d'aider le travail de libération qu'ont décidé les Québécois [119].

Est-ce à dire que les jeunes auteurs québécois ne se préoccupent plus que du message nationaliste à transmettre ? Dans plusieurs cas, la réponse serait certainement positive. Attitude qui s'explique aisément, du reste, étant donné la conjoncture québécoise actuelle [120]. Il est à espérer, toutefois, que celle-ci change rapidement pour que nous puissions enfin passer à autre chose. Un théâtre qui se définit globalement comme un instrument de revendication ne peut entretenir indéfiniment le dynamisme qui l'anime. Il est bon de se purger, mais à condition que le laxatif n'agisse pas trop longtemps et de ne pas répéter trop souvent l'opération ; sinon, elle risque d'être fatale. Fatal aussi finira par s'avérer un nationalisme trop longtemps maintenu en effervescence, le narcissisme, même collectif, étant une forme d'aliénation. Notre drame, à nous Québécois, est peut-être que nous n'en finirons jamais de naître !

Heureusement, il est réconfortant de constater que, chez nos meilleurs dramaturges d'aujourd'hui, la soif de renouveau socio-politique et culturel s'accompagne habituellement d'une soif identique de renouveau des formes théâtrales. C'est dans cet esprit de recherche que s'inscrivent *Double jeu* et maintes expériences du Grand Cirque Ordinaire, du Théâtre du Même Nom, du Théâtre Actuel du Québec, du Théâtre Quotidien de Québec et du Centre du Théâtre d'Aujourd'hui. Mieux que quiconque, peut-être, Claude Levac rend compte de cette double préoccupation :

> Quand les dramaturges québécois auront une armature, une structure qui nous soit propre, à l'égal de notre épine dorsale collective, nous aurons non seulement une dramaturgie authentique et nôtre, mais aussi un pays [121].

---

119. « Euh », *Nord, Ibid.*, p. 49 ; p. 52 et p. 55.

120. « Il est peut-être plus important de dire des choses que de savoir exactement comment les dire ; de parler, quitte à se répéter, au lieu d'attendre jusqu'à ce que l'on puisse exprimer les mêmes réalités d'une façon parfaite : il est des maladresses plus essentielles que certains silences » (M. Bélair, *op. cit.*, p. 93).

121. Claude Levac et Françoise Loranger, *Le Chemin du Roy*, p. 16. Voir aussi : Claude Levac, « Théâtre, conceptions, réflexions », *La Barre du jour*, juillet-décembre 1965, pp. 85-90.

De tous nos auteurs contemporains, celui qui nous paraît le plus près de cette authenticité souhaitée [122], c'est sans contredit Michel Tremblay qui, plus que tout autre, possède le sens du théâtre. Certes, des pièces telles *Les Belles-sœurs, A toi, pour toujours, ta Marie-Lou* et *En pièces détachées* sont profondément québécoises et politiques [123], mais ce n'est pas là leur seule raison d'être. Ce sont avant tout, nous semble-t-il, des *drapeaux humains,* savamment construits en fonction d'une vérité esthétique. Michel Tremblay ne fait pas de la politique ; il crée des pièces de théâtre. Si ces dernières ont des implications politiques, c'est tout simplement qu'il ne peut pas en être autrement. De même si ses personnes parlent joual, c'est qu'ils sont incapables de parler une autre langue [124]. L'usage du joual n'a rien d'une recette ! [125], chez l'auteur des *Belles-Sœurs.* Germaine Lauzon, pas plus que Léopold, n'ont *choisi* de parler joual ; ils subissent cette langue qui est le miroir de leur condition de « tu-seuls », d'exploités. S'ils vivaient dans un autre pays et que leur condition était la même, ils parleraient sûrement un sous-langage qui scandaliserait tout autant la bourgeoisie de ce pays que le joual a scandalisé la nôtre et les Lisette de Courval qui se vantent de bien *perler.*

Michel Tremblay est en train de créer une dramaturgie *nationale* authentique, qui reflète les frustrations accumulées depuis trois cents ans et la révolte qu'elles ont finalement provoquée ; il ne s'agit pas, toutefois d'une dramaturgie *nationaliste.* La nuance est d'une extrême importance. Les personnages qui peuplent l'univers dramatique de Tremblay sont humains avant d'être québécois (ils n'en sont évidemment pas moins québécois pour autant, faut-il ajouter ?). Les gens « pognés à la gorge », on les retrouve partout, n'en doutons pas et ils sont tout aussi malheureux. Le Québec n'a pas le monopole de la souffrance ni de la solitude. On pourrait facilement présenter *Les Belles-Sœurs et A toi, pour toujours, ta Marie-Lou* sur une scène américaine, par exemple, et on comprendrait ce dont il s'agit, sans qu'il soit besoin d'une longue introduction sur le Québec contemporain. Bien sûr, une traduction, même très bonne, ne saurait rendre toute la richesse des ressources linguistiques de Tremblay et il est, par ailleurs, probable que le noir américain, vivant dans un ghetto, réagirait différemment que M. ou Mme X... qui habite

---

122. Maurice Demers exprimait un point de vue différent, soit dit en passant, dans un article de *Québec-Presse,* le 19 septembre 1971, p. 23, intitulé : « Un colloque sur l'éducation « Dégénère » en « spectacle brutal et blasphématoire ». Du théâtre de Tremblay, il dit : « [...] c'est un théâtre de salon présenté dans la cuisine. »

123. Michel Tremblay est le premier à admettre cette dimension politique, Voir : « Entrevue avec Michel Tremblay », *Nord,* no 1, automne 1971, p. 61.

124. Voir : Maximilien Laroche, « Le langage théâtral », *Voix et images du Pays,* III, 1970, pp. 165-181 ; André Turcotte, « *Les belles-sœurs* en révolte », *Ibid.,* pp. 183-199. Voir aussi : Marcel Dubé, « Problème du langage pour le dramaturge canadien-français », *Textes et documents,* pp. 45-47.

125. Il est tout aussi erroné, à notre avis, de vouloir obliger l'écrivain québécois à écrire en joual qu'en français international. L'écrivain n'a que faire d'un tel *dirigisme,* d'une telle dictature : s'y soumettre serait sacrifier sa liberté de créateur, ce qu'il doit éviter à tout prix. L'écrivain n'a finalement de responsabilité qu'envers son œuvre ; la langue utilisée doit être en rapport avec l'essence de cette dernière et sa vérité. Voilà pourquoi l'affirmation de Michel Bélair, à savoir qu'il « ne semble plus possible maintenant de faire un théâtre contestable. Imagine-t-on, par exemple, *Terre d'aube* ou *La Dalle-des-morts* en joual ? Nous souscrivons néanmoins les propos de Michel Bélair au sujet de « Michel Tremblay et le courant populaire » (*op. cit.,* pp. 109-127).

un taudis de Montréal. Mais là n'est pas la question. Après tout, comprenons-nous nous-mêmes *King Lear* ou *Macbeth* de la même façon que les Anglais ? Rien de moins sûr ! Et pourtant, notre admiration n'en est pas moins grande !

Bref, là où l'œuvre de Michel Tremblay nous semble supérieure, c'est dans la mesure où elle porte la marque d'un individu. Qu'on nous comprenne bien, cependant : nous n'avançons aucunement que Michel Tremblay écrit pour le monde entier : il le dit d'ailleurs lui-même, il écrit pour un public québécois. Toutefois, parce que ses pièces ont tout d'abord une signification individuelle et humaine, elles sont de nature à franchir les frontières (quoi qu'en pense le Ministère des Affaires culturelles du Québec) ; on ne pourrait en dire autant de *Medium saignant*... ni d'*Hier les enfants dansaient* qui, dans une dizaine d'années, ne suscitera pas plus d'intérêt que *Tit-Coq* de nos jours.

*

* *

Depuis environ 150 ans, nous nous essayons à naître et à nous dire. De *L'Anglomanie* à *Médium saignant,* du *Jeune Latour* à *Hier les enfants dansaient,* de *Papineau* et de *Félix Poutré* aux *Grands soleils,* de *Montcalm et Lévis* au *Marquis qui perdit* de Réjean Ducharme, de *Tit-Coq* à *Un Simple soldat*... du théâtre canadien-français au théâtre québécois, la relation est beaucoup plus profonde, en réalité, qu'on a habituellement tendance à le croire, qui témoigne de la vivacité de notre sentiment national. Agissant à la manière d'un ferment, ce sentiment national occupa toujours une grande place dans notre littérature ; à lui, elle dut souvent son dynamisme.

Avec le temps, nos traits essentiels se sont précisés, la conscience de notre identité collective s'est accentuée et le milieu géographique de notre enracinement a pris la mesure de notre rêve. D'*orphelins français,* nous sommes devenus Canayens, puis Canadiens français et enfin, récemment, pour un bon nombre tout au moins, Québécois. Cette évolution, notre théâtre, à l'instar des autres genres littéraires, nous permet de la suivre.

Jean Hamelin se demandait, en 1962, si nous aurions jamais notre dramaturgie propre ; deux ans plus tard, Paul Toupin concluait que nous ne pouvions pas nous vanter d'avoir un théâtre. Nous croyons que l'heure ne tardera plus à sonner où nous serons en mesure de nous en vanter... modestement.

Les Techniques théâtrales des dramaturges québécois: la mise en scène

par Maximilien LAROCHE,

professeur à l'Université Laval

Le metteur en scène n'est qu'un intermédiaire entre l'œuvre et le public. Son rôle consiste à rendre intelligible le discours du dramaturge. De la sorte il est un traducteur.

Ces notes sur la mise en scène ne concernent pas le style particulier qu'adopte chaque metteur en scène pour traduire les œuvres théâtrales mais ce langage commun aux œuvres théâtrales québécoises dont le décor, les objets et les gestes m'ont paru constituer les éléments essentiels.

Il serait sans doute possible de pousser l'analyse de ces éléments de façon à vérifier dans quelle mesure décor et objets constituent un lexique dont la syntaxe serait reconnaissable dans la gestuelle. Les gestes ne sont à tout prendre qu'une animation du décor et des objets auxquels même les personnages humains peuvent s'assimiler. Et cette animation parce qu'ordonnance est tout naturellement syntaxe. Mais le propos de ces notes n'est pas de pousser l'analyse jusque-là.

1. — LE DÉCOR

Dans un article au titre provocant mais dont l'intention est de souligner les profondes transformations qu'a subies le sens du mot décor, Denis Bablet a fort bien défini ce qu'il fallait entendre par ce mot :

> Qu'est-ce qu'un décor de théâtre au sens traditionnel du terme ? C'est la représentation (réaliste ou stylisée peu importe) de l'univers dans

lequel se déroule la pièce ou l'acte. C'est l'évocation d'un lieu, ou d'un cadre, par des moyens picturaux et plastiques, descriptifs et illustratifs. C'est le support matériel de l'image scénique, le fond du tableau. Le terme de décor implique l'idée d'une technique et d'un art mis au service d'une donnée ou d'une structure préétablies. Le décorateur enjolive, meuble, complète des volumes et des surfaces pour le plaisir de l'œil et l'agrément de la vie quotidienne. Le décorateur de théâtre « remplit » (le terme est de Félix LaBisse) l'espace scénique, il encadre une œuvre dramatique, lyrique ou chorégraphique, il en crée l'écrin... [1].

Au début des *Grands Soleils,* tout de suite après la liste des personnages, et sous la rubrique : lieu et décor, Jacques Ferron nous donne les indications de mise en scène suivantes :

> Cette pièce a été faite à partir d'un décor, celui-ci a donc de l'importance. Il confond deux époques, la nôtre et celle des Patriotes [2].

Dans ces remarques préliminaires il y a, je crois, les caractéristiques essentielles du décor de théâtre québécois : son importance et son caractère double. Ce n'est pas cependant d'une pièce de Ferron, mais d'un roman, *l'Amélanchier* (mais tout est théâtral chez Ferron !) que je tirerai une image qui résume, à mon avis, le système du décor dans le théâtre québécois :

> Le bon côté des choses se trouvait en arrière de la maison et dans le bois infranchissable qui le terminait, dont j'aurais ignoré les limites si mon père ne m'avait appris que, dans le ciel de quelques belles et rares nuits, la pleine lune, gardant le mauvais côté des choses sur sa face cachée, le réfléchissait, lui et les lieux auxquels il attenait, de sorte qu'on pouvait par ce miroir en prendre connaisssance. L'œil nu n'y suffisait pas ; il fallait l'appoint d'une lunette, aussi longue qu'un petit canon, qui nous emmenait l'œil à plus de trois pieds de la tête, dont la magie se conjuguait à celle de la lune, grâce à quoi nous apercevions notre bois bavard et enchanté tout figé et muet au bas de la mer des Tranquillités qui représentait le lac Saint-Pierre, tandis que droit en haut sur l'autre rive, le comté de Maskinongé s'étendait vers le nord, à l'infini [3].

La magie de la boîte close du théâtre québécois, pour reprendre une expression de Jean Duvignaud, tient au fait que cette boîte est à double fond.

Le décor dans le théâtre québécois est constitué par ce trou de mémoire où l'on plonge pour mieux rejoindre un réel qui est passé. Cela est évident dans *A toi pour toujours, ta Marie-Lou.* Les changements d'éclairage font passer du présent au passé. Le procédé pouvait paraître nouveau mais il était déjà le même dans *Les Belles-Sœurs.* Le même système faisait s'avancer ou s'éloigner les personnages, faisait passer du dialogue au monologue, rassemblait les personnages en chœur ou les séparait en interlocuteurs individualisés selon un jeu de rapprochement et d'éloignement, de communion et de distanciation.

---

1. Denis BABLET, « Le terme de décor de théâtre est périmé », *Revue d'esthétique,* janv.-mars 1960, t. 13, fasc. 1, pp. 124-125.
2. Jacques FERRON, *Les grands soleils,* Théâtre I, Montréal, Librairie Déom, p. 11.
3. Jacques FERRON, *L'amélanchier,* Montréal, éd. du Jour, 1970, p. 27.

Selon ce principe fondamental d'éloignement et de rapprochement l'on peut voir se dessiner un itinéraire des personnages qui est parcours de lieux, va et vient entre ici et là-bas, aller et retour du réel à l'imaginaire, plongée et remontée du trou de la mémoire.

L'ordonnance des plans du décor selon un ordre vertical ou horizontal est le premier signe auquel nous reconnaissons cet itinéraire des personnages. Certaines pièces comme *Les Beaux Dimanches, Au retour des oies blanches* et même *A toi pour toujours, ta Marie-Lou* disposent les personnages, les font se mouvoir en des lieux qui sont situés les uns au-dessus des autres. Léopold et Marie-Lou dominent de leur querelle le dialogue de Carmen et de Manon tout comme les parents dominent les enfants dans le tableau qui rassemble tous les personnages d'*Au retour des oies blanches* pour le jeu de la vérité. Même dans *Tit-Coq* l'on peut noter que la chambre de Marie-Ange est située à un étage supérieur par rapport à la porte d'entrée près de laquelle se passent certaines scènes.

Par contre d'autres pièces adoptent une disposition horizontale qui place les pièces d'une maison par exemple sur le même plan. Dans *Un simple soldat* tout se passe dans la salle à manger d'une maison qui ne semble pas avoir d'étage. Il en va de même pour *Les Grands Départs.* Mais dans ce dernier cas une disposition horizontale des lieux a pour résultat de disposer ceux-ci selon un ordre successif, en lieux proches et lieux lointains. La chambre du père de Joseph Latour ou celle d'Eulalie, ou encore les lieux extérieurs où Joseph Latour et Eulalie vont errer, sont des espaces seconds qui s'adjoignent aux lieux que nous voyons pour traduire un mouvement des personnages et susciter en nous cette sensation d'éloignement et de rapprochement dont nous parlions.

L'on peut à la rigueur assister à une combinaison de ces deux types d'ordonnance des lieux dans un type de décor comme celui du *Temps des lilas.* La disposition verticale des lieux de la pension qui est une maison à étage, ajoute la dimension horizontale que constitue l'arrière-plan urbain sur lequel s'appuie la maison de Blanche et Virgile.

Ainsi il ne faut pas se laisser leurrer par l'apparente unité de lieu de certaines pièces. Roland Barthes, dans son livre sur Racine [4], a d'ailleurs montré combien l'antichambre classique pouvait être un microcosme s'ouvrant sur tout le vaste monde. *Les Grands Départs, Les Beaux Dimanches, Les Belles-Sœurs* et bien d'autres pièces se déroulent en un lieu unique, en apparence, mais ce lieu s'ouvre sur d'autres lieux. Il est en quelque sorte le point de départ et d'arrivée des personnages, le nœud d'un réseau de parcours, la plaque tournante d'itinéraires multiples qui en font en fin de compte un lieu bien différent du lieu unique de la tragédie classique française.

Or le principe qui anime ce lieu est ce va-et-vient des personnages, cet aller vers l'ailleurs suivi d'un retour ici qui révèle la présence d'un hiatus, d'un trou dans la mémoire, d'une brèche dans le décor, c'est-à-dire dans l'espace.

---

4. Roland BARTHES, *Sur Racine,* Paris, Seuil, 1963, p. 15 et sq.

L'une des plus récentes pièces de Michel Tremblay, *Demain matin Montréal m'attend* raconte l'histoire d'une jeune chanteuse de Province qui monte à Montréal. L'intrigue nous la montre s'efforçant de prendre pied dans la grande ville. Au dénouement tout nous laisse croire qu'elle pourra se faire une place et un nom dans la faune artistique où elle a décidé d'évoluer mais a-t-on songé à l'extraordinaire incertitude de ce personnage qui durant tout le temps de la pièce, n'a pas encore pignon sur rue à Montréal tout en ayant coupé les liens avec son village natal. Montréal ne sera à elle que demain matin. Mais dans l'aujourd'hui de l'action elle n'est ni d'ici ni de là-bas mais entre deux espaces. C'est là une caractéristique commune aux personnages du théâtre québécois qui vivent dans un espace quotidien dont le creux ne peut être comblé que vu de loin, vu par comparaison, après avoir été mis en parallèle avec un autre espace.

De là le jeu de successions des décors. Dans *Pauvre Amour* de Marcel Dubé, nous passons du parc d'une auberge sur le Richelieu à la terrasse d'un hôtel à Miami, puis au jardin d'une auberge méditerranéenne pour continuer vers le terre-plein d'un temple grec et revenir finalement au parc de l'auberge du premier tableau. Le trait commun de ces divers décors est d'être des espaces ouverts, propices à la promenade, à la rêverie et à la détente. Le rôle qu'ils assument est finalement de permettre aux protagonistes de l'action de comprendre ce qui manquait au premier décor, ce qui le leur rendait fade, ce qu'il n'apportait pas. Entre un personnage et son décor il y a échange. Le vide que nous constatons dans un décor n'est que l'incapacité du personnage à s'approprier ce décor. Celui-ci ne nous rendant que ce que nous apportons.

Ainsi le tour du monde des jardins et terrasses pour touristes ne fait que révéler à Georges et à Françoise leur propre carence. Nous pouvons retrouver ce rapport de l'homme au paysage dans d'autres pièces. Si Joseph Latour qui n'a pas pu mourir en Europe s'en va trouver la mort sur les champs de bataille de Corée, c'est qu'il cherchait en vain un double de cet espace canadien qu'il a parcouru d'une mer à l'autre sans pouvoir y trouver sa place. Seul le pays où se trouvait un champ de bataille pouvait le retenir. Le lieu où se trouvait localisée la guerre pouvait seul lui fournir cette occasion qu'il cherchait de donner un sens à sa vie en la perdant. Autrement il gaspillait sa vie sans raison valable à ses yeux. Le décor est le lieu d'un accord entre le personnage et son milieu et ce qui porte le personnage à partir c'est le désaccord qu'il sent entre lui-même et son environnement. Ce qu'il recherche aussi c'est cet accord et c'est faute de l'avoir trouvé que Sophie et Eulalie reviennent sur leurs pas dans *Les Grands Départs*. Par contre la conviction de pouvoir retrouver cet accord fait accepter au grand-père la nécessité de partir dans *Une maison..., un jour*.

Ce désaccord du personnage avec son milieu provient d'une absence d'appropriation de l'espace. Cela est clair pour les personnages de *Zone* qui ne s'approprient pas leur espace pour la raison très simple que cet espace est lui-même vide, que cet espace signifie une impossibilité de réaliser certains rêves. L'on peut par analogie considérer l'espace du *Temps des lilas* comme un espace vide dans la mesure même où le bonheur qu'il permet est irréel, éphémère, illusoire, condamné d'avance à disparaître par l'invasion de l'espace limitrophe représenté par la ville. Il en va de même pour *Une maison..., un jour.* Mais dans ce dernier cas, l'on peut constater un aspect très intéressant des relations du personnage avec son espace, c'est le fait que l'espace après avoir été longtemps lié au personnage lui fasse faux bond. L'espace échappe au personnage qui après y avoir longtemps réalisé ses rêves se voit dans l'incapacité d'y poursuivre sa vie.

Cette défaillance circonstancielle de l'espace nous amène à considérer cet espace en soi ou plutôt en tant que point de convergences des diverses forces représentées par les personnages. La maison, dans *Une maison..., un jour,* a été vendue. Le grand-père en est donc dépossédé. Nous constatons que dans *Un simple soldat,* la chambre de la mère de Joseph est occupée maintenant par Bertha. Il y a donc dépossession également. L'on pourrait multiplier les exemples : *Le Temps des lilas, A toi pour toujours, ta Marie-Lou, Les Grands Départs...* En tant que point focal, point de jonction des intérêts des personnages, l'espace témoigne d'une possession ou d'une dépossession pour les personnages. L'on peut dire qu'en règle générale c'est le sentiment d'une dépossession et la volonté de reprendre possession de l'espace qui est à la source de l'action.

Le décor représente ainsi ce qui échappe au personnage et qu'il pense pouvoir retenir en allant chercher les moyens ailleurs. Telle est sans doute la caractéristique profonde du décor dans le théâtre québécois de se manifester d'abord au personnage comme un vide et de susciter, par une illusion, non un mouvement d'approche du personnage mais d'éloignement. En somme le décor a la propriété de leurrer le personnage sur sa propre défaillance. L'on en a une preuve dans les illusions du grand-père dans *Une maison..., un jour.* Il échafaude toutes sortes de plans sur les possibilités de garder sa propriété sans songer à s'interroger sur son propre comportement. Il en va de même pour Joseph Latour qui trouve dans le métier de soldat et la possibilité de mourir un bien étrange moyen de déloger Bertha de la chambre de sa mère. Au cabaret où elle est chanteuse western, Carmen n'est allée chercher que le moyen de reprendre vraiment possession de la maison paternelle puisqu'elle n'a cessé d'y revenir jusqu'au jour où elle est bien forcée d'en partir définitivement.

Il y a donc dans la perception des lieux un effet de cette situation tronquée des personnages qui les pousse non pas à affronter leur véritable adversaire mais à se battre contre leur ombre. Cela est reconnaissable dans la communauté de vision du père-arbitre et du héros. Or le premier n'est qu'un arbitre par délégation, un père qui n'est pas à la hauteur de son rôle. Le décor du théâtre québécois se présente donc dès le début de l'action comme un espace qui est perçu de manière paradoxale par les personnages. Le problème du déménagement si souvent traité au théâtre québécois peut permettre de saisir ce paradoxe du décor. Dans *Une maison..., un jour,* dans *Les Grands Départs,* dans *Le Temps des lilas,* nous constatons cette même nécessité pour les personnages de quitter les lieux auxquels ils sont attachés. Nous avons aussi le même résultat : ces personnages finissent par se soumettre après avoir résisté en vain et sans vraiment avoir trouvé de solution satisfaisante. Les personnages finissent par en passer par là où ils ne voulaient point passer et la pièce représente l'inutilité de leurs efforts. L'attitude de Virgile, dans

Le Temps des lilas, est révélatrice. Rire au nez de l'estimateur et refuser le prix qu'il offrait pour la maison expropriée, ne pas essayer de marchander et d'obtenir le plus haut prix possible relèvent d'un comportement étrange qui trouve ses satisfactions dans des victoires illusoires. Au fond Virgile se laisse surprendre par la menace d'expropriation. Il ne s'y était jamais préparé, n'y avait jamais pensé, ne le croyait pas possible au fond. Le comportement du grand-père dans *Une maison..., un jour* relève d'une même attitude. En somme, vis-à-vis de leur maison, ces deux personnages, Virgile et le grand-père, se conduisent comme si la maison était non pas un objet réel mais imaginaire, comme si l'amour qu'ils éprouvaient pour leur maison suffisait à la préserver, et à leur éviter le risque d'une expropriation.

Cette attitude nous la retrouvons non seulement dans le comportement des personnages à l'égard de leur maison mais à l'égard de certains objets ou même de certaines personnes. L'on peut dire que Tit-Coq se fait enlever Marie-Ange par Léopold Vermette parce qu'il considérait Marie-Ange non comme un être réel mais comme une image, une photo, ces photos de l'album qu'elle lui avait donné, ou cette image de lui-même au futur qu'il portait dans sa tête. Là est le paradoxe de l'attitude des personnages vis-à-vis du décor de leur vie, là est le caractère illusoire dont se pare le décor.

Le décor est ainsi caractérisé par cette duplicité qui lui fait tenir sa vérité non de lui-même mais de sa juxtaposition à un autre décor. Pour se retrouver à l'auberge du Richelieu, Georges et Françoise doivent se chercher en Floride, en Italie et en Grèce. La dynamique du décor fait qu'il exige le passage d'un lieu à un autre, d'ici à là-bas puisqu'il est d'abord une idée avant d'être une réalité et que pour reconnaître cette réalité il faut s'en éloigner.

Le décor est aussi marqué par une sorte d'invulnérabilité aux effets du temps. Pour Blanche et Virgile, le décor de leur vie n'a pas subi l'effet du temps. Ils s'attendent sans cesse à y voir reparaître leur fils mort et ils y dansent comme au temps de leur jeunesse sans se soucier du ridicule. Joseph Latour parle de la chambre de sa mère comme si celle-ci était encore vivante.

Le paradoxe atteint son point culminant avec Hector dans *Les Grands Départs.* Car ce dont il veut convaincre les siens c'est qu'il n'est point besoin pour vivre d'un décor matériel mais de la seule image intérieure que l'on porte en soi. Ainsi les déménagements deviennent de peu de conséquence et partir ou rester sur place s'équivalent.

Robert Prévost [5] a défini le décor comme un véritable personnage de théâtre. Le paradoxe du décor du théâtre québécois est qu'il est un personnage mystérieux, impénétrable pour les humains qui l'habitent. Ceux-ci, au début de l'action, en ont davantage une image qu'une connaissance véritable. A tout le moins leur connaissance est affective et sans rapport avec la logique du réel. Cela explique que le décor soit double, multiple même, qu'il superpose les plans et juxtapose les lieux. On comprend par là que le décor soit un décor qui se fait et se précise peu à peu au cours de l'action, qui prend sa

5. Martial DASSYLVA, « Robert Prévost à la recherche du personnage décor, *La Presse,* Montréal, samedi 7 octobre 1972, p. D-6.

signification véritable au terme de l'action. La différence entre l'hospice et sa maison n'apparaîtra au grand-père qu'au dénouement d'*Une maison..., un jour,* parce qu'alors il se sera posé la véritable question : Qu'est-ce que vivre ? Question dans laquelle le milieu dans lequel nous vivons n'a pas de sens puisque nous lui attribuons un sens purement personnel sans rapport avec l'ordre objectif des choses.

A cause de ce mystère du décor, la chambre à coucher prend un relief particulier et devient le lieu symbolique par excellence, dans le théâtre québécois. Le point focal vers lequel convergent les efforts des personnages et en fonction duquel s'ordonne la succession des lieux. Dans le théâtre québécois, « tout se passe autour de la table de cuisine ou au confessionnal »[6], affirmait Jean-Claude Germain, en présentant son spectacle-collage « Les jeunes s'toute des fous ». Cette affirmation vaut pour l'ambivalence des lieux mais elle ne rend pas compte de l'ordonnance des lieux dans le théâtre québécois. C'est vers la chambre de Marie-Ange que convergent tous les mouvements des personnages de *Tit-Coq.* Dans *Les Beaux Dimanches, Au retour des oies blanches,* en général dans les pièces de Dubé, l'ont peut reconnaître cette prééminence de la chambre. Mais cela est évident aussi chez Michel Tremblay. Dans *A toi pour toujours, ta Marie-Lou,* bien entendu, mais aussi dans *Les Belles-Sœurs,* dans *En pièces détachées.* La chambre à coucher n'est pas seulement ce lieu inaccessible d'où Joseph Latour essaie de déloger Bertha, il est aussi le lieu du rêve où se réfugient la femme de Victor, dans *Les Beaux Dimanches* et celle de William Larose dans *Bilan.* La chambre à coucher est ce lieu dont les personnages des *Grands Départs* sont d'ores et déjà expulsés puisqu'ils campent dans le salon. Et ce n'est peut-être point par pure fantaisie que Ferron, dans *Les grands soleils,* a fait du cabinet de consultation du docteur Chénier un point central de l'action, le lieu auquel la présence de Sauvageau, l'Indien porteur de bébés, donne un sens bien particulier. D'ailleurs *le Don Juan chrétien* de Ferron est une pièce tout entière polarisée autour de la chambre à coucher et plus encore *Tante Elise* du même Ferron dont l'action se déroule pendant la nuit de noces d'un jeune couple.

Le décor principal de *Pauvre Amour* est la véranda d'une auberge sur le Richelieu. On part de là pour y revenir. Mais à la fin de la pièce, on entend le bruit de la machine à écrire de Georges qui nous parvient de sa chambre. De cette chambre où il n'a pu garder Françoise, où il demeure avec sa machine pour seule compagne. L'on pourrait à l'aide du décor suivre les efforts des personnages du théâtre québécois pour arriver jusqu'à la chambre ou s'y maintenir. Tit-Coq n'y fait que passer sans pouvoir s'y arrêter. Le personnage de *Joualez-moi d'amour* parvient à s'y installer. Mais Carmen qui doit repartir de chez Manon en est expulsée dans *A toi pour toujours, ta Marie-Lou.* Un examen de cette pièce de Tremblay, sous cet angle, montrera que le dénouement en est moins optimiste qu'il ne paraît ou qu'on a voulu trop vite le croire.

Toutes les pièces ne comprennent pas forcément une chambre à coucher. Dans *Le Chemin du Roy* nous sommes en présence de deux équipes de

6. J.-C. GERMAIN, « Spectacle : Les jeunes s'toute des fous », *Québec-Presse,* 6 février 1972, p. 21.

hockey qui s'affrontent et qui ne comprennent que des hommes. Il est vrai que le metteur en scène a pris le soin de leur adjoindre des « hôtesses, supporteuses, partisanes » du style des majorettes américaines. Ainsi l'action est-elle féminisée et les « buts » où l'on veut faire entrer la rondelle peuvent-ils, même de loin, prendre un sens aisément récupérable pour une explication psychanalytique. Les buts deviennent l'endroit en retrait dont il s'agit non plus de forcer l'entrée mais d'interdire l'entrée à un agresseur. La symbolisation sexuelle d'ailleurs est présente même dans le domaine politique. La pièce *Hamlet, prince du Québec* de Robert Gurik ne repose-t-elle pas sur l'image de l'union plus ou moins incestueuse des deux nations ?

Compte tenu de l'intrigue principalement familiale des pièces québécoises, la chambre à coucher, représentée, présente ou simplement évoquée, me paraît le lieu second, double, en fonction duquel les lieux montrés s'ordonnent, vers lequel ils acheminent normalement les personnages. Ceux-ci, à travers les lieux réels qui nous sont montrés, marchent vers ce lieu idéal qui est leur objectif. Tous leurs mouvements peuvent donc s'analyser en fonction de l'illusion qui leur fait croire qu'ils peuvent y parvenir, (c'est le cas dans *Un simple soldat*), qu'ils peuvent y revenir (dans *Tit-Coq*) qu'ils peuvent toujours y demeurer (le grand-père, dans *Une maison..., un jour),* que ce lieu ne subira jamais les contrecoups de la marche du temps (Virgile et Blanche dans *Le Temps des lilas*).

Vivant dans un monde de rêve, le monde de leur temps intérieur, les personnages du théâtre québécois apprennent à reconnaître l'espace de leur vie en perdant leur illusion, en acquérant si l'on préfère le sens du temps historique qui est celui d'un espace objectif. Le décor dans le théâtre québécois se caractérise donc par cette double dimension, suggérée ou représentée, qui fait toujours s'ajouter un arrière-plan à l'espace représenté. Les bruits sont souvent le moyen utilisé pour signaler la présence de ce double du lieu montré. Bruits de la ville, dans *Zone,* qui parviennent jusque dans l'arrière-cour où se tiennent les personnages. Bruits du voisinage dans *Un simple soldat* qui apportent les rumeurs du monde extérieur. Bruits de train dans *Le Temps des lilas,* d'avion dans *Pauvre amour.* Les hennissements d'Arthur, le cheval, dans *Le Don Juan chrétien* de Ferron, les grognements intermittents du grand-père dans *Les Grands Départs* de Languirand, sont autant d'éléments sonores qui donnent à l'espace de l'action cette dimension double de décor plus idéal que réel, plus rêvé que vécu et qui mérite d'être découvert, reconnu, identifié.

Ce fond sonore peut prendre un aspect encore plus concret grâce à une disposition scénique qui non seulement juxtapose deux plans mais fait se dérouler simultanément deux séries parallèles de conversation. C'est le décor de la salle à manger d'*Au retour des oies blanches* qui sépare les parents et les enfants ; le dispositif d'*A toi pour toujours, ta Marie-Lou,* qui juxtapose le drame de Carmen et de Manon à celui de Léopold et de Marie-Lou.

Michel Tremblay et son metteur en scène André Brassard ont poussé jusqu'au raffinement cette technique, soulignant par le découpage lumineux le double plan du décor et le passage d'un plan à l'autre. *Les Belles-Sœurs* se déroulent selon une alternance que rythment les projections de lumière qui mettent tantôt pleins feux sur un chœur dans une partie de l'espace, tantôt baignent tout le décor et l'ensemble des personnages. Dans *A toi pour toujours, ta Marie-Lou,* le public lui-même est mis à contribution et intégré à ce double plan de l'action puisque, selon ce qu'a fait voir J.P. Ryngaert [7], c'est en fin de compte à une alternance du dedans et du dehors de la conscience des spectateurs que la mise en scène veut renvoyer.

Dans *Le Chemin de Lacroix,* Jean Barbeau a réussi le tour de force de faire tenir les divers plans du décor dans le seul changement des voix qui est aussi un changement de langage. Entre la voix de Thierry, qui est la voix off, sorte de voix objectivée, et les autres voix il y a d'abord le passage du français au joual. Mais il y a aussi toutes les nuances de la psychologie de chacun des personnages que Lacroix, son amie et Thierry interprètent à tour de rôle ainsi que les péripéties de leur intrusion plus ou moins adéquate dans la trame de l'action. Entre Lacroix et son amie, notamment, il y a en effet des contradictions et des quiproquos que suscite le cours même de l'intrigue qui est une représentation feinte de la réalité. Nous avons donc une distanciation ou un rapprochement plus ou moins moqueur des personnages suscités uniquement par le jeu des voix, un découpage des plans du drame réalisé à l'aide de la seule parole.

Par ce caractère double qui fait alterner deux décors, osciller les personnages entre deux espaces, le décor du théâtre québécois est le décor d'un théâtre dans le théâtre. C'est bien là le sens du décor d'*En pièces détachées* qui place la voisine dans l'attente du spectacle, « le show » que doit lui offrir la folle. C'est également le sens du jeu de la vérité, véritable spectacle organisé par Geneviève dans *Au retour des oies blanches.* Ainsi Geneviève peut-elle se permettre de rappeler Achille, à son véritable rôle quand il prétend s'en écarter :

> Geneviève : Il y a erreur, papa ! Il y a une grossière erreur dans le déroulement de la pièce. Tu as dévié de ton personnage et maintenant tu vas avoir à rendre les véritables comptes au public [8].

En se situant respectivement dans un des deux plans du décor, comme dans *En pièces détachées* ou dans *Au retour des oies blanches,* les personnages se divisent en acteurs et en spectateurs. Il en va de même quand des personnages passent d'un endroit à un autre et reviennent à leur point de départ. Carmen qui est « sortie » de la maison familiale, y revient avec un regard neuf qui la sépare de Manon qui, elle, n'est jamais sortie. Carmen devient le spectateur critique de la pièce que joue Manon. Il en va de même pour Joseph Latour à l'égard des siens. Des personnages peuvent même prendre par ce va-et-vient entre deux décors une plus ou moins grande distance à l'égard d'eux-mêmes qui fait d'eux des spectateurs plus ou moins lucides de la comédie qu'ils jouent. Tel est le cas de Georges et de Françoise quand ils reviennent à l'auberge sur le Richelieu après leur périple autour du monde.

---

7. Jean-Pierre RYNGAERT, « Du réalisme à la théâtralité : la dramaturgie de Michel Tremblay dans *Les belles-sœurs,* et *A toi pour toujours, ta Marie-Lou* », *Livres et auteurs québécois 1971,* Montréal, éd. Jumonville, 1972, pp. 97-108.

8. Marcel DUBÉ, *Au retour des oies blanches,* 2e partie, troisième tableau, théâtre canadien 10, Montréal, Leméac, 1969, p. 133.

Espace à double fond d'un théâtre dans le théâtre, le décor du théâtre québécois est l'espace d'un jeu parce qu'il est hiatus, brèche, marge en fin de compte. Le personnage n'oscille entre ici et là-bas, ne fait le va-et-vient que pour mieux se situer dans cette marge de la vie qui permette de jauger le réel. Le décor par l'alternance de ses plans parallèles est une parenthèse que l'auteur ouvre et qui lui permet de sonder les fondements de la réalité.

La dynamique du décor ainsi perçu devient celle de la projection de diapositives qui fait se succéder les plans fixes et permet ce va-et-vient que nous constatons entre un décor initial et des décors successifs. Si, selon le mot de Robert Prévost, le décor est un personnage, il est alors un personnage statique. En effet la caractéristique fondamentale du décor, dans le théâtre québécois, étant de ramener les personnages au moment du dénouement à ce point de départ d'où ils sont partis pour faire un tour par un point extérieur, l'on peut dire qu'en dernière analyse les personnages n'ont pas bougé. Quand les personnages de *Pauvre Amour* reviennent à l'auberge sur le Richelieu d'où ils étaient partis l'on peut considérer qu'ils n'ont en pratique pas tellement progressé. Il en va de même pour Carmen quand elle quitte Manon pour la dernière fois, dans *A toi pour toujours, ta Marie-Lou* ; de même pour Tit-Coq quand il prend le train à la fin de la pièce de Gélinas. Tous ces personnages commencent en somme une action, dans l'état où ils étaient au début de la pièce. Ils ont peut-être moins de doute mais certainement pas plus d'assurance de réussir que la première fois.

Ce statisme réel du décor que masque son apparente mobilité fait donc songer au mécanisme de projection des diapositives, c'est-à-dire de plans fixes auxquels seule notre perception confère une mobilité, une vie, parce que tout comme celui qui projette des diapositives, les personnages dans le théâtre québécois ne bougent que pour donner un sens au décor de leur vie. En s'éloignant et en se rapprochant du décor de leur vie, ils l'animent, lui confèrent une mobilité, lui reconnaissent une autonomie, et par là même se rendent capables de dominer ce décor, de le connaître, de l'identifier.

Le décor dans le théâtre québécois n'est pas sans analogie avec le décor coulissant du théâtre baroque dont Richard Alewyn [9] a analysé les significations. Il pose en effet le monde comme un espace qu'il faut entrouvrir pour découvrir le réel.

2. — *LES OBJETS*

Un décor ne commence à s'animer vraiment qu'à travers les objets qui le meublent et qui sont déjà comme des parcelles d'individualité. En retour des objets n'acquièrent une présence, une individualité et une personnalité, une vie et une signification, que par rapport au décor dans lequel ils se situent. Une part du sens d'un objet lui vient de son cadre. Or nous venons de voir le sens ultime que prend le décor dans le théâtre québécois. Quel rôle peuvent y jouer les objets ? Quel lien peut-on établir entre les lilas du *Temps des lilas* et l'album de photos de *Tit-Coq ?* Entre le roman qu'écrivent Robert, dans

9. Richard ALEWYN, *L'univers du baroque,* médiations 21, Paris, Gonthier, 1964, p. 80 et sq.

Au retour des oies blanches, et Georges, dans *Pauvre Amour,* et les verres de bière de Léopold dans *A toi pour toujours, ta Marie-Lou ?* Entre les timbres-primes des *Belles-Sœurs* et la rondelle de hockey du *Chemin du Roy ?*

Remarquons d'abord que tous ces objets se caractérisent par leur ambivalence, la possibilité d'être aussi bien ici que là, d'être à celui-ci autant qu'à celui-là, d'être tantôt positifs, tantôt négatifs, refuge ou espoir. Au fond ces objets sont spatialement neutres. Ils n'ont pas besoin d'être attachés à un décor fixe, à un cadre précis. On peut même dire de ces objets qu'ils sont fluides et liquides dans la mesure où ils peuvent s'adapter à tous les contenants, à des décors variés, différents, multiples. Ils ne sont pas attachés à un espace précis et ne sont pas non plus liés à un temps objectif ou historique. Ils sont les supports du rêve des personnages, les réceptacles de leur temps intérieur. Pour cette raison l'on peut dire que l'eau, et si l'on préfère un objet plus précis, les verres d'alcool ou de bière, sont les objets symboliques par excellence du théâtre québécois.

Il a peut-être paru assez frappant, parce que d'allure très réaliste, que Michel Tremblay dans *A toi pour toujours, ta Marie-Lou* fasse installer devant Léopold, une douzaine de verres de bière. Mais l'on oublie que l'intrigue de *Tit-Coq* est marquée par deux bornes. Une première scène qui n'est qu'évoquée et non représentée où Jean-Paul et Tit-Coq vont prendre un coup au Monaco et une scène finale, juste avant son départ de l'Angleterre, où Tit-Coq nous est montré au Half-Moon avec une rangée de verres devant lui. Ces verres emplis de liquide caractérisent fort bien Tit-Coq puisque l'on peut attribuer à Marie-Ange le feu comme objet symbolique. Dans le film tiré de sa pièce, Gratien Gélinas nous montre en effet Marie-Ange offrant à Tit-Coq un briquet comme cadeau de Noël. D'ailleurs dans la pièce il est dit que c'est en entrant dans un restaurant pour marchander un porte-cigarettes que tout a commencé. Jean-Paul allait rencontrer là une fille. Une bagarre devait éclater entre Tit-Coq et lui qui allait les mener devant le commandant. Ce qui se terminera par le départ pour St-Anicet et le coup de foudre de Tit-Coq pour Marie-Ange.

En associant le personnage de Tit-Coq à l'eau, mais en l'opposant au feu que représenterait Marie-Ange, l'on peut saisir le réseau de significations qui se noue dans d'autres pièces. Ces cigarettes, que Tarzan traite avec respect et Passe-Partout avec désinvolture dans *Zone,* sont un enjeu entre ces deux personnages tout comme Ciboulette. Il devient significatif dès lors que les policiers remontent à la vérité au sujet des cigarettes en exerçant un chantage sur Tarzan à propos de Ciboulette qui est ainsi assimilée au feu des cigarettes.

Les objets sont associés aux personnages comme éléments distinctifs mais ils sont significatifs aussi des rapports des personnages entre eux. Ainsi, à travers l'opposition bachelardienne de l'eau et du feu, l'on peut dégager une véritable symbolique. L'alcool qui est eau-de-vie, eau de feu donc, est bien la conjonction d'une opposition élémentaire des objets. Les scènes de taverne, de snack-bar, pullulent dans le théâtre québécois. On y boit de la bière, du scotch, des alcools divers. Et il est facile de voir dans ces alcools qu'on boit aussi bien un moyen d'oublier son rêve que de l'aviver en se donnant une plus grande lucidité. Olivier et Victor dans *Les beaux dimanches* sont deux exemples parfaits de la signification ambiguë de l'alcool qui enivre ou éveille, enténèbre l'esprit ou l'avive.

Les pilules, que prend la femme de William Larose dans *Bilan,* remplissent la même fonction que les verres d'alcool. Ils sont les supports des rêves du personnage. Il est à ce propos intéressant de noter qu'une femme utilise un objet solide alors que l'homme se sert d'un objet liquide. Mais de la bouche l'on peut passer aux mains. Et nous avons la page blanche des écrivains : Georges, dans *Pauvre Amour ;* Robert, dans *Au retour des oies blanches ;* la toile blanche de Vincent dans *Le temps des lilas ;* le kodak et les photos de *Tit-Coq.* L'on peut continuer cette revue et examiner les objets selon diverses sensations : olfactives, visuelles, tactiles, auditives... auxquelles ils renvoient : les lilas, du *Temps des lilas,* les avions de *Pauvre amour,* l'harmonica de *Zone* et de *Tit-Coq,* la vareuse militaire de Joseph Latour, dans *Un simple soldat.* L'on s'aperçoit que les objets en définitive sont des miroirs, les supports du rêve des personnages, disions-nous tantôt, le réceptacle des images successives opposées que se font d'eux-mêmes les personnages.

Ainsi à chacun des personnages de *A toi pour toujours, ta Marie-Lou,* Michel Tremblay a associé un objet distinctif : les verres de bière pour Léopold, la télévision pour Marie-Lou, le chapelet pour Manon et l'accoutrement de chanteuse western pour Carmen. Il y a des analogies évidentes entre ces divers objets. On pourrait dire qu'ils relèvent tous d'un univers onirique, d'un univers d'évasion, de fuite du réel. Mais il y a des degrés de fuite et l'évasion est plus ou moins radicale selon les personnages. Carmen s'illusionne peut-être en chantant dans son cabaret western, elle en convient elle-même. Mais Manon ne s'illusionne-t-elle pas davantage en égrenant son chapelet ? L'auteur nous invite à le supposer. De même la télévision est une forme d'évasion mais moindre que l'ivresse que peuvent provoquer les verres de bière. Ainsi par rapport au réel il y a des distances respectives des personnages que déterminent les objets qui les caractérisent.

Une distance, une différence donc, sur fond de ressemblance cependant. La télévision est images, mais images en mouvement, images objectives, images lumineuses, images en feu. Les verres de bière de Léopold suscitent eux aussi des images, mais subjectives, statiques, images qui sont emprisonnées dans le liquide et qui disparaissent d'ailleurs avec lui, quand ils sont ingurgités. Sur le fond commun d'une ressemblance il y a donc la différence de l'image liquide et de l'image en feu. Entre les deux sortes d'images il y a la différence d'une étincelle de vie qui pétille. Il n'est pas étonnant que Marie-Lou soit la provocatrice, celle qui déclenche le débat, celle qui désacralise l'univers de Léopold. L'on pourrait d'ailleurs reprendre à ce sujet leurs propos sur divers objets : huile de chauffage, la pâte d'arachides (ou plutôt le beurre de peanut), la télévision même ! La télévision de Marie-Lou semble bien l'objet communautaire qui rassemble autour de lui toute la famille et unit ses membres même si c'est dans l'évasion. La télévision que Léopold veut installer dans sa chambre est un objet individualisé qui sépare, divise et rompt l'unité familiale. Il est le reflet de son égoïsme.

L'analyse des objets nous fait avancer dans une dialectique de plus en plus complexe, car si nous pouvons ranger hommes et femmes avec les objets passifs et actifs, les hommes étant l'eau, la femme, le feu, il s'agit d'éléments qui sont en rapports dynamiques : l'eau étant disposée de manière à être mise en flamme. L'objet passif est le lieu d'une naissance sous l'action de l'objet actif, par l'intermédiaire des personnages qui leur sont associés. Ainsi les différences sur fond de ressemblance s'expliquent.

L'on pourrait sous cet angle, analyser les rapports du Padre et de Tit-Coq dans la pièce du même nom. Au Padre sont associés les livres tandis que Tit-Coq nous le voyons plutôt friand de photos. Mais les livres ne sont après tout que des recueils de paroles, donc en définitive des manières d'albums d'images. Les images des livres sont dynamiques cependant. Celles des photos plutôt inertes et passives. Toute la dialectique des rapports des deux personnages peut donc se dégager de ces deux types d'images qui leur sont associés et des rapports qu'on peut découvrir entre elles par les actes des deux personnages. Le Padre, autant par ses paroles que par ses actes, est celui qui tend à dégager Tit-Coq de l'inertie des images.

Dans son livre *L'intérieur et l'extérieur* [10], Jean Rousset a étudié le rôle de l'eau dans le théâtre baroque du XVIIe siècle. L'eau, nous dit-il, est partout, dans les pièces de cette époque. On pourrait en dire de même pour le théâtre québécois à cette différence près que l'eau ici est intériorisée plutôt que d'être montrée, étalée, représentée sous forme de lacs, de fontaines, et à l'occasion de promenades en bateau.

On pourrait à la rigueur retrouver dans les pièces québécoises un équivalent de ces spectacles sur l'eau dont se montraient friands les dramaturges baroques. Quelques pièces en effet offrent le spectacle de l'eau sur la scène. Dans Tit-Coq, le tableau un du deuxième acte se passe « sur le pont d'un transport de troupes », et nous y voyons entre autres Jean-Paul en proie aux affres du mal de mer. Dans *Double jeu* de Françoise Loranger, il y a la scène du passeur qui est mimée. Dans *Goglu* de Jean Barbeau les deux personnages, Goglu et Godbout sont assis sur les plaines d'Abraham et regardent les bateaux passer sur le St-Laurent. Dans *Pauvre amour* de Marcel Dubé, le deuxième tableau se déroule « quelque part en Floride, au bord d'une piscine ». Dans d'autres pièces enfin, *Les beaux dimanches, Un simple soldat, Le naufragé* de Marcel Dubé, l'eau est évoquée, soit sous la forme du bateau de Charles où les personnages voudraient se rendre, de l'océan Atlantique ou Pacifique qui sépare le héros Joseph Latour des lieux où l'on fait la guerre ou enfin de ce cargo sur lequel Curly rêve de partir. Il y a enfin *Au cœur de la rose* de Pierre Perrault qui se déroule dans un phare « embué par les jets d'eau blanche comme pulsation de la lune ». Mais à dire vrai l'eau est moins une présence directe, évoquée ou représentée comme telle, en soi, qu'un objet lié aux personnages, associé au décor, un élément de paysage qui finit par n'être qu'une dimension de la situation psychologique des personnages. Ainsi très vite le fleuve St-Laurent où est situé le phare d'*Au cœur de la rose* disparaît pour n'être qu'un argument du dilemme des personnages.

10. Jean ROUSSET, *L'intérieur et l'extérieur*, Paris, José Corti, 1968.

De même très vite la piscine de *Pauvre amour* cède la place à d'autres éléments de décor même s'il est question de voyage en bateau par la suite. Dans *Goglu,* la pièce de Jean Barbeau, il est évident que le St-Laurent qui peut, à la rigueur, n'être même pas montré, n'est là que pour situer la perspective selon laquelle se développent les répliques des personnages. Goglu et Godbout sont devant le St-Laurent comme devant un mur, ce mur qu'évoquait Marcel Dubé dans sa première pièce, *De l'autre côté du mur,* que l'on retrouve dans bon nombre de ses autres pièces : *Zone, Le temps des lilas,* et qui fait parler les personnages du *Naufragé* de la mer comme d'un mur :

> On the other side of the sea : de l'autre côté de l'océan ; there is a paradise : y a un paradis. Un paradis, ou bien donc un ciel ou bien ce que tu veux. Ça serait comme une autre planète [11].

L'eau n'est pas tellement évoquée sous sa forme objective, extérieure aux personnages mais sous sa forme intériorisable de liquide qu'on boit parce qu'en tant qu'objet, elle est un personnage ambigu, la forme d'un espace mal dominé, aux effets imprévisibles, tantôt positifs, tantôt négatifs. Aussi faut-il moins rechercher l'eau sous sa forme ordinaire que sous un aspect symbolique que représenterait fort bien l'espace du *Chemin du Roy* qui est imaginairement la glace d'une patinoire que parcourent les personnages en un va-et-vient qui est voyage, parcours sur l'eau, franchissement d'une ligne médiane, d'un mur mitoyen.

L'eau intériorisée est donc objet médian qui sépare, qu'on doit franchir, c'est le fleuve à passer de *Double jeu,* la mer qui sépare Tit-Coq de Marie-Ange ou Joseph Latour et Félix Poutré de la Corée. L'eau est l'objet double, à la fois intérieur et extérieur, au-delà duquel se réalisera la conquête ou la dépossession de soi. L'alcool enivre et rend lucide tout à la fois dans les pièces de Marcel Dubé. L'eau qui isole le phare d'*Au cœur de la rose* est le défi lancé au marin par la fille, l'occasion pour lui de relier l'île du phare à la terre ferme.

De ce décor à deux panneaux des pièces québécoises l'eau est le point d'articulation, l'objet dont nous pouvons déjà reconnaître qu'il est miroir, de sorte que le dynamisme du décor, la gestuelle des personnages, comme nous le verrons, n'est que la double postulation d'un même être cherchant sa vérité dans un geste qui est regard dans le miroir, c'est-à-dire, saut de l'autre côté de son image, obstacle à surmonter, pont à jeter et à franchir.

Cette caractéristique des objets d'être moins objets qu'images et en définitive de refléter l'humeur changeante des personnages me paraît se révéler dans un objet particulier : le costume. Polarisant le regard des autres et traduisant une attitude de celui qui le porte, le costume marque une insertion ou un retrait du personnage par rapport au décor. Il est un objet-type qui traduit l'ambivalence des objets dans le théâtre québécois par sa plasticité d'abord qui fait déjà de lui une première parole du personnage. Lors de la création de *Bilan* au T.N.M., les personnages principaux sont d'abord apparus sur la scène uniformément vêtus de blanc. Mais par la variété de coupe

---

11. Marcel DUBÉ, *Le naufragé,* 1er épisode, sc. 7, Théâtre canadien 22, Montréal, Leméac, 1971, p. 34.

de leurs costumes, cette uniformité de la couleur blanche devenait parlante. En effet si William Larose portait un habit taillé de manière très traditionnelle, le veston et le gilet de Bob, la coupe fantaisiste de l'habit de Guillaume et la tunique à col Mao d'Etienne donnaient déjà comme une indication sur leurs personnalités respectives. Désir de faire respectable chez Bob, frivolité de Guillaume et idées gauchissantes d'Etienne.

L'accoutrement de chanteuse western de Carmen dans *A toi pour toujours, ta Marie-Lou,* le manteau de fourrure de Madame de Courval dans *Les Belles-Sœurs,* les uniformes de joueurs de hockey dans *Le chemin du Roy* aussi bien que les costumes de majorette, dans cette dernière pièce comme dans *Georges et les étoiles de l'est* sont objets parlants.

Le jeu des couleurs est parfois chargé de rendre encore plus significatifs les costumes. Et l'on peut alors constater combien un dramaturge comme Marcel Dubé est porté à insister sur la juxtaposition du blanc et du noir pour traduire la coexistence de la comédie et de la tragédie. Au dénouement d' *Au retour des oies blanches* Elizabeth revêt un peignoir blanc, ce qui force à faire un rapprochement avec le personnage d'Ophélie puisqu'elle perd, comme celle-ci, la raison. Auparavant pour la grande scène du jeu de la vérité dont elle ne se doutait point de l'issue, Geneviève avait revêtu une petite robe noire et avait dénoué ses cheveux sur son dos. Ce jeu sur le contraste du blanc et du noir n'est pas exclusif à Dubé. Dans *En pièces détachées,* avec le seul personnage du fou à qui il fait porter un costume blanc et des verres fumés, Michel Tremblay le reprend à son compte en même temps que par le jeu des éclairages, qui fait alterner ombre et lumière, il élargit ce procédé au décor.

Il n'est pas jusqu'aux sensations du toucher, le chaud et le froid, qui ne peuvent être mises à contribution par l'intermédiaire du costume. Dans *Zone,* en faisant porter aux personnages des vêtements plus chauds, au dernier acte, Marcel Dubé souligne le tour tragique que prend l'action. Car le déroulement du temps qui est une défaite pour les personnages se traduit par ce comportement frileux qui témoigne de leur faiblesse. « Au cours de ce dernier acte, les personnages sont vêtus un peu plus chaudement, il faut même qu'ils donnent l'impression d'avoir froid », nous disent les indications de mise en scène [12].

Le costume est donc cet objet type du théâtre québécois qui reflète par son ambivalence l'ambiguïté des personnages. Cela s'explique fort bien par le cadre invariablement contemporain des pièces québécoises qui ne permet pas de distinguer à priori les personnages en traîtres et innocents puisque, comme dans la vie quotidienne, *gangsters* et *businessmen* s'habillent chez les mêmes tailleurs et roulent dans les mêmes automobiles. Il existe cependant un costume qui exprime toute l'ambivalence des autres costumes et des objets dans le théâtre québécois, c'est le costume militaire car il sert d'ordinaire à habiller un personnage dont on peut vraiment dire que l'habit ne fait pas le moine. Songeons à Tit-Coq, dans la pièce de Gélinas, à Joseph Latour, dans *Un simple soldat,* à Paul dans *Les beaux dimanches,* à Achille, dans *Au*

12. Marcel DUBÉ, *Zone,* Théâtre canadien 1, Montréal, Leméac, 1968, p. 147.

retour des oies blanches, au fils de Félix Poutré dans *Les grands soleils.* Tous ces personnages qui ne sont ni des fanfarons ni des matamores, au sens traditionnel du terme, sont cependant de bien piètres militaires. Leur costume donne le change sur le tempérament et par là est un leurre. Quand Achille, au moment où éclate la tragédie du suicide de Geneviève, revêt son costume militaire, il est d'un ridicule pathétique. Cet habit de gloire devient le signe même de sa déchéance. Quant à Joseph Latour, dans *Un simple soldat,* toute son incertitude tient dans cette vareuse militaire qu'il enlève ou remet au gré de ses illusions. On peut suivre ainsi le flux et le reflux de ses hésitations dans le geste d'enlever ou de remettre sa vareuse. Le personnage du militaire, du pseudo-militaire faudrait-il dire puisque soldat, ce personnage n'est en rien un conquérant, par son costume notamment illustre ce hiatus du décor dont nous faisions état et qui n'est rien d'autre qu'une inadéquation du personnage à son espace.

Cette analyse des objets et le relevé de leurs caractéristiques, plus on les pousse plus ils nous font voir qu'en définitive l'objet dernier, le véritable objet du théâtre québécois est le langage lui-même, la parole des personnages, les mots dont ils se servent. Si les objets nous paraissent transparents, susceptibles de recevoir un sens qui varie, qui hésite, flotte, va et vient, la parole par contre nous semble opaque, et doit être investie peu à peu d'un sens précis et personnalisé. Transparence des objets, opacité des mots ; nous avons là une équivalence. Les personnages manipulent les objets et les utilisent tantôt dans un sens, tantôt dans l'autre. Joseph Latour retourne sa veste dans un sens puis dans l'autre, l'enlève et la remet. Les mêmes personnages butent aussi sur les mots, n'arrivent pas à les maîtriser du premier coup, reconnaissent leur incapacité à leur donner un sens. Le même Joseph Latour qui déclarait qu'il fallait battre à mort le responsable de sa situation tout en reconnaissant ne pas savoir qui, promet à sa sœur Fleurette de lui donner les moyens de s'instruire, les moyens de maîtriser les mots, de parler aussi bien que Ronald :

> Je vais travailler, je vais en gagner de l'argent moi aussi. Et puis tu vas aller à l'école c'est moi qui vais payer tes études. Tu choisiras le cours que tu voudras et t'apprendras tout ce que tu sais pas. Tu vas parler aussi bien que Ronald, je te le garantis [13].

L'on retrouve dans le dialogue des personnages de *Zone* la même obsession d'arriver à définir clairement les mots. Cet aveu d'incapacité à maîtriser les mots, dans la bouche de personnages des classes pauvres se changera en aveu d'incompréhension dans la bouche des bourgeois de *Bilan,* des *Beaux dimanches.* William Larose et Victor avoueront ne pas savoir quel sens donner au mot amour sinon celui de confort et de richesse.

Le caractère d'objet que prend le langage pour les personnages eux-mêmes, il ne s'agit pas ici d'une attitude quelconque de l'auteur, se reconnaît à ce retour de certains mots qui deviennent des leitmotiv et traduisent ainsi l'effort obstiné des personnages pour s'approprier un objet qui leur demeure éloigné, étranger, inaccessible. Les « chu pu capab », « j'peux pu rien faire »

13. Marcel DUBÉ, *Un simple soldat,* acte troisième, sc. XVI, Montréal, éd. de l'Homme, 1967, p. 107.

des personnages de Tremblay, les « aller jusqu'au bout » des personnages de Dubé, en sont des exemples. Des pièces entières, comme *Les grands départs* ou *A toi pour toujours, ta Marie-Lou,* sont pur dialogue, effort pour maîtriser le réel à l'aide du seul langage. L'action de ces pièces tient uniquement à l'échange verbal puisqu'il ne se passe rien d'autre, puisque les personnages ne font rien d'autre dans le temps de la pièce. Les faux départs de Sophie et d'Eulalie, dans *Les grands départs,* l'arrivée d'Albert n'ont pas plus de valeur que des mots ou des souvenirs puisqu'ils ne se traduisent par aucun acte concret qui dure et marque. Il en va de même pour *A toi pour toujours, ta Marie-Lou* où tout se déroule en paroles parce que les retours en arrière et le rappel des souvenirs correspondent à des réalités oniriques qui sont de même valeur que des paroles.

Les dramaturges rejoignent les poètes pour reconnaître au langage une même valeur de symbole, une même valeur d'objet liquide révélateur de la difficulté d'être. Roland Giguère qui a chanté les mots-flots, mots liquides, mots-tiroirs, a écrit un poème « difficulté d'être » qui résume dans son dernier vers, le symbolisme des mots-objets, objets liquides :

L'être impossible en voie d'apparaître
Sur un terrain familier
....
l'être d'alcool et d'acre fumée
tout le côté aigre d'une vie amère
apparaît soudain au fond du verre [14].

Les objets définissent des rapports entre les personnages. L'on peut dire par exemple que si la parole est l'objet des *Grands départs,* l'attitude d'Hector diffère de celle de sa femme et des autres membres de sa famille. Alors que les autres essaient de donner un certain poids de réalité aux mots, Hector au contraire s'évertue cyniquement à les vider de tout sens précis. Il n'y parvient pas sans user de sophisme, et sans faire preuve d'une évidente mauvaise foi. Mais l'incapacité même des autres personnages à déceler cette mauvaise foi et à la démasquer révèle leur véritable attitude à l'égard de cet objet qu'est la parole. Indubitablement ils partagent avec Hector la conviction profonde que la réalité avant d'être dans les choses est en nous. En un certain sens ils professent un même idéalisme. Pour cette raison ils se laissent prendre aux arguties d'Hector. Sans doute les raisons que pouvait avoir Hector de faire preuve d'idéalisme, d'angélisme même, ne sont pas très honnêtes. Elles sont même à la vérité une couverture commode pour sa lâcheté. Et de cela on est bien conscient en face de lui, sans être pour autant capable de creuser cette indifférence que semble professer Hector pour les réalités concrètes. Au fond nous avons de part et d'autres des rêveurs. Mais si Sophie et Eulalie sont des rêveuses inquiètes, Hector, lui, a pris le parti de faire payer par les autres sa condition de rêveur. Il joue donc à rêveur, rêveur et demi et profite cyniquement d'une propension commune à tous.

L'on peut retrouver le même schéma avec des variantes à propos des objets plus matériels que la parole. Dans *Au retour des oies blanches,* à Achille qui rêve en paroles, Robert oppose un rêve par écrit. Le roman qu'il

14. Roland GIGUÈRE, « Difficulté d'être », *L'Age de la parole,* Montréal, l'Hexagone, 1965, p. 36.

écrit pour se moquer de son père n'est à la vérité qu'une bien faible compensation de l'attitude dérisoire de son père. Même Geneviève qui entreprend de juger Achille par le jeu de la vérité s'aperçoit que son action n'est guère plus qu'un rêve puisqu'au lieu d'abattre celui qu'elle érigeait en adversaire c'est contre elle-même qu'elle porte des coups.

Les objets permettent pour un même état de rêve, pour une même illusion, de définir des attitudes plus ou moins passives et plus ou moins actives des personnages. Dans *A toi pour toujours, ta Marie-Lou,* pour Manon, certaines choses ne doivent pas être dites, ne doivent pas être évoquées ni rappelées. Carmen par contre aborde plus franchement certains problèmes, en parle plus librement. Au fond il s'agit pour les personnages de faire preuve d'une certaine liberté par rapport à un objet qui les départage, les oppose et caractérise le fond de leur problème. Le personnage libéré, désinvolte, celui pour qui l'objet n'est plus sacralisé, est d'ordinaire à la source du drame parce que sa désacralisation de l'objet suscite la réaction de son vis-à-vis, pose le problème, suscite le débat et engage l'action.

Prenons l'exemple des cigarettes dans *Zone*. A un certain moment une querelle éclate entre Ciboulette et Passe-Partout. Faut-il fumer les cigarettes dont on fait le trafic, c'est la position de Passe-Partout, ou bien ne pas y toucher, c'est l'opinion de Ciboulette. Il y a là, peu importe le fond du débat, cette passivité et cette activité dont je parlais. Pour Passe-Partout les cigarettes ne sont pas des objets magiques et celui qui en fait le trafic peut bien s'en approprier. Pour Ciboulette, au contraire, les cigarettes conservent un caractère magique qui leur reste sans doute du tabou dont elles sont frappées par les autorités d'en haut, le chef de police et ses mandants.

(Passe-Partout sort une cigarette et se la met au coin de la bouche. Avant de s'allumer, il dit :)

Passe-Partout : Vous vous énervez pour rien. Faut pas se faire de mauvais sang pour quelqu'un qui s'en ferait pas à notre place. (Il allume sa cigarette. Ciboulette dont l'attention est attirée se rend compte que c'est une cigarette américaine. Elle bondit vers Passe-Partout) :

Ciboulette : Passe-Partout ! C'est défendu de fumer des cigarettes américaines... (Elle lui arrache la cigarette du bec, la jette par terre et l'écrase de son pied.) Ça peut donner des indices, tu le sais bien. (Passe-Partout est furieux et blessé dans son orgueil.)

Passe-Partout : On en vend, pourquoi qu'on n'en fumerait pas ?

Ciboulette : C'est imprudent.

Passe-Partout : Je m'en fiche.

Ciboulette : Faut jamais que personne te voie sortir une cigarette américaine de ta poche.

Passe-Partout : Comme si j'étais pas assez intelligent pour me surveiller tout seul.

Ciboulette : Ce que t'as fait devant moi t'aurais pu le faire devant un détective et tu te faisais ramasser.

Passe-Partout : Des détectives, vous en voyez partout... [15]

---

15. Marcel DUBÉ, *Zone,* acte I, Théâtre canadien 1, Montréal, Leméac, 1968, pp. 53-54.

La vareuse de Joseph Latour marque aussi des tournants de l'action dans *Un simple soldat* d'une manière analogue à celle de *Zone.* Car il s'agit d'amener Joseph à désacraliser sa fameuse vareuse. Toute la dialectique de l'objet dans le théâtre québécois est donc dans le rapport des personnages. Dans *Les Belles-Sœurs,* cependant, ce qu'entreprend l'auteur c'est de nous montrer par le spectacle de la déception des personnages la nécessité d'une désacralisation d'un objet de notre vie courante : les timbres-prime. La dialectique des objets qui est opposition d'un dynamisme et d'une passivité, d'une démystification et d'une sacralisation de l'objet déborde donc de la scène dans la salle. Il s'établit un échange entre la scène et la salle, le spectacle montré étant davantage destiné à transformer le public qu'à montrer une prise de conscience des personnages. Cela explique les ellipses, et les raccourcis des *Belles-Sœurs* qui débouchent sans nous prévenir sur une parodie du *God save the Queen.*

Les relations que définissent les objets concernent donc non seulement les rapports des personnages entre eux mais aussi ceux des personnages et des spectateurs. Le caractère collectif du théâtre québécois, cette osmose de la scène et de la salle que suppose ce théâtre, éclate à propos de cet objet théâtral, les timbres-prime, qui est aussi un objet de la vie quotidienne. Ainsi sa force de signification concerne aussi bien les personnages que les spectateurs et les formes de la pièce : ces ellipses qui sont des sous-entendus, ces parenthèses qui sont des incises, ces points de suspension qui sont des propos implicites et qui visent à établir et à renforcer la complicité des spectateurs et des acteurs.

Il existe donc un système des objets dont nous avons voulu trouver le principe dans la psychanalyse des éléments de Bachelard et qui nous a fait voir que les objets sont moins objets qu'images. Objets-miroirs d'un décor dont le double-plan est à l'image de l'ambivalence des personnages. A côté de cette analyse de Bachelard il serait cependant tout à fait possible de soumettre les objets du théâtre québécois à la théorie économique des signes élaborée par Jean Baudrillard [16].

Le conflit entre certains personnages se présente le plus souvent comme un conflit de valeurs, le conflit de l'avoir et de l'être. Le monde n'est qu'un texte traduisible « en signes de piastres » pour certains alors que pour d'autres au contraire il est un appel à l'idéal. C'est le cas des bourgeois de certaines pièces de Marcel Dubé. Mais si nous prenons ces fantoches que sont les personnages des *Belles-Sœurs* ou même ces caricatures que sont les personnages d'*A toi pour toujours, ta Marie-Lou,* ne sont-ils pas les incarnations d'une vision matérialiste d'une part, idéaliste de l'autre d'un monde à l'envers où celle qui récite le chapelet est paradoxalement la plus terre à terre alors que la grotesque chanteuse de western est celle qui aspire le plus sincèrement à sortir de sa misère ?

Il y a une inversion des signes qui nous remet cependant dans la situation des personnages des *Grands départs* à propos des mots. Plus l'on s'en-

---

16. Jean BAUDRILLARD, *Le système des objets,* médiations 93, Paris, Gonthier, 1972.

foncerait, en apparence, dans le terre à terre plus on témoignerait de son désir de s'élever au-dessus de sa condition, de sortir de son trou, « de s'en sortir », selon l'expression à la mode. Le réel est illusoire ou plutôt n'est qu'un reflet de notre conscience. Du point de vue de la psychanalyse ou de l'économique on rejoint une même représentation de la réalité qui est niée puisque présentée comme illusoire, puisqu'il faut chercher par derrière la réalité un réel second, réel véritable, réel idéal aussi.

Les timbres-prime des *Belles-Sœurs* sont d'un point de vue économique, aussi illusoires que d'un point de vue psychologique le chapelet de Manon, dans *A toi pour toujours, ta Marie-Lou.* Aussi illusoires que le costume de Carmen, dans la même pièce, que les verres fumés de Claude, dans *En pièces détachées,* que la richesse de William Larose, dans *Bilan,* car ce sont des objets qui font écran au réel, le cachent, le masquent. La richesse de William Larose n'est pas d'un appui plus sûr pour lui que la pauvreté des Latour, dans *Un simple soldat.* Et les voitures sont cause de déception et de mort dans *Bilan* aussi bien que dans *Un simple soldat.* Les timbres-prime des *Belles-Sœurs* se dispersent au vent comme la fumée des illusions de Germaine Lauzon, de même que les millions de William Larose disparaissent de son coffre-fort en même temps que ses illusions. Par quelque biais qu'on l'envisage, psychologique ou économique, le réel est une illusion, un rêve, une image et les objets essentiellement ambivalents, ne sont que les miroirs de la conscience des personnages reflétant cette image qu'ils se font du réel.

3. — LES GESTES

Si l'on considère le geste comme le mouvement d'un personnage en direction d'un objet ou d'un autre personnage dans le but de s'approprier l'espace, la gestuelle des personnages dans le théâtre québécois se traduit par l'esquisse d'un mouvement qui demeure en suspens. L'on peut s'en apercevoir dans cette gestuelle globale et symbolique que constitue le schéma général des mouvements des personnages, autrement dit la courbe suivie par l'action dramatique. *Tit-Coq,* de ce point de vue, offre un exemple magnifique. Le héros étant un soldat qui se pique par ailleurs de savoir conquérir les cœurs féminins, l'on peut facilement assimiler son aventure à une bataille et essayer de dégager ce que l'on pourrait dénommer sa stratégie et sa tactique.

La stratégie de Tit-Coq est déterminée par cet objectif à long terme qu'il se fixe et qui pour lui est entièrement dans l'image d'un homme ordinaire, accompagné de sa femme et de son enfant, qui s'en va en tramway visiter son « oncle », c'est-à-dire l'oncle de sa femme. Pour parvenir à ce but il ne va point par quatre chemins et en deux temps trois mouvements, trois tours de valse, pourrions-nous dire, il a tôt fait d'enlever le cœur de Marie-Ange. Mais il néglige d'en protéger l'accès et ne s'assure même pas d'en défendre l'entrée, en son absence. Le lent travail d'approche de Léopold Vermette lui permet donc de réduire à néant le brillant succès de Tit-Coq qui s'aperçoit un peu tard qu'il a été délogé de la place-forte où il se croyait installé pour toujours. Le retour offensif de Tit-Coq et ses succès immédiats ont vite fait d'être réduits à néant car son adversaire s'était déjà assuré une position inexpugnable. Tit-Coq doit s'avouer finalement vaincu. Bon stratège mais mauvais tacticien, il aura déployé ses efforts et ordonné ses mouvements en fonction d'un objet lointain dans le temps, sans se préoccuper d'assurer ses positions au fur et à mesure de sa progression. Il aura donc su faire une guerre de mouvements et non de positions, ce qui revient à dire que ses mouvements auront toujours été inachevés puisque l'avance d'une troupe de soldats ne peut être de quelque conséquence que si ces troupes occupent réellement les terrains qu'ils conquièrent. Si elles n'y font que passer elles s'exposent en cas de contre-offensive à ne pas avoir de ces positions préparées d'avance, selon le jargon militaire, sur lesquelles se replier.

Le mouvement de la pièce, la succession des scènes, la répartition des personnages dans les scènes et les rôles respectifs des personnages obéissent à cette erreur de tactique de Tit-Coq. Ce dernier ne se trouve jamais en présence de son adversaire, Léopold Vermette. Et le travail des auxiliaires de celui-ci, Germaine, les parents de Marie-Ange notamment, se fait en l'absence de Tit-Coq. Nous voyons donc se succéder les scènes selon un mouvement parallèle des attaques de Tit-Coq et des ripostes de ses adversaires sans que jamais ces efforts opposés se rejoignent. Il n'y a donc pas de synchronisation mais un déphasage des efforts dont on doit blâmer Tit-Coq de ne pas s'en apercevoir ni d'en tenir compte. Sans doute l'accueil qui lui avait été réservé à St-Anicet pouvait-il justifier ses illusions et l'encourager à ne pas se préoccuper des dangers éventuels auxquels il exposait son amour. Son orgueil, sa vanité et surtout ses rêves trop orientés vers le futur et peu soucieux du présent sont les causes de l'erreur qui lui sera fatale.

Or tout est là : dans ce rêve du personnage qui lui fait d'abord moins voir l'objet ou le personnage qu'il a en face de lui que son image et qui le pousse à accomplir ce geste inachevé qui demeure en suspens.

Sur le plan du mouvement caractérisé par les départs, on peut s'apercevoir de la même erreur. Les départs de Sophie et d'Eulalie, dans *Les grands départs,* sont des gestes inachevés. Car partir puis revenir équivaut à partir à moitié, à partir sans aller jusqu'au terme de son voyage, à partir puis à hésiter, à se renier, à rétracter sa parole. L'on peut retrouver pareil balancement, semblable hésitation, dans les va-et-vient de Joseph Latour qui parcourt le Canada d'est en ouest sans pouvoir se fixer ni s'arrêter et qui finalement partira pour la Corée après avoir raté son départ pour l'Europe. Geste paradoxal et doublement inachevé puisque ce départ est une fuite vers la mort et la traduction de son échec dans la vie. Un départ qui lui permet de se fixer dans l'envers de ce qu'il souhaiterait achever.

Quand nous voyons des personnages danser, les mouvements témoignent d'un semblable inachèvement. L'on se rappelle que l'un des atouts majeurs de Tit-Coq, ce qui lui assure son pouvoir séducteur sur les femmes, c'est son savoir-danser. Or c'est précisément par ce point fort qu'il est faible et par là que Léopold Vermette s'assure la possession de Marie-Ange. La différence entre Tit-Coq qui en deux tours de danse a su ravir le cœur de Marie-Ange et Léopold Vermette qui a dû péniblement obtenir ce privilège d'amener Marie-Ange danser, c'est que le premier après avoir fait danser sa partenaire la laisse partir alors que le second la garde. La danse se prolonge tout naturellement pour Léopold Vermette dans le mariage alors que Tit-

Coq n'a pas su consolider ses premiers succès. Le geste chez Tit-Coq est donc demeuré à l'état d'esquisse. Nous pouvons en voir un autre exemple, mais sur un mode différent dans *Bilan*. Bob, le mari de Suzy, ne sait pas danser. Il fait affreusement souffrir ses partenaires par sa maladresse. Cette incapacité à danser témoigne de son incapacité à faire la conquête de sa femme et même à utiliser les chances qui lui sont offertes. En se montrant incapable de réaliser le geste de bien danser, il nous donne un exemple de son incapacité à se montrer à la hauteur de sa situation. Le geste ici témoigne de l'inachèvement même du personnage.

Il y a aussi le geste du baiser dont nous pouvons trouver dans deux pièces au moins un exemple tout à fait significatif. Dans *Tit-Coq,* comme dans *Zone,* nous assistons à des scènes où le héros et l'héroïne doivent s'embrasser. Or dans les deux cas le comportement de Tit-Coq et de Tarzan est le même. Plutôt que de se jeter goulûment sur la bouche qui leur est ainsi offerte, ils prennent leur temps, retardent le moment de poser leurs lèvres sur celles de la femme aimée et se lancent même dans cet intervalle qu'ils se ménagent dans des considérations qui font bien voir que ce qui importe pour eux c'est moins le baiser lui-même qu'une certaine image qu'ils se font du baiser.

Ciboulette : Prends-moi dans tes mains, Tarzan.

Tarzan : Non, pas tout de suite. Avant je veux te calquer dans ma tête comme à l'école on calquait des dessins sur nos tablettes magiques... Laisse-moi finir mon dessin, je veux te posséder en image avant de te toucher. Quand je mourrai, c'est ton portrait que je veux retenir au fond de moi-même [17].

Marie-Ange : Embrasse-moi.

Tit-Coq : (Lui prenant la tête dans ses mains.) Attends un peu ! Un vrai baiser, ça se prend lentement. D'abord il y a le plaisir de le désirer.

Marie-Ange : Je le souhaite depuis longtemps !

Tit-Coq : De loin, oui. Mais de près, c'est encore ben meilleur ! (Tout en parlant, il l'embrasse dans les cheveux, sur les yeux.) Savoir qu'un gars qui vous aime comme un fou, mam'zelle Toute-Neuve, va vous embrassser dans dix secondes... dans cinq secondes... dans deux secondes et demie ! Voyez-vous mam'zelle Toute-Neuve, le grand tort de ben des hommes, c'est d'embrasser une femme avant qu'elle en meure d'envie...

Marie-Ange : (D'elle-même elle lui saute au cou et lui donne un baiser, puis :) Que tu embrasses bien !

Tit-Coq : Oui, j'embrasse bien, Dieu merci. Et c'est facile à expliquer... [18]

Dieu, que de bavardages ! Non content de retarder indûment ce baiser qui est réclamé par Marie-Ange, que celle-ci est obligée de prendre d'elle-

17. Marcel DUBÉ, *Zone,* acte III, Théâtre canadien 1, Montréal, Leméac, 1968, p. 166.

18. Gratien GÉLINAS, *Tit-Coq,* acte I, tableau V, Montréal, éd. de l'Homme, 1968, pp. 74-75.

même, notre héros, incorrigible vantard, n'a d'autre préoccupation que d'expliquer. Loin de moi l'idée de réclamer un théâtre physique où l'on ferait foin des paroles pour ne faire que des gestes. Mais l'on s'aperçoit qu'avec des personnages comme Tit-Coq ou Tarzan les héros de la tragédie classique qu'on accuse de trop discuter se font damer le pion ici. Nos deux personnages perdus dans leurs propres paroles sont finalement moins soucieux du geste qu'ils s'apprêtent à faire que de rêver à ce geste.

Ce comportement paradoxal de Tarzan ou de Tit-Coq fait comprendre l'étrangeté de l'attitude d'Olivier dans *Les beaux dimanches* qui demande à Evelyne : « Comment fait-on pour dire à une femme qu'on l'aime sans qu'elle n'éclate de rire ? » Ce qui lui attire la réponse suivante : « Ce n'est pas moi qui te l'apprendrai. » [19] L'on aura remarqué que ce sont Ciboulette et Marie-Ange qui réclament des baisers de Tarzan et de Tit-Coq. Ce sont elles finalement qui sont obligées de prendre « d'elles-mêmes » ces baisers. Je me suis toujours émerveillé de l'extrême délicatesse des scènes d'amour de *Zone* et de *Tit-Coq* où finalement l'homme déclare, sans le déclarer, son amour à la femme de ses rêves, où même c'est celle-ci qui devance la pensée et le propos de cet homme, qui lui facilite la tâche et lui ouvre la voie. Or il faut reconnaître que ces avances féminines reçoivent des réponses masculines que l'on peut qualifier d'évasives. Nous pouvons parler d'un inachèvement du geste chez le personnage de théâtre québécois car les gestes que nous avons examinés peuvent se ramener à trois types de rapports que l'on peut également assimiler à un jeu de questions et de réponses.

Le « départ » de certains personnages nous a permis de considérer un certain type de gestes qui relèvent du mouvement d'un personnage seul, de son déplacement solitaire dans l'espace. Nous avons alors pu constater que les départs, qui sont plutôt fuite et évasion, sont finalement des actes manqués, des paroles rétractées, des hésitations, des oscillations et des balancements qui font revenir au point de départ. La fugue d'Hélène dans *Les beaux dimanches* en est un exemple aussi éclairant que les départs de Sophie et d'Eulalie dans *Les grands départs* ou les errances de Joseph Latour dans *Un simple soldat.*

La danse par contre est le mouvement d'un personnage associé à un partenaire, un mouvement qui devient geste collectif et comme tel suppose une orientation. Or les exemples de *Tit-Coq* et de *Bilan,* de manières différentes nous ont fait constater un même inachèvement du geste qui au fond est inachèvement du personnage lui-même. Bob en s'avouant incapable de danser se reconnaît incapable d'imprimer à sa femme, à son foyer donc, un mouvement ordonné. Quant à Tit-Coq ce mouvement ordonné s'il peut l'ébaucher, il se révèle incapable de l'amener jusqu'à la conclusion logique.

Le baiser enfin nous a donné l'exemple du geste de deux personnages l'un vers l'autre, geste qui suppose une coordination de mouvements, l'équivalence d'une réponse à la question posée. Or non seulement cette question est paradoxalement posée puisqu'elle est posée par celle qui devrait normale-

19. Marcel DUBÉ, *Les beaux dimanches,* 2e tableau, acte 3, Théâtre canadien 1, Montréal, 1968, p. 163.

ment donner la réponse, (ce sont Marie-Ange et Ciboulette qui réclament d'être embrassées) mais cette question paradoxale reçoit une réponse évasive.

L'inachèvement du geste nous permet de comprendre le paradoxe de certaines situations. Car geste et situation sont liés. Dans une situation qui exige la complémentarité des gestes comme dans le cas du baiser, le fait pour un personnage de ne pas aller jusqu'au bout de son rôle pousse son partenaire à faire à sa place la moitié du chemin qu'il restait à parcourir. Marie-Ange et Ciboulette complètent le geste inachevé de Tit-Coq et de Tarzan en sautant d'elles-mêmes au cou de leur partenaire. Mais la conscience de ne pouvoir accomplir entièrement le geste qu'il faut peut porter un personnage à demander à son vis-à-vis de faire en sa direction le pas qu'il hésite à faire. De là ce renversement de rôles entre Olivier et Evelyne, dans *Les beaux dimanches,* quand le premier demande à cette dernière comment déclarer son amour à une femme sans se rendre ridicule.

Ce sont de ces situations paradoxales liées à une incapacité des personnages d'accomplir un geste achevé que nous pouvons relever dans différentes pièces. Ainsi dans *Les grands départs,* la demande d'aide que Sophie adresse à son père. Mais une fille ne demande pas à son père de l'aider à faire une fugue. A moins que le père ne se soit révélé incapable d'aider cette fille à devenir une adulte comme Robert en fait, pour sa part, le reproche à Achille dans *Au retour des oies blanches*. Le paradoxe de la situation présente n'est que la conséquence d'un inachèvement préalable de gestes dans une situation antérieure. Les paradoxes d'une pièce comme *Le don Juan chrétien* de Jacques Ferron s'expliquent ainsi. De Tirso de Molina à Albert Camus, tous les auteurs sont tombés d'accord pour reconnaître que don Juan ne pouvait devenir chrétien qu'en renonçant au don-juanisme. Le don Juan chrétien, c'est donc le personnage paradoxal chez qui le don-juanisme et le christianisme pourront s'unir simplement par le fait que ce personnage, d'inachevé qu'il était, se sera mué en personnage normal, que ses gestes, d'abord mal orientés, seront désormais tournés vers leur direction normale. Telle est bien la situation du personnage principal, le sénateur, d'abord amoureux d'un cheval mais qui finira par orienter ses caresses en direction de sa propre femme, Madame Salvarson, devenant ainsi un don Juan tout à fait chrétien.

Mais ce don Juan chrétien de Ferron est l'*alter ego* de Joseph Latour. Le héros d'*Un simple soldat* s'empresse de laisser tomber Dolorès, sa conquête dès qu'apparaît son copain, Emile. Il traduit sa peur de l'amour et du mariage, en disant sur un ton faussement badin :

> Si je pouvais tomber en amour, ça me tranquilliserait peut-être ! Mais me vois-tu en père de famille ? (Il éclate de rire presque désespérément.) Me vois-tu Emile ? [20]

Cette peur de l'amour ou cette incapacité d'aimer et de se faire aimer que Joseph Latour partage avec son demi-frère, Armand ; qu'il partage avec tant d'autres personnages : Olivier, Victor, dans *Les beaux dimanches,* Tit-Coq

---

20. Marcel DUBÉ, *Un simple soldat*, acte 2, sc. 10, Montréal, éd. de l'Homme, 1967, p. 64.

dans la pièce du même nom, Hector dans *Les grands départs,* Léopold dans *A toi pour toujours, ta Marie-Lou,* Goglu, dans la pièce de ce nom. Si dans l'ordre de cette incapacité d'aimer ou de se faire aimer de certains personnages du théâtre québécois, il était un geste inachevé, c'est bien dans cette dernière pièce de Jean Barbeau qu'il faudrait le chercher. Geste d'impuissance, geste traduisant un échec lamentable que celui de Goglu, disparaissant derrière un arbre, et revenant jeter un kleenex à l'eau en déclarant :

Encore un p'tit bébé que j'viens d'crisser à l'eau [21].

L'espace est bien un être mystérieux pour les personnages du théâtre québécois puisque leurs gestes sont tâtonnements dans l'obscurité, geste inachevé à recommencer, geste de buter contre un mur. Il n'est pas jusqu'à certaines poses, dans le sens photographique du terme, qui ne le démontrent.

Les gestes tels que nous les avons considérés jusqu'ici étaient des attitudes dynamiques, des comportements qui se décomposaient en mouvements multiples dont nous n'avons voulu retenir que la courbe générale, la trajectoire en quelque sorte. L'on peut essayer d'examiner des gestes simples qui se ramèneraient aux mouvements qui peuvent se fixer dans une situation comme celle où l'on échange des cadeaux et qui consisteraient à donner et à recevoir, à donner et à prendre, à tendre le bras et à le ramener.

Dans *Tit-Coq,* il se fait entre Tit-Coq et Marie-Ange un échange de cadeaux que nous pouvons rapprocher du marché que passe William Larose et Raymond, l'amant de sa fille, Suzy. Dans les deux cas nous voyons Tit-Coq et William Larose donner, le premier un kodak, le second un chèque pour obtenir non pas une chose mais la promesse d'une chose ou la renonciation à une chose. Un personnage, Tit-Coq ou William Larose, demande la collaboration de son vis-à-vis pour obtenir non pas un objet réel mais la condition de l'obtention de cet objet. Le caractère incomplet du marché ainsi conclu se vérifie par la suite quand Bob révèle à Suzy les circonstances du retard de Raymond et quand Tit-Coq constate que son cadeau n'aura pas suffi à lui garder sa bien-aimée. Il y a donc non pas véritablement accord sur une chose mais sur les préalables, les prémisses d'une chose. Il y a non pas échange mais amorce d'échange, car échange de promesses non d'objets. Raymond ne remet pas Suzy à William Larose pas plus que Marie-Ange en donnant son album de photos à Tit-Coq ne lui donne sa personne. L'échange est inachevé. Et le geste tel qu'il aurait pu être fixé est le geste d'un seul personnage alors que les deux paraissent s'engager.

Il est un exemple encore plus frappant et qui peut s'illustrer dans les positions fixes adoptées à certains moments de l'action par un personnage. Ces positions immobilisent en une attitude qui est geste, mais à la limite geste immobile, pose photographique. Dans *Un simple soldat,* le comédien Gilles Pelletier, on le sait, trouva spontanément la position du fœtus pour traduire la situation générale de Joseph Latour, au moment où celui-ci s'écroule ivre-mort devant la porte de la chambre où son père s'est retiré avec Bertha. Cette attitude résume toute la situation de Joseph et commande symbolique-

21. Jean Barbeau, *Le chemin de Lacroix suivi de Goglu,* répertoire québécois 7, Montréal, Leméac, 1971, p. 74.

ment tous ses gestes puisqu'elle nous le montre butant contre un mur, dans la position typique du personnage du « commencement perpétuel » de St-Denys Garneau. Dans la position de celui qui n'est pas encore né au monde et dont tous les gestes ne sont qu'efforts désespérés pour entrer dans la chambre, pour entrer dans le lieu de vie par opposition aux lieux où il erre et d'où il veut sortir.

La chute de Tarzan, à la fin de *Zone* ; la descente de l'escalier par Elizabeth au dénouement d'*Au retour des oies blanches* ; le va-et-vient des personnages des *Beaux dimanches,* qui du sous-sol aux étages supérieurs de la maison de Victor tournent en rond sans parvenir à sortir traduisent les mêmes gestes inachevés destinés donc à être recommencés. Car cette chute du corps concrètement montrée dans *Zone* et plus indirectement suggérée dans *Au retour des oies blanches* est le résultat provisoire d'une ascension à recommencer. De même le tourne-en-rond des personnages des *Beaux dimanches* est tentative de sortir du cercle, du trou... d'enjamber le mur.

Enfin la scène de *Tit-Coq* qui nous montre ce personnage, le bras en écharpe, dictant une lettre à Jean-Paul, en une image fixe, en une pose, nous représente la situation de ce personnage handicapé et incapable d'achever son geste.

On s'explique, à ce propos, la présence si fréquente d'un infirme dans les pièces québécoises. Dans les *Belles-Sœurs,* il y a dans un coin du décor une vieille tante impotente à l'égard de qui les autres personnages se conduisent de façon particulièrement odieuse. *Manuel* de Marcel Dubé nous montrait au contraire un infirme qui tyrannisait sa famille. Le grand-père dans *Les grands départs* dont la paralysie est attribuée à l'action d'Hector prend au dénouement sa revanche en se levant et en marchant à la surprise de tous. *Une maison, un jour* repose sur les tergiversations du grand-père qui est pour le moins un grand malade. Dans *Tit-Coq,* enfin, la tante Clara débite son monologue en se berçant d'une manière qui nous porte à voir en elle une préfiguration du « pépère » d'Yvon Deschamps. Tous ces infirmes illustrent physiquement les handicaps psychologiques dont sont affligés les autres personnages en apparence plus valides. L'on peut à cet égard considérer le rôle des vieillards ou des pères et l'évocation qui est faite du conflit des générations comme un autre moyen de suggérer cette paralysie des personnages, cette incapacité en somme d'exécuter complètement les gestes dont ils sentent la nécessité et qu'ils ne font qu'ébaucher. Entre les pères et les fils, en effet, il n'y a pas tellement une opposition mais une incapacité de coordination des gestes. Les pères voudraient voir les fils poursuivre l'action qu'ils ont commencée alors que les fils souhaiteraient au contraire voir les pères appuyer leurs rêves. Infirmes, vieillards, pères et simples d'esprit doivent être placés sur le même plan. Dans *Bousille et les justes* le personnage simplet de Bousille souligne par contraste les turpitudes et les handicaps des autres personnages.

Même sur le plan de la parole il serait possible de retrouver cet équivalent du geste inachevé. Le dialogue qui se caractérise si souvent au théâtre québécois par sa vivacité n'est souvent qu'échange de répliques inachevées, de phrases dont le début est dit par un interlocuteur et la fin par un autre ;

de propos repris, répétés et progressivement définis. L'on a par exemple souligné l'utilisation musicale que fait Michel Tremblay du joual dans ses pièces. L'on sait qu'il place souvent des personnages de chanteuses de cabaret et « d'artistes » dans ces pièces. Le monologue ou le dialogue de ses personnages, leurs chants ou leurs prières relèvent au fond de la même modulation lyrique, de la même gestuelle tragique de la litanie, des supplications et de la complainte. Dans un cas il est secret, intime, solitaire, dans l'autre il est collectif. L'on pourrait même parler d'une rythmique du bercement, de l'oscillation qui est tout à la fois hésitation, attente, résignation : le fameux bercement du pépère d'Yvon Deschamps.

Le geste inachevé est mesure du temps. D'un temps qui garde une part de vide à cause du handicap du personnage. D'un temps qu'il faut combler, temps du recommencement, car le geste inachevé rejette le personnage sur lui-même et l'oblige à repartir, à refaire son geste. La position du fœtus est à ce titre exemplaire parce qu'elle nous montre le personnage replié sur lui-même, décrivant en somme en une pose fixe, l'itinéraire du personnage qui part d'ici, va là-bas pour revenir ici que nous trouvons invariablement dans les pièces québécoises. Pour cette raison, le geste inachevé du personnage du théâtre québécois est regard dans le miroir d'abord et sur un plan hautement symbolique voyage aux enfers d'un Orphée bien particulier.

Dans la structure externe des pièces québécoises, il est possible de reconnaître cette organisation de la représentation théâtrale qui fait du spectacle un miroir où le spectateur est invité à se regarder. L'illusion est un réalisme fictif où la réalité est présentée comme illusoire et donc comme un masque en arrière duquel il faut découvrir le réel véritable. Le système des jeux d'ombre et de lumière tel que l'analyse de l'éclairage dans les pièces de Michel Tremblay faite par J.P. Ryngaert le démontre, est en définitive, invitation faite au spectateur à procéder à sa propre introspection. Le décor à deux panneaux qui mène les personnages de là-bas pour les ramener ici est image d'une ambivalence au-delà de laquelle il faut chercher son identité et les objets-reflets ne sont que les supports mobiles des humeurs de personnages auxquels nous sommes conviés à nous identifier et aussi à nous distancer. L'on pourrait énumérer de ces éléments de structures grâce auxquels le geste des personnages sur scène et finalement ceux des spectateurs du théâtre est regard dans un miroir. Mais je préfère m'arrêter à cet aspect de la mise en scène, particulièrement révélateur, qu'est le maquillage qui est tout à la fois décoration, constitution du personnage théâtral comme objet, geste évoqué et parfois représenté sur scène et finalement par le biais de la relation scène-salle, mode d'identification du spectateur à l'acteur.

Les pièces de Robert Gurik sont sans doute celles où le souci du maquillage est poussé le plus loin. Or si nous considérons *Hamlet, prince du Québec,* nous constatons que l'appareil allégorique des masques vise moins à superposer une interprétation au réel qu'à grossir ce réel, à le hausser au rang de la fiction. Les masques reproduisent les traits réels des personnages historiques et vivants représentés sur scène. Il s'agit en voyant les personnages d'établir un parallèle qui nous fera considérer les visages des personnes de la réalité quotidienne comme des masques qu'il faut lever et sous lesquels nous découvrirons leur vérité. Or nous constatons que le principe du maquillage est le même dans des pièces comme *Api 2967, A cœur ouvert* ou *Les tas de sièges.* Dans cette dernière pièce, il est dit du personnage simplement dénommé Elle : « Une putain de la Main » et il est précisé : « une putain outrageusement maquillée, habillée de façon voyante ». Dans *A cœur ouvert,* les notes sur les costumes et maquillages, à la rubrique maquillages se contentent de souligner : « gros traits argents *(sic),* gros traits argents, gros traits jaunes, noir avec gros traits blancs, gros traits rouges ». Ce qui revient à dire que le maquillage ne redonne pas un autre visage aux personnages, n'appose pas un sens, une interprétation extérieure au visage des personnages, mais se contente de marquer selon la dialectique du sombre et du clair dont nous avons déjà parlé à propos des costumes, une opposition qui est simplement accentuée, grossie, rendue apparente.

Le maquillage sert au fond de lunettes grossissantes et nous retrouvons l'application de la lunette de *l'Amélanchier* que nous citions en exemple au début de ce texte. Le masque que portent les personnages d'*Hamlet prince du Québec* ou le maquillage des personnages d'*A cœur ouvert* ou des *Tas de sièges,* c'est leur propre visage grossi, le réel devenu masque, et que l'auteur nous invite à soulever pour découvrir une vérité plus profonde. Cette signification du maquillage chez Gurik est particulièrement évidente dans *Api 2967* puisqu'il est dit dans les notes sur les costumes :

> Lorsque les personnages ôtent une partie de vêtement à la fin du premier acte, leur peau peut donner l'impression de s'être desséchée ou métallisée par endroit. Il en est de même pour les cheveux [22].

Il peut donc arriver qu'un personnage devienne masque, perde de sa personnalité pour n'être plus qu'un rôle. C'est d'ailleurs ce qui se passe dans *Le don Juan chrétien* de Ferron où le personnage de don Juan est un rôle, ou encore, pour utiliser les termes d'Etienne Souriau, une fonction dramatique sans l'incarnation psychologique qui en ferait un personnage complet.

Un personnage, dans le théâtre québécois, peut n'être qu'un rôle, une surface sans profondeur parce que ce qu'il vit comme réalité peut n'être qu'une illusion, un mirage, une image. Le théâtre québécois est donc regard dans un miroir, pour les personnages qui vivent sur la scène comme pour les spectateurs qui les regardent vivre parce qu'il est invitation à aller de l'autre côté du mur, de l'autre côté de l'image, de l'autre côté du miroir.

Invitation à faire, comme Alice, un saut de l'autre côté du miroir, le théâtre québécois, est voyage aussi. Point n'est besoin de rappeler ces déplacements des personnages qui font du voyage une mythologie première des dramaturges d'ici. *Au retour des oies blanches, Les grands départs, Le chemin du Roy, le Chemin de Lacroix...* les titres des pièces suffiraient à nous convaincre déjà que les personnages du théâtre québécois sont des voyageurs. L'on voyage en effet beaucoup même si ce voyage peut se réduire dans *A toi pour toujours, ta Marie-Lou,* au va-et-vient répété qu'a fait Carmen entre son cabaret et la maison familiale où Manon est restée recluse. Ce

---

22. Robert Gurik, *API 2967 — La Palissade,* Théâtre canadien 20, Montréal, Leméac, 1971, p. 35.

voyage peut même se ramener à une vaine tentative d'évasion comme c'est le cas pour Eulalie et Sophie dans *Les grands départs*. Voyageur réel ou imaginaire, le personnage du théâtre québécois mène une quête qui fait de lui un nouvel Orphée.

Orphée en effet puisque sa quête est aller et retour, descente et remontée, éloignement et rapprochement de sa propre réalité qu'il lui faut conquérir. La plongée dans le trou de mémoire du personnage de théâtre québécois n'est qu'un moyen de conquérir cette Eurydice qu'est son espace, Eurydice qui est au bout du compte lui-même, sa propre conscience. Il y a un jeu de doubles dans le théâtre québécois qui fait que dans *A toi pour toujours, ta Marie-Lou,* Carmen n'essaie point tant de tirer Manon de sa réclusion comme de se libérer elle-même de l'emprise du passé. Et ces visites répétées de Carmen auprès de Manon, véritable descente aux Enfers, se terminent paradoxalement par cette remontée définitive qu'elle entreprend quand elle s'avise qu'elle ne pourra jamais retrouver qu'elle-même, que la seule Eurydice qu'elle pourra sauver ce ne pourra être qu'elle-même.

Des dramaturges comme Marcel Dubé ou Gratien Gélinas, par exemple, avaient d'ailleurs de ce point de vue représenté le voyage d'Orphée d'une manière plus convaincante que ne l'a fait Michel Tremblay dans *A toi pour toujours, ta Marie-Lou.* Car si l'issue du voyage de Carmen demeure passablement incertaine, il en va tout autrement pour Georges, le héros de *Pauvre amour* ou même pour Tit-Coq. Dans *Pauvre amour,* pour ne retenir que cette pièce, Marcel Dubé semble multiplier comme à plaisir les signes pour nous inviter à reconnaître dans l'histoire qu'il représente les références à la mythologie. Et quand au moment-clé de l'action, alors qu'ils s'apprêtent à faire l'amour, les deux personnages, Jane et Georges, échangent les répliques suivantes :

> Jane : Je voudrais parvenir à te multiplier.
>
> Georges : Je ne suis qu'un homme, pas un dieu. Tu m'as transformé en dix jours mais si la métamorphose ne te satisfait pas, je crains de ne jamais pouvoir te donner tout ce que tu exiges [23].

Nous avons là en quelque sorte le rapport, les gestes et les paroles qui définissent le nouvel Orphée qu'est le personnage du théâtre québécois. Orphée dont l'Eurydice n'est que lui-même, dont le double féminin dès lors n'est que la médiatrice de sa métamorphose de telle sorte que cet Orphée ne pourra remonter des Enfers, se reconnaître, s'identifier que si son double, Eurydice y demeure. Le sacrifice de la femme aimée devient la condition du salut de l'homme. Le regard dans le miroir ne deviendra saut libérateur que si on accepte d'oublier l'image illusoire de soi-même qui tenait lieu de réalité.

Ce nouvel Orphée est tout aussi paradoxal que *le don Juan chrétien* de Ferron mais c'est dans ce paradoxe qu'il traduit la situation originale du personnage du théâtre québécois.

---

23. Marcel DUBÉ, *Pauvre amour,* 4e tableau, Théâtre canadien 6, Montréal, Leméac, 1969, p. 134.

CONCLUSION

La mise en scène en tant que structure externe d'une pièce est mise en rapport d'un personnage avec l'espace. Et ce rapport est lui-même mesure du temps de ce personnage. Les gestes et en fin de compte l'interprétation d'un rôle sont mis en évidence de la manière dont un personnage lie son temps à son espace.

De ce point de vue le théâtre québécois illustre fort bien cette idée qui veut que l'homme québécois soit à l'âge de la parole. « Je suis né dans un pays barbare où le geste est parole », dit l'Ephémère dans *Le dialogue de l'Immobile et de l'Ephémère* de Roland Giguère. Le regard dans le miroir qui est le geste fondamental du personnage de théâtre québécois est tentative de faire surgir l'image de lui-même qui témoignera de sa prise de possession de l'espace. De l'accord qu'il sera parvenu à réaliser entre le temps intérieur de ses rêves et l'espace de sa vie quotidienne.

La Présence de Molière au Canada

par Marjorie A. FITZPATRICK,

professeur invité à l'Université de Massachusetts à Amherst

En 1967, des visiteurs du monde entier viennent à Montréal pour célébrer le centenaire du Canada sous le signe de la « Terre des hommes » et visiter l'Exposition universelle et internationale. Parmi les nombreuses manifestations culturelles qui leur étaient proposées figurait *Le Bourgeois gentilhomme,* présenté par une troupe montréalaise, le Théâtre du Nouveau Monde. Le choix de Molière convenait bien au thème de la fête, qui soulignait les liens unissant les hommes de toutes les civilisations, mais c'était bien plus qu'un simple geste de politesse envers le vieux continent. La présentation de cette comédie de Molière par une des troupes les plus prestigieuses du Canada était aussi un hommage rendu à celui qui, de tous les auteurs français, avait le plus profondément marqué l'histoire du théâtre au Canada français.

Non que les œuvres de Molière aient connu au Canada une popularité sans fléchissement à toutes les époques, ni même que son art ait suscité des échos précis dans l'œuvre des dramaturges canadiens-français. C'est plutôt une certaine « présence de Molière » sur la scène canadienne, présence qui s'est fait sentir surtout aux époques les plus critiques du développement de la tradition théâtrale franco-canadienne, qui nous fait dire que le choix du *Bourgeois gentilhomme* pour l'occasion solennelle de 1967 fut juste.

En quoi consiste cette « présence », et de quelle façon s'est-elle manifestée ? Nous verrons d'abord que la naissance du théâtre au Canada français, que nous devons surtout à des troupes d'amateurs à Montréal et à Québec vers la fin du XVIIIe siècle, a eu lieu dans une large mesure sous l'égide de Molière. Pendant près d'un demi-siècle ses comédies ont dominé la scène dans ces deux cités [1], dont les productions nous retiendront dans la plus

1. Pour une discussion plus détaillée du rôle de Molière sur les scènes de Québec et de Montréal entre 1789 et 1840, voyez notre étude, « Molière and the Early Years of French-Canadian Theater », dans *Molière and the Commonwealth of Letters,* qui sera publié sous peu par The University of Southern Mississippi Press.

grande partie de notre étude. Lorsque des circonstances politiques (dont il sera question plus tard) ont poussé les Canadiens français à concentrer leurs efforts sur l'illustration de leurs propres capacités créatrices, la gloire de Molière a connu une éclipse de longue durée, mais ne s'est jamais éteinte pour autant.

Puis, vers la fin des années 1930, le théâtre s'est réveillé d'une période prolongée de somnolence avec la fondation des Compagnons de Saint-Laurent, troupe dont les activités furent d'une telle importance qu'il est convenu de dater de cette époque-là le « renouveau du théâtre au Canada français » [2]. Dans l'élan artistique apporté au théâtre par les Compagnons, l'œuvre de Molière a joué un rôle si prédominant qu'il ne serait pas exagéré de parler d'un âge d'or de Molière sur la scène canadienne-française. Pendant quelque quinze années après la disparition des Compagnons son nom continuait à tenir l'affiche, grâce surtout au Théâtre du Nouveau Monde, première grande troupe professionnelle du Canada à se spécialiser dans l'œuvre de Molière. Ainsi est-ce à juste titre que le TNM, en choisissant de monter *Le Bourgeois gentilhomme* en 1967, y voyait « en quelque sorte la reconnaissance d'une dette envers Molière » [3].

Notre étude portera donc, en grande mesure, sur les deux époques où les comédies de Molière ont été le plus jouées sur les scènes de Québec et de Montréal, c'est-à-dire de 1789 à 1840 environ, et de 1937 à 1967. Il ne sera peut-être pas étonnant de découvrir que ces deux époques furent aussi les plus importantes de l'histoire du théâtre au Canada français — celle de sa naissance et celle de sa renaissance.

Le nom de Molière avait, cependant, déjà paru dans l'histoire du Canada, bien avant la fin du XVIIIe siècle. A peine vingt ans après la mort de Molière à Paris, Québec eut sa propre « affaire *Tartuffe* » [4], précipitée par une nouvelle émanant du château Saint-Louis : le gouverneur général, le Gascon Louis de Buade, comte de Frontenac, se préparait à faire monter la comédie controversée. Monseigneur de Saint-Vallier, évêque chatouilleux avec lequel Frontenac avait déjà eu plusieurs fois maille à partir, vit dans l'affaire non seulement un nouveau défi porté à son autorité ecclésiastique mais aussi une menace immédiate et grave pour la santé morale de ses ouailles. Dans un mandement cinglant issu le 16 janvier 1694, Saint-Vallier foudroya *Tartuffe,* qu'il classait parmi les « spectacles et comédies impies, ou impures, ou injurieuses au prochain, qui ne tendent d'elles-mêmes qu'à

---

2. Titre, précisément, d'un volume de Jean Hamelin (Montréal, 1962) sur la scène canadienne-française à l'époque moderne, qu'il date de la fondation des Compagnons.

3. Phrase tirée de la notice insérée dans le programme du *Bourgeois gentilhomme,* donné à la Place des Arts de Montréal en mai 1967.

4. Nous avons puisé nos renseignements sur « l'affaire *Tartuffe* » à Québec essentiellement aux sources suivantes : Herman Prins Salomon, *Tartuffe devant l'opinion française* (Paris, 1962) ; Abbé Auguste Gosselin, « Un épisode de l'histoire du théâtre au Canada (1694) », *Mémoires de la Société Royale du Canada,* 2e série, IV, sect. 1 (1898-99), 53-72 ; William John Eccles, *Canada under Louis XIV, 1663-1701,* Canada Centenary Series (Toronto, 1964), et *Frontenac : the Courtier Governor* (Toronto, 1959) ; la correspondance du roi et de ses ministres avec Frontenac, Champigny *et al,* dans les *Rapports de l'Archiviste de la Province de Québec,* 1923-24 et 1927-28.

inspirer des pensées et des affections tout à fait contraires à la Religion, à la pureté des mœurs, et à la charité du prochain » [5], et auxquelles on ne pouvait assister sans pécher mortellement. Il profita de l'occasion pour condamner en bloc la comédie, citant l'avis de « tant de personnes illustres en doctrine et en sainteté » qui voyaient dans le théâtre, quelles que soient les pièces présentées, une institution corruptrice, sordide, et tendant à la dissolution des mœurs.

Il n'en fallait pas plus pour déclencher une guerre ouverte entre l'évêque et le gouverneur général. Les récriminations mutuelles s'accumulèrent devant le Conseil souverain à Québec, et jusque devant le Conseil du Roi à Paris (corps qui se tira d'affaire en donnant tort aux deux, tout en refusant de prononcer un jugement contre l'un ou l'autre). Deux sujets principaux alimentaient la querelle : l'un, le cas de Mareuil, ami de Frontenac et blasphémateur convaincu, qui devait jouer le rôle de Tartuffe, l'autre, le conflit endémique entre les deux autorités civile et religieuse. Pendant que la querelle traînait, la question de la représentation même fut réglée, de façon efficace sinon édifiante : l'évêque offrit au gouverneur cent pistoles pour revenir sur sa décision. Frontenac accepta la somme offerte et *Tartuffe* ne fut pas joué.

Ce n'était en lui-même qu'un petit incident, une anecdote amusante si l'on veut, mais à conséquences extrêmement importantes pour l'histoire du théâtre au Canada. Lorsque Saint-Vallier lança sa condamnation catégorique de la comédie, il inaugura une politique hostile au théâtre qui devait être suivie par tous ses successeurs jusqu'à la fin du régime français, et même au-delà. A peu d'exceptions près, l'interdiction portée contre la comédie, interdiction provoquée par la rumeur d'une représentation de *Tartuffe,* mit effectivement fin à toute tentative théâtrale de la part des Canadiens français pendant près d'un siècle [6].

Après une si longue période de suppression du théâtre à Québec — le cas curieux d'une représentation du *Festin de Pierre* dans cette ville en 1765 [7] demeure isolé, semble-t-il [8] — et malgré l'opposition toujours bien vive du clergé, on trouve vers la fin du XVIIIe sièlce les premières indications d'un mouvement théâtral qui devait lancer l'histoire du théâtre francophone dans la vieille capitale. Une lettre anonyme dans la *Quebec Gazette* du 20 janvier 1791 fait allusion à une querelle, apparemment déjà en cours, entre

5. Mgr H. TÊTU et Abbé C.-O. GAGNON, éd., *Mandements, lettres pastorales et circulaires des évêques de Québec* (Québec, 1887-88), I, 303.

6. Pour les rares exceptions découvertes au cours de nos recherches, voyez Marjorie A. Fitzpatrick, « The Fortunes of Molière in French Canada », thèse de doctorat, inédite (University of Toronto, 1968), Introd., xxv-xxix.

7. Il y eut dans la *Quebec Gazette* du 11 avril 1765 l'annonce d'une représentation du *Festin de Pierre* qui devait avoir lieu le 15 « A la Basse Ville, à l'Enseigne du Québec, chez le Sieur *Jean Roi* ». Un certain Pierre Chartier (jamais autrement identifié) devait en être le metteur en scène. A notre connaissance, ce fut la première représentation d'une comédie de Molière sur le territoire du Canada actuel. Il faut supposer, étant donné la date, qu'il s'agissait de la version tronquée par Thomas Corneille, mais on considérait à l'époque que la pièce était pour l'essentiel l'œuvre de Molière.

8. Exception faite d'un « divertissement public » donné en 1765 en l'honneur du Roi d'Angleterre et mentionné dans la *Quebec Gazette* du 24 octobre.

les autorités ecclésiastiques de la ville et un groupe d'amateurs qui venait de jouer *Le Malade imaginaire,* et peut-être *L'Avare* [9]. Evénement capital que ce spectacle, et pour notre sujet et pour l'histoire du théâtre francophone au Canada, puisqu'il marque le début, sous le signe de Molière, d'une série de représentations qui constitua la première « saison théâtrale » régulière à Québec. Le correspondant anonyme du 20 janvier écrit :

> On ne s'était pas imaginé (...) que l'on se recrierait contre un amusement décent et honête que quelques jeunes Messieurs Canadiens de cette ville ont bien voulu procurer au public en représentant quelques pièces de théâtre ; car il faut convenir que loin d'être contraires aux bonnes mœurs, la plupart des comédies contiennent des leçons très utiles. On voudroit persuader que le théâtre est dangereux pour la jeunesse qui le fréquente ; mais cela n'est point du tout vraisemblable ; au contraire, un peu de réflexion nous convaincra que les acteurs et les spectateurs mêmes pouroient employer le tems qu'ils donnent à ces spectacles dans des amusemens beaucoup moins décens, beaucoup plus préjudiciables aux bonnes mœurs, à leurs intérêts, à leur santé et à l'édification du prochain [10].

Il est certain que l'objection aux activités des « Messieurs Canadiens » provenait de milieux ecclésiastiques, bien qu'aucun mandement sur le sujet ne fût émis à l'époque. On sait que Monseigneur Hubert partageait l'avis de son prédécesseur lointain, Saint-Vallier, sur le danger que représentait le théâtre [10], et que cette attitude dura et influença la politique de l'Eglise de Québec jusqu'au XXe siècle. On sait aussi que Monseigneur Plessis, alors secrétaire de Monseigneur Hubert, fit tout ce qu'il put plus tard comme curé de Québec (1792-97) et comme évêque à son tour (1801-25) pour décourager les activités dramatiques [11].

Néanmoins, les Messieurs Canadiens donnèrent une seconde représentation du *Malade imaginaire,* avec *Le Barbier de Séville,* le 26 février 1791, et terminèrent leur première saison par une autre représentation de Beaumarchais le 2 mars [12]. Leur deuxième « saison » ne consistait qu'en un seul

---

9. L'ambiguïté provient du passage suivant d'une lettre qui parut le 27 janvier dans la *Quebec Gazette* :

> L'Aimable Comedie de l'inimitable Moliere, que de jeunes Messieurs Canadiens ont représentée dernierement, a été accueillie par un nombre de personnes respectables de cette ville, et aux acteurs a mérité des applaudissemens. *Le Malade imaginaire, le Harpagon* [*sic*] ont surtout excellé.

Nous suivons ici, comme dans la plupart des autres citations de vieux journaux qui paraissent dans cet article, l'orthographe et la ponctuation de l'original. Nous n'avons pas hésité à corriger des fautes d'orthographe et de ponctuation qui nous paraissaient relever exclusivement d'une impression défectueuse.

10. On notera, par exemple, son conseil à l'abbé Brassier, mentionné plus loin dans notre texte. Dans une querelle entre Monseigneur Hubert et son coadjuteur, Charles-François Bailly, un des sujets de discussion rendus publics par la *Quebec Gazette* était la valeur morale de la comédie, soutenue par Bailly et niée par Hubert. Il faut accorder sa juste part au simple esprit de chicane qui envenima toute cette querelle, dans laquelle la question de la comédie fut loin d'être la plus grave.

11. Voyez abbé J.-B.-A. Ferland, « Notice biographique sur Monseigneur Joseph-Octave Plessis, évêque de Québec », *Foyer canadien, recueil littéraire et historique,* I (1863), 71-138, *passim,* et Auguste Viatte, *Histoire littéraire de l'Amérique française des origines à 1950* (Québec, 1954), pp. 56-57.

12. *Quebec Gazette* des 10 et 17 mars 1791.

spectacle, mais d'un rare éclat. Le prince Edouard, duc de Kent, venait de faire rénover à ses propres frais le Théâtre du marché à foin (utilisé jusqu'alors surtout par des troupes anglophones), et l'on s'attendait à trouver le prince parmi l'assistance distinguée du gala de réouverture le 18 février 1792. Les « Jeunes Messieurs Canadiens », comme ils s'appelaient alors, confièrent encore leurs fortunes à Molière en choisissant pour l'occasion *La Comtesse d'Escarbagnas* et *Le Médecin malgré lui,* qu'ils jouèrent aux applaudissements enthousiastes de spectateurs nombreux [13].

Au cours de l'hiver suivant, la troupe présenta un programme de dix pièces en tout, dont cinq de Molière : *L'Avare, Les Précieuses ridicules, George Dandin, Le Bourgeois gentilhomme* et *Monsieur de Pourceaugnac.* Après une année où il n'y eut pas de théâtre en français à Québec, les amateurs revinrent à la charge en 1795-96, donnant *Le Festin de Pierre* et *Le Bourgeois gentilhomme* dans leur programme de sept spectacles [14].

On verra qu'un semblable mouvement se mettait en marche vers la même époque à Montréal, mais avant d'en voir les détails, notons que quelques-uns des rares spectacles donnés dans cette ville au cours des années précédentes et dont nous connaissons le titre étaient également des comédies de Molière. E.-Z. Massicotte fut le premier à reconnaître l'importance de plusieurs documents, trouvés dans le Château de Ramesay à Montréal et publiés dans le *Bulletin des recherches historiques* de 1917, où il semble être question de représentations en français du *Bourgeois* [*sic*], du *Médecin* et de *Me Boune* données en 1774 par des soldats anglais en garnison à Montréal [15]. Léopold Houlé va jusqu'à identifier les deux premières de ces pièces avec *Le Bourgeois gentilhomme* et *Le Médecin malgré lui* [16]. Quoi qu'il en soit, Massicotte a trouvé quelques années plus tard la preuve que ces mêmes soldats ont demandé et reçu la permission d'utiliser l'ancien bâtiment des Jésuites (qui en auraient sans doute apprécié l'ironie) pour une représentation des *Fourberies de Scapin* au cours de l'hiver de 1780-81 [17]. L'année suivante, selon une lettre du protonotaire Joseph-François Perrault à son père, on faisait des préparatifs à Montréal pour une représentation des *Fourberies de Scapin* pendant le carnaval [18].

A Montréal cependant, comme à Québec, ce ne fut qu'au début de la dernière décennie du siècle qu'apparurent les premières indications d'un vrai mouvement théâtral sous des auspices canadiens-français. Si les amateurs qui en étaient responsables marquèrent une préférence beaucoup plus nette pour le répertoire du XVIIIe siècle que ne le faisaient ceux de Québec, il n'en est

13. *Quebec Gazette* du 16 janvier 1792. Voyez aussi le commentaire de Pierre-Georges Roy dans le *Bulletin des recherches historiques* (ci-après *BRH*), XLIII, 2 (février 1937), pp. 34-35.

14. *Quebec Gazette, passim.*

15. *BRH,* XLIII, 12 (décembre 1917), pp. 373-374.

16. *L'Histoire du théâtre au Canada : pour un retour aux classiques* (Montréal, 1945), p. 43.

17. « Recherches sur les spectacles à Montréal, de 1760 à 1800 », *Mémoires de la Société Royale du Canada,* 3e série, XXVI (1932), pp. 115-117.

18. Marine Leland, « Joseph-François Perrault : Années de jeunesse — 1753-1783 », extrait de la *Revue de l'Université Laval,* XIII, 2-3 (octobre-novembre 1958), et 5-9 (janvier-mai 1959).

pas moins vrai que l'œuvre de Molière figurait dans leur programme. Comme à Québec, l'annonce dans la *Montreal Gazette* du 19 novembre 1789 qu'un groupe d'amateurs devait présenter cinq jours plus tard des comédies de Regnard et de Florian déclencha une réaction furieuse de la part des autorités ecclésiastiques, d'autant plus que la représentation du 24 ne serait, semblait-il, que la première d'une série de spectacles qu'on comptait donner sous forme de « saison » par abonnement. Monseigneur Hubert, auquel le vicaire général Brassier a adressé une lettre de plainte, conseilla la discrétion et la modération quand on en parlerait de la chaire [19], mais affirma sa conviction que la comédie représentait en effet un grave danger moral [20].

Malgré cette opposition, cependant, les Jeunes Messieurs Canadiens ont persévéré dans leur projet, donnant *Le Médecin malgré lui* et plusieurs autres spectacles au cours de l'hiver. Un correspondant de langue anglaise qui signe « Senex » loua le choix de Molière dans une lettre publiée dans la *Montreal Gazette* du 14 janvier 1790, date de la représentation :

> [French] comedy is a school of manners, while ours has been too often that of vice. — In the display of peculiar character the French excel. All Molière's best pieces are of this kind ; his *Avare,* for instance, his *Misanthrope,* his *Tartuffe.* — Besides Molière, France has produced several other eminent comic writers, such as Regnard, Dufresny and Marivaux, whose compositions are strongly marked with chastity and decency ; — but the Writer whom they celebrated most, and most justly, is Molière. For Comic Powers, in all the distinguished reign of Louis the 14th, he was the most distinguished. — For, even according to Voltaire, he has reached the summit of comic perfection.

Des vingt autres pièces à titre connu que les amateurs ont données jusqu'en 1797 (quand nous les perdons de vue), on ne trouve du XVIIe siècle que *Le Médecin malgré lui,* représenté encore le 28 décembre 1795, et la farce moliéresque de Hauteroche, *Crispin médecin* [21].

Après quelques années où les journaux de Québec et de Montréal ne signalent aucun spectacle en français, des activités dramatiques ont repris, et cette fois-ci Molière revient au premier plan dans les deux villes. Selon des annonces dans la *Quebec Gazette* et *Le Canadien,* les « Messieurs Canadiens » ont donné trois représentations du *Mariage forcé,* deux du *Malade imaginaire* et de *L'Avare,* et une des *Fourberies de Scapin,* du *Médecin malgré lui* et des *Précieuses ridicules* parmi les dix-huit pièces qu'ils ont jouées

---

19. Après un sermon où il avait manifesté son mécontentement de façon indiscutable, M. Déséri, curé d'office de Notre-Dame, s'était fait vilipender à la sortie de l'église par quelques-uns de ceux qui devaient participer à l'entreprise, entre autres Joseph Quesnel, futur auteur de *Colas et Colinette.* La prise à partie de Déséri fut un des sujets principaux de la lettre de Brassier à son supérieur.

20. La lettre de M. Brassier est conservée aux archives de la chancellerie du diocèse de Montréal, n 901.012 — Carton 2 (Brassier, Gabriel-Jean, vic. gén. — 1789-1796). Nous tenons à remercier Monsieur l'abbé François Beaudin, archiviste, pour son aide au cours de nos recherches aux archives de la chancellerie.

On trouvera la substance de la lettre de réponse de Monseigneur Hubert, datée du 30 novembre, dans « L'Inventaire de la correspondance de Mgr Hubert », *Rapports de l'archiviste de la province de Québec,* 1930-31, p. 223.

21. Sauf indication contraire, nous avons puisé nos renseignements sur les spectacles montés par les amateurs à Montréal dans la *Montreal Gazette, passim.*

à Québec entre 1804 et 1808 [22]. A Montréal le « Théâtre de Société » se remit en marche le 29 novembre 1804 (selon l'annonce de la *Montreal Gazette* du 26) avec une représentation du « FESTIN DE PIERRE, Comédie en cinq actes, par Monsr. De Molière ». Pendant le seul hiver de 1804-05 les amateurs montréalais jouèrent encore sept autres comédies, dont *Le Médecin malgré lui* et *L'Avare.*

Puisque ces représentations ont été les dernières en français dans les deux villes jusqu'à bien plus tard, on peut appeler les vingt années qui s'étendent de 1789 à 1808 le « premier chapitre », en quelque sorte, de l'histoire du théâtre au Canada français. On peut aussi juger de l'importance du rôle de Molière dans cette période, rien qu'en considérant les statistiques. Non moins de onze de ses comédies furent présentées alors sur la scène québécoise, et plus de la moitié de toutes les représentations que les amateurs y ont données furent consacrées à son répertoire. A Montréal, malgré le fait que la prédilection pour le XVIIe y était beaucoup moins marquée, une représentation sur cinq ou six était consacrée à une comédie de Molière. Dès son origine, alors, le théâtre au Canada français témoigne de la présence de Molière.

Lorsque l'annonce de spectacles en français reparut dans les journaux (en 1814 à Québec, en 1815 à Montréal), le charme exercé par Molière sur les troupes d'amateurs et sur le public, bien qu'un peu atténué, subsista. D'ailleurs, on a donné entre 1814 et 1840 le même nombre de représentations (quatorze) de ses comédies dans les deux villes. De 1815 à 1818, période particulièrement active à Montréal, des troupes d'amateurs ont donné *L'Amour médecin, L'Avare, Le Malade imaginaire* et *La Comtesse d'Escarbagnas.* A Québec, vers la même époque, il y eut des représentations par divers groupes d'amateurs des *Fourberies de Scapin,* du *Médecin malgré lui,* de *Monsieur de Pourceaugnac* et du *Mariage forcé* [23].

En 1827 il y eut même un moment où deux troupes d'amateurs différentes à Montréal eurent le projet de jouer une des pièces de Molière, à trois jours l'une de l'autre. *Le Malade imaginaire,* représenté le 24 avril, reçut du journaliste qui en fit le compte rendu dans *La Minerve* un accueil moins chaleureux que *L'Avare,* donné le 27, mais on insista surtout sur l'aubaine inusitée pour le public d'avoir le choix au cours d'une même semaine entre deux Molière. Une représentation des *Fourberies de Scapin,* qui faisait partie d'une sorte de fête champêtre organisée en 1837 par Louis Panet à son manoir de Castel-Coucy, près de Québec, inspira l'éditeur du *Canadien* à suggérer qu'on pourrait s'en servir comme modèle pour la formation d'autres « théâtres de société », où l'on pourrait voir du bon théâtre dans une atmosphère de moralité irréprochable [24].

22. Voyez ausssi des articles dans le *BRH,* XLII, 5 (mai 1936), 300-303, et XLIII, 3 (mars 1937), 65*ss.*

23. En plus des journaux des deux villes, voyez l'article sur le Théâtre du marché à foin dans le *BRH,* XLIII, 4 (avril 1937), 97.

24. *Le Canadien,* 30 janvier 1837. « Nous croyons pouvoir dire, écrivit l'éditeur, (...) que la pièce qui a été représentée est une des plus difficiles du genre que renferme le répertoire français, les acteurs étaient de jeunes et novices amateurs, et que malgré cela de nombreux applaudissemens ont acqueilli [*sic*] leurs efforts dans une tâche qu'on aurait pu croire téméraire ».

Pourtant, le nombre de spectacles montés pendant toute cette période demeura sévèrement limité, à cause, surtout, de l'opposition de l'Eglise à toute tentative théâtrale. Des lettres véhémentes qui paraissaient de temps à autre dans les journaux, souvent en réaction à des sermons contre le théâtre, révèlent que le clergé y voyait toujours une occasion de péché. Il n'est pas étonnant alors que même après un demi-siècle de représentations plus ou moins fréquentes il n'existe aucun théâtre professionnel canadien-français, et que les activités des amateurs (qui étaient responsables de toutes les représentations du répertoire de Molière) demeurent au niveau d'efforts décousus.

Toute fragile que fût la tradition théâtrale créée au Canada par ces amateurs entre 1789 et 1840, elle avait pourtant établi sur la scène canadienne-française les semences d'une « présence de Molière ». Pendant le demi-siècle qu'a duré cette époque de la naissance du théâtre francophone au Nouveau Monde, le nom du grand auteur français a dominé la scène, à Québec comme à Montréal. Même si les journaux ne nous apprennent, la plupart du temps, que le titre et la date des représentations, la forte proportion des comédies de Molière dans le nombre total de spectacles donnés fut en elle-même significative. On remarquera aussi que les amateurs ont donné leur préférence, comme on pouvait s'y attendre d'ailleurs, aux farces et aux autres comédies de Molière où l'aspect visuel et la bouffonnerie prédominaient. Si les spectacles des amateurs n'avaient pas l'élégance des grandes mises en scène de la métropole, il y a toute raison de supposer qu'ils avaient la vigueur robuste, la naïveté franche et ouverte, la spontanéité réservées aux seules activités d'amateurs. Désireux d'attirer un public qui constituerait un jour une clientèle régulière (du moins on l'espérait), ces pionniers du théâtre au Canada français ne pouvaient mieux choisir qu'en mettant souvent au programme les comédies riches en humour et en vérités universelles de Molière.

Vers 1840 le théâtre canadien-français, comme tous les arts autochtones, a reçu une nouvelle impulsion de source tout à fait inattendue. Le *Rapport* célèbre de Lord Durham, publié en 1839, ne prévoyait pas d'autre solution au « problème » que posait le peuple canadien-français que l'assimilation, et cela le plus rapidement possible. Vu, selon lui, le divorce total des Canadiens français d'avec leur pays d'origine (il pensait à la France), et vu leur situation actuelle dans un pays qui serait bientôt à majorité anglophone, à côté déjà d'un colosse anglophone, Durham trouvait inconcevable la survivance de ce peuple « sans histoire » et « sans littérature ». Le résultat de cette nécrologie prématurée fut, on le sait, le déclenchement d'un mouvement créateur comme on n'en avait jamais vu dans la communauté francophone du Canada. Maisons d'édition, revues littéraires, publications historiques, instituts de lettres foisonnèrent à Québec et surtout à Montréal pendant les vingt années qui suivirent la publication du *Rapport* de Durham, et mirent fin à l'opinion selon laquelle les Canadiens français assisteraient passivement à leurs propres obsèques. Le théâtre participa à cet épanouissement général surtout en donnant dès lors la préférence aux pièces écrites par des Canadiens eux-mêmes.

Ce nouveau départ, très sain en lui-même, a eu pour effet de décourager pendant longtemps la représentation des comédies de Molière par les troupes d'amateurs. Sans disparaître tout à fait de la scène, ses œuvres se jouèrent très rarement au Canada après 1840, et ne connurent une popularité égale à celle des premières années qu'un siècle plus tard, avec le triomphe des Compagnons de Saint-Laurent. Pendant que les amateurs mettaient en valeur les œuvres canadiennes, des comédiens professionnels français venaient de plus en plus fréquemment à Montréal, où ils jouèrent surtout les pièces du répertoire contemporain — quelquefois de qualité assez médiocre — qui tenaient l'affiche en France. Le public, dont les goûts furent formés en partie par une critique trop prête à louer sans distinction tout ce qui venait de France, s'habitua peu à peu à se satisfaire des mélodrames, des vaudevilles et des boulevards qui faisaient les frais des salles commerciales. Lorsqu'on eut, à de rares moments, l'occasion de voir une pièce de Molière jouée par quelque artiste distingué en visite — comme ce fut le cas en 1893, par exemple, quand Constant Coquelin parut dans *Tartuffe* [25] — la critique fut incapable de trouver des éloges plus forts que ceux dont elle couronnait régulièrement les mélodrames les plus douteux.

Ce fut ironiquement la réussite même des salles commerciales qui provoqua enfin un revirement important dans l'attitude des autorités ecclésiastiques envers le théâtre. Sans aller jusqu'à se prononcer en faveur du théâtre, le clergé commença vers la fin du XIXe siècle à encourager discrètement les activités d'un nombre de petits groupes d'amateurs qui avaient comme but de rivaliser avec les acteurs professionnels trop enclins à céder aux impératifs commerciaux. Il reconnaissait enfin une distinction entre le « bon » théâtre — les œuvres de bon goût et de moralité saine parmi lesquelles furent classées la plupart des comédies de Molière, maintenant jugées inoffensives — et le « mauvais » théâtre de Dumas *fils,* de Sardou, de Bataille, qu'on présentait sur les scènes commerciales.

A cette nouvelle attitude du clergé vint s'ajouter l'idée de plus en plus répandue parmi les Canadiens français instruits que le théâtre classique français représentait un élément très important du patrimoine culturel des Canadiens. Le grand nationaliste que fut Lionel Groulx exprima cette opinion en disant en 1912, au premier Congrès de la langue française au Canada :

> Il faut aller à la littérature classique, parce que nulle plus que toi, ô littérature de Corneille, de Molière, de Boileau, de Pascal, de Bossuet, nulle plus que toi n'est... canadienne ! [26]

Le théâtre classique jouissait donc d'un certain cachet vers le début du XXe siècle. Il n'y eut cependant pas de hausse correspondante dans la popularité des œuvres du répertoire classique, bien qu'on jouât par-ci par-là une comédie de Molière. Cette apathie du public s'explique si l'on tient compte

---

25. Personne ne semble avoir remarqué à l'époque que ce fut la première représentation de la comédie au Canada ; les journaux n'en dirent rien, et il n'y eut pas de protestation publique de la part des autorités ecclésiastiques. Dans les paroles de Jean Béraud, *Tartuffe,* « cette fois, en création au Canada, passe comme lettre à la poste ». (*350 ans de théâtre au Canada français* [Montréal, 1958], p. 80.)

26. Allocution prononcée le 25 juin 1912, publiée dans le *Premier Congrès de la langue française au Canada, Québec 24-30 juin 1912 : Mémoires* (Québec, 1913-14), I, 264.

de l'état toujours peu développé de la critique, de la qualité très variable des représentations par les professionnels, et peut-être même d'une certaine crainte parmi le peuple que cette approbation quasi-officielle signifiât que le théâtre classique « n'était pas fait pour lui ». M. Victor Barbeau, qui se plaignait souvent dans ses *Cahiers de Turc* du mauvais état du théâtre au Canada, fit en 1922 cette observation sèche :

> Bénissons le centenaire qui nous a permis d'entendre au moins une scène du *Misanthrope,* enlevée avec assez d'allure, et le *Malade imaginaire* monté par des amateurs. Nos professionnels se sont tus. C'était le plus bel hommage à rendre à l'auteur du **Dépit amoureux** [27].

En effet, l'état précaire des salles commerciales, minées par la concurrence du cinéma et de la radio, avait eu pour résultat une baisse progressive de la qualité des programmes et des artistes qu'on pouvait y voir. La crise économique de la fin des années '20 a failli donner le coup de grâce au théâtre, et l'avenir du théâtre classique en particulier n'avait jamais paru si sombre.

Par ironie, la renaissance — certains diraient « la naissance » tout court — du théâtre au Canada français allait provenir des efforts d'un jeune prêtre passionné de théâtre, le Père Emile Legault, c.s.c. L'Eglise, qui s'était opposée pendant si longtemps au développement du théâtre au Canada, fut le symbole sous lequel le théâtre serait sauvé. Ce fut en 1937 que plusieurs jeunes amateurs se réunissent sous la direction du Père Legault pour célébrer le centenaire de la paroisse Saint-Laurent en jouant une sorte de moralité sur le parvis de la cathédrale Notre-Dame à Montréal. Le Père Legault, récemment rentré de France où il avait fait des études avec Henri Ghéon, disciple de Jacques Copeau [28], décida de profiter de la réponse enthousiaste du public pour lancer avec ses amateurs une série de spectacles qu'il espérait animer d'un esprit religieux et maintenir à un haut niveau artistique [29]. Ce programme, qui a duré deux ans, est à l'origine du « renouveau du théâtre » célébré par tous les historiens de l'art dramatique du Québec.

Puis, en 1939, les Compagnons de Saint-Laurent (comme ils s'appelaient) reconnurent, selon le Père Legault, « que l'humanisme plénier est illimité dans ses possibles annexions et que l'Eglise doit être aux avant-postes de l'évolution culturelle ». Il poursuit :

> C'est pourquoi nous avons opté (...) pour le théâtre tout court : religieux et profane, à condition qu'il fut [*sic*] un théâtre d'art bien en santé, poétique, où le jeu et la convention entreraient en composantes harmonisées [30].

En conformité avec cette nouvelle conception du rôle des Compagnons le Père Legault, selon Jean Hamelin, « tourne brusquement casaque et décide

---

27. *Cahiers de Turc* (mars 1922), p. 84.
28. Jean HAMELIN, « Theatre Today : French Canada », *Tamarack Review* (autumn 1959), p. 39.
29. Voyez les *Confidences* du Père Legault (Montréal, 1955), pp. 95-98.
30. Passage d'un résumé de l'histoire des Compagnons dans la notice insérée dans le programme du *Bourgeois gentilhomme,* donné par les Compagnons de Saint-Laurent en 1948.

de se coltiner avec Molière [31] ». En effet, ce fut *Le Misanthrope* que la troupe choisit en 1939 pour son entrée dans le monde du théâtre profane. Le choix de cette pièce n'avait d'ailleurs rien d'arbitraire : le Père Legault avait rapporté de France la mise en scène du *Misanthrope* publiée par Jacques Arnavon, que le prêtre se sentait capable d'adapter à la conception plus spiritualiste de son idole, Jacques Copeau. De plus, il avait à sa disposition le talent dramatique du comédien Paul Dupuis, en qui il voyait l'incarnation parfaite du rôle principal. Fait plus important encore, *Le Misanthrope,* tel que le Père Legault comptait le jouer, convenait à l'esprit qui devait animer tous les programmes des Compagnons, esprit qu'il a défini plus tard de cette façon :

> S'ils [les Compagnons] ont un mérite c'est de proposer, au moment où l'on s'efforce davantage vers le règne de l'esprit, l'unique formule qui vaille de compter : un théâtre poétique, populaire, spiritualiste, présenté dans une rigueur esthétique, au milieu d'un climat chrétien [32].

Pour les Compagnons, donc, le théâtre devait constituer pour les spectateurs de toutes classes une expérience à la fois esthétique et spirituelle. Si Molière est devenu par la suite l'auteur d'élection des Compagnons, c'est parce que son œuvre répondait plus particulièrement à cette double définition du théâtre.

La critique la plus avisée saisit tout de suite la signification du nouveau départ que représentait *Le Misanthrope* des Compagnons. Lucien Desbiens du *Devoir,* par exemple, parla ainsi de la première, à laquelle il avait assisté la veille (4 décembre 1939) :

> La représentation du *Misanthrope* (...) marque une date non seulement dans l'histoire encore jeune des Compagnons de Saint-Laurent mais dans les annales du théâtre chez nous. L'expérience tentée et réussie pleinement par les disciples de Jacques Copeau prouve que le théâtre classique rajeuni par une mise en scène dont la lumière et les draperies font les principaux frais reste encore l'expression la plus belle, la plus solide de l'art dramatique. Le chef-d'œuvre de Molière baignait, hier soir, dans une atmosphère de rêve et de poésie (...).

En partant du *Misanthrope,* les Compagnons ont monté un total de dix comédies de Molière pendant leurs quelque quinze années d'existence, sans jamais quitter cette formule qui les avait si bien servis dès le début, ce mélange de poésie et de franc rire, de jeu et de féerie.

Entre 1940 et 1944 les Compagnons ont joué trois comédies de Molière — *Les Femmes savantes, Le Mariage forcé* et *Les Fourberies de Scapin* — pendant que la troupe émigrait de la salle paroissiale à la Salle du Plateau, et ensuite à l'Ermitage. La production des *Fourberies* surtout, dont la première eut lieu le 21 octobre 1944, connut un succès extraordinaire et inaugura la période que le Père Legault a appelée le « vrai sommet des Compagnons » [33]. Georges Groulx interprétait le rôle de Scapin, que le Père

31. *Le Renouveau du théâtre,* p. 11.
32. *Cahiers des Compagnons : Bulletin d'art dramatique,* I, 1 (septembre-octobre 1944), 3.
33. Expression dont s'est servi le Père Legault au cours d'une entrevue qu'il nous a gracieusement accordée en avril 1967.

Legault concevait selon les indications très précises de Jacques Copeau, reproduites dans le programme des Compagnons :

> La comédie des « Fourberies », c'est une course, une poursuite ; ce que les Anglais appellent 'horse play', jeu brutal, avec une idée de force animale. On y trouve moins de traits proprement comiques — au moins dans le personnage principal — que les étincellements et les éclats d'une gaîté jeune, ardente, bondissante, intraitable, presque féroce.

Pour renforcer l'esprit de la *commedia dell'arte* et souligner l'importance du jeu, les Compagnons donnèrent leurs *Fourberies de Scapin* en masques stylisés. Pierre Daltour, un pensionnaire du Théâtre de l'Odéon, vit la comédie lorsqu'il était de passage à Montréal, et exprima ainsi à quel point la conception avait été juste, et l'exécution réussie :

> Le rideau se leva et j'éprouvai ma première stupéfaction. Qui, à Montréal, avait construit ce décor ? Le jeu commença. Un jeu aérien, dansant, bondissant. Tabarin semblait s'être joint à Molière pour en régler l'orchestration. Ma stupéfaction n'avait plus de bornes ! Mais bon sang ! Qui a monté ce spectacle ? Copeau ou Jouvet se cachent-ils à Montréal ? (...) J'assistai à une véritable réalisation d'art. Si belle et si vivante ! La parfaite tenue plastique était l'un des solides éléments de cette réussite. (...)
>
> Prodigieux ! voilà ce que je murmurai à la fin du spectacle. En quittant l'Ermitage ce soir-là, j'eus l'impression exaltante que soudain Montréal s'était rapproché de l'âme et du cœur de Paris [34].

Au cours de cette période de grande vitalité les Compagnons fondèrent une revue (les *Cahiers des Compagnons*), achetèrent un terrain à Vaudreuil pour y mener une vie communautaire, gardèrent l'anonymat et changèrent encore une fois de salle — allant cette fois au Théâtre du Gesù, que les Pères Jésuites maintenaient en relation avec le Collège Sainte-Marie. Leur production des *Précieuses ridicules* et du *Médecin malgré lui,* enlevée selon Jean Béraud « avec la vitalité du Pont-Neuf plutôt qu'avec la solennité de la Comédie-Française » [35], fut acclamée par le public, et confirma l'opinion générale que les Compagnons étaient (pour citer encore Béraud) « dans la bonne voie » quand ils jouaient Molière. L'année suivante, *Le Médecin malgré lui* valut aux Compagnons le Grand Prix du Festival national d'art dramatique [36].

Cependant, la composition et l'esprit de la troupe commençaient à subir des modifications importantes. Jean Gascon, un des comédiens les plus doués des Compagnons, partit faire des études théâtrales en France. Plusieurs des comédiens voulaient abandonner l'anonymat, qu'ils considéraient comme un symbole démodé d'une époque révolue. Un certain fléchissement était évident dans la production, au printemps 1948, du *Bourgeois gentilhomme,* que les critiques reçurent assez froidement, et dans le succès mitigé de la saison 1948-49. On parlait même de la possibilité d'une fin prochaine de cette troupe qui avait renouvelé le théâtre au Canada français.

---

34. D'un article dans *Le Devoir,* reproduit dans les *Cahiers des Compagnons,* I, 2 (novembre-décembre 1944), 49.
35. *La Presse,* 2 décembre 1946.
36. Jean HAMELIN, *Le Renouveau du théâtre,* p. 26.

En 1949, toutefois, les Compagnons ont regagné un peu de leur vigueur d'autrefois avec l'adhésion à la troupe d'un jeune acteur français. Il s'agit, bien entendu, de Guy Hoffmann, qui a fait ses débuts avec la compagnie en octobre dans le rôle principal du *Médecin volant.* Le critique Jean Luce parla ainsi du « deuxième souffle » que l'arrivée de Hoffmann avait donné aux Compagnons :

> Il y a longtemps qu'on n'avait pas ri de si bon cœur chez les Compagnons. Depuis plusieurs mois, ceux-là même qui avaient mérité la réputation d'être les meilleurs interprètes de Molière au Canada français avaient oublié, si ce n'est pas perdu le sens du comique. Mais ils viennent de le retrouver. (...) [Ils] mettent en scène leur spectacle le plus gai et le plus amusant depuis longtemps [37].

Hoffmann connut le même triomphe personnel l'année suivante dans le rôle d'Argan du *Malade imaginaire,* rôle qu'il devait jouer de nouveau sept ans plus tard comme membre du Théâtre du Nouveau Monde. Au cours d'une entrevue qu'il a bien voulu nous accorder en 1967, M. Hoffmann a insisté sur sa prédilection pour ce rôle où transparaît, dit-il, « la plénitude de *l'homme* Molière ». Yvette Thuot (Toinette), Denise Pelletier (Béline) et Jean-Louis Paris (Thomas Diafoirus) ont partagé avec M. Hoffmann les éloges dont les critiques ont comblé *Le Malade imaginaire* des Compagnons, qui a remporté aussi plusieurs prix au Festival national de 1950.

Ce ne fut cependant qu'un moment de répit pour la compagnie, qui devait disparaître avant la fin de l'année 1952. La dernière comédie de Molière par la troupe au cours d'une saison régulière [38] fut *Les Fourberies de Scapin* en 1951, avec Georges Groulx et plusieurs autres membres de la troupe dans les rôles qu'ils avaient interprétés en 1944. Il ne s'agissait pourtant pas d'une simple reprise — on ne portait plus les masques, par exemple — et la réaction des critiques à la mise en scène plutôt cérébrale de Groulx n'était pas unanimement favorable.

Pendant sa longue carrière éminente, cependant, la troupe du Père Legault avait donné au théâtre du Canada français, et plus particulièrement à l'œuvre de Molière sur la scène canadienne-française, un élan sans précédent. En jouant leurs spectacles exubérants devant des spectateurs enthousiastes à Montréal, à Québec et à Ottawa (ainsi que dans plusieurs villes des Etats-Unis), les Compagnons avaient démontré de façon éclatante que le grand public était parfaitement capable de réagir avec avidité au bon théâtre, bien joué, et que l'amour des classiques n'était pas réservé à une seule élite bourgeoise.

Mais l'influence des Compagnons ne s'arrêta pas là. Il s'est trouvé parmi les Compagnons, à un moment ou à un autre, tant d'acteurs et d'actrices qui se sont signalés depuis comme artistes de renom, qu'on serait tenté de dire que toute la semence du futur théâtre professionnel de Montréal y était contenue. Et, qui plus est, tous ceux, comédiens et comédiennes, qui devaient animer un jour le théâtre professionnel montréalais des années 1950

---

37. *La Presse,* 24 octobre 1949.
38. Le Père Legault a réuni plusieurs des anciens Compagnons en 1953 pour une production brillante du *Bourgeois gentilhomme,* donnée au Festival de Montréal.

et suivantes, ont appris les premières leçons de leur art sous la riche et douce discipline de Molière. Ce fait est de la plus haute importance puisqu'il explique en partie l'orientation de la grande troupe professionnelle des Compagnons : le Théâtre du Nouveau Monde.

On reconnaîtra parmi les fondateurs du TNM (comme on l'appelle familièrement) le nom de plusieurs anciens Compagnons : Gascon, Roux, Hoffmann, Groulx... Si les Compagnons ont initié les Canadiens français aux charmes de Molière, c'est le TNM qui a donné à ses œuvres une empreinte canadienne et qui est devenu, sous son signe, la troupe la plus connue de l'histoire du théâtre au Canada français. Pendant environ les quinze premières années de la compagnie, le TNM a maintenu Molière comme son domaine presque exclusif dans le monde du théâtre professionnel de Montréal, et a atteint, en jouant ses œuvres, une renommée internationale.

En octobre 1951, au moment même où l'on entrevoyait la disparition prochaine des Compagnons, le TNM a présenté son premier spectacle : *L'Avare*. Jean Gascon incarnait un Harpagon sombre, dans une interprétation qui ne plut pas à tous les critiques mais qui ne manqua pas pour autant de montrer la haute qualité et le grand sérieux de la nouvelle troupe. Maurice Blain, dans son bilan de l'année théâtrale publié dans *Le Devoir* du 14 juin 1952, jugea *L'Avare* du TNM la meilleure création de la saison précédente à Montréal. Le spectacle a atteint en 1951 le total jusqu'alors inouï (pour la scène commerciale) de onze représentations à Montréal ; le TNM l'a joué également à Québec et à Ottawa avant de le reprendre à Montréal au printemps suivant [39].

L'enthousiasme qu'avait engendré la première saison du TNM n'était rien à côté de l'intérêt suscité par la nouvelle que la troupe prévoyait à son programme de 1952-53 *Tartuffe*. A l'approche du 16 janvier, date de la première, on racontait partout l'histoire de « l'affaire *Tartuffe* » de 1694, et on signalait le fait que le *Tartuffe* du TNM serait la première production du chef-d'œuvre controversé de Molière par une troupe canadienne-française, à 259 ans de cet incident malheureux. Les critiques ont aimé surtout le Tartuffe d'Henri Norbert, l'Elmire de Charlotte Boisjoli et la Dorine d'Antoinette Giroux, pour ne pas parler d'une Madame Pernelle on ne peut plus drôle interprétée par Guy Hoffmann, « déguisé en une plantureuse Laura Secord », selon la description mémorable de Louis-Marcel Raymond [40]. Après *Tartuffe,* il ne faisait plus de doute que le TNM allait ajouter une page importante aux annales de la présence de Molière au Canada français. En même temps, c'était surtout par sa façon de jouer les œuvres de Molière qu'on commençait à définir le style particulier du TNM. Un critique anonyme a exprimé cette idée dans *La Revue des arts et des lettres* de Radio-Canada :

> C'est Jean Giraudoux, je pense, qui écrivait de la Comédie-Française qu'elle se trouve tout entière dans le théâtre de Molière. En manière de paraphrase, on pourrait proposer que c'est dans le théâtre de

39. On trouvera des détails intéressants sur tous les spectacles montés pendant la première décennie du TNM dans le volume d'Eloi de Grandmont, *Dix ans de théâtre au Nouveau Monde ; histoire d'une compagnie théâtrale canadienne* (Montréal, 1961).

40. Dans son compte rendu au *Devoir* du 19 janvier 1953.

Molière que la Compagnie du Nouveau Monde a découvert sa mesure et son génie. Hier avec l'AVARE, avec le TARTUFFE aujourd'hui, elle atteint à la mesure du très grand art, et peut-être du chef-d'œuvre [41].

Au cours des deux premières années le TNM avait manifesté sa volonté d'aborder même les plus difficiles des comédies de Molière, et le public y avait répondu en faisant de *L'Avare* et de *Tartuffe,* respectivement, le grand triomphe de la saison [42]. Il en fut de même en 1953-54, quand la compagnie présenta *Don Juan,* avec Jean Gascon dans le rôle principal. Le grand seigneur à la fois hautain et pensif incarné par Gascon fut mis en relief de façon efficace par le jeu haut en couleur de Jean Dalmain dans le rôle d'un Sganarelle drôle et sympathique. Ce troisième triomphe critique et commercial dans un chef-d'œuvre de Molière renforça les liens qui unissaient de plus en plus le TNM au grand auteur comique, et révéla en même temps l'énorme fonds de talent dont disposait la troupe. Un critique alla même jusqu'à dire, en parlant du *Don Juan* du TNM, que c'était à Molière qu'on devait la survivance du théâtre à Montréal [43].

L'année suivante le TNM a montré sa souplesse en quittant brusquement la voie des grandes pièces de Molière pour monter plutôt un spectacle composé du *Mariage forcé,* de *Sganarelle* et de *La Jalousie du barbouillé,* spectacle qu'on appela tout de suite les *Trois farces.* Comme avant, le spectacle Molière fut le grand succès de l'année pour le TNM, qui le joua devant des salles combles pendant plusieurs semaines. EN 1955 le TNM devint la première troupe de l'histoire canadienne à être invitée à participer au Festival international d'art dramatique à Paris [44]. La décision prise par la troupe d'y jouer son spectacle des *Trois farces,* au lieu par exemple d'une pièce canadienne, avait de quoi effrayer certains et déplaire à d'autres. Elle s'est montrée pleinement justifiée, toutefois, quand le TNM remporta un succès brillant au Théâtre Hébertot. Les critiques parisiens, qui semblaient s'étonner un peu de l'éclat de la représentation, comblèrent d'éloges cette troupe canadienne qui avait osé jouer Molière en plein Paris. Appelant les *Trois farces,* « un des meilleurs spectacles du Festival » et le TNM « une 'Maison de Molière' », M. Robert Kemp dit dans *Le Monde* :

> Les mots de Molière, ses phrases grasses, qui vont d'un pas si ferme, par droit chemin, y sonnent comme il faut ; avec la force d'une parade sur le Pont-Neuf. La verve et le naturel éclatent à l'aise. (...)
>
> (...) Nous sommes sortis de là épanouis [45].

Le triomphe indiscutable du TNM à Paris marque une date importante dans l'histoire du théâtre au Canada français. Pour la première fois, la critique du vieux continent avait approuvé le style distinctif d'une troupe cana-

41. *La Revue des arts et des lettres,* 20 janvier 1953.
42. M. Pierre Hébert du TNM nous a très gracieusement accordé la permission de consulter le rapport statistique qu'il a établi sur les programmes du TNM. C'est surtout à cette source que nous avons puisé nos renseignements sur la popularité relative des spectacles de Molière montés par la troupe.
43. Paul-Emile Racicot, S.J., « Don Juan », *Relations,* 158 (février 1954), p. 52.
44. Grandmont, *Dix ans de théâtre,* p. 142.
45. *Le Monde,* 28 juin 1955.

dienne dans la représentation de l'œuvre de Molière, et le TNM n'a plus hésité à ajouter son cachet personnel à la riche tradition internationale. Si des considérations d'ordre politique, social et artistique ont persuadé la troupe de jouer désormais un répertoire plus orienté vers l'actualité québécoise, elle n'a pas pour autant cessé de maintenir la présence de Molière sur la scène canadienne en présentant tous les deux ou trois ans une de ses comédies montée à la façon particulière du TNM.

La troupe n'a pas bronché non plus devant l'idée, populaire à Paris aux années 60, de « rajeunir » les comédies de Molière en les modifiant en quelque sorte. Nous avons un exemple frappant de cet effort pour souligner le caractère universel de l'œuvre de Molière dans le spectacle composé de *George Dandin* et du *Médecin malgré lui* présenté par le TNM en 1962. Au lieu de paysans français, on voyait dans ce spectacle des habitants canadiens du XVIIIe siècle. Jean Dalmain, metteur en scène des deux pièces, signala une certaine unité de tempérament et de langage entre les paysans du vieux continent et les habitants du nouveau qui permettait qu'on fasse cette transposition hardie sans changer l'esprit ni le texte de l'original [46]. Il est évident que ce genre de rapprochement qu'on tentait entre le texte de Molière et l'histoire vécue des Canadiens français avait une implication importante pour la définition d'une œuvre « classique ». En 1963, la Canadian Broadcasting Corporation a étendu l'expérience en présentant sur sa chaîne de langue anglaise une adaptation du *Médecin malgré lui* du TNM, jouée en français mais commentée en anglais par Jean Gascon, vêtu en troubadour.

En novembre 1963, le TNM fit une autre sorte de « rajeunissement » en présentant un *Avare* situé dans le Paris de 1840. Cette fois-ci, ce fut la conception même de la comédie qui était en jeu, puisque l'interprétation sombre du rôle d'Harpagon par Jean Gascon, ajoutée aux comparaisons inévitables qu'on faisait avec des personnages de Balzac, créa autour de la pièce une atmosphère de misère et de tension que le comique ne pénétrait que difficilement. Ce fut donc une tentative qui ne plut pas à tout le monde, mais qui indiqua quand même que le TNM ne manquait pas d'idées créatrices ni de ressources pour les réaliser.

Sans nous arrêter sur toutes les productions d'œuvres de Molière montées par le TNM pendant ses quinze premières années, nous croyons avoir suffisamment montré pourquoi on appelait Molière, à l'époque, « l'auteur choyé » du TNM [47], et pourquoi le choix du *Bourgeois gentilhomme* pour l'Exposition universelle et internationale nous a paru si juste. Il y avait toutefois autant de nostalgie que d'éclat dans ce spectacle somptueux, qui représentait en quelque sorte la fin d'une ère. On avait réuni pour l'occasion un grand nombre de ceux qui avaient été le plus intimement associés aux grands triomphes du TNM dans le répertoire de Molière, mais la troupe s'efforçait depuis quelques années déjà de se créer une nouvelle image en mettant davantage en valeur le répertoire moderne, engagé, et surtout québé-

---

46. Nous résumons la notice de M. Dalmain insérée dans le programme du spectacle.

47. C'est l'expression utilisée par Georges-H. d'Auteuil, S.J., dans un compte rendu intitulé « Deux pièces, deux réussites », *Relations*, 193 (janvier 1957), p. 8.

çois. Jean Gascon, metteur en scène du *Bourgeois gentilhomme,* ne faisait même plus officiellement partie de la compagnie, ayant remis sa démission en 1966. Guy Hoffmann était parti avant Gascon. D'autres troupes professionnelles de qualité, comme le Rideau-Vert, avaient récemment commencé elles aussi à monter du Molière, qu'elles avaient laissé jusqu'alors presque exclusivement au TNM. On peut donc dire, surtout en ce qui concerne la production de l'œuvre de Molière, que c'est une nouvelle époque du théâtre canadien-français qui commence vers le milieu des années 60. Si nous avons choisi cependant de porter notre attention plutôt sur les Compagnons et sur le TNM des quinze dernières années, c'est parce que ces deux compagnies ont établi les bases solides sur lesquelles repose de nos jours la présence de Molière au Canada.

Nous avons déjà parlé du grand rôle joué par la troupe du Père Legault dans la formation dramatique de la plupart des membres du TNM. Signalons aussi que les Compagnons, avec leur vigueur d'amateurs alliée à une profonde conscience esthétique, avaient servi de modèle à nombre d'autres troupes de haute qualité vers la même époque, et notamment aux Comédiens de la Nef, de Québec [48]. Grâce aux activités des Compagnons et des autres troupes qui s'inspiraient d'eux, des Canadiens français de toutes classes avaient découvert que l'art et le rire ne s'excluent pas et qu'ils pouvaient, eux aussi, participer de façon active au grand jeu, au fond éminemment humain, qu'est le théâtre de Molière.

Mais c'est le TNM surtout qui a élevé au rang du grand art la représentation de Molière au Canada. Si la troupe s'est montrée capable d'enlever avec brio les petites farces simples, elle a manifesté aussi sa capacité d'explorer à fond les subtilités de *Tartuffe,* de *Don Juan,* des *Femmes savantes* [49]. Ses adaptations audacieuses ont eu pour effet à la fois de rendre les œuvres de Molière plus vivantes pour les spectateurs canadiens et de montrer que le Canada français peut apporter une contribution de valeur au théâtre francophone universel. On entrevoit les expériences courageuses du TNM derrière les spectacles ambitieux d'autres troupes professionnelles, comme *Les Femmes savantes* à décor « avant-gardiste ou intemporel » [50] montées par la Nouvelle Compagnie Théâtrale en 1967. Le TNM, en somme, s'est servi des comédies de Molière non seulement pour se distinguer sur les deux continents, mais aussi pour donner à d'autres compagnies canadiennes-françaises une conscience plus forte de leur propre génie créateur. En ce sens-là surtout, l'influence des spectacles Molière montés par le TNM dépasse de beaucoup leur importance purement quantitative.

A l'époque actuelle, l'œuvre de Molière ne fait plus exception dans le répertoire qui se joue au Canada. Qu'il s'agisse des tournées des Jeunes Comédiens dans les provinces anglophones ou de celles du Théâtre Populaire du Québec dans la province même, des belles représentations du Cercle

---

48. Troupe d'amateurs organisée en 1944 par un comédien de métier, M. Pierre Boucher. Parmi les pièces qu'elle a jouées, dans les petites villes de province pour la plupart, se trouvent *La Jalousie du barbouillé* et *Le Mariage forcé.*
49. Montées par le TNM en 1960.
50. Selon la description de Georges Groulx, metteur en scène.

Molière de Saint-Boniface ou des spectacles élégants de la Nouvelle Compagnie Théâtrale, la présence de Molière se fait sentir partout au Canada où l'on s'intéresse au « bon théâtre, bien joué » et à l'héritage culturel des Canadiens français. Dans une optique plus large encore, et en tenant compte de l'importance accordée à ses œuvres dans le programme des Compagnons de Saint-Laurent et du TNM, on pourrait dire que c'est toute la tradition théâtrale canadienne-française, maintenant si vigoureuse et si assurée, qui constitue en quelque sorte le meilleur hommage au génie de Molière.

Shakespeare dans le théâtre québécois

par Charles Bolster

(traduction française par Marguerite Charron, i.j.a.)

Il s'agit dans le présent bilan de préciser la place de Shakespeare dans le renouveau de l'art dramatique au Québec. Quatorze représentations shakespeariennes seulement figurent dans l'impressionnant répertoire du théâtre québécois moderne : elles peuvent servir de points de repère dans la montée laborieuse du Canada français vers une identité théâtrale nationale, et de jalons dans la carrière de nombreux artistes de renommée. Ce serait téméraire de nier le défi inhérent à la mise en scène des pièces du plus génial dramaturge de tous les temps et de toutes les cultures ; et pourtant, de jeunes artistes osèrent le relever avec un rare talent.

Huit troupes (le mot est utilisé ici au sens le plus large) offrirent au public huit pièces de Shakespeare : *La Nuit des rois, Roméo et Juliette, Un songe d'une nuit d'été, Le Marchand de Venise, La Mégère apprivoisée, Hamlet, Jules César, Richard II. La Mégère apprivoisée* et *La Nuit des rois* furent jouées trois fois chacune ; *Roméo et Juliette, Un songe d'une nuit d'été,* deux fois chacune. Les diverses mises en scène seront ici étudiées à la lumière de la vie et de l'esprit de chaque troupe : Les Compagnons de Saint-Laurent, L'Equipe, le Théâtre-Club, le Chanteclerc, le Téléthéâtre, le Rideau Vert, la Nouvelle Compagnie Théâtrale, le Théâtre du Nouveau Monde. Le rôle de la critique et les témoignages d'artistes compléteront notre rapide tour d'horizon.

Au début du XXe siècle, le public montréalais fut initié aux œuvres de Shakespeare par des troupes françaises et américaines en tournée. Ainsi, par exemple, la troupe de l'Odéon dirigée par Firmin Gémier présenta durant une semaine, à partir du 1er décembre 1923, quatre pièces dont deux de Shakespeare : *La Mégère apprivoisée* et le *Marchand de Venise.* Du côté anglais, Robert B. Mantelle et Geneviève Hamper jouèrent six pièces shakespeariennes, en octobre 1927 : *The Merchant of Venice, As you like it, Julius Caesar, King Lear, Hamlet, Macbeth.* Le théâtre canadien gisait dans les limbes.

> During that period of imposed silence, somewhere in the suburbs of Montreal, a young priest caring for boys in a college for classsical studies, conceived a plan to rejuvenate the theatre. He had read about the revolution taking place on the Paris stage. After documenting himself on its instigators, Copeau, Chancerel, and others, he became their disciple. In the writings of these theatrical geniuses, he had found a spirit, a form that was suitable to a young and promising country like Canada. And so the Rev. Emile Legault, c.s.c., takes his place in the Canadian theatre [1].

Ainsi naquirent, en 1957, les Compagnons de Saint-Laurent dont la devise : « Pour la foi par l'art, pour l'art en esprit de foi », n'excluait en rien la fonction divertissante du théâtre, au contraire :

> Bien spécifié dans son objet, le théâtre doit être d'abord divertissement. L'homme de la rue réclame de lui une émancipation de la fournaise quotidienne... le peuple le moins décortiqué cède plus qu'on ne croit à l'incantation de la Beauté. Ce n'est qu'en troisième lieu, et comme une conséquence qu'on n'a pas paru chercher que s'insère l'édification [2].

L'esprit des Compagnons s'identifie par un dévouement discipliné au théâtre, par un mépris de toute ambition personnelle au point d'assumer l'anonymat, et par un enthousiasme à toute épreuve.

En présentant, en 1946, *Le Soir des rois,* « Les Compagnons sont fermement déterminés à ne jouer rien de banal, et en même temps à nous faire connaître des œuvres qui honorent plus particulièrement l'art dramatique » [3].

C'est Alfred Pellan qui conçut les costumes et les décors de style abstrait, et qui en fit de véritables chefs-d'œuvre. On pourrait consacrer une étude entière à l'analyse de l'habillement de chaque personnage dans la pièce : voici Sir Toby Belch, un ivrogne et glouton irrécupérable qui se promène devant l'auditoire vêtu d'un chapeau en forme de carafe de vin et d'une chemise garnie d'ustensiles ! Plusieurs critiques jugèrent les décors remarquables, mais, par leur originalité, trop flamboyants, ombrageant ainsi la présence des comédiens et la trame de l'intrigue. « ... la personnalité de Pellan comme décorateur a encore joué un vilain tour aux interprètes » [4].

Le texte de François-Victor Hugo, traduction d'une incontestable beauté littéraire, s'est avéré bien imparfait comme instrument théâtral. Il fallait opérer maints changements : éliminer certains vers, réajuster le rythme et trancher de nombreuses expressions de résonance anglaise.

Malgré ces obstacles, Herbert Whittaker commenta ainsi la réalisation des Compagnons : « the effect of the production was exciting, sometimes annoying and always interesting... the efforts of Les Compagnons demand

---

1. Gérald TASSÉ, *Our French Theatre,* dans *The Montreal Star,* 13 décembre 1952, p. 16.
2. Jean BÉRAUD, *350 Ans de théâtre au Canada français,* Ottawa, Le Cercle du Livre de France, 1958, p. 230.
3. Archives du Collège Ste-Marie, rue Bleury, Montréal.
4. Jean BÉRAUD, *350 Ans de théâtre au Canada français,* Ottawa, Le Cercle du Livre de France, 1958, p. 256.

our support and approval, because there is always room for daring and imagination in the theatre. » [5]

Quatre ans plus tard, en 1950, Les Compagnons abordaient l'immortelle histoire d'amour, *Roméo et Juliette,* choisie parce que conforme aux principes esthétiques énoncés par le père Legault devant la Commission royale Massey sur les arts et les sciences, en novembre 1949 :

> Le seul théâtre que nous souhaitons voir acclimaté au Canada, c'est le théâtre poétique... Le théâtre bourgeois réaliste peut bien révéler une géniale habileté chez le dramaturge ; il n'en demeure pas moins un sous-produit de l'art dramatique, incapable surtout de créer dans l'auditoire cette incantation qui est le fruit direct de la poésie [6].

La troupe travaillait sous la direction du metteur en scène Robert Speaight, un professionnel du théâtre anglais. La traduction de Pierre-Jean Jouve était à la fois facile et très belle. Les rôles furent incarnés par les comédiens suivants : Jean Coutu (Roméo), Hélène Loiselle (Juliette), Yves Létourneau (Mercutio), Lionel Villeneuve (Frère Laurent). La représentation fut jugée satisfaisante et les acteurs excellents.

*

* *

Vers la fin de 1942, Pierre Dagenais fonda l'Equipe. Le jeune metteur en scène avait déjà attiré l'attention du public par son talent de comédien dans les séances estudiantines du Collège Sainte-Marie. Il exprima un jour en termes exaltés le but de la troupe : « reconstruire la Cathédrale du théâtre chez le peuple » [7]. Les membres de l'Equipe se recrutaient chez les comédiens de la radio piétinant sur place à l'époque, sans pouvoir utiliser réellement leurs énergies artistiques. L'originalité de l'apport de Dagenais fut résumé par Jean Hamelin en cette description succincte : « réalisme sain, émotion directe, sensibilité chez les interprètes, mise en valeur du détail observé » [8].

Hélas, la troupe dut souffrir des débuts lents, ingrats, peu encourageants en dépit de l'évident talent de ses membres. Finalement le public s'éveilla, au point où Dagenais entreprit la mise en scène d'*Un songe d'une nuit d'été* dans les Jardins de l'Ermitage.

> Mes lectures personnelles et mon observation m'avaient amené à apprécier William Shakespeare comme le meilleur dramaturge au monde, et *Un songe d'une nuit d'été* me semblait la pièce idéale pour le public canadien-français de cette époque. Tous avaient eu leur plein de la « réalité » et le choix de la pure fantaisie semblait opportun. Egalement, le Canadien français aime beaucoup la légende et le folklore, et moi j'étais certain qu'au point de vue psychologique *Un songe* s'avérait le meilleur choix.

---

5. Herbert WHITTAKER, dans *The Gazette,* 25 mars 1946, p. 11.
6. Jean-Marc LALIBERTÉ, *A la Commission Massey,* dans *Le Devoir,* 24 novembre 1949, p. 6.
7. Pierre DAGENAIS, entretien privé, Montréal, 10 novembre 1966.
8. Jean HAMELIN, *Le Renouveau du théâtre au Canada français,* Montréal, Les Editions du Jour, 1961, p. 33.

> En tant qu'artiste, il me semblait que cette pièce était sans pareil pour sa beauté dans une production de plein air. En plus, j'adorais tout simplement la traduction poétique de Paul-Henri Spaak [9].

L'Equipe se mit fiévreusement au travail. Y participaient les meilleurs acteurs du temps : Janine Sutto, Robert Gadouas, Jean Lajeunesse, Jean-Pierre Masson, Jean Saint-Denis, Ginette Letondal en plus de Jean Coutu et Charlotte Boisjoli « prêtés » par les Compagnons. Jacques Pelletier et Marie-Laure Cabana réussirent à harmoniser le décor, les costumes, le maquillage, l'éclairage en une féerie éblouissante.

La critique accueillit sans réserves les représentations des 20 et 24 août 1945 ; elle signala, entre autres, l'approche originale de Dagenais par rapport au drame séculaire de Shakespeare, ses efforts, par exemple, pour susciter chez le spectateur de la sympathie pour les amants et les personnages « comiques », hélas trop souvent pris dans de mauvais draps ; elle a même prophétisé que « ce spectacle sera celui qui servira de point de repère pour évaluer à son mieux lorsque la troupe aura disparu, la qualité de l'apport de l'Equipe au renouveau du théâtre au Canada » [10].

*

* *

Le Théâtre-Club, fondé par Jacques Létourneau et Monique Lepage, en 1954, avait joui d'une modeste renommée jusqu'au printemps 1956, au moment de la représentation de *La Nuit des rois,* une version française de *Twelfth Night,* par Jean Anouilh.

Comme toujours, on devait faire face au problème de la traduction :

> La version française d'Anouilh n'est pas facile pour le lecteur. La musique des mots est ici absente, le génie de la langue envolé. Anouilh est plus direct, moins poétique que Copeau ou que Pierre-Jean Jouve. Comme disait quelqu'un, il est plus terre à terre. Mais Anouilh est aussi un homme de théâtre et sa version, sur ce point-là est très acceptable [11].

Les interprètes principaux furent Monique Lepage, Gilles Pelletier, Albert Millaire et le metteur en scène Jan Doat, fondateur du Conservatoire d'art dramatique de Montréal. Les dirigeants du Théâtre-Club ne négligèrent en rien l'effet visuel de la pièce, confiant à Jacques Pelletier la création du décor et des costumes. Doat avait essayé de briser la monotonie d'une vision trop simpliste des personnages :

> Quant aux personnages, je les ai voulus non point comme des caricatures ou non point comme des personnages qui auraient un volume et une force avec un défaut ou une qualité parfaitement visible, mais pas uniquement cela ; que le caractère principal du personnage soit entouré de contradictions, mais que ces contradictions soient traitées en demi-teint pour que le caractère premier apparaisse [12].

---

9. Pierre DAGENAIS, entretien privé, Montréal, 10 novembre 1966.
10. Jean HAMELIN, *Le Renouveau du théâtre au Canada français,* Montréal, Les Editions du Jour, 1961, p. 34.
11. Jean HAMELIN, dans *Le Petit Journal,* 19 février 1956.
12. Jan DOAT, entretien privé, Montréal, 8 mars 1968.

Le verdict de la critique : « *La Nuit des rois* est... une expérience artistique inoubliable. »[13]

En mars 1963, le Théâtre-Club choisit la pièce *Le Marchand de Venise* pour commémorer le 10e anniversaire de sa fondation. Jacques Létourneau voulait en faire une pièce à grand déploiement. Il la voyait comme « l'affrontement brutal de deux formes d'intolérance »[14]. Malgré certaines réticences, M. Létourneau aimait l'optique dans laquelle avait été conçue la traduction d'André Puget :

> L'essence de la poésie de Shakespeare selon moi, repose dans le rythme de son verbe. On peut arriver à en trouver l'équivalence en français mais on ne peut la traduire. Les versions littérales de Hugo et Messiaen m'ont paru intéressantes pour fins scolaires, mais pas pour la représentation. Je voulais pour la scène un texte direct dépouillé de fausse littérature et qui parlerait à un public d'aujourd'hui : un langage facilement perceptible[15].

Henri Norbert assuma le rôle de Shylock :

> ... La pièce *The Merchant of Venice* m'avait toujours impressionné en France et, après avoir interprété plusieurs rôles au Canada, c'est le rôle de Shylock qui en définitive m'a fait connaître. J'ai joué Shylock (et je suis fier d'ajouter, surtout à la louange de Jacques Létourneau) *tel que je le voulais*. En d'autres termes, je n'ai pas joué Shylock en tant qu'un « Juif scénique », accapareur et d'une dureté dégoûtante... J'ai trouvé ma récompense dans les éloges des spectateurs. Pourquoi représenter un Juif comme un « Quasimodo » ? Les Juifs font partie de l'humanité, et leurs fautes particulières peuvent se retrouver dans toutes les autres races[16].

Monique Lepage perçut dans le personnage de Portia, l'incarnation de la femme accomplie, capable d'amour vrai. Albert Millaire joua Bassanio, un personnage rendu « vivant » par M. Létourneau, au grand avantage de l'action dramatique.

La critique francophone et anglophone de Montréal applaudit presque sans réserves *Le Marchand de Venise*. Sydney Johnson dit « that every player was a part of the whole stage picture, whether speaking or not »[17] et Jean Hamelin nota « la mesure et la gravité dans le Shakespeare du Théâtre-Club »[18]. Plus tard, à Vancouver, à l'occasion de la seule représentation de Shakespeare en dehors du Québec, un critique put écrire : « The *Merchant of Venice* came through strong and full-bodied in spite of the language barrier ; along with Henri Norbert's masterful Shylock, the acting was superb. »[19]

---

13. Jean VALLERAND, *La Nuit des rois — un triomphe pour le Théâtre-Club,* dans *Le Devoir,* 18 février 1956, p. 6.
14. Jacques LÉTOURNEAU, entretien privé, Montréal, 16 avril 1967.
15. *Ibid.*
16. Henri NORBERT, entretien privé, Montréal, 18 février 1968.
17. Sydney JOHNSON, *A Merchant of Splendour,* dans *The Montreal Star,* 4 mars 1963, p. 16.
18. Jean HAMELIN, *Mesure et Gravité dans le Shakespeare du Théâtre-Club,* dans *Le Devoir,* 9 mars 1963, p.11.
19. Jack RICHARDS, *Play's Quality not Strained by French,* dans *The Vancouver Sun,* 10 juillet 1964.

*
* *

En 1956, Albert Millaire et Paul Hébert fondaient le premier théâtre estival du Québec, le Théâtre Chanteclerc, ainsi appelé parce qu'installé dans le Club de Curling Chanteclerc à Ste-Adèle-en-haut, dans les Laurentides. Quelle pièce choisir pour attirer les foules et établir une réputation de théâtre de haute qualité dramatique ? On a opté pour *La Mégère apprivoisée.*

Paul Hébert combina en un unique texte, les traductions de François-Victor Hugo, Pierre Messiaen et d'un auteur inconnu pour obtenir un résultat pas très gracieux mais lucide et large d'interprétation. A titre d'exemple, mentionnons que le Seigneur et ses serviteurs portaient des vêtements de chasse moderne et que Sly fut botté en dehors de la taverne tenant à la main une bouteille de bière Labatt's 50.

> Nous espérions, dit-il, que les auditeurs s'identifieraient avec Sly et que pour eux la pièce jouée par ces acteurs itinérants serait le déroulement du rêve de Sly, étant donné qu'il était évidemment tombé endormi. Ce mélange de fantaisie (la pièce) et de réalité (Sly) fut conçu pour permettre à l'auditoire de mieux saisir les événements comiques de la pièce elle-même [20].

C'est Jean-Claude Rinfret, plus tard décorateur en chef de Radio-Canada, qui créa et installa le décor style arène pour la pièce. Avec la collaboration de comédiens tels que Jean Coutu, Albert Millaire, Andrée St-Laurent et Andrée Champagne, les fondateurs du Théâtre Chanteclerc avaient réalisé du premier coup leur rêve professionnel. Le public avait accueilli l'effort dramatique de la troupe en le qualifiant de solide, consciencieux et professionnel. Mais il fallait attribuer le succès à la popularité de *La Mégère apprivoisée.*

L'année 1953 marque l'avènement de la télévision au Canada. Les artistes s'y engagèrent comme sur une voie royale menant vers l'épanouissement artistique et la renommée professionnelle.

Une des premières représentations de « Téléthéâtre », réalisée avec la collaboration des comédiens et des techniciens de la région, fut *La Mégère apprivoisée.* Décidément, cette pièce shakespearienne était devenue la plus appréciée des Canadiens français ! On confia la création des décors et des costumes à Robert Prévost, reconnu maintenant comme un des plus remarquables décorateurs de théâtre en Amérique du Nord. Il avoua avec le metteur en scène, Jean Boisvert, que leur attention s'était portée plus sur l'aspect technique du montage que sur l'interprétation de la pièce elle-même. Les comédiens trouvèrent que les difficultés d'ordre technique avaient certainement nui à la qualité de leur rendement, mais tous apprenaient alors les secrets de cette nouvelle forme d'expression ! On essaya tout de même de rester fidèle à la qualité dramatique du texte, en fonction des besoins particuliers des téléspectateurs. M. Boisvert expliqua que « it was to have them

20. Paul Hébert, entretien privé, Montréal, 11 octobre 1967.

understand, appreciate and enjoy the play that several scenes were exagerated » [21].

Le Secrétaire d'Etat en 1969, l'Honorable Gérard Pelletier (un ancien Compagnon), exprima ce qu'il pensait être la portée de cette représentation sur le théâtre télévisée de Radio-Canada :

> La réalisation de *la Mégère apprivoisée* au « Téléthéâtre » restera certainement à Radio-Canada l'un des exemples les plus frappants de l'adaptation du théâtre de scène à ce nouvel organe de diffusion. A partir de ce point, les artistes réalisèrent rarement ce qu'on pourrait appeler « des films de pièces de théâtre ». Le véritable « téléthéâtre » était né [22].

Pour inaugurer, en octobre 1958, le magnifique Studio 42, Louis-Georges Carrier présenta *Roméo et Juliette* dans le cadre de l'émission « Téléthéâtre ».

Quel encouragement pour les techniciens et les acteurs que d'avoir à leur disposition un tel studio, si spacieux, si bien équipé ! Florent Forget remarqua que « Studio 42 was certainly a valuable addition to the assets of televised drama » [23].

Jacques Létourneau devait réduire de 3,848 à 2,445 vers la traduction de Pierre-Jean Jouve pour l'insérer dans un programme d'une heure et demie. Il mit en relief, à la demande de Louis-Georges Carrier, les scènes des jeunes amants, négligeant donc la dispute Capulet-Montaigu... M. Carrier voulait un Roméo qui incarnerait à la fois l'immaturité du premier amour, l'amour virile et le réalisme tragique.

M. Poirier, Roméo, se rappela que presque toute la population québécoise avait été témoin de la représentation et que la critique avait accueilli chaleureusement la performance des comédiens et de tout le personnel. En effet, *Roméo et Juliette* avait rehaussé le prestige de « Téléthéâtre ».

*
* *

En 1948, Yvette Brind'Amour fonda le Rideau Vert, une troupe à peine structurée, ne réunissant les artistes qu'en fonction de la distribution de chaque pièce, celle-ci choisie la plupart du temps au répertoire du théâtre de boulevard et de la comédie dramatique.

En mai 1965, la troupe partit en tournée européenne, incluant dans son répertoire, *Le Songe d'une nuit d'été* de Shakespeare ; cette pièce fut chaleureusement applaudie à l'Odéon à Paris, et choisie ensuite pour débuter la saison 1965-1966 au Rideau-Vert, du 15 au 30 septembre.

La médiocrité de l'adaptation en prose de Georges Neveu fut contrebalancée par le brio des comédiens et l'ingéniosité du décorateur. Selon

---

21. Jean Boisvert, entretien privé, Montréal, 10 juin 1967.
22. Gérard Pelletier, entretien privé, Ottawa, 4 mars 1969.
23. Florent Forget, entretien privé, Montréal, 17 juin 1968.

Gérard Poirier (Lysandre), le montage était « visuellement remarquable », grâce à Robert Prévost qui expliqua ainsi sa démarche créatrice :

> J'ai décidé de recourir à un genre de décor qui m'était devenu très cher, à savoir un dispositif réglable à deux niveaux. Le premier niveau se trouvait légèrement surélevé et le second à environ dix pieds plus haut. Ensemble, ils formaient un « V » sur la scène et se trouvait réunis par des piliers. ... Nous ne voulions pas interrompre le jeu de la pièce par des changements de scène. Par conséquent, le rideau demeurait ouvert et, à l'aide de différentes séquences d'éclairage, trois branches sortaient des piliers — branches manipulées par des fils cachés descendant du toit de la scène... Les costumes étaient de la Grèce médiévale, et les fées portaient des costumes transparents aux nombreuses couleurs [24].

Signalons aussi les remarques de Jean Bélanger dans *Le Quartier Latin :*

> On a réussi, avec le décor, des prodiges d'ingéniosité... quand on voit apparaître les feuilles des arbres sur les colonnes du palais de Thésée, nous sommes décidément transportés dans le monde du rêve, dans un grand songe » [25].

Le metteur en scène, Georges Groulx, pour combler encore une fois les lacunes du texte, avait concentré ses efforts sur les « movements, gestures, and visual effects from costumes and lighting to distinguish between the aristocracy, the artisans and the fairies in the play » [26].

Quels éloges de la part de la critique et même de Georges Neveu qui loua « l'unité à travers le décousu apparent » [27]. L'interprétation des comédiens fut superbe, en particulier celle des escrocs :

> Of the three groups of characters within the play, the « commoners » are the most deftly portrayed ; they capture every scene in which they appear with their continual movement, verbal interplay, and fun-making [28].

Cependant, c'est avant tout à Georges Groulx que revint le mérite d'un si grand succès.

> *Le songe d'une nuit d'été* doit beaucoup à Shakespeare et le Stella doit beaucoup à Georges Groulx, le metteur en scène ; il a su faire ressortir à la fois la beauté poétique, la grande fantaisie et le comique très savoureux. Il n'y a pas un coin inemployé ; de gauche à droite, de bas en haut, tout est du spectacle [29].

En 1965, La Nouvelle Compagnie Théâtrale publia le manifeste suivant, prélude d'une autre contribution marquante à l'art théâtral au Québec.

> La Nouvelle Compagnie Théâtrale est un organisme voué exclusivement au public étudiant. Ses directeurs l'ont fondée dans le but d'amener au théâtre un public virtuellement privé jusque-là de ce moyen de culture

24. Robert PRÉVOST, entretien privé, Montréal, 17 février 1968.
25. Jean BÉLANGER, dans *Le Quartier Latin,* 23 septembre 1965, p. 8.
26. Georges GROULX, entretien privé, Montréal, 9 avril 1967.
27. *Ibid.*
28. Juliana ANECKSTEIN, dans *McGill Daily,* 1er octobre 1965, p. 4.
29. Benoît DAVID, dans *Journal des vedettes,* 1er mai 1965, p. 4.

en raison de ses disponibilités pécuniaires. Le Ministère des Affaires culturelles du Québec octroie, chaque année, à la Nouvelle Compagnie Théâtrale, une subvention qui lui permet d'offrir ses spectacles à un prix à la portée des étudiants tout en visant aux hauts critères de qualité exigés par les grandes œuvres du théâtre universel qu'elle met à l'affiche [30].

Les co-directeurs, Françoise Gratton, Gilles Pelletier et Georges Groulx, n'hésitèrent nullement à insérer dans leur répertoire *La Mégère apprivoisée.* M. Pelletier précisa les raisons du choix de cette pièce shakespearienne pour le spectacle du 16 octobre au Gesù :

> Cette « commedia dell' arte » de Shakespeare était la pièce de ce grand dramaturge que nous jeunes étudiants et les Canadiens français en général allaient goûter davantage. Je me rappelais avoir été qualifié de « maudit bon gars » par les travailleurs de l'Hydro-Québec à la suite de la présentation à Radio-Canada, en 1953, et je me souvenais également du succès qu'avait obtenu Paul Hébert avec « la Mégère » à Ste-Adèle. Pour ces raisons, je voulais une mise en scène à l'emporte-pièce de « La Mégère », pleine de « truculence » [31].

Les comédiens se mirent à l'œuvre sous la dynamique direction de Pierre Dagenais, qui cherchait tout simplement à reproduire une farce de Shakespeare. Il accorda donc aux acteurs la liberté d'improvisation, identifiable à aucune école spécifique d'art dramatique et Jean-Louis Paris se rappela que l'interprétation était « hautement fantaisiste, avec force gestes, mouvements corporels, gifles, chutes, pirouettes, etc. » [32]. Cette improvisation ne signifiait pas une approche superficielle aux rôles ; au contraire, « M. Dagenais' direction produced a marvellous cohesion among the actors, and our movements and actions were blended with the set to create a true theatrical symphony. » [33]

Pour faciliter encore davantage cette liberté d'expression, M. Dagenais accentua l'idée d'une pièce à l'intérieur de la pièce où un pauvre ivrogne dupé se croit seigneur, invité à regarder une farce montée par une troupe itinérante. On voit donc les acteurs occupés au changement de décor, créant ainsi chez le spectateur l'illusion que lui aussi, avec l'ivrogne-seigneur, assiste au déroulement de la farce.

Le texte de Paul Arnold traduisit fort bien le dialogue shakespearien et Jean-Louis Paris (Grumio) exprima l'opinion de ses collègues quand il dit que le texte était « facile à suivre pour nos jeunes spectateurs » [34].

Malgré certaines réserves, le public félicita la Nouvelle Compagnie Théâtrale pour son rendement hautement professionnel qui lui permit de plaire, par le jeu d'une pièce classique, à un jeune auditoire, et cela à cause d'une audace de style rarement vue à Montréal.

---

30. Archives de la Nouvelle Compagnie Théâtrale, Théâtre du Gesù, Montréal.
31. Gilles PELLETIER, entretien privé, Montréal, 25 mars 1967.
32. Jean-Louis PARIS, entretien privé, Montréal, 15 novembre 1966.
33. François TASSÉ, correspondance, 18 novembre 1966.
34. Gilles PELLETIER, entretien privé, Montréal, 25 mars 1967.

*
* *

Les anciens Compagnons, Jean Gascon, Jean-Louis Roux et Georges Groulx, se mirent d'accord pour fonder, le 9 octobre 1951, la troupe la plus illustre du Canada français, le Théâtre du Nouveau Monde. On pourrait s'attarder longuement sur les succès et les honneurs atteints par cette compagnie mais contentons-nous de répéter ces paroles de Jean Hamelin : « ... le T.N.M. est la doyenne des compagnies canadiennes... la plus solidement organisée et celle dont l'activité ne s'est pas démentie depuis sa fondation. » [35] Il est digne et juste alors que le T.N.M. ait donné au public quatre représentations inoubliables de William Shakespeare.

Richard II fut présenté en 1962 au Festival de Montréal et repris au théâtre Orpheum en août de la même année, cette fois pour inaugurer la douzième saison de la troupe. Pourquoi *Richard II ?* Lisons le témoignage de Jean Gascon :

> Pendant mes études en France, j'avais assisté en 1949 à une représentation de *Richard II* au « Théâtre Populaire » ; le metteur en scène était Jean Vilar. Même si je n'avais pas aimé cette mise en scène, je fus très emballé par le personnage de Richard. Je devins épris de ce rôle et je me promis de le jouer un jour. A partir de ce moment-là, j'ai toujours voulu présenter du Shakespeare au « Théâtre du Nouveau Monde », mais j'ai toujours été ennuyé par le problème de la traduction [36].

Pour son public, M. Gascon ajouta que « Shakespeare est un tel génie dramatique que sa grande voix traverse la barrière de la langue et nous atteint avec une force incroyable ». Du point de vue de la troupe, « Shakespeare [leur] offre tout — recherche du lieu scénique, du style, du décor, et des costumes, travail avec l'acteur, recherche aussi de la vérité historique et psychologique, de lumière, de son. » [37]

M. Gascon aimait aussi la traduction de Jean Curtis, « beautiful transfered to French prose and when one spoke it, it sounded beautiful »[38].

L'expérience acquise à Stratford, permit à Robert Prévost d'assumer avec une expertise géniale la tâche de décorateur :

> Mon expérience de Stratford m'a certainement influencé et, dans mes décors de *Richard II* et les autres de cette époque, j'ai recouru à de nouvelles méthodes de montage dans mon travail. Bien que le décor ressemblât en quelque sorte à la scène de Stratford, on y trouvait un balcon de chaque côté, tandis que la scène centrale se trouvait entièrement dégagée. *Richard II* exige plusieurs changements de scène, et souvent, nous avons eu recours au système des deux niveaux simultanément [39].

---

35. Jean HAMELIN, *Le Renouveau du théâtre au Canada français,* Montréal, Les Editions du Jour, 1961, p. 38.
36. Jean GASTON, entretien privé, Montréal, 28 août 1968.
37. Archives du Théâtre du Nouveau Monde.
38. Jean GASCON, entretien privé, Montréal, 28 août 1968.
39. Robert PRÉVOST, entretien privé, Montréal, 16 février 1968.

La critique félicita la troupe pour son courage à entreprendre, et à mener cette pièce littéraire à bonne fin [40] et Jean Gascon rendit sans doute une de ses plus prenantes interprétations : « ... Gascon a réussi à présenter un Richard vrai et à la fois vraisemblable et plausible. Il a fait briller avec souplesse les mille facettes de son personnage. » [41] Quant à Jean-Louis Roux, on apprécia « sa fougue naturelle, sa chaleur et son dynamisme » [42]. Somme toute, ce fut une si merveilleuse réussite qu'un critique se demandait si « such a finely-styled performance could have been duplicated elsewhere on this continent » [43].

En avril 1968, le public montréalais revit *La Nuit des Rois*. Jean-Louis Roux s'inquiétait de la traduction française ; il décida de la faire lui-même et exposa les principes qui le guideraient dans cette tâche longue et ardue :

> Artistically, I was not pleased with any of the existing translations of *Twelfth Night* and if you consider the business angle of our craft, I cannot understand why we should pay French people to make our own translations, since practically all of them knew less about English than we do... Although I did not translate *Twelfth Night* into a « French-Canadian » or « North American » French, I tried to make it understandable to an audience living in 1968-1969 ; more specifically, I transformed Shakespeare's unintelligible puns into contemporary « jokes ». To avoid the ponderous twelve-foot alexandrines used in French poetry, I tried to maintain the tempo and economy for Shakespeare's verse by writing decasyllable French lines, using not too many more words than the original... I didn't know how it would succeed, but it was exciting work [44].

Evidemment, la critique des deux cultures questionna les mérites de la traduction, mais en général on qualifia le texte de « fluent and effective » et d' « une poésie sortant d'une langue quotidienne ».

En 1967, au cours de ses recherches en vue de l'exposition de « 100 Years of Theatre in Canada », M. Roux retrouva les costumes d'Alfred Pellan créés pour *Le Soir des Rois* des Compagnons en 1946. Ainsi sont revenus au théâtre, vingt ans plus tard, comme costumes « psychédéliques », les chefs-d'œuvre tant controversés de Pellan. Cette résurrection plut au grand peintre d'autant plus qu'il constata que les artistes du T.N.M. « avaient compris du premier coup la signification des esquisses des costumes » [45].

La représentation eut lieu au Théâtre Port Royal, du 13 décembre 1968 au 19 janvier 1969. Les critiques, bien sûr, exprimèrent des opinions divergentes, mais tous sans exception rendirent hommage à Albert Millaire (Malvolio). « ... Il a su tirer tous les effets possibles de toutes les scènes où il avait quelques répliques à dire. » [46] Ecoutons aussi ce commentaire d'un journaliste anglophone :

40. Jean HAMELIN, *Richard II au T.N.M.*, dans *Le Devoir,* 6 août 1962, p. 6.
41. Georges-Henri D'AUTEUIL, s.j., *Reprise d'automne* dans « *Archives du Théâtre du Nouveau-Monde* », Montréal.
42. Jean HAMELIN, *Richard II au T.N.M.*, dans *Le Devoir,* 6 août 1962, p. 6.
43. Thomas ARCHER, *Richard II in French a Triumph,* dans *The Gazette,* 7 août 1962, p. 9.
44. Jean-Louis ROUX, entretien privé, Montréal, 16 décembre 1968.
45. Alfred PELLAN, entretien privé, Montréal, 14 décembre 1968.
46. Martial DASSYLVA, dans *La Presse,* 21 décembre 1968, p. 24.

> Albert Millaire's « Malvolio » is a performance as much choreographed as acted, as rich in bodily nuance as in verbal subtlety and vigor. The reading of the letter, (beautifully translated, by the way), the great confrontation with Sir Toby, and Malvolio's final threatening line, were such as to bring rounds of applause every time Millaire appeared or left the stage [47].

Jean-Louis Roux ayant résolu de ne plus s'attaquer à l'exaspérante tâche de traduire Shakespeare y succomba peu de temps après avec *Hamlet.* Quel défi ! La pièce à vrai dire n'avait jamais été jouée selon le texte original d'une durée de cinq heures. Le problème de M. Roux se compliquait par la nature même de la langue française qui, en comparaison avec l'anglais, exige approximativement 40% plus de vocabulaire. Comme tant de ses prédécesseurs, M. Roux retrancha de nombreux calembours. Il élimina, hélas, Fortinbras et toute la trame de l'alliance Danemark-Norvège. D'autre part, il mit en relief avec doigté la personnalité énigmatique du prince Hamlet.

La première eut lieu le 20 février 1970 au Théâtre Port Royal, dans un style dépouillé mais combien puissant. Robert Prévost créa comme toujours le décor approprié :

> ... une sobriété toute fondée sur le décor se définissant comme lieu unique et où l'espace de la tragédie prend, du coup, plus d'ampleur. Sobriété qui a aussi comme principal mérite de mettre le texte en valeur de même que le jeu des comédiens [48].

Il est normal que la presse anglophone ait jugé la représentation du T.N.M. inférieure à l'originale. Néanmoins, le public et les critiques professionnels de langue française et anglaise louaient l'extraordinaire interprétation d'Albert Millaire (Hamlet) :

> Albert Millaire... performs with none of the romantic posturing, with none of the stupid flippancy, with none of the hair-tearing so often confused with tragedy. His ability... to sustain a character who is almost as large as the rest of the characters in the play combined is a joy to behold [49].
>
> Albert Millaire, quant à lui, incarne un Hamlet assez « séduisant, réussissant à éviter le mélodrame, il fait ainsi passer avec aisance les grandes tirades de Hamlet sur la condition humaine. Il sait aussi doser son interprétation de façon à faire ressortir l'authenticité du drame d'Hamlet [50].

Il faut admirer le courage de T.N.M. qui, face à une longue et illustre tradition, tenait à créer *son Hamlet.*

Jules César fut joué par le T.N.M., en première le 27 avril 1972. Jean-Louis Roux adapta le texte, Mark Négin fabriqua les décors et Gabriel Charpentier composa la musique. Sur cette scène austère (soutenue par la pénétrante musique de Charpentier), se trouvaient ces grands comédiens : Gilles Pelletier, Andrée St-Laurent, Yves Létourneau, Jean-Louis Paris, Jacques

47. Zelda HELLER, dans *The Montreal Star,* 16 décembre 1968, p. 28.
48. Michel BELAIR, dans *Le Devoir,* 23 février 1970, p. 14.
49. Don KILGOUR, dans *The Gazette,* 23 février 1970, p. 16.
50. Michel BELAIR, dans *Le Devoir,* 23 février 1970, p. 14.

Galipeau, Guy L'Ecuyer, Gérard Poirier. Jean-Louis Roux assuma le rôle de l'irascible Cassius ; Albert Millaire réalisa la mise en scène. Voici deux analyses :

> ... Dans un type de mise en scène qui n'est plus tout à fait conventionnelle ni tout à fait moderne, Albert Millaire n'a jamais fait mieux, particulièrement quand peu de personnages se trouvent en scène [51].

> La grandeur de la pièce tient à mon avis dans la grandeur des hommes qui la font, c'est-à-dire des conspirateurs, le machiavélique Cassius qu'on imagine très bien sous les traits de Jean-Louis Roux (qui nous donne là une performance presque inoubliable), non pas que je lui prête des intentions machiavéliques, mais en ce qu'il a précisément le physique qui dans mon esprit correspond à ce type d'homme froidement déterminé d'apparence, mais sombrement passionné [52].

La troupe avait décrié, par cette pièce (la dernière à être présentée jusqu'à présent), la stupidité inutile de l'assassinat politique. C'était une étape, les artistes québécois commençaient à pénétrer la dimension universelle de Shakespeare. Albert Millaire n'avait-il pas dit « I was in Paris in 1963 when Kennedy was shot, and I immediately thought of Shakespeare and *Julius Caesar*. I had wanted to do the play ever since then, and although the English style and tradition is different from what we do, the human factor is the important thing. » [53] Oui, le message universel du dramaturge anglais prenait racine dans une nouvelle civilisation éveillée enfin à son unicité et prête à assumer son destin.

Au terme de cet exposé, il convient de rappeler que ces propos sont tirés d'une thèse, bientôt sous presse, portant sur l'ensemble des caractéristiques propres au « Shakespeare canadien-français ». Il est à espérer que cette recherche contribuera au progrès de la culture québécoise, qu'une culture nationale évolue sous l'impulsion de ses puissances créatrices alliées à une saine assimilation d'éléments positifs, spécifiques à d'autres sociétés.

51. Michel BEAULIEU, dans *Le Devoir*, 5 mai 1972, p. 11.
52. *Ibid.*
53. Albert MILLAIRE, entretien privé, Montréal, 28 avril 1972.

L'Influence américaine sur le théâtre du Québec

par Naïm KATTAN

Deux options différentes voire opposées ont présidé à la naissance et à l'élaboration d'une vie culturelle aux Etats-Unis et au Canada. Les Américains, ceux des Etats-Unis, ont choisi d'affirmer leur identité culturelle par une rupture du cordon ombilical avec la mère patrie. Leur culture est devenue territoriale, sans prolongement dans le temps.

Le Canada fut fondé sur la légitimité et le loyalisme. Loyalisme à la couronne britannique et reconnaissance de la suprématie de Londres, la métropole de l'Empire. Le loyalisme des Canadiens français avec leur mère patrie était frustré par une double coupure ; la conquête qui a opposé loyalisme et légitimité et par la Révolution française qui a, aux yeux des loyalistes francophones, coupé la France de ses propres sources.

Au Canada français et anglais, aussi bien qu'aux Etats-Unis le théâtre devait vaincre l'hostilité et la suspicion des Eglises. Il n'est donc pas surprenant qu'il soit né en grande partie dans les soubassements des églises. Il atteignit ainsi son public grâce à la caution morale que lui accordaient ses fondateurs.

Le théâtre contemporain au Canada français a puisé dans deux sources. Celle de la France et celle des Etats-Unis. La France offrait des œuvres et exportait des comédiens ; des troupes ferventes souvent bénévoles jouaient Ghéon et Claudel. D'autres reprenaient, à quelques années de distance, les succès parisiens du boulevard. Déjà, avant la guerre, Henry Deyglun et ensuite Loic de Goudriadec, un Belge et un Français installés à Montréal, écrivaient des pièces populaires dans la tradition française. Certes Montréal était aussi une ville anglaise, et les salles ouvraient leurs portes à des troupes aussi bien montréalaises qu'américaines et britanniques. The Montreal Repertory Theatre a même présenté à ses débuts des pièces dans les deux langues.

On connaissait mal la littérature américaine dans les milieux francophones. Les auteurs américains étaient peu connus et peu joués. Cependant l'influence américaine a commencé à s'exercer puissamment non pas sur les tréteaux mais d'abord par le biais du théâtre radiophonique. Certains auteurs dramatiques comme Louis Morrisset traduisaient des feuilletons radiophoniques avant d'en écrire eux-mêmes. Le modèle était là. Il était accepté, admis. Il s'agissait désormais de l'adapter au goût du public francophone.

Au départ, le feuilleton radiophonique canadien-français, à l'instar de celui des Etats-Unis, se réduisait le plus souvent à un support publicitaire. Les vendeurs de savon ou de voitures cherchaient à attirer le public en le divertissant. On lui parlait de lui-même, certes, mais sans poser de véritables problèmes. Souvent, malgré eux, les auteurs radiophoniques couvraient la réalité sociale, la révélant à un auditoire inconscient des conditions de son existence, sans parler de son identité culturelle. Il n'en reste pas moins que le départ était donné. L'on parlait des Canadiens français, de leur vie, de leur passé et de leurs attentes. Des auteurs, souvent ceux mêmes issus des milieux populaires, reflétaient une réalité à laquelle les œuvres françaises ou américaines ne pouvaient donner droit de cité. Le chemin était désormais frayé. Les auteurs dramatiques pouvaient prendre la relève et parler à un autre niveau de la réalité telle qu'ils la vivaient.

Peut-être faudra-t-il ajouter qu'il ne s'agissait point uniquement d'imitation. Le feuilleton radiophonique est né aux Etats-Unis d'une rencontre entre les besoins publicitaires d'entreprises commerciales qui subventionnaient des programmes quotidiens et qui voulaient s'assurer un public constant et régulier et un goût un peu plus populaire qui voulait suivre sans grand effort des histoires qui le concernaient mais ne le dérangeaient pas, ne soulevant que rarement des problèmes qui mettaient en question ses habitudes, ses préjugés. Les mêmes conditions existaient à Montréal et dans une certaine mesure dans les autres parties du Québec et du Canada français. La forme était déjà trouvée ; elle correspondait à des besoins et les Canadiens français ne faisaient qu'admettre les circonstances et les conditions de leur vie de Nord-Américains. Ils recouraient aux mêmes moyens de diffusion que les Américains des Etats-Unis. Il était question autant de coïncidence que d'imitation.

Pendant des années, le roman radiophonique a été la forme qu'empruntait le théâtre au Québec. L'avènement de la télévision n'a fait qu'accentuer ce phénomène. Le public avait accès au théâtre sans se déranger. Comédiens et auteurs allaient le chercher et le trouver chez lui dans sa maison. Les comédiens qui gagnaient péniblement leur vie dans des tournées ou qui acceptaient, par esprit missionnaire et par idéal, d'œuvrer bénévolement, de renoncer à tout revenu de leur travail théâtral pouvaient désormais devenir des vedettes radiophoniques et plus tard des stars de la télévision. De plus, leur travail était rémunéré.

A leur début la radio et la télévision se montraient exigeantes, du moins plus exigeantes que ces dernières années, dans le choix des textes. Elles pouvaient attirer les meilleurs romanciers, poètes et dramaturges ! Claude-Henri Grignon, Robert Choquette, Roger Lemelin. Elles permettaient à la société canadienne-française de se regarder dans un miroir. Leur but premier était de retenir le public et de le divertir. La forme qu'elles empruntaient ne leur permettait pas de traduire ses grandes interrogations et afin de retenir son intérêt elles évitaient les invectives et les exhortations. Avant que le roman radiophonique ne disparaisse et que la télévision ne tombe dans un divertissement de plus en plus racoleur, une partie du public a pris goût au théâtre. Des auteurs pouvaient naître et, à partir de la télévision, trouver un auditoire sur scène. La société ne se contentait plus de se voir dans un miroir. Le théâtre qui a révélé pour elle ses rapports avec le réel, commençait à l'en détourner par son ronron monotone. Il était temps de passer d'un théâtre qui reflète le réel, à un théâtre qui le mette en question.

Gratien Gélinas était l'un des premiers à créer un lien entre l'interrogation du réel et le divertissement du public. Les spectateurs qui assistaient à *Tit-Coq* s'y reconnaissaient. Mais il ne s'agissait pas uniquement d'un miroir. On décelait déjà les questions que se posait le Canadien français sur son destin. Gélinas était influencé par la comédie américaine. Il était également conscient de l'intérêt que portait le public canadien-français au portrait que le dramaturge pouvait lui dessiner. Dans ses « fridolinades » Gélinas se contentait de le faire rire avec quelques tentatives d'ironie et de satire. Il ne semblait pas cependant saisir, dans son ensemble, la société dont il voulait dresser l'image. Il l'a fait plus tard dans d'autres pièces mais déjà cette société avait changé et sa description semblait être en deçà de son nouveau visage.

Le théâtre de Marcel Dubé atteste d'une présence plus évidente que jamais des Etats-Unis. Sans doute a-t-il lu ou vu des pièces d'Arthur Miller, Tennessee Williams et William Inge. Ce qui importe encore davantage c'est qu'il a vécu dans l'environnement et l'ambiance qui ont suscité ces écrivains et qui leur ont permis d'atteindre un grand public. Dans le théâtre américain et notamment dans les œuvres de Tennessee Williams la société adulte apparaît comme mangeuse d'hommes, corruptrice. L'adolescent ne trouve pas dans le monde de ses aînés des exemples à suivre. Il se révolte, se cabre et ne trouve de refuge que dans le refus, le retrait ou la délinquance. On reconnaît là les personnages de Marcel Dubé, du moins dans ses premières pièces. Dubé a adopté au théâtre le style direct, sans artifice et sans complexité pratiqué par le roman radiophonique et par le feuilleton de la télévision. Son théâtre décrit des milieux urbains, sans attache avec la nature et sans recours à des traditions sécurisantes par le fait même qu'elles imposent des contraintes. Le père est absent, impuissant de faire face aux exigences de la société ; la mère est volontaire, rêveuse et frustrée. Le conflit est inévitable. Et même quand les parents s'enrichissent, ils ne peuvent éviter la dégradation et la corruption. Il n'y a point d'issue pour les enfants. C'est une société nord-américaine qui parcourt l'espace même quand il est limité, acceptant au départ l'absence de tout prolongement dans le temps. C'est un monde éphémère, sans durée où les enfants sont condamnés à rester jeunes car les adultes n'acceptent pas de vieillir. Il y a impossibilité de passer d'une génération à une autre tant que le prix est payé par la résignation qui n'est qu'une acceptation prématurée de la mort.

La forme théâtrale qui a le plus réussi aux Etats-Unis est le « musical ». Il est significatif et curieux qu'il n'ait point pénétré le Québec. Il ne semble pas que la raison en soit l'imperméabilité de la société canadienne-française à cette forme d'expression. Il s'agit d'une grande entreprise qui nécessite des talents multiformes et des fonds considérables. Seules des villes aussi peuplées que New York avec un public local et de passage suffisamment nombreux peuvent encourir les risques d'une telle entreprise. Il y a donc au départ un obstacle proprement matériel et quasi insurmontable. Mais l'on peut se poser d'autres questions. Si le musical a connu un tel succès aux Etats-Unis c'est qu'il répondait à une attente et à un besoin d'un vaste public. Le musical c'est l'élimination de l'intériorité. Le personnage est multiplié, cerné en surface plutôt qu'approfondi. Il est appréhendé dans ses diverses facettes, dans une constante volonté de neutralisation. Les ressorts psychologiques sont contournés par la musique dont la mélodie trouve un prolongement dans la danse, le drame se dissout dans la bonne humeur. C'est un monde où l'espace n'a jamais de prolongement dans le temps. Toute réalité intérieure, toute durée sont neutralisées, niées, contournées. Le jeu n'est pas onirique car alors il ne serait plus en surface. On ne quitte jamais l'espace qui dans le musical est synonyme de surface. Le personnage ne peut jamais être identifié car il n'a pas de langage propre. On a l'impression qu'il donne libre cours à l'expression puisque celle-ci est multiple. Elle est toutefois tellement rognée qu'elle ne fait que tromper un silence qui autrement s'installerait. Si le théâtre québécois en avait les moyens matériels peut-être aurait-il choisi cette voie de facilité qui aurait signifié sa propre disparition.

A partir du divertissement populaire de la radio et de la télévision le théâtre québécois a cheminé sur la voie de recherche de l'identité. Le langage, problématique au Québec, était l'une des dimensions, je dirais même la dimension essentielle de cette identité à partir de laquelle les ressorts psychologiques et sociaux pouvaient être précisés.

Dans le théâtre de Robert Elie et ensuite de Claude Gauvreau et de Jacques Ferron l'on pouvait déceler davantage une influence européenne, française et parfois britannique plutôt qu'américaine. On retrouvait cependant la même problématique. Les personnages se cherchaient et parfois se trouvaient par la parole et quand le langage est réflexif le personnage se mettait en question, se niait, s'interrogeait non pas uniquement sur son identité mais sur son existence, son autonomie, son être.

Dans ses romans et dans ses pièces Réjean Ducharme a pris acte du fait américain. Dans *Le Cid Maghané* deux langages se superposent et se cherchent dans un jeu de cache-cache. Chez lui le jeu de mots tient parfois lieu d'une quête d'identité et se transforme en jeu de miroirs. Mais il ne tombe pas dans le piège de la multiplication des facettes et évite la tentation du musical. Ses personnages sont des adolescents qui cherchent des modèles à suivre dans le monde des adultes et qui ne les trouvent pas. Ils s'inventent et comme ils sont de langue française dans un milieu anglo-américain ils inventent un langage. Cette démarche n'est nullement éloignée de celle de Salinger et surtout de *L'attrape-cœur*.

Michel Tremblay a fait son choix au départ. Si l'identité est parole et langage, ceux-ci doivent être libérés. Il n'est plus question de parler d'une langue populaire contaminée, dégradée, ressentie comme indéterminée dans la colère et l'impuissance. Cette langue est celle que parlent des personnages et il s'agit de leur rendre la liberté de dire pour que cette langue ne soit plus celle du mépris mais celle de l'expression. Et si l'humanité qui parle cette langue est démunie et misérable, elle atteint la conscience de sa condition du fait même qu'elle accepte les mots qui la disent. Le langage incomplet, indéterminé, révèle à la conscience une condition problématique et une existence incomplète. Sans qu'il soit toujours explicite, le principal thème de Tremblay est l'homosexualité. Celle-ci réduit le personnage à la marginalité, le force à porter un masque. Il vit dans le déguisement. Chez lui l'aliénation n'est pas réservée aux homosexuels, c'est le fait de toute l'humanité. Cette vision d'un monde où la marginalité est universelle domine le théâtre américain depuis Tennessee Williams jusqu'à Edward Albee. Dans ce théâtre comme dans celui de Tremblay, l'homosexualité ne définit pas un groupe social mais sert à décrire une situation de marginalité qu'un groupe vit et éprouve comme particularisme mais que l'auteur et une partie importante des spectateurs reconnaissent comme universelle.

Des jeunes dramaturges tels que Jean Barbeau et Serge Sirois ont adopté le langage parlé comme expression théâtrale de la réalité. Leur souci est autant la description véridique des rapports sociaux que leur dénonciation. Il ne s'agit plus d'une marginalité mais d'un particularisme qui s'accepte. Sur ce plan le lien avec les Etats-Unis est moins visible, moins évident. La culture américaine est composite. Elle s'ouvre aux particularismes mais c'est souvent pour les récupérer, les exploiter, les broyer en les vidant. Elle les neutralise, elle les dépouille de leur véritable signification en les transformant en exotisme.

Avec *La Sagouine* d'Antonine Maillet, le particularisme acadien fait son entrée. Joual québécois ou acadien, ce nouveau langage théâtral attire un public qui veut bien se regarder dans un miroir mais qui ne se contente plus des feuilletons de la radio et de la télévision. Il serait prématuré de dire s'il s'agit là d'un refus de l'Amérique ou plutôt d'une acceptation indirecte de sa présence. Mais là on s'éloigne du théâtre car l'influence du théâtre américain sur ce récent théâtre n'est pas évidente. S'il y a influence ce serait celle d'une société sur une autre société et le théâtre n'en serait alors que le reflet ou l'expression.

Le Théâtre de langue française dans l'Outaouais

par Jean HERBIET,

directeur associé du théâtre au Centre national des arts à Ottawa

Comment parler de l'histoire et de la situation du théâtre dans la région d'Ottawa-Hull quand je suis au centre de son histoire actuelle et que je vis de l'intérieur sa situation quotidienne ? Je me résous aujourd'hui à calligraphier mon pensum en priant le lecteur averti de pardonner les oublis et les erreurs d'un homme obligé d'être à la fois juge et partie et menacé par les lignes qui suivent d'être accusé et bourreau (il paraît que j'aime ça).

En débarquant à Ottawa en avril 1956, je n'imaginais rien sur la situation du théâtre francophone d'une région dont j'ignorais tout, jusqu'à la présence d'une culture française bien vivante, servie et défendue par des patriotes musclés encore encadrés par l'Eglise et les sociétés patriotiques visibles et invisibles...

Je voulais « faire du théâtre »... Aussi, ayant par chance réglé rapidement nos problèmes de survie alimentaire et d'organisation domestique, je me mis, avec Hedwige, ma femme, à battre la campagne et à faire l'inventaire...

Cinq troupes, à ce moment-là, servaient l'art du théâtre : le Pont-Neuf de Jean Belleau, établi récemment dans le Grenier de Hull, les Dévots de la Rampe de Pierre Patry, L'Ecole d'Art dramatique de Hull de René Provost, La Société dramatique de l'Université d'Ottawa et la troupe du Collège Saint-Alexandre.

Nous prîmes contact avec Jean Belleau qui accepta immédiatement notre offre de travailler au Pont-Neuf et... dix-sept ans ont passé. Inutile de dire que j'ai connu les collaborateurs, les troupes, les échecs, les succès, le va-et-vient, les conflits, le folklore, les camaraderies, les inimitiés.

Quelles sont les grandes lignes de l'histoire du théâtre d'ici ?

Elles sont nettes, simples et mènent, depuis le début, en beaux traits géométriques, à la situation actuelle qui vaut la peine d'un raccourci avant la fouille : le Centre national des Arts aura présenté en français, pendant la saison 1972-1973, dix spectacles de théâtre professionnel, dont cinq produits par lui-même à environ soixante mille spectateurs. La volonté, la ténacité et l'amour du théâtre des « anciens » ont contribué longuement à cette implantation rapide d'un théâtre professionnel permanent.

Il m'a paru répétitif de refaire, ici, l'étude de Monsieur Edgar Boutet, publiée en articles dans le journal *Le Droit* et réunie par les soins d'André Couture pour la Société historique de l'ouest du Québec dans une brochure intitulée *85 ans de théâtre à Hull.* Je voudrais dégager quelques lignes à l'appui de cette publication et de mes souvenirs. Le théâtre de la région Ottawa-Hull a connu 5 périodes :

1) les débuts, de 1884 à 1900 ;
2) les grands pionniers, de 1900 à 1925 ;
3) un déclin, de 1925 à 1945 ;
4) une nouvelle vague, de 1945 à 1965 ;
5) enfin, un établissement définitif à partir de 1969.

A) PARTONS DE LA FIN DU SIÈCLE DERNIER

En 1884, sur l'initiative et l'aide des Pères oblats, on construit à Hull une salle de spectacle de 500 places que l'on appellera la salle de L'Institut de l'Oeuvre de la Jeunesse. Pendant quinze ans, jusqu'en avril 1900, date de la conflagration de la ville, c'est dans cette salle que naîtra et se développera le théâtre, sous l'impulsion de Monsieur Sabourin, un instituteur, qui sera l'animateur dévoué du premier Cercle dramatique de Hull.

D'autres cercles naîtront à la suite, montant régulièrement quelques productions par année : mélodrames, comédies, pièces édifiantes... Parfois, on trouve un classique : *L'Avare* en 1895.

Cette activité intense aura une triste fin : en 1900, lors de l'incendie de la ville, le Théâtre de l'Oeuvre de la Jeunesse est réduit en cendres. (André Couture, dans la brochure qu'il a éditée, nous parle du succès de cette époque : une pièce écrite par un Hullois, Horace J. Kearney, intitulée *La Revanche de Frésimus ;* la pièce fit une carrière spectaculaire au début du siècle.)

B) NOUS VOICI ARRIVÉS À LA GRANDE ÉPOQUE DU THÉÂTRE DANS NOTRE RÉGION

Epoque de théâtre populaire, époque de grands noms, de grands succès, elle s'étendra de 1903 à la fin des années 1920, où, concurrencées par le cinéma muet, puis parlant, et par la radio, les troupes mourront une à une, faute de l'appui d'un public qui pourtant avait été fidèle et gâté. En 1903, on inaugure une nouvelle salle de spectacles de 800 places à Hull. Les Pères oblats — toujours eux — sont à la base du projet. Pendant 42 ans, ce théâtre sera le foyer de l'art dramatique à Hull. D'autres théâtres existaient, bien sûr : la salle académique de l'Université d'Ottawa, la Salle Laflèche, le Théâtre Odéon, le Théâtre Cartier, le Théâtre Russel, Le Monument national. Mais la Salle Notre-Dame était le lieu privilégié des grandes aventures du théâtre.

Ne parlons pas de dramaturgie : c'était une époque assez insignifiante à ce niveau. Qu'on en juge par les titres : *La Mort du Pendu,* le *Solitaire du Tombeau,* les *Mémoires du Diable, le Forgeron de Strasbourg, les Tribulations du Marquis de la Grenouillère, les Cousins du Député, le Démon du Jeu...* Parlons plutôt des animateurs. Quatre noms de famille émergent, quatre pionniers dont parfois les fils ou les petits-fils ont continué et perpétué l'aventure paternelle, en amateurs ou en professionnels.

Wilfrid Sanche fut pendant 30 ans l'homme de théâtre à Hull. Comédien et metteur en scène, il aura monté, à sa retraite du théâtre en 1932, plus de 200 pièces.

Ernest Saint-Jean, d'abord vedette en herbe, puis comédien principal avec Sanche, fondera un cercle en 1910 et pendant 12 ans jouera autant à Hull qu'à Ottawa. Après les coups durs des années vingt, Saint-Jean fera un retour, de 1934 à 1937. C'est à lui que l'on devra les distributions mixtes.

René Provost débute à l'âge de quatre ans à la Salle Notre-Dame où il fait une figuration dans le *Pendu.* En 1921, René Provost fonda un groupe de théâtre qui abandonna la partie en 1925.

Léonard Beaulne, homme énergique, formé à l'Université d'Ottawa, avait, paraît-il, devant lui, un bel avenir d'athlète. Contre toute attente, il se dirige vers le théâtre et crée à l'âge de 18 ans le Cercle dramatique Crémazie. Il jouera ensuite avec Saint-Jean, puis dans toutes les organisations théâtrales. Beaulne a été une figure marquante de théâtre à Hull, non seulement par un talent particulier de comédien qui lui valut succès après succès dès 1910, mais encore comme metteur en scène, comme directeur artistique, comme professeur d'art de la Société des Débats français de l'Université d'Ottawa. Léonard Beaulne sera l'homme de théâtre d'ici, montant avec succès le répertoire français.

Raoul Déziel, après avoir joué pendant une quinzaine d'années avec les cercles de Saint-Jean, Beaulne et Sanche, fonda en 1928, avec Oscar Auger et Laurette Larocque, le Cercle académique. Mais il était trop tard, le théâtre d'amateur était déjà à son déclin : le cinéma parlant en plein essor avait vidé les théâtres.

Nous avons vu jusqu'ici deux étapes du développement du théâtre à Hull : la première, de 1884 à 1900, celle d'une véritable fondation ; la deuxième, glorieuse, celle des pionniers de 1900 à 1930.

La troisième étape, celle du déclin, va pratiquement de 1930 à l'après-guerre. Le théâtre vivotera pendant cette époque ; toutefois, Léonard Beaulne tiendra superbement le coup et René Provost refusera d'abandonner la partie, créant en 1930 *Les Amis Enregistrés* qui feront de la tournée et, pendant la guerre, en 1943 et 1944, des visites aux camps militaires de la province de Québec. Mais, dans l'ensemble, par comparaison avec les années glorieuses, les années trente et quarante sont dans l'ombre.

C'est l'après-guerre qui amènera, à Hull et à Ottawa, la quatrième époque du théâtre. Soucieux de redonner à la région une activité dynamique, et diverse, René Provost fonda, en 1945, à Hull, son Ecole d'Art dramatique ; tant par son enseignement que par ses spectacles amateurs ou professionnels, l'Ecole ranimera l'art dramatique dans la région, faisant naître bien des vocations et créant à nouveau dans le public un mouvement vers le théâtre.

Jusqu'en 1966, année de la mort de son fondateur, l'Ecole ne cessera de monter des spectacles, tâchant d'améliorer le choix de sa programmation comme la qualité de ses productions.

Il semble que, contrairement à l'apparition du cinéma qui vida bien des salles de théâtre, l'avènement de la télévision suscita un mouvement positif de retour au théâtre, principalement chez les jeunes.

Relater le nombre de troupes, leurs mérites et leur histoire depuis le début des années cinquante jusqu'à l'ouverture du Centre national des Arts me semble une tâche ingrate, énorme et injuste pour moi (j'ai dit pourquoi plus haut). Cependant, qu'on me permette de citer les troupes les plus importantes, et par le nombre des spectacles produits, et par la qualité des présentations.

D'abord, l'Ecole d'Art dramatique de Hull, ensuite les Trouvères d'Edgar Demers, puis le Pont-Neuf et les Dévots de la Rampe ; enfin, les deux troupes collégiales, celle de Saint-Alexandre et celle de l'Université d'Ottawa. Ces organisations artistiques ont eu des voies différentes mais il me semble qu'elles se rapprochent par ceci :

1) Elles voulaient servir le public francophone par l'art du théâtre en œuvrant, sans grands moyens mais avec enthousiasme, à établir une habitude de la chose théâtrale dans l'Outaouais.

2) Elles participèrent régulièrement au Festival d'art dramatique, vénérable institution chargée de rassembler annuellement les meilleurs spectacles de théâtre d'amateurs à travers le pays ; nos troupes n'avaient pas peur d'être souvent les seules francophones en dehors du Québec à se présenter aux compétitions régionales.

3) Elles suscitèrent très rapidement un engouement pour le théâtre-profession chez les acteurs ; certains noms connus aujourd'hui sont sortis de cette époque : Pierre Patry, Gilles Provost, Gilbert Chénier, Jean Belleau, Edgar Demers, Guy Provost, Gérard Gravelle, Charlotte Gobeil, Jean Lefebvre (entre autres...) œuvrent aujourd'hui dans les métiers du spectacle.

4) Elles se composaient presque exclusivement de jeunes — étudiants ou non —.

5) Nous n'étions pas tendres les uns pour les autres ; mais, c'était rarement très méchant et nos peccadilles et nos allées et venues étaient relatées quotidiennement dans une chronique du *Droit,* ce qui ne manquait pas de soulever des commentaires interminables dans le milieu.

6) Le répertoire d'abord traditionnel ou digestif s'est très vite haussé à un niveau de théâtre nouveau dans lequel nous trouvions une justification plus profonde de notre action en faisant découvrir au public la dramaturgie d'après-guerre.

Nous avions des exemples constants sous les yeux et par les émissions dramatiques de Radio-Canada (en ce temps-là à son meilleur) et par les tournées des troupes canadiennes (Nouveau-Monde, Théâtre-Club, Rideau-Vert) ou françaises.

Bref, au début des années soixante, le théâtre à Ottawa-Hull, encore pauvre mais de nouveau implanté, allait de l'avant. La création de l'Association canadienne du Théâtre Amateur par Guy Beaulne (fils de Léonard et frère d'Yvon, metteur en scène chez les Dévots, frère du juge Jean-Pierre travaillant d'arrache-pied à Théâtre-Canada — décidément, quelle famille !), par Guy Beaulne, dis-je, favorisa un rapprochement des groupes du théâtre local, une meilleure approche dans l'organisation de nos saisons et une fusion des intérêts et des besoins communs (matériel, salles, conseils professionnels, ateliers). De plus, l'ouverture d'une possibilité de productions dramatiques à la télévision locale et dans les postes privés de radio laissait espérer une conversion des amateurs en semi-professionnels. (Le poste C.K.C.H. fondé en 1930 avait déjà permis cet espoir à Raoul Déziel qui y avait fait du théâtre radiophonique.) Mais cela ne s'est pas concrétisé et les troupes, petit à petit, ont disparu, laissant des vides remplis hâtivement par ceux qui n'étaient pas allés faire carrière à Montréal. Cependant, et nous arrivons à aujourd'hui, cette volonté d'une permanence de notre art, manifestée par un courage et un désintéressement exemplaires, a porté fruit avec l'annonce de l'établissement d'une troupe professionnelle francophone au Centre national des Arts, alors en voie de construction.

Depuis l'ouverture du Centre, quatre saisons ont passé. Les appréhensions des amateurs se sont révélées vaines : le théâtre professionnel à Ottawa n'a pas tué le théâtre non professionnel. Il a, au contraire, stimulé tous les amoureux actifs du théâtre, obligeant chacun à se mieux définir, à remplir un rôle essentiel ou dans l'initiation (tel le cas exemplaire de l'Atelier), ou dans l'enseignement (les cours secondaires et les universités), ou dans le théâtre pour les enfants, ou dans le théâtre expérimental.

Le théâtre, sur les deux rives de la rivière, est, aujourd'hui, vivant, riche, complet, divers, bien fréquenté et suivi par un public de plus en plus averti.

Il a fallu près de 90 ans pour y arriver.

Notes sur les troupes de théâtre dans l'Outaouais

par Hélène BEAUCHAMP-RANK,

professeur à l'Université d'Ottawa

Aucune histoire exhaustive n'a encore été tracée des représentations données dans la région Ottawa-Hull ; cette étude reste à faire et demandera à ceux qui s'y attaqueront de puiser dans les archives autant que dans les souvenirs de ceux qui ont été les artisans du spectacle dans cette région. Les renseignements que nous avons pu trouver et que nous résumons ici nous ont été gracieusement fournis par ceux qui ont touché, de près ou de loin, à cette histoire. Nous les en remercions vivement. Le lecteur retrouvera leur nom au cours de cette note.

Au tout début du siècle déjà, le cercle Saint-Jean présentait ses spectacles à la Salle Notre-Dame de Hull. Figuraient, entre autres, à son répertoire, les pièces suivantes :

Le Gondolier de la mort, grand drame vénitien, 24-25 avril 1911.

Famille sans nom, grand drame patriotique canadien, 26 juin 1911.

Les Piastres rouges, grand drame espagnol en trois actes, 28 novembre 1911.

Les Pirates de la savane, drame en 5 actes et 6 tableaux, 20 février 1912.

Le Bossu, de Anicet Bourgeois et de Paul Féval, 7-8-9 avril 1913.

Jean sans nom, grand drame héroïque et patriotique en 7 parties de Germain Beaulieu d'Ottawa, 10 juin 1913.

La Revanche de Frésimus, de M. H. Kearney, 10-11 décembre 1914.

La Prise de Québec, grand drame historique, 4-5 juillet 1915.

Wilfrid Sanche, pour sa part, a dirigé les pièces suivantes qui ont été présentées à l'Odéon de Hull :

La Justice de Dieu, mélodrame en 6 tableaux, 28-29-30 octobre 1912.

Le Vieux Caporal, mélodrame, 20-21-22 janvier 1913.

Les Deux Timides, 7 mai 1913.

Un Chapeau de paille d'Italie, 13-14-15 avril 1914.

Le Retour du Poilu, par Antonin E. Proulx d'Ottawa, 8 décembre 1917.

Le Mariage fatal, de M. Sénécal de Montréal, 13-14-15-16 octobre 1919.

L'Obstacle, par Alphonse Daudet, 9-10 décembre 1920.

Par la suite, Léonard Beaulne fonde une troupe en 1923, Le Cercle dramatique national, qui joue à Hull, à la Salle Notre-Dame et à Ottawa, au Monument national, les textes suivants, entre autres : *Catherine, Le Voyage de Monsieur Perrichon* (1923), *Le Danseur inconnu* de Tristan Bernard (1924), *Copains,* comédie de G. Berr (1926), *La Petite chocolatière* (1926), *Pierre et Thérèse* de Marcel Prévost (1928).

Peu à peu d'autres groupes sont nés qui ont voulu structurer leur activité théâtrale, donner une direction à leur recherche et organiser leur travail selon un certain style. Nous allons les décrire ici brièvement, laissant aux chercheurs le soin d'établir avec plus de détails leur rôle dans l'histoire culturelle de l'Outaouais.

Le Caveau

Le Caveau a été fondé en 1932 par quelques personnes réunies autour du R.P. A. Voyer, o.p. Il s'agissait alors de grouper en diverses corporations les artistes de divers domaines : arts décoratifs, littérature, musique et théâtre. Les cadres adoptés sont inspirés des corporations médiévales particulièrement aptes à garder une vie intense dans une rigide réglementation en vertu de la valeur profondément humaine des mobiles qui inspirent et de l'esprit qui anime les groupements constitués sur ce modèle. Le R.P. P.-M. Gaudreault, longtemps aumônier du Caveau, Henri Masson, chef de la corporation des peintres et Florence Castonguay, directeur artistique de la corporation des diseurs, sont les grands animateurs du mouvement.

La corporation des diseurs a présenté nombre de pièces jusqu'en 1948 : *Le Chant du berceau* et *Le Chapeau chinois* (1935), *Miss Ba,* traduction française des *Barrett's of Wimpole Street* (1936), *Françoise* de Sacha Guitry (1937), *Scampolo* (1938), *Martine* de Jean-Jacques Bernard (1939), *Les Jours heureux* de C.-A. Puget (1940), *Maria Chapdelaine* de Paul Gury Le Goriadec (1941), *Baisers perdus* d'André Birabeau (1946). Elle a créé *Le Déserteur* de Fulgence Charpentier le 14 mars 1939 et *Toto* de Laurette Larocque-Auger, le 23 novembre 1940.

Florence Castonguay a signé presque toutes les mises en scène et a interprété plusieurs des rôles principaux. Autour d'elle se retrouvaient Margot Gaudreau, Margot Sabourin, Paul Pelletier, Romuald Latreille, Rosario Bélisle, Albert Boucher. Guy et Yvon Beaulne, Germaine Patrice, Denyse Ouimet, Thérèse May, Guy Sylvestre se joignent au groupe vers 1940.

La troupe joua dans divers théâtres d'Ottawa dont le Monument national, l'Ottawa Little Theatre, la Salle académique et à l'auditorium de l'Ecole technique. Elle se rendit à Québec en septembre 1938 pour un « Gala artistique » au Palais Montcalm où elle présenta *Le Chant du berceau* et *Françoise ;* elle joua aussi à Sherbrooke, en septembre 1944, *La Châtelaine de Shenstone* d'André Bisson. Florence Castonguay s'occupa aussi activement du théâtre pour enfants avec Les Petits Diseurs.

La corporation des diseurs du Caveau remporta de brillants succès au Festival dramatique national. En 1937, *Françoise* remporta le trophée Bessborough, le plus grand honneur du festival et Florence Castonguay se vit décerner le prix Brugère pour la meilleure interprétation féminine. *Scampolo,* en 1938, mérita à Paul Pelletier le prix du ministre de France pour le meilleur interprète masculin. *Martine,* en 1939, remporta le premier prix des pièces françaises, le prix du meilleur acteur pour Albert Boucher et le prix de meilleure comédienne à Florence Castonguay. *Maria Chapdelaine,* en 1947, remporta le trophée français du gala et le trophée Sir Barry Jackson accordé à la meilleure interprétation d'une pièce canadienne.

Les Dévots de la Rampe

Les Dévots de la Rampe, troupe fondée par Pierre Patry en 1952, ont donné leur premier spectacle d'importance le 8 mars 1955. Il s'agissait du *Malade imaginaire,* joué au Ottawa Little Theatre, mis en scène par Pierre Patry ; Gabbi Guitor, Jeanne Berthiaume (Sabourin) et Gilbert Chénier tenaient les principaux rôles. La saison 1956-57 fut la saison propice pour cette troupe qui présenta alors *La Maison du printemps* de Fernand Millaud, *Britannicus* de Racine, *Le Don d'Adèle* de Barillet et Grédy et un spectacle composé de *Cécile ou l'Ecole des pères* d'Anouilh, *Les Précieuses ridicules* de Molière et *Les Irascibles* de Chancerel. La saison se termina sur *La Poudre aux yeux* de Labiche et une *Rétrospective* des spectacles précédents. Pierre Patry y signa la plupart des mises en scène ; Gabbi Guitor, Renelle Venne, Gilbert Chénier, Claude Jutra, Julienne Charbonneau, Rhéal Guèvremont, Claire Major y jouèrent quasi régulièrement.

Le Théâtre du Pont Neuf

Le Théâtre du Pont Neuf, fondé en 1953 par Yvon Beaulne, Yvon Dufour, Jean-Marie Déry et Jean Belleau, a servi la région Ottawa-Hull jusqu'en 1966. Pendant ses deux premières saisons, la troupe a joué au Ottawa Little Theatre. Elle a ensuite transformé le deuxième étage d'une maison centenaire du Parc Jacques Cartier à Hull en théâtre intime de 50 places, où elle a joué l'été et le printemps jusqu'en 1963. Plutôt que de faire des rénovations trop coûteuses à ce local, la troupe, dirigée alors par Gilles Provost, s'installa à la Salle Alfred de Musset du Motel de Ville d'Eastview, salle de 80 places mise gracieusement à sa disposition par le propriétaire Raoul Landriault. Pour sa onzième saison, la troupe inaugura La Caserne, ancienne caserne de pompiers de Hull transformée en centre récréatif, où la salle de spectacle pouvait accueillir 150 spectateurs. Jean Belleau, directeur artistique et Ramsay Milne, administrateur, ont dirigé la troupe pendant nombre d'années ; Gilles Provost a signé presque toutes les mises en scène à partir de 1962 ; Aldo Marleau y a créé de nombreux décors.

La troupe a présenté des pièces de Cocteau, Achard, Courteline, de Ghelderode, Sagan, Roussin, Sauvajon, Puget et des textes de Félix Leclerc, Marcel Dubé, Gratien Gélinas et Eloi de Grandmont. Elle a créé *L'Imbécile* de Lomer Gouin et a obtenu de nombreux succès au Festival dramatique de l'est de l'Ontario. Pierrettte Vachon, Gérard Gravelle, Jean et Hedwige Herbiet, Jeanne Sabourin, Monique Landry, Mado Sanscartier, Loïse Provost, Jean-Louis Fujs, Gérard Anderson, Muguette Boisvenue, Reine d'Anjou, Jean Lefebvre y ont tenu des rôles.

L'Atelier

L'Atelier a été fondé le 9 novembre 1965 par Muguette Boisvenue, Jacqueline Martin et Jeanne Sabourin à la suite du succès qu'avait obtenu un cours d'improvisation offert dans la région par Marcel Sabourin. Le triple but que l'Atelier se proposa alors fut d'offrir des cours de formation dans les différentes disciplines de l'art théâtral, de réaliser des productions de pièces canadiennes et d'encourager l'éclosion d'une dramaturgie régionale.

De 1965 à 1970, trente-deux cours offerts attirèrent 1,200 personnes. Jean Herbiet, Jacques Zouvi, Robert Denis, Elizabeth Langley, Gérard Gravelle, Muguette Boisvenue, Marthe Mercure, Pierre Gauthier, Gilles Provost donnèrent des cours de maquillage, de danse, d'expression corporelle, de création dramatique, de technique de la scène, d'improvisation et de mise en scène.

La troupe de l'Atelier a créé plusieurs textes de Jacqueline Martin : *La Quintaine,* le 25 novembre 1966 dans une mise en scène de Gérard Gravelle ; *Les Murs des autres* mis en scène par Gérard Gravelle et *Le Charnier* mis en scène par Franck Duval, créés le 10 mars 1967 ; *Les Prométhées déchaînés,* dans une mise en scène de Marthe Mercure, créé le 6 mars 1969. Elle a joué *le Fou d'Agolan* du même auteur en mars 1970, *Weekend* de Noël Coward et *Les Citrouilles* de Jean Morin en décembre 1970, *Le Marcheur* d'Yves Thériault en novembre 1969, *Un Simple soldat* de Marcel Dubé, en janvier 1972. Elle a de plus créé *Les Paons* de Michel Tremblay au Studio du Centre national des Arts le 11 février 1971 et *Les Mutilées* de Gaby Déziel-Hupé, le 21 avril 1971. Presque toutes ces mises en scène ont été réalisées par Gilles Provost.

La troupe a joué à l'Escale, à la Nouvelle Lanterne, 591, rue Cumberland, à Ottawa, et dans les salles d'écoles secondaires de la région. Elle a aussi présenté ses spectacles au Festival d'art dramatique de l'est de l'Ontario et s'est occupé activement de théâtre pour enfants.

Lors du départ de Jeanne Sabourin, Jean-Bernard Guindon puis Guy Thibodeau et finalement Pierre Beaulne ont dirigé l'Atelier, l'orientant vers le « jeune théâtre » et le théâtre d'expression libre.

Le théâtre au Centre national des Arts

Au Centre national des Arts, Jean-Guy Sabourin, directeur du Théâtre du Capricorne, a monté et présenté au public outaouais *La Visite de la vieille dame* de Dürrenmatt en septembre-octobre 1969 et *En attendant Godot* de Beckett en février-mars 1970. Il a invité Roland Laroche, en janvier 1970, pour la mise en scène des *Fourberies de Scapin*. La saison suivante, Jean Herbiet montait *La Double inconstance* de Marivaux avec le Groupe du Studio, Maurice Demers imaginait son spectacle *Femme* et *Les Paons* de Michel Tremblay était créé par l'Atelier dans une mise en scène de Jean Lefebvre. En 1971-72, le Groupe du Studio jouait *L'Illusion comique* de Corneille et présentait GIBB, cinq textes d'auteurs modernes : Ionesco, *La Cantatrice chauve ;* Beckett, *Oh ! les beaux jours ;* Herbiet, *La Rose rôtie ;* Genet, *Les Bonnes ;* Brecht, *La Noce chez les petits bourgeois*. En 1972-73, Jean Herbiet a mis en scène *L'Avare* de Molière et *Le plus heureux des trois* de Labiche ; Olivier Reichenbach a monté *Gaspard* de Peter Hadke ; Tibor Egervari a présenté *Mademoiselle Jaïre* de Ghelderode.

Les compagnies montréalaises ont toujours participé aux saisons du C.N.A. : le T.N.M., le Rideau Vert, la Poudrière, le T.M.N., de même que des troupes européennes dont le Théâtre national de Belgique et la Comédie-Française. Jean-Louis Barrault y a fait la mise en scène du *Mariage de Figaro* de Beaumarchais. Ces spectacles se donnent au Studio, salle expérimentale de 300 places ou au Théâtre, dont la scène est transformable (italienne ou élisabéthaine) et qui contient 900 places.

Le théâtre pour enfants et pour adolescents a aussi été servi par divers groupes dont Le Portage, les Jeunes Théâtres et l'Hexagone.

Le théâtre français à l'Université d'Ottawa

L'histoire du théâtre français à l'Université d'Ottawa est reliée à celle de la Société des Débats français, fondée en 1887 par le Père Adélard Langevin, o.m.i. Les premières expériences furent modestes. De 1922 à 1945, Monsieur Léonard Beaulne assume le poste de directeur artistique de la troupe qui évolue sur la scène du Monument national, du Théâtre Russel, du Capitol ainsi qu'à l'Ottawa Little Theatre. Molière est alors à l'honneur. On présente *Le Malade imaginaire, Le Médecin malgré lui, L'Avare, Les Fourberies de Scapin, Les Précieuses ridicules, Le Misanthrope*. On joue aussi *Le Rêve de l'aigle, L'Accusé, Le Grand Voyage, Cyrano de Guignol, La Tribu des Richards*. Yvon et Guy Beaulne, Jacques Auger, Jean-Jacques Bertrand, Jean Belleau défendent ces textes.

En 1931, l'Université fonde l'Ecole de Musique et de Déclamation qui s'occupe de théâtre avec la collaboration de Mme Laurette Larocque-Auger (Jean Desprez). Jacques Auger, Florence Castonguay, Thérèse May, Lucille Gagné jouent, sous sa direction, *Poil de carotte, Maria Chapdelaine, L'Indienne, L'Innocente* (H.R. Lenormand).

Vers 1945, la troupe adopte le nom de Société dramatique de l'Université d'Ottawa. La direction artistique est confiée au Père Ovila Gadouas, o.m.i. et la troupe joue à la Salle Académique, rue Wilbrod, où elle présente, de 1945 à 1956, *L'Homme fossile, Mes mémoires, Topaze, Polyeucte, Knock, Iphigénie, Monsieur de Pourceaugnac,* etc.

En 1958, Jean Herbiet est nommé directeur artistique de la Société Dramatique dont le Père Bernard Julien, o.m.i. est le modérateur. Il monte alors les pièces des auteurs suivants : Anouilh, Molière, Tchekhov, Supervielle, Regnard, Plaute, Ionesco. En 1963, la troupe adopte le nom de Comédie des Deux Rives et continue à se produire à la Salle Académique (500 places).

Elle joue alors des pièces de Ionesco, Camus, Beckett, Foissy, Arrabal, Euripide, Vitrac et Atlan. Elle crée *Le Jet de pierre* de Claudel, le 7 avril 1964, et *Dis Joe* de Beckett, le 8 décembre 1966 ; elle présente en première canadienne la pièce de Guy Foissy, *En regardant tomber les murs,* le 8 décembre 1966.

De nombreuses tournées ontariennes et québécoises ont marqué ces années de même que trois participations au Festival mondial du Théâtre universitaire à Nancy, en France. En 1964, la Comédie des Deux Rives y présente *La Cantatrice chauve* et remporte le deuxième prix ex aequo avec les troupes de Prague, de Wroclaw et de Hambourg, de même que la médaille d'or de la Fédération nationale des sociétés françaises de théâtre amateur. En 1967, la troupe y crée *Terre des Hommes* de Jean Herbiet. En 1970, le Centre national des Arts invite la troupe au Studio pour la création d'*Elkerlouille* de Jean Herbiet.

Depuis 1970, la Comédie des Deux Rives constitue l'instrument de travail des étudiants inscrits à la section théâtre du Département de Théâtre et des Arts visuels de la Faculté des Arts. Avec eux, les professeurs Jean Herbiet, Hélène Beauchamp-Rank, Hedwige Herbiet, Tibor Egervari (directeur artistique de la troupe depuis 1972), Jacques LeBel et Gilles Provost ont monté des spectacles. *Geste parlé* d'André Caron et *La Garde montée,* adaptation d'un intermède de Cervantes par Jean-Claude Germain, ont été créés dans des mises en scène d'Hélène Beauchamp-Rank.

Le Théâtre français à l'Université Carleton

A l'Université Carleton, où des cours de littérature dramatique sont offerts, Madeleine Gobeil et Jean-Pierre Ryngaert ont monté des spectacles en langue française : *Polyeucte* (1965), *Horace* (1966), *Le Bourgeois gentilhomme* (1967), *Knock* (1969), *Le Médecin malgré lui* (1970), *Jacques ou la soumission* (1971), *Le Mal court* (1972).

Le Théâtre au Collège Saint-Alexandre de Limbour

Le Collège Saint-Alexandre de Limbour, dirigé par les Pères du Saint-Esprit, a présenté de nombreux spectacles depuis sa fondation en 1913. La fête de sainte Catherine, patronne des philosophes, l'Immaculée-Conception, la fête de saint Alexandre, patron du collège, étaient surtout marqués par des soirées musicales et théâtrales. Les professeurs et les élèves écrivaient souvent les pièces jouées ou « arrangeaient » les textes classiques « pour les jeunes gens ». Le Père H. Goré, c.s.sp., a proposé de ses textes, Molière, Labiche, Courteline, Félix Leclerc, Théodore Botrel, Anouilh, Ghéon ont été joués par les internes du collège. Jusque vers 1930, les « soirées récréatives » offraient un programme varié de chants, de musique instrumentale, de récitations, de sketches ou de courtes pièces. On en vint par la suite à monter un grand spectacle par année : *L'Anglais tel qu'on le parle* de Tristan Bernard, *Saint-Ours et le cheval Pie* d'Henri Brochet en 1942 ; *Blanchette* d'Eugène Brieux, sous la direction artistique de Florence Castonguay en 1943 ; *Le Voyage de Monsieur Perrichon* de Labiche en 1949.

Le Père Paul Guay qui, comme ses prédécesseurs, a voulu ouvrir le collège à tout ce qui se faisait en théâtre et en musique, a été le premier à faire venir les Compagnons de Saint-Laurent dans la région d'Ottawa-Hull en 1941. La troupe du Caveau a très souvent porté ses productions sur la scène du collège : *Eugénie Grandet,* par exemple, le 8 mars 1944.

Le Père Alphonse Gilbert a donné un grand essor à la troupe du collège. Il a monté, entre autres, *Athalie* de Racine qui eut un très grand succès (1954) ; *Le Petit Prince* de Saint-Exupéry qu'il avait adapté pour la scène et qui a été repris à la télévision de Radio-Canada. *Maître après Dieu* et *le Miracle de Théophile* sont deux autres de ses réalisations.

Le Père Gaétan Renaud qui lui a succédé a organisé pour les étudiants des ateliers de technique de scène, de maquillage, décors, costumes, etc. Il a fondé une troupe, « Kiamika », qui a présenté plusieurs spectacles, dont des créations collectives.

Si tous ces groupes ont touché de plus ou moins loin au théâtre pour enfants, une troupe s'y est consacrée entièrement : La Compagnie des Trouvères.

Beaucoup de précisions doivent encore être apportées à cette histoire qui mérite d'être écrite. De nombreux groupes ont existé durant une ou deux saisons ; le travail des animateurs de toutes ces troupes mériterait d'être mis en lumière ; les théâtres où les représentations ont été données devraient être décrits avec plus de détails.

La région Ottawa-Hull est riche d'un potentiel artistique qui doit être encouragé. Le Théâtre Neuf, le jeune Atelier, le Hibou, le Théâtre des Lutins doivent continuer leurs activités. Les jeunes qui sortent des écoles de formation, de la région ou d'ailleurs, devraient pouvoir s'engager dans ce domaine en se sentant stimulés par les expériences du passé autant que par l'encouragement des gens en place.

Le Théâtre de langue française au Nouveau-Brunswick

par Laurent Lavoie,

professeur à l'Université de Moncton

Le théâtre en Acadie débute avec le célèbre Marc Lescarbot, avocat à Paris, compagnon de Champlain et de Poutrincourt ; cet honnête Picard, bon vivant, né à Vervins, vers 1570, accompagna Poutrincourt à Port-Royal, le 13 mai 1606. C'est un gentilhomme fort occupé qui enseigne le catéchisme, travaille aux champs, écrit de la poésie (*Les muses de la Nouvelle-France*) et une pièce de théâtre, *Le Théâtre de Neptune,* pour célébrer le retour de Poutrincourt :

> Je m'avisay de représenter quelque gaillardise en allant au devant de lui, commes nous fimes. Et d'autant que cela fut en rhimes Françoises faites à la hâte, je l'ay mis avec les Muses de la Nouvelle-France, souz le tiltre de *Théâtre de Neptune,* où je renvoye mon lecteur [1].

Cette gaillardise se déroule sur la plage de Port-Royal ; Neptune est entouré de six tritons, de quatre sauvages et d'une suite de gentilhommes et apparaît dans un chariot qui se dirige vers la barque de Poutrincourt. Voici le discours de bienvenue qui accueille Poutrincourt :

> C'est moy qui sur mon dos ay tes vaisseaux porté
> Quand de me visiter tu as eu volonté.
> Et naguères encor c'est moy qui de la Parque
> Ay cent fois garanti, toy, les tiens, ta barque.
> Ainsi je veux toujours seconder tes desseins,
> Ainsi je ne veux point que tes efforts soient vains,
> .... je voy le destin

1. Robert Pichette, *Marc Lescarbot et son Théâtre de Neptune,* 8e cahier, Moncton, 1965, p. 29.

Préparer à la France un florissant Empire
En ce monde nouveau, qui bien loin fera bruire
Le renom immortel de De Monts et de Toy [2].

Le spectacle se déroule agréablement, mais la prophétie de Lescarbot se révèle fausse. De toutes façons, il ne resta guère longtemps au pays car il rentra en France, en 1607. Son nom et sa gaillardise restèrent pourtant ; une troupe de théâtre d'Halifax choisit le nom de Neptune Theatre ; on a aussi institué, en 1959, le prix Marc Lescarbot accordé à une personnalité brillante du monde du théâtre canadien.

Après cet heureux début, l'Acadie attendra pendant plus de deux siècles et demi la naissance de dramaturges et d'activités théâtrales. En effet, avant le « Grand Dérangement » de 1755, les Acadiens vivaient paisiblement, défrichant leurs terres et se rencontrant pour fêter certains anniversaires et événements particuliers ; après la déportation et pendant une centaine d'années, c'est le néant. Le congrès des Acadiens, qui eut lieu en 1884, traduit un effort de croissance de la part des francophones restés ou retournés au pays. Déjà avait été fondé le collège Saint-Joseph, en 1864, par le R.P. Lefebvre. Cette institution allait donner le pas à l'éveil du peuple acadien. Au collège, on fondait, dès le 11 octobre 1866, l'académie Saint-Jean Baptiste, « société académique, littéraire et dramatique » [3]. Selon un père de l'époque, « de bons succès furent remportés dans les tendres années de la Société. Que les pièces fussent tragiques ou comiques, elles étaient en général d'un réussi que nos meilleurs acteurs du collège ne désavoueraient pas maintenant. »[4]

Vers 1879, le R.P. Porée, professeur de rhétorique, « considérait l'action dramatique comme un moyen très sûr pour former un jeune homme à l'art oratoire. Il composait des pièces qu'il faisait jouer à ses élèves. Un commentateur dit que les succès oratoires auxquels le R.P. Porée parvenait avec des enfants étaient à peine croyables. Sur le théâtre, on aurait dit des jeunes orateurs exercés depuis longtemps, tant les allures de ces enfants étaient réglées et parfaites. » [5] A l'occasion de la fête patronale du collège, le 19 mars, la Société présentait sa séance annuelle à la grande joie du public. La chronique précise que les séances « ont toujours attiré une si grande foule de spectateurs, de toutes les paroisses environnantes, que le vaste local était bientôt devenu insuffisant » [6].

Les goûts commencent à se préciser et, à la Saint-Joseph 1886, *L'Homme de la forêt noire* (pour les premières pièces, il n'y aura aucune mention d'auteur) remporta de vifs succès non pas, selon le chroniqueur, « pour sa partie dite dramatique, mais pour sa portée littéraire, vers laquelle se concentraient toutes les forces » [7] ; cependant il semble qu'on choisissait une pièce non pas pour ses qualités intellectuelles, mais bien pour le nombre de personnages. En effet, le metteur en scène désirait toujours faire participer tous les élèves.

2. Marc Lescarbot, *Théâtre de Neptune*, in *Nova Francia*, vol. 1, no 6, p. 287.
3. Archives acadiennes, « Noces d'argent du Collège St-Joseph », p. 2.
4. *Ibid.*, p. 22.
5. *Ibid.*, p. 37.
6. *Ibid.*, p. 39.
7. *Ibid.*, p. 42.

Le 24 juin 1893, les jeunes acteurs se distinguent dans *Le Sonneur de Saint-Paul,* pièce très populaire. L'année suivante, on accueille de façon élogieuse *Les Boucaniers,* « drame presque inabordable pour nos théâtres de collège par ses exigences et ses difficultés scéniques ». D'après les journalistes, « *Les Boucaniers* est le plus grand drame qui ait été joué jusqu'à présent à Saint-Joseph ; le brio et le naturel avec lequel les élèves rendirent leur rôle respectif charmèrent l'un des plus nombreux auditoires qui se soient *(sic)* encore donné rendez-vous dans notre salle académique. » [8] Nous comprenons bien ces louanges vu la jeunesse et l'amateurisme de cette Société.

Vers la même époque, le collège Sainte-Anne vit le jour à Pointe de l'Eglise, en Nouvelle-Ecosse et, dès 1893, une activité théâtrale se profile avec les pièces : *La Malédiction* (1893), *La Farce de Maître Pathelin* et *La Torpille* (1894). Le 11 mai 1896, *La Tour du Nord* est tellement bien reçue qu'une deuxième représentation doit être donnée à Weymouth ; puis, en 1898, *Les Bossus de Québec* et *Les Derniers martyrs du Colisée.*

Au début du siècle, soit le 20 avril 1902, le R.P.A. Braud accède à la célébrité grâce à *Subercase,* pièce en alexandrins, présentée et interprétée par Auguste Blinn ; on rapporte que ce dernier « s'est véritablement surpassé en rendant avec tant de conviction et d'éloquence les sentiments si beaux et si chrétiens, exprimés dans des vers comme ceux-ci » :

Forts les corps ! Forts les cœurs ! et viriles les âmes !
Purs de toute souillure, allez laissant aux femmes
Les larmes de faiblesse et jusqu'au dernier jour
De votre vie, aimez à dire avec amour
Ce double cri qui doit rester votre devise :
Vive la France ! L'Acadie et l'Eglise [9] !

Donc, le père Braud, Acadien lui-même, sut, par ce premier drame du cru, faire vibrer les fibres endolories de ce peuple blessé, résolument tourné vers le passé, vers la France ; il évoque un patriotisme suranné ressenti par cette société fermée, repliée sur elle-même. Subercase est le dernier gouverneur français en terre acadienne qui écrivait en 1708 : « Plus je considère ce peuple, plus je pense que ce sont les gens les plus heureux du monde. » [10] Le peuple s'attache donc à cette heureuse époque et semble oublier de vivre dans le présent, ce qui démontre un retard sociologique important.

Pourtant, on créait des institutions ; en effet, à Caraquet, au Nord du Nouveau-Brunswick, naissait, en 1899, l'université du Sacré-Cœur ; lors de l'inauguration, le père Travert, directeur, choisit plusieurs saynètes présentées par des acteurs novices, mais dans l'atmosphère très sympathique de la salle de récréation. Ce Père, impresario pionnier, dut faire beaucoup d'efforts pour réussir à monter quelques maigres spectacles sur des tréteaux de fortune et un choix très limité d'acteurs.

Cependant « à partir de 1903 commence l'âge d'or : l'équipe Courtois-Collard va lancer les séances de grand style qui remporteront d'éclatants

8. *Ibid.*, p. 49.
9. Archives acadiennes, « Les 50 ans du Collège Ste-Anne à Church Point (Comté de Digby, N.-E.) ».
10. Pierre GODIN, *Les révoltés d'Acadie,* éd. Québécoises, Montréal, 1972, p. 19.

succès : programmes artistiquement dessinés par le père Courtois, aux illustrations souvent pleines d'humour ; mise en scène étudiée et montée jusqu'aux plus minutieux détails, costumes aux somptueuses couleurs ; décors féeriques... On affectionne les drames de la veine cornélienne, où de grandes âmes donnent de grandes leçons d'héroïsme et de fidélité au devoir. »[11] La salle se remplissait toujours, même si un bon nombre d'élèves était mobilisé pour la fanfare, la chorale et la distribution des rôles ; c'était tout un spectacle. Quelques acteurs parvinrent à une rare maîtrise du jeu scénique. « Le père LeBastard mettait toujours le point final à des représentations prolongées jusqu'à 11 heures et demie du soir !... On y accourait de 60 milles à la ronde, grâce à la bienveillante publicité que les curés leur accordaient. »[12]

Le choix des pièces au programme attirait les foules ; surtout que monsieur le curé en parlait en chaire. En 1905, ce fut *Richard III* de Shakespeare ; l'année suivante, *Vercingétorix,* donné en l'honneur de Mgr Théophile Allard, élevé au rang de protonotaire apostolique. Cette pièce, créée par deux Eudistes, les Pères Bizeul et Jourand, avait eu l'honneur de plusieurs représentations sur les scènes collégiales, en France. Selon les chroniqueurs de l'époque, un impresario avait même offert de la faire jouer dans un théâtre à Paris, si les auteurs consentaient à y introduire une intrigue amoureuse et des personnages féminins ; mais les auteurs refusèrent, sans doute pour éviter la « pollution morale » causée par la présence maléfique de la femme. La pièce mettait en scène une cinquantaine de personnages costumés en Gaulois, de la tunique à la moustache. Quelle mise en scène difficile ! Il n'y eut qu'un seul accroc : des bouteilles remplies d'eau qui servaient de cloches se cassèrent !

Malgré tout, l'intérêt pour le théâtre subsiste jusqu'à la fermeture de l'université, à la suite de l'incendie de 1916. Au cours de cette période, le cercle Jean-Eudes présenta autant d'opérettes et de comédies que de drames ; on alternait le plus souvent le comique et le tragique. Seules les comédies, en fait souvent des farces légères, recevaient l'assentiment de tous ; ce furent : en 1906, *La Mère Michelle ;* le 9 avril 1907, *Les Tribulations du Marquis de la Grenouillère ;* le 16 juin 1907, *Mon huile de foie de morue ;* le 18 juin 1912, *On demande des domestiques,* comédie et chant patriotique de Mgr Doucet ; le 24 avril 1913, *Le calcul militaire* éveille l'esprit patriotique à la veille de la première guerre mondiale. On affectionnait aussi l'opérette en un acte, comme *Le Nain et l'Astrologue* du 1er octobre 1907, *Brouillés depuis Wagram* du 18 juin 1912 et *Vieux grognards* du 12 décembre.

Quant aux drames, le choix tombait presque toujours sur des pièces à sujets religieux, historique ou sentimental : *Le Mystère de la Passion* de René Schwob et *Cœur de prêtre,* joués le 18 juin 1911 ; *Fontainebleau et Ste-Hélène* et *Les Marchands de soufflets* du 26 avril 1910 ; et surtout cette pièce acadienne du père Braud, *Subercase,* présentée à nouveau le 18 décembre 1912. Certaines pièces plus célèbres prennent également l'affiche comme *La malédiction,* le 1er octobre 1907 ; *Britannicus,* le 11 mars 1909 ; *Le marchand de Venise* de Shakespeare, le 18 juin 1912 ; *Le homard et les*

---

11. Marcel TREMBLAY, *50 ans d'éducation 1899-1949, Université du Sacré-Cœur,* Bathurst, 1950, p. 129.
12. *Ibid.,* pp. 126-127.

plaideurs de René Blain des Cormiers, le 18 juin 1911 ; et *Les piastres rouges,* à Pâques 1923.

L'université du Sacré-Cœur rouvrira ses portes, mais à Bathurst ; le théâtre continuera à fleurir et, dès 1922, une scène rudimentaire est construite. De 1925 à 1941, deux impresarios révèlent leurs talents ; Simon Larouche « s'improvise artiste décorateur et peint des toiles de fond du plus heureux effet. Il excelle dans les opérettes et les comédies légères » [13], telles que *Pantoufles de sainte Cécile, Foire de Séville, Soixante minutes ambassadeur au Japon* et *Gendre enragé.* Puis le père Joseph Thomas, de 1930 à 1940, « monte les pièces les plus diverses, les plus difficiles, au rythme de 3 ou 4 par année » [14], mais nous ne connaissons pas tous les titres ; cependant, il nous semble important de noter le nombre imposant de productions pendant cette époque.

Mais revenons au collège Saint-Joseph, où se produira une certaine stagnation dans l'activité théâtrale, durant la première décennie du XXe siècle. En 1900, *Le Roi des oubliettes,* pièce en trois actes, essaie de faire sortir le théâtre des oubliettes, mais l'expérience ne s'avère pas concluante. Dès lors, il faudra attendre les années d'après guerre pour assister à une renaissance de l'art dramatique, à Memramcook. Déjà, en 1920, on avait essayé de le sauver des eaux croupissantes avec *Madame de la Mare-aux-Biches,* comédie en deux actes commanditée par le cercle Sainte-Cécile et jouée à la salle l'Assomption avec fanfare et chant. Cependant, rien ne se produit et on passera de nouveau à l'attaque avec *Le Roi des oubliettes,* le 19 mars 1923. *Le Roi* eut plus de succès que *Madame de la Mare* et le premier âge d'or du théâtre naîtra au collège : bel hommage à sa Majesté britannique de la part de ses humbles sujets acadiens !

Cette dernière période de recherches et de légèreté nous a pourtant présenté quelques dramaturges comme le père Alexandre Braud, c.j.m., avec *Subercase ;* comme les pères Bizeul et Jourand avec *Vercingétorix ;* ces deux pièces furent représentées. Mais tel ne fut pas le cas pour celle de M. d'Entremont, *Les Acadiens de Philadelphie,* écrite en 1888. Donc, entre 1864 et 1925, époque de la renaissance acadienne, les prêtres écrivent des pièces au sein des institutions d'enseignement, afin d'intéresser davantage leurs élèves au théâtre. Même le sénateur Pascal Poirier, fervent Acadien, donnait des conférences sur l'art dramatique et allait jusqu'à critiquer les pièces d'Antoine Gérin-Lajoie et de Fréchette, dans *Nouvelles Soirées canadiennes* (Pascal Poirier, *Le théâtre au Canada,* mai 1886, 1re partie, p. 193-198).

Quant aux dramaturges de l'âge d'or, ils ne sont pas trop nombreux ; James Branch publiera cinq pièces, *Frassati* [15], *L'Emigrant acadien* [16], *Jusqu'à la mort... pour nos écoles* [17], *Vivent nos écoles catholiques ou la résis-*

---

13. *Ibid.,* p. 292.
14. *Ibid.*
15. James BRANCH, ptre, *Frassatti,* Gravelbourg, Saskatchewan, imprimerie amateur, dans *Le blé qui lève,* no 5, 1937.
16. *Idem, L'Emigrant acadien,* 3 actes, Moncton, L'Evangéline Limitée, 1934.
17. *Idem, Jusqu'à la mort !... pour nos écoles !,* Moncton, L'Evangéline Limitée, 1932.

tance de Caraquet [18] et *Whose Fault Is It ?* [19]. Ce théâtre socio-moralisateur, écrit dans une langue soutenue, mais sans grand relief, essaie de toucher le peuple acadien, le réveiller et le sortir de sa torpeur.

Dans la majorité des pièces de cette période, nous retrouvons presque toujours les mêmes interprètes : le père Clément Cormier, devenu recteur de l'Université Saint-Joseph et nommé récemment chancelier de l'Université de Moncton ; Ludger Bernard, Médard Daigle, Joseph Duguay, Théo. Blanchard, Henri Fougère et Raoul Landry. Leur répertoire se compose de pièces d'Anthony Mars, vu leur ton de comédie légère, telles que *Barbotin et Picquoiseau* et *Quand on conspire,* jouées le 20, le 23 novembre 1926, et *Mon ami Chose* et *Le Docteur Oscar,* le 10 août 1927 au collège de Saint-Laurent ; l'année suivante, le cercle Sainte-Cécile présente *Son altesse.*

Mais les drames pathétiques se partageaient aussi la faveur du public et des acteurs ; pour célébrer le 60e anniversaire de l'académie Saint-Jean-Baptiste, on met en scène *Les Jeunes captifs,* drame en 3 actes qui situe son action dans les Alpes. A l'époque de Noël, *Les piastres rouges* prennent l'affiche et le professeur et dramaturge James Branch, d'origine irlandaise, y interprète le rôle de Manassès.

Le 19 mars 1928, l'académie présente un drame, *L'Expiation,* et une comédie *L'Hôtel-du-Lac ;* le directeur de la soirée artistique cherchait toujours à équilibrer son spectacle, pour soutenir l'intérêt du public et des acteurs. On essayait de donner un spectacle total : comédie, drame, chants, musique et art oratoire.

Trois ans plus tard, un drame attire les gens, *Les Derniers jours de Gilles de Retz ;* René Boudreau y interprète Gilles de Retz et Médard Daigle, Pierre de la Garnache. Influencés par l'enthousiasme des pères et des élèves du collège, les paroissiens de Memramcook décident de fonder, eux aussi, leur cercle dramatique et ils présentent les 9 et 11 juin, *Les enfants du capitaine Grant ;* les recettes allèrent au bénéfice de la salle l'Assomption.

Le 18 mars 1932, un autre drame historique en trois actes est présenté : *Thomas Morus* accompagné d'une comédie-bouffe, *Les Terreurs de l'oncle Berluron.* Dans les rôles importants sont cités : Clarence Goguen, G.-A. Gaudet, Gérard Rheault, Albert LeBlanc et Hervé Michaud.

Si le collège ne commence à s'intéresser véritablement au théâtre qu'en 1926, le collège Sainte-Anne, pour sa part, monte chaque année une ou deux pièces ou même davantage ; l'activité théâtrale ne s'étiole pas et, après *Subercase,* sujet patriotique, on s'attachera surtout aux sujets religieux ou comiques. Au programme, on retrouve assez souvent des pièces déjà jouées dans les autres centres acadiens, telles *La Passion* (1907), *Barbotin et Picquoiseau* (1912), *L'Expiation* (1916, 1924), *Vercingétorix* (1920) et *Les piastres rouges* (1921, 1927).

Cependant, on ne peut pas affirmer qu'il y eut un âge d'or au collège Sainte-Anne comparable à celui du collège Saint-Joseph ; on constate pour-

18. *Idem, Vivent nos écoles françaises ! ou la résistance à Caraquet,* Moncton, L'Evangéline Limitée, 1932.

19. *Idem, Whose fault is it ?,* Moncton, L'Evangéline Print, 1934.

tant l'importance de certaines années quant à la quantité de pièces présentées. Avant 1920, on ne montait pas plus de deux pièces par année ; mais en 1920, 1925, 1928 et 1932, le nombre passe à quatre et, en 1927, on ose aller jusqu'à cinq !

Pendant toutes ces années fructueuses, on ne choisit pas les meilleures pièces ; une seule pièce classique prend l'affiche : *Le malade imaginaire,* en 1928. Cependant, nous aimerions signaler un événement important. En effet, le R.P. Jégo, c.j.m., crée une pièce acadienne, *Le Drame du peuple acadien,* couronnée par l'Académie française. Quel grand honneur pour l'auteur et surtout pour l'Acadie ! L'œuvre émut les étudiants qui comprirent ce drame fait à leur mesure. Selon le chroniqueur de l'époque, lui-même séduit par la grandiloquence des sentiments exprimés, « jamais, croyons-nous, pièce ne fut préparée avec tant de soins : les élèves y mirent toute leur bonne volonté, voulant par là montrer leur reconnaissance à celui qui en publiant ce drame pourrait leur dire : [20]

> Enfants de ces héros sachez que l'on vous aime...
> J'ai vécu avec vous... six ans... je suis parti !
> Mais aujourd'hui pour vous je répands et je sème
> Ces pauvres grains de mil ou de blé que voici [21].

Cette reconstitution historique en neuf tableaux et une « pose plastique » de la dispersion des Acadiens, d'après *La tragédie d'un peuple* d'Emile Louvrière, sera acclamée le 21 avril 1930, à l'auditorium du collège. Au même programme, *Les bossus de Québec,* une farce ; nous remarquons encore ici le besoin d'alterner le tragique et le comique. Il ne fallait pas trop atterrer le public ; la situation des Acadiens était déjà assez pitoyable.

A la même époque, à Bathurst, on s'intéressait autant au théâtre qu'ailleurs, mais le metteur en scène des années 30-40, le père Thomas, préférait monter de solides pièces au lieu de battre des records de production ; il désirait avant tout la qualité. Le 10 mai 1934, *La Passion* permettait la participation de 60 étudiants et requérait un travail laborieux. Deux ans plus tard, *Le Cid* et *Cyrano de Bergerac* enthousiasmèrent les gens du Nord : on célébra ainsi le tricentenaire du *Cid.* En 1940, *Le Marchand de Venise* et *Les piastres rouges* furent les dernières pièces jouées avant la construction d'une salle de spectacles convenable. Le chroniqueur note en passant que « Bathurst a toujours été réfractaire aux pièces françaises » [22]. Peut-être le manque de motivation est-il dû au choix de pièces classiques ; seul un public averti assiste aux représentations. Malgré cette note lucide d'un spectateur conscient, les pères Albert d'Amours, Liguori Roy et G.-A. Chauret continuent le travail de leurs prédécesseurs sans trop en tenir compte.

Mais à la même époque, les spectacles sont peu nombreux au collège Saint-Joseph et le théâtre vivote pendant une bonne décennie. Les titres des

---

20. Archives acadiennes, « Les 50 ans du Collège Ste-Anne à Church Point (Comté de Digby, N.-E.) », p. 72.

21. Jean-Baptiste JEGO, c.j.m., *Le drame du peuple acadien,* reconstitution historique en 9 tableaux et une pose plastique de la dispersion des Acadiens, d'après *La tragédie d'un peuple* d'Emile Lauvrière, Rennes, Imprimerie Oberthur, 1932.

22. Archives acadiennes, « *50 ans d'éducation 1899-1949, Université du Sacré-Cœur,* Bathurst, p. 294.

pièces présentées le 19 mars 1935, *Plaies et Bosses* et *On demande un acteur* évoquent bien la situation ambiante ; ce sont les derniers sursauts dans cette période productrice. On s'évertue maintenant à diversifier les sujets et les dramaturges : *Le drapeau du 1er grenadier* de Julien Richer mis en scène par le père Dismas LeBlanc le 29 mars et le 12 avril 1937 ; *Le Major Tactic* de J. D'ars, le 21 novembre 1938 ; *La Farce de maître Pathelin* en 1943 ; *Les Irascibles* de Chancerel, le 21 novembre 1944 ; *Le Légataire universel* de Regnard, le 19 mars 1944. Ensuite, on s'attache aux œuvres d'Henri Ghéon, qui vient de se convertir au catholicisme et qui compose des pièces à caractère religieux ou comique telles que *Le Miracle de la femme laide,* le 21 novembre 1946 ; *Le Vendeur de boudin,* le 19 mars 1947 ; *Le Comédien et la grâce,* les 29 mai et 4 juin, mis en scène par le R.P. Maurice Chamard ; *Les trois sagesses du vieux Wang,* le 18 mars 1949 ; et *Le Pauvre sous l'escalier,* le 30 octobre 1949.

L'année 1949 entraîne un regain de vie qui précède l'explosion théâtrale en Acadie ; l'intérêt et la motivation existent enfin chez le public. Deux troupes viendront jouer au Nouveau-Brunswick ; les Compagnons de Saint-Laurent, nouvellement créés par le père Emile Legault, c.s.c., présentent *Britannicus* le 13 février 1949 et *Les Irascibles,* à la fin de l'été. Une autre troupe, le Théâtre Mélingue, sous la direction de Maurice LeRoy, présentera *Ma dame la France,* le 10 mars ; ce groupe, en provenance des « vieux pays », avait déjà joué en février, *L'Avare,* avec Magdeleine Martel et Albert Reynal.

A l'Université Saint-Joseph, les activités théâtrales vont bon train ; Henri Ghéon et Betrel sont à l'honneur. Ce dernier écrit surtout des comédies et des opérettes : *A qui le neveu ?* est mis en scène les 14 et 15 mars et puis *Les Bicyclistes,* le 21 novembre. A l'occasion de la fête des mères, *La Vieille Maman du grand Poucet* d'Henri Brochet prend l'affiche ; quelques jours auparavant, le père Louis-Marcel Daigle avait dirigé ses comédiens dans *Les trois jumeaux vénitiens,* comédie en 4 actes.

Grâce aux pères Cormier et Chamard, 1949 annonçait bien la nouvelle décennie ; des troupes s'aventuraient en Acadie et y laissaient surtout le goût pour le théâtre. Les metteurs en scène choisissaient aussi des pièces qui pourraient faire sortir les gens, à l'occasion des fêtes religieuses.

En 1950, les Compagnons reviennent à l'Université avec *Le Malade imaginaire,* le 14 avril. L'année suivante, les philosophes du collège Notre-Dame d'Acadie et ceux de l'université interprètent le 24 novembre *Les trois bossus* d'Henry Grangé ; plusieurs acteurs dont Roch Banville, Guy Arsenault et Jean-Guy Gagnon dévoileront leurs talents et deviendront par la suite metteurs en scène, comme ce fut le cas pour le père Gagnon avec La Cordée de la Rampe et Les Feux-Chalins.

En 1952, les Compagnons joueront en français *Our Town* de Thorton Wilder, première pièce américaine présentée en Acadie. Un autre groupe québécois, Les Comédiens Associés, effectue une tournée dans la province en octobre. En outre, les étudiants du collège Notre-Dame d'Acadie montent *Esther,* en mars, et, fait à remarquer, soixante-quatre personnes y participaient. Le mois suivant, Roch Banville et Guy Arsenault mettent en scène

Le Bourgeois gentilhomme. Il semble que ce soit la mode des classiques car, à Bathurst, Gérard Dugas produit *Les Fourberies de Scapin.*

1953 se révéla comme l'année du théâtre à succès car *Le Bourgeois gentilhomme* remporta la palme au festival régional d'art dramatique, tenu à Saint-Jean, du 5 au 7 février ; Roch Banville, selon le juge John Allen venu d'Angleterre, se révèle le meilleur acteur ; le père Chamard recevra pour sa part le trophée Calvert et les félicitations de tous pour la mise en scène. Après la représentation, le juge affirmera : « Vos acteurs ont trouvé de la liberté dans le style de Molière. Molière lui-même aurait été enchanté de leur jeu. » [23]

Après cette première victoire, on décide d'aller au festival national, à Victoria ; ce n'était pas une tâche facile de partir avec tous ces comédiens, mais on tente l'expérience. En cours de route on donne des représentations à Montréal, à Ottawa et à Winnipeg, pour essayer de défrayer les dépenses de voyage. Finalement arrivée à destination, la troupe doit se contenter de la deuxième place, dans la catégorie de pièces françaises ; c'est *Zone* de Marcel Dubé, pièce présentée par la « Jeune Scène » de Montréal qui sort victorieuse à son premier triomphe du théâtre canadien sur le français. L'Acadie attendait encore son dramaturge et sa pièce.

La même année, on avait également donné *La Farce de maître Pathelin* et un vaudeville au titre très significatif, *L'Anglais tel qu'on le parle :* les problèmes de langue et de bilinguisme étaient déjà à la mode, mais on ne les exposait toutefois que dans une pièce. A la même époque, arrivait à Moncton un jeune homme fort intéressé par le théâtre, Laurie Henri ; il décide alors de monter une pièce, *Antoine comprend rien,* au sous-sol de l'église Notre-Dame de Grâce. C'est une réussite et il poursuivra donc courageusement son travail en créant une troupe en 1956 : la troupe Notre-Dame de Grâce, la première au Nouveau-Brunswick, qui se limitera à un répertoire religieux, jusqu'en 1962. Le TAM ou théâtre amateur de Moncton naîtra des cendres du NDG, grâce à une subvention du Conseil des Arts.

Dès 1954, le père Chamard continuera sur sa prodigieuse lancée avec une autre pièce de Molière, *Les Fourberies de Scapin,* montée le 5 mars au Monument Lefebvre, auditorium du collège Saint-Joseph ; la pièce sort gagnante le 25 au festival régional d'art dramatique, à Fredericton, et Gérard Gosselin est déclaré le meilleur acteur. A Bathurst, Michel Savard, le directeur théâtral du collège, s'attachait lui aussi aux classiques ; en effet, il monte *Athalie* en octobre et voyage jusqu'à Memramcook, où la pièce est bien accueillie. Pendant l'automne, un autre événement vient confirmer l'importance enfin accordée au théâtre dans la province : un bref cours d'art dramatique créé à l'université Saint-Joseph ; en novembre 1955, on reprenait l'idée sous forme de cours intensif.

A la même époque, un nouveau dramaturge acadien apparaissait avec deux courtes pièces en un acte ; le père Laurent Tremblay, o.m.i., s'intéressait beaucoup à ce peuple courageux et fit revivre leur drame, deux siècles plus tard. Il publia *L'Exploit de Madeleine* tiré des *Causeries du grand père*

23. Archives acadiennes, « U.S.J. Origines ».

Antoine du R.P. Antoine Bourque, et *Un matin tragique chez les pionniers de la baie Ste-Marie.* Malheureusement, le père Tremblay ne toucha guère le peuple qui désirait avant tout oublier la déportation et ses terribles conséquences, lorsque la troupe NDG joua la première en 1964.

En 1957, Antonine Maillet arrive sur la scène théâtrale avec sa première création, *Entr'acte,* et deviendra célèbre quinze ans plus tard avec *La Sagouine.* Entre-temps, elle écrit d'autres pièces comme *Le Coup de botte, Poiracre, Les Jeux des enfants sont faits, Bulle de savon* et *Les Crasseux ;* Mme Maillet publie aussi des romans et des contes comme *Don L'Orignal et Pointe-aux-Coqs.*

Originaire de Bouctouche, Antonine Maillet enseigna le français au collège Notre-Dame d'Acadie, avant d'obtenir son doctorat ès lettres de l'Université Laval, où elle enseigne actuellement. Même le sujet de sa thèse exprime le grand amour de l'écrivain pour son pays ; en effet, *Rabelais et les traditions populaires en Acadie* fait ressortir le passé riche en folklore du peuple acadien.

Dans *La Sagouine,* Antonine Maillet met en scène une femme de soixante-douze ans, seule, qui travaille et qui se raconte dans une langue populaire apprise de ses ancêtres venus au pays au XVIe siècle. Et l'auteur affirme : « C'est une histoire vraie que je vous raconte. L'histoire de la Sagouine, femme de la mer, qui est née avec le siècle, quasiment les pieds dans l'eau ; c'est une femme qui ne s'est jamais mirée que dans la crasse des autres. Elle ne sait pas qu'elle est à elle seule un glossaire, une race, un envers de médaille. Car elle se définit elle-même comme une 'citoyenne à part entchère'... qui achève sa vie à genoux devant son seau. » [24]

La pièce remportera un succès inégalé dans l'histoire de la dramaturgie acadienne et même canadienne ; dans une mise en scène d'Eugène Gallant et une interprétation de Viola Léger, la Sagouine visitera toutes les localités acadiennes et ira aussi à Québec, à Sherbrooke, à Saskatoon, à Montréal et même à Paris. Et Viola Léger sera partout acclamée chaleureusement dans ses monologues sur le métier, Noël, le recensement, la religion, les maximes et la mort.

Dès la parution des premières pièces d'Antonine Maillet, le père Jean-Guy Gagnon fonde en 1960 la première troupe au Nouveau-Brunswick, après le NDG ; cependant, La Cordée de la Rampe ne voyagera pas beaucoup. Bon gré, mal gré, elle réussira à attirer certaines personnes de l'extérieur et à subsister pendant cinq ans, jusqu'à la fermeture du collège. La première pièce choisie par le père Gagnon est une opérette, *La Cloche d'argent,* jouée les 21, 22 et 28 novembre ; cette comédie de Paul de Néha mettra en scène plusieurs comédiens qui reviendront souvent par la suite ; Gilles Nadeau, Gérald Turbide et Gilbert April forment le noyau de cette jeune équipe dynamique. Quant à la musique, le père Neil Michaud s'en occupera très dignement.

Le 11 décembre, on décide de créer une fantaisie en cinq tableaux, *L'Echelle de St-Joseph,* adaptation du poème de Guildo Gazelle, *Saint-*

24. Ecrit dans le programme lors de la représentation par Les Feux-Chalins.

Joseph's Leere par René William et traduite par le père Vermendière. En voici le scénario : Les saints du ciel préoccupés de nos problèmes terrestres s'en prennent vite à discuter quelques problèmes d'en haut. On s'attache à trouver la solution pour débarrasser le ciel de cette engeance de vipères qui l'envahit. On tient d'abord saint Pierre responsable, mais on découvre que saint Joseph est le fauteur en cette affaire. Saint Joseph s'en tirera habilement en faisant appel à la Vierge et à l'Enfant qu'on ne laisserait tout de même pas sortir du Paradis. »[25] Pour la mise en scène, René Cyr assistait le père Gagnon.

Ce dernier revient un peu plus tard avec une autre pièce religieuse, celle-ci d'Henri Ghéon, *Job ;* le rôle principal fut merveilleusement interprété par Jean-Eudes Haché. Le 22 novembre 1961, le metteur en scène diversifie les genres car il présente une opérette d'Auguste Thibault, *Les Moustaches du p'tit Yvon,* un jeu dramatique de Léon Chancerel, *Le Comédien aux champs* et une comédie, *La Jalousie du barbouillé.* Au sujet de la deuxième pièce, René Cyr affirmait assez gauchement : « L'un et l'autre [Richard Ouellet et Jean-Paul Bourque] ont bien joué leur personnage et ils n'ont pas trahi l'esprit de la pièce, beaucoup plus difficile qu'elle ne peut le laisser souvent paraître. »[26] Il faut sans doute noter ici le manque de connaissances théâtrales du critique littéraire.

Henri Ghéon reprend l'affiche le 14 mars 1962 ; dans *La Farce du pendu dépendu,* nous retrouvons sensiblement les mêmes comédiens, mais Jean-Claude Roussel fait ses débuts sur la scène. Le critique de *L'Evangéline* écrivait avec humour : « Chaque interprète s'en est tiré admirablement en incarnant au mieux son rôle. Exception faite du pendu, qui devait s'éponger le front des sueurs que lui coûtait sa pendaison, de quelques bouts de textes qui nous échappaient chez le père. Le tout s'est déroulé avec entrain et très humblement. »[27]

L'année suivante, on remporte beaucoup de succès avec *Zone* de Marcel Dubé, pièce « québécoise ». A l'auditorium du collège Notre-Dame d'Acadie, on joue seulement le troisième acte ; et au festival de pièces en un acte, *Zone* reçoit quatre des cinq trophées : meilleur acteur, Jean-Claude Roussel ; meilleure mise en scène et meilleure présentation visuelle. Le juge, M. Whetmore « a critiqué l'interprétation trop théâtrale, trop 'classique' des personnages, la lenteur calculée des mouvements et le mauvais choix des costumes. Mais [il] a reconnu la sincérité de leur jeu, surtout [celui] de Ciboulette et Tarzan. »[28] Grâce à ce succès, la troupe est invitée, le 9 avril, à Edmundston, où elle fut acclamée.

Pendant ce temps, à Bathurst, le père Maurice LeBlanc devint directeur du nouveau théâtre et de toutes les activités artistiques ; il montera chaque année une ou deux pièces dans le gymnase-auditorium et remportera un certain succès. Le 21 mars 1963, Michel Rheault gagna le trophée du meil-

25. Jean-Guy GAGNON, La Cordée de la Rampe, 2 cahiers, 1960-1965.
26. René S. CYR, *L'Evangéline,* 17e année — 4091, vol. XVIII, no 224, le 23 novembre 1961, p. 2.
27. Anonyme, *L'Evangéline,* 19e année — 4185, vol. XIX, no 5, p. 4.
28. *Idem.*

leur acteur au festival d'art dramatique de la province pour son interprétation d'Harpagon dans *L'Avare*. En 1964, *Beau Sang* de Jules Roy permet au public de découvrir les talents d'un jeune Québécois, Serge L'Italien.

A Memramcook, on offre au public, après une pièce « québécoise », *Our Town* de l'Américain *Thorton Wilder ;* L. Thériault l'a traduite et Sœur Cécile Maillet et Jean-Guy Gagnon l'adaptent. Le 20 février 1964, la troupe rejoue, à l'occasion du festival des pièces en un acte, *Le comédien aux champs ;* le père Adrien Arsenault accordait le prix du meilleur acteur à Herménégilde Chiasson pour sa magistrale interprétation du comédien. Une autre représentation eut lieu le 10 octobre pour souligner les fêtes du centenaire du collège ; au même programme, il y avait une création acadienne, *L'Arrivée du père Lefebvre en Acadie,* qui mettait l'accent sur cet événement historique très important pour l'éveil des Acadiens.

La Cloche d'argent met fin aux activités théâtrales de La Cordée de la Rampe, qui se dissoudra faute d'enthousiasme et d'intérêt. Pendant trois ans, aucune représentation ne sera donnée ; cette longue période de recherche aboutira enfin à l'organisation d'une nouvelle troupe, Les Feux-Chalins. Laurie Henri, de son côté, créera le TAM ou Théâtre Amateur de Moncton, en 1969.

Même si le théâtre semblait mort dans le Sud, la Société dramatique du collège de Bathurst, elle, attirait les gens. En effet, le 27 novembre 1964, *Le Barbier de Séville* reçut les applaudissements de la foule et, en mars, Serge L'Italien remporta le trophée du meilleur comédien au festival régional ; ce dernier avait en outre conçu les costumes et les décors. Maurice LeBlanc, celui qui « n'aime guère faire de la mise en scène » [29], s'occupait pourtant de tout. Le TCB montera par la suite *La Poudre aux yeux* de Labiche, les 12 et 14 novembre 1965 ; *Midi à quatorze heures* de Théodore Barrière ; et *Brutus* du dramaturge québécois, Paul Toupin, les 3 et 5 mars 1967 ; enfin *Le Voyage de monsieur Perrichon* de Labiche en 1968.

Dans le développement de l'art dramatique au Nouveau-Brunswick, 1969 marque une étape très importante à tous points de vue. A Bathurst, Monique Lepage, comédienne chevronnée, met sur pied un atelier de théâtre qui fonctionnera deux fois au cours de l'année ; il faut aussi signaler l'arrivée de Robert Albert, professeur de français et excellent metteur en scène. Ce dernier montera, en 1970, *La savetière prodigieuse* de Federico Garcia Lorca, qui remporte un grand succès au festival régional ; Robert Albert se voit attribuer les trophées de meilleur directeur et comédien, tandis que Lisette Renault et Nicolas Thériault reçoivent respectivement ceux de meilleure comédienne de soutien et de meilleur comédien de soutien. Mais peut-être faudrait-il souligner en passant la pénurie de pièces présentées, car toutes obtiennent des prix. Le 11 mars de l'année suivante, *Vent d'Es* de Pierre Perrault gagne, elle aussi, des trophées au festival régional.

Parallèlement à l'activité théâtrale du TCB, le NDG devenu le TAM se spécialise surtout dans des présentations pour les jeunes des écoles secon-

29. Pierre-Christien Creignou, *L'Evangéline*, 85e année, no 268, le 25 janvier 1973, p. 10.

daires ; les premières productions sont laborieuses faute de personnel et de temps. Mais, en 1970, le Théâtre reçoit une subvention du Conseil des Arts, ce qui lui permet de changer de salle, de se perfectionner et de former des comités ; Laval Goupil s'occupe de mise en scène ; Chantal Cadieux, de chorégraphie ; et Jacques Bruchési et Paul Gould, d'éclairage. Cependant, le TAM fait bientôt face à de sérieux problèmes : aucune salle permanente de répétitions et aucun comité stable.

De même, à l'Université de Moncton, l'administration décide de fonder un département d'art dramatique, parce que Guy Foissy sonde le terrain et constate la nécessité de cours. Claire Ifrane remplace Guy Foissy en 1969 et établit le département. « Les jeunes avaient besoin de s'exprimer », affirme-t-elle, et « il a fallu tout leur apprendre. » Dès l'été 1970, La Troupe théâtrale de l'Université de Moncton ou TTUM se consacre à la recherche théâtrale basée sur les besoins locaux ; de cette recherche naîtra une politique théâtrale. La première création, *Vive l'Empereur* de Jean Morin, voyage dans la province et est jouée une quinzaine de fois car on désire avant tout « faire de l'animation au sein des écoles secondaires ».

Par la suite, on monte une autre pièce de Morin, *Les Citrouilles* et une de Tchekhov, *Le Jubilé;* de janvier à mars 1971, on organise de nouveau une tournée. En avril, on ajoute aux deux premières *Le Montreur* d'Andrée Chédid et on se rend même jusqu'au Québec.

Au cours de l'année universitaire 1971-72, Mme Ifrane monte *Le Gâteau de Célesta,* pour les enfants, *Les colères de Molière,* et *Histoire de nuit* de Sean O'Casey ; il y en a pour tous les âges. Puis *A notre Acadie* est présenté par les étudiants ; ce montage, création à partir de poèmes, de chansons et de contes acadiens, est une innovation intéressante.

Le TTUM présente en mars 1972 *La Nuit des assassins* de José Triana adaptée par Carlos Semprun et donnait un imposant total de 149 représentations devant 22,885 spectateurs ; la troupe réussit aussi au festival tenu à Bathurst : « L'intensité dramatique est tellement soutenue et les dialogues sont tellement rapides que durant toute l'heure et demie que dure la pièce le spectateur est incapable de reprendre son souffle. » [30] La directrice a raison d'être fière de sa troupe qui est en outre invitée au festival national, à Saskatoon.

Tout dernièrement, Jean-Claude Marcus, nouveau venu à l'Université surpris agréablement les étudiants et les professeurs assemblés au 'Cube' de la faculté des arts en présentant *La Farce de maître Pathelin* ; le spectacle habilement coordonné enthousiasma la foule par l'originalité des décors, une bonne maîtrise du langage et surtout l'atmosphère d'un marché médiéval. La pièce est actuellement en tournée dans les écoles.

A Moncton, un troisième groupe pensait sérieusement, en 1969, à fonder une troupe ; une douzaine d'adultes, dont le père Gagnon, lançait l'idée d'un théâtre de poche et d'une boîte à chansons. On choisit donc un

30. Claire IFRANE, Dosssiers du département de théâtre, le programme du *Montreur.*

nom, 'Les Feux-Chalins', qui rappelle « ces éclairs de chaleur qui traversent le ciel d'été au crépuscule des journées très humides. Ce nom symbolise aussi ces feux de la rampe qui illuminent les personnages et leur expression comme ces éclairs qui font découvrir la nature disparaissant dans le soir. »[31]

La troupe, d'abord patronnée par Caserne Ltée, se joint aussi au « Carrefour des loisirs de Moncton », dans le but d'ajouter « une touche artistique au sein de ce projet éducationnel [*sic*] et récréatif »[32]. On joue au centre Saint-Patrick, loué pour la soirée, la première pièce, *Secretissimo* de Camoletti, mise en scène par le père Gagnon ; le 28 novembre, les comédiens « ont su tenir en haleine, sans temps mort ni fausse note, un public de Moncton avec une pièce de théâtre en français »[33].

Avec une vingtaine de comédiens amateurs et grâce à des subventions du Secrétariat d'Etat, « Les Feux-Chalins » réussissent à survivre et à présenter des pièces très diverses. La troupe déménage, en 1970, au 343B de la rue Saint-Georges, dans une salle de 80 places, très intime, mais exiguë, et donne *Le Malentendu* de Camus les 23 et 24 mars. « Malgré leur jeu professionnel », affirme Jean-Louis Burgat, « il ne nous a pas accroché. »[34] Pourtant, tout avait été mis en œuvre pour réussir.

En plus de monter des pièces, « Les Feux-Chalins » présentent des chansonniers et font également venir des troupes de théâtre comme le cercle de Molière de Saint-Boniface. L'Université participe aussi à la vie de la Troupe car *Vive l'Empereur* y est donné une dizaine de fois.

« Les Feux-Chalins » visent avant tout la perfection, mais il n'y a guère que de sérieux amateurs au sein de la troupe ; personne n'en fait une profession, faute de temps et d'argent. Seul le metteur en scène travaille sans relâche et s'occupe de tout ; il monte *La Cantatrice chauve* d'Ionesco, ainsi que *Les Chaises*. Les deux pièces sont présentées 23 fois aux quatre coins de l'Acadie.

Pendant la semaine sainte 1971, on innove en créant *Le chemin de la croix* d'Henri Ghéon, à la cathédrale l'Assomption ; cela permet aux fidèles d'assister au mystère pascal. Malheureusement, l'acoustique est mauvaise, et le drame, malgré toutes ses qualités, « tombe dans le vide ». Dans une veine très différente, *Le FLI,* adaptation de *Pantalon-Moustique,* texte de P. Buissonneau et de M.F. Gélinas, est joué dans les centres de loisirs et les terrains de jeu des Maritimes et même du Québec ; cette création, réalisée dans le cadre de Perspectives-Jeunesse, démontre un intérêt pour le spectacle car on donnera 37 représentations devant 4,500 spectateurs enthousiastes. Arrivera-t-on à développer leur goût pour du bon théâtre ?

Mais seule *La Sagouine* d'Antonine Maillet remportera un très grand succès, mise en scène par Eugène Gallant et interprétée par Viola Léger.

31. Réjean Poirier, *D'une nuit à l'autre, L'Evangéline,* 85e année, no 73, le 14 avril 1972, p. 9.
32. Pierre-Christien Creignou, *Les Feux-Chalins. Des professionnels de l'amateurisme, L'Evangéline,* 85e année, no 198, le 12 octobre 1972, p. 10.
33. Anonyme, *Du sang neuf dans la vie culturelle de la province : La Troupe des « Feux-Chalins », L'Evangéline,* 82e année, no 236, le 28 novembre 1969, p. 3.
34. Jean-Louis Burgat, *L'Evangéline,* 83e année, no 56, le 20 mars 1970, p. 3.

Dans *Le Devoir* du 10 mars 1973 (p. 23), Michel Bélair disait : « Tragédie, beauté de la langue, justesse des observations et vérité profonde. En sortant on regrette presque de ne pas être Acadien. Le Québec arrivera-t-il un jour à parler de sa Sagouine ? »

Après cette pièce populaire, Claire Ifrane monte *Tango* du Polonais Mrozek et, en avril, « Les Feux-Chalins » reviennent au théâtre québécois avec une pièce de Michel Tremblay, *A toi pour toujours, ta Marie-Lou.* Cette dernière nous transporte dans les quartiers ouvriers de Montréal où vivent des « cellules de tu-seuls » et nous « prend aux tripes » à cause du joual et du ton naturaliste.

A l'automne 1972, Claire Ifrane nous offre cette fois-ci trois pièces en un acte : *L'Affaire de la rue de Lourcine, Une jeune fille à marier* et *Gros chagrins,* de Labiche, Ionesco et Courteline. Roger Montsoret, acteur français, démontre bien ses talents, en compagnie de Claire Ifrane elle-même et de Bertholet Charron. La troupe produit actuellement deux autres pièces québécoises : *Médium Saignant* de Loranger et *Joualez-moi d'amour* de Jean Barbeau.

Voilà une petite histoire chronologique de l'évolution de l'art dramatique en Acadie, dans les trois principaux centres culturels : le Nord-Est autour de Bathurst, le Sud avec Memramcook puis Moncton et enfin le collège Sainte-Anne en Nouvelle-Ecosse. Les dramaturges ne sont pas nombreux, mais quelques-uns marquèrent le théâtre en Acadie : Marc Lescarbot, le père Alexandre Braud et Antonine Maillet.

Nous pouvons discerner trois moments importants : le premier, de 1925 à 1935 avec Clément Cormier, en est un où Anthony Mars fait fureur ; le deuxième, de 1949 à 1953, fait surtout revivre des classiques et des pièces d'Henri Ghéon, et Roch Banville démontre alors ses talents de comédien ; enfin le troisième, entre 1960 et 1965, est marqué par les efforts du metteur en scène, Jean-Guy Gagnon, fondateur de « La Cordée de la Rampe » et actuellement directeur des « Feux-Chalins ».

Le succès semble sourire aux troupes nouvellement créées comme « Les Feux-Chalins », le TAM et le TTUM. A Bathurst et à Moncton, les cours d'interprétation dramatique attirent les étudiants et on développe l'animation culturelle au sein des écoles. Toutes les troupes vont en tournée le plus souvent possible et se rendent même en France dans le cas de *La Sagouine ;* leur répertoire est surtout québécois car, en Acadie, il n'existe qu'un dramaturge, Antonine Maillet, exilée de son pays.

Quelles sont les perspectives d'avenir du théâtre au Nouveau-Brunswick ? Nous aimerions présenter les réponses de trois directeurs de troupe. Voici celle de Maurice LeBlanc du TCB (Théâtre du Collège Bathurst) :

> Répondre à votre question et définir les perspectives d'avenir n'est peut-être pas trop facile à faire... Sans doute essayons-nous sur le plan académique de former de futurs animateurs en théâtre avec l'espoir que les écoles leur fourniront du travail et ainsi se développera au niveau secondaire, intermédiaire et même primaire l'art dramatique. Quant à la troupe du collège, comme ses membres changent de 50%

chaque année, son rôle est de donner à ceux qui s'intéressent au théâtre l'occasion d'en faire l'expérience et cela dans un répertoire pas trop facile ni d'autre part trop difficile [35].

Pour le père Jean-Guy Gagnon des « Feux-Chalins »,

le théâtre semble rester en souffrance, ce qui s'explique par les exigeances (*sic*) que pose cette forme d'art. À l'heure actuelle, à part deux troupes d'amateurs le théâtre reste attaché aux maisons d'éducation. On pourrait croire que la population étudiante a besoin de théâtre alors que cela devient un besoin fantaisiste chez la population adulte. De plus, les étudiants qui sortent de ces cours d'art dramatique n'ont aucun débouché si ce n'est l'enseignement... Il apparaît de plus en plus évident que les ressources sont trop limitées pour permettre de répondre adéquatement aux besoins actuels... Les tournées sont toujours très difficiles à cause des moyens financiers restreints et du peu de disponibilité des comédiens... Il devient aussi très difficile de présenter du théâtre de façon suivie et régulière, ce qui est très important si l'on veut créer une véritable habitude de théâtre chez les gens... Les Feux-Chalins se sentent prêts à faire le pas vers le professionalisme... un théâtre français professionnel au Nouveau-Brunswick [36].

Pour sa part, Claire Ifrane se plaint tout d'abord du manque d'intérêt de la part du public :

Les gens ne viennent pas car on ne voit pas le théâtre de la bonne façon ; on le prend d'une manière superficielle. Le théâtre doit apporter un enrichissement pour tous, mais il faut aller plus loin que cela... J'ai un groupe excessivement dynamique, en troisième et quatrième, qui en veut et qui a appris à travailler : il faut apporter beaucoup de soi-même et y passer du temps. On les a formés comme cela et ce groupe répond bien, mais ce n'est pas l'absolu du tout... Je me demande ce qui va leur plaire ; monter des choses de la région... D'accord, mais c'est très limité. Je ne sais pas, franchement, je ne sais pas si les gens aiment le théâtre. Quant à l'avenir ? Aller voir les jeunes dans les écoles, cela va les sensibiliser, leur donner le goût, peut-être leur ouvrir des voies, des domaines inconnus ; de là, sortira peut-être un futur public qui aura le goût du théâtre. Avec Antonine Maillet, c'est merveilleux ; cela a bien marché car c'était leur monde. Mais dès qu'on les entraîne à côté... Je ne suis ni pessimiste ni optimiste ; je ne vois pas une direction en ce moment. Peut-être avec la naissance d'auteurs [37] !

35. Maurice LEBLANC, Lettre du 5 février 1973 à Laurent Lavoie.
36. Annette BOLDUC, *Rapport des Feux-Chalins*, 1972-1973, pp. 5, 6, 7.
37. Claire IFRANE, entrevue enregistrée sur cassette, le 25 janvier 1973.

Le Théâtre de langue française au Manitoba

par Martial CARON, s.j.,

professeur au collège Saint-Boniface

Il y a eu du théâtre français au Manitoba depuis longtemps. Grâce à Dieu, il y en a encore. Deux phases sont à retenir : la première, de 1818 (arrivée de Provencher) à 1871 (parution du journal *Le Métis*) ; la deuxième, de 1871 à nos jours.

Sur la première phase il y a peu de renseignements et pas de documents « ex professo » que je sache sur le théâtre. Et pour cause ! Les pionniers faisaient face à une réalité quotidienne exigeante qui dépasse tous les héroïsmes de Corneille. Or le théâtre suppose des loisirs et une certaine dose de commodités que le Saint-Boniface d'alors ignorait totalement.

Avec la fondation et le développement du collège, avec l'arrivée des sœurs Grises (1844) et plus tard (1874) l'arrivée des sœurs des Saints Noms de Jésus et Marie, on entre dans l'âge d'or. Du moins on peut le conjecturer. Ces conjectures « rétrospectives » sont fondées sur la vie de ce temps-là connue par des lettres et par les journaux des différentes maisons et communautés religieuses.

Les sœurs ouvrent des écoles, des pensionnats, des orphelinats. Monseigneur Taché trouve le temps de leur rendre visite. Chaque année, ces maisons d'éducation, le collège en tête, ont « leur fête annuelle de Monseigneur ». C'est là, je crois, que débute le théâtre français au Manitoba. Ce n'est pas encore la Comédie-Française, bien sûr, mais il s'y trouve les éléments essentiels du théâtre.

La deuxième phase — 1871 à nos jours — est mieux connue grâce au journal *Le Métis* et aux autres journaux qui naîtront par la suite. Le premier numéro du premier journal français à la rivière Rouge et à l'ouest de l'Outaouais, paraît le 27 mai 1871. M. Joseph Royal, venu de Montréal l'année précédente, en est le fondateur.

Dans une causerie donnée au poste de radio CKSB de Saint-Boniface le 13 octobre 1947, le docteur Jean-J. Trudel raconte, sur les origines du théâtre au Manitoba, des faits intéressants qu'il a glanés dans les documents de l'époque. J'en transcris quelques paragraphes. « Dans un des premiers numéros du *Métis,* celui de juillet 1871, j'y lis qu'en fin d'année scolaire, il y eut au Collège (de Saint-Boniface), alors sous la direction des RR. PP. Oblats, une séance dramatique et musicale, sous la présidence d'honneur de Monseigneur Taché. On y joua ce drame plusieurs fois dans la suite. » [1]

Le Père Lavoie n'a sûrement pas monté et répété ce drame parce que *Le Métis* en parlerait dans ses colonnes. Il semble qu'on est ici en présence d'une coutume d'un certain âge... et cela confirme en partie les conjectures échafaudées plus haut. Le docteur Trudel ajoute et je le cite encore :

> Le Collège et le Pensionnat des jeunes filles sous la direction des Sœurs Grises, dont je parlerai plus loin, ne manquaient jamais de fêtes. Mgr Taché, lors de sa fête patronale, la St-Alexandre, ou au retour d'un de ses nombreux voyages évangélisateurs dans le Nord-Ouest, ou un anniversaire d'Episcopat, ou encore la St-Jean-Baptiste et autre fête mémorable. Et cette coutume s'est continuée avec les successeurs du premier archevêque de St-Boniface. Il y a, chaque année, surtout au Collège, la séance à Monseigneur. Continuant de feuilleter *Le Métis,* j'apprends qu'en 1873, on joua un vaudeville : *Le Fils adoptif.* En 1887, on joua *Grégoire,* un mélodrame [2].

Pendant la décade suivante on laissa le mélodrame pour les classiques, Molière, Racine, Corneille, Labiche, des drames historiques, tels : *Le Malade imaginaire, Le Médecin malgré lui, Les Plaideurs, St-Cyrille, Le Bourgeois gentilhomme, Le Misanthrope, Les Flavius, Le Lys sanglant.*

Durant la dernière décade du siècle dernier on organise des manifestations où le théâtre est à l'honneur. L'année 1894 marque le cinquantième anniversaire de l'arrivée à Saint-Boniface des quatre premières Sœurs Grises : Les Sœurs Valade, Lagrave, Coutlée et Lafrance. « Mgr Taché désirait vivement que ce jubilé fût célébré avec grandeur, et il s'occupa lui-même des préparatifs, longtemps d'avance. » [3] Un auteur inconnu a préparé à cette occasion un scénario et un texte. Le Manitoba compte non seulement des metteurs en scène et des acteurs. Il a un auteur dramatique. Peut-être plusieurs. Le docteur Trudel faisait partie de la distribution. Il nous dit :

> On représenta le long voyage en canot des Sœurs Grises, de Lachine jusqu'au débarquement au bas de la côte en face de l'Evêché. Ce fut

1. La causerie du docteur J.-J. Trudel a été publiée par tranches dans *Le Bonifacien,* journal des élèves du collège de Saint-Boniface, numéros de l'année scolaire 1947-1948. Parfois je transcris ; parfois j'abrège, en laissant de côté des listes de noms et des détails historiques — très couleur locale — qui n'ont pas tellement rapport au théâtre proprement dit.

2. Rappelons que la fondation du collège de Saint-Boniface remonte aux années 1820 et celle du pensionnat, aux années 1850.

3. J.-J. TRUDEL, *loc. cit.*

un dialogue animé, avec refrains des voyageurs et rameurs... La scène de l'Académie Provencher mesurait 26 pieds par 14 et l'on y voit, au premier plan, un grand canot occupant la largeur du théâtre et contenant des rameurs et des soldats avec casques à pointe et des fusils de bois, où j'ai l'honneur de figurer ! L'arrière-scène est décorée d'une peinture de Mgr Provencher et d'un portrait encadré de Mère d'Youville, feuillages, écussons, dates et banderolles avec les noms de différents endroits par où elles ont passé... Il ne manquait que les voyageuses elles-mêmes [4].

Monseigneur Taché mourait durant les fêtes, le vendredi 22 juin. Le sacre de Mgr Langevin, le 19 mars 1895, amena une affluence d'archevêques, d'évêques et de clergé. « Ce fut une ronde de fêtes. Le pensionnat qui avait pris le nom d'académie Taché depuis la mort de son regretté fondateur, et l'Académie Provencher y contribuèrent par leurs séances respectives. » [5]

En 1898 les Sœurs Grises abandonnent l'enseignement des jeunes filles. Les Sœurs des Saints Noms de Jésus et de Marie prennent la relève dans un nouvel édifice, l'académie Saint-Joseph. Depuis août 1874, les Sœurs des Saints Noms étaient à l'académie Sainte-Marie à Winnipeg. Là aussi, on fêtait Mgr Taché, dans notre langue, de même que ses successeurs, jusqu'à la division du diocèse en 1916.

Le 19 mars 1899, l'académie Saint-Joseph donnait sa première séance dramatique et musicale, à l'occasion du quatrième anniversaire de sacre de Mgr Langevin. On joua *L'Alsace-Lorraine, La Statue de Jeanne d'Arc* et une saynette : *La Fête du jour* [6].

Voilà un peu le théâtre chez les élèves du collège, du pensionnat, de l'académie Provencher (1892), de l'académie Saint-Joseph (1899) dans les dernières années de 1800. Les adultes eux aussi ont fait du théâtre. En février 1877, s'organise L'Union des Secours mutuels. Elle organise un club dramatique. On joue, à Winnipeg, *Jocrisse,* puis *Les Deux Aveugles* d'Offenbach. Le club n'a pas de lendemain.

En février 1882, un groupe de jeunes gens fonde à Saint-Boniface, le cercle Provencher qui eut une grande vogue pendant cinq ans. Les séances dramatiques se donnaient à la salle du collège. On y joue *La Malédiction,* drame en trois actes, *La Queue d'un Chat,* comédie, *Le Savetier et le Financier,* comédie, *Le Médecin malgré lui* de Molière, *A Clichy* d'Adolphe Adam, *Les Deux Harpagons* de Marcellin, *Les Deux Aveugles* d'Offenbach. Avec l'effritement du cercle Provencher la vie théâtrale enregistre de nouveau une baisse d'activités [7].

Ce qu'on vient de lire nous permet d'affirmer prudemment que durant le siècle dernier, le théâtre français au Manitoba a commencé, s'est développé et s'est maintenu dans les maisons d'éducation. Au moins en grande partie. On fait du théâtre occasionnel sans organisation stable, sans autre

4. J.-J. Trudel, *loc. cit.*
5. J.-J. Trudel, *loc. cit.*
6. J.-J. Trudel, *loc. cit.,* très abrégé.
7. J.-J. Trudel, *loc. cit.,* très abrégé. Ici s'arrête la causerie du docteur.

subvention que l'initiative et la ténacité des metteurs en scène [8], la collaboration bénévole des acteurs, des modestes contributions des spectateurs, l'obligeance des maisons d'éducation qui mettent gratuitement leurs locaux à la disposition des acteurs improvisés. Pour LA CAUSE ! (du français).

Jusqu'à tout récemment, cette formule n'a guère changé. Signalons cependant trois innovations d'importance inégale.

1. Les institutions existantes, le collège, l'académie Provencher, l'académie Saint-Joseph se développent : nombre d'élèves et de professeurs, envergure et qualité des programmes, rayonnement. Le théâtre semble y avoir une place indiscutée. Le collège maintiendra la tradition d'une grande pièce chaque année, en plus des séances de classe, surtout celle des philosophes. Les « anciens élèves » donneront assez régulièrement « la pièce des anciens ». Il y aura le concert de la Sainte-Cécile qui comporte toujours un peu de théâtre, sketch, opérette, etc. Le festival de la chanson française, lancé par l'Association d'Education des Canadiens français du Manitoba vers 1945, mettra à contribution certaines ressources du collège [9].

L'histoire du théâtre au collège de Saint-Boniface ferait le sujet d'une monographie : durée, qualité, pépinière d'acteurs, rayonnement...

L'académie Provencher, sous la direction des Marianistes, a eu ses heures glorieuses. On y a même monté *l'Oiseau bleu* de Maurice Maeterlinck et tant d'autres spectacles de moindre envergure et de genre différent.

L'académie Saint-Joseph nous a présenté du théâtre, des spectacles, des mises en scène qui méritent plus qu'une simple mention.

2. D'autres institutions sont apparues : Le juniorat des Pères Oblats, le petit séminaire de Saint-Boniface. Ces maisons d'éducation ont eu leur histoire, leurs fêtes, leur théâtre, leur rayonnement.

Les communautés religieuses de femmes, les Sœurs Grises, les Sœurs des SS. Noms, les Sœurs Oblates de Mgr Langevin et d'autres communautés venues du Québec ou de France — les Filles de la Croix, les Sœurs des Missions et autres — ont accepté la direction des écoles de nos paroisses rurales. Avec leur présence caractéristique, leur savoir-faire, leur dévouement à LA CAUSE, souvent obscur, parfois mal compris, les Sœurs ont enrichi la province. Et cela de bien des manières. Elles ont aussi fait sortir le théâtre de la ville. A titre d'exemple, disons que Saint-Adolphe n'était pas une métropole quand les Filles de la Croix y sont arrivées. Leur école-pensionnat s'est vite fait une réputation d'envergure. Des élèves du pensionnat de Saint-Adolphe ont remporté les honneurs du concours oratoire de la province.

3. Il faut, enfin, parler du cercle Molière, un cercle dramatique d'adultes, différent, de bien des façons, de ses prédécesseurs. Entre autre, il a vécu :

8. Un bon nombre de nos metteurs en scène n'avaient pas beaucoup de préparation. Nommés par la sainte obéisssance ou par les circonstances, ils n'en avaient que plus de mérite. La plupart faisaient ce métier « par-dessus le marché »,... durant leurs loisirs !...

9. Le programme du festival prévoyait un peu de théâtre : une pièce en un acte, un sketch avec ou sans chant, parfois une opérette.

il a duré plus de cinquante ans. Comme la vie théâtrale au collège, il mériterait une monographie qui devrait contenir autre chose qu'une simple litanie de titres de pièces, de trophées de toute sorte, ... et de compliments.

Rappelons deux noms : Arthur et Pauline Boutal. Ces noms évoquent tout un cortège d'acteurs et d'actrices de grande classe et un défilé de participants colorés dans tous les domaines du théâtre qui ont eu la veine de travailler avec les Boutal. Je pourrais nommer ceux que j'ai connus. Ce serait trop incomplet. Je dois beaucoup, beaucoup, à M. Boutal. Je tiens à le dire en passant. Tous les gens de théâtre qui l'ont connu, peuvent en dire autant. Arthur Boutal savait aider, s'y prêtait volontiers sans jamais s'imposer. Les Boutal ont eu une relève. Le cercle Molière est un jubilaire qui se porte bien. Il est à la page et en pleine forme.

Saluons avec un amical sourire la troupe ambulante d'acteurs bénévoles qui, durant les années 1920-1930 et un peu plus, a parcouru les paroisses de la province pour faire connaître le journal *La Liberté* et *Le Patriote*. Le moins qu'on puisse dire de la troupe c'est qu'elle était connue, attendue, reçue et applaudie partout. Les anciens en parlent encore.

Saluons enfin et profondément le travail moins reluisant et moins connu accompli dans les paroisses, dans les cercles de jeunes et d'adultes à l'occasion des célébrations locales. On y rencontre dans ces réalisations des auteurs de « sketches », des acteurs, des metteurs en scène et d'autres anonymes qui méritent d'être remerciés par l'histoire.

Avec les subventions du gouvernement, avec les bourses d'étude, avec les salles spacieuses et bien équipées, avec d'autres sortes d'encouragement à la vie culturelle, le théâtre est entré dans une nouvelle ère. Rendons-en grâce à Dieu et à tous ceux qui lui ont servi d'instrument dans un domaine qui fut longtemps « le parent pauvre ». Puisse la moisson qui germera d'une semence aussi généreuse être du cent pour un.

En contemplant dans l'avenir cette terre promise nous, les vieux, nous nous réjouissons. Mais nous gardons tout chaud le souvenir des temps moins fortunés où la camaraderie, le sens de l'humour, le don de soi, sans prétentions et sans défaillance, étaient les pourvoyeurs du théâtre français au Manitoba.

Saint-Boniface, Manitoba, janvier 1973.

Profils d'auteurs dramatiques

Gratien Gélinas

par Yves Bolduc,

professeur à l'Université de Moncton

Gratien Gélinas, par le succès des *Fridolinades* et par le triomphe de *Tit-Coq,* s'est acquis une place de choix dans l'histoire de notre théâtre. Il est celui qui a donné l'élan du renouveau, qui a ouvert « la voie à un théâtre véritablement québécois, un théâtre dont les situations, les personnages et la sensibilité ne soient pas empruntés ailleurs » [1]. L'élan s'est poursuivi et beaucoup d'autres sont venus à la suite de Gélinas : Languirand, Ferron, Dubé, Loranger, Gurik, Tremblay, Barbeau, pour ne nommer que ceux-là.

Après vingt-cinq ans de théâtre québécois (*Tit-Coq* fut créé en 1948), comment nous apparaît aujourd'hui le théâtre de Gélinas ? Beaucoup de qualificatifs furent appliqués à cette œuvre : théâtre réaliste voire naturaliste, a-t-on dit, théâtre psychologique et traditionnel, conventionnel, ajoutent les autres, théâtre populaire avant tout, rappellent enfin les manuels.

Oublions un moment ces catégories toutes faites et ces jugements de valeur. Considérons ce théâtre en lui-même. Laissons-le agir sur nous. Son contenu, l'expérience qu'il nous fait vivre, ne nous livreraient-ils pas l'aspect fondamental qui grouperait autour de lui tous les autres et les expliquerait ?

Les *Fridolinades* [2] contiennent déjà, semble-t-il, le trait fondamental qui caractérise le théâtre de Gélinas. En effet, quel est le contenu de ces revues ? Le plus souvent, elles traitaient

1. Jean-Cléo Godin et Laurent Mailhot, *Le théâtre québécois,* Montréal, HMH, 1970, p. 30.

2. Nous n'avons pu consulter le texte des *Fridolinades.* Les remarques suivantes, forcément sommaires, sont basées sur l'étude de Jean-Cléo Godin dans *Le théâtre québécois,* pp. 29-34. Toutes les citations tirées des pièces de Gélinas sont faites d'après les éditions suivantes : *Tit-Coq,* Montréal, Beauchemin, 1950 ; *Bousille et les justes,* Québec, Institut littéraire du Québec, 1960 ; *Hier, les enfants dansaient,* Montréal, Leméac, 1968, coll. Théâtre canadien, no 2.

> des sujets que l'actualité suggérait, et Fridolin se chargeait de la chronique satirique des événements contemporains... Plus simplement, ce sont parfois les actions les plus banales, de la vie quotidienne d'une famille moyenne, que Fridolin raconte [3].

Or ces sujets sont traités de telle façon par l'auteur, que Fridolin « provoque, chez l'homme moyen qui le regarde et se reconnaît en lui, une véritable prise de conscience où se mêlent joie et tristesse, amertume et tendresse ».[4] On perçoit donc, dans les *Fridolinades,* un mouvement vers le spectateur : en lui présentant d'abord sa vie quotidienne et les attitudes qu'il y développe, l'auteur amène le spectateur à opérer un retour sur soi, « une véritable prise de conscience ». A partir de l'observation de soi et de ses contemporains, Gélinas livre ses réflexions sur les mœurs, sur la nature et la condition humaines. Ses observations-réflexions, il les consigne dans des sketches et surtout dans les monologues de Fridolin. Ne fait-il pas, à sa façon, œuvre de moraliste ? Le monologue se prête admirablement à ce que veut faire Gélinas. Grâce à ce genre, l'auteur se confond avec son personnage, en fait, très naturellement, son porte-parole.

Tit-Coq marque un renouveau par rapport aux *Fridolinades.* Dans ce qu'il appelle sa « première pièce », Gélinas délaisse la forme de la revue pour adopter celle du drame. L'unique personnage du monologue s'entoure de protagonistes. Le monologue lui-même devient intrigue et dialogue. Dorénavant, les réflexions de l'auteur seront intégrées dans une situation signifiante.

Quelle est cette situation dans *Tit-Coq ?* Réduite à sa plus simple expression, elle est une histoire d'amour : Tit-Coq devient amoureux d'une jeune fille mais son rêve est anéanti lorsqu'elle se marie avec un voisin. Ti-Coq se révolte, mais sa révolte ne se réalise pas complètement. L'observation de l'auteur, on le voit, se concentre sur un domaine précis : celui de l'amour. Dans l'aventure de Tit-Coq, Gélinas va montrer deux attitudes fréquentes à l'époque où il écrit. Tout d'abord, l'amour est idéalisé. Sous l'influence du Padre, Tit-Coq aime Marie-Ange d'un amour respectueux, noble, pur. Cette « angélisation » du sentiment fait de la « petite Désilets de Saint-Anicet » (p. 129) une chaste abstraction : « Mam'zelle Toute-Neuve » (p. 59). Cette idéalisation de l'amour est fortement secondée, chez Tit-Coq, par un profond désir de pureté qu'a développé chez lui le sentiment honteux de sa bâtardise.

La seconde attitude est la valorisation de l'amour paternel aux dépens de l'amour conjugal. Grâce à l'habileté de l'auteur, cette attitude colle étroitement au destin du personnage. Celui-ci, n'ayant jamais connu l'amour de ses parents, se promet d'être là, à côté de sa femme, lorsque son enfant naîtra (p. 92). Et c'est en vertu de ce sentiment paternel très vif qu'il n'épouse pas Marie-Ange immédiatement.

Ces deux attitudes qui se conjuguent sont certainement généreuses, mais qui ne remarque qu'elles déguisent un subtil refus de l'amour charnel ? Ce que Tit-Coq rejette inconsciemment par la transfiguration de sa fiancée, c'est

3. Jean-Cléo GODIN, *l.c.,* p. 31.
4. Jean-Cléo GODIN, *l.c.,* p. 31.

l'amour qui l'a engendré [5], celui dont on parle comme d'un vice (p. 107), qui se moque de toutes les lois (pp. 179, 183-184) pour n'obéir qu'à sa force intérieure (p. 182). Quand il exalte son sentiment paternel, n'est-ce pas l'amour conjugal, donc charnel, qu'il repousse ? Ce que dévoilera le Padre en termes tragiques et durs : « Cette passion-là, Marie-Ange, était plus forte, à elle seule, que tout son désir de te posséder. Ton corps — ton corps qui vieillira — a perdu la partie il y a deux ans ; comment peut-il espérer la gagner maintenant ? » (p. 191).

Ce que Gélinas met en action dans *Tit-Coq,* c'est une vision dualiste de l'amour (qu'on retrouve aussi dans le monologue de la tante). Il entend la dénoncer tout en en montrant les effets. Cet amour idéal ne sait pas résister à la réalité (tel est le sens du mariage de Marie-Ange) et ne peut que décevoir. Comment l'auteur amènera-t-il le spectateur à saisir ce qu'il a voulu dire ?

Gélinas procède en deux temps. Dans le premier, il pousse le spectateur à épouser étroitement les vues de son personnage. Celui-ci sera présenté, dès le début, comme un être seul et malheureux. La sympathie du spectateur lui est acquise. Puis, Gélinas conduit son personnage dans une famille à laquelle l'auditoire ne peut manquer de s'identifier [6]. Le spectateur désire alors que Tit-Coq s'y intègre. Ce qui se réalise. Le spectateur en est parfaitement heureux et il est conquis sans retour quand il voit que l'amour entre les deux jeunes gens est grand et pur, qu'il donne le bonheur tant recherché, qu'il fait naître un rêve encore plus grand : celui d'une vie familiale simple, rangée. Par le biais de ce rêve, le personnage rejoint l'idéal même de l'auditoire, de telle sorte que lorsque Tit-Coq décrit ce rêve comme son idéal suprême, c'est l'auditoire lui-même qui est en quelque sorte exalté.

Le second temps s'ouvre par l'anéantissement du rêve de Tit-Coq. Malheureux, le personnage garde toujours la sympathie du spectateur. Mais celui-ci le verra s'éloigner de lui graduellement : d'abord Tit-Coq maudit son idéal et son amour, puis opte farouchement pour l'amour vécu en dehors de toute loi. La révolte dont Gélinas anime son héros est assez percutante pour l'époque. En fait, Tit-Coq s'élève contre ce qui est le plus sacré pour l'auditoire : la vie de famille issue d'un amour béni par le mariage. Tit-Coq n'a pas encore connu sa plus grande douleur : le Padre va retourner contre sa révolte le rêve même qu'il avait nourri. En vertu de son amour si pur d'autrefois et de son sentiment paternel si généreux, Tit-Coq doit renoncer à son amour actuel pour Marie-Ange. Cette situation très douloureuse ne peut que renforcer les liens de sympathie du spectateur pour le héros. Mais en même temps, le spectateur doit reconnaître que ses propres convictions le rangent du côté du Padre. Il y a donc un déchirement qui se produit : sa sympathie pour Tit-Coq et Marie-Ange lui fait presque accepter une situation que ses convictions refusent nettement. Voilà le dilemme auquel conduit l'aventure de Tit-Coq. C'est par là que Gélinas amène le spectateur à s'inter-

5. « Oui, je suis un enfant de l'amour, comme on dit. Un petit maudit bâtard, si monsieur préfère », *Tit-Coq,* p. 17.

6. La famille Désilets représente l'image idéale de la famille traditionnelle. Elle est le prototype du bonheur, selon la société québécoise d'alors. Ce qui explique qu'elle soit dépeinte sous des traits si optimistes.

roger : pourquoi cet amour a-t-il failli ? Comment peut-on expliquer l'infidélité de Marie-Ange [7] ? Comment un si grand amour peut-il devenir si cruel ? Le spectateur comprendra peut-être alors que le dualisme ne peut conduire qu'à une impasse et qu'il s'explique, finalement, par une peur secrète de la chair.

Au terme de l'expérience que vit le spectateur à la représentation théâtrale de *Tit-Coq,* nous retrouvons cette prise de conscience que les *Fridolinades* cherchaient à provoquer. Ce qu'il y a de remarquable, ici, c'est que la réflexion n'est pas donnée toute faite. Elle se dégage seulement si le spectateur veut bien collaborer. L'auteur se contente de montrer des faits.

Dans *Bousille et les justes,* créée en 1959, Gélinas fait connaître davantage ses propres réflexions, ses jugements sur telle ou telle conduite qu'il a remarquée dans la société québécoise. On voit réapparaître, dans *Bousille et les justes,* l'esprit satirique capable de parodie et de caricature, tel qu'on le percevait déjà dans les *Fridolinades.* L'intention moraliste semble se faire plus explicite. Les mœurs religieuses teintées de superstition sont nettement objets de satire et de caricature, par l'intermédiaire des personnages de la mère et du Frère Nolasque. La malhonnêteté, le pharisaïsme sont de toute évidence condamnés par la création de personnages tels que Henri Grenon et sa sœur Aurore et surtout par l'invention de l'intrigue que l'on peut résumer ainsi : afin de sauver la réputation de la famille, Henri Grenon et sa sœur sont prêts à tout mettre en œuvre pour que leur frère, Aimé, incarcéré sous l'accusation d'homicide involontaire, sorte de son procès les mains nettes. Nous sommes précisément au matin du procès. Durant l'avant-midi, tout semble bien aller pour les Grenon. Mais le témoignage de Bousille, connu en son intégralité quelques heures seulement avant que l'avocat le fasse comparaître comme témoin, risque d'annuler tous leurs efforts. Il s'agit donc de lui extorquer un faux témoignage, ce que réussit Henri Grenon. Incapable de supporter la situation, Bousille retourne à Saint-Tite et se pend.

Les réflexions de l'auteur, les jugements qu'il porte sur le pharisaïsme qu'il a perçu dans la société sont donc faciles à déceler. C'est pourquoi il est allé plus loin dans cette pièce. L'enseignement qu'il entend faire tirer des faits ne se réduira pas à une réflexion abstraite ; il sera un geste que posera le spectateur en son for intérieur. Comment l'auteur y parvient-il ? Le premier acte répond aux critères d'une exposition bien menée et fait comprendre au spectateur que ce n'est pas au procès d'Aimé Grenon qu'il vient assister, mais plutôt aux faits et gestes de la famille Grenon. Au deuxième acte, l'action prend une tournure nouvelle grâce au témoignage de Bousille. La situation se présente ainsi : dans le monde hypocrite des Grenon, le témoi-

7. Jean Béraud a souligné la faiblesse psychologique du personnage : « Elle est bonne, jolie et puis elle a pitié du pauvre diable de Tit-Coq. Elle en a si bien pitié qu'elle l'aime à jamais. Si elle n'épousait pas Tit-Coq, elle entrerait au couvent. Voilà comme nous la fait connaître le dramaturge. Et voilà qu'il lui fait épouser un autre homme... qui a de l'argent ! Marie-Ange intéressée, frivole, inconstante ? Depuis un an et demi, elle ne veut même plus aller danser, son seul plaisir. Un caractère doit avoir de la consistance, jusque dans l'inconstance. Le dramaturge en fait une jeune fille infidèle, puis une épouse disposée à l'être, alors qu'il ne nous a pas indiqué chez elle un seul trait qui l'incline à l'être. » *350 ans de théâtre au Canada français,* Montréal, Cercle du livre de France, 1958, p. 266.

gnage de Bousille est la seule parole vraie. Dès qu'il l'a proférée, Bousille s'y identifie totalement. En face du pharisaïsme des Grenon, voici la faiblesse et le scandale de la vérité. Que devient le spectateur engagé dans l'expérience théâtrale ? Il ne s'identifie pas aux Grenon, c'est bien évident. Et même s'il le voulait, le témoignage de Bousille est si clair qu'il ne peut le refuser sans mauvaise conscience. Le spectateur ne s'identifie pas non plus à Bousille, tout en étant « de son côté », car l'auteur a créé une distance entre Bousille et le spectateur : Bousille est naïf, peu avantagé intellectuellement et son adhésion inconditionnelle aux paroles du Père Anselme, si elle se comprend, ne convainc point. Ce qui revient à dire que le spectateur est confiné, par l'auteur, au rôle de témoin. Cette position est confirmée plus loin. Alors que les Grenon sont décidés d'arracher un faux témoignage à Bousille, le spectateur, conscient des répercussions possibles sur le psychisme de Bousille, fait siennes les paroles de Noëlla : « J'espère que j'ai mal compris et que tu n'as pas l'intention de... » (p. 127). Mais Noëlla essuie une rebuffade de la part de son mari : « Toi, mêle-toi de ce qui te regarde. » On peut dire qu'avec Noëlla, le spectateur est repoussé au rôle de témoin. Et de fait, il assistera à l'extorsion du faux témoignage. C'est alors que, par réaction contre la cruauté et la lâcheté des Grenon, le spectateur adopte définitivement la rectitude morale de Bousille. Par le fait même, il devient un « juste ». Mais à quoi sert un témoin s'il ne témoigne pas ? Le coup de théâtre de la fin (le suicide de Bousille) crée une dernière situation où, cette fois, le spectateur devra se prononcer. A l'annonce du suicide, Phil a la réplique suivante (et c'est la dernière de la pièce) : « Tu voulais éviter un scandale : prépare-toi à nous sortir de celui-là, mon salaud » (p. 204). Un autre procès est annoncé. Lequel ? Dans la logique de l'intrigue, il s'agit du procès que ce fait nouveau finira par entraîner. C'est ce que le spectateur comprend, mais il saisit aussi que ce procès n'est plus la pièce à laquelle il vient de participer. Et lorsqu'il y songe davantage, il s'aperçoit que la représentation est elle-même le procès des Grenon, que la pièce n'est que la révélation des faits à charge, et que la réplique de Phil, loin de mener à une hypothétique pièce, renvoie à celle à laquelle on vient d'assister. Le spectateur saisit alors pourquoi l'auteur l'a tenu en position de témoin. Dans ce procès, le véritable témoin à charge, c'est le spectateur lui-même. C'est à son verdict que Phil fait allusion. Les Grenon ne pourront pas s'en sortir, car le témoignage du spectateur sera juste. Il ne peut en être autrement vu que, tout au long de la pièce, le spectateur s'est rangé du côté de Bousille et qu'il ne peut nier l'évidence. C'est la moralité de la pièce que d'amener le spectateur à prononcer, dans le contexte de la justice, une parole vraie. Il y a plus : peut-être le spectateur avait-il déjà plus ou moins pratiqué lui-même l'injustice, le faux témoignage, la malhonnêteté, le pharisaïsme, en un mot. Habilement, l'auteur l'amène, par sa participation à la pièce, à condamner tous ces vices et ces travers, à en ressentir tout l'odieux et à témoigner contre ceux qui les pratiquent... Qui sont les justes dont parle le titre ? Les spectateurs.

Il faut signaler le parfait équilibre qui existe entre l'intention moraliste et la réalisation artistique de *Bousille et les justes.* Il est bien évident que celle-là est au point de départ du drame, qui ne perd pourtant jamais son autonomie esthétique. Tel ne sera pas le cas de la dernière pièce de Gélinas, *Hier, les enfants dansaient,* créée en 1966. L'intention moraliste se fait moralisante. Mais de quoi est-il question dans cette pièce ? Un avocat montréalais voit s'ouvrir devant lui la carrière ministérielle fédérale. Pour peu de temps cependant car le jour même où ce poste lui est offert, il apprend que ses deux fils militent dans un mouvement de libération du Québec. Par ce drame, Gélinas veut faire passer le message suivant : « ce n'est pas le temps de l'injure, c'est celui de l'amour » (p. 97), message noble et généreux mais qui ne jaillit pas du drame lui-même. Il est assez significatif que Gélinas l'ait explicitement formulé et qu'il l'ait confié au personnage de la mère, créé spécialement à cet effet. C'est le signe que le drame tel qu'il est construit ne peut pas transmettre ce message. Il le réussirait s'il amenait le spectateur à le trouver lui-même au terme d'un engagement affectif analogue à celui qui se produit dans *Tit-Coq* ou dans *Bousille et les justes*. Mais, justement, *Hier, les enfants dansaient* n'a rien d'une expérience affective profonde pour le spectateur. Le drame se réduisant à une irréductible opposition de vues politiques entre le père et son fils [8], le seul engagement provoqué chez le spectateur se réduit aussi à une prise de position politique. Comme il n'y a pas de lien nécessaire entre le drame et le message, celui-ci vient en surcroît et, au fond, ne touche guère.

Par l'intention qui l'anime, le théâtre de Gratien Gélinas est donc l'œuvre d'un moraliste. Au moyen de situations, l'auteur décrit certaines attitudes observées dans la société. D'une part, ces descriptions comportent un jugement implicite ou explicite posé par l'auteur ; d'autre part, elles sont destinées à faire réagir le spectateur : qu'il s'y reconnaisse d'abord, puis qu'il s'interroge *(Tit-Coq),* qu'il condamne *(Bousille et les justes),* qu'il y modèle sa propre conduite (*Hier, les enfants dansaient*). Ce théâtre est moraliste par son contenu et par ses fins.

Il faut ajouter que c'est surtout par ses fins qu'il se révèle l'œuvre d'un moraliste. Car le contenu s'en tient à la constatation des faits, à leur restitution, fidèle et vivante il est vrai, mais sans plus. Gélinas ne cherche pas à mettre en lumière les causes des faits observés, il ne remonte pas aux raisons politiques ou sociales qui les expliqueraient. Il ne leur oppose pas non plus une philosophie particulière. La situation de *Bousille et les justes* aurait pu lui en fournir l'occasion. Mais Gélinas ne l'a pas saisie. Son propos est d'exposer et non d'expliquer. Gélinas ne va pas au-delà du fait ; il le donne et cherche, soit par l'écriture (satire, caricature, répliques), soit par la construction de la pièce, à provoquer la réaction du spectateur.

L'intention moraliste, présente depuis les *Fridolinades* jusqu'à *Hier, les enfants dansaient,* constitue l'aspect fondamental du théâtre de Gélinas. Dans *Bousille et les justes,* où elle trouve sa meilleure réalisation, nous voyons comment elle groupe et explique toutes les caractéristiques de ce théâtre.

8. On objectera que ce point de vue est incomplet et que dans cette pièce on trouve aussi un drame familial en plus d'un drame de générations. On peut y trouver tout cela si l'on veut bien. Mais la question est de savoir lequel de ces drames engendre la situation et agit sur le spectateur. Nul doute que ce soit l'opposition des vues politiques entre le père et son fils. C'est elle qui est d'abord efficace. La circonstance « père-fils » vient corser l'opposition mais ne prend pas la première place : « Hier, les enfants dansaient dans la maison... Aujourd'hui ils sont devenus des hommes... » (p. 118). Plus qu'une discussion père-fils, c'est une discussion d'homme à homme.

L'intention moraliste trouve son matériau dans une observation psychologique vive et pénétrante que vient seconder une tendance satirique, caricaturale parfois, elle-même tempérée par un sens profond de l'humain. Cette observation psychologique, informée par l'intention moraliste, préside à la création des personnages. La langue de l'auteur, savamment populaire et naturellement savoureuse, donne chair aux observations et aux personnages et permet de rejoindre efficacement le spectateur. Comme on le voit, l'intention moraliste coordonne les différents aspects de ce théâtre qu'on a dit psychologique, réaliste et populaire.

Ceci dit, il faut bien avouer que l'intention moraliste qui détermine ce théâtre en assure l'unité et la spécificité mais n'en fait pas la perfection. Peu nombreuses et relativement éloignées l'une de l'autre dans le temps, les pièces de Gélinas ne parviennent pas à livrer une vision du monde organisée ; elles ne constituent pas une œuvre. De plus, elles souffrent d'un certain déséquilibre quand on les compare entre elles. *Tit-Coq* [9], la pièce la plus riche en résonances humaines, est inférieure, au plan de la technique dramatique, à *Bousille et les justes* dont l'intérêt humain est plus limité. Quant à *Hier, les enfants dansaient,* elle est nettement inférieure aux deux pièces précédentes. Reste toutefois l'émouvante figure du personnage de Tit-Coq que viendra sans doute rejoindre celle de Fridolin. Ces personnages, vivants et toujours jeunes, perpétuent le nom de Gratien Gélinas, auteur dramatique, et lui assurent une popularité méritée.

---

9. A propos de la faiblesse technique de *Tit-Coq,* il faut se souvenir de la remarque très juste de Normand Leroux : « ... en dépit de ses facilités mélodramatiques, de sa rhétorique sentimentale, de son pathos à bon marché, cette pièce reste touchante car elle est, par ses défauts mêmes, l'image de notre bâtardise, de notre solitude, de notre 'aliénation'. » *Livres et auteurs canadiens 1968,* p. 73.

Paul Toupin

par Odette Condemine,

professeur à l'Université Carleton

« Le malentendu qui sépare le public de l'écrivain véritable provient de ce que le public cherche l'auteur là où est l'homme, et l'homme là où est l'auteur, alors que l'écrivain n'est jamais là où on le cherche. » [1] Par ces paroles, qui remontent à 1964, Paul Toupin voulait sans doute mettre le lecteur en garde contre la tentation de chercher le profil de l'écrivain dans les personnages de son *Théâtre* [2], publié trois ans auparavant. Il protestait contre une manie du public que les auteurs dramatiques ont souvent déplorée.

Est-ce pour éviter plus sûrement ce malentendu que Toupin a écrit ces « essais » où il rassemble pensées et souvenirs ? *Au-delà des Pyrénées* [3] (1949) et *Italiana* [4] (1959) nous livrent des impressions de ses voyages dans cette « chère Europe qui, dit-il, m'attire comme un pôle ou, mieux, comme une oasis dans tous ces déserts de continents... » [5] Son ouvrage, *Souvenirs pour demain* [6] (1960), qui l'impose comme écrivain, contient des réflexions sur la littérature, l'amour et la mort ; le dernier chapitre, *Requiem*, est consacré à la maladie et à l'agonie de son père. Dans *L'Ecrivain et son théâtre*

1. Paul Toupin, *L'Ecrivain et son théâtre*, (Montréal), Le Cercle du Livre de France, (1964), p. 25.
2. *Id.*, *Théâtre*, (Montréal), Le Cercle du Livre de France, (1961), 204p. ; réimprimé en 1973 par Le Cercle du Livre de France. Ce volume contient *Brutus*, *Le Mensonge* et *Chacun son amour*. Une première version de *Brutus* a paru en 1952 (Montréal, [Imprimerie Saint-Joseph], 147p.). *Le Mensonge* a d'abord paru dans *Liberté*, vol. 2, 1960, pp. 2-46 ; publié la même année (Montréal, Les Editions de l'Hexagone, 1960, 52p.). *Chacun son amour* a été publié pour la première fois dans *Amérique française*, vol. XIII, nº 4, 1955, pp. 57-115.
3. *Id.*, *Au-delà des Pyrénées*, Montréal, Granger, 1949, 165 p.
4. *Id.*, *Italiana*, dans *Liberté*, vol. 1, nº 4, livr. de juillet 1959, p. 232-237.
5. *Id.*, *Europe 1950*, dans *Liaison*, vol. 4, livr. de déc. 1950, p. 539.
6. *Id.*, *Souvenirs pour demain*, (Montréal), Le Cercle du Livre de France, (1960), 100p.

(1964), Toupin parle de son enfance, de ses études, de sa vocation littéraire. *Mon mal vient de plus loin* [7] (1969), écrit au retour d'un récent voyage en France et en Italie, décrit longuement, et non sans ironie, la maladie qui le contraint à revenir au Canada. *Le cœur a ses raisons* [8] (1971) évoque le souvenir de trois femmes qu'il a connues : Didi, la servante irlandaise de ses parents, la comtesse de Courcy (tante d'Henry de Montherlant) qui l'a souvent accueilli chez elle à Paris, et une vieille amie dont il raconte l'existence tragique.

Par ailleurs, la trilogie intitulée *Théâtre* devient la source d'autres malentendus entre Toupin et son public. L'Avertissement en tête de ce recueil est empreint, sinon d'amertume, du moins d'une « tristesse » [9] profonde. L'auteur traite sans ménagement les comédiens et les comédiennes, les spectateurs et les critiques, les ecclésiastiques qui s'occupent de cercles dramatiques. Ses propres pièces ne sont pas épargnées ; un sentiment de découragement l'envahit quand il songe aux personnages de sa création. Au lieu d'un acte librement consenti, la composition littéraire lui semble une servitude à laquelle l'écrivain se voit condamné. La « pensée » de Montesquieu lui vient alors à l'esprit : « J'ai la maladie de faire des livres et d'en être honteux quand je les ai faits. » [10] Simple boutade peut-être de la part du spirituel philosophe ; boutade également sous la plume de Toupin ?

Le lecteur est d'abord porté à ne voir dans ces remarques que l'aigreur d'un moment, l'abattement du dramaturge qui trouve le milieu de Montréal peu favorable à l'éclosion d'un théâtre artistique et dont la tragédie *Brutus* n'a pas obtenu, du moins à la scène, les applaudissements souhaités. Mais une déception personnelle aboutit à un malentendu sur l'essence même de tout théâtre, « dont le véritable, affirme Toupin, se lira toujours *dans un fauteuil* » [11]. Toupin suggère-t-il un rapprochement entre sa propre situation comme auteur dramatique et celle de Musset en 1833 ? Mais il change le sens de l'expression pour en tirer un principe contestable :

> Les comédiens n'admettront jamais cette vérité première : le seul théâtre qui résiste au temps est le théâtre qui se lit... La jalousie de leur métier les pousse à dire que le seul théâtre est celui qui se joue [12].

Les grandes œuvres de Molière et de Shakespeare se lisent, s'étudient, mais c'est au théâtre qu'elles prennent leur vraie dimension ; elles éveillent chez

7. *Id., Mon mal vient de plus loin,* (Montréal), Le Cercle du Livre de France, (1969), 108p.

8. *Id., Le cœur a ses raisons,* (Montréal), Le Cercle du Livre de France, (1971), 118p. Le dernier livre de Paul Toupin s'intitule *Au commencement était le souvenir,* Montréal, Fides, 1973, 204p.

9. *Id., Théâtre,* (p. 7).

10. MONTESQUIEU, *Oeuvres complètes,* Paris, Les Editions Nagel, (1950), t. II, p. 246 ; cité par Toupin, dans *Théâtre,* (p. 7).

11. Paul TOUPIN, *Théâtre,* (p. 7). Rappelons qu'en 1833 Musset publia *Un spectacle dans un fauteuil ;* ce volume de poésie contient un sonnet intitulé *Au lecteur, la Coupe et les Lèvres, A quoi rêvent les jeunes filles* et *Namouna.* En 1834 il publia, en deux volumes, *Un Spectacle dans un fauteuil, seconde livraison, prose : 1. Lorenzaccio, les Caprices de Marianne. — 2. Andréa del Sarto, Fantasio, On ne badine pas avec l'amour, la Nuit vénitienne.*

12. Paul TOUPIN, *L'Ecrivain et son théâtre,* p. 90.

le spectateur une résonance qui échappe au lecteur. Pendant dix-sept ans on a lu les comédies de Musset ; toutefois, c'est seulement plus tard qu'on les a appréciées quand, après le succès remporté par *Un Caprice* en 1847, on a commencé à les porter à la scène. De même il a fallu la représentation scénique pour mettre pleinement en lumière la valeur des drames poétiques de Paul Claudel. C'est au théâtre qu'il faut chercher Musset et Claudel. C'est au théâtre qu'on devrait trouver Toupin.

Deux pièces de Toupin ont connu l'épreuve de la rampe. En 1951, au Gesù de Montréal, la Compagnie du Masque donne trois représentations du *Choix,* sa première pièce, restée inédite [13]. *Brutus,* créé également au Gesù le 27 mars 1952, est joué huit fois [14]. En 1960, la Comédie-Canadienne reprend *Brutus* — il s'agit d'une version remaniée — et en donne dix représentations du 24 mars au 1er mai [15]. De plus, Radio-Canada consacre trois émissions radiophoniques à cette pièce, une en 1952, une autre en 1956 et une troisième en 1973 [16]. Par contre, ni *Le Mensonge* ni *Chacun son amour* n'ont été portés à la scène. Mais *Le Mensonge* a été joué à la radio le 12 octobre 1960 [17], et *Chacun son amour* à la télévision le 13 février 1966. Enfin, la cinquième pièce de Toupin, *Le Voyant,* que le Théâtre du Nouveau Monde a refusée, est toujours inédite [18].

Quelques articles critiques et des comptes rendus préservent les impressions des spectateurs qui ont assisté aux représentations du *Choix* et de *Brutus.* Dans l'ensemble, leur réaction semble avoir été celle d'une attente déçue. Ils ne sont pas d'accord sur les raisons de l'échec partiel du *Choix* et du succès relatif de *Brutus.*

Selon Gilles Marcotte, « *Le Choix* n'est pas une bonne pièce, et elle a connu le suprême malheur d'être — dans l'ensemble — mal jouée. » [19]. Jean Hamelin, au contraire, s'abstient de critiquer la pièce, mais déplore les

---

13. *Le Choix* a été créé le 20 janvier 1951 et joué à nouveau les 1er et 4 février (voir *Le Devoir,* vol. XLII, no 10, livr. du 13 janv. 1951, p. 7). Seule la première scène de l'acte deux de cette pièce a été publiée dans *Liaison,* vol. 4, livr. d'oct. 1950, pp. 387-397. L'action du *Choix* se passe en France durant l'occupation allemande. C'est le drame d'une mère de famille mise en demeure par un officier allemand de désigner celui de ses deux fils qui sera emmené comme otage.

14. Il s'agit de la première version de *Brutus.* Il y eut une matinée et une soirée les 27, 29 et 30 mars, une soirée le 31 mars et le 1er avril (voir *Création de « Brutus » au Gesù,* dans *Le Devoir,* vol. XLIII, no 63, livr. du 14 mars 1952, p. 6).

15. Voir *« Brutus » de Paul Toupin à la Comédie-Canadienne,* dans *Le Devoir,* vol. LI, no 54, livr. du 12 mars 1960, p. 12 ; aussi *Première de « Brutus »,* dans *Le Devoir,* vol. LI, no 64, livr. du 24 mars 1960, p. 7 ; aussi *Dernières de « Brutus » et de « Bousille et les Justes »,* dans *Le Devoir,* vol. LI, no 89, livr. du 23 avril 1960, p. 12.

16. La première de ces émissions, qui dura trente minutes, eut lieu le 6 mai 1952. Il s'agissait de l'émission de théâtre hebdomadaire à l'adresse des Antilles et de l'Amérique du Sud. Radio-Canada redonna *Brutus* (1ère version) au cours de l'émission « Sur toutes les scènes du monde » le 12 décembre 1956. Une troisième présentation radiophonique de *Brutus* (2e version) eut lieu au cours de l'émission « Sur toutes les scènes du monde », le 5 novembre 1973.

17. La présentation radiophonique du *Mensonge* a été donnée dans le cadre des émissions « Sur toutes les scènes du monde ».

18. *Le Voyant* est postérieur aux quatre autres pièces. Les renseignements sur *Le Voyant* nous ont été communiqués par l'auteur lui-même.

19. Gilles MARCOTTE, *« Le Choix » de Paul Toupin,* dans *Le Devoir,* vol. XLII, no 25, livr. du 31 janv. 1951, p. 6.

« pitoyables conditions » dans lesquelles on l'a donnée : Toupin a été desservi par une troupe manquant d'expérience [20]. Jean Béraud souligne aussi l'absence de « metteur en scène et d'acteurs expérimentés » [21], mais fait valoir le mérite incontestable de l'écrivain : « Paul Toupin a voulu être, dès sa première pièce, notre auteur classique de théâtre, aussi bien par la conduite de l'action, par le dialogue, par le style, que par son manque absolu de concessions au public : action nette et pleine d'économie, dialogue sans bavure, style sobre et toujours de haute tenue littéraire. » [22]

Brutus, l'année suivante, bénéficie du talent et de l'expérience de Pierre Dagenais pour la mise en scène ; tous les critiques louent le jeu de Gilles Pelletier dans le rôle de César. Pourtant la distribution reste inégale : Pierre Dagenais et Nini Durand ne réussissent pas à incarner Brutus et Porcia [23]. « Il faudrait, écrit Maurice Blain, pour lui rendre justice, revoir *Brutus* interprété par une compagnie de comédiens formés au style de la grande tragédie. » [24] Quant à la pièce, si Maurice Blain critique le manque de « progression dramatique », [25] Jean Béraud ne cache pas la « vive satisfaction » que lui procure le spectacle [26].

La reprise de *Brutus* en 1960 est une preuve de l'intérêt porté à cette œuvre. On fait à Toupin « l'honneur exceptionnel de le réclamer en scène » [27]. Certes une meilleure distribution et une mise en scène supérieure à celle de 1952 jouent en faveur de la pièce. Les spectateurs applaudissent, sans pour cela qu'on puisse parler d'enthousiasme. « L'accueil du public, disons-le, fut froid » [28], reconnaît Jean Ethier-Blais, qui cherche à en trouver la cause. « ...Brutus, écrit-il, se situe à part dans le théâtre canadien. C'est une pièce littéraire. » [29] Le commentaire de Yerri Kempf est moins indulgent ; il reproche à Pierre Dagenais « d'avoir repris ce devoir d'écolier doué au lieu de nous présenter une œuvre plus récente et... plus personnelle de M. Toupin » [30]. Gilles Hénault exprime certaines réserves sur l'interprétation des acteurs ; il convient des difficultés que présente le choix d'un tel sujet, mais il admet que la pièce est « un plaisir pour l'esprit, une séduction à laquelle la lecture nous contraindrait peut-être mieux qu'une représentation visuelle » [31].

Chez les spectateurs et chez les critiques qui ont assisté à une des représentations de *Brutus,* on trouve donc une attitude réservée et des éloges

---

20. Jean HAMELIN, *Le renouveau du théâtre au Canada français,* Montréal, Les Editions du Jour, (1962), p. 65.
21. Jean BÉRAUD, *350 ans de théâtre au Canada français,* (Montréal), Le Cercle du Livre de France, (1958), p. 281.
22. *Ibid.*
23. Jean HAMELIN, *Le renouveau du théâtre au Canada français,* pp. 50-51.
24. Maurice BLAIN, *« Brutus », un essai sur l'honneur,* dans *Le Devoir,* vol. XLIII, nº 75, livr. du 28 mars 1952, p. 6.
25. *Ibid.*
26. Jean BÉRAUD, *350 ans de théâtre au Canada français,* p. 285.
27. *Id., Grand César de Gilles Pelletier dans le « Brutus » de Paul Toupin,* dans *La Presse,* 76e année, nº 138, livr. du 25 mars 1960, p. 16.
28. Jean ETHIER-BLAIS, *Signets II,* (Montréal), Le Cercle du Livre de France, (1967), p. 203.
29. *Ibid.*
30. Yerri KEMPF, *Les trois coups à Montréal,* Montréal, *Déom,* 1965, p. 333.
31. Gilles HÉNAULT, *« Brutus » de Paul Toupin : un plaisir pour l'esprit...,* dans *Le Devoir,* vol. LI, nº 66, livr. du 26 mars 1960, p. 9.

mitigés. Plusieurs questions se sont posées et restent sans réponses, ou du moins sans réponses satisfaisantes. Toupin a-t-il trouvé des interprètes capables de jouer *Brutus ?* Un public existe-t-il au Canada pour apprécier ce genre de pièce ? Les critiques au sujet de *Brutus* ont-elles eu pour résultat d'écarter de la scène *Le Mensonge* et *Chacun son amour,* et de faire refuser *Le Voyant ?*

Comme l'insinue l'Avertissement de 1961, Toupin voit son œuvre théâtrale réduite à un « spectacle dans un fauteuil » de trois pièces. Sans les interprètes et loin de l'ambiance de la salle, le lecteur découvre dans cette œuvre austère, où l'auteur ne fait aucune concession au simple divertissement, un poème lyrique en trois parties. Il croit déceler les fils conducteurs qui relient les trois drames et leur donnent une unité profonde.

*
* *

La trilogie de Toupin fait penser à une composition musicale dont le titre serait Variations sur un thème mineur. Ces paroles du Prologue de Brutus annoncent le thème dominant : « Les êtres qui nous aiment, les aimons-nous assez ? » [32] On reconnaît ici le thème de l'amour méconnu, de l'amour inaccessible, pierre angulaire sur laquelle reposent l'action des trois pièces et la psychologie des personnages. Les déceptions et les échecs qui accablent l'homme proviennent de la fragilité de l'amour et de l'amitié.

Pour Toupin, la mort de César, cette scène historique qui a inspiré poètes et peintres au cours des siècles, devient le mythe de l'amitié et de l'amour trahis. Ce n'est plus la civilisation romaine à la croisée des chemins de l'histoire. Le complot et les conséquences du meurtre de l'imperator passent au second plan. Les conspirateurs et leurs adversaires, dont les historiens ont préservé les noms, ne figurent pas dans la pièce. Les deux conjurés retenus par Toupin sont des esclaves anonymes [33]. Toute la tragédie se passe dans le cœur de Brutus. C'est parce qu'il refuse d'écouter les voix de l'amitié et de l'amour que César est assassiné et l'ordre public à nouveau bouleversé dans un siècle d'instabilité politique :

Brutus ... J'ai trahi !

Second — Comment avez-vous donc trahi ?

Brutus — En n'aimant pas assez ceux qui m'aimaient [34].

Le drame fait ressortir tantôt la générosité de César envers son fils adoptif, tantôt la tendresse de Porcia pour son mari. Mais Brutus se détourne de l'un et de l'autre afin de poursuivre une folle utopie. Vaincu et abandonné, il comprend sa méprise irréparable et se jette sur son épée en s'écriant : « Je n'aurai donc vécu que pour voir mourir ceux que j'aime ? » [35]

---

32. Paul TOUPIN, *Théâtre,* p. 14.
33. Ces deux conjurés sont anonymes dans les deux versions imprimées. A la scène on trouvait les noms de Casca et de Flavius.
34. Paul TOUPIN, *Théâtre,* pp. 11-12.
35. *Id., ibid.,* p. 72.

Entre l'époque de César et la nôtre, dans un décor breton médiéval, Toupin situe l'action du *Mensonge,* première variation sur le thème de l'amour irréalisable. Depuis des années, le seigneur d'Arcourt aime sa voisine, la Châtelaine, sans oser le lui dire. Pour les rapprocher et arranger le mariage, il faut l'intervention de l'homme de confiance de Louis XI, l'Ecuyer, qui cumule les fonctions d'agent politique et d'entremetteur. Mais le soir de la cérémonie nuptiale, la Châtelaine renvoie le Seigneur en apprenant de sa bouche la supercherie employée pour les réunir. Quand, au bout de trois ans, elle le rappelle, le Seigneur, dont l'amour s'est transformé en haine, ne songe plus qu'à l'humilier afin de se venger. C'est alors qu'il déclare : « Je suis allé jusqu'au bout de moi-même pour y découvrir que plus on aime, moins on est aimé et que jamais l'amour ne répond à l'amour. » [36] Finalement tout ressentiment disparaît. La Châtelaine et le Seigneur s'avouent leur amour, mais il est trop tard. Mortellement blessée par l'épée de son époux, la Châtelaine expire.

La seconde variation sur le thème de l'amour inaccessible, *Chacun son amour,* est un drame du XXe siècle. A la veille de se marier, Fernand présente sa fiancée Céleste à son patron, l'écrivain Stéphane. Celui-ci s'amuse à éblouir la jeune fille qui est prête à se jeter dans ses bras et à oublier l'amour de son fiancé. Par ailleurs, Stéphane repousse l'attachement exclusif de son amante Hélène. Dans le reproche adressé par cette dernière au vieux séducteur, on entend encore une fois le thème principal : « Pourquoi ne pas m'avoir aimée comme je vous aimais ? » [37]

*
* *

Dans cette trilogie où l'amour paraît comme un idéal qui ne parvient pas à se réaliser, le lecteur est sans cesse conscient de deux univers, celui de l'homme et celui de la femme. L'amour qui les entraîne l'un vers l'autre semble destiné à se perdre dans un abîme qui les sépare. Chacun de ces univers présente une variété de types humains dont plusieurs s'individualisent dans le *Théâtre* de Toupin.

L'amour divise l'univers masculin en deux personnifications de l'amant. D'un côté se détachent les épicuriens, les jouisseurs qui ne savent pas ou ne veulent pas aimer, de l'autre les inquiets, les cœurs qui aiment sincèrement.

Le premier de ces deux groupes s'incarne dans les caractères de César, de l'Ecuyer et de Stéphane. Tous trois sont des hommes d'action qui dominent leur entourage par leur intelligence, leur énergie et l'œuvre de leur vie. César a conquis un empire et gouverne Rome. L'Ecuyer travaille à accroître la puissance du royaume de France pour Louis XI. L'influence de l'écrivain Stéphane s'exerce sur l'âme de ses lecteurs. Les trois hommes possèdent une grande tranquillité d'esprit car ils ont su éviter les inquiétudes du cœur. Pour eux, l'amour se réduit à un passe-temps agréable ; ils ne se sont pas attachés à ces jeunes visages qui les ont charmés un instant. Ce sont des philosophes

36. *Id., ibid.*, p. 125.
37. *Id., ibid.*, p. 192.

qui discutent volontiers. Une impression de sagesse semble se dégager de leurs propos. La gloire et l'œuvre réalisée leur paraissent sans importance. Seuls les moments de plaisir, de satisfaction sensuelle, méritent d'être évoqués. César se glorifie, non de ses victoires et de sa puissance, mais de ses nuits amoureuses :

> Oh, je n'ai plus mes vingt ans, mes muscles d'autrefois ! Mon corps à ses plaisirs, à ses jeux, jamais ne se lassait... En ai-je passé des nuits à monter la garde autour des corps que j'aimais ? nuits qui me semblaient si courtes... D'abord la rue, Brutus. Vive la rue, qui permet à la beauté d'être coudoyée. O les jolies fleurs que j'ai vues et qui attendaient humblement d'être cueillies [38] !

Ce portrait de César revit dans l'Ecuyer de Louis XI :

> Enfin, Robert, tu m'as toujours connu coureur de filles. Je cours encore, moins qu'autrefois, c'est entendu, car je n'ai plus l'agilité de mes vingt ans et mon sang est moins chaud. Les chasses trop prolongées m'essoufflent... Pourvu que cela ait deux jolies pattes, un fin museau, évidemment, un peu de tout et de tout un peu, naturellement, la vie est belle et bonne et généreuse et je ne m'en plains pas [39].

La philosophie du plaisir, préconisée par César et l'Ecuyer, est reprise avec plus d'insistance encore par Stéphane. Dans une première vision de *Chacun son amour,* il s'appelait Don Juan [40]. Toupin donne au personnage du célèbre mythe le visage d'un dilettante moderne qui s'amuse à relever les inconséquences de la civilisation. Malade il raille la médecine. Incroyant il sourit de la piété de sa servante. Célibataire il se moque du prochain mariage de son secrétaire Fernand. Son esprit alerte remue sans cesse des idées. Mais, avant tout, Stéphane est l'amant qui se vante de ses conquêtes :

> Ce n'est pas la nature qui est déchue, c'est nous qui la faisons déchoir... Le plaisir est-il un problème ? Non. C'est l'amour qui crée l'inquiétude, le désespoir, le chagrin. J'aurais pu suivre ma pente naturelle, qui était aussi de m'inquiéter. Il m'a suffi d'aimer la nature pour aimer la vie, comme il m'a suffi d'aimer la vie pour en aimer les êtres. Ce carrousel de corps avec lesquels j'ai tournoyé m'a préservé de bien des peines et de bien des souffrances [41].

Dans chacune de ces pièces, en face de l'homme d'action à l'âme donjuanesque que la fortune a favorisé, Toupin campe un personnage plus jeune, plus idéaliste, mais moins sûr de lui et voué par son caractère à la déception ou à l'échec. Son cœur s'abandonne sans arrière-pensée à un amour fait de tendresse, d'enthousiasme et d'illusions. Mais ce noble sentiment devient pour lui une source d'inquiétude. Selon le mot de Toupin : « Un être qui aime n'est plus libre. » [42]

Brutus est un idéaliste, un rêveur, un indécis. Son cœur est partagé entre l'amitié de César et l'amour de Porcia. Il sacrifie ces deux sentiments à

38. *Id., ibid.,* pp. 25-26.
39. *Id., ibid.,* p. 84.
40. Version publiée dans *Amérique française,* vol. XIII, nº 4, 1955, pp. 57-115.
41. Paul TOUPIN, *Théâtre,* p. 200.
42. Voir *Paul Toupin nous parle de sa pièce, « Le Choix »,* dans *Le Devoir,* vol. XLII, nº 24, livr. du 30 janv. 1951, p. 6.

la séduction de la liberté. Il aspire à débarrasser Rome de la tyrannie, même si le tyran est César, son protecteur et son ami. Pourtant l'exécution de ce projet est sans cesse remise. César s'amuse de l'irrésolution de son prêteur : « Par les dieux, Brutus, lui dit-il ironiquement, serais-tu devenu homme d'action. » [43] Au Capitole, quelques instants avant la levée de poignards dont il sera la victime, César raille Brutus :

> Et toi, achève de rêver ! Tu me crois cerné, mais je t'échappe, Brutus... Ta cause est perdue, parce qu'elle était trop belle. Toutes les belles causes sont vouées à l'échec... Brutus ! Réveille-toi ! c'est moi qui suis ton rêve ! Qu'attends-tu donc [44] ?

Toujours hésitant, Brutus sera l'un des derniers à frapper l'imperator. Obligé de fuir et de se défendre, il s'avère incapable de gagner une bataille. Son rêve utopique se transforme en un songe mélancolique :

> Rome n'oubliera jamais que j'ai tué César. Je lis déjà ce que tous les Romains liront dans leur livre d'histoire : Brutus, ami et confident de César, jaloux de son pouvoir, décida de conspirer contre lui et de l'assassiner [45].

Robert d'Arcourt, le Seigneur du *Mensonge* s'annonce d'abord comme un idéaliste. Pour lui, l'amour est un mouvement intime de l'âme, non la satisfaction d'un instinct, comme l'affirme son ami l'Ecuyer. Par malheur, il manque totalement d'assurance. Sa timidité l'empêche de déclarer son amour à la Châtelaine : « Je suis heureux d'aimer mais malheureux de ne pouvoir le dire. » [46] D'un autre côté, on chercherait vainement en lui un reflet de la bravoure et de la hardiesse des chevaliers d'un âge héroïque. Il semble se désintéresser de la résistance de la noblesse bretonne aux intrigues du roi de France ; sa prise de position contre Louis XI n'a d'autre but que de le mettre au diapason des idées politiques de la Châtelaine.

Indécision, faiblesse et déséquilibre mental sont les traits qui marquent le caractère du Seigneur et expliquent la bizarrerie de certaines de ses actions. Pour obtenir la main de la Châtelaine, il accepte de participer à la ruse proposée par l'Ecuyer, puis, honteux, avoue sa faute à celle qui est maintenant son épouse. Finalement, le tourment de l'amour déçu le pousse à la haine, à l'injure, à la violence. Par moments, la Visiteuse tremble en sa présence, et sa frayeur est justifiée : « Compte-toi chanceuse, lui dit-il. Après t'avoir aimée, je t'aurais mise en pièces... » [47] A son tour, la Châtelaine constate avec horreur que son mari, dans sa démence, la menace du pire des affronts :

> Ce n'est pas ma bouche qui vous embrassera. Mon ami fera cela mieux que moi... La vérité toujours ne veut pas qu'on l'embrasse. Il ne vous fera aucun mal, madame. Il sait comment s'y prendre. Faites avec lui ce que vous n'avez jamais fait avec moi [48].

43. Paul Toupin, *Théâtre*, p. 65.
44. *Id., ibid.*, pp. 67-68.
45. *Id., ibid.*, p. 71. Le texte est presque semblable dans la version de 1952 (voir pp. 142-143).
46. *Id., ibid.*, p. 88.
47. *Id., ibid.*, p. 121.
48. *Id., ibid.*, pp. 135-136.

Fernand a pour lui sa jeunesse, sa franchise, sa foi dans un idéal de vie. Sa conception de l'amour est l'antithèse de la théorie de la gratuité du plaisir formulée par Stéphane. « Je crois au bonheur, affirme-t-il à son patron, je désire un foyer, des enfants. C'est normal. » [49] Mais celui qui aime connaîtra l'inquiétude de l'amour. L'angoisse commence pour Fernand quand Céleste se laisse charmer par l'écrivain. Les fiancés se disputent puis se réconcilient. Stéphane meurt. Mais Fernand ne se souviendra-t-il pas que Céleste était prête à renoncer à lui ?

L'univers féminin occupe nettement le second plan. Pourtant son intérêt est réel. Les trois dames ensemble présentent les visages les plus connus de la femme en face de l'amour : l'épouse dans *Brutus,* la grande dame et la courtisane dans *Le Mensonge,* la fiancée et l'amante dans *Chacun son amour.*

La plus attachante de ces figures est Porcia, la femme de Brutus. A un cœur aimant et fidèle, l'épouse romaine joint un esprit équilibré et plein de bon sens. Voyant son mari s'engager imprudemment dans une conspiration dont elle prévoit le dénouement funeste, elle s'adresse à César qui l'écoute et consent à l'aider. Toutefois les efforts de Porcia échouent ; elle ne peut éviter la tragédie qui menace son amour. Brutus reste sourd à ses supplications. Sa plainte résonne douloureusement à nos oreilles, faisant écho à celles de femmes sans nombre et de tous les âges, qui réclament leur place de compagne et non de servante, d'épouse et non de maîtresse :

> Je suis ta femme, Brutus. Heureuse ou malheureuse, je t'aime. Je ne vis que pour toi. Et si tu n'étais plus, je cesserais de vivre. Souviens-toi ! Aux cérémonies de notre mariage, dans le taureau qu'on immola, il y avait du miel et de la farine en quantité égale. J'ai droit à ma part de tes soucis. Tu es la meilleure part de mon destin. Avant toi, je n'aimais pas. Après toi, je n'aimerai pas. Je ne vis que pour t'aimer [50].

Au moment des représentations de *Brutus* en 1952, on avait reproché à Toupin la « fadeur » du seul personnage féminin de la pièce [51] ; les scènes où paraissait Porcia étaient « les deux plus mauvaises de *Brutus* ». [52] Le blâme visait l'auteur plus que l'actrice Nini Durand. Etait-ce que, dans cette jeune femme trop consciente par moments de sa beauté, on ne retrouvait pas toujours celle dont Shakespeare faisait dire à Brutus :

> O ye gods
> Render me worthy of this noble wife [53] ?

Quelques retouches auraient suffi à atténuer à ce qu'il y avait peut-être de fade et de trop sensuel dans le langage, pour préserver ce que Toupin appelle le « TON » romain [54]. Le rôle aurait gardé son importance et son intérêt. Dans la première version, Porcia est bien l'épouse romaine, digne de son

49. *Id., ibid.,* p. 148.
50. *Id., ibid.,* p. 42.
51. Guy BEAULNE, *Le théâtre en 1961,* dans *Livres et Auteurs canadiens 1961,* p. 30.
52. Maurice BLAIN, *« Brutus », un essai sur l'honneur,* dans *Le Devoir,* vol. XLIII, nº 75, livr. du 28 mars 1952, p. 6.
53. SHAKESPEARE, *Julius Caesar,* acte II, sc. 1.
54. Paul TOUPIN, *L'Ecrivain et son théâtre,* p. 34.

mari et digne de sa patrie. Elle est troublée ; les allées et venues de Brutus l'inquiètent, mais elle continue à ignorer l'existence du complot. Au cours de son entrevue avec César, sa personnalité s'impose. C'est bien la fille de Caton qui discute avec l'imperator de l'amour et de l'amitié. C'est elle qui suggère à César d'éloigner Brutus de Rome en lui confiant le gouvernement de la Sicile ou de l'Ibérie. Malheureusement, pour tenir compte de quelques critiques, Toupin a refait les deux scènes où paraît Porcia. Dans la seconde version, le rôle, devenu épisodique, se limite à quelques répliques d'où toute initiative est exclue ; les traits qui conféraient une individualité réelle à Porcia ont disparu.

L'action du *Mensonge* appartient à cette période de l'histoire qui marque la transition entre le Moyen Age et les temps modernes. Les châteaux forts d'une époque héroïque continuent à dresser fièrement leurs tours, mais ils sont à présent en butte aux ambitions et aux intrigues de Louis XI, qui entrevoit un royaume de France agrandi et puissant. Dans la société, les mœurs dissolues et un esprit railleur coexistent avec la piété et une moralité rigide ; c'est le prélude d'un siècle où s'épanouiront à la fois une philosophie épicurienne de la vie et la réforme religieuse. C'est contre ce décor pittoresque de la fin du XVe siècle qu'évoluent une grande dame et une courtisane.

La Châtelaine est indépendante et obstinée. Son attachement au patrimoine familial et à son blason, aux traditions et à la foi, donne un but à son existence et occupe tous ses instants. Elle vénère la devise de ses ancêtres : *La vérité toujours*. Au malheureux Seigneur qui lui a menti, elle déclare : « Si l'amour s'éprouve c'est à la vérité. » [55] Le sentiment de l'amour naît lentement dans son âme ; pour son malheur, elle le découvre trop tard.

La Visiteuse fait l'amour « par goût » [56] ; c'est son gagne-pain et sa vie. En fait, elle n'aime personne. « Payée surtout pour dire ce que tu ne crois pas » [57], affirme le Seigneur. Son cœur reste libre comme ceux des hommes, tel l'Ecuyer, pour qui l'amour est seulement un plaisir passager. Comme eux, elle montre le même esprit paisible : « Je t'envie d'être ce que tu es, reconnaît le Seigneur. A tes yeux, tous les corps se valent, les cœurs aussi. Ah, si tu pouvais m'apprendre à aimer comme tu aimes. » [58]

Le portrait de l'épouse romaine, Porcia, reste fidèle à une tradition historique, suivie par Shakespeare dans son drame ; ceux de la grande dame et de la courtisane se rattachent à une vision romanesque du Moyen Age. Mais les caractères de la fiancée et de l'amante dans *Chacun son amour* sont façonnés d'après la philosophie de Stéphane dont l'omniprésence domine l'action. Il méprise les fiançailles et le mariage. Par sa conduite, Céleste lui donne raison. En face de l'écrivain, elle oublie l'amour promis à Fernand et leur prochain mariage : « Des Fernands, il y en a partout, avoue-t-elle à Stéphane. Vous, on ne vous rencontre qu'une seule fois en toute une vie. » [59]

55. *Id., Théâtre,* p. 102.
56. *Id., ibid.,* p. 113.
57. *Ibid.*
58. *Id., ibid.,* p. 118.
59. *Id., ibid.,* p. 178. Cette scène rappelle un épisode du *Matelot,* l'un des récits de Toupin où l'on voit la jeune fille Jacqueline s'éprendre d'un inconnu rencontré dans un cinéma (voir *Amérique française,* vol. 5, nº 1, livr. de janv. 1946, pp. 22-25).

Hélène est traitée avec la même désinvolture cynique que Céleste par le Don Juan quinquagénaire. C'est elle, l'amante, et non la fiancée, qui illustre l'affection profonde qui bouleverse l'âme et remplit l'existence pour le bonheur ou le malheur. Délaissée, elle connaît la plus cruelle des angoisses jusqu'au point où sa raison est menacée. Avec un haussement d'épaules, Stéphane affirme que la folie ne prouve pas l'amour, et qu'elle devrait s'estimer heureuse de vieillir dans un état de démence qui permet de supporter la solitude et la souffrance. Hélène peut-elle renoncer à chanter son amour, abandonner le bonheur de ses rêves, se réconcilier avec la trahison de son amant ? Tous les jours son esprit, révolté par la cruauté de Stéphane, songe à se libérer de la passion qui est en train de rendre sa vie intenable. Chaque lendemain voit une reprise du jeu de la veille : plaintes, reproches, réconciliations, jusqu'au jour où la mort, qui guettait son amant, interrompt le drame quotidien.

*
* *

Paul Toupin écrit bien. On n'a cessé de le répéter. Personne ne conteste la pureté et l'équilibre classique de sa langue, celle de ses pièces comme celle de ses « essais ». Son ambition était de parvenir à cette maîtrise du style qu'il admirait chez ses modèles. Voulant écrire pour le théâtre, les difficultés du langage dramatique devenaient chez lui une préoccupation constante. Le jour de la première du *Choix,* il a expliqué ses principes littéraires dans un article publié par *Le Devoir :*

> Je place avant tout comme essence du théâtre même son expression. Au commencement était le verbe. Cela est surtout vrai en tragédie. Et voilà pourquoi, à Montréal, la Compagnie du Masque me parut désignée à priori pour mener à son terme une telle entreprise. Car je crois avant tout ce que Thomas Mann écrivait du théâtre de Bernard Shaw... « Tout dramaturge de qualité s'est forgé sa propre langue, une langue de théâtre, au fond si peu réelle que celle des vocalises passionnées de l'opéra, langue toute nue, exagérée, qui souvent tourne à la charge, d'une frappe énergique, aussi empreinte de rhétorique que le vers de Corneille ou les iambes de Schiller, et, si singulier que cela puisse paraître, tout aussi pathétique, à condition de ne pas entendre par pathétique l'onction ou la solennité pompeuse, mais une expression, poussée à l'extrême, une agressive excentricité verbale, le plus souvent imprégnée d'esprit et de foudroyant paradoxe » [60] ...

Convaincu de la prééminence du « verbe », Toupin s'est forgé une langue de théâtre, admirable à bien des points de vue, bien que rétrécissant par sa perfection intellectuelle la gamme théâtrale qu'elle exploite.

Le dialogue est naturel dans sa sobriété, captivant dans l'enchaînement ininterrompu des idées. La forme du « verbe » réside dans la netteté et la force du substantif, fondement de tout système de réflexion, plutôt que dans la nuance apportée par l'adjectif. Les figures de style sont celles qui tiennent l'intelligence en éveil : le paradoxe, l'antithèse, la répétition. Parfois l'entretien

60. Voir *Paul Toupin nous parle de sa pièce, « Le Choix »,* dans *Le Devoir,* vol. XLII, n° 24, livr. du 30 janv. 1951, p. 6.

prend la forme d'une succession de sentences ou de maximes. Pourtant cette langue, qui possède une distinction classique, ne craint pas à l'occasion un réalisme de l'expression accepté au XVIe siècle comme au XXe siècle.

« Mais tout est à espérer si nos auteurs se souviennent que le théâtre doit être le vivant dialogue du cœur avec l'esprit », affirmait Toupin dans *L'Ecrivain et son théâtre* [61]. Cette définition ramène le théâtre à une conception classique, à une formule sévère acceptée d'âge en âge par les grands maîtres pour créer une représentation de la vie. Chez Toupin, toutefois, le drame se déroule surtout comme un dialogue de l'esprit. C'est l'entretien de deux intelligences, un carrousel d'idées où se succèdent les commentaires sur l'amour et la mort, l'amitié et les femmes, le mariage et le plaisir, la vérité et le mensonge, la foi et l'irréligion, les églises de Rome au XVe sièlce et les indulgences. *Chacun son amour* peut se concevoir comme le testament spirituel de Stéphane : sentant approcher la crise cardiaque qui lui sera fatale, il passe en revue une philosophie de l'existence acquise au cours d'une longue vie. *Brutus* se présente comme un entretien entre le prêteur et un ami fidèle, contenu dans un Prologue-Epilogue où s'intercale le souvenir des conversations qui ont précédé la tragédie.

Ces échanges sur le plan de la pensée tendent à émousser le conflit véritable, à reléguer l'action au second plan et à produire une dramaturgie inhabituelle. Dans l'ensemble, bien que les points de vue divergent, les personnages sont au même diapason spirituel. Ils communient dans un dialogue d'idées et se montrent les protagonistes, non d'un conflit des âmes, mais d'un débat des intelligences. La complexité psychologique et la vraisemblance du comportement perdent leur importance. La plénitude du drame se manifesterait alors dans le « verbe » miroitant l'activité brillante de l'esprit.

Ce genre de personnages demanderait au théâtre des acteurs formés à ce style. On comprend dès lors, dans ces lignes de Toupin citées plus haut, cette allusion aux « vocalises passionnées de l'opéra », cette langue dramatique particulière, que seuls peuvent manier avec conviction les chanteurs qui s'y sont entraînés pendant de longues années. L'opéra demande également un public d'initiés, capables d'apprécier et d'aimer ce « verbe » musical qui les séduit plus encore que l'intrigue du drame ou du mélodrame. Comme l'opéra, un théâtre qui se veut dialogue de l'esprit s'adresse à un public — lecteurs ou spectateurs — voulant bien s'y intéresser ; à la scène, ce théâtre ne passera la rampe que si les artistes se sont familiarisés avec l'interprétation d'une gamme nouvelle du langage dramatique.

*
* *

En 1961, le *Théâtre* de Paul Toupin semblait annoncer un écrivain capable d'orienter le théâtre canadien vers la voie royale qui l'apparenterait au théâtre français contemporain. Ne doit-on pas regretter que, depuis quinze ans, il n'ait pas, comme autrefois Alfred de Musset, continué à écrire et à publier des pièces. *Le Voyant* pourrait intéresser ses lecteurs. Le « spectacle

61. Paul TOUPIN, *L'Ecrivain et son théâtre*, p. 50.

dans un fauteuil » aurait été plus susceptible de connaître un jour, non pas la fortune exceptionnelle de celui de Musset, mais celle de ses modèles du XXe siècle qui se sont consacrés à un théâtre intellectuel d'analyse et d'introspection.

Mais peut-être Toupin prend-il à son compte la remarque de Montherlant : « Je suis convaincu que les œuvres qui durent ne durent que par des malentendus, par toute la littérature dont la postérité les entoure, littérature où les intentions véritables des auteurs finissent par être noyées du tout et perdues de vue. » [62]

62. Henry de Montherlant, *Théâtre*, Editions de la Pléiade, Paris, Gallimard, (1961), p. 1072.

Marcel Dubé

par Jocelyne Mathé,

professeur à l'école secondaire Charlebois, Ottawa

> L'auteur dramatique ne doit plus rêver de patrie lointaine mais s'accomplir dans le temps présent, sur le sol nouveau de son pays ; mettre à nu son vrai visage et les visages de ceux avec qui il doit vivre.
>
> Marcel Dubé, *Châtelaine,* novembre 1971.

En mai 1953, à Victoria, *Zone* [1] remporte le premier prix au festival national dramatique : Marcel Dubé a vingt-deux ans. Il commence sa carrière de dramaturge, en prévoit les risques... et la gloire. Dès lors ses œuvres se succèdent rapidement au théâtre et à la télévision ; elles se multiplient en librairie et s'introduisent bientôt dans les programmes d'études [2]. Pièces et

1. Marcel Dubé, *Zone,* Montréal, Leméac, 1968, 189p., pièce en trois actes, reprend, en 1953, avec plus de maîtrise, la pièce en un acte, *De l'autre côté du mur,* présentée au festival d'art dramatique en 1952. Déjà, en 1951, à la salle de l'Ermitage, on a monté la première pièce de Dubé, *Le Bal triste.*

2. Voici une liste, loin d'être exhaustive, des œuvres de Dubé :

1955 : *Chambres à louer, Le Barrage, Le Naufragé* : ce dernier drame, en trois épisodes, se rapproche de *Zone* (cf. le parallèle avec la publication Leméac, *Le Naufragé,* 1971, pp. 10 à 13).

1957 : *Florence,* pièce en deux parties et quatre tableaux, publiée à Québec, en 1960, suivie de deux contes *Nathalie* et *Retour au Pays des ombres* (Institut littéraire du Québec, épuisé) ; rééditée par Leméac, en 1970, et représentée à la télévision dans la série *Le Monde de Marcel Dubé* (1968-1972). *Un Simple Soldat,* comédie dramatique en quatre actes, présentée à la télévision, en décembre 1957, et à la Comédie-Canadienne, en 1958 et 1967 ; publiée dans sa version nouvelle aux éditions de l'Homme, en 1967 ; extraits et chansons de la version nouvelle sont endisqués par Columbia (Mone. FL 351).

1958 : *Médée. Le Temps des lilas,* pièce en trois actes, créée au T.N.M. et jouée en tournée en Europe et au Canada. La scène 5, du 2e tableau de l'acte 1er est

téléromans révèlent l'attitude de l'auteur devant la vie : une recherche perpétuelle d'absolu, cruellement tempérée par la conscience de la faiblesse humaine.

Le théâtre de Marcel Dubé offre, dans l'ensemble, un drame social à la « Peyton Place », écrit dans une langue surveillée, suffisamment corsée pour choquer « le bourgeois ». C'est le jeu de vérité dans la meilleure tradition freudienne, avec des conflits de générations, des problèmes de « mal aimés » et toute la séquelle de revendications sociales propres aux Québécois : chômage, malhonnêteté politique, exploitation anglo-saxonne, autorité néfaste du clergé... C'est aussi le spectacle réaliste qui exploite efficacement le talent des comédiens, les ressources du plateau et les techniques audio-visuelles du cinéma et de la télévision. Et la convergence de ces trois tendances, dramatique, psychologique et artistique, concrétise le but que Marcel Dubé s'est toujours proposé : créer un théâtre de son pays et de son temps.

Aspect dramatique

Marcel Dubé crée des œuvres réalistes : c'est la vie quotidienne du Québécois contemporain qu'il met en scène. On reconnaît tout de même les ascendants de son théâtre, l'héritage des classiques, l'influence des modernes. Dubé a une prédilection pour la tragédie grecque et le drame shakespearien.

---

enregistrée sur disque (Select, MAB 645.001). La pièce est publiée chez Leméac, en 1969.

1959 : *La Cellule. Equation à deux inconnus,* téléthéâtre présenté dans une version nouvelle au Gésu en 1967.

1960 : *Les Frères ennemis. Bilan,* téléthéâtre présenté à Radio-Canada ; créé par le T.N.M. et publié dans sa version nouvelle chez Leméac, en 1968.

1961-62: *La Côte de Sable,* téléroman sur la vie dans la région d'Ottawa durant les années '40.

1963-66: *De 9 à 5,* téléroman, « 108 épisodes de 30 min... De cette série, deux quatuors seront tirés et montés sous le titre de *Le Monde de Marcel Dubé... Virginie* et *Manuel* » (Maximilien Laroche, Marcel Dubé, Montréal, Fides, 1970, p. 185).

1965 : *Les Beaux Dimanches,* pièce en trois actes, présentée à la Comédie-Canadienne, publiée chez Leméac, en 1968.
Il est une saison, comédie musicale, écrite en collaboration avec Louis-Georges Carrier et Claude Léveillée.

1966 : *Au retour des oies blanches,* drame en quatre tableaux, deux parties, présenté à la Comédie-Canadienne ; publié chez Leméac, en 1971 ; la chanson-thème de la pièce est endisquée (Gamma AA1005).

1968 : *Un matin comme les autres,* présenté à la Comédie-Canadienne et publié chez Leméac, en 1971.
Pauvre Amour, comédie dramatique, présentée à la Comédie-Canadienne et publiée chez Leméac, en 1969 ; la chanson-thème est endisquée (Gamma, AA1032).

1969 : *Hold up !,* téléthéâtre, en collaboration avec Louis-Georges Carrier, présenté à Radio-Canada et publié chez Leméac.

1970 : *Le coup de l'étrier* et *Avant de t'en aller,* deux pièces en un acte, présentées au théâtre du Rideau Vert et publiées par Leméac.

1971 : *Entre midi et soir,* téléroman réalisé par Florent Forget à Radio-Canada et publié chez Leméac.
L'Echéance du vendredi et *Paradis perdu,* deux émissions présentées à Radio-Canada ; *L'Echéance du vendredi* avait été écrite dès 1960 pour Paul Blouin (cf. Hélène Pilotte, *Le Monde de Marcel Dubé,* dans *Châtelaine,* nov. 1971, pp. 29-30) ; les deux pièces sont publiées chez Leméac en 1972.

On retrouve dans ses pièces plusieurs allusions à *Antigone,* à *Oedipe,* au *King Lear.* Certains diront que l'auteur joue au pédant et flatte l'intelligence des érudits, mais c'est plus l'universalité du tragique qu'il révèle ainsi. Ce n'est pas par hasard que le quatrième tableau de *Pauvre Amour* se situe dans l'île de Thasos en Grèce, parmi les ruines du sanctuaire de Dionysos. Ce n'est pas sans raison que Geneviève, dans *Au retour des oies blanches,* est comparée à Electre, et qu'à la dernière scène, la vision de sa mère qui descend l'escalier rappelle le dénouement d'*Oedipe roi,* « où le héros descend les marches du palais pour venir confesser ses erreurs au chœur et au public » [3]. On n'a pas tort de reconnaître dans *Au retour des oies blanches* et dans *Un matin comme les autres* la rigueur classique des trois unités ; cette rigueur et le choix d'un langage plus châtié révèlent le souci de perfection dramatique et littéraire qui ne quittera pas l'auteur. Pourtant Marcel Dubé a choisi délibérément le réalisme au théâtre : l'action jaillit du vécu, les situations sont tirées de la vie quotidienne et la langue s'adapte aux milieux culturels où se situe l'intrigue. Ainsi Dubé rejoint les dramaturges modernes. L'atmosphère « tendrement désuète » [4] et la psychologie profondément réaliste dans *Le Temps des lilas* ont valu à l'auteur des rapprochements avec Tchekhov et Tennessee Williams. On a établi des parallèles entre *Un matin comme les autres* et *Who's Afraid of Virginia Woolf* d'Edward Albee. Dubé retrouve chez les dramaturges américains — Albee, Steinbeck, Miller, O'Neill... — des situations typiques de la société nord-américaine : les problèmes socioculturels des parvenus, la mentalité puritaine et le matérialisme, le regret de la jeunesse pure, intransigeante et idéaliste, de même que le pragmatisme des adultes. La recherche de la vérité qui dirige l'action dans plusieurs des pièces de Marcel Dubé n'est pas sans évoquer les drames américains. *Zone, Le Naufragé, Hold up !, Paradis perdu,* rappellent par la violence de certaines scènes, par le rythme du dialogue et par les attitudes stéréotypées des représentants de la pègre, les films de gangsters américains.

Partisan du réalisme d'abord, Marcel Dubé sait créer l'émotion tragique qui devient en quelque sorte le ressort d'un examen de conscience collectif de la société. Les spectateurs remontent aux sources des grands et des petits problèmes de la vie ; souvent ils accusent avec l'auteur l'injustice du destin et, parfois, ils réfléchissent sur le sort de l'homme et de l'humanité. Alors ils rejoignent le dualisme fondamental de l'œuvre de Dubé : la conscience de l'impuissance humaine devant ses désirs de perfection absolue. Ainsi, l'impression générale qui se dégage des drames de Marcel Dubé est avant tout tragique.

Marcel Dubé mène une intrigue de plusieurs façons et l'action, qui reste foncièrement fidèle à la vraisemblance, s'imprègne d'une certaine fatalité, objective et subjective à la fois. Les péripéties se greffent, de façon chronologique, à une situation tragique initiale : c'est le cas de François-Xavier, le chômeur (*L'Echéance du vendredi*), ou celui d'Antoine X, le buveur (*Le Coup de l'étrier*). Souvent, plusieurs situations tragiques parallèles surviennent à la suite d'événements disparates qui coïncident et déclenchent un jeu de

3. Maximilien LAROCHE, *Marcel Dubé,* Montréal, Fides, 1970, 191p., p. 25.
4. Jean BARCE, *Le Phare,* Bruxelles 1958, dans *Le Temps des lilas* de Marcel Dubé, Montréal, Leméac, 1969, p. 27.

vérité. Dans *Bilan,* William Larose, qui s'apprête à briguer l'honneur de siéger au gouvernement provincial, cherche à taire l'indignation des parents d'une jeune fille morte dans un accident d'auto avec son fils Etienne et découvre que sa fille Suzie veut quitter son mari, que son fils Guillaume veut épouser une fille de réputation douteuse et que sa femme Margot aime Gaston, son meilleur ami. *Le Temps des lilas* est un genre de chronique qui raconte la vie de trois couples dans le jardin d'une maison menacée d'expropriation : l'arrivée d'un peintre mystérieux et solitaire, qui rappelle aux vieux propriétaires un fils qu'ils ont perdu, coïncide avec la rupture entre deux jeunes amoureux et avec le suicide d'une vieille fille désespérée à cause de la fuite de son fiancé. La même méthode, ce genre de chronique, s'applique mieux au déroulement de l'action du téléroman *De 9 à 5.*

Entre midi et soir nous fait vivre, par contre, le sort d'un seul personnage, Madeleine, qui est le pivot de l'action ; *Zone,* de même se résume au retour de Tarzan, à son arrestation, à son aveu, à son évasion et à sa mort. Dans *Au retour des oies blanches,* c'est Geneviève qui dirige le « jeu de vérité » ; elle s'acharne d'abord à humilier Achille puis elle force sa mère à révéler un secret qu'elle garde depuis vingt ans. L'aveu d'Elizabeth, point culminant du drame, entraîne le suicide de Geneviève : Tom, le seul homme que Geneviève ait aimé, est son père.

On reproche souvent à l'auteur de ne pas limiter davantage, au théâtre, le nombre de ses personnages et la quantité de problèmes qui les préoccupent : les pièces sont trop chargées et prennent l'allure de téléromans. Mais dans *Un matin comme les autres,* on remarque la sobriété de l'action en deux temps : une fuite vers l'aventure dans une première partie et un retour, dans la deuxième partie, à la réalité douloureuse de l'ennui et de la routine. Le prétexte grâce auquel se réunissent à huis-clos les quatre personnages de la pièce est le désir du jeune couple d'engager un ex-politicien désillusionné dans la lutte pour l'indépendance du Québec. L'échange de partenaires dans *Un matin comme les autres* rappelle les chassés-croisés des *Beaux Dimanches* où le désœuvrement de couples bourgeois conduit aux aveux de solitude, de mal d'aimer, de mal de vivre.

A son tour, *Pauvre Amour* présente, dans l'espace d'un voyage, la séparation d'un couple incapable de faire renaître un amour perdu. Dubé campe les personnages dans deux tableaux isolés. Dans une auberge du Québec, Georges essaie de recréer l'atmosphère qui l'a rapproché de Françoise il y a 20 ans. Il lui propose un voyage : « Un mois loin du Québec nous serait salutaire. »[5] Simultanément, en Floride, un jeune couple déjà blasé et assez diabolique se propose de jouer les « trouble-fêtes », de vivre aux crochets des autres, de se distraire et de s'amuser. La rencontre des deux couples a lieu au troisième tableau à San Remo ; l'échange traditionnel des partenaires, dans le décor de l'île de Thasos, voue à l'échec le rêve de réconciliation de Georges et de Françoise ; le retour à la réalité dans le décor du premier tableau, s'accomplit avec la décision de Françoise : « Je pars, Georges, je te laisse, je te quitte. »[6] *Pauvre Amour* a des allures de rêve où l'impossible

5. *Id., Pauvre Amour,* Montréal, Leméac, 1969, 161p., p. 55.
6. *Ibid.*, p. 157.

arrive, où l'imprévu et l'énigme sont maîtres, où tout est permis. La situation, étrange dans ses moments les plus vraisemblables, n'est jamais réaliste au point de faire oublier aux spectateurs qu'ils regardent une pièce. Georges et Françoise sont plus vrais, plus humains que Jane et Alain qui concrétisent la quête d'un certain absolu dans le mal et le plaisir de la chair. C'est le barman, — personnage-lien, présent dans chaque tableau — qui prend le spectateur à témoin et qui assure la distanciation entre les spectateurs et les personnages. Pourtant le public distancié n'est pas indifférent au sort de Georges et de Françoise : tout ce temps qu'un couple a perdu à avoir peur de vivre, peur d'aimer, peur d'agir éveille une émotion tragique authentique. C'est, comme l'explique Alain Pontaut, « toute une réflexion sur ce qu'est en train de devenir l'amour entre les gens... Est-ce qu'on ne s'en va pas vers un fonctionnement glacé ? ». [7] La séparation finale marque ainsi l'échec de l'amour, la résignation à la solitude et l'évasion dans le travail, et représente pour plus d'un spectateur un autre aspect du tragique de Dubé.

Dans toutes les pièces, c'est la confrontation des personnages par le dialogue qui mène aux conflits entre père et fils ou père et fille, époux et épouse, homme et femme, individu et groupe ou de l'individu en lui-même : de là naissent une multitude de rebondissements et de revirements d'action. Toute la force du dialogue tient dans la langue de Marcel Dubé. Qu'elle passe de l'argot populaire à la diction internationale, même si elle ne trouve pas toujours l'unité de ton que les puristes réclament, la langue s'accorde à l'émotion tragique que l'auteur veut créer. Cette émotion se retrouve aussi bien dans le lyrisme et les déclarations mélodramatiques que dans les diatribes, le persiflage, le cynisme. Même la fantaisie et l'humour mettent en relief la mélancolie, la tristesse, l'ennui et l'amertume du monde de Marcel Dubé. (Cf. *Le Coup de l'étrier.*)

Le lyrisme se nourrit de répétition, et les leitmotive, « aller jusqu'au bout », « recommencer », « il faut continuer à vivre », « pauvre amour », sont l'écho des gestes routiniers ou des élans spasmodiques qui marquent l'étonnement d'être des héros. Leur quête d'absolu, leur soif d'éternité, leur simple besoin d'idéal, de pureté, de vérité, s'expriment surtout dans une poésie fragile qu'on juge parfois trop facile ou de mauvais ton. Un des thèmes essentiels du lyrisme de Dubé c'est l'allusion au départ, au voyage : c'est l'ultime évasion d'un milieu étouffant (*Zone, Le Naufragé*) ; c'est une promesse de libération et d'amour pour Geneviève (*Au retour des oies blanches*), pour Madeleine (*Hold Up !*), pour Carla (*Avant de t'en aller*) ; c'est le symbole d'une vie nouvelle et l'acceptation de la solitude pour Florence, pour Virginie, pour Joseph Latour dans *Un Simple Soldat,* pour Madeleine dans *Entre midi et soir,* pour Françoise qui dit dans *Pauvre Amour :*

> A Lausanne quand tout a été réglé j'ai pris la décision de terminer le voyage et de vivre seule par la suite... Tu verras : quand la solitude est intolérable on parvient quand même à la supporter. Et c'est de cette façon seulement que l'on change vraiment [8].

---

7. Alain PONTAUT, dans *op. cit.,* p. 16.
8. Marcel DUBÉ, *op. cit.,* p. 124.

Le personnage réussit parfois à s'exprimer plus facilement dans les lettres qu'il écrit : celles que voudraient s'écrire Charles et Virginie...

> ... Si seulement c'était possible pour deux êtres qui se côtoient tous les jours et qui se cherchent depuis si longtemps, si seulement c'était possible qu'ils cessent tout à coup de se tourmenter et de se faire mal pour se permettre d'aller librement l'un vers l'autre et d'être enfin heureux le temps que dure le bonheur [9].

Ou encore celle que Tom écrit à Geneviève, avouant qu'il y a des moments comme ça où la vie lui paraît plus souhaitable que la mort [10] ; ce billet est un rappel des automnes passés et une allusion symbolique à la beauté libre et pure des oies blanches. Des images douces et tendres, chargées de la nostalgie de l'innocence et du bonheur, reviennent souvent dans les pièces de Dubé. Dans *Le Naufragé,* Curly regarde Cigale : « Une petite fille qui ressemble à un oiseau, qui a l'air de pleurer en parlant et qui ne sait pas encore que la vie, c'est noir comme le charbon... L'été, les cigales, ça chante au creux des trottoirs et c'est toute la noirceur, toute la poussière des villes qui scillent avec. » [11] Il y a toujours dans le lyrisme, le danger du pathétique. En critiquant *Le Temps des lilas,* les critiques français trouvaient amusant l'accent provincial, « espèce d'exotisme, vieille France », et reprochaient à l'auteur de faire « du mélo, de la tapisserie » ; quelques-uns y ont quand même discerné « un genre touchant où fleurit une simplicité ingénue », et « un drame des plus poignants, celui de la solitude » [12]. Les pièces de Dubé foisonnent ainsi de thèmes lyriques : la fuite du temps, le désir de liberté, la soif d'amour, la misère, la solitude, l'ennui...

Parfois un personnage explose sous la pression d'un mal qu'il cherche à nommer. Sa colère se déchaîne contre le destin et les hommes. Il se fait le porte-parole de l'auteur. Ce sont les plaintes rageuses de Joseph ou de Curly : « Y a quelqu'un qui a triché quelque part... » [13] ; « Pelleter du charbon, ramasser de la misère, cultiver l'esclavage... Il s'est produit une erreur quelque part... » [14]. Ce sont les accusations précises de Geneviève, de Florence : « Mon merveilleux petit papa Tartuffe » [15] ; « Regarde papa... T'as pas réussi à être propriétaire de ta propre maison en trente ans... T'as rien donné à ta femme... » [16] Puis viennent les constatations désespérées de William et de François-Xavier : « C'est ça ma famille ? C'est ça le résultat de trente ans de mariage, Margot ? » [17] ; « ...J'aurai réussi rien qu'une chose dans toute ma vie : transmettre l'ignorance, transmettre la misère, mettre au monde des ratés d'avance » [18]. Ou alors tout au contraire, les prises de position sont radicales.

---

9. *Id., Virginie,* Montréal, Ecrits du Canada français 1968, 89p., p. 84.
10. *Id., Au retour des oies blanches,* Montréal, Leméac, 1971, 189p., p. 62.
11. *Id., Le Naufragé,* Montréal, Leméac, 1971, 132p., p. 60.
12. Cf. Jugements critiques dans Marcel Dubé, *Le Temps des lilas,* pp. 25 à 28.
13. Marcel DUBÉ, *Un Simple Soldat,* Montréal, éd. de l'Homme, 1967, 142p., p. 119.
14. *Id., Le Naufragé,* p. 55.
15. *Id., Au retour des oies blanches,* p. 152.
16. *Id., Florence,* Québec, Institut littéraire du Québec 1960, p. 80.
17. *Id., Bilan,* p. 182.
18. *Id., L'Echéance du vendredi,* Montréal, Leméac, 1972, 90p., p. 45.

Dans un interrogatoire serré, digne de la stichomythie cornélienne, Tarzan réplique au chef des policiers :

Le chef : Tu prends des risques.
Tarzan : J'ai choisi de risquer.
Le chef : Même ta vie ?
Tarzan : Même ma vie.
Le chef : C'est noble, mais ta cause est mauvaise.
Tarzan : Y a pas de mauvaise cause quand on se bat pour vivre [19].

Au cours des années, et d'une pièce à l'autre, on pourrait croire que la colère entraîne Marcel Dubé vers un militantisme politique qui vise à l'indépendance du Québec : si, dans *Bilan,* William s'emporte contre Etienne et contre ses affiches de Che, de Mao et de Lévesque, si, dans *Pauvre Amour,* on fait allusion à la rébellion de 1837, si dans *Un matin comme les autres,* l'indépendance du Québec est à la base de l'intrigue, c'est la harangue d'Olivier au deuxième acte des *Beaux Dimanches* qui a éveillé le plus d'attention :

> Le mal a commencé quand on nous a enlevé le droit de vivre... L'amour, la joie, la liberté, le droit de parole, le droit de penser, on leur avait tout enlevé... C'est pour ça que des jeunes gens se sont embrigadés aujourd'hui dans des mouvements terroristes... Ils sont pour moi l'inévitable aboutissement de nos longues frustrations, l'envers de notre besoin de compromis, le mépris de nos trahisons... [20]

Ce passage a provoqué les reproches des uns, les applaudissements des autres. Certains critiques accusent la longueur de la pièce et particulièrement la verve d'Olivier. Pourtant, Dubé se défend d'écrire une pièce à thèse et considère cette tirade comme étant « vraiment théâtrale » et « essentielle au personnage... » [21] D'ailleurs on limite la portée universelle des œuvres de Marcel Dubé en croyant qu'elles font de l'Anglais, du clergé et du gouvernement fédéral, les boucs émissaires des maux de la société : les drames de Dubé, miroirs de la société québécoise, ne reflètent pas moins des problèmes humains de grande envergure.

Les vraies causes de la misérable condition humaine, c'est le cynisme qui les met à nu. Ce rire amer de l'auteur, sa grande lucidité, son mépris des hypocrites et des lâches qui ferment les yeux devant la réalité ont libre cours dans ses pièces. Les reparties sarcastiques sont efficaces lorsque Dubé n'en abuse pas : malheureusement ce n'est pas toujours le cas. C'est ce que Jean Garon reproche à *Un matin comme les autres* [22]. Le plus souvent d'ailleurs, le spectateur qui sourit d'intelligence au cynisme des uns ou rit grassement aux allusions vulgaires des autres (cf. *Les Beaux Dimanches* ou *Un Simple Soldat*) n'est pas dupe de « l'humour acidulé » [23] de Marcel Dubé : il sait faire la part des choses. Par exemple, la vivacité saura l'emporter sur la méchanceté dans la réplique suivante :

19. *Id., Zone,* p. 129.
20. *Id., Les Beaux Dimanches,* Montréal, Leméac, 1968, p. 97.
21. *Id.,* propos recueillis par Michèle Miville-Dechêne, *Marie Françoise,* mars 1965, dans *Les Beaux Dimanches,* p. 185.
22. Jean Garon, Jugements critiques dans *Un matin comme les autres* de Marcel Dubé, Montréal, Leméac, 1971, 189p., pp. 180-181.
23. L'expression est de Martial Dassylva dans les Jugements critiques des pièces *Le coup de l'étrier* et *Avant de t'en aller,* Montréal, Leméac, 1970, 125p., pp. 109-111.

— Nous nous sommes épousés pour le meilleur et pour le pire, Lisa.

— Mon Dieu que j'ai été sotte ! Je ne me doutais même pas que ce serait pour le pire toute ma vie [24].

On se souvient, avec Jean Béraud, de scènes analogues dans *Les Beaux Dimanches :*

> Le don dans tout cela de l'auteur pour un réalisme implacable, pour la réplique de veine populaire qui, même dans un état sérieux, porte le public à rire, s'affirme avec une maîtrise que personne ne songerait à lui contester. Il y a là de l'esprit, celui qu'a l'auteur de jeter le ridicule sur ses personnages... [25]

Parfois, les personnages eux-mêmes relèvent le comique d'une situation, par pudeur peut-être, devant le sans-gêne des autres, ou par besoin de distanciation. Robert, dans *Au retour des oies blanches,* demande à Laura : « Sommes-nous dans la tragédie grecque ou dans le vaudeville ? » Et la réponse est difficile à trouver devant les scènes où Achille tempête comme un enfant, où Manon, la bonne, passe des remarques dignes des domestiques de Molière, et où Amélie console son fils éperdu avec des clichés de circonstance. Mais les pièces de Marcel Dubé peuvent se permettre certains rappels vaudevillesques car les personnages s'y déchirent tellement, que toute détente comique agit comme une soupape à l'intensité dramatique.

Aspect psychologique

Le drame social chez Marcel Dubé est donc imprégné de réalisme et de tragique ; mais pour saisir toute la dimension sociale de son théâtre, il faut regarder de plus près les personnages qui incarnent en bonne partie le destin de la collectivité. Lâches et tricheurs, inconscients, désillusionnés, rêveurs ou chercheurs d'absolu, les personnages de Dubé représentent tous les paliers de la société québécoise, de l'adolescence à l'âge de la retraite ; ils ont tous les vices, même ceux de leurs vertus ; leur grand mal est de se laisser étouffer par le milieu et ses convenances, sociales ou religieuses ; leur grand tort est d'avoir peur et de fuir devant la réalité.

Il n'y a pas d'âge pour être lâche. Etienne, l'étudiant dans *Les Beaux Dimanches,* ne veut pas sacrifier sa liberté et réussit à convaincre Dominique de se faire avorter. Horace, le vieux garçon dans *Le Temps des lilas,* craint la lourde responsabilité de l'amour et abandonne sa fiancée. Achille, à quarante-cinq ans, refuse de reconnaître sa conduite honteuse envers Laura et cherche toujours à se disculper d'un déshonneur politique qui lui a coûté son emploi : moralement, il se nourrit des encouragements maternels et, financièrement, il vit aux crochets de sa femme (cf. *Au retour des oies blanches*). Les lâches apaisent toujours leur conscience avec les phrases creuses qui flattent leur égoïsme et réconcilient leurs actes avec les convenances : « C'est la seule solution. La société est faite comme ça » [26], dit Etienne. Il existe des endroits où les filles-mères se font avorter... Et Achille, en organi-

24. Marcel DUBÉ, *Au retour des oies blanches,* p. 89.
25. Jean BÉRAUD, Jugements critiques dans *Les Beaux Dimanches,* p. 183.
26. Marcel DUBÉ, *op. cit.,* p. 33.

sant avec sa mère les funérailles de Geneviève, pourra se convaincre qu'il sauve encore l'honneur de la famille... Mais ils trichent, comme William, son fils Guillaume, et Raymond dans *Bilan :* ils tirent bon profit du malheur des autres. William paie Raymond pour que ce dernier cesse de fréquenter sa fille, déjà mariée, et s'intéresse à une aventurière qui a séduit Guillaume. William protège sa réputation. Mais Guillaume à qui son père a coupé les vivres, n'hésitera pas à détourner $25,000 des fonds de la compagnie paternelle. Les tricheurs comptent dans leurs rangs des voleurs comme Passe-Partout *(Zone),* des gangsters comme Mike *(Paradis perdu),* comme Homard et Boucane (*Le Naufragé*), des souteneurs comme Ti-Mine *(Un Simple Soldat*), des patrons et des professeurs pervertis qui débauchent les jeunes filles (*Florence* et *Avant de t'en aller).* Les tricheurs ne sont sensibles qu'à ce qui fait leur confort, leur plaisir, leur succès. Ils ne connaissent que la loi du plus fort, du plus riche, du plus rusé. Ils se vantent de réussir, d'avoir la clé du bonheur, mais ils ne se voient jamais attribuer un rôle sympathique dans le théâtre de Marcel Dubé.

Si les tricheurs et les lâches sont impardonnables, les bien-pensants, aveugles et inconscients, sont souvent insupportables. Marcel Dubé, comme bien d'autres dramaturges, fait à sa façon le procès de la majorité silencieuse. Oh ! il n'accuse pas les opprimés, comme Charbon, Moineau, Blanche et Virgile, ou encore comme les parents de Florence et le père de Joseph, mais il leur reproche leur résignation à une vie de misère. L'auteur n'épargne surtout pas les bien-pensants qui étouffent leur famille en croyant faire leur bonheur ; c'est le cas de Victor, le parvenu dans les *Beaux Dimanches,* qui lui, ne s'est pas résigné à une vie de misère, qui comble sa femme et sa fille de richesses et se demande ce qu'elles veulent de plus... Dubé rend particulièrement exécrables et ridicules, deux femmes, deux « saintes » femmes, deux « autruches » : Amélie *(Au retour des oies blanches)* et Flora (*Hold up* !). Elles ont toujours fait leur devoir de chrétienne et ne pardonnent pas la liberté des mœurs et l'abandon de la religion. Elles puisent leur indomptable courage et leur force de caractère dans l'assurance que Dieu est avec elles, qu'il s'agisse de sauver hypocritement l'honneur de la famille ou d'assommer un voleur.

Victimes des tricheurs et des bien-pensants, conscients de leurs faiblesses et de leur sort, les désillusionnés sont très nombreux dans le monde de Marcel Dubé. Ce sont des épouses déçues comme Evelyn, Hélène, Elizabeth, Margot, des femmes qui ne croient plus en l'amour, comme Dominique, dans les *Beaux Dimanches :*

> C'est de l'opium pour les lâches qui ont besoin de vivre au crochet de quelqu'un parce qu'ils sont incapables de vivre seuls [27].

Ce sont des hommes qui ne prennent plus la vie au sérieux, des êtres qui n'ont plus d'âme. Ils jugent avec désinvolture le mariage : « Une sorte d'emprisonnement à vie. Comme si l'homme et la femme devaient être punis pour s'être aimés. » [28] Ils prennent un ton de philosophe pour parler de foi, de liberté, de vérité : il faut écouter Olivier, Robert, et même Antoine X qui

27. *Ibid.*, p. 32.
28. *Id., Le temps des lilas,* p. 88.

« dilue lentement sa vie, au fond d'un bar solitaire, victime de lui-même et d'une société dérisoire... un rebelle qui n'a plus de cause à défendre, ni d'illusions à sauver » [29]. Quelques rares personnages réussissent à faire face à la vie, avec courage, sans désespérer. La douce Laura, incapable de vengeance, s'est donné comme principe qu' « Il n'y a de méprisable que ce qu'on est incapable d'avouer » [30]. Virginie, cornélienne sans éclat qui souffre doucement d'être trop sage, pleure son amour impossible en rassurant son père : « Il me reste toi. C'est beaucoup... Pense à tous ceux qui sont malheureux dans le monde. » [31] Puis, dans *Pauvre Amour,* il y a Françoise, la plus radicale, décidée à refaire sa vie sans Georges qui ne lui a jamais donné d'enfant et qui ne saurait faire renaître leur amour. Mais le plus souvent, les désillusionnés forment de « jolis couples d'épaves en tenue de gala », selon la formule de Max dans *Un matin comme les autres,* et leurs propos cyniques renferment les thèmes les plus importants de toutes ces pièces : l'ennui, la peur et l'impuissance. Et l'on peut parfois deviner derrière la lucidité apparemment froide et insensible de ces personnages, le drame des rêveurs et des chercheurs d'absolu.

C'est le drame de Tarzan, le dur et le tendre, l'adolescent et l'assassin, « un pauvre être qu'on a voulu étouffer un jour et qui s'est révolté » [32]. C'est celui de Curly, son frère d'âme, ce naufragé qui rêvait lui aussi de grands départs et meurt comme Tarzan dans les bras d'une fille qu'il n'a pas eu le temps d'aimer. C'est aussi le drame de Joseph, le simple soldat, que Dubé compare à Rimbaud : Joseph rêve d'un bonheur hors de son milieu social écrasant, « dérègle un à un les mécanismes bien huilés de l'ennui quotidien et tue sans frémir les protagonistes-fantômes d'un univers sans soleil qui n'a pas les dimensions des paradis rêvés » [33]. Les chercheurs d'absolu sont les grands héros tragiques du théâtre de Marcel Dubé : chefs de bande admirés pour leur bravoure et leur force physique, ils n'acceptent pas les compromis ; contrebandier, trafiquant de drogue ou mouton noir de la famille, ils sont déjà marqués au fer rouge et c'est par besoin de vengeance qu'ils crient contre l'injustice, la malhonnêteté, la lâcheté de ceux qui s'accommodent de la vie ordinaire. Ils rêvent d'un ailleurs où ils seront heureux, ou bien ils cherchent, comme Joseph, une raison de vivre : « Un gars qui se bat à la guerre, c'est un gars qui gagne pas sa vie comme tout le monde, qui fait quelque chose de spécial... » [34] Marcel Dubé a aussi créé des héroïnes tragiques, de la trempe de l'intransigeante Geneviève qui cherche la vérité jusqu'au bout et qui rêve, comme Cigale et Ciboulette, d'aimer parfaitement un héros qui triomphe de tout. Il y a Florence qui crie sa révolte devant la petite vie de ses parents et cherche en vain la grande aventure dans les bras de son patron :

> Je veux pas devenir une machine à faire des enfants, je veux pas devenir une machine à faire du ménage, une machine à engraisser et vieillir... Je veux pas d'un homme qui va se laisser bafouer toute sa

---

29. *Id., Le coup de l'Etrier,* p. 9.
30. *Id., Au retour des oies blanches,* p. 111.
31. *Id., Virginie,* p. 84.
32. *Id., Zone,* p. 138.
33. *Id., Textes et documents,* Montréal, Leméac, 1968, p. 52.
34. *Id., Un Simple Soldat,* p. 43.

> vie, qui fera jamais de progrès... J'aime mieux mourir plutôt que vivre en esclave toute ma vie [35].

Il y a encore ceux qui rêvent de revaloriser les principes qui régissent les mœurs, et de changer tout le système politique : on se souvient d'Etienne dans *Bilan* et de Stanislas et Claudia dans *Un matin comme les autres*, Georges, dans *Pauvre Amour*, est aussi un rêveur qui croyait trouver une raison de vivre dans la vie conjugale ou dans une aventure amoureuse ; comme Marcel Dubé lui-même, c'est dans son travail d'écrivain qu'il cherchera un dernier espoir. Enfin, il y a François-Xavier, le chômeur qui cherche un emploi de mécanicien et refuse d'être portier ou garçon d'ascenseur : il ne s'illusionne pas quant à ses qualifications ou son âge, il ne cherche qu'à épargner sa fierté d'homme. Mais il croit au bonheur de son fils :

> L'avenir d'Etienne... c'est le plus beau rêve que je peux faire. C'est ça qui me tient vivant... nos enfants auront une vie meilleure [36].

Ce rêve, Etienne le brise en quittant le CEGEP pour aller travailler ; alors, vaincu, Xavier accepte, du Centre de la Main-d'Oeuvre, « n'importe quoi... » Ainsi, tous ces rêveurs qui ne sont pas au bout de leur misère font brusquement face à la réalité. La vérité les traumatise et ils sont à leur tour désillusionnés.

Si les uns se résignent à un sort qui les éloigne de leur idéal, la plupart s'évadent dans l'illusion, la boisson, la drogue ou le suicide. Ce que l'auteur dit des héros de *Zone* s'applique à tous ses personnages :

> Au premier regard, ils n'ont rien de tragique. Leurs allures quotidiennes nous détourneraient facilement d'eux mais comme ils se demandent devant nous pourquoi ils vivent, leurs dialogues et leurs gestes nous poussent à la compréhension et peut-être à la pitié [37].

Celui qui découvre son univers dans le monde de Marcel Dubé, qui se reconnaît lui-même dans ces héros malheureux et subit en même temps qu'eux le choc d'une prise de conscience, peut difficilement rester insensible. Il reprochera aux drames d'être déprimants ou d'inciter à la révolte. Ou, au contraire, il trouvera dans ces œuvres des vérités qui recèlent la sagesse de l'auteur : il ne faut pas miser sa vie sur la fortune et les honneurs, il faut être soi-même, accepter ses erreurs et apprendre à aimer. D'une façon ou d'une autre, les personnages de Marcel Dubé parviennent à engendrer l'émotion tragique qui éveille à la conscience de la réalité québécoise et de certaines vérités universelles.

Aspect artistique

L'émotion tragique est soutenue par l'art du dramaturge. Les notes sur les décors, les accessoires, l'éclairage et les effets sonores qui accompagnent ses pièces révèlent deux tendances de Marcel Dubé : réalisme et symbolisme.

Le décor est important : c'est le cadre, le milieu qui influence les réactions des personnages, qui explique leurs revirements, leur vision de la vie.

35. *Id.*, *Florence*, p. 177.
36. *Id.*, *L'Echéance du vendredi*, p. 43.
37. *Id.*, *Textes et documents*, p. 49.

Il est indispensable pour créer l'atmosphère voulue. Il y a tout un symbolisme des lieux, comme l'explique si bien Maximilien Laroche :

> Il y a en effet deux lieux dans les pièces de Marcel Dubé. D'abord dans une perspective horizontale qui est celle de l'espace aussi, il y a le lieu d'évasion (taverne, arrière-cour, bar, pays exotique) et le lieu des conflits (salon de la maison familiale, salle de police, auberge du Québec). Dans une perspective verticale qui est celle du destin des personnages, il y a aussi deux lieux : celui du haut qu'essaient d'atteindre les personnages et celui du bas qui matérialise la réalité à laquelle ils sont enchaînés, vers laquelle ils sont rejetés et jusqu'où ils dégringolent [38].

Le décor dans *Au retour des oies blanches* illustre ces deux perspectives : il y a le salon comme lieu des conflits, et de la prise de conscience devant la dure réalité ; l'escalier relie ce monde à celui des rêves, la chambre où Robert écrit et celle où Geneviève se suicide. Et il s'agit pourtant d'un décor réaliste : l'intérieur d'une maison bicentenaire dans un vieux quartier bourgeois de Québec.

Parfois Marcel Dubé laisse au metteur en scène le soin de créer les décors. Dans *Bilan,* par exemple, il ne mentionne que l'essentiel : un salon, un bar, une chambre, un coin de parc... Dans *Un simple soldat,* il reconnaît la difficulté de transposer à la scène un texte écrit pour la télévision.

> Pour éviter la lourde machinerie du théâtre réaliste, il faut imaginer un complexe scénique facilement démontable et transformable comme l'est un jeu de meccano... chacun de ces lieux peut en devenir un autre aussi souvent que l'action le demande. Il ne répugne pas au théâtre de devenir cinéma... certaines scènes, certaines répliques d'ailleurs pourraient atteindre ce degré d'intimité propre aux gros plans cinématographiques [39].

La plupart du temps l'écrivain décrit minutieusement le décor, travaillant un peu comme le romancier qui dévoile le caractère des hommes par les choses qui les entourent : ainsi dans le téléroman *Entre midi et soir,* le studio de Madeleine révèle les intérêts d'un peintre et les goûts d'une femme encore enfant. Il y a des objets qui prennent beaucoup d'importance, tel cet autoportrait de Madeleine qui la définit comme un « personnage sans âge... flottant, indécis » [40], comme dit Germain son époux. Cette toile, que Germain aurait voulu garder, est déjà vendue à « un vieux monsieur, paraît-il » [41]. Et déjà on devine le jeu de Hugo, le jeune directeur de la galerie d'art, qui, en achetant l'auto-portrait, pose le premier geste de séduction.

Les « artifices-accessoires », ces « ficelles un peu trop évidentes » [42] dont Dubé ne peut se départir, lui attirent des reproches : elles l'empêcheraient d'atteindre au dépouillement de la vraie tragédie. Il se dégage pourtant du symbolisme des sons, des objets et des costumes une atmosphère, tragique et populaire tout à la fois, voulue par Dubé dans l'exorcisme des passions qui étouffent l'homme.

---

38. Maximilien LAROCHE, *Marcel Dubé,* p. 86.
39. Marcel DUBÉ, *Un Simple Soldat,* p. 5.
40. *Id., Entre midi et soir,* Montréal, Leméac, 1971, 251p., p. 23.
41. *Ibid.,* p. 38.
42. Jean ROYER, Jugements critiques dans *Un matin comme les autres,* p. 177.

Notons, parmi les artifices-accessoires les fleurs qui, depuis les lilas jusqu'au chrysanthème mauve de *Pauvre Amour* et jusqu'à la branche de muguet dans la chambre du *Naufragé,* symbolisent la délicatesse, la fragilité et la sentimentalité ; il y a la boisson, verre de bière ou coupe de champagne, sherry des dames ou whisky des hommes, symboles des efforts d'évasion, du besoin de rêver, de l'impossibilité d'être soi-même. Il y a le sac de voyage de Tom et les oies blanches qu'il contient, signe possible de son retour, raison de l'impatience de Geneviève et des craintes d'Elizabeth, catalyseur des déchirantes confidences de la mère qui causent le suicide de Geneviève. Ces oies blanches, symbole des victimes innocentes que sont Elizabeth, Geneviève et Laura, demeurent le détail insolite qui couvre de son ombre tout le tableau comme s'il concrétisait à la fois la présence de Tom et le vain désir de liberté.

Il y a aussi dans *Au retour des oies blanches,* comme dans toutes les autres pièces de Dubé, la puissance évocatrice des effets sonores : ainsi Elizabeth, au son des cloches du couvent des Ursulines, revit sa jeunesse oppressée par la discipline sévère de son père et des religieuses. Le quatrième tableau, que certains accusent à tort d'être inutile, donne dans toute son ampleur la vision d'une mère accablée, qui fredonne dans son délire la chanson thème de la pièce ; et à la fin, les coups de sonnette à la porte d'entrée annoncent l'arrivée de Tom qui mérite de ressentir l'impact de la tragédie dont il est en partie responsable.

Marcel Dubé a su utiliser musique, chansons et bruits pour compléter ses drames.

> Dans la deuxième version d'*Un simple soldat* il a intercalé des chansons entre les scènes. C'est peut-être là une influence de la télévision qui l'a habitué à compter sur une trame sonore pour mieux faire ressortir l'atmosphère qui doit accompagner une image. Mais ces chansons, si l'on y fait bien attention tiennent également lieu de commentaires... La chanson joue aussi le rôle d'un contrepoint à l'action. C'est au fond le rôle que Marcel Dubé, quand il n'intercale pas des chansons à la trame de ses pièces, fait jouer aux bruits et à tout le fond sonore qui accompagne l'action : qu'il s'agisse des rumeurs de la ville (dans *Zone*) ou des cris des marchands (dans *Un simple soldat*) [43].

On pense aussi à l'harmonica de Moineau dans *Zone,* à la musique de « blues » et aux sirènes de bateaux, dans le *Naufragé,* à la chanson de Claudia dans *Un matin comme les autres.* Dans *Paradis perdu,* les accords de la guitare de Jimmy soulignent le rêve d'amour de Peggy et la réalité macabre de la pègre. Un autre effet de contraste apparaît dans *Avant de t'en aller :* « Dans l'air flotte une musique très douce comme un parfum. » [44] Et c'est un beau début d'été pour Carla, l'étudiante : trop beau ! on sent déjà que la douceur n'en peut plus et que le drame va éclater.

L'éclairage et les costumes contribuent à leur tour à créer l'atmosphère des pièces. Dans *Un Simple Soldat,* toutes les fins de scènes s'effacent dans le noir. Joseph Latour ne se départira jamais de sa vareuse de soldat. Dans *Au retour des oies blanches,* Achille revêt son uniforme d'officier après la

---

43. Maximilien Laroche, *Marcel Dubé,* pp. 92-93.
44. Marcel Dubé, *Avant de t'en aller,* p. 61.

mort de Geneviève et cette même Geneviève a mis une simple robe noire pour mener le jeu de la vérité. Dans *Les Beaux Dimanches,* Paul est officier de réserve et garde le costume de soldat pour faire la conquête des dames. Les uniformes mettent ironiquement en relief l'impuissance des hommes qui les portent. Et le tragique s'associe à la noirceur comme la couleur noire rappelle le deuil.

Dubé emploie parfois des scènes filmées, même au théâtre (*Hold up !, Le Naufragé...),* pour créer un lien entre les événements, pour affermir le réalisme, pour étudier en gros plan l'attitude des personnages : à la télévision, plus qu'au théâtre, cette technique produit des effets heureux. *Paradis perdu* présente en 24 séquences filmées le drame d'une jeune fille éprise d'un guitariste poursuivi par la pègre. Plus de la moitié de ces séquences sont dépourvues de dialogue ; ce sont des directives décrivant les mouvements à l'intérieur et à l'extérieur du Paradise Inn. Parmi les personnages, l'auteur inclut la pluie : une pluie triste de novembre qui ne cesse jamais comme le clignotement de l'enseigne-néon devant l'hôtel. Le dénouement consiste en une série de séquences visuelles : le mimodrame du meurtre, un aperçu des meurtriers en Cadillac, une scène dans le bar où Frank, le propriétaire, s'abrutit d'alcool, une autre dans la chambre de Jimmy où Peggy, nue sous les draps, pleure son amour perdu. Puis la caméra découvre et présente en gros plan le titre du disque « Jimmy White chante la joie du monde ». Une dernière séquence met en vedette la pluie, l'enseigne-néon qui clignote puis s'éteint définitivement. La caméra permet de nouveaux effets dramatiques au théâtre. *Hold up !,* par exemple, est un « photo-roman », où six tableaux, filmés ou joués en scène, alternent avec quatre séries de jeu de diapositives projetées sur un écran. En arrière-plan sonore, un récit, des réflexions, des dialogues, des bruits d'aérogare et d'auto-route accompagnent les projections. Une des scènes est un « flash-back » ; une autre reprend, sous un angle nouveau, le décor d'un tableau précédent. Les photos nous rapprochent des personnages, isolent des physionomies et captent des attitudes qui rappellent des gestes passés. Le caractère intimiste des effets audio-visuels donne toute la profondeur d'un drame psychologique à une aventure sordide aux allures de film de gangsters.

Il faut rendre hommage ici aux artistes qui travaillent avec Marcel Dubé. Le travail des metteurs en scène, tels que Louis-Georges Carrier, Jean-Paul Fugère, Jean Gascon, Paul Blouin, apportent aux pièces présentées des perfections techniques que l'auteur sait apprécier. Et l'émotion tragique est souvent amplifiée par les trouvailles des comédiens. Maximilien Laroche raconte, entre autres, un jeu de scène de Gilles Pelletier « qui en une simple attitude fixe aux yeux des spectateurs l'état d'âme du personnage »[45]. Dans *Un simple Soldat,* l'acteur qui jouait le rôle de Joseph, a eu l'idée de prendre la position du fœtus devant la porte de la chambre de son père, illustrant ainsi jusqu'à quel point le soldat est demeuré l'enfant marqué par la mort de sa mère et le remariage de son père. Et Marcel Dubé rend lui-même hommage à Monique Miller : « ...C'est elle aussi, je pense, qui en partie m'a fait com-

45. Maximilien LAROCHE, *Marcel Dubé,* p. 73.

prendre ce qu'était véritablement le sens du tragique au théâtre. »[46] On sait enfin que Dubé a créé des rôles pour ses plus fidèles interprètes tels que Jean Duceppe et Andrée Lachapelle.

Après vingt ans d'expérience, Marcel Dubé reste au diapason des spectateurs d'aujourd'hui. Un public d'habitués lui est fidèle. Dubé renouvelle ses techniques au théâtre comme à la télévision, pour présenter ses thèmes sous un jour nouveau. Son penchant naturel le conduit au lyrisme, au symbolisme, aux réminiscences classiques, à la recherche de la perfection littéraire et dramatique. Son réalisme, nourri de puissantes observations psychologiques et sociales, l'entraîne à « populariser » la langue et à mettre en relief la misère des milieux ouvriers et bourgeois du Canada français contemporain. Le réalisme de ses drames paraîtra bien mièvre à côté du théâtre d'un Michel Tremblay. Mais là où Tremblay suscite le rire et la honte, Dubé inspire la pitié et la colère. L'ensemble de son œuvre est une fresque tragique des malheurs humains qui prennent visages de chez nous. Il a défini ainsi le rôle de l'écrivain : « Porte-parole de sa génération et de ses contemporains, il sert d'éclaireur à ceux qui ont la vue obscurcie. »[47] Mais à cette haute aspiration, à ce désir d'écrire « pour notre délivrance »[48], s'oppose la frustration de Dubé pressé par la télévision et par l'avidité du public : « Je ne suis pas un écrivain, je suis un fournisseur, un prolétaire de l'écriture... Depuis que j'écris j'ai l'impression d'usurper un privilège. »[49] Pris lui-même entre le rêve et la réalité, il s'identifie à ses héros :

> Et parfois leurs illusions ou leurs évasions manquées ressemblent aux miennes... Le rôle que je me suis donné est tout simplement de faire le bilan de mes connaissances par le truchement de l'illusion dramatique. Vous tous qui êtes là, vous êtes mes juges. Soyez impitoyables pour le témoin que je suis. Je viendrai demain vous raconter une nouvelle histoire puisque ma principale façon d'être, est de communiquer avec vous par la voix de ces merveilleux intermédiaires-magiciens que sont les metteurs en scène et les comédiens[50].

Et le public insatiable, les metteurs en scène et les troupes canadiennes, le théâtre et la télévision comptent bien sur cette promesse.

---

46. Ollivier MERCIER-GOUIN, *Les Comédiens de notre temps,* Montréal, Ed. du Jour, 1967, 132p., p. 80 ; voir aussi à ce sujet l'entrevue d'Hélène Pilotte, *Le monde de Marcel Dubé, Châtelaine,* nov. 1971, p. 29.
47. Marcel DUBÉ, *Textes et documents,* p. 36.
48. *Ibid.*, p. 37.
49. *Id.*, paroles rapportées par J.-P. Vanasse, *Le sort de l'écrivain* dans *Liberté,* vol. 9, #2, mars-avril 1967, p. 53.
50. *Id., Bilan,* p. 32.

L'Itinéraire de Languirand ou la réponse à l'angoisse humaine

par Paul GAY, c.s.sp.,

professeur à l'Université d'Ottawa

Cet article se veut une approche descriptive de Jacques Languirand. Rares sont les auteurs vivants dont on peut suivre l'évolution aussi facilement que celle de cet auteur. De 1956 à 1963, Languirand apparaît chef de file du théâtre d'avant-garde québécois, comme le révèlent les dates de la première représentation de ses grandes pièces : *Les Insolites* (1956), *Les Grands Départs* (1958), *Le Gibet* (1958), *Les Violons de l'automne* (1961). En 1963, son roman *Tout compte fait,* sorte de bilan et d'autobiographie, éclaire singurièrement son œuvre dramatique : c'est la raison pour laquelle nous le citerons volontiers tout au long de cette étude. *Tout compte fait* clôt le premier Languirand.

S'apercevant alors que le genre de théâtre qu'il avait lancé au Québec aboutissait à une impasse, Languirand abandonne sa première formule pour ce qu'il a appelé lui-même, avec *Klondyke,* paru en 1965, une expérience de « création collective ». Ce nouveau Languirand s'évade du premier (au moins en apparence), de l'étude de la condition personnelle de l'homme, pour celle de la collectivité, avec le concours de tous les media. Certes, on trouve encore des caractères bien tracés, mais ils sont plongés dans une aventure commune et un échec commun. Depuis *Tout compte fait,* Languirand mène une carrière intéressante à la radio, à la télévision, au cinéma, au théâtre. A la radio : *Au lendemain de la veille, Les Carnets de Perplex, Entre vous et moi.* A la télévision : *Carrefour, Défense de stationner, Plein ciel, Aujourd'hui.* Au cinéma, les grands reportages sur film le forcent à porter son regard sur les beautés de l'univers : *Tahiti et les îles du Pacifique* [1]. Au théâtre, il

1. De *Tahiti et les îles du Pacifique,* Languirand fera également un livre intitulé *J'ai découvert Tahiti et les îles du « Bonheur »*, Les Editions de l'Homme, 1961.

collabore au drame musical *Louis Riel ;* pour l'Exposition de Montréal, il compose plusieurs spectacles-exhibits qui supposent une connaissance approfondie des multi media : citons en particulier *Citérama* et *Cité des solitudes.* On peut dire que, tourné vers l'extérieur, nous avons là le deuxième Languirand.

Il y en a un troisième. Ce qui l'intéresse le plus en 1973, c'est le problème de la communication. Féru de science ésotérique, il tente de démonter le mécanisme de l'univers. Trois volumes sont annoncés à ce sujet. Le premier, déjà paru, *Communication 1 — De McLuhan à Pythagore* [2] se présente sous la forme d'une mosaïque de citations et de réflexions intéressantes, mais sans lignes directrices hélas !

Les pages suivantes exposeront seulement l'évolution du dramaturge, celui que nous avons désigné sous le nom de premier et de deuxième Languirand.

*
* *

Le théâtre d'avant-garde de Languirand oscille entre deux pôles, entre deux pièces-types : *Les Insolites* [3] et *Le Gibet* [4]. La première décrit l'horrible misère de l'homme, l'absurdité de l'existence, la solitude affreuse de ceux qui ne savent ni d'où ils viennent, ni ce qu'ils font, ni où ils vont. *Les Insolites,* injustement et sévèrement jugé par la critique, reste pourtant la pièce caractéristique de Languirand, celle, nous le verrons, où le rire même intensifie le tragique. Elle pose le problème de l'absurde en général. Les suivantes, spécialement *Les Grands Départs* [5] et *Les Violons de l'automne* [6] appliquent à des cas particuliers, toujours « modo languirando », le désespoir des *Insolites.* Ce théâtre de prostration et de démoralisation débouche enfin sur un peu d'air pur avec *Le Gibet.* Ici, Languirand tente une sortie — oh ! bien faible ! — du côté de l'idéal. Il n'ira pas plus haut que *Le Gibet,* comme il n'est pas descendu plus bas que dans *Les Insolites.*

*
* *

---

2. Jacques LANGUIRAND, *Communication I, De McLuhan à Pythagore,* Montréal, René Ferron éditeur, 1972.

3. *Les Insolites* a été représenté pour la première fois le 9 mars 1956, au Théâtre du Gesù, par la Compagnie de Montréal, Edité avec *Les Violons de l'automne* par le Cercle du Livre de France, Montréal, 1962.

4. Jacques LANGUIRAND, *Le Gibet,* Montréal, Le Cercle du Livre de France, 1960, 148p. — *Le Gibet* a été représenté pour la première fois le 10 novembre 1958 sur la scène de la Comédie-Canadienne.

5. Jacques LANGUIRAND, *Les Grands Départs,* Montréal, Editions du Renouveau pédagogique, texte présenté et annoté par Renald Bérubé, 1970, 140p. — Nos citations des *Grands Départs* renvoient à cette édition. — Cette pièce a été créée le 1er octobre 1957 à la télévision de Radio-Canada et transportée à la scène le 8 juillet 1958 par la Compagnie Jacques Languirand.

6. Jacques LANGUIRAND, *Les Violons de l'automne,* édité avec *Les Insolites,* Montréal, Le Cercle du Livre de France, 1962, 212p. — *Les Violons de l'automne* a été représenté pour la première fois le 5 mai 1961 au studio du Théâtre-Club.

Entre *Les Insolites* et *Le Gibet,* dans cet espace dramatique assez restreint, se profile continuellement le héros languirandien. Il est loin d'être simple. Personnage sympathique, à grandes ambitions, théoricien, très spirituel d'une part ; anti-héros qui entretient peu d'illusions sur l'amour et la vie d'autre part ; dont l'angoisse, enfin, éclate dans l'hallucination et le rire insane.

En sous-titrant *Tout compte fait* [7] du nom de « L'Eugène », Languirand reprend l'Eugène, ou plutôt les deux Eugène des *Violons de l'automne* qui présentent les faces opposées d'un seul et même personnage. Bon, Eugène sait plus que quiconque la misère humaine des grandes villes : elle résonne en lui « comme un remords » [8]. Dévoré tout jeune de grandes ambitions, il s'est cru longtemps le nombril du monde. Dans *Les Grands Départs,* Hector, autre languirandien, a été soulevé par un idéal d'écrivain. Dans *Le Gibet,* Perplex apparaît et reste poète, gardant le regard pur de l'enfance, ce regard toujours regretté par notre dramaturge : « Si j'avais su à dix ans ce que je sais maintenant, j'aurais été un enfant prodige ; mais je serais peut-être tout aussi prodigieux si j'avais conservé jusqu'à maintenant la vision du monde que j'avais dans mon enfance. » [9] Perplex, qui paraît niais dans la vie pratique et qui rejoint ainsi le *l'* d'Eugène, est cependant aussi lucide que lui. Il sait que la vie peut continuer, au bas de son poteau, sans sa présence. Ces personnages, généreux et désintéressés, se montrent très spirituels, toujours portés à voir le côté drôle des choses et des événements. Hommes d'esprit, amants du paradoxe et du calembour, ils prennent en farce leur médiocrité et nous font rire malgré nous. Eugène et Hector, pour ne parler que de ces deux-là, rappellent le *Galarneau* de Jacques Godbout [10] et le *Jos Connaissant* de Victor-Lévy Beaulieu [11] : leur gouaillerie et leur aplomb leur confèrent une parenté évidente.

Eugène et Hector, et bien d'autres dans les pièces mineures [12] de Languirand, sont de petites gens que la vie a vaincus. La raison de la défaite se trouve dans le manque d'énergie, dans la pauvreté de leurs convictions intellectuelles, dans l'absence d'une foi quelconque, naturelle ou surnaturelle. « Le fait de ne pas savoir où on va contribue à mettre tout le monde d'accord sur la destination, dit tristement notre auteur. Aller volontairement n'importe où, et acheter *n'importe quoi,* sans y être forcé, — c'est le destin de l'homme. » [13] Sans raison de vivre (« j'ai toujours rendez-vous avec moi-même, dit Eugène, mais je n'ai jamais rien à me dire » [14]), comment pourraient-ils saisir l'exis-

7. Jacques LANGUIRAND, *Tout compte fait,* Paris, Editions Denoël, 1963, 194p. — On notera, par amour du rapprochement, que Simone de Beauvoir vient d'écrire, elle aussi, un livre intitulé *Tout compte fait* (Paris, Gallimard, 1972).

8. *Id.,* p. 83.

9. Jacques LANGUIRAND, *Le Dictionnaire insolite,* Montréal, Les Editions du Jour, 1962, p. 6.

10. Jacques GODBOUT, *Salut Galarneau,* roman, Paris, Aux Editions du Seuil, 1967, 155p.

11. Victor-Lévy BEAULIEU, *Jos connaissant,* roman, Montréal, Editions du Jour, 1970, 250p.

12. *Le Roi ivre* (1956), *Diogène* (1958), *Les Cloisons* (1962) peuvent être considérées comme les pièces mineures de J. Languirand.

13. *Le Dictionnaire insolite,* p. 99.

14. *Tout compte fait,* p. 101.

tence par les cornes ? Ainsi, déçu, raté, Eugène de *Tout compte fait* mijote sa médiocrité, sa banalité. C'est une chiffe. Il y a bien dans *Tout compte fait* comme dans *Les Violons de l'automne* un anti-Eugène, et l'anti-Eugène des *Violons* tue le premier Eugène. Mais c'est un acte de courage isolé. Eugène reste condamné « à vivre médiocrement pour cause de médiocrité » [15] sa vie mesquine avec Margot pendant vingt-cinq ans. Cette insignifiance se retrouve dans le bien comme dans le mal. « Devant son miroir, Eugène hésite entre le masque du bien et celui du mal » [16] ; « Il est aussi difficile de faire sa vie dans le mal que dans le bien », dit Bis dans *Le Gibet* [17]. Le héros languirandien en accuse évidemment la fatalité et les circonstances : « Eugène portait allégrement un nouvel Eugène que les circonstances, hélas ! devaient empêcher de mener à terme. » [18] Eugène revient plusieurs fois sur sa mauvaise fortune [19]. Il raconte avec esprit sa vocation de frère, due à un devoir français où il avait écrit — sans y croire — son intention de devenir religieux. Pris au sérieux, Eugène fut pratiquement forcé d'entrer au noviciat d'où il ne sortit qu'en provoquant le scandale. On tira ces pages cocasses qui seraient désopilantes si elles n'étaient rosses et désobligeantes. Ainsi, Eugène n'a jamais pris en main sa propre vie. Il n'a choisi ni le noviciat, ni son ami Omer, ni sa femme Margot. Le seul dénominateur commun qui les réunit tous est « l'acceptation de la défaite devant la vie » [20]. Margot est « une complicité dans la défaite » [21]. Ce sentiment d'inutilité s'est développé dans la crise économique de 1930. Habitué à plier l'échine pour conserver un petit emploi, Eugène en est resté à ce point courbé qu'on ne sait même pas en quoi consiste son travail. Eugène n'est qu'un « pis-aller » [22]. L'Hector des *Grands Départs* lui ressemble. Par malchance et insouciance, Hector a ruiné sa famille et malgré le bien de sa belle-sœur Eulalie. Lâche devant la vie, il tente de se justifier : « On ne réagit pas contre la mer, dit-il, on se laisse porter. Et puis, un jour, la barque pourrie coule à pic, et voilà ! » [23] Sa femme Margot est à son image : « Nos journées, dit-elle à Hector, n'ont aucun sens et nous sommes vides tous les deux. » Elle reçoit immédiatement la consolante réponse que voici : « Oui, bien sûr ! Mais, tu sais, tout le monde en est là ! » [24] Que s'ils essayent de réagir contre la vulgarité de leur existence, c'est en osant de pauvres et ridicules gestes. Ainsi, fatigué de sa fidélité à Margot, l'Eugène de *Tout compte fait* s'en va, un soir, dans une maison de prostituées. Il en sort ivre, au petit matin, pour se faire écraser par un camion. Eugène n'est qu'un fait divers [25].

Cette loque humaine, qui se reproduit en plusieurs exemplaires dans l'œuvre entière de Languirand, ne laisse pas de jeter des regards perçants

15. *Id.*, p. 42.
16. *Id.*, p. 74.
17. *Le Gibet*, p. 131.
18. *Tout compte fait*, p. 147.
19. *Id.*, pp. 86, 131.
20. *Id.*, p. 86.
21. *Id.*, p. 124.
22. *Id.*, p. 100.
23. *Les Grands Départs*, p. 75.
24. *Id.*, p. 74.
25. Ces éléments doivent se compléter au long de cette étude. Il est certain, en effet, que Perplex, par sa personnalité au-dessus du terre-à-terre quotidien, tente de s'évader du type languirandien ordinaire. Voir plus loin.

sur son entourage, regards qui tiennent parfois du cynisme. Si son bras n'agit pas, la tête du héros languirandien brasse beaucoup d'idées. Il pense que le monde entier lui ressemble et il entretient peu d'illusions sur l'amour et la vie.

Jeune ou vieux, marié ou non, l'amour le déçoit. Les amants de vingt ans voient leur idéal jeté à terre et piétiné. Dans *Les Grands Départs,* Sophie, la fille d'Hector et de Margot, connaît d'expérience l'inutilité du sacrifice et du dévouement. Il est douloureux de l'entendre s'écrier : « Je voudrais n'avoir pas vécu. » Elle sort en pleine nuit rejoindre son amant, mais c'est pour revenir précipitamment à la maison paternelle, parce que son idole a abusé d'elle. Et Hector de tirer la leçon : « Sophie, c'est un oiseau, mais il a reçu du plomb dans l'aile : il ne pourra plus facilement s'envoler. » [26] La même expérience de la brutalité du mâle est reprise par la jeune Muguette du *Gibet.* La jolie Pâquerette de *Diogène* [27], après avoir consenti à pénétrer dans les secrets d'avenir forgés par Pierre son fiancé, arrête vite les projets en l'air. Elle ne sait que dire, tout au long de la pièce : « J'ai faim. »

Si encore la vie pouvait recommencer à cinquante ans ! Albert, le revenant, l'ancien amant d'Eulalie, s'époumone à l'affirmer dans *Les Grands Départs :* « La vie commence à cinquante ans ! » Heureuse alors de quitter sa nuit, Eulalie part avec Albert. Hélas ! Elle revient au bercail, elle aussi, la nuit même, après avoir laissé Albert seul dans la chambre d'hôtel. Elle s'est aperçue soudain qu'Albert n'en voulait qu'à son argent, qu'elle n'a plus. « Il a détruit mon rêve » [28], s'écrie-t-elle. Ici encore, Hector proclame la conclusion de l'aventure : « La personnalité d'Albert, ma pauvre Eulalie, est l'œuvre de ton imagination. Il n'a jamais vécu. Celui qui est venu t'enlever, ce soir, n'a rien de commun avec celui que tu aimes. Continue d'aimer l'homme de tes rêves... On ne peut vivre sans amour, Eulalie. Continue d'aimer l'homme de tes rêves. Mais cesse de l'appeler Albert !... C'est simple, le bonheur. » [29] Ainsi, pour vivre heureux, il suffit — et cela seul est possible — d'aimer quelqu'un en rêve. Peut-on concevoir camouflet plus insolent ?

Dans le mariage, les époux ne goûtent pas plus d'extase. La sœur d'Eulalie, Margot, jette cette phrase désabusée : « On croit épouser quelqu'un et le lendemain de la noce on s'éveille en compagnie d'un étranger dont on porte le nom... Et puis on devient enceinte. Et la vie continue. » [30] Dans *Le Gibet,* Luna (nom symbolique), femme de Perplex, se dandine devant nous, menteuse, hypocrite, adultère. Pour vivre, elle a épousé Perplex alors que d'un autre elle était déjà enceinte. Cependant, dans la même pièce, l'héroïsme de Perplex rapproche deux vieux époux : Pipe et Berthe. Dans *Diogène,* le mirage a déserté l'amour d'Albert et d'Astra : la vie pour eux n'a plus d'illusions. « Quand je pense, dit plusieurs fois Astra, avec cet

26. *Les Grands Départs,* p. 117.
27. Jacques Languirand, *Diogène,* dans *La Barre du Jour,* vol. 1, juillet-décembre 1965, nos 3-4-5, pp. 33-60. — Cette « fantaisie en un acte », terminée le 9 juin 1958, pour le Théâtre de Percé, a été révisée le 27 septembre 1962.
28. *Les Grands Départs,* p. 98.
29. *Id.,* p. 101.
30. *Id.,* p. 88.

humour languirandesque, que j'ai refusé d'épouser un jeune et dynamique entrepreneur de pompes funèbres. »[31] Dans cette pièce encore, le couple Fleura-Robert marche cahin-caha. « Epouse de l'un et maîtresse de l'autre », Fleura... flirte. Ailleurs, l'homme entrevoit le bonheur rêvé ; mais alors la femme se moque de lui. C'est l'échec cuisant d'Eugène avec Simone dans *Tout compte fait*[32]. Vieilli, Eugène, dans *Les Violons de l'automne,* n'arrive pas à retrouver l'enthousiasme physique et moral de sa première nuit de noces. Malgré sa femme Marie-Rose qui le presse d'être heureux, il avoue que le mariage est une plaie ; que se marier lui a toujours paru téméraire ; qu'il a provoqué le destin ; que le bonheur est inaccessible ; qu'ils sont vieux tous deux ; qu'il faut accepter la réalité, etc. Tout le premier acte des *Violons* consacre la défaite du mariage. Pourquoi refaire la comédie du jour des noces ?

D'ailleurs, l'amour est-il possible ? Non, semble répondre *Les Cloisons*[33]. Le jeune homme et la jeune fille ne peuvent communiquer entre eux, même s'ils se trouvent très près l'un de l'autre, même s'ils ne sont séparés que d'une mince cloison. Paroi si peu étanche qu'elle permet d'enregistrer d'une façon précise les actions, la respiration, voire la pensée de l'autre ; paroi si transparente que le dramaturge affirme dès le début qu'on peut la concevoir purement imaginaire. *Lui* et *Elle* (toujours ces mots universels qui symbolisent l'homme et la femme en général), très jeunes, vont tenter de s'approcher l'un de l'autre ; lui, sincèrement ; elle, hypocritement, en femelle qui veut et ne veut pas à la fois. Par amour-propre, par méfiance, aucun d'eux ne se décide à faire le pas qui engage. Chacun affirme son indépendance d'une manière fausse et artificielle : énoncé de principes catégoriques, bruits de robinet, etc. *Elle* préfère une union de rêve puisque l'acte d'amour ne peut être infini. *Lui* aurait besoin d'*Elle* pour chanter la création. Ne pouvant se rapprocher, il ne leur reste qu'à se couler chacun dans son propre lit, sans la chaleur de l'autre. Ainsi, ce grand moyen de communication qu'est l'amour ne s'avère possible qu'en rêve. Déjà Hector l'avait dit à Eulalie dans *Les Grands Départs.* Amour impossible dans *Les Cloisons,* amour stupide dans *Les Insolites* où une femme est aimée par quatre hommes ! On serait porté à dire avec Gus du *Gibet :* « La vie serait à peu près supportable si le père Adam ne s'était pas bêtement laissé prendre une côte. »[34]

Aucune illusion sur l'amour. Aucune non plus sur la vie. Du haut de son *Gibet,* Perplex est bien placé pour voir les salissures d'en bas et la lutte des hommes entre eux. Deux groupes ennemis essayent de profiter de sa situation « élevée » : le groupe Gus, Paulo et Bébert, et le groupe Slim, Menu et Bis. Le premier se sert de l'héroïsme de Perplex pour s'enrichir, et Gus, on l'a vu, pour coucher avec sa femme. Le deuxième paraît plus méchant, employant des moyens déshonnêtes pour déloger Perplex. Ces trois compères lancent en l'air leurs principes : « Dans la vie, c'est chacun pour soi. »[35]

---

31. *Diogène,* p. 34.
32. *Tout compte fait,* p. 141 et suiv.
33. Jacques LANGUIRAND, *Les Cloisons,* dans *Ecrits du Canada français,* no 22, 1966, pp. 69-99. — Cette « pièce en un acte » a été écrite à Paris en 1962.
34. *Le Gibet,* p. 98.
35. *Id.,* p. 51.

« Tous les moyens sont bons pour sauver sa peau. »[36] « Il faut toujours être de l'avis de celui qui te fait vivre. »[37] Et ils se protègent : Slim prend une crapule comme avocat. Seul, le laitier admire la grandeur de Perplex : « Il est important, dit-il à Perplex, que vous teniez bon pour ceux qui n'ont pas le courage d'aller jusqu'au bout... Moi aussi, j'aurais voulu réussir de grandes choses. Mais je n'ai pas pu. Faites-le pour moi et pour tous les autres comme moi. »[38]

Mais Perplex est unique dans le théâtre de Languirand. En général, quand le Destin l'accable, le héros languirandien s'écroule comme le plus démuni des hommes. Devant la roue qui va l'écraser, il émet quelques apophtegmes drôles, sourit, rit, jusqu'à ce que l'angoisse qui l'habite éclate en cris de terreur bouffons : c'est sa caractéristique foncière.

Ce théâtre étouffe dans la nuit, cette nuit où se joue *Les Grands Départs,* cette nuit qui couvre l'espace temporel de *Tout compte fait.* Le spleen du temps écoulé, les vains appels à une jeunesse éternelle, sont exprimés par « les plaintes déchirantes » du grand-père paralytique des *Grands Départs*[39], ainsi que par ses efforts vains et ridicules pour fuir sa pauvre demeure. L'Eugène de *Tout compte fait* est tourmenté de ne pouvoir expliquer sa place et son rôle dans la vie. Le texte suivant est capital :

> L'espace d'une seconde, je parvenais parfois à saisir le fil ; j'avais, tout à coup, l'impression d'être sur le point de déchiffrer l'énigme de ma petite existence. Mais le fil se brisait... Au bord de la panique, je secouais la tête pour échapper à ce tourbillon, et j'ouvrais les yeux. Je tentais alors de m'accrocher à quelque chose, à n'importe quoi : écouter la conversation dans la chambre voisine, suivre le va-et-vient des autres dans le couloir... Il m'eût suffi d'ouvrir la porte pour prendre part à la vie des autres, pour échapper à ma lente agonie. Mais je ne parvenais pas à rassembler *l'énergie nécessaire*[40] pour me lever, pour aller jusqu'à la porte, pour l'ouvrir. J'étais anéanti[41].

Eugène ? Un homme qui n'arrive pas à se connaître, à se saisir, à s'accepter, broyé dans sa solitude. Peur de soi, mépris de soi, dégoût de soi jusqu'à s'écrier dans un moment d'énervement incontrôlé : « Je dégueule ma famille, le noviciat, la chambre et Omer avec, je dégueule Margot. »[42]

Dans un univers qu'il ne peut expliquer, le héros languirandien se demande si tous, nous ne sommes pas de purs fantômes inconsistants, étranges, victimes d'un vilain rêve. Tel est le sens profond des *Insolites*[43]. Les habi-

36. *Id.,* p. 52.
37. *Id.,* p. 67.
38. *Id.,* p. 33.
39. Ce vieux grand-père à l'avant-scène n'annonce-t-il pas la vieille grand-mère à l'avant-scène des *Belles-Sœurs* (1968) de Michel Tremblay ?
40. C'est nous qui soulignons.
41. *Tout compte fait,* p. 87.
42. *Id.,* p. 121.
43. Gérard BESSETTE, sévère pour *Le Gibet* et *Les Violons de l'automne,* est, par contre enthousiaste pour *Les Insolites* : « *Les Insolites,* outre un dialogue plein d'esprit, possèdent une atmosphère puissante qui nous entraîne, nous fait perdre pied, nous révèle un monde bizarre et fascinant. A celui de l'incommunicabilité des humains se joint ici le thème de l'absurde, c'est-à-dire de l'impossibilité pour chacun d'établir un

tués du bar rient d'un rire hébété, nerveux, extravagant, et quand la mort absurde emporte un des leurs, leurs éclats évoquent, sans possibilité d'erreur, une assemblée de fous. Georges-Henri d'Auteuil reproche à Languirand son « imagination souvent loufoque » [44]. Ce n'est pas comprendre le dramaturge. Ce n'est pas l'imagination de Languirand qui est loufoque, c'est la vie. *Les Insolites* est une pièce secouée par la bouffonnerie du désespoir ; elle exprime le tragique de la vie, la situation cauchemardesque dans laquelle nous sommes plongés et noyés à tel point que nous sommes à moitié endormis, annihilés par tout ce qui nous menace — comme les habitués du bar par un radiesthésiste idiot — au point de devenir nous-mêmes des êtres quasi irréels, vrais anti-héros. « L'homme est l'ombre d'un rêve », disaient déjà les Anciens. On n'a qu'à lire la liste des personnages des *Insolites* et le caractère que leur prête le dramaturge pour être sûr de ne pas errer. Jules, le mari de Brigitte, est « bilieux ». Le barman est de « type nerveux ». Pitt, le philosophe, est « raté ». La vieille est « fragile ». L'hurluberlu est « un pauvre jeune homme agité ». Brigitte a du « sex-appeal », donc tout ce qu'il faut pour troubler l'entourage. Le radiesthésiste est « un être halluciné ». Le policier « s'écoute parler » : donc il parle dans le désert... Toutes ces indications constituent l'atmosphère générale des *Insolites,* atmosphère d'une condition humaine schizophrène. La pièce passe tour à tour de l'ennui à la gaieté sans motif. Puis, à un moment donné, l'hilarité s'enfle, grossit à l'annonce de la mort d'un des personnages, rend tout le monde hypertendu, éclate jusqu'au fou rire de panique démente [45], « fou rire en crescendo », dit le scénario, qui atteint son sommet au coup de feu de la mort. Ne pourrait-on pas intituler cette pièce : le rire et la mort ? Il est curieux de noter combien l'auteur insiste sur ces deux mots : rire et folie. Rien que dans l'acte premier, nous relevons : « Le barman fait le geste de la folie » (bis). Ernest dit de sa femme qu' « elle est partie » en faisant « le geste de la folie ». Le garçon d'Ernest « fait la folle ». Ernest pouffe de rire sans que le spectateur sache pourquoi, puisqu'il en a donné la raison à l'oreille du seul barman : donc hilarité niaise sans communication avec l'auditoire. Plus loin, simpliste, bêta, il dit au barman : « Dites-moi, vous n'auriez pas autre chose à me raconter ? J'ai fini de rire. » Le philosophe raisonne dans le vide. Ernest et Jules ont de « petits rires » qu'ils arrêtent subitement. La musique de scène, selon les indications de l'auteur, doit être « cocasse ». L'hurluberlu « cherche, flaire, renifle, fait le tour, puis s'en va ». Pitt était « noctambule » autrefois. Le radiesthésiste « fascine » tout le monde : tous répètent les mêmes gestes en suivant la boule qui se balance devant eux, en vrais déments. En annonçant la mort de l'un d'entre eux, le radiesthésiste « éclate de rire ». On pourrait continuer la même étude dans l'acte 2 et 3 : ce sont des facéties de détraqués. Comme le dit Jules : « Il ne s'agit pas de raconter quelque chose de très particulier, mais de dire n'importe quoi, tout ce qui vous passera par la tête — comme nous faisons

contact satisfaisant avec le monde extérieur, de s'orienter dans la forêt des phénomènes, de trouver un sens à la vie, de se fier à une logique fonctionnant à vide » (*Histoire de la littérature canadienne-française,* p. 673). Je suis heureux de citer ce texte, parce qu'en général, la critique a été dure pour Languirand, sans le saisir pleinement.

44. Dans Pierre DE GRANDPRÉ, *Histoire de la littérature française du Québec,* tome 4, p. 213.

45. A ce moment de la pièce, il est arrivé, au cours des représentations, que des spectateurs soient pris, eux aussi, de terreur.

tous normalement, quoi ! » [46] Pour parler en termes freudiens, on laisse le Ça s'exprimer, cette instance de la personnalité qui annihile la liberté, car elle ne présente pas le moindre degré d'élaboration spirituelle de la conduite : elle est une fausse transcendance.

Tel est *Les Insolites.* C'est le point le plus bas, le plus sombre, de l'œuvre de Languirand. Pour décrire le tourment qui nous tenaille et l'absurde de la vie, Languirand ne trouvera pas de couleurs plus noires que celles des *Insolites.*

*

* *

Pour calmer l'angoisse humaine, le théâtre de Languirand propose quatre remèdes : la bonne humeur de l'humour, l'acceptation de la banalité de l'existence, le jeu du bonheur et enfin un vague appel à un certain idéal.

Peindre sa déchéance en badinant agit, dit-on, à la manière de la catharsis grecque : c'est la guérison par la description du mal, avec l'illusion de le dominer. Languirand l'appelle « exorcisme ». « Ecrire, a-t-il affirmé, cela procède de l'exorcisme... Il suffit de démonter le mécanisme pour apaiser la frayeur qu'il nous inspire. » [47] « L'humour, c'est aussi une façon de prendre du recul. Rire de ce qui nous oppresse. Ou mieux, en sourire. Se moquer de ce qui fait mal, c'est une démarche saine. Si j'étais en prison et que je parvenais à faire une comédie sur la perte de la liberté, il me semble que j'en éprouverais un sentiment de libération. » [48] Ainsi, l'humour est le moyen qui décrit l'absurde de la vie et en même temps le remède qui apaise l'angoisse.

De l'humour, il en a mis partout, même dans les passages les plus tragiques. Il a le don de « cette forme d'esprit qui consiste à présenter ou à déformer la réalité de manière à en dégager les aspects plaisants et insolites. » [49] Le mot « insolite » apparaît dans cette définition, ce mot que les dictionnaires réservent aux choses et aux événements et que Languirand applique aux êtres humains. Il a même écrit *Le Dictionnaire insolite* qu'on pourrait traduire par *Dictionnaire drôle.* Tous les synonymes d'humour se retrouvent dans les pièces de ce pince-sans-rire : fantaisie, gaieté, plaisanterie [50], raillerie, sarcasme ; et toutes les formes d'humour : anglais, belge, froid, flegmatique, fantastique, débridé, tendre, aimable, plaisant, cinglant [51], noir. Forme enjouée des jeux de scène : ainsi, le seul qui parte dans *Les Grands Départs* est le paralytique ! Tour piquant des remarques : lorsque, par exemple, dans *Les Insolites,* Jules dit que le garçon d'Ernest « a la cuisse légère », le barman répond : « C'est tout un programme ! » [52]

---

46. *Les Insolites,* p. 57.
47. Dans *Les Grands Départs,* Editions du renouveau pédagogique, p. 21.
48. *Id., ibid.*
49. Le Robert, *Dictionnaire alphabétique et analogique de la langue française,* au mot « humour ».
50. Par exemple : « Comme si les maladies anciennes ne suffisaient pas, on en découvre de nouvelles chaque jour » (*Le Dict. insol.,* p. 123).
51. « Délinquance : La revanche des berceaux » (*Le Dict. insol.,* p. 42).
52. *Les Insolites,* p. 38.

Mais la pièce qui l'emporte dans une sorte de paroxysme de la bouffonnerie, pièce qui me semble le chef-d'œuvre de Languirand, ne serait-ce que par la perfection de sa langue superbe, c'est *Le Roi ivre* [53]. Ce roi cruel et orgueilleux reste en quelque manière sympathique par son relief et sa gaieté époustouflante. Il a hanté les grands seigneurs de Montherlant par son style majestueux : « Tu as raison de baisser la tête devant moi, mon enfant — dit-il à la reine sa femme — je suis à l'image de Dieu, impénétrable en mes desseins. » [54] Et ailleurs à un de ses serviteurs : « Ton roi te fait l'honneur de t'apprendre que tu es laid. » [55] Si le monarque déteste sa femme, c'est simplement parce que son odeur lui est devenue fade et qu'elle manque de grands élans [56]. Cette froideur étant pire que l'infidélité, il la renverrait volontiers aux auteurs de ses jours ou bien l'expédierait dans l'autre monde : « Souviens-toi, lui dit-il, du joli matin de mai où tu m'as juré fidélité et obéissance. C'était devant les autels. Et prends garde que je t'y ramène, les pieds les premiers. » [57] Il éclate de rire : nous rions avec lui. Cœur-de-fer — c'est le nom de ce roi — ne sait comment passer son temps : « Il n'y a pas assez de guerres, proclame-t-il, les Rois s'ennuient ! » [58] Devant cette vessie gonflée rampe un peuple timide, composé de sujets idiots, incapables de saisir la méchanceté de ses propos, résignés et lâches. Quand le roi lui-même s'offre à la vengeance de ses deux gardes, ceux-ci n'osent pas le toucher. Notre pitre lance alors cette remarque batifolante : « Mes sujets ont accepté ma férule avec patience et résignation ; ils m'ont enlevé du coup la nécessité de la conquête et les joies qu'elle entraîne toujours par ses massacres et ses sacrilèges. » [59] Mais, comme une corde tendue finit par se rompre, les abus du roi précipiteront sa mort. L'occasion en sera le crucifiement de l'envoyé du Saint-Père. Le monarque cloue sur une croix le délégué romain, non seulement parce que Rome refuse son divorce d'avec la reine, mais surtout — et c'est là que triomphe le ton goguenard de Languirand — parce que la tête de cet envoyé ne lui revient pas ! Alors, le peuple se venge. Transpercé par la pique de son bouffon, le roi, comédien très cultivé, jette le cri de Néron agonisant : « Quel artiste va mourir ! ». *Le Roi ivre,* « farce en deux tableaux » qui se termine par la mort, oriente vers le badinage noir des grandes pièces de Languirand.

Avec l'humour, le héros languirandien possède assez de bon sens pour reprendre le calme devant l'inévitable [60]. « Je sais maintenant, disait Eugène de *Tout compte fait,* qu'on ne meurt pas de déception. » [61] A l'instar de Candide, Languirand nous propose, après l'échec de nos ambitions, de cultiver simplement notre jardin, quelque misérable qu'il soit. L'idéal peut nous ensorceler un instant, l'idéal de l'amour surtout : il faut savoir que nos rêves

---

53. Jacques LANGUIRAND, *Le Roi ivre,* dans *Voix et Images du Pays,* III, 1970, pp. 254-279. *Le Roi ivre* a été joué le 1er novembre 1956 par la troupe « Les Insolites ».
54. *Id.,* p. 275.
55. *Id.,* p. 260.
56. *Id.,* p. 266, toute la tirade qui commence par : « J'aurais aimé... »
57. *Id.,* p. 275.
58. *Id.,* p. 274.
59. *Id.,* p. 255.
60. Sauf, évidemment, dans *Les Insolites* où l'angoisse n'est pas maîtrisée.
61. *Tout compte fait,* p. 84.

s'évaporent devant la réalité. Les grandes envolées, les grands départs se soldent par de grandes méprises... qui nous ramènent à notre condition minable. C'est le mirage des *Grands Départs*. Hector, le paterfamilias sans illusion, cynique sur les bords, promène sur tout et sur tous un regard désabusé. Il ne prend au tragique ni ceux qui pleurent, ni ceux qui souffrent, ni ceux qui aspirent à une situation meilleure. Dans la nuit où se joue notre destin (et la pièce), il est vain de pousser de grandes tirades. Tout le monde veut partir, quitter un milieu asphyxiant, c'est naturel, mais à quoi bon ? Et de se moquer de lui-même en se comparant à un trombone à coulisse dans l'orchestre de la famille. Sa femme Margot réintègre elle aussi — moralement — le milieu ; elle s'écrie « dans un mouvement d'enthousiasme » : « Il se passe quelque chose en moi comme si j'avais pleuré... Notre petite famille a traversé ce soir une grande épreuve dont elle sort purifiée. » [62] Seul, ironie du sort ! part le grand-père, mais on sait qu'il va se casser le cou au prochain coin de rue.

Bien plus, la petite existence médiocre peut s'éclairer du jeu du bonheur. Les actes 2 et 3 des *Violons de l'automne* laissent deviner que, pour supporter la vie, on doit, même âgé, jouer le jeu du bonheur. Il y a dans cette pièce deux Eugène (*Lui et L'Autre*), deux Eugène vieillis, *Lui*, triste et morose ; *L'Autre*, gai et jovial, comme il y a en toute personne qui prend de l'âge un défaitiste et un bon vivant. Il importe de se ranger du côté de *L'Autre*, non du côté de *Lui*. « L'essentiel — *Elle* le remarque fort bien — est d'échapper au quotidien. » [63] Mais c'est un JEU. Le mot JEU revient pour ainsi dire à chaque page de cette pièce. Un Jeu qui apaise notre angoisse sans l'enlever, comme ces médicaments qui endorment la douleur sans extirper la racine du mal. Ainsi, extérieurement, superficiellement, aimons — comme *L'Autre* — les fleurs, les voyages, la musique, et tuons *Lui*. Sans méprise, la vie peut-elle continuer ? C'est de *L'Autre*, non de *Lui*, qu'*Elle* a eu un enfant autrefois. C'est donc *L'Autre*, le vrai mari d'*Elle*. *Elle* préfère *L'Autre* : « Je refuse, dit-elle à *Lui*, d'être la femme du vieillard croulant que vous êtes. » [64] En un mot, pour être heureux, il faut s'en donner à croire. Les violons de l'âge mûr vibreront alors comme ceux de la jeunesse.

Pourront-ils, ces violons, par leur retentissement infini au fond du cœur, soulever les vagues d'un appel supérieur ? *Le Gibet* le laisse entendre, ce sommet spirituel du théâtre de Languirand. Cependant, le héros, Perplex, laisse planer des doutes sur sa véritable identité. C'est bien nous qu'il rend « perplexes ». Depuis neuf jours sur son poteau, Perplex a découvert la nouvelle dimension du « recul » pour mieux voir le monde d'en bas et pour mieux voir le ciel. Il veut témoigner de ce qu'on « trouve au-delà : l'amour » [65] et l'attester solennellement : « Le record d'endurance, c'est de porter son destin à terme, même s'il est dérisoire, pour soi-même, et pour tous ceux qui n'ont pas le courage d'aller jusqu'au bout. » [66] Naïf et lucide à la fois, bon et désintéressé (il n'est pas monté sur la fourche patibulaire pour de l'argent),

62. *Les Grands Départs*, p. 112.
63. *Les Violons de l'automne*, p. 144.
64. *Id.*, p. 130.
65. *Le Gibet*, p. 147.
66. *Id.*, *ibid.*

le plus décidé des personnages de Languirand, il rappelle, comme l'a vu G. Bessette [67], le Christ en croix. Perplex parle du vinaigre qu'on pourrait lui présenter : il évoque la grande parole du Sauveur : « Aimez-vous les uns les autres » ; comme lui, il attirera « les boiteux, les paralytiques, les miteux, les aveugles » ; il avoue : « Je commence à comprendre pourquoi *IL* est monté sur une croix... La couronne, ce devrait être les épines de la réalité. » [68] Perplex devine un monde transcendant lorsqu'il déclare : « Le temps à témoigner d'un idéal n'est peut-être pas perdu pour tout le monde. » [69] En fait, de quel idéal s'agit-il ? De la bonté ? De l'endurance ? Du dévouement ? Il s'agit de tout cela à la fois. Perplex reste un exemple qui attire les regards vers en haut, là où se trouve l'air pur. De vulgaires profiteurs peuvent bien trafiquer de son héroïsme, il y a cependant un laitier pour l'admirer. Perplex me paraît le seul personnage qui soupçonne un absolu, qui sorte du type languirandien ordinaire.

*

* *

Le roman *Tout compte fait* — nous l'avons vu — mettait le point final au premier Languirand, à ce théâtre d'avant-garde que nous venons de présenter. En 1963, notre dramaturge s'aperçut que la voie suivie jusqu'alors n'ouvrait sur rien. A la veille de la représentation de *Klondyke* (1965) [70], la pièce type du deuxième Languirand, dans une entrevue accordée à Nicole Brossard et Roger Soublière, l'auteur lui-même avouait :

> Maintenant, sur le plan de l'histoire du théâtre, je crois que l'avant-garde ne débouche pas. Je pense que ce sont des expériences qui mènent vers un cul-de-sac. Il était important que ces expériences soient faites. On doit en tenir compte, mais je pense, par exemple, qu'à moins d'un renouvellement considérable de la part de Beckett et d'Ionesco... Ils sont arrivés à un dépouillement pour le moins inquiétant. Beckett est parti de deux personnages, puis de deux autres personnages dans une autre pièce, pour aboutir à un monologue, à une bande enregistrée, et enfin à un gars qui fait de la pantomime. Il va vers une illustration de l'incommunicabilité des êtres et vers une forme d'expression contemporaine qui s'amenuise de plus en plus. Beckett, à cause de son génie, car il en a, gagne en tragique, mais après, vous comprenez, le rideau va s'ouvrir et il va y avoir un os sur scène. On arrive à une impasse [71].

La même année encore, il répétait : « J'ai compris qu'il n'y a pas de « pièces de théâtre » de nos jours, mais des « textes pour spectacles .» [72] Le texte de *Klondyke* est vraiment un texte pour spectacle. Voici le dramaturge des *Insolites* tourné maintenant vers les splendeurs de la nature *extérieure,* vers

67. G. BESSETTE, *op. cit.*, p. 673.
68. *Le Gibet*, p. 145.
69. *Id.*, p. 123.
70. Jacques LANGUIRAND, *Klondyke,* Montréal, Le Cercle du Livre de France, 1971, 240p. — *Klondyke* a été créé à l'Orpheum de Montréal le 16 février 1965 par le Théâtre du Nouveau Monde. — On lira le travail très musclé de Renald Bérubé sur *Jacques Languirand, le Klondyke et l'américanité,* dans *Livres et auteurs québécois 1971*, pp. 86-96.
71. *Le Quartier latin, suppl. litt. et artistique,* 11 février 1965, pp. 5-8.
72. *Le Devoir, Suppl. litt.,* 30 décembre 1965.

les grands événements qui révèlent *l'âme générale d'un peuple.* Le thème de l'appartenance — avec ses échecs là aussi — remplace celui de l'absurde. Au lieu de quelques personnages plus ou moins désincarnés, plus ou moins noyés sur une scène, très universalisés (avec des *Lui, Elle, L'Autre, Eux...*), voici des compatriotes en chair et en os à la recherche du « fabuleux métal ».

Dans la *Postface de Klondyke* intitulée *Le Québec et l'américanité,* Languirand scrute notre affiliation à l'Amérique, affiliation qu'il n'a découverte que fort tard. Il la rattache à cette tendance canadienne-française d'aller vivre ailleurs, plus loin, toujours plus loin. C'est le mouvement dionysien (ou dionysiaque) qui comporte deux éléments : la possibilité de bouger, de choisir, et le goût de l'aventure. Dans son fond, pense-t-il, le Canadien français est nomade, extrovert, et cet appétit de conquête se réfère à un appétit mâle. Les deux grandes ruées vers l'or américain, celle de la Californie en 1849, celle du Klondyke dans le Yukon en 1896, « apparaissent comme des événements microcosmes de l'âme américaine ». L'homme y a exorcisé sa peur, s'initiant ainsi à un degré supérieur de conscience. La ruée canadienne du Klondyke peut sans doute se nommer « le chant du cygne de l'aventure américaine » ; elle n'en a pas moins marqué pour toujours le côté américain des Canadiens français.

Mais, dans l'âme canadienne-française, vit aussi, opposée à la force dionysienne, la tendance apollinienne. Ainsi, face au nomade, le sédentaire ; face à l'extrovert, l'introvert ; face au caractère mâle, la femme. La société québécoise qui se referme sur elle-même dénote la forme féminine de l'âme québécoise.

Caractérisant la force dionysienne, *Klondyke* se présente comme une sorte d'album de luxe qui entend recréer l'atmosphère de la ruée vers l'or en 1896, une sorte de grand opéra. Rien ne manque pour en faire une fête de l'imagination : décors du temps ; costumes de fin de siècle ; photos d'époque projetées sur deux écrans de chaque côté de la scène ; cartes géographiques des différentes passes ; musique fréquente et appropriée qui soulève le subconscient des chercheurs ; solos et chœurs qui envahissent la pièce et l'élèvent ; chorale même des maringouins ; évocations historiques, par exemple celle du vieux vapeur, le Clara Nevada, perdu corps et biens avec soixante-cinq hommes — ou celle du blessé qu'on descend sur une civière ; pantomimes ; lampes à pétrole ; reproduction fidèle de Dawson-City, de sa rue principale, du saloon, des chambres avec leurs « bunks »... tout doit nous ramener vers le passé. Tout ressortit au grand opéra, selon la volonté de l'auteur qui écrit : « La mise en scène doit tendre vers la chorégraphie » [73], en même temps que tout constitue un immense document, une grande fresque historique.

L'auteur a divisé la pièce en deux grandes parties. La première, qui comprend 7 tableaux évoque la fin de l'été (4 tableaux) et l'hiver (3 tableaux). La deuxième — 5 tableaux en tout — répand l'été sur la scène et les personnages. Dans la première partie, l'auteur a particulièrement soigné le jeu de l'hiver (tableau 5), et dans la deuxième, celui de l'été (tableau 9). Ces deux

73. *Klondyke,* p. 26.

tableaux 5 et 9 constituent les deux temps forts de la pièce, dans une sorte d'absolu. Sur les dix autres tableaux, trois représentent la ville, trois une chambre d'hôtel, quatre le « saloon », cette « combinaison du café, du cabaret et du tripot ». Quant au temps, l'action se passe tantôt le jour (5 tableaux), tantôt le soir (3 tableaux), tantôt la nuit (2 tableaux). Ce besoin de division éclaire l'acharnement de l'auteur à ressusciter le plus parfaitement possible toutes les manifestations temporelles et tous les aspects locaux de la ruée vers l'or au Klondyke.

L'atmosphère est également recréée par le nombre considérable des personnages. Quelques-uns d'entre eux sont d'une authenticité criante, comme Soapy Smith, le roi du black jack. Le « fabuleux métal » attira bien des nations et bien des catégories d'humains : lutteurs, anciens chanteurs, anciens bagnards — et quelques femmes, objet de luxe là-bas, filles fardées, habillées en bloomers (jupons courts) et en bottes : on les appelait les « painted women ».

Deux personnages se partagent les rôles dans *Klondyke :* le personnage principal et les autres. Le personnage principal est lui-même multiple : ce sont le chercheur et les parasites : « ils forment la toile de fond humaine de la ruée vers l'or » : barman, policier, naufragé. En plus du chœur des chercheurs, le quatuor vocal observe ce qui se passe, à l'instar du chœur antique, qui commente et enseigne. Dans la pièce — on ne saurait trop insister — doit toujours dominer l'élément musical et spectaculaire, destiné à engager l'affectivité du public et à faciliter la communication avec lui.

Les autres personnages, au nombre de quinze, l'auteur se garde de les buriner. A côté des êtres délicats et bons, comme Pierre et Pitt, il y a la catégorie des durs, les plus nombreux en vérité, et qui représentent bien l'inhumanité des conquistadores du Yukon : Joe Henderson par exemple. Pas de place là-bas pour les faibles. Aux portes des chambres se lit l'avis suivant et... charmant, digne de Languirand : « Les voyageurs sont priés de prendre certaines précautions chaque fois qu'ils croiront devoir échanger des coups de revolver dans la salle à manger, une balle égarée pouvant atteindre inutilement un domestique ou une personne étrangère à la discussion. »[74]

Avec la cruauté, la sensualité. « Le repos du guerrier » devient au Yukon le repos du chercheur d'or, mais à condition d'y mettre le prix. Notre dramaturge n'a su que trop bien rendre l'atmosphère quasi bestiale dans laquelle baignent de nombreuses scènes de « bunk ». Il a particulièrement soigné le preacher, Tartuffe odieux sans scrupule pour voler ses victimes et possédé en même temps du démon de la chair. Il adore presser sur son cœur les « painted women » qu'il prétend retirer du pouvoir du Malin.

Ce mélange de bien et de mal, de mal plus que de bien, Languirand l'a transposé par l'art, dans un style simple et net, populaire sans être bas. *Klondyke* rend un son bien canadien par ces locutions qui trahissent le fond de l'âme, par les élisions dans les chansons, par le vocabulaire du cru : bunk, creek, green horn, saloon, squaw, tenderfoot... mots anglais ou

---

74. *Id.*, p. 45. Cet avis ingénieux se trouve déjà dans *Le Dict. insol.*, p. 79.

indiens nécessaires pour créer l'ensorcèlement du milieu, mais qui n'abondent pas.

*

* *

La technique de *Klondyke* montrait à l'évidence un dramaturge qui entendait profiter au maximum de toutes les ressources de la scène, de toutes les richesses audio-visuelles, de la musique surtout, s'il est vrai — de son propre aveu — que « la vue est le plus rationnel de nos sens ; pour atteindre directement l'émotion, il est préférable de passer par l'ouïe » [75]. Longuement, Languirand a réfléchi sur les principes de l'art théâtral. Comme Molière, il sait que « les pièces de théâtre sont faites pour être jouées » [76]. C'est sur des tréteaux, c'est dans un style de communication extérieure que s'exprime la pensée de Languirand. « Jacques Languirand, dit Jan Doat, pense théâtre, écrit théâtre, produit théâtre. » [77] Notre dramaturge a longuement étudié et étudie toujours la technique de la scène, même s'il a écrit, citant Charlie Chaplin, sous le mot *professionnel,* l'explication suivante : « Nous sommes des amateurs. On ne vit jamais assez pour être autre chose. » [78] Un tel aveu l'honore, mais nous savons sa compétence, son sérieux et toutes ses recherches formelles.

Entièrement symbolique, le théâtre est, pour lui, toute poésie, qui transcrit par l'image l'angoisse de la vie. Il importe de bien saisir la valeur de cette affirmation, sans quoi, on pourra dire comme lui, le farceur impénitent, au mot *auteur* du *Dictionnaire insolite :* « au théâtre, celui qui se fait jouer » [79], c'est-à-dire celui qui est interprété de travers. Nous l'avons noté plus haut : dans *Les Insolites,* l'humour noir se rapprochait de ce « comique absolu » dont parle Baudelaire [80]. Pour le montrer, il fallait passer à l'avant-garde, à la suite de Samuel Beckett et d'Eugène Ionesco. « *Les Insolites,* dit R. Bérubé, remettait en cause le langage traditionnel lui-même et les structures dramatiques. » [81] Ces initiatives, on pouvait les appeler de l'anti-théâtre (comme on avait parlé de l'anti-roman) : en vérité, c'était une nouvelle voie, vraie et authentique, « anti » seulement parce qu'elle se dégageait des formes précédentes.

Dans toutes ses pièces, la réalité est traduite par des symboles. Les deux hommes qu'il y a en chacun de nous, l'un vaincu par la banalité de l'existence, l'autre essayant de se raccrocher à un espoir, sont exprimés par les deux Eugène qui offrent les côtés opposés d'un seul et unique personnage (*Les Violons de l'automne*). La bonté et l'exemple qui se dressent du fumier d'ici-bas et dominent le monde, c'est Perplex au haut de son poteau (*Le Gibet*). Cette même pièce est ponctuée de bruits de train dans la gare

75. *Communication I,* p. 49.
76. MOLIÈRE, *L'Amour médecin,* Notice.
77. Préface du *Gibet,* page non indiquée.
78. *Le Dict. insol.,* p. 111.
79. *Id.,* p. 16.
80. BAUDELAIRE, *Curiosités esthétiques, Rire,* VI. On se rappelle également « Le Mort joyeux » des *Fleurs du Mal.*
81. Dans l'édition du Renouveau pédagogique des *Grands Départs,* p. 12.

toute proche. Les sifflements des locomotives et les heurts des wagons coupent le drame, d'une part pour nous mettre dans l'ambiance de la ville grouillante, d'autre part comme un appel vers l'infini : symbole de Perplex et de son entourage en même temps. Quoi de plus significatif que le décor des *Grands Départs :* « Salle commune d'un modeste appartement. Le désordre règne : meubles entassés, valises, objets divers — sommier, pendule, globe terrestre », etc. Et parmi les objets divers, le grand-père paralytique. Pour révéler l'incommunicabilité des êtres, c'est « *Les Cloisons* ». Dans cette même pièce, Languirand exige « un décor sonore particulièrement important : montage de bruits réalistes et parfois transposés ». Lorsque le symbole a magnifiquement introduit et développé la pensée du dramaturge, lorsqu'on est resté dans le mirage de l'image, le jeu est fini. Ici, on peut reprocher à Languirand le 3e acte des *Insolites* qui paraît inutile, qui n'est plus sur la même longueur d'ondes que les deux premiers. L'intensité dramatique des *Insolites* — on l'a vu plus haut — atteint son point culminant à la fin du 2e acte. Pourquoi alors le 3e ? Peut-être par concession à l'ancien système, aux spectateurs qui veulent savoir, par l'enquête du policier, le nom du meurtrier.

Dans le théâtre symbolique, le geste, on le comprend, est particulièrement soigné, ainsi que toutes les indications scéniques qui trahissent tel et tel état d'âme, tel et tel caractère. En 1962, il écrit cette remarque curieuse — parce que la pointe avancée du cinéma actuel revient à la primauté du geste : « A la mise en scène, on pourra supprimer telle réplique, ou tel passage d'un monologue, si un mouvement ou une attitude en tiennent lieu. » [82] Le spectateur voit les deux mentions à la fois (comme au Moyen Age), les deux personnages à la fois, alors que chacun d'eux parle pour soi et répond mystérieusement aux questions de l'autre.

Cette étude de l'art théâtral, il la pousse jusqu'au plus petit détail. Dans l'édition des *Grands départs,* il a composé lui-même la mise en scène [83]. Pages fort importantes dont nous extrayons ici les paragraphes essentiels :

> La mise en scène d'une pièce suppose une étude approfondie des situations et des personnages... La mise en scène suppose aussi une transposition de l'œuvre littéraire au plan scénique ; elle commence avec le choix des interprètes et se poursuit à travers la définition de l'espace scénique, le style du décor et des costumes, l'utilisation de moyens d'expression purement théâtraux : musique, effets d'éclairage, projections, etc. A la limite, la mise en scène constitue une interprétation d'une œuvre littéraire par le metteur en scène qui nous impose son point de vue et nous invite à considérer cette œuvre sous un aspect particulier.
>
> ....
>
> La mise en scène constitue un langage qui obéit à des règles particulières. Ces règles sont propres à toute forme d'expression qui se définit, à la fois, dans le temps et dans l'espace. Bien que souvent mal comprises, ces règles sont plus strictes que celles de la langue écrite : elles ne reposent pas sur le bon usage et sur l'évolution de la langue, mais sur des archétypes.

82. *Les Cloisons,* p. 70.
83. *Les Grands Départs,* édit. du Renouveau péd., pp. 3-8.

Pour les déplacements des personnages sur scène, voici ce qu'il pense de la triangulation :

> Le triangle est la forme géométrique la plus dynamique. En disposant des personnages, ou des groupes de personnages, ou encore des personnages et des objets, selon une dynamique triangulaire, on évite la déplorable symétrie. D'autre part, la disposition triangulaire est celle qui assure la plus grande flexibilité et permet de déplacer les personnages selon des lignes de force.

L'attitude, le geste, le mouvement, quel équilibre existe entre eux ?

> Ce sont les attitudes physiques des personnages, les uns par rapport aux autres, qui permettent d'exprimer l'essentiel de la situation.
>
> Un personnage peut adopter une attitude positive (donner, recevoir), négative (rejeter, refuser), ou neutre. Imaginez, par exemple, un interlocuteur assis devant vous, sur une chaise : si vous parvenez à l'intéresser, son corps sera plus ou moins vers l'avant ; si, au contraire vos propos l'indisposent, son corps sera plus ou moins vers l'arrière ; entre ces deux attitudes extrêmes, se trouve celle de l'interlocuteur qui n'a pas encore pris parti. De l'attitude, on passe au geste qui la prolonge : le regard accroche ou décroche, le personnage tourne la tête vers ou la détourne de... Et du geste, au mouvement qui la prolonge encore davantage : le personnage se rapproche, s'éloigne... Dans le doute, pour indiquer le geste ou le mouvement juste, on doit donc remonter à l'attitude [84].

Le long passage suivant étudie les dangers et les avantages de l'attitude d'un personnage tourné vers le public. Languirand termine par une pointe digne de lui :

> Dans le cas des *Grands Départs,* il faut redoubler de prudence : la comédie n'est ici qu'un masque derrière lequel se cache le drame afin de passer inaperçu et prendre tout le monde par surprise — à commencer par l'auteur [85].

Languirand, homme de théâtre, produit parfois des pièces qui sont de purs exercices de fantaisie, *Diogène* par exemple. Dans cette bluette, la présence du paravent permet des oppositions faciles, des jeux de scène amusants ; l'épilogue charmant et endiablé au cours duquel chaque acteur se retire en emportant un morceau de décor nous ramène en plein à l'essence du théâtre.

On mentionnera enfin *L'Age de pierre* qui fut créé en 1970 dans une version anglaise, sous le titre de *Man Inc.* Pour la première fois, par l'entremise du film, L'ONF s'associait au théâtre et fournissait une toile de fond en trois dimensions pour une illustration humoristique et sensible de l'homme depuis la *Genèse* jusqu'à l'an 2001.

*

* *

84. *Id.*, p. 6.
85. *Id.*, p. 7.

L'HOMME
L'HOMO AMERICANUS
L'HOMME DANS L'UNIVERS

Au fil de ces pages, nous avons essayé d'expliquer l'évolution de Languirand. Nous avons étudié le premier Languirand ou le problème de L'HOMME — et le deuxième ou L'HOMO AMERICANUS. Nous avons vu que ce qui dominait chez le premier, c'était le doute, le scepticisme à la Montaigne, l'ironie légère ou cinglante, le sourire ou le rire qui camoufle l'angoisse, un Languirand distingué, dilettante, esthète. Négatif dans sa conception de l'homme, ne semble-t-il pas, dans l'aveu suivant, admettre la possibilité d'une autre démarche — positive celle-là — avec, en contrecoup, des pièces toutes différentes ?

> Il m'est arrivé, à quelques reprises, de vouloir tirer le trait, faire le bilan de ma vie. Chaque fois, je parvenais à une conclusion bouleversante : les mêmes éléments auraient pu composer *une vie positive* [86] — la même enfance, les mêmes expériences, etc. Ou presque. Il suffisait de bien peu — D'UNE AUTRE ATTITUDE DEVANT LA VIE PEUT-ETRE [87].

Languirand a choisi l'attitude la plus sombre, dans sa peur des grands sentiments, des grands sujets, des grands hommes, de la grandeur humaine. Il est loin d'avoir répondu parfaitement à notre attente dans la manière dont il a vu la tragédie de l'homme ici-bas. Plus calme dans sa deuxième étape — L'HOMO AMERICANUS — lorsqu'il s'est tourné avec *Klondyke* vers le théâtre historique de communion collective, il a confessé, là encore, un échec commun. La troisième étape, celle qu'il franchit actuellement, c'est sa recherche de la place de L'HOMME DANS L'UNIVERS. Son dernier ouvrage, *Communication I* le montre ouvert « à tout vent de doctrine », comme dirait la Bible qu'il aime citer, acceptant tout, ne refusant rien. Celui qui passe « par quatre chemins » (pour employer les termes mêmes de l'émission radiophonique qu'il dirige actuellement) à la fois, peut-il arriver à la connaissance d'une vérité UNE ? L'avenir dira où va aboutir — en l'an 2001 (!) — un homme, un grand artiste, au demeurant si bon et si sympathique.

86. C'est nous qui soulignons.
87. *Tout compte fait*, p. 190. — C'est nous qui soulignons.

Françoise Loranger: du théâtre libre au problème de la liberté

par Jean-Marcel Duciaume,

professeur à l'Université de l'Alberta

> « Je crois (...) que de plus en plus le théâtre se mêlera à (*sic*) ce qui ne semblait pas jusqu'ici le concerner : problèmes collectifs, sociaux, politiques, etc. C'est d'ailleurs le seul moyen de le faire enfin descendre dans la rue, accessible au plus grand nombre et vivant de sa vie. Non pas mirroir (*sic*) seulement, mais ferment d'action. »

Le Chemin du Roy

L'œuvre récente de Françoise Loranger constitue l'aboutissement d'un long, d'un dur projet, qui aura mis une vingtaine d'années à se réaliser. De *Mathieu* à *Medium saignant*, n'a cessé de se dessiner son rêve de la libération de l'homme québécois, de sa « naissance à l'amour de la vie ». Aboutissement qui n'est toujours qu'une porte ouverte sur un avenir encore incertain, qu'une volonté collective tente cependant d'assumer, de faire sien, envers et contre tous. Volonté qui ne fut d'abord (et qui n'est peut-être encore) qu'un « inconscient collectif », à l'écoute duquel se serait adonné l'auteur de *Double jeu,* du *Chemin du Roy* et de *Medium saignant.* Préoccupations que Loranger nourrissait déjà à l'époque d'*Une maison... un jour,* d'*Encore cinq minutes* et, vraisemblablement, de *Mathieu,* car si les thèmes s'élargissent, les préoccupations restent les mêmes. « On ne peut faire qu'approfondir » disait-elle, affirmant auparavant : « Je me rends compte de plus en plus que derrière tout ce que je fais il y a une idée : la nécessité pour un être humain de devenir autonome. »[1] Notion proliférante qui va, on le constate maintenant, jusqu'à embrasser le Québec entier.

Singulièrement consciente de son métier d'écrivain, Françoise Loranger tente de circonscrire « une rare unité thématique, tout entière sous le signe de la vie »[2] par une recherche, sans cesse renouvelée, de la forme qui la pourrait mieux exprimer : un lieu de rencontre où l'homme pourrait se voir, se reconnaître et s'assumer pleinement. Projet longuement élaboré, sans doute parfois hésitant, et que Marc-F. Gélinas définit ainsi :

> Dans *Une maison... un jour,* c'était une recherche intérieure. Dans *Encore cinq minutes,* c'était la nécessité de savoir qui l'on est. Dans *Double jeu,* c'était la nécessité une fois que l'on sait qui l'on est, de le dire. Dans *Le Chemin du Roy,* c'était de le dire collectivement, et dans *Medium saignant,* c'était la tentative d'exorciser toutes les peurs qui vont avec ce que l'on est[3].

On voit se dessiner un cheminement : partie d'un théâtre psychologique qui tente d'exprimer le personnage, l'auteur se tourne vers un théâtre de participation, entre « plutôt dans le collectif avec une dramaturgie qui englobe tout le contexte sociologique »[4], fait s'exprimer le personnage, maintenant fort de sa parole.

Cette évolution, signifiante en elle-même, retrace peut-être, à l'échelle bien sûr, le cheminement de la dramaturgie québécoise récente.

*
* *

Du roman à la conquête de la scène

Françoise Loranger n'a, à ce jour, commis qu'un seul roman[5] et elle refuse de récidiver : elle préfère communiquer par le théâtre qui lui permet, sur-le-champ, de connaître la réaction des gens et de savoir si elle les atteint[6]. Pourquoi avoir commencé dès lors par le roman ? Par nécessité, cela va de soi. Excusant Bruno, qui quitte Montréal pour New-York, Loranger écrit, en 1949 : « Il faut une telle vocation pour être comédien dans une ville sans théâtre. »[7] Comment pourrait-il en être autrement du dramaturge ? Aucun directeur de théâtre n'ose, à cette époque, compromettre la situation

---

1. Cf. l'interview accordée à L. Perreault, *Françoise Loranger et les plaisirs de la communication,* dans *La Presse,* 14 janvier 1967, supplément, p. 5.
2. J.-C. Godin, *Françoise Loranger ou la maison éclatée,* in J.-C. Godin et L. Mailhot, *Le Théâtre québécois,* Montréal, HMH, 1970, p. 110.
3. M.-F. Gélinas, *Françoise Loranger en vacances de théâtre, Le Magazine MacLean,* nov. 1970, p. 60.
4. Cf. l'intervention de F. Loranger, *Le Père dans la littérature,* dans *Interprétations,* vol. 3, nos 1 et 2, janvier-juin 1969, p. 239.
5. Nous excluons, bien entendu, les quelques romans de jeunesse qu'elle admet avoir écrits (cf. l'interview accordée, le 18 décembre 1968, à quelques étudiants de la faculté des Lettres de l'Université de Montréal) mais qui n'ont jamais été publiés. Nous excluons aussi les téléromans *A moitié sage* et *Sous le signe du lion* qui relèvent d'une technique aussi proche du théâtre que du roman.
6. Cf. J.-P. Brousseau, *Loranger : Le vrai sujet de ma pièce, la peur,* dans *La Presse,* 10 janvier 1970.
7. *Mathieu,* Montréal, Le Cercle du livre de France, 1949 — C.L.F. « Poche » 1967, p. 356.

déjà précaire de ses affaires en jouant des œuvres d'ici. Que faire alors ? Se lancer à ses frais comme Gélinas, fort d'ailleurs du succès des Fridolinades ; consentir à la publication de ses écrits pour le théâtre comme Ferron ; à la limite, écrire, comme Thériault, un théâtre radiophonique. Dubé sera l'un des rares dramaturges à connaître le succès à la scène, avant les années soixante. La radio et la télévision servent de palliatif pendant un long moment. Et pourtant, l'immédiat après-guerre, de même que la contestation récente du *Refus Global* [8] étaient des facteurs propices à une activité littéraire toujours plus intense et plus engagée.

> Vers 1950, avec un *Fils à tuer, Le Marcheur, Zone, Mathieu, Le Torrent,* une forme précise d'inventaire, d'agressivité et de libération se dessine dans la littérature québécoise. Cette *révolte contre un despotisme longtemps supporté en silence* ne serait-elle pas une *transposition sur le plan familial, des contraintes que subit dans son milieu social la jeunesse canadienne* [9] ?

C'est bien là, on s'en rend compte, le sujet de *Mathieu :* la révolte du jeune homme contre sa mère despote, symbole d'un Québec humilié et humiliant. Lutte qui englobe le père, la mère, les oncles et tantes, tous tributaires de valeurs aliénantes et dépossessives, tous acharnés à le priver de son seul bien : son individualité. Resté seul, Mathieu est sujet au doute et à l'incertitude face à l'existence, face à la connaissance de soi. Si la lutte qu'il livre à ceux qui l'entourent est serrée, elle n'est rien comparée à celle qu'il se livre à lui-même. Le conflit (terme éminemment dramatique, que nous employons à dessein) ne sera résolu qu'avec la victoire de Mathieu sur lui-même :

> J'aurai été lent à comprendre, Danielle, mais j'espère avoir compris pour la vie. Cette joie que j'ai tant souhaitée, ce n'est pas en vain que je la cherchais : elle existe. Si j'ai mis tant de temps à l'atteindre, c'est que je refusais de reconnaître qu'elle tient tout entière dans l'amélioration de l'individu, et qu'il suffit de se vaincre pour que jaillisse la lumière [10].

Ainsi, le premier « drame » de Françoise Loranger connaît le dénouement de la presque totalité de ses pièces ultérieures : une victoire de l'homme sur la vie. Il n'y a pas à vrai dire de fatalité chez elle, mais un destin généralement heureux pour celui qui s'assume sans réserve, au prix de tous les efforts.

Oeuvre capitale sur le plan de la thématique, *Mathieu* l'est aussi au niveau des structures. Tout tend, déjà ici, vers l'élaboration d'une œuvre dramatique. Au premier degré : la volonté d'intégrer à la vie de Mathieu et à celle du roman, la vie théâtrale à Montréal. Les cousins Bruno et Danielle deviennent des comédiens aguerris, directeurs d'une troupe, d'avant-garde de surcroît. Metteurs en scène de Giraudoux (*Ondine*) et de Sartre (*Les Mouches),* ce qui n'est pas peu dire en 1949 [11]. Nicole ira donc vers ses cousins

8. *Refus Global*, Saint-Hilaire, Mythra-Mythe, 1948.

9. L. MAILHOT, *Deux saisons dans la vie de la Nouvelle-France : Un fils (ou un père) à tuer,* dans *Le Théâtre québécois,* p. 56.

10. *Mathieu,* p. 352.

11. Ce n'est d'ailleurs pas très loin de la réalité puisque l'Equipe de Pierre Dagenais donnait, en 1946, au Gesù, le *Huis-Clos* de Sartre qui, de passage à Montréal, voyait sa pièce pour la première fois (cf. J. Béraud, *350 ans de théâtre au Canada,* p. 257).

dans le but évident de s'intégrer au monde théâtral. Dès les premières pages du roman, une sous-intrigue naîtra qui ne s'achèvera qu'à la toute dernière page.

« Je t'annonce que je vais faire du théâtre ! » dit Nicole à Mathieu (p. 15). Celui-ci, amusé, ne peut faire autrement que de songer : « Elle est capable d'y arriver ! Quand elle a quelque chose dans la tête, tous les moyens sont bons pour arriver à ses fins » (p. 16). Effectivement tous les moyens sont bons et Nicole ne recule devant rien : manigances, crises de larmes, pots-de-vin, chantage, tout y passe. L'intérêt de l'intrigue secondaire, c'est qu'elle permet l'approfondissement du thème majeur de l'œuvre. Nicole est un personnage factice, emprunté, et qui joue presque toujours un jeu : elle a pour théâtre la vie. Mais, son aisance à louvoyer, sa richesse et son apparent succès ne lui apportent pas le bonheur. Jouant toujours un personnage, Nicole ne peut parvenir à la connaissance de soi, comme y arrive Mathieu par le dépouillement. Le procédé peut paraître un peu grossier, il n'en est pas moins efficace.

Mathieu est un roman psychologique, dont on n'a peut-être pas toujours retenu l'originalité, en ce qui a trait, en tout cas, à sa composition : il témoigne déjà d'une écriture scénique, dramatique. On pourrait, presque, le considérer déjà comme un radio-roman [12], ou mieux, un téléroman du style d'*A moitié sage* et de *Sous le signe du lion,* du même auteur. Le dialogue et les gestes sont décrits pour nous faire visualiser le déroulement de l'action. Tout est prévu.

> Penché sur son livre, Mathieu soupirait doucement, comme un blessé, comme un malade, comme quelqu'un qui n'est pas fâché de soupirer sans témoin, lorsqu'il entendit des voix familières. Sa mère et sa marraine traversaient le hall pour venir le rejoindre. Hésitant sur l'attitude à prendre, il opta pour la désinvolture et alla ranger le volume dans la bibliothèque. Mais il mentait aux autres mieux qu'à lui-même.
> — *Collégien ! Pourquoi te caches-tu d'aimer la poésie* [13] *?*

On peut suivre le parcours de la caméra, d'abord sur Mathieu ; « voix off » ; l'on se retourne avec Mathieu pour voir venir la mère et la marraine ; l'on assiste à la réaction externe du personnage, qui range son livre pendant qu'une voix pré-enregistrée dévoile sa pensée intime. L'auteur attache d'ailleurs une importance capitale à ce dédoublement interne-externe qui révèle le mieux le personnage :

> Il n'y a rien à voir ! ragea intérieurement Mathieu, irrité de sentir une fois de plus la présence de ce démon familier qui semblait toujours ridiculiser ses réflexions les plus profondes. Je sais qu'il n'y a rien à voir ! Rien ! Rien ! Rien ! Le monde est pourri ! »
>
> Il donna un brusque coup de pied dans un tabouret de cuir qui se trouvait dans son chemin et rejoignit les autres plus mécontent que jamais de lui-même et de la vie [14].

---

12. On en a d'ailleurs donné une adaptation à Radio-Canada, « Les Grands Romans Canadiens », 6 mai 1951.
13. *Mathieu,* p. 9.
14. *Ibid.,* p. 20.

Limitant notre incursion au chapitre premier toujours, nous ferons maintenant mention de la vivacité du dialogue, de même que du langage scénique qui se trouve intercalé dans le texte, tel que : « mélodrame », « personnage », « entrée », « sortie », « aparté » (se pencher-murmurer), « répliquer », etc., qui témoigne de la part de l'auteur d'une « volonté de représenter » qui, comme l'indique Jean Duvignaud, « ne définit jamais un contenu mais (...) dramatise en le construisant un aspect de l'existence qui, par cela même, devient transmissible » [15]. Ce désir de dramatiser correspond, évidemment, à cette nécessité d'exposer et de résoudre le conflit de Mathieu, tout autant que de nous faire percevoir l'attitude du jeune homme à l'égard des autres et celle des autres à son égard.

Nous avons déjà signalé la vivacité du dialogue. Si elle en fait un usage fréquent, Françoise Loranger n'en abuse pas. Il lui permet de faire avancer l'action, d'en marquer les rebondissements et les moments forts, tels les dialogues de Mathieu avec Dieu [16].

Voyons comment l'auteur permet souvent aux personnages de se donner la réplique. Il s'agit d'une scène où Mathieu refuse d'accompagner Nicole dont il ne comprend pas très bien le projet.

> (...) Viens donc Mathieu ! Ça m'ennuie d'aller seule à un endroit où je ne connais personne. Entre au moins dans le théâtre avec moi, après tu...
>
> — Ah bon ! Je croyais que c'était chez lui que tu voulais m'emmener...
>
> — Mais non, au théâtre ! (p. 17)

Voilà beaucoup de concision et de netteté dans des dialogues qui sont déjà prêts pour la scène : Françoise Loranger sait faire parler ses personnages. Elle sait de plus construire une action dramatique, choisir soigneusement le conflit et le poursuivre jusqu'en son dénouement.

Elle poursuit l'œuvre amorcée par une adaptation radiophonique de *Mathieu,* de même que par la composition d'une pièce qui ne devait pourtant pas connaître les feux de la rampe [17]. L'avènement de la télévision allait cependant lui fournir les moyens de poursuivre sa carrière. Elle y donnera successivement les téléthéâtres suivants : *Madame la présidente* (1956), *La Santé des autres* (1956), *C.Q.F.D.* (*Quatuor,* déc. 1957-janv. 58) et *Jour après jour* [18] (1958) qui poursuit le thème du roman.

Le rapprochement n'est que trop évident. Mathieu et Blanche subissent le despotisme maternel, nourri dans l'amertume d'un foyer déserté par le

---

15. J. DUVIGNAUD, *Spectacle et société,* Paris, Denoël-Gonthier, « Médiations », 1970, p. 13.
16. Cf. *Mathieu,* pp. 65-68.
17. Cf. l'interview accordée aux étudiants de l'Université de Montréal (18 déc. 1968). Il s'agirait probablement de *Jour après jour* qui nous paraît avoir été écrite pour la scène et plus tard adaptée pour la télévision. Le mot de présentation à l'édition (Leméac 1971) nous permet aussi cette hypothèse.
18. Qui devait à l'origine s'intituler *L'Ecole des vieilles filles* comme en fait foi un manuscrit consulté à la Bibliothèque de l'Université de Montréal. La pièce fut publiée dans les *Ecrits du Canada français XX,* 1965, sous le titre de *Georges... oh ! Georges* et en 1971 chez Leméac sous le titre de *Jour après jour,* texte suivi d'*Un si bel automne.*

père. L'un et l'autre se voient ainsi comme amputés d'une part d'eux-mêmes. Blessés et violés dans leur liberté d'être, monstres d'abnégation, ils font face à la vie avec un cynisme qui ne peut être autre chose qu'un mécanisme d'autodéfense. Mathieu réussit pourtant à fuir le milieu sordide de sa naissance. Il entreprend le voyage symbolique à la montagne, source de vie et d'amour. Le rituel initiatoire, que lui fait subir Rochat (curieusement près de rachat), prépare la renaissance de l'homme libre. Blanche, par opposition, choisit de s'enliser. Dans la crainte que sa sœur Lucienne ne se sorte du bourbier, elle ridiculise le prétendant, Georges, rendant ainsi impossible la rédemption par l'amour. Or ce qu'elle ignore, c'est que Georges porte sur elle son dévolu, et qu'en privant Lucienne d'une libération possible, elle se prend à son jeu et paye de sa liberté.

Il n'y a plus d'espoir, et pour la première fois Françoise Loranger recale un de ses personnages. Démonstration lucide, peut-être, de notre détermination à ne pas souffrir le bonheur des autres, tant on a peur comme Berthe, Janine, Lucienne et Blanche de vivre et d'aimer. *Jour après jour,* c'est en microcosme la société canadienne-française toute tendue vers sa libération, mais incapable d'actes libérateurs ; symbole-cliché du nivellement contraignant et violent, imposé de soi. Et en 1958, on ne peut pas répéter l'exorcisme qu'a connu Mathieu ; on est loin encore du rituel-exorcisme collectif qu'est *Medium saignant.* On se sent incapable, par peur ou par pudeur, de la confession-prise de la parole, seule capable de conduire à la libération. Ce qui fait que Blanche ne peut avouer à Georges le triste rôle qu'elle joue, et que son « cri » s'étouffe derrière une porte inexorablement fermée sur elle [19].

Comment, en effet, vivre en homme libre quand on se constitue prisonnier de son silence ? Il n'y a de lieu possible pour l'homme que dans la parole, affirmation de soi. Aussi faut-il comprendre *Un cri qui vient de loin* [20] comme symbole de la libération de la parole, de la renaissance : vagissement précurseur d'une parole plus tard abondante et signifiante. La structure même de la pièce est révélatrice à cet égard : il n'y a pas à proprement parler de dialogues, mais un long monologue intérieur (de la part du héros, Lui) visuellement exposé. Même dans les quelques séquences où l'auteur fait appel à des personnages qui s'interposent entre Lui et son rêve (scène du clochard ; celle ou Lui va chez son père et sa mère), il n'y a pas dialogue, mais confrontation de deux ou de plusieurs monologues.

Il n'en va pas autrement, par ailleurs, des rapports entre les personnages. Lui, ingénieur nouvellement revenu du Grand-Nord, a surpris sa femme, Michelle, dans les bras de son meilleur ami. Ils sont impuissants à s'expliquer et le silence s'installe entre eux. Lui n'arrive à exprimer son refus que dans la fuite. Toute tentative d'explication reste à l'état larvaire du rêve. Il imagine les multiples réactions de Michelle face à son abandon, mais demeure impuissant à susciter la réalisation des alternatives rêvées. Il ne lui reste plus

19. Effectivement, l'auteur vide la scène, et Lucienne, restée seule, étouffe son cri dans des sanglots : « Je ne voulais pas... je ne voulais pas être comme elles ! Je voulais... (Pleurant) Georges !... oh ! Georges. »

20. Téléthéâtre créé à la télévision de Radio-Canada, en 1965, et publié en 1967. *Encore cinq minutes* et *Un cri qui vient de loin,* Montréal, Le Cercle du livre de France.

qu'à partir en silence, ce à quoi il se résoud finalement. Son inconscient l'entraîne cependant au lieu même de sa naissance, là où retenant le cri d'angoisse de l'enfant abandonné par sa mère, il avait perdu la parole. Reprenant ce cri à l'état d'acte pur, il atteint au moins à la demi-libération.

Françoise Loranger, avec ses personnages, a découvert un langage ; ce n'est peut-être que celui de la souffrance, mais « le langage de la souffrance comme celui de la politique [est] un moyen d'atteindre et de modifier la conscience collective. » [21]. Il suffit de prendre des hommes, de les investir de toutes nos peurs, de tous nos maux et de les projeter sur scène. « Ces suppliciés bavards feront franchir à la communauté des siècles en quelques heures... » [22]

*
* *

De la conscience de soi à celle de l'autre

Dans une entrevue accordée à Thérèse Dumouchel [23], Françoise Loranger reconnaît que le régime duplessiste a forcé les gens à se replier sur eux-mêmes, seul lieu d'évasion. Confrontés à leurs problèmes intérieurs, les gens n'en voyaient pas toujours la dimension sociale et politique, mais ces problèmes « étaient de toute façon l'expression de l'âme québécoise ». L'auteur aura vécu sa jeunesse comme un exil, « condamné à vivre emprisonné dans (sa) carcasse, étranglé par un silence qui dure depuis trop longtemps » [24]. C'était déjà la mort, pas toujours immédiate, mais inexorable. Une mort qui devait être transgressée. Par une prise de la parole qui est vie, et s'oppose à la mort-silence : « Au commencement était le verbe actif. Au commencement du théâtre comme de l'univers. » [25]

Aussi faut-il comprendre qu'*Une maison... un jour* et *Encore cinq minutes* ne sont pas que des œuvres d'un « théâtre psychologique, traditionnel et bourgeois, à la recherche des seules vérités du cœur » [26]. Elles sont aussi un inventaire lucide de notre héritage socio-culturel ; une analyse de notre difficulté d'être ; une contestation de l'ordre imposé ; un acte de foi en l'homme et en l'avenir.

Le « monde » de Françoise Loranger est dominé par la peur. Peur des mots : Vincent (*Une maison... un jour*) bute constamment sur le vocable « hospice », Henri et Gertrude (*Encore cinq minutes*) s'accrochent désespérément à la correction du langage de leur fils Renaud. Peur de la mort chez Vincent et le Grand-père ; peur de vivre chez Michel qui s'abrutit dans l'inaction béate ou chez Catherine qui se plonge dans l'action pour oublier ; peur de partir ou de voir l'autre partir (*Un cri qui vient de loin* et *Encore*

21. J. DUVIGNAUD, *op. cit.*, p. 53.
22. *Ibid.*
23. Cf. T. DUMOUCHEL, *Théâtre : événement vécu par la collectivité,* dans *Parti pris,* vol. 5, no 5, fév. 1968, pp. 53-57.
24. *Mathieu*, p. 140.
25. M. GOUHIER, *L'Essence du théâtre,* Paris, 1943, p. 63.
26. A. PONTAUT, *Dictionnaire critique du théâtre québécois,* Montréal, Leméac, 1972, p. 109.

cinq minutes). Un monde en somme habité par « les démons de la peur ». Et la « litanie » de *Medium saignant* s'étire sans fin : peur des autres, de soi-même, peur d'être nu ou d'être vu, de la jeunesse et de la vieillesse, peur d'aimer, de haïr, des hommes et des femmes, peur de parler, de faire rire de soi, d'être critiqué ou rejeté, peur de l'inconnu, de la misère, des Anglais. Peur d'avoir peur [27]. Vingt ans après, le Québec en est encore au *Refus global* qu'il réitère cette fois sur la scène en un rituel proche de l'exorcisme auquel participait certains soirs la salle entière. Fête libératrice qu'avait connue aussi le public du *Chemin du Roy* et de *Double jeu*. En somme, il fallait s'arrêter, et jeter sur ses peurs un regard lucide, non pas pour « arrêter d'avoir peur et croire au succès », mais pour les assumer. La psychologie moderne croit à cet égard que l'être humain doit passer par un processus de « désintégration positive » avant de pouvoir se réaliser. Que pour faire l'unité fondamentale de sa personnalité, l'homme doit se débarrasser de tout système dualiste comme pour l'instinct de vie et de mort ; il doit aussi assumer l'angoisse et la régression qui ne sont que des expressions superficielles de tendances positives plus profondes. Ces notions me paraissent aussi applicables à la sociologie : un peuple peut et doit atteindre, en deçà de ses contradictions et de ses angoisses apparentes, à l'unité profonde de son être. L'homme de Françoise Loranger, s'il y parvient, sera donc le symbole de l'homme québécois, de la communauté québécoise en voie de libération.

*
* *

Le théâtre de Loranger se situe dans la plus pure tradition du théâtre — tel que nous le connaissons en Occident. « Il se veut lieu de mise en crise, destiné à permettre le surgissement des éléments productifs de cette crise pour mieux devenir, ensuite, élément générateur de sa thérapeutique. » Dans le cas du nouveau théâtre surtout, élément générateur qui mettra « en procès soit le spectateur individu, soit les conditions globales, formatrices de la conscience réifiée » [28]. Il y aurait, à cet égard, de nombreux rapprochements possibles : cette façon de poser le problème, dans *Une maison... un jour* et dans *Encore cinq minutes,* tient de la tragédie racinienne en ce qu'au départ, l'auteur place ses personnages en pleine crise et qu'il ne s'agit plus que de conduire l'intrigue à son dénouement naturel qui, même si ce n'est la mort, n'en est pas moins ici une « prise de possession, par l'homme, de sa destinée » [29] ; rapprochement avec la tragédie antique pour *Double jeu* dans sa proposition d'une « catharsis » aristotélicienne [30].

Ainsi, dans *Une maison... un jour,* devant l'imminence d'une rupture, de la perte d'habitudes confortables, perte d'une emprise sur le connu, chacun des personnages se sent tenu de se remettre en cause, d'où l'unité d'action qu'on a tellement décriée. Il importe peu que la maison soit démolie ; il n'en

27. *Medium saignant,* Leméac, 1970, pp. 130-131.
28. E. Copferman, *La Mise en crise théâtrale,* Paris, François Maspero, 1972, p. 7.
29. J.-C. Godin, *op. cit.,* p. 111.
30. Cf. J. Garon, « *Double jeu* : psychodrame à la rescousse de l'être humain », *Le Soleil,* 1er fév. 1969, p. 32. Egalement, J.-C. Godin, *op. cit.,* p. 119.

est pas de même de la menace qui pèse sur la vie de chacun. Seule Dominique échappe à cette contingence parce qu'elle est déjà libre de toute attache, ou tout simplement comme le dit Daniel, parce qu'elle « est » [31]. Michel ne marque, lui non plus, aucun attachement à cette maison, mais il n'est pas totalement libre, il a son « corps qui [lui] est une prison » [32] et comme Mathieu, il est étrangement épris de l'incertitude. Michel et Dominique sont, néanmoins, les piliers de cette architecture dramatique. Dominique parce qu'elle représente, à peu de chose près, l'être libre que souhaite Françoise Loranger ; lui parce qu'il se fait le porte-parole de l'auteur en ce qui regarde sa conception de ce monde absurde auquel sont confrontés les personnages.

Dominique sait l'importance d'être soi et surtout sait qu'il ne faut pas « empêcher les autres d'être ce qu'ils sont ». Si elle reconnaît l'importance d'un changement en profondeur chez l'autre, elle ne l'impose pas, elle fait en sorte qu'il jaillisse de lui-même ; aussi, devant les doutes de Nathalie quant à son amour, elle lui répond : « C'est de toi qu'il s'agit, regarde en toi. La réponse ne peut manquer de jaillir. » [33] A la fin, confrontée à l'amère réalité de l'amour de Nathalie pour Daniel, elle souffre du malheur qui étreint, à la fois, ses deux filles, mais elle l'accepte parce que « la souffrance infligé (*sic*) aux autres, n'est qu'une forme plus douloureuse encore de la souffrance » [34]. Et à Nathalie qui lui crie que cette « voie douloureuse » « est la seule qui (lui) convienne », elle répond : « alors, il faut la suivre, Nathalie... Bonne ou mauvaise, il faut la suivre. C'est par là qu'il faut commencer, j'imagine, pour savoir qui tu es, et pour le devenir... Comment faire autrement si l'on veut un jour comprendre quelque chose à quelque chose ? » [35] Au-delà d'un épanchement sur de mesquines valeurs bourgeoises, qu'elle pourrait bien invoquer, Dominique reconnaît la nécessité profonde d'être bien avec soi. « Un être humain doit finalement se créer lui-même et peut-être que s'il n'a pas de modèle, il sera forcé d'être lui-même et de se réaliser plus rapidement. » [36] Nous comprenons, dès lors, pourquoi Dominique accepte mal que Catherine soit jalouse d'elle et surtout qu'elle réagisse à un modèle, somme toute illusoire. Ce qu'elle souhaiterait, de la part de Catherine, c'est une plus grande indépendance : « Ah ! Catherine, cette part de toi dont tu ignores tout, qu'elle t'éclairerait si tu voulais la voir. » [37]

Michel, par ailleurs, ne poursuit pas d'autre but ; mais il ne peut guère être utile aux autres n'ayant pas résolu son propre problème. Aussi considère-t-il ne rien pouvoir « transmettre aux autres hormis un doute sans fin des valeurs » imposées [38]. Il provoquera, pourtant, par son interrogation de la vie, une prise de conscience lucide de la part du grand-père. Il est de par sa propre volonté, l'instrument de la libération la plus grande : celle de la peur

31. « Oui, oui, mais parce que vous êtes, effectivement. Ici ou ailleurs, vous êtes... vous avez une présence. » *Une maison... un jour*, Montréal, Le Cercle du livre de France, 1965, p. 40.
32. *Ibid.*, p. 92.
33. *Ibid.*, p. 38.
34. *Ibid.*, p. 148.
35. *Ibid.*, p. 151.
36. Françoise LORANGER, *Interprétation*, no cité, p. 239.
37. *Une maison... un jour*, p. 77.
38. *Ibid.*, p. 70.

de mourir. Grâce à Michel, Grand-père renonce à toute évasion pour assumer la vie dans la mort, délivré de l'angoisse toujours grandissante dans la fuite. Aussi tout ce qui suit n'est-il qu'un « anti-climax », l'homme ayant de son propre chef assumé sa destinée.

Dès le moment où le rideau tombe, le spectateur n'a plus l'impression d'une catastrophe, d'un monde qui s'écroule, mais la certitude (ou l'espoir) qu'un système de valeurs nouvelles, plus personnelles, plus individualisées commence de naître. Quittant le théâtre, il ira peut-être se mettre au lit en songeant que « la vie commence demain »[39].

Mais *Une maison... un jour* a les défauts de ses qualités et il semble que Françoise Loranger ait reconnu — avec ses critiques — un trop grand éparpillement dans cette pièce. Aussi a-t-elle conçu le projet d'une œuvre où la problématique serait investie en un seul personnage : Gertrude, dans *Encore cinq minutes*. La focalisation permet, sans conteste, une intensité dramatique plus importante, mais n'empêche pas pour autant l'auteur de distraire l'attention du spectateur en introduisant un trop grand nombre d'éléments qui, à peine effleurés, nuisent à la réalisation du conflit[40].

La quête de la liberté, d'une vie intérieure, se trouve, au départ, admirablement bien posée. La mécanique complexe de la vie s'est avancée d'un cran par rapport à *Une maison... un jour*. Gertrude s'apprête à franchir le seuil d'une vie nouvelle ; elle a fait le vide en elle-même, comme le suggère l'atmosphère de cette « pièce blanche et vide où [elle] tourne en rond »[41]. Elle s'est littéralement mise à nu[42]. Ou presque ; mais elle reste toujours happée par les vestiges de son passé — comme le suggère la vieille robe de chambre ; le dépouillement total et irréversible, elle ne semble point pouvoir l'atteindre. Il faudrait que sa vie même, comme le « style de cette pièce (...) jaillisse du plus creux de ses entrailles... du plus que profond d'elle-même ! Qu'[elle] naisse en quelque sorte du tissu même dont elle est faite » (p. 7). Mais ce n'est pas possible parce qu'il y a toujours les autres. Tous les autres, dont, kaléidoscope imparfait, elle n'offrirait qu'un absurde reflet. Henri, Geneviève, Renaud surtout qui « ne renonce pas à l'idée de (la) changer » (p. 72) sans comprendre la nécessité interne de toute libération. Mais « c'est de ça [qu'elle] crève ! » (p. 73). Qu'une solution : le vide absolu ; jeter « tout ce qui vient des autres », laisser « une grande pièce nue... toute blanche... toute blanche... » (p. 69), la chambre funéraire préalable à la renaissance ; un tabernacle, réceptacle de la Vie. D'où le sens de ce départ : celle qui « a tou-

39. Ce serait là d'ailleurs le titre d'une pièce radiophonique de Françoise Loranger. Cf. présentation d'*Encore cinq minutes* lors de la création de la première version de cette pièce à Radio-Canada, en 1966. Une deuxième version (publiée), quelque peu différente, sera créée au Rideau-Vert, en janvier 1967.

40. L'introduction du personnage de Corinne qui n'est qu'un prétexte à la confrontation de Gertrude et de Renaud alors que les véritables motifs nous sont révélés par le père. La lutte des classes pauvre et bourgeoise qui n'a rien à voir avec le conflit affectif de Gertrude, etc.

41. *Encore cinq minutes*, p. 7.

42. A Geneviève qui s'inquiète : « Je ne te reconnais plus », et qui s'interroge : « Et cette vieille robe de chambre... », Henri répond : « C'est le nouveau style ! » (p. 64) Dans la première version, il répondait : « Ta mère ne s'habille plus depuis six mois ».

jours vécu sous la tutelle de quelqu'un, toute [sa] vie dépendu des autres » [43], détient maintenant l'espoir d'une vie autonome et libre, ne serait-ce que pour « cinq minutes ».

Double jeu, à un premier niveau, répète le procédé : les personnages repartent en quête de leur identité. L'utilisation en deviendrait vite fastidieuse et inefficace à moins d'innovations, non seulement de la forme, mais de la pensée. Un risque de s'enfoncer dans un cul-de-sac car, comme l'affirme J.-P. Vincent, « l'art pourrait se préoccuper de l'épanouissement individuel, de l'enrichissement de chaque personnalité, » mais encore faudrait-il que « les possibilités d'épanouissement individuel pour le plus grand nombre [soient] réunies. Or il est reconnu que cet épanouissement est subordonné à de profondes transformations sociales ». [44] Françoise Loranger nous semble l'avoir reconnu assez tôt, pour se tourner vers la collectivité québécoise, pour lui tendre la main et pour lui proposer de participer à cette fête de la libération. Elle s'adresse à tous, acteurs et spectateurs, en tant que communauté, mais aussi en tant qu'individus :

Ainsi va la vie
Pour qui vient de naître
De naître ou de renaître
C'est de toi qu'il s'agit [45].

Il n'y a pas d'ambiguïté possible à partir du moment où l'on assiste à la désincarnation du comédien et à la naissance symbolique de l'homme quand, après avoir fait l'amour, la jeune fille et l'arpenteur se lèvent, abandonnent leur fausse identité pour se nommer. Ils ne jouent plus un rôle : ils « sont ». Les spectateurs perdent également leur fonction en se nommant. Ils atteignent à l' « âme collective » dans la « communion des noms » [46]. Naissance de l'homme... naissance de la collectivité québécoise.

*
* *

Théâtre politique

Assumer ce pays est aussi difficile que de s'assumer soi-même. (*Double jeu*)

Double jeu annonce — aurait annoncé, si les circonstances n'avaient bouleversé la chronologie [47] — la voie que l'auteur suivra avec *Le Chemin*

43. Cf. première version.
44. J.-P. Vincent, « Brecht, le plaisir de la politique », dans *Partisans,* no 47, avril-mai 1969, p. 35.
45. *Double jeu,* Montréal, Leméac, 1969, p. 75.
46. Se nommer équivaut ici à ce que Anne Hébert appelle nommer la vie tout court (amour, haine, ennui, joie, deuil, chimère, colère, saisons, mort). Pour preuve, cet échange de vécu anecdotique entre les comédiens et les spectateurs, échange qui fait partie de la joie de nommer et de se nommer.
47. « L'Egrégore devait présenter à la fin de saison 67-68 une nouvelle pièce de Françoise Loranger intitulée *Double jeu.* Un concours de circonstances a obligé la direction de cette troupe à faire un changement d'affiche. Mais le nom de Loranger ne disparaîtra pas complètement puisque le spectacle qui débute lundi soir *Le Chemin du Roy* (...) » (Martial Dassylva, « Autant de vie qu'il y en a eu dans le cœur des Québécois lors de la visite de de Gaulle », dans *La Presse,* 27 avril 1968).

du Roy et *Medium saignant* : un engagement politique sans réserve. On en a peu parlé. Il est vrai aussi que peu de gens avaient perçu les conséquences ultimes des premières pièces de Françoise Loranger. Gérald Godin parvenait quand même à lire dans *Une maison... un jour* une symbolique profondément québécoise :

> Si l'on veut jouer au jeu des correspondances, et je sais Madame Loranger une femme assez sensible et intuitive pour percevoir des courants cachés, ce qui nous fonde de jouer au dit jeu, on pourra dire que la maison, c'est le Québec d'aujourd'hui. Le grand-père, c'est l'esprit de tradition et d'immobilisme, attachant par ailleurs. Le Québec restaurera-t-il sa francité pour y vivre ou l'abandonnera-t-il pour le grand tout anglo-américain ? Le Québec sera-t-il démembré comme cette famille, ou serrera-t-il les coudes pour résister [48] ?

Ce serait trop dire ? Il est clair que se poser la question « qui suis-je ? », c'est aussi interroger son milieu. Louis-Georges Carrier, qui a mis en scène *Encore cinq minutes,* abondait d'ailleurs dans le même sens si l'on en croit les propos de Jean Basile :

> Sans doute a-t-il vu dans le personnage de Gertrude, le symbole d'un *Québec humilié* comme nous le laisse croire une assez hilarante notation qu'il signe dans le programme. Pour lui, *Encore cinq minutes* doit être quelque chose comme une tentative de *libération nationale* [49].

Malgré la présence d'un esprit séparatiste (mitigé), dans chacune de ces deux pièces [50], ce n'est que par voie de conséquence qu'on peut justifier une telle interprétation.

Double jeu, par contre, ne laisse aucun doute. Je devrais dire ne me laisse aucun doute, car la critique — en général — a semblé porter plus d'intérêt à l'anecdote et à l'artifice nouveau d'un système de participation, qu'au contenu latent du texte au niveau politique. Il faut dire que Françoise Loranger elle-même reconnaîtra plus tard, n'avoir écrit que deux pièces politiques (*Le Chemin du Roy et Medium saignant*) [51]. Mais l'interprétation politique de *Double jeu* n'en demeure pas moins plausible. S'il est vrai qu'il n'y ait, d'un point de vue statistique, que deux pages (165-167) où l'auteur traite ouvertement le thème politique, l'architecture de la pièce en reprend symboliquement le motif.

---

48. G. GODIN, *Sur trois pièces québécoises,* dans *Parti pris,* vol. 2, no 8, avril 1965, p. 60.

49. J. BASILE, « *Encore cinq minutes* de Françoise Loranger », dans *Le Devoir,* 19 janvier 1967, p. 10.

50. Dans *Une maison... un jour,* Bruno (absent de la scène) est séparatiste mais « jamais il n'admettrait devant des étrangers qu'il est pour l'indépendance » (p. 38), et il y a Catherine que l'on sait engagée dans l'action politique qui déclare : « Nier l'action quand on appartient à une petite poignée de canadiens *(sic)* français (...) Condamner l'action quand notre survivance même en dépend ! » (p. 62) Dans *Encore cinq minutes* on peut penser à Renaud. La première version était pourtant plus claire quand Henri déclarait : « J'avais les mêmes idées que toi à ton âge. Les mêmes, exactement les mêmes. Je voulais tout chambarder ; à bas la bourgeoisie, à bas le capitalisme. Et comme toi je méprisais mon père. Je faisais même partie d'un mouvement nationaliste. Il y en a toujours eu tu sais ! »

51. Cf. J.-P. BROUSSEAU, *Loranger : Le vrai sujet de ma pièce, la peur,* dans *La Presse,* janvier 1970, cité dans *Medium saignant,* Montréal, Leméac, 1970, p. 137.

Double anecdote, ou double canevas. Des étudiants, venus à un cours du soir, à la demande de leur professeur, jouent sur la scène le déroulement d'un test de comportement auquel ils sont appelés à réagir. L'action en est simple : une jeune fille s'éprend d'un jeune homme qu'elle a aperçu de l'autre côté de la rivière. Dans l'espoir de trouver une barque, qui lui permette de le rejoindre, elle entreprend une recherche qui la conduit, à travers la forêt, chez le passeur qui n'accepte de la traverser qu'une fois qu'elle s'est mise nue devant lui. De l'autre côté, la marche, en sens inverse, exige qu'elle franchisse un marais. Or, il fait nuit, et seul l'arpenteur peut l'aider à se rendre au but ; mais pour y arriver, elle doit consentir à faire l'amour avec lui. Parvenue chez le jeune homme, à qui elle raconte ses aventures, elle se voit éconduite.

Le test provoque un certain nombre de restrictions morales, et on le conçoit, ne peut se dérouler sans heurt et sans hésitation. On fonce, on se replie, mais lentement et sûrement l'action se déroule au gré de chacun qui tantôt participe, tantôt se récuse. Loranger profite du prétexte pour stigmatiser quelques-unes de nos peurs, quelques-uns de nos défauts. Mais là n'est pas l'intérêt primordial du texte. La démarche, ou, plus précisément, la traversée qui est effectivement triple — la forêt, la rivière, le marais — soustend une symbolique plus riche.

La rivière, l'eau, on le sait, est le symbole de la vie dans sa fluidité. On attend de chacun qu'il traverse les difficultés de la vie pour l'assumer pleinement. La démarche des étudiants, qui incarnent ou s'identifient aux personnages du test, se confond avec le déroulement de celui-ci. Démarche spirituelle qui tient de la « *route* » ou de la « *montée* », dans sa recherche d'une vérité intérieure. Pour faciliter la marche, comme pour s'encourager mutuellement, on fait appel aux chants : chant de la jeune fille, du solitaire, du passeur et de l'arpenteur, chant du jeune homme. « En vérité, et c'est pourquoi ils sont efficaces, ils ne sont que des variations sur un seul thème, un seul chant : celui de la *vie.* » [52] Assumer sa vie c'est d'abord s'assumer soi-même, « Va ta vie », dit le chant de la jeune fille. Mais c'est aussi assumer sa condition d'homme québécois, et on trouve dans ces chants quelques résonances parfois inquiétantes :

> A quelles fins servons-nous ?
> Qui peut dire à qui
> Appartient ce troupeau ? o - o
> Qui derrière nous se cache,
> De qui sommes-nous les vaches [53] ?

Angoissante question d'appartenance. On ne s'appartient pas, pas plus qu'on ne se possède, en tant qu'individu aussi bien que collectivement. Colonisé ignorant tout du colonisateur et ayant perdu jusqu'à sa dignité, relégué au troupeau, de vaches ou de moutons (symbole décrié du peuple québécois) [54]. Le Québécois est colonisé, économiquement et culturellement ; il est incapable de vivre et de travailler dans sa langue, chez lui, et il jouit d'un

52. J.-C. Godin, *op. cit.*, p. 120.
53. *Double jeu*, p. 75.
54. Cf. *Medium saignant*, p. 75 : « Entre l'aigle américain pis le lion anglais, de quoi c'est qu'y a l'air notre mouton ? »

revenu inférieur à la moyenne. Françoise Loranger qui voudra, en réaction, créer un théâtre « ferment d'action » en donnant *Le Chemin du Roy* et *Medium saignant* s'interroge encore au moment de *Double jeu* sur le sens de l'engagement.

> A quoi bon s'engager
> Quand on ne sait rien de soi
> Ni de soi ni des autres
> Quand on est sûr de rien
> A quoi bon s'engager ? (p. 111)

Mais effectivement il y en a des milliers à ne pas savoir, des milliers qui comme la jeune fille ne comprennent rien quand on leur parle d'eux. Ils sont encore perdus au cœur de la forêt, symbole de notre difficulté d'être, comme en témoigne l'adage : « on est pas sorti du bois », et Dominique de Pasquale avait bien raison d'en faire le titre d'une pièce récente.

Et Françoise Loranger multiplie à dessein les difficultés. Que la jeune fille réussisse à retrouver sa voie à travers la forêt, il lui faudra encore traverser la rivière tumultueuse au risque de sa vie et plus encore, affronter le marais. Le marais qui reprend et résume cette difficulté d'être Québécois : symbole cette fois de nos difficultés politiques. Marais, ou par analogie : « Marasme ». Robert définit d'ailleurs le marais comme une « forme d'activité, un genre de vie où l'homme risque de se souiller, de s'enliser dans la bassesse » [55]. Or le risque est double car la politique fait souvent de l'homme qui s'y adonne un pantin, profiteur et abject, faisant de celui qui lui est soumis un dépossédé avili par la misère. L'arpenteur parlant à la jeune fille, de son pays, lui dit la richesse mais aussi la misère :

> J'ai vu des villages croupir dans l'ignorance et la pauvreté, j'ai vu des familles entières lutter à cœur d'années, même pas pour vivre, mais pour survivre. Pour survivre dans ce pays si riche ! (p. 165)

Mais elle ne comprend pas, elle se berce d'illusions en ne pensant qu'au jeune homme qu'elle veut rejoindre ; elle n'a plus aucune prise sur le réel. L'arpenteur, qui le sait, tente de la réorienter :

> (...) réveille-toi ! Ce pays, c'est toi, qu'est-ce que tu attends pour t'en apercevoir ? C'est toi, c'est moi, tes frères, ta famille... la mienne !... Aussi les milliers d'Indiens qu'on a parqués dans les réserves. Je parle de l'air que tu respires, de la terre qui te porte, de la rivière que tu viens de traverser, des chansons que tu chantes, de la langue que tu parles (...) (p. 167).

Mais elle ne veut rien entendre car elle n'est plus là déjà ; elle est ailleurs, enfoncée dans le marais, victime du mirage, de son rêve d'amour.

La scène qui suit est d'une importance capitale : l'arpenteur exige de la jeune fille qu'elle fasse l'amour avec lui. Opposition de l'acte de l'amour

---

55. P. Robert, *Dictionnaire alphabétique et analogique de la langue française.* Paris, Société du nouveau Littré, 1966. Par ailleurs le même auteur cite un texte de Ste-Beuve : « La politique est bien fastidieuse, malgré ses coups de canon récents. L'établissement actuel est consolidé pour longtemps ou du moins il est enfoncé pour longtemps, immobile sur le terrain fangeux qu'il s'est choisi ; il faudra bien des efforts et des bras pour remuer cette masse dans le marais où elle est plongée et où elle nous tient enfoncés avec elle » (*Correspondance,* t. 1, p. 338. *Le Robert,* p. 833).

au rêve de l'amour et qui la fait naître malgré elle à l'amour de la vie. Inconsciemment, elle apprend déjà à rejeter le rêve pour mieux assumer la vie. Son attitude devant le jeune homme en témoigne pleinement : celui-ci la refuse parce qu'elle s'est déjà donnée à l'arpenteur, or si l'arpenteur l'a prise, il ne l'a pas possédée comme le voudrait le jeune homme. Elle a appris la liberté et la vie. Françoise Loranger pousse d'ailleurs plus loin le symbole de la libération, qui est aussi une renaissance, lorsqu'elle permet aux comédiens de reprendre et d'assumer leur propre identité dès le moment où l'arpenteur et la jeune fille ont fait l'amour, donnant naissance à un ordre nouveau, où les gens pleinement capables de s'assumer, et par conséquent d'assumer le pays, se nomment et se préparent ainsi à nommer le pays. Il s'agit sans doute du plus beau moment de toute la pièce, le moment précis où le théâtre cesse d'être théâtre pour se confondre avec la vie. Car s'il y a encore participation du public, ce n'est plus à l'occasion du « jeu », on ne demande plus aux gens de s'identifier à un personnage, mais d'être eux-mêmes et le plus intimement possible. Le glissement qui s'opère de l'individuel au collectif est très beau. Loranger disait de *Double jeu* qu'il s'agissait d'une naissance à l'amour de la vie, mais il y a plus car se lever, dire son nom et raconter devant la « cité rassemblée » une anecdote personnelle et souvent intime, c'est poser un acte d'amour, un acte libre qui lie pourtant à la collectivité. Dans cet état d'exaltation, et poussée à ses conséquences ultimes, on aurait probablement pu attendre de la salle entière qu'elle entonne le : « Vive le Québec libre ».

Quoi qu'il en soit, on ne peut se surprendre qu'à l'occasion de la visite du général de Gaulle, et sous le coup de l'émotion vive, Loranger laisse en chantier *Double jeu* pour entreprendre la rédaction du *Chemin du Roy* [56]. L'histoire lui faisait entrevoir en clair l'aboutissement normal de sa réflexion sur l'homme québécois ; découverte d'une conscience nationale provoquée par l'« événement » qui avait « chang(é) non seulement le cours des choses mais chacun de nous individuellement » [57].

La visite du général est en soi une théâtralisation (comme le seront aussi les événements d'octobre 70), au sens où l'entend Duvignaud, c'est-à-dire que « le théâtre est spontané et il y a théâtre là où des hommes privés jouent des rôles publics » [58]. Il ajoute par ailleurs que :

> (...) tous ces actes se manifestent comme des cérémonies, *des journées,* des théâtralisations dont le montage et la mise en scène, pour spontanés qu'ils soient, n'en sont pas moins visibles et sensibles à tous. Au

56. F. LORANGER et C. LEVAC, *Le Chemin du Roy*, Montréal, Leméac, 1969. Texte cité de la « Présentation de Françoise Loranger », p. 7. Vouloir faire le partage des apports de l'un et de l'autre des auteurs à la réalisation du texte nous apparaît une entreprise hasardeuse. Il convient de rappeler que F. Loranger avait, déjà, avec *Double jeu* entrepris l'exploration du théâtre nouveau. Elle admet par ailleurs (p. 8) qu'elle a trouvé ici l'occasion de « collaborer avec un auteur super-conscient des nouveaux problèmes de la scène ». N'ayant point assisté à la représentation de ce spectacle, j'ai cru bon d'en entendre l'enregistrement. Cela m'a permis de comprendre que le spectateur réagissait souvent moins au texte qu'à la mise en situation. Or, on doit le noter, Claude Levac co-signait avec Paul Buissonneau la mise en scène et se trouvait donc en mesure d'élaborer à sa façon sur le « canevas ».

57. *Le Chemin du Roy*, p. 9.

58. J. DUVIGNAUD, *op. cit.*, p. 16.

point qu'on en éprouve une nostalgie qui, à elle seule, est capable de provoquer de nouveaux actes semblables [59].

Avec de Gaulle, le théâtre descend dans la rue et pour longtemps, nouveau « show » populaire, plus important encore que la Saint-Jean-Baptiste, où le mouton cède sa place à un héros mythique, presque divin qui « nous voit, nous entend et nous aime ». Premier événement théâtral qui conduira à la « crise d'octobre » dont on connaît déjà les rebondissements et que Ferron appelle « le grand show tragique ».

La manière même selon laquelle Loranger et Levac reconstituent l'événement dans *Le Chemin du Roy* témoigne de la nostalgie dont fait état Duvignaud. Tout se passe comme si on était en état de gestation : « neuf mois de travail acharné à relire les journaux, à extraire l'essentiel des tonnes d'information qu'ils contiennent, à relever les mots clés des politiciens, les attitudes par lesquelles ils se révèlent, se trahissent » [60]. Neuf mois à préparer cette renaissance de l'événement, neuf mois pour se préparer à le revivre consciemment, lucidement, volontairement afin que cette fois il n'échappe à personne. On voulait par le biais de la satire amener les gens à reconnaître la pénible réalité qui était la leur pour qu'ils s'engagent à la changer. Engagement où l'art n'est effectivement qu'une médiation.

La nouveauté du spectacle — dans le domaine québécois tout au moins — est éclatante. On profite de ce que l'histoire nous permet une entreprise de démystification alors qu'il devient loisible de faire l'indépendance sur le dos des « canadians ». Comment s'opère la démystification ? Dans un renversement des valeurs : on a toujours cru au Québec à la supériorité de nos « hockeyeurs », symboles de notre fierté, alors que les « Anglais » avec tout le « fairplay » qu'on leur connaît, triomphaient sur le plan politique. *Le Chemin du Roy* défait, en le construisant, le mythe du hockey. Il devient évident dès le prologue qu'en dépit des pénalisations (pénalités) encourues, les Québécois, à l'instar de René Lévesque, refusent dorénavant le « jeu national ». Les arbitres peuvent bien siffler pour rappeler à l'ordre les joueurs de l'équipe du Québec, ceux-ci laissent aux joueurs d'Ottawa leur « bébelle » pour vaquer à des occupations plus sérieuses. Un pays est à faire et ils le font, d'où le sens profond de cette « comédie patriotique ». Comédie, farce ou satire qui en le construisant tue le ridicule. Comédie qui défait le destin tragique auquel on vouait le Québec, qui transcende et transgresse la mort promise et accepte même pour le faire, le recours à la violence, à la manière des « patriotes » de 37-38, à la manière du « black power » américain. A la limite, on peut y lire une invitation à descendre dans la rue, véritable théâtre du « drame » québécois ; n'est-ce point d'ailleurs le sens du vœu de Françoise Loranger lorsqu'elle demande au théâtre d'être plus que miroir, de se faire « ferment d'action » [61] ? Les spectateurs l'ont certainement compris ainsi quand, cer-

59. *Ibid.*, p. 25.
60. *Le Chemin du Roy*, p. 7.
61. E. Piscator, théoricien du théâtre politique, avait aussi écrit dans les années vingt : « nous ne concevons pas le théâtre uniquement comme miroir de l'époque, mais comme moyen de la transformer » (*Le Théâtre politique*, Paris, L'Arche, 1972, p. 176).

tains soirs, ils se levaient pour chanter [62], avec les comédiens, sur l'air de « We shall over come » (la chanson des noirs américains) :

> Le Québec est à faire, nous le faisons
> Nous serons nous-mêmes toujours. (p. 127)

Façon d'exprimer sa québécitude qui montre bien qu'on a enfin compris que le théâtre et la politique sont affaires de chacun et qu'il faut s'en charger. Et si on l'a fait à l'occasion du *Chemin du Roy,* on le fera d'autant mieux avec *Medium saignant.*

Il est d'ailleurs assez révélateur de lire tout le sujet de *Medium saignant* dans la finale du *Chemin du Roy.* Il y est déjà question d'unilinguisme, d'action politique et de statistiques qui font état de l'anglicisation montréalaise. On y dit aussi que le peuple québécois est un peuple fini à moins d'avoir recours à l'Indépendance dont on a tellement peur. *Medium saignant* se veut donc un exorcisme collectif propre à chasser toutes nos peurs et donner place à la liberté collective et individuelle.

Alain Pontaut qui signe les « Notes préliminaires » déclare : « Il n'y a pas à se le cacher, *Medium saignant* n'est pas une pièce de théâtre ; c'est une démonstration politique à la recherche d'une forme scénique » (p. 7). Nul doute qu'il s'agisse ici d'une démonstration politique ; on pourrait même dire que Loranger fait du théâtre une école de participation ou de manifestation politique. Elle le veut ainsi, et réussit fort bien par ailleurs si on en juge de la participation obtenue. La cérémonie d'exorcisme collectif était telle que certains soirs on ne pouvait plus distinguer le théâtre de la réalité, le comédien du spectateur :

> A chaque représentation, affirme Yvan Canuel, les comédiens étaient interpellés et devaient répondre au public pour ne pas briser l'unité du spectacle. Il faut se rappeler que le lieu de la pièce était une assemblée de banlieue, assemblée ouverte au grand public : il était donc dans la logique du spectacle que les comédiens tiennent compte des interventions de la salle, ce qu'ils ont fait avec énormément de disponibilité [63].

C'est donc que pour exister le théâtre doive parfois se confondre avec la vie. Tout en conservant pourtant l'illusion théâtrale ; entendons par là qu'on y conserve l'élément magique ou mythique, non assimilable à l'existence même. Or dans *Medium saignant* l'élément magique reste toujours présent. Il s'agit du bilinguisme que Memmi dit « colonial ». Si dans la réalité, le bilinguisme demeure souvent à l'état d'abstraction, insaisissable, dans la pièce il existe à l'état spectral, personnage principal, visible et palpable, vivant d'une réalité plus vraie que le réel, planant implacablement au-dessus de l'assistance tout entière.

Si l'on entrevoit la pièce dans cette perspective, il importe peu que l'action se déroule au centre culturel plutôt qu'à l'hôtel de ville ; pas plus qu'il faut attacher d'importance à l'antagonisme qui existe au sein même du conseil municipal ou qui se développe chez les conseillers à l'égard des jeunes

62. Témoignage de Loranger, cf. l'interview accordée aux étudiants (18 déc. 1968).

63. Y. CANUEL, cité par M. Bélair, « Le Hit-Parade théâtral », *Le Devoir,* 8 juin 1970.

« hippies » présents à l'assemblée, tous ces personnages n'étant que des fantoches sans âme, tant et aussi longtemps qu'ils n'ont eu raison du spectre qui plane sur eux. Menacés dans leur vie (non pas symboliquement mais effectivement) les personnages et les assistants (puisqu'il n'y a plus de frontières) doivent réagir violemment, à la mort opposer la vie ; au bilinguisme, l'unilinguisme. Ce qu'ils font ensemble au cours de cet exorcisme collectif. Ils le font avec un succès tel, que Zelda Heller du *Montreal Star* écrit n'avoir rien entendu de comparable au dénouement de *Medium saignant,* si ce n'est le « burn, baby, burn » des noirs américains [64].

Ce qui nous amène à nous interroger sur l'esthétique du théâtre de Loranger, plus précisément de son théâtre dit de participation. Si cet appel à la participation nous apparaît comme l'élément le plus original, le plus dynamique, le plus théâtral de toute cette aventure, il en est aussi le plus périssable, le plus instable parce que imprévisible. Or la structure même des pièces en dépend. Et la réussite, pour l'instant, du procédé, bien qu'indéniable, n'en justifie pas nécessairement le bien-fondé.

A l'examen, *Double jeu* révèle un double niveau de participation, l'un conscient et l'autre inconscient ; anticipée dans les deux cas, la participation se révèle très artificielle et superficielle quand elle est sollicitée, riche et inépuisable lorsqu'elle s'avère spontanée. Il est certain, comme l'affirme Godin [65], qu'il y a au niveau de l'inconscient une identification aristotélicienne du spectateur aux personnages dont la diversité même crée un climat d'intimité propre à la communion. Il n'y a là rien de neuf ou de plus efficace cependant, car depuis Aristote et les classiques français, d'autres dramaturges plus près de nous, quand ce n'est plus près de chez nous, nous ont appris l'identification à l'homme de tous les jours, à monsieur tout-le-monde. Je pense qu'il faut chercher dans une nouvelle relation entre la salle et la scène l'efficacité du procédé. Dans *Le Chemin du Roy, Medium saignant* et *Double jeu,* la notion de scène est disparue, la distance abolie et c'est à partir de là que toute interrelation devient possible. On avait rarement rendu avec autant d'acuité et de logique les fameuses unités de lieu, de temps et d'action. Tous, spectateurs et comédiens vivent ensemble, le temps de la représentation, une action simple conduisant vers son propre accomplissement. Chacun peut être étudiant, participant activement ou passivement, à volonté, au déroulement du test de comportement. Tout membre de la cité rassemblée peut démocratiquement prendre la parole. Tout bon sportif peut se permettre de chahuter et d'influencer le déroulement de l'action quand il assiste à un match de hockey. On n'entend plus le « silence, on tourne », mais « on tourne, tout l'monde en place ». L'unité du lieu théâtral a permis, tout au moins plusieurs en témoignent, l'engagement total et spontané du spectateur. Lorsqu'on a brisé cette unité en invitant le public à monter sur une scène, comme ce fut le cas au début du deuxième acte de *Double jeu,* l'engagement est rompu et la participation *insignifiante.* Pourquoi ? Probablement parce que c'était substituer au réel le mensonge ; à la conscience de jouer sa vie, celle de jouer le jeu. Un « happening » ne se reproduit pas, ne se répète pas.

---

64. Voir *Medium saignant,* jugements critiques, p. 134.
65. Cf. J.-C. GODIN, *op. cit.,* pp. 119ss.

Quand il permet une participation spontanée, on peut dire au théâtre qu'il est viable. La spontanéité dépend d'une part d'une relation nouvelle établie entre la salle et la scène et il s'avère possible de généraliser le procédé. Par ailleurs l'efficacité du théâtre de Loranger dépend étroitement de son engagement politique. Là, il convient à nouveau de s'interroger sur sa viabilité. Il s'inscrit dans une actualité tellement brûlante qu'il faut se demander dans quelle mesure il pourrait ailleurs ou plus tard être signifiant. A l'exception de *Double jeu,* je crois aucune de ces pièces exportable. A supposer qu'elles soient jouées et comprises ailleurs, j'imagine mal qu'on y participe comme ici, ce qui serait les amputer de leur structure propre et les rendre par le fait même banales. Tout comme elles contiennent les éléments de leur succès, elles portent aussi ceux de leur perte.

Toutefois, il faut le reconnaître, cela n'infirme en rien la légitimité de cette esthétique propre à Loranger. Elle en connaît et en accepte les limites. Il n'y a pas d'art pour l'art, et il n'y a pas de théâtre de consommation possible quand on est Québécois. Son théâtre, comme le théâtre noir américain et comme celui des *Chicanos,* est un théâtre agissant, un théâtre qui se fait, qui se vit. Il est essentiellement pédagogique en ce « qu'il fait des personnages, (et) qu'il construit le foyer de participations non encore éprouvées, de conduites non encore vécues » [66]. Il anticipe des actes que la société québécoise a le pouvoir et le devoir de réaliser.

*
* *

On peut dire d'ailleurs du théâtre qu'il coïncide parfois si étroitement avec la réalité, qu'il ne s'écrit plus, qu'il ne peut plus s'écrire. C'est le cas des « événements d'octobre » qui n'auront favorisé l'éclosion d'aucun texte littéraire important, à quelques poèmes près, preuve que la vie dépasse en puissance dramatique l'imaginaire même. Quand la vie même se joue sur la scène du monde, on n'a que faire du mensonge, fût-il le plus beau. S'il est vrai que le poète prépare la révolution, quand sonne l'heure il est presque toujours désarmé. Ce qui explique qu'*Un si bel automne* soit une pièce ratée. Elle ne s'inscrit dans l'actualité que pour mieux la refuser. Recul au domaine de l'aveugle. Arrière-plan historique diffus parce que diffusé sur les ondes. Françoise Loranger ne multiplie les personnages que pour mieux ignorer les seuls acteurs du drame ; elle raconte une histoire qui n'est pas l'Histoire, se méfie de l'Evénement comme si le sang n'accompagnait pas toujours la naissance. *Un si bel automne* n'est pas la pièce qu'il fallait faire. Valait-il mieux se taire ? Je n'en sais rien... mais Loranger, qui a la sagesse de Dominique (*Une semaine... un jour*), nous répondrait que peu importe les erreurs si l'on apprend de l'une à l'autre.

Il est certain par ailleurs qu'elle nous a donné de très beaux textes. Si on devait faire le bilan de notre dramaturgie récente, il faudrait reconnaître que son théâtre y occupe une place prépondérante. Il fait le pont entre un théâtre conventionnel, psychologique et souvent bourgeois, signé par Gélinas

66. J. DUVIGNAUD, *op. cit.,* p. 63.

et Dubé principalement, et celui des novateurs que sont Tremblay, Germain, Barbeau et Gurik. Si son évolution l'a amenée à se rapprocher des derniers depuis *Double jeu,* elle n'a pas encore pris ses distances à l'égard des premiers comme en fait foi *Un si bel automne.* Au-delà des préoccupations formelles on doit reconnaître toutefois que l'entreprise et des uns et des autres vise à la libération.

Février 1973

Un théâtre de la Parole: Anne Hébert

par Pierre-H. LEMIEUX,

professeur à l'Université d'Ottawa

C'est la poésie qui fonde l'être de la prose.
Jacques Brault

Le théâtre d'Anne Hébert est *systématique,* relevant d'une *intention* rigoureuse instinctivement élaborée dans l'œuvre poétique durant les années qui vont de 1942 à 1960. Et ce que dit Jacques Brault à propos de la prose d'Alain Grandbois ne peut être plus vrai pour le théâtre d'Anne Hébert :

> Le prosateur ne s'est pas fait poète ; celui-ci a devancé, inspiré, guidé celui-là. (...) Finalement c'est la poésie qui donne à la prose son intelligibilité profonde [1].

Or les deux mots clefs de la poésie d'Anne Hébert sont *songe* et *parole,* qui désignent deux ordres de l'esprit et deux états du cœur, deux pôles extrêmes d'une expérience et d'un cheminement intérieur. Le premier terme apparaît dans le titre d'un premier recueil de poèmes, publié en 1942 : *Songes en Equilibre.* Le deuxième terme figure dans le titre du dernier recueil, daté de 1960 : *Mystère de la Parole.* Ces deux ouvrages polarisent une longue évolution personnelle dont l'auteur ne dégagera que progressivement la valeur d'exemplarité québécoise et universelle.

Les *Songes* de 1942 sont des rêves éveillés, des rêveries solitaires, des jeux fragiles et juvéniles que la conscience poétique extrait de l'inconscient et qui relèvent somme toute de cette zone nocturne où s'exprime le rêve endormi dont le nom recherché est *songe.* A cause de cette dépendance étroite et parce qu'elles dévoilent « toutes les merveilles du subconscient » [2], les

1. Jacques BRAULT, *Alain Grandbois,* Paris, Seghers, 1968, pp. 28-30, 83.
2. Anne HÉBERT, *Les songes en équilibre,* Montréal, Ed. de l'Arbre, 1942, p. 152.

constructions diurnes et vaporeuses de 1942 sont bien de l'ordre du songe, sont des *songes,* de deuxième degré. Les thèmes de base y sont la solitude et l'ennui de vivre, l'inventaire constant de soi, la dépendance à l'égard des parents et des morts, le désir véhément du monde lointain. Dans les pièces de théâtre, au lever du rideau, les héroïnes en sont là.

Les odes du *Mystère de la Parole* ne sont plus des soliloques rêveurs et captifs mais des *paroles,* adressées à un monde réel pris en charge. Le terme *parole* évoque ici un état d'esprit, un ordre de pensée et de sentiments, une atmosphère et une ampleur du ton qui sont l'exact opposé des poèmes du début. Car tout se passe dans l'orbite lumineuse de la conscience et du jour. La vertu et le *salut* jaillissent constamment d'une « parole juste, vécue et exprimée » [3]. Les thèmes majeurs sont ceux du monde, de la joie de vivre, de la connaissance universelle, de la réconciliation des vivants avec les morts. *Le Temps sauvage,* par sa dialectique de questions et de réponses, conduit ses personnages principaux vers ce salut final de la parole.

Comment passer d'un pôle à l'autre ? Quelle est l'étape intermédiaire et nécessaire ? La poésie l'a décrite. C'est le *Tombeau des rois* (1953). Il faut s'arracher aux morts, à leur influence indue sur l'âme (car ils gouvernent la société qu'ils ont construite). C'est alors que le poème devient *leur* tombeau, le tombeau des rois que le cœur conscient, surgi du songe, expulse hors de soi, re-tués.

Rage, révolte, désir du monde, volonté farouche, remise en question universelle, croissance de la lucidité et de la liberté : voilà les armes du protagoniste. Hors de ces dispositions conquérantes, point de salut, la scène théâtrale devient alors le *tombeau du moi,* c'est le suicide, solution à laquelle ne peuvent échapper Marie de l'*Arche de midi,* Isman des *Invités au procès,* Adélaïde la mercière, tous victimes du songe et des dominants.

Les quatre pièces (connues) d'Anne Hébert sont bâties sur cette opposition fondamentale du songe et de la parole. Chacun de ces drames replace ses personnages sur la ligne de départ pour la course dangereuse vers le salut personnel. Par quatre fois, le dramaturge reprendra cet exercice imaginaire. Dans l'*Arche de midi,* pièce manuscrite de 1946, l'auteur ne peut conduire son héroïne au-delà d'un sacrifice exemplaire, n'ayant pas lui-même franchi l'étape cruciale du *Tombeau des rois* (1953). Avec *les Invités au procès* l'auteur ira plus loin, et ainsi de suite, comme nous le verrons dans l'analyse de chaque texte. Mais il importe de dire comment tout ce monde théâtral repose sur une structure majeure, systématiquement la même en chaque cas, et qui se constitue de deux pôles gravitationnels et d'une épreuve centrale.

A l'analyse détaillée, les quatre pièces laissent entrevoir d'autres similitudes : la *situation pré-dramatique* est partout analogue ; chaque fois, un *événement-déclic* met tout le processus en branle ; à chaque coup, le *ressort* dramatique jaillit du désir impérieux de dépasser le songe ; le *tragique,* quand il y est, provient du songe empêché ; le *fou,* enfin, clame toujours la vérité secrète. Examinons brièvement ces aspects communs, après quoi l'analyse de chaque pièce se fera plus aisément.

---

3. *Id., Poèmes,* Paris, Editions du Seuil, 1960, « Poésie, solitude rompue », p. 71.

Premièrement, il est intéressant de comparer les premières pages des œuvres. On y récolte le résultat que partout la situation prédramatique est la même. Le *lieu*, pratiquement uniforme, est soit « une campagne nordique » [4], une « plaine déserte » [5], un flanc de « montagne » [6], soit une petite ville de France fermée comme une prison [7]. La maison où se joue le drame est souvent un endroit isolé, coupé du monde, ainsi que l'a montré Adrien Thério [8].

A part les caractéristiques d'époque de chaque drame, le *temps* initial propre au personnage-vedette est situé soit « hors du temps » [9], soit figé dans une pré-histoire qui dure depuis longtemps : une quinzaine d'années pour le *Temps sauvage*, une dizaine pour les *Invités au procès*, depuis la jeunesse de la mère dans l'*Arche de midi*, depuis quarante-quatre ans pour la mercière. La stagnation et l'indétermination temporelles ennuient, exaspèrent l'âme et alimentent l'impatience de voir enfin arriver quelque chose. C'est un temps « d'avant la création du monde » [10] et d'avant l'histoire personnelle.

Espace désert et temps vide créent forcément une atmosphère lourde d'ennui : « impression de solitude et d'abandon infinis »[11], « accablement profond » [12], « vie toujours la même » [13], silence et ignorance et vie familiale pourrie [14]. Cet état de choses est toujours le fruit, soit d'une malédiction ancienne [15], soit d'une punition sociale [16], d'une humiliation de jeunesse [17] ou enfin d'une blessure amoureuse [18].

Somme toute, la léthargie initiale et universelle qui alourdit toute chose constitue l'ordre triste du songe enveloppant dominés et dominants, qu'ils s'y complaisent définitivement ou qu'ils essayent de s'en sortir pour se dire enfin avec rage, violence ou crime. En effet, ce monde ralenti est en proie à une sourde guerre qui oppose le plus souvent parents et enfants ou en d'autres termes, dominateurs et dominés. Et sur la base de cette opposition, on pourrait aisément dresser deux listes de personnages ennemis.

Deuxièmement, pour que changent ces rapports jusque-là immuables où s'enlise le personnage-vedette, il faut un événement-choc qui secoue l'âme, l'allume d'espoir et lui permette de penser qu'une échappatoire devient possible. Or qu'y a-t-il de plus bouleversant qu'une mort ? que la mort de quelqu'un d'intime ? de quelqu'un qui a partie liée avec l'état de stagnation où

---

4. *Id.*, « L'Arche de midi », texte manuscrit, p. 2.
5. *Id.*, *Le Temps sauvage*, Montréal, HMH, 1967, *Les Invités au procès*, p. 159.
6. *Id.*, *Le Temps sauvage*, Montréal, HMH, 1967, p. 11.
7. *Id.*, *La Mercière assassinée*, Montréal, HMH, 1967, p. 104.
8. Adrien THÉRIO, *La Maison de la belle et du prince ou l'enfer dans l'œuvre romanesque d'Anne Hébert*, dans *Livres et Auteurs québécois, 1971*, pp. 274-284.
9. Anne HÉBERT, *Les Invités au procès*, p. 159.
10. *Id.*, *Le Temps sauvage*, p. 19.
11. Anne HÉBERT, « L'Arche de midi », p. 2.
12. *Id.*, *Le Temps sauvage*, *Les Invités au procès*, p. 159.
13. *Id.*, *La Mercière assassinée*, p. 93.
14. *Id.*, *Le Temps sauvage*, pp. 11, 13, 16.
15. Anne HÉBERT, « L'Arche de midi », pp. 21, 17.
16. *Id.*, *Le Temps sauvage*, *Les Invités au procès*, p. 159.
17. *Id.*, *La Mercière assassinée*, p. 106.
18. *Id.*, *Le Temps sauvage*, p. 72.

l'on se trouve ? Quatre fois sur quatre, *mutatis mutandis,* c'est ainsi que cela se passe dans le théâtre d'Anne Hébert. Comme si l'auteur avait découvert une loi des choses, une nécessité intrinsèque pour que le changement d'état devienne plausible.

Troisièmement, une fois la machine en marche, elle s'engage d'elle-même sur la route dialectique qui mène du songe à la parole. Mais ce ne sont pas tous les personnages qui parviennent au terme, le dramaturge respectant la possibilité intérieure de chacun. Sinon, plus de rigueur ni d'honnêteté :

> J'eus la perception que la tragédie ou le poème pourraient bien ne dépendre que de leur propre fatalité intérieure, condition de l'œuvre d'art [19].

Ainsi, chaque personnage reste marqué par la loi de ses origines, obéissant fatalement à la pente de son être. Le *ressort* dramatique lui est intérieur, il précontient virtuellement tout le reste : la fatalité antique est sécularisée et intériorisée. L'état de songe n'est au fond qu'un germe dont la force de poussée interne n'a pas besoin de vertu extrinsèque. Finalement, la pièce n'est que l'aveu irrépressible de forces obscures grossies par l'attente, et leur éclatement au grand jour emplit toute la scène.

Quatrièmement, la plupart des pièces d'Anne Hébert finissent dans le sang : Marie meurt assassinée à la fin de l'*Arche de midi,* les *Invités au procès* nous font assister à une hécatombe presque joyeuse, et la petite mercière collectionne implacablement les scalps de ses ennemies de jeunesse... La frêle fille de Sainte-Catherine de Fossambault nous dévoile l'imaginaire le plus farouche peut-être de tout le répertoire national. Les passions meurtrières ne se calmeront qu'avec *le Temps sauvage* où les conflits, verbalisés, se règlent pacifiquement. Mais d'où sont venues ces éruptions de violence extrême ? Comment les expliquer ?

A même les notions de base de cette dramaturgie. L'énergie captive de l'état de songe, à force d'être endiguée, emporte finalement le personnage dans une folie de destruction des autres ou de lui-même : le suicide étant l'ultime punition décrétée par une culpabilité intense. Meurtriers et suicidés sont des entêtés silencieux qui ignorent le débouché de la parole.

Enfin, un *personnage structural* paraît dans la plupart des pièces : l'innocent, l'infirme, le simple d'esprit. C'est à lui que revient le rôle du chœur antique, revu et altéré d'après les axes du système. Il est la voix du songe délirant, de l'inconscient sans contrôle ou de l'être-enfant dont la bouche profère ou chante la vérité cachée. Ce rôle ne se dégage avec pureté que dans la *Mercière assassinée.* Avec *le Temps sauvage,* le personnage sera coulé dans la forme plus courante de l'homme humilié par la vie.

Voilà semble-t-il, l'ossature commune de ces textes qui sont si disparates à première vue, comme si l'auteur cherchant sa voie avait tâté de tous les genres. L'examen de chaque pièce précisera ces considérations générales. Et comme le schéma songe-parole est avant tout d'ordre psychologique, c'est

19. Anne HÉBERT, *Le Torrent,* Montréal, HMH, 1963, p. 24.

l'étude des principaux personnages qui en fera voir le détail, la finesse et parfois la grandeur.

I — L'ARCHE DE MIDI

Dans le premier drame, le salut final ne réside pas en une parole habituelle. Marie doit se contenter d'un pis-aller, les choses n'allant pas comme elle le désire. Elle a pourtant clairement formulé à Pierre son aspiration profonde : « Non pas un songe, (mais) des paroles vraies qui racontent l'univers » [20]. Pierre ne comprend pas alors, et l'amour qu'il a à offrir est encombré de bien des men-songes. Or Marie est « sans patience », et Pierre ayant représenté pour elle la chance unique et ultime de sortir de l'orbite d'Elisabeth, et cette occasion étant ratée, elle n'a plus qu'à mourir pour provoquer et payer ainsi la conversion *in extremis* de son amant et de sa mère haïe. Suicide, sacrifice et assassinat coïncident parfaitement pour ouvrir *la porte scintillante du salut* à une petite fille *accomplie et consommée,* comme le soleil rendu au plus haut point de sa courbe, à l'arche de midi.

L'auteur a manqué une belle occasion de publier cette superbe pièce lors de la parution des trois autres en 1967. Datée de 1946, selon la bibliographie de Pierre Pagé, le manuscrit compte une trentaine de pages dactylographiées et vaut *le Torrent* par l'originalité de la conception, la pureté symbolique des personnages et le flamboiement du style. On y trouve un témoignage irremplaçable sur les origines d'un système qui se dégage sûrement de l'étreinte pseudo-catholique comme de l'influence claudélienne. Rien de plus fascinant que de voir la jeune admiratrice de l'*Annonce faite à Marie* (Cf. la *Revue Dominicaine,* janv. 1945), dépasser la pensée du vieux maître du premier coup d'aile, laisser tomber les schémas éculés du Moyen Age européen et canadien, et mettre à nu les lignes de force d'un inconscient résolument moderne et à la pointe du monde.

La partie se joue, en surface, entre Marie et Pierre. Mais il est difficile d'aimer quand, des deux côtés, les liens antérieurs ou contraires demeurent. Si l'on tente de partir quand même, la corde vous retient et vous ratez le bateau. Pierre est d'esprit mercantile et Marie n'est pas assez dégagée du passé d'Elisabeth. C'est comme si la mère lui avait jeté un sort impitoyable ; Marie le dénonce brutalement (acte I, sc. 4), avec une lucidité franche que n'égalera pas cependant la foi en elle-même. Et le monde maudit de la mère, que symbolise l'hiver nordique, prévaudrait si Marie n'accomplissait, d'instinct, un prodigieux revirement intérieur qui transforme son entourage et lui permet de mourir pacifiée, sous un soleil d'été. Avec le *Temps sauvage,* on obtiendra la même libération, à meilleur marché...

1. Le personnage écrasant d'*Elisabeth* incarne l'état de songe le plus immobile qui soit, elle est le pôle d'une attraction dont il faut que Marie s'arrache. L'auteur a stylisé ce rôle maternel jusqu'à en faire un archétype, une pure création de l'inconscient, réduite à des traits squelettiques : rêve,

---

20. *Id.,* « L'Arche de midi », p. 15.

folie et sommeil. Il serait inutile de rechercher en elle une complexité et un réalisme psychologique dont elle est délibérément exempte. Cette simplification n'équivaut pas à du simplisme, la vérité du personnage étant ailleurs : dans la mise à nu, comme par rayons X, d'une armature secrète plus révélatrice que l'analyse d'un tempérament. L'intention du dramaturge est de décrire un type en l'épurant jusqu'à l'évidence.

A son arrivée, Pierre interpelle Elisabeth et, en un mélange de sûreté de coup d'œil et de franchise cynique, il se moque de sa rêverie végétative :

> Salut, Elisabeth, fleur de nos vingt ans ! (...) Nous venons vers toi pour que tu renouvelles l'antique hospitalité. (Elisabeth minaude) Tu trembles sur ta tige, plante grasse et onctueuse. (Il aide Elisabeth à s'asseoir) C'est une vie douce contemplative que la tienne. En un sous-bois intérieur tu t'épanouis sans fin. (...) Quotidienne méditation végétale et laiteuse, tu médites tes bras pesants, ta face qui s'abolit et ton ventre excessif, sommet de ce jardin flasque qui dort et que veille un boiteux. (Rires des compagnons et d'Elisabeth) [21].

Plus loin, il la rabroue en lui attribuant la folie :

> Paix, Elisabeth ! Pauvre folle, que dirais-je de plus sur ta folie, cet étui précieux qui te garde de la mort ? [22].

Enfin, il s'assimile aux morts en disant d'elle à Marie :

> (...) viens, laissons les morts ensevelir les morts [23].

L'agonie de sa fille réveille quelque peu Elisabeth, qui sanglote, s'écroule, puis pour une fois se lève et sort de son rêve, soigne la blessée avec des bribes de tendresse, mêlée à des éloges de fille publique :

> (Elisabeth s'approche de l'étagère et prend un grand châle noir qu'elle déplie. Elle en couvre Marie).
>
> — Sachez que ma fille est très belle en Espagnole ! Ce châle sombre fait luire sa pâleur. Pour plus vive parure se déchire doucement la fleur écarlate de son cœur [24].

Elle portera, sans le savoir, la responsabilité de la mort de sa fille. Accusation qui est la dernière parole que Pierre lui adresse :

> Vieille femme, mère consommée, toi qui as dévoré l'enfant... [25]

Elisabeth se verra désormais forcée de vivre autrement, car l'antique malédiction est rompue, le monde accède à sa maison isolée.

2. Les hommes ne sont pas beaux dans les pièces d'Anne Hébert, et les adultes encore moins que les jeunes. Ici le *Boiteux* est l'ancêtre pitoyable des mâles domestiques et perdus dans ce théâtre de femmes. Son rôle est de graviter dans l'orbite d'Elisabeth. Sans nom, comme sans volonté propre, — un billot ballotté dans la rivière — il n'est ni mari, ni amant, ni père, et bien

21. *Ibid.*, p. 6.
22. *Ibid.*, p. 8.
23. *Ibid.*, p. 22.
24. *Ibid.*, p. 29.
25. *Ibid.*, p. 31.

que son statut dépasse celui d'employé, il n'est guère que l'homme de la maison, porteur de la force et de l'autorité physique, attribut dernier du père.

Pour décrire cet homme et ses activités quotidiennes, Anne Hébert utilise un vocabulaire d'Eglise. Sans ironie, gravement, elle en fait un *servant du culte, un bedeau qui éveille le temple, allume la chandelle, joint les mains* béatement, *célèbre une messe* avec du *pain et du lait,* les *deux espèces* d'un *viatique* nouveau, etc. Tout ce cérémonial, autour d'une demi-morte.

Il n'y a rien de plus révélateur d'une mutation que cette application de termes religieux à un univers profane. Cela s'appelle *sacrer,* mais sans dire de sacres ordinaires. C'est même plus que sacrer, car il n'y a plus aucune agressivité, l'imagination se déployant tranquillement au-delà de toute révolte et désacralisant totalement. Les petites poésies religieuses des *Songes* de 1942 nous permettent de juger de l'écart. En moins de quatre ans, toute la vision traditionnelle et catholique du monde a été balayée. Il en reste à peine quelques poussières dans l'*Arche,* par exemple dans la tirade colérique d'une Vieille, réplique de la mère honnie [26].

Au milieu du troisième acte, alors que Marie, désespérant de vivre, commence à ramollir et à éprouver de la pitié pour le Boiteux, celui-ci nous apparaît comme un être humilié qui chante sa plainte :

Ah ! quel drôle d'oiseau gris
Tenons-nous là !

Tout l'éclat
Pourpre et vermeil
Caché
Sur sa fale.

L'on ne voit que son dos
Penché
Dans le jardin.

Il est blessé
Personne ne le sait.

Il n'y a que la passion
De son cœur
Qui coule
En secret [27].

Pierre l'a bousculé, insulté, taloché. L'être bafoué et malingre décide de venger sa dignité offensée, pour échapper au courroux d'Elisabeth et restaurer l'ordre perturbé de son service. Il épie les amants et frappe. En blessant Marie, il règle des comptes anciens et atteint l'insolent Pierre en même temps et à l'heure même de son triomphe.

3. *Pierre* a la parole facile. Il rêve de voir la fille Marie devenir femme. Il vient vers elle pour la sortir de sa malédiction. Répondra-t-elle à cet amour qui a les apparences du salut désiré ?

---

26. *Ibid.*, p. 17.
27. *Ibid.*, p. 23.

Pierre domine virilement l'humanité. Autorité, force, bonheur, richesses lui appartiennent. Il règne sur le monde et vient du monde pour apporter le monde à la Marie cloîtrée. C'est une vie passionnante que la sienne et il l'offre.

Ce beau fruit cache un ver qui le pourrit. Sa parole, il s'en sert pour bercer et tromper : « Faiseur d'images ! », lui dit gentiment Marie avec un ton déçu, « que tu parles bien ! », « tu n'offres que des songes ».

> Sa puissance, il l'emploie à fondre sur sa proie, comme un hibou, bien caché dans la nuit, tenu par le seul vol de ses ailes silencieuses et de son désir précis [28].

Le jeune homme, « chargé de vie et de pouvoir », qui trouve « que la guerre fait du bien », apparaît à Marie dès le début « fruste et mauvais, comme les gens d'ici ». Il est cruel pour les pauvres et les affamés, cruel pour le Boiteux et les Compagnons.

Au troisième acte, Pierre change sensiblement. Sa parole se fait alors plus sincère et très ardente. Il convie Marie à la beauté du monde sous le soleil et à l'amour :

> Marie ! Marie ! Marie ! par trois fois, je jette ton nom comme un appel de cuivre au cours des rousses forêts d'automne. Marie, dis-moi que tu t'entends appeler pour la première fois ? Dis-moi que c'est moi qui te nomme ? Marie, tes syllabes s'assemblent en leur accord originel. À ma voix, tu habites ton nom ; par moi tu découvres que tu es unique et vivante [29].

Pierre croit pouvoir concilier son amour avec son absence de pitié pour le monde en guerre. Il arrache un consentement des lèvres à Marie et ordonne qu'on presse les préparatifs pour leur départ à deux avec le butin malhonnête.

Quand la promesse de tout le bonheur escompté croulera avec la blessure mortelle de la femme aimée, Pierre, bouleversé au plus profond de lui-même, devient finalement un autre homme, tel que Marie l'avait souhaité. Renonçant aux richesses inhumaines, il n'en est pas amoindri « comme un pauvre homme », mais accompli, comblé et confirmé :

> Vieille femme, (...) ne crois pas que moi, Pierre, en un instant changé, je devienne ce pauvre tout au long des jours, le remords acide entre les dents, ma douleur couvrant le schème de mes os. (Il s'arrête sur le seuil examinant l'horizon.) Odeur de terre mouillée, navrant parfum des chemins. L'allée du monde s'ouvre devant moi comme une rue longue. Les maisons d'effroi, les maisons de joie, sur deux lignes, me regardent passer. Je suis comblé, non pas dépouillé, ni vaincu. O soif ! Désir ! Ferveur ! O larmes ! Voici le poids persistant qu'on n'attendait plus, don de surcroît, plénitude : mon cœur en sa présence confirmée [30].

Ainsi, seule la séparation définitive permet de transformer l'homme en profondeur et de le faire accéder pour un instant à une parole d'amour partagé et authentique. Conception encore fataliste, héritée de l'histoire occiden-

---

28. *Ibid.*, p. 10.
29. *Ibid.*, p. 21.
30. *Ibid.*, p. 31.

tale : l'homme est mauvais foncièrement, sa rédemption se fait dans le sang répandu et l'amour n'est possible que dans la mort qui le paie. Remarquons cependant que ce salut s'opère ici-bas, — point n'est besoin d'attendre l'Au-delà, et dans un contexte non surnaturel, — et il est exprimé dans des mots exempts de religion.

4. *Marie,* personnage central, est un être déchiré, double. Pierre la nomme avec justesse « fille de songe », il pourrait l'appeler aussi, quoique avec moins de vérité : fille de parole, car une moitié d'elle penche de ce côté. Nous étudierons d'abord cette dernière tendance sous un double aspect.

Premièrement, l'aspect de l'intelligence. Marie poursuit une intense quête intellectuelle :

> Tous les matins, je cherche mon âme à mon réveil. Elisabeth et le Boiteux me l'ont cachée. Alors, je cours interroger l'eau lointaine. Je vois le fond de l'eau qui est nu et clair. Je sais que le plus pâle oiseau passant au ciel s'y refléterait dans la transparence, reçu [31].

Marie, triste oiseau, se mire dans la fontaine d'Evreuse. D'autres fois, elle brûle ses nuits en de longues marches méditatives qui intriguent sa mère et le boiteux :

> — Marie, d'où reviens-tu donc à l'aube, transie, dépossédée de toi, les yeux hagards, la démarche grave (...) [32]
>
> — (...) avec un air d'extase et toute une pâleur de morte sur son visage... [33]

L'angoisse de l'esprit force Marie à s'analyser sans fin pour démêler sa vérité d'avec le songe maternel.

Deuxièmement, dans l'ordre des sentiments, Marie cultive la révolte contre son sort, la rage, l'entêtement :

> Ma colère n'est-elle pas suffisante pour vous prouver que je vis ? Mon dénuement me comble ; cette grande pauvreté, étale comme un champ, et cette seule rage qui brille (perdue) en veilleuse... [34]

Son entourage la voit comme rétive, farouche, dédaigneuse et primitive. Elle a des griffes et des dents aiguës, et elle s'en sert pour mordre le prétendant effronté.

Sa violence éclate à tout propos contre les dominants et fait pendant à une pitié surabondante pour les victimes de guerre :

> — C'est le poids du monde sur moi, c'est comme un surplus de morts et de torturés dont la terre ne veut plus et que mon cœur seul recueille... [35]
>
> — (...) je sais que le monde est crucifié [36].
>
> — Pierre, voyez les mains énormes des pauvres... [37]

---

31. *Ibid.*, p. 13.
32. *Ibid.*, p. 5.
33. *Ibid.*, p. 9.
34. *Ibid.*, p. 4.
35. *Ibid.*, p. 5.
36. *Ibid.*, p. 15.
37. *Ibid.*, p. 24.

Vers la fin de la pièce, elle étendra sa pitié jusqu'à ses proches ; « en une lente révérence », elle saluera respectueusement sa mère et le Boiteux, puis, blessée à mort par lui, elle saura ne pas le dénoncer.

Voilà le côté clair de son cœur, c'est-à-dire les forces neuves de la parole. Elles ne pourront surmonter les habitudes du songe.

Car Marie prolonge indûment une adolescence incertaine. Sa mère lui en fait la remarque :

> Tu t'extrais de l'enfance avec peine et maladresse. Ah ! moi, à ton âge, j'avais déjà atteint ma forme parfaite, sans ombre, ni hésitation [38]. Tu es tardive [39].

Pierre s'efforcera, maladroitement, de faire surgir la femme de l'enfance aride.

Côté connaissance, l'état de songe pousse Marie dans une rêverie sans fin et à un mutisme qui la sépare de son entourage :

> — Marie, où vis-tu donc ? Tu es parmi nous comme une absente [40].
>
> — Tes paroles sont rares comme tes gestes, Marie. Tes attitudes prennent en nous la durée de l'immobile [41].

Sa pensée tourne et tourne en son âme secrète, sans parvenir à des certitudes fermes sur son destin, si bien qu'elle doit les demander à Pierre :

> — Dites que je suis claire et non point ténébreuse, ni réprouvée ? [42]
>
> — Serais-je toujours seule, enfermée en le péché de ma mère ? [43]
>
> — Pourquoi suis-je si vivante, avec la mort de celle-ci constituée à mon côté en sortilège éternel ? [44]
>
> — L'enfance serait-elle jetée en lest comme la nuit rompue ?... Pierre ! Faites que ce soit vrai et que, Elisabeth dépassée, le jour commence, l'amour seul s'appuyant sur mon cœur... [45]

Autant de questions incrédules que l'angoisse multiplie alors que grandit la certitude contraire et qu'il ne reste qu'à mourir.

Côté sentiment, l'emprise du songe fait surgir la culpabilité et le désespoir. Fille de pécheresse publique, et bâtarde (elle l'apprend à la fin), Marie se sent l'objet d'une punition originelle. Et quand une vieille pauvre l'insulte, Marie reçoit ses invectives comme autant de condamnations :

> (...) fille d'Elisabeth, toi-même péché vivant et remuant comme une apparition du diable (...) Le Malin t'anime et te meut, depuis ton premier souffle [46].

---

38. *Ibid.*, p. 3.
39. *Ibid.*, p. 4.
40. *Ibid.*, p. 4.
41. *Ibid.*, p. 7.
42. *Ibid.*, p. 20.
43. *Ibid.*, p. 19.
44. *Ibid.*, p. 22.
45. *Ibid.*, p. 25.
46. *Ibid.*, p. 17.

Marie sort de cette scène, marquée. Il ne lui reste plus qu'à goûter la beauté du dernier jour et la douceur neuve de l'amour, en attendant que son vœu secret de mourir s'accomplisse, peu importe comment.

II — LES INVITÉS AU PROCÈS

Cette œuvre radiophonique, singulière à plusieurs points de vue, est contemporaine du poème-titre *Le Tombeau des Rois* (publié à part dans *Esprit* en 1952). Le poète sait donc que l'arrachement aux puissances des morts est faisable. C'est pourquoi la libération de la petite Ba peut s'effectuer. Si, dans l'*Arche,* le match était nul, personne ne gagnant ni ne perdant tout à fait à cause de l'ambiguïté du sacrifice, ici Ba distancie nettement ses partenaires de l'état de songe.

L'objectif pouvant être atteint, c'est aussi sur le comment, sur les mécanismes et les moyens que la deuxième pièce s'exerce. A cette étape de l'évolution de son théâtre, Anne Hébert ne tient pas encore à utiliser les moyens *naturels,* c'est-à-dire la lente maturation des forces psychiques menant à l'épanouissement personnel. Elle a recours à des agents extra-terrestres, à une sorte de merveilleux de type médiéval, à des « miracles des plus singuliers », faits sous l'égide de Satan..!

La fantaisie se plaît à imaginer un contre-pèlerinage, inspiré par le diable, où tous les désirs malhonnêtes iront s'assouvir enfin, sans avoir à payer pour leurs fautes, Salin et Isman étant les boucs émissaires. La pensée de l'auteur, réfractaire à la religiosité superficielle, continue sa démarche critique, surtout par le truchement du Voyageur diabolique :

> Julien l'Enfoui le Saint que tu cherches depuis si longtemps fut découvert à quelques lieues d'ici, fracassé entre deux pierres. Mille miettes d'os très purs sans un lambeau de chair, ni rien qui n'épouvante. Un jeu d'osselets bien propre aux pièces quelque peu endommagées par le martyre. Le Clergé, enchanté, s'est mis en branle, l'Evêque vêtu de pourpre et d'or en tête. Les ossements saints ont été consacrés par l'Eglise avec chants et tout, et tout le tralala. Bénites aussi les pierres violettes et le champ alentour, comme si ce n'était pas assez de la bénédiction du sang [47].

Pour contrer toute cette dévotion, il projette un anti-pèlerinage vers un crime ancien, où les masques couvrant la méchanceté tomberont :

> Dans ton jardin fleurira une plante extravagante, et tous viendront du bout du monde, guidés par un parfum étrange et des terreurs sans nombre (...) Un grand remous se fait au cœur des vieux pèlerinages mal orientés. On verra les défections et les trahisons. Ah ! je vais encore passer un bon moment ! Pst, un petit coup de fouet, et le cortège se forme au galop [48].

Toute cette mise en scène médiévale est plus québécoise qu'il ne semble. L'absence de canadianismes stylistiques peut tromper, il y a des canadianis-

47. Anne HÉBERT, *Le Temps sauvage, Les Invités au procès,* p. 163.
48. *Ibid.,* p. 165.

mes de comportement, et le pèlerinage en est un. Puis, que l'on songe au merveilleux populaire du folklore, à celui de Gaspé dans *Les Anciens Canadiens,* de Fréchette dans ses contes de veillées d'antan, enfin à celui des séculaires contes de fées qui ont ébloui nos enfances.

Les pèlerins, *invités* sans le savoir au *procès* de Salin, sont légion, mais accèdent peu à l'avant-scène, de sorte que les véritables personnages sont peu nombreux et assez sommaires, ce sont les membres de la famille de Salin, le père, puis ses deux filles jumelles, Aude et Ba, et son fils Isman. Le drame est familial, comme dans l'*Arche* et comme dans le *Temps sauvage.* Là mijote le conflit dominant-dominés, là pèse l'atmosphère, irrespirable à force d'*accablement,* de *silence* et d'*ennui.* Dans le cœur des filles séquestrées, le rêve imagine qu'un jour, un bel amour viendra...

Dans l'*Arche,* Marie était l'unique enfant, à la fois révoltée, douce et sacrifiée. Dans les *Invités,* Anne Hébert morcelle ces aspects : Isman incarne la douce victime, Aude aussi, cette belle insatisfaite et écervelée, prête à partir à tout prix ; Ba, enfin, laide et triste mais de volonté ramassée et capable d'aimer, sera la seule à échapper au mal et à réaliser magiquement ses rêves.

Dans l'*Arche* encore, la mère et le pseudo-père n'étaient rien d'autre que des stylisations de l'inconscient, sans vraisemblance directe ni épaisseur réaliste. Pareillement, ici, le père présente ce schématisme, son personnage est élémentaire, pure figure d'autoritarisme.

Il y a plus, l'inconscient va investir toute la pièce de son atmosphère et de sa créativité. Les lois qui régissent notre monde physique et conscient seront suspendues, comme dans les contes de fées, par la baguette magique et bienfaisante du Voyageur ; les distances seront abolies, des murs surgiront, les vœux les plus intimes seront accomplis en un rien de temps, etc. Dans le rêve, les lois de l'espace et du temps s'évanouissent, pour faire place à d'autres lois « irrationnelles ». C'est justement ce qui se produit ici, sous le règne de la folie la plus intelligente. Pendant une heure, nous assistons à une fête débridée, du genre de celle que les Indiens d'Amérique appelaient, d'après Ferland : la fête du renversement de la cervelle. L'auberge et le jardin deviennent comme un champ magnétique, un lieu de sortilèges.

Cependant, les thèmes seront rigoureusement les mêmes que dans les autres pièces. L'étude des personnages le confirmera.

1. *Salin* en est rendu au bout de sa vie laborieuse, la vieillesse le saisit sans qu'il ait réussi à remettre à flot son auberge délaissée depuis la mort de sa femme. Il a été un juge sévère, inaccessible à la pitié à qui on recourait sans les litiges. Mais personne ne vient plus, sa femme n'étant plus là... Il habille et éduque ses filles comme des nonnes, non sans misogynie : le seul mot d'*amour* étant banni, et celui de *femme* n'évoquant pour leur père que sottise et stupidité.

Le Voyageur va révéler le fond caché de son cœur : « Tu fus juste, si juste et si content de l'être que dès le commencement, j'étais en toi. »[49]

49. *Ibid.*, p. 165.

Salin se tait devant plus fort que lui et passe sous la coupe du maître du péché. Il sera comme ligoté, hypnotisé et obéissant au doigt et à l'œil. La foule le convaincra d'avoir étranglé sa femme (adultère ?), de l'avoir jetée au fond de l'étang où sur le cadavre a poussé une fleur gigantesque, noire et au cœur écarlate, dont le parfum a troublé tout le voisinage. C'est cette fleur étrange qui est le motif le plus curieux du texte et qui aurait dû inspirer son titre. Ses couleurs espagnoles, rouge et noire, sont éclaboussées partout et confèrent un cachet macabre et tragique à l'ensemble.

Salin sera exécuté en vitesse comme en justice, et la foule repartira, le cœur soulagé de ses crimes et exempt de châtiment, d'autres ayant payé pour tous. C'est la morale que dégage la sagesse de Satan :

> C'est le village qui réclamait depuis longtemps cette nappe verte et profonde pour y couler quelques péchés. C'est fou la confiance aveugle qu'ont les hommes dans les chambres de débarras, les prisons, l'enfer et toutes les histoires de même acabit. Un seul petit placard réservé pour son linge sale et l'homme se croit à l'abri de la crasse pour le restant de ses jours [50].

2. *Isman* n'est que victime innocente. Il ne connaît pas la moindre propension à l'autonomie ou à la défense. Hypnotisé depuis l'enfance par les yeux austères du père, — comme François devant sa mère, dans le *Torrent* — il a été modelé spirituellement pour le martyre éventuel qui redorera la réputation de l'auberge. Salin lui relit chaque soir les prophéties de la passion du Christ et « chaque soir, Isman revêt les péchés du village et ploie sous le fardeau étranger » [51]. Il est dépouillé de toute force intérieure, par un abus de la parole divine. Quand l'auberge est investie d'une magie subtile comme l'air, il ne peut rien pour sauver sa sœur Aude :

> Père, vous m'avez voué à ce rôle de silence et d'acceptation. Sans révolte, même sans changer ma douceur, je reçois le mal et la honte [52].

Lorsque ce doux petit frère découvre une tête de cadavre sous son lit, (est-ce un stratagème de Salin ?), il ne lui reste qu'à obéir au regard impérieux du père et aller se pendre de désespoir.

Salin tirera cyniquement la conclusion, pour lui et pour nous :

> Le jeu bien appris et répété ne pouvait que finir ainsi en toute réalité. L'Enfant a pris sur lui les péchés du monde... [53]

3. *Aude* aussi sera victime, mais de son désir sexuel comme de celui de ses amants :

> Le désir est sur moi
> Un oiseau tournoie
> au-dessus de moi
> Il se déploie
> Et me mange

50. *Ibid.*, p. 186.
51. *Ibid.*, p. 162.
52. *Ibid.*, p. 170.
53. *Ibid.*, p. 182.

Il a eu mon visage
Et mes seins,
Nulle trève
Il convoite mes os [54].

Son personnage ressemble fort à celui qu'a été Elisabeth, jeune. Son destin obéit à des considérations plus psychologiques que morales. Dès le début, le texte la marque :

> Voici Aude qui commence de rayonner en silence. La Beauté la guette comme une proie [55].

Oisive, rêveuse, narcissique et sans pitié pour sa sœur, elle passe tout de suite sous le charme pervers de Satan et s'offre au désir :

> Déjà, j'ai fait briller les cheveux de ta fille Aude. Elle prend tant de plaisir à ces miroitements de lin que, posée à la fenêtre, comme une figure de proue, elle fait ruisseler sa chevelure, et ruisselle aussi son cœur, à la lune. De loin, on voit cet éclat d'algue pâle et mouillée et l'on pressent déjà la douceur de son cœur qui se donne [56].

D'un petit coup de couteau elle se débarrasse d'un premier amant pour aller faire couvrir sa nudité de bijoux et de drap fin par un marchand allumé qui ensuite la ravage et la détruit.

Son fantôme, couvert d'un manteau bleu, hante le jardin enchanté, jusqu'au dénouement qui l'envoie coucher au cimetière, à côté de son petit frère pendu.

4. *Ba,* enfin, la Cendrillon du jeu, humiliée mais travailleuse et cordiale : le destin lui réserve de connaître la beauté et l'amour. Elle est bien de la race habituelle des héroïnes du théâtre d'Anne Hébert. Son personnage, tout simple, moins fouillé que celui de ses homologues, est décrit par des notations brèves, suffisantes :

> — Cette petite, noiraude et crépelée, c'est la vilaine petite Ba, comme on l'appelle. Elle a des gestes très humbles qui semblent hors du temps, à force d'étonnement triste [57].
>
> — Le mouvement de mes mains (travailleuses) me rassure. Un seul instant de repos, et je sentirais le poids des larmes en moi et le prompt naufrage de mon âme rompue, en ce jardin si beau [58].
>
> — Moi, mon cœur doit dormir. Je fais un détour pour ne pas le déranger [59].

Le charme magique qui pénètre l'auberge comme un coup de vent a sur elle l'effet de faire germer l'amour. Son cœur se gonfle, elle a son premier rêve d'amour : « un chevalier d'argent, des yeux bleus de chat siamois, une barbe noire ». Le beau chevalier se présente en effet, mais court aveuglément

54. *Ibid.*, p. 177.
55. *Ibid.*, p. 159.
56. *Ibid.*, p. 165.
57. *Ibid.*, p. 159.
58. *Ibid.*, p. 166.
59. *Ibid.*, p. 161.

après la beauté d'Aude. Ba se jette dans l'étang, y flotte puis y dort sous l'eau.

Elle ne devra pas son salut uniquement à l'exaucement du vœu de la mère du chevalier, mais aussi à sa propre vitalité, c'est-à-dire à son amour pour Renaud et à la volonté de ses mains :

> C'est un pauvre amour qui m'a toute lissée, du fond de l'étang. Comme j'allais m'enfoncer en cette tendresse, j'ai joint mes mains pour prier, cela fait surgir une force terrible dans mes poignets et je suis remontée à la surface, guidée par mes anciennes mains qui refusaient de mourir [60].

Embellie par l'amour, ses mains fidèles demeurant rêches comme avant, elle saura garder sa pitié pour Aude détruite, pour Isman et devant « le mal qui habite le monde ». Elle continue Saule, sa mère, dont la présence souriante remplissait l'auberge et faisait éclater le jardin de fruits et de fleurs. Ba est consciente d'assister à un recommencement du monde :

> En une seconde naissance plus glorieuse que la première, voici que j'émerge de la profondeur de cette femme ténébreuse possédée du désir insatiable de fleurir au soleil [61].

C'est dire beaucoup en peu de mots : le sens mystérieux de la fleur géante, la métempsychose de sa mère en elle, la vie nouvelle qui s'offre à elle et au village enfin libérés.

La pièce nous a fait assister au bienfait de la parole jaillissant sans entrave. Et on a comme une vision d'une humanité utopique, sortant en une journée sabbatique, de sa désolation coutumière.

III — LA MERCIÈRE ASSASSINÉE

En 1958, date de la publication de la *Mercière assassinée,* Anne Hébert est en pleine possession pratique et théorique de sa nouvelle manière de voir le monde et de l'écrire. Depuis 1954, date du premier poème-ode *La Naissance du Pain* [62], l'ample verset a supplanté le vers ténu et désolé du *Tombeau des rois. Les Chambres de bois,* paru en 1958, ont repris sous forme romanesque la courbe entière de son destin poétique, depuis les songes de jeune fille, passant pas la claustration des chambres, jusqu'à la vie surabondante sous le soleil où jaillit la parole d'amour. La même année, elle livre sa pensée réflexive sur la poésie et l'art dans *Poésie, Solitude rompue,* tâchant théoriquement d'y faire voir le cheminement du songe ténébreux jusqu'à l'expression ouverte.

Mais qu'advient-il lorsque la libération par la parole est totalement empêchée ? lorsqu'une société fermée et qu'une éducation parentale brutale

60. *Ibid.*, p. 176.
61. *Ibid.*, p. 183.
62. Anne HÉBERT, *Poèmes,* 105p. *Mystère de la parole,* « La Naissance du pain », p. 76.

refoulent la parole au fond de la gorge ? A quel torrent passionnel assisterons-nous ? à quelle joie mauvaise ou à quelle haine méticuleuse ? C'est à une étude de ce genre que procède la troisième pièce de théâtre, s'attachant à démontrer les séquelles d'une dignité d'enfant du peuple atrocement insultée, et tâchant en plus d'illustrer comment une nostalgie de noblesse parvient au jour, tardivement, à travers les fissures d'une vieille existence désœuvrée, celle du marquis Olivier.

L'auteur se propose aussi un autre défi : suivre à rebours, cette fois, le cheminement intérieur déjà analysé ailleurs, en remontant des effets jusqu'à la source. La mercière a vécu son drame de A à Z, il s'agira de le reprendre à l'envers de Z à A. S'ajoute une coquetterie : que cette démarche en amont soit si rigoureuse et satisfaisante pour l'esprit inquisiteur, qu'elle puisse élucider un crime obscur et en expliquer parfaitement le mobile. D'où le genre policier.

Le juge d'instruction ne prisera guère cette méthode psychologique du journaliste canadien improvisé détective non conformiste :

> Vous perdez votre temps, jeune homme, ce n'est certainement pas en rêvant sur l'enfance de la mercière que vous éclaircirez le mystère de sa mort [63].

A l'auteur et à son substitut journaliste de fournir la preuve du contraire.

Dernière gageure : pendant que la compréhension des sentiments de la mercière régresse vers leur origine, faire progresser l'âme perverse d'Olivier jusqu'à une grandeur quelque peu digne de sa lignée. Cet aspect de la pièce a été peu étudié. Et pourtant le texte consacre beaucoup de temps à détailler cette conversion de dernière heure que le petit plan diabolique de la mercière butée n'avait pas prévue.

L'application du schéma poétique canadien tend de plus à vérifier la justesse humaine de l'expérience personnelle qui arrive à s'ajuster très bien dans le conflit de classes que la Révolution a fait éclater et dont les cendres sont encore chaudes. D'ailleurs, la parenté sociologique est grande entre la petite ville française à 20 milles de Reims et les « petites villes tristes et mortes » du poète. Tellement qu'on dirait que le cri de révolte du poème *Vieille Image* sort d'entre les dents serrées d'Adélaïde Menthe humiliée :

> Tout détruire
> Le village
> Et le château
>
> ....
>
> Nous affichons
> Notre profonde différence
> En silence
>
> La rage
> (...) oppresse notre poitrine [64].

La révolte qui sourd de l'âme exaspérée est fondamentalement la même sous tous les climats, malgré les différences culturelles. La petite ville de la mer-

63. *Id.*, *Le Temps sauvage, La Mercière assassinée*, p. 122.
64. *Id.*, *Poèmes, Le Tombeau des rois*, « Vieille Image », pp. 31-32.

cière est plus qu'endormie dans sa routine, elle est malveillante et même un peu complice de la terreur que fait régner le château depuis toujours. Et l'enquête complaisante du juge Floche n'est qu'une farce servile ; il enterrerait l'affaire, sans la sympathie et l'intervention du journaliste.

Trois personnages offrent un intérêt particulier pour le point de vue qui nous occupe : Achille, Adélaïde et Olivier. L'auteur s'est attaché à étudier en eux les divers modes selon lesquels la vérité sort de l'inconscient atrophié.

1 — *Achille* est le type classique du fou de village. Le juge porte sur lui une appréciation tout aussi classique et bornée :

— Un innocent, un pauvre d'esprit, qui mendie et qui chante comme ça depuis son enfance. Parfois on croit qu'il sait des choses, on le prend au sérieux, on l'interroge, mais crac silence, pst une pirouette, et il ne dit plus rien. C'est une pauvre cervelle... [65]

— Je vous l'avais dit. Il n'y a rien à tirer de ce garçon. Il parle, il chante, c'est plein d'images, on croit pouvoir saisir des vérités au passage, mais il n'y a rien à comprendre, c'est du charabia. Allons plutôt prendre un verre au café de l'hôtel... [66]

Ce juge est un imbécile professionnel. Il a sous la main un témoin de première classe, qui a vu le meurtre s'accomplir et qui va répéter à un étranger, le premier soir de son arrivée, la dernière parole d'Adélaïde tendant à Olivier le serment terrible de ses quinze ans :

Voilà ! de la laine violette, de la laine bleue, Madame la Marquise aura son compte, j'en suis sûre. *Et avec ceci ?* [i.e. le serment] [67].

(L'idiot rend librement la première phrase, mais littéralement la dernière que j'ai soulignée [68].)

Ailleurs, dans le cours de l'enquête, Achille ne chante pas moins de dix chansons, sous le nez de tout le monde, et elles récitent tout l'essentiel du drame, en un langage à peine voilé.

Mais Achille pose à son entourage le sempiternel problème de l'interprétation de sa folie, qui n'exige pas une attention d'ordre scientifique, pas du tout ! mais une allure libre devant les préjugés séculaires et moins de conformisme cartésien. Ses proches ont donc écarté Achille et l'ont confié à la rue, où il couraille partout, comme les poules et les coqs. Il écornifle dans toutes les maisons où on le confond avec les murs. Il voit tout, il sait tout. Ce poids accru de connaissances terrorise son âme, qu'il soulage en fredonnant dans les rues. Il chante ses propres compositions. C'est un poète primitif, un Rimbaud chétif. Ses chansons si tristes ne lui sont pas soufflées par l'auteur, comme si elles dépassaient son personnage. Elles sont bien de lui, sa conversation en témoigne.

Ses improvisations garrochent la vérité toute crue ; il n'y a qu'à la saisir au vol. N'importe qui aurait pu le faire. Si le journaliste étranger les écoute,

65. *Id., Le Temps sauvage, La Mercière assassinée*, p. 99.
66. *Ibid.*, p. 102.
67. *Ibid.*, p. 152.
68. *Ibid.*, p. 85.

ce n'est pas parce qu'il a le cerveau d'un Sherlock Holmes ; il ne dispose que de moyens bien ordinaires : de l'intérêt, de la bienveillance, de la curiosité touristique. Il a bien peu de mérite en fait : Achille le renseigne, Olivier lui donne le fourreau argenté, le juge le laisse voler une pièce à conviction, la petite Maria lui apporte le reste.

Les qualités involontaires du journaliste sont ailleurs : dans sa jeunesse inaltérée qui vibre de pitié pour l'enfance figée raide puis vieillie telle quelle sur le visage d'Adélaïde. La pseudo-logique repue de civilisation pourrie (le genre du château) émousse l'intellect du juge. Mais le « nouveau monde », au langage « sauvage et primitif » comprend le malheur de toutes ces enfances arrêtées et qui ne cessent de dégorger leur inconscient par des flots de paroles, de confidences ou de passion meurtrière.

Achille, pas fou, sait doser l'information à donner et la choisir selon la progression de l'enquête. Sa chanson pique la curiosité, accompagne chaque découverte, la verbalise et l'approfondit en la chargeant d'une émotion. Il sent l'âme d'Adélaïde rôder, insatisfaite et amère ; elle lui est plus intime et réelle que le monde autour de lui. Depuis 44 ans qu'il médite l'humiliation atroce de l'adolescente, il en est venu à tout comprendre à demi-mot :

> Ses mains sont légères
> Mais son cœur est lourd, si lourd
> Comme une pierre au cou de la bête qu'on noie [69].

Ses poèmes disent les songes de ses longues nuits. Son discours n'est pas une parole achevée, mais un flot incontrôlé que la crainte du juge tarit et que la bienveillance de Jean autorise. Il est hors de doute que l'attitude de Jean décuple l'activité verbale du colporteur des secrets des autres. Et Achille révélera, entre autres :

— le meurtre en *noyade* de Véronique [70],

— l'importance de la *fête cruelle* du château [71].

— le *piège* ultime tendu à Olivier [72].

A tous ces indices précieux, il ajoute des éclaircies mystérieuses sur l'errance de l'âme inachevée d'Adélaïde :

> Se rendra-t-elle en Paradis [73].
> ....
> N'ira pas n'ira pas
> Son âme chavire sous la terre [74].
> ....
> Se mêle au vent
> Se lance à nos trousses
> Nous brûle au passage
> Aïe ! Aïe ! Aïe [75] !

---

69. *Ibid.*, p. 102.
70. *Ibid.*, p. 148.
71. *Ibid.*, p. 139.
72. *Ibid.*, p. 151.
73. *Ibid.*, p. 102.
74. *Ibid.*, p. 124.
75. *Ibid.*, p. 153.

La création de ce personnage si authentique suppose beaucoup de finesse attentive. En exemple final, cet aveu :

> Quand je chante, c'est comme si je touchais des choses interdites. Et j'ai peur, si peur, Monsieur [76].

2 — *Adélaïde Menthe,* prénom vieillot, nom frais, mais la fraîcheur chez elle ayant été vite fauchée, c'est vers *mentir* qu'il faut chercher une analogie verbale : toute sa vie a été une *menterie* méticuleusement déguisée en *mercerie,* façade derrière laquelle se réalisait une vengeance horrible et systématique.

Les rêves d'amour de jeune fille, quand la vie adulte les accomplit, sont parmi les plus belles choses du monde. Mais très tôt, on a fait comprendre à Adélaïde que son rêve était irrémédiablement empêché. Elle en est restée à jongler sur son songe frustré, elle a employé toute son énergie à tenir sa bouche muette et à remettre les coups donnés, dix pour un, en visant toujours Olivier.

Adrien Thério a montré que les héroïnes d'Anne Hébert rêvent toutes d'un prince charmant et d'un château, et qu'elles sont souvent déçues (*Livres et Auteurs québécois 1971*). C'est bien le cas d'Adélaïde qui à quinze ans, habillée comme une princesse, a dansé un soir au bras d'un beau jeune marquis. L'espace d'un bal fulgurant, le rêve fou de la petite ambitieuse était devenu vrai :

> Ils dansent lentement, un peu comme en rêve.
>
> — La plus belle de ce bal, c'est vous, vous seule [77].

L'âme si forte d'Adélaïde a dû vivre ce moment avec une intensité incroyable, malgré la supercherie. Et quand Olivier, mis au courant, lui arrache et lui déchire ses beaux atours, Adélaïde se sauve « comme une égarée », comme une marquée au fer rouge. Sa haine commence là, et sa folie. « Son visage s'est durci comme la pierre » : une adolescente capable d'un tel revirement peut faire un personnage étonnant.

L'image d'Olivier restera en elle, mais défigurée : il devient la cible constante de l'amour déçu et tournée en haine. Pendant plus de quarante ans, il est l'homme poursuivi, à blesser, à voir trembler de peur, à abattre enfin.

Le châtiment infligé aux quatre jeunes châtelaines envieuses, s'il est disproportionné à leur offense, n'est pas supérieur à l'humiliation ressentie. On peut penser que ce n'est pas directement à elles que la petite femme noire en veut. C'est Olivier qu'elle atteint, c'est lui qui goûte au mal, qui a peur et qui fuit « comme un enfant que l'on menace du fond de la nuit » [78].

Après l'affront, Adélaïde aurait dû pleurer un bon six mois, puis se faire une raison et s'occuper de vivre. Achille, qui partage cette sagesse populaire, remarque finement :

---

76. *Ibid.*, p. 125.
77. *Ibid.*, p. 143.
78. *Ibid.*, p. 149.

> Elle était avare et dure. Une fois, elle a pleuré, une seule fois. C'est trop peu, je vous assure que c'est trop peu. (...) Elle n'a pleuré qu'une seule fois, mais c'était d'horreur... [79].

Exceptionnelle, Adélaïde a refoulé les autres pleurs, refoulé et refoulé. La violence retenue n'a jailli qu'en passion calculée : un meurtre à tous les dix ans, impunément. Elle avait tout compté et elle a tout remis : « elle ne s'est jamais trompée en rendant la monnaie », témoigne Achille.

Tant de volonté durcie et de minutie a de quoi étonner. Et c'est à quinze ans que ça commence, sans jamais une erreur, sans jamais défaillir. Sur la tendre enfance mutilée, elle a collé un masque impitoyable de « rapace ». Son destin affreusement ébréché fait penser à Achille, dont elle est devenue la sœur.

L'enfance affleure dans le sentiment constant de culpabilité compulsive qui l'étreint. A l'église, elle ne peut s'empêcher d'avoir « une espèce d'air craintif ». Elle verra elle-même à préparer son châtiment. Après avoir éludé toute justice humaine, elle se fait suicider par son prince haï. S'étant offerte de dos au poignard d'Olivier, elle va expier, stoïque, « la face contre terre, toute menue dans sa robe noire, les bras étendus comme une croix de pauvre » [80].

3 — *Olivier* ne voudra pas demeurer en reste.

Lui aussi est un personnage étrange ; il tend à sa fin par bien des détours, mais il écrit droit sur des lignes courbes. Anne Hébert excelle à inventer des êtres complexes dont on a tort de se demander abstraitement s'ils sont des ratés ou des héros. Elle les conduit tous à leur destin particulier, s'attachant à ne pas déroger de leur vérité concrète et déroutante. Ainsi, François, du *Torrent,* se noie quand il est parvenu à connaître son « épouvantable richesse ». Et *Kamouraska* finit sur une Elisabeth à la fois grandie et détruite. Ici, Olivier termine sa confession volontaire avec un air de noblesse récupérée sur son visage désabusé de n'avoir pas vécu.

Lui aussi est en retard sur son enfance :

> Un jour, j'ai été très beau, presque majestueux, l'apogée de ma race je crois. Cela n'a pas duré très longtemps (...) Mais j'ai de la mémoire et je m'en souviens [81].

Lui aussi erre, comme Achille, ivre ou hagard, à travers la campagne. Et il chante aussi :

> Vieux château vieille mère
> Oh ! la ! la ! je rentre au bercail (...)
> Je rentre et je boite vieux château vieille enfance [82].

Et dans ses crises d'agitation, il dit sa vérité, comme Achille, et il se rachète par des décisions généreuses que lui dictent sa conscience et sa nostalgie d'une noblesse perdue.

---

79. *Ibid.*, p. 106.
80. *Ibid.*, p. 88.
81. *Ibid.*, p. 126.
82. *Ibid.*, p. 113.

Olivier ne joue pas sa vie sur un coup de dés. Il ne s'en remet pas à la chance pour redresser son destin. Il ne dit pas au journaliste : « si vous gagnez aux dés... », mais « si vous voulez jouer aux dés, je vous offre la pièce de ma collection que vous préférez ! » [83]

Ce matin-là, Olivier avait dû méditer longuement pendant les obsèques de la mercière secrètement admirée. Et le regret de sa noblesse lui était remonté au visage. Sa mère l'a remarqué :

> Tu étais si beau tout à l'heure à l'église. Ton visage était lisse comme si toute ta vie se fut effacée d'un coup [84].

S'il prend le détective comme confident, c'est de plein gré, et il ne lui dira que ce qu'il veut bien :

> Pauvre innocent, de quoi vous mêlez-vous ? Dites-vous bien que c'est moi qui vous ai cherché. Et puis, vous ne saurez que tout juste ce que je veux bien vous apprendre [85]...

Lorsque Olivier raconte tout à Jean Rivière, les choses se déroulent comme dans un monologue : « Olivier demeure immobile face à la glace (...) parle sans se retourner (...) » [86] C'est pour lui-même qu'il revoit ce passé tant de fois repris dans son esprit. Olivier est en plein songe conscient. Sa mémoire affluant le submerge, lui dicte sa vérité, il n'est plus maître de mentir, comme Achille, et il avoue. Ce que Jean nommera pudiquement « moment d'aberration mentale » est en fait l'instant le plus désiré de sa vie, où toute sa volonté profonde est engagée. Il va au bout de lui-même.

Il finit sur une note de réconciliation plus ou moins affectueuse avec la mercière, à qui, beau joueur, il reconnaît d'avoir prévu sa fin :

> Bon, je crois que le serment de la petite Adélaïde s'accomplira jusqu'au bout, à présent. Me voilà fait. La mercière a gagné [87].

Olivier aussi a gagné.

Sa carrière ne présente pas le côté spectaculaire ou le monstrueux de la haine minutieuse. Olivier est plus simple et plus humain. Il est la figure dominante de ce théâtre.

IV — LE TEMPS SAUVAGE

Nous entrons, avec cette pièce de 1963, dans l'âge de la parole. Les forces obscures du songe, ce cœur silencieux et muet qui a été le nôtre si longtemps [88], tout cela trouve maintenant son débouché naturel, parvient à la lumière, sans casser de vitres, sans magie ni recours à des moyens autres

---

83. *Ibid.*, p. 128.
84. *Ibid.*, p. 126.
85. *Ibid.*, p. 130.
86. *Ibid.*, p. 141.
87. *Ibid.*, p. 153.
88. Anne HÉBERT, *Poèmes, Mystère de la parole,* « Poésie, solitude rompue », p. 71.

que naturels. Par le seul écoulement d'une « parole vraie, juste et exprimée » [89].

Toute violence physique est désamorcée. Tout tragique disparaît, surmonté par la seule force du verbe théâtral. Plus de fatalité extérieure, plus une goutte de sang.

A peine une gifle, à peine de la colère au cœur et de la rage qui trouvent à s'épancher puis à se dissiper. Rien de dramatique, au sens de catastrophique et de sensationnel. La parole règle tout, non pas à la manière d'une soupape du trop-plein, mais parce qu'elle est la solution harmonieuse des conflits et le terme naturel de l'évolution des êtres. Les passions ne seront pas moins fortes qu'avant, même si elles n'éclatent pas en noir et rouge, mais l'énergie dont elles sont gonflées, nullement bloquée, ne peut engendrer de violence. Ce n'est pas non plus parce que l'action se passe « dans un pays tranquille » [90]. A preuve *l'Arche de midi,* qui se déroule sans doute chez le même peuple québécois. C'est plutôt une question d'époque et de mentalité nouvelle. *Le Temps sauvage* occupe, par rapport aux autres pièces, la même place que *les Chambres de bois* par rapport au *Torrent.* L'écrivain connaît une période où son imaginaire est pacifié.

« Sauvage » n'a donc pas ici le sens excessif de sanguinaire, de barbare, etc. Mais celui d'inculte, de rude, de non civilisé. De farouche aussi, à la fois dans le sens d'orgueilleux et dans celui de peureux et de traqué. Le qualificatif sauvage est employé pour désigner le monde isolé, retiré, à l'écart de l'histoire, où Agnès maintient sa famille.

Le *temps* du titre (qui n'a de valeur collective autre que symbolique), renvoie à une période *antérieure,* d'une quinzaine d'années, pendant laquelle la famille Joncas a vécu très loin de la grande ville et même à l'écart du village. Le titre indique donc un passé, tout au plus un état de choses initial, pas davantage. Car dès le début, le processus d'érosion rapide de l'ordre existant est mis en branle. La mort inopinée de Nathalie secoue Agnès et remet en cause toute sa façon morbide de vivre. Le bal des questions, mené par Lucie, commence. Poser une question, c'est sortir de l'inculte, apprivoiser le sauvage. Et chaque question va finalement aller arracher sa réponse, la bonne. Au bout de cette ronde, c'est l'abdication d'Agnès ; elle rend les armes, son temps sauvage est fini, il réintègre le temps civilisé.

Moins de résistance de la part de la mère eût été improbable, car le passé à liquider est chargé. Toute une génération et une mentalité meurent sous nos yeux. Il est remarquable que cet énorme transfert de valeurs se fasse en moins d'un an, sans coups ni sang, pas plus qu'une claque, une impolitesse au curé, des obstinations familiales. C'est le moins qu'il puisse arriver :

> Tant de passés s'empilent en caves et en greniers que la génération actuelle en est réduite à se disputer dans des chambres hantées [91].

---

89. *Ibid.*, p. 71.
90. *Ibid.*, p. 73.
91. Anne Hébert, *Le Temps sauvage*, p. 20.

Sébastien devrait être content de s'en tirer à si bon compte, le passif accumulé est lourd et bourré d'émotions. Agnès est au bout d'une lignée de femmes humiliées, qui n'ont cessé de refouler la rancœur :

> Je suis née d'une race de défroqués et de forçats innocents. Tous les dimanches la maison était pleine de curés. Nous n'avions qu'à nous taire, surtout les femmes (...) Très tôt l'infaillibilité de certains prêtres m'a humilié l'esprit et rompu le cœur, tandis que l'on m'attachait la culpabilité au cou, comme une meule, pour me noyer [92].

Il y a là de quoi remplir plus que des caves et des greniers. Sébastien est chanceux d'avoir un espace libre pour la parole et les disputes, même s'il est hanté. Et il est nettement *civilisé,* non plus *sauvage* ni *morbide,* de régler ainsi un contentieux si pénible.

1 — *Lucie* est la figure de la génération montante. Elle ressemble à Marie, à Ba, et aussi à Adélaïde par son acharnement analogue. Mais elle est exempte de l'empêchement de vivre qui les a contrefaites, elle n'a rien de ténébreux. Elle est toute simple et lucide, son prénom le dit. Le songe chez elle passe tôt à la parole, sans trop d'entraves. C'est à elle que se fera *la transmission des pouvoirs,* expression de Gilles Dubé qui résume bien l'enjeu (cf. *Revue de l'Ecole Normale,* 4e trim., 1967-68, Québec).

Au lever du rideau, Lucie n'est encore qu'une adolescente piaffante. La nouvelle de la mort de Nathalie parvient aux Joncas. Lucie tente de profiter de l'occasion pour s'émanciper. Elle commence à faire feu de toutes ses questions. Agnès pressent la menace et lui déclare la guerre.

La question caractérise bien la forte intelligence de Lucie : « Je veux tout savoir. » [93] Ce n'est pas elle qui laissera volontiers planer les énigmes : « Il y a trop de silence dans cette maison. On étouffe. » Cette remarque générale montre bien le caractère entier de sa revendication, c'est à l'ordre des choses qu'elle s'attaque. Son esprit a *soif du monde* et va la pousser du côté de son père instruit.

Dans le peu qu'elle apprend, elle s'est appliquée à démêler, comme Marie de l'*Arche,* les vérités d'avec les « contes et les sornettes ». Elle donne le même traitement critique aux solutions hésitantes de l'abbé :

> J'aimerais que vous me donniez de vraies réponses de curé : pan ! pan ! sans réfléchir, du tac au tac, la bonne réponse qui va avec la bonne question, comme pour la table de multiplication [94].

Son désir de connaître n'est embarrassé d'aucune entrave autre que le manque d'aisance : « Je n'ai pas l'habitude de la conversation. Ça gâte la langue de ne jamais parler qu'en famille. » [95] Son jugement est sans pitié :

— Ah ! la vie de famille est pourrie [96].

92. *Ibid.,* p. 26.
93. *Ibid.,* pp. 11, 29.
94. *Ibid.,* p. 53.
95. *Ibid.,* p. 28.
96. *Ibid.,* p. 16.

— Et puis, moi, je ne moisirai pas longtemps, ici, ça je te le jure [97].

— Je voudrais être ailleurs, dans une grande ville civilisée et sûre [98].

Elle a choisi : la ville moderne et ouverte, pas la campagne de sa mère, ni la forêt de son frère trappeur qu'elle entraîne dans son sillage. Mais le frère n'est pas de taille ; elle le démasque, lui aussi :

— Je ne comprends pas. Toi, si net et dur, tu parles maintenant des fleurs plein la bouche, comme un homme saoul qui a des visions [99].

— Toi, Sébastien, un homme libre ? Tu n'es qu'un affranchi [100].

En somme, la qualité critique de son intelligence la guide avec sûreté vers son destin.

Du côté des sentiments elle a la même clarté, la même aisance directe, tout à l'opposé de sa sombre mère, dont elle a hérité la passion ;

— Moi, je pense à beaucoup de choses. A la colère qui est dans mon cœur, par exemple, et je voudrais l'appeler par son nom [101].

— Si la vie est mal faite, c'est à nous de la refaire [102].

— Vous, Lucie, vous êtes dure comme la terre et forte comme la soif [103].

L'envie de partir, elle l'a depuis le voyage de sa mère : « Emmène-moi » ; puis le désir va mûrir lentement en décision personnelle : « Je pars ». Petite phrase si claire, et pourtant si dure à articuler :

Et moi, je ne suis pas quitte ; de rien, ni de personne. Je ne serai jamais quitte. Toute la soif du monde à prendre sur moi. Cette maison à emporter et cette grande femme crucifiée qui est ma mère. Ce coup que je dois lui porter pour vivre. Je pars [104].

On peut être sûr qu'elle ne reviendra pas de sitôt, contrairement aux personnages vieux et jeunes des *Grands Départs* [105] typiques de la décade précédente. Le monde a changé en sept ans.

2. — *François,* simple d'esprit ou plutôt esprit simple, est celui qui comprend le mieux l'importance de ce qui se passe soudain autour de lui. Il a un peu le rôle de définisseur de situation, car il saisit le fonctionnement des mécanismes en marche et leur aboutissement. Il en formule les lois :

— Les choses ont commencé de se faire et de se dire, hors de toi (Agnès). Et une fois que cela a commencé, ça n'en finit plus [106].

---

97. *Ibid.*, p. 31.
98. *Ibid.*, p. 19.
99. *Ibid.*, p. 32.
100. *Ibid.*, p. 77.
101. *Ibid.*, p. 12.
102. *Ibid.*, p. 49.
103. *Ibid.*, p. 54.
104. *Ibid.*, p. 76.
105. Jacques LANGUIRAND, *Les Grands Départs,* Montréal, Cercle du Livre de France, 1958, 119p.
106. Anne HÉBERT, *Le Temps sauvage,* p. 70.

— C'est terrible la mémoire lorsqu'elle se montre à l'horizon comme une marée en marche [107].

— Bientôt je jugerai la vie aveugle qui nous a fait naître démunis et pervers [108].

Il a lu tant de livres, il a passé tant de jours et de saisons à méditer comme un ours dans sa *ouache,* qu'il peut bien être tenté d'interpréter ce qui se passe et se passera dans les âmes.

Son analyse n'est jamais froide, l'expérience de la vie lui ayant été trop douloureuse. Mais sa pensée oscille entre le réel et le rêve : « Je m'enferme là-haut. Je lis, je dors, je rêve. Je ne bouge plus. » [109] Cette alternance est consciente : « Bon, rêvons, un bon coup. » [110] Elle est la mise en application d'une philosophie défaitiste qui formule de façon intolérable toute une mentalité ancienne :

— Ah ! les curés ont bien raison : « La vraie vie est ailleurs ». « Etre au monde comme n'y étant point. » Et voici que toute absence sera magnifiée par les anges durant l'éternité » ! [111]

— Le bonheur ça se paie. Plus on est heureux, plus on est puni, ça, c'est certain [112].

Ces deux énoncés ont fait du tort au personnage, qui n'en reste pas là, qui ne peut en rester là à cause de tant de lucidité. Il évolue, sous nos yeux et sous les siens :

— la parole a commencé de me tirer les secrets du cœur. Depuis qu'Isabelle est ici (...) Ma vie devient plus claire et plus terrible [113].

— je me vois pour la première fois et je te vois aussi (Agnès) [114].

Il a plus que tous les autres une vue claire sur l'aventure vécue avec Agnès et il est le premier à la raconter :

> Quelle drôle d'histoire tout de même. Un jour, Agnès, votre mère a pris pour époux le boiteux, votre père, et, dès qu'elle eut mis au monde ses petits, les a pris entre ses dents, comme une chatte traquée et s'en est allée les cacher, très loin, dans la montagne [115].

La porte aux secrets est ouverte, on ne cessera d'en sortir des souvenirs amers, devant le curé ou en famille.

Au début de l'acte deuxième, François est au plus creux de sa courbe ; l'enfant abandonnique qu'il a été « erre comme une âme en peine » :

> je n'arrive pas à bouger du tout, pris dans une glu triste à mourir. La maison n'a plus de pôle. Si Agnès ne rentre pas ce soir, je me saoule à mort.

107. *Ibid.*, p. 71.
108. *Ibid.*, p. 73.
109. *Ibid.*, p. 56.
110. *Ibid.*, p. 74.
111. *Ibid.*, p. 21.
112. *Ibid.*, p. 55.
113. *Ibid.*, p. 71.
114. *Ibid.*, p. 73.
115. *Ibid.*, p. 15.

> Et quel pauvre visage j'ai montré (...) un visage d'homme si défait et humilié, si avoué dans sa destruction qu'il ne ressemble plus à rien du tout [116].

Au troisième acte, au printemps, on se rend compte que les choses ont bougé. François se dégage du maternel. Il en est mal à l'aise, coincé par une ambivalence que note Agnès :

> Si tu m'obéis, tu te crois voué au feu éternel et, si tu oses me braver, encouragé par cette petite sotte d'Isabelle, tu te sens également coupable [117].

La libération de son être se fait au dernier acte (tableau 2, scène 4) dans un long règlement de comptes avec Agnès. Il n'est plus l'homme du début à se laisser traiter de vieux boiteux. Devant une femme affaiblie et assagie par les coups du sort, il assume tout doucement son rôle d'amant passé et de père :

> — Et pourtant sans moi, tu devenais stérile et sèche comme un paquet d'épines.
>
> — Tu te souviens ? Le temps était pareil à aujourd'hui ; lourd et malfaisant. Des engoulevents emplissaient la nuit. Je te suivais partout (...) [118].

Il ose formuler le souvenir interdit, il réveille des secrets « à petits coups précis » et met sur les lèvres d'Agnès une phrase qui sera sa réhabilitation tardive :

> Un jour, c'est vrai, François, mon mari, tu m'as sauvée du désespoir et de la mort [119].

Que François n'ait pu l'entendre à cet instant précis importe peu ; il parle maintenant, il porte jugement, et Agnès est prête elle aussi à parler.

« Les oasis ne naissent pas autrement » (Claire Martin).

3. — *Agnès* et son drame se comprennent bien si on compare deux phrases, l'une du début, l'autre à la fin :

> — Je demeure la maîtresse absolue [120].
>
> — Agnès (...) dans une sorte de délire du pouvoir qui lui échappe [121].

Elle se comprend mieux encore si on déplace la perspective, de l'ordre du pouvoir à celui plus profond et antérieur du passage du songe à la parole. C'est là d'abord qu'Agnès « souffre violence ».

> La première scène la décrit tout de suite dans cette optique : Agnès, vêtue de noir, est debout comme pétrifiée dans un rêve [122].

---

116. *Ibid.*, pp. 34-35.
117. *Ibid.*, p. 47.
118. *Ibid.*, pp. 70-72.
119. *Ibid.*, p. 74.
120. *Ibid.*, p. 22.
121. *Ibid.*, p. 78.
122. *Ibid.*, p. 9.

Ce n'est pas dans ses habitudes : « Moi, je ne m'interroge jamais sur quoi que ce soit. » [123] Bien que soumise au dictat de ses instincts obscurs, Agnès ne rêve pas d'ordinaire, en femme pratique qu'elle est, toute du côté de l'action et du pouvoir rassurant.

Elle va évoluer, à son corps défendant. Ou plutôt elle va subir le changement qu'elle n'a pas désiré. Elle va être changée par le cours impitoyable des événements. Sa seule réaction sera de refuser obstinément, de s'agripper à sa nuit, de fuir la lumière ;

> La plus grande réussite de ce monde ce serait de demeurer parfaitement secret, à tous et à soi-même. Plus de question, plus de réponse, une longue saison, sans âge ni raison, ni responsabilité, une espèce de temps sauvage, hors du temps et de la conscience [124].

On ne peut se définir plus nettement par une lucidité qui rejette le lucide. La contradiction entre le formel et le matériel de cette réplique laisse présager à la fois de l'issue positive du conflit et des difficultés éventuelles. Sa conscience désire vivre « hors de la conscience », cette femme désire ne jamais devenir complètement femme :

> Qui est jamais tout à fait un homme ou une femme dans ce pays d'avant la création du monde ? [125].

Elle va employer sa force de caractère à contenir la lumière et la parole. Et ce qu'il faut admirer en elle, c'est qu'elle ne réussira pas. Son premier échec a lieu devant le curé, la schismatique muette qu'elle veut être est forcée de parler, donc de se confesser : « Ma nuit est ouverte, et je m'étais jurée d'y vivre et d'y mourir ! » [126] « Je n'ai plus qu'un désir : retourner en arrière, retrouver la nuit et le silence. » [127] Elle est pathétique dans ses vains efforts pour vivre hors de la conscience. Mais la maladie va l'y maintenir.

Sébastien parti, elle fait une longue dépression d'hiver qui la dépouille de son assurance et la rend semblable à son chétif mari. Mais son nerf intime ne démord pas :

> — Je rêve de vous enfermer tous, comme des tourbes noires, au plus creux de mon cœur ! [128]
>
> — je voudrais pouvoir fermer les yeux, ne plus voir, ne plus entendre, ne rien comprendre de ce qui se passe ici [129].
>
> — Ah ! je voudrais que règnent à jamais l'hiver, la maison fermée et mon cœur en guise de feu [130].

Le ton impératif du début de la pièce cède donc devant le conditionnel. A la dernière scène, ce ne sera plus que l'infinitif impuissant :

---

123. *Ibid.*, p. 11.
124. *Ibid.*, p. 48-49.
125. *Ibid.*, p. 19.
126. *Ibid.*, p. 26.
127. *Ibid.*, p. 48.
128. *Ibid.*, p. 61.
129. *Ibid.*, p. 69.
130. *Ibid.*, p. 70.

> Rétablir l'ordre saccagé par les fuyards, organiser à nouveau une forte saison sans fièvre ni évasion. Etre ma maîtresse absolue. Calfeutrer les portes et les fenêtres [131].

Que le ton colérique ne trompe pas. C'est le cri de celle qui est destituée et qui n'y peut rien, même si « elle le savait » depuis longtemps, même s'il faudra bien qu'elle le tolère. Sa dernière réplique la montre déjà plus conciliante : « nous aurons bien le temps de parler, François ». Tiens ! le temps futur, entrevu à deux, dans la parole...

CONCLUSION

La galerie de personnages avec qui nous venons de faire connaissance présente un air de famille indéniable qui s'explique bien par la même conception du mouvement fondamental de l'âme que l'auteur a d'abord dû éprouver en lui-même.

Si le destin reste particulier à chacun, nous pouvons toutefois partager les personnages en deux groupes : ceux qui évoluent et ceux qui n'évoluent pas. Il est en effet obvie qu'Elisabeth (*l'Arche de midi),* Salin (*les Invités au procès*), et Adélaïde (*la Mercière assassinée*) ne changent pas pour la peine. Il apparaît opportun alors de distinguer *deux stades* dans l'état de songe : le premier est immobile et inconscient, le deuxième est dynamique et conscient.

1) C'est la condition des humains tellement perdus dans leurs chimères qu'ils n'en sortent pas ou plus. Le monde alentour et leurs proches ne leur sont d'aucun intérêt.

Alors que d'une part, l'état de parole peut se définir le mieux par rapport au monde et aux autres, — Marie demande des paroles vraies qui racontent l'univers —, et qui sont les objets essentiels de l'activité intérieure, d'autre part, l'état de songe peut être décrit comme une disposition invertie de l'âme à tout ramener à un moi captatif autour duquel le rêve inconscient gravite.

La folie d'Elisabeth est bien nette ; elle s'abîme dans les glorioles de son passé, elle n'est qu'une morte dont l'enterrement est différé. Salin de même ; faux père, il camoufle son aliénation définitive derrière les paravents de la justice sévère et de la religiosité. Adélaïde, enfin, n'a d'étonnant que son intelligence animale qui tue avec autant de sûreté vengeresse qu'une bête de proie ; son âme fière est morte à quinze ans après la fête cruelle et le deuxième cahier de son journal ne contient plus rien de personnel, seulement du calcul sec en une écriture volontaire et impitoyable [132].

2) Le songe peut être dynamique quand il est conscient et pousse à en sortir, c'est-à-dire quand il n'est que l'introspection nécessaire à un rajustement majeur de la conduite. Le personnage se consulte alors fiévreusement pour se dépasser, l'inventaire et la mémoire fournissant l'information requise, pendant que du coin de l'œil on fixe ardemment le monde désiré. Il n'y a que

131. *Ibid.*, p. 78.
132. *Id., Le Temps sauvage, La Mercière assassinée,* p. 122.

la peur et la culpabilité (Agnès, Marie) pour retarder ou enrayer la démarche libératrice.

Agnès offre une figure synthétique de toutes les étapes, parce qu'elle connaît la transformation la plus étendue. Demeurée longtemps immobile et inchangée dans la nuit voulue de son cœur (elle ne s'interroge jamais), elle entre soudain en une mutation profonde que des réflexes anciens tenteront de retarder. Le conflit intérieur qui s'ensuit l'épuise longuement. Elle parviendra de peine et de misère à la zone de la parole ouverte. Elle est le personnage à qui l'auteur fait accomplir le plus long trajet, à marches forcées et héroïques. Elle nous arrive littéralement du bout du monde. La belle étude de Laurent Mailhot [133] examine finement les traits de cette femme extraordinaire.

Si un cheminement aussi étonnant est rendu possible et vraisemblable, c'est que l'auteur, d'un exercice à l'autre, a finalement mis au point tous les rouages d'un théâtre de la mobilité.

133. Laurent MAILHOT, *Anne Hébert ou le temps dépaysé*, dans *Le Théâtre québécois*, Montréal, HMH, 1970, pp. 123-254.

Jacques Ferron
ou le drame de la théâtralité

par Jean-Marcel PAQUETTE,

professeur à l'Université Laval

Le plus simple inventaire pose déjà de sérieux problèmes. La production théâtrale de Jacques Ferron s'étend sur une vingtaine d'années. L'ordre de production des pièces ne correspond le plus souvent pas à l'ordre d'édition. Ainsi, la première pièce a été écrite en 1947 (*Le Licou*), et la première publiée (*L'Ogre,* 1949) a été écrite en second lieu en 1948. La troisième *(La Mort de monsieur Borduas*) a été composée en 1949 mais n'a connu la publication qu'en 1968. La dernière en date des pièces de Jacques Ferron a été écrite en 1969 (*Le Cœur d'une mère*), alors que celle qui la précède immédiatement (*L'Impromptu des deux chiens)* a été composée en 1967 et ne paraîtra que dans la prochaine publication du *Théâtre II,* chez Déom. Entre ces deux dates de 1947 et de 1969, le dédale est plus inextricable encore : cinq pièces ont été notablement refondues après avoir été publiées, dont deux seulement nous sont aujourd'hui connues dans leur nouvelle version (*Le Cheval de Don Juan*), pièce écrite en 1957, publiée la même année, puis refondue sous le titre du *Don Juan chrétien* et publiée en 1968 ; *Les Grands Soleils,* pièce écrite en 1958, publiée la même année, puis refondue en 1967 et publiée dans sa nouvelle version, sous le même titre, en 1968 ; les trois autres pièces (*Le Licou,* écrite en 1947, publiée en 1951 ; *L'Ogre,* écrite en 1948, publiée en 1949 ; *Le Dodu,* écrite en 1950, publiée en 1956) ont été depuis considérablement remaniées mais les versions renouvelées sont encore inédites. Ajoutons que deux autres pièces ne nous sont encore connues que par des extraits *(Lella Mariem,* écrite en 1954 et publiée par extraits en 1954 et 1966 ; *Les Rats,* écrite en 1954 et dont un extrait a paru la même année). Si bien que la seule bibliographie exhaustive (mais non exempte d'erreurs mineures) du théâtre de Jacques Ferron se trouve (à l'exception des pièces et remaniements inédits) dans la *Bibliographie du théâtre québécois de 1935 à nos jours* due à M. Jean Du Berger et publiée à l'Université Laval, en 1970. D'autres pièces, enfin, ont été rééditées sans avoir été remaniées (*Le Licou,* 1951 et 1958, *Tante Elise,* 1956 et 1968). Le problème se complique si l'on pose la plus simple des questions : combien Jacques Ferron a-t-il écrit de pièces ? Autrement dit, une version remaniée annulle-t-elle une version antérieure ? A mon avis, il est important du point de vue méthodologique même de tenir compte de toutes les versions d'une même pièce, dans la mesure où elles nous sont accessibles ; et nous verrons plus loin comment le « passage » d'un état du texte à un autre peut nous apporter des lumières sur la manière théâtrale de Jacques Ferron et sur la conception même que l'auteur se fait de la théâtralité. Et c'est maintenant que nous pouvons répondre à notre question : Jacques Ferron a écrit vingt pièces de théâtre dans l'ordre suivant [1] :

1) *Le Licou I* (1947), 2) *L'Ogre I* (1948), 3) *La Mort de monsieur Borduas* (1949), 4) *Le Dodu I* (1950), 5) *Lella Mariem* (1954), 6) *Les Rats* (1954), 7) *Tante Elise* (1955), 8) *Le Cheval de Don Juan* (appelée ci-dessous *Don Juan I*) (1957), 9) *Le Licou II* (1957), 10) *L'Ogre II* (1957), 11) *Le Dodu II* (1957), 12) *L'Américaine* (1958), 13) *Les Grands Soleils I* (1958), 14) *La Tête du roi* (1963), 15) *Cazou* (1963), 16) *La Sortie* (1964), 17) *Le Don Juan chrétien* (ci-dessous appelé *Don Juan II)* (1965), 18) *Les Grands Soleils II* (1967), 19) *L'Impromptu des deux chiens* (1967), 20) *Le Cœur d'une mère* (1969).

Ces mêmes pièces ont été éditées dans l'ordre suivant :

1) *L'Ogre I* (1949), 2) *Le Licou I* (1951), 3) *Lella Mariem* (extrait, 1954), 4) *Les Rats* (1954), 5) *Le Dodu I* (1956), 6) *Tante Elise* (1956), 7) *Don Juan I* (1957), 8) *Les Grands Soleils I* (1958) 2*bis, Le Licou I* (nouvelle édition sans remaniement, 1958), 9) *L'Américaine* (1959), 10) *La Tête du roi* (1963), 11) *Cazou* (1963), 12) *La Sortie* (1965) 3*bis, Lella Mariem* (nouvel extrait, 1966), 13) *La Mort de monsieur Borduas* (1968), 14) *Les Grands Soleils II* (1968) 6*bis, Tante Elise* (nouvelle édition sans remaniement, 1968), 15) *Don Juan II* (1968), 16) *Le Cœur d'une mère* (1969), les quatre pièces suivantes sont inédites et paraîtront prochainement : 17) *Le Licou II,* 18) *L'Ogre II,* 19) *Le Dodu II,* 20) *L'Impromptu des deux chiens.*

Il nous a paru important de faire une fois pour toutes le point sur la question des dates de composition et des dates d'édition, ne serait-ce que pour donner plus de vraisemblance à d'éventuelles analyses qui se fonderaient sur la chronologie des œuvres, et en particulier sur l'évolution thématique. Mais les difficultés que nous avons d'abord rencontrées s'aggravent d'autant si l'on tient compte du fait que certaines de ces pièces sont de consultation difficile, les unes ayant été tirées à un très petit nombre d'exemplaires et se trouvent de ce fait aujourd'hui épuisées, d'autres ayant été publiées dans des revues ou des journaux peu accessibles. Précisons enfin, pour donner plus de vérité à ce tableau, que la production dont nous avons dressé le tableau le plus complet possible se fait au milieu d'une œuvre beaucoup plus considérable comptant plus d'une vingtaine d'autres volumes (contes, romans,

1. Nous faisons suivre les pièces remaniées (publiées ou inédites) des signes *I* et *II* indiquant le premier et le second état du texte.

histoire, etc.) et d'un nombre encore incalculable d'articles de tous genres disséminés dans les revues et journaux.

Ces précautions « historiques », pour inutiles qu'elles puissent paraître, ne constituent pas moins un préalable à toute tentative d'interprétation de l'ensemble du théâtre de Jacques Ferron. Elles nous enseignent notamment que tout essai de relier l'évolution « chronologique » à une certaine évolution « thématique » est nécessairement voué à l'échec. André Vanasse, dans une étude par ailleurs remplie de qualités [2], a cru discerner dans *Les Grands Soleils* de 1958 la marque d'un « tournant dans sa création dramatique ». « Pour la première fois, ajoute Vanasse, Ferron aborde de plain-pied un sujet typiquement canadien » (p. 227). Ce qui suppose que tout ce qui précède n'a pas cette qualité, et que tout ce qui suit la possède à un haut degré ; cette interprétation ne résiste cependant pas à l'analyse que constitue déjà notre tableau, lequel est irrécusable du point de vue chronologique : *Cazou, la Sortie, Don Juan II, L'Impromptu des deux chiens, Le Cœur d'une mère,* toutes postérieures aux *Grands Soleils I,* et à un moindre degré *L'Américaine* qui date de la même année, se rattacherait plutôt à ce que Vanasse appelle, non sans raison, « le cycle de la comédie classique ». Du point de vue de la chronologie des publications, la liste serait plus longue encore. D'autre part, il n'est pas rigoureusement juste de croire que les pièces antérieures aux *Grands Soleils I* ne sont pas québécoises » : *La mort de monsieur Borduas* (1949) met en scène les protagonistes du groupe des Automatistes ; Paul Toupin et d'autres congénères figurent comme personnages de *Lella Mariem* (1954) et si la scène se situe en Tunisie, c'est par dérision plus que par « incapacité » de représenter le pays ; *Les Rats* font de même figurer des amis de Ferron (il est dit en clair que *Le Dodu* est le poète André Pouliot) ; *Tante Elise* laisse entendre par maints propos qu'on se trouve bel et bien en terre québécoise. Ce n'est donc pas de ce côté, en divisant la production théâtrale en « québécois » et « non québécois », qu'il conviendrait de rechercher les principes qui organisent les diverses pièces de Jacques Ferron en un certain nombre de cycles : la thématique, dans cette opération, ne peut que servir d'appui, et non de point de départ. Il reste néanmoins vrai que les premières pièces ne révèlent pas de préoccupations sociales particulières ; mais pour bien interpréter cette « absence », il serait méthodologiquement de bon aloi de mettre la série théâtrale en parallèle avec la série des contes de la même époque. Cette opération nous ferait notamment découvrir que si *L'Ogre* de 1948 est en apparence a-politique, le conte de *Martine,* écrit la même année, est déjà chargé de tout ce qui deviendra la thématique sociale des récits ultérieurs. Et ainsi de presque tous les contes du « pays incertain » écrits concurremment à la première « vague » théâtrale 1948-1958. Si donc l'absence du *pays* apparaît à plusieurs comme une caractéristique des premières pièces, il faut invoquer une raison plus sérieuse que « l'esthétique rétrograde » de l'auteur, puisque l'on est en mesure de démontrer, pièces à l'appui, que le même auteur, dans ses récits de la même époque, se trouvait déjà engagé dans une thématique sociale et que le pays ne lui était pas un objet étranger. Il est donc clair que l'avènement d'une pièce entièrement con-

---

2. *Le théâtre de Jacques Ferron : à la recherche d'une identité,* dans *Livres et auteurs québécois,* 1970, pp. 219-231.

sacrée au pays (*Les Grands Soleils*) n'amène pas de véritable rupture dans le modèle dramatique et que d'autre part cette soudaine « irruption », si elle existe, ne peut tenir lieu de « tournant ».

Pour quiconque jette un coup d'œil même furtif sur l'entier de la production théâtrale de Jacques Ferron, il reste néanmoins apparent que celle-ci s'organise effectivement autour d'épicentres qu'il conviendrait cependant de définir plus précisément. C'est faute d'avoir scruté de plus près la chronologie qu'on a souvent partagé ces cycles en « avant et après » *Les Grands Soleils I*. Tous ceux qui se sont penchés sur la question en sont arrivés à distinguer des cycles à peu de chose près semblables [3]. Cette façon de voir n'est pas absolument fausse ; seulement, elle néglige l'aspect proprement dramaturgique au profit d'une thématique dont on vient de voir qu'elle est infiniment plus complexe qu'il n'en paraît de prime abord, surtout si on fait entrer en ligne de compte la série chronologiquement correspondante des récits, à laquelle la thématique du théâtre semble en effet s'opposer. Or il semble que si « cycles » il y a, chacun de ces cycles devrait se trouver soumis à une dynamique dramatique propre qui l'organise de l'intérieur : on verra que c'est le cas si nous abandonnons la chronologie stricte. Si, toutefois, ni la chronologie ni la thématique ne suffisent à délimiter d'une manière satisfaisante le phénomène de la cyclisation, seule une analyse structurale paraît pouvoir révéler la dynamique proprement dramatique qui fait entrer telle ou telle pièce dans l'orbite de tel ou tel cycle. Une première question, cependant, pourrait venir à l'esprit : pourquoi faudrait-il absolument qu'il y ait des cycles dans cette production théâtrale ? Chaque pièce ne pourrait-elle pas garder son autonomie ? Il semble bien que non, et que s'il existe des cycles c'est que le mode de composition chez Ferron appelle de lui-même des cycles, aussi bien dans son théâtre que dans ses contes, courts ou longs. La cyclisation apparaît ainsi comme le principe organisateur de toute son œuvre. C'est au terme d'un cycle que chaque pièce qui le compose acquiert une signification nouvelle qu'elle n'aurait pas si elle ne se trouvait pas dans un ensemble organique : elle double ainsi sa propre signification, d'abord comme œuvre autonome, ensuite comme élément d'une structure plus vaste. Ce qui donne à l'entier des ouvrages de Jacques Ferron l'allure d'une seule et unique œuvre concertée, parfois déconcertante. La « folie » qui la disperse dans toutes les directions est aussi le noyau qui l'unifie au plus près d'une « raison » secrète et dynamique.

La nécessité d'une classification nous fera comprendre à la fin que l'ordre qui en résulte au terme de l'analyse constitue à lui seul une signification, sans laquelle l'ensemble de l'œuvre, laissé à lui-même, pourrait paraître incohérent. Il importe donc préalablement de soumettre chacune des pièces à une analyse qui soit en mesure de démonter tous ses éléments structuraux susceptibles de constituer la dynamique de l'œuvre, puis de relier ces éléments

3. Outre l'étude de Vanasse, voir Jacques de Rousssan, *Jacques Ferron*, Presses de l'Université du Québec, 1971 (particulièrement le chapitre « Itinéraire théâtral » où les pièces sont réparties en cycle « intime » et cycle « patriotique », ce qui ne résiste pas à l'analyse) ; aussi, Godin et Mailhot, *Le Théâtre québécois*, 1971, HMH (chapitre consacré à Ferron : il y est de même question d'un « cycle de l'amour » et d'un « cycle de la patrie », selon un partage strictement chronologique).

dominants à un ensemble de plus en plus vaste, jusqu'à ce que la formation d'un « sens » complet et autonome apparaisse et donne aux unités aussi bien qu'à l'ensemble sa signification la plus riche. Constituer des « cycles », ce n'est donc pas seulement constater des « ruptures » mais surtout établir des « continuités » entre des ensembles lorsque ceux-ci communiquent entre eux par un ou plusieurs éléments déterminants. Ainsi, le théâtre de Jacques Ferron nous apparaîtra dans son unité et ne formera une « catégorie » d'écriture autonome que si nous la mettons en parallèle avec la catégorie des récits. Pour cela, et pour les raisons que nous avons déjà avancées, l'aspect strictement chronologique doit être abandonné.

J'épargnerai ici au lecteur toute la série des analyses laborieuses auxquelles a été soumise chacune des pièces : les conclusions constituent déjà en elles-mêmes des analyses où se retrouve la marque des analyses antérieures. Je prendrai toutefois la précaution de préciser trois choses : la première, que nous avons écarté *Lella Mariem* et *Les Rats* dont nous ne connaissons que des extraits et qui sont par le fait même absolument insaisissables par l'analyse structurale ; la seconde, que nous avons dû, *délibérément,* considérer comme un résidu de *La mort de monsieur Borduas,* pièce de cinq pages et demie dont l'analyse n'a pour l'instant révélé aucun élément de structure suffisamment riche pouvant entrer en rapport avec chacune des autres pièces (aussi la fonction de cette pièce, dans l'ensemble que nous définirons plus loin, pourra être dite « résiduaire ») ; la troisième, enfin, que nous avons été exceptionnellement en mesure de tenir compte de *L'Impromptu des deux chiens* dont le manuscrit encore inédit nous a été aimablement confié par le docteur Ferron qui nous a autorisé à le faire. *Le Licou II, Le Dodu II, L'Ogre II* ne nous sont pas encore accessibles par l'édition, mais leur éventuelle publication ne devrait pas modifier sensiblement les résultats de notre analyse, sinon en l'enrichissant. Ces remarques préliminaires faites, il nous est désormais possible de procéder aux analyses terminales du corpus ainsi défini. L'ordre dans lequel ces analyses seront ici livrées peu déjà être tenu comme partie intégrante de l'analyse. Et s'il arrive que *chronologie* et *structure* coïncident sur un point ou l'autre, ce ne sera précisément que l'effet d'une « coïncidence ».

L'Ogre et Don Juan I - II marquent les termes extrêmes d'un premier cycle. Un courant de signification homologue passe de l'une à l'autre pièce. *L'Ogre* a pour fonction d'introduire une problématique — l'amour — le signe de cette fonction introductive étant assuré par l'ogre lui-même, personnage traditionnellement attaché au conte. Il marque ici le passage du conte au théâtre : il émerge d'un genre particulièrement initiatique et fait irruption dans la structure propre au théâtre où la tradition occidentale ne lui a pas encore fait de place. Or, précisément, l'ogre de la pièce, « symbolisant » le mystère de l'amour conçu comme une problématique, reste dans les coulisses, et s'il figure dans le titre il n'apparaît pas sur la scène : il est celui qui est *là,* mais qui n'est pas *montré.* Le mystère est son signe. Cette structure apparaît plus clairement si on la compare à celle du *Don Juan II,* à l'autre extrémité du cycle. Par Molière, Don Juan appartient à la tradition théâtrale. Or, de même que l'ogre est introduit dans le théâtre, le personnage de Don Juan, lui, cherche à en sortir : il atteint son but à la fin de la pièce, enlevé sur son cheval vers le ciel. Toute la pièce est fondée sur une entreprise de démythification du célèbre tombeur. C'est lui-même qui dira : « Je ne suis qu'un mythe (...) Comme la famine a suscité des ogres (...) Je ne suis qu'un reflet. Ne m'accusez pas d'être un incendie » (p. 202-3). De même que l'ogre est la puissance mystérieuse qui attire les amants dans ses pièges, Don Juan est celui qui fuit l'amour, se cache dans les placards pour échapper à Mme Salvarsan et finalement quitte le décor du théâtre « par le plafond » (p. 223 de *Don Juan I*). Dans le remaniement, au moment où Don Juan va faire sa « sortie », le curé survient, retient le personnage et l'amène à la salle paroissiale où il jouera Molière. Lui qui a été la première victime des mystères de l'ogre, réussit à échapper à son « rôle mythique » par le moyen des machineries du théâtre. A la fonction de *l'Ogre* qui inaugure la thématique de l'amour viennent répondre les Don Juan I et II dont la fonction est de liquider cette thématique au profit de la théâtralité pure. C'est de cette façon et pas autrement que le cycle, ouvert sur une problématique, se referme sur une résolution. Ainsi le cycle que ces deux pièces délimitent aux deux extrémités va du *mystère* au *mythe*. Mais si *l'Ogre* pose le thème de l'amour sous sa forme occulte, Don Juan I - II est l'amour démythifié. La thématique de l'amour est cependant insuffisante à rendre compte de la formation du cycle et ne peut tout au plus que servir d'illustration des faits déterminants de structure. Or que constatons-nous essentiellement ? Que les deux termes du cycle se placent chacun sous le signe d'un référent culturel et que, pour tout dire, *L'Ogre* est du théâtre venu du conte et *Don Juan I - II* du théâtre sur du théâtre. D'ores et déjà nous apparaît en clair une des structures fondamentales de la dramaturgie ferronienne et qui servira d'articulation des cycles entre deux : conte/mystère ———→ théâtre/démythification. Le même mouvement qui préside au développement du premier cycle assurera à la fois le passage et la continuité entre le premier et le second.

Inauguré par *L'Ogre* qui marque la succession dialectique des formes dans le passage du conte au théâtre, le premier cycle avant de parvenir à sa fin avec les *Don Juan I - II* parcourra une trajectoire composée de six pièces intermédiaires. Chacune occupe dans l'ensemble une place qui lui est assignée d'une part par sa structure propre, d'autre part par les rapports que cette structure établit avec chacune des autres pièces et le système d'ensemble. Sans cesser pour autant d'occuper sa position et sa fonction autonomes en tête du cycle, *L'Ogre* peut être considéré comme générateur des deux pièces qui le suivent immédiatement, encore tout imprégnées d'atmosphère mystérieuse et énigmatique : *Le Licou* et *La Sortie*. Elles forment à elles deux une sorte de boucle à l'intérieur du cycle, sans toutefois se détacher du triangle qu'elles dessinent d'un autre point de vue avec *L'Ogre*. Comme unité autonome, elles peuvent être établies dans un ordre de succession qui nous ferait voir *Le Licou* d'abord, *La Sortie* ensuite. Elles ont pour thème commun la « tragédie dérisoire du couple », *Le Licou* présentant le couple avant le mariage, *La Sortie* après. La première nous montre comment la danseuse Camille, pour qui Dorante veut se pendre, change la corde du pendu en laisse du mari. Un valet, Grégoire, sert de lien entre les deux personnages et assure le passage dramatique entre la scène du suicide et la scène finale où Camille traîne Dorante par le « licou ». *La Sortie* présente dans leur fonction respective « le mari », « la femme » qui voudraient bien se débarrasser l'un de l'autre. « L'amant » est le ressort qui permet aux époux de réussir chacun à sa façon. Ce sont là deux « comédies » composées sur un mode plus langoureux que les autres pièces du cycle et marquent, avec *L'Ogre,* une lente progression qui va du chaos le plus ténébreux à l'apparition d'une solution lumineuse des mystères du couple. Mystifié dans *L'Ogre,* médusé dans *Le Licou,* le héros est à la fin de *La Sortie* déjà prêt pour le grand éclat de rire : ce n'est encore qu'une demi-victoire. L'amour a émoussé son mystère, il n'a pas encore épuisé tout ce qu'il suppose de dérisoire. Ce sera le rôle de la série suivante composée de quatre farces dans l'ordre « de structure » suivant : *Cazou, le Dodu, Tante Élise, l'Américaine. Cazou :* une jeune garçonne, « culbutée » par l'amant de sa sœur, se soustrait à l'examen de sa virginité que sa mère veut lui imposer : elle a dupé l'assaillant en portant deux paires de culottes, « le prix de la virginité », comme l'indique le sous-titre de la pièce.

Le Dodu : Agnès, désirant presser Mouftan à l'épouser, fait coucher dans son lit, le soir de leurs noces, ses amis Dorante et Clélia, espérant ainsi faire agir le proverbe selon lequel une jeune fille dans le lit de laquelle dorment des nouveaux mariés doit nécessairement se marier dans l'année qui suit. Agnès y réussit après une suite ininterrompue d'imbroglios.

Tante Elise : une vieille fille suit par le truchement du téléphone les ébats amoureux de sa nièce nouvellement mariée et en meurt.

L'Américaine : Quatre ans après avoir demandé à son ami de lui chercher une « américaine », un gueux le voit revenir avec une femme qu'il lui ramène des USA. L'ami avait mal compris : l'américaine demandée était une cigarette. Les deux gueux ne s'en félicitent pas moins de tant de fidélité dans l'amitié.

On fera d'abord remarquer que ces quatre farces sont les seules pièces de Jacques Ferron à porter des sous-titres : Cazou *ou le prix de la virginité,* le Dodu *ou le prix du bonheur,* Tante Elise *ou le prix de l'amour,* l'Américaine *ou le triomphe de l'amitié.* Ces sous-titres délimitent une unité thématique par la série lexicale *virginité, bonheur, amour, amitié.* Une rupture intervient cependant entre les trois premières et la dernière, marquant la progression du « prix » (à valeur négative) au « triomphe » (à valeur positive). Ainsi se trouvent orientés le sens et la direction de cette petite tétralogie. La progression va de la jeune vierge, à la future mariée, puis à la vieille fille, celle-ci occupant la place centrale de l'œuvre tout en n'apparaissant jamais sur la scène, tout comme *L'Ogre,* à l'ouverture du cycle ; dans *L'Américaine* enfin non seulement la série « femelle » est rompue, mais la femme, l'Américaine, n'y est plus devenue qu'un lapsus, qu'un jeu de mot au profit d'une relation nouvelle : l'amitié entre les deux robineux. Nous touchons là un point important, car c'est par cette structure que la « tétralogie des farces » va entrer en contact avec la boucle précédente du cycle et va conduire le cycle entier à la résolution finale dans les *Don Juan I et II.* En effet, tout le cycle apparaît maintenant sous le signe de la femme dans le sens d'un amenuisement de sa qualité agressive. D'abord, dans *L'Ogre,* elle apparaît sous le nom significatif de l'Amazone : c'est elle à la fin de la pièce qui attache le Prisonnier au palmier et le contraint au mariage ; de même pour Camille dans *Le Licou* sur un mode légèrement parodique ; la « femme », dans *La Sortie,* déjà moins accaparante, trompe son mari, mais c'est déjà lui qui commence à se libérer : il est significatif que celui-ci entretienne dans son salon un palmier comme celui auquel avait été attaché le Prisonnier de l'*Ogre,* mais ce n'est plus ici qu'un palmier artificiel [4]. Cazou, sous son caractère manifestement frondeur, garde sa virginité en éloignant l'homme avec ses « deux paires de culottes » ; Agnès, elle, désire perdre sa virginité mais n'y parviendra que par la ruse ; quant à tante Elise, elle ne connaîtra l'amour que par procuration (d'ailleurs frauduleuse car l'hôtelier lui masque la vérité du couple qui ne parvient pas à « réussir » sa nuit de noce) et elle en mourra. Biouti Rose, dans *L'Américaine,* n'est plus qu'un nom, une méprise linguistique, une cigarette manquée. Le cycle n'a plus dès lors qu'à se refermer en récapitulant et en faisant éclater la thématique : les *Don Juan I et II* mènent le jeu à sa conclusion en parodiant le célèbre héros de l'amour aux prises avec la dernière amazone du cycle, Madame Salvarsan (Madame Salvarson dans la seconde version). C'est d'abord en opposition à cet élément de la « femme amazone » évoluant du plus complexe (l'Amazone toute-puissante de *l'Ogre*) au plus simple (l'évanescente Biouti Rose de *L'Américaine*) que le second cycle se détachera avec le plus de netteté. On n'a pas assez remarqué, en effet, que si la femme domine le premier cycle, elle est quasi inexistante dans le second cycle, et son rôle est réduit à la plus grande inoffensivité : celui d'Elizabeth, jeune anglaise enquébécoisée, qui apparaît dans *Les Grands Soleils I et II* ainsi que dans *La Tête du roi.* C'est le rôle, où la femme a perdu son caractère dominateur, qui assure néanmoins l'unité du second cycle. Celui-ci est marqué par la montée du « héros » après la chute de Don Juan. Mais c'est par la seconde version du *Don Juan* que le second cycle communique avec le premier, pour des raisons qui relèvent davantage des structures proprement théâtrales que de la thématique.

Entre le *Don Juan I* et le *Don Juan II* un élément d'une grande importance s'est introduit dans le traitement théâtral du texte. On sait que les « versions remaniées » l'ont été pour une raison simple, à la demande de troupes qui désiraient les monter à la scène. Mais ces raisons de « conditionnement » sont insuffisantes pour expliquer les transformations apportées par l'auteur et pour leur donner un sens qui soit conforme à l'organisation interne des cycles. Souvent jugées comme insuffisamment « théâtrales », les premières versions ont été le plus souvent refondues par l'auteur dans une perspective ironique qui constitue à elle seule une critique des jugements portés sur l'absence de « théâtralité » de ses pièces. On remarquera, en effet, que le passage d'une première à une seconde version se trouve toujours marqué essentiellement par l'apparition d'éléments théâtraux provocants du point de vue de la représentation. Ainsi, au *Don Juan I,* Jacques Ferron a ajouté, pour en faire la version « représentable », une « parade par-devant le rideau » avant chaque acte, la pièce étant ramenée de trois à deux actes. Ces « parades », devant suggérer la théâtralité pure et sans annuler toutefois l'essentiel de la première version, l'orientent au contraire dans un sens tout nouveau, qui est celui de la critique de la théâtralité. C'est ainsi que Don Juan est devenu, dans la seconde version, le personnage-interprète de la pièce de

4. « Le palmier est l'arbre de la liberté », est-il dit dans *Lella Mariem,* dans *Le Devoir* du 31 mars 1966, p. 33.

Molière, et la démythification, déjà entièrement achevée dans la première version, s'enrichit d'une lecture seconde du mythe en faisant porter l'essentiel du « drame » non plus sur le héros éternel de l'amour mais sur l'aspect proprement mythique de la théâtralité du rôle de Don Juan. D'où l'introduction d'un personnage nouveau dans le *Don Juan II,* le curé, qui fait représenter à la salle paroissiale le *Don Juan* de Molière ; d'où également des allusions de plus en plus fréquentes à Molière lui-même, considéré comme le représentant par excellence de la théâtralité. A la rigueur, on pourrait avancer que le *Don Juan* II parachève la critique [5] du mythe en procédant à une analyse critique du projet productif de l'œuvre elle-même. Venu du théâtre en tant que référent culturel, Don Juan retourne au théâtre. Dans la première version, le héros, enfourchant le cheval du commandeur, s'échappe par le plafond ; dans la seconde version, au moment où il va s'envoler vers le ciel, le curé le rattrape par la bride du cheval et le conduit « en cortège » à la salle paroissiale où il tiendra son rôle habituel dans la pièce de Molière [6]. Et c'est principalement par l'introduction de l'élément spectaculairement théâtral de la « parade » et du « cortège » que le *Don Juan II* communique avec le second cycle, et jusqu'à un certain point le commande et l'engendre. Il n'y a pas de « rupture », comme on l'a trop souvent dit, entre les pièces « de l'amour » et les pièces « du pays ». Car tout le second cycle sera précisément caractérisé par la progression et un approfondissement de l'élément « parade » apparu au terme du premier cycle. Cet approfondissement est absolument lié aux ressources thématiques du cycle dont on ne saurait nier qu'il porte effectivement sur le « pays », mais moins sur le pays proprement dit que sur les rapports critiques entre la théâtralité conçue comme scène de la conscience collective et le pays conçu comme un spectacle.

Le premier cycle se termine avec l'apparition d'éléments théâtraux spécifiques, « théâtralisant », pourrait-on dire, certaines structures « critiques » qui se trouvaient déjà à l'œuvre dans *L'Ogre* mais sous des formes non théâtrales, comme on verra plus loin. Le second cycle, pour sa part, est constitué des trois pièces dites « du pays », dans l'ordre d'une progression de structure qui donne la série suivante : *Les Grands Soleils I, La Tête du roi, Les Grands Soleils II,* chaque pièce occupant son ordre dans le cycle selon le degré de constitution de l'élément « parade ». Pour la première fois, en effet, avec *Les Grands Soleils I* nous assistons, dans l'organisation interne (c'est-à-dire non chronologique) de la dramaturgie ferronienne au déplacement d'accent de la théâtralité du personnage vers la théâtralité du décor. *Les Grands Soleils* est la seule pièce de J. Ferron à porter le nom de son décor. Et la dernière réplique de la première version est celle de Sauvageau : « Sortons de la ville, sortons de Saint-Eustache ; le printemps est revenu ; sur les collines, les feux s'allument. Ce sont les grands Soleils qui surgissent partout, les grands Soleils victorieux » (p. 181). Ce décor surgissant du « théâtre » de la conscience reste encore ici un fait de texte, il est lié au discours et n'existe pas sans lui ;

5. On aura compris que le terme de « critique » ne doit pas être entendu ici dans le sens d'une « négation », mais d'une « connaissance », qui se transforme le plus souvent chez Ferron en « reconnaissance ».

6. D'où la transformation du titre du *Cheval de Don Juan* en *Don Juan chrétien,* transformation qui suffit déjà à orienter la lecture qu'il importe de faire de chacune des deux versions.

ce n'est que progressivement qu'il se détachera de la thématique interne pour constituer un élément théâtral autonome, contaminant toute la pièce au point de lui donner sa véritable dimension. Tout le second cycle est l'histoire de la constitution progressive de cet élément. C'est le rôle de la « Fête-Dieu » qui ouvre et referme *La Tête du roi,* sous une forme moins « textuelle » que dans *Les Grands Soleils I* mais encore moins « théâtrale » que dans *Les Grands Soleils II* où la « scène préliminaire d'exorcisme » est l'aboutissement de la fonction principale du second cycle, qui est de révéler la nature fondamentalement critique de la théâtralité. De là le monologue capital de Mithridate dans la scène d'exorcisme en question : « Le Théâtre, ce n'est jamais gratuit, c'est machiné, prémédité, concerté, c'est un appareil de sédition masqué par les feux des projecteurs et les besoins de l'amusement. Si la représentation d'une pièce a du sens, c'est par la conspiration qu'il y a derrière. Telle est l'idée que je me fais du théâtre, moi, Mithridate, roi du Pont et de la robine » (p. 17). La scène d'exorcisme [7] a remplacé en quelque sorte le « décor » de la conscience que décrivait Sauvageau dans la première version, si bien que la réplique finale des *Grands Soleils I* a disparu de la seconde version : l'élément spécifiquement théâtral (l'exorcisme) a pris la place du décor textuel. Tel est le développement que poursuit le second cycle, dans un rapport toutefois très étroit avec la thématique qui va du « pays historique » des *Grands Soleils I,* en passant par le « pays ambigu » [8] de la *Tête du roi,* pour se parfaire enfin dans le « pays révolutionnaire » des *Grands Soleils II.* La « théâtralité » proprement dite accompagne la montée du pays par la manifestation de plus en plus « spectaculaire » et provocante des structures théâtrales qui la composent : décor textuel — « Fête-Dieu » — scène d'exorcisme. Mais nous avons vu que la « spectacularisation » du texte par le moyen de la machination théâtrale remonte en fait à la seconde version du *Don Juan* et que c'est par cette structure que les deux cycles communiquent entre eux.

Si tout le premier cycle, selon un mode que nous analyserons plus loin, se trouve placé sous le signe de la « comédie classique », et plus particulièrement de Molière, le second cycle, pour sa part, remonte encore plus loin dans le passé du théâtre occidental et va rejoindre ses origines religieuses et initiatiques : le *mistère* [9] médiéval et sa fonction sacrée. C'est ainsi que tout le second cycle comporte un caractère « liturgique », et c'est beaucoup plus par sa nature « religieuse » que par sa thématique nationaliste que le second cycle produit sa propre unité à travers les trois pièces qui le composent, *Les Grands Soleils I, La Tête du roi* et *Les Grands Soleils II.*

C'est le troisième cycle, aboutissement actuel (et peut-être définitif) de la production théâtrale de Jacques Ferron, qui ordonne rétrospectivement les deux cycles précédents, celui des pièces « de l'amour » d'abord, celui des

7. C'est le cas de la réplique de Sauvageau que nous avons donnée plus haut comme illustration du décor surgissant du texte.

8. Un « Procureur » est pris entre ses deux fils, l'un terroriste, l'autre partisan du bonententisme. « Je n'ai qu'à regarder mes fils : ils s'opposent l'un l'autre et je me reconnais en eux » (p. 39).

9. C'est bien ainsi, et non *mystère,* qu'il faut écrire. Le mot vient d'une forme crastique de *ministère* désignant la fonction particulière de ce théâtre qui, au Moyen Age, accompagnait le culte liturgique et n'avait par conséquent rien de « mystérieux ».

pièces « du pays » ensuite, en fonction d'un indice de progression de la théâtralité critique. Cette progression culmine dans les deux dernières pièces, *L'Impromptu des deux chiens* et *Le Cœur d'une mère*. Elles ont en commun la réflexion théorique sur le théâtre, élément déjà présent dès *L'Ogre* et qui se retrouve épars dans presque toutes les pièces. *L'Impromptu* met en scène deux seuls personnages, Ferron lui-même et Albert Millaire, le metteur en scène des *Grands Soleils II* en 1968 au Théâtre du Nouveau Monde. L'action est réduite au minimum, si bien que toute la pièce est constituée des longs dialogues des deux personnages sur le rôle du metteur en scène et celui du dramaturge. *Le Cœur d'une mère* met à nouveau en scène l'auteur de théâtre sous le nom de Pope ; la pièce est l'histoire de son effort soutenu à faire dialoguer deux personnages (Duhau et Septime) qui se subdivisent à leur tour en une infinité d'autres personnages. Aucun décor ne supporte l'action, seul un jeu de projecteurs se portant tantôt sur l'un, tantôt sur l'autre, rappelle que nous sommes en situation théâtrale. Pope, l'auteur s'adresse à ses personnages : « La pièce que je vous ai proposée, rien ne vous force à la jouer. Le titre est idiot, je n'y peux rien, ni vous d'ailleurs : il convient à la pièce (...) il ne s'agit pas véritablement de théâtre et vous n'êtes pas de ces vrais personnages qu'on trouve au théâtre (...) Je vous tiens, vous ne disposez pas d'autre jeu que le mien » (p. 67).

Dans un petit texte théorique publié en 1965 Jacques Ferron nous avait peut-être donné la clé de ce troisième cycle ; il y était notamment question des trois sujets principaux du théâtre, l'amour, la patrie et Dieu : « l'amour, ajoute l'auteur, que j'avais déjà épuisé et ne regrettais pas, la patrie dont je tirerai *Les Grands Soleils* et *La Tête du roi*, et Dieu que je me réserve encore » [10]. On peut se demander si le *Dieu* que l'auteur se réservait de traiter sur scène n'est pas finalement le personnage-auteur que l'on retrouve dans les deux pièces du dernier cycle, affirmant sa toute-puissance et son échec à la fois. *L'Impromptu des deux chiens* est une discussion sur le théâtre à partir de l'expression des *Grands Soleils II* et son échec relatif devant un public qui n'était peut-être pas encore tout à fait prêt à recevoir un spectacle aussi expérimental du point de vue des conventions dramatiques. Ferron-personnage va jusqu'à proposer ironiquement à Millaire de consacrer ses talents de metteur en scène à la représentation de pageants à grand déploiement à l'occasion des centenaires des paroisses, seul véritable théâtre de masse ; cette proposition prolonge dans la discussion théorique le caractère « liturgique » de la fonction théâtrale dont nous avons vu qu'il marquait le second cycle. Ce caractère est notamment sensible dans la réplique suivante : « En fait de théâtre, quoi de plus beau que des funérailles réussies » (manuscrit, p. 39). Dans un certain sens, *L'Impromptu* se situe dans la foulée du second cycle, quoique sur un mode plus théorique que proprement théâtral ; d'un autre point de vue il marque un retour non dissimulé au cycle moliéresque, ne serait-ce que par le titre qui rappelle *L'Impromptu de Versailles* de Molière (et aussi *L'Impromptu de Paris* de Giraudoux, qui est aussi une discussion sur le théâtre à partir de la pièce de Molière), comme déjà étaient moliéresques le titre et le sujet des *Don Juan I et II*. *Le Cœur d'une mère* possède aussi ce caractère ambivalent d'appartenance aux deux cycles

10. *Le permis de dramaturge*, dans *La Barre du jour*, vol. 1 (3-4-5), p. 69.

précédents, poursuivant d'une part la réflexion théorique issue de *L'Impromptu* et du second cycle, réintroduisant d'autre part la thématique de l'amazone sous la forme de la mère dont Septime tente de réintégrer le giron ; à la fin de la pièce, on lui apporte le cœur de sa mère dans un bocal, mais son « évolution » dans le cours de la pièce, due à l'intervention de l'auteur-Pope, lui permet en dernier ressort de liquider à jamais et d'exorciser l'amazone sous sa dernière incarnation maternelle, ses dernières répliques étant les suivantes :

> Septime — Le cœur de ma mère, le secret de mon origine, être ou ne pas être... Mais c'est tout réglé : j'ai été.
>
> (...)
>
> Pope — Yes, that is the question.
>
> Septime — [remettant à Pope le bocal] Comment voulez-vous ? Je n'en mangerais même pas » (p. 94).

Du même coup non seulement s'achève la pièce mais se cicatrise la série globale inaugurée par *L'Ogre* en soudant la thématique du premier cycle et la théâtralité réflexive du second.

Et nous voici introduits d'emblée au cœur de la dramaturgie ferronienne, son véritable secret et son unité. Les trois cycles communiquent entre eux à un niveau général et supérieur par deux structures principales qui se recoupent en plusieurs points : 1) l'émergence progressive de la réflexion critique sur le théâtre depuis *L'Ogre* jusqu'au *Cœur d'une mère,* 2) la fonction spécifiquement critique de la théâtralité par le truchement du pastiche. On n'a pas assez remarqué, en effet, que le théâtre de Jacques Ferron pris dans son entier cherche à établir une « distanciation » de type brechtien entre la production du texte théâtral et le fonds culturel sur lequel cette production se détache. Si l'on n'a pas saisi cette fonction capitale du théâtre de J. Ferron, on est amené par exemple à considérer toutes les pièces qui ne sont pas « nationales » comme des résidus d'une « esthétique rétrograde », comme l'a déjà soutenu André Vanasse. Or il importe de comprendre que toute la série des pièces du premier cycle marque une étape importante (et non annulée depuis) dans la recherche d'une dramaturgie critique. Cette recherche n'a peut-être trouvé (encore que relativement) sa nature organique qu'avec l'apparition d'une thématique parfaitement coïncidente (l'identité du pays), elle n'en est pas moins, dès les premières pièces, une démarche analytique profonde et valide de la théâtralité. Les trois cycles se trouvent aussi réintégrés par la forme du pastiche. Le pastiche, suivant la démonstration de Tynianov, est la « manifestation de la substitution dialectique » qui s'opère entre les formes littéraires. Il est *imitation* certes, mais une *imitation* d'une nature particulière, critique et à la rigueur *subversive.* Il identifie le caractère ludique de l'activité productive et culturelle, et du même coup fait éclater les apparences et les règles du « jeu ». Il est quand même étonnant que l'on ait pu soutenir sans broncher que les pièces non nationalistes n'étaient pas des pièces « québécoises » parce qu'elles faisaient souvent apparaître sur la scène le couple valet/maître qui, comme on sait, n'a pas cours en notre pays ! Or, le couple valet/maître n'est d'abord pas chez Ferron la vague et métaphorique reproduction d'une structure sociale, mais le pastiche d'une vieille fonction théâtrale : elle se trouve même dans *L'Américaine* où les deux robineux sont dits l'un *valet,* l'autre *maître,* ainsi que dans *La Tête du roi,* pièce « nationale » (Emond/le Procureur). Ce rapport est ici essentiellement critique non pas en fonction d'une réalité sociologique identifiable mais en fonction d'une dynamique propre à la dramaturgie classique (encore qu'avec certaines nuances) dont le couple valet/maître est utilisé dans les pièces de J. Ferron pour opérer précisément une distanciation dramatico-critique ou, pour tout dire, parodique. Ici, comme dit Brecht dans son recueil théorique *L'Achat du cuivre,* « le théâtre ne cache plus qu'il est théâtre » (p. 63). De même pour *Le Licou* où se dissimule sous les apparences typographiques de la prose une suite d'alexandrins qui tout à coup s'interrompt pour devenir de la prose véritable. On a été jusqu'à soutenir que la pièce avait dû d'abord être écrite en vers et que l'auteur, de guerre lasse, l'aurait achevée en prose. Or, on n'a pas remarqué que les alexandrins dissimulés cessaient précisément au moment dramatique de l'arrivée de Camille pour reprendre ensuite dans la scène 7 lorsque Camille est sortie de scène. La versification occulte agit ici comme un opérateur de dé-construction du modèle référentiel « classique ». Et ainsi de suite pour tous les éléments « classiques » identifiables dans *toutes* les pièces de J. Ferron, et jusque dans les noms des personnages : Agnès, Dorante, Clélia, Camille, etc., qui rappellent manifestement Molière. Ces pièces ne sont pas pour autant « à la remorque de Molière » (Vanasse, p. 220) : elles utilisent Molière comme fonction critique permettant à la réflexion sur la théâtralité de s'instituer précisément comme fonction principale de la scène. Il suffit d'ailleurs de mettre en relation la série des référents culturels et celle des discours réflexifs pour voir apparaître en évidence la nature « pastiche » de cette structure signifiante. Dès *L'Ogre,* c'est un valet, Jasmin, qui a pour fonction de mettre en parallèle la série « critique » et la série « réflexive » : Jasmin monologuant se dit à lui-même : « Si vous étiez Sganarelle au lieu d'être Jasmin, il me semble que vous auriez plaisir à faire l'éloge du théâtre qui, par ses machinations et ses diableries, brûle aux feux de la rampe ce que le jour a de niais, de ridicule et de monstrueux (...) Ainsi se joue le passage du théâtre à la vie quotidienne : il prépare le retour du spectateur au foyer, celui de Sganarelle à la femme qui le trompe, celui du malade imaginaire à Molière qui se meurt » (p. 58). On trouvera des réflexions de même nature à la fin du cycle dans la bouche d'un autre valet, le Jérôme des *Don Juan I et II,* où Molière se trouve de nouveau invoqué. De Jasmin à Jérôme le cycle se déroule effectivement sous le signe de Molière comme modèle d'une dramaturgie qui n'est pas dupe d'elle-même, consciente de son artificialité et de ses rapports complexes avec la « vie ». Ce choix *pour* Molière se fait *contre* Shakespeare, celui-ci considéré comme « trompeur » parce qu'il introduit la métaphysique dans l'élément purement ludique du théâtre ; et c'est encore Jasmin, dès la première pièce du premier cycle, qui se fera le porte-parole de cette condamnation : « Vous y êtes encore, mon pauvre Jasmin, dans la balançoire entre le *to be* et le *not to be,* entre ces mots absurdes, honte de l'Angleterre et causes de tous vos malheurs. *To be or not to be, that is the question.* Mais il serait beaucoup mieux qu'il n'y ait pas de question du tout ; pas de dilemme, pas d'inquiétude » (p. 53). Et on retrouvera, souvenez-vous, des paroles semblables faisant allusion à Shakespeare dans la bouche de Septime au terme de la dernière pièce du troisième cycle ; une telle persistance devrait être en soi suffisante pour révéler le caractère résolument critique du théâtre de J. Ferron. La présence des fameux valets (dans *L'Ogre, Le Licou, L'Américaine, Don Juan I et II, la Tête du roi*) opère comme un élément critique prévenant *l'identification* que Brecht oppose justement à la *distanciation.* C'est dire la modernité considérable du théâtre de J. Ferron, et cela dès ses premières pièces, si longtemps décriées sous prétexte qu'elles ne se passaient nulle part ; on les trouvait amusantes certes, mais on ne comprenait pas qu'elles renouvelaient de l'intérieur la conscience que le théâtre pouvait avoir de lui-même.

« Le théâtre n'est pas la réalité », est-il dit dans le *Don Juan II* (p. 163). A quoi répond dans la même pièce la réplique de Don Juan : « Le théâtre me sauvera peut-être » (p. 203). C'est ainsi que la théâtralité ferronienne est une illusion qui se donne pour telle en spectacle et dans le même temps instaure la critique de l'illusion comme élément essentiel du drame. D'où sa grande complexité, devant laquelle un public comme le nôtre, encore singulièrement rebelle à tout ce qui n'est pas le théâtre aristotélicien (même chez les plus « avancés »), reste désemparé. La préciosité, par exemple, y est prise à la lettre comme de la *préciosité,* alors qu'elle constitue peut-être l'élément le plus spécifiquement critique de l'ensemble de l'œuvre de J. Ferron, contes ou pièces. C'est Michelle Lavoie qui pour la première fois, dans un article d'une grande lucidité, a vu le lien existant entre théâtre et récit chez Ferron et la nature critique commune aux deux genres à partir du « verbe prestigieux » ou « préciosité » [11]. *Unité* de fonction qui ne doit toutefois pas entraîner la confusion des formes. J'ai pu dire dans mon *Jacques Ferron malgré lui* (1970) que le théâtre de Ferron relevait de l'esthétique et de la forme du conte, que ses pièces étaient composées comme des contes sans narrateur. Eh bien, j'ai eu tort ! Ce que j'ai cru naïvement, je le nie aujourd'hui, après une étude plus approfondie de chacune des pièces. Ma méprise est venue de ce que je voyais une unité esthétique entre le conte et le théâtre de l'auteur. Or si une telle unité existe, ce n'est pas au niveau de l'esthétique, mais à celui du fonctionnement *critique,* le conte étant la critique du récit, le théâtre la critique de la théâtralité : dans l'un comme dans l'autre genre, la fonction principale naît de la forme résolument « pastiche », d'une part du conte traditionnel, d'autre part du théâtre aristotélicien : c'est seulement dans ce processus de distanciation que peut apparaître la *conscience.* Et Jacques Ferron l'aura trouvé tout seul, sans l'aide de Berthold Brecht dont il est par ailleurs une réplique québécoise remarquable.

Si nous revenons au problème de la classification du théâtre de J. Ferron, classification qui est à elle seule une orientation de lecture et de sens, soumise à la notion *d'organisation* plus qu'à celle *d'évolution,* nous pourrions l'exprimer sous la forme du tableau suivant :

---

11. *Jacques Ferron ou le prestige du verbe,* dans *Etudes françaises,* mai 1969, p. 188.

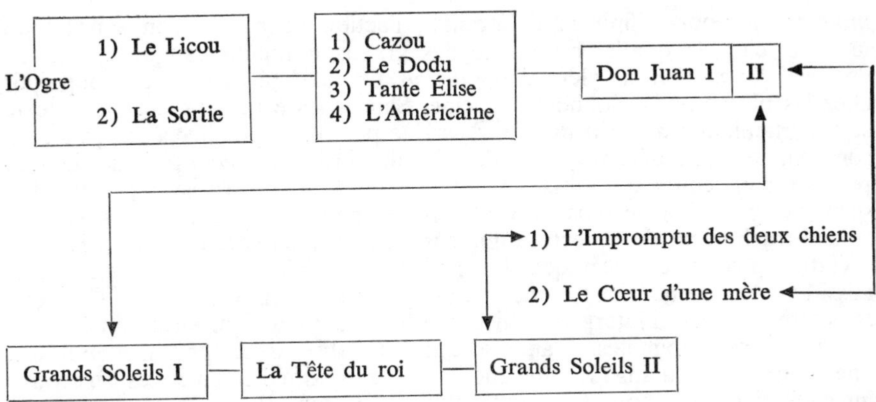

Le premier cycle se trouve placé sous le signe de Molière ; *L'Ogre* y tient la première place, encore encastré dans le conte mais présentant déjà des opérations théâtrales qui seront développées à chacune des étapes des trois cycles ; sa place est semi-autonome si l'on considère qu'il peut former une trilogie avec *Le Licou* et *La Sortie,* trilogie placée sous le signe de la « tragédie dérisoire du couple » ; suit la tétralogie des farces servant d'intermède et d'intermédiaire entre la trilogie et la finale du cycle constituée par un premier *Don Juan* sous la forme d'une analyse discursive du mythe de l'amour et immédiatement suivi d'un second *Don Juan* où la lecture critique du mythe passe cette fois par les éléments propres à la théâtralité du mythe. C'est par l'apparition de ces éléments que le premier cycle engendre le second, formé de trois pièces réparties selon un indice de progression de la théâtralité « liturgique » : ce cycle est à placer sous le signe du *mistère médiéval.* Le troisième cycle enfin, abandonnant tout élément proprement théâtral, est composé de deux pièces à contenu spécifiquement théorique : *L'Impromptu des deux chiens* marque jusqu'à un certain point un retour au Molière du premier cycle tout en faisant porter le discours réflexif sur la tentation « liturgique » du second cycle ; *Le Cœur d'une mère,* par croisement contraire, se prévaut d'éléments théâtraux issus du second cycle (la théâtralité des jeux de projecteurs) mais effectue un retour thématique au premier cycle en le bouclant de façon définitive.

L'unité de l'ensemble est assurée par le courant qui traverse toutes les pièces (fait d'une lente progression de la pensée réflexive sur le théâtre jusqu'à occuper toute la place dans les pièces du dernier cycle) et par la fonction du référent culturel critique qui donne à l'ensemble l'allure et la forme du pastiche. C'est par ce dernier élément critique, enfin, que l'ensemble du théâtre à son tour communique avec la série des récits : le pastiche comme fonction est chargé de donner une direction précise à l'œuvre entière.

Par le fait du *texte,* une pièce appartient d'abord à la littérature. Le théâtre est un art de la parole, mais de la parole interprétée par un certain volume de représentation physique. C'est de la conjonction d'un texte et d'une interprétation gestuelle et dictionnelle que la pièce acquiert sa qualité de théâtre. De ce point de vue, il n'est pas rigoureusement vrai qu'il suffit d'un *mouvement* pour définir la théâtralité ; l'action peut très bien sourdre du texte, et c'est la qualité essentielle des grands dramaturges que d'avoir su donner à l'*élocution* la valeur d'une *action.* On ne déplace pas beaucoup d'air chez les plus grands, Sophocle, Racine, Shakespeare ou Claudel où le texte sert d'articulation à la théâtralité. Aussi ne peut-on reprocher à Jacques Ferron comme on l'a déjà trop fait, de faire du *théâtre de lecture.* Les « bonnes pièces » sont celles qui résistent autant à la lecture qu'à la représentation scénique, possédant le plus souvent assez d'énergie interne pour susciter par le seul truchement de la lecture une sorte de mise en scène mentale. L'interprétation proprement scénique d'une pièce est affaire de metteur en scène ; aussi longtemps que, faute d'une analyse profonde, l'on n'aura pas trouvé une structure générale d'interprétation des pièces de J. Ferron, elles apparaîtront ou légères ou injouables. L'analyse qui fait l'objet de la présente étude est une tentative, bien insuffisante encore, de résoudre l'énigme des structures interprétatives que pose tout le théâtre de Ferron. Il en ressort, pour une éventuelle interprétation scénique, qu'il doit être joué avec le maximum de critères analytiques, et « distanciatifs », dans les couleurs les plus provocantes, les costumes les plus invraisemblables, les maquillages les plus irréels (faces enfarinées, etc.), sur un rythme de grand guignol exploitant toutes les ressources du mime. Et si malgré cela il n'obtient pas les résultats attendus, l'on pourra dire que le « drame » de ce théâtre aura été de ne pas avoir trouvé son public.

Février 1972

Michel Tremblay: les leitmotive de son théâtre

par Paulette COLLET,

professeur au Collège Saint-Michel, Université de Toronto

Tracer le portrait d'un dramaturge n'est jamais chose aisée, à plus forte raison quand celui-ci a affirmé, à plusieurs reprises, qu'il ne se révélait pas dans son œuvre. « Ce qui m'importe, c'est les bibittes des autres, c'est-à-dire ce que je fais dans mon théâtre », déclare Tremblay [1]. Et encore : « Je ne suis pas dans mes pièces (...) Les personnages de Dubé sont le porte-parole de son monde intérieur, moi je suis le porte-parole de mes personnages. » [2] Il n'y a que dans *A toi, pour toujours, ta Marie-Lou* [3], « pièce vraiment spéciale », qu'il admet avoir parlé par la bouche de ses personnages ; ceux-ci prononcent alors des paroles dont ils ne peuvent sentir toute la portée, des paroles qui ne révèlent pas seulement leurs problèmes personnels, mais s'adressent à tout un peuple [4].

Toutefois, nul auteur n'est totalement absent de son œuvre — c'est là un truisme — et Tremblay ne fait pas exception à la règle. Il peint uniquement le milieu où il a grandi et vécu, un milieu qu'il connaît à fond, celui des quartiers pauvres de l'est de Montréal et des cabarets de la *Main.* Il est vrai que l'action, ou plutôt le monologue, de la Duchesse de Langeais [5] a lieu

1. Cité par André Vanasse, « Michel Tremblay : '... Les bibittes des autres' » (interview), dans *Maclean* (septembre 1972), p. 22.

2. Cité par Marc-F. Gélinas, « Michel Tremblay : 'Je pense en joual' » (interview), dans *Maclean* (septembre 1970), p. 46.

3. Michel TREMBLAY, *A toi, pour toujours, ta Marie-Lou,* Introduction de Michel Bélair, Montréal, Leméac, « Théâtre canadien », 1971. Dorénavant désigné par le sigle *ML.*

4. Michel TREMBLAY cité par Michel Bélair, *Michel Tremblay,* Montréal, Presses de l'Université du Québec, « Collection Studio », 1972, pp. 78-79.

5. Michel TREMBLAY, *En pièces détachées et La Duchesse de Langeais,* Montréal, Leméac, « Répertoire québécois », 1970. Dorénavant, ces deux pièces seront désignées respectivement par les sigles *EPD* et *DL.*

« quelque part dans les pays chauds », au Mexique, sans doute, mais la vieille pédale est du même monde que les autres personnages et porte toutes les marques de ce triste univers. C'est avec raison qu'elle affirme : « Tu peux sortir la fille de l'est, mais pas l'est de la fille. »[6] D'ailleurs, la Duchesse est l'oncle de Claude et d'Hélène de *En pièces détachées*. Toutes proportions gardées, Tremblay est en train de créer sa comédie humaine, mais une comédie humaine qui, jusqu'à présent, se limite à une seule classe de la population. Il qualifie son théâtre de « descriptif », de « théâtre vérité »[7] et dit au sujet de *En pièces détachées* : « Ce n'est pas du réalisme, c'est de la photographie. »[8] Comme la famille de Robertine, les Tremblay ont vécu à « treize dans sept pièces », dans des conditions sordides. « *En pièces détachées,* (...) c'est vraiment ma famille. Parce que tout est vrai dans *En pièces détachées* », déclare l'auteur[9]. S'il s'est penché avec sympathie, voire avec tendresse, sur les souffrances de ses personnages, c'est qu'il a lui-même connu ces souffrances. Il y a des êtres pitoyables chez Tremblay ; il n'y en a pas de méprisables. Et pourtant, il ne cherche pas à apitoyer, bien au contraire. Ce qu'il veut provoquer chez son public, c'est une prise de conscience. On retrouvera donc, d'une pièce à l'autre, et dans une même pièce, des thèmes identiques, comme si la répétition pouvait servir d'exorcisme. Tremblay parle d'ailleurs d'un théâtre « de claques sur la gueule » et d'expériences qui, « d'une certaine façon, constituent une thérapie de groupe, un exorcisme collectif »[10]. Tout dernièrement, il affirmait encore : « Mon théâtre (...) dit aux gens ce qu'ils sont vraiment, il leur renvoie leur propre image et vise essentiellement à une prise de conscience pour un éventuel débloquage. »[11] Ainsi, s'il est vrai qu'on ne sache pas qui est Michel Tremblay en sortant d'une représentation des *Belles-sœurs*[12], du moins, l'analyse des *leitmotive* de son œuvre déjà prolifique nous permet-elle de dégager sa vision du monde et les problèmes qui le préoccupent en tant que membre d'une collectivité dont il a dit — et n'est-ce pas là un cri du cœur ? — « Mon Dieu, que je les aime, ces gens-là ! »[13]

« *Le vois-tu le bout du tunnel, toi ? Moi, j'le vois pas. La grande noirceur* » *(Trois petits tours,* p. 41[14]).

Ainsi s'exprime Carlotta, mais ses paroles pourraient être prononcées par la majorité des personnages de Tremblay. Marie-Ange Brouillette énonce

6. Michel TREMBLAY, *Demain matin Montréal m'attend*. Montréal, Leméac, « Répertoire québécois », 1972, p. 49. Dorénavant désigné par le sigle *DM*.
7. Cité par Claude Gingras, « Michel Tremblay : 'Mon Dieu que je les aime ces gens-là !' » (interview), dans *La Presse,* 16 août 1969.
8. Cité par Martial Dassylva, « Michel Tremblay revient à la charge 'en pièces détachées' », dans *La Presse,* 16 août 1969.
9. Rachel Cloutier, Marie Laberge, Rodrigue Gignac, « Entrevue avec Michel Tremblay », dans *Nord,* I (automne 1971), (pp. 49-81), p. 58.
10. Cité par Fernand Doré, « Michel Tremblay, le gars à la barbe sympathique » (interview), dans *Maclean* (juin 1969), p. 60.
11. Cité par André Vanasse, *art. cit.*, p. 39.
12. Michel Tremblay cité par Rachel Cloutier et al., *art. cit.,* p. 54. Michel Tremblay, *Les belles-sœurs,* Montréal, Holt, Rinehart et Winston, « Théâtre vivant, 6 », 1968. Dorénavant désigné par le sigle *BS*.
13. Cité par Claude Gingras, *art. cit.*
14. Michel TREMBLAY, *Trois petits tours,* Montréal, Leméac, « Répertoire québécois », 1971. Dorénavant désigné par le sigle *TPT*.

la même idée quand elle dit, moins élégamment, il est vrai : « Moé, j'mange d'la marde, pis j'vas en manger toute ma vie » (*BS,* p. 12). Tous ces êtres sont défaitistes. « J'le sais que j'sortirai jamais d'icitte... Y'a jamais personne qui me sortira d'icitte... », se lamente Berthe dans sa cage de verre (*TPT,* p. 17). « Les femmes sont poignées à'gorge, pis y vont rester de même jusqu'au boute », déclare Rose Ouimet (*BS,* p. 66). Et l'on pourrait multiplier les exemples. « Y est trop tard », « Ça servirait à rien », « Chus poigné », avec quelques variantes, sont des expressions qui reviennent presque à chaque page de l'œuvre de Tremblay [15]. « Chus pas capable » est peut-être la phrase que répètent le plus volontiers ses personnages. Ils la disent en solo, en duo, en chœur à la fin de *En pièces détachées,* dans une des scènes les plus poignantes de son théâtre.

Jean-Claude Germain, dans la préface des *Belles-Sœurs,* écrit que l'impuissance y est « préalable », « endémique ». En effet, elle y sévit de mère en fille. Madame Dubuc, dont la paralysie physique représente extérieurement la paralysie morale, est l'image de ce que deviendront dans quelques années Germaine Lauzon et cie. Deux fois, la belle-fille d'Olivine Dubuc lui reproche de « rester molle » (*BS,* pp. 19, 36). Il est vrai que la vieille femme mord depuis quelque temps, mais ses morsures, tout comme les insultes que prennent plaisir à se lancer les belles-sœurs, sont parfaitement inutiles. A quoi sert de s'attaquer à ceux qui n'en peuvent plus ? Rien d'étonnant à ce que les *Grands départs* soit la pièce canadienne qui a le plus impressionné Tremblay [16]. Dans l'œuvre de Languirand domine aussi le thème de l'impuissance. Il existe d'ailleurs une similitude certaine entre le personnage d'Olivine Dubuc et celui du grand-père paralytique, bien que chez Languirand, le symbole soit peut-être un peu moins clair [17].

Mais il n'y a pas que les vieilles femmes qui soient paralysées chez Tremblay. C'est un trait commun à toutes les belles-sœurs. A quarante-quatre ans, Rose Ouimet s'aperçoit qu'elle « a rien en arrière de (soi) pis (...) rien en avant » (*BS,* p. 66). Péguy disait qu'à quarante ans, l'homme avait découvert le grand secret de l'impossibilité du bonheur. Chez Tremblay, la quarantaine est aussi un âge crucial, l'âge où l'on se déclare vaincu. Carlotta a quarante ans, Marie-Louise, Léopold, Henri sont dans la quarantaine. Pourtant, il y en a qui ont renoncé à la lutte, ou même à l'espoir, bien avant d'atteindre cet âge. Hélène a trente-cinq ans, Manon, qui se dit « marquée » pour la vie » (*ML,* p. 62) en a vingt-cinq, tandis que la pathétique Francine, « pus capable de rien faire », (*EPD,* pp. 62-63) n'est qu'une enfant de quinze ans.

Il est vrai que le monde de Tremblay est un monde de femmes et d'homosexuels qui parlent d'ailleurs d'eux-mêmes au féminin. Quinze femmes et pas un seul homme dans les *Belles-sœurs.* Aucun personnage important non plus dans les traductions de Zindel !

---

15. Voir, par exemple, *BS,* pp. 9, 10, 52 ; *EPD,* pp. 37, 39, 59, 61, 62 ; *TPT,* pp. 39, 40, 41, 42, 44.
16. Michel TREMBLAY cité par Claude Gingras, *art. cit.*
17. Les paralysés et les éclopés ne sont pas rares dans le théâtre québécois ; cf. Anne Hébert, *Le temps sauvage,* Françoise Loranger, *Une maison... un jour,* Robert Gurik, *Le pendu.*

L'effet des rayons gamma sur les vieux-garçons ou *...et mademoiselle Roberge boit un peu...* [18]. *Lysistrata* [19] est une pièce où les hommes sont des brutes instinctives ou imbéciles. Aucun homme dans *Demain matin Montréal m'attend.* Cette absence de personnages masculins est frappante et significative. Tremblay s'est plusieurs fois expliqué là-dessus : « Il n'y a pas d'hommes au Québec, dit-il. Tout le monde le sait. » [20] Et il faut bien avouer que les quelques personnages masculins qui figurent dans son théâtre ne font guère preuve de qualités viriles. Claude est fou ; Henri est une « nouille », « un arriéré mental » (*EPD,* p. 38) qui marche en s'appuyant sur une canne, symbole de son impuissance. Quant à Johnny Mangano, c'est un être sans dignité, qui n'hésite pas à gifler sa femme, mais qui se traîne à ses pieds en poussant des cris dès qu'elle menace de le quitter. Reste Léopold. Tremblay a un faible pour ce personnage. « J'ai fait mon premier homme dans *A toi, pour toujours, ta Marie-Lou,* écrit-il. (...)Léopold, (...) il est vraiment conscient (...) C'est pour cela qu'y va se tuer d'ailleurs à la fin. » [21] Pourtant, il est permis de se demander si même Léopold est vraiment un homme. Sans doute est-il moins « nouille » que Henri qui retombe en enfance — s'il a jamais été adulte. Mais est-ce un homme que cet être désespéré, affalé devant une table couverte de bouteilles de bière ? « Nus autres, on sert pus à rien... A rien », dit-il (*ML,* p. 91). Il est vrai qu'il est lucide ; il est vrai qu'il prend une décision à la fin de la pièce. Mais une décision peut être ou courageuse ou lâche. Dans un conte de Maupassant, intitulé *Un lâche* [22], le protagoniste choisit de se suicider plutôt que d'aller se battre en duel. Léopold ressemble un peu à ce lâche, car le suicide n'est-il pas la démission par excellence ?

Il est difficile de ne pas faire ici un parallèle entre l'œuvre de Tremblay et celle de Dubé, première manière. Si ce sont les *Grands départs* qui ont « le plus impressionné » le jeune dramaturge, la meilleure pièce canadienne est, à son avis, *Un simple soldat* [23]. Tremblay doit sans doute beaucoup à son aîné, ce qui ne diminue en rien son originalité ni son mérite. Comme ceux de Tremblay, les premiers personnages de Dubé sont résignés, soumis, « des prolétaires ayant une âme de paysans » [24]. En effet, le paysan, en butte à des éléments indomptables, est bien obligé d'accepter son sort : on ne lutte pas contre la grêle ou les gelées précoces. Le prolétaire, lui, peut se révolter, puisque les forces qui l'écrasent ne sont qu'humaines. Cependant, comme les paysans, les personnages de Tremblay se résignent et se déclarent vaincus, avant même d'entrer en lice.

18. Michel TREMBLAY, *L'effet des rayons gamma sur les vieux-garçons* d'après l'œuvre de Paul Zindel, Montréal, Leméac, « Théâtre. Traduction et adaptation », 1970. Paul Zindel, *... et mademoiselle Roberge boit un peu...,* Pièce traduite et adaptée par Michel Tremblay, Montréal, Leméac, « Théâtre. Traduction et adaptation », 1971.

19. *Lysistrata,* d'après Aristophane, adaptation d'André Brassard et Michel Tremblay, texte de Michel Tremblay, Montréal, Leméac, « Théâtre canadien », 1969.

20. Michel TREMBLAY interviewé par Rachel Cloutier et al., *art. cit.,* p. 58. Voir également Michel Bélair, *op. cit.,* p. 78.

21. Michel TREMBLAY interviewé par Rachel Cloutier et al., *art. cit.,* p. 60.

22. Guy DE MAUPASSANT, « Un lâche », dans *Quinze contes,* Cambridge, University Press, 1969, pp. 107-114.

23. Michel TREMBLAY interviewé par Claude Gingras, *art. cit.*

24. Marcel DUBÉ, *Textes et documents,* Montréal, Leméac, « Théâtre canadien D-1 », 1968, p. 26.

(...) *t'es laide parce que t'as peur !* (*DM,* p. 84)

Ce n'est pas seulement parce qu'ils sont désespérés que les personnages de Tremblay démissionnent, mais aussi parce qu'ils ont peur, et ici encore, ils rejoignent les êtres créés par Dubé. Henri est sans doute la lâcheté faite chair et Léopold mérite bien d'être qualifié de « peureux » par sa femme (*ML* 63). Il craint de tenir tête à son patron et, s'il se rend compte que la roue dont il est un engrenage pourrait « bloquer », il avoue qu' « on a peur de se révolter parce qu'on pense qu'on est trop petits » (*ML,* p. 91). Plutôt que d'aborder l'inconnu, on préfère le *statu quo.* Berthe a des velléités de sortir de sa cage, mais elle ne peut renoncer à la sécurité que lui procure sa prison. A Carmen, qui lui reproche de rester enfermée dans sa cuisine, Manon rétorque : « Le monde n'est pas beau dehors » (*ML,* p. 40). Claudine Perrault disait les mêmes paroles à François [25]. On songe aussi à Armand pour qui « le seul remède, c'est encore de se dire qu'on serait pas mieux ailleurs qu'ici » [26]. L'esprit d'aventure des coureurs de bois est bel et bien perdu chez tous ces personnages et cet « ailleurs », on n'oserait l'explorer. Angéline Sauvé préfère renoncer à la seule joie qu'elle ait jamais connue plutôt que d'être mise à l'index par la tribu.

Chus tannée de vivre une maudite vie plate ! (*BS,* p. 12)

Pourtant, si les personnages de Tremblay craignent tellement d'être exclus de leur milieu, ce n'est certes pas parce qu'ils s'y plaisent. Après « chus pas capable », « chus tanné(e) » est sans doute leur refrain préféré. Les belles-sœurs le répètent en chœur dans leur célèbre quatuor (*BS,* p. 13). Mais ce soupir d'extrême lassitude se retrouve dans toutes les pièces. Berthe, Carlotta, Robertine, Hélène, les homosexuels de *Demain matin Montréal m'attend,* la Duchesse de Langeais sont également « tannés » ou « ont leur (maudit) voyage » [27]. L'entourage, s'il n'est pas nécessairement « écœurant », est, pour le moins, « fatigant » ou « plus endurable » (*EPD,,* p. 33, 39, 40 ; *TPT,* p. 11). Car, comment ne pas être las quand on mène une vie éternellement la même et sans espoir ? Tous les personnages de Tremblay sont semblables aux hommes sandwiches ; plus étroitement emprisonnés entre leurs deux planches que dans une cellule, Henri et Jos sont condamnés à marcher sans arrêt, sans but, sans fin. La prostituée qu'ils croisent, les serveuses de *En pièces détachées,* les belles-sœurs qui se « désâment pour leur gang de nonos », Carlotta qui doit perpétuellement raccommoder la robe de Kiki, tous ces êtres sont réduits au même sort. On pense à Sisyphe, aux clochards de Beckett. « Aujourd'hui, la cage de verre. Hier. Demain », soupire Berthe (*TPT,* p. 12). C'est toujours à recommencer (...). Ça recommence... ça recommence... Un éternel recommencement », se lamente Robertine (*EPD,* pp. 35, 37). Tout comme Vladimir et Estragon, la Duchesse de Langeais répète les mêmes paroles et les mêmes gestes, tel un pathétique clown.

Ce n'est d'ailleurs pas par la seule répétition que Tremblay fait ressortir la lassitude de ses personnages. Après Marie-Ange Brouillette, les belles-sœurs

25. Anne Hébert, *Le torrent,* Montréal, Ed. HMH, « L'Arbre », 1963, p. 19.
26. Marcel Dubé, *Un simple soldat,* Montréal, Ed. de l'Homme, 1967, p. 78.
27. Voir, en particulier, *BS,* pp. 34, 60, 64 ; *EPD,* pp. 35, 40, 41 ; *DL,* p. 72 ; *TPT,* pp. 11, 23, 24, 40.

redisent en chœur : « Chus tannée de mener une maudite vie plate ! Une maudite vie plate ! Une maudite vie plate ! Une maud... » (*BS,* p. 13). Le disque est rayé et continuera à répéter éternellement les mêmes mots. Le rythme de certains passages, particulièrement les tirades à plusieurs voix, contribue également à mettre en relief la fatigue et le désespoir. A cet égard, le duo de Jos et de Henri est frappant. Tout le début est une suite de vers de quatre ou huit pieds. La rime en [e] s'exhale comme un soupir, tandis que l'allitération des [m], phonème du bredouillement, semble indiquer que les hommes-sandwiches n'ont même plus la force de parler clairement, ni, d'ailleurs, de faire des phrases complètes. Comme la plupart des écrivains, Tremblay a commencé par écrire de la poésie — dont trois romans en vers libres ! Il y a bientôt renoncé parce que c'était « kétaine » [28]. Mais cette expérience n'aura pas été inutile. Ainsi que le montrent ses comédies musicales, il conserve le goût des vers, et certains passages de son œuvre sont, en fait, du pur lyrisme ; mais c'est toujours un lyrisme qui exprime la lassitude et le dégoût, jamais la joie. Les personnages de Tremblay sont des Vladimir et des Estragon qui ont renoncé à attendre leur Godot, des Sisyphe qu'on ne peut imaginer heureux.

Pis quand y vont toutes être morts, y vont trouver le moyen de se battre de l'autre côté... (*EPD,* p. 14)

Comment être patient envers les siens lorsqu'on est épuisé, désespéré ? Nous l'avons dit, quand on ne considère pas les autres « écœurants », on les trouve pour le moins « fatiquants », « tannants », « pus endurables ». Comme les premiers personnages de Dubé, ceux de Tremblay sont incapables de comprendre ce qui les écrase et s'en prennent à leur entourage immédiat. Si l'on excepte *La Duchesse de Langeais* — et pour cause — chacune de ces œuvres consiste presque entièrement en querelles. Dès le commencement de la pièce, Marie-Louise et Léopold passent à l'attaque ; les *Belles-sœurs* débutent par une dispute entre Linda et sa mère et, à part les lamentations, le dialogue n'est qu'une longue suite de querelles entre ces dames et de médisances sur les absents. La scène entre Robertine et Hélène est une des plus féroces qui soient dans n'importe quel théâtre, si l'on excepte l'affrontement de Léopold et Marie-Louise. Les habitués du Meat Rack ont sans cesse à la bouche le mot « bitch » — qui fait d'ailleurs le refrain d'une chanson (*DM,* p. 29 ss) — et avouons qu'il est, en général, bien mérité. On se querelle entre voisines, entre amies, entre sœurs, entre mari et femme, entre parents et enfants. Et c'est envers ses proches qu'on est le plus cruel.

Sans doute les dérisoires tâches quotidiennes auxquelles sont soumis ces êtres ne sont-elles pas faites pour améliorer leur naturel, mais le milieu où ils vivent ne contribue pas non plus à produire l'harmonie. Robertine et sa famille, vingt personnes entassées dans sept pièces, sont particulièrement défavorisées ; toutefois, Marie-Louise et Léopold aussi sont loin d'être privilégiés. Déjà, Roger doit dormir sur le sofa du salon. Dans ces circonstances, la naissance d'un quatrième enfant devient un drame et la maison, un

28. Michel TREMBLAY cité par Michel Bélair, *op. cit.,* p. 80.

« étau »[29], un endroit plus propice aux querelles et à la cruauté qu'à la tendresse. La querelle fait d'ailleurs partie intégrante de la vie. Elle est aussi naturelle et essentielle que le boire et le manger. « On ne se parle pas chez Tremblay : on se défoule », écrit Michel Bélair[30]. Au « Jasez » de Germaine Lauzon, Gabrielle Jodoin rétorque : « Jaser, jaser, c'est ben beau... » (*BS*, p. 15), tandis que Carlotta répète plusieurs fois qu'elle « parle tu-seule » (*TPT*, pp. 29, 30, 33). C'est que, dans cet univers sans tendresse et sans chaleur humaine, l'on ne s'intéresse aux autres que pour leur nuire ou, du moins, pour les faire souffrir ; on possède à fond l'art de la querelle, mais on ignore totalement celui de la conversation. On ne parle pas avec les autres ; on parle « contre » eux.

La chicane devient d'ailleurs un passe-temps, une diversion. On l'attend, on la provoque, on l'envenime, et Madame de Courval est particulièrement habile à ranimer les querelles qui menacent de s'éteindre (*BS*, p. 26). Chez les belles-sœurs, on se chicane le midi et le soir (p. 13). Sans doute commencerait-on au petit déjeuner, comme Marie-Louise et Léopold, si l'on était assez éveillé et si les exigences de la routine journalière en laissaient le temps. André Turcotte fait remarquer que Germaine Lauzon « s'encourage à disputer » Linda[31]. En effet, elle lui promet de reprendre, dès le départ des colleuses de timbres, la querelle interrompue et l'on a bien l'impression qu'elle se réjouit à cette douce pensée (*BS*, pp. 33, 39). Chez les Ménard, « Y se battent à cœur de jour (...) Ça fait des chicanes à n'en plus finir » (*BS*, p. 59). Chez Robertine, au retour d'Hélène, « y font une scène (...) Y pensent pas s'en empêcher, y aiment ça » (*EPD*, p. 28). Ce n'est ni par hasard, ni parce qu'elles ne brillent pas par l'intelligence que Francine et sa grand-mère jouent à la bataille (*EPD*, p. 32).

La querelle est d'ailleurs un divertissement, non seulement pour ceux qui y prennent part, mais aussi pour ceux qui en sont spectateurs. Que ferait Madame L'Heureux sans son fauteuil de premier balcon ? Ce qu'elle voit chez ses voisins vaut n'importe quel film (*EPD*, p. 29). Angéline Sauvé, pour sa part, regrette d'avoir manqué une chicane (*BS*, p. 45) et Violet, prostituée débutante, « aime ça les chicanes ». On va jusqu'à parier sur le gagnant (*DM*, p. 77). En somme, les querelles sont presque aussi amusantes, et certes plus fréquentes, que les parties de bingo.

Le plaisir que procure la querelle provient d'un certain sadisme. Profondément malheureux, les personnages de Tremblay ressentent un soulagement, voire une véritable joie, à contempler la souffrance des autres ou à leur en imposer. S'ils ont trop de pudeur ou d'orgueil pour exprimer une tendresse d'ailleurs rarissime[32], ils ne manquent ni d'originalité, ni d'habileté quand il s'agit de trouver les mots qui blessent. Et ce n'est pas par simple irritation qu'on insulte ses semblables, mais parce qu'il est réconfortant de les voir se

29. Gabrielle Roy parle du « triste étau de la maison » dans *Bonheur d'occasion*, Montréal, Beauchemin, 1967, p. 207.
30. Michel Bélair, *op. cit.*, p. 49.
31. André Turcotte, « *Les Belles-Sœurs* en révolte », dans *Voix et images du pays III*, Montréal, Presses de l'Université du Québec, 1970, (pp. 183-199), p. 195.
32. Cf. la mère Tétrault dans *DM*, p. 17.

recroqueviller sous les coups. « C'est pas des pierres qu'on se garroche, c'est des pavés qu'on se pitche » (*DM*, p. 50).

Cette tendance au sadisme se manifeste aussi d'autres façons. La violence en est une. Léopold n'hésite pas à frapper ses enfants (*ML*, pp. 50, 81). La Duchesse écrase la main de Gérard (*DM*, p. 42). Parfois, on rêve de tuer ou, du moins, de voir mourir (*ML*, p. 54 ; *EPD*, p. 57, 62). Plus souvent, toutefois, on se contente d'assister avec plaisir aux malheurs qui s'abattent sur les autres. Pour Germaine Lauzon, la joie de posséder un nouveau mobilier n'égale peut-être pas celle de rendre ses amies jalouses — ce à quoi elle réussit parfaitement. Les voisins ont ri comme des « maudits fous » des déboires d'Hélène (*EPD*, pp. 19-20). « T'es un sans cœur », dira Marie-Louise à son mari (*ML*, p. 64) et, sans doute, y a-t-il là une part de vérité. Mais, comme Galarneau, Léopold pourrait rétorquer : « Pour avoir un cœur, aurait fallu que quelqu'un me le donne. »[33]

Maudit cul (*BS*, pp. 17, 65)

Mais l'animosité entre voisins, la méchanceté entre sœurs[34], l'ingratitude des enfants[35], la dureté des parents ne sont que tendresse comparées aux rapports qui existent entre les sexes. S'il n'y a pas de personnage masculin dans les *Belles-sœurs*, ces dames ne se privent pas de parler de leurs maris, de leurs amants ou de ceux des autres — et ce n'est jamais pour chanter leurs louanges, si l'on excepte le mari de Germaine, dont on ne dit presque rien, et le vendeur de brosses de Mademoiselle Desneiges-Verrette, sorte de survenant que la vieille fille amoureuse pare d'une auréole. Les autres, y compris l'abbé Gagné, n'échappent pas aux coups de langue — et Dieu sait si ces langues sont bien aiguisées ! Mais c'est Rose Ouimet qui est la plus amère. C'est elle qui, dans un monologue proche du tragique, débite les paroles les plus acerbes contre la sexualité, qu'elle appelle « maudit cul », « amour » et « aimer » étant des mots presque inexistants chez Tremblay. Ouimet, aux yeux de sa femme, est un « cochon » « qui demande son dû deux fois par jour, trois cent soixante-cinq jours par année » et « c'est ben plus triste que ben des vues ! Parce que ça dure toute une vie, ça ! » (*BS*, pp. 65-66.)

L'union libre ne réussit pas mieux que le mariage. Pierrette Guérin, trop vieille et trop laide à trente ans, a été abandonnée sans un sou par son « maudit Johnny » (*BS*, p. 61). L'ami de Lise Paquette a pris la clef des champs lorsqu'il l'a su enceinte. Quant au souteneur de *Demain matin Montréal m'attend*, encore un Johnny[36], il quitte ses maîtresses dès qu'elles com-

33. Jacques GODBOUT, *Salut Galarneau*, Paris, Ed. du Seuil, 1967, p. 40.

34. Ce n'est pas sans raison que Rita Tétrault, *alias* Lola Lee, dit de Betty Bird, son ennemie acharnée : « Une grande amie ! une grande chum ! Une sœur, Louise, une sœur ! » (*DM*, p. 57).

35. « Que c'est donc ingrat, les enfants, que c'est donc ingrat ! » se lamentent les belles-sœurs (*BS*, p. 22).

36. Johnny est le prénom réservé aux souteneurs chez Tremblay, mais il y a également Johnny Mangano et le Johnny de Louise Tétrault (*DM*, pp. 82-83). Le fait que c'est un prénom anglais contribue déjà à rendre ceux qui le portent moins sympathiques (cf. le Nick de *EPD*, pp. 24-25) ; mais *Johnny* présente aussi l'avantage de rimer avec *maudit !*

mencent à vieillir. Les couples d'homosexuels ne sont pas plus heureux, témoin les habitués du Meat Rack et la Duchesse de Langeais, délaissée pour « un p'tit bellâtre de dix-huit ans » (*DL,* p. 93).

Si, dans le théâtre de Tremblay, les femmes ne communiquent guère entre elles, le couple y est encore plus irrémédiablement divisé. Il n'y a pas que Carlotta qui « parle tu-seule », et ce n'est pas par hasard que Marie-Louise et Léopold sont installés respectivement à droite et à gauche de la scène, aussi loin que possible l'un de l'autre. Ils ne se regardent d'ailleurs jamais. Même leur banale conversation au sujet des « toasts » et du café est à sens unique. Mais lorsqu'ils se livrent au jeu de la vérité, auquel ils excellent, l'homme et la femme ne se rejoignent que trop bien. Déjà, les couples de Dubé étaient experts à ce jeu, mais ils sont des enfants comparés aux tigres qui peuplent l'univers de Tremblay. Il est vrai que l'inimitié entre l'homme et la femme est proverbiale et règne sous toutes les latitudes ; mais chez Tremblay, ce n'est pas de l'amitié qui existe entre eux, c'est de la haine. Les scènes entre Carlotta et Johnny Mangano, entre Hélène et Henri, sont cruelles ; la longue querelle entre Léopold et Marie-Louise est d'une férocité presque insupportable. Ces deux êtres n'ont rien à envier aux personnages d'Albee.

La haine que s'inspirent mutuellement l'homme et la femme dans le théâtre de Tremblay, c'est généralement d'une sexualité frustrée qu'elle provient. « Tous les maux originent de la famille ou mieux encore du déséquilibre entretenu entre les sexes par toutes sortes de mythes et de tabous, tous relatifs à la sexualité et à la religion », écrit, très justement, Paul-André Bourque [37], tandis que Michel Tremblay déclare dans une interview : « La femme mène sexuellement et c'est pourquoi elle est insatisfaite. » [38] Mais si la femme « mène sexuellement » au Québec, c'est surtout par toutes les interdictions qu'elle impose à l'homme. Aucun couple ne semble atteindre à l'harmonie sexuelle. Quand, par hasard, la femme accepte l'homme, c'est lui qui la repousse, témoin les Johnny et, en particulier, ce Mangano, plus amoureux de sa chienne Kiki que de Carlotta (*TPT,* pp. 22-23). Pour les femmes « respectables », faire l'amour est une activité tout animale et « cochonne ». Si Rose Ouimet appelle la sexualité « maudit cul », pour Marie-Louise et Manon, moins mal embouchées, c'est « ça » (*ML,* pp. 82, 83, 85). Certaines se sont lancées, tête baissée, dans la grande aventure du mariage, sans se rendre compte de ce qu'elle signifiait. « J'savais à peine qu'y faudrait que j'me laisse faire par mon mari », se lamente Marie-Louise (*ML,* p. 88). « C'est vrai que j'étais ignorante dans ce temps-là pis que je savais pas c'qui m'attendait ! » déclare Rose (*BS,* p. 66). Et toutes deux de blâmer leur mère. D'ailleurs, pour les femmes de cette génération, les relations sexuelles mènent inévitablement à la grossesse. Marie-Louise ne voulait pas avoir quatorze enfants, comme sa mère (*ML,* p. 85). « Violée » — et c'est bien là le mot qui convient, car jamais elle n'a consenti à l'amour — « violée » quatre fois en vingt années de mariage, elle est maintenant enceinte pour la quatrième fois, tandis que

37. « Masculin féminin — Le rêve triste et la triste réalité », dans *Nord,* I (automne 1971), (pp. 41-48), p. 42.

38. Cité par André Major, « A joual donné, il faut quand même compter les dents », dans *Le Devoir,* 14 novembre 1968.

Rose Ouimet se voit à quarante-quatre ans, avec un enfant de deux ans sur les bras (*BS*, p. 66).

Rien d'étonnant à ce que des femmes hantées par la crainte de la grossesse, et à qui l'on a prêché comme un devoir la soumission aux désirs du mâle, finissent par trouver leurs maris des « écœurants ». C'est sans doute le mot que Marie-Louise affectionne le plus. Elle traite d'ailleurs Léopold de « maudit cochon » (*ML,* p. 84). Quant au plaisir, « le bon Dieu (en) a peut-être mis là-dedans, mais y'en a mis rien que pour les hommes ! » (*ML,* p. 85). Pourtant, Marie-Louise refoule au fond d'elle-même le désir de connaître ce plaisir que son mari n'a pas su lui procurer (p. 89). Car la femme n'est pas seule responsable de l'échec de l'amour. Comme le dit si bien Carmen : « C'est de l'eu' faute à tous les deux » (*ML,* p. 87), et Tremblay lui-même affirme : « Des fois, c'est lui qui a raison ; des fois c'est elle. »[39] Léopold aussi considère l'acte sexuel comme un devoir pour la femme et déclare sans vergogne : « T'es ma femme, y faut que tu m'obéisses » (*ML,* p. 57). Victime, lui aussi, de son inexpérience et de son éducation religieuse, il s'est enivré le jour de son mariage pour avoir le courage d'approcher Marie-Lou. Faut-il s'étonner que la jeune femme ait, à tout jamais, été dégoûtée d'un homme malodorant et gauche qui, le lendemain de leur nuit de noces, débitait des plaisanteries de mauvais goût ? Sans doute, par ces « farces plates », ne visait-il qu'à cacher sa gêne. Au fond, Léopold non plus n'a jamais été à l'aise dans ses rapports sexuels avec sa femme. Quoi qu'il dise, lui aussi considère la sexualité comme avilissante et honteuse. Lui aussi a été marqué par « l'horreur du péché de la chair » qu'on lui a prêché, bien avant qu'il ne comprît clairement tout le sens de l'expression. Sa terrible phrase, « Moé, j'prends mon plaisir, prends le tien ! » (*ML,* p. 89), montre bien que l'acte sexuel, au lieu de rapprocher l'homme et la femme, ne sert, au contraire, qu'à les éloigner davantage et à les emprisonner dans une plus grande solitude.

On guérit difficilement de son enfance, à plus forte raison lorsqu'on n'en a nulle envie. Manon a hérité de sa mère la haine de toute la gent masculine. Entourée des mêmes images pieuses que Marie-Louise, dont elle a fait une sainte, la jeune fille refuse de quitter la maison où elle a grandi. Dans la mise en scène d'André Brassard, Manon, vêtue d'une robe d'écolière, est installée dans une berceuse. La chaise et les vêtements symbolisent bien son refus de la vie et de l'amour, son refus de devenir une femme. Même Carmen, la plus héroïque des personnages de Tremblay — la seule héroïne de son théâtre, en fait —, même Carmen est marquée par son passé. Il est vrai que les hommes ne l'effrayent pas. Elle se réjouit d'être, chaque soir, le point de mire et un objet de désir. Sans doute a-t-elle déjà eu plus d'un amant, mais elle dit tout de même : « Non, j'me sus pas juré de rendre un homme heureux, pas de danger... J'aime ben que trop mon indépendance... » (*ML,* p. 86). Est-ce vraiment qu'elle tienne tant à sa liberté, comme elle le déclare, ou ne serait-ce pas plutôt qu'après l'exemple édifiant qu'elle a eu sous les yeux, elle ne croit pas à un bonheur durable pour le couple ?

Même dans les traductions et adaptations qu'a faites Tremblay, les sexes restent ennemis. S'il a choisi de traduire Zindel, sans presque rien

39. Michel TREMBLAY cité par Rachel Cloutier et al., *art. cit.*, p. 65.

changer aux textes, c'est que le monde de l'auteur américain est étrangement près du sien. Aucun homme dans *L'effet des rayons gamma ;* mais c'est avec une profonde amertume, voire une véritable haine, que Béatrice Messier se remémore feu son mari, d'avec qui elle avait d'ailleurs divorcé. La mort de Messier ne lui a procuré que de la joie : « Sa thrombose — y'a méritait », dit-elle (p. 42). Anne Roberge pourrait être une sœur de Manon. Traumatisée, elle aussi, par son enfance et les remontrances d'une mère qui voyait partout le « mal », elle souffre de troubles psychologiques provenant de ses frustrations sexuelles. Et que dire de Myrrhine qui, lorsque Kinéas mentionne leurs « nuits d'amour », réplique :

> Oui, de grotesques bêtises ! Des nuits à en vomir !
> Des nuits immondes ! Des nuits de sacrifice ! (...)
> Je n'ai jamais rien fait d'autre que me sacrifier
> Pour te donner des fils !
> Tes nuits d'amour, Kinéas, tu peux les garder !
> Ce sont des nuits où on aurait envie de dormir ! [40]

Voilà des paroles qui ne se trouvent certes pas chez Aristophane. On croirait entendre parler une Marie-Louise cultivée.

Ainsi, même la trêve de l'oreiller est inconnue dans le théâtre de Tremblay. En fait, c'est plutôt de la guerre de l'oreiller qu'il faudrait parler ici. Il n'y a rien de surprenant à ce qu'on trouve, dans son œuvre, tant de vieilles filles (trois sur quinze dans les *Belles-sœurs,* c'est un bon pourcentage !) ou des jeunes filles qui se condamnent à une virginité perpétuelle. « La vie sans homme est une vie d'harmonie, de bonheur... » affirment les jumelles de *Lysistrata* (p. 34). Il est vrai qu'il s'agit de personnages ridicules, mais la plupart des femmes, dans les ouvrages de Tremblay, ne pensent pas autrement.

Une gang de tu-seuls ensemble, c'est ça qu'on est ! (*ML,* p. 90)

Incapables de communiquer, sauf pour se blesser, les personnages de Tremblay se sentent irrémédiablement seuls. La solitude est, il est vrai, une caractéristique de la condition humaine, tout « roseau pensant » étant condamné à être seul. Mais dans le théâtre de Tremblay, l'isolement paraît encore plus écrasant, plus total, plus inévitable. « La cellule de tu-seul, même si elle n'a trouvé sa formulation que dans *Marie-Lou,* est une des données de base de l'univers de Michel Tremblay », écrit Michel Bélair [41]. Qui peut être plus isolé que Léopold, si ce n'est la Duchesse de Langeais qui danse et chante « pour pas mourir tu-seule » (*DM,* p. 58) ? Les personnages de Tremblay sont seuls dans les maisons où ils vivent à l'étroit, seuls dans les lieux de plaisir où ils sont entourés de monde. Le monologue, si courant dans son théâtre, met en relief le rôle important qu'y joue la solitude. Des êtres qui souffrent de maux identiques ne parviennent pas à se les confier. Il est vrai qu'il y a aussi des chœurs, mais si l'on fait abstraction du duel verbal entre Marie-Louise et Léopold, le fond de son âme, c'est dans le monologue qu'on le révèle.

---

40. Michel TREMBLAY, *Lysistrata,* p. 73.
41. *Op. cit.,* p. 18.

Ce qui est plus atroce encore, c'est que l'isolement peut finir par devenir une véritable oasis. C'est le cas pour Léopold qui, à la taverne, en face de chaises vides, ne voit plus les autres clients et se sent bien « tu-seul dans brume » (*ML,* p. 72). Ainsi, l'aliéné, qui se pense rejeté par le monde extérieur, s'en coupe complètement. Hélas ! *no man is an island* et la crainte de perdre l'esprit hante le prisonnier dans sa cellule. Ce n'est pas seulement parce qu'il est taré que Léopold est menacé de folie.

Tu fais la martyrisée (*DM,* p. 17)

« Tu joues les martyrs », dit Hélène à sa mère (*EPD,* p. 40). Dans ce monde noir, il existe tout de même une consolation : celle de se plaindre. Tous les personnages, des belles-sœurs aux hommes-sandwiches, se lamentent seuls ou en chœur et semblent trouver dans ces inutiles lamentations un soulagement à leur sort misérable. « T'aimes ça te faire plaindre », dit Léopold à Marie-Louise (*ML,* p. 42), et ses paroles pourraient s'appliquer à tous, sauf à Carmen. Marie-Louise est sans doute la martyrisée par excellence, mais Manon est la digne fille de sa mère, elle qui, tout enfant, déclarait : « Quand j'vas être grande, j'veux être ben ben malheureuse, pis mourir martyr » (*ML,* p. 65). Pour Michel Bélair, « Manon, c'est finalement Germaine, Rose et Robertine à vingt-cinq ans » [42]. « Toutes ces femmes incarnent le même type de fonctionnement où le sacrifice, la pitié et le martyr (*sic !*) apparaissent comme les seules façons de légitimer une existence. » [43] Mais il y a également des hommes martyrs, tels Léopold et surtout Henri (*ML,* p. 64 ; *EPD,* p. 34). Madame L'Heureux — dont le nom est ironique, car elle ne se prive pas, elle non plus, de se plaindre — n'a pas tort de dire, au sujet de ses voisins : « Y'a personne dans cette maudite maison-là qui est à plaindre. Y'aiment ça, le malheur. Y vivent dedans jusqu'au cou, pis y vont mourir dedans » (*EPD,* p. 14). D'ailleurs, dans ce milieu, on a si bien le goût du drame que la maladie, la mort, l'ingratitude des uns et des autres y sont des sujets de conversation privilégiés. En somme, on éprouve un certain plaisir à se sentir et à se dire bien malheureux. Carmen en vient même à se demander si sa sœur n'est pas heureuse, car « y'a du monde qui vivent de leurs malheurs » (*ML,* p. 63). Quand on ne peut accéder à d'autres honneurs, l'excès de malheur est encore une sorte de distinction.

C'est toujours de ta maudite faute (*BS,* p. 59)

D'ailleurs, lorsqu'on souffre, c'est toujours injustement, ce qui permet de s'apitoyer davantage sur son propre sort. Si Carlotta n'est pas devenue une grande danseuse, c'est la faute de Johnny Mangano (*TPT,* pp. 25, 28). Marie-Lou déclare Léopold coupable de tous les malheurs qui les accablent, tandis que son mari lui reproche le fait qu'il n'est pas heureux (*ML,* p. 68). Les mères sont responsables de tous les mariages ratés. En fait, ces êtres sont de mauvaise foi et ne veulent voir « qu'un côté de la médaille » (*TPT,* p. 41). Si l'on aime dire à l'autre ses quatre vérités, on trouve moins agréable de s'entendre dire les siennes. Il est tellement plus facile et réconfortant de blâmer autrui pour les échecs dont on est souvent responsable.

---

42. *Ibid.*, p. 23.
43. *Ibid.*, p. 25.

Mon Dieu que j'ai donc honte d'eux-autres ! (*BS*, p. 37)

Lisette de Courval méprise ses belles-sœurs parce qu'elle se considère, bien à tort d'ailleurs, supérieure à elles. Mais tous les personnages de l'univers de Tremblay ont mutuellement honte les uns des autres. Les enfants ont honte de leurs parents (*BS*, pp. 9, 22 ; *EPD*, p. 39, *ML*, p. 53), les parents, de leurs enfants (*BS*, p. 38, *EPD*, pp. 41, 45). Marie-Louise rougissait de la maison où elle demeurait avant son mariage : « Y'avait assez de monde dans c'te maison-là, pis c'était assez pauvre que... j'avais honte ! » dit-elle (*ML*, p. 88). Pierrette Guérin est « une vraie honte » pour les siens (*BS*, p. 43). La famille de Henri l'empêche de sortir parce qu'elle a honte de lui ; en revanche, lui a honte de sa famille (*EPD*, p. 61).

Mais ce ne sont pas seulement les siens qu'on voudrait cacher aux yeux du monde. Souvent — et c'est bien là le pire — c'est de soi-même qu'on rougit. Saint-Denys Garneau aurait parfois voulu disparaître dans un trou de rat [44]. Ainsi, bien que pour d'autres raisons, les personnages de Tremblay ressentent un profond dégoût d'eux-mêmes. Parfois, ils ont honte des tâches dérisoires ou avilissantes auxquelles ils sont astreints. C'est pourquoi Henri détourne la tête quand il croise une connaissance (*EPD*, p. 14). Les prostituées de chez Betty Bird changent de nom pour ressentir moins durement l'humiliation d'être une marchandise (*DM*, p. 68). Parfois, c'est leur propre conduite qui révolte ces êtres, mais une conduite à laquelle ils n'ont pas le courage de renoncer (*EPD*, p. 42 ; *DL*, pp. 87, 92). Parfois encore, comme c'est le cas pour Lise Paquette et Pierrette Guérin, c'est de son malheur même qu'on a honte, d'autant plus qu'on est entouré de gens qui ne connaissent pas la pitié.

Le joual ne va pas sans jouer un rôle dans le sentiment d'infériorité qu'éprouvent les personnages. On a beaucoup parlé de l'emploi du joual dans le théâtre de Tremblay. Tout autre moyen d'expression serait sans doute impensable dans son œuvre.

> Le monde parle comme il parle : moi, en tout cas, j'parle pas français, pis mes personnages non plus (...). Si on veut faire du théâtre au Québec, il faut au moins respecter le langage de tout le monde,

déclare l'auteur [45]. D'ailleurs, pour lui, la question de la langue dans les *Belles-sœurs* ne s'est même pas posée, tant l'emploi du joual allait de soi [46]. Reste que Tremblay « dénonce le joual qui est non seulement une langue pauvre, ou de pauvre, mais aussi l'indice d'une paresse d'esprit ou d'une carence dans le sang » [47]. Et c'est un fait que les personnages de son théâtre souffrent de ne pouvoir s'exprimer de façon adéquate. Germaine Lauzon s'est trouvée muette devant l'homme qui lui apportait ses timbres et qui « parlait ben en s'il vous plaît » (*BS*, p. 8). Quant à Francine, « a dit jamais rien, elle. A jamais ben parlé » (*EPD*, p. 28). Marcel Dubé écrivait en 1958 : « Le

44. Hector de SAINT-DENYS GARNEAU, *Journal*, Montréal, Beauchemin, 1954, pp. 233-234.
45. Cité par Michel Bélair, « Michel Tremblay en Europe... Je pars avant de 'm'effouerrer' » (entrevue), dans *Le Devoir*, 3 juillet 1971.
46. Cité par Rachel Cloutier et al., *art. cit.*, p. 76.
47. Cité par Fernand Doré, *art. cit.*

Canadien français qui m'a intéressé jusqu'ici ne sait pas nommer ses passions, ne sait pas crier sa révolte ni sa souffrance. »[48] Les personnages de Tremblay ne se privent pas de crier, certes, mais ce sont de vains cris qu'ils poussent. Ils associent leur langue à leurs échecs. Le français a beau être la langue des tapettes, c'est aussi, dans leur esprit, celle de la réussite, à tel point que Berthe décrit ses succès imaginaires et la Duchesse ses conquêtes — peut-être en grande partie imaginaires aussi — en français.

Des fois, le monde sont pas c'qu'on pense (*DM,* p. 55)

On a honte de soi, de la langue que l'on parle. On va donc chercher à dissimuler son identité ou à en acquérir une nouvelle. « On est un peuple qui s'est déguisé pendant des années pour ressembler à un autre peuple. On a été travestis pendant trois cents ans », déclare Tremblay[49]. Voilà une des raisons pour lesquelles les homosexuels et les travestis sont si nombreux dans son théâtre. La Duchesse ne se contente pas de parler d'elle-même au féminin ; elle a renié son nom, sa famille, et ses imitations vont de Marlene Dietrich à la Belle au bois dormant (*DL,* p. 70). Dans le monde du Meat Rack et du Simon Bolivar, chacun joue à être quelqu'un d'autre. Rita Tétrault est devenue Lola Lee, tandis que sa sœur Louise arbore une perruque blonde et veut s'appeler Lyla Jasmin.

> Ben, chus pas une waitresse, les gars pis j'm'appelle pas Louise !

déclare-t-elle (*DM,* p. 55). Tous les personnages qui ont participé au concours Lucille Dumont, où Louise a remporté son fameux trophée, étaient habillés en « waiters » et « waitress ». Louise ne peut donc espérer réussir dans sa nouvelle carrière sans commencer par nier qu'elle appartient à un groupe voué à la servitude. Tandis que Rita et Louise ont recours à des noms mi-anglais, mi-espagnols, Johnny Ladouceur et Charlotte Toupin ont opté pour des noms à l'italienne. Aux yeux de Johnny, même les Italiens semblent promis à un meilleur sort que les Québécois. Carlotta est d'ailleurs ultra-fardée et le maquillage est placé bien en évidence dans le décor (*TPT,* pp. 21, 22). Quant à l'agent de « Gloria Star », dernière partie du triptyque de *Trois petits tours,* elle est tout simplement « la femme ». Cette marionnette n'a jamais vécu que par procuration et continuera à se contenter du succès des autres.

Do you want to have some fun ? (*DM,* p. 69)

Dans l'univers de Tremblay, le bonheur, et même tout espoir de bonheur, sont impossibles. « Je n'ai pas rencontré une seule personne heureuse dans ce milieu-là, vraiment heureuse », dit l'auteur[50]. Tout ce à quoi ses personnages peuvent aspirer, c'est d'avoir « du fun ». Les clubs sont « ben l'fun » (*BS,* p. 15) ; Angéline Sauvé, Léopold, Hélène cherchent à avoir « du fun » ; Pierrette et Rose, c'est « l'fun » (*BS,* pp. 24, 46). En fait, ce que ces personnages appellent le « fun », c'est tout simplement l'étourdissement, l'évasion. « De l'air ! de l'air ! » chante Louise sur le point de partir pour Montréal

48. Marcel Dubé, *Textes et documents,* p. 27.
49. Cité par Rachel Cloutier et al., *art. cit.,* p. 64.
50. *Ibid.,* p. 61.

(*DM*, pp. 14-15). Mais tous ne sont pas à même de s'évader physiquement et auront recours à différents moyens pour oblitérer un instant la triste réalité.

Pis le soir, on regarde la télévision (*BS*, p. 13)

Le plus simple de ces moyens est la télévision. Les belles-sœurs en sont friandes et l'aiment tout juste un peu moins que le bingo et la querelle. Si Jos L'Heureux n'est pas à la taverne, il est « effouerré » devant l'appareil (*EPD*, p. 14), tandis que Henri est un grand admirateur du Capitaine Bonhomme et de Popeye (*EPD*, p. 33), à qui cette loque humaine voudrait sans doute ressembler.

Pis bois, un peu, là, ça va te faire du bien !
Tu vas toute oublier ça (*DL*, p. 87)

Chez Tremblay, tous les hommes boivent et certaines femmes ne s'en privent pas non plus. « Toute notre vie s'est décidée à taverne », déclare Carlotta (*TPT*, p. 37). Henri, empêché de sortir, prend sa bière affalé devant son téléviseur. La Duchesse de Langeais est ivre-morte à la fin de son long monologue. Chez les Ménard, c'est la mère qui est alcoolique (*BS*, p. 59), tandis qu'Hélène a perdu son emploi au club parce qu'elle « se paquetait trop souvent » (*EPD*, p. 20).

Si j'rêve pas, j'vas étouffer (*TPT*, p. 16)

L'alcool mène au rêve. Ivre, la Duchesse de Langeais enjolive le passé et refoule dans l'ombre le triste présent. Mais la plupart des personnages n'ont même pas besoin de recourir à l'alcool pour parvenir au rêve. Ainsi, Johnny Mangano est « dans la brume jusqu'au cou » et fait de « beaux rêves en couleurs » (*TPT*, pp. 34, 35, 36). Manon a toujours vécu « dans une baloune », même enfant (*ML*, p. 53). Louise Tétrault se voit déjà à la place de sa sœur. Mais c'est surtout Berthe qui vit de ses chimères. « Chus capable de rêver », se répète-t-elle (*TPT*, p. 16). Penchée sur un magazine de cinéma, elle sirote un « cream soda », fade comme ses rêves. Les « liqueurs douces » jouent d'ailleurs un rôle important dans les pièces de Tremblay. Madame Dubuc, silencieuse jusque-là, se réveille à la mention des « cokes » (*BS*, p. 56) et les clients d'Hélène font une énorme consommation de toute une gamme de boissons gazeuses. Ces « liqueurs », comme la mayonnaise dont certains enduisent leurs sandwiches, symbolisent à la fois l'insipidité de leur existence et leur refus de mûrir. Germaine Lauzon se plaint que Linda va « téter » des « liqueurs » (*BS*, p. 22). Le verbe est significatif. Berthe ne boit-elle pas son « cream soda » à travers deux pailles ?

On fait les fous (*EPD*, p. 60)

« Une vraie folle », « J'en ai tu faite des folies », « J'vas v'nir folle », « Maudite Folle », « Etes-vous après v'nir folle ? », « J'ai l'air d'un fou » : les mots « fou », « folle », « folie » sont utilisés dans toutes les combinaisons possibles et imaginables [51]. Il est vrai que ces mots semblent être plus fré-

51. Voir, en particulier, *DL*, p. 73 ; *TPT*, pp. 12, 17 ; *EPD*, pp. 54, 57, 60.

quemment employés dans le français québécois que dans celui qu'on parle en France. Il est vrai aussi que, parfois, ils sont utilisés dans des expressions toutes faites qui n'ont pas grande portée. Cependant, chez Tremblay, ils conservent généralement toute leur valeur affective.

> Presque chaque famille a droit à son fou (...). Les habitants du fond de cour sont presque tous, à une ou deux exceptions près, des fous en puissance,

écrit Michel Bélair (*ML,* p. 16). Et Tremblay lui-même, parlant de sa famille, déclare que « certains hantent aujourd'hui les asiles et les prisons » [52]. Il n'y a pas encore de véritables criminels dans son œuvre, bien que plusieurs personnages expriment le désir de tuer, mais la folie y est certes un des grands thèmes. N'est-elle pas, en somme, la prolongation du rêve ? Madame L'Heureux n'appelle jamais Robertine autrement que « la folle ». Berthe est délaissée par ses amis parce qu'elle rêve tout haut (*TPT,* p. 17). Elle craint d'ailleurs de devenir folle. Sans être absolument fou, Henri est un « arriéré mental », un « abruti » (*EPD,* pp. 32, 38). Léopold sait que la folie le guette. « C'est de famille... Aïe... toute une famille de fous... » (*ML,* p. 71). Car la folie est héréditaire et Manon, qui ressemble à son père, a des hallucinations. Quant à Claude, fou et dangereux, on a dû l'enfermer. Sans doute vient-il d'une famille tarée et, dès sa naissance, les signes de cette tare se sont révélés, mais l'ambiance dans laquelle il a grandi n'a certes pas contribué à améliorer son état. L'enfant semble même avoir été négligé dans une maison où vivaient treize personnes et où le grand passe-temps était la querelle. S'il exprime le désir de voir les siens vêtus de blanc, la maison peinte en blanc et débarrassée de ses vieux meubles, c'est sans doute qu'il pense ainsi abolir un passé qui le fait souffrir [53]. Il reproche d'ailleurs à sa famille de ne pas venir le voir à l'asile (*EPD,* pp. 52-54). Aliéné depuis son enfance, il a maintenant l'impression qu'on le hait et qu'on veut le tuer. Mais sa folie est, en même temps, un refuge et c'est pourquoi Henri, lui qui n'est fou qu'à moitié, envie Claude, car « Lui, y'est fou, pis y'est ben » (*EPD,* p. 61). A l'abri derrière ses lunettes noires, qui, à la fois, le dissimulent au monde et lui cachent le monde, il ne connaît plus la honte et se sent tout-puissant. Alors que le reste de la famille se lamente : « Chus pus capable de rien faire ! », Claude s'écrie victorieusement « Moé, j'peux toute faire ! J'ai toutes les pouvoirs ! Parce que j'ai mes lunettes ! » (*EPD,* p. 63). On a vu, dans la folie de Claude, « une lueur d'optimisme : le privilège particulier d'évoluer dans un monde de rêve, hors de la réalité étouffante et aliénante » [54]. Hélas ! la folie n'est-elle pas l'aliénation par excellence, et n'est-ce pas dans des asiles « d'aliénés » qu'on enferme ceux qui ont perdu la raison ? D'ailleurs, si, par instants, le fou, comme l'alcoolique ou le narcomane, peut s'évader dans un monde chimérique, ses retours à la réalité ou à une semi-lucidité n'en sont que plus cruels. La dernière phrase que prononce Claude : « Chus tu-seul... à avoir les lunettes ! » (*EPD,* p. 63), est significative à cet égard. Comme l'indiquent les points de suspension, Claude oscille entre les moments

---

52. Cité par Claude Gingras, *art. cit.*

53. La Duchesse de Langeais est vêtue de blanc dans la deuxième partie de son monologue. Ironie, peut-être, ou voudrait-elle, elle aussi, rejeter le passé ?

54. Andrée Fosty, « En pièces détachées », dans *Nord, I* (automne 1971), (pp. 18-22), pp. 21-22.

de dépression et l'exaltation que lui procure sa folie. Ici, le sentiment de solitude a bien failli prendre le dessus. Si la folie est une façon d'échapper à l'emprisonnement du milieu, mieux vaut encore cet emprisonnement qu'une mort mentale.

Tu rêves de t'en sortir (*ML,* p. 90)

Pourtant, les personnages de Tremblay n'ont pas toujours été réduits à échapper à leur situation par le rêve. Même Marie-Louise a, autrefois, espéré mener une vie meilleure. Mais le mariage, qu'elle avait pris pour une planche de salut, l'a précipitée dans un véritable enfer. L'amour, auquel Pierrette Guérin et Carlotta avaient cru, ne leur a apporté que souffrances et déceptions, à tel point que ces deux malheureuses voudraient maintenant réintégrer la tribu, impitoyable envers celles qui l'ont quittée. Certains personnages se sont contentés d'attendre un miracle. Ainsi, Henri et Jos pensaient qu'un jour, « quelqu'un » allait leur trouver « une job, une vraie » (*EPD,* p. 18). Berthe a, toute sa vie, attendu la gloire ou, du moins, un mari. Betty Bird, usée et sans le sou, se dit encore « qu'y faut qu'a s'en sorte » (*DM,* p. 85).

Certaines jeunes filles expriment le désir de s'en sortir. Parfois, ce désir se limite à un simple souhait. « Eh ! si j'pouvais donc m'en aller ! » s'exclame Linda Lauzon. Mais quand Pierrette lui en donne l'occasion, elle se rebiffe : « Vous n'y pensez pas ! Des plans pour qu'y veulent pus jamais me voir ! » (*BS,* p. 53). Car, si la vie à l'intérieur de la tribu est un enfer, la pire des punitions est encore d'en être exclu. Angéline Sauvé préfère renoncer à ses soirées au club plutôt que de se voir rejetée par le groupe, car celui-ci procure tout de même à ceux qui en font partie un sentiment de sécurité sans lequel ils ne peuvent vivre. Comme Pierrette Guérin, Lise Paquette a compté sur l'aide d'un quelconque « maudit Johnny » pour sortir de son milieu et s'est laissée séduire par les cadeaux et l'argent, elle qui n'avait jamais rien eu. Trompée une première fois, elle ne renonce pas à l'espoir, bien au contraire, malgré le profond mépris qu'elle ressent pour elle-même :

> J'sais que chus cheap, mais j'veux m'en sortir ! Chus v'nue au monde par la porte d'en arrière, mais m'a donc sortir par la porte d'en avant ! Pis y'a rien qui va m'en empêcher ! (*BS,* p. 57).

Il est évident qu'une première leçon ne lui aura pas servi. Dans son désir de posséder « un char, un beau logement, du beau linge », elle ira de Charybde en Scylla, de « maudit Johnny » à « maudit Johnny ». Elle aussi sera trop vieille et trop laide à trente ans.

Car, pour s'en sortir, il ne faut compter que sur soi. C'est seule que Rita Tétrault est parvenue à ce qu'elle appelle le « top de (sa) carrière » (*DM,* p. 75). Mais ce n'est pas un exemple à suivre que le sien. Pour arriver à ses fins, elle a trahi ses amis, écrasé ses rivales ; maintenant qu'elle est « en haut d'la côte », elle exploite ceux qui l'entourent et refuse d'aider sa sœur. Après tout, même Florentine Lacasse, calculatrice aussi à ses heures, trouvait qu'il est déjà bien assez difficile de s'en sortir, soi-même, sans vouloir songer à sauver les autres [55]. La misère finit par durcir les cœurs. Sans doute est-il

55. Gabrielle ROY, *op. cit.,* p. 109.

louable de vouloir échapper à un milieu paralysant, mais « faut pas se faire gâter (...). Notre problème est le problème d'un peuple (...). Il ne faut pas être individualiste », dit Tremblay [56]. S'en sortir aux dépens des autres, ou même en les reniant, est un crime dont se sont rendus coupables les personnages des *Paons*. Au sujet de cette pièce, qui n'a pas remporté beaucoup de succès et qui, malheureusement, n'a pas été publiée, Tremblay déclare :

> Pour moi, les *Paons*, c'est une grosse allégorie sur le génocide. C'est l'histoire de deux personnes qui s'en sortent avec le français. De deux Québécois qui ont décidé de renier leur peuple et qui tuent leurs petits-enfants pour devenir quelqu'un [57].

Le fait même de changer de nom et de renier son identité est une trahison envers soi-même et envers les siens — trahison dont sont coupables de nombreux êtres. Dans les mondes de l'homosexualité et des cabarets, si bien représentés chez Tremblay, on joue constamment à être quelqu'un d'autre. Mais assumer une identité factice ne mène pas nécessairement au succès. Carlotta ne le sait que trop bien.

En fait, il n'y a vraiment qu'un seul personnage qui réussisse à s'en sortir honorablement : c'est Carmen. Elle a grandi dans le même milieu que Manon, dans la même ambiance cruelle et déprimante ; mais au lieu de se lamenter, comme sa sœur, elle a essayé de se libérer, non pas en comptant sur les autres ni en les imitant, mais par ses propres moyens, sa volonté et son courage. Et elle y est parvenue. A tel point qu'elle peut maintenant dire à sa sœur :« J'pense... que chus t'une bonne chanteuse, Manon ! » et surtout, « Pis... chus... heureuse » (*ML,* p. 93). Il est vrai que sa victoire n'a pas été facile et qu'elle en parle avec quelque hésitation, un peu comme si elle craignait d'effrayer le fragile bonheur qu'elle tient à peine entre les mains. Mais le fait est que Carmen s'accomplit en chantant au Rodéo, et tant pis pour ceux qui trouvent cela « niaiseux » (*ML,* p. 91). Rien de surprenant à ce que le personnage de Lysistrata ait plu au dramaturge, car voilà une femme qui, grâce à sa volonté et à son courage, parvient à vaincre la guerre et toute la gent masculine.

Quant au double suicide de Léopold et Marie-Louise [58], on ne peut guère le considérer comme une victoire. Léopold est lucide, soit, mais à quoi sert la lucidité sans courage ? On est heureux de l'entendre dire : « Y'en a de moins en moins du monde comme nous autres, Marie-Louise, pis c'est tant mieux... » (*ML,* p. 86). Ainsi que le prouve Carmen, la folie et la mort ne sont pas les seuls moyens d'échapper à une situation paralysante. D'ailleurs, Carmen ne s'en est pas seulement sortie ; elle est prête à en aider d'autres à le faire. « Dans mon théâtre, personne s'en est sorti parce que personne vient

---

56. Cité par Rachel Cloutier et al., *art. cit.*, pp. 53-54.
57. Cité par Michel Bélair, *op. cit.*, p. 81.
58. Il s'agit bien, en effet, d'un double suicide. Marie-Louise est pleinement consciente quand elle accepte d'aller faire « un tour de machine » avec Léopold. N'a-t-elle pas hésité longtemps avant de se lever pour l'accompagner ? D'ailleurs, il n'y a qu'à la fin de la pièce que le mari et la femme se regardent, tandis qu'elle lui murmure : « Tu pourras jamais savoir comment j't'haïs » ! (p. 94). Incapables de communier par l'amour dans la vie, ces deux infortunés se rejoindront par la haine dans la mort.

aider personne », déclare Tremblay [59]. Carmen est l'exception. Ainsi, même si *A toi, pour toujours, ta Marie-Lou* est la pièce la plus féroce du jeune dramaturge, elle est, en même temps, la plus optimiste.

Le milieu que nous peint Tremblay est donc bien sombre. Peur, honte, cruauté, apathie, folie sont des *leitmotive* d'une œuvre que seule, *A toi, pour toujours, ta Marie-Lou,* vient éclairer d'une lueur d'espoir. Mais ce milieu peut évoluer. Avec l'impatience et l'enthousiasme de la jeunesse, Tremblay avait espéré qu'une transformation s'opérerait rapidement, qu'en dix ans, les *Belles-sœurs* auraient perdu leur actualité et que le joual, cette « langue de pauvre », tendrait à disparaître. Mais les sociétés ne changent pas radicalement du jour au lendemain et, quatre ans plus tard, devenu « très pessimiste », l'auteur déclarait :

> Je ne crois pas que le joual soit prêt à disparaître, ni la situation qui le fait exister. J'ai écrit cette pièce-là en 1965, ça fait quatre ans déjà, et rien n'a changé [60].

Plus âgé maintenant, Tremblay est aussi plus prudent. Carmen s'en est sortie, certes, mais il ne promet pas encore une victoire définitive :

> Qu'on ne se fasse pas d'illusions : pour elle la partie n'est pas encore gagnée. Elle peut connaître la réussite tout comme elle peut mal tourner (...). Cela je ne le saurai que dans cinq ou dix ans car mon théâtre est tout entier fait de recoupements ; il s'élabore à partir des personnages des pièces antécédentes qui réapparaissent ou se métamorphosent selon l'évolution du milieu que je décris [61].

Dans son dernier roman, *D'Amour, P.Q.* [62], Jacques Godbout parle de la « cellule d'amour ». Peut-être, un jour pas trop lointain, celle-ci remplacera-t-elle, chez Tremblay, la « cellule de tu-seuls ». Alors, la joie et le bonheur — ou, du moins, la joie et non « l'fun » — figureront parmi les *leitmotive* du théâtre de Michel Tremblay.

---

59. Cité par Rachel Cloutier et al., *art. cit.*, p. 73.
60. Cité par André Major, *art. cit.*
61. Cité par André Vanasse, *art. cit.*, p. 39.
62. Jacques Godbout, *D'Amour, P.Q.*, Montréal/Paris, Hurtubise HMH/Ed. du Seuil, 1972.

Étude et analyse de quelques pièces récentes

Claire Martin:
Moi, je n'étais qu'espoir[1]

par Louise MAHEUX-FORCIER

> Une femme qui n'était qu'espoir, une femme qui a vécu pour l'amour et pour l'écriture, liquide son passé. Elle va vivre Ailleurs. Elle jette un dernier regard sur ce qu'il reste de ses histoires de cœur et du travail de toute sa vie : un amas de papiers. Elle sait de reste qu'on ne traverse pas la vie sans pécher contre l'amour, mais elle découvre aussi qu'en la traversant 'chacun de nous tue ce qu'il aime'. Claire Martin[2]

J'aime la mesure. J'aime que chacun, sincère, ait raison sur des voies opposées[3] ou parallèles, pourvu qu'il vise sa propre arrivée plutôt que de toiser l'arrivée des autres d'un œil qui trahit plus d'incertitude, d'inquiétude et d'incohérence que le souci conscient d'une valeur estimable à défendre et d'un paradis où finalement loger. C'est la moindre des choses que d'être certain du paradis qu'on désire ! Après cela, cheminer péniblement, douter du nord, perdre confiance, est un lot bien supportable.

1. *Moi, je n'étais qu'espoir,* pièce en deux actes, texte de Claire Martin, tiré de son roman *Les Morts,* et présenté pour la première fois à Montréal, au Théâtre du Rideau Vert, le 17 mars 1972. Construction dramatique : Danièle J. Suissa et Yvette Brind'Amour. Mise en scène : Danièle J. Suissa. Décor et éclairages : Robert Prévost. Costumes : François Barbeau. Distribution : Elle : Yvette Brind'Amour ; L'Amie : Béatrice Picard ; Le premier : Dominique Briand ; Le second du nom : Serge Bossac ; Le enième : Jean-Marie Lemieux ; L'homme du gaz : Richard Lanthier.

2. Extrait du Programme du Rideau Vert. Vol. 12, nº 5.

3. « On peut toujours soutenir victorieusement deux opinions exactement contraires », Claire Martin, *Le roman canadien-français,* Montréal, Fides, 1971, Archives des Lettres canadiennes, 3.

Pour la romancière Claire Martin, il ne semble pas que ce terme de paradis fut jamais entaché du point d'interrogation qui le défigure, en général, — et en particulier dans son acception catholique ! Pour un écrivain de cette classe, la notion de « paradis littéraire » — auquel je fais naturellement allusion — implique le privilège et le devoir [4] de se mouvoir à l'aise à l'intérieur d'une langue qui nous appartient : le français ! et d'une culture qui est également notre patrimoine, mais que d'aucuns s'obstinent à vouloir amputer de plusieurs siècles, comme s'il fallait honnir *Le Roman de la Rose* pour apprécier *Les Anciens Canadiens*...

En cela, notre jeune peuple témoigne quelquefois d'un singulier masochisme en méprisant ses trésors, ou d'une paresse non moins singulière en refusant de se pencher pour les ramasser, alors qu'en même temps, il brigue l'honneur d'aller cueillir des lauriers à Paris et d'apprendre aux Français nos anglicismes les plus sournois, notre latin de cuisine, nos farces gauloises et nos plus beaux jurons normands.

Il reste que j'ai presque toujours reconnu, dans les faits que je dénonce, — à plus forte raison quand le talent éclate, — la marque d'une très grande bonne foi, de convictions profondes, d'un généreux patriotisme qui n'avait rien à voir avec l'esprit de clocher ou l'instinct tribal. Et le gage de ce qui réconciliera tous les écrivains : l'amour des mots !...

Pour sa part, Madame Claire Martin n'a jamais caché ses opinions sur notre langue et notre littérature. Il m'est arrivé de ne pas souscrire à une intransigeance et à une sévérité que je jugeais excessives. Mais on ne peut faire autrement que de s'incliner devant une ligne de conduite dont elle ne s'est pas écartée et qui s'accompagne d'une vision précise, d'une sorte d'idéal qu'elle n'a pas un instant trahi : rigueur de style, justesse du vocabulaire, syntaxe irréprochable étayée d'une érudition à multiples facettes sans cesse remise à jour, souci constant de la forme choisie en fonction de la chose à dire, respect du métier et de l'outil. Travail.

En effet, depuis son premier recueil de nouvelles *Avec ou sans amour* [5] jusqu'à ses *Mémoires* [6], en passant par *Doux-Amer* [7] et *Quand j'aurai payé ton visage* [8], Claire Martin ne s'est pas éloignée de cette route difficile, semée d'embûches souvent extra-littéraires dans ce contexte québécois que d'autres que moi analyseront mieux, le moment venu, une fois refroidis les bûchers et oubliés les anathèmes. En attendant, cette route peut conduire à l'exil et ce n'est pas la première fois qu'un écrivain de chez nous consent à cette solution pour le bien de tous et de soi, pour le bien de la littérature : qu'on pense au grand voyageur Alain Grandbois dont les absences ont fait leurs preuves et

---

4. « La langue et le style d'abord. Dans les circonstances où nous sommes, c'est notre devoir le plus strict », Claire Martin, *ib.*, p. 388.

5. *Avec ou sans amour,* Montréal, Cercle du Livre de France, 1958, (Prix du Cercle du Livre de France).

6. *Dans un gant de fer,* Montréal, Cercle du Livre de France, 1965, (Prix France-Québec, Prix de la Province de Québec).
La joue droite, Montréal, Le Cercle du Livre de France, 1966, (Prix du Gouverneur Général).

7. *Doux-Amer,* Montréal, Le Cercle du Livre de France, 1960.

8. *Quand j'aurai payé ton visage,* Montréal, Le Cercle du Livre de France, 1962.

qui ouvrait déjà la porte du monde à mes quinze ans renfermés ; qu'on songe à Anne Hébert qui a mûri *Kamouraska* dans le tintamarre de Saint-Germain, à tant d'autres à qui le recul donne un nouveau regard et dont l'éloignement est jalonné des admirables cadeaux qu'ils nous envoient, tout vivants de notre sève : leurs livres.

On a beaucoup étudié, fort bien et en haut lieu, ceux que Madame Claire Martin nous laisse et dont nous espérons que la liste est encore incomplète. Mais dans le cadre du présent ouvrage, j'ai la tâche ingrate de toucher une expérience qui, je pense, ne l'a pas comblée, et d'aborder sous l'aspect de l'adaptation théâtrale son dernier ouvrage, ce petit livre dense qui relevait, sans failles, le défi du dialogue tout au long de ses cent cinquante pages. Or, du sombre titre qui servait mal le roman : *Les Morts* [9] à la belle et mélancolique exclamation de Valéry qui, d'exergue est devenue titre de la pièce : *Moi, je n'étais qu'espoir* [10], il y a toute la distance, — inversée, — de la phrase écrite, quasi chuchotée, sur laquelle il est permis de revenir et de méditer, à la même phrase habillée d'une voix superbe qui coule, certes, avec tout le bonheur et le talent du monde, mais... comme coule une rivière fidèle à son rythme et au déroulement de sa chanson.

Je signale ici l'ingénieux procédé qui, au moment de l'entracte, nous redonnait sur bande sonore quelques-unes des plus belles paroles que nous venions d'entendre. Mais, de retour à mon fauteuil, prise au jeu du décor et des éclairages autant qu'à celui des interprètes, distraite de longs moments par les courbes heureuses d'une chaise cannée, sorte de symbole évoquant sur le plateau et sur film, — dans la même harmonie des noirs et des blancs, — l'enfance du principal personnage, bref, tout entière requise par l'ensemble du spectacle, et n'en voulant rien perdre, je perdais, me semble-t-il, la pensée de Claire Martin et l'image que je m'en étais faite. Par exemple, ayant aimé dans le livre le mystère voulu qui planait sur l'identité de l'interlocuteur et, de ce fait, rendait plausible son rôle accessoire, je n'ai pas retrouvé, à la scène, cette dimension de « l'irréel » et ce n'est pas peu de devoir reprocher sa présence à une comédienne qu'on admire sans réserve, d'autre part. De même, les amants, une fois de chair et d'os, me semblaient porter jusqu'aux prénoms que l'auteur avait délibérément tus.

Sortant du Rideau Vert, accordant à chacun des artisans de : *Moi je n'étais qu'espoir* [11] son mérite exceptionnel, je me suis néanmoins posé sérieusement le problème de l'adaptation et j'en suis venue, pour ce qui m'importe en tant que romancière, à la conclusion de non-lieu.

Doit-on, pour cela, renoncer à tout projet de ce genre ? La forme des *Morts,* dialoguée, était-elle un piège ou un mirage ? Le cinéma, par contre, n'aurait-il pas mieux traduit, avec des moyens plus nombreux et plus souples, l'intention de l'écrivain ? Il est peu d'exemples, à ma connaissance, d'un livre qui ait passé les feux de la rampe, tandis que le cinéma a d'éclatantes réussites à son crédit dans ce domaine.

---

9. *Les Morts,* Montréal, Le Cercle du Livre de France, 1970.
10. *Moi, je n'étais qu'espoir,* voir note nº 1.
11. *Ibid.*

Faute de pouvoir trancher la question, qu'on me permette du moins de rendre hommage à la valeur du texte et de son contenu et de me ranger, pour l'avenir, à cet avis pertinent qui, au lendemain de la première, émergeait d'une presse curieusement déchaînée : « Ce premier essai devrait inciter Claire Martin à récidiver. » [12]

On peut, ou non, partager les vues pessimistes que l'argument de la pièce permettait à l'auteur de nous transmettre, mais le respect s'impose, non seulement pour les qualités d'écriture dont j'ai parlé, mais pour de très rares et très précieuses qualités humaines : lucidité, courage et honnêteté.

Au moment d'écrire ces lignes, je m'étonne encore des protestations véhémentes auxquelles cette œuvre a donné lieu et du vent de colère qui a soufflé sur notre Québec, avec les giboulées de mars, dressant les uns contre les autres les partisans du « joual » et ceux du français. Or, la colère et le fanatisme sont des armes à la fois ridicules et redoutables dont Madame Martin nous a longuement entretenus, et en connaissance de cause, dans ses *Mémoires.* Il faudrait bien en tirer une leçon et n'y succomber qu'à « la Don Quichotte », — quand la nature et le tempérament nous y poussent, — réservant pour la solution de problèmes importants les atouts plus efficaces de l'intelligence, de la tolérance, de l'humour et du sang-froid.

Moi, je n'étais qu'espoir a été la fontaine de ce que j'appellerais lyriquement : le rond-point de la colère, et, plus sobrement : un embouteillage d'opinions divergentes. Les bilieux sont encore à s'invectiver sur place, cette petite fontaine comme cible, tandis que les autres, armés de patience, de courtoisie et... de style, sont depuis longtemps sortis de la mêlée pour tenter d'arriver à l'heure au rendez-vous que leur fixe un destin personnel.

---

12. Martial DASSYLVA, chroniqueur de théâtre à *La Presse,* article intitulé : « En attendant la deuxième chance ».

Frédange[1] *d'Yves Thériault*

par Gérard BESSETTE,

professeur à l'Université Queen's

Le théâtre n'étant pas dans mes cordes, je n'essaierai pas d'analyser *Frédange sub specie scenae.* J'ignore si cette pièce, qui « ne fut jamais jouée » (p. 8), passerait la rampe. Au niveau où je me placerai — celui de la psychocritique — cela reste sans importance. Comme l'affirme Charles Mauron, « la même dramaturgie gouverne (...) pièces de théâtre ou romans, dans la mesure où ils nous racontent une « histoire », nous représentent le déroulement d'une action » [2]. Je tenterai donc de situer et d'analyser *Frédange* par rapport aux œuvres romanesques de Thériault qui remontent à la même époque.

D'après la belle préface de Guy Beaulne, il semble que *Frédange* fut écrit vers 1952. Ses ressemblances de thème et de « lieu » avec *la Fille laide* et *le Dompteur d'ours,* qui se déroulent eux aussi en montagne, dans des endroits primitifs, isolés, indéterminés, « quelque part dans le monde » (p. 21), nous indiquent clairement que nous avons affaire au Thériault « première manière », avant la « grande époque » : celle qui va d'*Aaron aux Commettants de Caridad.* Fruste et « nature », Thériault était encore incapable à ce moment-là de bien mener une intrigue et d'incarner vraiment ses personnages ; par contre, il n'avait pas encore acquis la manie des considérations psychologiques et des moralisations creuses.

Frédange, comme *la Fille laide* et *le Dompteur d'ours,* commence par l'arrivée d'un survenant. Certes, dans *Frédange,* l'arrivant n'est pas, à proprement parler, un étranger, mais bien un revenant. Toutefois, comme j'ai essayé de le montrer dans *Une littérature en ébullition,* Edith *(Fille laide)*

---

1. *Frédange,* suivi de *les Terres neuves,* Montréal, Leméac, 1970.
2. « Les Personnages de Victor Hugo, étude psychocritique », dans *Oeuvres complètes* de Victor Hugo, édition chronologique, vol. II, Paris, Club français du livre, 1967, p. 1.

et Hermann *(Dompteur)* sont eux aussi, en profondeur, des revenants sans le savoir, qui transportent avec eux leur passé et retrouvent, au sein de la mère-montagne, une mère symbolique : Bernadette (pour Edith), l'ourse (pour Hermann). Ici, nous avons affaire à la mère réelle. Dans l'œuvre romanesque de Thériault, la mère du protagoniste ne sera vivante et présente (au moment où se déroule l'action) que beaucoup plus tard : en 1963, dans *Le Ru d'Ikoué.*

Sur le plan imaginaire ou fantasmatique, la présence de la mère réelle dans *Frédange* constituerait donc un « anachronisme » étonnant... si cette mère était *vraiment vivante.* Or, tel n'est pas le cas puisque la « vieille » (qui reste anonyme) est muette et paralysée : présence symbolique ou obsessionnelle plutôt que charnelle ou personnelle. Cette mère dégradée, infantilisée, qu'il faut « torcher (...) nettoyer (...) et faire manger comme un petit qui avale la bouillie » (p. 25, 27) a été remplacée par Méraille (prénom symptomatique, dont le suffixe dépréciatif — comme dans *fer ferraille* — indique bien que nous avons affaire à une mère substitutive et méprisable).

Qui est donc cette Méraille ? — Une « fille de garce, avec des trous dans la jupe » que Frédange, le fils revenant, insulte dès son retour ; « Les gars du marché te passaient dessus comme une putain » (p. 26). Pourquoi Frédange a-t-il autrefois « recueilli » Méraille, malgré son « impureté », pour en faire sa maîtresse puis sa femme ? — C'est que, en premier lieu, l'impureté ne compte pas pour Frédange si elle vient d'ailleurs : chez lui comme chez tous les héros thériausiens, l'exogamie exonère : « Moi, dit Méraille, j'étais d'ailleurs et ça ne t'a rien fait qu'ils me passent dessus comme tu dis » (p. 26). L'autre raison de la pseudo-pitié de Frédange, c'est qu'il avait besoin de Méraille pour soigner sa mère, déjà paralytique, et pour en faire sa servante. Méraille devient donc ainsi, en quelque sorte, une anti-mère : la mère exerçait autrefois son autorité sur Frédange à qui elle était, naturellement, inaccessible sur le plan sexuel. Maintenant les rôles sont renversés.

Mais cet « arrangement » ne satisfait pas encore Frédange qui, une fois Méraille installée comme « nounou » de la vieille, prend la poudre d'escampette.

Qu'est-ce qui motive cette fugue (qui durera six ans) ? Il faut en chercher la raison profonde dans ce que Freud appelle le *roman familial* et que Laplace et Pontalis définissent ainsi : « Expression créée par Freud pour désigner des fantasmes par lesquels le sujet modifie imaginairement ses liens avec ses parents (imaginant, par exemple, qu'il est un enfant trouvé). De tels fantasmes trouvent leur fondement dans le complexe d'Oedipe. » [3] Il ne fait aucun doute que Frédange, à l'instar de la plupart des héros thériausiens, se fantasme (et se voudrait) *enfant trouvé* : c'est-à-dire, l'*enfant de personne* : héros parthénogénétique (ou même fruit miraculeux d'une génération spontanée). Il ressemble en cela à Thériault lui-même qui, de souche canadienne-française s'est longtemps prétendu d'ascendance montagnaise [4]. Le nom que

3. *Vocabulaire de la psychanalyse,* PUF, 1967.

4. Sur cette question du *roman familial,* on lira avec profit le beau livre que Marthe Robert vient de publier chez Grasset : *Roman des origines et origines du roman,* 1972.

D'après Marthe Robert, ce fantasme thériausien d'ascendance amérindienne est très fréquent en Amérique du Nord : « Des observations psychanalytiques très abon-

Thériault a donné à son héros (« la vieille, dit Méraille, l'avait nommé Frédange, frère d'ange... tel qu'un ange sur le pays », p. 24), dénote un « refus » de la naissance maternelle. Les premières répliques de la pièce sont révélatrices à ce sujet :

> FRÉDANGE, il entre, un sac au dos, il vient de loin : il regarde la vieille, dépose son sac, fait jouer les muscles du dos.
> MÉRAILLE, elle vient du haut, portant du linge sur les bras tendus : elle s'immobilise, raide, en voyant Frédange.
> FRÉDANGE, dur — Moi.
> MÉRAILLE — Dieu, donc !
> FRÉDANGE, il ricane.
> MÉRAILLE — Ou le diable !
> FRÉDANGE — Je viens de loin. (p. 23)

Le premier mot de ce faux ange : MOI, montre bien l'égocentrisme, le nombrillisme du héros ; de même que sa prétention à être Dieu et/ou le diable témoigne de son ambivalence suraiguë envers lui-même et envers les autres.

S'il veut fuir avec une fougue si panique le souvenir de ses origines véritables, c'est qu'il a été traumatisé dès l'enfance. Rien ne lui a été épargné. Voici d'abord la « scène primitive » :

> T'en souviens-tu (dit-il à sa mère), t'en souviens-tu des jours d'hiver où tu me faisais coucher sur les pentes sous prétexte d'attendre que vienne un chevreau à une chèvre qui en avait encore pour un mois ? Et je voyais entrer quelqu'un ici, et vous buviez du vin jusqu'à minuit sonné et ensuite il n'y avait plus rien. Une nuit que je suis revenu parce qu'il faisait froid, je vous entendais gémir tous les deux dans la chambre... (p. 82)

(On remarquera que ce qui préoccupe Frédange à ce moment-là, c'est le mystère de la génération : il attend que vienne un chevreau... qui ne vient pas : qu'il ne voit donc pas, malgré les paroles maternelles.)

L'incertitude sur l'identité de son père tourmentera aussi Frédange, puisque la « vieille » a forniqué successivement avec plusieurs hommes, si bien que notre héros n'a que des demi-frères et une demi-sœur (d'ailleurs fornicatrice, elle aussi) :

> FRÉDANGE — La vieille n'était pas vieille. Elle était jeune et belle. Elle criait tout le jour. Elle a chassé Valmaire, puis Linette ensuite, puis Prosper. (les enfants). Il n'est plus resté que moi.
> MÉRAILLE — Et ton père ? Tu ne m'as jamais parlé de ton père.

---

dantes mettent en évidence le rôle surprenant que jouent les Indiens dans le « roman familial » des Américains dù Nord, spécialement chez les Canadiens. Là sans doute l'Indien remplace l'aristocrate, qui n'existe pas historiquement. Les « qualités » traditionnelles reconnues à la race aident à la substitution : l'Indien est fier, noble, indomptable comme guerrier, généreux, et c'est le premier maître du pays. Comparé à ceux qui ont exterminé sa race, il peut aisément passer pour appartenir à une essence supérieure et tenir ainsi la place du roi ou du père noble qui est la plus élevée dans le « roman familial » européen. Il est remarquable que Flaubert se trouve une hypothétique aïeule « sauvagesse » qui lui procure une aristocratie plus rare et de sang plus vigoureuse que celle du « noble faubourg », 341, note 1.

FRÉDANGE — Moi, j'en ai eu un...
MÉRAILLE, *pause* — Comme tu dis cela...
FRÉDANGE — Nous avons eu chacun le nôtre... Le premier est parti alors que Valmaire allait naître. (p. 81)

Cette série de traumatismes a eu pour effet de donner à Frédange une indélébile fixation maternelle. A cause de la conduite de la « vieille », il s'est senti diminué, écrasé et il n'a pu ensuite concevoir l'amour que comme une épreuve de force sado-masochique entre dominant(e) et dominé(e). C'est pourquoi il a pu posséder Méraille aussi longtemps qu'il était le plus fort. (Il reconnaît d'ailleurs qu'il a toujours été maladroit en amour : « Je ne savais pas trop bien, moi. Je suis venu sans savoir. J'avais vu les boucs et les chèvres et une fois il est passé une errante que j'ai prise dans le foin de la grange. Ensuite, une de mes cousines (...) Voilà tout ce que je savais », p. 63.) Mais à son retour, lorsqu'il se rend compte que Méraille est devenue forte, qu'elle a des droits sur l'héritage et qu'elle a pris un amant (le Berger), Frédange est à la lettre impuissant (sexuellement) devant elle. Le problème est sans issue puisque, en devenant forte, Méraille devient la mère intouchable. Ce que Frédange aurait souhaité, au fond, c'est que Méraille l' « initie » sur le plan sexuel, comme elle a initié le Berger (de la même manière que, dans les autres domaines, une mère éduque son enfant). Méraille dit du Berger : « Il était gosse quand je l'ai pris » (p. 30).

Malgré son désir inconscient d'être dominé, le sado-masochisme de Frédange ne lui a toutefois pas permis, à son retour, de se présenter « en humilité » devant Méraille : « J'aurais dû venir vraiment seul, libre en humilité devant toi... J'imaginais qu'en criant très fort, cela masquerait le bon sang que je me faisais de toi... (Baisse la tête). Je n'ai jamais su parler, moi » (p. 75). Mais cet aveu, Frédange ne le fait que quand il se sent « vaincu ». Pour lui, à ce moment-là, les jeux sont faits. Il se déclare incapable de « faire du neuf avec tout ce vieux, cet ancien, ce sale et ce mauvais (p. 84), c'est-à-dire avec son enfance et son adolescence oedipiennes qui l'ont marqué à jamais.

La question de l'or, de l'héritage joue un rôle clef dans l'intrigue. Et, naturellement, ce « magot », ce « trésor » est indissociablement lié à la mère. C'est à la nouvelle du « coup de sang » subi par la vieille que Frédange est revenu — pour s'emparer du magot. (« Il y a un bien, il est à moi. Il y a la vieille, je la garde. Il y a le sac et il me revient », p. 33.)

Or ce sac, comment la vieille l'a-t-elle rempli ; comment a-t-elle accumulé son or ? — En forniquant. C'est donc dans son ventre que se trouve (se trouvait sa vraie richesse).

BERGER — Tu parles d'argent. Et pourtant tu dis qu'elle était pauvre quand son homme est mort. Donc, c'est qu'elle a rempli son sac par ses propres besognes, à sa façon. Tu la méprises, elle, mais le sac et son contenu, je ne t'ai pas entendu le mépriser...
FRÉDANGE — Elle a toujours dit, dans ce sac il a ma fortune... (...)
BERGER — Tu dis que tu as pleuré de rage. Tu dis que tu as craché sur des poignées de terre aride. Tu dis que parfois la nuit tu es venu écouter gémir ta mère sous un inconnu qui lui payait de quoi te nourrir... (p. 70).

Dans son livre sur Edgar Allan Poe et en particulier dans son analyse du *Scarabée d'or,* Marie Bonaparte a bien montré que l'origine du trésor caché se trouve toujours dans le ventre de la mère et que, pour la psyché de l'enfant, il s'associe au mystère de la naissance. On se souvient que c'est grâce au scarabée d'or (qui représente aussi l'inquiétude et la fascination) que William Legrand trouve dans le « ventre de la terre » son fabuleux trésor. Poe et son héros Legrand (association par contraste : il faut lire Lepetit) se trouvent donc à rejoindre la mère sur le plan symbolique.

Frédange a moins de chance, car il ne mettra jamais la main sur le magot. Au dénouement, il retourne dans les « ténèbres extérieures », plus pauvre que jamais, après que la vieille, sortant de son immobilité de paralytique — peut-être d'hystérique — le « *touche à la joue* ». Frédange interprète ce geste comme une malédiction, comme un bannissement et « il court dehors, comme un fou, comme s'il fuyait » (p. 85).

(La raison pour laquelle je soupçonne une étiologie hystérique à la paralysie de la vieille, c'est qu'elle se produit mystérieusement et subitement à l'époque de la puberté de Frédange, au moment où la mère se trouve enfin seule avec son petit dernier. Pour protéger la pureté de son angélique rejeton, la vieille aurait eu recours à une insensibilisation, un anéantissement symbolique de son corps.)

Est-il besoin de souligner que *Frédange* se conforme parfaitement à la thématique fondamentale des romans de Thériault, telle que je l'ai exposé dans *Une littérature en ébullition ?*

> 1. *Un(e) Enfant offense (fait mourir) un Parent (du même sexe) par lequel il se sent lésé (privé de son droit à l'amour) ;*
> 2. *En retour l'Enfant subit une épreuve (un châtiment) mutilatoire.*
>
> Dans cette formule Enfant et Parent (avec des majuscules) peuvent aussi bien désigner un enfant (et un parent) symboliques que réels. Les expressions entre parenthèses expriment une tendance plutôt qu'une règle (p. 124).

1. Frédange offense sa mère par son départ, en la laissant seule et impotente aux soins de Méraille. Il serait facile de démontrer que, sans être mortelle, l'« offense » de Frédange est mutilatoire d'intention : dans son inconscient, notre frère d'ange se sent responsable de la paralysie maternelle, car il a sûrement souhaité que la « vieille » cesse de faire l'amour avec ses multiples amants : qu'elle reste, par conséquent, « tranquille ». D'autre part, comme le fils souhaitait déjà à cette époque le magot, il avait partie liée avec les fornicateurs... On voit à quel point son complexe est complexe.

2. La punition de Frédange, c'est qu'il devient, à toute fin pratique, impuissant (comme l'est le dompteur d'ours, à qui il ressemble par son développement musculaire). Il subit donc une castration symbolique. Il est également châtié parce que c'est une femme — une méraille putain comme sa mère — qui héritera du sac au trésor.

Le lecteur d'*Une littérature en ébullition* se souviendra que j'ai divisé les romans thériausiens en deux catégories : 1. ceux où l'Enfant triomphe (comme dans Agaguk) ; 2. ceux où l'Enfant est vaincu (comme dans *Cul-de-sac).*

On pourrait sans doute répartir les pièces de théâtre en deux versants analogues.

Dans cette optique, peut-on dire que *Frédange* présente la défaite, l'écrasement absolus et sans rémission de l'Enfant ? Oui d'après le contenu manifeste ; non si l'on analyse le contenu latent. En d'autres termes : oui, si l'on se limite au personnage de Frédange ; non, si l'on tient compte du Berger.

Le Berger est en effet ce que j'appellerai le « double lumineux » de Frédange. Charles Mauron a montré, dans l'article déjà cité (voir note 2), que le héros hugolien a presque toujours un « double sombre », antithétique (exemple : Quasimodo et Claude Frollo dans *Notre-Dame de Paris).* Il est évident que si on considère que Frédange est le héros, il y a, naturellement, défaite. Mais il est non moins évident que le triomphateur, le Berger, est celui que Frédange aurait voulu être : son fantasme lumineux (dont l'apparition s'associe d'ailleurs toujours à la lumière, p. 56, 79, etc.).

Comme son surnom l'indique, Frédange, répétons-le, se voudrait l'enfant trouvé par excellence, le *self-made child,* si l'on veut [5]. Or, c'est le Berger qui vient réellement de loin (c'est-à-dire de nulle part), qui ne fait jamais mention de ses parents et qui se fait initier à la sexualité par la mère symbolique. Pour que son triomphe soit complet, il faut, naturellement, que l'Enfant (l'adolescent) se libère (grâce à l'indulgence, à la compréhension maternelle) de sa culpabilité oedipienne. C'est ce qui arrive au Berger. Il commet un acte vaguement incestueux puisqu'il fait l'amour avec Linette, la sœur de Frédange. (Comme le Berger a pris la place de ce dernier auprès de Méraille, il est donc son beau-frère, voire son frère symbolique : c'est dire que nous avons affaire à un coït incestueux par dérivations successives.) Or, Méraille lui pardonne sans difficulté aucune cette « incartade » qui a d'ailleurs été provoquée et machinée par Linette et non par le Berger.

> BERGER, il se met le visage entre les mains.
> MÉRAILLE — Il ne faut rien dire. Rien. Nous sommes seuls de nouveau. (Un temps). Je t'ai vu avec elle, dehors... dans le noir... Mais le noir est resté noir. Tu n'apportais pas ta lumière... celle que tu me donnes... (Montre la chambre). Pourtant, quand tu es là, avec moi...
> BERGER, il dégage lentement vers la chambre. Pousse la porte.
> MÉRAILLE — Je viens, Berger... je viens... (p. 86).

C'est surtout à cause de cette variation intéressante et de ce nouvel exemple de scission de l'Enfant dans la thématique thériausienne que je me suis arrêté si longuement à *Frédange.*

En soi, la pièce me paraît de second ordre et ne mérite pas une si longue analyse. Comme la *Fille laide,* elle abonde en longs discours vaseux où

5. C'est aussi, naturellement, le désir inconscient de Thériault. Après l'avoir longuement interviewé, Renald Bérubé déclare que notre romancier « comme bien d'autres Québécois de sa génération (a) *le sentiment de s'être fait lui-même » (Textes et Documents,* Leméac, 1969, p. 12). C'est moi qui souligne.

Thériault, encore peu sûr de son métier, patauge d'une façon lamentable (voir en particulier, p. 26, 57). Comme *la Fille laide* encore et, à un moindre degré, *le Dompteur,* c'est son contenu latent qui rachète *Frédange* (dans les deux sens). Mais le contenu latent ne saurait, à lui seul, constituer une réussite littéraire...

La Guerre, yes Sir! *de Roch Carrier*

par Normand LEROUX,

professeur à l'Université de Montréal

La Guerre, yes Sir ! ce fut d'abord un roman. Marcel Dubé, grand admirateur de Carrier, devait en assurer l'adaptation pour la scène, mais, à la suite de circonstances difficiles à préciser, il renonça à son projet [1]. La direction du Théâtre du Nouveau Monde, qui avait déjà inscrit l'œuvre à son programme, pria l'auteur de *Floralie où es-tu ?* d'effectuer lui-même ce travail [2]. On était au printemps de 1969, et le 19 novembre 1970 — coïncidence curieuse : le Québec vivait alors sous la loi des mesures de guerre — la pièce fut créée au Port-Royal de la Place des Arts à Montréal.

A vrai dire, et de l'aveu même de l'auteur [3], il ne subsiste dans l'œuvre dramatique que peu d'éléments de l'œuvre romanesque. Carrier en a, heureusement, conservé le titre qui a certainement, par sa cadence marquée, son emphase toute martiale et son exclamation bien anglaise, exercé un irrésistible attrait pour les spectateurs. Les « événements d'octobre 1970 » ne furent probablement pas étrangers au succès de *La Guerre, yes Sir !* Il y avait là, dans ce titre choc, les confuses promesses d'une agression à brève échéance, susceptibles d'attirer alors un grand nombre de Québécois [4].

D'autre part, parce qu'il retient l'idée directrice du récit initial, — la guerre sera au centre du discours scénique comme elle était au centre du discours romanesque —, l'essentielle qualité de ce titre me semble résider, avant tout, dans son aspect très fonctionnel. En somme, c'est un titre qui renferme l'action et qui la résume. Ces deux termes — « la Guerre — l'An-

1. Voir à ce sujet *La Presse* du 21 novembre 1970.
2. Voir à ce sujet *La Patrie* du 29 novembre 1970.
3. Dans une interview accordée à un journaliste du *Devoir*, le 19 novembre 1970, Carrier déclarait : « (...) j'ai dû transformer tant de choses du texte original qu'il s'agit en fait d'une œuvre nouvelle, d'une création ».
4. Selon les archives du TNM, 20,062 spectateurs ont vu *La Guerre, yes Sir !* ; pour la saison 1970-71, la moyenne d'assistance fut d'environ 17,000.

glais » — forment les deux axes autour desquels s'articule la très mince fable, laquelle, en dépit des inévitables transformations que nécessite le changement de « medium », est quasiment identique à celle du roman. Au reste, Carrier le reconnaît : «(...) l'histoire reste toujours la même : il s'agit toujours d'une veillée au mort chez les Corriveau » [5].

La Guerre, yes Sir !, c'est l'histoire d'un petit village, perdu dans la neige, et qui attend, de la lointaine Angleterre, le retour d'un des siens mort à la guerre : le jeune Corriveau *(1re partie)*. Porté par quatre soldats anglais, le cercueil de Corriveau arrive. Le village s'apprête à « veiller au corps » (au sens propre et au sens figuré : c'est *son* bien) i.e. à réciter des patenôtres, à s'empiffrer, à boire, à rire et à pleurer *(2e partie)*. Les soldats anglais boutent hors de la maison des parents de Corriveau des Canadiens français dont la conduite, irrespectueuse, les scandalise et les irrite. La bagarre éclate. Accidentellement, un Anglais est tué, que ses camarades d'armes « veillent » à leur tour *(3e partie)*. Le village enterre *son* mort ; les Anglais enterrent le leur *(4e partie et fin)*.

Il m'apparaît significatif — et la précédente analyse le confirme — que Roch Carrier, pour parler de sa pièce, utilise le mot « histoire », et ce, pour la bonne raison qu'on ne saurait déceler une véritable intrigue dans *La Guerre, yes Sir !* Il y a bien évidemment des tensions, mais pas de relation de crise au sens classique du terme. A une rigoureuse forme *dramatique*, Roch Carrier a préféré une certaine forme *narrative*, la seule, à mon sens, qui convînt à la transposition scénique du récit original et qui n'est pas sans rappeler quelque peu la technique brechtienne. La minceur même de l'argument commandait une structure ouverte à toutes les combinaisons signifiantes possibles.

Comme chez Brecht [6], les scènes de *La Guerre, yes Sir !* se succèdent et se greffent les unes aux autres de façon en apparence inorganique ; des chansons viennent d'ailleurs, sinon briser la continuité de l'action, du moins marquer parfois un effet de contraste entre leurs paroles et la situation. Certaines scènes pourraient, à la limite, former des « pièces détachées » à la Michel Tremblay. Le lien qui les unit n'obéit à aucune nécessité dramatique, en ce sens qu'elles ne font nullement progresser l'action, mais donnent l'impression, voulue sans doute, de la retarder. C'est que le dénouement a moins d'importance que le déroulement.

Située dans un espace et un temps bien précis, l'action se déroule effectivement comme une chronique, la chronique d'un petit village québécois dont la vie est bouleversée par la guerre.

La première scène du spectacle se passe, la nuit, sur le champ de bataille. On y aperçoit « seul, debout, un simple soldat (qui) attend, fait le guet, en sifflant l'air *Un Canadien errant* pendant qu'au loin il y a les éclairs et les bruits de la guerre. Il questionne du regard le mystère de cette guerre. » [7]

---

5. Cf. *Le Devoir* du 19 novembre 1970.

6. Voilà pourquoi j'estime, contrairement au critique Dassylva (cf. *La Presse*, 25 novembre 1970), que la mise en scène d'Albert Millaire constituait une bonne lecture de la pièce, précisément parce qu'elle était « brechtienne ».

7. Roch CARRIER, *La Guerre, yes Sir !*, pièce en quatre parties, Editions du Jour, Montréal, 1970, p. 11.

Pour les villageois, la guerre est aussi chose mystérieuse, et toute la pièce donnera à voir les réactions des personnages face à ce problème nouveau et d'autant plus incompréhensible que cela se passe très loin, en Angleterre :

> C'est au bout du monde. Pense le plus loin que tu peux : c'est là l'Angleterre. On peut même pas aller là en train [8].

Un certain nombre d'habitants du petit village auront accepté de participer à cette guerre lointaine, quelques-uns, il est vrai, à reculons comme Napoléon car « il n'a pas envie de se faire tuer par un gars qu'il ne connaît pas » [9]. D'autres, pour éviter d'aller faire « leur » guerre préfèrent, à l'exemple de Joseph, se mutiler. « La guerre, c'est pire qu'un chien qui vous dévore le bras », alors aussi bien se couper la main gauche, pas la droite « parce que c'est la plus forte et qu'elle aime bien caresser la créature » [10]. Afin de libérer une agressivité souvent incontrôlable et d'oublier son malheur d'orphelin, Bérubé s'est jeté, lui aussi, dans la mêlée, mais il n'aura pas la chance de tuer beaucoup d'Allemands : de crainte qu'il ne fasse trop de ravages, et qu'il ne devienne général — « un général canadien-français ça ne se fait pas » [11] — les majors (anglais) l'ont nommé laveur-en-chef des toilettes à la base de Gander, à Terre-Neuve.

Philibert, pour sa part, se meurt d'envie d'aller aussi loin que Corriveau, peut-être, — car il est en train de devenir homme —, avec le secret désir de violer des femmes comme le font, paraît-il, les Allemands.

Henri a vu la guerre et il a déserté :

> J'sais ce que c'est, la guerre. J'ai vu des bombardements. J'ai passé des nuits dans la vase, comme couché entre le tonnerre et les éclairs. Quand on se réveillait, on se pensait mort. J'veux plus voir ça [12].

Cette expérience l'a rendu philosophe et en a fait une sorte de « hippie » anachronique : « J'aime mieux faire l'amour que faire la guerre. » [13] Il accepte même de partager les faveurs d'Amélie, sa femme, avec Arthur, le réfractaire, qui a profité de son absence pour se glisser dans son lit.

A l'affreuse loterie de la guerre, Amélie aura gagné deux maris ; Bérubé, une femme, une Anglaise. On peut donc profiter de la guerre comme le dit Arsène, qui exerce les métiers de boucher et de fossoyeur : « Dans la guerre, y a pas seulement du mal. Y a aussi du bon. Si y avait pas la guerre, j'aurais pas vendu mon cochon [pour la veillée au corps], j'aurais pas creusé la fosse de Corriveau. (...) Si y avait pas la guerre, j'aurais pas eu cet argent-là. » [14]

Mais si la guerre semble maléfique aux uns, bénéfique aux autres, si elle suggère des conduites et des réactions diverses, elle pose des questions qui n'amènent pas nécessairement de réponse satisfaisante. Ou alors ce sont des réponses surprenantes comme l'apparition, à moitié nue, au beau milieu « de la

8. *Ibid.*, p. 46.
9. *Ibid.*, p. 12.
10. *Ibid.*, p. 16.
11. *Ibid.*, p. 18.
12. *Ibid.*, p. 39.
13. *Ibid.*, p. 43.
14. *Ibid.*, p. 32.

veillée au corps », de Molly la prostituée anglaise, ou terrifiantes comme l'apparition de la petite Esmalda Corriveau, la religieuse.

Ces réponses, inquiétantes pour le moins, sont données par Le Maigre :

> Pour qu'i' en ait qui vivent, i' faut qu'i' en ait qui meurent. C'est pas juste [15].
>
> La vie c'est ça : y a des gros et des petits. Les Allemands sont des gros. Corriveau était un petit. Les gros écrasent les petits. Les Anglais sont des gros. Alors, i' essaient d'écraser les petits Canadiens français. Les gros, moi, je leur chie dessus. I' sont tous semblables et je leur chie dessus. Les Allemands, les Anglais, les Français, les Japons, les Russes, i' sont des gros. I' sont si semblables qu'i' doivent porter des costumes différents pour se distinguer avant de se tuer.
>
> I' sont gros et i' écrasent les petits comme notre Corriveau. Je chie sur tous les gros, mais pas sur le bon Dieu parce qu'i' est encore plus gros qu'un gros. Je pense que la guerre, c'est la guerre des gros contre les petits. Corriveau est mort. Les petits crèvent. Les gros sont éternels [16].

La grande question, et son cortège de sous-questions, se trouve ainsi posée. S'il y avait un Bon Dieu, aurait-il permis la guerre ? Le Bon Dieu des protestants, est-ce le bon « Bon Dieu » ? Le Bon Dieu aime-t-il les petits soldats canadiens-français ? Les bombes allemandes lavent-elles leurs péchés ? Le paradis, c'est quoi ? De belles fesses ? Le curé a-t-il raison de prétendre qu'une mère ne devient réellement mère que lorsque ses enfants naissent à la vie céleste ? La guerre est-elle anglaise : les fusils ne se bouchent-ils pas lorsqu'on tire en anglais ? Les soldats anglais sont-ils de vrais Anglais ? Leur « petite chose » ressemble-t-elle à celles des Canadiens français ? Si l'on peut faire la guerre en anglais, pourquoi ne peut-on pas faire l'amour en anglais ?

La seule certitude, les habitants du village la découvriront au même moment : la Guerre n'est plus lointaine, elle s'est rapprochée d'eux :

> La guerre, je pensais qu'elle était loin. Elle est moins loin qu'on pense. Elle a frappé icitte, au village [17].

Paradoxalement, c'est la parole qui les amènera à cette prise de conscience collective [18]. Grands parleurs, mais non beaux parleurs, les personnages de *La Guerre, yes Sir !* ne cessent de discuter, de débattre des problèmes, de palabrer, de se raconter des histoires. On parle beaucoup plus que l'on agit. Le langage est vert, savoureux, naturel et souvent ponctué, chez les hommes, de jurons. Par contraste, le langage de la petite religieuse, Esmalda, est aussi empesé que celui du curé est compassé. Pour les villageois, ce langage n'est pas plus intelligible que celui des soldats anglais ou que celui des prières qu'ils estropient allégrement.

---

15. *Ibid.*, p. 32.
16. *Ibid.*, p. 31.
17. *Ibid.*, p. 138.
18. Dans la production du TNM, le dispositif scénique de Marc Negin, avec ses décors « simultanés », contribuait justement à souligner l'aspect « unanimiste » de la pièce. D'autre part, les couleurs dominantes (le rouge, le noir, le blanc) du décor, des costumes ne masquaient pas l'œuvre, mais au contraire l'éclairaient davantage : le blanc (la neige, les éléments naturels), le rouge (la guerre, le sang), le noir (la noirceur des années '40 au Québec).

> Que le Seigneur des fidèles défont les lunes en paix dans la lumière du paradis. ...
>
> Je vous salue Marie, pleine et grasse, le Seigneur avez-vous et Bénidict et toutes les femmes et le fruit de vos entailles, Albanie... [19]

Cependant, malgré les lieux communs qu'il contient, les syllogismes boiteux qu'il énonce et les vérités premières qu'il exprime, le langage de *La Guerre, yes Sir !*, dans son humour même, a une fonction démystifiante et pacificatrice : les habitants du petit village québécois finissent, eux, par s'entendre.

19. *La Guerre, yes Sir !*, p. 52.

Le destin tragique de l'homme dans L'Exécution *de Marie-Claire Blais*

par Marie O'Neill Karch,
professeur au collège Saint-Michel, Université de Toronto

Pierre-Paul Karch,
professeur au collège Glendon, Université York

Le 15 mars 1968, le théâtre du Rideau Vert présentait *L'Exécution* de Marie-Claire Blais. La critique accueillit cette pièce en deux actes avec politesse, car l'auteur jouissait de la célébrité que lui avait assurée le prix Médicis reçu trois ans plus tôt, mais sans enthousiasme, ne voyant qu'une transposition sur la scène du monde romanesque de l'auteur. Pourtant *L'Exécution* est une œuvre capitale dans l'histoire du théâtre canadien : c'était la première fois qu'un dramaturge canadien-français réussissait à créer des personnages à la stature, mais non à l'imitation, des mythes anciens. Les adolescents de Marie-Claire Blais sont gigantesques car ils incarnent toute la vitalité de la jeunesse, mais, ce qui est plus important, ils subissent un vieillissement soudain au contact immédiat et total qu'ils prennent avec la réalité. L'auteur a admirablement bien capté l'instant fugitif durant lequel l'adolescent devient homme, durant lequel l'individu choisit librement encore ce qu'il ne sera bientôt plus maître de changer : sa destinée.

L'étude des personnages de cette œuvre révèle que Marie-Claire Blais a atteint une profondeur que l'on ne retrouve pas toujours dans ses romans qui pourtant, à cause de plusieurs moyens d'analyse de soi-même tels que les lettres, les journaux et les écrits intimes, se prêtent mieux à l'introspection qu'une pièce de théâtre. Chaque personnage de *L'Exécution* dépasse l'intrigue relativement simple (un meurtre collectif dans un collège) et sa présence s'impose à nous jusqu'à nous pousser à le faire vivre en dehors des limites de l'œuvre. Le temps qui précède l'action de la pièce est évoqué brièvement et ne nous touche pas de près mais le temps qui suit la dernière réplique est un temps que nous continuons, que les personnages continuent au-delà du deuxième acte à la fin duquel l'auteur laisse ses personnages en action et non figés dans une pose définitive.

Beau, populaire, intelligent, Louis Kent n'en demeure pas moins un monstre et cela dès avant la première scène où il se déclare à ses intimes avant de se manifester à tous. De façon froide et machiavélique, il dirige le « mécanisme de l'horreur » (p. 47) sans lui-même poser le moindre geste. Au moment où le rideau se lève, Kent lit la définition du mot « sort » ; c'est sur le dictionnaire que retombe, pour ainsi dire, la responsabilité du moyen pris pour choisir la victime puisque Kent ne fait que lire ce qu'il a sous les yeux. Il agira toujours de la sorte, par personnes ou, comme ici, par objets interposés.

Il pense, il tire des plans et les soumet à ses disciples qui s'empressent d'exécuter ce que leur inspire ce mauvais génie. Les ordres qu'il donne n'engagent en rien la liberté de ceux qui lui obéissent et portent ordinairement sur des points de moindre importance : il voit à ce qu'on les respecte et à ce qu'on n'oublie pas qu'il est le chef (« Toi, ne parle pas. Tu es à peine réveillé. Ecris, plutôt ! » p. 9). Il impose sa loi qu'il modifie selon ses humeurs mais qui repose sur un principe immuable : l'obéissance lucide. Il veut que Stéphane se rende bien compte des suites du crime qu'il se prépare à commettre. Il réclame comme sien le crime qu'il inspire (« ... mon geste et moi », p. 18) et abandonne les remords à Stéphane qui pose le geste consciemment et délibérément (« C'est toi qui as la responsabilité d'Eric, pas moi... » p. 24). Aussi, le geste criminel ne se fait-il pas alors que tous les esprits sont échauffés, au moment où Eric crie : « Laissez-moi ! » (p. 41), mais après un moment de détente alors que tout semble être rentré dans l'ordre.

Louis Kent ne révèle de son caractère que sa méchanceté (Ah ! Oui, très méchant » p. 12) ; c'est à la fois beaucoup et bien peu. Il ne laisse rien connaître de ses mobiles ; il n'a aucun lien sentimental ; sa famille ne compte pour rien dans sa vie ; il n'a aucune faiblesse apparente ; il est inattaquable et ainsi échappe à toute emprise. Puisqu'il n'agit pas, on ne peut le juger sur ses actes ; seul son style nous dit ce qu'est l'homme. Mais voilà, Kent a tous les styles ; autant dire qu'il n'en a aucun. Insaisissable Protée, il se déguise sous le style de tous sans vraiment en adopter un assez longtemps pour se laisser identifier. Au début, il se cache derrière une définition du dictionnaire ; plus tard Stéphane rappelle : « Je me souviens, l'an dernier, tu marchais sur la scène, tu jouais *tour à tour* Oedipe et Créon... » (p. 26, l'italique est de nous) ; après le meurtre, Kent écrit, pour sa propre édification, le journal de son crime et parodie l'épisode qui précède l'arrestation du Christ à Gethsémani : « C'est l'heure de la *récréation* et vous dormez ! » (p. 43, voir St Matthieu, 26, 36-46) ; devant sa mère, il prend le vers célèbre de Racine : « Le jour n'est pas plus pur que le fond de mon cœur » (*Phèdre,* IV, ii), et en fait : « Je suis transparent comme la lumière du jour » (p. 81) ; mais sa transparence, pour être vraie, n'a rien de l'innocence d'Hippolyte ; et, à la fin, Stéphane, dans son rêve, se rappelle d'avoir entendu citer Nietzsche. En imitant le style d'un autre ou en le citant directement, Kent cache ce qu'il est vraiment et joue un nombre infini de personnages qu'il peut regarder comme étant extérieurs à lui.

Rien ne l'empêche cependant de lire dans le fond de l'âme de ses compagnons, de ressortir toutes les petites saletés qu'il y trouve et de les leur jeter à la face. Il accuse justement Stéphane d'hypocrisie (« Quel joli hypocrite tu fais... » p. 12) ; il met à jour l'inceste latent de Stéphane et d'Hélène (« Tu ne m'avais jamais dit combien tu aimais ta sœur... » p. 54) ; il prédit les réactions des élèves, du supérieur et de tout le monde. C'est qu'il connaît les hommes d'une science millénaire. Il va même jusqu'à faire des prévisions météorologiques et, certain de ne pas se tromper, il fait entrer dans ses calculs l'intensité d'une chute de neige (« Il va encore beaucoup neiger », p. 23). Un étudiant de dix-huit ans, même surdoué, ne peut pas avoir une connaissance aussi exacte des hommes et des choses.

Pouvant prédire les réactions de tous, il peut agir de manière à toujours s'assurer l'appui des autres. Nul besoin de cacher ses plans ; nul besoin de mentir. De fait, il n'a qu'un seul besoin : celui de savoir qu'il peut semer l'effroi. Avant de voir mourir Eric, il lui fait sentir sa mort et il s'arrête net pour se donner le temps de savourer sur la figure de sa victime la panique qu'il a semée. Même manège avec sa mère (« Je t'ai fait peur, n'est-ce pas ? » (p. 79). Il se délecte dans la contemplation du mal qu'il fait ; Kent est un sadique cérébral qui torture les âmes de préférence aux corps. La mort d'Eric ne l'intéresse pas ; ce qui le passionne, ce sont les tourments de Stéphane.

Kent est ce qu'il était enfant (Stéphane : « Je t'ai connu ainsi quand tu étais enfant, tyrannique, désabusé et dur, et tu n'as pas changé », p. 56 ; Kent : « Tu n'aimes pas que je te taquine comme autrefois ? » p. 79). Il ne subit aucune transformation durant la pièce et rien ne laisse entendre qu'il évoluera. Il est constant et c'est ce qu'il y a de plus effrayant chez lui car on sent que rien ne peut le changer. Ce corps de chair dissimule un monstre de glace. Kent c'est, incarné, l'enfer de Dante et c'est ce qui fait de lui la création la plus forte de Marie-Claire Blais.

Ame damnée de Kent, Stéphane est le personnage le plus tragique de la pièce. Intelligent, sensible à la beauté, sentimental, capable de grande pitié, bien intentionné (il s'apprête à exécuter les méchants de la terre...), porté vers la grandeur, il possède toutes les qualités qui auraient pu faire de lui un héros. Mais, à cause de son manque de volonté, toutes ces qualités le desserviront. Sa vie est l'histoire d'une descente et *L'Exécution* raconte ses derniers pas.

Dès ses premières paroles, Stéphane se révèle un étudiant à qui de nombreuses lectures ont donné le goût du romanesque. Blasé, assoiffé d'infini, il voit dans l'ennui qu'il éprouve une raison suffisante pour commettre un geste marquant, ce geste dût-il être criminel. Cependant, il sent le besoin de faire un crime louable ; il veut « tuer quelqu'un de coupable. Un prêtre jugé pour sa conduite scandaleuse, un camarade accablé de vices... » (p. 11). Mais il ne bénéficiera pas d'une telle justification. En choisissant sa victime au sort, il accepte de tuer n'importe qui ; il devient un tueur sans gages et sans idéal. Il essaie vainement de faire observer les règles du jeu à Kent qui, sans consulter ses complices, modifie les plans selon sa fantaisie. Au lieu de céder aux instances de Stéphane, Kent lui dit ses vérités :

> Quel hypocrite tu fais avec ta piété ! Tu es un sentimental. Meurtrier ou non, tu es toujours le même garçon ! Tu soignes ta culpabilité, tu apaises ta propre colère en demandant le secours de Dieu. Quelle honte !... (p. 12)

C'est ce que fera Stéphane jusqu'à la mort d'Eric.

Une telle attitude ne s'explique que par la qualité de la relation qui s'est établie de longue date entre Stéphane et Kent. L'admiration, que l'intelligence de Kent lui inspire, donna naissance à leur « amitié particulière » qui fait sa large part à l'attrait physique. Kent, quoique demeurant toujours détaché, est devenu une habitude de Stéphane qui, avec le temps, a soumis sa personnalité à la sienne, a abandonné ses goûts pour la lecture et la poésie, s'est mis par son attachement exclusif dans l'impossibilité de se faire d'autres amitiés et a fait tant et si bien que, s'il venait à vouloir rompre, Kent pourrait le lui faire regretter amèrement. Lorsque l'action commence, Stéphane s'est déjà trop engagé pour pouvoir reculer devant les désirs de Kent et, quoique toujours libre, il est trop conditionné par des années de servitude pour désirer vraiment se libérer des chaînes dont le poids immense se fait sentir tout à coup.

Son esprit, tout autant que ses sens, a été déréglé par son contact avec Kent. Le sentiment qu'il a de sa supériorité, au lieu de le pousser à accomplir de grands exploits, ne satisfait que son amour-propre. Il prétend avoir renoncé à son orgueil (« J'étais orgueilleux et fort, me voici servile », p. 27) mais il ne cesse d'espérer réaliser le « grand rêve nietzschéen » (p. 22) que Kent avait fait pour lui. Il subit la tentation du surhomme qui, de tout temps, soit avant soit après Nietzsche a fait des monstres de ceux qui par force ou par hasard ont saisi le pouvoir. Stéphane n'échappe pas à la règle : « Je vous présente un prince sanguinaire » (p. 69), dit Kent en parlant de Stéphane. Sûr au début de pouvoir tuer un coupable, il sent que dans un avenir prochain il sera capable de tuer un innocent : « Je n'aurais pas honte d'enlever la vie à un garçon barbare comme toi ou moi ni à l'un de ces nombreux êtres médiocres qui nous entourent, mais ne me demande pas de tuer un innocent comme celui-là, cela je ne peux pas le faire encore » (p. 16). Kent ne lui permettra pas d'entrer dans le crime graduellement ; il devra y plonger et Stéphane se surprend lui-même lorsqu'en tuant Eric il se rend compte à quel degré de corruption il a atteint (« *Très vite et un peu à sa propre surprise, Stéphane frappe Eric à la nuque* », p. 42).

Après son crime, Stéphane, tel Oreste poursuivi par les Erynnies, sombre dans « les abîmes du rêve ». Jusqu'à la fin de la pièce, il repose sans cesse le même geste meurtrier, chaque fois avec une nouvelle variante : il commence par se dire impliqué indirectement dans le meurtre d'Eric auquel il a assisté sans agir ni protester :

> Christian Ambre, réveille-toi ! Tu es un monstre ! J'étais debout près de toi, immobile, terrifié, paralysé de honte. Tu as dit : « Il n'est pas mort, tuons-le. » Et un coup... Deux coups... Incontrôlablement tu

> l'as frappé sur la tête et le sang coulait sur la neige, j'étais là, je n'ai rien fait. Je t'ai regardé. Encore une fois, je n'ai rien dit (p. 46) ;

il passe ensuite à un autre subterfuge qui est de rejeter tout le blâme sur Kent (« Toi seul, Louis Kent. Le vrai meurtrier c'est toi. Tu es responsable de tout. » p. 47) ; mais il fait bientôt face à la réalité (« C'est à nous que tu laisses la culpabilité et la peur », p. 47) ; et, à la fin, le « me » qui remplace le « nous » indique qu'il prend sur lui toute la responsabilité (« Cela ne m'a pas empêché de tuer Eric », p. 53).

Stéphane tue Eric à tout instant : « Mais vous ne comprenez donc pas que j'ai tué Eric plusieurs fois ? » (p. 104). Mais dans ses rêves, il essaie de se racheter : au lieu de tuer Eric, il retrouve son cartable. Ce cartable « vide » (p. 112) est cependant le cadavre de sa victime qu'il a déposé près du cimetière. Dans le même rêve, Stéphane revoit la scène du début où il tenta une dernière fois de sauver Eric de sa mort prochaine (« Eric, écoute-moi, je n'ai pas eu le temps de te dire », p. 117). Il soigne encore sa culpabilité ; plutôt que de se revoir poser le geste meurtrier, il répète les avertissements qui atténuent le mal qu'il a fait : « Réveille-toi, Eric. Ouvre les yeux. Tu ne te rends donc pas compte que... » (p. 34). Il essaie de se donner bonne conscience mais sans succès. Suit une série de confessions : à sa sœur (« Tu ne comprends donc pas que je suis vraiment coupable cette fois ? » p. 85) ; au supérieur (« Je vais me dénoncer au Supérieur dans quelques minutes », p. 90) ; aux autorités (« Confesser mon crime n'a pas suffi. On ne me croit pas entièrement », p. 93) ; et enfin à ses compagnons de cellule en prison (« Puisque je vous répète que je suis coupable. » p. 104).

Ces confessions ne lui apportent que le désespoir puisqu'on ne l'écoute pas et qu'elles n'empêcheront pas les autres exécutions d'Eric (« ... tu mourras encore, Eric ! » p. 118). La présomption du début fait place au désespoir de la fin (« Mais il n'y a plus d'espérance maintenant. Il ne me reste plus rien », p. 84). Il ne quitte jamais le royaume de l'orgueil, tantôt se croyant supérieur aux lois, tantôt se croyant trop vil pour obtenir le pardon ; il évolue mais à l'intérieur de son monde clos. Il se croyait meilleur qu'il ne l'était et fut pire qu'il ne l'aurait cru. C'est ce qui fait de lui le personnage le plus humain de la pièce. C'est peut-être ce qui nous irrite le plus en lui ; c'est certainement ce qui lui vaut notre sympathie.

Moins humain mais non moins réel, le groupe anonyme des élèves qui n'existe qu'en tant que collectivité et dont la voix est celle de la servitude (Elève III : « Je t'ai obéi », p. 67 ; Elève VI : « J'ai senti ta main qui dirigeait la mienne », p. 67 ; Elève I : « Ce que le président de la classe décide est aussi notre décision », p. 70) ; de la foule hystérique (Kent : « Tu as l'hystérie des autres avec toi », p. 70) ; de l'animal sanguinaire (Elève IV : « Fusillé à l'aube... » ; Elève VI : « Crucifié sur les murs du collège... » ; Elève I : « Assassiné à coups de pierre ! », p. 66) ; et de la perversité (Elève IV : « Stéphane est parti. Me permettrais-tu de le remplacer auprès de toi ? [*A voix basse*] M'accepterais-tu comme ami ? » p. 101). Il a la pensée du président de la classe qui lui dicte son comportement (Kent : « Applaudissez ! Faites ce que je vous dis ! » p. 69). Sa paresse intellectuelle lui enlève tout sens critique et lui fait choisir le parti du moindre effort. Il accepte la culpabilité du meurtre d'Eric parce que Kent l'en accuse. José y met du temps, mais il se fait peu à peu au « jeu fantastique » (p. 65) et finit par s'accommoder de la réalité : « Mort, je te dis. Tué à coups de pelle, meurtri, assassiné... » (p. 65).

Par jeu, par folie ou par instinct mauvais, les élèves se chargent du meurtre d'Eric (Elève I : « C'est moi qui ai tout fait », p. 66 ; Elève II : « J'étais en colère », p. 67 ; Elève III : « Kent, c'est toi qui m'as aidé... Je t'ai obéi... » p. 67) ; réduisent au silence Lancelot qui complique les choses (« Mes amis, prenez garde, Kent veut faire de vous ses complices, une menace plane au-dessus de vos têtes... » p. 63) ; applaudissent en Stéphane l'assassin (« Stéphane, Bravo, Stéphane ! » p. 69) ; s'habituent très facilement au crime ; cherchent déjà d'autres victimes (« Nous pouvons choisir une autre victime, maintenant », p. 70) ; et optent pour d'Argenteuil qui, comme Lancelot, mourra victime de l'opinion publique qui forme le bilan des idées reçues. Les élèves rappellent les Bacchantes d'Euripide qui tuèrent inconsciemment Penthée qui refusait de croire aux pouvoirs de Dionysos. Des élèves dont l'identité se réduit à un chiffre se détachent quelques individus dont Christian Ambre au premier acte, Lancelot et d'Argenteuil au second.

Christian Ambre ressemble à un gros chat paresseux que le sang répandu n'empêche pas de dormir (Kent : « Regarde ce brave gros garçon. Christian Ambre. Christian Ombre. Ton ombre et la mienne Stéphane. Et il dort. Je parie qu'il ne se souvient même plus... Ce sont des gens comme lui que je rêve de faire disparaître de la terre : ceux qui dorment », p. 47). Il est lent sans être niais ; il n'est pas la dupe de Kent mais il demeure toutefois sa chose. Au début de l'interrogatoire d'Eric, il demeure presque silencieux mais lorsque le moment du meurtre approche, il entre dans le jeu et ses insinuations (« Il a rougi de honte, voyez ! » p. 35) et les indices qu'il donne à Eric (« Il n'y a plus qu'une solution, te rayer de la liste. Effacer ton nom. » p. 37 ; « La liste des élèves, voyons !... La liste des vivants, c'est simple », p. 38) ; montrent qu'il jouit avec une méchanceté incroyable du crime à venir. L'exécution d'Eric a dû beaucoup le décevoir par sa simplicité et par sa propreté car cet abruti a le goût du sang qu'il satisfait en faisant jaillir sur lui le sang du cadavre d'Eric qu'il frappe sadiquement et inutilement. Après la première scène, Christian joue le rôle d'un figurant ; son geste absurde lui a valu sa disgrâce auprès de Kent qui pense déjà lui trouver un successeur :

> Tu as mangé ce soir sans remords, Christian Ambre. Tu es repu après le festin. Mais moi je ne suis pas encore satisfait, je ne le serai ni ce soir ni demain. Quelqu'un m'attend quelque part. Quelqu'un rêve de se soumettre à moi. De m'obéir. La soumission des autres sera mon pain quotidien, leurs souffrances et leurs humiliations, le vin subtil dont je m'abreuve déjà... Mais toi tu n'es qu'un vulgaire gourmand, un rapace assoupi ! Tu as la faim des loups, j'ai l'ivresse d'un aigle qui longtemps guette sa proie et tarde à la prendre pour jouir seul de son orgueil. Réveille-toi, Christian Ambre, raconte-moi tout, je vois des taches de sang sur ton manteau... (pp. 43-44).

La conduite des membres du clan qui s'oppose à celui de Kent est moins criminelle mais pas plus édifiante. D'Argenteuil jouit d'une renommée bien méritée mais pas du tout enviable, due non pas à son vice qu'il semble partager avec la majorité des élèves mais à l'exagération de ce vice qui, sans faire de lui un personnage de comédie, le rend tout au moins parfaitement ridicule (« Il a caché Eric dans sa chambre. Sous le lit, avec sa collection de timbres. C'est le troisième prisonnier d'Argenteuil depuis le mois de septembre... » p. 60). La saleté de son âme n'a d'égale que celle de son corps (« Je ne me lave jamais au collège », p. 107). C'est un personnage dégoûtant qui fait de l'amour un vice. Cependant, et peut-être à cause de son impureté, d'Argenteuil, comme d'ailleurs Lancelot, est sensible au pouvoir de Kent et en a peur (« Je n'avais jamais vu quelque chose d'aussi laid que cette blague collective autour d'un meurtre... J'ai cru voir le diable... » p. 104). Il est lucide mais n'a pas la force de combattre la puissance maléfique qui l'entoure.

Lancelot chambre avec d'Argenteuil, ce qui ne va pas sans inconvénient. Mais il a plus d'idéal que son compagnon. Il est seul à s'opposer énergiquement à Kent (« Je ne suis plus silencieux. Tu seras bien obligé d'entendre ce que j'ai à dire », p. 62) mais son intervention sent plus la campagne électorale qu'il prépare (Kent : « Je vois que tu te prépares bien à devenir président de la classe, l'an prochain », p. 62) que la vertu. Il est plus lucide que ses compagnons de classe, ce qui le rend dangereux aux yeux de Kent, mais, comme il n'a pas la confiance de la classe, son opposition, au lieu de lui assurer la présidence convoitée, le mène en prison où il attend avec d'Argenteuil un sort commun.

Tout à fait à part, dans un autre monde pour ainsi dire, celui de l'enfance innocente et des récits d'aventures, se trouve Eric, personnage tellement peu touché par la corruption de son nouveau milieu qu'il apparaît comme un être bien peu réel. Tout ce que les autres ne sont plus ou n'ont jamais été, il l'est encore : simple, sans détour, amical, poli, d'une piété véritable. Son innocence ne lui permet pas de saisir les indices de Christian ou ses allusions homosexuelles. Il fréquente d'Argenteuil sans avoir subi son influence néfaste ; il ne croit pas les gens coupables du mal dont on les accuse (« Les gens disent beaucoup de choses méchantes, c'est vrai. Mais je ne les écoute pas... » p. 34) ; et il n'élève pas la voix lorsqu'on l'accuse injustement d'infamie. Il est d'une naïveté beaucoup plus près de la sainteté que de la simplicité enfantine. Il meurt comme un agneau que l'on sacrifie, sans haine aucune pour ses bourreaux. Il est cependant trop désincarné pour laisser une impression durable ; l'auteur a fait en sorte qu'Éric ne partage pas la vedette avec ses meurtriers.

En dehors du monde de l'action dans lequel seuls les hommes ont leur place, il y a trois femmes qui jouent un rôle assez peu important. La mère d'Eric n'est qu'une voix et une silhouette (p. 111) dans le rêve de Stéphane qui, ne la connaissant pas, ne peut lui prêter aucun trait physique (« *La femme lui tournant le dos* », p. 112). Son rôle se limite à chercher son fils dans le labyrinthe du subconscient de Stéphane.

La mère de Louis a plus de substance mais l'on voit à son manque de caractère que Kent ne tient pas d'elle. Elle aime son fils, lui apporte ce qu'il demande, essaie, par la douceur, de communiquer avec lui et ose à peine le gronder sur son silence insolent. Pour n'avoir pas su l'élever avec autant de fermeté que de douceur, elle subit maintenant son indifférence.

La sœur de Stéphane retient le plus l'attention. Elle n'est pas excessivement douée mais elle est d'un bon naturel. Elle fait un peu « petite fille modèle » : elle s'applique (« J'ai fait beaucoup de dessins pour toi », p. 81 ; « Je fais des progrès en violon », p. 82 ; « Pardonne-moi. Je ne suis pas aussi intelligente que toi. Je n'ai pas toujours bien compris tes lettres. J'ai essayé de les comprendre mais je n'ai peut-être pas toujours réussi. Tu avais raison de dire que je suis une petite fille légère et naïve. Mais je ferai des efforts, je changerai pour toi... » p. 85) ; elle est pieuse (Stéphane : « Je n'aimais pas te voir chaque jour à l'église », p. 86) ; elle a le respect de la famille (« J'ai hâte que tu reviennes à la maison », p. 81) et de l'amitié (« Promets-moi de ne pas l'abandonner », p. 87). Elle a l'innocence des esprits simples (Stéphane : « Mais tu n'es qu'une enfant et tu ne vois pas la différence entre la pensée innocente et l'acte qui ne l'est pas », p. 85) et elle fait des rêves prophétiques dont elle soupçonne à peine la signification profonde. Son imagination excitée par les lettres de son frère (Hélène : « Mon frère parle souvent de vous dans ses lettres », p. 88), elle rêve à Kent et, en attendant de l'aimer ouvertement, elle montre qu'elle s'intéresse à lui (« Il est plus malheureux que toi encore », p. 87). Lorsqu'elle quitte le parloir, ses adieux s'adressent non à Stéphane qu'elle est venue voir mais à Louis dont le charme la séduit au point qu'elle oublie de saluer son frère. Dans son rêve, Stéphane l'identifie à Eric (« Toi aussi tu lis *Les Aventures du Prince Eric* », p. 109) mais Hélène se réclame d'Electre, la sœur fidèle d'Oreste qui voulut purifier Argos du meurtre dont tous les habitants s'étaient rendus responsables par leur lâcheté et leur indifférence. Ce n'est là qu'un autre espoir, qu'un autre rêve de Stéphane ; Hélène est déjà à moitié ensorcelée et, habituée à la soumission, elle deviendra la proie facile de Kent.

L'étude des personnages ne limite en rien les diverses interprétations que les lecteurs peuvent donner à *L'Exécution.* Mais, en qualifiant sa pièce de « drame moral » (dans la *Revue de Paris* 74 : fév. 1967), Marie-Claire Blais nous invite à voir, au-delà des apparences, le conflit éternel du Bien et du Mal.

Au premier abord, l'on pourrait croire que l'exécution d'Eric est le point culminant de la pièce, le reste ne portant que sur les répercussions du crime. Mais la réaction de Stéphane, qui touche au domaine du rêve et de la folie, ouvre une nouvelle dimension. L'exécution n'est pas un geste unique ; l'exécution est un geste répétitif commis à intervalles irréguliers. Le geste initial de Stéphane a déclenché une réaction à l'infini et a permis les innombrables « exécutions d'Eric ».

Ainsi, cette tragédie n'atteint jamais véritablement son point culminant puisqu'elle dépasse les bornes du temps et de l'espace que lui imposent les conventions du théâtre. La pièce qui se termine sur une apothéose du mal (« Combien d'autres victimes avec toi, Eric ? » p. 118), proclame la victoire totale du Mal. C'est le règne de l'Antéchrist qui tue, sans le remplacer, l'espoir compris dans les Béatitudes. Les pacifiques sont exécutés et leurs bourreaux ne connaissent aucune félicité. Le Mal s'acharne sur tous, sans discriminer, bons et méchants. Le seul qui pourrait éprouver de cette vie d'enfer une certaine satisfaction n'en retire que de l'ennui car ses réussites lui paraissent trop faciles.

Stéphane commet la faute originelle qui fera de tous les élèves soit des bourreaux, soit des victimes. Il ne semble pas y avoir moyen d'échapper aux prises du démon Kent ; il se faufile jusque dans les rêves et il exerce une certaine fascination sur les âmes pures. Ses pouvoirs, comme sa méchanceté, sont sans limite. *L'Exécution* est beaucoup plus qu'un fait divers ; *L'Exécution* est un portrait de la condition humaine abandonnée au Génie du Mal.

Encore cinq minutes *de Françoise Loranger*

par Jean-Paul PINSONNEAULT

Avant de devenir l'auteur dramatique remarqué par la critique et choyé du public que nous connaissons, Françoise Loranger fut une romancière déçue. Le demi-échec de son roman *Mathieu* [1] est encore dans la mémoire de ceux qui s'intéressent à la vie des lettres québécoises. Même après vingt-quatre ans, on comprend mal les humeurs d'un jury qui poussa la sévérité jusqu'à refuser d'attribuer à cette œuvre le Prix du Cercle du Livre de France. Et que dire de la rigueur intransigeante de certains critiques, de l'indignation scandalisée d'un P. Paul Gay dont le couplet prophétique sur le mal que ferait l'ouvrage illustre le style d'une époque [2] ? Quoique lourd et touffu, ce roman ne méritait pas le sort qu'on lui fit. Mais peut-être n'y a-t-il pas lieu de le regretter outre mesure quand on pense que le théâtre d'ici doit en quelque sorte à cet insuccès un de ses auteurs les plus marquants.

A ce jour, l'œuvre dramatique de Françoise Loranger compte une dizaine de titres dont les plus connus sont *Madame la Présidente* (1956), *Une maison... un jour* (1965), *Un cri qui vient de loin* (1965), *Encore cinq minutes* (1967), *Le Chemin du roy* (1968) écrit en collaboration avec Claude Levac, *Double jeu* (1969) et *Medium-saignant* (1970). A cette énumération incomplète, il faut ajouter un téléroman intitulé *Sous le signe du lion* dont le succès fut tel que la Société Radio-Canada dut le reprendre. Nombreux sont les mérites de l'œuvre de Françoise Loranger, mais il en est un qui s'impose à première vue et qu'il importe de souligner tout de suite. C'est l'exemplaire diversité des genres exploités par l'auteur d'un théâtre qui va du drame psychologique à la satire en passant par la comédie et le psycho-drame. L'ensemble y gagne en relief et le registre en étendue. On ne s'ennuie pas dans cette œuvre où la variété des thèmes ne risque jamais d'engendrer la monotonie.

---

1. Françoise LORANGER, *Mathieu*, Montréal, Le Cercle du Livre de France, 1949.
2. Paul GAY, *Mathieu*, dans *Le Droit*, 5 novembre 1949, p. 2.

Comme son titre l'indique, la présente étude se borne à l'analyse d'une seule pièce de Françoise Loranger, et c'est peut-être dommage. Car, pour importante que soit l'œuvre présentée ici, *Encore cinq minutes* [3], elle ne révèle qu'un aspect de l'univers dramatique de l'écrivain : celui de la famille à la merci des forces qui la minent sournoisement et finissent par la détruire. Toutefois, cela dit, je me hâte de préciser que cet aspect, l'un des plus riches et des plus révélateurs de l'univers en question, illustre très bien l'art du dramaturge et permet de saisir les préoccupations d'un auteur que sa sensibilité et sa lucidité orientent tout naturellement vers une certaine « conscience » des êtres. Parlant de cette pièce, Françoise Loranger disait, à la veille de la création : « La famille est le lieu des confrontations émotives les plus fortes. Rien n'est plus tendu que les rapports familiaux. Pour atteindre à son autonomie, il faut couper le lien familial. » [4] Ce thème, fondamental dans l'œuvre de Loranger, l'auteur l'avait déjà développé en 1965, dans *Une maison... un jour* [5], la première de ses pièces importantes. C'est dire à quel point il constitue un élément essentiel de ce théâtre appliqué à décrire et à analyser l'affirmation de l'être par une lente et difficile conquête de soi. Nulle part mieux que dans *Encore cinq minutes,* Françoise Loranger n'a mis en lumière le mécanisme secret de la prise de conscience aboutissant à la libération intérieure du personnage. Elle a même entrepris de le faire avec une économie de moyens telle que cette pièce baigne du début à la fin dans une espèce de lumière crue, implacable, qui ne laisse aucune échappatoire aux personnages. Ici, tout est rigueur, dépouillement, réduction à l'essentiel. Pas une réplique qui ne soit l'expression d'un mouvement de l'âme, pas un élément du drame qui ne vienne d'abord de l'intérieur des êtres, pas un silence où ne passe comme un cri vers la liberté.

La symbolique du décor

Une étude consacrée à *Encore cinq minutes* ne peut se permettre de passer sous silence le décor. Il constitue non seulement le « champ clos » où l'héroïne livre son dernier combat, mais une sorte de lieu symbolique dont la valeur de signe est de toute première importance. Rien n'y est laissé au hasard par l'auteur qui, dirait-on, a voulu faire de ce cadre un miroir des états d'âme de Gertrude. A mesure que l'action dramatique progresse vers son dénouement, la pièce où ce personnage vit enfermé, comme dans une espèce de huis clos décisif et face à lui-même, est envahie par le désordre. On a l'impression très nette que l'air s'y raréfie irrémédiablement, que l'asphyxie y fait lentement son œuvre et que Gertrude y périra si elle ne réussit pas à s'évader à temps. D'étroit et vide qu'il était au début, ce lieu semble se rétrécir sous l'œil du spectateur. Tous les objets qu'y introduit Gertrude dans l'espoir de le rendre habitable ne servent qu'à l'encombrer et à y créer

3. Françoise Loranger, *Encore cinq minutes* suivi de *Un cri qui vient de loin,* Montréal, Le Cercle du Livre de France, 1967, 131p.
4. *Une conscience qui s'éveille,* propos recueillis par André Major, dans *Le Devoir,* 14 janvier 1967, p. 13.
5. Françoise Loranger, *Une maison... un jour,* pièce en deux actes, Montréal, Le Cercle du Livre de France, 1965, 151p.

un fouillis à l'image du désordre intérieur qui divise cette femme contre elle-même et la force à se remettre en question.

Dans cette pièce sans meubles, ni tapis, ni rideaux, « tout reste encore à trouver ». Sur l'un des murs, une lézarde se dessine qui, trois fois réparée, « se reforme toujours », au désespoir de Gertrude dont l'univers intime a déjà commencé, lui aussi, à se fissurer. Au deuxième acte, le désordre régnant s'accentue et tourne au chaos, créant chez le personnage une angoisse tantôt rageuse, tantôt plaintive. Sur ce « champ de bataille » où elle place, déplace et remplace « ses batteries », Gertrude voit apparaître les signes annonciateurs de sa défaite. Ce sera bientôt la confusion. « Cette pièce me hante ! », avoue-t-elle, perdue. Elle découvre enfin ce dont elle rêve : « une grande pièce nue..., toute blanche ». « Mais c'est une chambre pour morte ! », s'exclame Geneviève à l'étonnement de sa mère qui, brutalement, se rend compte qu'il n'y a plus d'issue pour elle qu'au-delà de ce monde fermé où elle a vainement tenté de se trouver.

Les caractères

Des quatre caractères dessinés par Françoise Loranger dans *Encore cinq minutes* deux seulement sont fouillés : Gertrude et Henri. Quant à ceux de Renaud et de sa sœur Geneviève, ils demeurent plus ou moins à l'état d'esquisse, et l'auteur donne l'impression d'avoir délibérément omis d'en accuser le relief. Le caractère de Geneviève est même si hâtivement ébauché que le personnage semble inexistant. Il ne présente guère plus d'intérêt qu'une silhouette figurant en arrière-plan dans un portrait de famille peint jusque-là avec vigueur et application. Peu s'en faut, du reste, qu'on ne le remarque pas.

Gertrude est un être gémissant, agacé, inquiet, désemparé, humilié, irritable. Une pointe d'amertume perce dans ses paroles, la rend hargneuse et méprisante. Les idées des autres, elle n'en veut pas. Elle rêve d'une sorte de refuge contre les siens qui ne l'écoutent jamais, ne la comprennent pas, l'excèdent. Cette retraite lui permettrait enfin d' « avoir la paix ». Tout ce qui n'est pas son monde à elle l'ennuie. Elle ne sait plus très bien ce qu'elle aime ou n'aime pas, ce qu'elle voudrait, ce qu'elle cherche. « Je suis peut-être une vieille folle, dit-elle, mais je ne le fais pas exprès ! » Son ambition : ne pas avoir de cœur, comme tout le monde. Ce qui ne l'empêche pas de reprocher à ses enfants leur égoïsme, de savoir que, « pour les femmes, l'amour explique tout », d'envier à la jeunesse « une sorte de pureté qui n'accepte pas les compromissions ». Un jour, Gertrude a refusé de jouer le jeu, mais elle l'a fait maladroitement, en se claquemurant et en rejetant tous ses amis. C'était donner tête baissée dans une impasse. Elle le reconnaît quand elle avoue qu'elle ne sait plus quoi faire. « Il faudrait pouvoir hurler à pleins poumons », s'écrie-t-elle dans un moment de profonde détresse. Comme la vie serait pour elle plus simple, plus facile si le monde lui avait permis de garder ses enfants ! Mais le monde a changé, et cette femme s'accommode mal de ce changement. Pour elle, ce monde n'est qu'hypocrisie et cruauté, comme la vie de famille qui, de loin, lui paraissait belle. Or, à mesure que l'échec de son existence prend forme, Gertrude éprouve le besoin de faire table rase, entretient l'illusion de quelque impossible recommencement ; elle refuse de se laisser anéantir. Au rebut, tout ce qui lui vient des autres ! « Jamais plus personne ne me dira ce que j'ai à faire ! », lance-t-elle aux siens. Et c'est la défaite maquillée en départ, la liberté cherchée dans l'oubli de ceux par qui elle a souffert.

A côté de ce caractère d'un dessin si net et si ferme, celui d'Henri est d'une ligne parfois hésitante. Françoise Loranger procède cette fois par touches successives, et la fermeté du trait s'en ressent. Ce qu'on pourrait prendre ici pour des nuances n'est que le résultat d'une perception moins aiguë du personnage. Henri est volontiers dédaigneux, méprisant, rageur, féroce ; il a l'indignation, le sarcasme et l'injure faciles. A la patience dont il sait parfois faire preuve succèdent la plupart du temps des mouvements d'une dureté si soudaine et d'une ironie si blessante qu'il en résulte une espèce de dislocation du personnage, de rupture de son unité fondamentale.

Henri souffre de devoir vivre à une époque qui marque la fin du règne de l'autorité paternelle et l'avènement de celui de la jeunesse. Il a le sentiment d'avoir été trompé quelque part, de n'avoir jamais eu son tour. Et cela le pousse tout naturellement à souhaiter que les choses rentrent dans l'ordre. Il se moque souverainement de la volonté qu'on peut avoir de « sauver la culture française en Amérique du Nord » puisque, pour sa part, il a choisi de réussir en se vendant aux Anglais, comme le lui reproche son fils. Il est de cette génération convaincue que « ce ne sont pas les idées qui déclassent un homme », mais le langage. Le croit-il vraiment ?... Il est permis d'en douter quand on voit sur quel ton il éprouve le besoin d'étaler sa réussite, de se comparer avantageusement à un certain amant de sa femme, dont la faillite lui assure une sorte de piètre revanche. Au fond de lui-même, Henri sait qu'il est un vaincu, le produit d'une éducation qui, une fois pour toutes, l'a asservi aux usages et aux idées reçus, courbé sous le joug d'une condition sociale dont il ne peut tolérer que les gens de son entourage se libèrent, alors qu'il en est absolument incapable. Se sentant diminué aux yeux de ses enfants, il en fait peser la responsabilité sur Gertrude et ne trouve rien de mieux à faire que de s'employer à la détruire. « Pour moi, tu es un être mort, lui dit-il. Pour moi aussi bien que pour ton fils et la fille ! » Henri n'aime plus sa femme et, chez lui, les apparences de la douceur et de la compréhension ne trompent personne. « Homme des compromissions par excellence », le moindre accroc aux convenances que son rang social lui impose l'inquiète, le bouleverse. Pour lui, la vie du couple est « un combat à mort » qu'il livre avec la résignation de l'impuissance et sous le couvert de l'honnêteté satisfaite d'elle-même. Sa morale est un savant dosage d'ambition, d'hypocrisie et de bassesse. Mais cela ne le gêne nullement pourvu que la respectabilité soit sauve.

Renaud n'a rien de son père. Il incarne assez bien une certaine jeunesse excédée par l'égoïsme de ses aînés, quelquefois surprise de sa propre violence, irritable et apitoyée, amère et emportée. Il a fui sa mère afin d'échapper à l'existence inutile qu'elle lui proposait et où il refusait de se perdre. Voilà pourquoi il est toujours plus ou moins sur la défensive avec elle, tout en l'aimant assez pour comprendre qu'elle a besoin de lui. Ce qui l'exaspère, c'est moins la manie de Gertrude que son refus d'oublier ses préoccupations personnelles et bourgeoises, son obstination à « jouer les vieilles folles », son entêtement à ne pas regarder la réalité en face. « Que tu le veuilles ou non, je te réveillerai, lui dit-il. Je te ramènerai sur terre ! » Si, de guerre lasse, il en vient à juger ses parents comme des êtres « desséchés, sans cœur ni entrailles », s'il n'hésite pas à pousser la menace jusqu'au chantage, il ne peut accepter l'idée que sa mère se détache de la famille. Une secrète tendresse vit en lui, qu'il dissimule sous une sorte de violence bourrue, mais qui se manifeste parfois avec une émouvante spontanéité. La liberté reconquise à la faveur de l'éloignement n'a pas fait de lui un être insensible et distant. Le départ de sa mère nous le montre tout remué d'affection inquiète.

Que dire du caractère de Geneviève, sinon qu'il est fait de si peu de chose que l'auteur eût pu difficilement lui donner moins de consistance ? Quelques traits tout en grisaille permettent à peine de distinguer cette ombre floue derrière laquelle on devine un être prompt à s'émouvoir, doucement moqueur, déçu et fragile. Ce personnage sans contour précis ni relief ne pèse davantage, semble-t-il, sur l'action dramatique lorsqu'on parle de lui qu'à partir du moment où Françoise Loranger le pousse sur la scène. Comme si sa présence n'avait d'autre utilité que de nous le faire oublier...

L'art de l'écrivain

Au moment d'entreprendre l'étude de l'art de Françoise Loranger dans *Encore cinq minutes,* il importe de se rappeler que cette pièce date de 1967, époque à laquelle l'auteur n'avait pas encore tenté d'explorer les voies nouvelles du théâtre contemporain. Ce n'est qu'avec *Double jeu,* écrit en 1969, que le dramaturge éprouve le besoin de sortir des sentiers battus et de faire éclater le cadre conventionnel de l'action dramatique. *Une maison... un jour* et l'œuvre que nous analysons en ce moment se rattachent par plus d'un point à la dramaturgie traditionnelle. L'action y est coulée dans une forme depuis longtemps reçue, conduite selon les règles éprouvées du genre. L'auteur ne s'embarrasse d'aucune syntaxe compliquée ou subtile, ne donne guère l'impression de céder à la tentation d'innover à tout prix. Pourvu que son propos soit clair, le mouvement de sa pièce sans faille ni hésitation trop voyante, Françoise Loranger accepte très facilement d'ignorer les chemins ouverts à la recherche par Ionesco, Arrabal et Beckett. Son monde et son registre rappellent plutôt ceux d'un Tchekhov que ceux de ces novateurs appliqués à la création d'un art affranchi des formes anciennes. Ecrit en 1965, *Un cri qui vient de loin* montre plus d'audace dans l'invention, mais ce texte était destiné à la télévision dont la souplesse commande en quelque sorte la liberté.

Dans *Encore cinq minutes,* l'art de l'auteur est on ne peut plus rangé, conforme aux lois du théâtre appelé à ne pas déranger l'ordre des choses. Une trajectoire nette, d'une forme étonnamment « classique ». Nulle surprise au plan de l'écriture, de l'agencement des scènes et de la structure interne de l'œuvre. L'action se déroule selon je ne sais quel rituel de convention qui bannit toute licence, écarte toute nouveauté. Mais cela n'est pas un reproche, car le sujet même de la pièce ne se prête guère aux acrobaties de l'imagination créatrice. L'univers intérieur qu'explore ici Loranger impose à un auteur une espèce de dépouillement, d'économie de moyens dont il est forcé de tenir compte sous peine de détruire la réalité qu'il s'efforce de mettre en mots. Aussi le mérite de l'écrivain est-il de l'avoir compris en réduisant à l'essentiel, à la pure ligne de la vie, le drame de son héroïne. Au moment où débute l'action, Gertrude est déjà prisonnière d'elle-même comme de ces frontières étroites entre lesquelles l'enferme l'abolition de tout univers extérieur. La pièce où elle passe maintenant ses journées est vide et elle le restera jusqu'à la fin, en dépit de tous les efforts de cette femme pour y créer quelque présence que ce soit. Henri, Renaud et Geneviève ne parviennent pas plus à combler ce vide qu'ils ne réussissent à peupler l'infinie solitude d'un être qu'ils ne peuvent atteindre vraiment. A aucun moment de la pièce, Gertrude n'est tirée de son isolement grâce à la tendresse ou à la compréhension de l'un d'entre eux. Au contraire, la fausse présence des siens ne fait que la pousser inexorablement jusque dans ses derniers retranchements, au-delà de cette limite d'elle-même où plus aucune issue ne lui reste que la fuite. *Encore cinq minutes* n'est fait que de cette violence des autres appliquée à forcer un être comme un chasseur sa proie. Traquée, Gertrude cherche refuge dans les objets hétéroclites dont elle s'entoure, cherche dans la décoration d'une chambre vide une raison de vivre. Mais ces objets lui font défaut les uns après les autres, à l'exemple même des êtres à qui elle voudrait encore s'accrocher.

La pièce de Françoise Loranger serait moins forte, moins belle si, par son dépouillement même, elle ne nous rendait pas aussi sensible le vide intérieur du personnage. Le drame de Gertrude n'atteint à une telle intensité dramatique que par la magie du mot dont l'auteur se fait un admirable outil d'analyse et de pénétration. En lisant ce texte vif, elliptique et dru, on pense tout naturellement à ce que Gaston Baty a écrit sur la position centrale du texte dans la synthèse théâtrale. « Le rôle du texte au théâtre, c'est le rôle du mot dans la vie. Le mot sert à chacun de nous pour se formuler à soi-même et communiquer éventuellement aux autres ce qu'enregistre son intelligence. Il exprime directement, pleinement nos idées claires. Il exprime aussi, mais indirectement, nos sentiments et nos sensations, dans la mesure où notre intelligence les analyse ; ne pouvant donner de notre vie sensible une transcription intégrale et simultanée, il la décompose en éléments successifs, en reflets intellectuels, comme le prisme décompose un rayon de soleil [6]. Dans *Encore cinq minutes,* aucun fait extérieur important ne vient forcer l'évolution intérieure de Gertrude, contraindre le personnage à choisir le parti que nous le voyons prendre à la fin de la pièce. L'heure de la décision venue, le retour de Geneviève à la maison ne pèse pas plus lourd que la menace de l'arrivée d'une « intruse », en la personne de Corinne, une amie de Renaud. C'est surtout à force de se dire et de « se formuler » à elle-même que Gertrude prendra la mesure de son désarroi, de sa solitude et de l'impasse dans laquelle elle se trouve enfermée. Les mots seuls (les siens comme ceux des autres) lui apprennent finalement davantage sur elle-même que tous ses efforts pour s'arracher à l'enlisement d'une existence vide et, à ses yeux, dénuée de tout intérêt. Or, ces mots, Françoise Loranger les charge d'une sorte de vie aiguë, implacable, meurtrière. Ils éclatent en phrases sèches, incisives et cinglantes. On les dirait aiguisés de telle manière qu'ils ne peuvent servir qu'à déchirer Gertrude et à se loger en elle comme autant d'aiguillons propres à la pousser vers l'issue qu'elle redoute. Alors qu'elle s'abandonne aux mots dans l'espoir

6. Ces propos de Gaston Baty sont reproduits dans l'ouvrage d'Henri Gouhier, *L'Essence du théâtre,* Paris, Plon, 1943, coll. « Présences », p. 66.

d'y trouver une échappatoire, elle ne réussit qu'à rompre les derniers fils qui la relient aux siens. Le mouvement dramatique naît ici du langage dont chaque élément favorise en quelque sorte l'extériorisation du drame intérieur de l'héroïne. C'est dire à quel point le verbe de Loranger est actif et reste, de la première réplique à la dernière, le moteur de l'action.

On pourrait, toutefois, reprocher à l'auteur d'*Encore cinq minutes* de n'utiliser en définitive, ses autres personnages que comme « révélateurs » du personnage central. Ils font figure d'obstacles auxquels se heurte Gertrude pour que nous découvriions peu à peu ce qui se passe en elle. Et malgré tout ce que l'écrivain nous révèle de ces êtres, nous ne les sentons que plus ou moins impliqués dans le conflit. Leur sort nous laisse indifférents parce qu'ils ne réussissent jamais à s'imposer vraiment. Et c'est peut-être là que réside la faiblesse majeure de cette pièce dont l'éclairage, constamment dirigé sur Gertrude, ne parvient pas à créer cette gamme de nuances qui donne à une œuvre psychologique sa force et sa profondeur, ses lumières et ses ombres.

Conclusion

Pièce de la solitude traquée, *Encore cinq minutes* est aussi la peinture du déchirement d'un être brutalement soumis à la nécessité de sa propre libération. Gertrude passe par toutes les phases du doute, de l'hésitation, du refus et de l'angoisse. C'est un être profondément divisé contre lui-même, pour qui l'issue entrevue a tôt fait de se changer en piège. Quand, à la fin, elle quitte les siens, s'agit-il de fuite ou d'évasion ? On ne saurait le dire, car rien ne demeure plus incertain que l'avenir de cette femme peu faite pour les défis de la liberté. Et c'est probablement à ce moment précis que le personnage nous émeut le plus profondément puisqu'on le sent poussé comme malgré lui vers l'irréparable. Image fidèle de chacun de nous, il va alors vers ce qu'il n'a peut-être pas choisi, et nous partageons en secret, avec lui, le drame de la solitude sans cesse recommencée. La fissure du début est devenue rupture.

A première vue, on pourrait être tenté de faire d'*Encore cinq minutes* une simple pièce versée au dossier de la libération de la femme. Ce serait fausser l'œuvre et en réduire singulièrement la portée. Françoise Loranger ne fait pas mystère de ses idées sociales et politiques, on le sait. Elle a montré à maintes reprises qu'elle ne craint pas d'avoir le courage de ses opinions. Mais on céderait à la facilité en prenant pour acquis que l'œuvre présentée ici n'est rien d'autre qu'une sorte de manifeste. Bien sûr, *Encore cinq minutes* évoque la lutte d'une femme en vue de son affranchissement. Mais ce n'est pas en tant que femme que Gertrude nous retient et nous bouleverse. C'est d'abord et avant tout parce qu'il s'agit d'un être humain en quête de son autonomie. Et l'auteur tient plus à nous faire sentir la difficulté d'une certaine découverte de soi qu'à prôner l'émancipation du sexe féminin. Son œuvre n'a rien à voir avec la contestation hystérique dont les échos nous parviennent de temps à autre. Elle tire sa substance d'un fonds beaucoup plus riche et qui est, en définitive, la passion de l'Homme pour la liberté dans le respect de sa propre vérité.

Demain matin, Montréal m'attend
de Michel Tremblay

par André FORTIER,

professeur à l'Université d'Ottawa

Il semble évident que l'un des buts de Michel Tremblay soit de faire rire. Par une certaine peinture de mœurs auxquelles est étroitement lié un langage. Plusieurs de ses personnages, surtout les femmes, sont d'ailleurs dotés d'un esprit critique enclin au sarcasme. On rit donc, à ces pièces. Mais on est ému aussi. Ces personnages, presque tous, sinon tous, sont pathétiques. On devine pourquoi l'auteur déclare tant les aimer. Il a dit aussi espérer que devant le miroir de ses pièces les Québécois désirent changer quelque chose — à leur manière d'être, de penser, de parler aussi, sans doute. Mais la valeur et le succès de ce jeune auteur ne sont pas dus seulement à ces éléments déjà fort appréciables. Il y a autre chose. Sans doute cet « autre chose » a-t-il été signalé déjà, mais il demeure, pour moi, l'aspect le plus important : ce théâtre si fortement « localisé » a une autre dimension, celle du vrai tragique. Les échecs, les frustrations, la solitude, le vieillissement avec la mort au bout, ne sont pas des réalités exclusivement canadiennes-françaises. Sans doute y a-t-il quelque chose à faire dans les milieux décrits par Tremblay. Pierrette, [1] Hélène, [2] Carmen, [3] Rita [4] et Louise [4] essaient (il faudrait peut-être

---

1. *Les Belles-Sœurs,* Holt, Rinehart et Winston, Montréal et Toronto 1968, 72p. Collection « Théâtre vivant », 6. Les références de cette pièce renvoient à cette édition.
2. *En Pièces détachées* (suivie de *La Duchesse de Langeais*), Montréal, Editions Leméac, Collection « Répertoire québécois », 1970. 94p. Les références à *En Pièces détachées* renvoient à cette édition.
3. *A toi, pour toujours, ta Marie-Lou.* Montréal, Editions Leméac, 1971, 94p. Collection « Théâtre canadien ». Les références de cette pièce renvoient à cette édition.
4. *Demain matin, Montréal m'attend,* Montréal, Editions Leméac, 1972, 90p. Collection « Répertoire québécois ». Toutes les références aux pages du texte renvoient à cette édition.

leur adjoindre la Duchesse [5]). Mais, comme le demande, à peu près, le pasteur Smithson au terroriste Tchen dans *La Condition humaine* de Malraux : Quelle évolution sociale rendra compte de la souffrance et de la mort ? Un tragique profondément humain transcende le tragique « historique » du théâtre de Michel Tremblay et c'est cela, je crois, qui en explique en partie le succès et fait peut-être de cet auteur l'un de nos premiers vrais dramaturges. Ce tragique pur se retrouve dans sa dernière pièce, la comédie musicale *Demain matin, Montréal m'attend.* Mais les nombreuses chansons (une vingtaine) et les répliques amusantes de cette pièce laissent d'abord transparaître presque autant de drames qu'il y a de personnages.

Une comédie musicale dramatique sur fond tragique

Il n'y a pas beaucoup d'action dans les pièces de Michel Tremblay. Son théâtre est plutôt un théâtre « à situations », presque un théâtre lyrique (au sens du théâtre antique) : les personnages « chantent » leurs malheurs, en solo ou en chœur, et monologuent volontiers. Il y a néanmoins, dans *Demain matin, Montréal m'attend,* une mince intrigue.

Louise Tétrault, jeune serveuse de Bar-B-Cue dans une petite ville, gagne un trophée de chanteuse dans un concours local d'amateurs. Elle décide aussitôt de partir pour Montréal, persuadée qu'elle y deviendra vedette de cabaret, du soir au lendemain : elle compte beaucoup sur l'aide de sa sœur Rita, à Montréal depuis douze ans et parvenue au succès. Voilà Louise au Bolivar Lounge. Indignation atterrée de Rita-Lola Lee : Louise, en perruque blonde pour ressembler à sa sœur, déclare avoir gagné son trophée en chantant comme sa sœur une chanson de sa sœur. L'innocente est aussitôt enjointe de regagner Saint-Martin-au-Large par le prochain autobus. Mais il n'y en aura pas avant demain. L'idée — ce sera le fil de la pièce — vient alors à Lola de profiter de cette nuit pour dégoûter à jamais Louise de Montréal et du monde du spectacle.

Premier temps : le « Meat Rack », bar d'homosexuels. Louise doit y reconnaître, la plupart travestis, les danseurs qu'elle trouvait « sexys » dans le numéro final de la revue de Lola. Il y a aussi la vieillissante duchesse de Langeais [5], un journaliste en mal de séduction et une jeune femme habillée en homme. Louise, gênée, voudrait s'en aller. Lola, ravie, insiste : « Ce sont là tes futurs partenaires et camarades ! » Elle la laisse même seule un moment avec tous ces « garçons » ». Ceux-ci chantent :

Les choses sont pas toujours c'qu'y paraissent, Louise.
Des fois, le monde sont pas c'qu'on pense
Mais faut les prendre juste pour c'qu'y sont, Louise.
Pour vivre, y faut entrer dans la danse.

Louise entonne :

Ben d'abord faites-moé une place,
j'arrive.
Des fois le monde sont pas c'qu'on pense ?

5. Personnage évoqué déjà dans *En pièces détachées* (p. 60) et rôle unique de la pièce *La Duchesse de Langeais.*

Ben chus pas une waitress, les gars,
pis j'm'appelle pas Louise !
Mon smock noir, ma perruque blonde,
c'est juste un déguisement.
Y'a rien que mon trophée qui est vrai
J'm'appelle Lyla Jasmin, vous êtes
mes amants.
Ma sœur s'appelle Rita, pis c'est elle
qui est pas vraie ! (p. 55)

Retour de Lola. Comment Louise trouve-t-elle tous ces amis ?

LOUISE — ... Y m'ont faite peur, un petit peu, au commencement, mais j'vas m'habituer ! J'ai juste à apprendre à être bitch, moé aussi Rita !

....

... si tu voulais m'écœurer pis me faire peur, t'aurais dû juste me faire entrer pis sortir d'icitte... On est resté trop longtemps, Rita... J'ai eu le temps de me rendre compte que c'est du monde comme les autres eux autres aussi... (p. 56)

En une heure Louise a franchi une première étape d'acclimatation. Le plan de Rita s'est mis à jouer contre elle. Ah ! elle n'en a pas assez, la petite dinde ? Eh bien, — deuxième temps : Lola l'amène chez Betty Bird.

Betty Bird tient un bordel. C'est là qu'a débuté la carrière de Lola, Louise l'apprend avec une stupeur horrifiée. Lola prend à part Betty Bird et lui demande un service : proposer à Louise de travailler dans le bordel. Elle espère que Louise, de frayeur, s'en retournera à Saint-Martin. Betty Bird accepte — puis évente le stratagème.

LOUISE, à Lola — Si tu voulais m'écœurer avec toutes tes histoires, t'as réussi ! Mais c'est pas c'que tu m'as montré qui m'écœure, c'est toé ! (p. 80)

Pourquoi Betty a-t-elle trahi Lola ? C'est que du temps qu'elle s'appelait Marigold, Lola était la plus belle prostituée de la maison, la plus populaire, chantant et dansant et le bordel de Betty Bird florissait. Mais un jour Marigold est partie avec Johnny, l'amant de Betty, avec aussi la caisse et des bijoux. Betty vient de se venger. Elle souhaite que Louise ait du talent, qu'elle éclipse sa sœur — avant d'être éclipsée à son tour car c'est la règle.

Lola n'en persiste pas moins dans son refus d'aider une sœur qui projette, en l'imitant, de lui voler sa place payée de douze années d'efforts. Qu'elle renonce à l'imiter et commence, comme elle, au bas de l'échelle.

La pièce se termine avec le numéro d'ouverture de la revue de Lola, une lumineuse danse brésilienne à laquelle participaient, à la représentation (contre la vraisemblance mais pour le plus grand plaisir des spectateurs), tous les personnages, Louise comprise, et le texte se termine sur cette indication : « Une lutte « dansée » s'engage entre ces deux sœurs... » (p. 90)

Cette action sert de prétexte au croquis de certains milieux (cabaret, bar d'homosexuels, bordel) et aux chansons qui traduisent, au fond, l'essentiel : les drames et les tragédies intimes des personnages. (Une première version, plus brève de *Demain matin, Montréal m'attend* a été présentée à « Terre des Hommes » et semble avoir été un peu conçue comme un spectacle de cabaret.)

Le drame de la mère Tétrault

Après la réception de son trophée « Lucille Dumont », Louise rentre chez elle, décidée à quitter le soir même Saint-Martin-au-Large. C'est le moment d'une scène dramatique entre la jeune fille et sa mère. La mère Tétrault est ce qui reste ici du milieu familial enlisant des *Belles-Sœurs,* de *En Pièces détachées* (Chus pus capable de rien faire ! » p. 62), de *A Toi, pour toujours, ta Marie-Lou* : personnages tragiquement victimes des circonstances et d'eux-mêmes, impuissants à dépasser l'apitoiement sur soi (Louise diagnostique devant sa mère le mal de ses parents : « Vous allez vous lamenter sans rien faire jusqu'à votre dernier souffle ! » p. 14). Quelques-uns essaient, avec plus ou moins de succès, de s'en sortir comme nous l'avons mentionné plus haut. Dans *Demain matin, Montréal m'attend,* Rita Tétrault est devenue une vedette de cabaret enviée, Louise est sur ses traces, et ces deux « évadées » passent au premier plan, reléguant à une scène épisodique la tragédie du milieu familial prédominante dans *Les Belles-Sœurs, En Pièces détachées, A Toi pour toujours, ta Marie-Lou.* La tragédie est là néanmoins, et la mère Tétrault, à l'instar des autres mères de ce théâtre, est un personnage à la fois satirique et pathétique. Elle a les défauts de la sainte mère québécoise de ce milieu donné : incompréhension devant l'aspiration de ses deux filles à être autre chose que vendeuse au Woolworth ou serveuse de Bar-B-Cue, incompréhension surtout devant le choix d'une profession artistique, en l'occurrence celle de chanteuse-danseuse, profession à priori suspecte et dangereuse, impliquant de vivre dans la grande ville infernale (en apercevant le trophée : « Que c'est ça ? As-tu gagné ça au Bowling ? p. 15) ; habitude du camouflage du réel (Quoi répondre au père s'il demande où est allée Louise ? « Vous allez le savoir, quoi répondre, vous êtes assez menteuse ! » p. 13) ; une certaine cupidité et une certaine dureté (elle a des économies mais pas pour tirer de sa fange une fille élevée pour autre chose que le bordel, p. 16). L'affrontement entre Louise et sa mère est beaucoup plus dramatique et tragique que comique et est entrecoupé par la chanson de Louise, *De l'air !,* en curieux équilibre entre l'humour et le pathétique.

La scène se termine par un avertissement vindicatif de la mère à la fille : qu'elle ne revienne pas lui brailler dans les bras au bout de six mois ! Louise partie, la mère Tétrault chante son drame. Rita, sa fille aînée, est donc chanteuse-danseuse de cabaret à Montréal. Quand on sonne à la porte, tard le soir ou tôt le matin, la grosse mère Tétrault tressaille d'anxiété : ne serait-ce un messager pour lui annoncer :

> Madame, c'est vot'catin
> Y'ont fini par l'avoir
> Pis y'était temps qu'à crève ! (p. 16)

Autre appréhension : le départ de sa seconde fille. Quand Louise tardait à rentrer, la mère Tétrault, redoutant le pire, se disait : « c'est d'ta faute. » Louise rentrait. Mais la mère Tétrault était « ben que trop orgueilleuse » pour la prendre dans ses bras :

Tu te mets les bras en croix
Tu fais la martyrisée
Tu te dis que t'es t'heureuse
Pis que son père est encore gras !
Pis tu restes tu seule ! (p. 17)

Lucidité habituelle aux personnages de Michel Tremblay, dont s'accroît le tragique de l'impuissance. Pudeur typiquement québécoise, janséniste peut-être, des sentiments. Amertume. Solitude.

Le drame de Lola Lee

Mais qu'advient-il à ceux qui prennent leur essor ? « J'ai quasiment faite le tour des restaurants pis des clubs de la ville ! » déclare Hélène dans *En Pièces détachées* (p. 24). Dans l'adaptation pour la télévision, elle prenait un verre dans un « club » élégant où elle avait déjà travaillé, et regrettait cet emploi. Sans doute lui avait-il donné l'impression de s'être élevée et avait-il constitué une sorte de victoire sur le milieu de sa famille et de son quartier. Mais elle buvait trop. Et dans le « Smoked Meat » de la rue Papineau où elle a échoué, elle rêve : « ...moé, chus icitte rien qu'en attendant quelqu'chose de mieux dans l'ouest ! » (p. 25). Elle a trente-cinq ans.

Pierrette Guérin, dans *Les Belles-Sœurs,* a suivi Johnny. Pour lui, elle a travaillé dans un club : « J'étais belle, j'attirais la clientèle. Tant que ça duré, ça allait ben... » (p. 60). Dix ans ont passé. « Veux pus te voir ! T'es trop vieille, astheur, t'es trop laide ! Fais tes bagages, pis débarrasse ! Pus besoin de toé ! » (p. 61). Elle se sent comme si elle avait soixante ans. « J'me crisserais en bas d'un pont, c'est pas mêlant ! Tout ce qui me reste à faire, c'est de me soûler » (p. 60). Elle a trente ans.

Carmen (*A Toi, pour toujours, ta Marie-Lou*) est fière de sa libération et de son affirmation de soi : « Pour moé, être libre, c'est de chanter des chansons de cow-boy, au Rodéo, pis après ! C'est toujours ben mieux que de rester gommée dans son passé, un chapelet à la main pis les yeux dans le beurre ! » (p. 70). Elle a vingt-six ans. Que lui réserve l'avenir ?

L'âge de Rita Tétrault n'est pas mentionné. Elle détourne résolument l'attention de ce sujet après avoir distraitement révélé, à l'étonnement de l'habilleuse, qu'elle a gagné dans le temps un trophée Simone Quesnel. Elle a quitté Saint-Martin-au-Large depuis douze ans. Elle peut avoir trente-cinq ans. Mais sa réussite de chanteuse-danseuse est incontestable. Ce ne fut pas facile. Elle n'a pas honte d'affirmer devant ses danseurs qu'elle a « commencé dans un trou » (p. 21). Elle a été des spectacles de travestis du Meat Rack, elle a été « première pensionnaire » et danseuse nue dans le bordel de Betty Bird — s'y attirant d'utiles relations. Elle a couru « après tous les p'tits agents (...) après tous les p'tits contrats » (p. 88), elle a fait des « vacheries », joué des coudes et des pieds :

Tu fermes les yeux pis tu y vas !
Y faut que tu grimpes, y faut que t'avances
Si t'es fatiguée, repose-toé pas
Parce que là, t'as pus une maudite chance !
....

T'arrives enfin au bout du chemin
T'es tu-seule, t'es essoufflée, mais t'es là
Y'a pus personne en avant de toé pis t'es ben ! (p. 88)

« Pis chus t'arrivée par mes propres moyens, pis y'a personne qui m'a lancée, moé, j'me sus lancée tu-seule ! En trimant pis en n'arrachant ! Es-tu prête à sacrifier douze ans de ta vie pour arriver à tes fins, toé, Louise Tétrault ? » (p. 86). La voici au sommet. Le « club » dont elle est la vedette lui appartient « j'ai un club qui marche ! » (p. 80). Heureuse ?

BETTY — ... (A Louise)... R'garde-là, ta sœur, si a l'a peur... J'avais pas r'marqué ça, Louise, mais quand t'es t'au top de ta carrière, t'es laide parce que t'as peur ! tu veux rester tu-seule, à tout prix... (p. 84)

Peur de la concurrence, peur d'être supplantée, peur d'être éclipsée — toute la pièce repose sur cette peur.

LOLA LEE — J'veux qu'a s'en aille ! J'me sacre si a l'a du talent ou non, mais j'veux pas qu'a vienne m'imiter icitte ! On va avoir l'air de deux maudites folles !

BETTY BIRD — C'est pas de ça que t'as peur, Marigold... Avoue donc... T'as juste peur qu'a prenne ta place, hein ?

LOLA LEE — Oui, t'as raison. Chus t'en haut d'la côte, Betty, chus t'au top de ma carrière, pis j'veux rester tu-seule ! (p. 75)

Peur de déchoir. Dès la scène du Bolivar Lounge, une danseuse ose lui dire : « Dans cinq ans, tu vas être finie, pis c'est moé qui va être à ta place ! On n'est pus en 1950, là ! Ça me prendra pas vingt ans pour arriver, moé, j'sais comment m'y prendre ! » (p. 22). Un danseur va plus loin :

LOLA LEE — ... j'ai commencé dans un trou...

UN GARÇON — Pis tu vas finir dans un trou, tout le monde le sait... (p. 21)

La chute de Lola Lee, Betty Bird la souhaite prochaine : « Pis là le jour est peut-être arrivé ousque j'vas te voir prendre ta débarque de ton trône ! » (p. 81-82)

L'amour ? Ce Johnny qui l'aurait découverte (p. 72) et qu'elle a enlevé à Betty Bird, est-ce au bout d'un an, de deux ans qu'il l'a laissée à son tour pour une fille plus fraîche ? lui demande Betty. Par deux fois, entre les dures vérités et doléances exprimées par Betty, elle affirme nostalgiquement : « Johnny, y m'aimait ! » (p. 82). Destin sentimental rappelant de façon troublante celui de Pierrette Guérin, des *Belles-Sœurs*. Sa solitude, Rita-Lola la chante à Louise, au « Meat Rack » :

Plus qu'y sont beaux,
Plus qu'y faut que tu t'en méfies !

Ses partenaires, les danseurs de son cabaret, ils semblent tous présents, travestis ou non, au Meat Rack.

Quand un beau gars veut s'approcher
C'est pas toujours pour t'avoir
Y t'fait souffrir, Louise oui, y t'fait souffrir !
....

Y sortent avec toé parce qu'y te trouvent fine !
Mais t'es tu-seule, Louise, oui,
T'es ben tu-seule
Quand tu te couches le soir dans ton lit !
(Chanson « Du premier au dernier », p. 47)

Le drame de Betty Bird

Le drame de Betty Bird eût été plus sensible au spectateur si le rôle avait été tenu par une comédienne moins jeune que la pittoresque Denise Proulx et je souhaiterais qu'à une reprise on le confie à Germaine Giroux. Car le drame de Betty Bird c'est l'accomplissement de ce qui menace Lola. Elle aussi a connu son heure de gloire :

C'était dans ma jeunesse

Les hommes l'achetaient à prix d'or, se battaient et se tuaient pour elle :

J'étais Betty-d'un-jour
....
J'étais Betty-la-mort !
....
....
Mais un beau jour, pourtant
Au milieu d'une caresse
Est apparue la vieillesse
Dans sa peau de sarpent
(Chanson *Betty Bird's Lied,* pp. 84-85)

Ce beau quatrain, heureusement inspiré, semble-t-il, de la poésie médiévale et de Villon, est l'un des moments les plus émouvants de la pièce. Depuis le départ de Johnny avec Marigold-Lola, la caisse et les bijoux, la maison de Betty n'a cessé de décliner : « Chus dans la rue, Marigold, es-tu contente ? » (p. 82).

Que signifie le curieux jeu de scène, à l'arrivée de la duchesse au bordel, lorsqu'elle et Betty se regardent longuement dans les yeux puis que la duchesse, enlevant son manteau, apparaît habillée, en plus « chic », exactement comme Betty. Celle-ci baisse la tête et murmure en sortant : « ...la récréation est finie... » (p. 86). La duchesse enlève-t-elle ainsi à Betty la direction du bordel ?

Le drame de Louise

Le drame de Louise est en germe dans le prélude même de sa carrière à venir.

BETTY — ... Quand tu s'ras rendue en haut, Louise, prends une bonne respiration, pis r'garde ben autour de toé, parce que ça durera pas longtemps. C't'un ben beau vertige, mais y'est court en ciboire ! (...) ... mais la côte que t'as montée à pied, t'as redescends en bicycle. (pp. 83-84)

Ainsi Louise, Lola et Betty incarnent-elles trois moments de la vie d'une femme dans le monde du spectacle et du plaisir, ou même l'amour est attendu en vain comme Louise semble déjà se rendre compte. Avant même que Lola la prévienne qu'il faut tout sacrifier à la carrière qu'elle brigue (la complainte de Lola Lee, p. 87 à 89), elle renonce à un garçon qu'elle aimait à Saint-Martin et qui porte aussi le nom fatidique de Johnny (chanson *Johnny-de-la-table-du-fond,* p. 82-83). Elle paraît avoir compris l'avertissement de sa sœur dans la chanson *Du premier au dernier* :

> Mais t'es tu-seule, Louise, oui,
> T'es ben tu-seule
> Quand tu te couches le soir dans ton lit ! (p. 47)

Le drame de la duchesse de Langeais

Brièvement évoquée dans *En Pièces détachées* (p. 60) et rôle unique de la pièce qui porte son nom, la Duchesse de Langeais est un savoureux travesti doué d'un humour à la fois cynique et tendre qui le fait tantôt jouer à la femme du monde tantôt se peindre avec réalisme sans la moindre illusion. Dans *Demain matin, Montréal m'attend,* fidèle à lui-même, il parade, encaisse quand on lui dit : « tu es vieille et laide à faire peur » (p. 42) mais riposte avec mordant. On sent chez lui, derrière l'humour et la raillerie, un fond de tendresse, peut-être de générosité, qui apparaît dans son attitude à l'égard de ses pareils, par exemple lorsque ayant impitoyablement dépouillé Marcel-Gérard (le journaliste) de toutes ses prétentions et suscité la cruelle chanson *Meat Rack Waltz* : « On a pété la baloune d'Alice », il termine, avec humour mais l'intention est là :

> Ah ! viens, ah ! viens, ah ! viens
> sur mon épaule !
> Viens essuyer tes larmes !
> Je saurai vaincre tes alarmes !
> Arrête, arrête de pleurer, ô saule ! (p. 43)

et il invite le « chœur des travestis et autres à reprendre le refrain avec lui ». La tendresse, ne la sent-on pas encore lorsque renonçant, pour ce soir, à chanter, vu le ratage de sa rentrée, il prononce : « Maman est ben déprimée... » (p. 51). Mais sa chanson *Les lamentations de la duchesse,* tout à fait dans le ton de la pièce *La duchesse de Langeais,* et chantée sans perruque, en dessous féminins, jambes écartées, par l'imposant Claude Gai, est si pathétique que l'émotion finissait par se mêler bizarrement à l'indignation d'une partie du public déconcerté, yeux écarquillés et bouche bée devant la révélation si brutale d'une telle réalité. Tout le drame de la pièce *La Duchesse de Langeais* revit dans cette chanson adaptée à la situation de *Demain matin, Montréal m'attend.* Cet homosexuel corpulent et vieilli, qui revient de vacances au Mexique, personne ne l'a accueilli à Dorval. Il chante néanmoins, avec une amère ironie : « Réjouissez-vous, les filles, la duchesse est r'venue ! » Et en avant la musique ! pour faire sourire les « visages en ruines » et

> Pour ne pas mourir tu-seule ! Pour pas mourir tout-nue ! (p. 59)

Il va au-devant des moqueries qu'on fait et fera sur « son gros cul, » « son gros ventre » : il peut tenir le coup. On peut le frapper, « c'est tout c'qu'a mérite »

A va se traîner à terre, mais à la dernière limite
A va mourir deboute... (p. 59)

Il y a chez la duchesse un admirable dynamisme vital et un certain « honneur »... en tout cas une fierté certaine. N'empêche :

Réjouissez-vous, les filles, réjouissez-vous !
La duchesse de Langeais est dans le trou ! (p. 59)

La grosse mère Tétrault, Lola, Betty Bird et Louise (et Purple, doyenne des pensionnaires de Betty Bird) font preuve d'une lucidité en fait coutumière, en général, aux personnages de Michel Tremblay. Mais la lucidité de la duchesse de Langeais, dans la pièce de ce titre et dans ses « lamentations » de *Demain matin, Montréal m'attend,* est particulièrement aiguë et douloureuse. Et la plus grande partie des spectateurs, à ces deux pièces, apprenait donc avec stupeur qu'un homosexuel était un être humain.

Les autres personnages

Les autres personnages se distribuent en trois groupes. Le premier et le deuxième sont constitués des mêmes personnages : les danseurs du Bolivar Lounge qui se transforment en travestis ou habitués du Meat Rack. Monde amusant et pathétique. Etres à part, méconnus, niés, vivant entre eux, « copains » et rivaux, agressifs et apitoyés, gagnant leur vie vaille que vaille et voyant un peu plus chaque jour leurs rêves réduits à la réalité. Le pauvre Marcel-Gérard, si drôle, n'est pas ménagé à l'heure des vérités :

LOLA LEE — ... Ça fait six-sept ans que t'essayes de percer par tous les moyens, pis qu'y'a rien qui arrive ? Tu fais des flops même aux vues ! Tu vas finir comme la duchesse... (p. 48).

LA DUCHESSE — Une vraie Alice au pays des merveilles. Mais là, son rêve est fini, Alice vient de se réveiller... A vient de se rendre compte qu'est pas internationale pantoute, Alice ! (p. 43)

Et c'est la chanson *Meat Rack Waltz* : « On a pété la baloune d'Alice ! » Plus loin, dans la chanson *Bitch* :

LA DUCHESSE —
Ça joue la femme du monde que c'en n'est pas possible
Pis ça pas plus de classe que la dernière des filles
Ça vous prend un accent que c'en est pénible !
Tu peux sortir la fille de l'est mais pas l'est de la fille ! (p. 49)

Misère des prostituées de Betty Bird, le troisième groupe.

BUTCH — Un vrai métier de... (p. 63)

Instruction de Violet, la benjamine, peut-être mineure, remontrances de Betty Bird à Sandy sur le maniement du fouet, attente désœuvrée des clients (pas un depuis *Rue des pignons,* p. 74). Et pourquoi des noms de fleurs ou de couleurs ?

PURPLE — ... quand le gars passe la porte, là, t'es t'aussi ben de t'appeler Violet plutôt que Jeannine, ça fait moins mal...

RAINBOW — Pis quand la gang d'américains arrive, là, l'été, tu te sens assez marchandise que t'aurais honte de continuer à t'appeler Ginette... (p. 68)

Un secret de l'art de Michel Tremblay : après ces réflexions émouvantes, il fond l'émotion dans le comique progressif d'un écho en « ette » :

AVOCADO — Ou ben donc Claudette.
ROSE — Ou ben donc Mariette.
BUTCH — Ou ben donc Pierrette... (p. 68)

Le dernier écho étant d'autant plus drôle qu'il est de Butch, la lesbienne, et qu'il révèle peut-être son vrai nom. Et il y a Purple, « doyenne », généreuse, de belle humeur, ne cachant pas qu'elle est née vulgaire et le restera, s'inquiétant que Violet soit peut-être mineure et déclarant à Lola qui ne l'a pas aussitôt reconnue :

PURPLE — Non, c'est correct... Essaye pas de te trouver des raisons... c'est vrai que je vieillis, moé aussi... J'ai d'la misère à me r'connaître moé-même quand j'passe devant un miroir... Des fois, j'passe tout dret sans même me dire bonjour... (p. 70)

Mais c'est elle, avant l'arrivée de Lola, qui secoue ses compagnes et met en marche la répétition du numéro « Hello Baby » (p. 68). « Découverte » par le même Johnny, elle a débuté en même temps que Rita dans le bordel de Betty Bird. Rita-Marigold en est sortie pour devenir Lola Lee. Purple est restée.

PURPLE — Moé, j'voulais juste pas finir dans'rue... (p. 72)

Et le comique ?

Tous ces drames, toutes ces tragédies, font pourtant bon ménage avec un comique divers, soutenu, que l'on peut ramener en gros à quatre principaux éléments.

1. Deux personnages ont un aspect particulièrement comique : Betty Bird et Marcel-Gérard. Betty Bird prétend à la classe et au beau langage :

BETTY BIRD — Butch ! T't'ai déjà dit de watcher ton langage ! C'est un bordel, icitte, c'est pas un garage... (p. 64)

Marcel-Gérard prétend aussi à la distinction et au beau langage — où il s'empêtre et détonne, — et à la gloire universelle :

MARCEL-GÉRARD — Tu sauras, duchesse, que tout le monde me reconnaît partout, moi ! Quand j'viens ici, c'est bien simple, je suis z'obligée de me cacher, parce que tous les p'tits gars me demandent des autographes ! (p. 42)
....
....
Des gars, j'en ai comme ça, tiens, à la pelle... (p. 77)

La duchesse prétend elle-même au beau parler. Et aux manières de la femme du monde. Mais elle joue.

2. Presque tous les personnages, — sauf Louise et Violet, peut-être les deux plus jeunes, — ont l'esprit caustique et pratiquent allégrement l'égratignure

(Louise montre d'ailleurs des dispositions). Vanités, masques et apparats sont arrachés à coups de dents acérées. Le dialogue fourmille de railleries et de sarcasmes. Lola Lee, la duchesse et Marcel-Gérard se classent bons premiers. Mais l'humour s'allie à cette causticité, surtout chez la duchesse.

3. Il y a là « transposition » des sexes. Pourtant l'un des homosexuels les plus amusants n'est pas travesti : le journaliste Marcel-Gérard, « c'te p'tite fausse-couche blonde-là », comme l'appelle Lola (p. 45). Le comédien (André Montmorency) a féminisé à souhait le personnage, tant par les attitudes que par la manière de s'exprimer : exclamations, indignations, persiflages.

4. Enfin il y a le comique du joual parlé sans complexe par les personnages et auquel revient une bonne partie du comique de ce théâtre. Et le « chus t'au top de ma carrière » (p. 75) aurait pu devenir pour Denyse Filiatrault la « tête d'atmosphère » d'Arletty. Comparons un passage du texte et un essai d'adaptation :

LOUISE — Aïe, Rita, nous vois-tu toutes les deux, en train de chanter la même chanson dans la même robe. Ça s'rait le fun...

LOLA LEE — Oui, j'nous vois, pis j'trouve pas ça le fun pantoute ! Aïe, bebé, tu vas me poigner la première autobus right back pour Saint-Martin pis tu vas t'en retourner direct dans ton Bar-B-Cue, okay ? (p. 25)

LOUISE — Dis, Rita, nous vois-tu toutes les deux, en train de chanter la même chanson dans la même robe... Ce serait amusant...

LOLA LEE — Oui, je nous vois, et je trouve cela nullement amusant. Ecoute, ma petite, tu vas m'attraper le premier autobus pour Saint-Martin et retourner directement dans ton Bar-B-Cue, compris ?

La question ne se pose même pas : le texte original est le seul drôle. Resterait à déterminer, peut-être — mais à quelles fins utiles ? — les différents degrés de comique du joual, suivant les publics.

Enfin ce comique, du joual, se double, dans les chansons, même dans les plus pathétiques, du comique de l'emploi très désinvolte et improvisé de la rime.

LOLA, MARCEL et LA DUCHESSE —
On passe le plus clair de not'temps à nous engueuler
On s'aime, on s'hait, on s'adore, on est toutes mêlées !
C'est pas des pierres qu'on se garroche, c'est des pavés qu'on se pitche.
Mais c'est bon pour notre publicité pis c'est pour ça qu'on est...
Bitch ! Bitch ! Bitch ! Bitch ! Bitch ! Bitch ! Bitch ! (p. 50)

LOLA... —
... Si y'en a une à côté de toé
Qui minaude, qui fait la smatte
Sacre-s'y une série de coups de pieds
Sans ça, tu vas te r'trouver à flat !
(La complainte de Lola Lee, p. 88)

Conclusion

Pour une pièce conçue, apparemment, comme un spectacle de cabaret (et jouée, pour cela peut-être ? presque sans décors), cela fait beaucoup de choses. Mais comment dénier sa densité à cette « comédie musicale » malgré une impression d'esquisse qui ne la rend d'ailleurs que plus vivante et spontanée ? Vérité, mouvement, ce furent bien ce que servirent, entre autres, une mise en scène et une interprétation idéales (sauf que, malgré le talent et le pittoresque de Denise Proulx, nous souhaitons, nous l'avons déjà dit, une reprise avec une comédienne moins jeune dans le rôle de Betty Bird). Mais dire que le théâtre de Michel Tremblay présente un problème social est insuffisant, cette pièce le confirme à sa manière. Il offre, fort heureusement, bien autre chose, qui ne le situe peut-être pas tellement loin de l'orbite « métaphysique » du « nouveau théâtre ».

Le Cri de l'engoulevent *de Guy Dufresne* *ou le conflit des grandes puissances*

par Josette FERAL,

professeur à l'Université d'Ottawa

Auteur dramatique ayant débuté à la télévision, Guy Dufresne a publié deux drames : *Cap-aux-sorciers, Les Traitants,* une comédie : *Docile* et une tragédie : *Le Cri de l'engoulevent.* Partout un seul souci : la peinture de la réalité québécoise dans toute sa complexité :

> « Je n'ai... pas puisé dans l'air mais dans le réel de l'époque, et dans le réel d'aujourd'hui, dans le réel canadien, les traits de caractère que j'ai donnés à Marie Crevier » [2]

écrit-il, en introduction à l'une de ses œuvres. Cette phrase pourrait également s'appliquer à tous les personnages de ses pièces.

Tableaux de mœurs, les pièces de Guy Dufresne touchent aux problèmes économiques et parfois politiques, mais elles sont soutenues le plus souvent par une intrigue sentimentale qui sert de fil directeur. L'histoire racontée est un prétexte à l'éclosion de multiples conflits : conflits au sein d'un village, au sein d'une famille, au sein d'un même personnage. L'ensemble de ces conflits, leur interaction constituent la pièce proprement dite.

---

1. Cet article a été fait en collaboration avec Michel Pierssens, Docteur ès lettres, professeur à Ann Arbor, Université du Michigan.
2. Guy DUFRESNE, *Les Traitants,* Collection Théâtre Canadien, Leméac, Ottawa, 1969, p. 10.

Et de fait, il s'agit bien de conflits dans *Le Cri de l'engoulevent,* conflits entre deux puissances irréductibles et contradictoires : d'un côté, le passé, les habitudes et préjugés, l'attachement à la terre ; de l'autre, l'avenir ou l'anti-passé, les anti-préjugés, l'anti-attachement à la terre. Deux forces, deux incarnations, deux despotismes dont l'enjeu est la maîtrise d'un même univers que les uns cherchent à préserver et les autres à détruire. Le clan familial, limité en nombre, évoluant autour de la présence étouffante et tyrannique du père ; le clan économique, sans figure centrale si ce n'est l'argent, force démoniaque dont Guy Dufresne n'a fait qu'ébaucher le pouvoir séducteur grandissant. Face à ces forces Crowninshield est bien faible. Instrument de la machine, au service de l'efficacité, il ne peut comprendre l'emportement passionné de M. Déchênes.

M. Déchênes, c'est tout le Québec d'autrefois, où le pouvoir coïncide avec la profondeur des ancrages terriens, où de rigides structures familiales gravitent autour de la figure du Père et quadrillent à partir de lui, autour de lui, sous son contrôle, dans son ombre. De ce despote paternel, M. Déchênes veut être une complète représentation. Autoritaire, possédant et possédé de la terre, emporté jusqu'à la passion, irrationnel, égoïste, très partial dans ses affections, il ressemble à un Dieu capricieux et omnipotent dont la force rayonne au-delà de son entourage immédiat pour toucher une foule d'êtres qu'il semble mouvoir comme des marionnettes. En effet, au-delà du simple cadre familial, M. Déchênes est aussi le véritable « boss » de la ville, du pays, celui que rien n'institue dans ce rôle mais qu'un réseau secret d'influences, de passions, d'amitiés forcées, transforme en chef inofficiel mais redouté. Il règne par son savoir empirique et malveillant, et par la crainte naturelle que sa réserve intense et son entêtement farouche engendrent chez les siens. Mais aucun règne n'est innocent, aucun despotisme n'est sans faille. Ceux du Père Déchênes se révéleront sourdement minés, même ouvertement contestés. Le développement dramatique nouera alors l'ensemble des désirs et des refus qui amènera l'empire de Déchênes au bord de l'effondrement.

Face à cet univers contesté symbolisant l'effondrement de certaines traditions, l'univers de Crowninshield apparaît comme une force tranquille fondée sur l'efficacité et sûre de sa rationalité. Il représente au mieux la logique d'une certaine forme de rationalité économique, seule règle du capitalisme, qui devient impérialisme en ignorant ce que Déchênes représente. C'est l'élément force qui, venu de l'extérieur, va chercher à détruire les anciens principes et y substituer de nouvelles valeurs. De ce fait, il constitue un danger à combattre, à neutraliser. C'est en ce sens que vont les efforts de M. Déchênes et de son fils.

Pour Crowninshield, incarnant la probité même, une opération abstraite dicte les formes que doit revêtir son entreprise et ses limites : l'agrandissement de la filature doit se faire en fonction d'un calcul mûrement réfléchi et les désirs de Déchênes et de son système n'y ont aucune place ; la magie cède le pas à la science. Le Québec rejoint ainsi tous les autres pays bousculés par l'invasion des axiomatiques capitalistes ; leurs formes de pensée, de pouvoir, de décision sont tout à coup rendues caduques. Quelle que soit la vigueur de la résistance, le laminage devra se faire, à tout prix, selon ce qu'en décidera le « bureau chef de New York ».

Deux types de pouvoir, deux organisations mentales et deux psychologies profondément contradictoires. D'un côté, l'impératif despotique et terrien-le Québec ; de l'autre, l'impératif strictement économique-l'envahisseur capitaliste américain : voilà donc la disjonction première à partir de laquelle Dufresne a disposé les caractéristiques de ses personnages. Disjonction qu'il avait par ailleurs déjà ébauchée dans sa première pièce, *Cap-aux-sorciers,* avec une différence toutefois : le problème ne mettait point en cause la réalité économique et l'intrigue demeurait purement sentimentale quoiqu'elle mît en présence deux personnages intégrés dans deux univers différents : d'un côté Fabienne, québécoise peu aisée, de l'autre Clarkson, américain fort riche.

Tel n'est point le cas ici puisque l'intrigue sentimentale n'est que la traduction dramatique du conflit des deux grandes puissances en présence. Le nœud de l'action n'est d'ailleurs point Gabrielle, mais bien la haine qui oppose le père à Crowninshield. Dans ce conflit, Gabrielle n'est qu'une victime — victime surtout de son amour pour ce survenant que rejette le clan. Elle est tiraillée d'une part par l'affection qu'elle porte à sa famille, de l'autre par l'amour qu'elle ressent pour Crowninshield : le débat aurait pu être cornélien. Mais en fait, dès le début de la pièce, elle a déjà choisi. Aucun doute ne subsiste dans l'esprit du lecteur dont la curiosité est alors entièrement monopolisée par les rivalités des deux clans.

Entre les deux extrêmes, le Père et Crowninshield, Dufresne a placé trois personnages qui auraient pu représenter les différentes formes d'existence d'une société en cours de transformation.

Au centre, la silhouette de Fernand, ayant hérité d'un attachement servile à la terre, subissant son destin passivement, influençable, paresseux et dominé à tous égards par la force inflexible de la famille évoluant autour du *pater familias,* dont les paroles font foi. Personnage falot et sans épaisseur, ballotté par les événements, passionné et violent, mû par une haine irraisonnée de l'étranger, il prend parti sans mûre réflexion pour son père, s'appuyant sur lui pour y puiser force et existence. Il est sans doute à l'image de ces multiples villageois sur lesquels s'appuie M. Déchênes lui-même pour exercer sa domination.

Tout autre est Lucie, sœur cadette de Gabrielle, perdue dans un univers dont elle rêve chaque jour de s'échapper soit par le biais de la télévision, soit par la recherche de plaisirs de toutes sortes. Possédée par l'argent, ayant délibérément rompu avec son passé, elle opte pour le présent et la réalité quotidienne. De tempérament jaloux, elle semble plus réelle que son frère auquel elle s'oppose ouvertement à la fin. Susceptible d'évolution, quoique prisonnière du clan et brimée par le père, elle semble tournée vers l'avenir et opte avec Gabrielle pour le renversement des anciens principes. Elle aurait pu représenter une demi-émancipation confondue avec une forme d'aliénation inconnue dans son milieu d'origine : tenant la caisse, elle symboliserait métonymiquement l'irruption de la société fondée sur l'échange de la monnaie et le fétichisme de l'argent, dans des structures où l'on ne connaît que la valeur d'usage et le contact avec les choses.

A l'opposé de cette force que Guy Dufresne aurait pu exploiter dans le sens d'un moyen de libération possible, se trouve Mme Déchênes. Jouissant d'un sort particulier de par son rôle même, Mme Déchênes incarne ici le type de la femme canadienne, préservatrice du foyer, vivant comme tous les autres dans l'ombre du père, entièrement dévouée à son mari et à ses enfants, s'abstenant de porter un jugement quelconque sur ceux qui l'entourent. Réfléchie et sans passions, sans ambition, sans exigences même, elle ne demande rien à personne, pas même la reconnaissance ; d'où le rôle d'arbitre et de modératrice qu'elle joue spontanément. Au centre du drame, elle se désintéresse de l'aspect financier du problème, toute préoccupée par les rivalités sentimentales qui opposent père et fille, frère et sœur et qu'elle essaie, sinon de résoudre, du moins de calmer. Equilibrée, calme et non violente, elle n'a qu'un seul souci : sauver les apparences et rétablir le calme. Malheureusement, tout comme le père, elle se sent à la limite de son pouvoir et Gabrielle lui échappera tout comme à son mari.

La mère apparaît ainsi, dans ce trio de figures mineures, comme le personnage le plus nuancé, le plus ouvert et le plus vrai, sauvée par ce qui est, ostensiblement son défaut : elle parle trop. Or, c'est précisément à cause de cela qu'une ébauche de relief construit son personnage de manière intéressante : elle parle à tout propos, veut couvrir de son bavardage le discours muet des autres, et elle y gagne une authentique éloquence. Dans un échange bloqué, elle est la seule dont les paroles circulent et se chargent de sens, par leur non-sens même.

Guy Dufresne aurait certes pu tirer meilleur parti de cet affrontement de forces, de puissances. Ceci constitue une des possibilités manquées de la pièce qui aurait mérité de plus amples développements.

En effet, ce qui frappe le lecteur ou le spectateur, à première vue, c'est ce déséquilibre fondamental de la pièce entièrement basée sur la rivalité de deux puissances inégales : d'un côté, la force écrasante du père, présente à chaque page mais qui n'en reste pas moins ténue de par sa nature et limitée dans le temps et dans l'espace ; de l'autre, la force anonyme dont Crowninshield n'est qu'un pâle représentant, à peine mentionnée dans la pièce mais qui n'en demeure pas moins très puissante puisqu'elle l'emportera en dernier ressort. D'un côté, le cœur, ses passions et ses haines, son illogisme sentimental ; de l'autre, la raison et sa logique froide et inhumaine.

Un sentiment de malaise naît de cette confrontation et l'on imagine aisément l'épopée que Zola aurait pu tirer d'un tel affrontement... Toutefois, le souci de réalisme dont Guy Dufresne fait preuve explique sans doute pourquoi un tel recours lui était interdit mais ne donne pas la raison pour laquelle le conflit n'atteint jamais dans la pièce un degré d'intensité tel que le drame l'aurait exigé. Tout reste dans l'ombre, rien n'est ouvertement exprimé.

Où trouver la cause de cet état de fait si ce n'est dans l'absence de communication qui imprègne toutes les scènes de la pièce ? A aucun moment, le dialogue ne semble possible, toute discussion semble superflue et vouée à l'échec, les mots ne veulent et ne peuvent plus rien dire. Aussi les personnages ne se parlent-ils presque pas : ils cherchent, au contraire, à se faire taire. Le conflit fait donc long feu : Déchênes et Crowninshield ne se parlent pour ainsi dire jamais directement ; tous les efforts de Lucie, de Fernand et de la mère ne visent qu'à faire taire le père ; Gabrielle veut faire taire tantôt l'un et tantôt l'autre et quant à elle, se refuse tout simplement à parler.

Absence de mots, silence ! Le silence accompagne toujours l'apparition du père, silence causé par la crainte qui tenaille les êtres et qui semble les avoir accompagnés toute leur vie. L'affection particulière que voue M. Déchênes à sa fille n'a d'ailleurs pour principale source que sa prédisposition à se taire. Evoquant le passé, il lui dira :

> Je t'emmenais parce que tu savais écouter, regarder et te taire ! te taire ! te taire [3] !

Présent dès la première page, renforçant le manque de communication entre les personnages, le silence prend ainsi une très grande place et s'étend peu à peu jusqu'à étouffer les êtres et leur ôter toute possibilité d'épanouissement et de vie. Il ne reste qu'un mélange confus de vagues violences gestuelles, d'exclamations, d'insultes, où jamais un dialogue ne trouve à s'amorcer vraiment. Tout reste dans l'indistinct, sans rigueur, sans netteté. On en est réduit à croire les personnages sur ce que les autres nous disent d'eux : jamais rien ne vient nous les présenter vraiment, de manière convaincante. Peu de leurs paroles servent à les peindre : ils sont à demi sourds et quasi muets et on se demande à la fin comment ces aphasiques ont bien pu développer les terreurs et les passions au sein desquelles nous apprenons qu'ils ont dû vivre. Le meilleur exemple que nous puissions prendre est certes celui de Crowninshield. Nulle description complète du personnage, nulle scène où nous le voyions en action et où nous soyons à même de voir concrétiser tout ce que les autres personnages nous ont dit de lui. Le lecteur est en fait obligé de prêter foi au jugement des autres personnages et à le voir par le regard d'autrui. A aucun moment, ces jugements ne sont mis en doute et ne présentent l'ombre d'une complexité. En fait, tout d'une pièce, les personnages nous sont donnés dès le début et nous n'assistons chez eux à aucune évolution.

La situation est identique dans les autres pièces de G. Dufresne puisque avant l'ouverture du rideau, tout semble consommé. Même dans *Cap-aux-Sorciers* où la situation de Fabienne offre des similitudes avec celle de Gabrielle, il n'y a ni doute, ni conflit. Dès que Clarkson se déclare, Fabienne n'hésite pas et se résout à le suivre en dépit de sa famille et du fait qu'il a été marié. Seul le bon sens de son grand-père réussira à la sauver de ce que ses proches auraient considéré comme un faux pas.

Il est intéressant de noter ici l'évolution qu'a subie G. Dufresne, puisque à trois ans d'intervalle, il place son héroïne Gabrielle dans une situation identique à celle imaginée dans *Cap-aux-Sorciers,* mais il opte pour la solution qu'il avait reniée antérieurement. Si la famille était considérée en 1956 comme une source de salut, elle ne l'est plus en 1959 puisqu'elle ne suffit plus à retenir Gabrielle. Bien au contraire, elle est devenue une force négative dont il faut à tout prix se libérer.

Pièce de la non-communication, comparable de ce point de vue à certains romans de Langevin, *Le Cri de l'engoulevent* est également une pièce

---

3. Guy DUFRESNE, *Le Cri de l'engoulevent,* Collection Théâtre Canadien, Leméac, 1969, Ottawa, p. 104.

de l'aliénation : aliénation des personnages à leurs propres intérêts d'abord — ambition, passion, argent, plaisir, famille —; puis, à un degré plus vaste, aliénation des personnages les uns aux autres — la famille, le village se voient contraints de plier l'échine devant M. Déchênes qui doit lui-même se courber devant la toute-puissance de M. Crowninshield, qui, à son tour, n'est qu'un instrument au service d'une machine plus grande mais qui reste dans l'ombre. La petite ville du Sud est elle-même aliénée à cette autre petite ville de l'autre côté de la rivière qui draine ses ressources depuis trente ans. Quant au Québec, il semble plus que jamais soumis à cet immense Etat voisin dont Crowninshield est le dangereux représentant : les Etats-Unis.

> J'appartiens à cette génération d'Américains, qui sont venus, selon vos désirs, implanter ici-même leurs industries, et qui sont convaincus de vous envahir enfin, de vous posséder enfin ! [4]

lui fait dire Guy Dufresne.

Ainsi donc toutes ces aliénations se combinent, s'agencent de manière à tisser autour des personnages un filet qui les paralyse et dont seule Gabrielle réussira à se libérer, laissant les autres derrière elle, délibérément emprisonnés et voués, semble-t-il, à une perdition certaine à moins de transformations. « Tournez donc la page » [5], conseille Gabrielle à sa mère, mais nul n'est capable de le faire. Saisis dans l'étau du passé et de leurs habitudes, ils vivent tous tournés vers les années écoulées, imperméables à tout avenir et à toute évolution, et de ce fait même, ils sont condamnés irrémédiablement.

C'est le sens final de l'appel déchirant que lance Déchênes en voyant son enfant prodige lui échapper, emportée par un étranger qui a su briser, en un instant, tous les principes qu'il croyait lui avoir définitivement inculqués. Désormais seul, abandonné par son seul soutien, sa fille qu'il chérissait d'un amour que certains qualifieraient d'incestueux, vexé dans sa fonction de dirigeant méconnu du village, blessé dans sa position de chef de famille, ouvertement bafoué, repoussé au profit d'un survenant haï, Déchênes ne sera plus qu'une épave allant à la dérive.

Malheureusement Guy Dufresne n'est point allé jusqu'au bout de ses possibilités et dans sa tentative d'exposer le jeu de ces grandes puissances en présence, il n'a point su faire vraiment sentir le conflit dans toute sa force et mettre en valeur sa portée tragique dans la vie des êtres. Aucun suspense ne subsiste, tout est joué d'avance et le spectateur n'a point l'impression d'une progression, qu'elle soit d'ordre psychologique ou sentimental. A aucun moment, il ne sent qu'un drame se joue vraiment et nombre de scènes restent gratuites, ce qui expliquerait aisément la seconde version de la scène finale qui n'est, en fait, constituée que par la suppression de certaines répliques jugées trop longues et dont l'annulation n'enlève rien au contenu effectif de la pièce.

Le tout reste superficiel et stéréotypé : le problème du pouvoir-fondamental n'est qu'effleuré, sans cesse présent mais jamais affirmé, et ceci au profit de ce qui n'est d'abord qu'une banale intrigue sentimentale. Cependant,

4. *Ibid.*, p. 68.
5. *Ibid.*, p. 49.

Dufresne ne se résout jamais ni à approfondir les questions psychologiques ainsi posées aux personnages, ni à développer avec netteté les contradictions d'ordre général qui donnent au cadre son authenticité et son originalité. Aucun des personnages ne se décide à penser la complexité de sa place, à entrer dans le détail réel des conflits.

Un usage plus fin du symbolisme aurait peut-être pu arranger les choses. Malheureusement, là encore, Dufresne n'a pas su exploiter de manière convaincante les idées, pourtant bonnes, qui lui étaient venues. Ceci est clair et gênant dans le cas du symbolisme de l'engoulevent, motif plaqué, lourdement surimposé à un dialogue sentimental des plus plats, parfait cliché. On ne sait trop ce qu'il vient représenter ou ponctuer et il se transforme en une métaphore indéchiffrable.

La pièce s'achève gauchement sans que rien n'ait été posé franchement et encore moins résolu : les personnages passent leur temps à s'imposer silence les uns aux autres ou à eux-mêmes, et jamais les thèmes sociologiques, politiques ou psychologiques n'arrivent vraiment à prendre forme, toutes les possibilités d'élan dramatique se refusant à l'ampleur qui les approfondirait. Peut-être aurait-il fallu à la pièce un ou deux actes supplémentaires car tout se passe comme si, dans une tragédie classique, l'auteur s'était arrêté après la deuxième exposition, sans jamais passer au nœud de l'action ni au dénouement, et en évitant toujours que ses personnages ne se rencontrent. Ni intériorité, ni puissance extérieure ; il ne reste qu'une succession de scènes dont la logique sera toujours absente et dont le seul charme réside dans la chaleur de la langue québécoise.

Le Pendu *de Robert Gurik*
ou le jeu illusoire du bonheur

par Rémi TOURANGEAU,

professeur et coordonnateur de recherches au Centre de Théâtre québécois de l'Université du Québec, à Trois-Rivières

« ... pour que tout cela change, car il faut que ça change ! » (Yonel à ses amis, *Le Pendu*)

Il est frappant de constater à travers toute l'œuvre de Robert Gurik une préoccupation constante de vouloir cerner l'homme d'aujourd'hui dans sa culture existentielle. L'auteur essaie de découvrir l'homme moderne à partir d'une recherche expérimentale au théâtre. Il pousse ses recherches jusqu'à présenter — selon son expression — du « théâtre d'anarchie et de confusion » pour contester « la réalité dans sa façon d'asservir les gens [1] ». Son théâtre très particulier est d'abord une « réflexion sur la réalité » qui se nourrit de la condition de l'homme [2].

Hamlet, Prince du Québec, par exemple, cerne une vérité inéluctable qu'illustrent toutes ses pièces : « to be or not to be » libre. Déjà, en 1966, l'auteur de *Api or not Api* cherche, à travers les miroirs du passé et du futur, à découvrir le sens de cette vérité par rapport à la mort.

« On vit un temps et on s'arrête, dit-il. C'est le problème primordial [3] ». C'est, pour lui, le problème de la « non-convergence de la vie [4] » : la vie n'est

1. Cité dans *Robert Gurik : l'auteur qui n'a rien à enseigner,* par J.-C. Germain, dans *Digeste-Eclair,* nov., 1968, p. 19.
2. Cité dans *Livres et Auteurs québécois 1972,* Montréal, Ed. Jumonville, p. 112.
3. J.-C. GERMAIN, *op. cit.,* p. 20.
4. J.-C. GERMAIN, *op. cit.,* p. 18.

pas un point d'aboutissement avec la mort ; elle recommence à « s'inventer » pour expérimenter diverses formes de bonheur. Ainsi, à la recherche du temps présent, les personnages de *Api 2967* trouvent le cheminement de leur propre destin en cherchant un nouveau bonheur dans l'amour.

Une telle découverte du réveil des consciences fait se multiplier les interrogations de l'écrivain ou de ses personnages. Qui est l'homme ? Comment vit-il ? Pourquoi vit-il ? se demande Gurik dans *Les Louis d'Or, A Cœur ouvert* et *Hamlet, Prince du Québec.* Que fait l'homme pour mieux vivre ? poursuit-il dans *Le Tabernacle à trois étages.* Ne serait-il pas comme Louis (*Les Louis d'Or)* ou Jean-Baptiste *(Le Procès de Jean-Baptiste M...)* un être à la fois unique et multiple, anonyme et sans visage, que l'on peut identifier par son action ?

Derrière le mur de *La Palissade,* le jeune ouvrier, Jean, apprend qu'il faut inventer lucidement son univers de bonheur, au-delà de l'identification du monde, en construisant quelque chose pour vivre.

Le Pendu, mieux que les autres pièces de Gurik, développe une telle recherche du bonheur par l'action. Le drame, couronné au Festival d'Art dramatique, en 1967, s'est surtout imposé par la manière de mettre en œuvre ce thème fondamental. Tout au long de sa pièce, l'écrivain conteste la fonction de l'homme dans la société par le biais d'un jeu illusoire du bonheur. L'interrogation « A quoi sers-tu ? » revient d'ailleurs comme le leitmotiv constant de son œuvre. « L'important, pour le dramaturge, c'est pas d'être riche, comme le dit l'un de ses personnages, c'est d'être heureux . » [5] Afin de concrétiser cette idée, Gurik imagine le jeu dramatique du *Pendu* dont la force psychologique et dramatique réside dans le symbolisme qui l'anime. Il est important d'examiner la nature et la fonction de ce symbolisme, à la fois riche et ambigu, qui donne au *Pendu* ses véritables dimensions.

*
* *

L'idée d'utiliser un jeu comme manière de recherche dramatique correspond à la définition même du théâtre : un jeu où l'homme joue sa vie. Elle permet d'observer l'envers de la réalité vécue. Elle suppose aussi, tant pour les acteurs que pour les spectateurs, une sortie hors du réel et une plongée dans un univers créé de toutes pièces par les personnages. Le jeu de la corde du Pendu opère cette magie. Par son côté légendaire et allégorique les souvenirs des vieux dictons : « la corde de pendu porte bonheur » ; « vendre de la corde de pendu porte malchance ». L'un des personnages du drame parle de « la légende de la mine des Pendus » qui n'a rien à voir avec le scénario de Gurik [6].

Dans une ancienne cabane abandonnée, un vieux père et son fils décident de vendre de la corde de pendu qui, selon la croyance, est un porte-bonheur recherché. Mais comme il faut un pendu, le père désigne son fils :

5. *Le Tabernacle à trois étages,* Montréal, Leméac, 1972, p. 38.
6. *Le Pendu,* Montréal, Leméac, 1970, p. 33. Le père rappelle à son fils : « c'est en creusant les tombes pour les notables pendus qu'on a découvert la mine. »

> Tu prends une corde très longue, tu la passes autour du cou et tu vends des morceaux tant que le nœud ne serre pas. Dès qu'il n'y en a plus assez, tu sors de là et on part avec l'argent [7].

Yonel accepte de jouer ce jeu lucratif, mais se laisse prendre à son propre jeu jusqu'au jour où l'un de ses clients tire le dernier bout de la corde et le pend.

La géographie de Yonel est assez peu définie dans cette histoire simple et fantaisiste. Quelque part, près d'un village en chômage où vont fermer les galeries d'une nouvelle mine, le vieux père et son fils vivent dans la « misère » et la pauvreté, à un moment de disette « pire qu'il y a trente ans » [8]. Ils ont « faim » ; ils ont « besoin de pain »(premiers mots du drame) et doivent se débattre pour trouver « de quoi manger ». Condamnés à vivre dans cette situation, le fils fait l'aveugle pour apporter de l'argent au père qui « attend », au fond de son habitation de troglodyte, derrière un « mur couvert de chiures de mouches » [9].

Dès le premier dialogue du *Pendu,* l'auteur détache de ce décor de misère les deux figures principales du drame. Un père égocentrique, méprisable et « puant », cohabite avec un fils qui, aux yeux du « vieux », ne vaut guère mieux que « des dents de lapin » ou « des pattes de renard ». Tous deux sont élevés d'un cran, au niveau dramatique du jeu, dans une nouvelle dimension spatio-temporelle du temps et de l'espace dramatique. Mais avant que commence le jeu, ressortent les préoccupations essentielles de ces êtres diamétralement opposés de caractère et de tempérament. Le père paresseux parle d'un « besoin de repos » et de paix tandis que le fils manifeste un désir de travailler et d'agir qu'il exprime plus tard par ces mots :

> [...] moi je veux pas pourrir toute ma vie sur une chaise à rien faire, à attendre que ça se passe, moi, je peux construire, je peux donner, je peux tout changer [10].

Contrairement à Yonel, le vieux ne croit pas que quelque chose puisse être construit ; il a le « cafard » dès qu'il se rappelle que son fils, encore petit, « construisait avec des blocs des maisons, des tunnels, des ponts » [11]. Yonel fabrique maintenant « des idées pour qu'on puisse se casser la gueule plus vite » [12]. Affamé de chocolat et de pain, il « attend » encore depuis « le bon temps » qu'il travaillait, la possibilité de manger et de dormir « comme une bête » [13]. Son fils, lui, « condamné à nager dans l'amour filial », ne croit plus qu'il faille « ne pas s'agiter, attendre » ; il va vendre de la corde et faire « marcher » tout le monde.

Ce double comportement forme la dichotomie travail/repos, à la base de la notion ambivalente du bonheur, notion fort bien illustrée d'ailleurs par le jeu des personnages de second plan.

---

7. *Ibid.*, p. 33.
8. *Ibid.*, pp. 25-28.
9. *Ibid.*, p. 30.
10. *Ibid.*, pp. 78-79.
11. *Ibid.*, p. 77
12. *Ibid.*, p. 77.
13. *Ibid.*, p. 31.

Ceux-ci font partie d'une même race de « rebuts » ou de rejetons issus des élites visées au début de la pièce. Ce sont Jules, Pompon, Cardinal, le Boiteux et Lulu, qui se présentent tour à tour chez Yonel pour acheter des morceaux de corde. (L'arrivée de chacun d'eux constitue une scène.) Cette « grappe humaine » de va-nu-pieds, microcosme d'une société infirme, totalise les défauts physiques apparents de l'organisme et divers vices : l'égoïsme, l'intérêt, l'impuissance, etc. Lulu et ses compères résument à eux seuls les divers éléments de la définition du confort tout à l'opposé de celle du bonheur. Jules, le bossu, premier témoin et premier invité à la fête de rassemblement, sort de « la boue de tous les jours » pour assister au spectacle de Yonel. Pompon, « pauvre homme » complaisant et conciliant, dont le « petit travail » d'inspecteur consiste à « s'arranger », ne parle qu'en termes de loi et d'ordre du jeu dangereux de la corde. Enfin, le riche directeur de la mine, Cardinal, et le Boiteux « au bout du rouleau » marchandent le produit comme ils marchandent le bonheur : un remède magique capable de guérir tous les maux. Tous ensemble, ils sont l'étalage parfait de l'inefficacité, du confort matériel déguisé sous les apparences d'une corde.

La galerie de ces personnages devant Yonel permet au dramaturge de poursuivre sa dialectique du bonheur dans l'action. Le chiasme travail/repos et confort/bonheur est au centre de la structure et de l'action du drame. Le mouvement d'action se déclenche avec le jeu proposé par le vieux père. De l'installation de la corde à la pendaison [14], s'étend toute la durée du jeu. Entre la corde et le pendu, se situe le jeu et l'acte du jeu : deux volets d'un même dyptique qui correspondent aux deux actes symétriques, mathématiquement égaux. Au début du deuxième acte, la réflexion d'un enfant : « il y a quelque chose de changé » [15], annonce le passage d'un jeu réaliste à un jeu illusoire.

Cette transformation est due à l'évolution psychologique et dramatique des quatorze scènes ; elle s'explique surtout par la fonction que remplit l'un des éléments les plus importants de l'intrigue : la corde.

La corde, ressort de l'action, crée l'intérêt et le « suspense » du drame : « à mesure que l'on achète la corde, elle diminue et la mort approche » [16]. Techniquement parlant, elle fait office d' « objet fonctionnel » par rapport aux personnages. Elle est plus qu'un paravent devant lequel se meuvent les personnages : elle apparaît comme une « médiation » [17], c'est-à-dire un intermédiaire efficace qui permet l'évolution psychologique. Vue comme signe-outil, elle n'a que la valeur de sa matérialité ; elle n'acquiert sa puissance symbolique qu'en fonction de la vision qu'en ont les personnages. « Ça dépend de qui regarde et de ce qu'il veut voir » comme dit un personnage (Louis) de *La Palissade* [18]. Jules, un des clients, le prouve quand il dit à Yonel : « depuis que tu m'as donné un morceau d'corde, j'ai l'impression que ma bosse a diminué » ; celui-ci répond : « si tu le sens, c'est vrai » [19]. En réalité ni

14. *Ibid.*, pp. 35, 104.
15. *Ibid.*, p. 75.
16. *Ibid.*, p. 47.
17. Voir le sens qu'en donne Jean-Cléo Godin, dans *Le Théâtre québécois*, Montréal, HMH, 1970, p. 227.
18. *La Palissade*, Montréal, Leméac, 1971, p. 100.
19. *Le Pendu*, p. 91.

Yonel ni sa corde ne guérissent les déshérités. A titre de symbole de la richesse, la corde porte-bonheur « peut tout » [20] : attirer à elle les personnages et les transformer positivement ou négativement. Bref, elle devient un élément de construction ou de destruction qui conditionne les agissements ou les attitudes de tous les intéressés du jeu.

Le père, créateur et metteur en scène du jeu, ainsi que le fils, l'exécutant, en présence des participants que sont les gueux, reçoivent de la corde le pouvoir d'agir et la possibilité d'évoluer à la fois comme sujets et objets de la transaction. Sur le plan psychologique, le symbole les fait communier à la fraternité et à l'amour, dans leur recherche du confort ou du bonheur.

Ainsi, le père et le fils, à peu près au même degré d'aveuglement au début du drame, évoluent différemment dans les voies de l'amour. « Grâce à la corde », ils arrivent à comprendre qu'il est possible, malgré tout, « qu'on apprenne à se voir, à se comprendre » [21]. Particulièrement le vieux demeure au même stade d'égoïsme individuel et social tout au long du jeu [22], mais, en revanche, il découvre « quelque chose d'autre (que le chocolat) qui rend triste et heureux », quelque chose « meilleur que le chocolat » que Lulu appelle « l'amour » [23]. Il a l'impression d'avoir compris cela en entendant le mot « père » prononcé par son fils :

> Il y a les mots, dit-il, et puis.. tout ! les bras, les jambes, la bouche, qui ne savent pas comment faire, ils restent là, immobiles, étrangers [24].

« Oui, il y a tout cela... et la corde », répond Yonel [25] : il y a les attitudes et les mots, le symbole de la corde et la corde, entre lesquels se crée un fossé d'incompréhension au niveau du langage et de l'action.

En effet, les mots n'ont plus la même résonance pour le père et le fils. Le vrai sens des concepts liberté et bonheur, amour et justice, échappe au vieux père : « c'est des mots, ça », dit-il à son fils [26]. Les convives ne comprennent guère mieux le langage poétique de Yonel.

> Yonel parlera de liberté, commente l'auteur, les convives d'intérêt. Même avec son père il ne pourra se faire comprendre, sauf à une occasion. C'est que tous deux n'emploieront pas réellement des mots mais une description quantitative d'émotions [27].

De là la tension perpétuelle et progressive entre les personnages qui amorce des conflits d'idées et de sentiments entre les forces contraires : Yonel (force thématique ou active) et le vieux (force opposante). De là aussi le jeu du symbolisme ambivalent de la corde relatif à la compréhension de la notion du bonheur.

---

20. *Ibid.*, p. 49.
21. *Ibid.*, p. 88.
22. Son expression : « j'peux pas bouger », prononcée au début de la pièce, revient à la fin. *Ibid.*, pp. 29, 104.
23. *Ibid.*, pp. 88, 92.
24. *Ibid.*, p. 88.
25. *Ibid.*, p. 88.
26. *Ibid.*, p. 79.
27. *Ibid.*, Analyse de la pièce, pp. 13-14.

Pour le père, notamment, et ceux qu'il appelle « les pouilleux », la corde de pendu symbolise la richesse matérielle, synonyme de confort et de bien-être. A l'un, elle « représente beaucoup de chocolat » [28], aux autres, elle correspond à la disparition de leurs infirmités. Pour Yonel, au contraire, elle signifie l'espoir d'égalité et de justice (sens générique). Avec elle, « tout le monde sera riche, dit-il, — riche d'espoir et pauvre d'argent » [29]. Yonel le Pendu comprend « que tout est possible, que nous pouvons tout refaire, qu'il y a un but » [30].

Tel n'est pas le cas pour les autres artisans du jeu, les « va-nu-pieds » qui « achètent tout ce qu'ils peuvent trouver » [31]. Ces gens n'ont d'espoir que dans la magie de la corde. Leur vision s'arrête à l'objet presque mythique qui a pour effet de les rapprocher temporairement les uns des autres (cf. la scène finale de la fête) ou de les éloigner de Yonel et de son message.

Pendant le jeu, l'attitude de Yonel est révélatrice de cette double puissance du symbole. Au deuxième acte, le père et les clients gardent jusqu'à la fin leur rôle respectif tandis que Yonel s'élève au-dessus de son rôle de figurant pour devenir héros, poète, prophète et thaumaturge. Il est « au-dessus de nous », dit son père [32]. La corde l'a changé. Il commande en chef à tout le monde, particulièrement à son père, Pompon et Cardinal. Parlant du directeur, il affirme : « je l'ai écrasé, je peux tous les écraser » [33]. Sur la table où il est monté et d'où devra « redescendre », l'homme « d'une autre race » s'élève même à partir de ses rêves à un ACTE conscient, source d'illusion. On croirait que seule la conscience du héros régit et organise le jeu de la corde. Hypnotisé en quelque sorte par son action, Yonel le Pendu se meut par ses propres ficelles dramatiques quand il dit qu'il ne « joue pas » [34]. Il ne joue pas, en effet, selon les normes ou les règles du jeu entrepris. Les premiers dialogues de l'acte II le montrent souvent à demi absent. Il « rêve le nez au plafond », construit des idées, « revient sur terre », puis « retourne à son rêve » [35]. Il parle peu (moins qu'à l'acte I) et, le plus souvent, « n'entend rien » [36]. Sa parole en est une de simple ATTITUDE que le langage de la consicence suffit à entretenir jusqu'à la fin. Son jeu lucratif se transforme en jeu gratuit : un ACTE éloquent signifié par le silence qu'entrecoupent les répliques. De plus en plus libre, il peut maintenant changer les autres.

Le vrai Yonel, « celui qui peut tout », celui qui va monter très haut » [37], s'éloigne du monde qui l'entoure, mais sans jamais le quitter tout à fait. L'expression véritable de son être le sépare de son entourage. Semblable au prophète, le pendu de Gurik vit le jeu euphorique du bonheur devant la mort. Le pouvoir de la corde finit par dévorer son corps, si l'on peut dire, pour ne laisser aux participants du jeu que le visage oublié du bonheur. A ce propos,

28. *Ibid.*, p. 34.
29. *Ibid.*, p. 38.
30. *Ibid.*, p. 80.
31. *Ibid.*, p. 90.
32. *Ibid.*, p. 97.
33. *Ibid.*, pp. 49-50.
34. *Ibid.*, p. 78.
35. *Ibid.*, pp. 77-78, 81.
36. *Ibid.*, p. 81.
37. *Ibid.*, p. 50.

Laurent Mailhot remarque avec raison que « Yonel n'avait pas de visage, n'avait pas de corps, avant que ses amis ne le prennent au mot et à la gorge » [38].

Le symbole destructeur de la corde n'éloigne pas seulement Yonel, mais aussi fait disparaître les progrès réalisés dans l'amour et le bonheur depuis le début du jeu. Pourtant, la scène finale, tableau assez symbolique du bonheur humain, laissait présager quelque espoir de fraternité et d'amour. Le vieux père croit comme son fils que « le grand jour » des « épousailles » va se lever [39]. C'est « la fête du monde ». « Les pouilleux se marient », dit le père [40]; « tout l'monde est heureux, s'exclame Lulu, — on s'aime... on s'aime » [41].

Mais ces cris enthousiastes se dissipent comme la fumée de l'illusion quand Yonel s'écrie : « il ne s'agit pas de mourir mais de vivre ! » [42] Aussitôt se rétablit l'équilibre des forces contraires qui neutralisent la Force thématique. La conscience de Yonel bascule du côté du poids le plus pesant. Le symbole l'emporte sur l'individu et Yonel doit mourir pour maintenir la valeur de ce symbole. « Si tu descends (de la table), lui dit Jules, la corde ne vaut plus rien ! » [43] Et Lulu de demander : « Ça veut dire que je vais recommencer à bégayer ? » [44] « Grâce à la corde », il ne reste que « le pendu » devant Yonel, une pendaison sans utilité apparente et sans prix par rapport à une prise de conscience.

Toi Yonel à quoi sers-tu
Depuis ta mort, rien n'a changé au village
Et les amis qui t'ont pendu
Ont déjà oublié ton visage [45].

Le père pensait qu'il ne valait pas la peine de se donner à des pouilleux. Yonel, lui, croit qu'ainsi « on peut tout refaire, tout ! » [46] Telle est la réponse à l'interrogation de la chanson d'ouverture sur l'utilité d'une société « à deux étages » : la collectivité des élites (maire, curé, médecin, professeur et notaire) et les individus prolétaires représentés par les personnages. La chanson finale ne donne pas de réponse claire à cette interrogation. Elle ferme le cercle du jeu sur un monde auquel, apparemment, personne ne se soustrait. Des voix d'enfants font sortir les spectateurs des cadres du jeu pour les ramener à la même réalité quotidienne du début de la pièce. La vie revient à son point de départ, dans la grisaille d'une même misère et d'une même pauvreté.

La composition cyclique de l'œuvre permet de traduire ce retour à la réalité. Du début à la fin de la pièce, les nombreuses interruptions sous forme de chansons forcent les acteurs et les spectateurs à revenir au moment présent.

38. Cité dans *Livres et Auteurs canadiens 1970, Le Pendu de Robert Gurik*, par Laurent Mailhot, p. 94.
39. *Le Pendu*, p. 94.
40. *Ibid.*, p. 91.
41. *Ibid.*, p. 92.
42. *Ibid.*, p. 101.
43. *Ibid.*, p. 101.
44. *Ibid.*, p. 101.
45. *Ibid.*, p. 104.
46. *Ibid.*, p. 103.

Ces objets esthétiques fonctionnels sont plus que des ornements ; ils servent à marquer des arrêts de réflexion au cours du déroulement de l'action, sans nuire pour autant à l'unité et au mouvement perpétuel de l'œuvre. Ces couplets d'un même chant donnent aussi au drame une structure pivotante, souple et fantaisiste, qui incite les témoins du jeu à s'interroger sur l'utilité de l'homme dans la société. Une telle structure assure un lien logique entre les formes dramatiques coexistantes : chœurs, monologues et dialogues ; elle est surtout bien intégrée au but de l'auteur :

> Changer le monde extérieur parce que le système dans lequel on vit est invivable [47].

C'est le thème de l'esclavage des individus dans la pièce : le bonheur accordé par la magie dérisoire du confort matériel.

*

* *

Cette préoccupation immédiate de Gurik se retrouve sous-jacente à toutes ses œuvres, et particulièrement dans *Le Pendu*. Au-delà du symbolisme de l'œuvre apparaît le réalisme de l'auteur bien résumé par l'un des personnages, dans *Le Tabernacle à trois étages* : « un besoin de tout changer, avoir l'impression de recommencer une autre vie, de renaître » [48].

Le héros du *Pendu* convie ses « amis » à une re-naissance de l'amour, à une révolution par l'amour humain. Ceux-ci cependant ne découvrent pas Yonel-l'individu, Yonel-l'être-humain. Le symbole cache l'individu qui doit revenir à un état « primitif » du bonheur. Sans doute faut-il dépasser ce symbole pour comprendre cette vérité recelée dans l'œuvre. Au-delà des richesses, il y a le bonheur ; au-delà de la politique et des idéologies qui fardent l'œuvre, il y a l'individu dans sa condition d'homme moderne qui seul intéresse l'écrivain.

Il peut être intéressant d'examiner l'œuvre dans sa projection et de trouver dans le symbolisme du *Pendu* une dimension particulière de l'homme. Comme le remarque André Major, *Le Pendu* possède « une vision désenchantée du messianisme » [49] et même une vision simplifiée du Mystère de la Croix. Pour l'initié à la Bible, il est facile de reconstituer dans le drame le périple des événements de la vie du Christ, depuis le baiser du rusé Jules jusqu'à l'abandon de Yonel sur son piédestal. A travers les paroles et les gestes du « héros évangélique », on peut retracer la figure d'un « Christ moderne sans Eglise » ou bien, selon les termes de Gurik, d' « un gars de la génération pré-LSD qui se prend pour le Christ » [50]. Les souvenirs bibliques ou historiques — Isaac sacrifié, Christ crucifié, Riel pendu ou Luther King assassiné — ne doivent pas toutefois cacher la véritable dimension du

47. Cité dans *Livres et Auteurs québécois 1972, ibid.*, p. 112.
48. *Le Tabernacle à trois étages, ibid.*, p. 36.
49. André MAJOR, *Le Pendu, Christ sans Eglise,* dans *Le Devoir,* vol. LIX, no 42, 20 février 1968, p. 6.
50. Cité dans *Robert Gurik : « Le Pendu, c'est un gars de la génération pré-LSD qui se prend pour le Christ,* par Jean-Claude Germain, dans *Le Petit Journal,* 42e année, no 16, 11 février 1968, p. 42.

Pendu : celle d'une conscience collective en éveil qui cherche à « s'inventer » une forme de bonheur.

Le microcosme que représentent les personnages devient le macrocosme symbolique de l'impuissance d'une nation. Yonel, héros révolutionnaire, est d'abord un visionnaire qui joue le jeu des grands prophètes sans poésie et des politiques mal inspirés. Sa « toile d'araignée d'espoir » se referme sur lui parce que personne ne l'a entendu. Prophète de la mort d'un peuple, tel peut apparaître le vrai Yonel. A ce titre, il représente, pour l'auteur, « un de ces héros typiques de l'Occident, de cet Occident de l'ère pré-technologique qui se meurt » [51]. Qui est plus précisément cet « homme d'hier et de demain » ? L'auteur ne peut le cerner dans sa totalité comme il ne peut apporter des solutions ou une conclusion à son drame. Il ne fait qu'effleurer des problèmes profonds de l'être (c'est là une faiblesse de son œuvre) ou jeter des ponts entre l'émotion et la réalité vécue. L'écrivain est conscient qu'il n'est pas allé loin dans la découverte. Il déclarait dans une interview avec Luc Perreault :

> Demain j'essaierai encore. Je me rendrai peut-être plus loin...[52].

Plus loin que Yonel, on peut voir Gurik lui-même que son « besoin d'écrire » incite à un besoin de contester d'une manière « a-théorique » et « a-moralisatrice », un peu à la façon de Marcuse ou de McLuhan. La parabole du Pendu est un cri de contestation tel qu'on peut l'entendre chez Michel Tremblay ou Réjean Ducharme, mais le cri tragique de Robert Gurik ne peut être étouffé par les « Tueurs de Cygnes ».

---

51. Cité dans *Le Pendu,* Analyse de la pièce, p. 13.
52. Cité dans *Livres et Auteurs canadiens 1966,* Montréal, Ed. Jumonville, 1966, p. 64.

Le Roi des mises à bas prix[1]
de Jean-Claude Germain

par Pierre B. Gobin,

professeur à l'Université Queen's

« Présentée sur une scène dans le style mouchoir de poche, la figuration des divers lieux de l'action du *Roi des mises à bas prix* fut donc — et peut être — réduite au strict minimum... » nous dit Germain en tête des indications scéniques.

Le strict minimum est ce qui convient à la pièce : non pas qu'il y ait dans chaque facteur dramatique un dépouillement complet, puisqu'on peut suivre une action, qu'il y a des scènes et des actes distincts, chacun avec le décor approprié, qu'il y a découpage dans le temps, et que figurent deux personnages ; mais la combinaison s'effectue avec une économie très poussée, si bien que le titre pourrait convenir et au personnage de la pièce, et à l'auteur lui-même.

J.-C. Germain nous offre en somme quelque chose d'assez proche du théâtre de la pauvreté, qui, tout en permettant une tension dramatique spécifique et un affrontement de personnages individuels les mine de l'intérieur, qui tout en offrant un espace scénique distinctif permet de le réduire jusqu'à l'abolir, qui tout en situant l'action historiquement la fait éclater, la dissipe et la détemporalise.

Mais pour ce faire il n'a pas tenté un *passage à la limite* du protagoniste, du lieu, du temps, de l'action.

---

1. *Le Roi des mises à bas prix,* Montréal, Editions Leméac, 1972, 96 p. Collection « Répertoire québécois », no 24. Création de la pièce le 3 juin 1971 à la Bavasserie par les P'tits Enfants Laliberté.

I

Si Farnand Sansouci [2] (beau nom ironique, joyeusement québécois et hanté par l'irresponsable ; prénom si bien joualisé que seul Dieu, dans un moment d'inadvertance, peut interpeller « Fernand », qui alors ne comprend pas) n'est pas seul en scène — comme par exemple le *personnage combattant* de Vauthier ou le protagoniste de l'*Hypothèse* de Pinget — ou seul à parler comme la victime du *Bel indifférent* de Cocteau, il est le seul *humain* en scène. Il est isolé mais jamais seul. Pendant la première partie, dans la taverne où il recherche l'ombre de quelqu'un pour l'écouter (« Nous autes dans note temps y avait au moins quêqu'un qui nous écoutait... ON AVAIT L'WAITER... ») *il est bombardé de voix — voix situées dans la taverne même* comme l'indiquent les réponses indignées du personnage (« la coulisse : Pis si vous avez envie d'insinuer par là que j'dérange les clients, insinuez-lé pas... dites le Chrisse ») — *voix entendues par le spectateur* (les « waiteurs » parlant dans un microphone « utilisé comme un gueuloir, ou mieux encore comme un mégaphone ») à la fois déshumanisées et insistantes [3], *voix possédant le personnage,* émises par lui pour « livrer son monde intérieur » mais envahissant sa personne privée, la dépossédant de sa liberté, l'acculant à l'angoisse et à une révolte hargneuse et inefficace :

FARNAND —

ATTENTION AUX PORTES
Watch the doors
ATTENTION AUX MARCHES
Watch your steps
EN VOITURE !
Chèque tes claques
Tout l'monde avance en arrière
PIS, ON PART PAR EN AVANT
Excusez
Excusez-moué
Y faut que ch'sorte

---

2. Sansouci — le nom. Ceci s'est trouvé confirmé à la lecture (après la rédaction du texte ci-dessus) de *Si les Sansoucis s'en soucient ces Sansoucis-ci s'en soucieront-ils ?* et des notes de Germain (pp. 100-101, éd. Leméac, Répertoire québécois, nº 24, 1972, Montréal) évoquant les personnages de sa pièce... « pour qui le *Dictionnaire Larousse* sous la rubrique 'Enfants Sans Souci' offre une définition qui par hasard caractérise très bien Tharaise, Chlinne, et Farnand... », « ces trois enfants Sans Souci attardés »... « un nom qui avec celui de sots désignait aux XVe et XVIe s. les membres d'une corporation dramatique parisienne dont les principaux dignitaires prenaient le titre de 'Prince des Sots' et de 'Mère Sotte' ».

Seulement, si la pièce où apparaissaient « les trois Sansoucis » était une sotie, c'est-à-dire une pièce « où se glissaient les plus piquantes allusions et les plus âpres satires politiques et sociales » *de façon ouverte, Le Roi de mises à bas prix* se présente de façon moins libre et plus resserrée.

Dans *Si les Sansoucis* Farnand, s'il était le moins assuré des héritiers, le plus inhibé, et le plus susceptible au chantage des « meubbes » par les meubbes et pour les meubbes, avait encore les prérogatives d'un personnage public (« De tous temps les Sansoucis ont occupé l'avant-scène politique québécoise »). Dans *Le Roi des mises à bas prix* son drame s'approfondit et assume une dimension existentielle à peine esquissée auparavant.

3. Le « *Dispatcheur* » de la gare est une extension de ce type de voix — nous y reviendrons à propos de l'espace de la pièce.

Y faut que ch'sorte
Y faut que ch'sorte
Y FAUT QUE CH'SORTE

OTE-TOUE DE D'LA, LA GROSSE,
MOUVE OSSTI
MOUVE

Dans la deuxième partie, après une déambulation solitaire (mais surveillée par *les autres* — notamment un policier impersonnel qui fait place lui-même à l'œil électronique contrôlant l'accès à son appartement) Farnand est rentré chez lui. On pourrait donc croire qu'il y trouvera la paix. Mais « la paix chez soi » n'est pas possible. Du moins les personnages de Courteline n'étaient en butte qu'à des fâcheux humains — administrateurs arrogants, bourgeois stupides, petites femmes rouées mais bornées — et pouvaient quelquefois trouver quelques compensations dans leur commerce — échange d'anecdotes, beuveries en commun, étreintes furtives.

Farnand Sansouci, soumis « aux p'tits bosses » tant qu'il est dehors, retrouve chez lui le « chanteux d'pomme », personnage suave et charmeur, mais qui n'en est que plus dangereux. « Protéiforme et sans sexe défini », il n'a « qu'un seul but, qu'une seule raison d'être, garder Farnand sous sa coupe et tous les moyens sont bons ». Au reste, si « le chanteux d'pomme » utilise d'abord les chantages familiers d'une épouse de vaudeville, et exploite habilement tous les points faibles de Farnand qu'il connaît à merveille, nous nous apercevons bientôt qu'il est « contrôlé par le pouvoir », qu'il n'est pas un être humain véritable, mais un « television-man » qui met en œuvre toutes les ressources dépersonnalisantes des mass-media.

Le conflit entre Farnand et son bourreau intime (à la fois conscience malheureuse et conscience morale prescriptive, masochiste et sadique) reprend sous une forme plus aiguë et sur un plan plus profond l'affrontement entre Farnand et *les voix.*

L'identité-répulsion est ici manifeste, et le protagoniste (Ego) est, pour se défaire de ce *surmoi factice,* réduit à une série de tentatives où se marque son désespoir croissant.

A la lutte ouverte et directe succède un judo mental (Farnand procède par désamorçage, abonde dans le sens de son adversaire pour le désarmer) puis un assaut dialectique au niveau du langage corrompu, et du jeu truqué qui est celui même qu'on a utilisé contre lui.

FARNAND — VAS-T'EN ! TU PERDS TON TEMPS ICITTE !

LE TELEVISION MAN — Veux, veux pas, Farnand, on est deux dans s'bateau-là... pour le meilleur et pour le pire ! PIS ON VA COULER ENSEMBBE OU BEN DON ON VA S'EN SORTIR ENSEMBBE !

FARNAND — NOYE -TOUE SI TU VEUX, MAIS COMPTE PUS SUS MOUE POUR T'EN SORTIR ! A partir du moment présent, pour moué, t'exisse pus ! T'ES PUS LA !

LE TELEVISION MAN — V'LA TON BILLET, RITA, PIS PRENDS LE TRAIN ! On l'a déjà entendu celle-là, mais ça pogne pas avec moué ça !

FARNAND — Monte pas sus tes grands ch'faux, pis prends lé pour s'que c'est... UN NOUVEAU JEU ! Wouais... UN NOUVEAU JEU ! Quand ch'te parle, c'est moué qui parle, mais quand tu m'entends, c'est pas toué qui entend, c'est eux autes. S'tun jeu, c'est toute s'que c'est ! UN NOUVEAU JEU !

LE TELEVISION MAN — UN JEU ! UN NOUVEAU JEU ! Pour qui c'est qu'tu m'prends ? POUR UN CAVE ?

FARNAND. — Ch't'ai-tu d'jà parlé moué han ? Ch't'ai-tu d'jà parlé ? En tout cas, si t'as déjà entendu quèqu'un qui t'parlait icite, j'me d'mande ben quicékssé ? T'es sûr que t'entends pas des voix ? HAN ? Des voix qu't'entend pas ?

LE TELEVISION MAN — Quecé qu'y dit là ? Quecé qu'y dit ? Quecé qu'tu dis là Farnand ? Quecé qu'tu dis là ?

Alors seulement, *en sabotant de l'intérieur* l'intériorité absente de ce fantôme qui le hante, en programmant à faux son bourreau programmé, Farnand réussit à se libérer. La télévision et l'homme-télévision s'affolent (effet de « strobe-lights », les lumières changent), les disques s'enrayent et se répètent, finalement tout s'arrête sur une lumière bleue « et le television-man s'immobilise. Il regarde vers le ciel. »

Farnand reste donc victorieux en apparence ; il disparaît le dernier ; il rit le dernier. Mais il quitte la scène et l'abandonne à un objet mort, un de plus. « Si ça continue d'même, Speedy, y va m'falloir un entrepôt pour toute mette ça... Pi si ça arrête pas, dans l'temps de l'dire, y va m'falloir un pays... UN PAYS... Speedy y disait pas un mot, y s'est jusse mis à rire... CRE SPEEDY !... CRE SPEEDY !... LUI... LUI... Y AVAIT COMPRIS EN OSSTI !... Y riait Speedy, pis y riait... UN PAYS POUR ENTREPOSER LES MEUBLES A FARNAND ! »

Là où le *Nouveau Locataire* de Ionesco était étouffé, Farnand a « compris en ossti » mais reste le gardien des objets inertes.

II

On voit donc que le Roi des Mises à bas Prix est le *roi* d'un « pays » *qui se meurt.*

C'est là que l'économie de lieu intervient.

Au plan scénique, le plus évident, les décors sont simples (store vénitien réversible ; meuble qui combine toutes sortes de fonctions, « bahut-placard-garde-robe-armoire » ; tabouret).

Mais *les éléments visuels ont un sens symbolique* : le bahut est à la fois prison du chanteux d'pomme et boîte de contrôle du television-man, le tabouret de Farnand est l'héritier d'une lignée de meubles :

> « Nous autes, chez nous, on s'est transmis la même chaise drette pendant des générations... jusqu'asque mon père se tanne pis qu'y l'échange pour une chaise pliante... C'est plus pratique, qu'y disait... ça peut toujours sarvir de béquille, en cas de besoin... ».

> « Un beau jour, y a fini par tomber en bas d'la chaise... pis sa chaise a m'est restée à moué... Mais, j'l'ai pas gardée... ah non... J'l'ai échangée pour un tabouret... les nouveaux modèles japonais... »,

mais un héritier « détaché », comme Farnand lui-même.

> « Faut dire aussi que moué, chus comme mon père, chus pas attaché aux choses du passé... chus pas attaché pantoute... »

Ainsi les objets présents sur la scène renvoient à une série de contextes plus vastes mais qui les abstraient.

La généalogie du tabouret évoque l'histoire du Québec, qui « maintient » mais est dépossédé, échange et change mais fait des marchés de dupes ; le bahut souligne la pression de la civilisation de masse et de ses porte-paroles (« ce personnage est commandé par le pouvoir » nous révèle le blouson du chanteux d'pommes quand il se retourne dans sa prison — poste de contrôle) qui offrent une abondance d'objets mais utilisent les machines pour dominer les hommes.

Cette pression est du reste plus forte qu'elle ne l'a jamais été. Pour mieux le comprendre il faut reprendre les éléments du *décor implicite,* révélés par la voix du dispatcheur dans la première partie, et qui nous préparent à la confrontation entre Farnand et l'chanteux d'pomme dans un cadre plus précis et visualisé.

L'appel des trains nous renvoyait alors à des souvenirs du père de Farnand. Si le vieil homme avait passé sa vie à soustraire (les journées, les verres de bière) et à rêver en chantant « un canadien errant » tout en restant assis sur sa « chaise à béquille », « c'est qu'il avait peur de toute s'qui bougeait... surtout é trains ».

Farnand, lui, est hanté à un degré plus subtil : « Moué, squi m'fait peur astheure, c'est l'monde qu'y a d'dans. » Il est menacé par ceux que manipule le pouvoir et qui hantent ses meubles. Il a beau s'exhorter à lutter contre la paralysie : « LEVE TOUE, PIS MARCHE MOUVEZ-VOUS, JESU CHRI » et tenter de déambuler, il ne le fait que comme un homme saoul. Il a beau tenter de partir, d'être vraiment le voyageur, *le canadien errant,* il est frustré dans sa tentative : c'est que l'espace géographique de la Province, évoqué par la voix neutre du *Dispatcheur* qui annonce les trains est un espace dont les coordonnées sont faussées.

Aux séries cohérentes, bien que coupées de leur continuité spatiale (ordre alphabétique de noms de localités, séries de noms de Saints, de noms anglophones, de noms indiens) succèdent des séries arbitraires, coupées de retours géographiques (Kenogami, Chicoutimi, Alma), mais brouillées par l'indication de localités hors contexte (Belœil, Schefferville, Haute-Rive, Saint-Janvier, Gaspé) ; en même temps s'instaure une atmosphère inquiétante, pleine de l'appel du gouffre : « Saint-Fulgence-en-bas, Saint-Méthode-de-la-Rivière-Creuse, Saint-Charles-les-Grondines, Saint-Ephrem-de-Tring, Saint-André-de-l'Epouvante ». Quant au leitmotiv : « L'ASSOMPTION », qui rappelle avec insistance un port d'attache, c'est un lieu ambigu, une localité hors de Montréal mais tout près, mi-ville, mi-campagne, un nom porteur de promesse religieuse que dément la réalité plate. Ainsi se trouve révélée l'aliénation profonde de Farnand.

> « (Angoissé) :
> Ch'peux pas partir
> Ch'peux partir
> J'ai oublié d'disconnecter l'frigidaire
> J'ai oublié d'disconnecter l'toasteur
> J'ai oublié d'disconnecter la bouilloire
> Mon char est sus un no parking
> J'ai oublié mes clés
> CHUS EMBARRE DEWORRE. »

Arraché à son chez-soi, « En étrange pays dans (son) pays lui-même », Farnand risque de perdre son identité.

Nous voyons donc que la séquence du *dispatcheur,* dans la première partie, annonce déjà l'angoisse de la réification qui sous-tend la lutte de Farnand contre l'chanteux d'pomme. Ainsi lorsque l'espace dramatique s'étend, *du même coup* il se resserre, se casse et *s'abolit.*

Farnand victorieux quitte la scène :

> (Il ramasse son tabouret.)
>
> Ben, ben, parle, parle, jase, jase, la nuit avance pis, moué, j'ai encore une p'tite caisse de vingt quatte qui m'attend... Va falloir que j'm'y mette si j'veux arriver avant l'soleil...
>
> (Il sort. L'éclairage s'éteint. On ne voit plus que l'écran de télévision bleu.)

et on n'entend plus que *sa voix* et son rire.

Les hommes sont réduits à la futilité dont parlent les Psaumes : ils se dessèchent comme l'herbe, et s'évanouissent en fumée ; *mais* leur conte, comme l'eût dit Shakespeare, est le conte d'un idiot, et il ne signifie rien.

Cela réduit le déroulement de l'action à des enchaînements absurdes ou arbitraires dont la seule nécessité s'établit au niveau du cliché : le conflit entre Farnand et l'chanteux d'pomme a quelque chose de *déjà vu.* C'est la récurrence d'une scène de ménage. Chacun sait par cœur quels mauvais arguments l'autre emploiera, et peut les prononcer en même temps (cf. « LE CHANTEUX D'POMME ET FARNAND, ensemble : C'EST QU'Y S'EN RENDENT COMPTE QUAND Y EST TROP TARRE... Quand ça leu manque... »).

Du coup la victoire de Farnand nous apparaît bien précaire : il est encore vivant et rit le dernier, mais tout en restant maître d'un vaste entrepôt d'objets évacués par leur maléfice, il est bien près d'être envahi par la prolifération de ce que Sartre appellerait le pratico-inerte. Il règne sur un cimetière d'objets au milieu de cadavres, figurés par les bouteilles de bière. Il a percé à jour pour cette fois le jeu du pouvoir qui croyait le hanter ; mais son rire s'éteint lentement ; d'autres inventions, d'autres interventions, viendront menacer sa liberté. Et la disparition pathétique du « chanteux d'pomme », « TOUTE EST MORRE DANS A NEIGE... Notre chien est morre dans a neige... », laisse tout de même prévoir un éternel retour. Comme le laissait entendre la « chanson d'la p'tite fanfare ordinaire » :

> Et maintenant, c'est moi qui pleure
> J'attends qu'la nuit passe au matin
> Chus étranger dans ma demeure
> V'la ton billet, pis prend le train.
> PIS AVISE-TOUE PAS DE R'VENIR RITA !

la disparition du Chanteux est la réplique du départ de Rita. Nous venons simplement d'accomplir un autre cycle.

III

La notion du temps, elle aussi est éclatée. Ici, le facteur de distanciation et de continuité c'est la voix, « LA BELLE VOIX TRISSE à pleurer », qui chante :

> Ecoutez-lâ sans l'oublier
> Ecoutez-lâ sans l'oublier
> A vos enfants la raconterez
> A vos enfants la raconterez
> L'histouère du temps trisse à pleurer
> L'histouère du temps trisse à pleurer
> D'avant qu'la biére s'change en fumée
> D'avant qu'la biére s'change en fumée
> D'avant qu'la biére s'change en fumée,

chanson qui situe la pièce *dans l'Histoire* (par son langage joualisant, par son ton, par ses références à « l'histoire du temps... »), et *hors de l'Histoire,* évoquant l'Apocalypse (« D'avant qu'la biére s'change en fumée), passant de la taverne suburbaine, où l'on boit, où l'on fume, à des visions de cercueil (la bière), de crematorium et d'holocauste, et les niant du coup (« A vos enfants la raconterez »), ramenant l'*Histoire* à une *histoire,* l'Esprit objectif aux évocations d'un sentiment subjectif (« trisse à pleurer »), d'une légende à transmettre par la tradition orale, le folklore et l'enracinement démonstratif.

La Ballade, contrairement à ce qui se passe chez Brecht, n'introduit pas un chœur commentant et transposant le drame, via l'Histoire, dans *l'Epique,* mais puisque pour le Canadien « Ton histoire est une épopée », elle dissout l'Histoire en épopée et atténue l'Epopée en complainte (cf. La Belle Voix Trisse) :

> Toute s'qu'y est resté d'leu-z-équipée
> Toute s'qu'y est resté d'leu-z-équipée
> Cé un champ d'herbe qui va sécher
> Cé un champ d'herbe qui va sécher
> Cé là le drame des pionniers
> Cé là le drame des pionniers
> De pas savouère s'qu'y ont trouvé
> De pas savouère s'qu'y ont trouvé
> De pas savouère s'qu'y ont trouvé.

IV

Ainsi la figure de la pièce est assez voisine du cercle. Partant d'un personnage seul, nous revenons à un personnage seul. Seulement, à la fin il est absent de la scène. Au début de la pièce, à la nuit tombée, Farnand s'installe *à la taverne.* Il a devant lui une table garnie de verres, où il ne reste même pas la place de mettre une assiette. C'est qu'il est bien décidé à ne pas manger, à ne rien faire qui puisse le détourner de son entreprise, qui est de *boire.* A la fin de la pièce, il annonce de la coulisse qu'il faut encore finir « une p'tite caisse de vingt quatte avant l'soleil ». L'entreprise du buveur sérieux se double d'un « voyage au bout de la nuit », et d'une espèce d'ascèse ; en effet la visite de la taverne avait la valeur d'un pèlerinage : malgré les haut-parleurs importuns, les clients indiscrets et la direction grincheuse, Farnand devait chaque soir retrouver le même local pour y accomplir un rite, offrir une série de libations aux mânes de Speedy, son « waiteur » mort, celui qui seul savait l'écouter et le comprendre — dans la seconde partie de la pièce dans son appartement privé, une fois débarrassé du chanteux d'pomme, fâcheux intime, Farnand va à nouveau invoquer Speedy, qui cette fois est omniprésent, et n'a pas besoin d'être visité sur les lieux où il a vécu. Le rituel grossier s'est mué en communication spirituelle : Speedy est pourvu des attributs de Dieu, non Dieu de censure, mais Dieu de connivence. En invoquant Speedy on atteint à une espèce de communion des Saints qui permet à son tour l'exercice de la grâce.

Au contrepoint, entre l'espace scénique et l'espace dramatique, le temps scénique et le temps dramatique, vient s'ajouter une ouverture vers un espace et un temps spirituels.

De sorte que le mouvement circulaire s'il est affecté d'une tendance à la descente et au resserrement (voyage au bout de la nuit, victoire précaire sur des hantises privées, triomphe au milieu d'un cimetière d'objets) présente aussi la possibilité d'une assomption [4] de la présence compréhensive dans l'absence même, de la vision totale parmi les décombres du petit matin. A cet égard, le « J'AVAIS COMPRIS EN OSSTI ! » qui termine la pièce prend son sens le plus fort et le plus littéral.

Nous l'avons vu plus haut, l'action dramatique se soldait par un *échec* au terme de la première partie, et par un immense désarroi du protagoniste, déambulant ivre dans les rues de la ville vide, après avoir manifesté son impuissance à communiquer avec les nouveaux « *garçons* » de la taverne, et l'impossibilité de trouver un recours dans son héritage, personnel ou collectif. Pourtant la seconde partie qui revêt la forme d'un conflit plus intense (confrontation directe avec l'chanteux d'pomme), plus restreint dans son cadre, et plus insidieux aboutissait à une *victoire* de Farnand.

Le mouvement « spirituel » suit une démarche semblable. On pourrait intituler la pièce *En attendant Speedy.* Muet au premier acte, l'esprit tutélaire s'exprimera au second à travers son adepte. Mais entre temps, Far-

4. Le nom de la localité évoquée par les haut-parleurs annonce peut-être, *au-delà de l'ironie,* une victoire *par renversement,* comme celle de Farnand sur le chanteux.

nand devra traverser une zone de désespoir (déambulation dans la ville) et *passer en jugement* (censure de Dieu qui semonce *Fer*nand). C'est à l'intérieur même du petit enfer bien clos où il sera consigné au second acte qu'il trouvera la force de se révolter et l'astuce de déjouer l'entreprise du *Pouvoir* qui le tourmente. (Voir le *tableau* à la fin de ce texte.)

CONCLUSION

On voit avec quelle maîtrise Germain a su utiliser des contraintes scéniques très sévères et s'en servir « comme d'un tremplin pour étudier ce que cache notre masque quotidien — pour exposer ce qui est au cœur même de notre personnalité » pour reprendre la formule de Grotowski. Il n'a pas besoin de clamer les problèmes sur un ton grandiloquent pour faire une pièce fortement insérée dans la réalité de l'ici et du maintenant. Après avoir vu les deux premiers spectacles de Germain, une étudiante du CEGEP Bois-de-Boulogne écrivait à l'auteur :

« J'ai l'impression que tout comme votre premier spectacle [5], le deuxième est un inventaire et un refus. Dans le premier, c'était les classiques que vous refusiez, dans *Diguidi* vous résumez en une heure toute *(sic)* les situations classiques du théâtre québécois traditionnel et vous les rejetez également. J'ai hâte de voir le troisième. » [6]

Cette interprétation me semble particulièrement judicieuse, mais on pourrait, je crois, l'étendre et l'amplifier.

La fécondité dramaturgique de Germain est telle qu'il est bien difficile de dire quel fut « le troisième spectacle » et quelle est la place du *Roi des Mises à bas Prix* dans la série. Si on le compare avec des pièces antérieures, *Diguidi* notamment, on peut noter toutefois une remarquable constance dans le projet et dans la thématique en même temps qu'un progrès sensible dans le métier du dramaturge. *Le Roi* est *aussi* un inventaire, et un refus, et porte *aussi* sur l'héritage matériel et culturel. Seulement ici, puisque la démolition des classiques a déjà été systématiquement conduite (et notamment dans *Si les Sansoucis*) il est nécessaire de revenir sur des formes plus populaires (moins soupçonnées mais plus dangereuses) de la « culture » québécoise.

Dans *Diguidi* (1969) outre les « situations classiques du théâtre québécois traditionnel », c'était une certaine conception de l'acteur et du dramaturge qui était en cause. Il n'y avait pas encore subversion profonde du rapport du théâtre avec le monde, alors que *Si les Sansoucis* (1971) en parodiant la tragédie grecque ou le théâtre épique selon Brecht s'en prenait non seulement à *un* type de théâtre, mais à *tout* théâtre et même à *toute* culture.

La subversion dans *Diguidi* était plus gênante au niveau de la psyché du public lui-même. Une fois posée la distinction entre le public bourgeois choyé par certains auteurs, et le public populaire (activiste, engagé, concerné,

5. *Op. cit.*, p. 192. Il s'agit sans doute d'*Un grand spectacle d'Adieu,* donné en septembre 1969, *Diguidi* datant de novembre 1969.

6. Sans doute, d'après la chronologie établie par Robert Spickler (*op. cit.*, pp. 27-28), *Si Aurore m'était contée deux fois.*

le public « qui pense ») c'est à ce dernier groupe que s'appliquait le fer rouge : les protagonistes (le père, la mère et Gilles), ayant dépouillé leur *personnage,* s'étant purifiés des oripeaux d'emprunt, et demeurant seuls en scène comme substituts de spectateurs, révélaient une gangrène interne, une réification de leur *personne,* emprisonnée dans les structures du folklore ou les habitudes quotidiennes, réduite à des mimiques animales et à une impuissance quasi-totale. La libération de la mère n'était pas dûe à son acte à elle, mais au crime du fils, parricide par inconscience.

La pièce la plus ancienne était donc la plus inquiétante, mais la moins efficace, parce que son engagement était situé de façon ambiguë. La sotie marquait une progression technique sensible (le « métier » des parodies est éblouissant) et une application plus nette de l'impact culturel (grâce à l'usage de « guignols » qui précise la fonction sociale). Moins « optimiste » en apparence, elle offrait une conclusion mieux fondée (Farnand, membre de l'élite mais dupe, reste possesseur de la « tabbe » des Sansoucis, dont la présence le prive de sa virilité) et moins mélodramatique (pas de cadavre). *Le Roi* est à bien des égards *moins gai* (pas ou peu de morceaux de bravoure démystificateurs) *mais plus tonique,* car le drame est à l'intérieur, et la victoire, pour douteuse qu'elle soit, *vraiment conquise par le protagoniste.*

Il est surtout infiniment mieux structuré du point de vue dramatique ; comme nous l'avons relevé, il y a plus qu'un contrepoint entre les niveaux scénique, dramatique et « spirituel ». Il y a une véritable dialectique révélatrice, une forme de réflexion purifiante au sens existentialiste : le développement de la pièce répond à celui du personnage, sans la moindre confusion. Il y a économie parfaite, identité entre le protagoniste et le héros (qui s'opposaient, dans *Diguidi*), entre le héros dramatique et le héros existentiel (dédoublés dans les pièces précédentes) sans pourtant que la tension théâtrale ait lieu d'en souffrir, grâce aux procédés de distanciation (moqués dans *Si les Sansoucis* mais utilisés ici à bon escient). Enfin la pièce est située avec précision dans *L'ici et le maintenant québécois,* mais les problèmes d'aliénation qu'elle pose ont un sens pour *tous les contemporains* partout où ils se trouvent et à quelque groupe social qu'ils appartiennent ; le rapport entre les acteurs et les personnages, que *Diguidi* voulait briser, est restauré, mais *inversé* [7]. *Le Roi des Mises à bas Prix* marque à bien des égards l'émergence d'un théâtre québécois mûri.

7. Puisque le personnage n'a pas à se *démasquer* pour révéler la personne libre, mais que le protagoniste se libère *en créant* un jeu qui piège son persécuteur.

Circularité et ouverture dans le jeu des catégories et des motifs

l'espace	*« spirituel »*	dialogue avec Speedy (pas de réponse)	la voix de Dieu (censure)	dialogue avec Speedy (communion)	dépassement dialectique
	dramatique		la province *(les Haut- parleurs)*	le pouvoir *(le chanteux d'pomme)*	tendance à l'éclatement et la dépersonnalisation
	scénique	la taverne	déambulation dans la ville		tendance au resserrement
				l'appartement	
le temps	spirituel	*le passé* *âge d'or* (avec Speedy vivant)		*l'intemporel* Dieu	le temps retrouvé *(grâce)*
	dramatique		le passé (personnel et social)		« l'actualité » (le chanteux d'pomme)
	scénique	le présent (le soir)			le présent (le petit matin)
l'action	l'esprit		Speedy absent	Dieu présent et menaçant	Speedy présent l'assomption par renversement dialectique
	les adversaires		complications « l'assomption »		défaite menaçante
	le protagoniste		tentative	échec	victoire
			sens ironique et amer (antiphrase)		

Les modalités de socialisation du Je de la récitante dans La Sagouine *d'Antonine Maillet*

par Germaine CHESNEAU,

professeur à l'Université de Toronto, Erindale College

Présentation de l'œuvre

La Sagouine, c'est à la fois le nom d'une pièce de théâtre [1] faite d'une série de seize monologues et celui de la récitante. Ce féminin, rarement employé à en croire le dictionnaire de Robert, désigne dans la langue familière en français standard une femme ou une fille malpropre, par comparaison avec le petit singe d'Amérique du Sud qui porte le nom de sagouin et qui, par le hasard malheureux d'une contamination linguistique avec *salaud* et *salopard,* est devenu une sorte d'éponyme de la saleté. Dans le français particulier que parlent les Acadiens [2] et dont Antonine Maillet donne dans sa pièce une restitution écrite, *la Sagouine* fait d'abord figure de surnom :

> Ils m'appelont la Sagouine, ouais. Et je pense, ma grand foi, que si ma défunte mère vivait, a' pourrait pus se souvenir de mon nom de baptême, yelle non plus (p. 92).

---

1. Antonine MAILLET, *La Sagouine,* pièce pour une femme seule, Montréal, éditions Leméac, collection « Répertoire acadien », copyright Ottawa, Canada, 1971, 218p.
2. On lui donne le nom de « tchiac » lorsqu'on le trouve dans sa forme la plus patoisante. De l'aveu même d'Antonine Maillet, ce n'est pas là la langue de la Sagouine : « Elle parle le vieux français du dix-septième siècle, déformé par le climat, agacé par la mer, l'air salé qu'on a dans le gosier et le bruit des vagues qui obsède les oreilles... La Sagouine, c'est une minorité au sein de notre minorité, par la classe à laquelle elle appartient — elle est femme de ménage — et par la culture populaire qu'elle a reçue, une culture transmise grâce à la tradition orale... il y a des coins en Acadie où on parle exactement le langage de la Sagouine... Mais son parler est en train de disparaître, à cause de l'école et de la télévision » (*Le Monde,* « Arts et Spectacles », jeudi 23 novembre 1972).

Nous n'en saurons jamais davantage, et c'est sous cet unique terme que nous connaîtrons ce personnage, défini par Antonine Maillet dans une *Préface* comme une femme de ménage reconnaissable à son attirail professionnel, seau, balais, torchons. La connotation avec la saleté demeure donc très forte, puisque la Sagouine prend sur elle la saleté des autres. On voit tout de suite les implications d'un tel surnom, qui suggère d'entrée un aspect plus ou moins sacrificiel chez la femme qui le porte.

> Elle a soixante-douze ans. Elle fourbit. Elle est seule. Elle n'a pour tout décor que son seau, son balai et ses torchons. Son public est en face d'elle, autour d'elle, mais surtout à ses pieds, dans son seau. C'est à son eau trouble qu'elle parle. Et c'est de là que je l'ai entendue (p. 9).

Cette Sagouine qui va parler apparaît donc dès le début comme une victime de l'âge, de la pauvreté et de la solitude. Le texte permet toutefois de se demander si elle ne serait pas un peu sorcière, puisqu'elle est arrivée à mettre son public dans son seau. Sa profession ne serait d'ailleurs pas sans affinités avec celle des fées, s'il lui suffisait d'un coup de baguette magique pour chasser toutes les saletés. On verra que malheureusement pour elle il n'en est rien. Le travail chez les autres fait aussi partie de sa misère.

Lorsque *La Sagouine* paraît en librairie, les lecteurs d'Antonine Maillet peuvent y retrouver des personnages qui ne sont pas des inconnus. La Sagouine appartient à une sorte de geste ou d'épopée, apparemment chère à son auteur, qui en truffe son œuvre un peu partout, avec un bonheur très inégal. Le thème en est la guerre que les respectables gens d'En-haut, boutiquiers pour la plupart, mènent contre la Sagouine et ses compagnons, les gens d'En-bas dont le tort essentiel est d'être pauvres. Ceux-ci sont affublés de surnoms peu orthodoxes, qui se retrouvent dans le récit de la Sagouine : Don l'Orignal, Noume (« Je sons un homme → Je sons un houme → Je sons un Noume »), la Sainte, la Cruche. On peut notamment se reporter à une autre pièce, *Les Crasseux,* aux éditions Leméac, composée dès 1966. Mais il semble bien que seule *La Sagouine,* qui tranche nettement sur le reste de la production d'Antonine Maillet, vaille la peine d'une étude. Pourquoi ce miracle ? C'est difficile à dire d'après les seuls critères de la critique interne. Peut-être, entre autres raisons possibles, parce que le thème favori de la guerre ouverte entre gens d'En-haut et gens d'En-bas, thème qui entraîne toutes sortes d'invraisemblances et de naïvetés, se trouve ici délibérément abandonné, au profit d'une sympathie plus profonde pour un seul personnage, celui de la Sagouine, dont le récit à la première personne donne à la pièce sa saveur particulière.

Présentation du personnage de la Sagouine

Comme on le sait, le *Je* est une forme linguistique vide de tout contenu précis autre que les marques de singulier et de première personne. Mais chacun de nous emplit instantanément cette forme de son état civil et de sa personnalité en prenant la parole. Par définition, le *Je* n'est pas linguistiquement tenu d'être socialisé : seule lui est faite l'obligation de renvoyer à celui qui parle et se désigne ainsi lui-même dans son discours. Représentant de l'Un dans son monologue, le *Je* voue à l'échec le procédé traditionnel du recensement des personnages dont les apparitions successives sur la scène nouent, font progresser et dénouent l'action. Du monde de *La Sagouine* nous ne connaîtrons jamais qu'un seul délégué, en la personne de la récitante qui prête son corps et sa voix à la figure centrale de la pièce [3]. D'après la sympathie spontanée que la Sagouine aura l'art de susciter, la cohérence de son dire, l'air d'agrément et de vérité dont elle aura su le parer — et bien qu'elle puisse mentir ou inventer — il faudra la croire sur parole. Mais n'est-ce pas là le risque qu'on court dès qu'on prête l'oreille ? Et de toute façon, nous ne nous attacherons pas ici aux problèmes de véracité, mais bien plutôt à la technique dont use ce *Je* unique pour se déployer chemin faisant en un Multiple fait de deux communautés rivales (c'est là peut-être un héritage des *Crasseux* de 1966). Les deux pôles de ce Multiple s'accrochent aux deux pronoms *Nous* et *Ils* (ou *Eux*). La Sagouine se sert du premier pour désigner le milieu auquel elle appartient. *Nous,* c'est la Sagouine + les autres, mais pas n'importe lesquels : ceux qu'elle aime, ou ceux qui lui ressemblent, ou ceux qu'elle fréquente le plus volontiers. Quant au second de ces pronoms, *Eux,* on serait tenté de dire qu'il désigne les vrais autres, si une telle expression existait. Ils se définissent par leur non-appartenance au groupe des *Nous,* et la Sagouine en parle le plus souvent avec un humour teinté de respect et de méfiance à la fois, voire avec un rien d'hostilité. C'est ce déploiement du *Je* de la récitante en un univers socialisé, toujours vu et jugé par la Sagouine, qu'on se propose d'étudier ici. Qui est au juste cette Sagouine, quels sont ses points de repère dans le temps et dans l'espace, à quoi ressemble son microcosme social ?

La Sagouine se définit d'abord par rapport à un auditoire. Il ne faut pas se laisser prendre à la fausse ambiguïté de la *Préface.* Certes, on y voit que la Sagouine parle à son seau. C'est-à-dire qu'elle semble réfléchir tout haut pour elle seule, ou en d'autres termes qu'elle a l'air d'utiliser sa parole à des fins intersubjectives. En fait ce n'est pas vrai du tout et, à y regarder de plus près, on s'aperçoit qu'elle a affaire à un public autre qu'elle-même, « en face d'elle, autour d'elle, mais surtout à ses pieds... » C'est de toute évidence le public que nous constituons pour elle, lorsque nous allons la voir et l'entendre au théâtre. Et si elle nous met « dans son seau », l'expression est à prendre *cum grano salis.* Ce public a pour fonction linguistique d'être interpellé, fonction passive qui le condamne à un silence provisoire et complice, celui-là même qu'on garde jusqu'à la fin du spectacle et qui se brise en applaudissements. Dès son entrée en scène, la Sagouine indique clairement à qui elle s'adresse : c'est à un « Monsieur » qui, par synecdoque, désigne toute une classe sociale, au carrefour du monde de l'œuvre et de l'univers réel. Les gens d'En-haut chez qui la Sagouine va « fourbir » se trouvent donc plus ou moins confondus avec le public aisé que nous formons et auquel les accusations implicites de la Sagouine vont donner plus ou moins mauvaise conscience. Cela arrive toujours en effet lorsque le monde de la pièce est assez fortement décalé par rapport à celui des spectateurs.

> J'ai peut-être ben la face nouère pis la peau craquée, ben j'ai les mains blanches, Monsieur (p. 11).

3. L'actrice Viola Léger, dont l'interprétation témoigne d'une rare compréhension du personnage.

On relève ici un trait de fierté sexuelle (à soixante-douze ans la Sagouine ne s'en est pas encore départie), ainsi qu'une allusion, curieuse parce que datant de l'âge classique (La Fontaine ne l'eût pas désavouée), aux canons de la beauté en ce temps-là : la peau blanche. Mais ce qui frappe surtout, c'est la première révélation des mécanismes de pensée de la Sagouine. Elle a l'habitude de procéder par oppositions binaires, du type de celle que nous n'avons ici aucune peine à deviner. D'un côté il y a les riches pour qui tout le monde s'échine, et de l'autre il y a les pauvres qui ne peuvent compter que sur eux-mêmes et leur travail. A cette opposition première s'en superpose immédiatement une autre, énoncée en termes moraux de *bien* et de *mal* : parce qu'ils méprisent les pauvres au fond de leur cœur, les riches ne valent pas grand-chose en réalité. Ainsi s'exprime, rigoureuse et sévère, l'éthique de la Sagouine : c'est celle du travail, valeur suprême des déshérités, sans laquelle ils ne sauraient survivre. Ce thème, si canadien, de la survie se déploie donc ici sur une toile de fond très particulière.

> J'ai passé ma vie à forbir. Je suis pas moins guénillouse pour ça... j'ai forbi sus les autres. Je pouvons ben passer pour crasseux : je passons notre vie à décrasser les autres... ils pouvont ben aouère leux maisons propres. Nous autres, parsoune s'en vient frotter chus nous (p. 11).

Par rapport aux *Crasseux* de 1966, on note ici deux décalages qui se trouvent être deux améliorations. Dans *Les Crasseux* la lutte entre les gens d'En-haut et les gens d'En-bas s'étalait au niveau de la fiction et demeurait sans compromis, pleine et entière. Dans *La Sagouine,* par la vertu de l'interpellation qui s'adresse à la fois à la classe dirigeante dans la fiction du texte et aux spectateurs dans la réalité du théâtre (ou aux lecteurs du livre si on se contente de lire la pièce), les lecteurs-spectateurs deviennent partie prenante. Le texte est partiellement dirigé contre eux, puisqu'ils représentent ces « autres » mieux lotis que la Sagouine, mais il est aussi en partie destiné à les séduire et à les convaincre. Il s'établit ainsi dans le texte une tension et un équilibre : tension entre les classes sociales opposées du « Monsieur » qui reçoit le message et de la Sagouine qui l'émet ; équilibre de sentiments contradictoires et merveilleusement dosés — cet équilibre qu'on ne trouve que chez ceux qui sont promis à la réussite — dans l'âme de la Sagouine, fière sans insolence, pauvre sans forfanterie, et qui résout en comique discret dans son monologue l'hostilité structurale entre les deux classes sociales des riches et des pauvres. Si elle prend la parole, ce n'est pas tant pour se plaindre que pour souligner chez ses maîtres des défauts qui sont aussi les nôtres et dont elle nous invite à sourire, au moins dans un premier temps, avant qu'un certain malaise ne s'empare de nous à la réflexion.

Ayant trouvé son auditoire et réussi à se faire écouter, la Sagouine commencera par nous parler d'elle, dispersant à travers son texte les renseignements qui la concernent et dont nous n'avons pas un besoin immédiat, puisqu'au plan linguistique les conditions nécessaires et suffisantes à l'établissement de la communication sont déjà remplies. Au fur et à mesure que nous parviendront ces renseignements, regroupés ici de la façon qui a paru la meilleure, nous connaîtrons la Sagouine de mieux en mieux.

Son état civil est rudimentaire. En plus du surnom qu'elle porte, elle est aussi la femme de Gapi, sorte de bon-à-rien dont l'échelle des valeurs intellectuelles et morales ne coïncide pas exactement avec la sienne, mais pour lequel elle a néanmoins de l'affection et même un certain respect. Il lui a fait douze enfants, dont neuf sont morts en bas âge.

> C'était un vrai mariage, j'avais même un jonc [une alliance]. Un gros jonc en pure limitation d'or. Je l'ai écarté [perdu] sus les marches de l'église, je me souviens. Mais comme qui dirait : quand on a eu douze enfants, on a beau aouère écarté son jonc...
> ... Ouais, douze enfants. Et j'en ai réchappé trois. Y en a neuf de morts dans les langes (p. 94).

Quoiqu'elle appartienne à un milieu illettré, et que son amie Laurette soit incapable de distinguer d' « une annonce de cataloye » le chèque du gouvernement qu'elle « se préparait à jeter au poêle » (p. 55), la Sagouine, elle, peut « signer son nom et pis défricheter la gazette quand c'est des nouvelles françaises [écrites en français] » (p. 37). Maintenant, elle ne possède pour ainsi dire plus rien :

> J'avons rien à nous autres. Rien que le vent pis la neige : ça c'est à nous autres, gratis... La mer t'appartchent pas, à part de c't'elle-là qui vient te qu'ri' chus vous aux marées hautes. C't'elle-là t'appartchent, et i' te faudra t'en débarrasser tout seul, coume tu pourras. Seurement la mer qui rentre dans ta cave charrie jamais le houmard pis le soumon ; rien que de l'étchume pis de la vase. Ce qu'est point payant, ça t'appartchent (p. 44).

Mais il n'en a pas toujours été ainsi. La Sagouine s'est laissée déposséder d'un petit bien qui lui venait de ses parents et qu'à cause de la dureté des temps elle a dû vendre au plus offrant. Mais « le plus payant est jamais un grous payant, dans ces cas-là » (p. 45).

> Je me souviens quand c'est que je restais sus mon père et que ma mère vivait. J'avions une petite terre à nous autres autour de la maison (p. 76).

Ailleurs, la Sagouine parle de « cinquante arpents » (p. 45). Un drame semblable a dû aussi survenir à Gapi, dont on ne comprendrait pas qu'il ait reçu en héritage une charrue qu'il s'est empressé de vendre (p. 44) si son père n'avait eu, dans le temps, quelque peu de terre dont le fils s'est défait, rendant par là la charrue inutile. D'où la conclusion désabusée de la Sagouine.

> D'accoutume une terre appartchent pas à c'ti-là qui la trouve ou ben la défriche le premier. Elle appartchent à c'ti-là qu'est assez fort pour bosculer l'autre ou assez riche pour l'acheter (p. 45).

Réduit à se contenter d'une cabane des plus misérables, le couple vivra d'un peu de pêche, du ramassage des coquillages comestibles, des ménages que fait la Sagouine et des cartes qu'elle tire aux commères (p. 69-75), à quoi s'ajoutaient d'autres revenus moins avouables lorsque la Sagouine était plus jeune.

Orientation de la Sagouine dans le temps

Première héroïne de ses monologues, la récitante se dépeint elle-même au centre d'activités et surtout de préoccupations variées qu'on peut regrouper sous les trois rubriques temporelles banales dont nous nous servons tous : présent, passé et futur.

Dans le présent fictif du récit, soigneusement daté, la Sagouine « née avec le siècle » (*Préface*) travaille encore en dépit de ses soixante-douze ans. A genoux par terre malgré ses rhumatismes, elle nettoie le plancher tout en maugréant contre le sans-gêne de ses patrons :

> ... V'là la place la plus crasseuse que j'ai jamais forbie... Jusqu'à des tchas d'encens [de chewing gum] sus du beau prélart de même, si ça du bon sens asteur ! (p. 13).

La dernière remarque traduit une façon de penser dont sont assez coutumières les personnes âgées, qui manifestent une certaine tendance à croire que, de leur temps, les gens étaient plus raisonnables. C'est donc, dans la bouche de la Sagouine, une note très réaliste qui contribue à accréditer son personnage auprès des lecteurs-spectateurs. Quant à son avenir, il est dominé tout entier par la perspective d'une mort probablement plus très éloignée et par des spéculations métaphysiques simplistes — mais non dépourvues de toute poésie — sur la vie de l'au-delà : « Le bon Djeu est bon » (p. 64-69), « La rusurrection » (p. 80-86), « La mort » (p. 92-97).

> J'avons pas été accoutumés aux fantaisies. Je demandons pas des châteaux, ni des Californies, ni des fleurs en plastique. Mais si les anges pouviont nous sarvir du fricot au petit-noir et de la tarte au coconut faite au magasin, et si Djeu-le-Père en parsoune pouvait s'en venir câler la danse le samedi souère, ça serait point de refus. Pour un paradis coume ça, je rechignerions pas devant la mort... j'arions pus peur... (p. 97).

Cette anticipation de l'avenir nous renseigne en fait sur les plaisirs passés et présents de la Sagouine, ordonnés selon un rite de type hebdomadaire. La structuration même de son imaginaire, qui procède à des mélanges d'humbles joies réellement connues et de festivités mythiques difficiles à se représenter, dénote l'emprise indiscutée de l'Eglise catholique sur une communauté crédule. Le caractère rigoureusement cyclique et dépourvu de variations des félicités escomptées en bannit la possibilité de points de repère autres que périodiques (« le samedi souère »). Cela projette comme il se doit le Paradis hors du temps, mais correspond du même coup à un troncage brutal par la récitante de toute l'architecture temporelle de son univers à sa mort entrevue. L'absence de toute préoccupation relative à ce qui arrivera sur terre après sa mort, au sort de ses trois enfants survivants par exemple, font d'elle quelque chose de plus que la simple détentrice de la fonction habituellement dévolue aux personnes âgées : être les témoins d'un code de vie en voie de disparition. Par le silence absolu qu'elle garde sur l'avenir de la communauté, la Sagouine suggère que cet avenir n'existe pas. Cela l'érige plus ou moins, à tort ou à raison, en symbole de fin de race, en dernier jalon marquant la limite d'une sorte de ghetto temporel au-delà duquel la durée s'arrête.

Pour s'orienter dans le temps, la Sagouine utilise comme tout le monde un jeu assez complexe de références variées, appartenant à des systèmes hétérogènes. L'originalité du personnage tient au fait qu'il n'a aucune conscience de cette hétérogénéité et s'abandonne chaque fois à la logique partielle du système qu'il se trouve en train d'utiliser, sans souci exagéré ni de recoupement avec les autres systèmes de références qui lui sont familiers, ni de l'harmonisation que nous pratiquons tous en remettant l'événement mentionné dans la trame linéaire du calendrier officiel : cela se passait tel jour, tel mois, telle année. Les systèmes de références temporelles de la Sagouine sont de nature binaire, tout comme son système de références sociales. Ils fonctionnent par oppositions de marques : une marque quelconque de l'événement à retenir est retenue comme critère décisif et s'oppose soit à l'absence de cette marque dans les autres événements, soit à la présence de la marque considérée comme contraire. Par exemple, la Sagouine déclare, dans un système qu'on pourrait qualifier de « biologique » :

> Ah ! j'ai été jeune dans ma jeunesse, moi itou. Jeune et belle, coume les autres (p. 16).

La logique de cette sorte de « bio-calendrier » consiste à opposer entre eux les incidents de la vie de la Sagouine, de sa naissance à sa mort. Ce qui est en cause ici, c'est la jeunesse perdue. La perte est mentionnée de façon indirecte par le biais du passé composé « j'ai été ». Passé pudiquement sous silence, l'état présent de décrépitude s'oppose aux charmes dont se pare la jeunesse et qui s'étalent par la voie des redondances de sens ou de mots : *jeunesse* figure une fois dans ces deux phrases, *jeune* deux fois et son quasi-synonyme *belle* une fois. Le système temporel est ensuite mis en parallèle avec le système des références sociologiques pour le gommer ou en nier l'efficacité sous ce rapport de la jeunesse, qui annule les différences de classe : « Jeune et belle, *coume les autres* ». Employé tel quel, ce système de présentation aboutit à la peinture d'une série d'états non reliés ou à peine reliés les uns aux autres, l'accent étant mis sur les oppositions binaires : il y a quand on est jeune et quand on ne l'est plus ; il y a quand on est marié et quand on ne l'est pas encore ; il y a quand on est bien portant et quand on est malade, etc.

Mais on peut aussi passer de la logique des oppositions binaires envisagées pour elles-mêmes à celle de la constitution d'une chaîne orientée d'une série d'étapes menant de la vie à la mort, c'est-à-dire aboutir véritablement à la notion de calendrier. Biologique et familial se trouvent alors liés, en vertu des conjonctions habituelles entre telle ou telle étape de la vie et la cérémonie familiale qui va la cristalliser en célébration : la naissance devient baptême, l'entrée en adolescence première communion, etc. On trouve quelques amorces d'un calendrier familial de ce genre çà et là dans *La Sagouine* : évocation des espoirs de jeunesse dans la maison des parents (p. 76), aventures d'avant le mariage (p. 16-18), arrivée de Gapi et du premier nouveau-né (p. 77), puis des autres (p. 94).

Outre le système biologique et familial, la Sagouine possède aussi un sens aigu du retour des saisons, avec une préférence marquée pour le printemps. Non pas qu'elle apprécie tellement le printemps canadien, saison encore rigoureuse et revêche, mais c'est un temps pendant lequel il est doux de se bercer d'espoirs. Le printemps devient de cette manière un symbole de sa vie de pauvre, qui serait insupportable si elle ne s'écoulait dans l'attente d'un mieux-être à venir :

> J'ai pour mon dire, que c'est le printemps qu'est notre boune saison, à nous autres. Y en a qui contont que c'est l'été. Ben moi j'ai dans mon idée que pour qu'une parsoune vive contente, il faut qu'a' seye dans l'espouère de queque chouse de mieux. Ça fait que durant tout le printemps on espère l'été (p. 75).

Le calendrier ecclésiastique est représenté par les grandes fêtes, Noël et Pâques, le mois de Marie et la Saint-Blaise, où les gens vont se « faire bénir la gorge » contre les maladies (est-ce une allusion à la fréquence des goîtres ?) :

> Je pouvons pas aller nous faire bénir la gorge à la Saint-Blaise, non plus, parce qu'il faut que je gardions sus les autres, ce matin-là, tandis qu'ils allont à l'église. Ça fait que je pognons les amygdales toute l'ânnée, et les auripiaux [les oreillons] (p. 12).

Noël se voit consacrer le monologue de « Nouël » (p. 21-26), et Pâques se partage les deux monologues du « Printemps » (p. 75-80) et de « La Rusurrection » (p. 80-86).

Enfin, les deux derniers systèmes de références de la Sagouine sont constitués par le système des événements exceptionnels survenus à l'intérieur de la petite communauté locale, et par celui des événements exceptionnels survenus, de façon plus générale, à l'extérieur de cette communauté. On mettra dans la première catégorie les gains à la loterie de Frank à Thiophie et de Jos à Polyte, à plusieurs années d'intervalle (« La loterie », p. 32-37) ; le passage des prêtres étrangers au clergé de la paroisse et venus prêcher les « missions » (« Les prêtres », p. 37-47) ; la mise à l'encan des places à l'église (« Les bancs d'église », p. 48-53) ; et enfin l'enterrement du pauvre Jos (« L'enterrement », p. 58-64). Dans la seconde catégorie, on trouve une année électorale, non datée de façon précise (« La boune ânnée », p. 27-32) ; la conquête de la lune (« La lune », p. 42-47) ; la deuxième guerre mondiale (« La guerre », p. 53-58) ; et pour terminer « Le recensement » (p. 86-91). Chemin faisant, on constate qu'on fait ainsi pratiquement le tour de l'œuvre, dont l'architecture d'ensemble se révèle beaucoup plus temporelle que locale, ce qui va de soi puisque la Sagouine ne voyage guère. Elle est fidèle à son destin de femme pauvre rivée à son maigre travail. En revanche rien ne l'empêche de regarder le temps passer :

> Il [Gapi] a pour son dire... que je pouvons pas plusse arrêter le temps parce que je pouvons y donner un nom. Je pouvons peut-être ben pas l'arrêter, ben je pouvons toujou' le regarder passer et saouère qu'y a des temps qui sont meilleurs que d'autres (p. 75).

Saluons au passage la formule des distinctions binaires (« y a des temps qui sont meilleurs que d'autres »), et remarquons ensuite que la Sagouine ne reconduit pas pour son compte la distinction faite par le lecteur (ou par le spectateur) entre les deux catégories d'événements exceptionnels. Membre de la petite communauté locale, elle se trouve forcément au courant des menues aventures qui concernent cette dernière, et reste incapable de concevoir que quelqu'un — le lecteur-spectateur, cet étranger — puisse les ignorer. C'est ainsi qu'elle donne comme points de repère temporels d'égale valeur la crise économique de 1929 (« la dépression ») et « le naufrage de la dune » qui a coûté la vie à cinquante-trois marins de son village.

Si bien que la Sagouine en arrive à une philosophie cyclique du temps, qui a ceci de particulier qu'elle s'oppose radicalement aux visions les plus communément admises. C'est dans les périodes qui, pour le reste du monde, sont des catastrophes que les pauvres sont le plus heureux. Ne possédant rien d'autre que leur vie, que la misère leur rend à charge, ils ne redoutent rien de ces bouleversements qui s'attaquent aux possessions des autres. Qui plus est, ces pauvres bénéficient eux aussi dans ces moments-là des mesures exceptionnelles d'ordre général prises par le gouvernement : suppléments de solde pour les troupes, pensions pour les veuves de guerre, etc. En accord avec tant d'autres témoignages de la littérature canadienne, qui interprètent volontiers comme une chance inespérée l'éclatement de la seconde guerre mondiale, la Sagouine accède par là à une forme d'humour très particulière : l'humour noir involontaire.

> Par chance qu'y a eu la guerre ! Quoi que j'arions fait, nous autres, sans ça ?... une ben boune guerre, que je vous dis... Ben, les pauvres réchappés [les réformés dont la conscription n'a pas voulu], ils s'en avont revenu la phale basse [4], parce que l'armée dounait des bounes gages dans le temps, pis elle envoyait même des chèques aux femmes qu'aviont leus houmes à la guerre... (pp. 53-55).

La Sagouine est donc bien loin de partager l'indifférence de Gapi devant le temps qui passe :

> C'est ça qui l'intchète le moins, Gapi, le jour de la semaine ou le mois de l'ânnée (p. 75).

A l'inverse de celui-ci, elle a vaincu la tentation des pauvres auxquels il n'arrive jamais rien : la plongée dans l'ennui toujours renouvelé de misères quotidiennes toujours semblables. Et elle va jusqu'à posséder trois calendriers, trésor enviable qu'elle ne peut d'ailleurs conserver jusqu'au bout :

> Si i m'aviont pas tout pris mes calenderiers, itou. J'avais c'ti-là des Arvune [qui tiennent le magasin général], et c'ti-là de l'Aratouère, et c'ti-là de la Gendarmerie Royale à Cheval du Canada. Ben y a tout le temps queque enfant qui s'en vient me les charcher pour le portrait [pour la gravure] (p. 75).

Orientation de la Sagouine dans l'espace

La Sagouine sait où elle est. Mais les spectateurs n'ont « pour tout décor que son seau, son balai et ses torchons » *(Préface)*. Il est naturel qu'ils cherchent à parfaire au plus vite cette localisation très élémentaire. Comment, et dans quelle mesure, la Sagouine les y aide-t-elle ? A ne considérer que l'information à contenu rigoureusement local qu'elle laisse filtrer dans son texte, les noms de lieux par exemple, on s'aperçoit qu'elle manie avec maîtrise les ressorts du code herméneutique dont parle Roland Barthes [5].

4. La phale, c'est la gorge : *manger la phale d'un poulet.* « La phale basse » signifie *avec tristesse,* comme si on avait l'estomac creux. Cf., en français de France, *avoir l'estomac dans les talons.* L'idée d'un estomac qui pend est la même dans les deux expressions ; mais l'idée de tristesse qui se trouve dans la tournure canadienne est absente de la tournure française.

5. Roland BARTHES, *S/Z, Essais,* éditions du Seuil, collection Tel Quel, 1970, pp. 25-27.

Elle nous laisse longtemps sur notre faim en se contentant d'allusions au « pays » (p. 15), à « la mer » (p. 17), à « la baie » (p. 18), à « la ville » (p. 19), au « village » (p. 24), au « fond de la baie » (p. 26). Les spectateurs peuvent, s'ils le veulent, exploiter ces indications pour en composer un cadre mythique ou symbolique de terre et d'eau, parfaitement suffisant d'ailleurs à l'interprétation qui choisirait de s'en tenir là. En fait, on est pourtant forcé d'attacher aussi quelque importance aux indices indirects fournis par le langage de la Sagouine, tels que son accent ou ses idiotismes. Or, pour le lecteur français de France, qui est bien évidemment un étranger [6], certains de ces indices suggèrent invinciblement l'appartenance au monde provincial et rural. Il suffira de mentionner à titre d'exemple l'emploi de la tournure *Je* suivi d'un verbe au pluriel, tournure qui apparaît dès la cinquième phrase de *La Sagouine* et qui revient constamment ensuite.

> Je pouvons ben passer pour crasseux : je passons notre vie à décrasser les autres (p. 11).

Dans la tradition culturelle française, et notamment dans la tradition théâtrale, c'est là un procédé bien connu d'identification des domestiques, qu'on se procure à la campagne :

> MARTINE. — Mon Dieu, je n'avons pas étugué comme vous.
> Et je parlons tout droit comme on parle cheux nous.
> (Molière, *Les Femmes savantes,* vers 485-486).

En vertu du dynamisme de cette convention, le lecteur de France ne saurait donc s'empêcher d'attacher une certaine saveur rurale au parler de la Sagouine, quoi qu'on puisse en dire. Mais par ailleurs, d'autres indices indirects qu'il ne peut interpréter dans les limites de ses conventions nationales l'orientent hors de ses frontières, là où change l'impact de la reconnaissance des caractéristiques de ce parler. Par certaines de ses expressions, qui n'ont de sens qu'au Canada, la Sagouine se désigne comme une Canadienne francophone : *encens* pour *chewing-gum, capot* pour *manteau, crêpe de boqouite* pour *crêpe de sarrasin, prélart* pour *parquet, de même,* pour *comme ça, badgeuler* pour *rouspéter,* etc.

Cela ne signifie pas que les difficultés de la localisation exacte du personnage soient toutes résolues pour autant. On s'en apercevra bien dans le monologue du « Recensement » (p. 86-91). Sommée de se trouver une place dans les grilles toutes faites du questionnaire des recenseurs, la Sagouine se trouve aux prises avec des problèmes d'appartenance géographique, de définition de la richesse nationale, de citoyenneté, de religion, de race et de langue qui pour elle sont insolubles. Les spectateurs, du moins, y acquièrent quant à eux la certitude qu'elle est Acadienne.

> Pour l'amour de Djeu, où c'est que je vivons, nous autres ?
>
> ... En Acadie, qu'ils [les recenseurs] nous avont dit, et je sons des Acadjens (p. 88).

6. « Il faudrait que les Français arrivent enfin à nous percevoir comme des étrangers qui, par une aberration de l'histoire, parlent aussi français » (Hubert Aquin, propos recueillis par Jacqueline Piatier, *Le Monde,* « Les Goncourt au Québec », mardi 29 octobre 1974). C'est chose faite.

Mais sur les listes du recensement, l'Acadie n'a pas d'existence officielle. Si bien que ce que nous retiendrons surtout, c'est le désarroi profond du personnage, qui ne trouve nulle part de communauté d'accueil. Si la pauvre Sagouine ne nous jette en pâture la plupart du temps que ces termes vagues de terre et d'eau mentionnés plus haut, ce n'est sans doute ni le fait du hasard, ni celui d'une intention délibérée de finasser avec son public. La réalité est qu'elle ne peut faire autrement.

> ... J'avons rien qu'i' pouvont recenser, les recenseux. C'est ce que je leur ai dit... Ben quand c'est qu'i' vient un temps où c'est qu'une parsoune peut pus noumer son arligion, sa race, son pays, sa terre, et pis qu'a' peut pus noumer la langue qu'a' parle, ben c'te parsoune-là sait peut-être pus au juste quel genre de sorte de façon de parsoune qu'elle est. A' sait peut-être pus rien. (p. 91).

Le pays de la Sagouine, c'est la province canadienne du New Brunswick. Par recoupement avec d'autres œuvres d'Antonine Maillet, et sauf erreur de ma part, la Sagouine vit sur la côte Est, qui fait face à l'île du Prince-Edouard, quelque part entre Shediac et Richibucto, dont les noms ont gardé quelque chose des consonances sauvages des Indiens. C'est, nous dit-elle, un pays de dunes. La plage, autrefois propriété des pêcheurs, leur a été rachetée à bas prix par les Arvune, qui ont profité d'une époque de marasme général pour s'enrichir aux dépens des pauvres :

> Il a pas envalé ça, non plus, Gapi, que les pêcheux de la Baie avont vendu tout chacun leu part de la dune... a' se labourait pas, la dune, c'était bon à rien pour un champ de patates ou pour une terre à bois. Ben ça appartchenait aux pêcheux de par icitte et ils aviont pas d'affaires à la vendre... Si c'est bon pour les Arvune, c'était bon pour nous autres, le sable de la dune, qu'il a dit (pp. 43-44).

Comme tous les autres détails de la description géographique qui va suivre, celui-ci confirme la permanence du trait socialisé dans les préoccupations de la Sagouine : le détail mis en lumière n'est sélectionné par le processus narratif que parce qu'il est révélateur d'une structure sociale, et non pas pour des raisons esthétiques (le coucher de soleil sur la dune), apanage d'une classe plus aisée, dont la survie est largement assurée, quoi qu'il arrive.

L'unité locale socialisée dans laquelle vit la Sagouine est le village, compris dans une aire géographique plus grande sentie comme familière et servant pour ainsi dire d'extension au village, tantôt « dune » et tantôt « pays ». Par opposition, « la ville » est considérée comme un lieu d'exil et traitée avec suspicion par Gapi, qui n'y voit pas la Sagouine avec plaisir :

> ... Gapi, il a rien qu'un défaut : c'est un badgeuleux [un râleur]. Ça le pornait chaque fois que je partais pour la ville. Parce qu'il était pas accoutumé, Gapi. Au commencement j'avais point besoin de m'exiler pour vivre. Je pouvais rester au pays ; y avait de l'ouvrage en masse entre le ruisseau des pottes et la butte du moulin (p. 18).

Ce que veut dire la Sagouine, c'est que pour une fille à matelots déjà sur le retour, et pourvue d' « enfants qui se mettont à grandir » (p. 19), il devient plus facile de se trouver des clients en ville, comprenons au port de mer le plus voisin. On y va une fois par semaine en autocar. Le premier des hauts lieux, après la gare où l'on débarque (« la place de la stâtion », p. 19) et qu'on finira, un peu plus tard encore, par nettoyer avec son balai et son seau, c'est le quai où abordent les navires, venus de tous les coins du monde :

> C'est coume j'ai tout le temps dit : aussi longtemps qu'y a un tchai queque part... La mer, c'est ce qui nous a sauvés, nous autres. Sans les épelans, les coques, les huîtres, pis les matelots... (p. 17).

Il est vrai que le quai sauveur a aussi un aspect sinistre : c'est de son haut que se jettent les désespérés les jours de cafard, comme le défunt Jos Caissie :

> Quand c'est qu'il a vu que sa femme reviendrait pus, qu'elle était bel et bien finitivement partie avec son beau-frère, il s'est saoulé autant qu'un houme peut se saouler, pis il s'en a été se jeter en bas du tchai (p. 31).

Et si on considère que le prêtre refuse à Jos « son trou éternel dans la terre sainte coume tout le monde qui se respecte » (*ibid.*), on comprend alors que ce quai est en réalité un lieu de perdition où la Sagouine risque son âme sans s'en apercevoir, en s'imaginant y trouver un salut matériel tout provisoire.

Après le quai, le second des hauts-lieux de la ville pour la Sagouine, c'est la Grande Rue, *Main Street,* qu'elle appelle tout simplement « la Main » (p. 19), où l'on racole les passants. Ajoutons-y les endroits où la Sagouine exercera son autre métier de femme de ménage : la gare déjà mentionnée, l'Assomption (église, couvent, pensionnat, lieu public ?) et la station de télévision C.B.A.F. (*ibid.*). Si on y prend garde, on remarquera qu'à l'exception de la problématique Assomption dont on ne peut rien affirmer à coup sûr, les lieux qui décrivent la ville en font essentiellement un conglomérat de sites instables, voire dangereux, par lesquels on ne fait que passer ou par lesquels transite l'information sous sa forme la plus évanescente, celle de l'image télévisée. Bref, la ville de la Sagouine se conforme assez bien à toute une tradition canadienne faite de méfiance et illustrée ici par la position de Gapi : à ses yeux, la ville est un endroit inquiétant, peu sûr et trompeur.

Dans ce système de représentations fait d'oppositions binaires, le pôle positif et rassurant se trouve représenté par le village (et par son extension, « la dune », ou « le pays »). On peut définir la vision qu'en a la Sagouine comme une vision communautaire (c'est-à-dire analogue à celle qu'en ont les autres gens du village), gauchie par les préoccupations professionnelles qui ne sont plus communes à tous, mais particulières à la seule Sagouine. Cela se traduit dans le texte pour la partie communautaire par la mention des hauts-lieux de réunion : l'église, l'école, le magasin général des Arvune, le cimetière, la dune ; et pour la partie personnelle dominée par les allusions au double métier de la Sagouine par la mention des maisons qu'elle « décrasse » et du « chemin du roi, de la butte du moulin à la rivière à hache » (p. 17), où « attoquée sus le peteau de téléphône » (*ibid.*), la Sagouine attend le client. La question perpétuelle qui se pose à propos de ces lieux, pourtant ouverts à tous en théorie lorsqu'il s'agit de lieux publics ou semi-publics, c'est de savoir jusqu'à quel point les pauvres comme la Sagouine ont vraiment le droit d'y être. Et si oui, à quelle humble place, et pour combien de temps ? Prenons l'exemple de l'église :

> Ils pouvont ben trouver que je sons mal attifée.
>
> Trop mal attifée pour aller à l'église, t'as qu'à ouère !... Nous autres, j'avons pas de quoi nous gréyer pour une église de dimanche. Ça fait que j'y allons des fois sus la semaine. Mais y en a qui voulont pus y retorner, parce que les prêtres leur avont dit que la messe en semaine, ça comptait pas (p. 12).

Quant à l'école, les enfants des pauvres y sont parqués en tas, tous ensemble à cause des poux, et relégués aux mauvaises places du fond :

> Ils voulont pas que les enfants s'asseyissent en avant de la classe trop proches des autres par rapport qu'ils avont des poux... et les envoyont derrière la classe d'où c'est qui ouayont et compornont rien. C'est point aisé de te faire instruire quand c'est que tu ouas pas le tableau et que t'entends pas la maîtresse (p. 12).

L'entrée au cimetière même — qui l'eût cru ? — s'accompagne de coûteuses formalités qui en rendent l'accès difficile aux pauvres hères :

> Je l'avons enterré, le pauvre Jos, enterré dans son pauvre trou. Ben tant qu'à ça, ça s'est pas fait tout seul. Ça point été si aisé que j'avions d'abord cru. Pas aisé pantoute (p. 58).

Et sur le chemin du roi, on rencontre la concurrence des autres filles, la Bessoune, la Sainte (p. 17). Si bien qu'on voit s'introduire dans le texte une tension qui modifie profondément l'opposition binaire : ville inquiétante/village rassurant. En effet, même dans les lieux qui lui sont les plus naturels et les plus familiers, la Sagouine n'est jamais tout à fait sûre d'être chez elle, et nourrit la crainte latente mais permanente d'en être chassée d'un moment à l'autre. Et de fait la chose lui arrive à plusieurs reprises. Les jours de Noël, par exemple. Une des joies de la Sagouine, ces jours-là, c'est d'aller lécher les vitrines du magasin général, décoré et illuminé. Mais peu s'en faut qu'elle n'en soit empêchée par la foule qui s'y bouscule :

> ... ils porniont toute la place, les effarés, et si je les avions laissés faire, ils nous porniont notre Nouël (p. 23).

Lorsque la Sagouine décide d'aller voir jouer au bingo (sorte de loto) chez les Dames de Sainte-Anne, elle finit toujours par se faire jeter dehors (p. 23). Et il en va de même à la séance gratuite donnée par les sœurs avec les filles du couvent :

> A la fin, y avait un ange avec des ailes roses et une étouèle sus le front qui levait les deux bras ben raides et qui huchait : « Il est venu parmi nous pour sauver les pauvres ! ». Pis là, fallit se sauver au plus vite parce que les sœurs coumenciont à rouvrir les chassis de la salle pour faire de l'air (p. 23).

Cette crainte de n'être pas chez soi dans les lieux où l'on est né, la Sagouine a conscience de l'avoir en grande partie héritée de ses ancêtres acadiens, qui ont connu les déportations de 1755 et de 1758 : les quinze mille Acadiens de l'époque ayant refusé de prêter serment d'allégeance à la Couronne britannique, les troupes anglaises par deux fois envahissent la région, embarquant de force la moitié de la population pour l'Angleterre où on les parque dans des camps (à moins qu'on ne préfère les envoyer comme esclaves en Caroline ou en Virginie), et dispersant l'autre moitié sur place, dans les bois environnants [7].

> ... J'avons déjà été relancés une fois coume ça, et j'avons landé [atterri] en Louisiane, asseurément. Si c'est pour r'coumencer !... Ils trouvont-i' que j'en avons point eu assez, encore ? Mon père nous contait que son propre aïeux à lui en avait gardé la souvenance, de c'te Déportâtion-là... (p. 89).

Peut-être aussi que la nature mouvante de ces côtes sablonneuses (Antonine Maillet intitule un de ses livres *On a mangé la dune*) entre pour quelque chose dans ce sentiment d'insécurité de la Sagouine.. Mais il y a plus. À l'intérieur même de la race éprouvée, les pauvres souffrent davantage que les nantis, le temps ayant permis aux uns de se refaire et ayant enfoncé les autres encore plus avant dans la misère. La Sagouine et ses pareils sont tolérés, sans plus, par les membres les plus riches de la communauté, à condition qu'ils sachent reconnaître leur place de déshérités et s'y tenir. Parce qu'il est lucide, Gapi comprend parfaitement que l'ambition n'est pas faite pour les pauvres, et rive son clou à la Sainte qui a prétendu s'acheter à l'église un banc de premier rang :

> — Faut saouère garder sa place, que Gapi a dit à la Sainte. Les bancs d'en avant, c'est pour les genses en capot de poil [en manteau de fourrure] pis en mouchoué de soie ; ceuses-là qui venont à l'église en gumrubber pis en mackinaw, faut qu'ils se contentiont des chaises en airrière ; pis nous autres, je devons rester deboute comme j'avons tout le temps fait (p. 52),

De même — et c'est peut-être un symbole — la Sagouine doit entrer discrètement par la porte de service chez les gens pour lesquels elle travaille, qui n'hésitent pas à lui faire sentir de cette façon leur supériorité dans la hiérarchie sociale :

> Va-t-en dire à la femme à Dominique : « Salut ben ! » en rentrant par la porte d'en avant pour laver sa place... A' se pincera le nez coume si même ton salut sentait point à bon. Ça fait que la prochaine fois, tu rentreras par la porte d'en airière et tu te farmeras la goule (p. 13).

Dans la pratique, cette discrétion imposée aux pauvres se traduit par une nouvelle opposition locale : le village/les cabanes de la dune. Ce n'est que là que les déshérités se sentent vraiment chez eux. Par exemple : les Noëls commencés à l'église s'en vont finir sur la dune (p. 26) ; c'est là aussi que se terminent les festivités des noces de la Sagouine (p. 28). Ces cabanes ne ressemblent ni au presbytère, tout « en vraie brique en brique, pas en papier de limitation » (p. 38), ni à la maison que se fait construire l'heureux Frank à Thiophie après avoir gagné à la loterie. Quoique faite en bois, elle est recouverte à l'extérieur de bardeau goudronné en imitation brique, ce qui en fait sur la dune « la plus belle et la plus grousse maison que parsoune avait encore vue » (p. 36). Sans aucun chemin pour y mener (p. 54), les

7. Cf. Pierre GODIN, *Les Révoltés d'Acadie,* aux éditions québécoises, novembre 1972, pp. 19-21.

cabanes des pêcheurs les plus pauvres sont perpétuellement inondées par gros temps, aux marées hautes et à la fonte des neiges (p. 27, 44, 54). Le toit menace ruine (p. 27), il y manque le mobilier le plus élémentaire (p. 54) et on y gèle l'hiver (p. 77). Rien d'étonnant si dans ces conditions la Sagouine a désiré toute sa vie avoir une vraie maison :

> Ouais... j'ai souhaité toute ma vie d'aouère une maison. Parce que je pouvons pas appeler c'te cabane-icitte une maison (p. 72).

Désir sans doute avivé par le spectacle des heureux de ce monde qui, comme la femme à Dominique, vivent « en grandeur » (p. 12) et « pouvont te parler de leu parenté, de leux voyages dans les vieux pays, de leux maisons d'été pis leux maisons d'hiver » (p. 13).

La Sagouine et la société

Chemin faisant, la Sagouine a donc déjà répondu à quelques-unes des questions que les spectateurs de la pièce ou les lecteurs du livre se posaient à son sujet. Tout en se présentant et en se situant dans le temps et dans l'espace, elle a aussi défini son auditoire et esquissé un début de description de ses conditions de vie. Il convient de parachever cette description par une peinture plus complète de la société.

On peut se servir une fois de plus pour cela du procédé de l'opposition binaire : d'un côté il y a *Nous,* et en face il y a *Eux autres.* Entre les deux, un lien de nature suspecte, à moitié défait, l'Eglise catholique, ses prêtres, ses religieuses et ses Ligues du Sacré-Cœur (p. 23).

Il importe de souligner tout d'abord une particularité de conjugaison, révélatrice d'une particularité de sensibilité. Tout se passe comme si, parfois, *Je* égalait *Nous* et comme si, dans ces cas-là, la Sagouine se distinguait mal ou ne se distinguait pas du tout de la communauté des siens. Cela se manifeste au plan linguistique par la co-occurrence du *Je* et du *Nous* dans un même segment de phrase pour tendre à former un groupe considéré comme incorrect par la grammaire normative *Je nous.* Exemple : « Je nous en allions finir Nouël dans nos cabanes » (p. 26). Chacun des deux pronoms, le singulier et le pluriel, renvoie à une réalité très mélangée faite de *Moi + ceux qui me ressemblent.* Il y a là un modèle de pensée très ancien, tel qu'on le trouve par exemple dans de vieilles communautés rurales ou nomades, et qui déroute quelque peu l'individualiste moderne non prévenu. Eclairons-nous par une citation du texte :

> D'accoutume, je sortions à l'heure du prône. C'est pas que le prêtre parlait pas ben... Mais nous autres, je compornions rien. Et pis, je voulions pas sortir en même temps que les autres pour pas nous faire remarquer. Ça fait qu'une fois passé le Mênuit Chrètchen et Ça-borgers-assemblons-nous, je nous rassemblions toutes devant la porte de l'église et je nous allions finir Nouël dans nos cabanes (p. 26).

Comment lever l'ambiguïté des expressions du type *Je sortions, Je compornions ?* Il faudra transporter sur ces fragments du texte le sens pluriel qui n'est pas niable dans la dernière portion, *je nous rassemblions toutes,* etc. C'est tout le groupe des pauvres, debout au fond de l'église depuis le début de la cérémonie, qui se donne le mot pour sortir aux premiers mots du prêche, dans le souci collectif d'éviter le contraste avec les gens endimanchés qui, seuls, sont en cause dans l'expression *les autres (je voulions pas sortir en même temps que les autres).* Aucune autre interprétation ne peut fournir en effet un sens plus satisfaisant que celui-ci.

On peut tenter d'expliquer sans trop d'arbitraire ce *Nous* de la Sagouine, en posant au départ un *Nous* national d'avant la Déportation, défini en termes de territoire (l'Acadie), de langue (le français opposé à l'anglais et de religion (le catholicisme opposé aux religions réformées). C'est ce *Nous* historique que la Sagouine semble reprendre à son compte et assumer face aux « recenseux », sous la forme singulière du *Je* qui, dans son esprit, en est un synonyme absolu : « J'avons déjà été relancés une fois coume ça, et j'avons landé en Louisiane... » (p. 89). Mais valable pour les martyrs de 1755 et de 1758, cette triple définition ne l'est plus pour leurs descendants, contemporains de la Sagouine. Le clivage s'effectue autrement. Il s'est transporté à l'intérieur même de la communauté, que des différences de fortune ont divisée en deux clans de riches et de pauvres, plus ou moins hostiles quoique frères de race. Le texte se place donc d'entrée sous le signe de l'*avoir* autant et plus que sous celui de l'*être* :

> ... je portons... leux vieilles affaires et leux vieilles hardes qu'étiont neuves un jour que ça nous faisait rêver d'en aouère des pareilles. Je finissons par les receouère pour nous payer nos journées d'ouvrage, mais quand c'est que j'en avons pus envie (p. 11).

L'analyse complète des pronoms *Nous* et *Eux* se présentera donc ainsi : au sein d'une même communauté d'Acadiens catholiques et francophones, que la conjonction de ces trois traits rend unique en Amérique du Nord, le *Nous* désigne les pauvres (la Sagouine et ses compagnons de misère), et le pronom *Eux* ou ses substituts s'applique aux riches par qui ces pauvres se laissent exploiter.

Du côté du *Nous,* on trouve d'abord Gapi, qui séduisit jadis la Sagouine par sa belle prestance (p. 77) et qui maintenant vit de sa pêche au jour le jour. C'est un personnage-relais qui permet à la récitante de présenter avec sympathie une opinion autre que la sienne. On pourrait définir Gapi comme le faisceau des tentations que la Sagouine a surmontées. Sans lui donner tort, elle trouve néanmoins qu' « il a pas grand'manières, Gapi » (p. 86). Moins apte que la Sagouine à se contenter du peu qu'ils ont, moins sensible aux satisfactions élémentaires qui ne coûtent rien telles que le retour du printemps (p. 75-80), Gapi n'a pas encore pris parti de sa condition. Et surtout il s'est refusé à cette sorte d'éducation « sur le tas » à laquelle s'est pliée la Sagouine, et qui se marque par le retour dans le texte de l'expression *Ça fait que...*

Les déclarations anti-cléricales de Gapi ne vont pas sans effrayer un peu la Sagouine :

> ... faut point parler contre les prêtres. Ah ! pour ça, je le dis à Gapi : ils me pogneront point à parler contre les prêtres : c'est des arprésentants du Bon Djeu, ça. Et pis, ça porte malheur (p. 37).

Cependant, malgré ses prudences et ses superstitions, la Sagouine est loin d'être bigote. On s'en aperçoit bien lors de ses démêlés avec la Sainte, pauvresse de mauvaise vie qui nourrit des idées de grandeur et flatte ostensiblement le clergé de la paroisse :

> ... et la Sainte, yelle, elle est restée bleue depuis qu'elle a entrepris de se faire Enfant-de-Marie. Ben oui, la Sainte, pensez ouère, a' s'a déjà fait Enfant-de-Marie, l'enfant de chienne... Eh oui, y en a qu'avont des idées de grandeur coume ça. Heh !... Si je l'avions laissée faire, elle était capable d'aller se faire sœur, ma grand foi Djeu oui ! (p. 48)

Cette déclaration souligne en outre indirectement le prestige gardé dans la communauté par le prêtre et la religieuse, tout en maintenant le parallèle (ou l'opposition) qu'on trouve si souvent dans la littérature canadienne de langue française entre les deux vocations de la femme, au couvent ou sur le trottoir. Car l'arrivisme de la Sainte se fait jour aussi dans ce domaine :

> Et si tu t'en vas trop proche de la pointe, y ara la Sainte. Ah ! celle-là, a' vous a une manière de faire ! a' vous les a toutes [tous les matelots] à coups de chapelets pis de médales (p. 17).

La Sainte fait expulser la Sagouine du bingo paroissial du samedi soir (p. 23) ; elle fait scandale à l'église (p. 48-53) ; elle menace même d'empoisonner par sa présence les années de Paradis de la Sagouine (p. 85). Comparés à elle, les autres compagnes et compagnons de misère restent un peu falots : la Bessoune (p. 17), la belle Adélaïde qui a attrapé la vérole (p. 19), les rivales venues du fond des « concessions » (unités administratives débordant le cadre de la paroisse traditionnelle), et que la Sagouine appelle « des filles à deux jaunes, qu'aviont un jaune de trop, parce qu'ils nous avont tout pris » (p. 20), la Cruche (p. 23), Noume qui possède un gramophone et l'Orignal chez qui on se réunit à Noël (p. 25), Jos à Polyte et Frank à Thiophie qui ont gagné à la loterie (p. 32-37), Laurette à Johnny qui ne sait pas lire (p. 55), etc.

L'abondance de ces comparses donne au récit une allure allègre. Remarquons au passage le procédé de dénomination : les noms de famille disparaissent dans la vie courante, au profit d'un surnom (*la Sagouine, la Cruche*), ou d'une cascade de prénoms indiquant la filiation *(Gilbert à François à Etchenne,* p. 17 *Frank à Thiophie,* p. 32, etc.) C'est un procédé de dénomination anachronique, concevable seulement dans une petite communauté de mœurs simples, voyageant peu et fermé aux influences étrangères. Economiquement parlant, on a affaire à un groupe de genre encore semi-agricole : malgré le contexte maritime et la proximité du port, les allusions à la terre cultivable ou à la « terre à bois » ne sont pas rares dans le texte.

Du côté *des autres,* on trouvera les employeurs, « les docteurs, pis les vendeux d'assurances, pis les genses du gouvarnement » (p. 21), sans compter les prêtres dont il ne faut pas mal parler et auxquels la Sagouine consacre tout un monologue (p. 37-42). Selon le procédé de la synecdoque, qui ramasse et condense en un seul être toute une classe sociale, les autres sont volontiers représentés par « la femme à Dominique », chez qui travaille la Sagouine qu'elle tente d'éblouir, soit par ses relations sociales :

> C'est coume disait la femme à Dominique, son garçon pouvait pas faire un prêtre, un docteur pis un avocat. C'était malaisé de choisir : ça fait qu'il s'a lancé dans la politique (p. 16) ;

soit par ses achats de Noël :

> Pas que je pouvions acheter rien de ça, nous autres, mais je pouvions regarder. Je regardions la femme à Dominique qui venait s'acheter des boules de Nouël, et des chandelles, et du papier d'argent pour décorer son âbre... (p. 22) ;

soit par des générosités (mal) calculées, dont elle pense qu'elles ne lui coûteront rien, comme ce billet de loterie donné à Frank à Thiophie en paiement d'une après-midi de désherbage dans son jardin (p. 33), soit enfin par la somptuosité de ses enchères quand il s'est agi de racheter sa place aux bancs d'église (p. 50).

S'il fallait d'un seul mot qualifier ces autres, celui qui viendrait aux lèvres de la Sagouine serait *hypocrites.* Usant spontanément de la métaphore du « décrassage » qui lui est chère, elle a une formule qui résume tout : « Ben propre que ça paraît du dehors. Mais d'en dedans ? » (p. 14). Cette hypocrisie se manifeste essentiellement sur le plan de l'*avoir,* par des charités qui ne coûtent guère. Le prêtre donne l'exemple en débarrassant de ses vieilleries son beau presbytère en briques :

> Un vrai matelas avec des ressorts que le prêtre nous a douné. Même que les ressorts nous rentront dans l'échine si je prenons pas garde (p. 29).

Lorsque Frank à Thiophie gagne cent mille piastres à la loterie, le prêtre n'hésite pas une seconde à se ranger dans la horde des quémandeurs de tout poil qui s'abattent sur l'heureux gagnant, et il se fait offrir un carillon de vingt-deux cloches pour son église (p. 36). Mais passée la fête, passé le saint : ayant tout dépensé et étant redevenu pauvre, Frank sera enterré comme un chien, sans que le curé lui fasse l'aumône dernière d'une prière carillonnée : « apparence qu'il avait point payé sa dîme, ces darniers temps » (p. 37). Et les paroissiens riches suivent l'exemple de leur pasteur, mesurant leur estime à l'aune du compte en banque. La disposition même des fidèles à l'église est un reflet fidèle des injustices de l'ordre social établi, qui n'a rien d'évangélique.

Conclusion

Lorsqu'il se trouve en possession du faisceau de renseignements ainsi réunis, le lecteur ou le spectateur s'est fait une idée de la Sagouine, de sa vie et de ses réactions tant intellectuelles qu'affectives.

Du haut de ses soixante-douze ans, elle s'érige en témoin sensible, mais serein — trop serein peut-être — de sa propre histoire. Sa narration progresse par la juxtaposition d'une série d'oppositions binaires nettement tranchées, du type nous/eux, ici/ailleurs, à un moment donné/ à un autre, pour les riches/ pour les pauvres. De la combinaison de ces oppositions, il ressort très visiblement qu'il y a pour ainsi dire deux règles du jeu, une pour les

Acadiens pauvres et une autre pour le reste du monde. En raison de la présence de deux termes dans le premier membre de cette dernière opposition (*Acadiens* et *pauvres*), l'interprétation peut bifurquer ici, selon que l'on sera plus sensible à l'aspect national ou à l'aspect sociologique. La Sagouine, elle, ne les sépare pas, comme si Acadie et pauvreté étaient indissolublement liées. Son propre récit mettant en lumière des différences de richesse entre les Acadiens eux-mêmes, il est évident qu'elle se trompe sur ce sujet. Elle a le mérite en tout cas de nous offrir le point de vue d'une femme de ménage démunie d'à peu près tout, ce qui constitue déjà en soi une belle audace, car le fait n'est pas si fréquent, dans quelque littérature que ce soit.

Cela pourtant ne résout pas tous les problèmes. On se sentirait mieux armé pour apprécier la valeur sociologique du texte si on était mieux renseigné sur ses origines. La Sagouine est-elle sortie tout armée de la tête d'Antonine Maillet, ou bien est-ce la copie artistique d'un ou de plusieurs modèles vivants, d'où elle tire et son langage et ses aventures ?

Si le personnage est entièrement imaginé, sa valeur de témoignage se voit considérablement réduite. En outre, on peut regretter que cette femme, qui inspire le respect par sa lucidité et les formes de sa sensibilité pleine d'humour et de nuances, demeure en fin de compte si faible devant les puissances établies. Moins résignée, on l'en eût mieux aimée.

Si la Sagouine relève d'un ou de plusieurs modèles réels, d'une part sa valeur de témoin d'une société augmente dans une large proportion, et d'autre part il nous faut bien admettre dans ce cas l'authenticité de sa résignation, peinte d'après nature. Mais on se trouve dans l'embarras pour l'exploiter. L'unicité du personnage est-elle exemplaire, et la Sagouine est-elle mise pour toute la catégorie des humbles du Nouveau-Brunswick, selon le procédé déjà rencontré de la synecdoque ? Ou bien sa singularité est-elle à prendre au pied de la lettre, la Sagouine demeurant la fragile et dernière représentante d'un style souriant et soumis, en voie d'extinction ?

INDICATIONS BIBLIOGRAPHIQUES COMPLÉMENTAIRES

On trouvera ici un certain nombre de références bibliographiques et d'indications jugées nécessaires, mais qui cependant ne figurent pas dans le texte de l'article, afin de ne pas l'alourdir exagérément.

Oeuvres d'Antonine MAILLET :

— *Les Crasseux* ; pièce en trois actes. Présentation de Rita Scalabrini et Jacques Ferron, Montréal, Leméac 1973 (collection répertoire acadien, I).

— Don l'Orignal ; roman. Montréal, Leméac 1972 (collection roman acadien).

— *Gapi et Sullivan* ; Montréal, Leméac 1973 (collection répertoire acadien, 3).

— Mariaagélas ; roman. Montréal, Leméac, 1973 (collection roman acadien, 3).

— *On a mangé la dune* ; roman. Montréal, Beauchemin 1962.

— *Par derrière chez mon père* ; recueil de contes. Montréal, Leméac 1972.

— *Pointe-aux-coques* ; roman. Montréal, Fides 1958 (collection rêve et vie).

— *Pointe-aux-coques* ; réédition. Montréal, Leméac 1972 (collection roman acadien, 2).

Sur les rapports entre roman et société :

— FALARDEAU, Jean-Charles, et DUMONT, Fernand, *Littérature et société canadiennes-françaises,* 1965, 272p.

— FALARDEAU, Jean-Charles, *Notre société et son roman,* Montréal, éditions H.M.H. 1967, 234p.

Sur la déportation des Acadiens :

— BERGERON, Léandre, *Petit manuel d'histoire du Québec,* éditions québécoises, 1970, p. 44.

— MACBEATH, George, and CHAMBERLAIN, Dorothy, *New Brunswick, the story of our province,* M. J. Gage, Ltd., Toronto 1965, pp. 116-118.

— LEBLANC, Emery, *Les Acadiens,* éditions de l'homme, Montréal 1963, pp. 16-23.

Sur la langue :

— MASSIGNON, Geneviève, *Les parlers français d'Acadie,* enquête linguistique, Paris, C. Klincksieck 1962, 2 vol.

— MARCEL, Jean, *Le joual de Troie,* éditions du jour, Montréal 1973.

Sur le régionalisme de l'œuvre :

— LACOURCIÈRE, Luc, et SAVARD, Félix-Antoine, *Mots et choses d'Acadie* (dans le *Rapport annuel du Musée national du Canada pour 1951-52,* Ottawa 1953, n° 128, pp. 98-102).

— SAVARD, Félix-Antoine, *Le Barachois,* collection du Nénuphar, Montréal et Paris, Fides 1959.

Témoignages sur le théâtre québécois

Enquête littéraire

par Hélène BEAUCHAMP-RANK,
professeur à l'Université d'Ottawa

> « ... les philosophes n'ont rien à apprendre aux artistes et, quand ils réfléchissent sur l'art, ce sont les artistes qui leur apportent tout, œuvres et témoignages. »
>
> Henri Gouhier, *L'Oeuvre théâtrale.*

Une enquête auprès des créateurs au théâtre s'imposait. On s'interroge aujourd'hui sur l'avenir du texte, on tente une redéfinition des fonctions du comédien et du metteur en scène, on cherche à faire éclater l'espace scénique et à constamment tenir le public en éveil. Au Québec et au Canada francophone, ces recherches en techniques théâtrales accompagnent, depuis déjà plus de vingt ans, une interrogation constante sur le langage théâtral, sur le réalisme des situations à exploiter et sur la ressemblance, voulue ou fortuite, établie ou à établir, entre le monde de la scène (microcosme) et la société (macrocosme). Il est fascinant de constater que, souvent, les « inventions » en techniques de la représentation (mise en scène, jeu, éclairage, costumes, scénographie) sont suscitées par des textes, des « prétextes » d'auteurs, de dramaturges d'ici. Il faut souhaiter que ces recherches se poursuivent et que l'expression verbale et l'expression plastique continuent à se provoquer l'une l'autre, à progresser, sinon simultanément, du moins, sans trop d'écart. Notre enquête met en présence ceux qui créent par le geste, par le verbe, par la couleur et les formes, par le son, par la mise en scène.

Nous n'avons formulé qu'un seul questionnaire que nous avons proposé aux artisans spécialisés qui participent, chacun selon sa compétence, à cet art multiple et collectif qu'est le théâtre. Nous leur avons d'abord demandé dans quelle mesure le théâtre est le reflet d'un milieu, d'une époque. Nous avons voulu savoir à quel aspect du texte dramatique ils accordent le plus d'importance : au thème, à la structure, aux situations, aux personnages, au dialogue, etc. Souhaitant un témoignage personnel, et croyant pouvoir retrouver, par les participants directs, certains moments clef de l'évolution de notre dramaturgie, indépendamment des calendriers des saisons, des critiques et, même, de l'accueil du public, nous avons demandé à chacun de nous indiquer quelle a été, selon lui, sa meilleure création. Nous avons voulu projeter ce témoignage dans le temps et avons formulé la quatrième question de la façon suivante : « Que souhaitez-vous être en mesure de créer prochainement au théâtre ? » La dernière question invitait l'artiste à se prononcer sur son propre travail : « Quel sens aimeriez-vous voir donner à votre œuvre ? » Le questionnaire se présentait donc comme suit :

1. Dans quelle mesure, selon vous, le théâtre est-il le reflet d'un milieu, d'une époque ?
2. A quels aspects du texte dramatique accordez-vous le plus d'importance (thème, structure, situations, personnages, dialogues, etc.) et pourquoi ?
3. Quelle a été, selon vous, votre meilleure création et pourquoi ?
4. Que souhaitez-vous être en mesure de créer prochainement au théâtre ?
5. Quel sens aimeriez-vous voir donner à votre œuvre ?

Aux auteurs, nous avons demandé d'ajouter à ce témoignage un texte, déjà publié ou inédit.

Les personnes touchées par cette enquête ont répondu par écrit à ces questions ou lors d'interviews enregistrées. Lorsqu'il s'agissait d'une rencontre, le texte était soumis, dans tous les cas, à l'artiste concerné pour révision. L'interview se reconnaît à son « style parlé », à ses idées qui se bousculent parfois sans ordre apparent. Lors de la transcription, nous avons voulu chaque fois respecter la personnalité et le style de chacun. Il est à noter que l'enquête s'échelonne sur une période de plus d'un an, soit de mars 1971, date de l'envoi des questionnaires, à novembre 1972, date des derniers résultats reçus.

Nous avons souhaité que cette enquête s'ouvre aux divers moments de l'histoire de notre théâtre, à diverses régions de même qu'à diverses tendances esthétiques. Le choix des individus, évidemment subjectif, a voulu permettre une représentation des milieux et des styles. Nous avons aussi cherché à toucher ceux qui ont joué un rôle dans l'évolution de notre dramaturgie, qui sont en mesure d'en jouer un maintenant et qui peuvent espérer la possibilité de continuer à le faire. Nous n'avons pas toujours souhaité rencontrer les promoteurs d'une idée ou d'un style ; nous n'avons pas non plus voulu établir un « Qui est qui ? » du théâtre canadien-français ! Nous avons essayé de cerner un art de création par ceux qui, à divers titres et pas toujours les plus éclatants, participent au processus actif de la création.

Ces témoignages sont groupés en quatre sections : les écrivains, les metteurs en scène, les comédiennes et les comédiens et une dernière section qui regroupe les décorateurs, les costumiers et un musicien de la scène. L'ordre de présentation est chronologique : pour les écrivains, selon la date de la première production professionnelle d'un texte ; pour les autres créateurs, selon la date des débuts professionnels. Ceux qui consulteront ces témoignages pourront effectuer eux-mêmes les recoupements d'une section à l'autre, confronter l'écrivain et ses interprètes, le metteur en scène et le décorateur ; ils pourront y lire une histoire de notre théâtre par ses créateurs.

Nous espérons que cette enquête contribuera à une meilleure compréhension du théâtre canadien de langue française, qu'elle offrira matière à réflexion aux spectateurs de ce théâtre de même qu'à tous les créateurs.

Hélène BEAUCHAMP-RANK
Strasbourg, le 10 décembre 1972.

les écrivains…

GRATIEN GÉLINAS

Gratien Gélinas est né le 8 décembre 1909 à Saint-Tite de Champlain. Il étudia au Collège de Montréal et à l'Ecole des Hautes Etudes commerciales. Pendant quelque temps agent d'assurance, il ne tarda pas à se révéler comme comédien de la radio, notamment dans Le Curé du village. *C'est avec le personnage de Fridolin qu'il se fait connaître du public, personnage désormais légendaire qu'il crée en 1937 à la radio et l'année suivante à la scène avec* Fridolinons, *première d'une série de neuf revues annuelles sur des sujets d'actualité. La dixième revue,* Fridolinades, *eut lieu en 1956 et la onzième,* Le Diable à quatre, *en 1964. Entre-temps,* Tit-Coq, *deuxième personnage légendaire créé par Gratien Gélinas, voit le jour en mai 1948 sur la scène du Monument national. Cette pièce aura un succès sans précédent, vaudra à son auteur le grand prix de la Société des auteurs dramatiques en 1949, sera jouée en anglais au Théâtre du Gesù en 1950 et sera portée à l'écran en 1953.*

Bousille et les justes *fut créé en août 1959 à la Comédie-Canadienne et, en anglais, en février 1961. Cette pièce connut de nombreuses adaptations, fut présentée à la télévision canadienne et sur les écrans de la Grande-Bretagne en 1965. C'est en 1966 que Gratien Gélinas met en scène sa troisième pièce,* Hier les enfants dansaient, *qui sera créée en anglais au Festival de Charlottetown l'année suivante.*

Metteur en scène, Gratien Gélinas a participé étroitement à la réalisation de ses textes et à celle des textes d'auteurs québécois. Comédien bilingue, il a joué à Montréal, à Chicago, et une saison complète avec le Stratford Shakespearian Festival en 1956.

C'est en 1957 qu'il fonde la Comédie-Canadienne, qui se donne pour but principal de contribuer à l'établissement d'une identification nationale dans les arts du spectacle. Monsieur Gélinas est membre de la Société royale depuis 1958 et il s'est vu décerner des doctorats honorifiques par les Universités de Montréal, de Toronto, de Saskatoon, de McGill, du Nouveau-Brunswick et de Trent. En 1967, il reçoit le prix Victor Morin ainsi que la médaille de l'Ordre du Canada. Depuis novembre 1969, Monsieur Gélinas est président de la Société de développement de l'industrie cinématographique canadienne.

Je ne vois pas comment le théâtre pourrait ne pas être le reflet d'un milieu, d'une époque. Le théâtre, pour moi, c'est la petite histoire d'un peuple, peut-être plus significative, plus fidèle à la vérité que la grande histoire, qui est souvent faussée par la politique et ses préjugés.

Nous, du Canada francophone, avons grand besoin de trouver dans le théâtre et dans les autres arts l'expression d'une personnalité collective qui nous manque encore, comme elle fait défaut de façon générale, à l'adolescent.

* * *

Le thème, la structure retiennent d'habitude mon attention pendant des mois avant que je ne me préoccupe du dialogue, par exemple. Ce dernier viendra tout seul, de source, quand les personnages, bien observés, feront face à des situations qui les obligeront à se révéler profondément. Les contraindre à parler plus tôt serait une erreur qui conduirait sans doute l'auteur à s'exprimer à leur place, pour le plus grand mal de la pièce.

* * *

Exprimer une préférence pour l'un ou l'autre de mes enfants spirituels m'est toujours pénible, de même que j'aurais beaucoup de mal à vous dire qui, de ma fille et de mes cinq fils, « est le meilleur et pourquoi ». Je crois, cependant, que ma pièce *Bousille et les Justes* sera jouée plus longtemps et plus souvent que *Tit-Coq* et *Hier, les enfants dansaient.* Elle est plus simple à présenter que *Tit-Coq,* qui exige plusieurs changements de scène, et traite d'un conflit plus universel que celui d'*Hier, les enfants dansaient.*

* * *

Je ne sais pas. Ecrire pour moi a toujours été une aventure dans laquelle il m'était impossible de ne pas m'engager. Je n'ai rien entrepris dans ce sens qui ne m'ait possédé totalement. Quand ce besoin irrésistible m'envahira de nouveau, c'est qu'un thème, une histoire ou un personnage se sera imposé à moi violemment et je ne pourrai faire autrement que d'écrire. Et il se pourrait alors que cela donne une pièce... ou le scénario d'un film, car le cinéma m'intéresse de plus en plus.

* * *

Je voudrais qu'elle ajoutât sa petite pierre à l'édifice, à peine sorti de ses fondations, de notre identité nationale.

Montréal, juin 1971.

> Cet extrait n'est pas nécessairement la meilleure chose que j'aie écrite mais je suis heureux d'avoir composé cette page.

TIT-COQ (extrait)

Marie-Ange, ahurie, retombe devant sa lettre et relit distraitement le peu qu'elle a eu le loisir d'écrire jusqu'ici. Puis, d'un geste las, elle froisse la feuille et en prend une autre. Comme la lumière du jour a baissé, elle s'éclaire d'une lampe qu'elle a prise sur le guéridon au bout du divan.

Pendant le monologue suivant, que la tante débitera en se berçant avec vigueur, Marie-Ange se réfugiera dans un mutisme rigide. Elle est bien décidée à ne plus rien entendre et à se donner tout entière au souvenir de Tit-Coq.

LA TANTE — Au fond, tu as bien raison, Marie-Ange. Notre vie, c'est à nous autres ; du moment que la religion le permet, aussi bien la fricoter à notre goût. A condition de pas se tromper de recette, comme de raison. Toute la question est là.

Sainte Bénite de guerre ! Au moins si on savait quand elle va finir, il y aurait moyen de faire des plans. Mais non ! J'en causais encore hier avec Madame Grondin, la présidente des Dames de Sainte-Anne de la paroisse de Saint-Alphonse. Comme elle disait si bien : « Au train qu'ils sont partis, ils peuvent se tirer aux cheveux encore pendant quinze ans comme rien ! »

Et je te parle en connaissance de cause. Si quelqu'un est en mesure de sympathiser avec toi, ma pauvre enfant, c'est bien moi. Je peux te l'avouer, d'autant plus que tout le monde le sait : j'en ai attendu, moi aussi, un oiseau rare, pendant la guerre de 1914. Quand il est revenu, au bout de quatre ans et demi, il a passé tout dret, l'escogriffe, et il est allé s'établir sur une terre dans l'Alberta !

Je veux pas insinuer que le tien va faire de même. Ah, p'en tout' ! Au contraire, ça se pourrait qu'il te revienne, ton Tit-Coq. Pour le peu que j'en sais, il m'a l'air d'un petit gars de promesse. Quoique ces enfants-là, conçus directement dans le vice, ça me surprendrait qu'ils deviennent du monde aussi fiable que les autres. Autrement, il n'y aurait pas de justice pour les gens faits dans le devoir comme toi et moi.

Je le répète : une fille est libre de courir le risque, mais à condition d'y penser à deux fois.

Parce que si tu savais, ma belle, ce que ça passe vite, notre jeune temps. Ça passe vite ! Il faut être rendu à mon âge pour le savoir. Tu t'endors un beau soir, fraîche comme une rose, sans te douter de rien : le lendemain matin, tu te réveilles vieille fille. Et c'est là que tu commences à te bercer toute seule le dimanche soir sur le coin du perron !

Et tu peux me croire : la vie de vieille fille, c'est rose par bouts seulement. Et plus ça va, plus les bouts roses sont courts. Tu traînes tes guenilles d'une pension à l'autre. Si tu ne veux pas tomber à la charge des tiens, il faut que tu gagnes ton sel en dehors jusqu'à la fin de ton règne, ton lunch sous le bras, toujours avec la crainte dans le maigre des fesses d'en trouver une neuve à ta place un bon matin !

L'histoire de la nature... on n'en parle pas. Mais, si tu as le malheur d'être faite comme n'importe qui, et si tu n'es pas une fille qui se dévergonde, tu en endures, c'est tout ce que j'ai à te dire !

Oui, ma petite, par moments, c'est loin d'être drôle. Heureusement que dans tout ça le bon Dieu est là, pour égaliser les portions dans l'autre monde.

Marie-Ange a froissé une couple d'autres feuilles et livre maintenant une lutte désespérée à la lassitude qui l'envahit. Pendant la réplique suivante, elle se lèvera, ira au phonographe et fera tourner le disque dont la musique accompagnait sa dernière danse avec Tit-Coq.

La tante, prise dans sa propre misère, n'aura même pas conscience du mouvement.

Tu tâches de te payer une petite assurance pour te faire enterrer. Et, si tu veux quelques messes pour le repos de ton âme, vois-y toi-même avant de lever les pattes, parce que les neveux et les nièces t'oublieront une demi-heure après le *libera*. Pourtant, tu te seras tourmentée pour ces enfants-là comme s'ils étaient à toi, au risque de t'entendre traiter de vieille achalante !

Devançant une protestation qui ne vient pas.

Vieille achalante, oui. Ah ! je sais ce que je dis : si tu es gauche au point de vouloir te dépenser pour les autres comme n'importe quelle femme, tu te fais rembarrer d'un coup sec et tu te rends compte que personne n'a besoin de toi sur la terre !

Marie-Ange est revenue à la table et, la tête appuyée sur le bras, pleure tout bas, pendant que le moulin à paroles de la tante livre un duel à la musique.

Alors tu rentres dans ton coin, et ça te fait une petite vie ben tranquille. Tellement tranquille qu'à la longue c'en devient énervant. Quand ça te force trop, tu parles toute seule... et les gens te pensent folle !

Pendant que le rideau tombe.

Oui, ma fille, attendre un homme, ça demande du pensez-y bien : on peut se mordre les pouces plus tard, sans que ce soit la faute à personne d'autre...

Tit-Coq, Editions de l'Homme, Montréal, 1968.

YVES THÉRIAULT

Yves Thériault est né le 28 novembre 1915 à Québec. Il vient à Montréal très jeune et y fait quelques études mais y pratique surtout tous les métiers : chauffeur de camion lourd, vendeur de fromage, vendeur de tracteurs... Il rêve très tôt d'une carrière radiophonique et devient annonceur à New Carlisle, en Gaspésie, puis à Québec, à Trois-Rivières, à Hull, à Montréal, à Rimouski. A Ottawa, il collabore aussi à l'Office national du Film.

En 1944, Yves Thériault publie son premier recueil : Contes pour un homme seul. *Son œuvre romanesque comprend maintenant plus de 20 titres dont* Le Dompteur d'ours, Aaron, Agaguk. Ashini *lui mérite en 1961 le prix du Gouverneur général ;* Ashini *et* Agaguk, *la même année, lui valent le prix France-Canada.*

Dès 1940, alors qu'il travaille au poste CKCH à Hull, Yves Thériault écrit ses premiers sketches radiophoniques. De 1945 à 1950, il est scripteur à Radio-Canada suite au bon accueil fait à La Flamme du feu, *son premier texte dramatique sérieux. Pour la radio et pour la télévision il écrit par la suite quelques 1,300 textes, toutes longueurs, tous genres, toutes qualités présentés aux « Nouveautés dramatiques » ou « Sur toutes les scènes du monde, » au « Théâtre Populaire » ou « En première » :* Antoine et sa montagne, La Marque de Dieu, Déclin, Celui que l'on attendait, Aaron, Le Léviathan, Fabienne. *En 1953 on lui décerne le Grand Prix d'art dramatique de Radio-Canada et le Canadian Radio Award. En 1958 il obtient le trophée Frigon pour le meilleur scénario de télévision :* Aaron.

Le Marcheur *est créé à la scène le 21 mars 1950, au Gesù et le 15 janvier 1956 au Téléthéâtre de Radio-Canada. Yves Thériault a aussi publié* Frédange *et* Terres neuves.

Yves Thériault a été élu à la Société royale du Canada en 1959, a été président de la Société des écrivains canadiens en 1964 et directeur des Affaires culturelles au ministère des Affaires indiennes et du grand nord de 1965 à 1967. Le Prix Molson lui est remis en 1971.

Totalement. Depuis ses premières manifestations dans l'antiquité, le théâtre a toujours été axé sur les réalités de son temps. Il ne peut pas en être autrement. Même le vaudeville reflète son époque, d'une façon non polémique, non contestataire. Tout théâtre a un ton, une allure bien de son temps : les allusions politiques, économiques, l'évocation des modes de vie, des structures sociales. Il est rare qu'il s'agisse, au théâtre, d'imagination pure, de fiction, de fantaisie. L'inspiration du créateur lui vient sûrement de son milieu, de ce qui l'entoure, de lui-même, de ce qu'il est et de ce qu'il exprime dans ce milieu donné. Ceux qui ont essayé de faire autrement n'ont pas tellement duré.

Je ne crois pas au théâtre engagé en tant que tel mais je crois que le théâtre a le devoir d'un certain engagement. Tout mode d'expression engagé peut être extrêmement intéressant ou extrêmement ennuyeux et ça ne dépend pas de l'engagement mais de celui qui a conçu cette expression de l'engagement, de façon fascinante ou banale. On a parfois eu connaissance au Québec de certain théâtre engagé qui a passé la rampe et qui n'était pas intéressant mais ce théâtre venait à « l'heure du berger », au moment absolument propice où il était vital que l'on parlât de ce sujet-là en particulier et peu importait la façon. L'auditoire était viscéralement engagé... Ce qui n'exclut pas le théâtre engagé formidable !

Quand les critiques ont parlé du *Marcheur,* ils ont prétendu que j'avais voulu raconter une histoire qui était typiquement canadienne-française ! Ça m'a fait rire ! Parce que dans la province de Québec il n'y a pas de patriarcat. Il y en a eu, autrefois, mais depuis la guerre de 1914 c'est avant tout un matriarcat. J'ai fait une œuvre d'imagination, sans prétendre qu'elle collait à une réalité, à notre réalité. C'est peut-être pour ça que ce n'est pas une pièce qui peut durer, endurer le passage du temps.

* * *

Il faut établir une différence entre un texte commandé et un autre. Pour un texte écrit dans le cadre d'une série, techniquement et d'après mon expérience, c'est presque toujours la situation qui domine d'abord, la situation ou le cadre, les deux se valant. Les deux sont exprimables par les sons, les images et par des moyens purement mécaniques. Le thème, les personnages viennent s'y greffer et s'en dégagent graduellement.

Et puis, ce n'est pas aussi catégorique que ça ! c'est plusieurs choses à la fois. L'action et les personnages peuvent être créés par la même occasion, au même moment. Je ne mettrai pas d'abord sur papier les détails d'une action précise dont je tirerai un texte, non. Il y aura quelque chose de flou au départ, où action, thèmes et personnages vont s'entremêler. La structure réorganise le tout. Et l'issue finale se dégage d'elle-même... de l'ensemble des sons, de l'atmosphère.

C'est une espèce d'euphorie, de dédoublement euphorique qui ne dure pas longtemps. En un moment, tout se dégage et tout le reste est technique.

* * *

J'ai fait tellement de textes pour la radio, pour la télévision, qu'il m'est impossible d'identifier un texte comme ça ! D'autre part, je n'ai jamais été un auteur porté à l'émotion par la création dramatique. Je ressentirai de l'émotion en écrivant un roman, rarement dans l'enchaînement du dialogue, mais dans la narration. A quel moment ? je ne peux pas le dire avant de commencer à écrire. Quand je ressens cette émotion, le texte est supérieur. Ensuite, il y a les nécessités : les personnages qui doivent dire et faire, l'histoire qui doit se dérouler.

Parmi les pièces qui ont été publiées, je préfère *Frédange,* même si ce n'est pas une pièce importante. C'est une bonne petite pièce et je l'aime bien. Elle ne dit rien, ne chante aucune gloire, aucune louange de qui, de quoi que ce soit. Ce n'est pas du théâtre engagé. C'est un conte dramatique.

* * *

Est-ce que j'ai envie d'écrire encore pour le théâtre ? oui et non. Je voudrais écrire, mais non dans le sens d'une « redécouverte », d'une « réinvention » du théâtre. Je voudrais écrire une pièce comme on en a toujours écrit : avec un commencement, un milieu, une fin, avec des personnages qui font et disent des choses comme tout le monde. De façon très conventionnelle. J'en ai commencé une qui parle de corruptions, de juges, de procureurs... c'est un thème ancien et je ne cherche pas à avoir une nouvelle façon de le présenter. Je ne sais pas si je la terminerai...

Mon théâtre est celui d'un conteur, un théâtre d'imagination.

Interview accordée à Lavaltrie,
le 2 août 1971.

FRÉDANGE (extrait)

BERGER (il reste d'abord immobile au centre, puis il va lentement vers la porte, il regarde aller Méraille. Ensuite il dégage, vient au centre et s'adresse à la vieille.)

C'est une fière femme, Méraille...

(Un temps. Il va à la huche, y prend un quignon de pain et en arrache un morceau qu'il va manger à petites bouchées longuement mastiquées.)

Habile en tout...

(Il parle, il parle en direction de la vieille. C'est une sorte de soliloque où la vieille tout de même prend large part par sa seule présence immobile.)

Je l'aime, tu sais, avec son drôle de nom des autres contrées... Pas les miennes, moi je suis de par-delà les montagnes.

(A la vieille.)

Je te l'ai déjà dit... Racines de sol gras. Voilà peut-être pourquoi j'ai la peau blanche.

(Il découvre sa poitrine et se regarde.)

C'est pas de la chair d'homme, hein ?...

(Il rit.)

On déçoit, chez nous, au premier regard. Ensuite, à l'usage, on finit par avoir raison...

(Soucieux.)

Frédange, si c'est à l'image de Dieu, vous avez une religion effrayante...

(Il mâche le pain.)

Même le pain, elle le fait bien, Méraille... Comme une prière, tu sais. Quand elle glisse les miches dans le four, j'ai envie de me mettre à genoux et il ne manquerait que du chant d'homme et des orgues d'église. Elle y croit au pain. Il faut y croire.

(Regarde la vieille.)

Dire que tu as été belle et bonne... Jeune aussi. Un gars t'a ouvert le corsage pour te caresser les seins... Tu es comme l'olivier qui tord en vieillissant, la chèvre qui traîne les narines par terre de vieillesse et qui a les flancs maigres...

(La regarde d'un air intrigué.)

Tu as déjà aimé les fleurs ? Est-ce que tu courais dans un sentier de montagne ? Quand tu dansais, est-ce que tu devenais toute bête dans ta chair comme les filles de chez nous qui gémissent de joie en dansant ?

(Un temps.)

J'en aurai appris des choses dans cette maison.. J'aurai appris à vieillir...

(Animé, à la vieille.)

Tu sais, je m'en rends compte seulement aujourd'hui... Méraille, quand elle m'a pris ici, elle me trouvait jeunet. J'avais dix-neuf ans et je m'en crois aujourd'hui cent... Je ne savais pas que cela changerait ainsi en moi. Je veux dire tout : les pensées, les actes.

(Infantile.)

Tu crois qu'elle me chassera, Méraille, maintenant que le sien est revenu ?

(Il mord songeusement dans le pain, il va s'asseoir près de la table. Il est longtemps silencieux.)

Ça te plaît que je te parle un peu, tous les soirs ? Il me semble que oui... Tu entends ce que je te dis ? Je te pose des questions et jamais tu ne fais un signe... Pour moi, ça te plairait pas de bouger un œil, ou un doigt ? Serre les dents, tiens, ça te remuera un muscle de la joue... Je comprendrai.

(Il l'observe attentivement, puis il hausse les épaules.)

Les premiers temps, quand j'allais me coucher avec Méraille, que tu nous voyais partir ensemble, elle tant émue que les mains lui en tremblaient... et moi...

(Il a un geste vague.)

...alors j'en avais pour une heure à me sentir épié... Il me semblait que tu étais tout près, que tu écoutais gémir la femme de ton fils... Maintenant je sais bien que c'était beau, et bon, et que je ne faisais rien de mal, vraiment...

(Un long temps. Il se lève, va se puiser une tasse d'eau et boit lentement, puis il va à la porte et se tient là dans l'embrasure. Il revient lentement au centre.)

Crois-tu que Frédange prendra ma place chez Méraille, ce soir ?

(Il est songeur.)

Ce serait mal, il me semble. Il est parti depuis six ans, elle n'a plus son souvenir en elle. Je le sais. Moi, je suis doux, elle me l'a dit.

(Il a un rire doux.)

Comme du lait de chèvre, comme le poil des chevreaux, comme l'air du matin... Méraille me le jure...

(Il s'adresse directement à la vieille.)

La journée a été belle. Une journée de petit vent, de haut soleil. Avec l'air comme du cristal des dimanches, chez les riches ; à sonner la chanson si on frappe dessus avec l'ongle. J'ai passé des heures à faire comme ça, des deux doigts, et je te dis que l'air chantait... A midi, j'ai mangé un morceau de fromage, j'ai bu un litre de vin, j'ai confié les chèvres au chien, et j'ai dormi.

Après, Méraille m'a crié de descendre et elle m'a envoyé au bourg, chez l'homme de loi...

(Un temps.)

Il y avait longtemps que je n'étais pas allé au bourg... A rester sur les pâturages du haut, on ne croit plus qu'il y a de la terre meuble au lieu des lichens et des rocs. De la terre meuble, des fleurs, des plantes et des vaches qui dorment dans les prés... C'est plus bas, au niveau du bourg... Tu t'en souviens, de cette vie-là ?... Quand tu étais jeune, est-ce que tu criais de joie les jours de vent tiède ? Et qu'est-ce qu'ils te faisaient les gars ?

(Pause.)

Dire que tu as été jeune... C'est une loi. Tu y as passé, toi aussi... Comme moi, j'y passe, comme Méraille y a passé... Les trois âges, le mien, celui de Méraille, et le tien. Elle deviendra comme toi, je deviendrai comme le grand-père... Drôle de Dieu qui nous fait beaux pour nous rendre plus laids ensuite... Image de Dieu ! Ah ! ça... C'est peut-être juste en naissant, poupon, l'enfant qui sort du ventre de la mère, c'est peut-être ça, l'image de Dieu... Après, l'image se racornit, ternit, se fane... Et vitement, hein ? Il faut y songer. A te voir, on a la preuve que c'est vite arrivé... Je naissais, moi, et tu devais être encore acorte... Quand je mourrai, il en naîtra un, beau comme Dieu qui deviendra ensuite laid comme je serai... Y comprends-tu quelque chose...?

(Il chantonne un moment, prend la dernière bouchée de pain. Dehors, le soir se met à tomber.)

C'est la fin du jour...

(A la vieille.)

Tu as peur de la nuit ? Pas moi... pas encore...

(Un temps.)

Au midi, je suis descendu dans le soleil jusqu'au bourg. Le sentier dévale la montagne en lacet ; il chute ici, s'accroche là, c'est un mauvais sentier. Et c'est seulement plus bas qu'il devient un chemin, et à la fin, une route. Mais en bordure, depuis les premiers prés vraiment verts, il y a des fleurs. Alors, je me suis arrêté, tu comprends ? et j'ai humé des odeurs de fleurs. Et sur les fleurs il y avait des abeilles venues des vallées, et elles me bourdonnaient aux oreilles. J'ai vu du vent, du vent large comme la main qui venait prendre une fleur par la corolle, la tenait, puis la balançait, comme ça. J'ai vu le vent, il était couleur d'or fondu et de ciel de printemps. Il était épais du doigt, il se tordait comme un long serpent souple. Il est arrivé du bas, il s'est glissé le long du col, il a passé entre deux pierres, il est venu me caresser le dos de la main, puis il a brusquement viré vers les fleurs, il s'est appuyé contre une tige, il est venu jusqu'à une corolle et c'est là qu'il l'a prise. Ensuite, il est reparti, long comme un pays, il a glissé le long de la pente, vers une fille qui glanait... Je l'ai vu monter le long de la jambe de la fille, puis le long de son dos ; il a pris la fille par le cou, il a glissé dans le corsage et la fille s'est mise à rire, puis elle s'est assise par terre et ensuite elle s'est étendue là, sur le dos, et le vent est resté contre elle. Je ne sais ce qu'il lui faisait, ou ce qu'il lui disait, mais la fille hochait doucement la tête en gémissant, les yeux fermés, et ses talons labouraient le sol. Il est venu un gars de l'autre bout du champ, il a vu la fille, mais je crois qu'il n'a pas vu le vent, parce qu'il est venu se jeter près de la fille et ensuite il a fait comme le vent, mais avec ses mains à lui et son amour à lui et la fille criait, criait...

(Il est rendu au paroxysme de son exaltation, il est debout devant la vieille, penché. Il lui crie ses mots.)

Et avec le ciel de Dieu et la senteur du vent et le cri des bêtes et les cris de la fille, je te dis que c'était beau à me faire mourir. Je me suis assis et j'ai crié moi aussi, comme un fou, crié de joie, crié de voir tant de choses plus belles encore que tous les paradis promis...

(Un long cri.)

Vieille ! T'en souviens-tu du temps de la beauté ?

(A partir de la phrase : Et avec le ciel de Dieu et la senteur du vent » la vieille se met à faire un son uni, morne, monotone, une sorte de long cri de bête, sans aucune signification, qui se poursuivra, jusqu'au rideau. Mais elle ne bouge pas même un doigt, elle reste aussi immobile que toujours, tout en poussant ce son horrible.)

(Le Berger, quand il atteint son paroxysme, se laisse tomber par terre devant l'âtre et sanglote, la tête entre les mains).

Frédange suivi de *Les Terres neuves.* Leméac, Collection Théâtre canadien, no 15, Montréal, 1970.

PAUL TOUPIN

Paul Toupin est né à Montréal le 7 décembre 1919, il a fait ses études classiques au collège Jean de Brébeuf et a poursuivi ses cours universitaires à la Columbia University et à l'Université d'Aix-Marseille qui lui décerna son doctorat ès Lettres. Journaliste et critique, il collabora à plusieurs journaux de Montréal de même qu'à diverses revues : Les Idées, Liaison, Amérique française. *Professeur, il enseigna à l'Université de Sherbrooke et est maintenant professeur titulaire au Loyola College.*

Monsieur Toupin publie Au-delà des Pyrénées *en 1946,* Rencontre avec Berthelot Brunet *en 1950. En 1960, il remporte le prix du Gouverneur général du Canada pour* Souvenirs pour demain *et en 1963, le prix de l'Académie française pour le meilleur ouvrage écrit en français par un étranger pour son* Théâtre. *Il a aussi publié* L'Ecrivain et son théâtre *en 1964,* Les Paradoxes d'une vie et d'une œuvre *en 1965,* Mon Mal vient de plus loin *en 1949 et* Le Cœur a ses raisons *en 1971.*

La première pièce de Paul Toupin, Le Choix, *a été créée en 1951 par la Compagnie du Masque. Pierre Dagenais réalisait en 1952 la mise en scène de* Brutus *au Théâtre du Gesù, pièce qui fut reprise en mars 1960 par le même metteur en scène, à la Comédie-Canadienne.* Le Mensonge *et* Chacun son amour *ont été publiées et la dernière pièce fut présentée à la télévision de Radio-Canada en 1966. Trois autres textes de Paul Toupin furent joués à la radio. Monsieur Toupin est membre de l'Académie canadienne-française depuis 1959.*

La question est trop ambiguë pour que j'y réponde tout de go. Dire que le théâtre est le reflet d'un milieu, d'une époque, ce serait impliquer que le théâtre est un phénomène social d'abord, ce qu'il n'est pas. Racine, en écrivant ses tragédies, obéit aux servitudes de l'esthétique de son temps : trois unités, alexandrins, progression dramatique et autres artifices à la mode du XVIIe siècle. Mais ce théâtre n'est-il « théâtre » que parce qu'il reflète Versailles ? Les éléments qui faisaient alors « *nouveaux* » font aujourd'hui « *anciens* ». Et l'on ne va pas voir *Phèdre* parce que c'est une tragédie en cinq actes et écrite en alexandrins. Bien d'autres tragédies du temps de Racine étaient en cinq actes et en alexandrins. Va-t-on les voir ? Les joue-t-on ? On joue Racine qu'on va voir parce que son théâtre est au-delà de son milieu et de son temps, tout comme sa poésie est au-delà de son alexandrin. (D'ailleurs, ses deux meilleures tragédies, *Britannicus* et *Phèdre,* son « milieu » et son « époque » en firent deux échecs.)

* * *

Une pièce de théâtre est un tout. Ce que vous appelez thème, structure, situations, personnages, dialogues ne se cloisonnent pas. Si la pièce est mal composée, si sa structure est défectueuse, l'écriture n'en peut être bonne. Tout se tient. Tout langage, surtout celui du théâtre, « nous traduit ». Lorsque j'écris une pièce, ce que je surveille le plus, c'est ce que Claudel appelait l'unité de ton.

* * *

Je ne suis pas assez présomptueux pour juger laquelle de mes pièces est la meilleure. J'ai l'esprit suffisamment critique toutefois pour conclure de ce qu'aucune n'étant parfaite, la moins défectueuse me semble la meilleure. Me semble... Un écrivain ne sait jamais à quoi s'en tenir sur sa valeur. Le talent, comme la santé, est un don. Il y a de bons talents comme il y a de bonnes santés. Une bonne santé ne progresse pas. Un bon talent non plus.

* * *

Voilà une question à laquelle seuls peuvent répondre les directeurs de théâtre. Trois de mes pièces ont été « créées » ; deux, inédites, ont été refusées, surtout par ceux qui réclament à grands cris du théâtre canadien, la condition *sine qua non* tant que la pièce doive être d'abord « canadienne », car le nationalisme en art a, au Canada, préséance sur l'art même, en vertu de ce faux principe que l'art doit être, ce qu'était votre première question, le reflet d'un milieu, d'une époque.

Pourquoi aimerais-je « voir donner un sens à mon œuvre » ? Ce sens serait donné... par qui ? Et faut-il « qu'une œuvre » ait un sens ? Il n'y a rien de plus bête qu'une « idée » littéraire. Oui, il y a encore plus bête, c'est la théorie littéraire, exemple : le nouveau roman et la nouvelle critique.

Montréal, août 1971.

BRUTUS (extrait)

CESAR — Ce que je suis ? Pour eux, je suis cet empereur dont Rome veut se débarrasser... Ton ami, disent-ils... Ce que je suis ?... ils ne le sauront jamais... Est-ce mon regard de sphinx qui les foudroie ainsi ? Qu'ils me regardent ! Pour savoir ce que je suis, il me faudrait savoir ce qu'ils sont... Mais qui sont-ils ? Présente-moi tes gens, Brutus. Mais je crois les reconnaître. Celui-ci... n'est certes pas poète. Les poètes sont couards et ne conspirent que contre les mots. Celui-ci n'est pas non plus banquier. Les conspirations ne rapportent pas. Et cet autre, est-il prêtre ? Non. Les prêtres n'ont pas le droit de tuer. En somme, vous êtes tous de braves gens... Et surtout des gens sincères, gens de petits métiers et de petits négoces... fabricants de rêves... comme Brutus...

Il change de ton et redevient sérieux.

Dites-moi quelles étaient vos ambitions ? Ce que les enfants que vous étiez voulaient être ? Ce qui vous empêcha de devenir ce que vous désiriez ? Est-ce moi ? Est-ce le silence qui a rongé vos rêves ? Qui je suis ? Vous voulez me connaître ? Me comprendrez-vous ? Ma gloire m'a dégoûté de ma gloire ; les plaisirs de l'amour ; Brutus m'a dégoûté de l'amitié... Et vous tous me dégoûteriez de la vie, si vous étiez en vie ! Mais vous n'êtes que des morts ! Car quel empire convoitez-vous ? Le mien ?... Il est visible mon empire ! Je l'ai fait de mes mains ! Il est beau, il est grand ! Des fleuves le traversent, des océans le bordent ! Il y fait bon ! Aussi bon que dans mon jardin, avec ses rangées de pins dans le soleil de Rome... Le soleil, il est en moi.. Je suis de bonne écorce ! De quoi vous mêlez-vous ? Mettre la main au destin ? Vous êtes des hommes et vous ignorez encore, à votre âge, que le destin se charge lui-même de sa besogne qui est de tout broyer ?... Le secret de ma vie ?... J'ai laissé les choses se faire et se défaire, comme je vous laisse me traquer ! Mais vous n'êtes que des faibles ! Jamais vous ne m'abattrez ! Tout vous l'interdit ! Vos prêtres, vos dieux...

Les conjurés se jettent sur César, le frappent. Il tombe, tente de se relever et ne le peut pas. Il se traîne, à demi relevé, s'aidant d'un bras, jusqu'aux portes qu'il agrippe. Il parvient à se tenir debout, les bras en croix... Le visage est ensanglanté.

Brutus !... les portes vont s'ouvrir... Et César va régner...

Brutus va le frapper, mais César se couvre le visage ; fait deux pas. Brutus le frappe. Il s'écroule et on l'entend murmurer :

Toi aussi...

Les portes s'entr'ouvrent, les conjurés fuient.

Théâtre, Cercle du Livre de France, Montréal, 1961.

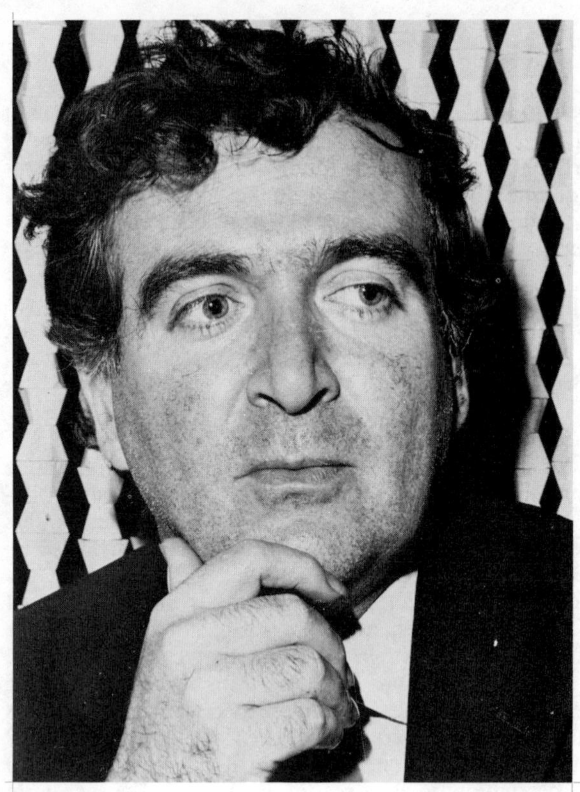

MARCEL DUBÉ

Marcel Dubé est né à Montréal le 3 janvier 1930. Il fait ses études primaires, termine son cours au collège Sainte-Marie et ambitionne dès 1948 de devenir dramaturge. Ses premiers écrits sont pourtant des poèmes : deux recueils lui méritent des prix en 1949 et 1950. Avec quelques camarades dont Guy Godin, Robert Rivard, Monique Miller, il fonde La Jeune Scène en 1950 et écrit sa première pièce, Le Bal triste. *En 1952,* De l'autre côté du mur *est présenté au Festival régional d'art dramatique et en 1953,* Zone *remporte un grand nombre de prix au même festival. A partir de cette date, Marcel Dubé devient connu du grand public pour qui il ne cessera plus d'écrire.*

Les titres de ses pièces sont connus, les créations sont régulières : Le Barrage *(Théâtre-Club, 1955) ;* Le Temps des lilas *(T.N.M., 1958) ;* Un Simple soldat *(Comédie-Canadienne, 1958) ;* Les Beaux dimanches *(Comédie-Canadienne, 1965) ;* Au Retour des oies blanches *(Comédie-Canadienne, 1966) ;* Bilan *(T.N.M., 1968). Plusieurs de ces textes sont repris à la télévision et par ailleurs Marcel Dubé écrit directement pour le petit écran :* La Bicyclette *(1954),* La Fin du rêve *(1958),* Equation à deux inconnus *(1959),* L'Echéance du vendredi *(1959). A ces téléthéâtres s'ajoutent de populaires téléromans :* La Côte de sable *(1960-62),* De 9 à 5 *(1963-66),*

Le Monde de Marcel Dubé *(1968-72). A ces nombreux textes dramatiques s'ajoutent des poèmes, des essais, des nouvelles et récits dont quelques-uns ont été publiés.*

Marcel Dubé a bénéficié de bourses de divers organismes dont le gouvernement du Québec et le Conseil des Arts. Membre de l'Académie canadienne-française et de la Société royale du Canada, il a été président de la Fédération des auteurs et artistes du Canada et vice-président exécutif du théâtre de l'Egrégore. Il a reçu le prix Victor Morin en 1966.

Le théâtre est le reflet d'un milieu et d'une époque en autant qu'il reflète un individu qui est intégré à son milieu, à son époque. Certains auteurs peuvent dépasser leur milieu, écrire au-delà de l'époque mais ces cas n'existent pas au Québec.

Au début, je ne pensais pas du tout au « milieu » que je dépeignais. Ce sont les critiques qui m'ont fait prendre conscience de ce que j'écrivais des pièces sociales. Le plus grand drame de ma carrière d'écrivain a d'ailleurs été de faire parler de moi dans les journaux, de constater qu'on analysait mes pièces, qu'on les relisait. C'était tout à fait nouveau pour moi et je me disais que ça ne pourrait jamais être vierge, beau comme la première fois alors que je n'avais pas pensé au public, aux critiques, alors que j'écrivais uniquement par amour. Ça été très dur. C'était comme d'avoir franchi une barrière que je n'avais pas prévu de franchir. On parlait de moi, j'étais jugé, il fallait donc que je me sur-juge.

En cours de route, un auteur commet beaucoup d'erreurs et se sent las à certains moments, il a l'impression de dire toujours la même chose et il désire se dépayser, fuir son milieu, se fuir lui-même. Si j'essayais alors de me fuir moi-même, je n'ai jamais essayé de fuir mon milieu, le milieu ou les milieux que je croyais connaître. Engagé, je l'ai toujours été, je crois, engagé vis-à-vis de ce qui est humain. J'ai toujours cru, sans prétention, que ce qui était important chez l'homme, qu'il soit écrivain ou critique ou ouvrier, c'était l'humanisme, l'humanisme qui s'acquiert par la culture conventionnelle, par l'instinct, l'intuition, par les origines aussi ou l'humanisme avec lequel certaines personnes naissent.

Aujourd'hui, les idéologies, les dogmes surgissent de partout. On dit que le monde change. Mais les grandes mutations humaines se font très lentement, on ne les voit pas venir, s'achever ; tout se continue toujours. En dix ans, on ne peut pas bouleverser les ordres donnés, réels, fondamentaux, ce qu'on appelle vulgairement, en philosophie, l'essentiel. Ce qu'il y a de plus extraordinaire pour moi dans la vie, c'est la durée, malgré la mort. Rien ne me touche que ce qui est d'abord et avant tout humain, en-dessous des mots, en-dessous de toute apparence. Pour moi, la réalité est en-dessous, derrière tout le reste.

L'engagement, c'est avant tout une fidélité qu'on se jure à soi-même, à son idéal, et qui peut se manifester de plusieurs façons. On me reproche d'écrire des pièces qui se passent dans un milieu bourgeois alors que mes premiers textes se situaient dans un milieu prolétarien. J'ai peut-être l'intention de dénoncer le milieu bourgeois ? Surtout, j'ai envie de dire des choses que seuls les personnages de ce milieu me permettent de dire. Ils peuvent seuls déclencher tous les genres de discussion quand ils sont lucides. Je n'ai pas voulu dépeindre des milieux privilégiés mais me servir de personnages, qui étaient peut-être privilégiés, qui surtout pouvaient exprimer dramatiquement ce que d'autres personnages ne pouvaient malheureusement pas exprimer. Il y a là un gros problème de langage... à moins d'aller jusqu'au bout du langage comme le fait Tremblay.

L'enracinement dans un milieu, c'est la connaissance de plus en plus profonde d'un milieu, c'est la co-naissance intuitive d'un milieu, une connaissance qui ne se contente pas de rester en surface mais qui se remet toujours en question. C'est un travail continuel. Parfois, en dépeignant une réalité, on la dépasse. C'est ce qui s'est peut-être produit dans certaines de mes pièces mais c'est à mon insu. J'ai toujours apprécié ce qui s'est fait à mon insu, ce que j'ai fait trop lucidement, de façon trop voulue, ne m'a jamais réussi.

* * *

Quand j'ai commencé à écrire des pièces, je les ai produites moi-même et j'ai été alors très conscient des problèmes techniques de la scène. Cette expérience a joué contre moi : chaque fois que j'écris, j'en tiens compte. Je devrais oublier ces préoccupations, écrire et me dire que les metteurs en scène réaliseront mes pièces, me comprendront et aboliront les problèmes techniques. Cette difficulté risque d'être pour moi une frontière que je n'arriverai pas à franchir.

C'est devenu une seconde nature pour moi que d'écrire des dialogues. Ce qui est le plus important cependant, ce qui aide le plus l'auteur dramatique, c'est de mettre des personnages donnés, que l'on sent vivre, en conflit. Du mot conflit on passe au mot incommunicabilité qui exprime le drame de la vie. Les personnages heureux n'ont pas d'histoire. Gide écrivait : « Le bien ne compose pas. »

Les conflits seront irréparables si on veut écrire une tragédie, graves pour le drame, de surface pour la comédie. Ces conflits existent au niveau de la psychologie des personnages, au niveau de leur vie dans une société envahissante qui écrase. Il y a toujours quelque chose de plus grand que l'homme, qui l'écrase. Qu'on le veuille ou non l'homme est fait pour viser un absolu, un idéal, non pour s'encarcaner.

L'idée de départ d'une pièce vient d'une situation ou d'un personnage. C'est ce qui est le plus important pour moi. L'histoire ?... je n'en tiens malheureusement peut-être pas assez compte. La structure est importante à cause de celui qui écoute.

Surtout, il faut que ce que j'écrive soit clair.

* * *

Il n'y a pas une pièce qui réunit tout ce que je voulais dire. Au début, j'écrivais toujours des textes qui me semblaient temporaires, sur lesquels je devais revenir. J'écrivais pour que ce soit joué et il était important que les dialogues ressortent.

J'aime la dernière scène de *Bilan,* certaines scènes d'*Au retour des oies blanches.* La dernière scène de *Zone* a été très importante pour moi à l'époque parce qu'on ne la considérait pas comme du bon théâtre. Aujourd'hui c'est ce que l'on préfère parce que la pièce part de la réalité à ce moment-là et se hisse vers une certaine poésie.

A cause du personnage de Joseph Latour, un personnage que je n'ai jamais laissé, je préfère *Un simple soldat.* C'est un personnage pour qui il n'y a pas d'issue, c'est le plus tragique des personnages que j'ai conçus. Il doit mourir parce qu'il ne peut pas vivre : c'est ce qui est capital et je pense qu'on le sent dans la pièce. En l'écrivant, certains souvenirs précis de la fin de la guerre me revenaient (j'avais quinze ans alors), que j'ai complétés par une documentation, des recherches. C'est ce qui m'a amené à écrire par la suite *Côte de sable* qui est une chronique des années de la première guerre.

Le personnage du père me touche aussi ; c'est un raté comme son fils, un raté qui n'a jamais pu éclater. C'est ce qui le rend conciliant envers son fils : il aurait peut-être dû vivre aussi cette désinvolture, cette arrogance... C'est un homme fauché par un milieu très fermé, étroit, petit, une espèce de géant qui a vécu toute sa vie les pieds et les mains attachés.

* * *

J'ai commencé à écrire un roman. C'est un genre bien différent où le dialogue ne doit qu'appuyer le récit alors qu'au théâtre tout se tient grâce au dialogue. J'ai aussi commencé un recueil de poèmes en 1965, *Poèmes de sable* que j'aimerais terminer. Pour l'instant, c'est là que vont mes préférences.

Je voudrais aussi en arriver à écrire de façon de plus en plus claire... un « verbe ». Là a toujours été mon problème, de même que celui de bien des auteurs : la langue. Cette hantise de ne pas dire comme il faut et *clairement.* Et le joual ne résoudra pas le problème...

* * *

On a tendance, surtout au théâtre, à créer très rapidement de nouveaux mythes pour en détruire d'anciens. Or on a beau démythifier, détruire, briser : les œuvres restent. L'œuvre est plus forte que l'homme, plus forte que toutes les analyses, que tous les systèmes d'étude voulus. Les œuvres échappent toujours à l'analyse.

Je pense toujours en fonction d'un théâtre où une pièce est défendue par des comédiens. Quand le rideau tombe, la pièce est finie. J'aime que les gens partent ensuite avec leurs impressions, au lieu de discuter. Il ne faut pas expliquer le théâtre. Le théâtre c'est de la magie, des personnages qui vivent, qui créent de la magie. J'aime que le théâtre soit un acte gratuit, qu'il y ait un secret à partager non pas une thèse à défendre.

J'aimerais tout simplement que l'on considère ce que j'ai écrit comme l'expression de quelqu'un qui croyait avoir quelque chose à dire et qui l'a dit de la meilleure façon qu'il croyait pouvoir le dire. Que l'on comprenne que c'est l'expression de quelqu'un qui est très attaché à son milieu pour ne pas dire à son pays qui, en l'occurrence, est le Québec. Que l'on comprenne aussi qu'il s'agit d'essais, comme les dessins que font parfois les peintres avant de réaliser leurs tableaux, comme les études que font les musiciens pour arriver plus tard à autre chose. Ça demeure toujours une approche, une approximation de ce que je veux dire.

Interview accordée à Montréal,
le 27 mars 1972.

UN MATIN COMME LES AUTRES (extrait)

... une scène très importante où j'ai réussi à exprimer beaucoup de choses... des choses qui me touchent et qui, indirectement, correspondent à ma vie.

(Claudia est immobile. Max lève les yeux sur elle et se sert à boire.)

MAX — Alors ?
CLAUDIA — Quoi donc ?
MAX — Vous vous rendez compte ?
CLAUDIA — De quoi, Max ?
MAX — On nous a laissés seuls.
CLAUDIA — Est-ce voulu ?
MAX — Je ne sais pas. Qu'est-ce que vous croyez ?
CLAUDIA — Je ne sais pas. Je ne m'en inquiète pas.
MAX — Le contraire m'étonnerait. Vous ne donnez pas l'impression d'être une femme timorée... Mais par contre, vous semblez étrangère à tout ce qui se trouve ici.
CLAUDIA — C'est ainsi très souvent ; je me sens étrangère aux choses et aux gens. C'est peut-être que j'ai appris la solitude très jeune.
MAX — Quel âge aviez-vous à la mort de vos parents ?
CLAUDIA — C'était vers la fin de la guerre, je devais avoir sept ans. Un matin de septembre, je suivais le cortège funèbre sous la pluie. Je donnais la main à une vieille tante qui devait prendre soin de moi par la suite. C'est-à-dire qu'elle m'a placée dans un couvent. A quinze ans, j'ai pu toucher le peu d'argent que mes parents m'avaient laissé et je suis partie à Paris.
MAX — Seule ? *(Claudia fait signe que oui.)* Totalement seule ?
CLAUDIA — C'est là que ma vie a commencé. Pas avant. Je n'avais pas eu d'enfance et il fallait que je me crée un monde à moi, que je devienne une femme, mais pas une femme comme les autres. Parce que je les méprisais.
MAX — Stanislas a dû avoir une enfance merveilleuse !

CLAUDIA — Oui. Souvent je lui demandais de me raconter. C'est comme si j'éprouvais le besoin qu'il la revive pour pouvoir la partager avec lui.

MAX — Il a au moins ça à vous offrir.

CLAUDIA — J'aime Stanislas, vous savez. Vous ne devez pas vous méprendre.

MAX — Mais il vous a déçue par ses compromis. Et vous éprouvez de la difficulté à lui pardonner.

CLAUDIA — J'ai trente ans. Je m'interroge. C'est peut-être la dernière fois que je m'interroge.

MAX — Avant de vous rendre à l'évidence.

CLAUDIA — Quelle évidence ?

MAX — Qu'il n'y a rien. Que les croisades sont inutiles. Qu'on a que sa peau à défendre contre la vieillesse et la mort.

CLAUDIA — Je ne vois pas les choses du même œil que vous.

MAX — Vous y viendrez.

CLAUDIA — Mais non, pas nécessairement.

MAX — On y vient tous. C'est une question de temps.

CLAUDIA — J'ai appris à mesurer le temps, le temps ne m'angoisse plus.

MAX — Extérieurement il vous a épargnée. Vous ne paraissez pas avoir été touchée.

CLAUDIA — Parce que j'ai eu à me défendre. Parce que je ne concède jamais rien. Il y a eu des coups durs dans ma vie, mais instinctivement j'ai toujours pris le dessus.

MAX, *brusquement, sans passion, presque froid* — Vous me plaisez beaucoup.

CLAUDIA, *courte hésitation de surprise* — Vous allez droit au but, vous !

MAX — Je vois mal qu'on puisse prendre des détours avec vous.

CLAUDIA — Je n'aime pas être flattée. Les compliments des hommes m'agacent.

MAX — Ce n'est pas un compliment mais une constatation purement biologique. On doit dire aux femmes qu'elles sont belles.

CLAUDIA — Ces mots ne signifient rien pour moi.

MAX — Ils vous ont été trop souvent répétés sans doute.

CLAUDIA — Sans doute, oui. Et de plus j'attache très peu d'importance à la beauté qui n'est qu'un accident. Mes préoccupations sont ailleurs.

MAX — A la piscine en ce moment ?

CLAUDIA — Vous ne comprenez rien, Max.

MAX — Non, mais je cherche. Je vous trouverai.

CLAUDIA — Que Stanislas soit à la piscine avec Madeleine ne me trouble pas du tout.

MAX — Ah ! Mais vous connaissez mal Madeleine ! Stanislas lui plaît beaucoup.

CLAUDIA — Il plaît à bien des femmes, mais cela aussi n'est qu'un accident.

MAX — Je vous le concède. Et Stanislas vous est encore fidèle, rien ne vous inquiète. Mais avec Madeleine, vous savez !

CLAUDIA — Parce qu'elle s'ennuie, elle aime s'amuser.

MAX — Attention, Claudia ! Quand Madeleine s'amuse, c'est sérieux. Je me dois de vous prévenir.

CLAUDIA — C'est vrai que vous êtes un homme cynique.

MAX — Moi ? Pas du tout. Je suis une bonne nature simplement et je ne peux rien contre mes penchants à la gentillesse... En ce moment, je me demande si Stanislas se détend un peu. Je le sentais crispé tout à l'heure. Et il avait besoin de se prouver quelque chose à lui-même. A cause de votre attitude sans doute. Cela l'avait provoqué.

CLAUDIA — Et cela vous préoccupe à ce point ?

MAX — Il y a des heures déterminantes dans la vie d'un couple... Malheureusement on ne les prévoit pas toujours... Je voudrais que Madeleine fasse bien les choses tout de même ! Mais je ne suis pas inquiet.

CLAUDIA — Etes-vous jaloux, Max ?

MAX, *stupéfié* — Pardon ?

CLAUDIA — Je vous demande si vous êtes jaloux ?

MAX — Ce serait le comble si j'étais jaloux. Je serais un homme fini. Je suis un homme fini d'ailleurs, mais pour d'autres motifs.

CLAUDIA — C'est bizarre...

MAX — Quoi ?

CLAUDIA — Les gens comme vous ne m'ont jamais intéressée...

MAX — Et je vous comprends ! Je n'ai pas la tête d'un franc-tireur engagé.

CLAUDIA — Laissez-moi continuer.

MAX — Oh ! pardon.

CLAUDIA — Ce soir cependant, je n'ai pas cessé une seconde de vous écouter.

MAX — Vous paraissiez pourtant très lointaine.

CLAUDIA — C'était peut-être ma façon d'être discrète.

MAX — Je parlais, je parlais, j'essayais de vous rejoindre.

CLAUDIA — J'étais attentive, n'ayez crainte. Ce qui m'intrigue maintenant, c'est le personnage derrière la façade.

MAX — Il n'y a personne derrière la façade. Rien. Des ruines, de la cendre.

CLAUDIA — Je ne vous crois pas.

MAX — Si, si, vous devez me croire. Ne soyez surtout pas romanesque en vous imaginant que je souffre d'un mal inguérissable ou que je sois désespéré. Vous feriez fausse route.

CLAUDIA, *songeuse* — Peut-être...

MAX, *après avoir réfléchi un court moment* — Bon ! Nous allons nous occuper des deux enfants. *(Il va décrocher une paire de lunettes d'approche et va à la porte du balcon. Il regarde vers le bas, dans la piscine.)* Instrument indispensable pour étudier la flore et la faune de la région. Les beaux après-midis d'été on y découvre des corps étrangers qui se laissent cuire au soleil. Du sexe féminin bien entendu. C'est passionnant !

CLAUDIA — Et vous vous dites décontracté.

MAX — Oui, tout à fait dégagé des contraintes ennuyeuses de la vie... Tout se passe comme je l'imaginais. Stanislas fait des prouesses aquatiques et Madeleine est éblouie comme une petite fille. Elle porte son plus joli maillot. C'est-à-dire celui qui la découvre le plus. Madeleine est très audacieuse, je dois dire, mais l'âge ne l'a pas encore trop malmenée. Ça se tient quoi !... Oh ! elle frissonne. La fraîcheur de la nuit sans doute... Mais je n'ai aucune crainte. C'est une femme dans la force du mot et elle trouvera sans aucun doute un petit coin pour se réchauffer... Vous ne venez pas voir ?

CLAUDIA — Non.

MAX — Vous n'êtes pas curieuse de nature. *(Il dépose ses lunettes d'approche quelque part.)* Ou si vous l'êtes, c'est pour des motifs plus sérieux.

CLAUDIA — Ils vont remonter d'ici quelques minutes, ne vous en faites plus comme ça.

MAX — Combien de minutes, croyez-vous ?

CLAUDIA — Dix tout au plus.

MAX — Et s'ils ne sont pas remontés d'ici dix minutes ?

CLAUDIA — Je suis certaine qu'ils ne tarderont pas.

MAX — Claudia ! Admettez que si nous ne faisons pas en ce moment de politique, nous sommes quand même quatre à jouer un jeu tout aussi dangereux.

CLAUDIA — Peut-être. Mais je ne crois pas que Stanislas...

MAX — Stanislas est un homme comme les autres. Il n'échappera pas au danger qui le guette.

CLAUDIA — Quel danger, Max ?

MAX — Celui de trouver enfin les particularités qui caractérisent son espèce. Celui de me ressembler quoi !... Que ferez-vous le jour où il vous trompera pour la première fois ?

CLAUDIA — Je ne sais pas. C'est une éventualité à laquelle je n'ai jamais songé.

MAX — Mais vous, avez-vous déjà songé à le tromper ?

CLAUDIA, *après une très brève hésitation* — Peut-être. Quand j'ai commencé à le voir sous son vrai jour... Mais ça n'a pas eu lieu.

MAX — Vous savez, Claudia, il y a un commencement à tout.

CLAUDIA — Quand je le tromperai c'est que je ne l'aimerai plus. Ou bien j'aimerai quelqu'un d'autre et Stanislas sera au courant.

MAX — C'est peut-être que vous aurez consenti.

CLAUDIA — A quoi ?

MAX — A constater.

CLAUDIA — Vraiment vous y tenez !

MAX — C'est comme dans la fable : « aucun n'est épargné ». *(Il se sert à boire.)*

CLAUDIA — Vous buvez beaucoup.

MAX — Oui. En Amérique du Nord, au Québec surtout, on lève allégrement le coude.

CLAUDIA — Mais vous, particulièrement...

MAX — Je fraternise. C'est le seul domaine où je fraternise. *(Comme pour lui-même.)* « Si tous les gars du monde voulaient se donner la main... » *(Il hausse les épaules et sourit.)*

CLAUDIA — Je voudrais... j'aimerais que vous cessiez de jouer ce personnage un moment.

MAX — Impossible, Claudia. Je ne saurais qui lui substituer...

CLAUDIA — Je ne vous crois pas.

MAX — Vous tenez absolument à ce que je répète une autre fois que je ne suis qu'un sale bourgeois médiocre et décontracté.

CLAUDIA — Vos sarcasmes, votre cynisme sont le résultat d'une blessure trop profonde pour que vous puissiez la cacher totalement.

MAX — Ma blessure n'a rien d'exceptionnel, elle vient du fait de vivre. Il y a des milliers et des milliers d'années qu'elle suppure et qu'elle se transmet de génération en génération comme une syphilis.

CLAUDIA — Disons alors que le mal a été injustement partagé.

MAX — Mais il n'y a pas de quoi se plaindre. Personne ne sait vraiment à qui se plaindre, parce que personne ne connaît la cause première de cette connerie monumentale qu'on appelle la vie... Vous, Claudia, vous avez déjà été heureuse ?

CLAUDIA — Oui. Parfois. Il y a eu dans ma vie certaines heures de vertige.

MAX — Je sais bien qu'il ne s'agit pas dans votre cas de petits bonheurs confortables.

CLAUDIA — Les bonheurs que j'ai connus faisaient souvent mal.

MAX — Mais Stanislas n'est plus le magicien qu'il a été. Il est rentré à la maison comme un jeune homme bien sage et il s'est installé. Finis les vertiges. Et cela vous fait plus mal encore. Vous souhaiteriez maintenant vous retrouver seule, comme autrefois.

CLAUDIA — J'y pense parfois oui. Parfois j'aurais envie de retrouver Paris. Et je sais alors que je ne reviendrais plus jamais en Amérique. Mais je me suis vraiment intéressée, je me suis passionnée pour le Québec. J'aime ce pays qui a la forme d'une tête de chien de garde sur les cartes géographiques.

MAX — Je crains que vous n'entreteniez de grandes illusions.

CLAUDIA — Par moments, il souffle de grands vents d'espoir.

MAX, *qui hausse les épaules* — Mais les Anglos, ma chère Claudia, les U.S.A., ils s'en foutent de l'espoir. Vous ne croyez pas !

CLAUDIA — Il y a toujours des solutions politiques à trouver. Quand une nation désire vraiment s'affranchir, aucune puissance au monde ne peut l'en empêcher.

MAX — Les solutions économiques sont plus difficiles à trouver. Nous avons les hommes, la force, les connaissances et la volonté mais il nous manque l'argent. Ce sont les autres qui possèdent l'argent et ils s'en servent pour nous faire chanter.

CLAUDIA — Il ne faut pas céder au chantage.

MAX — Dites ça au peuple devant qui on brandit chaque jour le spectre de la misère.

CLAUDIA — Il y a des hommes qui peuvent rassurer le peuple, qui seraient capables de lui apprendre la colère.

MAX — Vous rêvez, Claudia. Les Anglos nous possèdent depuis deux cents ans, ils n'accepteront jamais de nous rendre notre liberté.

CLAUDIA — Il ne s'agit pas qu'ils vous la rendent mais que vous la preniez.

MAX — *What does Quebec want ?* Du haut de leurs muscles et de leur arrogance. *What does Quebec want ?* Depuis des générations qu'on leur dit notre écœurement et ils font mine de ne rien comprendre. *(Qui sourit.)* Au fond je les aime bien quand même les Anglos. Ils sont passés maîtres dans l'art de jouer aux naïfs et aux sourds.

CLAUDIA — Leur Canada est un monstre à deux têtes, ils s'en rendront bien compte un jour.

MAX — Ils le savent, Claudia, mais ils jouent à l'ignorer. Pour nous prouver leur bonne foi cependant, ils inventent des mots creux et vides qui font bonne impression et qui les justifient de nous couillonner suavement. Bi-culture, bilinguisme, pan-canadianisme, unité dans la diversité. Connaissez-vous de meilleure façon de corrompre les masses d'ici qu'en leur imposant le bilinguisme ?

CLAUDIA — Mais vous devrez le refuser un jour si vous tenez vraiment à survivre.

MAX — L'argent est anglais, Claudia, l'argent est américain. Les masses ont besoin d'argent pour survivre chaque jour et les masses continueront de parler le langage de l'argent.

CLAUDIA — C'est de la pure servilité.

MAX — Nous sommes les Noirs du Canada, ne le saviez-vous pas ?

CLAUDIA — Aux Etats-Unis, les Noirs ne craignent pas la violence.

MAX — Ah ! Mais c'est qu'ils n'ont pas l'éducation de Stanislas. Stanislas n'a pas vécu dans Harlem, Stanislas n'a pas habité le ghetto de Détroit. Voyez-vous, Claudia, on a appris aux gens d'ici depuis bien des années à chercher en tout le bonheur américain. Nos cerveaux s'en trouvent conditionnés. L'important que les Anglos ne cessent jamais de répéter, c'est le niveau de vie, la santé économique. Combien de fois nous ont-ils mis effrontément en garde ? Si vous devenez souverains, si vous repoussez notre étreinte si généreuse, bang ! On vous coupe les vivres, on fait de vous des pauvres. Et nous nous mettons à trembler comme si nous n'étions pas déjà pauvres en majorité. Je les trouve merveilleux. Ce sont des suaves ! Nous avons fait beaucoup d'efforts au cours des dernières années pour vous comprendre, qu'ils disent, mais ne poussez pas notre patience à bout, il y a des limites à tout, nous sommes encore prêts à faire montre de générosité mais n'allez pas trop loin ! Ici ce qui compte d'abord, c'est la Confédération. Comme ce cantique quand nous étions jeunes. On n'a qu'à remplacer le mot « salut » par le mot « Confédération » et voici ce que ça donne : « Sans la confédération, pensez-y bien, tout ne vous servira de rien ». Depuis deux cents ans que ça dure tout ça, comment défaire maintenant le travail de deux cents ans ?

CLAUDIA — Justement, après deux cents ans, si tout n'est pas mort, c'est signe que la situation se pourrira. Fatalement !

MAX — Il n'y a pas de miracle. Et les Anglos s'acharnent sans relâche à nous faire payer notre survivance même. Ils ne donnent pas cette impression à prime abord, mais ils sont haineux vous savez ! Je les connais, chaque jour je déjeune avec eux, je transige avec eux. De Gaulle n'a eu qu'à faire quelques déclarations à notre sujet, aussitôt ils se sont serrés les fesses, ils sont devenus écarlates, ils ont retrouvé leur mépris victorien et la presse anglaise de même que le Parlement fédéral ont dégorgé le fiel, la malhonnêteté, l'intolérance et la haine. Ils ont découvert leur vrai visage quoi ! Ils ont fait montre en même temps d'une pauvreté d'esprit qui les rabaisse, car tout ce qu'ils ont trouvé à répliquer alors ce sont des arguments « ad hominem » : les plus faibles et les plus mesquins qui soient. Moi, je les aime bien les Anglos. Surtout quand ils se déculottent publiquement. Ça nous permet de voir leurs intentions... Pardonnez-moi ce langage, Claudia, je me laisse emporter.

CLAUDIA, *qui fixe le vide* — Je savais... je savais Max qu'il y avait cette révolte en vous.

MAX — Mais non, ce n'est qu'un vieux fond de romantisme qui remonte à la surface. C'est agréable de protester pour protester. Ça nettoie les vaisseaux sanguins. Ça aussi, c'est une forme de libération... *(Il s'est approché du balcon et penche son regard en direction de la piscine.)* Tiens ! Ils ont maintenant quitté la piscine. *(Il regarde l'heure.)* Et leurs dix minutes sont écoulées.

CLAUDIA — Je n'aime pas les situations sordides, Max.

MAX — Est-ce que votre confiance serait à la baisse ? Rassurez-vous. Si vos prédictions ne vous trompent pas, ils sont dans l'ascenseur, ils vont rentrer d'une seconde à l'autre.

CLAUDIA — Vous auriez pu me les faire oublier.

MAX — Stanislas aussi ?

CLAUDIA — Je n'avais aucune inquiétude. J'aurais voulu vous connaître un peu mieux. Toute la soirée, j'ai attendu que vous vous manifestiez et vous commenciez à le faire.

MAX — En apparence seulement, Claudia. Je ne me suis manifesté qu'en apparence. J'aime parfois me laisser emporter par les mots mais ça ne correspond pas à une nécessité intérieure. Du verbiage quoi !

CLAUDIA — Pourquoi vous dérober ?

MAX — Moi ? Mais je ne me dérobe pas du tout. Mon jeu est totalement ouvert... Ou bien l'ascenseur ne fonctionne pas, ou bien ils se sont arrêtés en cours de route.

CLAUDIA — Qu'est-ce que vous choisissez ?

MAX — Je ne sais pas. J'aurais aimé que vous compreniez tout de suite que Madeleine n'abandonne jamais sa proie.

CLAUDIA — Précisez.

MAX — Toute la soirée, elle a dévoré Stanislas des yeux.

CLAUDIA — Et alors ?

MAX — Croyez-vous qu'elle se contentera de ça ? Maintenant il faut qu'elle le dévore à pleines dents.

CLAUDIA — Voulez-vous que nous descendions ?

MAX — Jamais. C'est un principe chez moi. Je ne vais jamais chercher Madeleine quand je sais où la trouver.

CLAUDIA — Elle attend probablement que Stanislas se rechange ?

MAX — Vous y avez mis du temps mais vous y êtes venue ! Madeleine aime les situations simples, limpides.

CLAUDIA — Dites-moi, Max, s'il y a une certaine complicité entre Madeleine et vous ?

MAX — S'il y a complicité Claudia, elle s'exprime au niveau de la connaissance mutuelle que nous avons l'un de l'autre. Est-ce que je réponds à votre question ?

CLAUDIA — Qu'est-ce qu'elle trouve à Stanislas ?

MAX — Une jeunesse que je n'ai plus, probablement. Madeleine ne change pas de mari mais il lui faut occasionnellement trouver du nouveau. Faire provisoirement peau neuve, si je peux m'exprimer ainsi.

CLAUDIA — Et ce soir, le tour de Stanislas était venu.

MAX, *qui regarde l'heure* — La chose est amorcée... Si je connais bien Madeleine et si Stanislas a des couilles, je crois que dans une heure la chose sera faite. Mais quand remonteront-ils, je l'ignore.

CLAUDIA, *froide* — Pour vous, c'est devenu une question de routine, quoi !

MAX — Je n'entrerai pas dans les détails mais disons que Madeleine et moi avons besoin de nous tromper comme ça, en pleine connaissance de cause, mutuellement, pour rester ensemble et perpétuer notre amour. Mais je ne dirais pas que c'est une routine. Plutôt un rituel qui varie de fréquences selon les saisons.

CLAUDIA — Je vois très bien. Nous avons été pris au piège comme bien d'autres !

MAX — Pas nécessairement. Rien n'était prémédité. C'est à la façon qu'avait Madeleine de regarder Stanislas que j'ai compris que la chose allait probablement se produire. Pour Madeleine, c'est tout à fait naturel, voyez-vous ? Elle ne doute de rien et elle ne croit pas que cela puisse offusquer les autres. Alors, elle va au-devant des événements, elle les provoque.

CLAUDIA — Et vous êtes d'accord, et vous vous dites que ce qu'elle gagne vous le gagnerez aussi.

MAX — Pas tout à fait. Il existe une différence importante entre elle et moi. Je ne force jamais les événements, j'attends que les choses se produisent d'elles-mêmes.

CLAUDIA — Et si elles ne se produisent pas ?

MAX — Il ne se passe rien. Je retrouve Madeleine et je lui fais l'amour sachant très bien qu'elle sort du lit d'un autre.

CLAUDIA — Cette vie vous plaît ?

MAX — Non. Mais c'est la seule que je connaisse, maintenant.

CLAUDIA — Vous acceptez toujours tout ?

MAX — Comme elle a accepté beaucoup au cours des années.

CLAUDIA — Si j'avais encore vingt ans et si je n'avais pas eu à vivre moi aussi des moments difficiles, je serais dégoûtée.

MAX — Le téléphone est là, l'ascenseur à deux pas, il est encore temps de tirer Stanislas des bras de Madeleine.

CLAUDIA — Qu'il s'en défasse lui-même, je n'interviendrai pas. Quoi qu'il en soit, il n'ignore pas le risque qu'il prend.

MAX — Je remarque qu'il y a beaucoup de fermeté chez vous.

CLAUDIA — Disons que j'ai horreur de m'affaisser.

MAX — Vous êtes trop fière.

CLAUDIA — Mais non. J'ai appris à vivre debout, le plus souvent possible, rien de plus.

MAX — On en éprouve une certaine volupté. Moi aussi j'ai connu ce que c'était quand j'avais vingt ans. Et puis un jour, j'ai découvert qu'il y avait des positions plus confortables.

CLAUDIA — Que c'est facile, Max ! Que c'est banal !

MAX — Je fais ce que je peux.

CLAUDIA — Mais vous pouvez si peu au fond.

MAX — Pourquoi réagissez-vous comme si vous étiez toujours jeune fille ? Auriez-vous oublié d'être une femme ?

CLAUDIA — Etre une femme comme les autres ne m'a jamais intéressée, je crois vous l'avoir déjà dit.

MAX — Madeleine n'est pas une femme comme les autres. Ou plutôt si ! Elle est tellement comme les autres qu'elle prend figure de prototype. Tandis que vous, vous avez trente ans et vous vous interrogez encore.

CLAUDIA — Je fais face aux situations qui se présentent et je me défends avec les armes que j'ai.

MAX — Vos armes, Claudia !... Vous en avez de terribles mais vous ne vous en servez pas.

CLAUDIA — C'est la meilleure façon de lutter contre vous.

MAX — Pourquoi luttez-vous contre moi ? Je ne vous fais aucun mal. Je ne vous attaque pas, je ne vous demande rien.

CLAUDIA, *qui le dévisage* — Vous pourriez être séduisant, Max, par certains aspects de votre personnage.

MAX — Mais non, je ne suis pas du tout séduisant. J'amuse certaines femmes, rien de plus.

CLAUDIA — Votre ruse consiste à faire mine de ne rien vouloir, de ne rien attendre.

MAX — Mais il n'y a aucune ruse dans mon comportement, je vous assure !

CLAUDIA — Tout simplement décontracté. Vous êtes tout simplement décontracté ! Que c'est merveilleux ! *(Agressive.)* Vous pensez peut-être que je crois au Père Noël ?

MAX — Vous cherchez une voie d'évitement, Claudia, et vous prenez la mauvaise. Je vous mets en garde.

CLAUDIA — Merci. Je peux m'orienter seule.

MAX, *élevant le ton* — Claudia ! Il me faudrait y mettre quelque temps, mais je parviendrais à vous désespérer.

CLAUDIA — C'est une ambition comme une autre, mais laissez tomber, ce sera mieux pour vous. Il m'est arrivé de désespérer de tout en certaines circonstances, mais je suis parvenue à m'en sortir seule.

MAX — C'est remarquable cette force qu'il y a en vous !

CLAUDIA — Vous devinez bien des choses chez les gens, Max, mais vous ne savez pas tout.

MAX — Je n'ai pas cette prétention non plus. On ne connaît les êtres qu'en surface et c'est souvent mieux ainsi. Sauf que dans votre cas...

CLAUDIA — Mon cas, puisque vous appelez cela ainsi, n'est pas différent de celui des autres. Au contraire même...

MAX — Jusqu'ici vous avez échappé à la médiocrité.

CLAUDIA — Il y a eu des moments, Max, il y a eu des moments !...

MAX, *qui la prend au sérieux soudain* — Allez jusqu'au bout de vos phrases.

CLAUDIA — Il y a eu des moments où je n'ai pas échappé totalement à ce que vous appelez la médiocrité. Et quand je vous dis que j'ai appris à vivre debout, je ne dis pas que ce fut toujours facile. Comprenez-vous ?

MAX — Des moments de vie avec Stanislas ?

CLAUDIA — Avant Stanislas. Il y a certaines choses que Stanislas ignore de moi. Et c'est peut-être au fond la seule raison qui fait que je suis incapable de le quitter, parce que je me sens coupable de lui avoir caché certaines ombres de mon passé. Et c'est comme si j'éprouvais le besoin d'expier une seconde fois.

MAX — A quoi accordez-vous de l'importance dans la vie, Claudia ?
CLAUDIA — Je suis folle, ne m'écoutez pas. Qu'est-ce qui me prend tout à coup ? Qu'est-ce qui me prend de faire ce retour sur mon passé ?
MAX — Si vous préférez vous taire, il en est encore temps.
CLAUDIA — Je ne sais plus très bien ce que je veux, Max... *(Elle essaie de sourire.)* Je vous admire au fond, je vous admire de conserver ce sang-froid.
MAX — Ne vous fiez pas aux apparences, mon sang n'est pas froid.
CLAUDIA — Vous êtes incapable de rester sérieux plus de deux minutes.
MAX — Je craindrais de vous ennuyer.
CLAUDIA — Si je m'ennuyais je partirais... Connaissez-vous bien Paris ?
MAX — J'y suis passé quelques fois mais trop vite.
CLAUDIA — Allumez-moi, s'il vous plaît ?... *(Il l'allume.)* Merci, Max.
MAX — Vous étiez quelque peu bouleversée, il y a un moment.
CLAUDIA — Pourquoi veut-on survivre à tout prix quand on a vingt ans et qu'il ne reste plus un seul espoir au fond de soi ? Vous pouvez m'expliquer ?
MAX — On doit se dire inconsciemment que peut-être on rencontrera quelqu'un ou quelque chose le long de la route. Dans votre cas, ça s'est produit, il y a eu Stanislas.
CLAUDIA — Oui mais avant Stanislas. Quand Paris était noire comme un tombeau, que les rues étaient tachées de sang, que la France était menacée de guerre civile... Max, lorsque vous vous promeniez avec Madeleine dans certaines rues de Paris, il vous a été donné de voir des filles qui faisaient le pavé ?
MAX — Oui et j'en ai même croisées de fort jolies...
CLAUDIA — Il y en avait peut-être parmi elles qui n'auraient jamais consenti à faire ce métier, qui ne demandaient aussi comme moi qu'à vivre debout, mais pour qui c'était impossible. Comprenez-vous ce que j'essaie de vous dire ? Comprenez-vous ?
MAX — Je crois. J'espère avoir compris.
CLAUDIA — Moi, Max, moi !...
MAX — C'était après la mort de votre Algérien ?
CLAUDIA — Et dans sa dernière semaine de vie, Max. Mais c'était pour lui, pour qu'il ait un endroit où se cacher, qu'il ait un morceau de pain à manger quand il rentrait la nuit. C'était mon homme à moi. C'était le premier homme de ma vie. Il ne savait pas. Il est mort sans le savoir. Je n'ai pas pu le lui dire. Et ensuite, quand on m'a relâchée, je ne savais plus où j'allais. Il ne me restait rien, je ne voulais pas recommencer. L'Algérie était libre, j'étais seule comme un chien dans une ville éteinte. J'ai prié, je pense. Oui, je suis entrée dans une église et j'ai prié mais je ne me rappelais plus mes prières.
MAX — Et puis un soir...
CLAUDIA — C'est ça. Un soir, il faisait nuit quand j'ai pris la décision de ne pas en crever... Combien de temps cela a duré ? Je ne sais pas. Deux mois peut-être qui m'ont paru un siècle... Des hommes sans visage m'ont prise dans un hôtel sans âme. Et puis je me suis ressaisie, je me suis trouvé du travail, et puis j'ai loué une toute petite chambre. J'ai acheté quelques livres, je me suis créé un refuge pour essayer de tout oublier.

Mais ce n'était pas possible. Certaines empreintes ne s'effacent pas. Le corps d'une femme a une mémoire terrifiante... Savoir qu'on n'aura plus vingt ans le reste de ses jours, c'est difficile à supporter, Max.

MAX — Oui. J'imagine. Pour les femmes comme vous, Claudia.

CLAUDIA — Pas seulement pour moi. Pour toutes les femmes qui ont accepté de s'immoler comme des bêtes, parce qu'il n'y avait rien d'autre à faire. Mais cela, voyez-vous Max, jamais Stanislas ne l'a su. Et plus les années passent, plus je me sens incapable de m'en délivrer. Comprenez-vous ?

MAX — Je crois.

CLAUDIA — Si je vous ai parlé... Je ne sais pas très bien pourquoi je vous ai parlé... Vous paraissiez vous faire une telle opinion de moi !... Je voulais que vous sachiez. J'ai confiance en vous, Max, et malgré le personnage que vous jouez, je sais qu'il y a une sensibilité en vous, une compréhension que vous n'arrivez pas à dissimuler totalement.

MAX — Je n'avais pas prévu que vous alliez m'apprendre cette histoire. Une femme profanée dans ses entrailles...

CLAUDIA — Je ne suis blessée que dans mon esprit. Je n'ai jamais eu de remords, mais j'éprouve cet étrange besoin de me faire une pureté, même si cela est impossible.

MAX — Savez-vous quelque chose, Claudia ? J'éprouve en ce moment beaucoup de respect pour vous... Une femme qui ne voit rien d'autre à faire pour guérir son mal que de se mutiler...

CLAUDIA — Ce n'était pas un mal. C'étaient les circonstances, c'était la vie. J'avais à choisir entre cela et la mort. Parfois je regrette mon choix.

MAX — En quoi croyez-vous, maintenant, Claudia ?

CLAUDIA — Je ne sais pas. Je suis fascinée par ces lumières, par cette ville sans limites, et il n'y a plus rien d'autre qui compte. Les reflets et les lumières que je perçois resteront en moi et je comprendrai plus tard leur signification.

(Il s'approche d'elle et fredonne quelques paroles de sa chanson.)

MAX — C'est que tu es une autre
C'est que je suis un autre
Nous sommes étrangers
A Saint-Germain des Prés

(Silence.)

CLAUDIA — J'ignorais que vous connaissiez une chanson que j'aime.

MAX — J'écoute parfois... la radio. Ça me détend.

CLAUDIA — Oui.

MAX — Vous êtes belle, Claudia.

CLAUDIA — Je sais.

MAX — Partez pendant qu'il en est encore temps.

CLAUDIA, *doucement* — Voulez-vous que j'aille chercher Madeleine ?

MAX — Je n'y pensais plus. Je l'oublie.

CLAUDIA — Le pauvre chéri ! Il me trompera, ce sera la première fois et il aura des remords. Et moi, je ne sais pas encore ce que je ferai. Je ne pourrai pas lui en vouloir, mais c'est si facile de l'accabler.

MAX — En ce moment, Stanislas et Madeleine ne se soucient plus de nous. Comme « les enfants qui s'aiment », ils sont ailleurs.
CLAUDIA — Nous sommes seuls et face à face, et vous essayez toujours de vous dérober.
MAX — Je ne me dérobe pas mais je trouve étrange que ce soit vous qui... *(Il regarde du côté de la ville.)* Avant de rencontrer ma femme j'ignorais ce que c'était que d'aimer. Et puis un jour, Madeleine a été là. Ma première maîtresse, ma seule femme. Elle était merveilleuse, possessive, sensuelle, intelligente. Je n'avais vécu qu'en fonction de l'avenir, elle m'a appris à vivre en fonction du présent. Et puis un jour j'ai réalisé qu'elle était une mante religieuse et qu'elle me dévorait vivant. Alors, pour lui échapper, je me suis lancé en politique.
CLAUDIA — Mais avant que vous n'ayez des maîtresses, vous avait-elle trompé ?
MAX — Non. Mais elle m'avait tout pris. Le cerveau, le cœur, les tripes, tout ! Alors j'ai éprouvé le besoin de me refaire une jeunesse. Et je suis allé vers d'autres femmes. Et puis les circonstances ont tout balayé. Je me suis retrouvé dans le giron de Madeleine, incapable d'y échapper à nouveau, obligé de partager jusqu'à la fin de mes jours les restes d'une vie absurde et incolore. Et pour cette raison, je trouve étrange que vous soyez là en ce moment.
CLAUDIA — Je ne vois pas le rapport, Max.
MAX — C'est qu'il n'y en a pas, justement... J'aurais aimé être cet étudiant que fut Stanislas et vous trouver à une terrasse de Saint-Germain un bel après-midi de septembre. L'aiguillage eût été différent, avec vous je serais allé au bout de moi-même.
CLAUDIA — Qu'en savez-vous ?
MAX — Je le devine. Ou si vous préférez, je fais des extrapolations.
CLAUDIA — Qui vous conduisent où exactement ?
MAX — Nulle part. Nous ne pouvons plus aller nulle part cette nuit. Et il commence à se faire tard dans ma vie.
CLAUDIA — Vous êtes si changeant, Max.
MAX — Il le faut. Pour combattre les méfaits du vide, pour ne pas plonger au fond du trou, je me dois d'inventer des jeux, de faire de l'acrobatie. Un homme qui a constaté, s'il veut quand même durer, doit se faire acrobate.
CLAUDIA — Ce qui ne facilite pas les choses.
MAX — Etre un bourgeois décontracté, c'est ce qu'il y a de plus difficile.
CLAUDIA — Je voulais dire que ce n'était pas facile de vous situer.
MAX — En éprouvez-vous le besoin ?
CLAUDIA *hésite un moment* — Vous avez éveillé ma curiosité rien de plus.
MAX — Je n'en demande pas tant, Claudia.
CLAUDIA — Je sais ! Vous ne demandez rien et vous demandez tout en même temps.
MAX — Je vais vous avouer une chose, Claudia.
CLAUDIA — Je me méfie des aveux.
MAX — Je vais quand même vous faire un aveu : au fond de moi-même, j'aurais souhaité que Madeleine et Stanislas remontent.
CLAUDIA — Vous ne pouvez plus supporter l'idée de les savoir ensemble ?

MAX — Non, pas pour ça. Ce que je supporte plus difficilement, c'est de vous avoir près de moi et de réaliser tout à coup que ma vie n'est qu'une saloperie monumentale. C'est de découvrir en vous la femme qui aurait pu me rendre heureux. Mais tout a été mal machiné, les engrenages ont fonctionné en sens inverse et je n'atteindrai jamais ce que j'aperçois très distinctement dans cette nuit, comme une bouée, comme le seul port d'attache possible...

CLAUDIA, *qui s'assoit sur le divan. Après un temps* — Suis-je vraiment celle que vous voyez ? Rappelez-vous ce que je vous ai raconté.

MAX, *qui s'avance lentement de quelques pas* — Ne doutez pas de vous, Claudia. J'aime en vous la femme qui n'a jamais failli. Votre cœur a succombé, Claudia, mais vous êtes restée debout.

CLAUDIA — Les êtres qui n'ont jamais failli sont-ils plus heureux que les autres ?

MAX — Vous n'avez que trente ans. Le reste n'importe pas.

CLAUDIA — Max ! Depuis des heures je suis secouée de partout, votre détresse m'a assaillie et me fait mal.

MAX, *qui se rapproche encore* — Je me tairai maintenant, je ne parlerai plus. Je n'ai pas voulu ce mal. Croyez-moi. Voulez-vous me croire ?

CLAUDIA — J'ai toujours mal où les autres ont mal et vous n'y pouvez rien.

MAX — Vous n'avez pas à souffrir à cause de moi. Moi, ma vie est bâclée. Je n'ai plus qu'à attendre qu'elle finisse. *(Il va éteindre la principale lampe.)*

CLAUDIA — Non, n'éteignez pas !

MAX — Vous aimez contempler les désastres ? *(Il a éteint. Il n'y a plus qu'une seule et faible source d'éclairage sur eux.)*

CLAUDIA — Ne dites pas ça. Ne parlez plus comme ça !

MAX — Quoi vous dire, alors, Claudia ? Je sais très bien que je ne vous atteindrai jamais.

CLAUDIA — Max, je suis au dernier carrefour de ma vie et je me demande avec inquiétude où se trouve le prochain rivage.

MAX — Je voudrais le trouver pour vous, j'aimerais le chercher avec vous.

CLAUDIA — Je n'ai pas vieilli, je me suis avilie et je ne suis pas devenue une femme et je ne sais plus quel est mon pays.

MAX — Il n'y a qu'un seul pays pour vous, Claudia... Et vous l'avez nommé vertige.

CLAUDIA — Mais je ne sais plus comment m'y rendre, Max.

MAX — On ne s'y rend pas... On s'y laisse flotter. *(Et lentement le rideau tombe.)*

Un matin comme les autres, Leméac, collection Théâtre canadien, no 14, Montréal, 1971.

JACQUES LANGUIRAND

Jacques Languirand est né à Montréal le 1er mai 1931, il a fait ses études classiques aux collèges de Saint-Laurent et Sainte-Croix et il a participé aux activités des Compagnons de Saint-Laurent. De 1949 à 1953, il séjourne à Paris où il étudie le théâtre avec Charles Dullin, Michel Vitold et Etienne Decroux. Il travaille alors à la Radio-Télédiffusion française et à Arts-Spectacles. C'est le 9 mars 1956 que sa première pièce Les Insolites *est créée par la Compagnie de Montréal au Théâtre du Gesù, à l'occasion du Festival d'art dramatique de l'ouest du Québec. La troupe remporte plusieurs trophées et l'auteur se mérite le trophée Sir Barry Jackson pour la meilleure pièce canadienne au Festival national.*

A l'automne 1956, Jacques Languirand fonde le Théâtre de Dix Heures où sa deuxième pièce Le Roi Ivre *est créée dans une mise en scène de Louis-Georges Carrier. L'année suivante, le même metteur en scène crée* Les Grands départs *à la télévision. Cette pièce, comme la plupart des pièces de Languirand, sera jouée à l'étranger. En 1958, il met en scène trois de ses pièces au Centre d'Art de Percé :* Les Grands départs, Diogène, L'Ecole du rire *et une quatrième à la Comédie canadienne :* Le Gibet. *Jan Doat crée* Les Violons de l'automne *au Studio du Théâtre-Club en 1960, Jean Gascon,* Klondyke *au T.N.M. en 1965.* Man Inc. *est créé à Toronto en 1970. De 1964 à 1966,*

Jacques Languirand est adjoint au directeur artistique et écrivain en résidence au Théâtre du Nouveau Monde.

Parallèlement à sa carrière théâtrale, Jacques Languirand mène une activité fort diverse à la radio et à la télévision où il anime des émissions et écrit des textes : Le Dictionnaire insolite, Les Carnets de Perplex, Entre vous et moi, Aujourd'hui. *Il participe aussi à de grands reportages sur film.*

Jacques Languirand s'est mérité le prix du Gouverneur général en 1962. Il est professeur à l'Ecole nationale de théâtre, à l'Université McGill et à l'Université Laval. Toujours préoccupé par les recherches formelles, il est conseiller et designer en audio-visuel et en multi-media.

Le théâtre est le miroir du monde. (Aujourd'hui cette définition peut aussi s'étendre aux mass media). Le théâtre est une technique d'éveil qui doit susciter une prise de conscience.

Le théâtre doit coller à la réalité, il doit en être le reflet. Le rôle de l'artiste consiste à tendre un miroir où se réfléchissent certains aspects de cette réalité. L'art est information. Mais l'artiste doit aussi transcender cette réalité : il doit, en quelque sorte, la dépasser. Il me semble qu'on n'insiste pas suffisamment sur ce point.

L'éventail du théâtre est vaste : il peut être le miroir du monde au plan psychologique comme au plan social ; il peut aussi être le miroir du monde au plan métaphysique... Il demeure toutefois que le théâtre qui colle à la réalité immédiate — celle d'un milieu restreint dans une époque donnée — répond à un besoin fondamental, celui de s'identifier. C'est généralement, du reste, la forme de théâtre la plus populaire. Mais elle comporte le risque de restreindre la portée de l'art, d'en faire un exercice de complaisance. (Ce qui toutefois n'est pas sans mérite surtout à une époque où nous souffrons tous d'aliénation : la complaisance pourrait bien être un mal nécessaire.) L'idéal serait de pouvoir traiter d'un milieu restreint dans une époque donnée, comme d'un microcosme de l'universel.

A l'autre extrémité de l'éventail, le risque est aussi grand : à trop vouloir être universel il arrive qu'on ne soit plus de nulle part, à trop vouloir s'adresser à l'homme universel, il arrive qu'on ne communique plus avec personne en particulier. Or, il est essentiel que le spectateur se retrouve dans l'œuvre.

Entre ces deux extrêmes, il existe plusieurs niveaux de conscience. Et je crois, somme toute, que l'arbre ne doit pas s'interroger sur les fruits qu'il donne.

* * *

Il est difficile de dissocier les éléments d'une œuvre pour les considérer isolément. C'est un exercice qui me paraît tenir de l'autopsie... Quoi qu'il en soit, je dirais que j'attache une très grande importance à la structure, c'est-à-dire aux rapports des éléments de l'œuvre entre eux et de chaque élément avec l'ensemble. La recherche formelle m'a toujours passionné. Ce qui expliquerait peut-être une certaine discontinuité dans mon œuvre. J'ai adopté, par exemple, pour *Les Grands Départs* la forme classique française, ce qui suppose l'unité de lieu, de temps et d'action, alors que pour *Klondyke,* au contraire, j'ai adopté la forme épique où chaque tableau est traité pour lui-même, en quelque sorte, et où l'action procède par bonds et non pas de façon linéaire comme dans le théâtre psychologique. Je ne veux pas aborder ici la question complexe du rapport entre la forme et la fonction mais je puis dire que la forme, dans une large mesure, finit par déterminer le contenu. Il est certain par exemple que la forme épique permet d'aborder la question sociale beaucoup mieux que ne le permet la forme dramatique — que j'oppose ici à la forme épique.

Le thème, c'est l'idée, la structure, l'organisation de l'idée.

Quant aux personnages, ils constituent sans doute l'élément le plus fascinant dans le processus de la création dramatique. L'homme est le microcosme de l'univers. Tous les aspects, toutes les possibilités sont en lui. Il faut se mettre dans un état qui n'est pas sans rapport avec celui de la médiumnité afin de trouver en soi les personnages qui s'y trouvent : l'enfant qui n'est pas mort, le vieillard qui est déjà là, l'exploiteur ou l'exploité... Il m'arrive de jouer un personnage afin de le découvrir... Je le vois, par exemple, qui s'avance jusqu'au milieu de la scène, une valise à la main, et je n'arrive pas à savoir ce qu'il va dire. Alors je laisse ma table de travail et je mime le personnage... C'est la raison pour laquelle j'écris souvent debout, du moins pour le théâtre...

* * *

Il m'est difficile de répondre à cette question, chacune de mes pièces ayant fait l'objet d'une recherche particulière au plan formel.

Les Insolites est le résultat d'une expérience d'écriture automatique... Pour moi, ce n'est pas tellement le produit fini (si vous me permettez l'expression) qui compte que la démarche, le processus de création... Avec *Le Gibet* je me suis imposé une contrainte dont j'ai cru que je ne me sortirais jamais... Il s'agit d'un « poteauthon » : le héros demeure au bout de son poteau durant les trois actes. Autrement dit, l'auteur ne peut rien lui cacher... Ma pièce la plus rigoureuse au plan de la construction demeure *Les Violons de l'automne.* Malheureusement, elle traite d'un tabou au théâtre : la vieillesse. Le public supporte mal qu'on le mette en face de la vieillesse. Il préfère la mort : au théâtre, c'est toujours la mort d'un autre...

On s'accorde généralement à dire que ma meilleure pièce est *Les Grands Départs*. Mais, pour ma part, celle que j'affectionne le plus est naturellement la dernière : *L'âge de pierre* (en anglais *Man inc.* — précision d'autant plus utile que cette pièce n'a jamais été jouée en français). Pour deux raisons.

Tout d'abord parce que jusque-là je m'étais toujours caché dans mes pièces, tous mes personnages empruntaient à la personnalité de l'auteur, mais sans qu'aucun d'eux n'en exprimât vraiment les préoccupations. Dans *L'âge de pierre,* pour la première fois, le héros emprunte mes préoccupations d'homme de quarante ans (au plan personnel) et d'homme d'information (au plan professionnel).

Ensuite, parce qu'il s'agit d'un spectacle multi-media, une œuvre à la fois scénographique et cinématographique. Ce spectacle m'a fourni l'occasion de réaliser chez moi une synthèse entre l'écrivain et le designer.

* * *

Ces dernières années j'ai poursuivi des recherches en communication. J'étais surtout, peut-être, à la recherche d'un second souffle. Je crois que mon recyclage achève...

Je ne peux vous répondre qu'en prenant appui sur mes préoccupations actuelles au plan théorique.

Il existe une forme de théâtre assez peu répandue en Occident : le théâtre métaphysique, ou religieux au sens large. Il me semble que le cinéma et la télévision sont en mesure de traiter, parfois mieux que le théâtre, de tout ce qui procède de la psychologie ou même de la sociologie. Je suis porté à croire que le théâtre de demain sera technologique, d'une part, c'est-à-dire orienté vers les multi-media, et métaphysique d'autre part, c'est-à-dire religieux au sens magique, le spectacle devenant un rituel laïque, une véritable cérémonie à la fois cathartique et initiatique. Antonin Artaud a pris, bien avant moi, le risque de cette prophétie. Il me semble que les spectateurs, ou plutôt les participants, vont se retrouver pour communier entre eux, à l'occasion d'un événement...

J'ai quelques projets dans ce sens. Mais je demeure disponible.

* * *

Lorsque j'avais vingt ans, les intellectuels et les artistes étaient obsédés par l'incommunicabilité. Aujourd'hui, une vingtaine d'années plus tard, nous sommes à l'époque de la communication.

Telle a été ma démarche : de l'incommunicabilité à la communication. Je souhaiterais que mon œuvre — oh ! que je n'aime pas ce mot... — soit le reflet, ou plutôt le prolongement de ma démarche : de l'incommunicabilité à la communication. Le deuxième volet du diptyque reste à faire...

Montréal, juillet 1972

FEEDBACK

pièce radiophonique en un acte

Cette pièce radiophonique, de même que *La Cloison,* pièce en un acte du même auteur, qui a paru dans le numéro 22 des *Ecrits du Canada français* sous le titre *Les Cloisons,* composaient la première émission dramatique diffusée par le réseau français de Radio-Canada sur FM-stéréo, le 28 octobre 1971.

Cette émission était réalisée par Roger Citerne dans le cadre de la série « Premières ».

Situation :

Après l'hécatombe, un homme se retrouve seul dans un abri atomique. Tous les jours, à heures fixes, il transmet par radio un message qui demeure sans réponse. Son propre message lui revient avec quelques secondes de retard, après avoir fait le tour de la terre. A quelques reprises, toutefois, un message confus lui parvient... Est-il vraiment le seul sur terre ? Est-il le dernier survivant ?

Réalisation technique :

L'auteur et le réalisateur ont tenté d'exploiter au plan dramatique la diffusion stéréophonique. Sur un canal, on pouvait entendre les messages tels que le personnage les émettait. Sur l'autre, les mêmes messages tels qu'il les recevait, avec un décalage de quelques secondes et chargés de parasites ; de même que les bribes de messages qui parvenaient peut-être effectivement du monde extérieur — à moins que ce ne fût plutôt des bribes de messages antérieurs à l'hécatombe et conservés dans la logosphère [1].
Allô... Allô...
Voici le message d'aujourd'hui, 1er octobre de l'an 2010... Tous les jours je transmets un message, à six heures et à dix-huit heures — heure normale de l'Est — sur 33.8 et 98.7 mégacycles. Le message d'aujourd'hui est le 834e...
Si rien ne se perd et rien ne se crée, où sont donc passés les autres ?
Qu'est-il advenu de leur vie ?
De leurs peines, de leurs joies ?
Si tout est vraiment fini pour eux, leur vie n'avait donc aucun sens. Et la mienne, pas davantage.
Je suis enfermé sous terre, sous un dôme de béton, comme un animal dans son terrier. Ce matin, j'ai découvert une fissure au-dessus de mon lit. Le béton travaille. La coquille qui me préserve, un jour, va s'ouvrir et ce sera la fin. Je n'aurai servi à rien. Qu'à me poser des questions. Est-ce qu'il est important que je me pose des questions ?
J'assure peut-être la continuité.
Mais pour combien de temps ?
Mon seul espoir, c'est de n'être pas seul sur terre.
Que mon message soit entendu.
Je suis dans la situation la plus désespérée qui soit et, pourtant, je conserve encore un peu d'espoir.
L'espoir de survivre.
Et l'espoir d'être utile.
C'est absurde. L'espoir est absurde.

---

1. Terme poétique suggéré par Gaston Bachelard pour décrire cette couche de mots, de paroles, de discours et d'informations transmise en particulier par la radiodiffusion et qui entoure notre globe.

Mais j'ai parfois l'impression que mon message est capté par quelqu'un, quelque part.
Par un être qui serait incapable de communiquer avec moi.

Un homme quelque part. Dans une coquille de béton, comme la mienne. Une femme peut-être...
Vous pouvez communiquer avec moi par radio sur les fréquences suivantes : 89.5 mégacycles et 112.8, tous les jours à midi et à minuit — heure normale de l'Est.

....

Allô... Allô...
Voici le message d'aujourd'hui, 2 octobre de l'an 2010... Tous les jours je transmets un message, à six heures et à dix-huit heures — heure normale de l'Est — sur 33.8 et 98.7 mégacycles. Le message d'aujourd'hui est le 835e.
Aujourd'hui, je sens que tout se resserre autour de moi...

Dans mon message d'hier, j'ai parlé d'une fissure dans le béton. Je me demande combien de temps je pourrai encore tenir dans cette maudite coquille... Il me semble que la fissure s'est élargie.
Je constate aussi que l'équipement électronique n'est plus en bon état. Et je suis incapable de l'entretenir... Tout commence à se défaire autour de moi. Combien de temps pourrai-je transmettre mon message quotidien ? Combien de temps pourrai-je continuer d'espérer une réponse...
Je serai bientôt coupé du monde extérieur. Qui que vous soyez, où que vous soyez, je vous supplie de vous mettre en rapport avec moi le plus rapidement possible.
Je répète : ...
...
La communication n'est plus qu'un miroir. Je ne reçois toujours que l'écho de ma voix. Mes messages font le tour de la terre et me reviennent — avec quelques secondes de retard.
Je suis seul ; seul face à moi-même. Je me demande combien de temps je vais pouvoir tenir... Cet abri, c'est mon tombeau... Ah ! j'aurais dû mourir en même temps que les autres. J'ai survécu sans raison.
Les premiers temps, je passais presque toute la journée à mon hublot Je regardais fixement ces formes humaines ; les corps de quelques amis que, déjà, je ne reconnaissais plus ; les corps de quelques étrangers... Un peu plus loin là-bas, il me semblait que c'était le corps de Monique... Je ne peux pas dire que j'ai vu pourrir ces corps, car ils n'ont pas vraiment pourri... La planète n'est plus ce qu'elle était : maintenant sur terre, plus rien ne pourrit, tout sèche... Je les ai donc vus, ces corps, se déshydrater rapidement et devenir en quelques jours des petits tas de poussière .. Ces petits tas de poussière, je les vois toujours de mon hublot — puisque, depuis la grande rafale, il n'y a plus eu de vent... Du moins pas ici...
Et c'est à cause, précisément, de cette rafale d'une puissance prodigieuse, qu'après avoir refermé la porte de l'abri, je n'ai plus été capable de la rouvrir... Je ne peux pas les voir de mon hublot, mais je sais qu'au moins une dizaine de personnes sont mortes à quelques pas de la porte... De la porte que je ne pouvais plus rouvrir. A cause de la rafale...
...

J'ai d'abord couru au contrôle afin de mettre en marche les générateurs et le système d'oxygénation...
Je devais le faire tout de suite, sans quoi personne n'aurait pu survivre dans cet abri. Je n'avais pas le choix... Et je ne pouvais pas non plus laisser la porte ouverte.

Mais le temps de mettre en marche les générateurs et le système d'oxygénation, puis de remonter au palier supérieur où se trouve la porte, c'était trop tard... Un moment, j'ai même cru que la rafale arracherait la porte... Je les entendais à l'extérieur, qui pleuraient, qui gémissaient, qui criaient... Mais l'ordinateur avait déjà allumé le rouge, le taux de pollution et de radioactivité était trop élevé... Je n'avais, pour ainsi dire... Je n'avais plus le droit d'ouvrir la porte.

Si quelqu'un m'entend quelque part, il comprend peut-être ce que j'ai vécu...
Oui, je sais... Je sais que la porte s'ouvre vers l'extérieur.
Comment pourrais-je l'ignorer ?
J'aurais donc pu ouvrir la porte, je le sais !...
Mais nous n'aurions peut-être jamais pu la refermer.
Et puis, je l'ai déjà dit, l'ordinateur avait allumé le rouge, c'était trop tard ..
Ah ! si vous saviez comme j'ai besoin d'être entendu. D'être jugé ..
Je ne saurai donc jamais si j'ai eu tort ou raison.
Si je suis le dernier survivant sur terre, je crois que j'ai eu tort... Il fallait assurer la conservation de l'espèce et je ne l'ai pas fait.
En refermant la porte, j'ai aperçu des hommes, des femmes, des enfants qui couraient vers l'abri...
L'espace d'un instant, j'ai pensé que cet abri ne pouvait pas contenir plus de dix personnes ; que l'oxygène et les vivres viendraient à manquer...
Et j'ai refermé la porte. Je suis demeuré un moment appuyé contre la porte, la tête vide ; puis, je me suis évanoui...
Comme pour échapper à moi-même.
Je suis un assassin.
Ah ! comme je voudrais qu'on m'entende...

....

Qu'est-ce que c'est ?
...
Ce n'est plus ma voix qui me revient.
...
Il y a quelqu'un quelque part qui me parle.
...
Qui êtes-vous ?
Où êtes-vous ?
...
C'étaient des voix. Je ne serais pas seul sur la planète.
Qui sont-ils ? où sont-ils ?
Mais je n'ai pas compris leur message.
C'était confus.
Comme un rêve.
Pourtant, je n'ai pas rêvé.

... Et si j'avais rêvé ?
Peut-être que je deviens fou.
Je ne suis plus tout à fait moi-même, c'est certain...
Est-ce que j'entendrais des voix ?
Mais ces voix, elles me sont parvenues par mon récepteur-radio...
Donc, je ne rêve pas...
...
Allô... Allô...
Vos voix me sont parvenues.
Mais je n'ai pas compris votre message.
Je répète :...
Mon récepteur va demeurer syntonisé sur la même longueur d'ondes.
Je répète :
Ici CFX-413 sur 33.8 et 98.7 mégacycles...
A vous.
...
Allô... Allô...
Vous me recevez ?
Répondez.
Vos voix me sont parvenues.
Mais je n'ai pas compris votre message.
Qui êtes-vous ?
Où êtes-vous ?
Parlez-moi...
A vous.
...
Vous ne pouvez pas me laisser plus longtemps dans l'incertitude...
Vous ne pouvez pas m'abandonner...
Parlez-moi...
Allô...
Vous êtes l'espoir.
Mon dernier espoir.
Je vous en supplie, parlez-moi.
Parlez-moi de vous, de moi, de la Terre des Hommes.
Dites-moi que vous êtes vivants.
Dites-moi que je le suis aussi.
A vous.
...
Je croyais avoir perdu tout espoir. Mais il a suffi d'une étincelle pour que je me remette à espérer.
Quelques voix confuses...
L'homme est donc un curieux animal qui retrouve l'espoir aussi vite, dans une situation aussi désespérée...
Sans m'en rendre compte, je m'étais habitué au silence... Vous êtes venus le rompre et, maintenant, je suis troublé.
Allô... Allô...
Voici le message d'aujourd'hui, 21 juin de l'an 2011...
...
Le message d'aujourd'hui est le 1117e.

Aujourd'hui, j'avais hâte de transmettre mon message. Si quelqu'un quelque part peut m'entendre, qu'il écoute attentivement : ce que j'ai à dire aujourd'hui est de la première importance.
Ce matin, par le hublot de mon abri, j'ai vu pour la première fois depuis l'hécatombe, une manifestation de vie. À un moment, sur une dune de sable au loin, il m'a semblé que je voyais grouiller un nombre infini de petits points noirs... J'ai couru chercher mes jumelles et j'ai découvert que cette impression de grouillement n'était pas une illusion. Oui, la vie revient sur terre...
Mais ce ne sera sans doute jamais plus la vie telle que nous l'avons connue. Ce grouillement, c'était des insectes... Mais, attention !
Si quelqu'un m'entend, quelque part dans un abri, qu'il ne se réjouisse pas trop vite. Les insectes peuvent résister à la pollution et même, parfois, à la radio-activité... Si vous n'apercevez pas d'autres manifestations de vie, ne sortez pas des abris...
Je répète :...
...
Un peu plus tard dans la journée, je suis retourné au hublot, mais le grouillement avait cessé...
Plus rien.
Que cendre et sable.
Ils vont peut-être revenir demain. Un peu plus proche de l'abri. De plus en plus proche.
Un jour, ils vont s'attaquer au béton. Et les insectes, petit à petit, avec le temps et l'air pollué qui peut même ronger le marbre, vont venir à bout de mon abri qu'ils vont envahir.
Je ne serai sans doute plus qu'un tas de cendres. Et depuis bien longtemps déjà. Ma réserve d'oxygène s'épuise rapidement.
C'était peut-être ça, le dessein de Dieu : après les hommes, les insectes. Et puis voilà...
....
Il y a quelque chose qui ne va pas... Le taux d'humidité qui n'est plus aussi élevé... Depuis quelques jours, j'ai passé plusieurs heures à essayer de comprendre le système de recyclage de l'air. Il y a trois phases : extraire le gaz carbonique, renouveler l'oxygène et maintenir un taux d'humidité suffisamment élevé... Je finirais bien par découvrir ce qui ne va pas... Je ne crois pas que le manque d'humidité soit la seule cause de ce que je ressens. L'écart entre le taux normal et le taux actuel est infime... Il y a autre chose... Mais quoi ?
....
Enfin, je vous reçois...
...
Allô... Allô...
Qui êtes-vous ?
Où êtes-vous ?
...
Allô...
Vos voix me parviennent. Mais je ne comprends pas ce que vous dites...
Je répète :...

...
Dites-moi, je vous en supplie... Dites-moi si vous me recevez...
...
Vous ne me recevez pas, c'est certain. Il y a un mur entre nous... Comme moi vous ne recevez sans doute que vos propres messages...
C'est à devenir fou...
Mais je le suis peut-être vraiment. J'espère tellement recevoir un message que je finis peut-être par l'entendre... Mais si j'ai imaginé ces voix, l'ordinateur — lui — ne les aurait pas enregistrées. Or, il enregistre tout ce qui est transmis et tout ce qui est reçu...
Je vais lui demander ce qu'il a retenu.
....
Enfin, je vous reçois...
...
Allô... Allô...
Qui êtes-vous ?
Où êtes-vous ?
...
Allô...
Vos voix me parviennent. Mais je ne comprends pas ce que vous me dites...
Je répète :...
...
....
Je n'ai donc pas rêvé...
Mais je ne crois pas que ce soit un message...
A moins que ce ne soit un message du passé. Oui, comme des bribes de phrases, de messages du passé, qui seraient portés sur les ondes à travers l'univers :
des mots, des bribes de phrases, comme autant d'éléments, comme autant de pièces d'une gigantesque mosaïque — celle de la communication des hommes entre eux, à l'époque de l'électronique... dernière étape de l'évolution humaine.

Tous les messages que j'ai transmis et tous ceux que je transmettrai jusqu'à la fin, finiront peut-être par retrouver tous les autres à travers l'univers : des mots, des bribes de messages du passé que plus personne désormais ne pourra capter... des mots, des bribes de messages qui retournent au chaos originel d'où nous sommes venus.
....
Aujourd'hui, je transmets peut-être mon dernier message.
Et c'est à Dieu que je l'adresse.
Oui, c'est à Toi que je m'adresse. Je n'ai jamais cru en Toi. Mais au fond de mon désespoir je me rattache à l'impossible. Et c'est à Toi que je m'adresse. Pourquoi as-Tu laissé les hommes détruire ton œuvre ?
Pourquoi as-Tu permis, si Tu existes, que je survive à l'hécatombe ?
Qu'attends-Tu de moi ?
Réponds...
C'est à Toi que je m'adresse aujourd'hui.
Il n'y a peut-être plus que Toi et moi.
Pourquoi moi ?

Tu ne peux pas me laisser sans réponse plus longtemps.
Ai-je raison d'espérer ?
Pourquoi m'as-Tu laissé la vie ? Et pourquoi m'as-Tu, malgré tout, laissé l'espoir ?
C'est ce qu'il y a de plus absurde dans ma situation, l'espoir que je continue d'entretenir au fond de la détresse la plus noire, l'espoir qu'il va se passer quelque chose...
Mais il ne se passe jamais rien. Il n'arrive jamais rien. Il ne peut plus rien se passer : il ne peut plus rien arriver. Et pourtant, je continue d'espérer.
Je ne comprends pas. Je ne Te comprends pas.
Quel est donc — si Tu existes — quel est donc ton dessein ? Si Toi, l'Esprit, si Tu as précédé la matière, je ne comprends pas : comment as-tu pu laisser le monde aller à la dérive ?
Comment as-Tu pu laisser les hommes jouer avec les lois de l'Harmonie universelle ?...
A quoi bon m'adresser à Toi, puisque je sais bien que Tu n'existes pas. Que la Matière a précédé l'Esprit. Que c'est nous, les hommes, qui T'avons créé — à notre image. Et que — si je suis le dernier survivant — Tu vas mourir avec moi.

....

Je n'ai pas pu transmettre mon message quotidien depuis plusieurs jours : une semaine... peut-être même davantage...
J'ai perdu la notion du temps...
Mais tous les jours, pendant au moins dix minutes, j'ai attendu près de mon récepteur...
J'ai cru... Je continue de croire qu'on cherche à communiquer avec moi.
Mais qui que vous soyez, où que vous soyez, si vous parvenez jusqu'à moi, il sera trop tard...
Je sais maintenant que je vais bientôt mourir...
C'est l'eau... Je vais mourir à cause de l'eau... Jusque-là, j'ai cru que je mourrais faute d'oxygène... J'espérais même mourir d'anoxémie — c'est une mort joyeuse... L'oxygène devient de plus en plus rare : on meurt comme en état d'ivresse...
Mais je vais mourir à cause de l'eau... La réserve d'eau est contaminée...
Autrefois, la Terre était la planète de l'eau. Les hommes sont venus de l'eau...
L'eau c'était la vie... Aujourd'hui, l'eau, c'est la mort — la mienne...
Il se passe enfin quelque chose : la mort vient vers moi .. Et je dois résister à l'espoir insensé d'être sauvé *in extremis* — un espoir dont j'aurais honte en mourant. Je n'ai jamais pu aller au bout de moi-même dans la vie ; voici l'occasion qui s'offre d'aller au bout de moi-même dans la mort — je ne dois pas la rater... la mort, c'est peut-être le sens véritable de la vie... Elle est peut-être nécessaire, la mort, pour boucler la boucle... Comme tout le monde, au moment de mourir, je me demande ce qu'il peut bien y avoir après... Je serai peut-être une petite parcelle d'un Tout ; mais je ne serai plus moi. Moi, c'est fini. Je vais enfin rendre au Tout ce qui en moi a toujours appartenu au Tout...
Et je termine l'enregistrement de ce message, qui est le dernier, à 10 heures 15 minutes, heure normale de l'Est, le 21 janvier de l'an 2012.

Je vais maintenant mettre le ruban enregistré sur cassette. Et ce message va se répéter aussi longtemps que tiendra l'équipement électronique... Quelques heures, quelques jours, peut-être des mois... Avec un peu de chance, il va continuer de témoigner pour moi, alors que je serai mort depuis longtemps... Témoigner de l'homme, peut-être le dernier sur la planète... La Terre des Hommes, ce fut une merveilleuse aventure. Et je veux la prolonger le plus longtemps possible...

...

(BEEP)

...

Je n'ai pas pu transmettre mon message quotidien depuis plusieurs jours ; une semaine... peut-être même davantage... J'ai perdu la notion du temps... Mais tous les jours...

Etc.

Jacques Languirand

JACQUES FERRON

Jacques Ferron est né à Louiseville au Québec, le 20 janvier 1921. Il a étudié au collège Brébeuf et à l'Université Laval. Il a été reçu médecin en 1945 et il a pratiqué ce métier dans l'armée canadienne, en Gaspésie pendant deux ans et demi, puis à Longueuil. S'intéressant de très près à la politique, il se porte candidat pour le P.S.D. en 1955, s'inscrit plus tard au R.I.N., fonde son propre parti, le parti Rhinocéros et passe au Mouvement Souveraineté-Association en 1967.

Jacques Ferron écrit dès 1945 un premier roman qui n'est pas publié : La Gorge de Minerve. *Pendant son séjour en Gaspésie il commence à rédiger quelques contes dont* Martine *et* La Barbe de François Hertel. *En 1949 il publie son premier livre,* L'Ogre, *une pièce de théâtre en quatre actes. Depuis, il a publié plusieurs textes où il prend, à sa manière, la mesure du paysage québécois, de son histoire, de sa vie politique. Son talent s'affirme surtout dans* Contes du pays incertain, *prix du Gouverneur général, 1962 ;* Contes anglais et autres, *1964 ;* Cotnoir, *1962 ;* Papa Boss *1966 ;* Les Roses sauvages, *prix France-Québec, 1972.*

Jacques Ferron a écrit et fait jouer plusieurs textes de théâtre. Les farces : Le Dodu, Le Licou, *jouées en 1958 au Théâtre-Club,* Tante Elise ; *les pièces allégoriques ou symboliques :* L'Ogre, *jouée en 1958 au Théâtre-*

Club, Le Cheval de Don Juan *qui deviendra* Le Don Juan chrétien ; *les pièces nationalistes :* La Tête du Roi, Les Grands Soleils *(1958-1968) créée par Albert Millaire au Théâtre du Nouveau Monde.* La Sortie, Cazou *ont été jouées par des troupes amateurs ;* La Barbe de François Hertel, La Mort de M. Borduas, Le Cœur d'une mère *ont été publiées.*

La pièce qui est acceptée, qui « passe la rampe », engage tout un milieu, tout un peuple qui s'y reconnaît. Il n'y a pas de grands dramaturges posthumes ! La pièce qui ne passe pas n'engage que l'auteur ; ce qui ne réussit pas au théâtre est mis de côté. Le théâtre qui est le reflet d'un milieu est sanctionné par ce milieu. Au siècle dernier, le *Félix Poutré* de Fréchette a triomphé longtemps, jusqu'à ce que Laurier en interdise la représentation s'étant rendu compte que le héros était un agent double ! Dans cette pièce où le personnage principal joue la folie, le peuple québécois s'est montré à lui-même combien il peut être rusé, fourbe et que ce sont-là ses armes beaucoup plus que sa force. *Tit-Coq* est un aveu collectif ; on y dit que nous sommes bâtards. Les masques du théâtre nous empêchent parfois de nous reconnaître mais lorsque Gélinas a présenté *Tit-Coq,* le problème a été reconnu, la pièce a eu du succès : à ce point de vue-là elle est importante. Il y a eu aussi la plus belle pièce de Dubé : *Un simple soldat.*

Le théâtre a beaucoup changé. Jadis, les spectateurs se donnaient en spectacle à eux-mêmes : les entractes étaient nombreux, les vieux théâtres étaient disposés pour que les gens se voient. Mais pour que la foule puisse se donner en spectacle, elle doit composer une collectivité cohérente. Or, de plus en plus, nous vivons dans un monde parcellaire, sans grandes collectivités. Montréal, ville formée d'individus, est infiniment plus petite que St-Hyacinthe. C'est un problème sociologique de collectivité à refaire.

Il est possible que la grande réunion, la grande fête se fassent au théâtre. Le théâtre a sûrement un rôle social mais qui passe quand même après l'urbanisme ! Il faut revenir à une civilisation plus légère, aux petites villes. L'individu ne peut connaître qu'un certain nombre d'autres individus ; notre temps et notre espace sont limités et les œuvres sérieuses ont toujours été créées par des écrivains qui ne connaissaient qu'une petite collectivité.

Je n'avais pas de talent particulier pour le théâtre. J'ai tout simplement remarqué que lorsque j'écrivais, je procédais par dialogues pour ces moments que je voulais les plus rapides. Je n'ai pas réussi mon théâtre, mais le théâtre m'a appris à écrire des livres. Pour « improviser » un livre, il faut un décor précis et des personnages que l'écrivain lâche et qui établissent leurs propres relations. Une âme collective se forme qui vient de chaque individu et qui agit sur chacun en le transformant. C'est la même chose au théâtre.

Le personnage est important parce que chacun de nous en porte un. Localisé dans un temps, dans un lieu, nous devenons un personnage et il y en a beaucoup d'inconsidérés dans l'homme, d'inexploités, à cause de ce personnage. Au théâtre on venge précisément le petit médecin qu'on est, ou l'ouvrier ou le professeur...

La première idée forte que j'ai eue, c'est le thème de l'île. Je laissais en pensée les meilleurs collégiens sur une île pour que se reforme une nouvelle structure sociale et je me disais que c'était le devoir de ceux qui se croyaient bons de jouer le rôle des « méchants » pour les empêcher d'être moins méchants !

La mort, dont on parle beaucoup et qu'on ne comprendra jamais, la mort qui fait partie du jeu, qui renouvelle l'espèce et qui, fondamentalement, donne la liberté, la mort principe de vie est aussi un thème important pour moi. Je l'ai exprimé d'ailleurs par le personnage de Mithridate, un personnage auquel je suis attaché, que je connais depuis longtemps et avec qui j'ai commencé à écrire un roman.

Je n'ai pas fait grand-chose au théâtre. Au début, j'écrivais des petites pièces où il n'y avait pas de « méchants » : c'est une faiblesse dramatique. Le grand effort a été *Les Grands soleils,* une pièce qui a une portée polémique, avec le personnage de Mithridate qui est assez universel. J'attache une certaine importance à une petite pièce : *Le Cœur d'une mère.* C'est la pièce du dramaturge qui a du dépit, une pièce pour laquelle il n'y a pas de spectateurs, ni de salle, mais simplement un auteur et deux personnages.

Le théâtre a été pour moi une étape de préparation au roman. J'y reviendrai au moment où j'aurai le préjugé favorable. C'est une chose possible. Dans tout art, celui qui vit vieux a des chances d'avoir le préjugé favorable.

Le théâtre ne me laisse pas indifférent, mais il y a des faiblesses chez moi. Avec *Les Roses sauvages* j'ai écrit, pour la première fois, un livre où l'auteur ne s'interpose pas, où il laisse aller l'histoire. Dans tout ce que j'ai fait par ailleurs, je mène le jeu, je bonimente, et c'est mauvais. L'auteur ne doit pas se faire sentir. Plus encore, il faut qu'au théâtre le spectateur soit le plus fin, qu'il sache où on l'amène. Dès qu'il s'y reconnaît, l'auteur peut faire du calembour, du non-sens, de l'ironie. Le spectateur doit être privilégié. Il ne l'était pas pour *Les Grands Soleils* et c'était la faiblesse de la pièce. Décontenancer les gens est impoli. Au théâtre, il faut faire avouer au public, en lui présentant un miroir, qu'il se reconnaît et lui laisser la possibilité de dire : « Ce n'est pas moi. »

Je ne reviendrai pas au théâtre dans le sens de *Dodu* ni dans le sens des *Grands soleils.* J'aimerais écrire une pièce qui soit à thème universel, avec un langage, un rythme, une pensée qui soient d'ici. La vraie pièce est celle où l'auteur crée un mythe.

Interview accordée à Montréal,
le 2 avril 1972.

LES GRANDS SOLEILS (extrait)

...le duo de Mithridate et du tout jeune que moi-même
je ne pouvais pas comprendre...

FRANÇOIS — Eh bien ! je t'écoute, accouche. Tu étais bien parti. Continue-là, ta petite récitation patriotique et édifiante. Le coq a chanté mais la poule n'avait pas pondu. « Victoire ! Victoire ! » cria le dénommé Chénier. Il avait l'air fin : non seulement la poule n'avait pondu, mais le poulailler brûlait.

MITHRIDATE — C'était l'église, l'église de Saint-Eustache. Chénier était entouré de flammes. *(A François)* Oui, il a crié : Victoire !

FRANÇOIS — Continue, ça m'intéresse : j'ai vu des choses du genre en Corée.

MITHRIDATE — Chénier ouvrit la bouche pour crier une troisième fois : « Victoire ! »

FRANÇOIS — Trois fois comme le coq.

MITHRIDATE — Il aperçut les flammes et il resta sans voix.

FRANÇOIS — Il était cuit !

MITHRIDATE — *(au public)* Il était cuit ! *(à lui-même)* Il était cuit ! *(Mithridate parle si simplement qu'il ne provoque pas la riposte. François s'éloigne, songeur, puis il revient sur Mithridate.)*

FRANÇOIS — Cette idée aussi de s'embusquer dans une église ! A la guerre, il ne faut jamais aller dans les églises : ce sont de grands bateaux échoués, qui restent échoués, qui ne décollent pas, qui ne partiront jamais, qui n'ont jamais sauvé personne, personne m'entends-tu ?

MITHRIDATE — Je t'entends, crie pas.

FRANÇOIS — Mais ils sont incorrigibles, les hommes. On dirait, ma foi, des fourmis réglées une fois pour toutes, qui ne peuvent plus apprendre.

MITHRIDATE — Apprendre quoi ?

FRANÇOIS — Ce que je viens de te dire : à la guerre, ne pas aller dans les églises. Mais ils y reviennent toujours au terme de batailles perdues.

MITHRIDATE — Ils sont gens de paix, comment sauraient-ils ? Ils font la guerre pour la première fois.

FRANÇOIS — Et pour la dernière, les imbéciles ! Ils sont battus, finis, mais dans l'église ils reprennent espoir ; ils s'imaginent que l'Amiral va faire voguer le bateau, mettre toutes les machines en marche, les transborder de l'autre côté de la défaite, du feu et de la mort, sur la rive d'en face, sur la rive épargnée par la guerre, sur la rive toute verte avec des petites vaches grosses comme ça, qui broutent la prairie et la gardent lisse comme un tapis de paradis. C'est pour imaginer ça qu'ils se sont enfournés dans la pagode, dans l'église, dans l'arche du bon Dieu et du dernier espoir. Je les ai vus faire, les miteux, les dérisoires, pressés comme tout, cette fois-là, d'aller à la messe. Et le padre aussi les a vus faire, à côté de moi, pas tellement fier d'être militaire ! Et pas tellement fier non plus d'être curé, car il sait bien, lui, que le bateau ne partira pas. Le déluge, c'était trop beau. La terre est sèche depuis. Même que s'il restait de l'eau autour du bateau, l'Amiral la boirait. Au fond, c'est un incendiaire.

MITHRIDATE — Et puis ?

FRANÇOIS — Et puis, quand le fourneau est prêt, on l'allume gentiment avec une allumette, et les Coréens, qui demandaient le ciel, ils brûlent comme des damnés.

MITHRIDATE — Les Anglais cernaient la pagode. Quand un Patriote s'échappait des flammes, ils tiraient sur lui.

FRANÇOIS — C'est régulier. Mais tout dépend : quand le Patriote sort bien allumé, on le laisse tout simplement flamber : il en gueule un coup contre l'Amiral, puis il s'éteint avec son cri. Le padre, à côté de moi, il avait l'air d'un cave, sa petite fiole d'eau bénite à la main. Je lui passais mon flasque... Descends donc : il m'en reste une goutte ; descends et bois, descends mais je t'avertis : c'est du fort.

MITHRIDATE — Merci de me l'avoir dit, autrement je ne m'en serais pas aperçu : c'est un fort qui la cache bien, sa force. *(Il boit.)*

(François tend la main vers son flasque. Avant de le lui rendre, Mithridate le videra. François malmène Mithrirate qui n'est pas de taille à se défendre. C'est vite fait et Mithridate semble se compter chanceux de se retrouver indemne sur le banc.)

FRANÇOIS — Tu es saoul : tu te tiens pas sur tes jambes.

MITHRIDATE — Pourquoi tiendrais-je sur mes jambes quand je suis assis sur un banc ? On ne peut pas faire les deux à la fois. Tu manques de logique, mercenaire.

FRANÇOIS — Oublie ce mot-là : je ne l'aime pas.

MITHRIDATE — Ni moi, d'ailleurs.

FRANÇOIS *(menaçant)* Je ne suis pas mercenaire.

MITHRIDATE — Ah non ?... Mais non... Non, bien sûr, tu n'es pas un mercenaire.

FRANÇOIS — Qu'est-ce que je suis alors ?

MITHRIDATE — J'ai demandé au Bull Dog ; il m'a répondu que tu étais un héros.

FRANÇOIS — Un héros ?

MITHRIDATE — Oui, un grand héros.

FRANÇOIS — Tu l'as cru ?

MITHRIDATE — Non, pas du tout.

FRANÇOIS — Qu'est-ce que je suis alors ?

MITHRIDATE— Un misérable, un miteux, un dérisoire, un mercenaire.

FRANÇOIS — Gros sale, pour qui tu te prends ?

MITHRIDATE — Pour ce que je suis, exactement. Mithridate est mon nom et je me prends pour Mithridate. Je suis roi. Je règne sur moi-même.

FRANÇOIS — Des mots, tout ça ! Veux-tu que je te dise qui tu es, farceur ? Un corbeau.

MITHRIDATE — Un corbeau ? Tu veux me faire plaisir, toi !

FRANÇOIS — Un corbeau, le bec tourné contre soi, qui n'arrive pas à se déglutir...

MITHRIDATE — Drôle d'oiseau !

FRANÇOIS — Et qui traîne de l'aile dans la suie des trains qui ne sont pas partis. Si je me souviens ! « Reste ici, mon petit : la gare est fermée. » Voilà ce que tu m'as dit, cocu noir sur un banc vert.

MITHRIDATE — J'ajoute que depuis la gare a été transformée en bureaux de bureaucrates, bureaucratie des administrateurs de l'administration municipale. *Concordia salus !* On y trinque, là aussi, à l'eau bénite.

FRANÇOIS — Alors, va le demander là-dedans, le corbillard fumant qui t'a laissé sur une traque rouillée !

MITHRIDATE — Pardon, mon cher, le train est revenu. Tous les soirs, ici même, je le prends pour la nuit.

FRANÇOIS — Sleeping car à trente sous, la robine pour ticket.

MITHRIDATE — Stream Line Express, le tour du monde en six heures. Chaque matin, je reviens à mon point de départ. Mon parachute est un chapeau d'arbre. Je descends un peu avant l'arrivée du laitier. C'est mon facteur. J'attends, moi aussi, des nouvelles des petites vaches, grosses comme le pouce, et de la prairie qu'on déroule. Tapis de paradis au-devant du grand bison qui viendra les saillir. « Une pinte de lait », je crie au laitier, et je pense à ce qu'elles m'écriront un jour, les petites vaches, en buvant leur lait. Ça commence bien une journée.

FRANÇOIS — Paysagiste, tu voudrais me ravir. Tu parles, tu parles, tu dis n'importe quoi, aussi vrai que tu n'as jamais bu une goutte de lait, et moi, je t'écoute, je t'écoute, encore chanceux de ne t'avoir jamais cru. Autrefois, j'étais ton Canadien errant. Ton cher petit Canadien errant. Tu voulais me garder auprès de toi, sous prétexte que la gare était fermée, et tu me tendais un vieux crouton noir de la suie de tes trains déraillés, généreux comme le veuf d'une locomotive.

MITHRIDATE — Tu te répètes : tu m'as déjà constitué cocu noir sur un banc vert. Maintenant, me voici veuf de locomotive. Surveille ton lyrisme. Tu perds de la vapeur et la boucane te sort par le nez.

FRANÇOIS — Que veux-tu, cornichon ? Je suis passé par ton école ! Si je t'avais écouté, tu m'aurais gardé dans une bouteille de formaline.

MITHRIDATE — Non, empaillé, et tu te serais tenu tranquille ainsi, à mes côtés.

FRANÇOIS — Penses-tu que j'étais pour attendre l'administrateur de l'administration municipale ! « *Concordia salus ; dominus pecus* : une petite place de balayeur de rue, s'il vous plaît, Monsieur l'administrateur. » Penses-tu ! La gare était fermée, mais la guerre restait ouverte.

MITHRIDATE — Au lieu de : « Monsieur », tu as dit : « Yes, sir. »

FRANÇOIS — Cela en valait la peine. Je n'ai pas manqué le train, moi ! Forteresse volante pour l'Afrique et l'Italie ; Lancaster pour la Normandie et la Belgique. Je suis descendu entre deux ombres ; j'avais le sens des interstices, je savais trouver la solution de continuité et me planquer.

MITHRIDATE — Avec les rats.

FRANÇOIS — A la guerre, les rats sont des animaux plutôt sympathiques... Ah, j'en ai vu des beaux feux d'artifice ! De la géographie je ne connaissais rien : non seulement je l'ai apprise, mais encore on me l'illuminait. C'était surtout beau à l'école du soir. Les vieilles poutres historiques ne sont pas de bois vert ; elles donnent une flamme pure qui me réchauffait ; j'en reste encore tout ébloui. Napalm de mes nuits d'Allemagne, napalm ! tu n'as pas cessé de brûler dans mon cœur !

MITHRIDATE — L'état de grâce, quoi !

FRANÇOIS — Mieux : l'extase ! Et puis, tout s'est éteint sur un continent noir et les rats sont devenus beaucoup moins sympathiques. Ils couraient dans les ruines de l'Europe : la guerre était finie ; ils prenaient figure humaine. Moi, ce qui m'a dégoûté de la paix, c'est une rate que j'avais prise en toute innocence, par le bon bout, et je venais, mon frère, je venais ; elle m'aidait à remonter, le long de sa belle taille blanche et de ses petits seins, le courant des voluptés permises au guerrier triomphant, à remonter jusqu'à avoir la joue contre sa bouche, contre ses dents ; je venais et elle m'attendait pour me mordre !... J'en ai eu assez de l'Europe. Je suis allé en Corée et le napalm a recommencé, mais cette fois, je n'ai pas attendu, c'est moi qui ai mordu.

MITHRIDATE — Tu m'épates !

FRANÇOIS — Pas besoin de te forcer : je me suffis.

MITHRIDATE — Il se suffit, pensez donc ! Caporal, caporal du monde entier, je te salue.

FRANÇOIS — Salue-moi deux fois : tu voulais me restreindre et je me suis échappé.

MITHRIDATE — Je te salue, caporal à la tête flambée, mannequin des soleils noirs, rat costumé ! Je te salue parce que tu me dégoûtes.

FRANÇOIS — Vieille arquebuse, tu m'honores !

MITHRIDATE — Il a vu flamber des pagodes remplies de Chinois : un homme instruit ! Et au napalm, s'il vous plaît ! Mais le napalm, ce n'est plus qu'une petite allumette !

FRANÇOIS — Oui, si tu veux. Mais, la prochaine fois, on fera mieux... Tu ris ?

MITHRIDATE — Je ne ris pas, je dis : amen *(Joignant les mains et se jetant à genoux)* O Sainte Philomène, patronne de nos paroisses, je vous rends grâce : vous avez fait naître un authentique héros, le super-zouave qu'on attendait, annoncé dans l'Apocalypse du bon Dieu.

MITHRIDATE et FRANÇOIS — Amen.

MITHRIDATE *(se relevant)* — La prochaine fois, ça sera la bataille d'Harmaguedon. Tu auras avec toi des anges supersoniques, l'Amiral Incendiaire, le Jehovah crevant sa rage accumulée depuis le commencement des temps — et toute la terre sera ton abcès de feu. Un héros ? Non, tu es un saint. Ou si tu le préfères : un saint et un héros. Hé ! Tu montes, caporal, tu montes ! A la fin, tu seras une toute petite saloperie, la buée d'un crachat.

FRANÇOIS — Tu me respecteras alors, Mithridate.

MITHRIDATE — Oui... oui, je te respecterai alors comme je te respecterais aujourd'hui si tu avais flambé dans un de tes précédents feux d'artifice.

FRANÇOIS — Ton respect, il est plutôt malsain.

MITHRIDATE — Les Chinois dans la pagode, c'était eux qui avaient raison et non pas toi.

FRANÇOIS — Mon pauvre bonhomme, tu ne sais pas ce que tu dis.

MITHRIDATE — Je n'ai jamais parlé pour ne rien dire. Je t'avais dit que je t'attendrais et tu es revenu. Je t'avais dit : « Prends ton temps, vise bien, ne manque pas ton coup... »

FRANÇOIS — Je ne l'ai pas manqué.

MITHRIDATE — Je ne m'adressais pas au mercenaire. Son coup, à celui-là, ne m'intéresse pas. Je parlais au Patriote, à l'enfant des vieilles arquebuses, au garçon qui portait une fleur du pays à son fusil, et qui mena alors, une fois, une pauvre petite fois, sa guerre à lui, la seule qu'il ait jamais gagnée.

FRANÇOIS — La fois de l'église ? Tu appelles ça gagner ! Je t'ai dit ce que je pense des bateaux échoués ; on s'y damne dans le ventre de Dieu.

MITHRIDATE — Dans le ventre de Dieu ? Tu confonds ; tu te trompes de génération. Le Père, l'Amiral, l'Incendiaire, ne connais pas ; je sais seulement qu'il y a toujours eu des imposteurs pour parler en son nom, des padres pour servir Barabbas, des grands prêtres pour entretenir les chemins de croix — et que ça tourne ! Après un Christ, un autre, juif, noir, jaune, rouge, peu importe pourvu que ne s'arrête pas le carrousel de la foire sanglante. Le Père, connais pas, et personne ne le connaît — c'est peut-être le soleil... Mais le Fils, d'autant plus pitoyable qu'il est devenu orphelin, d'autant plus grand aussi, le Fils abandonné en tous les hommes qui meurent abandonnés, qui meurent toujours seuls et abandonnés au milieu de la vie proliférante, de la communauté réjouie et des paradis retrouvés, le Fils, je le connais : il était dans la pagode ; il était à Saint-Eustache, il était dans tous les fours crématoires, à Hiroshima, à Dresde, à Hanoï. Il n'est plus crucifié ; il brûle vif pour que le soleil ne s'éteigne pas. Tu confonds les générations, et tu te trompes : le bateau n'est pas échoué, il quitte doucement le quai avec sa cargaison de pauvres Christs, de pauvres nous ; il vogue sur les flammes vers l'autre rive et la verdure.

FRANÇOIS — Stream Line Express, je m'incline. Passe-moi de ta robine.

MITHRIDATE — Les vitraux s'étaient mis à bouger et les saints à danser. De la voûte, des pilliers, de la cascade des jubés rouges, l'illumination convergeait vers le chœur.

FRANÇOIS — Hé ! Tu mets les voiles, grand-père !

MITHRIDATE — Comme un tison qui s'entoure de ses cendres, l'église se concentrait sur elle-même. L'ostensoir comme un grand soleil, Dieu dans la fleur des sauvages.

FRANÇOIS *(debout sur son banc)* — Cependant, au-dehors, une épaisse fumée obscurcissait l'église. La cérémonie s'achevait, les saints ont cassé le vitrail et les patriotes, à la file indienne, se sont mis à sauter par la fenêtre, du côté du cimetière.

MITHRIDATE — Chénier est sorti le dernier. Quand il s'est relevé, il a retombé ; il avait la cheville brisée. Alors, il s'est agenouillé, il a épaulé son fusil, cent coups partirent avant le sien.

FRANÇOIS — Tu nous avais dit : « prenez votre temps, visez bien, ne manquez pas votre coup. »

MITHRIDATE — Il ne le manqua pas : il mourut en criant : Vive la liberté !

FRANÇOIS — La belle légende !

MITHRIDATE — Elle s'empara de son pauvre corps, criblé de balles. C'est le grand cérémonial qui commençait. Ecoute, petit, le cochon des avents qu'on égorge. On ouvrit le corps de Chénier : le cœur on lui arracha pour le mettre au bout d'un bâton.

FRANÇOIS — J'imagine que les Chinois, ils s'en racontent, eux aussi, des choses invraisemblables sur les morts de la pagode.

MITHRIDATE — La vérité est qu'il n'y a pas de bombe si rapide qu'elle empêche de parler ceux qu'elle tue. Le peuple, qui s'est conçu dans ce cérémonial, attend désormais son heure. Etrange destinée et suprême honneur, c'est le premier peuple blanc qui cède au métissage et se lève avec le Tiers-Monde ! Voilà des siècles que la force cherchait à s'imposer à la faiblesse : elle a obtenu pour résultat que le faible s'impose au fort. Le général Colborne marchait à la défaite. C'est Chénier qui triomphe et avec lui le Fils contre le Père. Petit, enlève ton *battle dress* ; c'est la livrée de Barabbas.

FRANÇOIS — Pourquoi la quitterais-je puisque c'est par elle que je suis sorti de prison ?

MITHRIDATE — Il n'y a plus de prison.

FRANÇOIS — Tu te trompes, vieux frère : je reviens de trop loin pour m'y laisser prendre. L'Afrique, l'Italie, c'était plein de barbelés et je les ai traversés. La Normandie aussi, la Corse, j'y ai découvert le monde entier.

MITHRIDATE — Tu as peut-être pris des détours, mais tu reviens simplement de Saint-Eustache, à vingt milles d'ici.

FRANÇOIS — Avec un petit retard, aussi, j'imagine ?

Théâtre 1, Montréal, Librairie Déom, 1968.

GUY DUFRESNE

Guy Dufresne est né à Montréal le 17 avril 1915, fils d'un médecin de famille. Il a étudié au collège Sainte-Marie et à Jean de Brébeuf puis a été transplanté à Frelighsburg à l'âge où il aurait dû entrer à l'université. Ce village lui a donné le grand air, l'espace, l'inspiration ; c'est là que, pendant dix-huit ans, il exerce le métier de pomiculteur. En 1945, un texte de fiction Le Contrebandier *lui permet de gagner le premier prix au premier concours littéraire de Radio-Canada et un texte « d'histoire »,* Sacrifice, *lui fait obtenir, deux ans plus tard, la série* Le Ciel par-dessus les toits *à la radio.*

Guy Dufresne écrit beaucoup alors pour la radio, entre autres une adaptation du Félix Poutré *de Louis Fréchette,* l'Acadie, Burins d'histoire. *Il tente ses premiers pas à la télévision en 1953 avec* Eaux Vives *et deux ans plus tard lance la série du* Cap-aux-Sorciers. *En 1960-61, il écrit* Kanawio, *téléroman sur les Iroquois « Agniers » à l'époque de la fondation de Montréal, en 1963-67* Septième-Nord *et en 1972,* Les Forges du Saint-Maurice.

Monsieur Dufresne s'intéresse à l'histoire du Québec comme ses nombreux textes en font preuve : Kébec *(1958),* Mesure de guerre *(1960),* Wahta *(1962,)* Papineau.

Dès 1950, Guy Dufresne rédige pour la scène. Il écrit Le Jeu sur la presqu'île *qui est joué au parc Lafontaine. En 1959, il travaille à la première version du* Cri de l'engoulevent *qui est créée alors. Il reprend cette pièce en*

1961 pour la télévision et de nouveau lors de sa publication et de la reprise par la Nouvelle Compagnie Théâtrale. En 1968, Gratien Gélinas met en scène Docile, *une farce, à la Comédie-Canadienne et en 1969 Albert Millaire présente* Les Traitants, *une vaste fresque historique, au Théâtre du Nouveau Monde.*

C'est un reflet plus ou moins juste, plus ou moins riche, suivant que les dramaturges qui dépeignent ce milieu et cette époque ont une perception « plus ou moins juste, plus ou moins riche » de ce milieu et de cette époque.

D'abord, situation et personnages. Puis ton (comique ou dramatique), langue, structure, plan. Je ne pense pas que j'écrive suivant un « thème ».

Je me méfie de l'abstrait au théâtre. J'aime le concret. Je préfère donc les situations et les personnages, au thème.

Le Cri de l'engoulevent. Parce que je n'aimais pas la première version, qui date de 1959 et que j'ai pu en écrire une deuxième en 1969 Celle-ci, je pense, vaut mieux que *Les Traitants,* qui est trop touffue et que *Docile,* une comédie, qui n'a pas la même portée.

J'ai situé deux de mes pièces à proximité et à l'intérieur d'une petite ville. Je veux situer la prochaine en plein cœur d'une grande ville.

Qu'on dise : il a tâché de dépeindre la *vie,* avec ses harmoniques et sa complexité.

Frelighsburg, avril 1971.

> Quand nous avons monté *Les Traitants* j'ai, de moi-même ou à la demande du metteur en scène, retouché toutes les scènes, sauf la harangue de Christine, la Montagnaise, où nous n'avons voulu ni moi, ni lui, ni l'interprète changer un mot. Ce qui m'a paru un signe.

LES TRAITANTS (extrait)

CHRISTINE — Ne pouvons-nous pas, vous et nous, respirer le même air,
affronter les mêmes froids,
nous asseoir devant les mêmes feux,
boire aux mêmes sources,
vivre du même soleil,
nous endormir dans la même nuit ?

Pourquoi devons-nous toujours vous craindre ?

Vous êtes apparus :
vous aviez le tonnerre entre vos mains,
vous fendiez la terre, et les arbres, et les pierres, avec des outils de fer,
vos vaisseaux enfermaient des bourgades entières,
leurs voiles se gonflaient,

sans que les vents de mer aient pu les déchirer,
le soleil entrait dans vos maisons,
la fumée n'y brûlait pas vos yeux,
vous parliez une langue fluide et vos mains la traçaient,
vous apportiez une croyance neuve
et vos Pères enseignaient qu'elle peut vaincre la mort.

Déjà nous désirons vos outils et vos armes,
déjà nos cabanes s'éclairent, comme les vôtres,
déjà nous prêtons l'oreille à votre langue
et plusieurs d'entre nous embrassent vos croyances.
Ainsi en est-il de moi.

Est-ce que nous pouvons encore nous détacher de vous ?
Est-ce que nous pouvons encore nous enfuir ?

Vous-mêmes nous rejoindriez.
Même au nord, où le froid peut tuer les hommes, les bêtes et les arbres,
vous nous rejoindriez.

Pourquoi sommes-nous devenus, vous et nous, emmêlés,
comme les fibres d'un orme ?

Pourquoi brûlez-vous d'acquérir les fourrures de nos bêtes, et leur chair,
et nos outils, et nos vêtements,
et le sucre de nos érables ?

Pourquoi brûlons-nous d'acquérir vos outils, vos armes, vos joailleries,
et vos boissons ?
D'où proviennent vos boissons ?
Où les avez-vous découvertes ?
Comment sont-elles dans vos bouches et les nôtres ?
Vous nous les offrez pour noyer nos angoisses :
comment pouvons-nous y résister ?
Pourquoi provoquez-vous ces carnages ?
Pourquoi pillez-vous nos pelleteries ?
D'où vient entre vous et nous cette guerre sourde ?
Pourquoi ce mépris sur vos lèvres et dans vos regards ?
Quel est notre sort ?
Que deviendrons-nous ?
N'éloignerez-vous pas ce qui peut nous détruire ?
Ne nous tendrez-vous pas seulement ce qui peut nous guérir ?
Pourquoi n'échangeons-nous pas en paix nos biens et nos rêves ?
N'entendrez-vous pas nos voix ?

Que nos fils n'aillent pas dire :
ils sont apparus
et nous sommes devenus des ombres,
la nuit est venue
et nos ombres ont fui.

***Les Traitants,* Montréal, Leméac, collection Théâtre canadien, no 8, 1969.**

PIERRE PERRAULT

Pierre Perrault est né à Montréal, le 24 juin 1927. Il a fait ses études classiques au collège de Montréal et au collège Grasset et il fut reçu avocat en 1954 après des études de droit à Montréal, Paris et Toronto. Il pratiqua ensuite le droit puis écrivit pour la radio : Chroniques de terre et de mer, J'habite une ville, Chant des hommes. *Il présenta à la télévision une série de treize émissions :* Au pays de Neufve France.

En 1961, son recueil de poésie Portulan *lui mérite le prix du Grand Jury des lettres canadiennes. Il publie* Toutes Isles *et* Ballade du temps précieux *en 1963.*

C'est surtout par le long métrage que sa vision poétique du monde s'exprime : Pour la suite du monde *(1963),* Le Règne du jour *(1966),* Les voitures d'eau *(1969) forment une trilogie qui est suivie de* Un Pays sans bon sens *(1970), lauréat du festival de la francophonie à Dinard (France) et de* L'Acadie, l'Acadie *(1971).*

Les deux premières pièces de Pierre Perrault : Au cœur de la rose *et* Vent d'es *ont été présentées à la télévision. La troupe des Apprentis-Sorciers crée* Au cœur de la rose *en 1964 et ce texte se mérite, la même année, le prix du Gouverneur général. Jean-Guy Sabourin crée* C'est l'enterrement de

Nicodème, tout le monde est invité *au festival international du théâtre d'amateurs de Monaco en 1965. Cette pièce, de même que* Vent d'es, *est inédite.*

Le théâtre a trop longtemps été le reflet des privilégiés — milieu désincarné par excellence — et il a été entre les mains de gens qui étaient les serviteurs de ce milieu-là, qui offraient du monde une image poudrée, bien habillée de dentelles. La responsabilité sociale du théâtre est de détruire ces façons de voir. Il a peut-être existé, à travers les siècles, un théâtre qu'on ne connaît pas, qui n'a pas été édité, qui est un théâtre direct, un reflet de son époque. C'est le plus important, le moins connu, le moins littéraire. Ce théâtre-là traduisait les situations, les drames humains d'une époque, avec l'outil linguistique de cette époque-là.

Le grand théâtre échappe à la désincarnation : il prend l'homme comme objet, cet être bien vivant, et la réalité qui l'environne. Il rend compte du présent.

* * *

Une pièce de théâtre est rarement capable d'utiliser toutes les techniques mentionnées. Ce qui est important, c'est de trouver *la* chose à exprimer et de l'*incarner* dans de vraies situations. Il n'y a pas ensuite d'outils, de moyens privilégiés.

Ce qui est important aussi c'est de donner la parole aux gens pour qu'ils constatent où ils en sont, comment ils pensent, ce qu'ils sont. Il faut rendre aux hommes la responsabilité de s'assumer eux-mêmes.

J'ai l'impression d'avoir fait un pas dans cette direction par le cinéma. Pourrais-je réaliser au théâtre la même chose ? Sinon le théâtre ne vaut peut-être pas la peine d'être vécu... C'est pourquoi il serait un divertissement... de l'esprit, bien sûr, mais un divertissement quand même. Et pour ma part, j'en ai fini avec le cirque.

* * *

J'ai commencé quelque chose au théâtre, je ne l'ai pas terminé : c'est comme si je n'avais rien fait. Ce que j'ai essayé de faire ? Un théâtre avec les mots, les situations, les gens que je connais, les gens d'ici, avec les tournures de phrase qui leur appartiennent. Mais comment échapper à la littérature ? Nous en sommes pourris.

Interview accordée à Montréal,
le 19 janvier 1972.

AU CŒUR DE LA ROSE (extrait)

LA FILLE — Eh bien moi c'est franc et clair comme les yeux dans les yeux. Eh bien moi je pense à dormir avec lui, à faire des enfants à même la nuit, à l'attendre où il me retrouve... calme... et blanche... et toute belle... comme la mer.

LA MERE — Tu me fais peur. Est-ce ainsi que l'on aime ? Faut-il tout briser, tout larguer ? Est-ce que j'ai sauté par-dessus la nuit pour suivre ton père ? Il me semble bien que non !

Le temps ne te poursuit pas. Est-ce que toute la vie ne dure pas plus qu'un coup de sang ?

LA FILLE — Dans mes sables tous les personnages que tu redoutes font des châteaux.

LA MERE — Quand on s'invente des yeux, on ne voit pas venir le malheur : les oiseaux de la falaise ont des yeux pour avoir peur.

LA FILLE — Est-ce qu'un enfant marque sa mère ?

LA MERE — .....

LA FILLE — Je te demande si ton corps porte les traces de mon passage ?

LA MERE — Tu me secoues comme si je pouvais toujours répondre.

LA FILLE — Comment une femme ne répondrait-elle pas de son corps ?

LA MERE — Tu as toujours raison, comme un enfant qui pleure la nuit... *(elle se recueille)*. Oui, bien sûr..., ton ventre ensuite ne retrouve pas toute sa rigueur..., il reste creusé de rides comme la peau des pommettes après les grosses gelées. Ton cœur aussi est changé, comme attendri et tu peux pleurer des larmes d'enfant à partir de ce jour.

LA FILLE — Et l'homme ?

LA MERE — Quoi donc ?

LA FILLE — Dis-moi, l'homme est-il plus qu'une chanson qu'on fredonne ?

LA MERE — Quoi encore ?

LA FILLE — Parce qu'il prononce ton nom de femme avec ses mains, ton cœur est-il aussi transformé que terre de labour ?

LA MERE — Tu poses des questions plus difficiles à répondre que l'eau à sortir de la pierre.

LA FILLE — Pourtant tu le sais.

LA MERE — Ce sont des événements qui surpassent la parole.

LA FILLE — Parle !

LA MERE — Tu l'as dit.

LA FILLE — Je veux l'entendre de ta bouche ! Est-ce que l'homme te marque d'un cri semblable au fer rouge ? Est-ce que je rougirai au soleil ? Dis-le-moi ! dis-le-moi ! S'il m'aime est-ce qu'il me brûlera ?

LA MERE — Il marquera l'écorce de ta jeunesse et la trace restera aussi longtemps que l'arbre.

LA FILLE — Mère, mère, instruis-moi, avant qu'il ne soit trop tard !

LA MERE — C'est un mauvais jour pour mettre à la voile. Attends le soleil ! Ici, c'est un bon havre pour tous les temps.

LA FILLE — J'ai peur d'avoir perdu le sommeil.

LA MERE — Crains plutôt les fantômes de tes rêves.

LA FILLE — Je deviendrai sirène de mer s'il le faut.

LA MERE — On ne tisse pas de toile avec de la filasse ; prends le temps d'enrouler la quenouille et de filer le lin. Ne fais pas une noce avec la première chanson que tu chantes.

LA FILLE — Et s'il ne revenait pas ? Je resterais seule avec ma gorge et le vent du soir.

LA MERE — Les voilà qui viennent.

LA FILLE — Sont-ils trois ?

Au cœur de la rose, Montréal, Lidec Inc., 1969.

FRANÇOISE LORANGER

Madame Françoise Loranger est née à Saint-Hilaire, le 18 juin 1913. Elle a fait des études en lettres-sciences dans une dizaine d'institutions différentes de Montréal. Dès 1939, sous l'égide de Robert Choquette, elle compose des textes pour la radio : Ceux qu'on aime, La vie commence demain, L'Ecole des parents. *En 1949, elle publie un roman* Mathieu *mais, fascinée par les genres qui permettent le dialogue, elle désire écrire pour que ses textes soient « parlés ».*

Françoise Loranger écrit par la suite pour la télévision : Madame la Présidente, *téléthéâtre (1956),* Jour après jour, *téléthéâtre (1958),* Un Cri qui vient de loin, *téléthéâtre (1965). Deux téléromans datent également de la même époque :* A Moitié sage *et* Sous le signe du lion.

Madame Loranger a surtout fait jouer ses œuvres à la scène : Une Maison... un jour *est créé au Théâtre du Rideau Vert en 1965 et présenté en tournée en Russie et à Paris ;* Encore cinq minutes *est créé au Théâtre du Rideau Vert en 1967. En 1968, elle écrit* Le Chemin du Roy *en collaboration avec Claude Levac pour l'Egrégore. C'est la rupture avec la dramaturgie traditionnelle.* Double Jeu *et* Medium Saignant *seront ensuite créés à la Comédie-Canadienne en 1969 et en 1970 respectivement.*

En 1971, Françoise Loranger a publié Un si bel automne, *pièce qui n'a pas encore été créée.*

Je vais vous paraître grossière, mais ces questions m'ennuient. J'ai même l'impression qu'elles ne me concernent pas. Chaque fois que je réponds à des questions de ce genre, j'ai l'impression de parler pour parler. Il faudrait y réfléchir longuement et ça ne me paraît pas valoir un atome d'énergie. Il y a des gens dont c'est le métier de faire ça et qui le font très bien. A ce moment-là, il n'y a pas gaspillage d'énergie. Mais dans mon cas, oui ! Pensez-vous qu'une poule se préoccupe de savoir si l'œuf qu'elle vient de pondre est un reflet de son milieu ? Mon affaire est de pondre. Je ponds. Libre aux amateurs d'omelettes de décider si mes œufs correspondent à leur attente ou pas !

Le théâtre, si important soit-il sur le plan social, n'a pas plus d'importance à mes yeux que n'importe quel autre moyen de communication susceptible d'atteindre la communauté dans laquelle je vis. Je ne vous dirai pas que le théâtre est la dernière de mes considérations, mais ce n'est certainement pas la première. Atteindre le plus grand nombre d'êtres humains, les amener à réfléchir sur certains problèmes, éveiller en eux le désir de chercher d'autres solutions, d'autres réponses et les mettre surtout devant la possibilité qu'ils ont de changer les choses, aussi bien que de se changer eux-mêmes — voilà tout ce qui m'intéresse, du moins au niveau de la collectivité. Il m'importe peu que cela se fasse par le truchement du théâtre, du film, de la télévision ou autres media — et je me garderais bien d'établir des jugements de valeur quant à ces différents media — c'est assez dire, je pense, à quel point le jugement de la postérité me laisse froide. Ici et maintenant, c'est ça mon affaire.

* * *

Je cherche d'abord une pensée, bien sûr, mais je procède au niveau de ma sensibilité. Le point initial est toujours en moi. Ecrire est une expérience de vie et quand ce ne sera plus une expérience de vie, capable de me transformer, je cesserai d'écrire. Ce que j'attends de ce que j'écris, au fond, ce n'est pas tellement que ça change les autres, mais que ça me change, moi d'abord. Je dois, après avoir écrit une pièce, avoir suffisamment assimilé les émotions en cours pour passer à un autre palier. De là j'aurai d'autres points de vue, je verrai un autre aspect de moi et puis encore un autre. . et, puisque l'être humain est un tout, puisque lorsque l'on change sur un plan on change aussi sur d'autres, la forme de ce que je fais change aussi.

* * *

Double Jeu est la pièce dont la réalisation a été la plus stimulante à cause de la relation établie entre l'auteur, les comédiens, le metteur en scène et le public. Un vrai plongeon dans l'inconnu. Insécurité totale. C'est aussi la pièce qui m'a paru la plus difficile. J'ai été terriblement angoissée tout le temps des répétitions. André Brassard avait des idées très neuves que les comédiens hésitaient à accepter ; on n'était pas toujours d'accord sur mon texte.

Cette pièce nous ouvrait de nouveaux horizons qui nous emballaient et qui en même temps nous effrayaient.

* * *

Je n'ai pas envie d'écrire pour le théâtre en ce moment. J'ai envie de communiquer avec tout le Québec, plus seulement avec Montréal. Au théâtre, on atteint un public trop limité. Je songe à une série d'émissions pour la télévision : une histoire purement imaginaire où il serait plus question de ce qui se passe en nous que de ce qui se passe à l'extérieur de nous.

* * *

Je vous l'ai dit, je ne pense jamais, ou très rarement, à des problèmes de ce genre : ce qu'on pense de ce que je fais, la place que ça tient dans la littérature, etc. Je crois que j'écris comme il pleut ou comme il fait beau ou comme il neige... parce que c'est ça que j'ai à faire. Je sais seulement que la connaissance de soi me paraît être ce qu'il y a d'essentiel et que l'être humain doit tendre à s'épanouir sur tous les plans afin d'arriver à une totalité de son expérience. Il faut être éveillé : toute la difficulté est là. Il faut se maintenir éveillé, dans un état de conscience de plus en plus conscient. Surtout ne me demandez pas ce que ça veut dire. Essayez-le !

St-Marc sur Richelieu,
septembre 1971-février 1972.

ROBERT GURIK

Robert Gurik est né à Paris en 1933. Il s'installe à Montréal en 1951. Ingénieur en climatisation de son métier, il s'est constamment intéressé au théâtre. Il participe à la fondation du Centre d'Essai des jeunes auteurs dramatiques et en accepte la présidence en 1966 ; il suit de près les activités de l'ACTA, association de théâtre amateur.

En 1963, Robert Gurik gagne le premier prix au concours de pièces en un acte de l'ACTA avec Le Chant du poète ; *en mars 1965, le Théâtre de la Place crée* Les Portes ; *en 1966, la revue Théâtre Vivant publie* Les Louis d'or. Api or not Api, *pièce créée lors du Festival d'art dramatique au Théâtre du Gesù en 1966 sera reprise au théâtre de l'Egrégore l'année suivante et, sous le nouveau titre de* Api 2967 *sera jouée par la compagnie Serreau-Perinetti à la Biennale de Venise et au Théâtre de la Cité à Paris en 1969.* Le Pendu, *créé également au Festival d'art dramatique, remportera plusieurs trophées dont celui de la meilleure pièce canadienne en 1967, sera joué par le Théâtre de l'Egrégore au Gesù de même qu'à Kingston dans une version anglaise et sera présenté à la radio de l'O.R.T.F. sous le titre de* Yonel le pendu.

Robert Gurik manie assez aisément l'arme de la satire dans Hamlet, prince du Québec, A cœur ouvert, Les Tas de sièges, Q, *pièces engagées où la politique actuelle est mise en évidence.*

Monsieur Gurik a aussi publié un roman, Spirales, *adapté* Les Fourberies de Scapin *pour le collège Lionel-Groulx et écrit de nombreux textes pour le Centre d'Essai. Sa dernière pièce,* Le Procès de Jean Baptiste M., *a été créée au T.N.M. en 1972, dans une mise en scène de Roland Laroche.*

Le théâtre n'est théâtre que dans la mesure où il brise le paravent de la réalité apparente d'un milieu, d'une époque, pour révéler la vérité.

* * *

Pour moi l'écriture dramatique est un tout. Lorsqu'on respire on ne se demande pas ce qui est le plus important : le nez ou les poumons ou...

* * *

Ma meilleure pièce est toujours la dernière. Ce n'est pas que je crois qu'il y ait eu évolution. Il y a chez moi des changements demandés par les créations successives. J'ai toujours tout remis en question et ma dernière pièce est celle qui correspond le plus à ce que je suis lorsqu'on me questionne.

* * *

J'aimerais créer une expression dramatique qui soit en résonance avec la nouvelle réceptivité qui se précise : un théâtre en mosaïque opposé au théâtre en convergence qui est le reflet d'une génération déjà condamnée.

* * *

Pour moi l'œuvre ne doit pas être le produit d'une expérience (métier), d'une longue réflexion, d'une idée originale, d'une conviction mais plutôt d'une pensée en marche, dynamique, toujours remise en question et réinventant ses lois et ses buts.

Montréal, janvier 1972.

LES LOUIS D'OR (extrait)

Louis I prend la veste, va lentement vers l'avant-scène, reprend son souffle tandis que la lumière diminue doucement derrière lui. Il s'assied sur le bord de la scène.

Un beau trou... Un beau grand trou... Je suis bien avancé maintenant... Rien de plus, sauf un mal de reins... Un grand trou avec des douzaines de petits reflets glauques... Alors, à quoi ça sert, celle de 20 ans, celle de 100 ans, de 14 et de 39, la constipation et les pleurésies, les billets de stationnement, la semaine de 40 heures, les nourrices et le papier... A rien... A rien. On cherche une oreille, on trouve des yeux. On cherche un cœur, on trouve un ticket numéroté... Il devrait y avoir une loi interdisant de creuser, sauf pour les mineurs et les termites...

C'est un trou qui ne sert à rien, vide, muet, vierge, qui s'est laissé fouiller à contrecœur, les yeux rivés au ciel, bâillant poliment, sans se défendre, sans se révolter. Il s'est ouvert sans un cri, indifférent et va se refermer...

Peut-être qu'il me voit ?... Et qu'est-ce qu'il dit de moi, ce trou... Deux grands pieds qui se balancent, une bouche toujours en mouvement, un homme... un petit homme les yeux rivés en lui, un homme qui s'est laissé fouiller rudement par celle de 20 ans, celle de 100 ans, de 14 et de 39, les pleurésies... Les nourrices... Les billets de stationnement... Sans un cri... Bâillant poliment, souriant même, sans se défendre, indifférent, qui va cracher un coup pour voir si je suis profond et va se relever en me laissant là, béant. Les lèvres ouvertes, inassouvi...

Un beau grand trou noir.

Il entre dans la cabine et compose un numéro.

Pourriez-vous me dire l'heure, s'il vous plaît ?

Silence... Il raccroche l'appareil.

Il est temps d'aller se coucher... Demain j'essaierai encore. Je me rendrai peut-être plus loin...

Tout s'éteint... RIDEAU.

Les louis d'or, Montréal, Holt, Rinehart et Winston Ltée,
« Théâtre vivant », no 1, nov. 1966.

MICHEL
TREMBLAY

Michel Tremblay est né à Montréal, au coin de Fabre et Gilford, le 25 juin 1942 ; il n'a pas terminé son cours classique et a pratiqué le métier de linotypiste pendant deux ans et demi. Il commence jeune à écrire de la poésie et des nouvelles. En 1964, il remporte le premier prix au concours des jeunes auteurs de Radio-Canada pour une pièce intitulée Le Train *qui sera jouée deux fois au petit Théâtre de la place Ville-Marie. En 1966 il publie* Contes pour buveurs attardés *et il écrit des pièces en un acte,* Cinq, *que le Mouvement Contemporain présente au Patriote.*

Boursier du Conseil des Arts, il passe les mois de janvier et de février 1968 au Mexique. C'est là que naît La Duchesse de Langeais *(créée en 1969 par les Insolents de Val d'Or). En 1968, André Brassard crée* Les Belles-sœurs, *d'abord en lecture publique le 4 mars par le Centre d'Essai des jeunes auteurs dramatiques, puis le 28 août au Théâtre du Rideau Vert.*

En 1969, Michel Tremblay publie La Cité dans l'œuf, *un roman fantastique, et adapte* Lysistrata *pour le Théâtre du Nouveau Monde ; en 1969, André Brassard crée* En pièces détachées *au Théâtre de Quat'Sous et Paul Blouin réalise* Trois Petits tours *à la télévision. Michel Tremblay adapte par la suite deux textes de l'auteur américain Zindel :* L'Effet des rayons gamma sur les vieux garçons *(1970) et* ...et Mademoiselle Roberge boit un peu

(1971) de même que plusieurs textes de T. Williams regroupés sous le titre Au pays du dragon *(1972). André Brassard assume les mises en scène de ces pièces de même que de* A toi, pour toujours, ta Marie-Lou *(1971) et des deux versions de* Demain matin, Montréal m'attend. Les Paons, *pièce fantastique, a été créée par la troupe de l'Atelier d'Ottawa en 1971.*

De tout temps, le théâtre qui est toujours resté pis qui a été le plus fort a toujours été le théâtre régionaliste. On n'est jamais autant international que lorsqu'on est régional. Y'a rien de plus régional, de plus local qu'un western, pis y'a rien qui est plus populaire dans l'monde entier. Pis c'est pas rien qu'à cause de la saveur populaire, c'est que ça ressemble à une partie des Etats-Unis qu'les Américains sont capables de décrire. C'est même rendu que les Italiens en font !

J'aspire absolument pas à l'universalité. Quand t'écris une pièce qui se veut le reflet d'une situation sociale, si tu penses juste à ce que t'as à dire ou aux gens qui te ressemblent ou aux gens d'chez-vous, tu peux facilement atteindre à 95% de fidélité au milieu. Pis c'est d'ça qu'les gens ont honte, les gens qui sont contre mon théâtre. C'est cette espèce de niveau que j'ai réussi à atteindre avec André Brassard à la scène et avec Paul Blouin à la télévision, c't'espèce de niveau incroyablement haut d'exactitude jusque dans les moindres détails qui fait que l'monde le prennent pas parce qu'y ont honte — c'qui est aussi effrayant que d'avoir honte de ton père quand t'es médecin pis qu'ton père est ouvrier. J'comprends pas les gens qui ont honte de c'que j'écris. Quand t'es dans un pays comme ici, c'est merveilleux parce que justement on était complètement pognés, pis depuis quatre, cinq ans, tu peux enfin dire des affaires. C'est un terrain presque vierge ! On est un peuple qui s'est jamais parlé pis là on s'parle. Pis après, ben, on verra.

Il faut quand même pas boucher la vue à un public sous prétexte que tu leur parles d'eux autres. Y faut aussi qu'ils connaissent autre chose. C'qui était terrible, la situation dans laquelle on était y'a cinq, six ans, ici, c'est que l'public ne voyait que les choses qui ne lui ressemblaient pas. C'est pas parce que maintenant on lui montre des choses qui y ressemblent qu'il faut y montrer rien que ça ! Y faut aussi les classiques. Le piège dans lequel on tombe, c'est que sous prétexte de vouloir faire des classiques et de ne pas faire Shakespeare, on prend des auteurs qui sont pas très importants, pis des pièces qui sont pas très bonnes, mais qui sont d'la même époque. Ce serait beaucoup plus intelligent de monter *Le Roi Lear* ou *Macbeth* que *Volpone* ou *Le Timide au palais* par exemple.

L'universalité qu'y a dans l'théâtre que tu fais toi, parce qu'en fin d'compte tout l'monde se ressemble même si on n'a pas les mêmes langages, cette universalité-là t'a retrouve dans Beckett, dans Shakespeare, dans Sophocle. Une pièce qui serait très importante pour ici c'est *Oedipe-Roi* à cause d'la mère, à cause d'l'histoire du complexe d'Oedipe justement. On est un peuple incestueux. On a tous été en amour avec notre mère pis notre père. Les Grecs ont tout dit — c'qui faut c't'une bonne traduction ; t'as même pas besoin des actualiser.

* * *

J'pense que j'marche à l'envers parce que j'ai aucune aspiration artistique quelle qu'elle soit en écrivant une pièce de théâtre, sauf pour *A toi, pour toujours, ta Marie-Lou* où j'suis parti d'un quatuor à cordes. Ça, c'était une idée de base, j'me suis dit : « J'veux faire une pièce qui ressemble à d'la musique. »

J'peux être un an et demi sans écrire, pis vivre avec des personnages. C't'effrayant ! Les quatre personnages de Marie-Lou, j'ai vécu un an et demi avec. C'était insupportable, mais j'tais pas capable d'les écrire. Quand j'me suis assis à ma table de travail, que j'ai senti qu'le temps était venu d'le faire, le fameux quatuor à cordes que j'voulais est venu tout seul.

J'pars des personnages, pis quand j'les connais beaucoup, j'les mets en situation, pis c'est plus moi qui écris pantoute. J'regarde des pièces que j'ai faites pis j'trouve ça ben plus intelligent que moi. Ça va jusqu'à un automatisme de l'écriture ! C'est vraiment les personnages qui m'emportent. J'ai sûrement, inconsciemment, une emprise sur eux parce que j'fais des pièces qui s'tiennent debout, mais c'est pas structuré dans ma tête d'avance. J'ai jamais fait de plan. J'corrige après, à l'intérieur des répliques, des choses qui sont trop dites. J'ai tendance des fois à trop expliciter les choses.

Dans *Les Paons,* c'est pas tellement les personnages, parce que les personnages sont pas tellement creusés : c'est plutôt la situation dans laquelle ils sont pognés qui m'a embarqué, comme pour *La Cité dans l'œuf.*

* * *

A toi, pour toujours, ta Marie-Lou est ma meilleure pièce, même si j'considère que la meilleure chose que j'ai faite est dans *En pièces détachées :* c'est le monologue de Robertine à sa fenêtre, un monologue plus beau que les monologues de *Marie-Lou.*

La pièce que j'aime le plus, sentimentalement, c'est *En pièces détachées* parce que c'est ma famille, avec leurs vrais noms. Tout y est vrai de A à Z, même l'histoire du fou. J'ai réussi aussi ce que moi j'appelle au théâtre (j'vais avoir l'air prétentieux !) une scène parfaite : le quatuor. Les choses rondes sont très importantes pour moi. Je considère cette scène-là comme un œuf, tu peux pas l'attaquer, y a rien qui est pas poli, y a rien de trop.

* * *

L'écriture poétique m'attire beaucoup, quand j'pense à moi, quand j'veux m'décrire, moi. Le théâtre que j'fais d'habitude, j'suis pas dedans du tout. Je décris les autres. La seule chose que t'as pas l'droit d'faire au théâtre, c'est parler de toi, parce que tes problèmes, ça intéresse personne. Ce qui intéresse les gens c'est leurs problèmes à eux autres. *Les Paons,* c'est mes bibittes à moi ; *La Cité dans l'œuf,* pis *Contes pour buveurs attardés,* ça c'est moi. *Je ne peux pas m'imaginer demain* est presque à la limite du fantastique. Dans *A toi, pour toujours, ta Marie-Lou,* j'pense qu'on a atteint un très haut niveau de poésie, dans l'horreur si tu veux, mais ça devenait vraiment de la musique.

J'me sens obligé de changer de vocabulaire quand j'écris du poétique. Sauf dans *Les Paons,* mais là, c'est parce que j'voulais faire du fantastique, une pièce sur le génocide, mais qui soit « universelle ». Pis j'ai eu tort. J'aurais dû faire parler les deux vieux en joual au début, puis quand le fantastique arrive, les faire parler en français.

Une chose que j'veux faire, c'est un opéra, tout chanté, avec un seul personnage qui parle : le personnage principal : *Sainte-Carmen de la Main.* C'qui m'intéresse là-dedans c'est le fait qu'chanter du joual c'est quinze fois plus fort que l'dire. Ce que les gens retiennent des *Belles-Sœurs* c'est les chœurs, c'est ce qui s'dit avec des rythmes. Le joual est une langue limitée et le fait d'le chanter fait que chaque mot veut dire trois phrases en français. Alors, dans une chanson, on peut résumer toute une vie, des états d'âme de personnages, des situations, des prises de conscience. La chanson est très forte. J'aime ça en faire parce qu'une chanson, c'est pas des paroles plus de la musique, c'est des paroles multipliées par d'la musique.

A part ça, depuis qu'j'ai fait *Les Belles-Sœurs,* je continue dans le sens que j'ai commencé parce que c'est important que j'le fasse. A un moment donné peut-être que j'aurai envie de faire autre chose, qu'il y aura une autre facette de moi qui se dégagera.

* * *

J'aurai fait cinq, six ans de ma vie où j'aurai dit des affaires, où j'aurai fait prendre conscience de choses à un peuple. J'aurai fait ma job.

Mais j'voudrais faire peur au monde. J'pense que j'y arrive pas parce que j'm'attache trop à mes personnages. J'veux pas faire passer des bonnes soirées au monde, sauf quand j'ai fait *Lysistrata.* J'veux qu'ils réagissent, en ayant peur, en braillant, en riant, en se disant : « Il faut qu'ça change. »

Interview accordée à Montréal,
le 19 février 1972.

EXTRAITS

« J'suis v'nue au monde par la porte d'en arrière mais m'as donc sortir par la porte d'en avant. »

Lise Paquette dans *Les Belles-Sœurs,*
Montréal, Holt, Rinehart et Winston Limitée,
« Théâtre vivant », no 6, 1968.

« Ch' peut-être pas habillée en blanc mais je l'ai mon gars. »

Hélène dans *En pièces détachées,*
Montréal, Leméac, « Répertoire québécois »,
no 3, 1970.

« Tu peux sortir la fille de l'est mais pas l'est d'la fille. »

La Duchesse dans *Demain matin, Montréal m'attend.*

« Si y faut être sale pour vivre, j'vivrai sale, maman ! »

Louise dans *Demain matin, Montréal, m'attend,*
Montréal, Leméac, « Répertoire québécois »,
no 17, 1972.

JEAN-CLAUDE GERMAIN

Jean-Claude Germain voit le jour à Montréal, rue Fabre. Le lendemain, on déclarait la deuxième guerre mondiale. Il étudie l'histoire à l'Université de Montréal, s'intéresse au théâtre très tôt, fonde le Théâtre Antonin Artaud dans le premier local des Apprentis-Sorciers, découvre le boudhisme zen et pratique le métier d'épicier pendant trois ans. Il devient par la suite journaliste au Petit Journal *où on lui confie la chronique de l'Expo '67 et la critique théâtrale. Jusqu'en mars 1971, il est secrétaire exécutif du Centre d'Essai des auteurs dramatiques.*

Avec des amis comédiens, Jean-Claude Germain fonde en 1969 le Théâtre du Même Nom dont il devient l'animateur-auteur-metteur en scène. Avec les Enfants de Chénier, première génération du T.M.N., il produit : Les Enfants de Chénier dans un autre grand spectacle d'adieu *(1969),* Diguidi, Diguidi Ha ! Ha ! Ha ! *(1969),* Si Aurore m'était contée deux fois *(1970),* La Mise à mort d'la Miss des Miss *(1970),* Si les Sansoucis... *(1971),* Le Pays dans l'pays *(1971). Avec les P'tits Enfants La Liberté, deuxième génération du T.M.N., il crée* Le Roi des Mises à bas prix *(1971),* Rodéo et Juliette, *2e version, (1971),* Les Jeunes s'toute des fous *(1972),* Dédé Mesure *(1972) et* La Charlotte électrique *(1972).*

Monsieur Germain a également produit une première version de Rodéo et Juliette *en 1970,* Les Tourtereaux ou la vieillesse frappe à l'aube *(1970). Il a écrit des chansons, fondé une revue littéraire,* l'Illettré, *participé à des colloques sur le théâtre québécois et adapté un intermède de Cervantès sous le titre de* La Garde Montée, un épisode dans la vie canadienne de Don Quickshort créé à Ottawa en 1971 *par la Comédie des Deux Rives.*

Post-scriptum préambule — Répondre à un questionnaire ces temps-ci prend du temps et pose beaucoup de problèmes. Plus spécifiquement de graves problèmes de personnalité. Surtout quand arrive le dur moment d'en endosser une, de se choisir une image publique et qu'on s'aperçoit tout à coup avec effroi qu'elles ont déjà toutes été portées au moins une fois. Comment se distinguer ? En ridiculisant le questionnaire ? Jasmin l'a déjà fait. En feignant l'indifférence aristocratique ? Godbout y avait déjà pensé. En pondant calembour sur calembour ? Lévy-Beaulieu occupe déjà le terrain. En plaidant l'ignorance ? Rina Lasnier s'est déjà rendue immortelle en refusant de répondre au questionnaire Proust parce qu'elle ne connaissait pas ... Proust (*sic*). A court de personnalités de rechange, j'ai donc décidé — pour une fois et une fois seulement — de faire la chose inusitée et de ... répondre au questionnaire. Mais on ne m'y reprendra plus. C'est trop long. Surtout quand dans la vie courante on a pris l'habitude de parler... sans tenir compte des questions. Et qu'en plus, il faut se relire. Comme les romanciers.

* * *

Le dramaturge peut refléter la planète Mars si ça lui chante. Ecrire ses pièces en martien. Se prendre pour un martyr. Un prophète. Pour une antenne, un sismographe ou même la réincarnation de Francis Bacon. Y pourrait même — suprême désillusion — se prendre pour lui-même. Quant au personnage qu'il choisit de jouer ou de se jouer au moment où il écrit, l'auteur de théâtre a tous les droits. Privilège qu'il partage d'ailleurs avec tous les « écrivants », puisqu'au fond, tout ça n'est qu'un problème d'écriture. Un genre de problème qui ne peut se négocier qu'exclusivement entre l'auteur et la page blanche, au moyen des mots, des verbes et de la parole écrite.

Ceci dit, une fois rendue sur la scène, inévitablement, inexorablement, une pièce même écrite en martien reflétera le milieu et l'époque du dramaturge. Non pas par un processus mystérieux d'osmose mais tout bêtement parce que, de par sa définition même, le théâtre réunit, assemble des hommes de diverses obédiences, de diverses opinions, de diverses origines, de diverses intelligences, de diverses sensibilités, auteurs, metteurs en scène, comédiens, publics, qui reforment temporairement le temps d'une pièce, un microcosme nécessairement représentatif du degré d'évolution et de civilisation de la plus grande société dont le théâtre en question est issu.

Ce qui n'empêche pas et n'empêchera jamais, bien sûr, tout le monde, auteurs, metteurs en scène, comédiens et maintenant le public lui-même, de revendiquer le théâtre à son propre compte, comme sa création exclusive. Chacun y allant de ses arguments et plaidant somme toute que sans lui, sans sa participation propre, le théâtre n'existerait pas. Conflits et tensions qui n'ont rien de particulier au théâtre puisqu'ils sont déjà ceux de la société comme telle. Les poètes, les romanciers, les essayistes, les philosophes et même ces êtres hybrides que sont les « littérateurs dramatiques » peuvent toujours se payer le luxe de la postérité. Le théâtre, lui, n'en a pas les moyens.

Le voudrait-il qu'il ne le pourrait pas puisque même dans l'éventualité où un dramaturge pondrait une pièce visionnaire, elle serait montée par un metteur en scène, jouée par des comédiens et entendue par un public qui, pour la plupart d'entre eux, ne vivent et ne comprennent qu'au présent. Dans le présent. Le théâtre est condamné au présent. Et si au meilleur, il peut battre au même rythme que les événements, il lui est quasiment interdit, de par sa nature même, de mimer ou de vivre l'avenir. Une société peut se représenter à elle-même et pour elle-même ce qu'elle vit, ce qu'elle a vécu mais ne peut pas se prévoir ou se vivre d'avance. Les visions d'avenir sont le propre des solitaires et non des collectivités. Exclu de l'avenir, le théâtre reflète le présent et comme la chose s'avère presque toujours très difficile et très exigeante, se contente comme la majorité des membres de la société de revivre et de refléter le passé.

A l'image de la société démocratique, notre théâtre est une suite de compromis où chacun trahit l'autre le plus possible, en se trahissant soi-même le moins possible. Quant au rôle du dramaturge dans cette foire d'empoigne, il se résume à concevoir l'objet et le sujet de ces trahisons successives. Et comme il est sans doute celui qui, de par son rôle de premier concepteur, est le plus trahi, en toute justice, notre société d'inspiration chrétienne, lui donne le plus grand crédit. Par compensation pour un geste héroïque. Et aussi peut-être par charité.

Mille fois trahi, le dramaturge est de toute évidence le « héros démocratique » par excellence. Même le succès de ses pièces ne lui appartient pas vraiment puisqu'il est tout d'abord celui des comédiens et ensuite, et surtout celui du public. C'est-à-dire de la société comme telle qui pour des raisons obscures et incontrôlables a choisi momentanément de s'identifier, de se reconnaître, voire peut-être seulement de se préférer dans l'un de ses aspects plutôt qu'en d'autres, tout aussi « vrais » mais moins « présents » à ce moment-là.

Idéalement, seuls l'insuccès et l'échec appartiendraient en propre au dramaturge et pourraient lui permettre de se distinguer, de se dissocier, de s'exclure de la société. A moins qu'il n'ait eu le malheur de naître et de vivre à une époque et dans un pays où le théâtre dans son entier aurait choisi de s'identifier à l'échec, dérobant ainsi aux dramaturges la seule chose qui aurait pu leur appartenir en propre. Mesquinerie involontaire du destin qui, comme on le sait, fut jusqu'à tout récemment chose normale au Québec où l'ampleur de l'échec de public d'un spectacle était en quelque sorte la caution d'une qualité théâtrale supérieure à un milieu et à une époque dite de grande noirceur. Heureusement, au Québec, ces temps de haut romantisme sont révolus. Et j'avoue appartenir à une nouvelle génération de dramaturges qui n'ont ni la fibre romantique, ni le tempérament tragique. Une génération qui voit le succès comme un conformisme de rigueur. Un conformisme nécessaire, gratifiant, vivifiant et salutaire.

* * *

N'ayant jamais écrit de pièces autrement que sur commande et ne concevant pas, pour moi du moins, qu'on puisse le faire autrement, je tiens tout d'abord compte de la salle et du lieu scénique où nous allons la présenter. Puis, des comédiens qui sont disponibles pour la période des représentations et répétitions. Je rencontre ensuite le musicien, le concepteur visuel et l'éclairagiste pour m'assurer de leurs collaborations. Enfin, je consulte les finances de ma compagnie pour savoir combien, une fois la publicité du spectacle payée, il restera d'argent pour la production comme telle (décors, costumes et nombre de comédiens). Ces démarches terminées, le champ d'action de la pièce est parfaitement déterminé. C'est en quelque sorte une voie négative qui me permet de savoir à l'avance tout ce que je ne peux pas faire. Reste le possible.

C'est à ce moment précis que je m'assieds à ma table pour faire le tour de tous les projets de pièces que j'ai en chantier et trouver celui qui peut répondre le mieux aux contraintes et exigences de l'occasion. Si je n'en trouve pas, j'en invente un nouveau sur mesure. Ceci fait, je sombre dans la plus noire angoisse. Jusqu'à ce que j'aie trouvé le titre de la pièce. C'est le plus difficile. Habituellement le reste vient par surcroît. Les titres ont le don de m'inspirer.

La création étant essentiellement une activité critique, j'essaye alors de solutionner, dans cette nouvelle pièce sur mesure, tous les problèmes de thème, structure, situations, personnages qui ne l'étaient pas dans la précédente. Et tout naturellement, j'en crée d'autres pour la prochaine.

Malgré les inconvénients notoires de cette méthode, je préfère livrer la pièce par tranches et profiter du travail de répétition, préférant réécrire tout de suite ce qui ne passe pas la rampe plutôt que d'attendre que le texte soit complété. Et comme j'ai horreur de couper des répliques — une vieille habitude acquise dans les journaux —, j'écris très serré et d'une façon économique. Disposant, règle générale, de moyens techniques réduits, j'en profite pour me consacrer à ce qui devient de plus en plus une idée fixe pour moi, l'inépuisable richesse musicale et rythmique du joual.

Deux ou trois jours avant la générale, la pièce étant déjà ce qu'elle sera, puisque je ne crois pas au miracle des premières, je commence déjà à penser sérieusement à la prochaine pièce. J'y pense également pendant les représentations. Le fait de voir et d'entendre une pièce vingt ou trente fois n'est somme toute qu'un travail de vérification de ses intuitions tant d'auteur que de metteur en scène. La véritable remise en question d'une pièce n'est pas, à mon avis, la rencontre du public qui, somme toute, ne fait que donner tort ou raison à notre recherche, mais la prochaine pièce qu'on va monter. Qu'on est déjà en train d'écrire avec les réactions d'un public dont la qualité de présence ou d'absence endosse, cautionne ou rejette une recherche qui se poursuit de spectacle en spectacle, donnant à l'occasion un spectacle-synthèse qui met le point final à une ligne de recherche donnée. Une recherche rarement définitive qui reste néanmoins constamment ouverte à de nouveaux possibles. L'expérience de l'absolu ou du définitif n'est finalement pas du ressort du théâtre mais relève de l'expérience mystique comme telle. Expérience de la transcendance, expérience du sacré et expérience de la petite mort qui, pourtant, donne sa seule motivation à la cérémonie théâtrale et que, d'une façon dévoyée et profane, tout le monde, auteurs, metteurs en scène, comédiens ou publics, recherchent inconsciemment au théâtre sans jamais l'atteindre. Collectivement du moins. Et cela, même lorsqu'ils ne cherchent qu'à se divertir. A se divertir d'eux-mêmes.

* * *

Ma meilleure pièce est un chef-d'œuvre qu'on a d'abord intitulé *Macbeth* de Shakespeare, puis, beaucoup plus tard, *Ubu Roi* de Jarry. Tout comme mon meilleur poème est certains jours, *La Gita Govinda* de Sri Jayadeva et d'autres, *Le Combat des arbrisseaux* de Taliesin.

Ayant déjà tout écrit, je passe donc ma vie à créer des œuvres mineures en joual et à solutionner divers problèmes de théâtre qui ont le grand avantage d'occuper utilement mon temps et de me libérer l'esprit de tous ces chefs-d'œuvre de jeunesse, si l'on veut. Certains verront peut-être là plutôt une thérapie qu'un art et ils n'auront pas tout à fait tort puisqu'après une longue convalescence, je me guéris maintenant des chefs-d'œuvre en écrivant des œuvres mineures. Un peu comme le Surmâle de Jarry qui après avoir fait l'amour quatre-vingt-deux fois de suite pour abattre le record de Théophraste, le fit deux autres fois, après l'avoir égalé, pour le plaisir. J'écris de même pour le plaisir. Pour le plaisir tout court et pour le plaisir de faire. Aussi pour ne pas perdre la main. On sait jamais. Peut-être que demain, on aura encore une fois besoin de chefs-d'œuvre et... On aura beau s'plainde... on aura beau dire que çé-z-affaires-là ç'arrivent rien qu'à nous autes... Ben... veut veut pas... va falloir les faire... Peut-être même en joual... Dans ste jobbe-là, y faut ête prêt à toute... pis moué, d'la manière que ça s'brasse là, ben j'ai dans l'idée que quand y vont nous passer à commande des chefs-d'œuvre... Y va falloir à remplir... PIS VITE ! ...Y nous-z-ont jamais d'mandé note opinion avant, pis chus pas dans l'illusion qu'y vont créer un prédésant... Y vont jusse en voulouère un pis au plus vite... Fait que moué astheure j'écris des œuvres mineures en attendant... Pis aussi pour pas gâter a jobbe... Parce que si on leu-z-en donnait tout suite des chefs-d'œuvre, ben y a rien qui nous prouve que l'monde aimerait pas ça... Pis après... ben... après ça s'rait nous autes qui s'raient pris à faire d'l'overtime... Qu'y attendent... j'me dis... l'OVERTIME VIENT TOUJOURS ASSEZ VITE !

* * *

Paradoxalement, à cette quatrième question, je répondrai d'une voix claire et sonore. D'une voix d'airain. D'une voix aiguë et grave. D'une voix douce et persuasive. Assez chaude pour donner des orgasmes répététés à toutes celles qui l'entendront. Et assez puissante pour pulvériser tous les verres à vin dans tous les lancements, dans toutes les premières et dans toutes les conférences de presse. Je répondrai à cette quatrième question que je ne souhaite qu'une chose. Je ne complote qu'une chose. Je ne rêve que d'une chose : faire tomber les murs de Jéricho. En un mot, je veux écrire un chef-d'œuvre. Le chef-d'œuvre. C'est-à-dire ne pas l'avoir écrit. Avoir été la main qui l'a écrit. Ou plutôt non. Avoir été celui qui a su se taire pendant qu'il était écrit. Qu'il était monté. Qu'il était joué. Je cherche un son. Le son. Le son qui fera tomber les murs de Jéricho. Le son qui ouvrira les cœurs. Tout ce que j'en sais et j'en sais peu. J'en sais que ce n'est pas un texte. Ce n'est pas une note. C'est un son. C'est une musique. Ce n'est pas un son qui est dans les mots, dans les notes ou dans le jeu des comédiens. Mais c'est un son qui parle à tous et que tous entendent. C'est un son que d'ailleurs tous viennent et reviennent au théâtre pour entendre. Au théâtre ou à l'église. Ou au Rocher Percé. Aux Indes ou au Forum. Un son qui pourrait tout aussi bien être un cri ou un geste, mais pour tous ceux qui vivent emprisonnés, serait le son qui fait tomber les murs de Jéricho. C'est ce que je cherche en écrivant et en montant des pièces. Et en continuant d'écrire et de monter des pièces. Le pivot inamovible. Le Cela. Le style ou la forme de théâtre qu'on fait n'ont finalement qu'une importance relative, historique, anecdotique, sociologique, anthropologique et éventuellement archéologique. Ce que je cherche et que nous cherchons tous, sans le dire ouvertement, tant sur la scène que dans la salle, c'est l'expérience du Cela. L'expérience de l'évidence du Cela. Le théâtre n'est qu'un voile qui le cache parmi d'autres. Un voile qu'un son peut déchirer. De ce son que je cherche, j'en sais peu. J'en sais qu'il n'habite pas un lieu dramatique privilégié. Une langue dramatique plus noble, plus sacrée qu'une autre. Qu'on peut l'entendre dans l'œuvre de Shakespeare ou dans celle de Charlie Parker ou dans le rire gras d'une bonne histoire de cul. Je cherche un son. Le son. J'en dirais plus que je n'en saurais rien.

* * *

Parler d'œuvre quand on parle de spectacles ou de pièces de théâtre me semblerait manquer gravement à cette humilité que les gens de théâtre n'ont jamais acquise, par eux-mêmes, mais qui leur est imposée par le métier qu'ils pratiquent. Qui que ce soit, auteur, metteur en scène, comédien ou décorateur qui aurait l'intention ou la prétention de faire une œuvre au théâtre, y perd littéralement son temps.

Le théâtre est conforme au mouvement du monde, disait Brahma. Tout passe et ne dure que le temps d'une représentation. Rien n'est jamais assuré. Tout recommence. Tout le temps. L'auteur, la pièce, les comédiens n'existent qu'au moment où ils se manifestent devant un public. Avant, ils n'existaient pas. Après, non plus. Sinon dans la mémoire des autres, une faculté qui oublie. Et les réputations ou la célébrité n'ont de rapports véritables qu'avec la publicité ou le guichet.

Faire œuvre, c'est vouloir laisser quelque chose de soi, de son expérience, à la postérité. Dresser une borne ou planter un monument dans un champ. Pour le romancier ou le poète, laisser quelque chose c'est d'abord et avant tout, publier. Et publier pour l'écrivain c'est mener un geste à terme, donner naissance, accoucher littéralement. Tandis que pour un dramaturge, publier une pièce, c'est faire preuve de velléité. C'est chercher à conserver une preuve tangible aussi touchante qu'une vieille photographie de ce qui n'est plus ou, dans certains cas, n'est pas encore. De toute façon, c'est un acte littéraire qui n'a plus rien à voir avec le théâtre. C'est un geste de l'auteur pour passer à l'histoire. Alors que le théâtre, lui, appartient à la vie sans histoire comme le travail, les mœurs, l'amour ou le jeu. Le théâtre n'est pas et ne peut pas être une œuvre individuelle. C'est une collectivité créatrice et au sens propre, une création collective où chacun joue un rôle précis qui est conforme à sa fonction.

J'imagine bien que vous pensiez sans doute à l'artificielle survie de la littérature dramatique en posant votre question — après réflexion non, mais peu importe — et qu'en pensant à la littérature dramatique on pense inévitablement au phénomène Shakespeare, en oubliant toujours qu'il a surtout vécu non pas parce qu'il était un grand auteur de théâtre mais bien parce qu'il était, aussi et surtout, le plus grand poète d'Occident.

Doit-on pour autant reprocher aux auteurs de théâtre de publier leurs œuvres ? Doit-on leur reprocher de ne pas relever ainsi le vrai défi et de minimiser un peu le risque complet, absolu, toujours renouvelé qu'est, que doit être le théâtre ? Peut-on leur reprocher de manquer de cette foi absolue dans l'avenir ? De cette certitude que le miracle de la création se répétera indéfiniment ? De cette foi et de cette certitude qu'exige le théâtre ? Peut-on leur reprocher de ne pas être ce qu'ils devraient être ? Des saints. Personnellement, je persiste à croire qu'une expérience complète et prolongée de la velléité peut aussi mener à la sainteté. C'est un chemin, sans doute plus long, une voie moins directe, moins abrupte mais... avouons-le... le plaisir n'est pas désagréable d'emmerder ses contemporains en publiant des pièces de théâtre.

Montréal, février 1972.

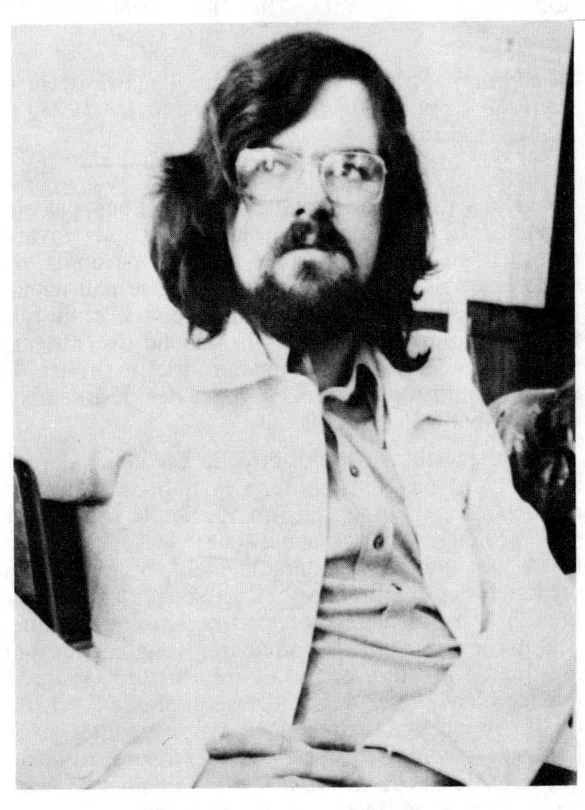

JEAN BARBEAU

Jean Barbeau est né le 10 février 1945 à St-Romuald et il a fait son cours classique au Séminaire de Lévis. Il s'inscrit ensuite à l'Université Laval, en lettres, puis en espagnol et quitte cette institution après l'avoir contestée en 1968. Ses premiers textes, Caïn et Babel *(1966) et* La Geôle *(1967) sont écrits en collaboration et présentés par le groupe du collège de Lévis. La Troupe des Treize de l'Université Laval joue par la suite* Et Cœtera *(1968),* Les Temps tranquilles *(1968) et* Le Frame all-dress *(1969). Jean Barbeau tente ensuite l'expérience de la radio et écrit de courts textes pour la série « Atelier » de Radio-Canada.*

Avec ses amis comédiens, Jean Barbeau fonde en 1970 le Théâtre Quotidien de Québec (T.Q.Q.). Cette troupe crée Le Chemin de Lacroix *en mars,* Manon Last-call *et* Goglu *en juillet,* Tripez-vous vous ? *et* Joualez-moi d'amour *en octobre 1970, dans des cafés de Québec. En 1971, Jean Guy dirige* 0-71 *pour Le Trident au Grand Théâtre de Québec, Dorothy Berryman crée* Solange *au Chantauteuil, Albert Millaire crée* Ben-Ur *pour le Théâtre Populaire du Québec et le T.Q.Q. joue* L'Herbe à puces *dans une mise en scène de l'auteur au théâtre d'été Le Galendor.*

Plusieurs troupes ont présenté les pièces de Jean Barbeau dans la province et à Montréal et il a lui-même travaillé avec les élèves de l'Ecole nationale de théâtre, avec Yvon Thiboutot, metteur en scène et avec la troupe du 8e étage. Sa dernière pièce, Le Théâtre de la maintenance, *est créée à la Nouvelle Compagnie théâtrale, en janvier 1973, dans une mise en scène de Jean-Luc Bastien.*

Dans quelle mesure ne sommes-nous pas un reflet d'un milieu, d'une époque ? Et dans quelle mesure ceux qui travaillent pour le théâtre ne le marquent-ils pas de ce qu'ils sont, de ce qu'ils vivent, de ce qu'ils ont vécu et de ce qu'ils vivront ? Quant à moi, je n'ai aucun doute là-dessus. Le théâtre est le reflet d'un milieu, d'une époque et ce reflet est multiple et touche à toutes les dimensions. Dans la bouche de l'auteur, dans l'œil du metteur en scène, dans le geste du comédien, tout est reflet. Reflet des tensions sociales, des inquiétudes personnelles, reflet des désirs subconscients, reflet des aspirations individuelles et collectives.

La question est peut-être de savoir si, dans le mécanisme du « reflet » ne viennent pas s'interposer des notions, des valeurs, des philosophies, des morales, des théories qui font dévier le sens, la signification du reflet qu'on veut projeter. Et, par conséquent, le sens du théâtre. Ici, par pudeur, par honte, par mépris, par déracinement, nous avons peur de tout ce qui est immédiatement compréhensible. Et souvent dans notre théâtre, dans le jeu que nous proposons à des spectateurs, sous le masque de l'art dramatique, nous découvrons un autre masque qui veut cacher notre réalité. Appelons-le le masque de la Culture, de l'Ordre, du Bon Goût, de l'Esthétique... ces poncifs qui semblent flotter dans l'air aseptique de l'Art. A vouloir devenir à tout prix un des concessionnaires de ces universalités nébuleuses, on oublie ce que l'on est. A vouloir respirer dans les hautes atmosphères, on se transforme en girafe au long cou, alors qu'on aurait plus besoin de griffes pour labourer la terre, pour semer la morve qui nous tombe du nez en ces automnes rigoureux, pour qu'un printemps prochain, il coule, chez nous aussi, le miel et le lait.

Sans l'existence de ces deux masques superposés, il n'y aurait plus de discussions stériles sur le joual, la vulgarité, l'universel, le total, l'international. Il n'y aurait plus ces affrontements hypocrites entre les différents tenants de certaines théories, qui ont le mérite d'être aussi vraies les unes que les autres, mais pas plus vraie l'une que l'autre. On est si peu et il y a tant à faire ; perdre ses énergies à se combattre est futile. Je n'ai qu'une théorie à poser et elle englobe autant ma compréhension du monde dans lequel je vis que mon « esthétique-dramatico-théâtrico-artistico-et-tout-ce-que-vous-voudrez ». Il y a les possédants et les possédés. Il y a des privilèges, des castes, des clans, des classes vivant dans une harmonie précaire. Et on retrouve les mêmes données dans le monde du théâtre. Il y a les bons, les pas bons, les pourris, les vieux, les jeunes, les cools, les straights, les culturels, les a-culturels, les propres, les pas propres, les fous, les fins, les québécois, les français...

Et ça donne ce que ça donne : un produit qui reflète la séparation absurde des travailleurs du théâtre. Un produit qui est tantôt du dix-septième siècle, tantôt du quartier St-Henri, tantôt des limbes ténébreuses de la compréhension universelle, tantôt du régionalisme le plus étroit. Et dire que tout ça pourrait être du théâtre québécois ! Du théâtre québécois qui va chercher dans sa vie, dans un drame du dix-septième siècle, dans la compréhension universelle et dans le régionalisme, son reflet.

Nous sommes un pays qui a produit beaucoup de missionnaires. La mission, ça nous connaît. Nous, le peuple missionnaire par excellence, si nous pouvions être missionnaire de nous-mêmes. Peu importe le costume que nous endosserions pour le faire. Si nous pouvions seulement défendre nos intérêts et arrêter de nous séparer en clans, castes et en classes. Une de ces grandes séparations (en dehors des querelles culturelles ou linguistiques ou sociales) est celle qui fait qu'un auteur crée tout seul, qu'un metteur en scène fait de même et que des comédiens arrachent, à la faveur de l'essoufflement des deux premiers, les derniers morceaux de création, les miettes de la créativité qui subsistent.

* * *

Ce que je souhaiterais créer le plus au théâtre c'est l'union des trois classes de travailleurs du théâtre. Mais la méfiance est grande. De la part des comédiens affranchis de l'esclavage du metteur en scène et de l'auteur ; de la part du metteur en scène qui n'est plus le « papa tout-puissant » ; de la part de l'auteur qui se demande ce que ces gens-là viennent faire dans sa galère. J'ai vu des comédiens balbutier de grandes choses, ce qui ne serait pas arrivé si un auteur avait fait une synthèse des balbutiements. J'ai vu des auteurs pondre de grandes sécheresses parce qu'ils n'avaient pas besoin des acteurs pour huiler les rouages de leur grande machine. Et j'ai vu des metteurs en scène fuir devant la sécheresse et le balbutiement en louangeant la grandeur des siècles passés...

Le sens que je voudrais voir prendre à mon travail futur est celui de l'union des « trois grands ». Il faut arrêter de se dire que le théâtre appartient à un de ces trois phénomènes... et ne pas croire que l'union sacrée va régler tous les problèmes et va inventer le théâtre à nouveau à elle seule...

Moi, je penche vers le travail collectif. J'aime ça. Je cherche du monde qui veut en faire autant. Je ne suis ni acteur ni metteur en scène. Je suis un auteur. Et je crois que j'ai ma place dans un groupe. Je crois que je peux exercer la part de création qui me revient.

Je crois que je peux aider à articuler des bégaiements, des balbutiements. Je crois que d'autres peuvent m'éviter la grande sécheresse. Et je crois pouvoir me soumettre à toutes les disciplines, sans rien usurper, sans rien contrarier, en étant seulement un apport positif.

Qu'on cesse de se regarder comme chien et loup. Que tous les coyottes hurlent à l'unisson. On en fera du beau théâtre après ça. Du théâtre qui sera l'expression de ce que nous sommes. Du théâtre qui pourra proposer l'abolition de toutes les classes, castes et clans. Du théâtre sans arrière-goût de querelles imbéciles.

Quant à son contenu, il variera selon le milieu, l'époque, l'intention... Quant à savoir s'il faut le faire gratuitement, pour les ouvriers, les bourgeois, ou ci ou ça... Ça ne sera même plus important puisque ceux qui nous écouteront auront dépassé ce stade de préoccupation.

Ne comptons que sur nos propres moyens. C'est aussi vrai pour nous. Entendons-nous d'abord et nous ne pourrons plus nous plaindre de n'être pas entendus.

Ste-Pétronille, Ile d'Orléans, mars 1972.

GOGLU (extrait)

GOGLU — J'me voyais sur une île... avec du beau sable gris, des palmiers, de l'eau propre, une espèce de senteur de jonc partout... Y faisait chaud mais pas trop... jusse assez pour être ben... J'étais couché à l'ombre, tout nu... Y'avait une fille qui s'baignait, dans mer... A sortait d'l'eau... tout nue, elle aussi. C'tait une polytésienne, comme on voit souvent dans les films. A s'approchait d'moé, toute mouillée, avec ses grands ch'veux noirs toute collés sua peau... A l'était pas gênée, moé non plus... A v'nait s'étendre, à côté d'moé... Pis là...

GODBOUT — Pis là ?

GOGLU — J'me mettais à l'embrasser partout, partout, à la toucher partout... Finalement, on s'donnait une maudite go, toué deux...

GODBOUT — Aie ! Vous étiez en plein habillés pour ça...

GOGLU — Ris pas...

GODBOUT — Moé, des histoires de polytésiennes, ça m'fait cramper un joual.

GOGLU — C'était pas une vraie go, que j'y donnais... j'pense que je l'aimais pour vrai...

[...]

GOGLU — Ça t'est-tu déjà arrivé de te d'mander pourquoi t'étais né, icitte, su l'bord du fleuve, au lieu d'être né ailleurs...

GODBOUT — Ailleurs ? Où ailleurs ? Me semble qu'on naît ousqu'on vient au monde...

GOGLU — Moé, j'pense que j'aurais dû v'nir au monde dans l'île que j'te parlais tantôt... C'est une punition du bon Dieu, si on est icitte... Y nous a mis à une place, avec de l'eau sale, pis une température épouvantable... pour nous punir de j'sé pas quoi... Pour moé, Godbout, l'enfer, c'est icitte... Nous autres, on est morts... On a vécu sur une belle île, avec du beau sable, une belle femme, on a faite des péchés, pis on est morts... On est allés en enfer... icitte, mais on s'en souvient de l'île, d'la femme...

GODBOUT — Le v'là encore parti, lui... Toé, là, je l'sais où t'aurais dû vivre. Au pôle nord, bonyeux... Ça t'refroidirait les sens, pis t'arrêterais de rêver à des affaires de même...

GOGLU — J'su un homme, moé, tabarnac ; pas un mannequin dans un taxi... C'est-tu d'ma faute si j'ai des envies d'homme...

GODBOUT — Ben j'aime autant être mannequin dans un taxi que... Ah ! pis d'la marde...

[...]
GOGLU — Pourquoi parler d'autre chose ? Pourquoi on les évite toujours ces sujets-là...
GODBOUT — Parce qu'on sait pas comment en parler ?
GOGLU — Cré-lé, cré-lé pas, ça s'apprend même dans les écoles, astheure...
GODBOUT — Au moins, les jeunes vont savoir comment dire ça... Dire ça propre... Nous autres, comment on voudrait dire que c'est la plus belle chose du monde, on pourrait pas... On la salirait rien qu'en la disant...

Le Chemin de Lacroix et *Goglu,* Montréal, Leméac,
« Répertoire québécois », no 7, 1971.

* * *

J'ai fini mon trip de souvenirs. Je n'écrirai plus à partir de personnages perdants. Mes personnages vont être des « gagnants », ou du moins des personnages qui agissent, avec la volonté de gagner. Pour les quelques années à venir, je veux inculquer le complexe de la victoire. A moi, d'abord et à ceux qui verront mon théâtre.

Mais, faudra que je m'attèle. Parce que je ne me fais pas d'illusion. Je n'ai pas l'intention d'être poli, discret, de ne faire de mal à personne, de ménager la chèvre et le choux. Donc, inutile de penser à me faire jouer sur les grandes scènes, dans les grandes compagnies. Avant, j'avais de la bouette dans la tête ; maintenant je l'ai après mes sabots. Quand j'entrerai quelque part, je serai salissant, trop salissant pour les tapis rouges de bien des théâtres.

Lettre à Ottawa,
octobre 1971.

ROCH CARRIER

Roch Carrier est né en 1937 à Sainte-Justine de Dorchester. Il a fait ses études à la Faculté des Lettres de l'Université de Montréal, à la Sorbonne et il a obtenu son doctorat de l'Université de Paris en 1970.

Jeune, il publie des nouvelles, des poèmes, tâte de l'enseignement et du journalisme. En 1964, il publie Jolis deuils *qui lui mérite le Prix littéraire de la province de Québec. D'autres romans suivront :* La guerre, Yes Sir ! *(1968),* Floriale, où es-tu ? *(1969),* Il est par là le soleil *(1970) de même qu'un recueil :* Contes pour mille oreilles *(1969). Plusieurs de ces textes ont été traduits.*

En 1970, Roch Carrier adapte pour la scène son roman La guerre, Yes Sir !. *La pièce est créée par le Théâtre du Nouveau Monde et l'année suivante la troupe la présente en tournée européenne. En 1972, le Festival shakespearien de Stratford en joue la version anglaise dans une mise en scène d'Albert Millaire. Roch Carrier a aussi écrit le scénario d'un film pour enfants :* Le Martien de Noël *et il a adapté pour le cinéma* Floralie, où es-tu ? *de même que* La guerre, Yes Sir !

Roch Carrier enseigne à l'Université de Montréal en 1970. En 1972, il devient dramaturge au Théâtre du Nouveau Monde.

Une pièce de théâtre est nécessairement une œuvre collective. Elle échappe à son auteur, à ses comédiens, à ses techniciens, à ses artisans pour être elle-même, dans une volonté commune, chez chacun des participants, d'être fidèle à soi et d'être fidèle à la pièce. Il est bien entendu que chacun apporte avec soi l'expérience de son époque, ses instruments comme ses préjugés. Bien sûr, le théâtre est le reflet de son époque, de son milieu. Mais cela ne veut aucunement dire qu'obligatoirement, il faut bâtir sur la scène ce que vous avez vu aujourd'hui dans la rue. Ce matin, il semble que la guerre au Viet-Nam, doit se terminer prochainement. Je suis sûr qu'une pièce comme *Les Perses,* d'Eschyle, prendra un air d'actualité. Votre proposition, qui établit l'équation théâtre : reflet d'un milieu et d'une époque, ne doit pas être limitative. Le théâtre doit surtout être fidèle aux hommes et leur donner un moyen d'expression qui soit direct et pur. Au fond, rien de ce que j'ai dit n'a de sens. Le théâtre est vivant, il se développe selon les exigences de sa vie. Dire : il doit être ceci et il doit être cela, est un travail de fonctionnaire qui ne considère les hommes et les choses que dans leur abstraction (c'est-à-dire la mort).

* * *

Vous savez bien qu'on ne peut pas dissocier thème, situation, langage. Ces distinctions ne sont pas du domaine de l'écrivain. Ecrire est une action globale et totale. Quand une mère prépare son enfant, croyez-vous qu'elle pense plus à ses os, à ses poumons, ou à ses intestins ? Tous les éléments d'un texte, s'il est vivant, sont inséparables et essentiels en même temps.

* * *

Ma meilleure pièce est *La Guerre, Yes Sir !* Pourquoi ? Premièrement, parce que c'est la seule que j'ai écrite ; deuxièmement, les circonstances ont fait qu'elle a été jouée dans plusieurs pays, et la critique l'a, presque toujours, accueillie avec enthousiasme. Cela veut dire quelque chose. Quant à ce que la presse a écrit sur la présentation de cette pièce au Shakespearian Theatre Festival de Stratford, vous avez peut-être pu le lire. C'est la première fois que des journaux anglophones de l'Ouest avaient des titres d'articles en français.

* * *

Un projet n'a de sens que lorsqu'il est réalisé. Donc, je ne réponds pas à votre question. Je travaille, en ce moment, à un roman.

* * *

Le sens qu'on donnera à ce que j'écris ne me regarde pas. Je suis plutôt préoccupé par l'action de faire ce que vous appelez mon œuvre. Quand l'œuvre existera, l'on en donnera l'interprétation que l'on voudra ! Si elle est assez forte, elle imposera bien sa propre signification.

Montréal, octobre 1972.

GABY DÉZIEL-HUPÉ

Madame Gaby Déziel-Hupé est née à St-Pierre de Wakefield en 1934 ; elle a étudié à l'Ecole normale de Hull, au Conservatoire d'art dramatique du Québec et à l'Ecole des Beaux-Arts de Paris. Elle a enseigné la littérature et l'art dramatique à Hull et à Rockliffe et a publié, en 1955, un premier recueil de poèmes.

Elle a écrit plusieurs textes pour la scène. Les Outardes, *pièce créée en 1969 par le Théâtre Populaire de Pointe-Gatineau, a remporté de nombreux trophées au Festival d'art dramatique (D.D.F.) en 1970 et a obtenu le trophée Malborough au Festival national pour la meilleure pièce canadienne. La suite des* Outardes, La Rosalba *a été créée en mai 1971. Gaby Déziel-Hupé a composé deux comédies en un acte :* Les Mutilées, *créée par l'Atelier dans une mise en scène de Gilles Provost en juillet 1971 ;* Les Maquerelles, *lue à Montréal sous l'égide du Centre d'Essai des jeunes auteurs dramatiques et à Ottawa par les mêmes interprètes au Studio du Centre national des Arts.*

Gaby Déziel-Hupé a écrit pour les enfants : Au Royaume des mirages *(1965), et pour les adolescents :* La Sabotière *(1971), pièce écrite pour Le Jeune Théâtre du Portage du C.N.A. et* Hyppydrôme *(1972). Ces deux dernières pièces ont aussi été créées par Gilles Provost.*

Psychedelia *et* Triangle *ont été réalisés à la radio de Radio-Canada en 1970. Gaby Déziel-Hupé a publié* Les Outardes *et* Ode à mon coin de pays.

Le but du théâtre est, selon moi, de traduire les sentiments d'un peuple ou d'une société puisque le rôle important au théâtre est tenu par le public qui est aussi le seul vrai critique. Ce but sera atteint si le public se retrouve et se reconnaît sur scène, s'il y entend traduire les sentiments que lui-même voudrait exprimer. A travers les époques, c'est sur les tréteaux que ce sont criés les désirs, les revendications et les souffrances des peuples. Je crois qu'un spectacle scénique, quelle que soit la forme qu'il emprunte, traduit les aspirations de l'âme populaire dont le dramaturge est l'interprète. Je crois aussi qu'un théâtre véritable ne fait pas époque et qu'on doit toujours pouvoir l'adapter. Je pense ici à Molière ou à Pagnol : qu'on les joue maintenant ou dans vingt ans, on s'y retrouvera toujours dans la description des types humains.

* * *

Je me suis attachée surtout au langage populaire du Québec parce que les gens de ma province sentent de plus en plus le besoin de s'extérioriser et parce que les auteurs québécois se doivent de leur faire aimer notre culture et notre « coin du monde. » C'est pourquoi, même si j'ai rédigé plusieurs pièces en « français littéraire », mes œuvres préférées décrivent les milieux populaires et mes thèmes favoris se rattachent aux situations politiques et sociales du Québécois actuel. J'ai adopté un certain style satirique pour la majorité de mes textes parce que le public accepte les vérités les plus difficiles pourvu qu'on les lui serve en riant. Mes personnages sont les types humains que l'on rencontre tous les jours avec leurs qualités et leurs défauts, leurs expressions pittoresques et leurs activités journalières.

* * *

Je devrais dire *Les Outardes* à cause de l'accueil chaleureux du public et du succès que cette pièce a remporté jusque dans l'ouest du pays, mais l'œuvre qui me plaît le plus est une pièce qui n'a encore jamais été jouée. C'est un drame psychologique. *Les Zélotes.* Je l'aime parce qu'il me semble que j'ai réussi à y traduire un peu de l' « âme » québécoise.

* * *

D'abord que la pièce citée ci-dessus soit jouée au cours de la prochaine saison théâtrale et que les projets ébauchés avec diverses troupes se réalisent.

* * *

Je souhaite pouvoir continuer à traduire fidèlement les sentiments des gens de chez nous sous forme de pièces de théâtre et aussi sous forme de romans. Je songe aussi à écrire pour la télévision.

Gatineau, mai 1971.

LES ZÉLOTTES (extrait)

SYLVIA — ... Il ne faut jamais laisser la nuit d'orage entrer dans ta demeure !... Tu ne seras jamais une fille de la mer !... *(triste)* Moi aussi, autrefois, j'ai rêvé de devenir une des leurs... Une fille à l'odeur de varech, aux yeux couleur d'algues marines... Je rêvais de m'endormir sur le sable chaud des dunes et de me parer au réveil de blancs oursins et d'agates précieuses... Mais quand on vient de la terre on lui ressemble trop pour devenir fille de marée...

LAURETTE — Pourtant tu l'as épousé ton pêcheur ! Tu lui as donné des fils dont il était très fier !... Des fils de la mer qui ne vivent que pour elle.

SYLVIA — Tu n'as jamais si bien dit : elle les possède plus que moi ! Ils étaient encore dans mon sein que j'entendais sa menace dans la plainte sourde des vagues... *(Laurette va mettre une bûche dans l'âtre)* Oui, tu as raison, allume le feu. Que le crépitement des flammes étouffe cette lancinante clameur qui m'exaspère...

LAURETTE — Calme-toi, mère. La tempête aura épuisé tes forces avant l'aurore. Alors nous pourrons dormir toutes les deux : ils reviendront...

SYLVIA — Même quand ils sont là ils ne sont pas à nous... La vie m'a tout donné sauf ce que j'ai voulu...

LAURETTE — Ne sois pas amère... Tiens, donne-moi ton écheveau : je vais t'aider à préparer la laine... Au matin, sous le ciel gris de l'aube nous verrons venir la barque...

SYLVIA — Le monde où je suis née avait forme de romance... Plus je vieillis plus il ressemble à un désert... Ta vie sera comme la mienne...

LAURETTE — Pourtant... quel grand amour aux mains j'aurais pour caresser...

SYLVIA — Attendre... toujours attendre... La fin d'une mission qui semble ne vouloir jamais finir...

LAURETTE — Quelle force aux reins j'aurais pour enfanter...

SYLVIA — ... Une mission !... Je suis martyre de mes fils qui ont une mission... Quel idéal...

LAURETTE — Quels seins j'aurais pour nourrir et prodiguer le vivre...

SYLVIA — Jusqu'au creux de mes veines on a injecté le sel de cette mer maudite ! On m'a forcée à en vivre ! On m'a noyée pour qu'elle gagne... Je la boirai toute mais elle n'aura pas mes fils !

LAURETTE — ... Viens t'étendre, la vieille : il te faut dormir un peu...

Gaby Déziel-Hupé

ANTONINE MAILLET

Madame Antonine Maillet est née à Bouctouche au Nouveau-Brunswick, le 10 mai 1929. Elle a étudié à Moncton, à l'Université de Montréal (1962) et elle a obtenu son doctorat ès Lettres de l'Université Laval en 1970. Boursière du Conseil des Arts (1962-1964), elle voyage à Paris. Elle enseigne par la suite à Moncton et à Québec, occupe un poste de scripteur et d'animatrice à Radio-Canada, autant à la radio qu'à la télévision, à Moncton. Elle enseigne présentement la littérature à l'Université Laval.

Antonine Maillet a publié deux romans : Pointe-aux-Coques *(1958 — prix Champlain) et* On a mangé la dune *(1962), une pièce de théâtre* Les Crasseux *(1968), créée à l'Université de Montréal en 1971, un monologue dramatique* La Sagouine *(1971), une étude,* Rabelais et les traditions populaires en Acadie *(1972) et un « roman acadien »,* Don l'orignal *(1972).*

Entr'acte *(1957),* Poire-Acre *(1958),* Bulles de savon *(1959),* Les Jeux d'enfants sont faits *(1960 — prix du Conseil des Arts) ont été créées à Moncton et présentées à divers festivals où elles ont remporté plusieurs prix. Plusieurs textes radiophoniques d'Antonine Maillet, des contes, des nouvelles et fantaisies sont encore inédits.* La Sagouine *a été créée au Théâtre du Rideau Vert en octobre 1972.*

Plus que tout autre genre littéraire, le théâtre doit refléter un milieu et une époque parce qu'il s'adresse moins à des lecteurs futurs qu'à un public vivant dans un milieu et une époque déterminés. Toutefois cette incarnation dans un lieu et un temps ne réduit pas l'œuvre dramatique à jouer le rôle de miroir, pas plus que l'homme lui-même ne reflète que soixante ou quatre-vingts ans de son pays. Je crois qu'un seul instant dans un seul petit coin du monde contient la vie tout entière, et que l'universalité d'une œuvre ne se mesure pas à ses dimensions historiques, mais à ses dimensions humaines.

* * *

Avant tout je cherche par l'écriture dramatique à capter la vie. C'est pourquoi je m'intéresse d'abord aux personnages et aux dialogues. Mais comme le théâtre est aussi en quelque sorte l'expression rituelle et gestuelle de l'homme, je prête une grande attention à la structure dramatique et à l'action qui, à mon avis, doivent se rapprocher de celles du jeu.

* * *

Ma meilleure pièce à date, ou disons celle que je préfère, est sans doute *Les Crasseux* parce qu'elle est la plus vraie, la plus incarnée, la plus ancrée dans une réalité à la fois humaine et nationale ; réalité qui, pour être plus vraie, n'est pas moins poétique dans la mesure où la poésie est une sorte de frémissement des choses.

* * *

Ma prochaine pièce, qui porte déjà le titre d'*Evangéline Deusse,* tentera de faire la parodie historique d'Evangéline première, l'héroïne du poème de Longfellow. Cette nouvelle Evangéline qui se présentera comme la seule authentique femme acadienne offrira à son homologue le contraste amusant d'une femme d'un certain âge, mère de dix-sept enfants, à l'allure d'une Mère Courage ou d'une Dulle Griet beaucoup plus que de la virginale héroïne figée sur un certain socle. Et c'est cette nouvelle Evangéline qui, supplantant l'autre, devra faire face à l'armée anglaise, à la Déportation et à l'Histoire. Qu'arrivera-t-il à cette Evangéline-là ? Que serait-il arrivée à l'épopée acadienne avec une Evangéline Deusse ? C'est un genre de pièce qui tentera de forcer le temps, l'Histoire et le théâtre à se démêler dans les lois nouvelles.

* * *

J'aimerais voir donner à mon œuvre dramatique et littéraire le sens d'une transposition poétique de la réalité naturelle et humaine de mon pays, l'Acadie, dans la mesure où celle-ci est un visage d'une plus vaste réalité qui s'appelle l'homme de tous les temps et du monde entier.

Mai 1971.

LA SAGOUINE (extrait)

... Si seurement je pouvions saouère. Saouère avant d'arriver de l'autre bôrd. Parce qu'une fois là, il sera trop tard. Ce que j'arons fait, je l'arons fait. Si y a rien de l'autre côté, je nous tracasserions pas pour un rien. Je pourrions vivre le temps qui nous est alloué. Ça serait pas encore un gros lotte, mais je le viverions sans que les boyaux nous le reprochiont. Et si y a de quoi, quoi c'est que c'est, à votre dire ? Ça serait-i' Djeu possible que je devions encore coumencer à souffri' là ? J'en avons-t-i pas eu assez ? Va-t-i' fallouère encore, durant toute l'étarnité que le Bon Djeu amène, geler les pieds du coumencement des Avents à la fin du Carême ; manger des fayots réchauffés d'un dimanche à l'autre ; vendre tes palourdes, tes coques pis tes mouques de cléon en cléon ; porter les hardes de la femme du docteur qui te les doune par charité ; pis enterrer tes enfants avant qu'ils ayont les yeux rouverts ?... Ça serait-i' Djeu possible ?

... Pourtant, j'en demandions pas tant. J'avons même pas demandé à venir au monde, parsoune, t'a qu'à ouère ! Et je demandons pas à mourir, non plus. Ça fait qu'ils allont-i' nous bailler une autre vie de l'autre bôrd qui ressemble à celle-citte ? Mais celle-là, je pouvons pas la refuser, je pouvons pas nous en clairer. Gapi, lui, il dit qu'on peut s'en aller se jeter en bas du tchai quand on en a eu assez de cte charôme de vie. Mais y ara-t-i' un tchai de l'autre bôrd ?

... Je crois ben que je finirai par aller ouère le docteur. Tout ce que je demande, c'est d'aouère la paix là-bas. Et je ferai pus de mal, ça c'est garanti. D'abôrd il vient un temps où c'est qu'une persoune a pus même le goût ni la jarnigoine de mal faire. Si ils voulont que j'allions à la messe et aux sacrements, j'y serons. Même aux vêpres durant tout leur étarnité qui durera étarnellement. Je ferai tout ce qu'ils me diront. Je résisterai aux suberbes et pis j'arai un extrême regret de vous avoir offensé. Et pis que ça saye fini. Plus d'hivers frettes, pus de fayots, pus de douleurs dans les boyaux, que ça saye fini.

... Ben sûr, si y a de quoi de plusse, je ferons pas les difficiles. J'avons pas été accoutumée aux fantaisies. Je demandons pas des châteaux, ni des Californies, ni des fleurs en plastique. Mais si les anges pouviont nous sarvir du fricot au petit-noir et de la tarte au coconut fait au magasin, et si Djeu-le-Père en parsoune pouvait s'en venir câler la danse le samedi souère, ça serait point de refus. Pour un paradis comme ça, je rechignerions pas devant la mort... j'arions pus peur... je crèverions contents, ma grande foi Djeu oui!...

... Dès demain, j'irai ouère le docteur.

La Sagouine, Montréal, Leméac, 1971.

les metteurs en scène…

ÉMILE LEGAULT

Né à ville Saint-Laurent en mars 1906, Emile Legault y fait ses études primaires et secondaires pour entrer, en 1925, au noviciat des Pères de Sainte-Croix. Après deux années de théologie au grand séminaire de Québec et deux autres années à Saint-Laurent, il est ordonné prêtre en 1930.

Professeur au Séminaire Sainte-Croix puis au collège de Saint-Laurent, il fonde en 1937 les Compagnons de Saint-Laurent, troupe de théâtre qu'il allait diriger pendant quinze ans, et devient le véritable pionnier de la renaissance théâtrale au Québec. Formé à l'école d'Henri Ghéon, animé de l'esprit de Jacques Copeau, le Père Legault se préoccupe de présenter d'abord du théâtre chrétien, celui de Chancerel, de Brochet, pour ensuite sentir les limites d'une action théâtrale aussi restreinte. Il passera au théâtre profane et sera à l'origine d'un retour aux classiques, grande nouveauté pour l'époque.

En 1942, la troupe s'installe à l'Ermitage où elle présente Les Fourberies de Scapin, Le Barbier de Séville, Oedipe-Roi *de Cocteau. Déjà le style de la troupe s'affirme : simplification des moyens scéniques, heureuse stylisation des décors et des costumes, déclamation naturelle et simple. De 1945 à 1948, les Compagnons jouent sur la scène du Gesù et ces trois années consacrent définitivement la troupe, la placent au premier rang de l'activité théâtrale du pays. On joue alors* Le Jeu de l'amour et du hasard, Le Médecin malgré lui, Les Précieuses ridicules, Andromaque, Le Bal des voleurs *et des pièces de Rostand, Garcia Lorca, Giraudoux, André Obey, Shakespeare, T. Williams. En 1948 la troupe s'installe dans son propre théâtre où elle crée* Maluron *de Félix Leclerc et* L'Honneur de Dieu *de Pierre Emmanuel.*

Plusieurs metteurs en scène, comédiens, décorateurs auront fait leurs débuts chez les Compagnons et le Père Legault aura ainsi joué le rôle d'un incomparable animateur.

En 1953 il forme la compagnie des Jongleurs de la Montagne à l'Oratoire St-Joseph, écrit et monte Premiers gestes, *« jeu de l'homme de Dieu ». Puis il s'occupe de pastorale religieuse à la radio et à la télévision, prépare à Rome une série d'émissions avant l'ouverture du Concile de même que plusieurs reportages, entrevues et commentaires.*

Le Père Emile Legault a publié une série de volumes dont Le Grand attentif *et* Kermesse des anges et des hommes, *textes de grands jeux dramatiques écrits et réalisés par lui à Montréal et à Québec. Il est membre de la Société royale du Canada.*

Il n'est sans doute pas inutile de souligner qu'après quelque vingt-cinq ans d'activités dans le champ du théâtre, je m'en suis éloigné, vers les années '58, ne l'observant plus que superficiellement, de l'extérieur. Mon témoignage en sera donc forcément limité.

A l'époque, après une période d'improvisation, je fis la découverte de Jacques Copeau, fondateur du Vieux-Colombier de Paris ; tout ce qu'a fait ou écrit ce réformateur de la scène française, je l'endossai spontanément et m'appliquai à mettre mes pas dans les siens, avec une sorte d'allégresse fervente. Jacques Copeau écrivait : « Il n'y aura de théâtre vrai que le jour où l'homme de la salle prononcera les paroles de l'homme de la scène en même temps que lui et du même cœur que lui. » Il importe donc, au premier chef, que l'homme qui va au théâtre s'y sente chez lui, que la scène soit, en quelque sorte, la réverbération de son univers intime. Reflet d'un milieu ? D'une époque ? Je veux bien, à condition de s'entendre sur ces mots.

Sous prétexte de coller à la réalité d'une époque, le théâtre ne doit pas nécessairement nous livrer l'image photographique, noir sur blanc, de tel ou tel contexte historique ; quand il le fait, il y a bien des chances qu'il achoppe à la caducité. Son éventuelle réussite peut être retentissante, elle est souvent éphémère. Bien sûr, il peut très bien choisir ses thèmes dans l'aujourd'hui de l'histoire ; il n'a pas forcément à s'abstraire d'une certaine couleur locale, d'une certaine parlure audible au spectateur contemporain, mais pour aller jusqu'au bout de lui-même, il doit interpréter cette réalité, la re-créer en quelque sorte pour lui donner une dimension nouvelle qui est celle, précisément, de la poésie. Qu'on m'entende bien : il ne s'agit pas, nécessairement, de privilégier le théâtre en vers mais, vers ou prose, de faire accéder le théâtre au niveau de l'œuvre d'art qui se situe bien au-delà du réalisme photographique.

Le théâtre que je préfère est celui qui commande une « création » concertante : elle mobilise tout ensemble l'auteur, les interprètes, le metteur en scène, le décorateur, le dessinateur de costumes, l'éclairagiste, le musicien. Ce théâtre-là doit être vrai ; il n'a pas à être vériste. Ce qui ne l'empêche pas de s'inscrire durablement dans le tissu d'une culture donnée et de rejoindre l'homme dans son âme profonde. Je pense ici à *La Petite ville* de Thornton Wilder, traduite de l'américain, où l'on pouvait, sans trop forcer la note, retrouver certaines influences du « No » japonais et qui connut, pourtant, dans le temps, la faveur de notre public québécois. Je n'en ai pas, loin de là, contre l'exploitation des thèmes caractérisés de notre terroir québécois mais je persiste à penser que le poète doit être accueilli au théâtre comme un roi. Qu'il écrive en vers ou en prose, il est seul capable de restituer aux hommes et aux choses une certaine dimension universelle.

* * *

La deuxième question m'embarrasse. Il faudrait répondre, me semble-t-il, que chacun de ces aspects doit être soigné, si l'on souhaite une œuvre satisfaisante, au sens fort du mot. J'avoue cependant être assez sensible à la qualité du dialogue. Mais il faut d'abord une architecture dramatique : l'œuvre idéale est celle qui se déroule avec la rigueur d'un dessin où chaque trait est nécessaire, appelé et appelant, et où la boucle est bouclée. Le dialogue est au service de l'action dramatique ; il ne saurait s'y substituer. Le théâtre doit « faire savoir » d'abord, il ne doit pas seulement « faire entendre ». C'est d'ailleurs ce caractère de *nécessité,* exigé par une œuvre dramatique valable qui rend si difficile ce qu'on appelle, avec un brin d'équivoque, l'écriture dramatique. A la limite, pensons au mime Marceau, profondément dramatique souvent, toujours théâtral, et pourtant cerné de silence.

L'architecture dramatique me paraît donc prioritaire, mais elle ne saurait faire l'économie de personnages étoffés, du moins chez ceux qui font bouger l'architecture. Toute la gamme de l'humain, avec ses composantes de sensibilité, de psychologie, de passion, de force ou de douceur, de gouaille ou de silence signifiants. C'est de tout cela qu'est faite « l'écriture dramatique » et pas seulement de mots qui sonnent bien et de phrases qui sont une musique. A y bien penser, j'ai eu tort de paraître privilégier le dialogue. Du moins quand il donne le change et prétend faire oublier certaines gratuités ou certaines défaillances de l'architecture dramatique. Le théâtre n'est pas, même transposé à la scène, un roman ou un interminable dialogue.

* * *

Ce que j'ai écrit plus haut, au sujet du théâtre « re-création » de la réalité vécue aura, je pense, inspiré d'une façon générale le choix des œuvres dramatiques que j'ai mises en scène, à l'époque. Je ne prétendrai pas, pour autant, que nous ne nous sommes jamais trompés ni que chacun de nos spectacles fut une réussite : j'ai même connu un four magistral avec *La Paix* d'Aristophane par exemple. Et quelques demi-succès. Avec le recul, il me semble toutefois que j'entrais assez spontanément dans l'univers moliéresque. Et les comédiens aussi, qui travaillaient avec moi. Je conserve un souvenir particulier des *Fourberies de Scapin,* à l'Ermitage. Nous jouions sous le masque, en nous inspirant, du mieux que nous le pouvions, du style « commedia dell'arte ». Scapin, c'était Georges Groulx : un Georges Groulx bondissant, virevoltant, avec tout le dynamisme de ses vingt ans. Pas une ombre d'intellectualisme : nous voulions d'un Molière qui brulât les planches et dépoussiérât tous les bouquins scolaires. Il me semble que nous avions assez bien réussi. J'avais même gobé, avec un brin de fierté, cette appréciation d'un spectateur de Paris qui avait atterri, un soir, devant notre scène de l'Ermitage... et qui avouait avoir senti passer « l'ombre de Jacques Copeau dans la salle ». Evidemment, je parle d'un passé déjà presque historique : je ne sais pas comment réagirait un public d'aujourd'hui devant une réédition exacte de notre Scapin de l'époque. Il marquait en tous cas une étape modeste dans notre évolution québécoise, sur le plan théâtral.

* * *

Vous me demandez si j'aimerais pouvoir réaliser quelque chose au théâtre. J'esquisse un sourire. J'ai passé l'âge des grands rêves un peu fous. Sollicité par d'autres intérêts, je suis devenu étranger au théâtre et le théâtre en a fait autant pour moi. Entre nous, aucune nostalgie. Peut-être... et ce projet n'est pas encore mûr,... peut-être me mettrai-je à écrire l'histoire des Compagnons, de cette aventure qui m'a annexé pendant quinze ans. Il semble que les jeunes d'aujourd'hui s'intéressent à ce qui leur apparaît comme une « certaine date » dans l'histoire du théâtre au Québec ; un rappel circonstancié de notre « aventure » pourrait, peut-être, servir. Davantage qu'une rétrospective des spectacles présentés, des avatars et des moments plus comblants de l'affaire, ce qui me paraît compter surtout, c'est le témoignage d'amitié et de désintéressement que *Les Compagnons* pourraient rendre, en regardant leur jeunesse et ce qui l'a remplie. J'aimerais bien, également, remettre en lumière la philosophie ès art dramatique de Jacques Copeau dont nous fûmes informés profondément ; rappeler son esthétique théâtrale, ses conceptions de l'acteur : non seulement agréable diseur mais aussi, mais d'abord, acrobate, danseur, mime, avec une parfaite maîtrise de son instrument qui est son être total : tête, épaules, corps, bras, jambes et pieds. Il y aurait, sans doute, quelques pages sur l'anti-cabotinage, sur l'amitié, sur l'esprit d'équipe. Des pages qui ont été vécues, devant moi, par ces gars et ces filles qui ont annexé une part de mon cœur.

Montréal, avril 1972.

PIERRE DAGENAIS

Pierre Dagenais est né en 1924 et il a poursuivi des études de Droit et de philosophie avant de faire ses classes dramatiques chez le père Emile Legault. Il fonda ensuite, très jeune, sa propre compagnie théâtrale, l'Equipe. Le style de sa troupe diffère alors considérablement de tout ce qui se fait, l'Equipe s'attachant à un réalisme issu du théâtre américain, réalisme qui met en valeur le détail observé.

De 1943 à 1948, Pierre Dagenais monte Altitude 3,200, Tessa ou la Nymphe au cœur fidèle, Marius, Fanny, Les Fiancés du Havre, Les Parents terribles, Le Songe d'une nuit d'été, Huis-Clos, Le Grand Poucet. *En 1946, il est invité à monter* King Lear *pour la Shakespearian Company of Montreal. En 1947, il crée son propre texte :* Le Temps de vivre *et, en 1952, le* Brutus *de Paul Toupin dont il dirige aussi la reprise en 1960. En 1957, il est invité par le Montreal Repertory Theatre et, récemment, il a dirigé* La Mégère apprivoisée *à la Nouvelle Compagnie théâtrale.*

Pierre Dagenais a écrit un nombre incalculable de textes pour la radio et la télévision dont Lie de vin, Un brave homme, La Piastre, Atout... meurtre, Cas de conscience. *Il a réalisé de nombreux téléthéâtres à Radio-Canada et a écrit pour la scène* Isabelle *et* Le Diable s'en mêle. *Pierre Dagenais a aussi publié un roman :* Le Feu sacré.

Selon moi, le théâtre n'est ni le reflet d'un milieu, ni celui d'une époque : il est d'abord et avant tout la représentation de l'homme par l'homme. Or l'homme, peu importe l'époque à laquelle il a appartenu, peu importe le milieu dans lequel il a vécu, demeure et demeurera toujours le même, c'est-à-dire qu'il sera toujours conditionné par les défauts que la nature et les dieux de la destinée lui ont imposés. Arnolphe dans *l'Ecole des Femmes* n'est pas plus âgé comme caractère humain que certains personnages d'aujourd'hui qui veulent s'amuser à influencer les jeunes filles pour pouvoir mieux en profiter ; le bourgeois gentilhomme, modèle du parvenu, ne reflète pas du tout un milieu ni une époque puisqu'il existe encore de nos jours.

Naturellement, et c'est pourquoi le théâtre est un art extrêmement fascinant, cette représentation de l'homme par l'homme doit être située dans un cadre, un lieu et une époque qui lui appartiennent, mais qui sont, selon moi, artificiels. C'est le fond qui compte et non pas tellement la forme. La forme est nécessaire, c'est entendu et il serait maladroit de la part d'un auteur d'écrire aujourd'hui en alexandrins ! Nous avons une autre façon de nous exprimer qui ne correspond pas à celle du XVIIe, du XVIIIe, ou du XIXe siècle. Mais il n'en demeure pas moins que, peu importe la façon dont nous nous exprimons, le fond reste le même.

Nous sommes tous esclaves de la condition humaine qui se résume aux « sept péchés capitaux ». Peu importe le traitement que nous y apportons, qu'il soit neuf, original dans sa forme et dans son style (autrement, il n'y aurait pas moyen de créer) nous répétons tous la même chose. Pour moi, en tant qu'écrivain, il n'y a pas beaucoup de thèmes : il y a la naissance, la vie, la mort. Je suis très fataliste et je me dis que certaines personnes sont nées à une époque privilégiée qui les a pourvues de droits et de plaisirs que d'autres n'ont pas pu apprécier parce qu'elles sont nées à une autre époque, de crise, de chaos intellectuel. Ces thèmes sont donc fascinants à développer. Je crois qu'il est ridicule pour un dramaturge de se servir du tremplin politique pour écrire une pièce, parce qu'automatiquement sa pièce devient une revue d'actualité qui n'exploite qu'une situation temporaire. L'œuvre sera périmée après un certain nombre d'années.

Comme metteur en scène, je ne crois pas que nous devions adapter les classiques ; nous devons les jouer tels qu'ils sont écrits et si nos acteurs d'aujourd'hui ne peuvent pas le faire, il vaut mieux ne pas les monter. Je pense qu'il y a un seul moyen d'adapter les classiques et c'est dans la façon de les dire : ne pas changer le texte, ni les décors, ni les costumes, ni le style écrit, mais le style parlé. Louis Jouvet, que j'ai vu jouer Arnolphe, ne ponctuait pas les alexandrins, il les parlait naturellement et ce faisant, ne trahissait pas Molière. La seule adaptation se faisait donc au niveau de la façon de dire.

Je préfère lire et jouer Molière tel qu'il est écrit à présenter des pièces canadiennes écrites dans une langue fautive, pièces qui expriment grossièrement des sentiments faux. Pourquoi faudrait-il qu'on ne traite que des sujets qui ont rapport avec la situation au Québec ? C'est là le rôle des journalistes, des chroniqueurs, des revues. Un écrivain n'écrit-il que pour les Québécois ? Il doit écrire pour le monde entier. S'il écrit pour un public immédiat, il est voué à l'échec. Le théâtre québécois n'existe pas plus que le théâtre français, anglais... C'est la pensée anglaise, française, québécoise qui existe... mais exprimée d'une façon qui ne sera pas périmée définitivement d'ici dix ans ! Ce n'est pas une situation politique qui peut faire un dramaturge.

* * *

Il s'agit là de cinq questions en une ! Je considère qu'il faut d'abord un sujet, une matière à traiter. Le sujet qui m'est le plus cher depuis ma jeunesse et qui sans doute demeurera, c'est le thème du mensonge : nous sommes nés sous un mensonge et nous mourons sous un mensonge. En second lieu, c'est le dialogue et la structure dramatique qui m'importent. Le dialogue doit être intelligent, « parlé » et doit observer les règles de la grammaire et les structures de la langue française tout en n'étant pas littéraire. Très peu de dramaturges ont ce don. Les scènes doivent être équilibrées, tout doit être prévu dans l'unité de l'ensemble.

* * *

C'est une question difficile. Il y a trois souvenirs égaux dans ma mémoire, qui ont la même valeur affective. D'abord la première pièce que j'ai créée au Monument national quand j'ai fondé ma troupe : *Altitude 3,200*. J'avais 19 ans, je ne m'attendais qu'à un succès d'amateur, nous avons obtenu un succès remarquable qui a confirmé notre décision de vouloir un autre théâtre que celui qui se faisait à l'époque.

Mon deuxième grand souvenir, c'est *Le Songe d'une nuit d'été* joué dans les jardins de l'Ermitage. Le décor était naturel, sur une scène de 85 pieds de largeur et de 100 pieds de hauteur, avec des rochers, des arbres ; les lutins et les fées apparaissaient partout dans la forêt. J'y avais travaillé énormément, lisant toutes les traductions possibles du texte. La critique anglaise a alors écrit que ma production était supérieure à celle de Max Reinhardt. Le troisième souvenir, c'est *Huis-Clos* qui m'avait procuré le plaisir de rencontrer Jean-Paul Sartre, de causer longuement avec lui.

Ceci dit, *Liliom* de Molnar, *Tessa* de Giraudoux étaient des productions de beaucoup supérieures à celle d'*Altitude 3,200*. *Marius* et *Fanny*, pièces plus commerciales, étaient infiniment supérieures au *Grand Poucet*. La production que je considère cependant comme étant la meilleure, c'est *Le Songe d'une nuit d'été* pour l'interprétation, la mise en scène, le côté technique. C'est un de mes plus chers souvenirs et c'est à peu près ce que j'ai fait de mieux.

* * *

Je répondrai franchement que je n'ai plus qu'un seul espoir, celui de pouvoir créer mes propres pièces et tourner mes propres films. D'autres peuvent monter Molière, peut-être mieux que moi, mais il n'y a personne pour monter mes pièces et tourner mes films comme je voudrais que ce soit fait. J'ai encore ces rêves-là qui peuvent paraître très égoïstes... et pourtant, non !

Je n'ai plus de rêves de théâtre, je n'y reviendrai plus comme animateur dramatique ou directeur de troupe.

* * *

J'aime beaucoup le théâtre et j'ai vécu toute ma vie pour lui ; c'est pourtant aux jeunes que l'avenir appartient. Si ces jeunes réussissent quelque chose, ce sera peut-être un peu grâce à moi, si je n'avais pas fait tout ce travail avant eux peut-être ne pourraient-ils pas continuer. C'est une récompense pour moi, non pas une raison d'amertume mais une raison de joie. Une chose n'est pas oubliée maintenant, qui a plus de valeur que les succès et les critiques que j'ai obtenus : les jeunes savent que j'ai existé et c'est signe que je n'ai pas perdu mon temps quand j'avais vingt ans. Je voudrais qu'on se souvienne de moi, non pour mes succès, mais pour les services que j'ai pu rendre à la jeunesse contemporaine... et je ne crois pas avoir terminé !

On parle beaucoup d'avant-garde, mais c'est un peu à cause de l'arrière-garde, à cause des « parents » que l'avant-garde peut exister. Il faut qu'on fasse mieux que ce que j'ai fait et je ne vois pas pourquoi j'en souffrirais. J'ai été utile : je suis le petit engrenage qui fait qu'il y a une roue qui tourne. Il a fallu ce petit engrenage.

Interview accordée à Montréal,
le 25 février 1972.

JEAN GASCON

Jean Gascon est un comédien et un metteur en scène connu dans les milieux du théâtre du Canada français et du Canada anglais. C'est après avoir complété ses études de médecine qu'il décide de se donner complètement au théâtre. Il fait ses débuts en 1940 avec les Compagnons de Saint-Laurent et étudie à Paris de 1948 à 1951, grâce à une bourse du gouvernement français, avec Ludmilla Pitoëff et Julien Bertheau. Il y rencontre Jouvet, Dullin, Baty, Claudel et Cocteau. En France, il participe aux tournées et aux productions professionnelles à Paris du Centre dramatique de l'Ouest et de la Compagnie Grenier-Hussenot.

A son retour au Canada, Monsieur Gascon fonde le Théâtre du Nouveau Monde avec Jean-Louis Roux et Guy Hoffmann et il y demeure jusqu'en 1966 à titre de directeur artistique, de metteur en scène et de comédien. C'est au T.N.M. qu'il monte L'Ecole des femmes, L'Avare, Venise sauvée, L'Opéra de Quat'sous, Klondyke, La Danse de mort, Lorenzaccio *et qu'il joue dans* La Danse de mort, Don Juan, Richard II, Mère Courage. *Par ailleurs, il dirige la mise en scène de plusieurs opéras dont* Cosi fan tutte, Falstaff, La Vie parisienne.

Fondateur et premier directeur administratif de l'Ecole nationale de théâtre, Jean Gascon inaugure une longue collaboration avec le Festival de Stratford en 1956 alors qu'il participe, avec plusieurs comédiens canadiens-

français, à Henry V. *En 1959, il règle la mise en scène d'*Othello, *en 1963, celle de* The Comedy of Errors *et en 1964, il est nommé directeur associé du Festival de Stratford. Depuis 1969, il est le directeur artistique du Festival et c'est à Stratford qu'il a monté récemment* The Alchemist, Cymbeline, The Duchess of Malfi, The Merchant of Venice.

Jean Gascon a remporté le Prix de la critique, le prix Victor Doré, le prix Victor Morin en 1962. Les universités McGill, Bishop's, Guelph, Queen's et The University of Western Ontario lui ont décerné des doctorats honorifiques. Le prix Molson lui a été accordé et, en 1967, il recevait la Médaille de Service — l'Ordre du Canada.

Je pense que le théâtre reflète automatiquement la société pour laquelle il est créé et que chaque pièce qu'un metteur en scène dirige, qu'un comédien joue, doit se rapporter à des problèmes actuels. On ne peut pas s'enthousiasmer pour une œuvre qui ne se projette pas dans le présent.

C'est le fait des grandes pièces classiques d'être toujours actuelles. On les fouille à l'infini et toujours l'on trouve des idées, des sentiments se rapportant aux êtres, aux événements d'aujourd'hui. Même si l'écriture, la facture ne sont pas contemporaines, l'impact sur le spectateur peut être aussi grand que celui produit par une pièce qui traite de problèmes immédiats. Les grandes pièces nous parlent des problèmes de l'homme vis-à-vis de sa destinée, de ses devoirs, de son amour, de sa passion, de ses haines politiques. L'homme ne change pas, les problèmes restent les mêmes. De Sophocle à maintenant. Le théâtre grec est des plus actuel parce que c'est le théâtre des individus pris dans une machine terrible qui est celle du monde, du cosmos, celle des dieux. C'est la même machine qui nous opprime tous.

Je n'ai aucune envie de chatouiller le public quand je fais du théâtre, il y a longtemps que cette envie-là m'est passée. J'ai l'intention de dire des choses importantes et de pousser les gens à la réflexion, de les amuser aussi, pas nécessairement de les faire pleurer, mais, même en les faisant rire, de leur ouvrir les yeux et de les faire se regarder eux-mêmes et se découvrir eux-mêmes. Le grand théâtre est un théâtre de réflexion.

Le théâtre québécois permet présentement aux spectateurs de se regarder. La société québécoise a des buts très précis, les gens se sentent près les uns des autres, ils ont beaucoup de préoccupations en commun, ce qui est très sain et ce qui provoque l'éclosion d'une dramaturgie. Il y a un ton, une couleur dans le théâtre québécois qui sont ainsi très différents de ceux du théâtre anglais. La société anglaise au Canada est une société beaucoup plus satisfaite, où les gens ont difficilement des rêves en commun, si bien que leur dramaturgie en est plus éparse, plus diffuse. La dramaturgie québécoise est plus vivante, plus orientée vers la vie actuelle alors que les compagnies anglaises se tournent plus facilement vers le théâtre classique, reconnu.

Heureusement, les auteurs québécois ont aussi un sens de l'humour que j'aime beaucoup. Il y a un progrès net en ce sens : on se permet de rire de soi, ce qui était défendu auparavant. Les gens se prennent peut-être moins au sérieux aujourd'hui ?

* * *

Il y a des auteurs que j'aime, d'autres que je trouve plus difficiles, qui me « parlent » moins. Je « tombe en amour » avec un texte, un auteur : c'est le « coup de foudre ».

Je me souviens de *Cymbeline*. J'ai relu cette pièce et brusquement : coup de foudre. C'était une pièce fantastique, moderne, extraordinaire comme toutes les pièces de la fin de la carrière de Shakespeare où il se défait absolument de ses rêves de jeunesse.

A la base, ce qui m'attire, ce sont les personnages, l'action, ce « monde », cet univers que les grands auteurs inventent. On a l'impression qu'on peut y entrer, le découvrir et le présenter. Si une pièce me touche, m'émeut et fait en sorte que je m'ouvre complètement, que je découvre quelque chose, j'ai l'impression que si je la présente bien, elle va produire le même effet sur le spectateur. Je ne suis qu'un homme comme les autres.

La structure est très importante aussi. J'aime beaucoup, par exemple, le théâtre épique, le théâtre d'espace ; j'aime le son, la lumière, une pièce qui me permettent d'utiliser les moyens mêmes du théâtre, tous les métiers du théâtre dans leur pleine expression.

Le texte doit être merveilleusement écrit. C'est pour ça que j'aime les grands auteurs : c'est, avec eux, une lutte extraordinaire, un défi, une bagarre à chaque fois. Je préfère les « poids-lourds » aux poids-légers ! Et si le « poids-lourd » est en plus une pièce mystérieuse, un peu surhumaine, le travail de répétition devient fantastique parce qu'on ne cesse pas de creuser, de découvrir constamment, avec les acteurs, de nouvelles dimensions, des éclairages nouveaux. La beauté du travail de répétition se révèle alors que deux personnages se rencontrent, lorsqu'il se passe des choses entre des gens qui ne savaient pas que de telles choses étaient possibles. Il faut être totalement ouvert, perméable. Il faut laisser le temps au comédien d'éprouver ce que le personnage éprouve. Le théâtre n'est pas une mécanique. Idéalement, il n'y a pas de place pour le metteur en scène au théâtre. Si on pouvait répéter une pièce pendant six mois, le metteur en scène deviendrait beaucoup moins important. Il est là pour réunir tous les métiers du théâtre autour d'une pièce et pour rendre le spectacle possible dans la période de temps qui est accordée.

* * *

Le metteur en scène est un catalyseur, tout œil, tout oreille, ouvert à tout. Si vous n'êtes pas en paix avec vous-même, si vous ne vous acceptez pas comme vous êtes, vous ne pouvez pas créer. Il faut être tranquille avec soi-même afin que les choses puissent vous toucher, afin qu'elles puissent se produire.

Dans le développement d'un être humain, dans une profession, que ce soit le théâtre ou la peinture ou la musique, il y a des périodes, périodes où l'on s'exprime totalement, périodes qui doivent prendre fin aussi parce qu'autrement il est dangereux de se répéter. Une nouvelle période commence avec de nouvelles préoccupations, de nouveaux moyens. C'est une sorte de soupape, de valve qui s'ouvre. Parfois, on a l'impression d'être arrêté, de marquer le pas, d'être vieux jeu. Autour de soi, des tas de choses exaltantes se manifestent et on n'y est plus. Il suffit d'un coup de foudre avec une pièce, un auteur, un personnage et brusquement, vous êtes de nouveau vivant, créateur, enthousiaste.

Ainsi certains spectacles ont été très importants pour moi parce qu'ils ont marqué certaines périodes dans ma vie, parce qu'ils étaient l'aboutissement de certaines recherches. Les textes de Molière m'ont fait découvrir, très jeune, la beauté du texte et la grandeur des personnages : *Don Juan, Tartuffe, L'Avare.* Il y eu ensuite la période de Brecht. *L'Opéra de quat'sous* a marqué une étape. C'était de la théâtralisation dans un tout autre sens. *La Danse de mort* de Strindberg a peut-être été le moment le plus exaltant de ma vie d'acteur. Je me souviens de *Venise sauvée,* de la période des opéras.

J'ai eu de grands moments à Stratford : la découverte de Shakespeare, que je ne pouvais pas lire dans le texte dix ans auparavant, la découverte des grands textes de la littérature anglaise, du plateau de Stratford avec ses possibilités, ses difficultés. Maintenant, j'ai envie de faire autre chose.

* * *

J'aimerais beaucoup faire de la création de nouveaux textes, mais ce n'est pas facile dans le milieu où je me trouve présentement. La chose la plus exaltante pour un metteur en scène est de travailler avec un auteur dès le début de l'élaboration d'un texte. Je me souviens avoir travaillé à *Klondyke* de cette façon, d'être parti d'un synopsis et d'avoir construit la pièce : Languirand au texte, Charpentier à la musique, Prévost aux décors et costumes, moi à la mise en scène. Je crois beaucoup à ce travail collectif.

J'aime toujours les grands textes classiques et je ne pourrais jamais rejeter ce théâtre-là. *King Lear* est un vieux rêve, *Hamlet* aussi. *Don Juan* est à refaire. Calderon, Lope de Vega sont à découvrir dans des traductions qui rendent justice au texte original.

Mon grand rêve, c'est de rencontrer « mon » auteur, celui qui écrirait en sachant consciemment ou inconsciemment que je saurais le présenter en scène. Ce n'est pas facile à trouver ! Et suis-je encore capable de le faire ? N'est-ce pas un travail pour des jeunes plus encore que pour ceux qui ont trente ans de métier ?

* * *

Le théâtre est un métier merveilleux, chaleureux. C'est un art de création collective où l'on ne peut rien imposer, ni une vision totale de spectacle, ni une marche à suivre, sans l'assentiment de toute une équipe de collaborateurs. J'ai produit beaucoup dans le pays. J'ai été et je suis un metteur en scène et un acteur importants. Je pense que les gens me jugeront probablement dans ce sens-là.

J'ai été un initiateur. Quand j'ai commencé au théâtre, pendant la guerre, il n'y avait pas de public, pas d'acteurs, ni d'auteurs, ni de metteurs en scène. Les jeunes comédiens ne savaient pas où aller pour apprendre leur métier. Quand je suis rentré au Canada, après mon stage en France, notre ambition n'était pas de vouloir créer un théâtre authentiquement canadien. C'était de créer du théâtre professionnel, dans des conditions de travail professionnelles et avec des standards de qualité. Et nous avons, avec beaucoup d'erreurs, établi cela, tranquillement. Ensuite, il y a eu l'Ecole nationale de théâtre. Là aussi, j'ai joué un rôle d'initiateur.

Et je suis encore très vivant ! et je m'amuse toujours au théâtre !

Interview accordée à Ottawa,
le 17 mars 1972.

JEAN-LOUIS ROUX

Jean-Louis Roux est né à Montréal le 18 mai 1923 ; il a complété son cours classique au collège Ste-Marie, a amorcé des études de médecine à l'Université de Montréal, domaine qu'il abandonne en 1946 lorsqu'il décide d'embrasser définitivement la carrière théâtrale. Il séjourne en France où il est boursier du gouvernement français en art dramatique de 1947 à 1950. Il avait alors déjà joué à Montréal avec les Compagnons de Saint-Laurent et pour la troupe de Ludmilla Pitoëff et à Paris, il montera sur la scène de la Comédie des Champs-Elysées, du Théâtre Grammont et du Théâtre Sarah Bernhardt.

A son retour à Montréal en 1950, Jean-Louis Roux fonde le Théâtre d'Essai de Montréal où il crée Un Fils à tuer *d'Eloi de Grandmont et* Rose Latulippe *dont il est l'auteur. En 1951, se joignant à Jean Gascon, il fonde le Théâtre du Nouveau Monde auquel il a consacré jusqu'à maintenant la plus grande partie de ses activités comme comédien, metteur en scène et, depuis 1966, comme directeur artistique. Avec cette compagnie il a participé à plus de 1,500 représentations à Montréal, New York, Paris, Bruxelles, Moscou et dans les principales villes canadiennes.*

A la télévision, Jean-Louis Roux a tenu de nombreux rôles dans des continuités : Septième Nord, La Famille Plouffe *et dans des téléthéâtres. Il a écrit plusieurs scénarios et adaptations de textes. Pour la scène, il a écrit*

Bois-Brûlés, *traduit et adapté* La Nuit des Rois, Hamlet, Jules César, On n'a pas tué Joe Hill.

Comédien, metteur en scène, écrivain, Jean-Louis Roux s'occupe aussi activement d'organismes des arts du spectacle et il a été président de la Société des auteurs, secrétaire administratif puis président du Centre du théâtre canadien. Le prix Victor Morin lui a été décerné.

Le théâtre est un reflet d'un milieu, d'une époque dans sa mesure la plus totale. En faisant une telle affirmation, Shakespeare et Molière constataient un état de fait. Et même si le théâtre a évolué de façons diverses depuis le seizième siècle élisabéthain et le dix-septième siècle français, cette affirmation n'en reste pas moins vraie. Cela est en très grande partie dû au caractère éminemment collectif du théâtre, où nul individu ne peut travailler isolément, où idéalement nul individu ne domine de façon aussi nette qu'au cinéma, par exemple. Résultat du travail d'un groupe, qui est le microcosme de son milieu et de son époque, l'œuvre théâtrale ne peut faire autrement que de réfléchir ce que la société pense et fait. Ce qu'elle rêve aussi ; et ce vers quoi elle aspire. En conséquence, le théâtre n'est pas seulement image actuelle et réaliste ; il peut également être préfiguration. Et c'est alors, à mon avis, qu'il remplit son véritable rôle.

* * *

Si nous parlons du texte lui-même, qu'il soit écrit par un seul auteur ou imaginé collectivement, c'est le sujet, le thème d'une œuvre qui, pour moi, est la base de tout. C'est évidemment lui qui déterminera la nature des situations, le caractère des personnages, le ton du dialogue, etc. Une œuvre théâtrale vaut ce que vaut son thème, son sujet. Quant à la structure dramatique, même si, dans une grande mesure, elle peut quelquefois sauver une œuvre faible, elle est trop influencée par la mode passagère du temps pour lui accorder une absolue priorité. Reste, cependant, que le plus dynamique des thèmes, structuré selon des formes désuètes, est sans doute voué à l'échec.

* * *

Je pourrais probablement répondre à la question contraire et la réponse serait multiple. Mais je ne suis pas assez lucide envers mon travail pour donner ici un titre et des raisons précis. J'ai beaucoup aimé mettre en scène *On n'a pas tué Joe Hill, Bois-Brûlés, Jeux de massacre,* à cause des sujets traités ; *Le Soulier de satin* à cause du défi ; *Tartuffe* parce que je m'y suis follement amusé ; *La Nuit des rois* à cause de Pellan ; *L'Oeil du peuple* parce que je me rends compte seulement maintenant des qualités de choc que cette pièce avait à l'époque ; *Pantagleize* parce que c'est le genre de pièces que le Théâtre du Nouveau Monde aurait dû monter plus souvent et plus tôt ; *Orphée* parce qu'il y a vingt-six ans ; *Un Fils à tuer* parce qu'il y a vingt-deux ans ; *Rose Latulippe* parce qu'il y a vingt ans ; *Tambours et Trompettes* parce que c'est Brecht et que c'était hier. Enfin... vous comprenez !...

* * *

Vous impliquez que ce que j'aime surtout faire, c'est de la création et vous avez raison. En pensant à *La Mort de Danton,* en pensant aux *Dix Jours qui ébranlèrent le monde,* à *1789* d'Ariane Mnouchkine, ou à la plupart des pièces de Peter Weiss, j'aimerais monter une œuvre épique, dont l'humour ne serait cependant pas absent, sur un moment de notre histoire qui serait, pour nous, le plus significatif. 1837, 1838 ? Pourquoi pas ? Mais alors, il faudrait que l'élément dominant soit la chaleur humaine et qu'on ne soit pas tenté d'en faire un message patriotrique mesquin ou un appel inutile à la violence. Il faudrait, pour l'écrire, un passionné froid, un généreux méticuleux, un historien poète. C'est difficile.

* * *

Voilà un bien grand mot. Sans fausse modestie, je me considère comme un artisan du théâtre. J'ai porté des œuvres à la scène. Il m'est arrivé — tout à fait exceptionnellement — que ce soit les miennes ; mais je me garderais bien de parler de mon « œuvre » de metteur en scène. Peut-être répondrais-je en partie à votre question si je vous disais que le but que je vise c'est de tenir le public en éveil. Par le rire, par les larmes, par l'inquiétude, par l'outrance, par le dynamisme, par la réflexion, par le jeu, par tout.

Montréal, novembre 1971.

PAUL HÉBERT

Paul Hébert a débuté comme comédien en 1945 avec les Comédiens de Québec sous la direction de Pierre Boucher. Boursier du British Council de 1949 à 1952 il étudie au Old Vic Theatre School de Londres. Son interprétation du Dr Pinch dans la Comédie des erreurs *de Shakespeare est remarquée par la critique londonienne. Boursier de la Canada Foundation, il poursuit ensuite ses études en France et en Italie.*

De retour au Canada, Paul Hébert fonde le Théâtre Anjou à Montréal puis le théâtre d'été Chanteclerc à Sainte-Adèle où il signe la mise en scène de La Mégère apprivoisée *et de* Six personnages en quête d'auteur. *Cette dernière pièce lui mérite le prix de meilleure mise en scène. Il participe à de nombreuses émissions radiophoniques et télévisées :* 14, rue de Galais, Le Paradis terrestre, La Boîte à surprise. *Il a de plus joué dans plusieurs films ainsi que pour la plupart des troupes théâtrales de la métropole. Parmi les productions auxquelles il a participé mentionnons notamment* Pygmalion, La Vie heureuse de Léopold Z *(au cinéma),* Qui a peur de Virginia Woolf, Le Tartuffe, La Nuit des Rois. *La critique étrangère remarqua en tournée ses interprétations du mari dans* Une Femme douce *de Dostoïevsky et de Ratikine dans* Un Mois à la campagne *de Tourgueniev.*

Paul Hébert fut professeur à l'Ecole nationale de théâtre, vice-président du Centre national des Arts et directeur des Conservatoires de la province de Québec. Il est présentement directeur artistique du Théâtre du Trident où il a fait les mises en scène de Pygmalion, La Mort d'un commis-voyageur *et* Charbonneau et le Chef, *dont il a aussi préparé l'adaptation.*

Le théâtre a toujours été et, à mon sens, sera toujours le reflet d'un milieu et d'une époque. Il se peut que l'époque qui reçoit ce reflet ne le saisisse pas, ne le comprenne pas, ne l'accepte pas, mais le théâtre est toujours le reflet des tendances, des impressions, des sensibilités, des intelligences d'une époque. Il y a forcément toujours l'avant-garde, l'arrière-garde et les auteurs qui hésitent entre ces deux pôles et qui jouent dans la sécurité, qui expriment la monnaie courante des émotions.

Les détours, les recherches de forme, soit sur le plan de la sociologie, de la littérature, de l'architecture théâtrale, sont beaucoup plus le reflet des recherches de la société que des recherches du théâtre même. Le théâtre demeure et quand la société s'intéresse à la psychologie, les pièces traitent ces sujets-là ; quand elle se tourne vers ce qui est intellectuel, le théâtre devient intellectuel et cherche d'ailleurs non seulement à exprimer ces tendances mais parfois aussi à les contrecarrer. Le théâtre est le creuset de toutes les formes d'expression.

Le théâtre renvoyant son image à la société acquiert une vocation politique, si l'on entend par politique : le comportement des individus et de la collectivité face aux problèmes et aux solutions que la société entrevoit ou cherche. Le théâtre n'impose jamais des formes de pensée nouvelles : il est conditionné par le présent, il trouve ses limites dans le conditionnement de l'homme du présent.

* * *

Les personnages m'importent le plus, les êtres humains que la pièce contient. Les situations viendront des personnages ; une structure, si belle soit-elle, n'existe pas sans personnages ; des dialogues de gens qui ne se répondent pas n'intéressent personne.

C'est par le personnage que le public perçoit l'essentiel. Un comédien ne doit jamais s'imaginer, pas plus que l'auteur, pas plus que le metteur en scène, livrer autre chose qu'un pâle reflet de la vérité. La douleur qui est exprimée ne sera jamais qu'un pâle reflet de ce qu'un spectateur peut avoir vécu. Mais à travers ce reflet, à travers ce « faire-semblant », ce spectateur se retrouve lui-même, retrouve la joie, l'inquiétude à son propre niveau.

* * *

Il n'y a pas une réalisation, il y a des moments dans différentes mises en scène. Il y avait dans *Six personnages en quête d'auteur* que j'ai monté avec Dyne Mousso et Gilles Pelletier des moments que je n'oublierai pas. Dans *Charbonneau et le Chef* aussi. Ces moments surviennent aux répétitions à cause de la camaraderie, de la recherche collective, parfois aussi quand l'on constate que tout va bien. Je me rappelle un moment très heureux, très gai, très chaleureux au Théâtre d'Anjou, que j'avais fondé, lors du *Printemps de la St-Martin,* de Noël Coward, avec Denise Pelletier et Huguette Oligny qui jouaient littéralement au ping pong avec les répliques.

Il n'y a pas *une* mise en scène, il y a des moments. Peut-être parce que toujours on souhaiterait plus de perfection !

* * *

Je veux tenter de mettre sur pied un festival d'été à Québec, à l'intérieur des murs du vieux séminaire. Un festival qui dépasserait le contexte local et auquel Québec offre son cadre privilégié. Cela nous permettrait d'offrir aux comédiens du Trident un travail constant, annuel, la possibilité de former une équipe. Les spectateurs auraient l'occasion de voir des spectacles montés de façon totalement professionnelle, dans une ambiance de plein air et très chaleureuse. Ce serait pour eux et pour nous l'occasion d'une rencontre autour d'un événement valable.

J'aimerais aussi monter *L'Architecte et l'Empereur d'Assyrie* d'Arrabal, avec deux comédiennes jeunes. Cette pièce m'a laissé l'impression d'une vérité crue, qui doit être livrée cruement et avec les moyens dont on se sert aujourd'hui pour charmer les gens. Je ne veux pas de message !... mais un cri : « Voilà ce que nous sommes devenus, même avec les intentions les plus pures, des mécanismes qui fonctionnent indépendamment de toute volonté personnelle. »

* * *

Mon but est de faire en sorte que les gens de Québec perçoivent, dans l'immédiat, le sens de ce que nous présentons. Pas le sens abstrait, mais le sens de ce qui est dit dans l'immédiat. Une pièce de Shaw peut très bien devenir une pièce québécoise si on la perçoit à travers les personnages resitués dans notre ville. Favoriser une prise de conscience, non seulement mentale et intellectuelle, mais une prise de conscience du sensible.

Ma fonction, ce n'est pas d'être un novateur à tout prix, c'est d'être un artisan. J'essaie de construire des ponts entre le passé et le présent. L'avenir ne m'appartient pas. Je suis un technicien. Je suis heureux quand, dans une mise en scène, et au meilleur de ma connaissance, les rythmes concordent : l'éclairage, les entrées et les sorties, les mouvements des scènes, les impressions, les sensibilités, les intelligences. Si c'est de la « création », tant mieux. Mais au moment où je le fais, je ne sais pas ce que veut dire « créer ».

Interview accordée à Québec,
le 31 août 1971.

PAUL BLOUIN

Paul Blouin est né en 1929 à Dauphin, au Manitoba ; il a fait ses études en Saskatchewan et est venu à Montréal dès 1945 avec l'intention de faire du théâtre. Il étudie l'art vocal avec Albert Cornellier, participe aux productions des Compagnons de St-Laurent en 1950 et poursuit ses études en art dramatique avec Sita Riddez et Eleanor Stuart.

Comédien, il joue au Montreal Repertory Theatre, au Théâtre du Nouveau Monde, au Théâtre du Rideau Vert, aux Variétés Lyriques et au Canadian Repertory Theatre à Ottawa de même qu'à la radio et qu'à la télévision. Metteur en scène, il débute au Negro Theatre Guild et au Centre d'Art de Percé où il présente Vue du pont *d'Arthur Miller. Par la suite, il met en scène* On ne sait comment, La Vie est un songe, La P... respectueuse, La Collection, l'Amant *et* Le Retour *au Théâtre du Rideau Vert.*

D'abord régisseur à Radio-Canada, il devient responsable d'émissions dramatiques et de continuités en 1955. Beau temps, mauvais temps *et* Cap-aux-Sorciers *sont ses premières réalisations. Il dirige ensuite* Au Cœur de la rose, Vent d'es, L'Echéance du vendredi, La Cellule *et des textes de J.-R. Rémillard, Robert Choquette et Guy Dufresne pour la série « Première ». Paul Blouin fera connaître de nombreux textes québécois à la télévision :* Bilan, Le Temps des lilas, Bousille et les justes, Une maison... un jour, Trois petits tours, En pièces détachées. La Mort d'un commis-voyageur *et* Des Souris et des hommes *s'ajoutent à la liste de ses meilleures réalisations.*

Paul Blouin a bénéficié de bourses du Conseil des Arts et de Radio-Canada et il a obtenu The Imperial Relations Trusts Bursary. Il a remporté le trophée Frigon en 1957 pour Cap-aux-Sorciers *et le prix du Congrès annuel du spectacle en 1960, 1961 et 1963. Le prix Victor Morin lui a été décerné en 1971.*

Le public est constamment présent pour moi, d'abord dans le choix du texte puis lors de la mise en scène, de la conception de ma réalisation, du découpage. Au cours des répétitions, l'idée de base du spectacle se précise, s'intensifie et toujours, je me préoccupe de la façon dont le spectateur recevra ce que j'ai à donner. On espère toujours que le public attend ce qu'on veut lui donner ; on lui accorde les attentes qu'on lui voudrait voir vivre.

Le théâtre est le reflet d'un milieu, c'est même très important qu'il le soit. D'une époque ? aussi, mais pas nécessairement. *L'Echéance du vendredi* nous reporte à 1960, mais ce texte est toujours actuel. *Des souris et des hommes* est le reflet des années '30, de l'époque de la crise américaine, c'est-à-dire du continent nord-américain où il nous implique. La toile de fond de la crise est présente dans ce texte, de même que dans les grandes œuvres de Steinbeck et c'est essentiel de la retrouver. Mais on y retrouve aussi les thèmes de la solitude de l'être, du rêve nord-américain. Dans *l'Echéance du vendredi,* Marcel Dubé voulait provoquer une prise de conscience au niveau de certains problèmes économiques. Je suis d'accord pour éveiller les gens face à une vérité, à des problèmes ; selon ses propres convictions on veut toujours réussir une certaine provocation. Mais il y a aussi, dans la pièce de Dubé, une prise de conscience entre le fils et le père, un conflit des générations. Je pense que c'est ce qui primait.

Je veux bien que, dans un texte classique, on retrouve des allusions à l'époque contemporaine, en autant que ça ne soit pas le seul but du spectacle, en autant que ce que l'auteur a voulu dire soit toujours présent, prime. Je crois à la fidélité à l'auteur, à l'œuvre, à travers l'interprétation personnelle du metteur en scène. Bien sûr, il n'y a pas qu'une vérité... Mais il est important que ce que l'auteur veut dire passe. C'est par là que je voudrais être jugé.

D'autre part, le théâtre est divertissement, mais un divertissement qui doit devenir sacré, dont on doit sortir meilleur. Un spectacle, un film réussis doivent nous hanter, nous permettre de rapporter quelque chose avec nous. Cela m'est important comme spectateur et j'essaie, en réalisant un spectacle, d'en arriver au même résultat.

* * *

Je n'ai pas de forme, de genre préféré. Ce que je vise d'abord, c'est la communication avec les gens. Dans l'ensemble de ce que j'ai fait depuis dix-sept ans, il y a eu peu de comédies. Je suis plutôt porté vers le dramatique. Je crois à l'émotion, à l'émotion vraie. C'est le plus sûr moyen de rejoindre les gens. On peut aussi les toucher par la comédie dont la technique est toute différente, mais je ne sens pas le besoin d'en faire. Ce n'est pas mon langage.

Quant au texte, peu importe sa forme ou sa structure, on le sent ou on ne le sent pas, il nous rejoint ou pas du tout. Dans ce sens, la première lecture est très importante, car alors, malgré ses faiblesses, un texte nous « parle ». Dès ce premier contact, je « réalise » déjà ; tout en lisant, je fais bouger les personnages, je vois les images, je prévois les décors, même les mouvements des caméras. Automatiquement, le transfert se fait. Je deviens conscient des paliers du texte, de son *climax,* d'images-clefs qui reprennent visuellement le *climax* émotif exprimé littérairement par l'auteur. Ces images vers lesquelles il faut diriger le travail peuvent se modifier, mais dès le départ, elles sont esquissées.

* * *

Chaque saison apporte ses sommets, il y a quelque chose à chaque texte. Je garde un très bon souvenir de *Beau temps, mauvais temps,* ma première réalisation et la première continuité pour adolescents ; mais surtout de *Cap-aux-Sorciers* de Guy Dufresne où le texte et les comédiens étaient merveilleux.

Un des grands moments de mon métier a été la réalisation d'un quatuor de Dubé : *La Cellule.* Plus tôt, j'avais vu *Zone,* au Théâtre des Compagnons, et je m'y étais retrouvé. C'était moi, ma génération. Réaliser un Dubé, c'était presque un destin pour moi, c'était une participation directe à mon époque, c'était me prononcer. Mon premier téléthéâtre a été *Bilan,* un texte où Dubé changeait de milieu, quittait le monde ouvrier pour la bourgeoisie québécoise. Il y avait là des choses délicates à traiter pour l'époque.

Et puis, lors d'une création d'un texte de Dubé, on sent que quelque chose se passe en studio. C'est un événement.

J'aime beaucoup Arthur Miller, qui est un Dubé américain, et je reprendrais volontiers *La Mort d'un commis-voyageur.* Voilà des personnages typiquement nord-américains et universels, un problème qui n'aurait pas pu être traité hors de l'Amérique.

Pour le Miller, comme dans le Steinbeck, il y a la nostalgie de tous mes souvenirs d'enfant. Avec les années, je me suis rendu compte que les souvenirs de mon enfance sont très importants dans mon travail. Ma documentation, mes motivations, les intonations, les détails : tout ce que j'ai emmagasiné dans mes filières émotives me servent. Ces retours ne sont pas conscients, bien sûr, mais tout est relié à ce que j'ai vécu.

* * *

Il y a des textes qui me fascinent mais que je ne suis pas encore parvenu à visualiser, à cerner selon la technique de l'image. Je veux faire certaines pièces depuis des années, et parfois, il suffit d'une autre lecture et ça y est... Je pense au *Partage de midi* de Claudel, à *Oedipe-Roi* de Sophocle. J'ai traité déjà une multiplicité d'œuvres, de Lorca à Tchekhov, de Henry James à Pinter, de Dubé à Tremblay. La continuité est au niveau de ma sensibilité. Le Sophocle, le Claudel s'insèrent dans cette continuité. Mais je rêve un jour de monter un Shakespeare. Shakespeare est total, tout y est : fantaisie, folie, civilité, rudesse, comique, poésie.

J'aimerais revenir à la scène plus souvent. Mais cela ne sera jamais aussi satisfaisant pour moi que les réalisations télévisées. Au théâtre, quand le comédien joue, le metteur en scène n'a plus rien à faire, sa participation est terminée. A la télévision, le réalisateur travaille en même temps que les comédiens, capte sur la pellicule les moments du jeu. C'est vraiment un travail de collaboration qui, en certaines occasions, peut atteindre le sublime. On peut sentir l'équipe de studio, la caméra, comme on sent le public. C'est plus restreint, plus intime mais il y a une présence. Et après la prise d'une scène-clef, difficile au niveau de l'interprétation et au niveau de la technique — et souvent ces deux domaines vont de pair — j'ai déjà vu l'équipe applaudir les comédiens et vice versa.

* * *

J'aimerais penser que j'ai contribué à l'évolution de la dramaturgie québécoise. La télévision, depuis 1955, a beaucoup contribué à des prises de conscience par l'entremise des textes de certains auteurs.

J'aimerais être jugé sur ce que j'ai fait — pas plus, pas moins — pour ce que j'ai essayé de transmettre par les auteurs que j'ai choisis, par les auteurs qui m'ont choisi, que j'espère avoir servis.

Interview accordée à Montréal,
le 24 mars 1972.

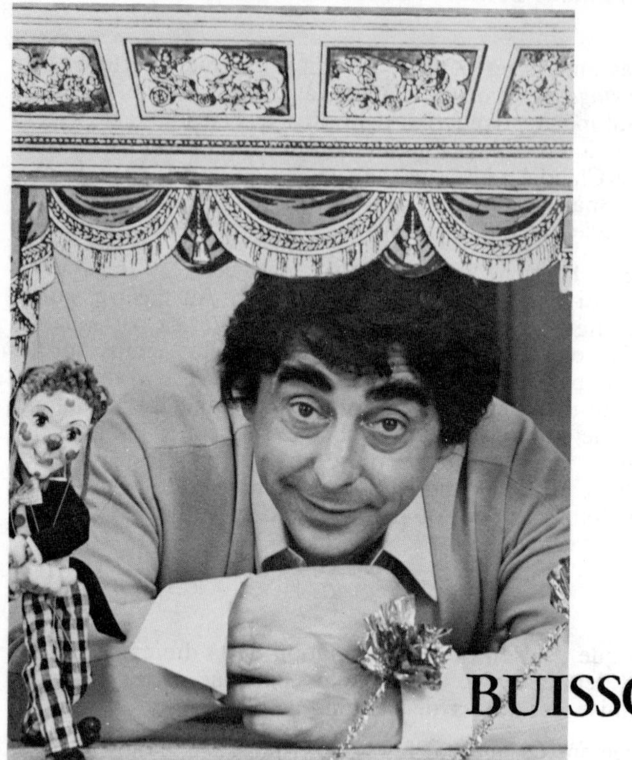

PAUL BUISSONNEAU

Paul Buissonneau est né à Paris le 24 décembre 1926 et a étudié l'art dramatique en France avec Hubert Gignoux, Yves Joly, Léon Chancerel. De 1946 à 1950 il est de la tournée internationale des Compagnons de la Chanson. En 1952 il entre au Service des parcs de la ville de Montréal comme directeur de « La Roulotte », théâtre pour enfants qu'il dirige jusqu'en 1967. Professeur de jeux dramatiques, il met en scène des spectacles avec les enfants et avec les groupes amateurs de Montréal. En 1956 il fonde Le Théâtre de Quat'sous et présente plusieurs pièces dans diverses salles : La Tour Eiffel qui tue, *qui remporte le trophée au Festival national d'art dramatique,* Voulez-vous jouer avec moâ, Les Oiseaux de lune *à la Comédie-Canadienne,* Malborough s'en va-t-en guerre *à la Poudrière. En 1961, boursier du Conseil des Arts, il étudie chez Maximilien Decroux et complète un stage au Grenier de Toulouse.*

A son retour à Montréal, Paul Buissonneau accepte la responsabilité de spectacles au Centre d'art de Repentigny et ouvre officiellement son Théâtre de Quat'sous en 1965. C'est là désormais qu'il met en scène La Florentine, Love, La Promenade du dimanche, Peuple à genoux, Osstidcho, Hôtel Hilton Pékin, Faut jeter la vieille, N'écrivez jamais au facteur *et* Le Diable en été. *En 1971, avec Michel Faure, il écrit et présente au Théâtre du Nouveau Monde :* D.D.T. *Les Productions Paul Buissonneau ont permis la présenta-*

tion de plusieurs pièces de Michel Tremblay dont ...et Mademoiselle Roberge boit un peu *et* Demain matin, Montréal m'attend.

Comédien, Paul Buissonneau a tenu des rôles au cinéma dans Yul, Dimension, Le Cirque magique, Picolo Musique ; *scripteur, il travaille pour la radio et la télévision ; metteur en scène, il monte* Le Barbier de Séville *à C.B.F.T., qui se mérite l'Emmy Award à New York, et* L'Opéra d'Aran *de Gilbert Bécaud pour le Festival de Montréal. Paul Buissonneau est présentement le directeur artistique du Théâtre de Quat'Sous.*

Dans la mesure où le spectateur se sent concerné par ce que l'auteur lui propose, le théâtre est le reflet d'un milieu, d'une époque, de même que dans la mesure où il est touché par la justesse du jeu du comédien, il y a identification même. Le théâtre justifie son rôle lorsque le spectateur participe en esprit, avec l'auteur et par l'entremise des comédiens, à des problèmes qui l'intéressent et qui deviennent passionnants grâce au jeu théâtral. Le spectateur est la troisième corde au violon : sans sa participation, il y a désaccord.

* * *

Le texte dramatique n'a de sens que s'il y a un mariage d'amour entre thème, structure, situation et le reste. Les meilleures pièces sont la résultante d'un parfait accord dans ce mariage. Aussi, rares sont les dramaturges qui dosent à la perfection le mariage insensé de ces éléments divers mais combien importants.

* * *

La meilleure mise en scène n'existe pas. Chaque mise en scène est un pas vers la suivante, on est toujours conscient d'être passé à côté de quelque chose, on a toujours espoir que la prochaine fois... et ça continue... On fait une bonne mise en scène sur une mauvaise pièce, ça ne prouve rien ; on fait une mauvaise mise en scène sur une bonne pièce, ça ne prouve rien encore... La meilleure mise en scène est celle où l'auteur du texte possède une connaissance parfaite et professionnelle du théâtre. C'est à lui de décider, c'est lui le créateur.

Le metteur en scène doit être extrêmement lucide et conscient des techniques théâtrales pour reconnaître et rencontrer les directives du vrai créateur. Dans ce sens, Murray Schisgal, auteur de *Love,* reste un cas type. Tout est détaillé dans sa pièce qui est une horloge ; il faut suivre le cheminement de ce dramaturge avec la simplicité qui est celle du « yes man », mais le résultat est fantastique, les correspondances entrent en jeu, le dialogue, le thème et les personnages sont liés de façon intelligente : avec lui le rôle du metteur en scène est recyclé à sa juste valeur.

* * *

Les souhaits en ce monde où les valeurs changent si vite sont difficiles à obtenir et il faut rester réaliste. La nouvelle création arrive au compte-gouttes. C'est comme l'oxygène : même si la pièce a des défauts on saute dessus ; or, n'étant que deuxième violon, je me contente quelquefois des restes...

* * *

Il n'y a pas d'Oeuvre pour un metteur en scène, il y a la mise en œuvre de l'œuvre des autres. C'est un artisanat spécialisé où il ne nous reste que des souvenirs très vagues ici et là, si vagues, si éphémères qu'il est dangereux de vouloir refaire une mise en scène qu'on a déjà faite. C'est un peu comme vouloir revivre une séquence de sa vie antérieure. Ce qui a pu nous provoquer dans l'instant où l'on travaille sur une mise en scène, à un moment quelconque, n'est plus motivé à un autre moment. Ainsi, le nerf moteur qui mène mon travail diffère-t-il chaque jour selon mes prises de conscience, mes maux d'estomac, ma politisation, mes efforts et recherches pour comprendre tout simplement la vie dans son entier. Je ne peux absolument pas donner un sens à un travail qui n'en a pas et qui évolue selon mon devenir que je ne connais pas encore.

Montréal, avril 1971.

JEAN-GUY SABOURIN

Jean-Guy Sabourin a étudié en histoire et en littérature à l'Université de Montréal et a enseigné, de 1955 à 1966, la littérature dramatique au collège Sainte-Marie de Montréal. En 1955 il fonde le Théâtre des Apprentis-Sorciers dont il dirige les destinées pendant douze ans, soit jusqu'en 1967. Cette troupe présente alors un répertoire qui était encore inconnu du public. Jean-Guy Sabourin y signe les mises en scène de pièces de Ionesco : La Cantatrice chauve, Les Chaises, Jacques ou la soumission, L'Avenir est dans les œufs ; *de Brecht :* Homme pour homme, Maître Puntila et son valet Matti ; *de Max Frisch :* Monsieur Bonhomme et les incendiaires, La Grande Rage. *Il présente aussi* La Cruche cassée, Le Baladin du monde occidental, La Parodie, Les Bas-Fonds, La Visite de la vieille dame *et* On achève bien les chevaux.

En 1963, il crée à la scène la pièce de Pierre Perrault Au cœur de la rose *et présente, deux ans plus tard,* C'est l'enterrement de Nicodème, tout le monde est invité *du même auteur au Festival international du théâtre d'amateurs de Monaco.*

En 1966, il est nommé directeur du théâtre au ministère des Affaires culturelles du Québec et prépare, à Québec, un spectacle son et lumière : Voyage au pays de la mémoire. *En 1968, il accède au poste de directeur artistique du Théâtre du Capricorne au Centre national des Arts. C'est à Ottawa qu'il dirige* La Visite de la vieille dame *et* En attendant Godot.

Jean-Guy Sabourin retourne à l'enseignement en 1969 et dirige le module Animation culturelle à l'Université du Québec à Montréal. Il est présentement directeur artistique du Théâtre populaire du Québec.

Le théâtre exige une adhésion immédiate d'un grand nombre de personnes et par là il ne peut exister que sous les traits de l'espace et du temps de la société à laquelle il s'adresse. Le succès en nombre de spectateurs peut être un indice de son incarnation dans un milieu.

La question posée m'inciterait à m'interroger sur la société, le milieu, l'époque. Derrière des mots si généraux il faudrait s'arrêter à définir le « milieu », « l'époque ». Ici, on ne peut parler que de microsociété qui se donne son expression plastique, dramatique, musicale, etc.

Nous vivons actuellement une grande période de création dramatique où le jeu, la musique et la scénographie développent un langage de plus en plus cohérent, varié et intelligible.

Mais si nous voulons aller plus loin que les impressions, il faudrait analyser le phénomène dans ses dimensions sociologiques et psychologiques et vérifier les implications selon une méthode analogue à celle de Raymond Ravar et Paul Anrieu où la qualité artistique est mesurée en quantité, où l'action du spectateur est identifiée tant dans la densité de l'éclat de rire que dans la compréhension du contenu et cela après vérification de l'échantillonnage du public. Vous comprenez que c'est là un champ d'étude autre que le mien.

Lorsque le choix d'une œuvre est devenu une évidence, qu'aucune autre ne m'intéresse autant, elle devient le centre de mes intérêts. Et il a fallu dans presque tous les cas entre deux et cinq ans pour obtenir cette évidence.

Alors commence le travail d'analyse : la structure d'abord, les plans de langage, les traits des personnages. Là, fiches, graphiques sont nécessaires.

Puis l'imagination invente des gestes, des rythmes, des tons, etc. Mais je suis très attentif à l'aspect suivant : comment rendre clair ce qu'on veut dire, et toucher juste et profondément en une seule « lecture ».

Une mise en scène c'est une idéologie appliquée, aussi, j'accorde une grande importance aux discussions théoriques sur le contenu et, comme dit Brecht : « Oui, j'irais jusqu'à me comparer à un marchand de cuivre qui s'adressait à une fanfare pour acheter non pas une trompette, mais simplement du cuivre. »

Si j'évalue bien mon travail, je crois que *Jacques ou la soumission* et *L'Avenir est dans les œufs* de Ionesco, en 1959, chez les Apprentis-Sorciers, a été ma mise en scène la plus audacieuse, la plus libre et la plus claire.

* * *

Je travaille actuellement sur des collages de textes québécois anciens en vue de la scène.

Mon intérêt se porte sur la formation d'agent de changement culturel avec le théâtre comme outil privilégié, soit par l'œuvre exemplaire, soit par l'expression dramatique comme moyen d'expression de micro-société.

Lorsque les comités de citoyens chercheront des moyens d'exprimer leurs besoins culturels, le théâtre devra être en mesure d'avoir des formes-dramatiques-cadres adéquats.

* * *

Je ne travaille que pour le présent et l'avenir ne m'intéresse que dans la mesure où il engage le présent. J'aime le théâtre et je crois être un modeste agent de changement et d'expression culturel. Je laisse à d'autres le soin de suivre le cheminement sinueux de mon travail si ça les amuse.

Montréal, mai 1971.

ROLAND LAROCHE

Roland Laroche est comédien et metteur en scène. Il a étudié son métier aux Etats-Unis, au Artist's Theatre of New York, à Montréal, à l'Ecole du Théâtre du Nouveau Monde et au Conservatoire d'art dramatique et à Paris avec Jacques Lecoq. Il a bénéficié d'une bourse de voyage du Conseil des Arts en 1969.

Cofondateur du Théâtre de l'Egrégore il monte, en 1959, Une Femme douce *de Dostoïevsky qui est accueillie en tournée européenne en 1966. Toujours pour l'Egrégore, il monte* Une Saison en enfer, La Balançoire *dans une traduction de Marcel Dubé,* Api 2967 *et* Le Pendu *de Robert Gurik. Metteur en scène pigiste, Roland Laroche travaille aussi à Kingston, Winnipeg, London et Ottawa. A l'Ecole nationale de théâtre, où il enseigne depuis 1964 la régie et la production, il monte* Bobosse, Ah ! solitude, Ivanov, La Ronde, Les Petits Bourgeois. *La Nouvelle Compagnie théâtrale fait appel à lui pour* Salomon, L'Idiot *et* Op Théâtre.

Roland Laroche a réglé la mise en scène de plusieurs opéras à Radio-Canada et pour le Théâtre lyrique du Québec dont Le Château de Barbe bleue, Le Barbier de Séville, Werther. *Il a réalisé* Les Contes d'Hoffmann à l'Université de Toronto où il a donné des cours de mise en scène.

Roland Laroche a présenté plusieurs spectacles aux festivals dramatiques de la province et du pays, il a été juge critique à plusieurs reprises, conseiller professionnel au Carrefour de l'ACTA en 1971 et secrétaire exécutif du Centre d'Essai des Jeunes auteurs dramatiques de Montréal.

Un metteur en scène ne peut pas produire un spectacle sans tenir compte de l'époque à laquelle il vit. Tout y est relié directement. Je ne suis pas intéressé à faire la mise en scène d'une œuvre telle qu'elle fut conçue, pensée, il y a trois siècles, il y a cinquante ans. L'époque présente offre un éventail de présentations scéniques tel — tant sur le plan de la forme que du fond — qu'on peut se débarrasser plus facilement des traditions qui sclérosent une œuvre. L'ouverture d'esprit du public est telle qu'elle nous permet de présenter presque toutes les œuvres de presque toutes les époques. Il est perméable à cela en autant que ce qu'on lui présente reflète le temps présent, est vu à travers toutes les extravagances, les fantaisies de la vie contemporaine. C'est à travers cette nouvelle sensibilité que je vois l'approche théâtrale. C'est une façon de donner aux œuvres de toutes les époques leur résonance dans la société contemporaine. Les grandes œuvres ont, pour toutes les générations, un sens qu'il faut trouver.

Le théâtre peut être provocation, mais aussi envoûtement : au niveau de l'œuvre et au niveau de la mise en scène. Quand un spectateur retrouve au théâtre le milieu d'où il vient, c'est justement parce que ce milieu est assez percutant. Qu'il aime cela ou non est une autre question. Mais il en prendra conscience, pour en rire ou pour se révolter.

Je cherche de plus en plus à ce que le spectateur soit concerné par ce qui se passe sur le plateau soit, en tant qu'individu, par des problèmes métaphysiques soit, en tant que membres d'une société donnée. Sans cela il n'y a pas d'échange.

* * *

La première chose qui me touche est généralement le thème et la façon dont il est traité : forme et fond sont interreliés et difficilement dissociables. Quand on travaille avec un auteur contemporain on peut éventuellement corriger les véhicules de ce thème qui font défaut. Une pièce classique malhabile a été écartée par les générations.

* * *

A cause de la distribution, de ce que j'ai obtenu des comédiens, à cause des conditions de travail et du résultat d'ensemble, c'est certainement *l'Idiot* de Dostoïevsky.

J'ai commencé dans ce métier il y a dix ans avec *Une Femme douce* de Dostoïevsky et je refermais, avec *l'Idiot,* un cycle. Les problèmes de fond de *l'Idiot* sont éternels, compris et partagés par les jeunes d'aujourd'hui, ils rejoignent toutes les époques même quand la pièce est présentée avec des costumes et des décors de l'époque — comme ce fut le cas pour nous.

Quand je parle de Dostoïevsky, je devrais aussi parler de Bergman dont les films m'ont beaucoup influencé, à cause de leur mystère, de leur mysticisme. *L'Idiot,* c'est toute une époque qui m'a marqué. Après, j'ai voulu passer à autre chose.

* * *

Je préfère de plus en plus la création avec les auteurs, même si c'est beaucoup plus difficile. Ce n'est que par eux qu'on va promouvoir la dramaturgie d'ici.

Il est fort intéressant aussi de monter un spectacle en fonction d'un besoin précis, besoin qui peut venir de moi et rejoindre celui d'une compagnie de théâtre.

Et de l'opéra ! l'opéra qui peut dépayser ! l'opéra qu'il faudrait présenter sans toute la poussière habituelle !

* * *

Pour moi, le théâtre est le dépassement de l'être. Il faut qu'à travers cette expérience les spectateurs puissent se dépasser, sortir de leur quotidien, vibrer à quelque chose qui les aide à vivre. C'est une bouffée d'air, un coup de fouet qui nous oblige à nous poser des questions. Mon travail n'a pas d'autre sens que la recherche de cette communication. Ce qui est important, c'est que tous les individus prennent conscience d'eux-mêmes par ce choc, cette vibration qui leur apporte la preuve de leur existence.

Interview accordée à Montréal,
le 1er octobre 1971.

ANDRÉ BRASSARD

André Brassard est né à Montréal en 1946. C'est à Montréal qu'il poursuit des études classiques et qu'il fait sa première mise en scène à seize ans. En 1963, il fonde le Mouvement contemporain avec des amis comédiens et présente Les Frères Karamazov *et* Cinq, *sketches dramatiques de Michel Tremblay. En 1965 il met en scène* Messe noire, *collage sur des contes fantastiques du même auteur. L'année suivante, il est responsable d'un festival Beckett et il signe la mise en scène de douze textes ; sa présentation des* Bonnes *se mérite tous les prix au Festival d'art dramatique.*

Sa collaboration avec Michel Tremblay est totale. Il dirige la lecture publique des Belles-Sœurs *au Centre d'Essai, crée la pièce en 1968 au Théâtre du Rideau Vert et en renouvelle déjà la mise en scène en 1971. Il crée par la suite* En pièces détachées, Lysistrata, *les deux versions de* Demain matin, Montréal m'attend. A toi, pour toujours, ta Marie-Lou, *l'adaptation des pièces de Zindel :* L'Effet des rayons gamma sur les vieux garçons, ...et Mademoiselle Roberge boit un peu *ainsi que* Au Pays du dragon, *adaptation de plusieurs pièces de T. Williams.*

André Brassard a par ailleurs créé à la scène Double Jeu *de Françoise Loranger,* Le Marquis qui perdit *de Réjean Ducharme et* Bien à toi Marquise *de Marie Savard. Il a mis en scène* Black Comedy *et* L'Oeil anonyme *au*

Théâtre du Rideau Vert, Aux yeux des hommes *au Théâtre de Quat'Sous,* En Attendant Godot *à la Nouvelle Compagnie théâtrale. Il a publié les notes de mise en scène pour* Double Jeu *et l'adaptation de* Lysistrata *en collaboration avec Michel Tremblay.*

Je pense qu'il faudrait établir une distinction entre ce que le théâtre est présentement et ce que nous souhaitons que le théâtre soit. Il y a deux options : le théâtre de pur divertissement, qui nous éloigne de nos préoccupations quotidiennes et le théâtre qui parle aux gens de ce qui les préoccupe, de ce qui les intéresse. Je choisis la deuxième proposition. Le théâtre doit être, pour les acteurs autant que pour les spectateurs, une expérience enrichissante, *au moment où ça arrive.* Il doit leur apporter une vision, un sentiment des réalités, ne serait-ce que très brièvement. Je ne suis pas sociologue, mais je sais que nous essayons, au théâtre, de parler de ce qui existe, de ce qu'on connaît, plutôt que d'essayer de faire des projections. Forcément, ce qui préoccupe un individu en préoccupe plusieurs.

* * *

Tous ces aspects sont assez indissociables. Un texte est bon ou n'est pas bon. L'auteur doit avoir quelque chose à dire, savoir comment le dire par le truchement de personnages qui s'expriment par les dialogues. Certains dramaturges ont d'excellentes idées, mais ils ne savent pas « écrire des personnages ». La situation de base est accessoire je crois ; c'est au maximum un prétexte. Il y a de meilleurs prétextes que d'autres mais surtout, avant et après cette situation, il y a des personnages qui existent et qui s'expriment. Finalement au théâtre, il y a des gens sur une scène qui parlent à des gens dans une salle. C'est ce qui fait que le théâtre est théâtre : un art vivant, un art du présent...

* * *

La mise en scène dont je suis le plus content, c'est la dernière des *Belles-Sœurs,* celle de juillet 1971. J'ai commencé, à l'occasion de cette mise en scène, à préciser, dans des mots et avec des actrices, et beaucoup grâce aux actrices des *Belles-Sœurs,* ma pensée par rapport à mon métier. Avant, je travaillais instinctivement. Je ne voudrais pas laisser mon instinct de côté, mais il est important de structurer sa pensée, de savoir ce dont on veut parler, de définir ses relations de travail avec les autres. Je suis en train de découvrir, de préciser des notions que j'avais déjà acquises : je suis en train d'apprendre, de sentir où je vais.

* * *

Je ne me suis pas arrêté depuis longtemps à rêver ! Je fais de la création depuis trois ans ; l'automne prochain, je commence à faire du répertoire, du cinéma et je suis bien content. Le répertoire va m'aider à continuer à travailler. J'ai devant moi un champ immense à défricher et je souhaite peut-être un jour pouvoir me rendre à Shakespeare, pouvoir comprendre et monter Shakespeare... bien ! Shakespeare offre tellement d'éléments divers qu'il faut comprendre pour savoir choisir.

* * *

J'aimerais réussir à faire du théâtre québécois avec des œuvres de répertoire, des œuvres non québécoises. On ne modernise pas un texte par les costumes, de l'extérieur seulement ! Le travail se fait au niveau de la signification du texte, de la découverte de ses grandes lignes, de ses grands thèmes. C'est ensuite ce qu'il faut faire passer grâce au travail avec les acteurs. Le gros du travail se fait avec les acteurs, sur le texte.

Interview accordée à Ottawa,
le 2 juillet 1971.

JEAN GUY

Jean Guy a étudié l'art dramatique à Québec où il a obtenu les trois premiers prix du Conservatoire. En 1964, il est nommé professeur au Conservatoire d'art dramatique de Montréal et fait une première mise en scène professionnelle au théâtre La Grenouille. En 1966, il est nommé professeur d'interprétation à Québec et assure, par intérim en 1969, la direction du Conservatoire. Ses séjours en France sont réguliers. En 1965, il fait la tournée des Festivals et l'année suivante il séjourne un mois à la Maison de la Culture de Bourges. Il participe à trois saisons du théâtre d'été de l'Atelier de Sherbrooke et en 1966 est directeur artistique du Festival du théâtre étudiant du Québec.

L'activité principale de Jean Guy se situe cependant dans la ville de Québec même où il fonde le Théâtre du Carnaval (1964-1966) et le Théâtre du Vieux Québec, en 1967, dont il est toujours le directeur artistique. L'Estoc a fait appel à lui pour plusieurs mises en scène et il a joué le rôle principal de Blues pour un homme averti *de Claude Jasmin. Il joue régulièrement au Théâtre de La Fenière et y a créé, en 1971,* Octobre en famille *de René Massicotte.*

Jean Guy a participé aux premières rencontres qui allaient donner naissance au Théâtre du Trident et a créé 0-71 *de Jean Barbeau, spectacle d'ouverture au Grand Théâtre de Québec. C'est Jean Guy qui avait d'ailleurs signé la mise en scène de* Etc. *de Jean Barbeau, spectacle qui avait remporté le premier prix au Festival d'art dramatique de 1968. Il a participé aux* Temps tranquilles, *a joué plusieurs textes radiophoniques et a créé le personnage masculin de* Joualez-moi d'amour *du même auteur. Jean Guy est présentement directeur du Conservatoire d'art dramatique de Québec.*

En ce qui concerne les pièces de répertoire, je fais une différence qui me paraît capitale entre l'écriture d'un spectacle et son interprétation. Autant l'écriture peut présenter des références dans le temps, une facture déterminée, une langue morte ou vivante, des facilités ou des difficultés de compréhension, autant à mon sens son interprétation ne peut que présenter les libertés et les « pognages » de tel pays à telle époque.

Le théâtre qui se joue est donc toujours le reflet d'un milieu et d'une époque parce que le jeu des comédiens est le jeu à la mode de l'époque, le choix de la pièce est lié à des critères qui tiennent de l'époque et l'aspect visuel du spectacle dépend des préoccupations esthétiques de cette même époque. Le théâtre en représentation (et non dans les livres) est le résultat des connaissances, des préoccupations et du goût ; on a le théâtre que l'époque suggère (objectivement, il n'y a pas de bonnes ou de mauvaises époques, ce sont les dérisoires colères des critiques qui jettent ces alarmes futiles).

Par son écriture et sa péripétie une pièce peut tenir d'une époque et évoquer des problèmes *qui demandent à être REPRESENTES* (présentés une seconde fois). Ou on intègre cette pièce à la vie qui nous entoure ou on la monte comme un classique pour se réfugier dans un théâtre de sécurité. Le fond est immortel, la forme, elle, sera toujours le reflet d'un milieu, d'une époque.

Le théâtre de dénonciation m'intéresse davantage. Mes quelques péchés d'écriture, je les ai commis en ce sens.

Il est faux de dire que la proche actualité ne peut pas être dramatique ; par contre, je n'ai pas la naïveté de croire que chez nous le théâtre est un moyen de faire de la politique.

* * *

Chaque travail a ses exigences.

Lors d'une création, mon attention est rivée à ma connaissance de l'auteur ; dans un texte écrit par un auteur étranger, c'est la situation qui régit tout, selon moi, qui préside à la direction de la mise en scène, qui commande toutes les décisions. Dans un cas comme dans l'autre la forme devra sortir du fond.

Pourquoi deux attitudes ?

Parce que dans le premier cas, je considère que la pièce ne sera vraiment écrite qu'après la première semaine de représentations... et encore. Il y a beaucoup à sentir depuis la première répétition... On pourrait dire que l'âme de cette nouvelle œuvre est encore absente, les personnages et le texte ne savent pas encore vivre, il faut que l'auteur soit là pour eux et pour moi qui suis responsable de leur orchestration.

Dans le deuxième cas, mon attention puis mon imagination n'ont qu'un point de référence sûr et c'est la situation. Ne connaissant pas les intentions de l'auteur et n'ayant pas le loisir de lui parler, j'estime que l'âme de l'œuvre est dans la situation : c'est elle qui a permis les excès, c'est elle qui commande les rigueurs.

* * *

Les Temps tranquilles. C'était la deuxième fois que je travaillais avec Jean Barbeau, à l'Université Laval, pour la troupe des Treize. Ç'a été ma mise en scène la plus excessive, également celle où j'ai eu le plus de plaisir et de satisfaction. C'était une création collective, une des premières au Québec. Toute l'équipe a travaillé pendant deux mois, les comédiens ayant leur mot à dire dans les dialogues, la mise en scène, les accessoires et le décor, tout étant discuté au moment des réunions de production. Le produit final (qui se finalisait tous les jours) a été une chose assez étonnante. Pour le refaire, il faudrait être dans la même situation et encore... on ne reprend pas une « création collective ».

* * *

J'ai beaucoup envie de monter des tragédies : *Horace* sur une musique de Sergio Leone. J'aurais besoin de monter une tragédie qui soit intégrée à notre façon de sentir les choses, sans toges ni masques antiques, et tout ceci, sans « fausse pureté d'intention » : il faudrait que ça serve à quelque chose, que ça ne permette pas seulement au texte de survivre. Ce sont tout de même les pièces de théâtre les plus politisées.

* * *

Tout est accidentel dans une carrière... on joue accidentellement, on fait des mises en scène accidentellement...

La grosse décision de ma vie a été de ne pas m'intégrer à un milieu de théâtre déjà existant, organisé. J'ai préféré demeurer à Québec et participer à la définition même d'un théâtre pour une ville qui n'en avait pas avant 1960. Un autre moment de décision approche peut-être pour moi — je l'attends en souriant et de pied ferme !

Beaulieu, juillet 1971.

JEAN HERBIET

Jean Herbiet est né à Namur, en Belgique, le 16 décembre 1930. Il a étudié le théâtre à l'Institut belge du théâtre. A son arrivée à Ottawa en 1957, il se voit confier l'enseignement de la phonétique à l'Université d'Ottawa et la direction de la Société dramatique qui deviendra, en 1963, la Comédie des Deux Rives. C'est à l'Université que Jean Herbiet signe les mises en scène des pièces de Molière, Anouilh, Plaute, Supervielle, qu'il monte Tueur sans gages, Le Roi se meurt, Comédie, Le Jet de pierre *de Claudel (en création mondiale),* En Regardant tomber les murs *de Guy Foissy (en première canadienne),* Les Troyennes, Monsieur Fugue ou le mal de terre, Victor ou les enfants au pouvoir. *La troupe se manifeste lors de nombreuses tournées en Ontario et au Québec de même qu'au Festival international de Nancy où elle remporte un deuxième prix ex aequo en 1964 avec* La Cantatrice chauve. *Jean Herbiet dirige alors la rédaction des* Cahiers *pédagogiques que la troupe publie pour chaque production. Plus tard, il fonde la section « théâtre » de la Faculté des arts de l'Université.*

Metteur en scène, Jean Herbiet dirige des spectacles pour le Grenier de Hull (1958-60) et à l'Ecole nationale de théâtre ; comédien, il joue à la scène, à la radio et à la télévision ; auteur, il publie Job's Kit dans la revue

« Théâtre Vivant », Terre des hommes *dans la revue Co-incidences et il écrit et met en scène* Elkerlouille *en 1970 et* La Rose rôtie *en 1972.*

Jean Herbiet est présentement directeur associé du département de théâtre du Centre national des Arts à Ottawa où il a présenté récemment La Double inconstance, L'Illusion comique, Oh ! les beaux jours, La Cantatrice chauve, La Rose rôtie *et* l'Avare.

Les spectateurs se « retrouvent » toujours au théâtre puisque la personne qui joue ou monte ou décore une pièce est un être dans le monde « d'aujourd'hui ». Tout ce que le créateur fait témoigne : les matériaux qu'il utilise pour son décor autant que les tissus qu'il emploie pour ses costumes, les nouvelles techniques électroniques ou électriques qu'il découvre autant que les nouvelles formes d'expression du comédien qu'il essaie ; metteur en scène, il inventera de nouvelles scénographies, de nouveaux espaces ; auteur, il parlera le langage de son siècle et de son pays.

Une œuvre de création est toujours une expression de soi et d'autrui, à la fois aveu et accusation. Je montre ma société sans le vouloir et me montre sans le vouloir ou je me montre le voulant...

Je peux montrer mon époque tout en étant en accord harmonique avec elle : tel le théâtre de boulevard qui fustige un peu, qui châtie un peu, qui ridiculise un peu ; je peux montrer ma société dans ses abus, c'est-à-dire dans mes désaccords avec elle : Tremblay, dans *Les Belles-Sœurs,* pièce politique d'abord, montre une situation sociale intolérable, à la façon des *Bas-Fonds* de Gorki.

Mais le théâtre qui peint une situation avec réalisme — la « tranche de vie » — n'est pas à mon sens plus fort qu'une pièce de Claudel : *L'Echange* montre toute l'Amérique et tout le théâtre... Il faut voir comment cela se présente, ce que le public ressent... Pour moi, encore aujourd'hui, le théâtre est la mise en scène d'un poème dramatique...

Les thèmes fondamentaux sont tellement banals ! Ils ne constituent pas ce qui est important au théâtre. Le théâtre est un mode d'expression, c'est donc le moyen qu'il faut juger et critiquer... On peut monter *L'Avare,* de façon « réaliste », « à l'italienne », « dans la tradition », « comme Planchon », « à la Brecht » : seul le traitement importe, la pièce est toujours la même...

* * *

C'est difficile à dire. La pièce est une unité. A la lecture, je crois que ce sont quelques scènes importantes qui me retiennent, qui me font dire que la pièce sera acceptée, entendue... (Ainsi aimons-nous un être pour quelques traits qu'il nous offre, que nous cherchons, quitte à prendre le reste, à assumer le reste.) Ensuite, j'analyse la pièce et je sais pourquoi je l'ai choisie, pourquoi et comment je veux la monter...

* * *

Je suis content de bien des choses, mécontent de bien d'autres. On dit que ce que j'ai fait de mieux, c'est *La Cantatrice Chauve,* présentée à Nancy, et *Le Roi se meurt.* Mais il faut se méfier de ses souvenirs de théâtre, autant que de ses souvenirs d'enfance. Ce n'était jamais aussi beau qu'on le dit, ni aussi laid...

Les grands moments de théâtre sont toujours une rencontre entre une pièce, la façon dont elle est montée et un certain public. Le grand succès de ces dernières années ? *Hair..?* Dans cinq ans ?... Il y a eu la rencontre de Vilar, Philipe, T.N.P., Chaillot, Avignon, *Le Cid.* Puis, ce n'était plus ça...

Pour *La Cantatrice chauve* on avait été au bout de quelque chose, à la limite des possibilités des participants, des moyens physiques de l'Université d'Ottawa.

Le meilleur spectacle : *La Double Inconstance...*

La meilleure mise en scène : *Le Roi se Meurt...*

* * *

Dans une situation idéale, j'aimerais monter *Hamlet, Andromaque, Tartuffe, Le Misanthrope,* qui sont des chefs-d'œuvre, qui me nourrissent, dont je ne me lasse pas. J'aime ce qui est « bien fait » : structure, personnages, entrées et sorties, scènes bien liées, dialogues intéressants, langage poétique, vrai.

Je ne suis pas attaché à un genre en particulier.

Présentement, je repense à la place du théâtre dans ma société, qui est un problème concret. Ma société ce sont des spectateurs éventuels habitant dans un rayon de vingt milles autour d'Ottawa. C'est une région biculturelle et bilingue, habitée par des fonctionnaires, des employés de commerce, des intellectuels, ce n'est pas un public très homogène. Je m'interroge sur mon rôle dans cette société, mon rôle comme homme de théâtre ; je m'interroge sur le genre de théâtre que je veux réaliser pour eux...

* * *

J'ai été très persévérant dans ma carrière théâtrale. Quand je suis arrivé à l'Université d'Ottawa, je savais qu'il fallait commencer par Molière, Anouilh. Quand d'autres troupes ont monté ces auteurs dans la région, nous nous sommes lancés dans *Le Roi se Meurt, Le Jet de pierre, Les justes.*

J'ai contribué, jusqu'à un certain point, à ce qu'il y ait un public de théâtre français à Ottawa et à ce que ce public s'ouvre à un genre de théâtre qu'il n'avait pas l'habitude de voir... Je pense que j'ai présenté certains spectacles qui ont marqué les gens au niveau personnel et au niveau théâtral. Enfin, on m'en parle...

Cela vient petit à petit. Cela doit venir petit à petit. Ceux qui me parlent de fabriquer une culture nationale sont des imposteurs, à la limite du fascisme. Une culture (une vraie) ne se fabrique pas, c'est un résultat. La culture, c'est la mémoire motrice d'un peuple. Le reste, c'est de la fabrication, non, de la contrefaçon...

De ce que j'ai écrit, et qui est inconnu du plus grand nombre, je pense que c'est la partie de moi que je ne veux pas voir oublier, mais que je ne relis jamais.

Et puis, plus je fais du théâtre, moins j'en parle — du moins jamais au niveau des principes. Le théâtre ce sont les problèmes techniques à régler, c'est la vie quotidienne d'une troupe —. C'est à la fois d'une banalité incroyable et d'une fragilité bouleversante...

Quel sens aimerais-je voir donner à mon œuvre ?

« Le » sens ! j'ai placé ma petite pierre. J'en ai d'autres à placer. Puis un autre viendra et d'autres... faisant le travail. Que voulez-vous qu'un homme fasse d'autre dans la vie que bâtir le chemin ? Le danger du métier est de parfaire la route sans se faire écraser par ceux qui l'inaugurent. J'entends écraser à mort ; pour les blessures, on s'arrange toujours, avec la cantinière ou la patronne du bistrot voisin.

L'entrevue qui précède a été enregistrée le 18 avril 1972.

Je sortais à peine d'une série de cinq pièces en un acte que nous avions présentées en alternance au Studio du Centre national des Arts.

J'étais relativement fatigué ayant fait la mise en scène de trois d'entre elles dont une avait, de plus, été écrite par moi.

Madame Hélène Rank m'a envoyé le résultat de son enquête. Je me relis... Je m'aperçois que je n'avais pas grand-chose à dire.

Mais je n'arrive plus à parler de théâtre, je veux dire dans un sens purement académique.

L'acte théâtral est un papillon qui se pose un instant sur quelques planches et en meurt. Il n'a ni passé ni avenir, il est un présent et une présence dans la nuit, un mystère, une magie, comète, luciole, feu d'artifices.

Je suis un artisan de l'artifice ; il arrive, bien sûr, que mes pétards soient bêtement mouillés ; par ma faute, par la pluie ou par quelque coquin ayant pissé sur la mèche.

Ma profession est de faire plaisir ; cette profession a un nom ; je n'ai pas encore l'obligation de passer une visite médicale régulièrement ; mais régulièrement je dois passer un examen en public ; j'espère, à chaque fois, réussir, craignant la retraite affreuse, solitaire des vieux clowns ayant cessé de faire rire.

Vous avez dit : Mon œuvre...

Je trouve un peu comique ce mot attaché au possessif me désignant. Il irait mieux, je crois, à un vieil homme frileux un peu oublié, partageant un reste de vie entre des chats et des souvenirs, un peu de vin, du fromage et la visite hebdomadaire d'une servante au grand cœur.

Mais peut-être suis-je cela déjà.

Mon œuvre ?

J'ai voulu que le théâtre français vive dans la région de la capitale nationale. Qu'il vive d'abord comme il pouvait vivre, c'est-à-dire par accident, en franc-tireur, puis qu'il s'organise et qu'il s'implante dans un milieu ingrat, rétif, divisé, capricieux, à la fois susceptible et mesquin comme un coin de province, courageux et frondeur comme un avant-poste dans le désert.

Je n'ai pas fait cela seul. Cela s'est fait avec des centaines de personnes ayant donné un peu ou beaucoup de leur vie à cette petite chose fragile qui s'appelle le théâtre français ici.

Mon œuvre ?

Rien n'en reste : quelques critiques, des photos, un ou deux accessoires, des souvenirs qui s'estompent, des cicatrices, bien vivantes.

Vous avez dit mon œuvre ; voilà que je pense à Montherlant et à Gauvreau ; pourquoi ?

Ottawa, le 27 novembre 1972.

PIERRE GOBEIL

Pierre Gobeil est né à Grand-Mère le 23 mars 1938 ; il a étudié en pédagogie à l'Université de Sherbrooke pour ensuite enseigner. Son activité permanente est cependant restée le théâtre qu'il a étudié au Conservatoire de Paris en 1961 et à l'Ecole d'art dramatique de Strasbourg en 1965. A Sherbrooke il fonde le Théâtre de l'Atelier en 1959 et, son activité s'amplifiant dans cette région des Cantons de l'Est, il fonde le Festival du théâtre étudiant du Québec (F.T.E.Q.). Il dirige le théâtre d'été Le Piggery de North Hatley pendant trois saisons, de 1968 à 1970 ; il dirige et anime le Centre culturel de Drummondville de 1966 à 1967. Pierre Gobeil est présentement directeur artistique du Théâtre de l'Atelier de Sherbrooke.

Comédien, Pierre Gobeil a joué à la Comédie de l'Est de Strasbourg, au Piggery, au Théâtre du Vieux Québec et au Centre national des Arts. Plusieurs de ses créations au théâtre de l'Atelier lui ont valu des mentions. En 1963, pour le rôle de Vladimir *dans* En attendant Godot, *il gagnait le trophée du meilleur comédien au Festival d'art dramatique du Canada (D.D.F.) et une bourse importante. En 1968 il remportait le même prix pour son rôle dans* Le Roi se meurt.

Metteur en scène, Pierre Gobeil monte La Paix chez soi *qui remporte le prix de la meilleure production au festival de l'ACTA en 1961. Il monte aussi des pièces de Schisgal, Vitrac, Vian, Ionesco, Arrabal et Albee. Il s'atta-*

che à la création collective depuis 1968 alors que l'Atelier présente Il était une fois. *Depuis il a créé :* Le théâtre c't'un ben grand mot, Maudit qu'cé plat à soir à T.V. *et* 1837. *Le théâtre pour enfants retient aussi son attention.*

Le théâtre se veut le portrait d'un certaine réalité dans laquelle on vit. Il faut définitivement que le spectateur puisse s'y reconnaître, plus encore, s'y associer. Il faudrait envisager le théâtre comme médium, comme moyen d'expression ; il faudrait promouvoir une participation collective au phénomène théâtral. Peut-on pleinement apprécier une chose qu'on ne connaît pas ? Ce n'est pas une question d'intelligence du public, mais de son intérêt. Pourquoi suit-on si assidûment les joutes de hockey ? On a tous, à un moment ou à un autre, joué avec une rondelle. On peut dès lors jauger les bons coups, les difficultés de ce sport. Pour connaître le théâtre il est bon de pouvoir participer à une de ses manifestations.

Il faut d'abord mettre le théâtre à la portée des gens — au niveau des écoles primaire, secondaire et universitaire. Il faut donner l'occasion à chacun de travailler à un spectacle. C'est sans doute utopique, mais il me semble que c'est la seule solution valable. J'ai enseigné le théâtre pendant deux ans à Mégantic, j'ai fondé un festival de théâtre étudiant ; puisque je ne peux pas être présent à tous les niveaux d'étude et dans tous les milieux, je veux avoir, dans ma compagnie, des animateurs qui sont en mesure de rencontrer divers milieux pour faire connaître le théâtre. Il faut partir de la réalité des gens pour gagner graduellement leur attention et les amener éventuellement vers cette finalité, ce dépassement artistique, cette virtuosité que l'on souhaiterait les voir atteindre. On souhaite trop qu'ils comprennent tout et vite. Et celui qui aura été sensibilisé au théâtre y reviendra plus souvent que l'autre qui n'y venait que par snobisme ou pour parader.

Les classiques ? Il faut les rajeunir. Ils sont essentiels au plan de la formation professionnelle du comédien, mais ils ne correspondent à rien pour le Québécois moyen. J'ai fait beaucoup d'erreurs au niveau du choix des pièces à présenter parce que je me suis fait plaisir, de même qu'aux membres de ma compagnie. Je me demande dans quelle mesure on a été efficace auprès de notre public. Il faut désormais que je mette mes « bibittes » un peu de côté pour me situer au niveau des réalités sociales dans lesquelles je vis.

* * *

Il y a plusieurs lois théâtrales mais il y en a une, essentielle, à laquelle un texte doit répondre. Une pièce de théâtre pour moi c'est comme un mouvement respiratoire, avec des temps forts, des temps faibles. Le rythme varie, selon les sentiments, les émotions, mais le mouvement respiratoire a toujours ses deux temps. Autrement, fond et forme doivent se rencontrer. La structure informe l'idée de base, la matière première du texte. Les personnages agissent ou subissent. Mais toujours, ce qui est essentiel, c'est le rythme et le mouvement respiratoire.

* * *

On n'est jamais totalement content de ce qu'on fait et c'est ce qui nous permet de continuer. Disons que je suis fier d'avoir affirmé une certaine permanence à Sherbrooke, surtout par une compagnie d'amateurs, et d'avoir attiré tant de spectateurs. Mon rêve est de pouvoir faire vivre de cinq à six personnes de ce travail par des activités de la compagnie comme l'animation, l'enseignement, les conférences. Ce sont les divers biais de notre action.

Ce que nous avons réalisé qui correspond le plus à nos aspirations est une « récréation collective » où nous avons travaillé avec des motards, des gens de la radio, avec beaucoup de personnes, pendant six mois. La publicité, l'éducation, la famille, tout y passait ; le héros subissait toutes ces pressions, vivait toutes ces expériences et devenait, à la fin, politicien !

Nous préparons présentement *1837,* une « revue » où nous retrouverons les personnages qui ont marqué l'histoire de Sherbrooke. Le travail sur le scénario se fait en groupes de quatre ou cinq personnes, par l'improvisation, la recherche. Ce processus de création est très stimulant, tout différent du processus habituel. Il cause quelques problèmes, surtout pour en venir à une action commune, cohérente, mais par contre l'intérêt des membres est accru et l'esprit d'équipe très évident.

* * *

J'avouerai que j'ai de plus en plus envie de céder à la population : c'est elle qui importe d'abord et ensuite, seulement, le circuit fermé des lettrés. Nous aurons quand même désormais deux locaux où travailler, ce qui nous permettra de faire un théâtre populaire en plein centre-ville et un théâtre expérimental à l'Université. C'est l'idéal ! Le rêve que je nourris est de voir une population informée sur le théâtre, sur le théâtre devenu médium, le théâtre faisant désormais partie de la pensée quotidienne des gens.

Je souhaiterais que plus de compagnies au Québec, ayant des structures administratives solides, répondent aux besoins précis d'un milieu, à des réalités sociologiques locales. La réalité du Québécois moyen est trop souvent une réalité que l'on ignore.

Je me suis d'abord rendu compte que j'avais une passion pour le théâtre comme interprète. A voir ce qu'on pensait de ce métier à l'époque, à voir la façon dont les gens « vivaient » de ce métier, j'ai eu envie de tout abandonner et j'ai entrepris des études en pédagogie. C'est là que j'ai eu l'idée d'associer théâtre et éducation. Puis il y a eu Mégantic, mon enseignement, le festival et c'est alors que j'ai compris ce que je voulais réussir à Sherbrooke.

Je veux désormais mettre sur pied ma « ligue théâtrale », une ligue où seraient représentés tous les milieux.

Interview accordée à Sherbrooke,
le 26 avril 1972.

les comédiennes…

OLIVETTE THIBAULT

Madame Olivette Thibault est née à Montréal et a fait, très jeune, deux séjours à Paris. A son retour à Montréal, elle s'inscrit au Conservatoire Lassalle, étudie l'art dramatique avec Jeanne Maubourg-Roberval, la chanson de genre avec Madame Jean-Louis Audet, la danse chez Maurice Morénoff et le chant avec Roger Larivière. Elle fait ses débuts à la radio où elle interprète des sketches dramatiques et peu longtemps après, à la scène, à 16 ans, au Théâtre Stella dans la troupe Barry-Duquesne. Elle joue au Montreal Repertory Theatre, à l'Arcade, dans la compagnie de Paul L'Anglais, pour le Théâtre du Rire d'Henri Poitras et, en 1941, fonde sa propre troupe, « Comoedia », où elle s'essaye à la mise en scène avec Kiki et Peg de mon cœur.

Elle participe aux revues Bleu et Or de l'Université de Montréal, aux revues d'Henri Letondal, d'Henry Deyglun et à presque toutes les revues de Gratien Gélinas. Elle crée le rôle de Marie-Ange dans Tit-Coq, *celui d'Emérencienne dans* Les quat'fers en l'air *à la télévision ; elle est de la création de* Cocktail, *de* Marie-Claire, *de* Maman Sybille *de Madame Yvette Mercier-Gouin, du* Cheval de course *d'Henri Letondal.*

Madame Olivette Thibault fait partie de la troupe des Variétés lyriques dès sa fondation et y tient des rôles de soubrette et de jeune première comique ou fantaisiste. Balalaïka, La Belle de Cadix, La Vie parisienne, Barbe-

Bleue, La Mazourka bleue, Paganini, L'Auberge qui chante, La Margoton du bataillon *sont quelques opérettes où elle a été particulièrement mise en valeur.*

A la radio, elle fut au tout début du Curé du village *et interpréta le rôle de Florence dans* La Pension Velder, *textes de Robert Choquette. Elle paraît régulièrement à la télévision dans des programmes de variétés, dans* Toi et moi, La Force de l'âge *et dans plusieurs téléthéâtres. Au cinéma, Madame Olivette Thibault a participé récemment à* Délivrez-moi du mal, Mon Oncle Antoine *et* Kamouraska.

Le théâtre a mis longtemps ici à devenir le reflet de notre milieu. J'ai commencé au théâtre quand on ne jouait que des textes d'auteurs français : Bernstein, Guitry, de Flers et Caillavet ; quand les vaudevilles et les opérettes étaient constamment des produits d'exportation ; quand il n'y avait que des troupes françaises avec quelques comédiens québécois. J'ai quand même débuté professionnellement avec la troupe Barry-Duquesne où les têtes d'affiche étaient des comédiens canadiens-français.

J'ai créé ensuite des textes québécois construits comme des textes français. Même si l'action se passait à Québec ou à Montréal, les personnages évoluaient comme les personnages des pièces françaises. Je constate ceci avec le recul évidemment. Gratien Gélinas pour ses revues, pour *Tit-Coq,* Robert Choquette à la radio ont été les premiers à me demander de parler canadien-français.

Maintenant on se reconnaît au théâtre et au cinéma et c'est une révolution chez nous. On avait les phrases des autres, leurs habitudes de vie. Maintenant, même dans les détails, le théâtre, le cinéma nous offrent le reflet de notre vie, de notre milieu. On y reconnaît notre façon de penser, nos idées, nos réactions devant les événements. C'est merveilleux !

* * *

Ce qui me plaît d'abord au théâtre c'est le dialogue parce que c'est ce que je défends. La pièce doit être bien faite, mais surtout, la comédienne doit avoir un texte avec lequel jouer, des phrases construites que l'on sent et qui se disent bien tout de suite. J'aime un texte qui pétille, qui a de l'esprit, où l'on passe rapidement d'une idée à une autre. Aussi, j'ai beaucoup hésité devant les improvisations de *Mon Oncle Antoine :* il suffit de vouloir avoir de l'esprit pour ne dire que des bêtises !

J'ai une formation française et j'ai eu beaucoup de difficulté à sentir les premières pièces canadiennes que j'ai lues. J'arrivais à jouer convenablement les choses amusantes, mais je ne me voyais pas tendre, affectueuse, amoureuse, dramatique avec l'accent canadien ! C'est aussi une question de rythme.

Au niveau des genres, je n'aime pas tellement le théâtre politique, ni l'avant-garde, même si ces pièces sont nécessaires. J'aime la comédie, un drame bien structuré, un drame policier bien fait, qui vous laisse haletant... et qui n'est pas si facile à réussir !

Amuser, divertir les gens, c'est à mon avis, la première mission du comédien. Ce divertissement peut aller loin, jusqu'au drame de conscience, et n'est pas nécessairement synonyme de vaudeville ni de mélodrame. Le théâtre qui donne d'abord et beaucoup à penser ne correspond pas à ma définition du théâtre.

* * *

Il faudrait parler de périodes et non de rôles. Toute la période des opérettes m'a plu énormément parce que j'avais la chance d'interpréter, de chanter et de danser.

L'étape préprofessionnelle a été très importante pour moi, alors que je ne pensais jamais devenir comédienne professionnelle. Mon enfance, mon adolescence m'ont préparée, sans que je le sache, à mon métier. J'ai toujours étudié la diction, j'ai fait mes débuts à la scène à Paris dans un spectacle « de fin d'année ». C'est à Montréal, au couvent et au Conservatoire Lassalle, que j'ai joué presque tous les classiques. A douze ans, je jouais Madelon des *Précieuses Ridicules* au complet, en costume et perruque, au Gesù ! J'ai joué Chimène à quatorze ans ! Mon dernier rôle de jeunesse a été l'Aiglon et il m'a marquée. On a eu beaucoup de succès avec cette pièce, tellement qu'on l'a reprise à la Bibliothèque Saint-Sulpice, rue St-Denis. J'étais tellement émue que pendant six mois je n'ai pu revoir le texte. Et on m'en parle encore ! J'ai vu l'interprétation de Pierre Vaneck à Paris plus tard et le rôle n'avait plus tout son panache. J'étais déçue !

J'ai eu de grandes émotions pendant ma carrière. Les pièces modernes ne m'ont cependant jamais donné autant de satisfaction que ces classiques attaqués si jeune.

* * *

Je ne pense plus aux rôles que je voudrais jouer : ces rêves-là sont finis. Oh ! je suis encore capable d'emballement pour un rôle ! mais je sais que je ne jouerai pas, par exemple, *Blight Spirit (L'Esprit s'amuse)* de Noël Coward, cette pièce si drôle, avec ce personnage mi-fantôme mi-femme qui m'avait tellement amusée.

J'avais eu ce vieux rêve de jouer *L'Aiglon* à Paris, de jouer un rôle qui me convenait sur une scène qui consacre un talent. Ce vieux rêve va peut-être se réaliser sous une autre forme si *Mon Oncle Antoine* va à Paris. Je n'aurais jamais osé rêver aller à Paris avec une œuvre canadienne !

Je me suis aussi un peu détachée du théâtre, d'abord pour jouer à la télévision puis pour faire du cinéma. Au théâtre, il y a ce merveilleux fluide qui passe du spectateur au comédien, il y a cette possibilité d'améliorer, de varier une interprétation. Au cinéma et à la télévision il y a la caméra qui va chercher les yeux, le regard, le sentiment profond, l'âme : parfois le regard traduit mieux que le mot.

Je crois que le cinéma, en ce moment, reflète davantage notre milieu, notre pays. Ses techniques offrent des possibilités plus variées. Je ne renie pas le théâtre, mais j'évolue. Là est la magie, le bonheur de notre métier : on peut changer d'emploi, il y a toujours de beaux rôles.

* * *

J'ai été étonnée de devenir comédienne professionnelle. Puis je me suis destinée au théâtre sérieux et j'ai joué plutôt des choses légères, de l'opérette. J'ai amusé le public, je l'ai diverti. Une carrière prend parfois des détours imprévus !

J'ai été une des premières « jeunes filles de bonne famille » et un peu instruite à préférer ce métier. J'ai créé un précédent. Après moi, Janine Sutto, Yvette Brind'Amour, Marjolaine Hébert, Gisèle Schmidt ont fait carrière au théâtre. Puis les troupes, les metteurs en scène, les auteurs se sont révélés. On jouait de plus en plus de pièces spirituelles, « fouillées ». Je n'y étais pour rien, mais par un concours de circonstances je me suis trouvée à ce tournant du théâtre, comme je me retrouve aujourd'hui au tournant du cinéma. J'ai été un peu une tête de file.

Je dois ajouter aussi que j'ai eu cette chance de débuter dans une troupe bien établie et très professionnelle : la troupe Barry-Duquesne.

Interview accordée à Montréal,
le 18 avril 1972.

YVETTE BRIND'AMOUR

Madame Yvette Brind'Amour est née à Montréal. Madame Jean-Louis Audet l'initia à l'art dramatique et Madame Tatania Koudriadzeff lui apprit le ballet. Elle joua à l'Arcade, pour l'Equipe et, en 1947, se rendit à Paris où elle étudia chez René Simon et Charles Dullin. Le 30 novembre 1948, elle réunit un groupe de comédiens et fonda le Théâtre du Rideau Vert qui joua pour la première fois au Théâtre des Compagnons le 17 février 1949 une pièce de Lilian Hellman, Les Innocentes. *Depuis, la troupe a monté près d'une centaine de spectacles dont :* Ondine, Antigone *d'Anouilh,* Dona Rosita, Huis-Clos, Les Caprices de Marianne, La Reine morte, Partage de midi, L'Alcade de Zalaméa, Un Mois à la campagne, Les Trois sœurs. *Madame Brind'Amour en assure la mise en scène ou y tient un rôle important.*

En 1964, le Théâtre du Rideau Vert présente L'Heureux stratagème *à Paris dans le cadre du Théâtre des Nations et Yvette Brind'Amour reçoit la « Médaille de la ville de Paris ». En 1965, la troupe crée à l'Odéon-Théâtre de France* Une maison... un jour... *de Françoise Loranger et y joue* Le Songe d'une nuit d'été. *En 1969, elle présente* Hedda Gabler *à Rome dans le cadre du premier festival international « Premio Roma ».*

Boursière du Conseil des Arts du Canada, meilleure comédienne en 1962 pour l'interprétation du rôle d'Ysée dans Partage de Midi, *décorée de la Médaille du Mérite en 1968. Yvette Brind'Amour reçoit le prix Victor-*

Morin en 1964 et le titre de Docteur en Philosophie (Beaux-Arts) Honoris Causa décerné par l'Université d'Ottawa pour marquer l'inauguration du Centre national des Arts.

Madame Brind'Amour a participé, à titres divers, à la création de textes de Léopold Houlé, Carl Dubuc, Roger Sinclair, Claire Martin, Françoise Loranger, Marcel Dubé, Louis-Georges Carrier, Marie-Claire Blais et Michel Tremblay. Elle dirige le Théâtre du Rideau Vert depuis 1948 et offre des saisons variées où les comédies dramatiques, les pièces du théâtre de boulevard, les textes du répertoire international et les créations québécoises se partagent l'affiche.

Dans quelle mesure le théâtre est-il le reflet d'un milieu, d'une époque ?... C'est assez difficile à dire. Je pense que cela arrive, bien sûr, mais qu'il est assez dangereux de vouloir absolument refléter son milieu et son époque. Parce qu'il est d'un siècle, d'une époque, un auteur fera refléter inévitablement dans ce qu'il écrit, ce milieu et cette époque. Par contre, s'il veut faire quelque chose de régional, là, c'est très dangereux. Un auteur doit être libre, la création doit être une chose spontanée. Je crois que l'on doit avoir un besoin d'écrire, un besoin d'exprimer quelque chose qui devient le reflet de l'âme, de la personnalité de celui qui écrit.

Les êtres humains se ressemblent : nous ne sommes pas des êtres spéciaux, à sensibilité spéciale, nous ne sommes pas les seuls à avoir de la neige, du froid !... Nous sommes sensibles aux mêmes choses que tous les êtres humains, nous rions et nous pleurons comme tous les êtres humains. Le public ne doit pas retrouver sur la scène ses embêtements quotidiens, ses misères, ses drames, ses petits voisins... le public est plus ouvert que ça. Il a envie de voir autre chose que ce qui est dans son entourage immédiat. Il aime le dépaysement, le divertissement qui est présenté avec goût, sensibilité, humanité.

* * *

Je m'attache surtout, dans un texte, à la structure et au dialogue. Une pièce doit présenter une progression dramatique, d'où naîtront les personnages. J'aime que le texte soit beau, poétique. C'est la raison pour laquelle je préfère Claudel, Montherlant, Racine. Ou alors, j'aime que le dialogue soit direct, comme dans *Huis-Clos* de Sartre. Les phrases sont courtes, précises, concises : on ne peut pas y changer un mot tellement c'est vrai.

* * *

Mon meilleur rôle est certainement celui d'Ysée dans *Partage de Midi,* lors de nos premières représentations de 1962. C'est un rôle merveilleux, tellement humain : le déchirement de cette femme, la fatalité qui pèse sur elle. C'est un rôle dense, riche, généreux.

* * *

La plus belle mise en scène que j'ai faite est celle de *L'Exécution* de Marie-Claire Blais. J'adorais cette pièce, qui n'a eu d'ailleurs aucun succès. Au niveau du dialogue, une amélioration aurait pu être apportée. La distribution comprenait essentiellement des jeunes et, de ce fait, l'ensemble manquait un peu de force. Mais il s'agissait d'une création canadienne de Marie-Claire Blais. C'est un auteur de grand talent avec qui il a été fort intéressant de collaborer. Des cinq semaines de travail précédant la « première » nous est resté le souvenir d'une expérience riche d'enseignement et inoubliable.

J'ai fait tellement de pièces depuis vingt-cinq ans que je me demande s'il y a des choses que je n'ai pas tentées, des sentiments que je n'ai pas exprimés. Je me dis toujours que je découvrirai une pièce merveilleuse — on vit toujours dans cette attente, dans cet espoir. C'est fantastique de découvrir, de créer une pièce, et c'est également toujours très angoissant. Trahit-on l'auteur ? aura-t-on le succès espéré ? ce sont des questions qui reviennent inlassablement.

C'est extraordinaire de créer un texte, mais je ne dirai pas que je préfère cela à jouer une pièce de Claudel : ça ne se compare pas. Nous n'avons pas encore trouvé dans notre théâtre des rôles extraordinaires. Je crois en notre théâtre, il débouchera, j'en suis convaincue : à la condition que l'on ne s'enferme pas dans une langue et dans une façon. Je suis contre ces pièces que l'on nomme « canadiennes » parce qu'elles sont en joual.

* * *

Tout ce que je voudrais que l'on pense, c'est que j'ai fait ce métier parce que je l'aimais beaucoup. S'il reste quelque chose, j'en serai ravie. Quoi ? Je ne sais pas. Je ne crois pas à la postérité.

Nos auteurs ont sans doute écrit parce qu'il y avait des comédiens et des troupes pour jouer leurs pièces. Je pense avoir apporté quelque chose dans ce sens-là. Il faut cependant beaucoup de courage pour le faire. Il y a eu des périodes difficiles, que je ne regrette pas car elles font partie du tout. Nous sommes arrivés à faire quelque chose de vivant... et c'est ce qui compte.

Interview accordée à Montréal,
le 15 février 1972.

DENISE PELLETIER

Madame Denise Pelletier-Zarov a étudié l'art dramatique chez François Rozet, Sitta Riddez, Eleanor Stuart et Marcel Chabrier à Montréal. Elle a joué pour l'Equipe, pour les Compagnons de Saint-Laurent, à l'Egrégore, à la Poudrière, sur les principales scènes du Canada. Elle a créé des textes d'Eloi de Grandmont, d'André Langevin, de Marcel Dubé, de Michel Tremblay tant au théâtre qu'à la télévision.

Denise Pelletier a interprété de nombreux rôles au Théâtre du Nouveau Monde : les premiers rôles dans L'Avare, Le Bourgeois gentilhomme, Trois farces de Molière, L'Echange ; *le rôle de Gertrude dans* Hamlet, *de Mère Courage dans la pièce du même nom. En 1958, une tournée de cette troupe la conduit à travers le Canada et sur les scènes de France et de Belgique. La même année, elle fait ses débuts à Stratford. En 1966, elle devient membre de la compagnie du Festival de Stratford et fait partie de la distribution de* Henry V *et de* Henry VI *et elle interprète le rôle d'Alice dans* La Danse de mort *de Strindberg. Avec le Théâtre du Rideau Vert, Denise Pelletier fait une tournée en France en 1964 dans* L'Heureux stratagème *de Marivaux. En 1970, elle est la vedette de* L'Effet des rayons gamma sur les vieux garçons *de Zindel dans une adaptation de Michel Tremblay, au Théâtre de Quat'Sous. A la Nouvelle Compagnie théâtrale, elle a joué les rôles de Clytemnestre dans*

Iphigénie *de Racine, de la Reine Marguerite dans* Le Roi se meurt *de Ionesco, d'Hécube dans* Les Troyennes *d'Euripide, une adaptation de Sartre.*

En 1971, Madame Pelletier-Zarov a fait une tournée de l'Europe et de l'Union Soviétique dans Le Tartuffe *avec le Théâtre du Nouveau Monde. En 1972, elle réalise la mise en scène des* Bonnes *de Genet et joue* Oh ! les beaux jours *de Beckett au Centre national des Arts à Ottawa.*

Denise Pelletier est une des rares interprètes bilingues au Canada. En 1967, elle se méritait la Médaille de la Confédération et en 1970 elle était investie de l'Ordre du Canada.

Le théâtre est surtout le reflet d'une situation, non d'une époque. Un texte classique ne reflète pas une époque, les problèmes qu'il pose sont universels.

Je ne crois pas tellement au théâtre « éducationnel », au théâtre qui contribuerait à changer l'opinion des gens. Il peut, à la rigueur, élargir leur opinion par des démonstrations, non la changer.

* * *

Tout m'attire dans une pièce pourvu que le tout soit bien fait. L'œuvre dramatique doit avoir une valeur littéraire ; elle doit être, avant tout, bien écrite, tout en n'étant pas hermétique pour que la pensée de l'auteur puisse être traduite. La situation doit être bien établie, le dialogue, précis, sinon il n'y a pas de théâtre possible. Quand un des éléments manque, que la structure est déficiente, il y a une lacune et la pièce en souffre.

Il faut qu'un texte ait une qualité véritable pour qu'un rôle m'intéresse, même un rôle extraordinaire.

* * *

Mère Courage. C'est une belle pièce, une pièce où il n'y a aucun artifice. Tout y est essentiel, c'est vraiment la survie. C'est une pièce que j'ai beaucoup aimée, non seulement à cause de sa valeur intrinsèque mais aussi à cause des difficultés qu'elle comportait pour moi comme comédienne ; j'étais très loin de cette femme terre à terre, très dure vis-à-vis d'elle-même et de ses enfants. Elle les aime d'un amour sans tendresse. La faim la mène toute sa vie. J'ai été bouleversée par cette œuvre qui m'a beaucoup apporté comme comédienne. C'est John Hirsch qui en a fait la mise en scène et il m'a ouvert des horizons. Je ne pensais pas que je pouvais jouer cela.

* * *

Dans chaque rôle il y a du nouveau, même dans ceux que l'on reprend. Mais je ne pense jamais à ce que je pourrais jouer. Non, et c'est curieux ça en fait !

Pour moi le théâtre est un métier passionnant dont je ne me lasserai jamais. Il y a toujours de l'invention, de la nouveauté : les personnages varient tellement de l'un à l'autre. Il faut qu'il y ait progression d'un rôle à un autre, que chaque rôle me fasse avancer vers le dépouillement, la simplicité, la clarté.

* * *

Pour moi, le métier de comédienne comporte deux qualités : une grande honnêteté et la fidélité dans la traduction de la pensée de l'auteur. On peut arriver parfois à apporter des prolongements à cette pensée, mais il faut que ce soit selon l'optique de l'auteur. Si on réussit ça, on fait quelque chose de vrai et de juste. Je suis une interprète et je laisse de côté mes opinions personnelles. Il ne faut jamais trahir la pensée de l'auteur.

Interview accordée à Ottawa,
le 12 novembre 1971.

MARJOLAINE HÉBERT

Madame Marjolaine (Denise) Hébert est née à Ottawa. Elle quitte cette ville très tôt pour vivre à Montréal et pour y suivre des cours de diction chez Madame Jean-Louis Audet, tout en ne pensant pas du tout à la carrière de comédienne. Elle joue à la radio dès 1941 et débute professionnellement au théâtre avec l'Equipe de Pierre Dagenais. C'est là qu'elle apprend son métier : elle fait ses classes sur scène. On lui confie d'abord les rôles d'ingénue, de coquette, de soubrette puis les rôles dramatiques.

Marjolaine Hébert a participé, entre autres, à Lilliom, *au* Songe d'une nuit d'été, *au* Grand Poucet *avec l'Equipe ; à* Huis-Clos *au Théâtre du Rideau Vert ; à* Mère Courage *et au* Tartuffe *au Théâtre du Nouveau Monde. Elle est de la distribution pour la création des pièces de Marcel Dubé :* Les Beaux dimanches, Au Retour des oies blanches, Un Matin comme les autres ; *pour les pièces de Guy Dufresne :* Les Traitants ; *de Louis-Georges Carrier et de Claude Léveillée :* Elle tournera la terre, On n'aime qu'une fois, L'Arche de Noé. *En 1967, elle reçoit le prix de la meilleure comédienne au théâtre pour* Encore 5 minutes *de Françoise Loranger. A la télévision, elle crée des textes de Germaine Guèvremont :* Le Survenant, Le Chenail du Moine, Marie-Didace ; *de Marcel Dubé :* Côte de sable, De 9 à 5, Virginie ; *de Jovette Bernier et de Réginald Boisvert. Elle reçoit, en 1956, le trophée de la meilleure comédienne à la télévision. Elle participe à de nombreuses émissions radiophoniques et à de nombreux téléthéâtres dont* La Danse de mort, Barrage contre le Pacifique, Les Trois sœurs, Pauvre amour, Une Lettre perdue.

Madame Marjolaine Hébert est présentement directrice du Théâtre de Marjolaine, théâtre d'été inauguré en 1960 et consacré à la création de textes québécois en 1964. La comédie musicale y a une place des plus importantes. Le Conseil des Arts lui accorde une bourse en 1972-1973 qui lui permet de visiter troupes et pays divers.

Je pense que le spectateur aime bien se retrouver dans certains personnages quoique très souvent, le personnage qui lui ressemble le plus lui rappelle davantage son voisin ! Mais je crois également qu'il doit être transporté dans un autre monde, féerique, irréel. Ne voir que la vie de tous les jours sur scène peut devenir monotone. Tout cela dépend, bien sûr, de l'état d'esprit du spectateur qui choisit librement de voir un spectacle pour oublier le quotidien ou alors pour le retrouver, pour « reconnaître » les personnages.

Quand je vais voir une pièce de théâtre et qu'elle est bonne, je me laisse prendre et ça n'a plus d'importance que je me retrouve dans ma rue ou dans un autre monde. Ce que je demande quand je vais au théâtre c'est d'être transportée, comme le sportif qui voit une joute de hockey : de me lever de mon fauteuil, de crier, de jouer avec les joueurs, non pas de regarder tranquillement ce qui se passe. Et ça m'est arrivé. Là est peut-être la magie du théâtre.

Le théâtre a énormément évolué depuis quelques années et il doit se moderniser — par la conception de nouveaux décors, par l'élimination du rideau de scène, par exemple, et de tout ce que ça implique. Je crois cependant que les comédiens doivent rester des comédiens, doivent interpréter des personnages. C'est un peu dans ce sens aussi qu'il faut laisser au théâtre sa magie. Les formes évoluent, la magie reste. Et le plus beau compliment qu'on puisse faire à un comédien, c'est de lui dire qu'on l'a oublié pendant le spectacle pour ne penser qu'au personnage.

L'auteur québécois a beaucoup de succès présentement et ses textes offrent surtout des situations assez proches du quotidien du spectateur. Ces pièces en général ne sont pas gaies. Ne serions-nous pas, par hasard, un peuple gai ? D'autre part, nous nous aimons bien entre nous. Nous sommes fiers d'applaudir des auteurs « de chez nous ». Mais les auteurs n'écrivent pas des pièces tellement gaies... Je me demande alors si le public va entendre une pièce ou un auteur québécois !

* * *

Tous ces éléments sont essentiels. Quand je lis une pièce, je dois pouvoir la voir, l'entendre : les personnages doivent être bien typés, le texte doit être facile d'accès.

Il y a plusieurs genres au théâtre, des domaines spécialisés. La comédie musicale n'est pas une pièce à thèse mais un divertissement où le livret existe en fonction de la musique et la musique en fonction du spectacle : c'est un tout. Qu'il soit théâtre de boulevard, pièce à thèse, spectacle de participation, chaque genre offre un élément central intéressant qui retient l'attention. Tous les autres éléments existent en fonction de celui-là.

* * *

J'ai été gâtée comme interprète, j'ai joué des rôles extraordinaires. Je pense particulièrement à Gertrude dans *Encore 5 minutes* de Françoise Loranger. C'est le plus beau rôle qu'il m'ait été donné de créer. C'est un personnage riche, dur, lucide, tout le contraire d'un être lâche. Cette femme mène une lutte pour vivre, elle recommence tout à zéro, et on continue à la suivre après la pièce. C'est aussi un personnage très théâtral, qui ne bouge pas de sa grande chambre toute blanche meublée tour à tour d'éléments de toutes les époques, au fur et à mesure que les souvenirs revivent.

Ce personnage était très loin de moi lors de la création ; il s'agissait d'un rôle de composition. J'ai ensuite fait la tournée avec lui pendant deux mois. Au moment du téléthéâtre, il m'a fait mal. Je ne le rejouerais plus. Ce rôle a pourtant suscité beaucoup de participation de la part de spectatrices qui venaient me dire, en colère, que ces femmes-là n'existaient pas, ou qui venaient me parler de leur... voisine ! ou qui me faisait des confidences très personnelles.

Encore 5 minutes est une pièce de toutes les époques, on pourra toujours la reprendre. Il y aura toujours des femmes qui se laisseront envoûter par leurs enfants, par leur mari, qui seront écrasées sous le poids et qui voudront s'en sortir.

* * *

Maison de poupée m'a intéressée. *A Street Car Named Desire* aussi, dans sa version originale, à moins qu'elle ne soit traduite par un Québécois. Maintenant, ça me sourit moins. Maintenant, j'ai besoin de me recycler, de voir ce qui se fait ailleurs. Marjolaine Hébert, la comédienne, la directrice de théâtre, après trente ans de vie artistique ont besoin de prendre un certain recul avant d'avoir envie de faire autre chose.

J'ai besoin de nouvelle nourriture, j'ai besoin de recevoir après avoir tellement donné. Et je veux en avoir plein la tête pour trente autres années !

* * *

Le Théâtre de Marjolaine est le premier théâtre d'été professionnel qui a tenu le coup en présentant onze textes québécois. Je pense que l'on considère que Marjolaine est tenace et persévérante !

Je trouve important et normal de jouer les auteurs québécois. Je ne vois pas l'importance de jouer un Roussin, un Anouilh à Eastman. Sans renier ce théâtre, je sens qu'il n'est pas « moi ».

Très égoïstement aussi, je me fais plaisir... et j'espère faire plaisir aux autres par la même occasion.

Interview accordée à Montréal,
le 10 avril 1972.

MONIQUE LEPAGE

Madame Monique Lepage étudia le ballet, le chant et le piano, la diction à l'Ecole du Doux Parler dirigée par sa mère, Madame Cora Eli-Lepage et l'art dramatique avec Marcel Chabrier, François Rozet et Henri Norbert. Elle enseigna la danse et la diction et dirigea une école primaire — succursale de l'Ecole du Doux parler — qu'elle avait fondée elle-même à Ville La Salle.

Monique Lepage joue pour le Festival de Montréal, pour les Compagnons de Saint-Laurent, pour le Théâtre du Nouveau Monde ; elle est animatrice de plusieurs émissions à la radio et tient des rôles de premier plan dans de nombreux classiques de la série radiophonique « Sur toutes les scènes du monde ». Elle assume des rôles réguliers à la télévision dans Le Survenant, Filles d'Eve, Rue de l'Anse, Le Paradis terrestre, Le Bonheur des autres *et participe à de nombreux téléthéâtres. Elle crée* Les Traitants *de Guy Dufresne et* Pauvre amour *de Marcel Dubé à la scène. En 1966 elle obtient le trophée de la meilleure comédienne pour son interprétation du rôle principal dans* Qui a peur de Virginia Woolf ? *donné à la Poudrière.*

En 1953, Monique Lepage fonde le Théâtre-Club avec Jacques Létourneau et elle assume les responsabilités administratives et les rôles importants dans plusieurs productions. En 1962, elle reçoit le grand prix du Congrès du spectacle pour son interprétation de Requiem pour une nonne *et de* L'Heure éblouissante *au Théâtre-Club. En 1966 elle fonde le théâtre Le Piggery à North Hatley où elle crée et met en scène en 1967 la pièce de Guy Fournier* C'est maintenant qu'il faut boire.

En 1966 et en 1967, elle est juge-critique pour le Festival d'art dramatique national ; en 1970, elle est juge-critique au Festival du théâtre étudiant du Québec à Lac Mégantic ; en 1971, elle est responsable du choix des pièces à être présentées au Festival de l'ACTA et elle est nommée présidente du jury des pièces des jeunes auteurs à la Nouvelle Compagnie théâtrale. En 1972, Madame Monique Lepage est titulaire d'une bourse qui lui permet d'assister à des festivals de théâtre européens et de rencontrer les professionnels de la scène dans tous les pays de l'est. Elle est professeur au Conservatoire d'art dramatique de la province (Montréal et Québec) depuis 1969.

L'époque, le reflet d'un milieu sont sensibles dans la forme et le fond d'une œuvre théâtrale. Pour certains auteurs, le langage, l'expression intérieure des personnages dominent l'œuvre, d'autres sont plus sensitifs et s'expriment à travers une atmosphère réaliste, quotidienne, d'autres intègrent l'aspect visuel au dialogue. Diverses formes de communication : jeu dramatique, langage, mouvement, cinéma, environnement scénique, dynamique, sculpture, musique, chant, danse, éclairage sont offertes.

C'est à travers ces multiples formes et selon leurs modes d'utilisation que le spectateur reçoit une appréciation du fond de l'œuvre et de la pensée d'une épopée passée, présente ou future.

* * *

Il n'y a pas de critères absolus. Il me convient d'apprécier une œuvre écrite dans son ensemble ; l'œuvre importante serait pour moi celle qui fait la synthèse des différents aspects mentionnés plus haut.

Elle doit toutefois dépasser l'intérêt de la simple lecture et être vivante sur la scène pour un public, sinon elle n'a aucune valeur de jeu, donc de présentation puisque le théâtre, c'est l'action.

* * *

Le rôle qui m'a demandé le plus de recherches : introspection, jeu physique, verbalisation est certainement celui de Martha dans la pièce d'Edward Albee : *Qui a peur de Virginia Woolf ?*

C'est une pièce exigeante physiquement comme l'est une épreuve sportive. Il faut donc posséder une technique théâtrale solide au niveau de la voix, la respiration, l'expression corporelle, le débit ; il faut une vitalité et une résistance physique indéniables puisqu'il s'agit de trois heures de présence continuelle en scène. C'est une expérience de vie surtout, perçue ou vécue, que seule une certaine maturité apporte. C'est un long tunnel dans lequel on s'engage et dont il faut sortir vivante bien qu'éprouvée.

* * *

Des œuvres originales récentes, étrangères ou canadiennes, qui auraient une dimension universelle et non locale ou régionaliste.

Dans les œuvres classiques : Lady MacBeth, Phèdre. Dans les œuvres modernes : Audiberti, Pinter, Billetdoux, Brecht, Ghelderode, Genet.

J'aimerais former une troupe de théâtre avec les jeunes comédiens des dix prochaines années et créer des œuvres nouvelles dans une étroite collaboration des artisans d'un spectacle : public, auteur, comédiens, metteur en scène, éclairagiste, décorateur, régisseur, costumier, musiciens, etc.

Montréal, le 29 janvier 1972.

ANDRÉE LACHAPELLE

Madame Andrée Lachapelle est née à Montréal où elle a étudié la diction et l'art dramatique avec Gérard Vleminckx, Henri Norbert et Aario Marist. Elle a poursuivi ses études à Paris avec Pierre Bertin. Ayant toujours aimé le théâtre, elle s'y est adonnée pleinement après avoir enseigné pendant deux ans à la maternelle de St-Germain d'Outremont.

En 1953, elle joue dans 14, rue de Galais *à la télévision, fait plusieurs téléthéâtres et continuités :* Filles d'Eve, De 9 à 5, Rue des Pignons. *On la retrouve au Théâtre du Nouveau Monde où elle joue dans* Azouk *et où elle crée* Deux Femmes terribles *d'André Laurendeau et* Bilan *de Marcel Dubé. Elle interprète des rôles dans* Oncle Vanya *à l'Egrégore, dans* Les Beaux dimanches *et* Au Retour des oies blanches *de Marcel Dubé à la Comédie-Canadienne, dans* Les Caprices de Marianne, La Locandiera, Mantilles et Mystères, Les Troyennes *à la Nouvelle Compagnie Théâtrale. A la radio, elle interprète le rôle de Suzanne Garneau dans Marie Tellier ; au cinéma, elle participe à plusieurs films dont* Yul 781 *et* La Corde au cou.

Au Théâtre du Rideau Vert, Andrée Lachapelle joue dans plusieurs boulevards dont Adorable Julia, Une soirée Feydeau, Le Canard à l'orange, Le Cheval évanoui, La Dame de chez Maxim's. *A la Comédie-Canadienne, elle est de la distribution de plusieurs comédies musicales.*

Le théâtre a toujours été le reflet d'un milieu ou d'une époque. Maintenant peut-il changer la face du monde ? Forcer les gens à penser d'une façon différente ?

Le spectateur vient de plus en plus chercher au théâtre quelque chose qu'il connaît. On a l'impression qu'il veut reconnaître ses propres émotions, le langage qu'il parle, les gens qui vivent autour de lui. Le théâtre est un reflet : on le voit par les pièces de Dubé, de Tremblay. Et les pièces de ces auteurs sont à peu près les seules dont je sois sortie bouleversée ces deux dernières années.

Ce qui ne veut pas dire que l'on ne doit jouer que des spectacles québécois et nos propres problèmes ! Quand je joue un rôle dans une pièce étrangère, je n'essaie pas de le raccrocher à la réalité québécoise : on est concerné par tout ce qui se passe dans le monde, la misère physique et morale existe partout.

Il faut encourager les jeunes auteurs de chez nous à produire, leur permettre de se faire comprendre, de tenter de nouvelles expériences. Le théâtre est le reflet d'un peuple et il est primordial d'avoir le nôtre.

* * *

Une pièce dont le contenu, le fond est valable m'attire davantage qu'une pièce techniquement bien réussie. Très égoïstement aussi je pense au personnage que j'ai à jouer. Un rôle intéressant en est un qui offre des défis, qui correspond à beaucoup d'intériorité, qui a des répercussions. Les émotions, les nuances au niveau des sentiments m'intéressent particulièrement. Le public devrait sortir enrichi après une pièce de théâtre, ce qui, malheureusement, n'est pas toujours le cas.

* * *

Plusieurs rôles m'ont intéressée. J'ai beaucoup aimé jouer *La Paix du dimanche* de Osborne (1961). C'est une pièce dure, qui n'a pas eu de succès. Peut-être parce qu'à l'époque nous étions encore étouffés par la censure, que le public n'était pas habitué à un langage aussi brutal, et la critique avait descendu le spectacle.

J'ai adoré Helena dans *L'Oncle Vanya* parce que j'aime Tchekhov, l'atmosphère de cette pièce. Toute cette solitude, cette sensibilité, cette angoisse qui ressemblent tellement aux sentiments que nous ressentons. Il existait un tel amour de la pièce sur scène que cet amour se prolongeait en coulisses entre comédiens et metteur en scène. Pour moi, ce fut un grand moment de théâtre.

J'aime beaucoup le rôle de Anne dans *...Et Mademoiselle Roberge boit un peu* de Zindel, pièce adaptée par Michel Tremblay. C'est un rôle qui a exigé de moi un changement physique complet. Moralement, c'était très loin de moi et de tout ce que j'avais joué jusqu'ici.

Et puis il y a eu d'autres rôles que j'ai aimés : *Huis-Clos, La Dame de chez Maxim's, La Locandiera, Il est une saison,* etc.

* * *

J'aimerais créer une pièce d'un auteur québécois, parce que c'est important et qu'il nous faut une dramaturgie.

* * *

Je n'ai aucune prétention vis-à-vis de mon métier. J'essaie de faire le mieux possible, d'être surtout et avant tout *vraie.* J'ai toujours fait ce métier avec le plus d'honnêteté possible. C'est une grande part de ma vie, c'est une passion. Pour moi, le théâtre devrait être une grande fête où on se retrouve.

Interview accordée à Ottawa,
le 8 octobre 1971.

MONIQUE
MILLER

Madame Monique Miller fait ses débuts à la radio dans les émissions d'enfant de Madame Jean-Louis Audet, en 1947. Quatre ans plus tard, elle interprète à la radio Nouveautés dramatiques, *la première œuvre poétique de Marcel Dubé. Elle continuera sa carrière en créant plusieurs pièces de cet auteur :* De l'autre côté du mur, Zone, *où elle tenait le rôle de Ciboulette pour lequel elle remporte le prix de la meilleure comédienne au Festival d'art dramatique de Montréal,* Chambre à louer, La Boutique fantasque, Florence, Le Naufragé, Bilan, Octobre *et* Dernière Heure.

Monique Miller partage ses activités entre la radio, la télévision et la scène. Elle interprète les auteurs classiques et les auteurs contemporains : Molière, Musset, Pirandello, Claudel, Lorca, Giraudoux, Ionesco, Pinter. En 1961 et en 1963, elle remporte le trophée de la meilleure comédienne de l'année au Congrès du spectacle.

Les écrivains québécois, suivant en cela Marcel Dubé, lui demandent sa participation. Pour Gratien Gélinas elle tient au cinéma le rôle de Marie-Ange dans Tit-Coq, *le rôle de Colette dans* Bousille et les justes *et elle joue dans* Rita Joe *de Georges Ryga adaptée par Gratien Gélinas. André Langevin fait appel à elle pour* Une nuit d'amour *et* Les Semelles de vent ; *Pierre*

Perrault pour Au cœur de la rose *et* Vent d'es ; *Guy Dufresne pour* Cap-aux-Sorciers, Kébec, Kanawio, Septième-Nord, Wahta *et* Les Traitants. *Elle sert aussi les textes de Françoise Loranger, Germaine Guèvremont, Paul Buissonneau, Jean-Robert Rémillard, Claude Jasmin, Hubert Aquin et Michel Tremblay.*

D'abord le théâtre ne peut faire autrement que d'être le reflet d'un milieu si les artisans qui y participent sont partie intégrante de ce milieu. Quant à être le reflet d'une époque, il faut évidemment que ces mêmes artisans soient concernés par les problèmes de l'époque et en fassent prendre conscience aux spectateurs.

* * *

Contenu et forme : indissociables.

* * *

Plusieurs, dont beaucoup de créations de Marcel Dubé, mais particulièrement deux rôles du grand répertoire : Dona Prouhèze, du *Soulier de Satin* de Claudel et le rôle-titre de *Yerma* de Lorca, à cause de la valeur dramatique de ces personnages et de l'enrichissement qu'ils donnent à une comédienne.

* * *

Participer à la création d'une dramaturgie québécoise qui sortirait des cadres locaux pour rejoindre les problèmes universels et, par là, revenir automatiquement aux problèmes du Québec.

Montréal, le 1er septembre 1971.

LUCE GUILBEAULT

Madame Luce Guilbeault s'est intéressée au théâtre tout en poursuivant des études en vue d'une licence en philosophie à l'Université de Montréal. La littérature dramatique, les grands comédiens la fascinaient ; sa rencontre avec Marcel Sabourin fut convaincante et elle décida d'étudier directement le théâtre au Conservatoire de Montréal et à New York avec le Performance Group. Elle participe ensuite à des continuités télévisées pour adolescents : Opération Mystère, Jeunes visages.

Luce Guilbeault crée par la suite Le Quadrillé *de Jacques Duchesne au Théâtre de la Place Ville-Marie, elle participe au récital de poésie* Arpents de neige *à l'Egrégore, elle traduit et met en scène* Pain Beurre *du Canadien anglais M. Fleischman au Théâtre de la Place. A Québec, elle est de la distribution pour* Un goût de miel, *au Théâtre du Nouveau Monde, pour* Le Misanthrope, *au Théâtre du Rideau Vert, pour* Je veux voir Mioussov, Du vent dans les branches de sassafras, Une maison... un jour..., Les Belles-Sœurs. *Au Théâtre de Quat'Sous, elle crée le rôle d'Hélène dans* En Pièces détachées *et celui de Carmen dans* A toi, pour toujours, ta Marie-Lou *de Michel Tremblay.*

Madame Luce Guilbeault a été l'interprète de Réjean Ducharme lors de la création du Cid Maghané *et du* Marquis qui perdit *et de Claude Gauvreau pour* Les Oranges sont vertes. *On la voit au cinéma dans* IXE-13 *de Jacques Godbout et dans* Le Grand Sabordage, *adaptation du roman de Réjean Ducharme,* Le Nez qui voque.

...Dans la mesure où l'acte théâtral est un événement unique, personnel, important, pour chacun : auteur, metteur en scène, acteur, public, une sorte d'accident qui nous arrive, ou qu'on voit arriver. On n'est plus pareil après.

* * *

...Un texte dramatique, ce n'est pas du théâtre. C'est de la littérature dramatique. Pour moi, le « théâtre » c'est l'événement. Ce qui *se passe* à un moment donné. Un tout. Here and now.

* * *

...Il n'y a pas de meilleur rôle. Un rôle où je serais à mon avantage ? Sur qui ? L'acte théâtral est un événement de groupe. C'est la démarche qui compte ; le résultat, c'est de l'abstrait.

* * *

...L'expérience précédente m'a changée mais je recommence à vide chaque fois. A vide et à vif. Le difficile : discerner ce qui est important de ce qui ne l'est pas.

* * *

...Je vis au jour le jour, à la seconde. Le sens de ma *vie* se dessinera de lui-même. C'est le cadet de mes soucis.

Montréal, le 20 août 1971.

NICOLE LEBLANC

Madame Nicole Leblanc est née en Gaspésie où elle a enseigné avant de venir à Montréal compléter les trois années d'études à l'Ecole nationale de théâtre. Par la suite elle a fait deux tournées nationales : en 1965-66, sous l'égide des Canadian Players et, en 1966-67, sous celle des Jeunes Comédiens du Théâtre du Nouveau Monde. De retour à Montréal, elle a joué notamment dans L'Ame à poil *de Claude Levac,* Les Bonnes *au Mouvement contemporain et elle a créé* Les Belles-sœurs *de Michel Tremblay. Elle est de la distribution de* Lysistrata *au Théâtre du Nouveau Monde, d'*En pièces détachées *à la télévision et de* Jour après jour, *téléthéâtre de Françoise Loranger.*

En février 1969, avec d'autres comédiens et Jean-Claude Germain, elle fonde le Théâtre du Même Nom dont elle devient codirecteur. Elle est de tous les spectacles du T.M.N. : Les Enfants de Chénier dans un autre grand spectacle d'adieu, Diguidi Diguidi Ha ! Ha ! Ha !, Si Aurore m'était contée deux fois, La Mise à mort d'la Miss des Miss, Si les Sansoucis... *En 1972, elle inaugure la première saison des P'tits Enfants Laliberté (deuxième génération du T.M.N.) en jouant dans* Rodéo et Juliette *(2e version) et dans* Dédé Mesure, *pièces de Jean-Claude Germain. Nicole Leblanc crée aussi les autres textes de Jean-Claude Germain :* Rodéo et Juliette *(1re version),* Les Tourtereaux ou la vieillesse frappe à l'aube *et* Le Pays dans l'pays. *En avril 1972, elle donne un tour de chant à l'Imprévu.*

Nicole Leblanc travaille à rendre ses textes rythmiquement, à jouer le rythme de l'écriture, du mot, de la phrase : le rythme de l'auteur. Ce rythme trouvé, elle l'accorde au sien qu'elle découvre par l'intermédiaire du texte : elle rend les rythmes de l'écrivain par ceux qu'il a déjà perçus chez la comédienne au moment d'improvisations, de recherches, de discussions collectives. La vie de ce jeu refuse les accents étrangers, réclame la possibilité de la création théâtrale personnelle.

J'ai lu vos questions. Je les ai relues. J'ai cherché à leur trouver une réponse. Des réponses. Sans qu'aucune ne me satisfasse. Sans qu'aucune ne me laisse l'impression d'une trahison. Par et dans sa verbalisation même. Pour répondre adéquatement à vos questions, il faudrait que je joue — au sens propre — les réponses. Comme je joue mes réponses à une bonne partie de mes questions. Sur scène. Dans des pièces. Dans des chansons. C'est d'ailleurs la raison première pour laquelle je joue. Et que je suis comédienne. Parce que j'ai toujours eu de la difficulté à verbaliser mes réponses aux questions. Si j'avais eu cette facilité, je ne serais sans doute pas comédienne aujourd'hui. Mais professeur ou écrivain. Pour jouer la comédie du drame, j'ai besoin d'une pièce, d'un auteur, d'autres comédiens, d'un théâtre et d'un public à qui le jeu s'adresse. Vos questions ne m'offrent que la possibilité d'avoir des lecteurs. Pour une comédienne, c'est très peu. Presque pas assez. Et c'est un type de public qui lui enlève vraiment tous ses moyens. En une phrase, je pourrais vous le jouer mais je ne peux pas vous l'expliquer parce que pour vous l'expliquer, il faudrait que je vous le joue.

Montréal, mars 1972.

les comédiens...

JEAN DUCEPPE

Jean Duceppe est né à Montréal, en 1924. Il fait ses débuts professionnels à l'Arcade en 1942 où il participe, entre autres, aux Mal-aimés *de François Mauriac. Il incarne plusieurs rôles à la radio, y est animateur et dès 1952 il étend à la télévision le champ de ses activités. Il interprète alors Stan Labrie dans* La Famille Plouffe, *Télesphore Dumouchel dans* Joie de vivre, *Charles Pigeon dans* De 9 à 5, *Emery Lafeuille dans* Rue des Pignons. *Il participe à plusieurs téléthéâtres dont* La Mort d'un commis-voyageur, L'Echéance du vendredi, Bilan, Le Temps des lilas, Les Beaux dimanches, Pauvre amour. *Ses apparitions sur les planches sont innombrables. On le voit au Théâtre du Nouveau Monde pour* L'Oeil du peuple, Rose Latulippe, Maître après Dieu ; *au Théâtre du Rideau Vert pour* Encore 5 minutes, Je veux voir Mioussov, Le Retour, Beckett ou l'honneur de Dieu ; *à la Comédie-Canadienne pour de nombreuses pièces de Marcel Dubé, qu'il interprète avec beaucoup de justesse, et de Françoise Loranger ; au Théâtre de Quat'-Sous ; à la Nouvelle Compagnie théâtrale pour le rôle de Sganarelle dans* Don Juan ; *au Trident où il crée le rôle du « Chef » dans* Charbonneau et le Chef *et où il reprend la pièce de Miller,* La Mort d'un commis-voyageur.

Loin de se contenter de jouer, Jean Duceppe dirige pendant quatre ans les tournées du Théâtre populaire Molson sur tout le territoire québécois et il fonde en 1961 le Théâtre des Prairies à Joliette dont il est toujours le directeur. Jean Duceppe s'est mérité le trophée du meilleur comédien à deux reprises et autant de fois celui du meilleur comédien pour des rôles de composition. Il est récipiendaire, en 1969, du prix Victor-Morin et, en 1971, du prix du meilleur comédien au Festival du cinéma canadien pour son interprétation exceptionnelle du rôle de l'Oncle Antoine dans le film de Claude Jutra, Mon Oncle Antoine.

Jean Duceppe aura sans doute créé plus de personnages sur nos scènes que tout autre comédien, se taillant ainsi une place d'envergure parmi les « géants de la scène » de l'histoire théâtrale québécoise.

Je considère qu'il y a de bonnes pièces et de mauvaises pièces, bien ou mal jouées. Je prétends qu'une vieille pièce peut, avec les nouveaux media, être renouvelée par la mise en scène. Même un boulevard peut provoquer les spectateurs. Je ne crois pas nécessairement aux pièces politiques. Nous vivons une période où le théâtre engagé est nécessaire ; dans cinq ans, il ne le sera plus parce que la situation se sera stabilisée.

Vilar, venu au Canada, répondait ainsi à une de mes questions : « Vous aurez du théâtre quand vous aurez des auteurs qui vous traduiront — ce qui ne vous empêchera pas alors de jouer les meilleures pièces étrangères. » Quand on joue une pièce canadienne, même si elle a des défauts, les spectateurs dans la salle se reconnaissent. Ce n'est pas le cas pour la plupart des pièces françaises, mais ça peut l'être, en revanche, pour les pièces anciennes ou étrangères que l'on adapte. Nos versions des textes nous touchent beaucoup plus : *Des Souris et des hommes* adapté par Guy Dufresne, *La Mort d'un commis-voyageur,* adapté par Marcel Dubé par exemple.

Il faut qu'on réussisse à se traduire. Je crois beaucoup au théâtre canadien-français, non parce qu'il est supérieur à quoi que ce soit, mais parce que c'est le nôtre. Le spectateur s'identifie aux personnages, comprend leurs jeux de mots, leur humour, leur pensée. Il faut aussi que l'on fasse fonctionner pleinement tous les centres de théâtre qui existent au Québec, que l'on crée des troupes professionnelles ou semi-professionnelles. Tellement de métiers se rattachent au théâtre, du menuisier, à l'électricien, au coiffeur que c'est une entreprise rentable, utile au pays.

* * *

Il y a d'abord le texte, puis le metteur en scène, les comédiens, la représentation. Il faut en arriver à dépouiller le théâtre, à alléger la machine théâtrale, à dire d'abord un texte, avec les éclairages et quelques éléments de décor. Le thème m'intéresse beaucoup. L'actualité politique d'une pièce, son engagement. J'ai rejoué *L'Echéance du vendredi* après dix ans et je me suis senti beaucoup plus engagé à cause de la situation actuelle du chômage. *Médium Saignant* m'a engagé, où j'ai accepté de jouer le fédéraliste et où les gens me criaient que je n'avais pas le droit de tenir ce rôle. Le comédien et le personnage étaient confondus et les spectateurs étaient provoqués.

Finalement, à la base du théâtre, il y a une présence, un œil qui accroche. Sentir, respirer, rire, pleurer avec les spectateurs, c'est ça la participation.

* * *

Le rôle de Duplessis dans *Charbonneau et le Chef.* Ce personnage est réel, une espèce de géant malin, machiavélique, qui a quand même dirigé la province pendant dix-neuf ans. La pièce est actuelle, le personnage aussi — et pas nécessairement québécois. Son histoire est celle d'un dictateur d'un petit pays. Une pièce valable partout. Paul Hébert, le metteur en scène, m'a bien fait travailler. Comédien lui-même, il sait me faire sortir ce que j'ai à donner.

Le personnage de William Larose dans *Bilan.* William Larose, c'est la synthèse des hommes canadiens-français qui réussissent et qui font de la politique, qui achètent leur bonheur et leur femme. Dubé touche là à quelque chose d'important. J'avais plaisir à jouer ce personnage qui devient une sorte de géant et qui s'écroule à la fin.

Les personnages québécois sont près de moi, me touchent beaucoup. Je les connais. Quand même, un beau rôle, c'est un rôle qui me force à sortir de Duceppe, qui m'oblige à m'oublier, un rôle avec lequel je me bats.

* * *

Pendant longtemps, je n'ai pas discuté, j'ai joué de tout : des mélodrames, des pièces d'avant-garde, plus de pièces canadiennes que tout autre comédien. Maintenant, je me dis qu'il faut que je sois dirigé, provoqué. J'aime mon métier, qui est très beau, mais je dois faire attention à ma facilité. Je veux que les metteurs en scène m'expliquent leurs intentions, s'engagent par leur interprétation du texte, dirigent, coordonnent le spectacle, comme Paul Blouin le fait à la télévision. Le bon metteur en scène établit un rapport direct avec tous ses comédiens, il possède la pièce parfaitement et connaît les liens tissés du premier au troisième acte. Il ne fait pas que de la mise en place. Je veux aussi jouer avec des comédiens qui me donnent la réplique, avec qui je peux jouer au ping pong !

Je jouerais volontiers la version française des *Joyeuses Commères de Windsor* que j'ai vu jouer par Fabbri — une pièce qui m'a emballé — que je rêve de jouer.

* * *

Au théâtre, quand on est bon à vingt ans, c'est par accident ; à trente ans, l'aventure sérieuse s'amorce ; à quarante ans, on commence à jouer. C'est un très beau métier, qui s'apprend, où il faut travailler fort, s'entêter. Surtout, l'on doit faire attention à « l'auréole » du comédien et se dire qu'il ne faut jamais s'arrêter car l'on n'est jamais « arrivé ».

Je suis resté plein d'enthousiasme pour mon métier. J'ai commencé par de très petits rôles, j'en suis venu aux rôles plus intéressants et je trouve que je vieillis bien comme comédien. Je suis en possession de presque tous mes moyens et je sens que je peux faire des choses valables si je suis bien dirigé.

Et si je réussis, quand je joue, à donner cinq minutes d'émotion pure dans une soirée, la soirée n'est pas perdue. Cinq minutes d'émotion vraie au théâtre, c'est magnifique.

Interview accordée à Ottawa,
le 10 décembre 1971.

GEORGES GROULX

Comédien, Georges Groulx débute chez les Compagnons de Saint-Laurent où, de 1939 à 1948, il joue plus de quarante rôles remportant, en 1947, le trophée pour la meilleure interprétation dans Le Médecin malgré lui *au Festival dramatique national. Il part pour Paris en 1948, y étudie l'interprétation, le mime, le maquillage, la pose de voix et y joue dans quatre spectacles. De 1951 à 1965, il joue au Théâtre du Nouveau Monde dans une trentaine de spectacles dont* Célimare le bien-aimé, La Mouette, Le temps des lilas, Pantagleize, Les Femmes savantes *et le rôle principal du* Bourgeois gentilhomme *en 1967. Il participe aux productions du Théâtre-Club, à plusieurs séries télévisées dont* Pinocchio, Opération Mystère, 14, rue de Galais, Joie de vivre, De 9 à 5, Septième-Nord, *à plusieurs téléthéâtres et « Théâtre Alcan ».*

Georges Groulx fait aussi ses débuts comme metteur en scène chez Les Compagnons de Saint-Laurent avec Le Bourgeois Gentilhomme *en 1945 et* Les Gueux au paradis *en 1947. Il monte* La Double inconstance *et* Les Mal-aimés *au T.N.M.;* L'Alcade de Zalaméa, Un Otage, Une maison... un jour..., Le songe d'une nuit d'été *au Théâtre du Rideau Vert. La pièce de Calderon lui mérite, en 1963, le trophée pour la meilleure mise en scène de l'année. Depuis 1965, il a monté de nombreux spectacles à la N.C.T. dont*

Le Jeu de l'amour et du hasard, Les Caprices de Marianne, La Locandiera, Volpone. *De 1952 à 1956, il est réalisateur à la télévision et il présente une trentaine d'émissions dont* L'Homme au parapluie *qui lui mérite, en 1954, le trophée Frigon pour la meilleure réalisation.*

Georges Groulx était, en 1951, l'un des fondateurs du Théâtre du Nouveau Monde. A partir de 1958, il participe à la fondation de plusieurs théâtres d'été : Centre d'art de Percé, Théâtre de Marjolaine, Théâtre des Prairies, Théâtre de l'Estérel et en 1965 il est cofondateur de la Nouvelle Compagnie théâtrale. A titre de professeur d'art dramatique, Georges Groulx a enseigné à Hull en 1947, à l'Atelier qu'il fondait en 1956 et à l'Ecole nationale de théâtre. Depuis 1963, il enseigne au Conservatoire d'art dramatique de la province de Québec.

A mon avis, le théâtre n'est pas nécessairement le reflet d'un milieu ou d'une époque. Disons plutôt que c'est le répertoire aux thèmes universaux qui, selon moi, est appelé à durer, celui où l'auteur rejoint l'humain, avec ses défauts et ses qualités, sa grandeur comme sa décadence. Le vrai théâtre populaire est celui qui touche la nature humaine avec tout ce qu'elle contient de problèmes, d'ennuis, de tourments et qui atteint le spectateur dans ses sensations, ses sentiments, sa pensée.

Il est extrêmement important d'avoir un bon texte au théâtre grâce auquel un comédien peut exploiter toutes ses possibilités. En effet, un grand texte recèle souvent des subtilités insoupçonnées, ce que j'appelle « l'état second du texte ». Il y a mille sous-entendus à éclairer par la mise en scène, le jeu. Il arrive même quelquefois quand on travaille avec un auteur que l'on découvre des intentions qui lui ont échappé.

Les personnages sont des fantômes : on ne les atteint que rarement et ils peuvent se jouer de mille façons différentes. Toutes les bonnes interprétations sont valables. Il n'y a pas de loi au théâtre qui dise comment concevoir un personnage. Je n'aime pas entendre dire : « L'Avare, ce n'est pas ça... Scapin, ce n'est pas ça... » « A-t-on téléphoné à Molière pour le savoir ? » disait Jouvet. Cette boutade amusante est pour moi tout l'art du théâtre et c'est en même temps sa richesse, sa variété. Il est évident qu'une pièce de théâtre dépeint un milieu, une époque. Mais la pièce n'est pas nécessairement le reflet de l'époque de son auteur. Des Grecs à nos jours, l'avare est partout l'avare, comme Volpone représente toujours l'escroc. L'auteur situe souvent sa pièce à l'époque où il vit, mais le cadre, les costumes ne sont que des réalités extérieures au texte qui servent à établir l'ambiance.

Qu'il soit régionaliste ou pas, le théâtre survit parce qu'il exprime des sentiments humains, éternels. Vous avez envie de rire, de pleurer ou d'aimer ? Vous éprouvez les mêmes sentiments que le slave ou l'asiatique. C'est uniquement parce que les personnages de Michel Tremblay sont des personnages « vrais » qu'ils nous séduisent et non parce qu'ils parlent joual ou parce qu'ils sortent d'un certain quadrilatère de Montréal.

Ce qui me paraît le plus important dans un texte, ce sont d'abord les situations, les personnages et le dialogue. Le thème est secondaire. Il n'a pas comme but essentiel d'apporter un message. Il doit faire vivre des personnages dans des situations données. Je me méfie du théâtre politique, engagé, qui est trop circonscrit dans son époque, dans une politique, une sociologie spécifique. Sans renier totalement ce qui se fait dans ce sens, je ne crois pas que ce théâtre durera.

Je crois que le théâtre est d'abord un divertissement, un lieu d'évasion. S'il a des résonances profondes, c'est à chaque spectateur de les découvrir. Je crois également que les personnages naissent de la situation qui les commande. Autrement dit, quand vous avez bien en main la situation vous êtes en mesure de faire bouger les personnages selon leur état véritable. L'écriture dramatique doit être l'expression des sentiments de la pensée.

* * *

Je ne sais exactement. A cause de mes débuts comme comédien cependant, j'aime bien les rôles qui demandent de l'action, du mouvement, du jeu. J'ai joué les rôles comiques pendant des années et on a longtemps pensé que je ne pouvais pas jouer les rôles dramatiques. Un jour, quelqu'un m'a fait confiance. J'ai commencé par refuser, alléguant ma nature de comique, puis j'ai accepté de jouer, entre autres, un drame de Jacques Languirand : *Les Grands départs*. J'ai découvert, devant le succès personnel que j'ai remporté, que je pouvais jouer des personnages dramatiques.

* * *

De bonnes pièces tout simplement. Je n'ai pas de préférence particulière pour tel ou tel théâtre. J'aime toutes les pièces qui savent me séduire et m'emballer.

* * *

Il vaut mieux parler de carrière que d'œuvre. J'ai essayé d'être un metteur en scène valable, d'éclairer les œuvres du mieux que j'ai pu et de tirer des acteurs le maximum qu'ils pouvaient donner. Je pense aussi que j'ai réussi à bien jouer certains rôles.

Au Conservatoire, je travaille à la formation de jeunes acteurs, source d'enrichissement pour mon métier. J'ai donné jusqu'ici le maximum de ce que je pouvais donner et j'espère avoir aidé à la continuité du théâtre au Québec.

Interview accordée à Montréal,
avril 1972.

GILLES PELLETIER

Gilles Pelletier est né le 22 mars 1925 à Saint-Jovite ; il est le fils du notaire Albert Pelletier, écrivain et critique littéraire. La carrière de marin l'attire et ses débuts à la radio, en 1945, sont accidentels. Il étudie l'art dramatique chez Mesdames Sita Riddez et Eleanor Stuart de même que chez Messieurs Marcel Chabrier, François Rozet et Jean Valcourt. Depuis 1945, il partage son activité entre la radio, la scène, le cinéma et la télévision.

Gilles Pelletier fait ses débuts au théâtre avec l'Equipe de Pierre Dagenais : on le voit dans Le Grand Poucet *en 1946. Il joue ensuite avec Les Compagnons de Saint-Laurent, à l'Arcade, au Théâtre du Rideau Vert et au Théâtre-Club dans, notamment :* Le Chandelier, La Nuit des Rois, Les Trois mousquetaires *et* Le Barrage. *Au Théâtre du Nouveau Monde il est de la distribution d'*Une nuit d'amour, *de* Don Juan, *du* Maître de Santiago. *Il participe à de nombreux téléthéâtres ainsi qu'à de populaires téléromans dont* Cap-aux-Sorciers, L'Ile aux Trésors, Gendarmerie Royale *et* En haut de la pente douce. *Ses rôles les plus marquants sont les suivants : César dans* Brutus *de Paul Toupin, Sedly dans* L'Heure éblouissante, *Pat dans* Un Otage, *le père dans* Six personnages en quête d'auteur, *Almaric dans* Partage de midi *et Joseph Latour dans* Un simple soldat, *rôle qui lui mérite le trophée Frigon en 1958. Il a été le partenaire de Géraldine Page dans l'adaptation américaine* *d'*Un amour qui n'en finit pas *de Roussin à Broadway et il a tourné deux séries de films pour la télévision française.*

*Gilles Pelletier fonde le Quintette dramatique en 1954 et est présentement directeur artistique de La Nouvelle Compagnie théâtrale, troupe dont il est le cofondateur et pour laquelle il a fait les mises en scène d'*Un simple soldat, *du* Roi se meurt, *de* Mantilles et mystères *et du* Cri de l'engoulevent. *On lui a décerné le trophée Laflèche comme meilleur artiste dramatique de la radio et de la télévision, la médaille d'or du Gouverneur général pour l'ensemble de son travail à la télévision et le prix Victor-Morin en 1970.*

Il y a le théâtre qui correspond exactement à l'actualité, le théâtre presque uniquement social, il y a la pièce qui prend l'homme dans son milieu actuel et s'attache beaucoup plus à l'apparence de l'être qu'à l'être lui-même. Mais le social et le politique sont des habits qu'on met à l'homme. Plus profondément que le social, que le moral ou le politique, il y a l'être humain qui est, lui, préoccupé de morale et de politique. Sous n'importe quel régime, dans n'importe quelle société, il y a un être humain qui naît, souffre, se passionne, meurt. Ces thèmes sont les plus grands qu'on ait exploités au théâtre. Racine a exploité ces thèmes dans le goût de son époque, mais les personnages de son théâtre ne sont pas le reflet des personnages de son époque, ils représentent l'être humain dépouillé de tous ses vêtements, mis à nu. Ce théâtre-là est pour moi le plus grand. Ce théâtre, si on le réussit, agit énormément plus sur la conscience sociale et politique des gens qu'un théâtre social ou politique. Une représentation réussie, donc efficace d'*Oedipe-Roi,* remet en question le succès, la beauté, la richesse : tout l'être humain ; le public se remet lui aussi en question et la réflexion sociale et politique découle de là.

Je pense au *Simple Soldat* de Marcel Dubé qui nous met en cause, nous Québécois, qui nous exprime à un moment de notre évolution. Le héros raté qu'est Joseph Latour est de tous les temps, c'est Parsiphal, c'est Ulysse, c'est la recherche de la toison d'or, la quête de l'absolu. L'universalité, le côté épique de cette pièce en font une grande œuvre et si la représentation en est réussie, elle produit un effet, oblige à une remise en question.

Je pense que le public participe au théâtre au moment où il vit des situations extrêmes qu'il aura peu de chances d'expérimenter dans sa vie. On ne devrait jamais présenter une pièce au théâtre sans que le public n'en sorte un peu transformé. Il faut qu'il y ait une remise en question de l'être humain. Ce qui m'intéresse donc dans une pièce c'est l'expérimentation en commun d'une situation.

* * *

Les grands auteurs tragiques ont tendance à aller chercher leurs thèmes loin dans le temps et ils ont raison. Ils éliminent de cette façon les contingences de la vie quotidienne pour ne présenter que la situation. La fabulation favorise le voyage au-dedans de soi-même. L'anecdotique, le quotidien, le langage populaire facilitent les choses, nous aident à nous reconnaître tout de suite mais le langage transposé, rythmique, les mots chargés de prolongements poétiques nous entraînent beaucoup plus loin.

La situation prime de beaucoup le personnage et le thème ne se sépare pas de la situation, comme forme et fond en art sont indissociables.

* * *

Les rôles les plus satisfaisants, pour un comédien d'ici, sont ceux qui permettent l'observation directe. Les personnages bâtis d'après une observation des gens que l'on côtoie, que l'on connaît, que l'on voit me touchent plus que les personnages d'imagination pure. Pour jouer un capitaine de bateau, mes points de référence sont plus immédiats que pour jouer un roi légendaire de l'ancienne Grèce. Il n'y a pas d'absolu dans ce métier, mais ceux de mes rôles qui ont touché le plus grand nombre de spectateurs sont les rôles québécois, les types québécois créés par des auteurs québécois. J'ai joué des rôles classiques mais ils se rapprochaient moins de la plénitude que je cherche à éprouver.

Dans *Cap-aux-Sorciers,* téléroman de haute tenue littéraire, j'ai obtenu cette satisfaction de penser avoir donné ce qu'il y avait dans le texte, pendant trois, quatre émissions (sur 150 !). Le personnage était un grand personnage et la situation, à maintes reprises, rejoignait l'être humain. Et le guide pour aller vers ce personnage, au niveau de l'allure, de l'accent, c'était l'observation directe. De même pour *Un simple soldat.*

* * *

Je désire poursuivre cet absolu dans le jeu : en arriver, au théâtre, à faire vivre les gens avec moi, à leur faire prendre conscience d'eux-mêmes en même temps que je prends conscience de moi-même. Je vise aussi la libération de moi-même par la technique. Je suis encore un étudiant !

Tous les rôles m'attirent et pourtant, non, je ne me soucie pas de m'imaginer dans un rôle. On ne fait pas une carrière de comédien seul. Ce qui dépend de nous c'est d'être disponible psychologiquement.

Le théâtre pour moi d'ailleurs ce n'est pas tellement le moment des répétitions — dont on a toujours besoin et de plus en plus au fur et à mesure que l'on avance dans le métier — mais c'est le moment où ça se passe devant le public et ça, c'est toujours à recommencer à neuf, à chaque seconde de présence sur scène.

Si des gens sont venus dans des salles de théâtre où je jouais, ont vu des émissions de télévision auxquelles je participais et s'il y a eu chez eux, pendant cette demi-heure ou ces deux heures de présence, ce « petit changement », c'est que ce que j'ai présenté a agi... C'est là mon souhait le plus sincère.

J'aimerais que le public devienne plus critique, car il a le théâtre qu'il demande. Le spectateur qui comprendra ce que c'est que le théâtre réclamera, je l'espère, du théâtre québécois mais du genre qui l'obligera à se remettre en question, à rentrer en lui-même. Le théâtre a là une lourde responsabilité.

Interview accordée à Ottawa,
le 12 novembre 1971.

YVES LÉTOURNEAU

Yves Létourneau a fait ses débuts à la scène chez les Compagnons de Saint-Laurent, en 1947. Il joue avec eux Le Malade imaginaire, Meurtre dans la cathédrale, Roméo et Juliette, Le Voyage de Monsieur Perrichon, Les Gueux au paradis *et plusieurs pièces de Molière. On le voit ensuite au Théâtre-Club dans, entre autres,* Les Plaideurs *et* Quadrature du cercle. *Il participe à de nombreuses émissions radiodiffusées, à des films, à plusieurs continuités télédiffusées dont* Septième-Nord, Le Survenant, La Côte de sable.

Il a interprété récemment Désir sous les ormes *et* Jules César *au Théâtre du Nouveau Monde ; un spectacle « Commedia dell'arte » et* Le Timide au palais *à la Nouvelle Compagnie théâtrale et* Jeu Strindberg *à la Poudrière.*

Yves Létourneau a été de la distribution de nombreuses pièces québécoises : Les Grands soleils *de Jacques Ferron,* Isabelle *de Pierre Dagenais,* Bousille et les justes *et* Hier, les enfants dansaient *de Gratien Gélinas,* Zone, Chambre à louer, Le Barrage, Les Beaux dimanches, Un simple soldat *de Marcel Dubé.*

Un bref survol des grandes époques de création dramatique nous permet de constater aussi bien chez les tragiques de la Grèce antique (Eschyle, Sophocle, Euripide) que chez ceux du XVIIe siècle français (Racine, Corneille) et du théâtre élisabéthain (Shakespeare, Marlowe) que ces poètes ne se sont jamais inspirés de sujets contemporains. Leurs tragédies, qui veulent être l'expression de l'homme aux prises avec les passions, n'ont toujours traité que des sujets et des thèmes puisés dans le passé légendaire, n'ont mis aux prises que des héros d'autres époques et le plus souvent de contrées étrangères. Sans doute était-ce pour dérouter et dépayser le spectateur qui y aurait cherché des allusions à des événements trop récents impliquant des contemporains au détriment d'un véritable sentiment tragique. En ce sens, la tragédie n'est le reflet ni d'un milieu, ni d'une époque.

Au contraire, les auteurs comiques de tous les âges, d'Aristophane à Molière en passant par Plaute et Térence, qui faisaient métier de railler les mœurs, les institutions et les travers des hommes et d'en amuser leur public, ont presque toujours puisé leur inspiration dans la vie même de leur milieu et de leur époque. En ce sens, la comédie est davantage le reflet d'un milieu et nous renseigne davantage sur l'homme d'une époque.

Chez nous, au Québec, le théâtre de création a toujours été le reflet exact de notre milieu. A l'époque du *Presbytère en fleurs* de Léopold Houlé, il exprimait notre colonialisme intellectuel où notre seul talent était d'imiter. Et puis ce fut le réveil. Gratien Gélinas avec ses revues et avec *Tit-Coq* débloqua notre conscience collective et osa faire de nous des êtres à faire rire ou pleurer.

Tous les auteurs qui ont suivi ont puisé leurs personnages, leurs thèmes, leurs situations dans leur milieu immédiat. Si bien qu'on trouve, ramassé en microcosme dans nos œuvres dramatiques québécoises, notre petit monde avec ses aspirations, ses idéaux, ses préoccupations, ses tares, ses désillusions, son humour particulier, sa tendresse, sa dureté, sa veulerie, son défaitisme, sa grandeur, sa laideur et parfois sa beauté. Tout est là.

Les sociologues de demain n'auront pas à se creuser la tête en quête de documents. Notre monde, nous, c'est ça ! *Tit-Coq, Bousille et les justes, Zone, Les Beaux dimanches, Bilan, L'Echéance du vendredi, Les Belles-sœurs, Médium saignant, Un simple soldat, Les Grands soleils, Klondyke, Ben-Ur, En pièces détachées.* Qu'on le veuille ou non, c'est nous, ça ! Pour un comédien, la tâche est incroyablement simplifiée lorsqu'il s'agit de jouer des personnages conçus par nos auteurs. Pas besoin de longues recherches. Leur psychologie, leurs gestes, leur voix, leur comportement nous sont toujours familiers. On n'a qu'à laisser aller. Nous y sommes à l'aise, terriblement !

Je me rappelle l'impact de *Tit-Coq*. J'ai participé à de nombreuses créations québécoises et non des moindres. Je me demande aujourd'hui si ce ne sont pas nos auteurs dramatiques qui ont sonné le réveil des Québécois, si ce ne sont pas eux qui nous ont fait relever la tête et nous dire : « Nous autres aussi, on est capables. »

* * *

Tous les aspects mentionnés : thème, structure, personnages, dialogues sont pour moi d'une importance égale. Cela forme un tout indivisible. Négliger un de ces aspects, c'est s'acheminer vers une création boiteuse.

* * *

Ephraïme Cabot de *Désir sous les ormes* d'Eugene O'Neill. Il y a chez lui une grandeur biblique ; il est dur et humain à la fois. Tendresse refoulée. Une humilité roublarde lui fait attribuer à Dieu (à la « voix de Dieu ») sa force et ses faiblesses. Naïf, facile à duper, terrible dans sa vengeance. Assez grand pour reconnaître un geste noble de la part de son fils. Une force de la nature. Capable de pitié, capable de s'élever à des sommets d'émotion rares.

Un personnage de tragédie. Un rôle magnifique ! Mon plus beau !

* * *

En jouant Gélinas, Dubé, je me suis senti parfois impliqué dans quelque chose de plus large, qui dépassait la simple création théâtrale, dans un mouvement venu de loin et qui bouleversait notre conscience nationale. Je dois le dire, j'ai été fier, en tant qu'artiste, d'avoir participé à ce réveil. Réveil qui nous entraînera, je l'espère, vers des aboutissements heureux. Car il serait dommage que notre peuple soit devenu conscient de sa valeur collective pour n'en jamais, un jour, assumer l'exercice !

Ottawa, novembre 1971.

ANDRÉ
CAILLOUX

André Cailloux est né à Issoudun, en France, le 30 mai 1920. Il fait ses premières études en diction et en art dramatique dès 1931 et il termine son cours classique et six ans de philosophie à Fribourg, en 1947. Il se produit en France et en Suisse comme comédien et magicien et entre, en 1949, chez les Compagnons de la musique. En 1951, il est appelé par le Père Emile Legault et il se joint aux Compagnons de Saint-Laurent. A Montréal, il joue pour le Théâtre du Nouveau Monde, le Théâtre-Club et le Théâtre du Rideau Vert qui finit par le prendre en exclusivité.

André Cailloux joue, pour la compagnie du Théâtre du Rideau Vert plus de quarante rôles dans, par exemple : La Reine morte, Lorsque l'enfant paraît, L'Idiote, L'Alcade de Zalamea, L'Heureux stratagème, Un mois à la campagne, Une maison... un jour..., Les Trois sœurs, Un fil à la patte. *En 1969, il signe la mise en scène de* Cet animal étrange *et est promu directeur artistique adjoint du Théâtre du Rideau Vert. Il est des tournées de cette compagnie à Paris, Leningrad et Moscou en 1970 et devient responsable de la section jeunesse de la troupe.*

A la télévision, il réalise des émissions au rythme d'une par semaine environ. Il est Monsieur Toc de Tic Tac Toc, *Frivolent de* Sang et Or, *Calculus, Maître Pierre du* Moulin aux Images. *Il obtient le trophée Frigon pour son rôle de composition du Grand-Père Cailloux du* Grenier aux Images. *Depuis 1965, il écrit et interprète les textes d'*Ulysse et Oscar *pour les jeunes téléspectateurs.*

André Cailloux est le directeur-fondateur des cours « Au jardin de Grand-Père Cailloux », cours spécialement conçus pour développer la personnalité de l'enfant de trois à quinze ans. Il a publié six volumes racontant les aventures d'Ulysse et Oscar et d'Hortense la souris blanche et d'autres textes pour enfants dont Raphaël et son voilier, Lapin Agile, le petit indien. *Il a aussi enregistré sur disque des contes à l'intention des tout-petits.*

Je m'adresse surtout aux enfants de par mes fonctions à la section jeunesse du Théâtre du Rideau Vert. Je choisis donc des textes où l'imagination et le rêve ont une grande part parce que l'enfant a besoin de rêves comme il a besoin de vitamines ! Notre imagination a besoin d'être nourrie et je crois qu'on l'oublie trop. Nous avons tendance à réduire les êtres humains et les choses à ce que nous en saisissons, à ce que nous en comprenons. Or, ce que nous donne notre intelligence c'est une espèce de schéma qui correspond à ce qu'elle est capable de comprendre dans ce qui nous entoure et dans ce que nous sommes. Cette fine couche de conscient qui est à la périphérie de nous-mêmes est loin de rendre compte de ce que nous sommes véritablement en profondeur. Nous sommes beaucoup plus riches !

Lorsque l'auteur crée, il puise dans son subconscient des choses qui l'étonnent lui-même. Il ira même jusqu'à faire part de cet étonnement. Le philosophe ancien disait que le commencement de toute philosophie est dans l'étonnement. Socrate attribuait à son « daimon » ce qu'il découvrait. Lorsque Pythagore a trouvé son fameux théorème, il a voulu rendre hommage à la divinité qui lui avait offert un tel cadeau, il n'a pas cru que ça venait de lui... et comme, en bon pythagoricien, il avait le respect de la vie, il a immolé symboliquement un bœuf fait de mie de pain et de miel.

C'est une mutilation que de vouloir réduire l'être à ce que nous en comprenons. Il ne faut pas non plus réduire le théâtre à ce que nous sommes capables d'en comprendre. Ce que je disais de l'auteur, de tout être humain, vaut pour le public qui est un être unique, bien que formé d'individus qui apparaissaient différents dans le hall du théâtre. Et ce public a, lui aussi, son inconscient et c'est souvent ce qui est venu dans le conscient du créateur, à son grand étonnement parfois, du tréfonds de lui-même, qui va parler au tréfonds du public. C'est important de faire cette mise au point. Il ne faut pas réduire le théâtre à ce qu'on en pense. Ce serait bien triste si les êtres et les choses n'étaient que ce que nous en pensons. Mais l'être humain a d'autres exigences. Il a besoin de rire, de pleurer, de s'indigner, de s'émouvoir. Ça correspond à des mouvements, à des besoins profonds qui sont dans son inconscient et qui tout à coup vont trouver un débouché grâce à ce que l'on présente au théâtre.

* * *

Ce qui importe, c'est la véracité et l'originalité des personnages, la « personne » étant ce qu'il y a d'unique et d'inaliénable. De l'authenticité des personnages découlent les oppositions ou les attirances, les situations et, bien entendu, l'intérêt du dialogue.

Lorsque je suis comédien, je lis le texte sous la direction d'un metteur en scène, j'essaie d'approcher le personnage, de découvrir ses dimensions et de m'identifier à lui. Lorsque j'écris, je laisse travailler mon imagination. Les personnages qui naissent ne le font pas inutilement. Je les dirige ensuite avec le métier que je possède tout en laissant sa place à l'automatisme, au subconscient.

* * *

Un de mes meilleurs rôles a été, je crois, celui de Zampognetta dans *Ce soir on improvise* de Pirandello. Pourquoi ? parce que c'est un des plus difficiles à rendre et que je pense y être parvenu plus qu'honorablement.

Une expérience m'a aussi beaucoup marqué : la venue au Théâtre du Rideau Vert du metteur en scène russe Raevsky du Théâtre d'Art de Moscou pour monter *Les Trois sœurs.* J'avais beaucoup entendu parler de Stanislavsky dont Raevsky est un élève direct. Ça m'a soulagé de constater que ce mythe, que Stanislavsky dont on faisait une espèce de monstre, était beaucoup moins torturé et torturant qu'on voulait bien le laisser entendre. Monsieur Raevsky ne nous a pas donné de mise en place. Il nous a demandé de nous débarrasser du texte le plus vite possible et d'être le personnage : « Faites ce que vous voulez et quand vous serez le personnage, nous procéderons à autre chose. Je veux d'abord voir et entendre le personnage. Le reste est secondaire. » Il mettait ainsi l'accent sur l'essentiel. Cette méthode de travail m'a plu d'autant qu'elle correspondait à cette espèce de philosophie que je m'étais faite déjà.

* * *

Ce qui m'intéresse pour l'instant c'est de me donner corps et âme à la section jeunesse. J'ai toujours voulu amener les enfants des écoles au théâtre, les enfants de la maternelle jusqu'à 10-12 ans. Pour la plupart d'entre eux c'est une expérience tout à fait nouvelle, c'est leur première rencontre avec le théâtre et cet art met en branle chez eux les mécanismes de créativité. C'est un de mes rêves qui est en train de se réaliser et là est peut-être mon apport principal au théâtre. En tout cas, ça me réjouit ! Je suis un homme de théâtre et c'est dans la mesure où j'apporte quelque chose au théâtre que je suis heureux.

Il y a beaucoup de choses qui m'intéressent aussi. Monter Racine — entre autres ! Acteur ou metteur en scène, je suis au service d'un auteur pour faire vivre et palpiter *son* œuvre — qui sans doute devient un peu la mienne en ce sens qu'une pièce de théâtre, faite pour être montée, devient une sorte de cocréation.

Interview accordée à Ottawa,
le 10 mars 1972.

JACQUES GODIN

Jacques Godin est né en 1931 et s'est inscrit pour l'étude de l'art dramatique à l'Atelier du Théâtre du Nouveau Monde en 1952 et à l'Atelier Georges Groulx. Il joue au Théâtre de l'Egrégore, au T.N.M., à la Nouvelle Compagnie théâtrale, au Théâtre-Club et est de la tournée à Stratford en 1956 pour Henry V. *Il participe à plusieurs émissions de radio et de télévision. Sa présence est particulièrement remarquée dans les téléthéâtres suivants :* La mort d'un commis-voyageur, Le Gardien, Des Souris et des hommes, Blues pour un homme averti, Equation à deux inconnus, Le Veau d'Or, Absalon mon père, Trois petits tours. *Toujours à la télévision il est des continuités suivantes :* Radisson, Le Courrier du Roi, Les Belles histoires, Septième-Nord, L'Ile au trésor, *une coproduction franco-allemande réalisée en Italie et en Corse.*

A l'Office national du Film, Jacques Godin joue dans plusieurs courts métrages et dans Le Festin des morts *et* Au Nom du Père.

A la scène, il défend ses rôles principaux dans Fin de partie, En attendant Godot, Monsieur Bonhomme et les incendiaires, Le Roi se meurt, Balmaseda, Venise sauvée, Nemo, Joe Hill, L'Idiot, Le Prix, La Note de service *et dans les textes québécois suivants :* Isabelle, Le Barrage, Klondyke *joué à Montréal et à Londres et* Un bateau que...

Chaque milieu est différent, chaque époque aussi. Le théâtre n'a pas l'obligation de les représenter. Le public — qui ne représente qu'une partie de la population et qui vient souvent au théâtre par snobisme, par curiosité, avec des attitudes qui peuvent nous faire détester le théâtre — ce public peut retrouver tous les milieux, toutes les époques dans les pièces jouées, pour s'y confronter, pour constater les différences. Les pièces qui se rapportent aux milieux populaires de Montréal peuvent intéresser le public de Montréal et de la province. Mais fait-on du théâtre pour nous ? pour les autres ?

On devrait pouvoir traiter de thèmes valables dans une langue régionale. L'auteur doit s'en servir si elle traduit sa pensée, si le dialogue, les situations sont créés dans ce sens. Dans les pièces d'Albee, de Pinter, il y a des éléments qui sont plus forts que le langage régional utilisé. Le public s'y retrouve mieux mais il faut qu'il y ait une force, une valeur dramatique pour accompagner le style d'écriture. Le langage ne change pas la situation de base de la pièce, le problème exploité, il apporte une dimension de réalité.

Personnellement, je préfère une certaine stylisation au théâtre ; j'aime une pièce qui présente des sentiments humains, vrais mais poussés au maximum, stylisés jusqu'à l'absurde. Ça ne se passe pas nécessairement comme ça dans la vie et pourtant c'est souvent comme ça : comique et tragique en même temps, presque drôle et souffrant, une situation grave que les gens prennent à la blague. C'est le style de Pinter, Albee, Beckett, un genre de théâtre que j'aime beaucoup.

* * *

Pour apprécier une pièce, j'emprunte le point de vue du spectateur et je me demande si je serais pris, intéressé par sa présentation. J'y vais par goût personnel, bien sûr, et par instinct. Je cherche aussi un côté « nouveau » au théâtre, une pièce qui sort des habitudes, de la tradition classique. Après avoir lu la pièce, je regarde le personnage : est-ce que ce rôle a quelque chose à apporter ? est-ce qu'il offre ce que *je* peux exprimer, des sentiments que *je* peux faire passer ? Le comédien apporte ainsi sa création à une pièce, parfois il la fait même accepter !

J'ai bien aimé jouer le rôle de Hamm dans *Fin de partie* de Beckett, au théâtre de l'Egrégore. J'aime le style, l'auteur.

Un acteur a déjà dit : « Le meilleur rôle, finalement, c'est toujours le prochain. » ...et je le crois.

* * *

Je ne pense jamais à ce que je devrais, pourrais jouer. J'attends qu'on me présente un rôle et j'analyse, je vois si ça me plaît. Quand on commence dans ce métier, on a beaucoup d'enthousiasme, mais il ne faut pas vivre d'illusions. Les idées changent aussi, notre façon de voir certains rôles. Et parfois, plus on pense à un rôle qu'on voudrait jouer, moins ça devient intéressant !

* * *

Je n'aime pas revenir sur le passé. Ce que je peux dire, c'est que j'ai toujours essayé de travailler de façon honnête et que je continue en dépit des déboires, de ce qui peut décourager. L'honnêteté professionnelle, pour moi, signifie travailler un texte jusqu'à l'oublier, trouver des situations, des sentiments qui me permettent de jouer, d'être celui que j'ai à jouer.

Interview accordée à Montréal,
le 29 juillet 1971.

ALBERT MILLAIRE

Né en 1935, Albert Millaire a fait ses études au Conservatoire d'Art dramatique de la province de Québec et ses débuts à la scène professionnelle en 1957 au Théâtre-Club avec Jacques Létourneau et Monique Lepage. Pour cette troupe, il est des productions de Cinna, *et de* L'Heure éblouissante, *entre autres. Il travaille ensuite au Théâtre du Rideau Vert et fonde en 1961 le Centre Théâtre avec quatre de ses camarades où il monte* Tueur sans gages *et* Roses rouges pour moi. *En 1963, il se mérite le trophée du meilleur comédien au Congrès du spectacle de Montréal. La même année, il est boursier du Conseil des Arts du Canada ainsi que du ministère de la Jeunesse de la province de Québec. C'est pour lui l'occasion de séjourner au-delà d'un an en Europe et d'effectuer des stages de perfectionnement à Paris et en Angleterre à Covent Garden.*

De retour à Montréal en 1964, il entre au Théâtre du Nouveau Monde en tant que comédien et metteur en scène. Jean Gascon lui confie la mise en scène des Sorcières de Salem, *il joue* Lorenzaccio *et tient le rôle d'Eilif dans* Mère Courage. *En 1966, et pour cinq ans, il devient directeur artistique adjoint au Théâtre du Nouveau Monde. En plus de jouer plusieurs des grands rôles de sa carrière, dont* Hamlet *et* Tartuffe, *il entreprend la mise en scène d'œuvres québécoises telles* Le Temps sauvage, Les Grands soleils, Bilan, Les Traitants, La Guerre, Yes Sir !

Albert Millaire est nommé directeur artistique du Théâtre populaire du Québec en 1969 et il présente en tournée Le Cri de l'engoulevent *et* Ben-Ur. *En 1971, une tournée du T.N.M. le conduit jusqu'à Moscou avec* Tartuffe *et* La Guerre, yes Sir ! *En 1972, il joue le rôle de Figaro dans une mise en scène de Jean-Louis Barrault et dirige* Jules César *au T.N.M. et* The War, ou Monsieur ! *à Stratford.*

Au petit écran, Albert Millaire a joué dans Le Courrier du Roy, Filles d'Eve, d'Iberville, Rainbow Country *ainsi que dans de nombreux téléthéâtres.*

Le théâtre est un instrument de communication qu'on a transformé au cours des âges. Que je veuille m'en servir tel que je le trouve ou que je veuille le transformer à mon tour, c'est un choix personnel qui ne regarde que moi.

Le théâtre est un instrument, une forme, une façon de présenter l'homme à l'homme, par transfert direct. On n'a pas encore fait la preuve à mon avis qu'avec tous les nombreux moyens de communication et de participation on ait aboli la nécessité du théâtre. Plus les techniques sont artificielles, plus les individus s'isolent et s'éloignent les uns des autres. Depuis que le téléphone existe, les gens ne se parlent plus, depuis la radio, il n'y a plus de veillées, depuis l'invention de la télévision, on n'a pas d'imagination, et depuis qu'on participe à tout, il n'y a plus d'âme. L'art dramatique reste le moyen de participation collective le plus vrai. Là, un individu comprend une situation, des êtres humains et les transpose à grands traits pour que d'autres les reconnaissent, s'en amusent ou en pleurent.

Toute manifestation de l'art dramatique ne peut exister qu'en étant d'un lieu, d'une époque, d'une période précis. C'est, en partant, l'expression de mœurs, d'habitudes ; c'est la famille, le clan, le village, la ville, le pays et puis tout l'Occident ou, c'est selon, tout l'Orient. La véritable œuvre dramatique est témoin de son lieu et de son époque. Si par hasard elle est faite avec « talent », c'est-à-dire d'une façon tellement discrète qu'elle ne s'amoindrit pas en mettant trop de couleur locale, elle peut atteindre à un niveau universel. A partir de ce moment-là, tout est possible : l'œuvre restera toujours valable.

Tout ce qui s'est fait en art dramatique, de la tradition orale ou de la tradition écrite et qui est de qualité universelle est à mon avis présentable partout parce qu'il y a assez de public de tous les âges du monde pour le recevoir. Une œuvre dramatique à portée universelle ne peut pas ne pas toucher, ne pas déranger les hommes intelligents.

Ce qui est beau au théâtre, c'est la vie. Les gens arrivent dans une salle et si la représentation est bonne, ils s'abandonnent, sont touchés. On ne leur demande pas de manifester extérieurement leur plaisir ou leur peine. Ce qui est merveilleux, c'est qu'ils soient disponibles, c'est qu'ils reçoivent. Je ne suis pas encore convaincu que l'émotion n'a pas sa place au théâtre et je suis toujours rassuré quand les gens rient et pleurent et je suis toujours inquiet quand les théoriciens analysent avec froideur le théâtre. C'est la vie, le théâtre. Quand je joue, je donne un texte, je me donne et je reçois quelque chose de la salle : c'est un échange constant.

* * *

Il y a deux démarches très différentes selon que l'on fait de la création ou du répertoire. En création, on s'attache à la nécessité sociale qui fait qu'une pièce doit être montée, parce qu'un auteur a eu l'idée de la pièce, à cause de son thème, de ses personnages. Ensuite, l'auteur, le metteur en scène, les interprètes se placent devant le texte pour voir si l'idée s'exprime par les situations, si le dialogue convient à ce que les personnages veulent dire. On précède le texte, on le dirige, on le construit en cours de route.

Pour les pièces de répertoire, il y a une chose immuable : le texte écrit. Il nous brime, bien sûr, mais nous permet de tenter de s'approcher d'un personnage, de maîtriser un texte, pour le rendre plus audible, plus intelligible.

Je suis à préparer *Jules César*. Je suis au service de Shakespeare, je ne sens pas le besoin de « l'interpréter », de le changer, je ne sens pas le besoin « d'expliquer » aux spectateurs que ça se passe comme ça ici et là et que ça devrait se passer comme ça ailleurs. Je monte *Jules César :* comprenne qui veut.

* * *

Le rôle le plus marquant, le plus percutant, rôle qui a marqué un tournant, non seulement pour moi, mais aussi pour ceux avec qui je travaillais, c'est Lorenzo. Le T.N.M. était essoufflé, Gascon allait partir. C'était à l'Orpheum et j'étais heureux de voir le théâtre se remplir de jeunes qui ne demandaient pas à Lorenzo de « parler québécois » et qui le comprenaient, pour qui c'était un vrai personnage, dans chacun de ses gestes. C'est alors, à cause de ces jeunes que je me suis senti utile sur le plan social. Pendant des années, j'avais fait ce métier avec amour, avec un don total, mais en me disant que les gens n'avaient pas besoin de nous, que nous faisions des choses inutiles. C'est en jouant *Lorenzaccio* que je me suis rendu vraiment compte de mon utilité sociale.

Comme metteur en scène, j'ai créé des pièces par principe, parce qu'il fallait que ce soit fait. Il fallait que *Les Grands soleils* soient montés ; il fallait que *Bilan* soit présenté à la scène, que *Les Traitants* soient joués. Je ne suis pas un grand recherchiste dans l'avant-garde, je suis un peu conservateur ! J'ai quand même sacrifié, pendant nombre d'années, les goûts que j'avais de monter un beau Tchekov, des auteurs américains, du théâtre de répertoire, au profit de la création qui devait se faire. *La Guerre, yes Sir !* m'a apporté beaucoup de satisfaction, assez de contentement pour me permettre d'être indifférent face à ceux qui avaient quelques reproches à me faire.

* * *

J'aimerais tellement monter *La Cerisaie,* que je sens beaucoup, qui est près de nous. On ne quitte pas une maison de campagne familiale en Russie et au Canada comme on le fait en Provence, en Italie ou ailleurs. Et je ressens cette nécessité essentielle d'être d'ici. Je n'ai pas besoin de me répéter tous les jours que je suis Québécois, je n'ai pas besoin d'être cocardier, fanatique, je commence à ne plus avoir besoin de discuter politique !

Je suis d'un milieu, d'un lieu... ce qui ne veut pas dire que je sois coupé du reste. J'ai des sensations, une façon de concevoir les choses, un processus mental qui ressemblent étrangement à ceux de mes compatriotes. Je considère que chaque geste que je pose, que chaque mouvement qui est mien est évidemment, essentiellement québécois.

* * *

Je fais partie d'une génération de sacrifiés, avec plusieurs camarades de mon âge. Nous nous sommes sacrifiés au départ. 1957 c'était l'époque de la fin du duplessisme, la fin d'une religion, d'une tradition. C'était la fin de beaucoup de choses et le début de plusieurs autres et je n'ai pu avoir aucune participation ni aux unes ni aux autres. Au moment de la révolution tranquille, j'avais déjà posé les gestes de ma jeunesse. Officiellement, je ne compte pas.

Interview accordée à Montréal,
le 2 avril 1972.

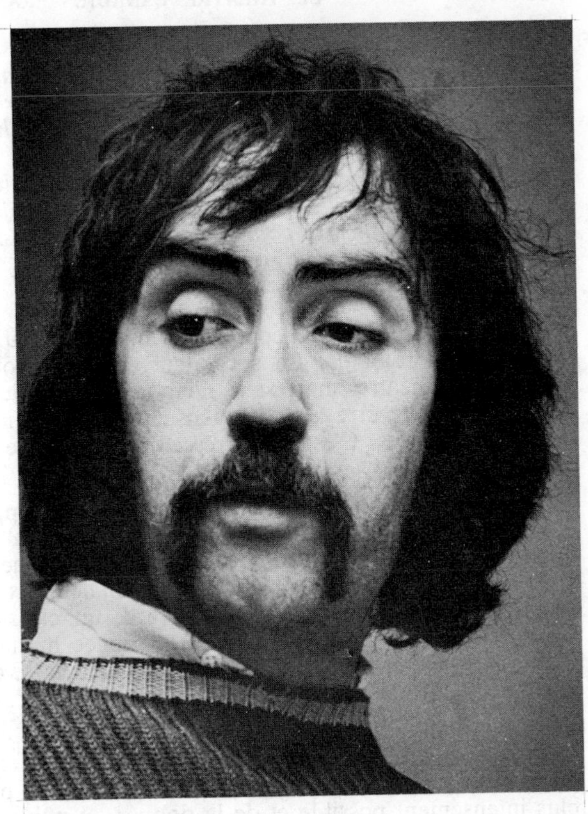

GILLES PROVOST

Gilles Provost est né à Montcerf, Québec, le 21 janvier 1938. Il a étudié en pédagogie à Ottawa où il a enseigné. C'est dans la région Ottawa-Hull qu'il exerce d'abord son activité d'homme de théâtre. Dès 1956, il est metteur en scène à l'académie de la Salle ; dès 1958, il s'associe aux Dévots de la rampe sous la direction de Pierre Patry et plus tard au Festival des Arts de Lakeside pour la municipalité d'Ottawa et au Théâtre du Pont Neuf. Il monte, pour cette compagnie, plus de vingt spectacles dont Le Temps des lilas, Lorsque l'enfant paraît, Le Don d'Adèle, L'Imbécile, Zone, Un Caprice. *Toujours à Ottawa, il est metteur en scène invité au Ottawa Little Theatre, au Hibou et à l'Atelier. Plusieurs de ses spectacles sont primés au Festival d'art dramatique de l'est de l'Ontario.*

A Montréal, Gilles Provost a été l'assistant à la mise en scène pour de nombreux spectacles à la Nouvelle Compagnie théâtrale de même que l'assistant de Georges Groulx au Théâtre des Prairies. En 1968-1969, il est stagiaire au Birmingham Repertory Theatre où il signe la mise en scène de quatre spectacles.

Comédien, Gilles Provost joue à Ottawa, à Montréal, à la radio, à la télévision. Il a récemment tenu des rôles dans La Visite de la vieille dame, Les Paons, La Double Inconstance, L'Histoire du soldat, L'Illusion comique,

La Cantatrice chauve, La Rose rôtie *au Centre national des Arts. Le théâtre par et pour les jeunes l'attire beaucoup et il a créé* La Sabotière *et* Hippydrôme *de Gaby Déziel-Hupé avec Les Jeunes Théâtres du Centre national des Arts. Il a été directeur artistique de l'Atelier en 1969 et y a dirigé les cours d'interprétation et de mise en scène. Boursier du Conseil des Arts en 1969 et en 1971, Gilles Provost a effectué un séjour à Londres chez Brian Way, autorité en théâtre pour la jeunesse, et il a assisté au Festival de théâtre pour enfants à Leeds en Angleterre.*

Le genre, le style, l'époque m'importent peu, pourvu que je réussisse, au théâtre, à rejoindre un spectateur, à l'émouvoir. Je ne sais pas ce que c'est que le théâtre, mais si je n'en faisais pas, je serais extrêmement malheureux. J'adore être avec les gens, les voir réagir aux choses drôles, tragiques, aux silences. C'est une ivresse extraordinaire de constater que les gens rient et pleurent.

Le théâtre offre cette connaissance, cette appréciation des gens, cette grande ouverture sur la vie et une pièce est bien montée, pour moi, même quand il y a des imperfections, si les gens qui la jouent et ceux qui viennent les voir s'aiment et s'écoutent. Ce contact chaleureux peut s'établir à partir de n'importe quel spectacle : un boulevard, un classique, une création québécoise. Le théâtre est d'abord une expérience humaine ; les perfections techniques doivent être considérées en second lieu. C'est un peu la satisfaction que j'ai à faire du théâtre avec les jeunes que j'amène à la découverte du texte, de tout le théâtre.

Ce que je cherche à obtenir comme metteur en scène, j'essaie de l'obtenir comme comédien : j'essaie de comprendre le personnage, de le vivre le plus intensément possible et de le donner au public. Pour moi, le théâtre est un échange humain, une communication avec le public.

* * *

J'aborde une pièce comme comédien plus égoïstement que comme metteur en scène. Comme comédien, je regarde d'abord le rôle qu'on me propose ; ma préoccupation est plus limitée. Un bon rôle pour moi en est un qui ne laissera pas le public indifférent, qui n'ennuiera pas et je me dis que si une pièce me touche ou me fait rire, elle devrait pouvoir toucher ou faire rire une partie du public auquel je m'adresse. C'est toujours un défi de faire croire à l'humanité d'un personnage.

Je suis, je pense, assez ouvert à toutes les formes, à tous les styles de théâtre. Habituellement, les thèmes politiques ne m'intéressent pas, ni le théâtre engagé, sauf à cause des sentiments humains qui y sont valables. Le théâtre d'idées, purement intellectuel, ne m'attire pas.

* * *

Medvedenko, dans *La Mouette* de Tchekhov, que j'ai joué à la Nouvelle Compagnie théâtrale a été, je crois, mon meilleur rôle. C'est un personnage qui a peu de texte, qui écoute, observe, qui évolue du début à la fin de la pièce, qui vieillit, se durcit. On doit sentir cette progression à travers ses répliques éparses. C'est un professeur, avec sa médiocrité, sa paperasse ; c'est quelqu'un qui aime longtemps dans le silence, qui souffre, avec discrétion. C'était un défi.

J'ai aussi adoré jouer *Zoo Story* à cause du thème de la solitude dans les grandes villes.

* * *

Hedda Gabler est une pièce qui me fascine entre toutes, à cause de ce contrôle que le personnage principal voudrait exercer sur la destinée. Cette rencontre viendra un jour. Je relis la pièce, réplique par réplique, et je trouve ça beau et fort, même si c'est éloigné dans le temps.

Je voudrais créer d'autres pièces de John Palmer, un des auteurs canadiens les plus brillants.

Je voudrais jouer Harpagon, Tartuffe, rôles que n'ont pas été vus dans le milieu où je les présenterais. Kean, de Sartre, m'attire : ce personnage démesuré, généreux, fougueux qui cherche à aimer vraiment mais qui est tellement pris par ses problèmes de théâtre qu'il ne sait plus à quel moment il joue, ni à quel moment il est vrai. C'est un peu Pirandello, sans être aussi ambigu, tout en étant plus accessible au public.

* * *

Qu'on pense de mes spectacles qu'ils sont montés par quelqu'un qui aime beaucoup le théâtre et le public, qui a tout essayé pour qu'il y ait du théâtre à Hull-Ottawa et pour que ça continue. Parfois, je suis bien fier de notre permanence ici !

J'ai toujours travaillé avec amour, en utilisant au maximum les connaissances, les moyens qui étaient à ma disposition au moment où je montais un spectacle et je voudrais que cet amour que j'ai pour le théâtre se communique.

Interview accordée à Ottawa,
le 16 février 1972.

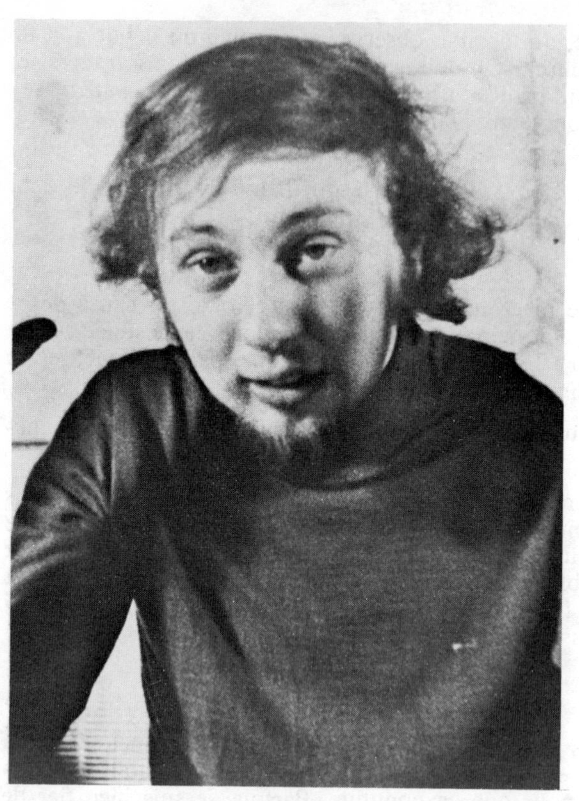

JEAN-LUC BASTIEN

Jean-Luc Bastien est né le 12 mai 1939 à St-Luc, Québec. Il a étudié le théâtre dès 1957 avec Suzanne Rivest, puis avec Jan Doat et Françoise Riopelle. Il est de la première promotion de l'Ecole nationale de théâtre (1963) et grâce à une bourse du Conseil des Arts il a fait un stage dans les troupes d'état en France, en 1963-1964.

Comédien, Jean-Luc Bastien a été dirigé à la scène par Gabriel Gascon, Jean-Pierre Ronfard, Paul Buissonneau, Georges Groulx, Pierre Dagenais, André Brassard et il a joué sur plusieurs scènes montréalaises et en tournée canadienne. Avec d'autres comédiens et Jean-Claude Germain il est cofondateur du Théâtre du Même Nom et pour cette troupe il a participé aux spectacles suivants : Les Enfants de Chénier *dans un autre grand spectacle d'adieu,* Diguidi Diguidi, Ha ! Ha ! Ha !, Si Aurore m'était contée deux fois, La Mise à mort d'la Miss des Miss. *On le retrouve aussi à la télévision pour plusieurs émissions.*

Metteur en scène et animateur, Jean-Luc Bastien a dirigé des spectacles pour le Théâtre populaire d'Alma, les Jeunes Théâtre, le CEGEP Lionel-Groulx, la troupe des jeunes du Centre national des Arts, la Nouvelle Compagnie théâtrale et le Théâtre populaire du Québec. S'intéressant de près à l'enseignement il a été professeur d'expression corporelle et d'improvisation à Chicoutimi, au Théâtre Populaire d'Alma et au CEGEP Lionel-Groulx.

Jean-Luc Bastien est présentement directeur de la section interprétation à l'option théâtre du CEGEP Lionel-Groulx et membre de la troupe du « 8e étage ».

Il me semble que c'est assez évident au Québec que le théâtre est le reflet d'un milieu ! C'est d'abord par le jeu qu'on a essayé d'être fidèle à notre façon de vivre : la façon de *faire* était identificatrice. Maintenant, et de plus en plus, c'est la façon d'*écrire* qui est identificatrice. Le théâtre québécois, ce n'est pas seulement une question de langage, c'est une manière de jouer, de concevoir une mise en scène. L'affranchissement s'est réalisé au Théâtre du Même Nom où le comédien s'identifiait socialement par sa façon d'interpréter, en ramenant le texte à lui, au niveau des intonations mêmes.

La prochaine étape sera la plus difficile. Ce qui s'est fait dans la joie doit maintenant se définir avec maturité. C'est à un style, plus encore, c'est à une vision intellectuelle du monde par le théâtre qu'il faut en arriver — au sens de l'universel. C'est difficile parce que socialement il faut encore se battre pour parler français ; c'est difficile de laisser son engagement social et de passer à un autre niveau sur le plan théâtral. Il faut être pratique et faire du théâtre qui sera compris et en même temps il faut pouvoir en être à l'autre étape, celle où l'on a en vue le rôle du créateur, de l'acteur au théâtre.

Nous devons penser à la formation de l'acteur au Québec. En 1972, nous avons cinq écoles de théâtre dispersées qui font sensiblement la même chose sans être coordonnées ; nous avons une formation empruntée à tout l'univers, une pensée qui n'est pas précise au départ et un manque d'orientation. Les comédiens en tant qu'individus se posent des questions mais ont toujours des solutions instantanées en fonction d'un spectacle. La formation de l'acteur québécois doit se faire en fonction de ce qu'il y aura à dire ici dans cinq ans. Il y a de bons comédiens au Québec et je fais confiance à l'acteur-créateur qui transforme le « fond » d'un spectacle par la forme qu'il apporte. Les choses ont été définies, maintenant il s'agit d'exprimer l'intériorité, la pensée de l'homme québécois.

Je veux continuer à penser que le comédien est créateur. J'y tiens beaucoup et je ne veux pas survaloriser l'auteur. Au théâtre, les créations s'additionnent. Le texte est important parce qu'il véhicule une pensée. L'auteur est celui qui a une vision du monde à partir de laquelle on doit pouvoir aller très loin. Le texte, c'est la structure de la représentation.

Ce qui m'attire dans un texte, c'est la cohérence. L'écriture peut être gauche, inégale, mais la pièce doit avoir de la cohérence, autant au niveau de la conception d'un personnage que de la structure de la pensée, cohérence entre ce qu'on veut dire et la façon de le dire, cohérence au niveau de la sensibilité, de l'émotion. C'est le point de départ pour la création de l'interprète. C'est ce qui lui permet d'être incohérent et fantaisiste !

* * *

Au niveau du jeu, c'est nettement l'expérience du Théâtre du Même Nom, avec toutes ses vicissitudes et ses attraits qui m'a apporté la plus grande satisfaction : cette conscience de la créativité du comédien. A ce moment-là je faisais beaucoup d'animation, de mise en scène, d'enseignement, je pouvais beaucoup donner et j'étais prêt à beaucoup recevoir. Nous avons vécu six mois de discussion et de travail dynamique. Cette expérience ayant été poussée à fond j'ai eu envie de tenter autre chose.

J'ai ensuite vécu cette période passionnante du Festival de l'ACTA en 1969 où j'ai monté, joué, créé neuf spectacles en cinq jours ! *Evolution I, Evolution 2, L'Arme au poing et larme à l'œil, Dimi* et cinq spectacles du T.M.N. Cette année-là a été pour moi une initiation à la création et le travail avec les jeunes de 17-18 ans a commencé à m'enthousiasmer. Les mises en scène du *Mariage* de Gombrowicz et du *Balcon* de Genet m'ont aussi passionné, mises en scène reliées à l'animation et à l'enseignement.

* * *

La prochaine étape, c'est la réflexion. Je veux voir ce qui se fait à l'extérieur et ne plus travailler à toute vitesse ni être récupéré par le système.

Je sais aussi que je ne veux pas refaire ce que j'ai déjà fait. Là est le problème au Québec : nous sommes si peu nombreux et la consommation est tellement petite que nous sommes obligés de nous vider pour faire trop de spectacles par année. On revient toujours finalement aux mêmes formules et on ne valorise pas nécessairement les bonnes choses.

Le théâtre parallèle est aussi un mode de réflexion sur le métier, une réflexion concrète. C'est ce que nous tentons au « 8e étage ». Car il ne s'agit plus de dire qu'on fait du théâtre, il s'agit de savoir pourquoi on en fait et jusqu'à quel point notre geste théâtral peut devenir geste social.

* * *

Il n'y a rien de plus mobile que le créateur. Pour qu'il n'y ait pas sclérose, il faut qu'il soit toujours vivant. Tout le monde me définit comme étant quelqu'un qui « fait de l'action ». En réalité, ce que je fais est intéressant pour moi au moment où je le fais. Si, par la suite, il y a des répercussions, j'en suis le premier surpris. Le jour où j'ai acquis quelque chose, c'est fini pour moi et le lendemain je recommence autre chose. Même si c'est par tempérament, c'est fatigant ! Mais si ce que je tente n'est pas difficile, ça ne m'intéresse pas !

Interview accordée à Montréal,
le 20 mars 1972.

les décorateurs...
les costumiers...
les musiciens...

ROBERT PRÉVOST

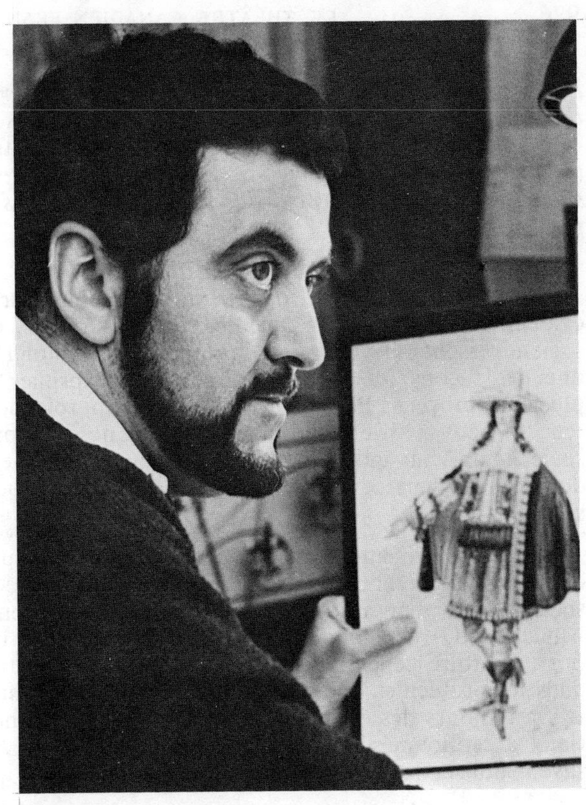

Robert Prévost a commencé à exercer ses talents de décorateur de théâtre chez les Révérends Pères de Sainte-Croix, où il a fait ses études. Dès cette époque, il se fait remarquer pour son imagination et sa poésie. Peu après, chez les Compagnons de Saint-Laurent, il dessine décors et costumes pour Federigo, *puis pour* Les Romanesques *(1946) et* l'Apollon de Bellac *(1947). Plus tard, il signe les décors de* Roméo et Juliette, *de* La Chauve-souris *et de* l'Illusion comique *pour la Société des Festivals de Montréal, il travaille pour le Festival d'Opéra de la ville de Toronto et il est nommé décorateur à Radio-Canada (1952).*

Robert Prévost débute au Théâtre du Nouveau Monde avec Tartuffe *(1953). Depuis, son nom a été intimement lié à nombre de succès de cette troupe :* Don Juan, Le Maître de Santiago, Azouk, La Mouette, Trois farces de Molière, L'Oeil du peuple, Le Temps des lilas, L'Opéra de Quat'sous, Richard II. *Il est présentement directeur de la scénographie au Théâtre du Nouveau Monde et ses plus récentes réalisations sont :* La Dalle-des-Morts, Pygmalion, Les Traitants, Homme pour homme, Le Misanthrope, Désir sous les ormes.

En 1967, Monsieur Prévost a signé les décors de Carmina Burana, *en 1968, ceux de* Catulli Carmina *et de* Il Trionfo di Afrodite *de Carl Orff pour les Grands Ballets canadiens. Il a dessiné décors et costumes pour le*

Ballet royal de Winnipeg, le Théâtre du Rideau Vert, la Nouvelle Compagnie théâtrale. Depuis 1956 il collabore aux productions du Festival de Stratford : The Comedy of Errors *(1964),* Le Bourgeois Gentilhomme *(1964),* Tartuffe *(1968),* The Three Penny Opera *(1972). Les décors que Robert Prévost a signés pour les comédies classiques ont été accueillis avec grand enthousiasme par la critique.*

Le théâtre reflète la société qui le crée ou pour laquelle il est créé. C'est évident. Il découle des problèmes, des sentiments, des inquiétudes que cette société ressent ; il vient, par après, rendre témoignage. Le théâtre est aussi une des façons les plus puissantes de s'exprimer parce qu'il fait appel à plusieurs moyens. Parfois, il peut jouer un rôle de catalyseur, de provocateur ; il peut aussi être un instrument, je ne dirai pas pour transformer cette société, mais au moins pour aider à la transformer. Le théâtre a donc un double rôle : percevoir les inquiétudes d'une société et provoquer cette société.

Il y a présentement ici, chez certains auteurs, certains groupes, un climat de recherche, de protestation, d'agressivité. Notre théâtre et notre société traversent aujourd'hui une période passionnante. Ce n'est qu'avec beaucoup de recul que l'on pourra juger de son influence réelle. Je serais porté à croire cependant que nous vivons une période de transition. Il y a dans les problèmes que nous remuons en ce moment énormément de vanité. Il y a toujours des époques où des pionniers cherchent et trouvent des matériaux exceptionnels sans trop savoir les exploiter. Arrivent ensuite ceux qui savent utiliser les langages découverts.

Je trouve fascinantes les expériences qui se font un peu partout et j'utiliserais volontiers de nouvelles techniques que je jugerais excellentes. Mais la recherche pour la recherche, à l'état pur, ne m'intéresse pas, au théâtre. Je ne crois pas tellement au théâtre entièrement subventionné. La concurrence que nous connaissons est essentielle à l'efficacité, à la santé du théâtre. Il me plaît d'avoir des contraintes. Je serais passionné par des moyens étendus qui me permettraient de faire de la recherche, mais non pas dans un « paradis parfait ». Je suis dans ce métier depuis des années et pour moi le théâtre est d'abord un spectacle sur une scène, quelque chose qui se passe entre des comédiens et un public, une conversation à établir. L'important, c'est que cette conversation aille le plus loin possible grâce à tous les moyens : les décors, les costumes, l'éclairage, le texte et surtout les comédiens.

* * *

Les décors et les costumes sont partie intégrante du spectacle et doivent être conçus et travaillés dans le même sens que l'interprétation du texte. Tout ça est d'une unité essentielle, comme le théâtre est un travail d'équipe. Il s'établit des connivences entre gens qui ont l'habitude de travailler ensemble.

Il n'y a pas *une* façon d'aborder une pièce — c'est curieux. Si on part d'un texte, c'est le texte qui est à l'origine de tout. Les indications scéniques ont une valeur de jalons, ce qui ne veut pas dire qu'on doive s'en tenir à ces indications. Pour les pièces de Feydeau, qui sont des mécanismes très précis d'horlogerie, elles sont très importantes techniquement. Chez O'Neill, les indications, également précises, suggèrent plutôt l'atmosphère à trouver, le climat à créer. C'est une approche poétique du décor. Personnellement, je porte beaucoup d'attention aux notes de l'auteur, sans en être l'esclave.

Il est évident que le rythme du dialogue impose un mouvement au comédien, qui impose des déplacements, qui imposent une certaine construction du décor, une couleur, un style d'éclairage, un costume. Il y a des effets bien conscients que l'on cherche, des choses inconscientes que l'on sent. C'est pourquoi le décorateur n'est pas uniquement un décorateur, ni un artiste-peintre : il est un homme de théâtre. L'art plastique est pour lui une façon de s'exprimer, mais il est d'abord un homme de théâtre.

Ce n'est pas d'avoir su dessiner ou peindre qui m'a le plus aidé dans mon métier — c'est d'avoir été comédien. Très peu ! mais je connais le problème du comédien. J'ai réalisé quelques mises en scène. Très peu ! Mais j'aborde un spectacle avec ces connaissances. Chaque costume que je dessine, c'est un peu pour moi que je l'imagine. Je me dis, inconsciemment : « Si j'étais tel personnage, il faudrait que je sois habillé comme ça... »

J'aime m'embarquer totalement dans un spectacle, sentir « ma famille » autour de moi, toutes les énergies orientées vers une pièce. Je ne pourrais pas créer à l'avance et à distance. L'unité dans un spectacle est pour moi essentielle, de même que la continuité dans la progression de la création et dans l'exécution.

Je sors toujours épuisé d'un spectacle. C'est rare qu'on arrive à rendre sur la scène l'image exacte que l'on avait d'une pièce. Je suis presque toujours un peu déçu.

Les spectacles dont je garde un souvenir un peu plus attendri ne sont pas nécessairement des réussites sur le plan personnel, mais des spectacles où il s'est passé quelque chose, où il y a eu une espèce d'électricité entre le metteur en scène, les comédiens, le décorateur, le public. J'en suis sorti enrichi. Je pense à l'*Othello* de Stratford, à *Venise sauvée,* au *Don Juan* du T.N.M., au *Songe d'une nuit d'été* et à *l'Alcade de Zalamea* au Théâtre du Rideau Vert, à *Carmina Burana* pour les Grands Ballets canadiens.

Il y a eu toute cette époque du T.N.M. à l'Orpheum, alors que l'atelier était situé rue Sanguinet et qu'il y avait un climat d'intimité, un côté peut-être artisanal à notre travail mais une chaleur que le Théâtre Port-Royal ne pouvait pas rendre. C'est inévitable.

* * *

Mon grand rêve serait de construire un théâtre à mon goût, de travailler à un théâtre en profitant de mon expérience, avec de bons éclairagistes, de bons techniciens, en collaboration.

Je voudrais un théâtre qui fasse partie de la vie, où l'on entre facilement, qui soit au centre de la ville, sans trop de jardins et d'arbres pour l'isoler, avec des restaurants, des boutiques, des grands murs où exposer des peintures, des sculptures, des objets. Un centre vivant — pas un centre culturel ! Un endroit où l'on puisse vivre, où l'on pourrait projeter des films, faire de la musique et flâner.

Je me méfie des théâtres trop transformables, qui finissent par perdre leur atmosphère et deviennent seulement des machines à grande mobilité. Quand on construit un théâtre, il faut choisir un genre de scène et ne pas vouloir faire plaisir à tous. Il n'y a pas de forme idéale de scène et de salle. Il faut faire un choix.

Une compagnie utiliserait ce théâtre, le « salirait », les « enfants » du théâtre y habiteraient. Je crois à la troupe permanente à cause du style, de l'unité, de l'homogénéité ; à cause de l'électricité qui unit les comédiens les uns aux autres, à cause du travail commun, ce qui n'empêche aucunement d'inviter des créateurs de l'extérieur. La compagnie ne doit pas être un champ clos. Il est important d'avoir un noyau de création très fort. Le climat de l'équipe technique est aussi très important. Les machinistes, les accessoiristes, les électriciens sont essentiels au théâtre et leurs rapports avec les comédiens déterminent la qualité des spectacles.

Si un théâtre comme celui-là se réalisait, je voudrais être impliqué dans tous les problèmes de la création, de l'exécution des spectacles, tout en ne souhaitant pas y être le seul décorateur et tout en voulant travailler à l'extérieur de la compagnie.

* * *

J'ai peut-être pu avoir une influence sur des jeunes, sur d'autres décorateurs. Mais c'est la création, non la recherche, qui m'intéresse. J'ai appris ce métier en le faisant ; c'est en réglant des problèmes que j'ai trouvé des réponses, jamais en formulant dans l'abstrait des « questions-réponses ».

Je voudrais qu'il reste de mon travail ce qu'il reste du travail d'un comédien. Je ne prétends pas laisser d'œuvre. Le théâtre est éphémère, mon décor n'existe plus après la dernière représentation. Ce que je veux laisser au théâtre ? Le souvenir d'un « homme de théâtre ».

Interview accordée à Montréal,
le 14 mars 1972.

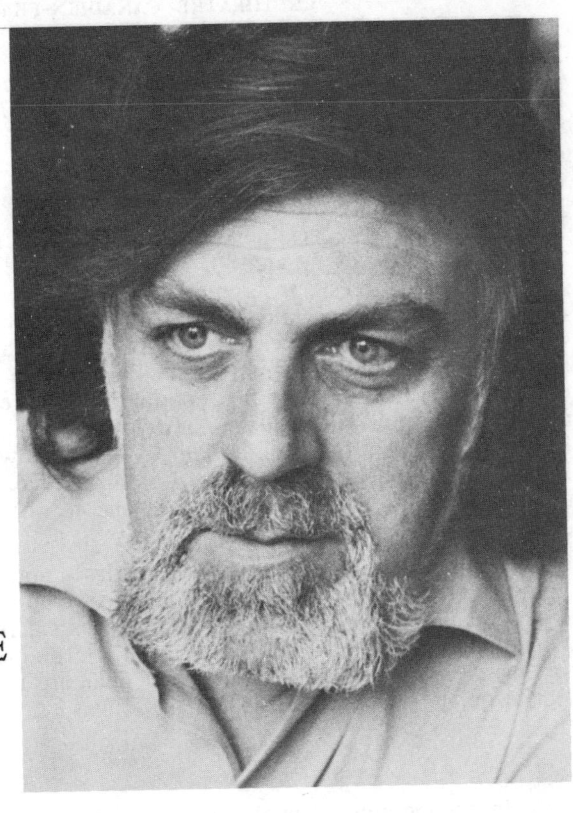

JEAN-CLAUDE RINFRET

Jean-Claude Rinfret est né à Shawinigan, au Québec. Il est diplômé de l'Ecole des Beaux-Arts de Montréal. Après un stage d'étude à l'Ecole supérieure nationale des Arts décoratifs à Paris, il entre au service de la Société Radio-Canada à Montréal où il est décorateur pour les émissions dramatiques et musicales et où il réalise une vingtaine d'opéras dont l'Oedipe-Roi *de Stravinsky,* Le Dialogue des Carmélites *de Poulenc,* Orphée et Eurydice *de Gluck. Depuis avril 1967, il occupe le poste de chef des Services de la scénographie à Radio-Canada.*

Monsieur Rinfret a collaboré avec la plupart des compagnies professionnelles d'opéra et de ballet du Canada et, aux Etats-Unis, avec le Central City Opera House. Au théâtre, il crée décors et costumes pour plus de cent vingt-cinq spectacles et il travaille avec Guy Beaulne, au Théâtre-Club, à la Nouvelle Compagnie théâtrale, au Rideau Vert, à la Comédie-Canadienne, au Théâtre populaire du Québec, participant, entre autres, aux créations québécoises suivantes : Les Beaux dimanches, Au Retour des oies blanches, Les Insolites, Les Violons de l'automne, Un Simple soldat, Le Coup de l'étrier, Avant de t'en aller.

Jean-Claude Rinfret enseigne à l'Ecole des Beaux-Arts de Montréal et de Québec en décor de théâtre de même qu'à l'Ecole nationale de théâtre. Il est « designer » consultant pour plusieurs théâtres et théâtres d'été et est membre fondateur et ex-président de l'Association des designers du Canada. Le Conseil des Arts du Canada lui accordait une bourse en 1964 qui lui permit de visiter les grands festivals européens et les principaux centres de production de théâtre, d'opéra et de télévision.

Le théâtre est certainement le reflet d'un milieu, voire même d'une société. A toutes les époques il l'a été. Molière, au 17e siècle n'a-t-il pas écrit plusieurs pièces sur la médecine et les médecins, démontrant d'une façon évidente une certaine forme de mercantilisme qu'hélas on retrouve encore aujourd'hui chez certains disciples d'Esculape ! Le théâtre grec, espagnol, le théâtre de la commedia dell'arte ou le théâtre élisabéthain, sous toutes ses formes, à toutes les époques, fut le reflet fidèle du milieu. Plus près de nous, qu'il soit français, américain, anglais ou allemand, que ce soit Feydeau, Anouilh ou Montherlant, Wilde, Shaw, Tennessee Williams ou Henry Miller, Ghelderode, Garcia Lorca ou encore Schiller et Peter Weiss... tous ces dramaturges et bien d'autres encore ont vraiment traité des sujets, des thèmes de leur époque.

Il en est de même si nous parlons des « nôtres » : Dubé, Gélinas, Languirand, Tremblay, Françoise Loranger et d'autres ; ils sont aussi de leur époque et ils ont, pour la plupart, traité des sujets qui reflètent l'état d'âme d'une communauté. Cela va même jusqu'à la politisation du théâtre. Le théâtre engagé, quoique parfois discutable, demeure toujours un reflet réel d'une société qui le fait vivre, difficilement... hélas !...

* * *

Un scénographe conçoit visuellement des éléments qui serviront une pièce, qui deviendront peut-être un des personnages de la pièce. Quand je travaille à un texte, je mets de côté les indications de l'auteur, je ne veux rien savoir de ce qu'on a pensé avant. Je veux d'abord avoir mes réactions personnelles. Je peux même voir la pièce dans un contexte qui n'est pas celui de l'auteur. Il fut un temps où je m'attachais davantage aux reconstitutions historiques, aux époques à représenter. Maintenant, je ne trouve pas que cela soit nécessaire. Je préfère indiquer certaines formes d'architecture, très simplifiées, créer un univers visuel dans l'ESPACE. On a eu tendance, durant des années, à « faire du décor ». Maintenant, on conçoit des espaces visuels où une action se passe, où des comédiens jouent, où la fonction et la forme sont intimement liées. J'en suis venu à éliminer tout ce qui est superflu pour laisser le comédien en scène. Ce qui est important en définitive au théâtre, c'est l'aspect humain, c'est la respiration de la pièce, c'est la ligne mélodique, le rythme. Ce n'est pas une phrase, une indication qui me retiennent mais plutôt un rythme à trouver ou, en d'autres mots, l'unité visuelle à créer. Je vois l'action se dérouler, avec ses accents parfois en crescendo ou en diminuendo et je dois créer cette unité requise pour les besoins de la pièce.

Le décor doit s'intégrer au spectacle, jouer son rôle ; il peut même devenir un personnage de la pièce.

* * *

J'ai l'impression d'avoir créé un « bon » décor quand j'ai réussi, physiquement, à habiter l'espace scénique, quand les comédiens commencent à respirer l'atmosphère de la scène et qu'ils me disent : « On est à l'aise, on se sent bien. »

Le Marchand de Venise a marqué une belle époque au Théâtre-Club. C'était, je pense, un bon spectacle où tout se conjuguait harmonieusement : distribution, mise en scène, costumes, éclairage, etc. J'avais conçu un dispositif architectural simple, qui servait autant les intérieurs que les extérieurs, où certains éléments modifiaient complètement les lieux scéniques ; un dispositif très simple permettant aux personnages d'évoluer sans contrainte.

Le spectacle qui m'a donné le plus de satisfaction c'est l'opéra *Otello* de Verdi, présenté à la Place des Arts, en 1967 ; Zubin Mehta était le chef d'orchestre et Carlo Maestrini, le metteur en scène. Tous les artisans du spectacle ont communiqué entre eux d'une façon extraordinaire ; ils ont tous travaillé ensemble à servir une œuvre. Le concept architectural était en volume, très ouvert ; celui du premier acte était à dénivellations assez marquées ; le deuxième acte n'était absolument pas conventionnel, se passant à l'extérieur, dans un jardin remplaçant l'intérieur traditionnel ; au quatrième acte, la chambre de Desdémone devenait son tombeau : au centre, une élévation centrale, un grand dais d'environ 40 pieds de hauteur, sur un fond de velours noir, avec deux ouvertures qui permettaient une entrée dramatique d'Otello.

* * *

J'aurais souhaité faire un jour *L'Opéra de quat'sous* de Brecht-Weil. Cette pièce m'avait bien plu quand je l'ai vue pour la première fois à New York.

Ce que j'aimerais bien travailler actuellement : *La Tempête* de Shakespeare. C'est une œuvre que j'aime beaucoup, qui est très peu souvent jouée, du moins ici. Une pièce qui me parle d'un monde étrange et aussi du temps et de l'espace, d'une recherche vers la quatrième dimension. On n'a pas défini le temps d'une façon précise au théâtre, on cherche à l'exprimer... comment transposer visuellement l'idée du temps, du temps qui passe. Je ne me suis jamais arrêté à savoir comment je le réaliserais, mais c'est un problème auquel je m'intéresserais volontiers. Malheureusement, je ne crois pas avoir cette occasion prochainement. Nos *metteurs en scène* sont de formation traditionnelle, toutes les conventions du théâtre demeurent pour eux des lois sacrées, inviolables. A part quelques rares exceptions qui ont tenté des expériences visuelles intéressantes, la plupart de nos spectacles sont conçus, « visuellement parlant », dans l'esprit conceptuel d'il y a vingt ans. Il suffit pour s'en rendre compte de voyager et de comparer. Les Tchèques, les Allemands, les Polonais, même les Roumains ont vingt ans d'avance sur nous. C'est triste et désolant, c'est même parfois décourageant. Je souhaite qu'une nouvelle vague surgisse bientôt. Nous croulons dans nos vieilles habitudes... il est URGENT qu'on s'en rende compte. C'est une des raisons pour lesquelles, depuis environ deux ans, je refuse systématiquement de travailler au théâtre avec certains metteurs en scène installés, emmitouflés, étouffés, devrais-je dire, dans toutes les conventions périmées, éculées et qui, de plus, n'ont aucune raison d'être aujourd'hui.

* * *

Je suis toujours très heureux de sentir le public réagir au théâtre. J'ai l'impression d'avoir participé à quelque chose d'important, d'avoir créé en équipe : cela a une résonance chez moi, c'est en quelque sorte un aboutissement. Je ne veux pas étonner le public, je veux l'intégrer à une idée. Si le concept global est juste, le public le sent, il y a communication. Conditionner un public, c'est faux, je n'y crois pas. Je fais ce métier depuis vingt ans : c'est déjà un jugement porté sur le travail que j'ai accompli. Ce qui ne veut pas dire que j'ai tout réussi, loin de là ! J'ai essayé d'être sincère dans ce que j'ai fait, au moment où je l'ai fait, avec les gens avec qui je le faisais. Ma première préoccupation est d'abord de servir une œuvre, ensuite de concevoir l'ESPACE, le lieu, en tenant compte du comédien qui habitera ce lieu. Le côté humain du spectacle est un élément important qu'il ne faut pas négliger.

« Le théâtre c'est un auteur, quatre planches et un comédien. » Vous voyez, mon rôle est bien secondaire !

Interview accordée à Montréal,
le 7 février 1972.

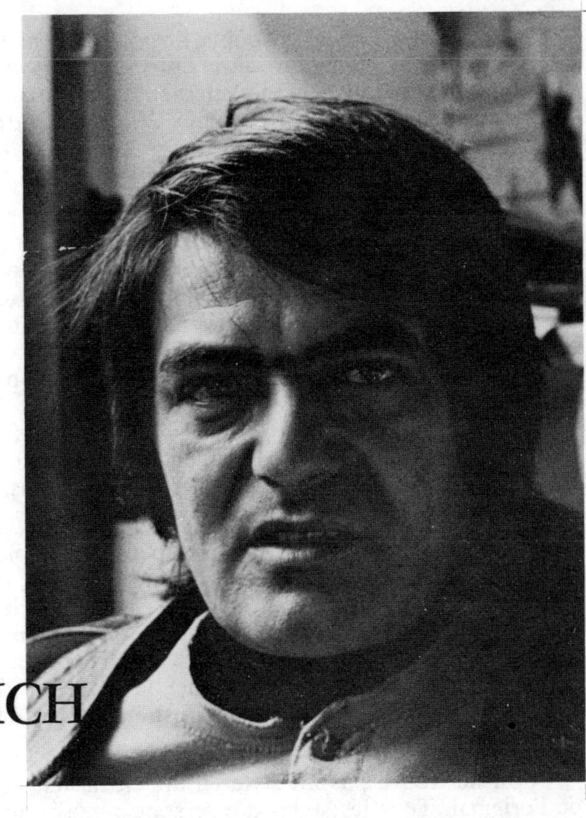

HUGO WUETHRICH

Hugo Wuethrich est né en 1927 en Suisse allemande. Il a travaillé et étudié à Londres et en France et est venu au Canada en 1951. Il s'installe alors à Toronto, devient assistant-décorateur à Radio-Canada, réalise plusieurs films et poursuit ses recherches en peinture. Il vient à Montréal en 1961, expose ses toiles au Salon du Printemps, entre à Radio-Canada comme décorateur et travaille dans plusieurs théâtres et théâtres d'été.

A la télévision, Hugo Wuethrich participe à la réalisation de Tuez le veau gras *de Claude Jasmin,* Un cri qui vient de loin *de Françoise Loranger,* Le Barbier de Séville *de Rossini en 1965, production qui se mérita le Emmy Award de la National Academy of T.V. Arts and Sciences de New York,* Toi, *opéra de Murray Schaffer et de plusieurs téléthéâtres, opéras, concerts. A la scène, il conçoit les décors pour la création de* Doux Temps des amours, Il est une saison, Ne ratez pas l'espion, Encore cinq minutes, On n'aime qu'une fois, Elle tournera la terre, L'Exécution, Un matin comme les autres, Pauvre amour, Les Posters.

Monsieur Wuethrich travailla avec Paul Buissonneau pour l'Opéra d'Aran *de Gilbert Bécaud, avec Paul Blouin pour* On ne sait comment, La Vie est un songe, La P... respectueuse, *avec Jean Faucher pour* Terre d'aube,

Partage de midi, Drôle de couple, *avec Jan Doat pour* La Fille du régiment *de Donizetti. Il a collaboré avec François Barbeau pour de nombreux spectacles dont* Alice au pays des merveilles, L'Oiseau bleu, Hedda Gabler, Le Malentendu, L'Heureux Stratagème. *Hugo Wuethrich enseigne à l'Ecole nationale de théâtre.*

Aujourd'hui, il est certain que l'on retrouve plusieurs de nos problèmes sociaux sur la scène. On en arrive à un théâtre que je trouve explicatif et social, c'est-à-dire à des formules non artistiques. Le théâtre devient tribune, ce qui n'est pas souhaitable, et risque d'être dépassé rapidement. Il est entendu que tout théâtre est politique, mais on a peut-être aujourd'hui une production qui est mal équilibrée, trop politique ou pas assez. Si on pouvait faire un « théâtre total » qui aurait tous les éléments, politiques et artistiques, on pourrait peut-être réussir à dire quelque chose et à donner en même temps une expérience au public. C'est ce que j'aimerais réaliser. Mais je ne crois pas que ça se réalisera à notre époque. Les moyens techniques sont très développés mais notre écriture est linéaire et nous montre nous-mêmes avec nos problèmes sociaux.

Avec les œuvres du passé, on pense faire presque n'importe quoi aujourd'hui : c'est un phénomène contemporain. Je ne suis pas d'accord pour enlever aux personnages tout leur environnement, leur cadre. Ils ont été créés dans un milieu particulier et seraient désorientés ailleurs. On peut transposer, bien sûr, je ne tiens pas à être fidèle à l'époque, mais il faut retrouver la vérité du texte. On ne peut pas nier le passé, se débarrasser du temps. Ou alors que l'on choisisse de présenter moins de ces textes du passé et que l'on fasse plus de création.

On ne trouve pas un style en art en faisant de la copie, mais en créant de l'original. Tous les styles qui se sont imposés au théâtre l'ont fait à partir de textes originaux. On n'a jamais développé un style en refaisant ce qui avait déjà été fait. Un style personnel s'invente dans la création pure tout en s'appuyant sur les styles qui existent déjà. La création m'intéresse, la création avec le metteur en scène, l'écrivain.

Le processus créateur est très compliqué et je doute de pouvoir vous l'expliquer honnêtement en quelques mots. Souvent ça commence par des erreurs, par de faux chemins. Il faut trouver une espèce de vérité à soi. Par ailleurs, tout est dans le texte. Mais je ne suis pas le seul à le lire ! Le décorateur est lié à un directeur artistique, à un administrateur, aux budgets ; il travaille avec un metteur en scène, des comédiens qui sont souvent recrutés de partout. L'important serait d'avoir une équipe permanente, attachée à un théâtre et qui donnerait à ce théâtre son style. Présentement les théâtres ont déjà leur style, choisi sans les créateurs et c'est très rare qu'on puisse réaliser un texte comme on le voudrait. Le théâtre idéal serait autocratique. On verrait alors se développer des idées à travers les éléments qui sont les situations, les thèmes, les personnages, les décors, les éclairages, etc. Le travail serait fait par des gens qui veulent le même résultat et qui savent s'y soumettre et qui réussissent ainsi à s'exprimer au maximum sur une scène. Je suis pour un théâtre où les créateurs donnent le style.

Par ce que j'ai apporté aux textes que j'ai créés, j'espère avoir contribué quelque chose au théâtre d'ici. J'essaie toujours de rendre l'atmosphère de la pièce, même dans les détails, pour qu'on dise : « Voilà, c'est ça, cette pièce-là. » La critique n'est pas toujours très sensible à cela. L'autocritique est essentielle à un artiste qui veut progresser.

Interview accordée à Montréal,
octobre 1971.

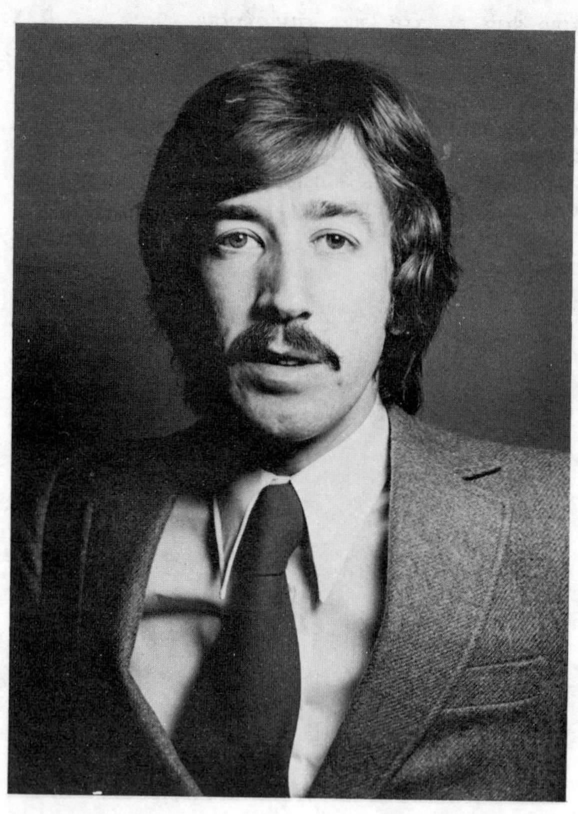

PAUL BUSSIÈRES

Paul Bussières est né en 1943, à Québec ; il a terminé son cours à l'Ecole des Beaux-Arts de Québec en 1962 et il a fait un stage en France en 1969 pendant lequel il a visité les Maisons de la culture. De 1960 à 1968, il est décorateur et comédien au Théâtre de l'Estoc et participe à plus de quarante spectacles. Décors, costumes, affiches et programmes sont de sa responsabilité. Ses principaux spectacles sont : La Mal Court, Huis-Clos, Fin de partie, Blues pour un homme averti, Le Brave soldat Sveik, Amédée ou comment s'en débarrasser, Les Petits Bourgeois.

Paul Bussières participe à la fondation du Théâtre des Marionnettes et du Théâtre pour enfants et crée décors et costumes pour leurs spectacles de même que pour Faisons un rêve *de Sacha Guitry au Théâtre du Vieux Québec et pour* Monsieur Beaucaire, *opérette de A. Messager au Théâtre lyrique de Québec. Au Festival d'été de Québec, il participe à* Love, La Paix du dimanche *de même qu'à la création de* Goglu *et de* Manon Lastcall *de Jean Barbeau.*

Responsable du département de scénographie au Conservatoire d'art dramatique de Québec depuis 1968, Monsieur Bussières crée décors et costumes pour les spectacles du Conservatoire dont Pelléas et Mélisande, Ce soir on improvise *et* Que ces choses arrivent d'abord. *Pour le Théâtre du Trident, il crée* 0-71 *de Jean Barbeau au Grand Théâtre de Québec, de même que* Charbonneau et le Chef, Pygmalion, Alcide 1er, *et* La Mort d'un commis-voyageur.

On dit des pièces de Michel Tremblay qu'elles sont un reflet d'un milieu. Elles seront valables si, sur le plan dramatique, elles sont bien rendues, si elles ne sont pas bêtement réalistes, si on y retrouve une dimension théâtrale essentielle. *Charbonneau et le Chef,* c'est du théâtre politique, c'est le reflet d'une société, de ses idées politiques, d'événements d'intérêt public. Le fait de les présenter au théâtre les rend plus accessibles. Le théâtre ne doit pas cependant nous faire vibrer uniquement à ce que l'on connaît. Je crois qu'au contraire il doit ouvrir des horizons, être une « fenêtre sur le monde », nous permettre de nous émouvoir, de réagir selon nos convictions personnelles, de nous rendre compte, de ressentir quelque chose avec les personnages.

Lorsque j'ai à rendre une pièce comme décorateur je ne considère pas uniquement mes critères personnels qui peuvent ne pas toucher le public ; je ne vise pas non plus à rencontrer uniquement les critères du public, car le résultat pourrait alors ne pas rejoindre l'esprit de la pièce. Entre mes goûts personnels et les préoccupations immédiates du public, il y a le texte, le metteur en scène, l'architecture théâtrale. Pour un texte renvoyant à une époque historique, je retourne, bien sûr, aux documents d'époque d'abord, pour vérifier, réviser mes connaissances au niveau des formes, des couleurs, de l'architecture, des costumes, des intérieurs, des extérieurs. Partant de là, tout dépend de la conception du spectacle. On peut donner les couleurs et les formes qu'on juge être les meilleures ; on peut tenter une reconstitution historique ou une interprétation plus libre. Pour une production contemporaine, l'interprétation des costumes de ville modernes est assez difficile à réaliser. Il faut pouvoir trouver une dimension théâtrale à une mode qui est actuelle, isoler l'élément révélateur du caractère des personnages.

* * *

Je considère que la participation visuelle à un spectacle est très importante, à quelque niveau de la production que ce soit. Il faut que ce que l'on donne à voir soit pensé, réfléchi. On ne peut rien laisser au hasard. Le décor n'est pas une chose gratuite, il doit s'intégrer au spectacle comme l'acteur le fait. Le metteur en scène donne en général le ton à la production, mais il a besoin de l'apport de tous.

Il faut aborder un texte d'une façon logique, avec le metteur en scène et selon notre personnalité. Les situations sont très importantes. C'est par elles qu'on vibre d'abord. La situation dramatique donne la couleur de la pièce, l'ambiance.

Ayant beaucoup joué au théâtre, je suis davantage intéressé aux personnages qui vivent la situation, qui donnent le mouvement du décor, des costumes. On peut accuser les personnages par des éléments de décor ou de costume, souligner leur psychologie. La difficulté des créations réside dans le fait précisément que les points d'appui n'existent pas, que les personnages sont inconnus de tous. Il faut alors cerner leur tempérament, les camper.

* * *

Le spectacle qui m'a donné le plus de satisfaction en est un très modeste du Théâtre de l'Estoc : *Fin de partie,* joué sur la scène du petit théâtre de la rue Saint-Louis. Le décor avait été fait de vieux panneaux, de très peu de choses, mais le climat y était et c'est ce qui compte. La scène était entièrement fermée, le décor réalisait une ambiance de poussière donnée par un screen transparent placé au premier plan et tendu de sorte qu'on ne le voyait pas. L'éclairage venait de l'intérieur du plateau (ce qui n'était pas sans difficultés techniques !). Les murs étaient de toile peinte de couleur violacée ; le plafond était fabriqué de décrépitude. Les costumes étaient vieux et patinés, mis en loques. C'était en 1963, André Ricard était le metteur en scène et je jouais le rôle de Clov.

Depuis *Fin de partie* j'ai réussi à assouvir quelques rêves : travailler sur un grand plateau, réaliser un décor avec du métal (pour *Alcide 1er :* il s'agissait de rideaux métalliques avec effets de transparence).

J'aimerais maintenant créer des costumes d'époque, collaborer à un Shakespeare. Toute cette époque de la Renaissance est extraordinaire, aussi bien en Italie et en Espagne qu'en Angleterre, Shakespeare c'est sans demi-mesure, très fort ; les caractères, les situations sont bien campés. Ce que j'ai vu de Robert Prévost à Montréal, à Stratford, m'a fasciné. J'aimerais pouvoir expérimenter des textures nouvelles, des formes, avoir des prétextes au fignolage, à la patine, à la peinture des costumes. J'ai une grande admiration pour François Barbeau qui est un grand dessinateur de costumes et aussi un artisan.

En décors, j'aimerais participer à la conception d'un espace théâtral, d'une machine théâtrale qui engloberait spectateurs et acteurs, qui pourrait se réaliser en théâtre de plein air ou dans un espace donné. Comme décorateur, je suis plus architecte que peintre ou que coloriste. J'aime structurer, architecturer des décors, j'aime travailler les volumes dans l'espace.

Et toujours, bien sûr, j'aimerais plus de temps, de disponibilité pour travailler à mes décors et à mes costumes !

* * *

Comme décorateur, je veux faire de « belles choses », dans la laideur ou dans l'élégance : des choses justes. Tout en me méfiant de la stylisation !

J'ai commencé modestement au théâtre, dans des conditions pénibles, artisanales, avec l'Estoc. J'ai participé, à Québec, à un renouveau théâtral, au moins à la naissance d'un théâtre. Jusqu'à l'époque de l'Estoc il n'y avait eu à Québec que du boulevard, du mélodrame ; je fais partie de ceux qui ont cru qu'à Québec on pouvait faire du théâtre professionnellement. J'ai été le premier décorateur de cette époque et je jouais en plus. C'était un véritable « bain de théâtre » et c'était passionnant.

Interview accordée à Québec,
le 27 février 1972.

MICHEL CATUDAL

Michel Catudal est né en 1940, à St-Jean d'Iberville. Il étudie à l'Ecole des Beaux-Arts de 1957 à 1960 et à l'Ecole nationale de théâtre de 1962 à 1965. Il est boursier de l'Ecole nationale de théâtre, remporte le Tyrone Guthrie Award et travaille plusieurs saisons au Festival de Stratford. Par la suite il travaille à Winnipeg où il est accessoiriste au Manitoba Theatre Centre et peintre de décor au Royal Winnipeg Ballet, à London où il est décorateur pour plusieurs pièces dont Mademoiselle Julie, Black Comedy, Lion in Winter, *à Halifax, au Neptune Theatre et à New York où il est accessoiriste pour* Antony and Cleopatra *mis en scène par Frederico Zefirelli pour l'ouverture du Lincoln Center et décorateur au Café La Mama pour Sopol Sirag.*

A Montréal, Michel Catudal travaille à l'Egrégore, au T.P.Q., à la Nouvelle Compagnie théâtrale, avec Robert Prévost et Maurice Demers, à l'Instant Theatre où il est décorateur pour les pièces que monte Paul Thompson et au Théâtre d'Aujourd'hui pour Ça *et* Philigne *de Pierre Bégin.*

A Ottawa, Monsieur Catudal crée Les Paons *de Michel Tremblay au Centre national des Arts. Il travaille surtout en collaboration avec Jean Herbiet, d'abord à la Comédie des Deux Rives de l'Université d'Ottawa où il conçoit décors et costumes pour* Monsieur Fugue ou le mal de terre, La Soif et la faim, Elkerlouille, *puis au Centre national des Arts où il participe à*

La Double inconstance *et où il crée les cinq décors pour* La Cantatrice chauve, Les Bonnes, La Noce chez les petits bourgeois, Oh, les beaux jours !, La Rose rôtie.

Michel Catudal est peintre et ses tableaux font partie de plusieurs collections privées. Il a exposé ses toiles au Salon de la jeune peinture, à la Butte à Mathieu, au collège Basile-Moreau, au Black Swan de Stratford et au Manitoba Theatre Centre. Il a enseigné au Cegep du Vieux Montréal et il est professeur de dessin technique et d'accessoires et tuteur de jeunes décorateurs en stage au Cegep Lionel-Groulx.

Pour que le théâtre ait sa raison d'être c'est impératif qu'il soit le reflet de son époque. Une pièce classique, par exemple, montée aujourd'hui, doit être choisie pour son degré d'implication dans notre époque, à cause de la dimension qu'elle donne aux choses qui nous sont propres et qui, par le fait même, touchent notre sensibilité. Au départ, tout existe dans la société, avec des nuances, des détails différents. L'artiste perçoit des ondes émises par la société, il est sensible aux couleurs d'un paysage comme aux échanges entre les hommes : à toutes les réalités qui l'entourent. Il est une sorte de médium qui indique, à la façon d'un baromètre, ce à quoi les gens sont sensibles. Tout individu est sensible et imaginatif. L'artiste possède en plus les moyens d'une technique qui transforme en objets ce qu'il perçoit et il a surtout la capacité d'établir un lien entre imagination et technique de réalisation.

Quand je parle art, je parle vie. Quand je fais un décor, une peinture, une sculpture c'est parce que je me sens plus impliqué dans le milieu où je vis. Etre un artiste, un décorateur de théâtre, c'est prendre racine dans la vie.

* * *

Je pense qu'on ne peut absolument pas séparer les parties constituantes d'une œuvre, le tout est en corrélation : il faut aborder le texte globalement. Quand j'ai à créer un spectacle, quel qu'il soit, j'organise un monde plausible et idéal selon moi, en accord avec l'œuvre, tel un tableau dans lequel il est possible de vivre. Je prends les idées que j'ai en moi, celles qui sont dans la tradition ainsi que celles qui se dégagent de la documentation se rapportant à l'atmosphère générale de la pièce. J'essaie de trouver la façon de faire passer les sentiments ressentis avec les techniques qui me sont propres, en faisant parler les décors, les éclairages, les accessoires.

On ne peut pas dissocier les éléments d'un texte. Si on isole une partie, les autres y sont perdantes. On peut comparer cela aux facettes d'un diamant, à une mosaïque qu'il faut sentir. Tous ceux qui travaillent à la création d'un spectacle font partie intégrante d'un seul créateur.

* * *

Le décor que j'affectionne particulièrement est celui fait avec le metteur en scène Jean Herbiet pour La Comédie des Deux Rives à Ottawa : *Monsieur Fugue ou le mal de terre* de Liliane Atlan.

Ce qui est important pour moi, c'est la vie créée autour d'un décor, un certain côté humain, gratuit, artisanal ; la réunion des personnes qui travaillent à une pièce, celles qui y croient, celles qui n'y croient pas. J'aime sentir chez les participants qu'ils sont engagés dans une aventure humaine et enrichissante, qu'ils aiment cet engagement et qu'ils ont le respect de l'aspect technique d'une production. (Plusieurs de ces éléments disparaissent lorsque l'on aborde le théâtre professionnel.) Ce n'est pas seulement de terminer un décor qui est important. C'est la mystique, le mystère qui virevoltent autour de sa création.

Pour les personnages de *Monsieur Fugue,* qui sortent des égouts pour aller se faire tuer, j'ai imaginé un décor qui donnait l'impression d'un voyage vers la mort. J'ai placé un camion dans un tuyau d'égout, ce qui donnait une perspective de route épousant celle du tuyau et j'ai ouvert le tout suffisamment pour que le spectateur ait l'impression d'être à l'intérieur. C'était, à mon avis, effrayant : dans le sens d'une toile de Goya.

* * *

J'aimerais beaucoup faire une sorte d'opéra « gadget » qui serait dansé, chanté, dramatisé, avec chœurs, explosions, feu, guignol, où tout se balancerait en opposition dans un monde imaginaire. Ce serait l'occasion d'un décor-environnement à l'extérieur. Cette création rejoindrait ma définition du théâtre : vie, fêtes populaires, parades, etc. L'action y serait continuelle dans un hasard apparent. Je voudrais que ce soit baroque : un Bosch kitch.

* * *

Ce n'est pas à moi de le dire. Je veux que les gens aient chacun leur définition propre de mon travail. Je voudrais cependant qu'on retrouve l'homme dans tout ce que je fais — l'être global dans toutes ses nuances, avec tous ses détails, ses coins, ses recoins. Je crois avoir beaucoup de choses à dire, mais je ne suis qu'un instrument, un rouage qui peut faire prendre conscience aux gens de ce qu'ils sont, qui, je l'espère, peut les pousser à fond. Je me pose l'interrogation et je la pose en même temps aux autres. Je suis au même niveau que tous ceux qui ont à répondre à l'interrogation.

Interview accordée à Montréal,
le 23 juillet 1971.

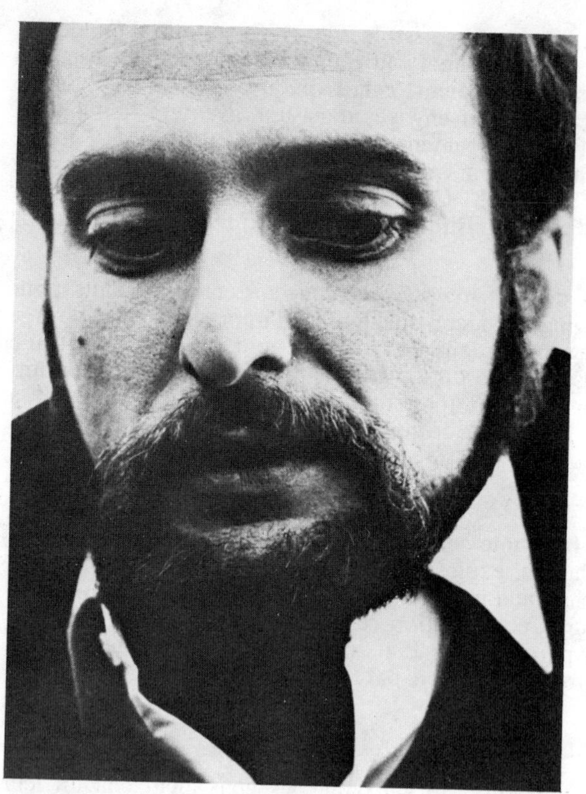

FRANÇOIS BARBEAU

François Barbeau est né à Montréal où il a fait ses études et suivi des cours de dessin au College Sir George Williams. Il a étudié durant trois ans la coupe et la couture chez Cotnoir Caponi. Il travaille ensuite pour le service des parcs de la ville de Montréal, pour « La Roulotte » dont Paul Buissonneau est l'animateur. Plus tard il devient l'assistant de Robert Prévost et entre au Théâtre du Rideau Vert. En 1961, le Conseil des Arts du Canada lui décerne une bourse avec laquelle il effectue un voyage d'étude en France, en Italie et en Angleterre. De retour à Montréal il est nommé professeur à l'Ecole nationale de théâtre et devient le costumier attitré du Théâtre du Rideau Vert.

Monsieur Barbeau crée les costumes de chaque spectacle au Théâtre du Rideau Vert. Citons entre autres : Les Trois Sœurs, L'Alcade de Zalamea, L'Heureux Stratagème, Les Fourberies de Scapin, On ne sait comment, Huis-Clos, Un mois à la campagne, La Vie est un songe, Partage de midi, Hedda Gabler, La Cerisaie, Les Belles-Sœurs, Le Retour, La Dame de chez Maxim's. *Les magnifiques costumes de l'*Oiseau bleu, *de* Trionfi *et* Catulli, *ballets de Carl Orff, sont également ses créations. Il travaille aussi pour les Grands Ballets canadiens et The Brud Bacheva Ballet d'Israël. Dans le* *domaine du ballet citons encore* Tommy, La Fille mal gardée, Chaos, La Belle et la bête.

François Barbeau conçoit les costumes à la Nouvelle Compagnie théâtrale pour En attendant Godot, La Locandiera, Le Cid, Don Juan. *Il crée les costumes de* L'Avare, Le Soulier de satin, Le pain dur, Lysistrata, Le Balladin du monde occidental, Pantaglèse *au Théâtre du Nouveau Monde. Au cinéma il est le directeur artistique pour* Kamouraska, *film de Claude Jutra.*

François Barbeau occupe le poste de chef de la section décoration à l'Ecole nationale de théâtre depuis septembre 1971.

Il y a deux sortes de théâtre : un théâtre qui montre ce que les gens sont, disons un théâtre réaliste, et un autre qui représente certaines époques, certaines idées.

Michel Tremblay a réussi à faire découvrir une catégorie de choses qui existent, une classe sociale ; il a réussi à faire passer tout cela par son texte, avec beaucoup de sensibilité, de sens de l'humain et de ce qui est actuel. Mais, et ceci me concerne, la femme qui s'habille pour venir au théâtre ne veut pas nécessairement voir les robes de cuisine, les tabliers, les bas ravalés de chaque jour. Le spectateur veut retrouver un certain dépaysement au théâtre et l'aspect visuel d'une production est très important dans ce sens. C'est toujours plus extraordinaire de vivre la vie de quelqu'un d'autre que la sienne. Les gens n'aiment pas se retrouver exactement sur la scène et les pièces réalistes sont, pour cette raison, très difficiles à réaliser.

Une pièce contemporaine, une création canadienne exigent davantage de moi : je dois dessiner pour les vingt prochaines années, donner un mouvement aux personnages, travailler avec beaucoup de précision. C'est difficile de créer une pièce québécoise, mais c'est passionnant. Pour une pièce d'époque, je cherche surtout à donner le ton : l'effet de force, de rudesse dans *Beckett ou l'honneur de Dieu* par exemple. L'époque a de l'importance mais ce qui est merveilleux c'est de retrouver les thèmes.

* * *

Je lis beaucoup la pièce à réaliser mais je n'analyse pas. Je travaille par instinct. Les époques m'offrent certains tons, des couleurs, le comportement des gens, des façons de vivre, des courants de pensée.

J'aime bien fouiller les personnages, l'époque, pour m'arrêter ensuite à ce qui m'intéresse le plus : la recherche en vue de la coupe et de la couleur. J'ai réalisé *La Vie est un songe* où presque tout était en rouge et où, tout à coup, surgissait une tache de bleu turquoise et c'était fort intéressant. J'ai fait *Partage de Midi* où presque tous les costumes étaient blancs.

Le physique du comédien qui joue un rôle détermine le costume de même que l'interprétation de la pièce par le metteur en scène. Je veux connaître une distribution avant de dessiner quoi que ce soit. Certaines formes conviennent à un personnage, à un comédien. Pour les couleurs, je retourne surtout aux peintres de l'époque.

C'est très mauvais de moderniser les costumes d'une pièce : c'est démoder le texte, le tuer à la base. Si un thème est classique on peut fort bien porter un costume Louis XIII pour le présenter et donner toute sa profondeur au texte par l'interprétation qui peut être, elle, très avant-gardiste. Ce qui entoure une pièce, l'époque où elle a été écrite, voilà ce qui est important.

* * *

J'ai conçu beaucoup de spectacles. Parfois j'en ai fait un et j'ai eu l'impression de progresser d'un échelon, parfois aussi j'en ai fait quatre et j'ai eu l'impression de piétiner. Ça dépend de la pièce, de l'atmosphère de travail, des réactions du metteur en scène et je préfère le metteur en scène qui discute mes croquis à celui qui me laisse toute liberté.

J'ai eu un grand attachement pour *Le Balladin du monde occidental.* J'ai aimé travailler les textes de Pirandello où tout est intime, confus : on cherche et on a l'impression de fouiller dans l'âme des gens, de ces personnages qui sont si près de nous. J'ai eu l'occasion de beaucoup travailler Tchekhov et, entre autres, avec le metteur en scène russe Raevsky, du Théâtre d'Art de Moscou.

Et puis, quand la pièce passe la première représentation, je suis toujours heureux. Mais, le lendemain, je recommence à dessiner dans ma tête ! La satisfaction complète est très rare.

* * *

Je souhaiterais plutôt refaire des spectacles que j'ai déjà dessinés. *Hedda Gabler* est une pièce que j'adore et que j'aimerais reprendre parce qu'elle est proche de nous. Elle traite de la femme, de son évolution ; elle nous montre ce personnage qui décide de vivre sa vie, qui ne veut pas se subordonner à qui que ce soit. J'avais conçu, en 1969, une reconstitution d'époque, avec les entraves des robes et les vingt nuances de noir sur une robe. Mais c'était avant que j'aille en Scandinavie et que je ne voie les intérieurs de cette époque et que je comprenne le climat spécial de ces pays. Ce serait passionnant de refaire cette pièce maintenant.

* * *

J'ai travaillé en essayant de suivre une certaine direction, et elle se précise de plus en plus, en m'imposant autre chose que le dessin, soit la connaissance des tissus, des bases, des garnitures, des textures, des matériaux nouveaux. J'ai formé des gens dans ce sens. Quand j'ai commencé dans ce métier il n'y avait rien ; on travaillait avec des modistes de quartier... Maintenant il y a plus de recherches dans ce domaine du costume, on porte du soin, du respect au choix des costumes, des souliers, des coiffures, des haillons même... Ce qui me fait croire que j'ai ouvert la voie.

Interview accordée à Montréal,
le 13 septembre 1971.

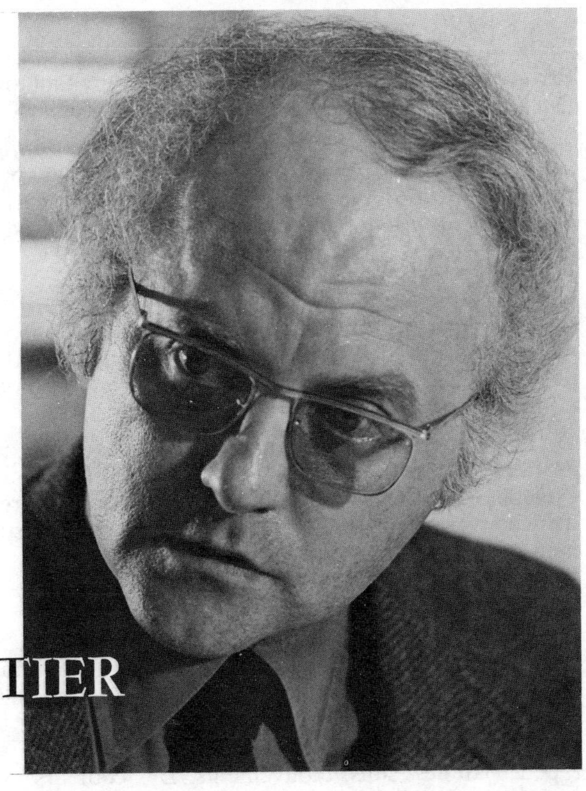

GABRIEL CHARPENTIER

Gabriel Charpentier est né à Richmond, le 13 septembre 1925. Il a fait ses études musicales au Canada avec Jean Papineau-Couture et les Bénédictins de St-Benoît-du-Lac, en France avec Nadia Boulanger, Annette Dieudonné et Andrée Bonneville, de 1947 à 1953. Dès 1953, il est attaché comme organisateur de programmes et conseiller artistique auprès du Service des émissions musicales à la télévision de Radio-Canada. Les séries suivantes sont sous sa direction : Concert pour la jeunesse, Récital, Concert, L'Heure du Concert, Wilfrid Pelletier rencontre, *etc. Il produit alors lui-même de nombreuses œuvres de Stravinsky, Poulenc, Honegger.*

Depuis 1959, il est directeur de la musique au Théâtre du Nouveau Monde et il compose une musique originale pour la plupart des spectacles de la troupe. Il a collaboré notamment à Venise sauvée, Les Choéphores, Richard II, Klondyke, Lorenzaccio, La Dalle-des-Morts, Le Temps sauvage, Le Soulier de satin, Bois-Brûlés, Les Grands soleils, La Nuit des Rois, Hamlet, Jules César. *Il a travaillé avec André Brassard pour* En attendant Godot, *au Théâtre du Rideau Vert et à l'Ecole nationale de théâtre où il a mis en scène* Kagekigo, *un nô de Motokiyo et où il a été professeur de rythme et d'histoire de la musique.*

En 1963, avec le metteur en scène Jean Gascon, il commence une collaboration avec le Festival de Stratford. Il réalise alors : The Comedy of Errors, Tartuffe, The Alchemist, The Merchant of Venice, Cymbeline, The Duchess of Malfi, Galileo Galilei, Lorenzaccio.

Les œuvres de Gabriel Charpentier compositeur ont été jouées en concert public, à la radio et à la télévision : Suite pour clavecin *(1964),* Trois Ricercars *(1966)* An English Lesson *(1968),* Orphée I et II *(1969-1972). Ses poésies ont été publiées en quatre recueils dont deux chez l'éditeur Pierre Seghers : Les* Amitiés errantes *(1950) et* Le Dit de l'enfant mort *(1952).*

Souvent, je me dis : « I am in business with the public », ou cette phrase de Louis Jouvet : « N'oublie jamais que le théâtre est un commerce. » COMMERCE : (Dictionnaire Usuel Quillet) : pratique professionnelle... relations des hommes entre eux.

Donc, main tendue, dialogue, risques d'une amitié. Le public, ce mur de têtes, ce cœur qui bat, toujours à l'affût. Nous nous provoquons, nous exigeons de nous, nous nous réveillons, nous respirons, nous cheminons de découvertes en découvertes. Acte d'amour. Faisons la paix, baiser de paix. Nous sommes en fête, partons.

* * *

Une analyse clinique du texte en fera apparaître la colonne vertébrale, la structure. On découvre un nouveau monde, on le survole, le cerne, le touche. On furète son histoire. On le replace dans un temps donné ou choisi. Il devient partie de l'être. Il éclate en soi. Déjà le trac. Puis se forment petit à petit rythmes, sons, mouvements. Des couleurs instrumentales commencent à sourdre. Le dialogue entre metteur en scène, décorateur, techniciens s'invente. Respirer « ensemble » est à la fois très rapide et très lent, toujours exaltant. Le chronomètre entre en action. Les temps se précisent. Chaque intervention musicale est notée, en mots, en chiffres ou couleurs. Ces décisions deviendront la base acceptée par toute l'équipe : le livre noir. Nous sommes sortis du labyrinthe. Solidaire de toute cette équipe le musicien s'en retourne, solitaire, en son laboratoire et restera pour plusieurs semaines le maître du temps. « Comme on le sent, dans la mesure du temps », doit-il se dire.

* * *

Oh ! j'ai des tendresses particulières et multiples. T.N.M. 1961 : *Les Choéphores.* Une équipe merveilleuse, un texte splendide, des répétitions se poursuivant pendant dix-huit semaines (vous vous imaginez !), invention d'une notation musicale. T.N.M. 1962 : *Richard II.* Tout décrire, rien écrire, tout inventer sur des temps très précis et choisir, en équipe, toutes les improvisations. Stratford 1963 : *Comedy of Errors.* De la nuit sortent comédiens et musiciens. Un canon d'où émerge un *God Save the Queen.* Stratford, 1964 : *Le Bourgeois gentilhomme.* Installer « Alouette » dans une démente turquerie. T.N.M. 1967 : *Le Soulier de satin.* L'ombre double, l'épilogue, le théâtre devient terre, église. Stratford 1969 : *Le Tartuffe*. Un piano qui valse et quatre cuivres de l'Armée du Salut. Stratford 1970 : *Cymbeline*. Un oiseau perché, un ruisseau qui coule, un appel dans la forêt. L'enlacement du monde dans le vent mythique de Stonehenge. Stratford 1971 : *The Duchess of Malfi*. Soudain une bouffée de catholicité avec soprano, trois chœurs, trois orgues, deux ensembles de cuivres, et toutes les percussions, et encore une trompette et beaucoup d'encens ! N.C.T. 1971 : *En attendant Godot*. Entendre le temps, toujours pareil et jamais le même, deux heures de temps. St. Lawrence Center 1971 : *Galileo Galilei*. Une grande chaconne en rondeau, pour le clavecin. Stratford 1972 : *Lorenzaccio*. Lorenzo, toujours accompagné par un piano gymnopédique, et mourant avec lui.

Des moments, des chances, des grâces. Nous en sommes responsables, mes amis et moi. Une horreur commune de la médiocrité. Tout se discute. Le reste est silence. Là est le merveilleux.

* * *

C'est le chapitre des noms cités ! *L'Orestie, Peer Gynt, Périclès, The Tempest, Le Malade imaginaire,* la quatrième journée du *Soulier de satin,* des opéras fous fous fous, des mélodies interminables ; collaborer avec Barrault, Bawtree, Béjart, Brassard, Brooks, Delambre, Gascon, Heeley, Millaire, Mnouchkine, Moiseiwitsch, Morin, Picard, Prévost, Reis, Roux, Serreau, Wechsler, Wuethrich, la famille quoi ! Il y a tout à vivre, et, vivre jusqu'au bout du terrible. « Mon désir est une impatience éternelle » (Kierkegaard).

L'obé-désobéissance.

Montréal, le 31 octobre 1972.

Bibliographies

Bibliographie du théâtre canadien-français

(des origines à 1973)

par John E. HARE,

professeur à l'Université d'Ottawa

Jusqu'à l'avènement du magnétophone et de la caméra, il ne fut guère possible de capter les différents aspects de la production théâtrale. C'est pourquoi les études du théâtre se sont limitées le plus souvent au seul texte écrit : le texte dit « dramatique ». Dépasser ce niveau exige un travail fastidieux, des recherches longues dans les journaux, dans les dépôts d'archives et chez les comédiens. Serait-il possible de préparer un jour un répertoire de toutes les pièces jouées au Québec, indiquant le titre, le lieu et la date, la troupe et la distribution des rôles, la description des décors et des costumes, les commentaires des spectateurs, des comédiens et des critiques s'il y a lieu, ainsi que toute la documentation visuelle et sonore disponible ? Un tel travail devrait faire partie d'un grand projet, effectué par un service d'archives ou un centre de théâtre québécois.

La bibliographie que nous publions dans le cinquième tome des *Archives des lettres canadiennes* est limitée dans ses objectifs. A la suite des bibliographies sur le roman et la poésie, nous présentons aujourd'hui une bibliographie des pièces de théâtre imprimées ainsi qu'une liste des études sur le théâtre au Québec. Notre liste de quelque sept cents pièces de 280 écrivains ne représente qu'une partie des pièces écrites et jouées ici. Il y a dix ans, M. Guy Beaulne entreprit la préparation d'un répertoire de pièces en langue française au Canada soit publiées soit à l'état de manuscrit. Ce catalogue devait être prêt avant 1967. Malheureusement, à cause de ses préoccupations professionnelles, M. Beaulne n'a pu le terminer. Néanmoins, le juge Edouard Rinfret continue le projet.

Déjà en 1908, Georges Robert publia une liste de 172 pièces de théâtre écrites au Canada [1]. Cette liste fut reprise et complétée par P. E. Senay et Georges Bellerive en 1932 et 1933 [2]. En 1965, l'équipe de *La Barre du jour* présenta une chronologie des pièces québécoises jouées à la Société Radio-Canada de 1950 à 1965 [3]. Il existe aussi une première ébauche du catalogue préparé par M. Guy Beaulne sous le titre de *Répertoire du théâtre de langue française au Canada.* Cette liste dactylographiée contient 719 titres, couvrant la matière jusqu'en 1966 ; les titres y sont accompagnés des dates de publication et de représentation s'il y a lieu.

En préparant la présente bibliographie, nous avons d'abord examiné des collections spécialisées. Par la suite, nous avons consulté des bibliographies existantes ainsi que des catalogues comme ceux de la librairie Ducharme. Nous indiquons aussi des pièces publiées dans des revues. Néanmoins, une liste complète de ses textes nécessiterait un dépouillement systématique de la presse périodique.

Beaucoup d'écrivains utilisèrent la forme dialoguée, destinée, au XIXe siècle, à des fins polémiques ou satiriques. Sous cet angle, *La Comédie infernale ou conjuration libérale aux enfers par un illuminé,* (Montréal, 1871-1872, 532 p.), de l'abbé Villeneuve, demeure la tentative la plus représentative. Or, les textes dialogués de ce genre ne sont pas de véritables pièces de théâtre même s'ils conservent un intérêt historique ou littéraire : nous les avons exclus de notre bibliographie.

A la suite des éditions différentes, nous donnons parfois la date de la première de la pièce avec le nom de la troupe, de la salle ainsi que de la ville où la représentation eut lieu : Nous l'indiquons par un astérisque. Si la pièce fut créée à Radio-Canada, nous indiquons « CBF » dans le cas des textes radiophoniques et « CBFT » dans le cas des téléthéâtres. Pour les rééditions, la notice bibliographique n'admet que des renseignements nouveaux, par exemple, la date dans le cas d'une simple réimpression effectuée par la même maison d'édition. Pour mieux guider les chercheurs, nous avons cru bon de dresser un choix d'études sur l'écrivain, qui suit la notice bibliographique proprement dite. Cependant, nous n'avons pas indiqué les comptes rendus qui figurent, par exemple, dans *Livres et auteurs québécois,* ni les études publiées dans le présent tome des *Archives des lettres canadiennes.*

---

1. Geo[rges]-H. Robert, *Le Théâtre canadien, monographie. Liste des pièces de théâtre écrites au Canada,* dans *L'Annuaire théâtral,* Montréal, Geo.-H. Robert, 1908, pp. 198-204.

2. Georges Bellerive, *Nos Auteurs dramatiques, leurs noms et leurs œuvres,* dans *Le Canada français,* vol. 20, no 4, 1932, pp. 748-767 ; Id., *Nos Auteurs dramatiques anciens et contemporains, répertoire analytique,* Québec, Garneau, 1933, 162p. ; Georges-H. Robert et P.-E. Senay, *Nos Auteurs dramatiques, leurs noms et leurs œuvres,* dans *Le Canada français,* vol. 21, no 3, 1933, pp. 237-243.

3. *La Barre du jour,* vol. 1, nos 3-4-5, 1965, pp. 142-164.

SIGLES

BJ	—	la Barre du Jour
BRH	—	Bulletin des recherches historiques
ECF	—	Écrits du Canada français
LAQ	—	Livres et auteurs québécois
MSRC	—	Mémoires de la Société royale du Canada
M.	—	Montréal
Q.	—	Québec (ville)
s.d.	—	sans date de publication indiquée
s.é.	—	sans nom d'éditeur indiqué
s.l.	—	sans lieu de publication indiqué
T.-R.	—	Trois-Rivières

BIBLIOGRAPHIES

BELLERIVE, Georges, *Nos auteurs dramatiques, leurs noms et leurs œuvres,* dans *Le Canada français,* vol. 20, no 4, 1932, pp. 748-767.

BILODEAU, Françoise, *Théâtre canadien-français, 1900-1955,* thèse présentée à l'École des Bibliothécaires de l'Université Laval, 1956, 94p.

Chronologie des pièces québécoises jouées à la Société Radio-Canada de 1950 à nos jours, dans BJ, vol. 1, nos 3-4-5, 1965, pp. 142-164.

DESCHAMPS, Marcel et Deny Tremblay, *Dossier en théâtre québécois, bibliographie,* [Jonquière], CEGEP de Jonquière, (1972), xii, 230p.

DU BERGER, Jean, *Bibliographie du théâtre québécois de 1935 à nos jours,* Québec, Département d'études canadiennes, Université Laval, 1970, 18p.

OUELLET, Thérèse, *Bibliographie du théâtre canadien-français avant 1900,* thèse présentée à l'École des Bibliothécaires de l'Université Laval, 1949, 53p.

Répertoire 65-68, [Montréal], Centre d'essai des auteurs dramatiques, [1969], 30p.

PAGÉ, Pierre en collaboration avec Renée Legris et Louise Blouin, *Répertoire des œuvres de la littérature radiophonique québécoise 1930-1970,*
M., Fides, 1975, 826p.

ROBERT, Georges-H., *Le Théâtre canadien,* dans *L'Annuaire théâtral,*
M., Geo.-H. Robert, 1908-09, pp. 198-204.

ID. et P.-E. Senay, *Nos Auteurs dramatiques, leurs noms et leurs œuvres,* dans *Le Canada français,* vol. 21, no 3, 1933, pp. 237-243.

RECUEILS ET ANTHOLOGIES

DOAT, Jan, *Anthologie du théâtre québécois,* 1600-1970,
Q., Éditions La Liberté, [1973], 505p.

Les Jeunes Auteurs, un choix des poèmes, contes et textes dramatiques primés au 1er concours des jeunes auteurs,
M., Société Radio-Canada, [1958], 106p.

ÉTUDES GÉNÉRALES

AMTMANN, Willy, *Music in Canada 1600-1800,*
M., Habitex, 1975, 320p.

AUGER, J., *Le Théâtre à Québec,* dans *Nouvelle-France,* 1er novembre 1882, pp. 138-141.

BÉLAIR, Michel, *Le Nouveau Théâtre québécois*, M., Leméac, 1973, 205p.

BÉRAUD, Jean, *Initiation à l'art dramatique*, M., Les Éditions Variétés, [1936], 227p.

ID., *Le Théâtre*, dans *Variation sur trois thèmes*, M., Les Éditions Fernand Pilon, 1946, 497p.

ID., *350 Ans de théâtre au Canada français*, M., Le Cercle du livre de France, 1958, 316p.

ID., *Le Théâtre au Canada français*, dans *The Arts in Canada*, Toronto, Macmillan, 1958, p. 78-82.

BAUDOUIN, Burger, *L'Activité théâtrale au Québec (1765-1825)*, M., Éditions Parti Pris, 1974, 410p.

EDWARDS, Murray D., *A Stage in our Past ; English Language Theatre in Eastern Canada from the 1790's to 1914*, Toronto, University of Toronto Press, [1968], xii, 211p.

GAGNÉ, Jacques, *Situation du théâtre au Québec, scénario d'un film*, dans *Théâtre Québec*, vol. 1, no 1, 1969, pp. 31-77.

GREFFARD, Madeleine, *Le Théâtre*, dans *Études littéraires*, vol. 2, no 2, 1969, pp. 221-237.

HAMELIN, Jean, *Le Renouveau du théâtre au Canada français*, M., Éditions du Jour, 1962, 160p.

ID., *Le Théâtre au Canada français*, Q., Ministère des Affaires culturelles, 1964, 85p.

HOULE, Léopold, *L'Histoire du théâtre au Canada*, M., Fides, 1945, 172p.

KALLMANN, Helmut, *A History of Music in Canada, 1534-1914*, Toronto, University of Toronto Press, 1961, xiv, 311p.

KATTAN, Naïm, *Le Réel et le théâtral, essai*, M., HMH, 1970, 188p.

MAILHOT, Laurent, *Le Théâtre — des missionnaires aux sauvages ou du sacré au sacrant*, dans *Études françaises*, vol. 8, no 4, 1972, pp. 409-427.

PIAZZA, François, *Le Critique dans le théâtre*, dans BJ, vol. 1, nos 3-4-5, 1965, pp. 26-32.

ID., *Présence du théâtre québécois*, dans *Théâtre Vivant*, no 3, 1967, pp. 3-8.

PONTAUT, Alain, *Dictionnaire critique du théâtre québécois*, M., Leméac, [1972], 161p.

ROBERT, Guy, *Survol du théâtre québécois*, dans *Aspects de la littérature québécoise*, M., Beauchemin, 1970, pp. 71-89.

ROUX, Jean-Louis, *Le Théâtre Québécois*, dans *Europe*, février-mars, 1969, pp. 222-228

SÉGUIN, Robert-Lionel, *Les Divertissements en Nouvelle-France*, Ottawa, Musée national du Canada, 1968, 79p.

SYLVESTRE, Guy, *Impressions de théâtre : Paris-Bruxelles 1949*, Ottawa, Le Droit, 1950, 55p.

TATROFF, Daniel Peter, *Themes in French Canadian Theater*, thèse de maîtrise, University of Columbia, 1968.

TEMKINE, Raymonde, *L'Activité théâtrale au Québec*, dans *Europe*, février-mars 1969, pp. 228-238.

TOUPIN, Paul, *Le Théâtre*, dans *Cahiers de l'Académie canadienne-française*, vol. 3, 1961.

WALDO, Lewis Patrick, *The French Drama in the Eighteenth Century and its influence on the American Drama of that period, 1701-1800*, Baltimore, John Hopkins Press, 1942, pp. 19-49.

THÉÂTRES, TROUPES ET COMÉDIENS

L'Acteur Maugard à Québec, dans BRH, vol. 45, no 7, 1939, pp. 213-214.

[ARCHAMBAULT, Joseph], ps. PALMIERI, *Mes Souvenirs de théâtre,* M., Les Éditions de l'Étoile, 1944, 116p.

BENOIT, Réal, *La Bolduc,* M., Éditions de l'Homme, [1959], 123p.

BOOTH, Michael R., *The Actor's Eye. Impressions of Nineteenth Century Canada,* dans *Canadian Literature,* no 13, 1962, pp. 15-24.

BISSON, Margaret Mary, *Le Théâtre français à Montréal, 1878-1931,* thèse de Doctorat, McGill, 1932.

BOUTET, Edgar, *85 Ans de théâtre à Hull.* (Hull, Société historique de l'ouest du Québec, 1969), 60p.

CAMERON, Margaret M., *Play-acting in Canada during the French Regime,* dans *Canadian Historical Review,* vol. 11, no 1, 1930, pp. 9-19.

Le Cirque Ricketts à Québec, dans BRH, vol. 42, no 1, 1936, pp. 14-15.

Le Cirque Ricketts, dans BRH, vol. 42, no 4, 1936, pp. 216-217.

CLÉMENT, Marie-Blanche, *Les Concerts à Montréal de Madame Albani,* dans BRH, vol. 53, no 12, 1947, pp. 364-372.

CONROY, Patricia, *A History of the Theatre in Montreal prior to Confederation,* thèse de maîtrise, McGill, 1936.

DICK, Wenceslaus E., *Souvenirs de jeunesse. Juiverie,* dans *Le Monde illustré,* 8e année, no 402, 16 janvier 1892, pp. 598-599.

[DUGAS, Marcel], ps. Marcel HENRY, *Le Théâtre à Montréal, propos d'un huron canadien,* Paris, Henri Falque, 1911, 242p.

FITZPATRICK, Marjorie Ann, *The Fortunes of Molière in French Canada,* thèse de Doctorat, University of Toronto, 1968, xxx, 518p.

GAGNON, Gilles, *Le Théâtre des Compagnons de Saint-Laurent,* dans *Culture,* vol. 30, no 2, 1969, pp. 129-145.

GOSSELIN, Auguste, *Un épisode de l'histoire du théâtre au Canada,* dans MSRC, 1898, pp. 53-72.

GOUIN, Ollivier Mercier-, *Comédiens de notre temps, enquête,* M., Éditions du Jour, [1967], 139p.

GRAHAM, Franklin Thomas, *Histrionic Montreal : Annals of the Montreal Stage, with Biographical and Critical Notices of the Plays and Players of a Century,* M., Lovell, 1902, 303p. (2) New-York, Benjamin Blom, 1969.

GRANDMONT, Éloi de, Normand Hudon et Jean-Louis Roux, *Dix ans de théâtre au Nouveau Monde : Histoire d'une compagnie théâtrale canadienne,* M., Leméac, [1961], s.p.

KEMPF, Yerri, *Les Trois Coups à Montréal,* (chroniques dramatiques 1959-1964), M., Déom, 1965, 383p.

LASALLE, Eugène, *Comédiens et amateurs ; le théâtre et ses dessous,* M., *Le Devoir,* 1919, 234p.

LEE, Betty, *Love and Whiskey. The Story of the Dominion Drama Festival,* Toronto, McClelland and Stewart, 1973, xiii, 335p.

LEGAULT, Émile, *Confidences,* M., Fides, 1955, 188p.

MASSICOTTE, E.-Z., *Un théâtre à Montréal en 1789,* dans BRH, vol. 23, no 6, 1917, p. 191-192.

ID., *Le Premier Théâtre à Montréal,* dans BRH, vol. 23, no 12, 1917, pp. 373-376.

ID., *Le Théâtre à Montréal en 1787,* dans BRH, vol. 25, no 4, 1919, p. 154.

ID., *Recherches historiques sur les spectacles à Montréal de 1760 à 1800,* dans MSRC, 1932, pp. 113-122.

ID., *Historique salle de bal,* dans BRH, vol. 42, no 5, 1936, pp. 259-264.

ID., *Cabarets-Jardins,* dans BRH, vol. 43, no 3, 1937, pp. 77-78.

ID., *Une affiche de théâtre,* dans BRH, vol. 43, no 9, 1937, pp. 287-288.
ID., *Les Spectacles à Montréal,* dans BRH, vol. 45, no 8, 1939, pp. 248-250.
ID., *Église, théâtre, manufacture,* dans BRH, vol. 45, no 10, 1939, pp. 316-319.
ID., *Le Premier Théâtre Royal à Montréal,* dans BRH, vol. 48, 1942, pp. 169-172.
MORLEY, Malcom, *Theatre Royal, Montreal,* dans *The Dickensian,* vol. 45, 1948-49, pp. 39-44.
PARENT, Roger, *Les Vedettes en jaquette,* M., Le Verseau, 1945, 179p.
PAULETTE, Claude, *Les Grands Théâtres de Québec,* dans *Culture vivante,* no 17, 1970, pp. 20-25.
PRÉVOST, Robert, *Que sont-ils devenus ?* M., Éditions Princeps, 1939, 125p.
RAMBAUD, Alfred, *La Querelle du « Tartuffe » à Paris et à Québec,* dans *Revue de l'Université Laval,* vol. 8, no 5, 1954, pp. 420-434.
RICKETT, Olla Goeway, *The French-Speaking Theatre of Montreal, 1937-1963,* thèse présentée à Cornell University, 1964, 144p.
ROBERT, Geo[rges]-H., *L'Annuaire théâtral,* M., Geo.-H. Robert, éditeur, 1908-09, 260p.
ROQUEBRUNE, Robert de, *Le Théâtre au Canada en 1694 — L'affaire du « Tartuffe »,* dans *Revue de l'Histoire des colonies françaises,* 19e année, no 2, 1931, pp. 181-194.
ROY, Pierre-Georges, *Le Théâtre Saint-Louis à Québec,* dans BRH, vol. 42, no 3, 1936, pp. 174-188.
ID., *L'Hôtel Malhiot, rue Saint-Jean, à Québec,* dans BRH, vol. 42, no 8, 1936, pp. 449-452.
ID., *L'Hôtel Albion, côte du Palais à Québec,* dans BRH, vol. 42, no 10, 1936, pp. 577-582.
ID., *Une tragédie de Voltaire à Québec en 1839,* dans BRH, vol. 42, no 10, 1936, p. 640.
ID., *Le Cirque Royal ou Théâtre Royal,* dans BRH, vol. 42, no 11, 1936, pp. 641-666.
ID., *Le Théâtre Champlain à Près-de-Ville, rue Champlain,* Québec, dans BRH, vol. 42, no 12, 1936, pp. 705-709.
ID., *L'Hôtel Union ou Saint-Georges à Québec,* dans BRH, vol. 43, no 1, 1937, pp. 3-17.
ID., *Le Théâtre du marché à foin à Québec,* dans BRH, vol. 43, no 2, 1937, pp. 33-45, pp. 65-70, pp. 97-101.
TARD, Louis-Martin, *Vingt Ans du théâtre du Nouveau Monde,* M., Éditions du Jour, 1971, 173p.
Tartuffe à Québec, dans BRH, vol. 2, no 9, 1896, p. 136.
Le Théâtre des frères Ravel, dans BRH, vol. 43, no 6, 1937, p. 182.
Le Théâtre Patagon à Québec, dans BRH, vol. 42, no 5, 1936, pp. 300-303.
WEILLER, Georgette, *Sarah Bernhardt et le Canada.* Sept-Îles, Éditions Athena, 1973, 80p.

LA DRAMATURGIE

BELLERIVE, Georges, *Nos Auteurs dramatiques anciens et contemporains, répertoire analytique,* Q., Garneau, 1933, 162p.
CONDEMINE, Odette, *Jean Charbonneau dramaturge,* thèse de maîtrise, Université d'Ottawa, 1963, 166p.
DE GRANDPRÉ, Pierre, *Dix Ans de vie littéraire au Canada français,* M., Beauchemin, 1966, pp. 199-215.
DESROSIERS, Pierre, *La Nouvelle Dramaturgie québécoise,* dans *Culture vivante,* no 5, 1967, pp. 71-77.

DORSINVILLE, Max, *The Changing Landscape of Drama in Quebec,* dans *Dramatists in Canada,* Vancouver, University of British Columbia Press, 1972, pp. 179-195.

DUVAL, E.-F., *Le Sentiment national dans le théâtre canadien-français de 1760 à 1930,* thèse de doctorat, Université de Paris, 1967, 437p. aussi [Trois-Rivières], 1972, 437p., texte polycopié.

GODIN, Jean-Cléo et Laurent Mailhot, *Le Théâtre québécois, introduction à dix dramaturges,* M., Hurtubise HMH, [1970], 254p.

HOFFMAN, Pierre, *Théâtre canadien d'expression française et réalisation télévisée,* thèse de maîtrise, Université de Montréal, 1970.

KATTAN, Naïm, *Le Théâtre et les dramaturges de Montréal,* dans *Canadian Literature,* no 40, 1969, pp. 43-48 ; aussi, dans *Dramatists in Canada,* Vancouver, University of British Columbia Press, 1972, pp. 145-150.

LAROCHE, Maximilien, *Le Langage théâtral,* dans *Voix et images du pays,* III, *Cahiers de l'Université du Québec,* nos 22-23, 1970, pp. 165-183.

LEGRIS, Renée, *Le Monde romanesque et dramatique de Robert Choquette,* thèse de doctorat, Université de Sherbrooke, 1969.

PIÈCES DE THÉÂTRE DANS L'ORDRE ALPHABÉTIQUE DES NOMS D'AUTEURS

ANONYMES
Une alarme, comédie en 1 acte,
Q., L'Événement, 1876, 16p.
Autour du drapeau, 2 mai 1899,
M., Collège de Montréal, 1899, 34p.
Au temps de Kateri,
M., L.M.E., 1941, 16p.
La Réception de Monseigneur le Vicomte d'Argenson, par toutes les nations du païs de Canada à son entrée au gouvernement de la Nouvelle-France, publiée par Pierre-Georges Roy,
Q., Imprimerie Léger Brousseau, 1890,
(2) Luc Lacourcière, *Anthologie poétique de la Nouvelle-France,*
Q., Presses de l'Université Laval, 1966, pp. 58-64.
* Québec, 28 juillet 1658.
Angus MACDOUGALL, *An Historical Side-light, Quebec 1658,* dans *Culture,* vol. 11, no 1, 1950, pp. 15-28.
Rip, opéra comique en 4 actes,
M., Les Éditions du Nouveau-Monde, s.d., 127p.
La Sainte-Catherine et ses souvenirs, 25 novembre,
M., Librairie Saint-Joseph, 1887, 104p.
Saint Jean-Baptiste, scènes lyriques en 3 parties : Nuit, Aurore, Lumière,
Sherbrooke, s.é., 1908, 38p.

AB DER HALDEN, Charles, voir CHOQUETTE, Ernest

ACHARD, Eugène (1884-)
Le Petit Théâtre scolaire,
Q., Librairie Générale Canadienne, 1942, 126p.
(2) 1949, 139p.
Le Théâtre d'Arlequin,
M., Librairie Générale Canadienne, 1947, 143p.

ALLARD, Monic
(en collaboration avec Henriette Major)
Jeux dramatiques,
M., Héritage, 1969, 125p.

ANGERS, Félicité, voir CONAN, Laure

AQUIN, Hubert (1929-)
Table tournante, dans *Voix et images du pays,* II,
M., Éditions Sainte-Marie, 1969, pp.143-194.
* CBFT, 22 septembre 1968.
24 Heures de trop, dans *Voix et images du pays,* III,
M., Presses de l'Université du Québec, 1970, pp. 279-336.
* CBFT, 9 mars 1969.
Le Choix des armes, dans *Voix et images du pays,* V,
M., Presses de l'Université du Québec, 1972, pp. 189-237.
* CBFT, 8 janvier 1959.
ARCHAMBAULT, Gilles,
Le Tricycle, pièce radiophonique, dans *Liberté,* vol. 12, nos 5-6, 1970, pp. 41-61.
ARCHAMBAULT, Joseph-Louis (1849-1925)
Jacques-Cartier ou le Canada vengé, drame historique en 5 actes,
M., Eusèbe Senécal, 1879, 71p.
* Hochelaga, mai 1879.
ARTHUR, René
(En collaboration avec Aimé Plamondon) :
La Plus Forte, comédie en 2 parties,
Montmagny, Éditions Marquis, 1949, 34p.
BAILLARGÉ, Charles (1825-1906)
Berthuzabel, ou le diable devenu cuisinier, comédie en 1 acte,
Q., C. Darveau, 1873, 20 p.
* Q., la Compagnie Maugard, 1873.
BAILLARGEON, Pierre (1916-1967)
Madame Homère, pièce en 3 actes,
M., Éditions du lys, (1963), 123p.
* M., École normale Jacques Cartier, 1964.
Paul TOUPIN, *Pierre Baillargeon,* dans *Cahiers de l'Académie canadienne-française,* vol. 14, 1972, pp. 120-130.
BAKER, William-Athanase (1870-1950)
Place à l'amour, comédie en 1 acte,
M., s.é., 1905, 23p.
(2) dans *Prose et Pensées,*
M., J.-P.-R. Drouin, 1910, pp. 25-39.
(3) dans *Prose et Pensées,*
M., Drouin et Tremblay, 1911, pp. 93-113.
* M., Théâtre national, 14 avril 1904.
Une partie de 500, comédie psychologique,
M., C.A. Marchand, Imprimeur, 1913, 8p.
Gérard MALCHELOSSE, *W.-A. Baker,* dans *Le Pays laurentien,* vol. 1, 1916, pp. 243-245.
BARBEAU, Jean (1945-)
Ben-Ur,
M., Leméac, [1971], 108p.
* Q., Théâtre populaire, 1970.
Le Chemin de Lacroix, suivi de *Goglu,*
M., Leméac, [1971], 74p.
* Q., Théâtre populaire, 1970.
Manon Lastcall et Joualez-moi d'amour,
M., Leméac, 1972, 98p.
* « Manon... » M., Conservatoire d'Art dramatique, mai 1970, « Joualez-moi... » Q., Théâtre Quotidien de Québec, oct. 1970.
Le Chant du sink,
M., Leméac, 1973, 82p.

* M., Théâtre populaire de Québec, 15 mars 1973.
Jean-Cléo GODIN, *Le Théâtre. Rire et à pleurer,* dans *Études françaises,* vol. 7, no 4, 1971, pp. 425-433.
Yves BOLDUC, *Jean Barbeau ou la mise à mort du héros vaincu,* dans LAQ, 1972, pp. 353-362.

BARBEAU, Marius (1883-1969)
(En collaboration avec Juliette Caron-Dupont) :
L'Homme aux trois femmes, jeu inspiré de thèmes folkloriques indiens et français, en 1 prologue et 1 acte,
M., Éditions Beauchemin, 1945, 48p.
* Ottawa, Université, 1948.

BARRETTE, Jacqueline (1947-)
Ça-dit-qu'essa-à-dire,
M., Théâtre actuel du Québec, Grandes éditions du Québec, (1972), 95p.
Flatte ta bédaine Éphrème,
M., Théâtre actuel du Québec, Grandes éditions du Québec, 1973, 79p.

BARBEAU, Victor (1896-)
Tableau d'histoire, quatre pièces inspirées de l'histoire trifluvienne,
T.-R., Les Éditions du Bien Public, 1935, 49p.

BARRETTE, Victor
A la gloire de la langue française, chœur spécialement écrit pour la fête de Dollard à Ottawa,
Ottawa, Le Droit, 1937, 16p.

BASILE, Jean, voir BEZROUDNOFF, Jean-Basile

BAYER, Charles
(En collaboration avec E. Parage) :
Riel, drame historique en 4 actes et 1 prologue,
M., Imprimerie de l'Étendard, 1886, 75p.

BEAUDET, André
(En collaboration avec Michel Van de Walle) :
Mise en scène, dans BJ, no 38, 1973, pp. 2-7.

BEAUDOIN, Édouard
pseud. Jean Sans-Terre
Le Pardon de la race, dans *L'Almanach de l'Action catholique,* 1928, 12e année, pp. 42-53.
* Sainte-Anne-de-la-Pocatière, 26 mai 1927.
L'Oeuvre de la « Friponne », dans *L'Almanach de l'Action catholique,* 1929. 13e année, pp. 60-73

BEAULIEU, Germain (1882-1944)
(En collaboration avec Louis P. Verande) :
Fascination, pièce en 5 actes, dans *L'Annuaire Théâtral,*
M., Geo.-H. Robert, 1908-09, pp. 155-181.

BÉLANGER, Georgiana (1868-1951)
pseud. Gaétane de Montreuil
Fleur des ondes, drame en 4 actes et 1 tableau final,
s.l., s.é., [1913], 34p.

BÉLANGER, Paul
Quand s'éloignent les petites lumières, croquis en 1 acte,
M., L.M.E., 1937, 16p.

BÉLANGER, Vincent (1897-1967)
Le beau miracle de Jésus-Christ à Greccio, mystère en 3 actes, extraits dans *La Revue franciscaine,* M., 1924, pp. 131-135.
* M., Studium franciscain de Rosemont, 28 décembre 1923.

BELLEHUMEUR, Yvan (1938-)
Nicole et l'Esquimau,
Rouyn, Imprimerie Art Yvan, 1972, 60p.

BENOIT, Mme E.-P. née Alice Pépin (1877-1957)
pseud. Monique
Théâtre. L'Heure est venue, pièce en 1 acte, *Le Mirage,* pièce en 3 actes,
M., Le Devoir, 1923, 141p.
* « Le Mirage », M., 20 novembre 1921 ; « L'Heure », M., Théâtre canadien, 8 janvier 1923.

BENOIT, Réal (1916-1972)
Le Marin d'Athènes,
M., Cercle du livre de France, [1966], 68p.
* CBFT, 14 mars 1965.
Oeuvres dramatiques,
M., Cercle du livre de France, 1973, 208p.
* « La nuit... », CBFT, 25 fév. 1973.
Jean-Marie POUPART, *Entre autres choses, une prise à témoin,* dans ***Voix et** Images du pays,* IV, M., P.U.Q., 1971, pp. 99-113.

BERNARD, P.-Marcel
pseud. P.-M. B.
(En collaboration avec Napoléon Lafortune) :
Acréyé ! Le sacre de George 5, 1 prologue, 3 actes et 4 tableaux, M., s.é., 1911, 12p.
* M., Théâtre des Nouveautés, 1911.

BERTHIAUME, André (1938-)
À ceux qui viendront, dans BJ, vol. 1, nos 3-4-5, 1965, pp. 96-112
* M., au Gesù, 1958 ; 2e version, CBFT, 13 septembre 1961.

BEZROUDNOFF, Jean-Basile (1932-)
pseud. Jean Basile
Joli Tambour,
M., Éditions du Jour, [1966], 167p.

BLAIS, Gérard-Julien
Jusqu'au bout !
Sherbrooke, Le Messager Saint-Michel, 1940, 50p.

BLAIS, Marie-Claire (1939-)
L'Exécution, pièce en 2 actes,
M., Éditions du Jour, [1968], 118p.
* M., Le Rideau vert, 15 mars 1968.
Thérèse FABI, *Bio-bibliographie de Marie-Claire Blais,* dans *Présence francophone,* no 4, 1972, pp. 209-216.

BOIRE, Yolande
Ville-Marie aux temps héroïques, dans *Les Carnets viatoriens,* vol. 7, no 1, 1942, pp. 45-59.

BOUCHER, Honoré
La Ligue de Mr. le curé, le maire, le notaire et le médecin, drame en 3 actes, Arthabaska, L'auteur, 1904, 61p.

BOURGEOIS, Emma-Adèle, voir LACERTE, Mme A.-B.

BRANCH, James E.
Jusqu'à la mort !... pour nos écoles !,
Moncton, L'Évangéline Ltée, 1932, 33p.
L'Émigrant acadien, pièce en 3 actes,
Moncton, L'Évangéline Ltée, [1934], 37p.
Frassati, dans *Le blé qui lève* [Gravelbourg], no 5, 1937.

BRASSARD, André
(En collaboration avec Michel Tremblay) :
Lysistrata, adaptation, pièce en 2 tableaux,
M., Leméac, 1969, 94p.
BRAULT, Jacques (1933-)
La Morte-Saison, pièce en 1 acte, dans ECF, vol. 25, 1969, pp. 9-20.
(2) dans *Trois Partitions,*
M., Leméac, 1972, 193p.
* CBFT, 31 mars 1968.
Quand nous serons heureux, dans ECF, vol. 29, 1970, pp. 199-248.
(2) dans *Trois Partitions,*
M., Leméac, 1972, 193p.
* CBFT, 28 septembre 1968.
Trois Partitions,
M., Leméac, 1972, 193p., introduction par Alain Pontaut.
* « Lettre au directeur », CBFT, 9 avril 1969.
BRAULT, S.
Le Triomphe de deux vocations, drame en 5 actes,
M., Dépôt chez les Pères Oblats, 1898, 40p.
BRAZEAU, Alphonse-Victor (1839-1898)
Chicot, comédie en 1 acte,
M., C.O. Beauchemin & Fils, s.d., 39p.
E.-Z. MASSICOTTE, *A.V. Brazeau, auteur et comédien,* dans BRH, vol. 23, no 2, 1917, pp. 62-63.
BROUILLET, Jeannette
pseud. Monique Chantal
France, tu renaîtras, allégorie,
M., s.é., 1942, 12p. [texte polycopié].
Ville-Marie, pièce en 6 tableaux et 1 prologue,
M., s.é., 1942, 24p. [texte polycopié].
CAILLOUX, André (1920-)
Frizelis et Gros Guillaume (théâtre pour enfants),
M., Leméac, 1973, 93p.
Frizelis et la fée Doduche, (théâtre pour enfants),
M., Leméac, 1973, 81p.
CAISSE, Camille
Les Anciens Canadiens, drame en 3 actes,
M., C.O. Beauchemin & Fils, 1894, 50p.
(2) 1917, 48p.
* Collège de l'Assomption, 11 juillet 1865.
CARON-DUPONT, Juliette
(En collaboration avec Marius Barbeau) :
L'Homme aux trois femmes, pièce en 1 prologue et 1 acte,
M., Éditions Beauchemin, 1945, 48p.
CARRIER, Roch (1937-)
La Guerre, yes sir !, pièce en 4 actes,
M., Éditions du Jour, [1970], 139p.
* M., Théâtre du Nouveau monde, 19 novembre 1970.
CHAMARD, Ernest
La Révélation, comédie dramatique en 3 actes,
Q., Éditions Louis-Alexandre Bélisle, 1937, 115p.
CHAMBERLAND, Paul (1939-)
Au-dessus de tout, dans *Voix et images du pays,* VI,
M., Presses de l'Université du Québec, 1973, pp. 181-211.
* CBFT, 25 septembre 1966.

CHAGNON, Joseph
Mariage manqué ou déboires d'un vieux garçon, comédie en 2 actes,
Marieville, s.é., 1875, 46p.
La Vengeance de Dieu, pièce en 4 actes,
Marieville, s.é., 1878, 22p.
CHANDONNET, Thomas-A.
La Perle cachée, drame en 2 actes par le cardinal Wiseman, traduction de ..., poésie de P. LeMay, musique de G. Couture,
(M.), Lovell, 1876, 100p.
* Séminaire de Sainte-Thérèse, 3 janvier 1876.
CHÂTILLON, Pierre (1939-)
Arpents de neige, (théâtre-poésie),
Paris, M. J. et C. de U., 1963, 34p.
* Paris, 1963 ; 2e version remaniée, M., L'Egrégore, 15 fév. 1967.
CHÊNÉ, Yolande (1926-)
Le Pont n'a pas sauté, (extrait), dans *Les Cahiers François-Xavier Garneau,* vol. 1, no 2, 1972, pp. 58-62.
* Q., L'Estoc, été 1967.
CHOQUETTE, Ernest (1862-1941)
Théâtre. Madeleine, pièce en 5 actes, épisode de 1837 et *La Bouée,* pièce en 4 actes,
M., Déom, 1927, 172p.
(« Madeleine », pièce tirée des « Ribauds », fut écrite en collaboration avec Charles ab der Halden).
* M., Théâtre national, 26 janvier 1903.
Eugène SEERS (ps. Louis Dantin), *Deux drames de M. Ernest Choquette,* dans *Gloses critiques,* M., Albert Lévesque, 1931, pp. 127-138.
Jean CUSSON, *Ernest Choquette, sa vie et son œuvre,* thèse de maîtrise, Université de Montréal, 1969.
CHOQUETTE, Robert (1905-)
Le Fabuliste LaFontaine à Montréal,
M., Éditions du Zodiaque, 1935, 309p.
* M., à la radio, été 1934.
Le Curé de village, scènes de vie canadiennes,
M., Granger, 1936, 231p.
CHRISTIE, Pierre
(En collaboration avec A. Robi) :
As-tu vu la R'vue ?, en 3 actes et 9 tableaux,
M., s.é., 1913, 26p.
En avant... marche..., revue en 3 actes et 10 tableaux,
M., s.é., 1914, 15p.
* M., Théâtre national français, 21 décembre 1914.
Vers les étoiles, grande revue en 3 actes et 9 tableaux,
M., s.é., 1915, 16p.
* M., Théâtre canadien-français, 27 décembre 1915.
Tape dans le tas !, grande revue en 3 actes et 11 tableaux,
M., s.é., 1917, 16p.
(En collaboration avec E. Tremblay) :
R'donne moi ma bague, revue en 3 actes,
M., s.é., 1919, 14p.
CHRISTY, Christo, voir OUELLETTE, Émilien-Conrad
CINQ-MARS, Alonzo (1881-1964)
(En collaboration avec Damase Potvin) :
Maria Chapdelaine, pièce en 5 actes, dans *Le Terroir,* 1919.
CLOUTIER, Eugène (1921-)

Le Dernier Beatnik, dans ECF, vol. 14, 1962, pp. 9-91.
* M., Théâtre de la Poudrière, 1965.
Hôtel Hilton, Pékin, dans ECF, vol. 28, 1969, pp. 9-63.
* M., Comédie-Canadienne, 16 mai 1969.

CONAN, Laure (1845-1924)
pseud. de Félicité Angers.
Si les Canadiennes le voulaient,
Q., C. Darveau, 1886, 59p.

CORBEIL, Sylvio (1860-1949)
Chomedey de Maisonneuve, drame chrétien en 3 actes,
M., Cadieux et Derome, 1899, viii, 115p.
* Séminaire de Sainte-Thérèse, 1899.

CORMIER, Napoléon
Le Bas de laine canadien, mélodrame canadien en 3 actes,
S.l., s.é., s.d., 38p., polycopié.

CORRIVEAU, Joseph-Eugène
(En collaboration avec Arthur Tremblay) :
Le Roi des ténèbres, drame fantastique en 5 actes,
Q., Dussault et Proulx, 1909, 201p.
Le Secret des Plaines d'Abraham, grand drame héroïque en 4 actes,
Q., Imprimerie de La Libre parole, 1909, 120p.
L'Anti-féministe, comédie en 1 acte,
Q., Imprimerie de l'Action Catholique, 1922, 22p.
* Q., 26 avril 1922.
Le Chevalier de Colomb, comédie en 3 actes,
M., Revue populaire, 1924, 10p.
Mon Commis-voyageur, comédie dramatique en 3 actes,
s.l., s.é., 1925, 98p., polycopié.
(2) M., Éditions Édouard Garand, 1926, 35p.
* Q., 8 décembre 1925.

CÔTÉ, Maurice
La Croix du Mont-Royal,
M., L.M.E., 1942, 16p.

CÔTÉ, Stanislas
La Chasse à l'héritage, comédie en 4 actes,
M., Gebhardt-Berthiaume, 1884, 22p.
* M., Académie de musique, 29 octobre 1885.

COUPAL, Louis
Ceux qui souffrent, drame en 1 acte,
M., Impr. de l'Institut des Sourds-Muets, 1918, 32p.

COUTLÉE, Paul (1887)
Craches-en un, monologues comiques,
M., Le Samedi, 1920, 95p.
Que nous dis-tu ?, monologues comiques,
M., Le Samedi, [1922], 187p.
Mes Monologues, recueil à l'usage de la jeunesse,
M., Éditions Édouard Garand, 1926, 197p.
La Visite nocturne, pièce en 1 acte,
M., Éditions Édouard Garand, 1928, 7p.

CYPRIEN, voir TREMBLAY, Laurent

DAGENAIS, André (1917-)
Le Saint par fidélité, pièce en 1 acte et 3 tableaux,
s.l., Éditions des Clercs de Saint-Viateur, s.d., 58p.

DAGENAIS, Pierre (1923-)
Isabelle, drame en 2 actes,
M., Éditions P. Dagenais, [1961], 100p.
* CBFT, 12 novembre 1961 ; M., Théâtre de la Place, 1966.

DAIGLE, Jeanne
La Couleur pauvre, pièce en 3 actes,
s.l., Éditions D'Aigle, 1963, 50p.

DALLAIRE, André
Mise en pièce, dans BJ, no 38, 1973, pp. 8-13.

DANDURAND, Mme Raoul (1862-1925)
La Carte postale, saynette enfantine,
M., C.O. Beauchemin et fils, 1896, 31p.
Rancune, comédie en 1 acte,
M., C.O. Beauchemin et fils, 1896, 54p.
(2) *Rancune,* suivie de *La Carte postale* et *Ce que pensent les fleurs,*
M., C.O. Beauchemin et fils, 1896, 99p.
(3) 1897.
* « Rancune », Q., Académie de musique, 22 février 1888.

DAOUST, Julien
Le Triomphe de la croix, pièce en 5 actes,
M., Éditions Édouard Garand, 1928, 28p.
* M., Monument national, 1904.

DAVELUY, Marie-Claire (1880-1968)
Cœur d'enfant, saynète historique, dans *L'Almanach de Saint-François,*
M., 1926, pp. 49-52.
Aux feux de la rampe, petites pièces pour enfants,
M., Bibliothèque de l'Action française, 1927, 285p.
Un récollet, deux héroïnes et Dame Pauvreté, pièce historique en 2 tableaux, dans *l'Almanach de Saint-François,*
M., 1939, pp. 12-13, 34-37.
(2) dans *Les Récollets et Montréal,*
M., Éditions franciscaines, [1955], pp. 155-170.
* M., École normale Jacques-Cartier, 8 novembre 1937.
Le Père Joseph cherche un modèle, pièce historique en 1 acte, dans *L'Almanach de Saint-François,*
M., 1943, pp. 15-23.
(2) dans *Les Récollets et Montréal,* pp. 259-276.
* M., Salle de la bibliothèque Saint-Sulpice, septembre 1940.
Les jeux dramatiques de l'histoire, trois pièces,
M., Granger, 1944, 87p.
Le trésor des Récollets, 2 tableaux historiques et un épilogue, dans *L'Almanach de Saint-François,*
M., 1947, pp. 58-64.
À bras ouverts, pièce radiophonique en 1 acte et 2 tableaux, dans *Les Récollets et Montréal,*
M., Éditions Franciscaines, [1955], pp. 73-85.
* CBF, 7 nov. 1944.
La Lettre du Frère Sagard, tableau historique,
Ibid., pp. 99-107.
La voix du Père Viel, 3 petits tableaux,
Ibid., pp. 121-127.
* M., Salle Saint-François, 12 avril 1942.
Le Saint de la Flèche, tableau historique,
Ibid., pp. 195-207.

* M., l'Hôtel-Dieu, 16 mai 1942.
On demande le Père Joseph, tableau historique,
Ibid., pp. 233-245.
* M., Jardin botanique, 20 juin 1942.

DAVID, Laurent-Olivier (1840-1926)
Il y a cent ans, drame historique tiré de la guerre de l'indépendance, en 4 actes et 20 tableaux,
M., Beauchemin et Valois, 1876, 104p.
Le Drapeau de Carillon, drame historique en 3 actes et 2 tableaux,
M., C.O. Beauchemin et fils, [1902], 110p.
(2) Librairie Beauchemin Ltée, 1923, 112p.
* M., Monument national, 11 décembre 1901.

DE COTRET, Marc-René (1861-1937)
pseud. René Detertoc
Le Sérum qui tue, grand guignol en 2 actes,
M., Éditions Édouard Garand, 1928, 13p.

DÉRÔME, Gilles (1928-)
Qui est Dupressin?, drame en 4 actes, dans ECF, vol. 14, 1962, pp. 93-158.
(2) M., Leméac, 1972, 85p.
* M., L'Égrégore, 1962.
La Maison des oiseaux, tragédie en 2 actes avant et après la Conquête,
M., Leméac, 1973, 77p.

DESCARRIES, Alfred (1885-)
La Famille Beaufretin, comédie canadienne en 3 actes, dans *Séphora,*
M., Éditions Édouard Garand, 1926, 156p.
Un dîner chez le député Biscognac, monologue comique, s.l., s.é., s.d., 4p.
G. MALCHELOSSE, *Alfred Descarries,* dans *Le Pays laurentien,* vol. 2, no 9, 1917, pp. 154-155.

DESCHUTES, Pierre, voir TRUDEL, Hervé

DES ÉRABLES, Jean, voir VEKEMAN, Gustave

DÉSILETS, Joseph
Un gendre enragé, comédie en 1 acte,
Victoriaville, L'auteur, 1928, 70p.
60 Minutes ambassadeur au Japon, comédie en 1 acte,
Victoriaville, L'auteur, 1928, 67p.
(2) 1938.
Nos Sincères Sympathies, comédie en 1 acte,
Victoriaville, L'auteur, 1932, 63p.
L'Héritier numéro 999, comédie en 1 acte,
Victoriaville, L'auteur, 1933, 57p.
Les P'tits Livres, comédie en 1 acte,
Victoriaville, L'auteur, 1934, 80p.
Le Français en 1 ronde, fantaisie en 1 acte,
Victoriaville, L'auteur, 1938, 35p.
Chapeau de castor, drame en 2 actes,
Q., s.é., s.d., 41p.

DESROCHERS, Clémence (1933-)
Le Rêve passe, courts tableaux,
M., Leméac, 1972, 56p.
La Grosse Tête, cinq revues,
M., Leméac, 1973, 136p.

DETERTOC, René, voir DE COTRET, Marc-René

DEYGLUN, Henry (1903-1971)
La Mère abandonnée, drame en 6 tableaux,
M., Éditions Édouard Garand, 1929, 37p.

* M., Théâtre Chanteclerc, septembre 1925.
Cœur de maman, pièce en 5 actes,
M., Éditions le Théâtre populaire français, [1936], 46p.
Le Roman d'une orpheline, pièce en 1 prologue et 5 actes,
M., Éditions de la Revue Musicale, [1936], 54p.
* M., Monument national, 11 mai 1936.
Dans les griffes du diable,
M., Éditions de la Revue Musicale, 1937, 57p.
Mimi, la petite ouvrière, pièce en 1 prologue et 5 actes,
M., Éditions le Théâtre populaire français, [1937], 62p.
Notre Maître, l'amour,
M., Éditions le Théâtre populaire français, 1937, 60p.
* M., Monument national, 16 mars 1937.
La France vivra, tragi-comédie en vers, 3 actes, 5 tableaux,
M., Éditions de la Revue moderne, [1943], 143p.
C'est un mauvais garçon, comédie dramatique en 3 actes,
M., Éditions Édouard Garand, 1944, 34p.
* M., l'Arcade, 12 mai 1944.
La Fille au cœur de pierre, drame en 3 actes et 4 tableaux,
M., L'auteur, 1944, 29p.
« *Muller* », pièce en 3 actes,
M., Éditions Édouard Garand, 1944, 30p.
Les Secrets du docteur Morhanges, pièce en 3 actes,
M., Éditions Édouard Garand, 1944, 32p.
* M., l'Arcade, 1 janvier 1944.
L'Esprit contre la chair, pièce en 3 actes,
M., L'auteur, 1945, 31p.
Mariages de guerre, pièce en 3 actes,
M., L'auteur, 1945, 31p.
L'Ombre du mort vivant, pièce en 1 prologue et 3 actes,
M., L'auteur, 1945, 30p.
Le Secret de l'infirme, drame en 3 actes,
M., L'auteur, 1945, 31p.
Les Tourments de la haine, drame en 3 actes,
M., L'auteur, s.d., 30p.

DÉZIEL-HUPÉ, Gaby (1934-)
Les Outardes,
Hull, s.é., 1971, 92p.
* Théâtre populaire de Pointe-Gatineau, 1969.

DOIN, Ernest (1809-1891)
Le Désespoir de Jocrisse ou les folies d'une journée, pièce comique en 1 acte,
M., Charles Payette, 1871, 27p.
(2) Beauchemin et Valois, 1877, 24p.
(3) Librairie Beauchemin Ltée, [1926], 39p.
Les Deux Chasseurs et l'ours, fables mises en pièce,
M., Charles Payette, 1871, 18p.
Le Trésor ou la paresse corrigée, parade mise en pièce comique en 1 acte,
M., Charles Payette, 1871, 21p.
Trois Pièces Comiques propres à être jouées dans les collèges, maisons d'éducation et sur tout théâtre, 1. *Le Trésor ou la paresse corrigée,* 2. *Le Désespoir de Jocrisse,* 3. *Les Deux Chasseurs et l'ours,*
M., Charles Payette, 1871, 70p.
Le Dîner interrompu ou nouvelle farce de Jocrisse, pièce comique en 1 acte,
M., Charles Payette, 1873, 45p.

(2) Librairie Beauchemin Ltée, [1926], 53p.
Le Conscrit ou le retour de Crimée, drame comique en 2 actes,
M., Beauchemin et Valois, 1878, 40p.
(2) Librairie Beauchemin Ltée, 1902, 40p.
La Mort du Duc de Reichstadt, fils de l'empereur Napoléon 1er, drame en 1 acte,
M., Beauchemin et Valois, 1878, 34p.
(2) 1879.
Le Pacha trompé ou les deux ours, nouvelle pièce comique en 1 acte,
M., Beauchemin et Valois, 1878, 38p.
Joachim Murat, roi des deux Séciles, sa sentence, sa mort, drame historique et à sensation en 1 acte,
M., Beauchemin et Valois, 1879, 34p.
(2) M., Payette et Bourgeault, 1880, 27p.
(3) M., Beauchemin et Valois, 1886, 34p.
* M., 21 décembre 1879.
Le Divorce du tailleur, pièce archi-comique en 1 acte,
M., Beauchemin et Valois, 1886, 18p.
E.-Z. MASSICOTTE, *Ernest Doin,* dans BRH, vol. 23, no 1, 1917, pp. 26-27, no 2, 1917, p. 59, no 4, 1917, p. 124.

DRAGON, Antonio (1892-)
Le Père Pro, drame en 3 actes,
Rome, Éditions A. Macioce et Pisani, 1933, 128p.

DUBÉ, Blondin
La Légende du bon Saint-Éloi, pièce en 2 actes,
M., Secrétariat de la Croisade eucharistique, 1951, 16p.
Le Jeu de la lumière dans les ténèbres,
M., Secrétariat de la Croisade eucharistique, 1952, 16p.
Le Jeu des vocations,
M., Secrétariat de la Croisade eucharistique, 1952, 20p.
Sur la route d'Emmaüs, saynète en 2 tableaux,
M., Secrétariat de la Croisade eucharistique, 1952, 8p.

DUBÉ, Marcel (1930-)
Zone, pièce en 3 actes, dans ECF, vol. 2, 1955, pp. 197-339.
M., Éditions de la Cascade, Collège Sainte-Marie, [1956], 145p.
(2) M., Leméac, [1968], 188p.
* Festival national d'art dramatique, mai 1953 ; CBFT, 16 mai 1953.
Le Temps des lilas, pièce en 3 actes et 7 tableaux,
Q., Institut littéraire, [1958], 311p.
(2) M., Leméac, 1969, 177p.
(3) 1973, 167p.
* M., Théâtre du Nouveau Monde, 1958.
Un simple soldat, pièce en 5 actes et 15 tableaux, dans *Le Temps des lilas,* Q., Institut littéraire, [1958], 311p.
(2) M., Éditions de l'homme, [1967], 142p.
* CBFT, décembre 1957 ; M., Comédie-Canadienne, 31 mai 1958.
Florence, pièce en 2 parties et 4 tableaux, dans ECF, vol. 4, 1958, pp. 113-193,
Q., Institut littéraire, [1960], 172p.
(2) M., Leméac, 1970, 150p.
* M., Théâtre du Nouveau Monde, 18 octobre 1960 ; CBFT, 14 mars 1957.
Octobre, dans ECF, vol. 17, 1964, pp. 9-37.
* CBF, 5 décembre 1954 ; M., Théâtre des Auteurs, 1961.
Les Beaux Dimanches, pièce en 3 actes et 2 tableaux,
M., Leméac, [1968], 185p.

* M., Comédie-Canadienne, 7 février 1965.
Bilan, pièce en 2 parties,
M., Leméac, [1968], 187p.
* CBFT, 1 décembre 1960.
Virginie, œuvre dramatique en 4 parties, dans ECF, vol. 24, 1968, pp. 7-87.
Au retour des oies blanches, pièce en 2 parties et 4 tableaux,
M., Leméac, [1969], 189p.
* M., Théâtre du Nouveau Monde, 17 octobre 1966.
(En collaboration avec Louis-Georges Carrier) :
Hold-Up! Photo-roman en dix chapitres,
M., Leméac, 1969, 94p.
* Eastman, Théâtre de Marjolaine, 27 juin 1969.
Pauvre Amour, comédie dramatique en 5 tableaux,
M., Leméac, (1969), 161p., (« Table ronde sur Pauvre Amour », pp. 9-30).
* M., Comédie-Canadienne, 11 novembre 1968.
Le Coup de l'étrier et *Avant de t'en aller,* pièces,
M., Leméac, [1970], 126p.
Entre midi et soir, pièce en 8 chapitres,
M., Leméac, 1971, 252p.
Un matin comme les autres, pièces en 2 parties,
M., Leméac, [1971], 181p., (présentation de Martial Dassylva).
* M., Comédie-Canadienne, 19 février 1968.
Le Naufragé,
M., Leméac, 1971, 132p.
* M., Théâtre-Club, 1955.
L'Échéance du vendredi, suivi de *Paradis perdu,*
M. Leméac, [1972], 90p.
* « L'Échéance... », CBFT, 14 février 1960.
La Cellule
M., Leméac, 1973, 116p.
* CBFT, 1959.
De l'autre côté du mur, suivi de cinq courtes pièces,
M., Leméac, 1973, 214p.
Jérémie, argument de ballet,
M., Leméac, 1973, 69p.
* M., Ballets Jazz, mai 1973.
Manuel, texte dramatique en 4 parties,
M., Leméac, 1973, 148p.
* CBFT, été 1968.
Médée,
M., Leméac, 1973, 124p.

Jean-Paul VANASSE, *Marcel Dubé ou les chemins sans issue,* dans *Liberté,* vol. 1, no 6, 1959, pp. 356-359.

Michel AMYOT, *Le Drame de l'impuisssance dans le théâtre de Marcel Dubé,* thèse de maîtrise, Université de Montréal, 1963, 132p.

Marcel Dubé, Textes et documents, M., Leméac, [1968], 80p.
(2) 1973, 141p.

Maximilien LAROCHE, « *Zone et Marcel Dubé* », dans *Zone,* pièce en 3 actes, M., Leméac, [1968], pp. 7-22.

Marcel Dubé, dans *Les Cahiers de la Nouvelle Compagnie théâtrale,* vol. 3, no 3, 1969, 19p.

Maximilien LAROCHE, *Bilan de Marcel Dubé, huit ans après,* dans *L'Action nationale,* vol. 58, no 5, janvier 1969, pp. 472-494.

Jean-Cléo GODIN et Laurent MAILHOT, dans *Le Théâtre québécois,* M., HMH, 1970, pp. 81-108.

Maximilien LAROCHE, *Marcel Dubé,* M., Fides, [1970], 191p. (Coll. Écrivains canadiens d'aujourd'hui).
André VANASSE, *À propos d'une valise ou esquisse psycho-critique de l'œuvre de Marcel Dubé,* dans LAQ, 1971, pp. 311-322.
Edwin HAMBLET, *Le Monde clos: Dubé et Anouilh,* dans *Dramatists in Canada,* Vancouver, University of British Columbia Press, 1972, pp. 151-154.
Marcel DUBÉ, *La Tragédie est un acte de foi,* M., Leméac, 1973, 120p.

DUBÉ, Rodolphe, voir HERTEL, François

DUCHARME, Charles-M.
Chou-légume et chou-ruban, dans *Ris et croquis,*
M., C.O. Beauchemin et fils, 1889, pp. 385-461.

DUCHARME, Réjean (1942-)
Inès Pérée et Inat Tendu, 2e acte, dans *Châtelaine,* mars 1968, pp. 22-23, 56-58, 60-63.
* Sainte-Agathe-des-Monts, Théâtre de la Sablière, 1968.
Marcel CHOUINARD, *Réjéan Ducharme ; un langage violenté,* dans *Liberté,* vol. 12, no 1, 1970, pp. 109-130.
Jean-Cléo GODIN et Laurent MAILHOT, dans *Le Théâtre québécois,* M., HMH, 1970, pp. 203-223.

DUCHESNE, JACQUES (1927-)
Le Quadrillé, comédie en 2 actes,
M., Cercle du livre de France, [1968], 213p.
* Saint-Fabien-sur-mer, 4 août 1963.

DUFOUR, Michel
Le Jour se lève, pièce en 1 acte, dans BJ, vol. 2, no 2, 1968, pp. 29-35.

DUFRESNE, Guy (1915-)
Le Ciel par-dessus les toits, dans Roland-J. Auger, *La Grande Recrue de 1653,*
M., Soc. Généalogique can.-fr., 1955, pp. 161-192.
* CBF, 15, 22 et 29 novembre 1953.
Cap-aux-Sorciers,
M., Leméac, [1969], 268p.
Le Cri de l'engoulevent, pièce,
M., Leméac, [1969], 123p., (précédé de notes préliminaires d'Alain Pontaut).
* M., Comédie-Canadienne, février 1960.
Les Traitants,
M., Leméac, [1969], 176p.
* CBF, 15 janvier 1961 ; M., Théâtre du Nouveau Monde, 2 mai 1969.
Docile, comédie en 2 actes,
M., Leméac, [1972], 103p.
* M., Comédie-Canadienne, 6 mai 1968.
Guy Dufresne, dans *Les Cahiers de la Nouvelle Compagnie théâtrale,* vol. 6, no 1, 1971, 26p.

DUGRÉ, Alexandre
Une sérieuse de pêche,
M., Éditions Ligue missionnaire des étudiants, [1938], 16p.
Les Premières,
M., Éditions L.M.E., [1938], 15p.

DUGUAY, Camille
La Veillée de Noël, pièce du terroir en 2 actes,
Beauceville, L'Éclaireur, 1926, 68p.
(2) Victoriaville, La Voix des Bois Francs, [1927], 72p.

DUMAS, Roger (1942-)
Les Millionnaires, dans *Théâtre vivant,* no 2, 1967, pp. 51-121.

Les Comédiens, pièce en 2 actes, dans *Théâtre vivant,* no 7, 1969, 71p.
* M., L'Atelier libre du Conservatoire d'Art dramatique, 14 décembre 1968.

DUMONT, J.-Napoléon (1897-)
Le Diable dans les bouteilles, comédie en 1 acte,
Q., L'Action sociale, 1935, 38p.
Ange ou démon, drame jociste en 3 tableaux,
Q., L'Action sociale, 1937, 33p.
Publicité, Encens, Courbettes, comédie en 3 actes,
Q., L'Action sociale, 1937, 50p.
Patou ou la grande œuvre du jocisme conquérant, drame en 4 actes,
Q., Maison Don-Bosco, 1937, 35p.

DUPONT, Claude
pseud. Prêtre du diocèse de Trois-Rivières
La Meilleure Part, drame social en 3 actes, 1915, 64p.
T.-R., Le Bien Public, 1915, 64p.
Un petit-fils de Pierre Gagnon, drame social en 2 actes,
T.-R., Le Bien Public, 1915, 70p.

DURAND, Donat (1901-1961)
Maggy, suivi d'une variante pour rôles féminins seulement,
M., Éditions franciscaines, [1946], 103p.
* Pièce jouée plus de 500 fois.
Fr. BERNARD, T.O.F., *Monsieur Donat Durand* (notice nécrologique qui signale les autres pièces — inédites — de l'auteur), dans *La Revue franciscaine,* M., août-sept. 1961, pp. 215-216.

DU TERROIR, Esdras, voir GOYETTE, Arsène-Esdras

ÉLIE, Robert (1915-1972)
L'Étrangère, pièce en 3 actes, dans ECF, vol. 1, 1954, pp. 137-181.
* CBF, 19 mai 1957 ; CBFT, 13 septembre 1964.
Le Silence de la ville, dans ECF, vol. 18, 1964, pp. 11-26.
La Place publique, dans ECF, vol. 18, 1964, pp. 27-75.

FAURE, H.
Le Tour du nord, drame en 3 actes,
M., C.O. Beauchemin et Fils, 1897, 49p.
(2) 1898.

FEIGE, L.
Marcelle, épisode dramatique,
M., Senécal, 1887, 15p.

FERLAND, Jules
Les Crampons ou le visiteur nocturne, pièce en 1 acte,
M., Éditions Édouard Garand, [1931], 13p.
Les Nouveaux Locataires ou loque à terre et locataires, comédie bouffe en 1 acte,
M., Éditions Édouard Garand, [1931], 14p.
Le Portrait de Pierrot, pantomime en 1 acte, et *Les Crampons,* pièce en 1 acte,
M., Éditions Édouard Garand, [1931], 13p.
(En collaboration avec Émile Lavallée-Smith) :
Va comm'j'te pousse !, dialogue comique,
M., Éditions Édouard Garand, [1931], 5p.
La Visite des Beausoleil,
M., Éditions Édouard Garand, 1931,
Un domestique pas ordinaire,
M., Jules Ferland, (1934), 11p.

FERON, Jean, voir LEBEL, Joseph

FERRON, Jacques (1921-)
L'Ogre, pièce en 4 actes,
M., Cahiers de la file indienne, 1950, 83p.

* M., Théâtre-Club, 1958.
Les Rats, (extraits), dans *l'Amérique française,* vol. 12, no 5, 1954, pp. 326-335.
Lella Mariem, (extraits), dans *l'Amérique française,* vol. 12, no 3, 1954, pp. 182-189.
(2) Acte premier, dans *Le Devoir,* 31 mars 1966, p. 33.
La Barbe de François Hertel, suivi d'une comédie *Le Licou,* comédie en 1 acte,
M., Éditions d'Orphée, [1956], 110p.
(2) *Le Licou,* 1958, 103p.
* M., Théâtre-Club, 1958.
Le Dodu, comédie,
M., Éditions d'Orphée, [1956], 91p.
* M., Théâtre-Club, 1958.
Tante Élise, comédie,
M., Éditions d'Orphée, [1956], 102p.
Le Cheval de Don Juan, pièce en 3 actes,
M., Éditions d'Orphée, [1957], 223p.
* M., Collège Séraphique Verdun, 1959.
Les Grands Soleils,
M., Éditions d'Orphée, [1958], 180p.
* 1re version, M., Théâtre-Club, 1958.
* 2e version, M., Théâtre du Nouveau Monde, 1968.
L'Américaine, ou le triomphe de l'amitié, pièce en 1 acte, dans *Situations,* vol. 1, no 7, 1959, pp. 15-28.
* M., Théâtre des Auteurs, 1961.
Cazou ou le prix de la virginité, pièce en 1 acte,
M., Éditions d'Orphée, [1963], 86p.
La Tête du roi, pièce en 4 actes,
M., AGEUM, 1963, 93p.
La Sortie, pièce en 1 acte,
dans ECF, vol. 19, 1965, pp. 109-147.
La Mort de Monsieur Borduas, dans *Les Herbes rouges,* no 1, 1968, pp. 3-8.
Théâtre 1, *Les Grands Soleils, Tante Élise, Le Don Juan chrétien,*
M., Librairie Déom, [1968], 229p.
Le Cœur d'une mère, dans ECF, vol. 25, 1969, pp. 57-94.
Jacques FERRON, *Le Permis de dramaturge,* dans BJ, vol. 1, nos 3-4-5, 1965, pp. 65-70.
André VANASSE, *Le Théâtre de Jacques Ferron : à la recherche d'une identité,* dans LAQ, 1969, pp. 219-230.
Jean-Cléo GODIN et Laurent MAILHOT, dans *Le Théâtre québécois,* M., HMH, 1970, pp. 151-172.

FILION, Pierre
Impromptu pour deux virus,
M., Leméac, 1973, 64p.
* M., Centre d'essai de l'Université de Montréal, 22 novembre 1972.

FONTAINE, Raphaël-Ernest (1840-1902)
Un duel à poudre, comédie en 3 actes,
Saint-Hyacinthe, Imprimerie du « Journal de St-Hyacinthe », 1868, 20p.
(2) M., C.O. Beauchemin et fils, 1881, 31p.
* Saint-Hyacinthe, Théâtre des Amateurs, 30 octobre 1866.

FORTIN, Odette-Marie-des-Anges (1897-)
Les Plus Beaux Lauriers, pièce en 3 actes,
M., Imprimerie populaire, [1945], 104p.
(2) Desbiens, Éditions du Phare, 1969, 68p.
* M., Sanatorium St-Michel, 1943.

FOUCHÉ, Frank
Trou de dieu, dans *Théâtre vivant,* no 4, 1968, pp. 45-80.

FOURNIER, Guy
Le Procès, farce en 1 acte, dans *Situations,* vol. 1, no 6, 1959, pp. 15-27.
* M., Comédie-Canadienne, 3 mars 1959.

FRÉCHETTE, Louis-Honoré (1839-1908)
Félix Poutré, drame historique en 4 actes,
M., s.é., 1871, 47p.
* Q., Salle de Musique, 22 novembre 1862.
Papineau, drame historique en 4 actes et 9 tableaux,
M., Chapleau et Lavigne, 1880, 100p.
* M., Académie de Musique, 7 juin 1880.
Le Retour de l'exilé, drame en 5 actes et 8 tableaux,
M., Chapleau et Lavigne, 1880, 72p.
* M., Académie de Musique, 8 juin 1880.
Véronica (3e acte), dans *Les Soirées du Château de Ramezay,*
M., E. Senécal, 1900, pp. 3-23.
(2) drame en 5 actes, dans *Poésies choisies,*
M., Librairie Beauchemin Ltée, 1908, pp. 215-327.
* M., Théâtre des Nouveautés, 2 février 1903.
Fernand DORÉ, *La Rentrée de Félix Poutré et du théâtre d'autrefois,* dans *Magazine MacLean,* vol. 9, no 2, 1969, p. 54.

GAGNIER, Hervé
Dollard, pièce en 3 actes et 5 tableaux,
M., Imprimerie des Éditeurs Ltée, 1922, 79p.
* M., Monument national, 11 novembre 1920.

GAILLARD DE CHAMPRIS, Henry
Les Noces d'or, pièce en 1 acte,
Q., Le Soleil, 1925, 47p.
L'Impossible Partage, 3 actes en prose,
Q., Le Soleil, 1926, 154p.

GAUTHIER, Conrad (1885-)
Un poète au salon par Lucien Parizeau et *Un abonné de la campagne,* comédie folklorique en 1 acte,
M., Éditions Édouard Garand, 1930, 16p.
* M., Association dramatique de Montréal, 24 juillet 1904.

GAUTHIER, Émilien
Dollard n'est pas mort !, drame en 2 actes,
Q., L'Action sociale, 1927, 56p.

GAUTHIER, Lorenzo
La Grande Aventure,
Q., Tremblay et Dion, 1939, 36p.

GAUTHIER, Robert (1940-)
Ballade pour une révolution noire, pièce en 2 parties avec une musique originale de François Dompierre, s.l., s.é., [1965], 77p.
* Festival national d'Art dramatique, 1965.

GAUVREAU, Claude (1925-1971)
Bien-être, dans *Refus global,*
M., s.é., 1946, pp. 49-67.
(2) M., Éditions Anatole Brochu, 1972, pp. 49-67.
* M., 20 mai 1947.
L'Ombre sur le cerceau, dans *Refus global,*
M., s.é., 1946, pp. 69-72.
(2) M., Éditions Anatole Brochu, 1972, pp. 69-72.
Au cœur des quenouilles, dans *Refus global,*
M., s.é., 1946, pp. 75-84.
(2) M., Éditions Anatole Brochu, 1972, pp. 75-84.

Sur fil métamorphose,
M., Éditions Erta, [1956], 55p.
(En collaboration avec Muriel Guilbault) :
Le Coureur de Marathon, radio-théâtre, dans ECF, vol. 4, 1958, pp. 195-219.
* CBF, 18 février 1951.
La Jeune Fille et la lune, dans BJ, nos 17-18-19-20, 1969, pp. 376-382.
Apolnixède entre le ciel et la terre, dans BJ, nos 17-18-19-20, 1969, pp. 383-387.
Instinct semi-palpé, dans BJ, nos 17-18-19-20, 1969, pp. 388-389.
Claude GAUVREAU, *Ma Conception du théâtre,* dans BJ, vol. 1, nos 3-4-5, 1965, pp. 71-73.
Les Automatistes, dans BJ, nos 17-20, janvier-août 1969.
Yves-Gabriel BRUNET, *Portrait d'un poète : Claude Gauvreau,* dans *Culture vivante,* novembre 1971, pp. 31-35.
Jean-Marcel DUCIAUME, *Le Théâtre de Gauvreau : une approche,* dans LAQ, 1972, pp. 327-340.
Jean-Claude GERMAIN, *Un hommage à Claude Gauvreau, dramaturge québécois,* dans *Le Maclean,* vol. 12, no 11, 1972, p. 80.

GÉANITON, Roger
Chasse interdite, comédie en 1 acte,
s.l., l'auteur, 1968, 29p. [polycopié].

GÉLINAS, Gratien (1909-)
Tit-Coq, pièce en 3 actes,
M., Beauchemin, 1950, 199p.
(2) M., Éditions de l'Homme, 1968, 169p.
* M., Monument national, 22 mai 1948.
Tit-Coq, translated by Kenneth Johnson,
Toronto, Clarke Irwin, 1967, 84p.
Bousille et les justes, pièce en 4 actes,
Q., Institut littéraire du Québec, [1960], 206p.
(2) M., Éditions de l'Homme, 1967, 112p.
* M., Comédie-Canadienne, 26 septembre 1959.
Bousille and the Just, translated by Kenneth Johnson,
Toronto, Clarke Irwin, 1961, 104p.
Hier, les enfants dansaient, pièce en 2 parties,
M., Leméac, [1968], 159p.
(2) Édition scolaire pour l'enseignement du français, langue seconde, préparée et annotée par G.A. Klinck, 1972, 159p.
* M., Comédie-Canadienne, 4 avril 1966.
Yesterday the Children were Dancing, translated by Mavor Moore,
Toronto, Clarke Irwin, [1967], 76p.
Édouard LAURENT, *Tit-Coq, un conscrit qui passera à l'histoire,* dans *Culture,* vol. 9, no 4, 1948, pp. 378-383.
Jean-Paul GÉLINAS, *« Bousille et les Justes » (1959-1969),* dans *Culture,* vol. 30, no 3, 1969, pp. 217-226.
Jean-Cléo GODIN et Laurent MAILHOT, dans *Le Théâtre québécois,* M., HMH, 1970, pp. 29-43.
Marguerite A. PRIMEAU, *Gratien Gélinas et le théâtre populaire au Canada français,* dans *Dramatists in Canada,* Vancouver, University of British Columbia Press, 1972, pp. 105-113. (Étude publiée d'abord en 1960).
Mavor MOORE, *4 Canadian Playwrights,* Toronto, Holt, Rinehart & Winston, 1973, pp. 32-51.

GÉLINAS, Marc-F.
Ineffables Saisons,
M., Studio 60, 1963, 26p.
Qu'on l'écoute, dans *Théâtre vivant,* no 3, 1967, pp. 23-46.

* M., Théâtre des étudiants de polytechniques, 1967.
Marc-F. GÉLINAS, *Orientations de la dramaturgie nouvelle,* dans *Culture vivante,* no 9, 1968, pp. 11-17.

GENEST, Bernard
La Porte ouverte, drame comique en 1 acte, dans *la Tourmente,* vol. 1, 1965, pp. 101-121.

GEOFFRION, Arthur
Amador de Latour, drame historique en 3 actes, en vers,
M., C.O. Beauchemin et fils, 1900, 137p.
* T.-R., 17 mars 1920.
Pour la mairie, comédie en 3 actes et en vers,
M., C.O. Beauchemin et fils, [1902], 193p.

GÉRIN-LAJOIE, Antoine (1824-1882)
Le Jeune Latour, dans *L'Aurore des Canadas,* 7, 12 et 17 septembre 1844, et *Le Canadien,* 16, 18 et 20 septembre 1844.
M., Cinq-Mars, 1844, 49p.
(2) 1845.
(3) 1850, 53p.
(4) dans *Le Répertoire national,* M., Lovell et Gibson, 1848, vol. 3, pp. 5-49.
(5) deuxième édition, M., Valois et cie, 1893, vol. 3, pp. 3-55.
(6) dans *Lettres canadiennes d'autrefois* par Séraphin Marion, Ottawa, Éditions de l'Université d'Ottawa, tome 4, 1944, pp. 145-192.
(7) M., Réédition-Québec, [1969], 55p.
* Séminaire de Nicolet, 31 juillet 1844.

GERMAIN, Jean-Claude (1939-)
(Texte écrit à partir d'improvisations de Jean-Luc Bastien, Nicole Leblanc et Gilles Renaud) :
Les Enfants de Chénier dans Diguidi, Diguidi, Ha ! Ha ! Ha !, supplément de *L'Illettré,* no 3, mars 1970, 14p.
* M., Théâtre du même nom, 26 novembre 1969.
Diguidi, diguidi, ha ! ha ! ha !, suivi de *Si les Sansoucis s'en soucient, ces Sansoucis-ci s'en soucieront-ils ? Bien parler c'est se respecter !,* introduction de Robert Spickler,
M., Leméac, (1972), 194p.
* « Si les Sansoucis... », M., Théâtre du même nom, 2 mars 1971.
Le Roi des mises à bas prix,
M., Leméac, [1972], 96p.
* M., P'tits Enfants Laliberté, 3 juin 1971.

GILLES, J.-L., voir LABELLE, Gilles-J.

GINGRAS, Jean-Paul
Symphonie crépusculaire,
M., Éditions L.M.E., 1942, 16p.

GIRARD, Rodolphe (1879-1956)
À la conquête d'un baiser, comédie en 3 actes, dans *Mosaïque,*
M., Déom, 1902, pp. 107-194.
Les Ailes cassées,
Ottawa, Le Courrier Fédéral Ltée, 1921, 23p.
Albert LABERGE, dans *Peintres et écrivains d'hier et d'aujourd'hui,*
M., Édition privée, 1938, 247p.

GLEASON, Marie-Anne, voir HUGUENIN, Anne-Marie

GODBOUT, Jacques (1933-)
(En collaboration avec Pierre Turgeon) :
L'Interview,
M., Leméac, 1973, 59p.

There is a Bomb in the Mailbox, dans *Voix et images du pays,* VII, M., Presses de l'Université du Québec, 1973, pp. 205-270.

GOUIN, Yvette Ollivier (1895-)
Cocktail, comédie en 3 actes,
M., Albert Lévesque, 1935, 143p.
* M., Théâtre Stella, mars 1935.
Le jeune Dieu, pièce en 3 actes, dans *Les Oeuvres d'Aujourd'hui,* no 1, M., Éditions de l'A.C.-F., 1937, pp. 101-174.
* Ottawa, Little Theater, 1936.
José en vacances,
M., Éditions de l'A. C.-F., 1937, 80p.

GOYETTE, Arsène-Esdras (1881-)
pseud. Esdras du Terroir
Le Rideau se lève sur du sublime, essai de « Mystères » à l'imitation du Moyen Âge.
Iberville, Éditions du Fleurdelisé, 1963, 223p.

GRANDMONT, Éloi de (1921-1970)
Un fils à tuer, drame en 3 actes et 5 tableaux,
M., Éditions de Malte, 1950, 103p.
(extraits) dans *Les Carnets viatoriens,* vol. 15, no 3, 1950, pp. 171-178.
* M., Gésu, 4 octobre 1949.
Le Temps des fêtes, drame en 1 acte, dans *La Nouvelle Revue canadienne,* vol. 2, no 2, 1952, pp. 95-104.
La Fontaine de Paris, comédie-farce en 1 acte, suivie de *Le Temps des fêtes,*
M., Éditions de Malte, [1955], 85p.
* « La Fontaine... », CBF, 2 janvier 1953 ; Théâtre du Nouveau Monde, 26 mars 1954.
Théâtre I
M., Éditions Maisonneuve, 1968, 173p.
Jean-Cléo GODIN et Laurent MAILHOT, dans *Le Théâtre québécois,*
M., HMH, 1970, pp. 45-58.

GRÉCO, Michel
Les Pigeons d'Arlequin, dans ECF, vol. 22, 1966, pp. 99-161.
* M., Centre d'essai des auteurs dramatiques, 1969.

GRÉGOIRE-COUPAL, Marie-Antoinette (1905-)
Les Révoltés du paradis,
M., Beauchemin, 1956, 121p.

GRICHON
Les Héritiers recherchés, radio-roman,
Terrebonne, Cie de Tabac Terrebonne, 1936, 68p.
* CHLP, 21 septembre au 14 décembre 1936.

GROULX, Lionel (1878-1967)
Lendemains de Conquête, saynète,
Q., s.é., 1922, 24p.
* M., Cercle Marie-Rollet, 12 juin 1921.

GUILDRY, G.
L'Ut dièze, comédie en 1 acte, arrangée par...,
M., Imprimerie de « L'Étendard », 1886, 24p.

GUILLET, Paul
La Terre vengée, drame patriotique en 3 actes, s.l., s.é., [1934], 24p., polycopié.
La Terre conquise, drame patriotique en 2 actes,
M., l'auteur, [1935], 29p.
Les Patriotes vengés, ébauche dramatique en 3 épisodes,
M., s.é.,1937, 102p., polycopié.

Philomène,
M., l'auteur, 1937, 55p.
GURIK, Robert (1932-)
Le Chant du poète, satire en 1 acte, dans *Les Cahiers de l'A.C.T.A.*, vol. 2, no 4, 1963, pp. 13-27.
Les Louis d'or, pièce en 2 actes, dans *Théâtre vivant,* no 1, 1966, pp. 11-60.
* M., Expo, 1967.
Hamlet, prince du Québec, pièce en 2 actes,
M., Éditions de l'Homme, [1968], 95p.
* M., L'Escale, 17 janvier 1968.
A cœur ouvert, tragédie-bouffe,
M., Leméac, [1969], 82p.
* M., Quat'Sous, 1969.
Le Pendu, pièce en 2 actes,
M., Leméac, [1970], 109p.
* M., Gesù, 24 mars 1967.
Api 2967, suivi de *La Palissade,* pièces en 2 actes,
M., Leméac, 1971, 150p.
* « Api... », M., L'Égrégore, 1967.
Les Tas de sièges, trois pièces en 1 acte,
M., Leméac, [1971], 52p.
Le Procès de Jean-Baptiste M.,
M., Leméac, [1972], 91p.
* M., T.N.M., 12 octobre 1972.
Le Tabernacle à trois étages,
M., Leméac, 1972, 71p.
Jean-Claude GERMAIN, *Robert Gurik, l'auteur qui n'a rien à enseigner,* dans *Digest éclair,* novembre 1968, pp. 17-20.
Hélène BEAUCHAMP-RANK, *Pour un réel théâtral objectif — le théâtre de Robert Gurik,* dans *Voix et images du pays,* VIII, M., Presses de l'Université du Québec, 1974, pp. 173-191.
GUYON, Louis (1853-1928)
Denis le patriote, drame canadien-français sur les patriotes de 1837,
M., s.é., 1902, 29p.
* M., Théâtre national, 15 septembre 1902.
Montferrand, drame canadien en 4 actes,
M., s.é., 1903, 23p.
* M., Monument national, 26 octobre 1903.
Montcalm, drame historique en 1 prologue, 6 actes et 8 tableaux,
M., s.é., 1907, 29p.
* M., Théâtre national, 25 novembre 1907.
HAMON, Édouard (1841-1909)
Exil et patrie, drame en 5 actes
M., J. Chapleau et fils, 1882, 44p.
(2) M., Librairie Beauchemin Ltée, s.d., 78p.
HARDY, Octave, dit de Chatillon
La Prise de Québec par les Anglais en 1759, drame historique,
M., Librairie Beauchemin Ltée, 1901, 103p.
HÉBERT, Anne (1916-)
Enfants à la fenêtre, dans *Le Canada français,* vol. 25, avril 1938, pp. 822-825.
La Mercière assassinée, téléthéâtre, dans ECF, vol. 16, 1958, pp. 17-112.
* CBFT, été 1958.
Le Temps sauvage, dans ECF, vol. 16, 1963, pp. 9-108.
* Q., Théâtre du Nouveau Monde, octobre 1966.
L'Arche de midi, poème dramatique en 3 actes,

M., Université de Montréal, [1965], 32p., (polycopié).
Le Temps sauvage, La Mercière assassinée et les Invités au procès,
M., HMH, 1967, 187p.
* « Les Invités... », CBF, 20 juillet 1952.
Pierre PAGÉ, *Anne Hébert,* M., Fides, 1965, pp. 61-84.
Maurice BLAIN, *Anne Hébert ou le risque de vivre,* dans *Présence de la critique,* M., HMH, 1966, pp. 155-163.
Jean-Cléo GODIN, et Laurent Mailhot, dans *Le Théâtre québécois,* M., HMH, 1970, pp. 123-150.

HÉBERT, Louis-Philippe
Les Mains rouges, radioroman
M., J.D. de Lamirande, [1937], 70p.

HÉBERT, Yves (1948-)
Les Enfants, dans ECF, vol. 21, 1966, pp. 169-188.
Le Rôle, conte dramatique pour grandes personnes peu sages, dans ECF, vol. 21, 1966, pp. 221-254.

HELVET (pseud.)
Mon oncle Joseph, sketch comique en 1 acte,
M., Jules Ferland, [1934], 15p.

HÉNAULT, Gilles (1920-)
Théâtre en plein air,
M., Cahiers de la file indienne, 1946, 41p.
André-G. BOURASSA, *Sur « Le Théâtre en plein air » de Gilles Hénault,* dans BJ, nos 17-20, janvier-août 1969, pp. 315-328.

HERBIET, Jean
Job's Kit, dans *Théâtre vivant,* no 3, 1967, pp. 51-95.

HERTEL, François (1905-)
pseud. de Rodolphe Dubé
Jeunesse, poème dramatique, dans *La Nouvelle Relève,* vol. 2, no 2, 1942, pp. 99-106.
Claudine ou les écueils,
Paris, Éditions de l'Ermite, 1954, 64p.
La Morte, comédie en 3 actes et 2 tableaux
Paris, Éditions de la Diaspora française, [1965], 26p.
L'Assassin, comédie en 2 actes, dans *Divagations sur le langage,*
Paris, Éditions de la Diaspora française, 1969, pp. 105-138.

HOULÉ, Léopold (1888-1953)
Le Presbytère en fleurs, 2 actes et 1 prologue,
M., Imprimerie des Sourds-Muets, 1933, 154p.
* M., Monument national, 13 mai 1929.
Matines et laudes, du bal au cloître, pièce en 1 acte,
M., Bernard Valiquette, [1940], 97p.
* M., 12 janvier 1933.

HUARD, Roger-Bernard (1929-)
Lit à baldaquin, pièce en 1 acte, dans *Situations,* vol. 1, no 10, 1959, pp. 15-25.
* M., Théâtre des Auteurs, 1961.
Échappée, théâtre,
M., Éditions Agora, [1962], 119p.
Ouais, 5 pièces en 1 acte,
M., Éditions Agora, [1962], s.p.
Pile, théâtre,
Q., Éditions de l'Arc, 1964, 112p.
* M., Les Saltimbanques, 1964.
Huard à deux farces, théâtrique à demi,
M., Éditions Agora, [1965], 127p.

« Au coin du téléviseur », Q., L'Estoc, 1964.
Roger HUARD, *Établir une définition,* dans BJ, vol. 1, nos 3-4-5, 1965, pp. 74-79.

HUGOLIN, R.P., voir LEMAY, Stanislas

HUGUENIN, Anne-Marie (1878-1943)
née Marie-Anne Gleason. Pseud. Madeleine
L'Adieu du poète, pièce en 1 acte, dans *Premier péché,*
M., La Patrie, 1912, pp. 145-162. Aussi
dans *La Revue moderne,* mai 1927, pp. 8-11.
* M., Théâtre National français, 24 juin 1902.
En pleine gloire, pièce en 1 acte,
M., Cie de publication La Patrie, 1919, 24p.
* M., Orpheum, 2 mars 1919.

HUOT, Alexandre
Les Pâmoisons du notaire, comédie vaudeville en 1 acte et 3 tableaux,
M., Éditions Édouard Garand, 1926, 16p.
La Pipe de plâtre, comédie en 1 acte,
M., Éditions Édouard Garand, [1926], 4p.
Le Reporter, comédie héroïque de 4 actes en vers,
M., Éditions Édouard Garand, 1930, 36p.

IOVHANNE, Joannes, voir PROULX, Jean-Baptiste

JASMIN, Claude (1930-)
Blues pour un homme averti,
M., Éditions Parti Pris, [1964], 93p.
* CBFT, 12 janvier 1964.
Tuez le veau gras,
M., Leméac, [1970], 79p.
* CBFT, 17 janvier 1965.
La Mort dans l'âme, dans *Voix et images du pays,* IV,
M., Presses de l'Université du Québec, 1971, pp. 135-173.
* CBFT, 6 décembre 1962.
C'est toujours la même histoire,
M., Leméac, 1972, 55p.
Claude JASMIN, *Le Théâtre descend dans la rue,* dans *Magazine Maclean,* vol. 3, no 8, 1963, pp. 19-21, 37-38.
ID., *Faire parler les autres, métier difficile,* dans BJ, vol. 1, nos 3-4-5, 1965, pp. 80-84.

JEGO, Jean-Baptiste
Le Drame du peuple acadien, reconstitution historique en 9 tableaux et une pose plastique de la dispersion des Acadiens,
Rennes, Imprimerie Oberthier, 1932, 119p.

JOVHANNE, Joannes, voir PROULX, Jean-Baptiste

KATTAN, Naïm
Les Protagonistes, dans ECF, vol. 35, 1972, pp. 65-98.

KEARNEY, Horace J.
La Revanche de Frésimus,
Hull, l'auteur, 1924, 33p.
* *Hull,* Théâtre Notre-Dame, 1904.
Amour, guerre et patrie, mélodrame en 6 actes,
Hull, l'auteur, 1925, 38p.
* Hull, 1919.

KEMPF, Georges-Marcel (Yerri) (1916-)
Une simple mécanique ou les tricoteuses, dans *Cahiers de Cité libre,* vol. 17, no 4, 1967, pp. 7-76.

* M., Apprentis-Sorciers, 1966.
Yerri KEMPF, *Le Théâtre et les justes,* dans *Cité libre,* vol. 11, no 24, 1960, pp. 28-29.
ID., *Comment peut-on être auteur dramatique?,* dans BJ, vol. 1, nos 3-4-5, 1965, pp. 21-22.
ID., *Petit mode d'emploi,* dans *Théâtre vivant,* no 1, 1966, pp. 3-8.
ID., *Théâtre et société à Montréal,* dans *Cité libre,* vol. 15, no 78, 1965, pp. 27-29.
ID., *Une simple mécanique,* dans *Cahiers de Cité libre,* no 4, 1967, pp. 92-94.

KIROUAC, Conrad, voir MARIE-VICTORIN, Frère

LABELLE, Elzéar
La conversion d'un pêcheur de la Nouvelle-Écosse, opérette canadienne, musique de J.-Bte Labelle
M., A.J. Boucher, (1867), 27p.
(2) dans *Mes Rimes,* Q., P.G. Delisle, 1876, 151p.
E.-Z. MASSICOTTE, *Les Artistes Labelle,* dans BRH, vol. 43, no 6, 1937, pp. 183-184.

LABELLE, Gilles-J.
Glorification de saint François, mystère lyrique en 3 actes, musique du Frère Hilaire Tardif,
M., s.é. [1928], 20p.
* M., Studium franciscain de Rosemont, 28 février 1928.
P. BARTHÉLEMY, O.F.M., *Chronique franciscaine,* dans *La Revue franciscaine,* M., 1928, p. 178.

LABELLE, Jean-Baptiste
Les Échos de Notre-Dame,
M., s.é., 1887, 24p.
E.-Z. MASSICOTTE, *Les Artistes Labelle,* dans BRH, vol. 43, no 6, 1937, pp. 183-184.

LACERTE, Adèle (Bourgeois) (1870-1935)
Les Châtelaines, saynète avec musique, dans *Le Pays laurentien,* vol. 1, 1916, pp. 288-295.
(2) M., Le Pays laurentien, 1916, 16p.
Dolora, la bohémienne, opérette en 3 actes,
Ottawa, Imprimerie Beauregard, 1918, 29p.
Mes trois castels, castel-isolé, castel-joli, castel-hanté,
Ottawa, Imprimerie Beauregard, 1920, 92p.

LA CHASSE, Joseph-Pierre de (1670-1749)
Réception à l'occasion de l'anniversaire du sacre de Monseigneur de Saint-Vallier, dans *Monseigneur de Saint-Vallier et l'Hôpital Général de Québec,* Q., C. Darveau, 1882, pp. 263-269.
* Q., 25 janvier 1727.

LAFERRIÈRE, Philippe (1893-1970)
Le Démon, sketch radiophonique
M., Éditions du Cerbère, [1953], 170p.
* CBF, 17 août 1952.

LAFORTUNE, Napoléon Tellier (1886-1945)
pseud. Jean Pick
(En collaboration avec Marcel Bernard) :
Acréyé! Le Sacre de George 5.
M., s.é., 1911, 12p.
* M., Théâtre des Nouveautés, 1911.

LAMARCHE, Antonin
La Lutte avec l'ange,
Joliette, Éditions des paraboliers du roi, 1939, 53p.

Le Jeu de la croix de Gaspé,
Matane, Éditions du Collège de Matane, 1959, 11p.

LAMARCHE, Gustave (1895-)
Jonathas, tragédie tirée des livres saints avec musique et danse, suivie de *Tobie,* mystère lyrique,
M., Librairie des Clercs de Saint-Viateur, [1935], 188p.
Tobie, mystère lyrique,
M., Librairie des Clercs de Saint-Viateur, [1935], 67p.
Le Drapeau de Carillon, drame choral en 1 acte,
M., Clercs de Saint-Viateur, 1937, 50p.
Le Gémissement vers la Colombe, grand jeu choral en 3 parties,
Rigaud, Collège Bourget, 1937, 25p.
La Défaite de l'enfer, jeu choral évangélique,
M., Librairie Saint-Viateur, 1938, 62p.
(2) Rigaud, L'École de Bourget, [1951], 66p.
Celle qui voit, ou la Chevalière de la Loire, parabole héroïque canadienne en 3 parties et 11 tableaux en vers avec musique,
Joliette, Éditions des Paraboliers du Roi, 1939, 194p.
Notre-Dame des Neiges, féerie épique en 2 journées et 13 tableaux en vers modernes avec cinéma, musique et danse,
M., Éditions Valiquette ; Joliette, Paraboliers du Roi, 1942, xii, 233p.
La Suite de « Britannicus », tragédie burlesque en 3 actes et 5 tableaux, en vers alexandrins, (extraits) dans *Les Carnets viatoriens,* vol. 7, no 4, 1942, pp. 287-301.
La Prière de la Montagne, (extrait de « Rose-Marie de Jésus-Marie », porthenée séculaire), dans *Les Carnets viatoriens,* vol. 9, no 3, 1944, pp. 213-221.
Les Gracques, tragédie romaine,
Joliette, Éditions des Paraboliers du Roi, 1945, 127p.
Notre-Dame de la Couronne par..., *Notre-Dame du pain* par Rina Lasnier, grands jeux scéniques pour le Congrès marial d'Ottawa, Joliette, Éditions des Paraboliers du Roi, 1947, 93p.
(extraits) dans *Liaisons,* vol. 1, no 5, 1947, pp. 282-287.
Préface pour le temps de Noël, théâtre, dans *Les Carnets viatoriens,* vol. 18, no 1, 1953, pp. 51-54.
Oeuvres théâtrales,
Q., Presses de l'Université Laval, 1971-1972, 3 vols.
Jeanne CORRIVEAU, *« Jonathas » du R.P. Gustave Lamarche et le théâtre collégial,* thèse de maîtrise, Université de Montréal, 1966.

LANGEVIN, André (1927-)
L'œil du peuple, pièce en 3 actes,
M., Cercle du livre de France, 1958, 127p.
* M., Théâtre du Nouveau Monde, 1 novembre 1957.

LANGUIRAND, Jacques (1930-)
Les Grands Départs, pièce en 3 actes,
M., Cercle du livre de France, [1958], 119p.
(2) M., Éditions du Renouveau pédagogique, 1970, 139p., (présentation de Renald Bérubé).
* CBFT, 1 octobre 1957.
Le Gibet, pièce en 3 actes,
M., Cercle du livre de France, [1960], 147p.
* M., Comédie-Canadienne, 10 novembre 1958.
Les Insolites et *Les Violons de l'automne,* pièces en 3 actes,
M., Cercle du livre de France, [1962], 211p.
* « Les Insolites », M., Compagnie de Montréal, 9 mars 1956 ; « Les Violons... », M., Théâtre-Club, 5 mai 1961.

Diogène, fantaisie en 1 acte, dans BJ, vol. 1, nos 3-4-5, 1965, pp. 33-59.
* Théâtre de Percé, 9 juin 1958.
Les Cloisons, pièce en 1 acte, dans ECF, vol. 22, 1966, pp. 69-98.
* M., Théâtre de la Place, 1965.
Klondyke, pièce épique en 2 parties,
M., Cercle du livre de France, 1970, 240p.
* M., Théâtre du Nouveau Monde, 16 février 1965.
Le Roi ivre, dans *Voix et images du pays,* III, Montréal, Presses de l'Université du Québec, 1970, pp. 254-279.
* M., Théâtre de Dix-Heures, 1957.
Renald Bérubé, *Les Grands Départs de J. Languirand, ou la mise à l'épreuve de la parole,* dans *Voix et images du pays, II,* M., Cahiers de Sainte-Marie, 1969, pp. 63-76.
Lucille Roy-Hewitson, *Jacques Languirand, de la nostalgie à l'impuissance,* dans *Études françaises,* vol. 5, no 2, 1969, pp. 207-216.
Jean-Cléo Godin et Laurent Mailhot, dans *Le Théâtre québécois,* M., HMH, 1970, pp. 173-190.
Renald Bérubé, *Jacques Languirand, Le Klondyke et l'Américanité,* dans LAQ, 1971, pp. 86-96.

Laperrière, Augustin (1829-1903)
Les Pauvres de Paris, drame en 4 actes par Mm. Édouard Brisbarre et Eugène Nus arrangé pour les jeunes gens,
Ottawa, Imprimerie des RR. Sœurs du Bon Pasteur, 1877, 66p.
(2) M., C.O. Beauchemin et fils, s.d., 85p.
* Institut canadien d'Ottawa, 7 février 1878.
Une partie de plaisir à la caverne de Wakefield ou un monsieur dans une position critique, comédie en 2 actes,
Ottawa, Imprimerie du journal « Le Canada », 1881, 25p.
Monsieur Toupet ou Jean Bellegueulle, comédie en 1 acte,
Ottawa, Imprimerie du journal « Le Canada », 1884, 23p.
« Un spectateur », *Les Pauvres de Paris par A. Laperrière,* dans *L'Opinion publique,* 21 mars 1878, p. 134.

Laramée, Jean
Ad Majora, 3 tableaux en vers avec chœurs, écho de l'année aloysienne,
M., Le Messager canadien, 1927, 46p.
L'Âme huronne, drame historique en 2 parties, 5 actes et orchestre,
M., Action paroissiale, 1931, 171p.
Un miracle au pays des Chinois,
M., Imprimerie du Messager, 1937, 15p.
Fantaisie missionnaire, jeu mimé,
M., Imprimerie du Messager canadien, 1940, 11p.

Lareau, Edmond (1848-1890)
Guillaume Tell ou le serment des trois Suisses, drame en 3 actes, dans *Mélanges historiques et littéraires,*
M., E. Senécal, 1877, pp. 300-338.

Lasnier, Rina (1915-)
Féerie indienne, Kateri Tekakwitha,
Saint-Jean, Les Éditions du Richelieu, 1939, 171p.
Le Jeu de la voyagère,
M., La Société des Écrivains, [1941], 137p.
(2) M., Éditions de la Congrégation Notre-Dame, [1950], 120p.
Les Fiançailles d'Anne de Nouë,
M., Secrétariat de la L.M.E., [1942], 62p.

Notre-Dame de la couronne par Gustave Lamarche, *Notre-Dame du pain* par..., grands jeux scéniques pour le Congrès marial d'Ottawa, Joliette, Éditions des Paraboliers du Roi, 1947, 93p.
(extrait) dans *Liaisons,* vol. 1, no 6, 1947, pp. 345-352.

LAURENDEAU, André (1912-1968)
La Vertu des chattes, comédie, dans ECF, vol. 5, 1959, pp. 115-146.
* CBFT, 30 juin 1957.
Deux Femmes Terribles, pièce en 2 actes et 3 tableaux, dans ECF, vol. 11, 1961, pp. 9-89.
* M., Théâtre du Nouveau Monde, 7 octobre 1961.
Marie-Emma, dans ECF, vol. 15, 1963, pp. 9-102.
* CBFT, 21 janvier 1958.
Théâtre. Deux Femmes Terribles, Marie-Emma, La Vertu des chattes, M., HMH, 1970, 208p.
Lucienne MOUSSALLI, *Le Caractère des personnages dans le théâtre de Laurendeau,* thèse de maîtrise, Université Laval, 1967, xi, 195p.

LAVALLÉE-SMITH, Émile
(En collaboration avec Jules Ferland) :
Va comme j'te pousse !, dialogue comique,
M., Éditions Édouard Garand, [1931], 5p.

LAVOIE, Adéodat (1881-)
Dollard, poème dramatique en 5 actes avec notice historique de l'abbé Groulx, Avignon, Maison Aubanel père, 1937, 123p.

LE BEL, Cécile (Benoît) (1905-)
Géraldine est une perle, comédie en 3 actes,
M., Librairie Déom, [1964], 112p.

LEBEL, Joseph Marc Octave Antoine (1881-1946)
pseud. Jean Feron
Même sang, tableau historique en 2 scènes, en vers,
s.l., s.é., [1919], 28p.
La Secousse, comédie dramatique en 3 actes,
M., Éditions Édouard Garand, 1924, 15p.

LEBLANC DE MARCONNAY, Hyacinthe
Le Soldat, intermède en 2 parties mêlé de chants,
M., A. Bowman, 1836, 8p.
* M., Théâtre Royal, 6 février 1836.
Valentine ou la Nina canadienne, comédie en 1 acte,
M., Imprimerie de l'Ami du Peuple, 1836, 52p.
Benjamin SULTE, *Leblanc de Marconnay,* dans BRH, vol. 18, no 12, 1912, pp. 353-354.
E.-Z. MASSICOTTE, *Leblanc de Marconnay,* dans BRH, vol. 26, no 6, 1920, pp. 177-179.

LECLAIRE, Armand
Laurier !, pièce en 5 actes et 6 tableaux,
s.l., s.é., [1921], 39p., polycopié.
Entre deux civilisations, pièce en 5 actes,
M., Éditions Édouard Garand, 1928, 47p.
* M., Théâtre Chanteclerc, 8 octobre 1923.
Le Petit Maître d'école, pièce en 4 actes,
M., Éditions Édouard Garand, 1929, 28p.
Le Ménestrel, 1 acte et en vers,
M., Éditions Édouard Garand, 1931, 14p.

LECLERC, Félix (1914-)
Théâtre de village,
M., Fides, 1951, 190p.

(2) 1967.
* CBF, 1951-1952.
Le P'tit Bonheur, Sonnez les matines,
M., Éditions Beauchemin, 1959, 153p.
(2) 1964, 279p.
* M., Théâtre du Gesù, 1949.
L'Auberge des morts subites, comédie en 2 actes,
M., Beauchemin, 1964, 203p.
* M., Gesù, 1963.
Jean-Noël SAMSON, *Félix Leclerc,* M., Fides, [1967], 87p.

LECLERC, Gilles (1928-)
L'Invisible Occident,
M., Éditions de l'Aube, [1958], 163p.

LEFEBVRE, Jean-Pierre
L'État de neige, dans *Voix et images du pays,* VI,
M., Presses de l'Université du Québec, 1973, pp. 149-180.
* CBF, octobre 1971.

LEGAULT, Émile (1906-)
Le Grand Attentif, jeu scénique à la gloire de saint Joseph.
M., Fides, [1956], 64p.
* M., août 1955.
Kermesse des anges et des hommes, pièce en l'honneur de Mgr de Laval,
M., Fides, [1960], 63p.
* Q., Colisée de Québec, octobre 1959.

LEMAY, J.-Henri
L'Espionne boche, drame militaire canadien,
Sherbrooke, Tribune, 1916, 91p.
* Sherbrooke, 2 février 1916.

LE MAY, Léon-Pamphile (1837-1918)
Les Vengeances, drame en 6 actes,
Q., Léon Bossue dit Lyonnais, 1876, 44p.
* Q., Amateurs de l'Union Typographique de Québec, 1876.
Rouge et bleu, comédies, *(Sous le bois, En livrée, Rouge et bleu),*
Q., C. Darveau, 1891, 288p.
* « Rouge et bleu », Q., Académie de musique, 26 avril 1889.
Entendons-nous, vaudeville en 1 acte,
(Ottawa), Imprimé pour la Société Royale du Canada, 1911, 11p.
Edward M. CORBETT, *Pamphile LeMay, prosateur,* thèse de maîtrise, Université Laval, 1947, pp. 35-50.

LEMAY, Stanislas, R.P. Hugolin, o.f.m. (1877-1938)
S'ils avaient prévu !, scènes et récits de tempérance,
M., Beauchemin, 1909, 131p.
Les Manifestes électoraux, comédie en 3 actes,
M., Librairie Beauchemin Ltée, [1912], 48p.

LEMYRE, Oscar
Sur les ondes, poèmes et pièces radiophoniques,
M., s.é., [1935], 192p.

LESCARBOT, Marc (ca. 1570-1619)
Le Théâtre de Neptune en la Nouvelle-France, dans *Les Muses de la Nouvelle-France,* Paris, Chez Jean Millot, 1609, 66p.
(2) 1611.
(3) 1612.
(4) Paris, Chez Adrien Perier, 1617, 76p.
(5) 1618.

(6) Paris, Librairie Tross, 1866, vol. 3, 84p.
(7) Toronto, The Champlain Society, 1914, vol. 3, pp. 473-489.
(8) Cambridge, Boston, Mass., Riverside Press, 1927, xxii, 28p.
(9) dans ECF, vol. 18, 1964, pp. 284-295.
* Port Royal, 14 novembre 1606.

LETONDAL, Henri
Fantoches,
M., Imprimerie des Éditeurs, 1922, 140p.

LEVAC, Claude (1940-)
(En collaboration avec Françoise Loranger) :
Le Chemin du roy, comédie patriotique en 2 actes,
M., Leméac, 1969, 136p.
* M., Gesù, 29 avril 1968.
Son Père, ou si le fils ne meurt, canevas pour un spectacle, dans *Études françaises,* vol. 6, no 1, 1970, pp. 51-64.
Claude LEVAC, *Théâtre, conceptions, réflexions,* dans BJ, vol. 1, nos 3-4-5, 1965, pp. 85-90.

LÉVESQUE, C.-T.-P.
La Malédiction, drame-vaudeville en 3 actes pour jeunes gens,
M., C.O. Beauchemin & fils, s.d., 94p.
(2) 1917, 96p.
Vildac, comédie en 3 actes,
M., Librairie Beauchemin, 1917, 75p.

LÉVESQUE, Raymond (1928-)
Bigaouette,
M., Éditions de l'Homme, (1971), 108p.

LORANGER, Françoise (1913-)
Une maison... un jour..., pièce en 2 actes,
M., Le Cercle du livre de France, [1965], 151p.
(2) 1968, 152p.
(3) M., Éditions du Renouveau pédagogique, 1970, 215p., présentation de Jean-Cléo Godin.
* M., Rideau Vert, 15 février 1965.
Georges... oh ! Georges, pièce en 1 acte, dans ECF, vol. 20, 1965, pp. 9-42.
* CBFT, 18 mars 1958.
Un cri qui vient de loin, dans *Les Cahiers de Sainte-Marie,* no 1, 1966, pp. 89-124.
(2) 1968, pp. 85-120.
* CBFT, 28 novembre 1965.
Encore cinq minutes, suivi de *Un cri qui vient de loin,*
M., Le Cercle du livre de France, [1967], 131p.
* M., Rideau Vert, 15 janvier 1967.
(En collaboration avec Claude Levac) :
Le Chemin du roy, comédie patriotique en 2 actes,
M., Leméac, 1969, 136p.
* M., Gesù, 29 avril 1968.
Double jeu, pièce en 2 actes, (avec des) notes de mise en scène d'André Brassard,
M., Leméac, [1969], 212p.
* M., Comédie-Canadienne, 13 janvier 1969.
Medium saignant, introduction d'Alain Pontaut,
M., Leméac, [1970], 139p.
* M., Comédie-Canadienne, 16 janvier 1970.
Jour après jour et *Un si bel automne,*
M., Leméac, 1971, 95p.
Jean-Claude GERMAIN, *Double jeu : un autre épisode dans la vie tourmentée d'Angélique, marquise des Anges,* dans *Digeste Éclair,* mars 1969, pp. 8-11.

Jean-Cléo GODIN et Laurent MAILHOT, *Le Théâtre québécois*, M., HMH, 1970, pp. 109-122.
Jean-Pierre RYNGAERT, *Françoise Loranger : À la recherche d'un nouveau théâtre*, dans LAQ, 1972, pp. 341-352.

LORANGER, Jean-Aubert (1896-1942)
L'Orage, farce en 1 acte, dans *Le Village*, M., Éditions E. Garand, 1925, 43p.

LOUIS-SYMPHORIEN, Frère, voir ROBERGE, Jacques

MABIT, Jacqueline (Baillargeon) (1919-)
Le Dernier Jour innocent, dans *L'Amérique française*, vol. 7, 1948-49, pp. 5-81.

MADELEINE, voir HUGUENIN, Anne-Marie

MAIGUERIT, Gire
Dollard, drame en 3 actes et en vers,
M., Le Devoir, 1938, 202p.

MAILLET, Andrée (1921-)
Le Meurtre d'Igouille, tragédie mélodramatique en 3 actes et 2 tableaux, dans ECF, vol. 19, 1965, pp. 53-107.
* Q., L'Estoc, 1965.
La Montréalaise, dans ECF, vol. 23, 1967, pp. 113-169.
* Q., L'Estoc, 1966.
Souvenirs en accords brisés, dans ECF, vol. 27, 1969, pp. 9-58.
* CBFT, 1969.

MAILLET, Antonine (1929-)
Les Crasseux, dans *Théâtre vivant*, no 5, 1968, 68p.
(2) M., Leméac, 1973, xxxiii, 91p., présentation de Rita Scalabrini et Jacques Ferron.
La Sagouine, pièce pour une femme seule,
M., Leméac, 1971, 105p.
(2) 1973, 154p.
Gapi et Sullivan,
M., Leméac, 1973, 72p.
Denis SAINT-JACQUES, *La Sagouine d'Antonine Maillet*, dans *Voix et images du pays*, VIII, M., Presses de l'Université du Québec, 1974, pp. 193-196.

MAJOR, André
Le Désir (extraits), dans *Liberté*, no 85, 1973, pp. 5-24.
Le Désir suivi de *Le Perdant*, pièces radiophoniques,
M., Leméac, 1973, 70p.
* « Le Désir », CBF, juin 1972 ; « Le Perdant », CBF, novembre 1972.

MAJOR, Henriette (1933-)
(En collaboration avec Monic Allard) :
Jeux dramatiques,
M., Héritage, 1969, 125p.

MALOUIN, Reine (Voizelle) (1898-)
Au temps jadis, théâtre historique,
Q., Ateliers de l'Action catholique, 1942, 119p.

MARCHAND, Félix-Gabriel (1832-1900)
Fatenville, pièce en 1 acte, dans *La Revue canadienne*, vol. 6, no 8, 1869, pp. 666-710.
Erreur n'est pas compte, ou les inconvénients d'une ressemblance, vaudeville en 2 actes,
M., La Minerve, 1872, 57p.
* St-Jean, 15 mai 1872.
Un bonheur en attire un autre, comédie en 1 acte et en vers,
M., Imprimerie de La Gazette, 1883, 50p., (aussi) dans MSRC, 1882-1883, pp. 139-165.

* St-Jean, 21 juin 1883.
Les Faux Brillants, comédie en 5 actes et en vers,
M., Prendergast et cie, 1885, 106 p., (extraits) dans MSRC, 1882-1883, pp. 21-38.
* M., Monument national, 28 février 1905.
Le Lauréat, opéra comique en 2 actes, musique de Joseph Vézina,
M., C.O. Beauchemin & fils, 1899, 45p.
* Q., L'Auditorium, 26 mars 1906.
Mélanges poétiques et littéraires, (œuvres théâtrales complètes),
M., C.O. Beauchemin & fils, 1899, xii, 369p.
L.-O. DAVID, *Souvenirs et biographies, 1870-1910,* M., Librairie Beauchemin Ltée, 1911 pp. 135-138.
Vaudeville de l'Hon. F.-G. Marchand, dans BRH, vol. 42, no 8, 1936, pp. 488-489.

MARCOTTE, Gilles (1925-)
Une soirée à la maison, dans ECF, vol. 30, 1970, pp. 155-168.
* CBFT, 1966.

MARIE-VICTORIN, Frère (Conrad Kirouac) (1885-1944)
Charles Lemoyne, drame canadien en 3 actes,
M., Les Frères des Écoles chrétiennes, 1925, 123p.
(2) 1947.
* M., Collège de Longueuil, 13 mai 1910.
Peuple sans histoire, fantaisie dramatique en 1 acte et 3 tableaux,
M., Les Frères des Écoles chrétiennes, 1925, 14p.
(2) 1937, 22p.
* Q., février 1930.

MAROT, Suzanne
Saynètes pour les jeunes,
M., Librairie Beauchemin, 1956, 171p.
Nouvelles Saynètes,
M., Lidec, [1968], 99p.

MARSILE, Moïse-Joseph (1846-1933)
Lévis ou l'abandon de la Nouvelle-France, drame historique en 5 actes,
M., C.O. Beauchemin & fils, 1902, vi, 148p.

MARTIN, Claire (1914-)
Moi, je n'étais qu'espoir,
M., Le Cercle du livre de France, 1972, 54p.

MARTIN, Jacqueline (1930-)
La Quintaine, pièce en 1 acte,
Ottawa, Éditions Le Coin du livre, 1969, 26p.

MASSICOTTE, Édouard-Zotique (1867-1947)
Les Cousins du député, comédie de mœurs canadiennes en 4 actes, compilée et adaptée par ...,
M., C.O. Beauchemin & fils, 1896, 112p.
* M., Monument national, 27 octobre 1896.

MCGIBBON, Marcelle (Gagnon)
Le Feu qui couve, pièce en 1 acte,
M., Éditions de l'ACTA, 1964, 40p.
* Q., L'Estoc, 1964 ; CBFT, 15 mars 1964.

MCGOWN, J.G.W.
Le Forgeron de Strasbourg, drame en 5 actes,
M., s.é., 1882, 84p.
(2) M., C.O. Beauchemin & fils, s.d., 97p.
L'Homme à la fourchette, comédie en 1 acte,
M., s.é., 1882, 30p.
Les Pirates de la Savane, drame en 5 actes,

M., s.é., 1882, 88p.
La Prière des naufragés, drame en 5 actes, avec musique,
M., s.é., 1882, 84p.
(2) 1908.
L'Homme de la forêt-noire, drame en 3 actes,
M., Beauchemin et Valois, 1883, 101p.
(2) Librairie Beauchemin Ltée, 1902, 95p.
Jean le Maudit ou le fils du forçat,
M., s.é., 1883, 69p.
Les Enfants du Capitaine Grant, pièce en 4 actes et 1 prologue,
M., s.é., 1889, 78p.
La Bande du Cheval-noir, drame en 5 actes et 7 tableaux,
M., s.é., 1890, 104p.
Le Tour du monde en 80 jours, pièce en 4 actes,
M., s.é., 1890, 75p.
Habit, veste et culotte, comédie en 4 actes,
M., s.é., 1891, 48p.
Le Siège de Colchester, drame en 1 acte,
M., s.é., 1891, 27p.
Michel Strogoff, pièce en 5 actes et 8 tableaux,
M., C.O. Beauchemin & Fils, 1898, 98p.
Le Crime de Maltaverne, pièce en 3 actes et 1 prologue,
M., Librairie Beauchemin Ltée, 1908, 75p.
Les Frayeurs de Ti-gruche, comédie en 1 acte,
M., s.é., s.d., 25p.
Un habit par la fenêtre, comédie en 1 acte,
M., s.é., s.d., 31p.
Le Naufrage de la Méduse, drame en 5 actes,
M., s.é., s.d., 92p.
Les Nuits de la Seine, mélodrame en 5 actes et 9 tableaux,
M., Beauchemin & Valois, s.d., 115p.
Le Sonneur de St-Paul, drame en 4 actes et 1 prologue,
M., s.é., s.d., 96p.
Les Trois Juges ou le Marquis de Lauzon, comédie en 1 acte,
M., s.é., s.d., 36p.

MICHAUD, Benjamin (1874-1946)
(En collaboration avec Joseph Vézina) :
Le Rajah, opéra-bouffe en 2 actes,
Q., Chassé, 1910, 33p.
* Q., l'Auditorium, 14 mars 1910.

MICHAUD, Paul (1915-)
Un coup de feu, théâtre pour Mirgie, Sotie en 1 acte, dans *Situations,* vol. 2, no 1, 1960, pp. 38-47.

MICHELET, Magali
Contre le flot, pièce en 3 actes,
M., Bibliothèque de l'Action française, 1922, 96p.
* Q., 7 novembre 1922.

MONARQUE, Georges (1893-1946)
Blanche d'Haberville, drame en 5 actes en vers,
M., Librairie d'Action canadienne-française ltée, 1931, 167p.
(2) 1947.

MONIQUE, voir BENOIT, Mme E.

MONIQUE CHANTAL, voir BROUILLET, Jeannette

MONTIGNY, Louvigny Testard de (1876-1955)
Je vous aime, pièce en 1 acte,

M., La Revue canadienne, [1903], 21 p., (aussi) dans *La Revue canadienne,* vol. 45, sept. 1903, pp. 5-21.
* M., Monument national, 27 avril 1902.
Le Bouquet de Mélusine, scènes de folklore,
M., Carrier, 1928, 112p.
* Q., mai 1928.
Les Boules de neige, comédie en 3 actes, précédée d'un lever de rideau « Je vous aime »,
M., Déom, 1935, xxiv, 229p.
* « Les Boules... », M., Monument national, 21 mai 1903.

MONTREUIL, Gaétane de, voir BÉLANGER, Georgiana

MOREAU, François (1930-)
Les Taupes, pièce en 3 actes, dans ECF, vol. 6, 1960, pp. 9-90.
* M., Théâtre du Nouveau Monde, 20 novembre 1959.

MORIN, Jean (1940-)
Vive l'empereur !, pièce en 2 actes, dans *Théâtre vivant,* no 1, 1966, pp. 61-103.
* M., Quat'Sous, 1966.

MORIN, Victor (1865-1960)
Dîner en musique, fantaisie en 2 actes,
M., s.é., 1936, 44p.
Dîner-opérette, en 2 actes,
M., Congrès de la langue française, 1952, 46p.
* M., 3 février 1930.

MORRIER, Emma
Quatre essais de théâtre national, Va ton chemin, Bon sang ne ment pas, La Trahison, Le Rêve du poète,
Edmonton, Alta, Imprimerie « La Survivance », 1936, 114p.

MYRAND, Ernest (1854-1921)
Pageants du tricentenaire de Québec,
Q., Typ. Laflamme & Proulx, [1908], 36p.

NEL, Jean
Le Vieux Mendiant, pièce en 1 acte en vers,
M., Éditions Édouard Garand, 1930, 15p.

OUELLETTE, Émilien-Conrad
pseud. Christo Christy
La Berceuse, pièce dramatique en 3 actes,
M., Éditions Édouard Garand, 1927, 44p.
* Q., 24 novembre 1925.

PALLASCIO-MORIN, Ernest (1909-)
Hôtel San Pedro,
M., Leméac, 1973, 71p.

PAQUET, André
Escapades,
M., Secrétariat de la Ligue missionnaire étudiante, 1941, 16p.
Célébrons Ville-Marie,
M., L.M.E., 1941, 16p.

PAQUIN Elzéar (1850-1947)
Riel, tragédie en 4 actes,
M., C.O. Beauchemin & fils, [1886], 143p.

PARADIS, Henri
La Tarentule, tragi-comédie en 5 actes,
Saint-Hyacinthe, Imprimerie Yamaska, [1935], 91p.

PARAGE, E.
(En collaboration avec Charles Bayer) :
Riel, drame historique en 4 actes et 1 prologue,
M., Imprimerie de l'Étendard, 1886, 75p.
PARIZEAU, Lucien
Un poète au salon, avec *Un abonné de la campagne* par Conrad Gauthier,
M., Éditions Édouard Garand, 1930, 16p.
PASQUALE, Dominique de (1946-)
On n'est pas sorti du bois, introduction de Gilbert David,
M., Leméac, [1972], 86p.
* M., Théâtre de l'Université de Montréal, 10 février 1972.
Oui, chef, suivi de *L'arme au poing ou larme à l'œil,*
M., Leméac, 1973, 94p.
PELLAND, Louis
Le Véridique Procès de Barbe-Bleue, pièce en 1 acte, dans *L'Avant-Scène* (Paris), no 194, 1955, pp. 37-40.
* CBF, 30 avril 1954 ; Paris, Théâtre Saint-Georges, 12 juin 1958,
PELLERIN, Jean (1917-)
Le Combat des élus, allégorie en 3 tableaux et 1 prologue sur la vie du bon père Frédéric, apôtre de Notre-Dame-du-Cap.
T.-R., Les Éditions du Nouvelliste, 1950, 102p.
PELLETIER, Alex
Le Festin des morts, scénario, dans ECF, vol. 22, 1966, pp. 9-67.
PÉPIN, Alice, voir BENOIT, Mme E.-P.
PERRAULT, Pierre (1927-)
Au cœur de la rose, pièce en 3 actes, 2e version,
M., Beauchemin, 1964, 125p.
* CBFT, 30 novembre 1958 (1re version qui ne fut pas publiée) ; M., Les Apprentis-Sorciers, 1963.
Émile LIZÉ, *Au cœur de la rose de Pierre Perrault : une sonate aux accents de tragédie,* dans *Co-Incidences,* no 2, 1972, pp. 20-31.
PERRIN, Julien
Gloire à Dollard, pièce historique en 5 tableaux,
M., Bibliothèque de l'Action française, 1923, 34p.
(2) 1924.
PETITCLAIR, Pierre (1813-1860)
Griphon ou la vengeance d'un valet, comédie en 3 actes,
Q., William Cowan, 1837, 90p.
La Donation, comédie en 2 actes, dans *L'Artisan,* vol. 1, no 20, 15 décembre ; no 21, 19 décembre ; no 22, 22 décembre ; no 23, 26 décembre ; no 24, 29 décembre 1842.
(2) dans *Le Répertoire national,* M., Lovell et Gibson, 1848, tome 2, pp. 234-270.
(3) dans *Le Répertoire national,* M., Valois, 1893, tome 2, pp. 262-304.
* Q., Les Amateurs typographiques, 19 novembre 1842.
Une partie de campagne, comédie en 2 actes,
Q., Joseph Savard, 1865, 61p.
* Q., Amateurs canadiens-français de Québec, 22 avril 1857.
PHELPS, Anthony (1928-)
Le Conditionnel, dans *Théâtre vivant,* no 4, 1968, pp. 7-44.
* Ottawa, La Nouvelle Basoche, juin 1967.
PICK, Jean, voir LAFORTUNE, Napoléon
PINSONNEAULT, Jean-Paul (1923-)
Terre d'aube, pièce en 2 actes,
M., Fides, [1967], 166p.

* M., Rideau Vert, 1967.
La Soif, (extraits) dans *Culture vivante,* no 12, 1969, pp. 12-17.

PIUZE, Robert
L'Épreuve, pièce scoute en 3 actes et 5 tableaux,
M., L'Oeuvre de presse dominicaine, 1942, 62p.

PLAMONDON, Aimé (1892-1972)
Âmes françaises, épisode héroïque en 3 tableaux,
Q., Imprimerie de l'Action sociale ltée, 1916, 60p.
* Q., 1916.
Le Défenseur, à-propos en 1 acte, dans *Le Pays laurentien,* vol. 3, no 9, septembre 1918, pp. 158-164.
(En collaboration avec René Arthur) :
La plus forte, comédie en 2 parties,
Montmagny, Éditions Marquis, 1949, 34p.

PLANTE, Alexandre Villandry
Le Fétiche, opéra-comique en 2 actes, musique par Joseph Vézina,
Q., L'Événement, 1912, 47p.
* Q., L'Auditorium, 26 février 1912.

PONTAUT, Alain (1925-)
Un bateau que Dieu sait qui avait monté et qui flottait comme il pouvait, c'est-à-dire mal, pièce en 2 parties, introduction de Jacques Brault,
M., Leméac, [1970], 105p.
L'Illusion de midi, suivi de *L'Aventure,*
M., Leméac, 1973, 68p.

POULIN, Antonio
Brébeuf, drame historique en 5 actes,
M., Action canadienne-française, 1931, 93p.
* Ste-Anne-de-la-Pocatière, novembre 1931.
Le Message de Lénine, drame social en 4 actes,
M., Lévesque, 1934, 140p.
Nos Martyrs,
s.l., s.é., s.d., 43p.

POTVIN, Damase (1882-1964)
pseud. Jean Yves
Un mauvais quart d'heure, comédie en 1 acte,
Q., s.é., 1909, 13p.
* Q., Auditorium, 5 novembre 1909.
(En collaboration avec Alonzo Cinq-Mars) :
Maria Chapdelaine, pièce en 5 actes, dans *Le Terroir,* 1919.

PRÊTRE DU DIOCÈSE DE TROIS-RIVIÈRES, voir DUPONT, Claude

PRÉVOST, Arthur (1910-)
Maldonne, pièce en 1 acte,
M., Radio-Compilation, 1938, 26p.
(2) Sorel, Les Éditions Princeps, 1943, 40p.
Trois actes en une soirée : Qu'est-ce que ça veut dire !, Trouvez un titre, Jouez-moi ça,
M., Éditions Princeps, [1962], 123p.
* « Jouez-moi ça », CBF, 1947.
French et Langlais de Wakanda,
Sorel, Éditions Princeps, s.d., 72p.

PRÉVOST, Jean
Les Parrains du nord, revue en 1 acte et 3 tableaux,
St-Jérôme, s.é., 1903, 24p.

PRÉVOST, Paul-Émile (1864-1908)
Agence matrimoniale, lever de rideau,
M., Le Passe-Temps, [1907], 24p.

PROULX, Antonin (1881-)
L'Enjoleuse, Dévotion, L'Amour à la poste, pièces de théâtre,
Ottawa, Ateliers typographiques, 1916, 289p.
Pas possible, saynète, dans *Le Pays laurentien,* vol. 1, no 8, 1916, pp. 197-203.
Pour être reporter, saynète, dans *Le Pays laurentien,* vol. 2, no 8, 1917, pp. 121-125.
De l'audace, jeune homme !, comédie en 1 acte,
M., Éditions Édouard Garand, 1930, 14p.
Le Cœur est le maître,
M., Éditions Édouard Garand, [1930], 34p.
L'Intime Souffrance, drame en 1 acte,
M., Éditions Édouard Garand, 1930, 14p.
* M., Cercle des Annales, 1930.
Le Prix du bonheur, comédie dramatique en 4 actes,
M., Éditions Garand, [1931], 39p.
G. MALCHELOSSE, *M. Antonin Proulx,* dans *Le Pays laurentien,* vol. 1, no 11, 1916, pp. 308-310.

PROULX, Jean-Baptiste (1846-1904)
pseud. Joannes Iovhanné
Visite de Son Honneur le Lieutenant-Gouverneur l'Hon. T. Robitaille au Séminaire de Ste-Thérèse, dialogue et un extrait d'une opérette,
M., Beauchemin et Valois, 1879, 48p.
* Ste-Thérèse, Séminaire, 30 septembre 1879.
Édouard le confesseur, Roi d'Angleterre, tragédie en 5 actes,
M., Beauchemin et Valois, 1880, 106p.
(2) C.O. Beauchemin & fils, 1897, 98p.
L'Hôte à Valiquet ou le fricot sinistre, dans *Les Annales Thérésiennes,* 1881, pp. 188-204, 243-264, 290-302.
M., C.O. Beauchemin, 1881, 51p.
(2) 1896.
Le Mal du jour de l'an ou scènes de la vie écolière,
M., Beauchemin et Valois, 1882, 54p.
(2) 1906.
* Ste-Thérèse, Séminaire, 2 janvier 1870.
Les Pionniers du Lac Nominingue ou les avantages de la colonisation, drame en 3 actes,
M., Beauchemin et Valois, 1883, 53p.
(2) 1910, 73p.
* Ste-Thérèse, Séminaire, 24 juin 1881.
Léon LEDIEU, *M. l'abbé J.-B. Proulx,* dans *Le Monde illustré,* 15 octobre 1887, p. 187.

PRUD'HOMME, Firmin
Napoléon à Sainte-Hélène, scènes historiques,
M., Ludger Duvernay, 1831, 16p.
* M., Théâtre Royal, 28 décembre 1831.

QUESNEL, Joseph (1746-1809)
Colas et Colinette ou le bailli dupé, comédie en 3 actes et en prose,
Q., John Neilson, 1808, vi, 78p.
(2) dans *Le Répertoire national,* M., Lovell et Gibson, 1848, tome 1, pp. 7-56.
(3) dans *Le Répertoire national,* M., Valois, 1893, tome 1, pp. 18-72.
(4) M., Rééditions Québec, 1968, 78p.
* M., Théâtre de Société, 14 janvier 1790.
L'Anglomanie, dans *Le Canada français,* vol. 20, nos 4, 5 et 6, 1932-1933, pp. 341-350, 448-460, 549-557.

(2) dans BJ, vol. 1, nos 3-4-5, 1965, pp.117-141.
Les Républicains français, dans BJ, no 25, 1970, pp. 64-88.
Camille ROY, *Nos Origines littéraires,* Q., l'Action sociale, 1909, pp. 125-157.
Yves CHARTIER, *La Reconstitution musicale de Colas et Colinette,* dans *Bulletin du Centre de recherche en civilisation canadienne-française,* vol. 2, no 2, 1972, pp. 11-14.

RADLAUER, (-1914?)
pseud. RAD
(En collaboration avec Roger Valois) :
Baptiste en voyage, grande revue d'actualités canadiennes en 5 actes,
M., s.é., 1913, 8p.
* M., Théâtre des Nouveautés, 8 décembre 1913.

RAINVILLE, Bourbeau (1873-1916)
Dollard des Ormeaux, drame en vers,
M., Librairie Beauchemin, 1911, 167p.
Gérard MALCHELOSSE, *M. Bourbeau Rainville,* dans *Le Pays laurentien,* vol. 1, 1916, p. 274.

RICARD, André
La Vie exemplaire d'Alcide 1er le pharamineux et sa proche descendance,
M., Leméac, 1973, 174p.
* Q., Le Trident, 1972.
Denis SAINT-JACQUES, *L'Exemple d'Alcide 1er,* dans *Nord,* nos 4-5, 1973, pp. 29-37.

RICHER, Gilles
Tiens-toi bien après les oreilles à papa,
M., Leméac, 1972, 99p.

ROBERGE, Jacques (Frère Louis-Symphorien)
La Découverte du Canada, drame historique en vers et 1 tableau,
M., Mont-St-Louis, 1899, 61p.

ROBI, A.
(En collaboration avec P. Christie) :
As-tu vu la R'vue ?, en 3 actes et 9 tableaux,
M., s.é., 1913, 26p.
Pif, paf, pouf !, revue en 2 actes,
M., s.é., 1917, 11p.

ROBILLARD, Claude
Entre deux rondels, pièce en 1 acte,
(Albi), s.é., [1928], 16p.
(2) M., Éditions Édouard Garand, 1931, 24p.
* M., 20 décembre 1928.

ROBILLARD, Edmond (1917-)
Le Mystère du sixième jour, fragments dans *l'Amérique française,* vol. 10, no 6, 1952, pp. 3-12.
La Tentation, extrait du Mystère de la Passion, texte radiophonique dans *l'Amérique française,* vol. 11, no 2, 1953, pp. 3-11.
L'Unicorne, tragédie en 5 actes,
M., Cercle du livre de France, 1967, 93p.

ROCHELEAU, Corinne (1881-1963)
Françaises d'Amérique, esquisse historique,
M., Beauchemin, 1924, 123p.
(2) 1930.
(3) 1940.
* Worcester, Mass. (É.-U.), 10 février 1915.

ROMUALD-FRANÇOIS, Frère
Âmes héroïques, drame en 4 actes et en vers avec chœurs et orchestre,

T.-R., Le Bien Public, 1921, 66p.
* T.-R., 12 avril 1921.

ROUSSEAU, Alfred
(En collaboration avec J.-U. Voyer) :
L'Intendant Bigot, grand opéra en 3 actes,
s.l., s.é., [1929], 78p.
* M., 5 février 1929.
Coup de Soleil, comédie musicale en 1 acte, musique de Omer Létourneau,
Q., s.é., [1930], 47p.
* Q., 7 avril 1931.

ROUSSEAU, Yvonne B.
Une noce au bon vieux temps, comédie en 3 actes,
Shawinigan, Imprimerie de St-Maurice, 1933, 68p.
(2) 1935.

ROUTHIER, Adolphe-Basile (1839-1920)
La Sentinelle du Vatican, pièce en 1 acte, dans *Causeries du dimanche,* M., Beauchemin & Valois, 1871, pp. 273-292.
* Collège Ste-Anne, 8 décembre 1869.
Montcalm et Lévis, drame historique en 5 actes avec prologue et 6 tableaux,
Q., Imprimerie Franciscaine Missionnaire, 1918, 175p.

ROUX, Jean-Louis (1923-)
Rose Latulippe, comédie romantique en 2 tableaux et épilogue (deuxième tableau, scène 4), dans *Les Carnets viatoriens,* vol. 16, no 1, 1951, pp. 19-23.
* M., Gesù, 1951 ; CBF, 5 juillet 1953.
Bois-Brûlés, reportage épique,
M., Éditions du Jour, 1968, 21p.
* M., Théâtre du Nouveau Monde, 1967.

ROY, Régis (1864-)
Consultations gratuites, farce en 1 acte, suivie du dialogue bouffe *Le Sourd,*
M., C.O. Beauchemin & fils, 1896, 47p.
(2) M., Librairie Beauchemin Ltée, s.d., 48p.
On demande un acteur, farce en 1 acte, suivie du fameux discours de Baptiste Tranchemontagne : « Qu'est-ce que la politique ? »,
M., C.O. Beauchemin & fils, 1896, 35p.
(2) 1904.
Le Sourd, dialogue bouffe en 1 acte,
M., C.O. Beauchemin & fils, 1896, 13p.
Nous divorçons, comédie en 1 acte,
M., C.O. Beauchemin & fils, 1897, 24p.
L'Auberge du numéro trois, farce en 1 acte,
M., C.O. Beauchemin & fils, 1899, 40p.
La Fête de Martin, comédie en 1 acte par E. Grange, Decourcelle et Th. Barrière, arrangé pour cercles de jeunes gens,
M., C.O. Beauchemin & fils, 1900, 42p.
La Cause de Baptiste, comédie en 1 acte,
M., Le Passe-Temps, 1905, 11p.
(2) 1906.
La Visite de Champoireau, comédie en 1 acte,
Ottawa, s.é., 1908, 29p.
Pour le premier prix, comédie en 1 acte, suivi du monologue *Les Aventures du St-Laurent à Montréal,*
Ottawa, s.é., 1910, 36p.
L'Oncle de Baptiste, nouvelle pièce comique en 1 acte,
M., Éditions Édouard Garand, 1930, 12p.

SAINT-DENIS, Denys
Le Monde est une machine qui marche bien, pièce en 2 actes, dans *Théâtre vivant,* no 2, 1967, pp. 13-51.
SAINTE-MADELEINE-DES-ANGES, Sœur
La Joie parfaite de Marguerite Bourgeoys, racontée à la jeunesse étudiante,
M., Congrégation de Notre-Dame, 1953, 117p.
SANS-TERRE, Jean, voir BEAUDOIN, Édouard
SAUVAGEAU, Yves (1946-1970)
Wouf, wouf, machinerie-revue de Sauvageau,
M., Leméac, 1970, 109p.
* M., Troupe de l'Université de Montréal, avril 1971.
SAVARD, Félix-Antoine (1896-)
La Folle, drame lyrique en 3 tableaux,
M., Fides, 1960, 91p.
La Dalle-des-morts, drame en 3 actes,
M., Fides, [1965], 153p.
(2) suivi de *La Folle,* 1969, 237p.
* M., Théâtre du Nouveau Monde, 20 mars 1966.
Félix-Antoine SAVARD, *Le Théâtre que je rêve,* dans *Revue de l'Université Laval,* vol. 15, no 5, janvier 1961, pp. 427-429.
André MAJOR, *La Dalle-des-morts, ou la liberté maudite,* dans *Voix et images du pays, I,* M., Cahiers de Sainte-Marie, 1967, pp. 29-35.
SÉGUIN, Oscar
La Limite, drame réaliste en 1 acte,
Waterloo, Imprimerie du Journal de Waterloo, 1925, 32p.
Un million pour un casse-tête, comédie-vaudeville en 3 actes,
M., Éditions Édouard Garand, 1927, 31p.
* M., 29 novembre 1927.
La Laveuse automatique, comédie en 2 actes,
M., Éditions Édouard Garand, 1930, 16p.
* Waterloo, Cercle dramatique de Waterloo, 5 juin 1929.
Frivolités, comédie en 2 actes,
M., Éditions Édouard Garand, 1931, 43p.
SÉNÉCAL, Louis-Napoléon
L'Aveugle de Saint-Eustache, épisode des troubles de 1837, drame en 5 actes et 8 tableaux,
M., Éditions Édouard Garand, 1928, 32p.
* M., Monument national, 1924.
SIMARD, Jean (1916-)
L'Ange interdit, pièce en 3 tableaux,
M., Cercle du livre de France, 1961, 96p.
SYMPHORIEN, Louis, voir ROBERGE, Jacques
TALBOT, George R.
Jugement post-mortem, drame en 1 acte,
M., L'auteur, 1935, 15p., polycopié.
THÉRIAULT, Yves (1915-)
Le Samaritain, dans ECF, vol. 4, 1958, pp. 221-254.
* CBF, 21 septembre 1952.
Le Marcheur, pièce en 3 actes,
M., Leméac, 1968, 110p.
* M., Gesù, 21 mars 1950 ; CBF, 3 mai 1953.
Fredange, pièce en 2 actes suivie de *Les Terres neuves,* pièce en 2 actes, introduction de Guy Beaulne,
M., Leméac, 1970, 146p.

Yves THÉRIAULT, *Réflexions sur l'écriture radiophonique*, dans *Textes et documents, Yves Thériault*, M., Leméac, 1961, pp. 79-90.
Jean-Cléo GODIN et Laurent MAILHOT, dans *Le Théâtre québécois*, M., HMH, 1970, pp. 59-79.

THÉRIO, Adrien (1926-)
Les Renégats, pièce en 3 actes et 5 tableaux,
M., Éditions Jumonville, 1964, 127p.

THIBAULT, André
Élisabeth, téléthéâtre, dans ECF, vol. 19, 1965, pp. 9-52.
* CBFT, 21 février 1963.

TOUCHETTE, Kathleen (Hayes) (1928-)
Oeil pour dent..., pièce en 3 actes,
M., Éditions des Jonchets, [1965], 125p.
Le Crocodile, suspense en 3 actes,
M., Éditions des Jonchets, [1966], 94p.
Le Don de Montezuma, pièce en 12 tableaux,
M., Éditions des Jonchets, 1967, 128p.

TOUPIN, Paul (1919-)
Le Choix (acte 2e, scène 1), dans *Liaisons*, vol. 4, 1950, pp. 387-397.
* M., Compagnie du Masque, 30 janvier 1951.
Brutus, pièce en 3 actes et 1 épilogue,
M., s.é., (1952), 147p.
* M., Gesù, 27 mars 1952 ; CBF, 28 juin 1953.
Chacun son amour, pièce en 3 actes, dans *l'Amérique française*, vol. 13, no 4, 1953, pp. 57-115.
* CBFT, 13 février 1966.
Le Mensonge, pièce en 3 actes
M., Éditions de l'Hexagone, 1960, 52p.
(aussi) dans *Liberté*, vol. 2, no 7, 1960, pp. 2-46.
* CBF, 12 octobre 1960.
Théâtre. Brutus, Le Mensonge, Chacun son amour,
M., Cercle du livre de France, [1961], 204p.
(2) 1973.
Paul TOUPIN, *L'Écrivain et son théâtre*, M., Cercle du livre de France, 1964, 97p.

TOURIGNY, Claire (1942-)
La Crue, pièce en 3 actes, dans ECF, vol. 16, 1963, pp. 129-188.
* CBFT, 2 février 1963.

TRÉMAUDAN, Auguste-Henri de (1874-1931)
De Fil en aiguille, mélodrame canadien-français en 3 actes,
Los Angeles, Le Courrier français, 1925, 49p.
* M., 23 novembre 1926.
Petit Baptiste, comédie héroïque en 4 actes, dans *La Croix* (Paris), du 28 décembre 1926 au 15 janvier 1927.
(2) M., Éditions Édouard Garand, 1929, 36p.
Quand même !, pièce canadienne en 3 actes,
M., Éditions Édouard Garand, 1928, 31p.
* Ste-Rose-du-Lac, Manitoba, 20 novembre 1921.
Feu-follet, comédie dramatique en 4 actes,
M., Éditions Édouard Garand, 1929, 32p.
* M., 6 octobre 1930.
Pureté, pièce en 1 acte,
M., Éditions Édouard Garand, 1930, 13p.

TREMBLAY, Arthur
(En collaboration avec J.-E. Corriveau) :

Le Roi des ténèbres, drame fantastique en 5 actes,
Q., Dussault et Proulx, 1909, 201p.
TREMBLAY, E.
O'hé, o'hé, Françoise!, revue,
M., s.é., [1906], 4p.
(En collaboration avec P. Christie) :
R'Donne-moi ma bague, revue en 3 actes,
M., s.é., 1919, 14p.
TREMBLAY, Joseph-Albert
Les Deux Vengeances,
Chicoutimi, Le Progrès du Saguenay, s.d., 62p.
TREMBLAY, Laurent (1905-)
pseud. CYPRIEN
L'Abonneux, drame social en 3 actes,
T.-R., L'Association catholique des Voyageurs de Commerce, 1936, 108p.
Margot,
T.-R., L'Association catholique des Voyageurs de Commerce, s.d., 174p.
(2) Q., Les Missionnaires O.M.I., 1936, 111p.
(3) 1944.
Hommage à la langue française,
Ottawa, Université d'Ottawa, 1937, 30p.
(2) M., Éditions du théâtre canadien, s.d., 31p.
Le Curé Hébert, drame social en 3 actes avec épilogue,
Chicoutimi, Le Comité de Notre-Dame d'Hébertville, 1938, 97p.
Mon fleuve et ma cité, jeu du centenaire de Chicoutimi,
Chicoutimi, Société historique du Saguenay, 1942, 68p.
Le Diable au septième, drame en 3 actes,
M., Les Missionnaires O.M.I., 1944, 78p.
Le Jeu de la famille ouvrière, présenté à l'occasion du 1er Congrès national de la Ligue ouvrière catholique,
M., Éditions de la L.O.C., 1944, 84p.
Congé de Pâques, drame en 1 acte,
M., Les Missionnaires O.M.I., 1945, 32p.
L'Enfant prodigue, parabole en 4 actes,
M., Les Missionnaires O.M.I., 1945, 80p.
Dialogues entre vifs, sketches,
M., Les Missionnaires O.M.I., 1950, 96p.
Marchand de Québec, pièce historique en 4 actes,
M., Les Missionnaires O.M.I., Q., La Compagnie Paquet Ltée, 1950, 64p.
Dialogue des êtres,
M., Le théâtre chrétien, 1953, 91p.
(2) M., Éditions Rayonnement, 1958, 91p.
La Bible au village, saynètes populaires,
M., Le théâtre chrétien, 1954, 144p.
Drame en Judée, tiré de l'Évangile et de la tradition chrétienne,
M., Éditions Oblates, 1955, 149p.
L'Exploit de Madeleine, drame acadien en 1 acte,
M., Le théâtre chrétien, 1955, 23p.
Un matin tragique chez les pionniers de la Baie-Sainte-Marie, drame acadien en 1 acte,
M., Le théâtre chrétien, 1955, 27p.
Son équipe,
M., Le théâtre chrétien, s.d., 43p.
TREMBLAY, Michel (1942-)
Les Belles-Sœurs, dans *Théâtre vivant,* no 6, 1968, 71p.

(2) M., Leméac, 1972, 156p.
* M., Rideau Vert, 28 août 1968.
(En collaboration avec André Brassard) :
Lysistrata, pièce en 2 tableaux,
M., Leméac, 1969, 94p.
* Ottawa, Centre national des Arts, été 1969.
L'Effet des rayons gamma sur les vieux-garçons, d'après l'œuvre de Paul Zindel « The Effect of Gamma Rays on Man-in-the-Moon Marigolds »,
M., Leméac, 1970, 70p.
* M., Quat'Sous, 18 septembre 1970.
En pièces détachées et *La Duchesse de Langeais,*
M., Leméac, 1970, 94p.
* « En pièces... », M., Patriote, 1966, 2e version, M., Quat'Sous, 23 avril 1969 ; « La Duchesse... », Val-d'Or, Les Insolents, 1969.
À toi, pour toujours, ta Marie-Lou,
M., Leméac, 1971, 94p.
* M., Quat'Sous, 29 avril 1971.
... Et Mademoiselle Roberge boit un peu, pièce de Paul Zindel,
M., Leméac, 1971, 97p.
Trois petits tours, triptyque,
M., Leméac, 1971, 64p.
Demain matin, Montréal m'attend,
M., Leméac, 1972, 90p.
Hosanna, suivi de *La Duchesse de Langeais,*
M., Leméac, 1973, 106p.
* « Hosanna », M., Quat'Sous, 10 mai 1973.
Jean-Cléo GODIN et Laurent MAILHOT, *Le Théâtre québécois,* M., HMH, 1970, pp. 191-202.
André TURCOTTE, *Les Belles-Sœurs en révolte,* dans *Voix et images du pays,* III, M., P.U.Q., 1970, pp. 183-199.
Rachel CLOUTIER, Marie LABERGE et Rodrigue GIGNAC, *Entrevue avec Michel Tremblay,* dans *Nord,* vol. 1, automne 1971, pp. 49-81.
Jean-Pierre RYNGAERT, *Réalisme et théâtralité dans Les Belles-Sœurs de Michel Tremblay,* dans *Co-Incidences,* no 3, 1971, pp. 3-12, aussi dans LAQ, 1971, pp. 97-108.
Michel BELAIR, *Michel Tremblay,* M., P.U.Q., 1972, 95p.
Raymond JOLY, *Une douteuse libération. Le dénouement d'une pièce de Michel Tremblay,* dans *Études françaises,* vol. 8, no 4, 1972, pp. 363-374.
A. VANASSE, *Entretien avec Michel Tremblay, dramaturge québécois,* dans *Le Maclean,* vol. 12, no 9, septembre 1972, pp. 20-23.

TREMBLAY, Rémi (1847-1926)
À trompeuse, trompeur et demi, comédie en 1 acte, dans *Poésies diverses, boutades et rêveries,*
Fall-River, Mass., Société de Pub. de l'Indépendant, 1893, pp. 291-316.
L'Intransigeant, dans *Vers l'idéal,* Ottawa, Imprimerie commerciale, 1912, pp. 67-126.

TREMBLAY, Renald
Il suffit d'un peu d'air,
M., Leméac, 1971, 92p.
* M., Bibliothèque nationale, 13 mars 1971.

TRUDEL, Hervé, ptre (1882-1957)
pseud. Pierre DESCHUTES
Le signe de la bête s'efface, drame canadien anti-alcoolique et anti-communiste,
Shawinigan Falls, Impr. de Shawinigan Falls, [1938], 38p.

TRUDEL, Jean-Paul
Sporades,
Shawinigan Falls, Imprimerie Lacoursière, 1946, 48p.
TURGEON, Pierre
(En collaboration avec Jacques Godbout) :
L'Interview,
M., Leméac, 1973, 59p.
URSULINE DE TROIS-RIVIÈRES, UNE
Les Trois Enfants de Fatima, saynète en 7 tableaux,
M., Fides, 1945, 107p.
VAIS, Michel
Oui-oui, dans BJ, été 1966, pp. 12-23.
VAL, voir VALOIS, Roger
VALIQUETTE, Stéphane
La Dixième Promesse, pièce en 2 tableaux,
M., Secrétariat de la Croisade eucharistique, 1951, 8p.
VALOIS, Roger (1887-1917)
pseud. VAL
(En collaboration avec Radlauer) :
Baptiste en voyage, grande revue,
M., s.é., 1913, 8p.
* M., Théâtre des Nouveautés, 8 décembre 1913
BRH, vol. 29, no 10, octobre 1923, p. 305.
VAN DE WALLE, Michel
(En collaboration avec André Beaudet) :
Mise en scène, dans BJ, no 38, hiver 1973, pp. 2-7.
VEKEMAN, Gustave (1861-1920)
pseud. Jean Des Érables
Les Trois Orphelines, ou qui donne aux pauvres prête à Dieu, saynète,
Woonsocket, s.é., 1900, 37p.
VEKEMAN, Victor (1867-1948)
Les Berceaux vides, pièce en 3 actes,
M., Éditions du Lévrier, 1945, 64p.
Comment on se trompe, pièce en 1 acte,
M., Éditions du Lévrier, 1945, 16p.
La Dame en noir, comédie en 1 acte,
M., Éditions du Lévrier, 1945, 16p.
L'Enfant de l'autre, mélodrame en 2 actes,
M., Éditions du Lévrier, 1945, 32p.
La Veuve Papavoine, comédie en 1 acte,
M., Éditions du Lévrier, 1945, 16p.
Les Sans-Dieu, pièce en 3 actes
Ottawa, Éditions du Lévrier, 1946, 71p.
Une fille un peu bébête, pièce en 1 acte,
M., Éditions du Lévrier, 1951, 16p.
Monsieur et madame Verbier, pièce en 3 actes,
M., Éditions du Lévrier, 1951, 47p.
VÉRANDE, Louis-P.
(En collaboration avec Germain Beaulieu) :
Fascination, pièce en 5 actes, dans *L'Annuaire théâtral,* M., Geo. Robert, 1908, pp. 155-181.
VERCHÈRES, P.
Le Songe du conscrit, saynète féerique en vers,
Lévis, s.é., 1918, 14p.

VERREAU, Hospice-Anthelme-Jean-Baptiste (1828-1901)
Stanislas de Kostka, pièce en 5 dialogues
M., Revue de Montréal, 1878, 58p.
(2) 1879.
* Ste-Thérèse, Séminaire, 16 novembre 1855.
ANON., *Le Drame de « Saint-Stanislas » par l'abbé Verreau,* dans BRH, vol. 23, no 5, mai 1917, p. 160.
VILLENEUVE, Paul-Ghislain (1946-)
Les Heures Rouges, drame en 3 actes, dans ECF, vol. 21, 1966, pp. 189-220.
VOYER, J.-U.
(En collaboration avec Alfred Rousseau) :
L'Intendant Bigot, grand opéra en 3 actes,
s.l., s.é., [1929], 78p.
* M., 5 février 1929.
WALTHER-SEKSOU, Suzanne (1925-)
Le Témoin,
M., Librairie Beauchemin, 1969, 83p.
WITTEBOLLE, Paul-M.
À qui la palme ? ou petit drame des vertus de la Vén. S. Marg. Bourgeoys,
Q., s.é., 1905, 47p.
YVES, Jean, voir POTVIN, Damase

TABLE DES MATIÈRES

Achevé d'imprimer par Les Presses Elite,
à Montréal, pour le compte des Éditions Fides,
le dix-septième jour du mois de mars
de l'an mil neuf cent soixante-seize.

Dépôt légal — 1er trimestre 1976
Bibliothèque nationale du Québec